LANGENSCHEIDT'S POCKET TURKISH DICTIONARY

ENGLISH–TURKISH
TURKISH–ENGLISH

by

RESUHİ AKDİKMEN

Assistant

EKREM UZBAY

LANGENSCHEIDT

CONTENTS
İÇİNDEKİLER

PREFACE

For over 130 years Langenscheidt's bilingual dictionaries have been essential tools for the student of languages. For several years Langenscheidt's dictionaries have been used not only for academic work, but in all walks of life.

However, languages are in a constant process of change. To keep you abreast of these changes, we have prepared this new dictionary. Many words which have entered the Turkish and English languages in the last few years have been included in the vocabulary. The dictionary furthermore contains the most important terminology from such specialist areas as trade and commerce, technology, and medicine.

The translations of the headwords are arranged according to frequency of use. Synonymous translations are separated by commas, and semantically distinct alternatives by semi-colons. For ease of reference, signs and abbreviations indicating parts of speech, stylistic register and subject areas have been used. Idioms, proverbs and colloquialisms have been given special consideration in this dictionary. Syllabification of English headwords is indicated by means of dots.

The phonetic transcription of the English headwords follows the principles laid down by the International Phonetic Association (IPA).

In addition to the vocabulary, this dictionary contains special quick-reference sections of proper names, abbreviations, weights and measures, an alphabetical list of English irregular verbs etc.

The instructions on how to use this dictionary (page 11) should be read carefully; they are intended to increase its practical value.

Designed for the widest possible variety of uses, this dictionary, with its more than 50.000 entries and phrases, will be of great value to students, teachers and tourists, and will find a place in home and office libraries alike.

It is hoped that this new dictionary will be an instrument for better understanding between peoples.

Resuhi AKDİKMEN

ÖNSÖZ

130 yılı aşan bir deneyim ile Langenscheidt sözlükleri yabancı dil öğretimi görenlere büyük hizmetler vermektedir. Bu uzun zaman sürecinde Langenscheidt sözlükleri akademik çalışmalarda olduğu kadar yaşamın bütün alanlarında geniş bir biçim ve boyutta kullanılmıştır.

Yaşayan bütün diller gibi İngilizce de, Türkçe de sürekli bir değişim içindedir. Yeni ihtiyaçlar ve teknoloji, yeni sözcüklerin türetilmesine neden olur. Gereği kalmayan ihtiyaçları anlatan sözcükler de bu dillerden, zaman içinde, silinip giderler. Sözlüğün hazırlanmasında bu hususa büyük önem verilmiştir. Sözlüğün kapsamındaki sözcükler, günümüz Türkçe ve İngilizcesinin konuşma dili, ticaret, teknik, tıp v.b. dallarındaki en yaygın sözcükler arasından titizlikle seçilmiştir.

Bir sözcüğün anlamları, kullanımındaki önem sırasına göre dizilmiş, eşanlamlı olanlar virgülle, ayrı anlamlı olanlar ise noktalı virgülle ayrılmıştır. Bunun yanısıra, anlam karışıklığına meydan vermemek için kısaltmalardan başka özel işaretler de kullanılmıştır. İngilizcede en çok güçlük çekilen noktalardan biri olan sözcüklerin hecelenmesi de bu yeni sözlükle çözümlenmiştir. Harfler arasındaki noktalar bu hecelemeyi göstermektedir.

İngilizce sözcüklerin okunuşunda Uluslararası Fonetik Kurumu'nun fonetik alfabesi kullanılmıştır.

Sözlüğün sonuna, İngilizce'deki yaygın özel isimler, İngilizce ve Amerikan kısaltmaları, sayısal ifadeler, İngilizce'deki kuralsız fiillerin listesi vs. içeren bir bölüm eklenmiştir.

Sözlüğün başındaki (sayfa 11), eserin kullanımı ile ilgili bilgilerin dikkatle okunması okuyucularımız için çok yararlı olacaktır.

Titiz bir çalışmanın ürünü olan ve kitaplıklarımızı süsleyecek bu sözlükte 50.000'i aşkın kelime ve deyim yer almıştır. Sözlük, öğrencilerin olduğu kadar öğretmen ve turistlerin ihtiyaçlarını da karşılayabilecek biçimde hazırlanmıştır.

Bu sözlüğün uluslar arasında dil yoluyla yakınlaşmaya katkıda bulunacağı ümidini taşıyorum.

Resuhi AKDİKMEN

Using the Dictionary
Sözlüğün Kullanımı

I. English Headwords

1. The alphabetical order of the headwords has been observed throughout including the irregular forms.

2. Centred dots within a headword indicate syllabification.
e.g. **con·tem·plate ... con·tem·pla·tion**

3. The tilde (∼ ∼) represents the repetition of a headword.
a) In compounds the tilde in bold type (**∼**) replaces the catchword.
e.g. **coast ... ∼ line** (= coastline).
b) The simple tilde (∼) replaces the headword immediately preceding (which itself may contain a tilde in bold type).
e.g. **fire ...** *be on* ∼ = be on fire
fight ... ∼er ... ∼ *plane* = fighter plane.

4. When the initial letter changes from small to capital or vice versa, the usual tilde is replaced by 2 or 2
e.g. representative .... *House of* 2 *s* = House of Representatives.

II. Pronunciation

1. The pronunciation of English headwords is given in square brackets by means of the symbols of the International Phonetic Association.

2. To save space the tilde (∼) has been made use of in many places within the phonetic transcription. It replaces any part of the preceding complete transcription which remains unchanged

I. İngilizce Madde Başı Sözcükleri

1. Düzensiz biçimleri de dahil olmak üzere madde başı sözcüklerin alfabetik sırasına baştan sona dikkat edilmiştir.

2. Madde başı bir sözcükteki noktalar hecelemeyi gösterir.
örnek:
con·tem·plate
con·tem·pla·tion

3. Tekrar işareti (∼ ∼) madde başı sözcüğün tekrarını gösterir.
a) Bileşik sözcüklerdeki siyah tekrar işareti (**∼**) asıl sözcüğün yerini alır.
örnek: **coast ... ∼line** (=coastline).
b) Açık renkli tekrar işareti (∼) kendisinden hemen önce gelen siyah harfli sözcüğün yerini alır.
örnek: **fire ...** *be on* ∼ = be on fire
fight ... ∼er ... ∼ *plane* = fighter plane.

4. Bir sözcüğün ilk harfi küçük harften büyük harfe veya büyük harften küçük harfe dönüştüğünde (2) veya (2) tekrar işareti konulmuştur.
Örnek: **representative ...** *House of* 2*s* = House of Representatives.

II. Telaffuz

1. İngilizce madde başı sözcüklerin telaffuzları, Uluslararası Fonetik Kuruluşu'nun sembolleriyle köşeli ayraçlarda verilmiştir.

2. Yerden kazanmak için, tekrar işareti (∼) fonetik yazımda da pek çok yerde kullanılmıştır. Bu işaret, fonetik yazımın değişmeyen kısmının yerine geçmektedir.

e.g. **di·gest** [dı'dʒest] ... **di·ges·tion** [⁓tʃən] ... **di·ges·tive** [⁓tıv] ...

örnek: **di·gest** [dı'dʒest] ... **di·ges·tion** [⁓tʃən] ... **di·ges·tive** [⁓tıv] ...

III. Grammatical References

1. In the appendix you will find a list of irregular verbs.

2. An adjective marked with □ takes the regular adverbial form, *i.e.* by affixing ...ly to the adjective or by changing ...le into ...ly or ...y into ...ily.

3. (⁓ally) means that an adverb is formed by affixing ...ally to the adjective.

4. When there is only one adverb for adjectives ending in both ...ic and ...ical, this is indicated in the following way:

his·tor·ic, his·tor·i·cal □ *i.e.* historically is the adverb of both adjectives.

III. Gramatik Başvurular

1. Sözlüğün ek kısmında düzensiz fiillerin bir listesini bulacaksınız.

2. □ işaretli bir sıfat, kendisine ...ly eklenerek veya ...le ...ly'e veya ...y ...ily'e dönüştürülerek düzenli zarf şeklini alır.

3. (⁓ally), bir zarfın sıfata ...ally eklenerek yapıldığını göstermektedir.

4. Sonu ...ic veya ...ical ile biten sıfatlar için yalnızca bir zarf olduğunda, bu şekilde gösterilmektedir.

his·tor·ic, his·tor·i·cal □, yani "historically" her iki sıfatın da zarfıdır.

IV. Translations

1. Translations of a headword have been subdivided by Arabic numerals to distinguish the various parts of speech. Words of similar meanings have been subdivided by commas, the various senses by semicolons.

2. Explanatory additions have been printed in italics.
e.g. **snap ...** kırılmak; *(kilit)* birden kapanmak ... *(parmak)* çıtırdatmak ...

3. Prepositions governing an English catchword (verb, adjective, noun) are given in both languages.
e.g. **a·gree ...** uyuşmak (*on, upon -de*) ... **⁓a·ble ...** razı (*to -e*) ...

IV. Sözcüklerin Anlamları

1. Madde başı bir sözcüğün anlamları, sözcüklerin türlerine göre rakamlarla ayrılmıştır. Anlamdaş sözcükler virgüllerle, ayrı anlamlı sözcükler noktalı virgüllerle ayrılmıştır.

2. Açıklayıcı ek sözcükler italik olarak verilmiştir.
örnek: **snap** ... kırılmak; *(kilit)* birden kapanmak ... *(parmak)* çıtırdatmak ...

3. İngilizce bir sözcüğün (fiil, sıfat, isim) aldığı edatlar her iki dilde de verilmiştir.
örnek: **a·gree ...** uyuşmak (*on, upon -de*) ... **⁓a·ble ...** razı (*to -e*) ...

Symbols — Semboller

F	*colloquial language*	*konuşma dili*
P	*provincialism*	*taşra dili*
V	*vulgar*	*kaba konuşma*
⚘	*botany*	*botanik*
⊕	*mechanics*	*mekanik*
⚒	*mining*	*madencilik*
⚔	*military term*	*askeri terim*
⚓	*nautical term*	*denizcilik terimi*
🚂	*railway, railroad*	*demiryolu*
✈	*aviation*	*havacılık*
✉	*postal affairs*	*postacılık*
♪	*musical term*	*müzik terimi*
⚡	*electrical engineering*	*elektrik mühendisliği*
⚖	*legal term*	*hukuk terimi*
△	*mathematics*	*matematik*
↓	*agriculture*	*ziraat*
⚗	*chemistry*	*kimya*
⚕	*medicine*	*tıp*

Abbreviations — Kısaltmalar

a.	*also*	*keza*
abbr.	*abbreviation*	*kısaltma*
adj.	*adjective*	*sıfat*
adv.	*adverb*	*zarf*
Am.	*American English*	*Amerikan İngilizcesi*
anat.	*anatomy*	*anatomi*
arch.	*architecture*	*mimarlık*
ast.	*astronomy*	*astronomi, gökbilim*
attr.	*attributively*	*niteleyici olarak*
b-de	*biri(si)nde*	
b-den	*biri(si)nden*	
b-i	*biri(si)*	
biol.	*biology*	*biyoloji, dirimbilim*
b-le	*biri(si)yle*	
b-ne	*biri(si)ne*	
b-ni	*biri(si)ni*	
b-nin	*biri(si)nin*	
Brit.	*British English*	*İngiliz İngilizcesi*
b.s.	*bad sense*	*kötü anlamda*
bş	*bir şey*	
bşde	*bir şeyde*	
bşden	*bir şeyden*	
bşe	*bir şeye*	

bşi	*bir şeyi*	
bşin	*bir şeyin*	
bşle	*bir şeyle*	
cj.	*conjunction*	*bağlaç*
co.	*comical*	*komik*
coll.	*collectively*	*topluluk ismi olarak*
comp.	*comparative*	*üstünlük derecesi*
contp.	*contemptuously*	*aşağılayıcı olarak*
eccl.	*ecclesiastical*	*dinsel*
econ.	*economics*	*ekonomi*
esp.	*especially*	*özellikle*
etc.	*et cetera*	*ve saire*
fenc.	*fencing*	*eskrim*
fig.	*figuratively*	*mecazi olarak*
geogr.	*geography*	*coğrafya*
geol.	*geology*	*jeoloji, yerbilim*
geom.	*geometry*	*geometri*
ger.	*gerund*	*isim-fiil*
gr.	*grammar*	*dilbilgisi*
hist.	*history*	*tarih*
hunt.	*hunting*	*avcılık*
inf.	*infinitive*	*mastar*
int.	*interjection*	*ünlem*
Ir.	*Irish*	*İrlanda dili*
iro.	*ironically*	*alaylı*
k-de	*kendi(si)nde*	
k-den	*kendi(si)nden*	
k-le	*kendi(si)yle*	
k-ne	*kendi(si)ne*	
k-ni	*kendi(si)ni*	
k-nin	*kendi(si)nin*	
lit.	*literary*	*edebi, yazınsal*
metall.	*metallurgy*	*metalurji, metalbilim*
meteor.	*meteorology*	*meteoroloji, havabilgisi*
min.	*mineralogy*	*mineraloji, mineralbilim*
mot.	*motoring*	*otomobilcilik*
mount.	*mountaineering*	*dağcılık*
mst.	*mostly*	*çoğunlukla*
myth.	*mythology*	*mitoloji, efsanebilim*
n.	*noun*	*isim*
opt.	*optics*	*optik*
o.s.	*oneself*	*kendi(si); kendi kendine*
paint.	*painting*	*ressamlık*
parl.	*parliamentary term*	*parlamento terimi*
pharm.	*pharmacy*	*eczacılık*
phls.	*philosophy*	*felsefe*

phot.	*photography*	*fotoğrafçılık*
phys.	*physics*	*fizik*
physiol.	*physiology*	*fizyoloji*
pl.	*plural*	*çoğul*
poet.	*poetry; poetic*	*şiir sanatı; şiirsel*
pol.	*politics*	*politika*
p.p.	*past participle*	*-mış yapılı ortaç*
p.pr.	*present participle*	*-en yapılı ortaç*
pred.	*predicatively*	*yüklem olarak*
pret.	*preterite*	*-di'li geçmiş zaman*
print.	*printing*	*matbaacılık*
pr.n.	*proper noun*	*özel isim*
pron.	*pronoun*	*zamir*
prp.	*preposition*	*edat, ilgeç*
psych.	*psychology*	*psikoloji, ruhbilim*
rhet.	*rhetoric*	*sözbilim, konuşma sanatı*
s.	*see*	*bakınız*
sg.	*singular*	*tekil*
sl.	*slang*	*argo*
s.o.	*someone*	*biri(si)*
s.th.	*something*	*bir şey*
sup.	*superlative*	*enüstünlük derecesi*
surv.	*surveying*	*yeri ölçme birimi*
tel.	*telegraphy*	*telgrafçılık*
teleph.	*telephony*	*telefonculuk*
thea.	*theatre*	*tiyatro*
TM	*trademark*	*ticaret unvanı*
TV	*television*	*televizyon*
typ.	*typography*	*basımcılık*
univ.	*university*	*üniversite*
v/aux.	*auxiliary verb*	*yardımcı fiil*
v.b.	*ve benzeri*	
vb.	*verb*	*fiil, eylem*
vet.	*veterinary medicine*	*veterinerlik*
v/i.	*verb intransitive*	*geçişsiz fiil*
v/t.	*verb transitive*	*geçişli fiil*
zo.	*zoology*	*zooloji, hayvanbilim*

Use of International Phonetic Alphabet
Uluslararası Fonetik Alfabesinin Kullanımı

A. Ünlüler ve Diftonglar

[ɑː] Türkçedeki (a) sesinin uzun şekli gibidir: *far* [fɑ], *father* ['fɑːðə].

[ʌ] Türkçedeki (a) sesinin kısa ve şert şeklidir: *butter* ['bʌtə], come [kʌm], *colour* ['kʌlə], *blood* [blʌd], *flourish* ['flʌriʃ], *twopence* ['tʌpəns].

[æ] Türkçedeki (a) sesi ile (e) sesi arasında bir sestir. Ağız, (a) diyecekmiş gibi açılır, daha sonra ses (e)'ye dönüştürülür: *fat* [fæt], *man* [mæn].

[ɛə] Türkçedeki (e) sesinin uzun ve yumuşak şeklidir: *bare* [bɛə], *pair* [pɛɔ], *there* [ðɛə].

[ai] Türkçedeki (ay) sesi gibidir: *I* [ai], *lie* [lai], *dry* [drai].

[au] Dudaklar önce (a) sesi çıkartmak için açılacak, daha sonra (u) sesi için uzatılacaktır: *house* [haus], *now* [nau].

[e] Türkçedeki (e) sesi gibidir: *bed* [bed], *less* [les].

[ei] Türkçedeki (ey) sesi gibidir: *date* [deit], *play* [plei], *obey* [ə'bei].

[ə] Türkçedeki (ı) sesi gibidir: *about* [ə'baut], *butter* ['bʌtə], *connect* [kə'nekt].

[əu] Dudaklar önce (o) sesi çıkartmak için yuvarlaklaştırılır, daha sonra (u) sesi için uzatılır: *note* [nəut], *boat* [bəut], *below* [bi'ləu].

[iː] Türkçedeki (i) sesinin uzun şeklidir: *scene* [siːn], *sea* [siː], *feet* [fiːt], *ceiling* ['siːliŋ].

[i] Türkçedeki (i) sesi gibidir: *big* [big], *city* ['siti].

[iə] Dudaklar önce (i) sesi çıkartmak için açılacak, daha sonra ses (ı)'ya dönüştürülecektir: *here* [hiə], *hear* [hiə], *inferior* [in'fiəriə].

[ɔː] Türkçedeki (o) sesinin uzun şeklidir: *fall* [fɔːl], *nought* [nɔːt], *or* [ɔː], *before* [bi'fɔː].

[ɔ] Türkçedeki (o) ile (a) sesleri arasında bir sestir. İngiliz İngilizcesinde (o) sesine, Amerikan İngilizcesinde ise (a) sesine daha yakındır: *god* [gɔd], *not* [nɔt], *wash* [wɔʃ], *hobby* ['hɔbi].

[ɔi] Türkçedeki (oy) sesi gibidir: *voice* [vɔis], *boy* [bɔi], *annoy* [ə'nɔi].

[əː] Türkçedeki (ö) sesi gibidir: *word* [wəːd], *girl* [gəːl], *learn* [ləːn], *murmur* ['məːmə].

[uː] Türkçedeki (u) sesinin uzun şeklidir: *fool* [fuːl], *shoe* [ʃuː], *you* [juː], *rule* [ruːl], *canoe* [kə'nuː].

[u] Türkçedeki (u) sesi gibidir: *put* [put], *look* [luk].

[uə] Dudaklar önce (u) sesi çıkartmak için uzatılır, daha sonra ses (ı) sesine dönüştürülür: *poor* [puə], *sure* [ʃuə], *allure* [ə'ljua].

B. Ünsüzler

[r] Türkçedeki (r) sesi gibidir: *rose* [rəuz], *pride* [praid].

[ʒ] Türkçedeki (j) sesi gibidir: *azure* ['æʒə], *vision* ['viʒən].

[dʒ] Türkçedeki (c) sesi gibidir: *June* [dʒuːn], *jeep* [dʒiːp].

[tʃ] Türkçedeki (ç) sesi gibidir: *chair* [tʃɛə], *church* [tʃəːtʃ].

[ʃ] Türkçedeki (ş) sesi gibidir: *shake* [ʃeik], *washing* ['wɔʃin], *she* [ʃiː].

[θ] Bu ses Türkçede yoktur. Dilin ucu üst kesicidişlere dokundurulup (t) sesi çıkarılır: *thank* [θæŋk], *thin* [θin], *path* [pɑːθ], *method* ['meθəd].

[ð] Bu ses de Türkçede yoktur. Dilin ucu üst kesicidişlere dokundurulup (d) sesi çıkarılır: *there* [ðɛə], *father* ['fɑːðə], *breathe* [briːð].

[ŋ] Bu ses de Türkçede yoktur. Dil damağa dokundurularak genizden (n) sesi çıkarılır: *ring* [riŋ], *sing* [siŋ].

[s] Türkçedeki (s) sesi gibidir: *see* [siː], *hats* [hæts], *decide* [di'said].

[z] Türkçedeki (z) sesi gibidir: *rise* [raiz], *zeal* [ziːl], *horizon* [hɔ-'raizn].

[w] Bu ses Türkçede yoktur. Dudaklar yuvarlaştırılıp (v) sesi çıkartılır: *will* [wil], *swear* [swɛə], *queen* [kwiːn].

[f] Türkçedeki (f) sesi gibidir: *fat* [fæt], *tough* [tʌf], *effort* ['efət].

[v] Türkçedeki (v) sesi gibidir: *vein* [vein].

[j] Türkçedeki (y) sesi gibidir: *yes* [jes], *onion* ['ʌnjən].

[p] Türkçedeki (p) sesi gibidir: *pen* [pen].

[b] Türkçedeki (b) sesi gibidir: *bad* [bæd].

[t] Türkçedeki (t) sesi gibidir: *tea* [tiː].

[d] Türkçedeki (d) sesi gibidir: *did* [did].

[k] Türkçedeki (k) sesi gibidir: *cat* [kæt].

[g] Türkçedeki (g) sesi gibidir: *got* [gɔt].

[h] Türkçedeki (h) sesi gibidir: *how* [hau].

[m] Türkçedeki (m) sesi gibidir: *man* [mæn].

[n] Türkçedeki (n) sesi gibidir: *no* [nəu].

[l] Türkçedeki (l) sesi gibidir: *leg* [leg].

Suffixes in English
İngilizcedeki Sonekler

İngilizcede en çok kullanılan sonekler, fonetik söylenişleriyle birlikte aşağıdaki listede gösterilmiştir.

-ability [-əbiliti]
-able [-əbl]
-age [-idʒ]
-al [-əl]
-ally [-əli]
-an [ən]
-ance [-əns]
-ancy [-ənsi]
-ant [-ənt]
-ar [-ə]
-ary [-əri]
-ation [-eiʃən]
-cious [-ʃəs]
-cy [-si]
-dom [-dəm]
-ed [-d; -t; -id]
-edness [-dnis; -tnis; -idnis]
-ee [-iː]
-en [-n]
-ence [-əns]
-ent [-ənt]
-er [-ə]
-ery [-əri]
-ess [-is]
-fication [-fikeiʃən]
-ial [-əl]
-ible [-əbl]
-ian [-jən]
-ic(s) [-ik(s)]
-ical [-ikəl]
-ily [-ili]
-iness [-inis]
-ing [-iŋ]
-ish [-iʃ]
-ism [-izəm]
-ist [-ist]
-istic [-istik]
-ite [-ait]
-ity [-iti]
-ive [-iv]
-ization [-aizeiʃən]
-ize [-aiz]
-izing [-aiziŋ]
-less [-lis]
-ly [-li]
-ment(s) [-mənt(s)]
-ness [-nis]
-oid [-ɔid]
-or [-ə]
-ous [-əs]
-ry [-ri]
-ship [-ʃip]
-(s)sion [-ʃən]
-sive [-siv]
-ties [-tiz]
-tion [-ʃən]
-tious [-ʃəs]
-trous [-trəs]
-try [-tri]
-y [-i]

English Alphabet
İngiliz Alfabesi

a [ei], [biː], c [siː], d [diː], e [iː], f [ef], g [dʒiː], h [eitʃ], i[ai], j [dʒei], k [kei], l [el], m [em], n [en], o [əu], p [piː], q [kjuː], r [aː], s [es], t [tiː], u [juː], v [viː], w ['dʌbljuː], x [eks], y [wai], z [zed]

Spelling of American English
Amerikan İngilizcesinin Yazımı

İngiltere'de konuşulan İngilizcenin yazımından farklı olarak Amerikan İngilizcesinin yazımında başlıca şu özellikler vardır:

1. İki sözcüğü birleştiren çizgi çoğunlukla kaldırılır. Örneğin: cooperate, breakdown, soapbox.
2. **-our** ekindeki **(u)** harfi Amerikan İngilizcesinde yazılmaz. Örneğin: color, harbor, humor, favor.
3. **-re** ile biten birçok sözcük Amerikan İngilizcesinde **-er** olarak yazılır. Örneğin: center, theater, fiber.
4. **(l)** ve **(p)** harfleriyle biten fiillerin türetmelerinde son ünsüz harf ikilenmez. Örneğin: traveled, quarreled, worshiped.
5. **-ence** ile biten kelimeler Amerikan İngilizcesinde **-ense** ile yazılır. Örneğin: defense, offense, license.
6. Fransızcadan gelen ekler çoğu kez kaldırılır veya kısaltılır. Örneğin: dilalog(ue), program(me), envelop(e), catalog(ue).
7. **ae** ve **oe** yerine çoğu kez yalnızca **(e)** yazılır. Örneğin: an(a)emia, man(o)euvers.
8. **-xion** yerine **-ction** kullanılır. Örneğin: connection, reflection.
9. Söylenmeyen **(e)** harfi, judg(e)ment, abridg(e)ment, acknowledg(e)ment gibi sözcüklerde yazılmaz.
10. **en-** öneki yerine **in-** öneki daha çok kullanılır. Örneğin: inclose.
11. Amerikan İngilizcesinde **although** yerine **altho, all right** yerine **alright, through** yerine **thru** biçimleri de kullanılabilir.
12. Tüm bunlardan başka, özel yazım biçimleri olan bazı sözcükler vardır. Örneğin;

English	**American**
cheque	check
cosy	cozy
grey	gray
moustache	mustache
plough	plow
sceptic	skeptic
tyre	tire

Pronunciation of American English
Amerikan İngilizcesinin Söylenişi

Amerikan İngilizcesi (AE) ile İngiliz İngilizcesi (BE) arasında söyleniş bakımından bazı ayrılıklar vardır. En önemlileri şöyledir:

1. İngiliz İngilizcesinde (ɑː) olarak söylenen ses, Amerikan İngilizcesinde (æ) veya (æː) olarak söylenir: pass [BE pɑːs = AE pæ(ː)s], answer [BE 'ɑːnsə = AE 'æ(ː)nsər], dance [BE dɑːns = AE dæ(ː)ns], half [BE hɑːf = AE hæ(ː)f], laugh [BE lɑːf = AE læ(ː)f].

2. İngiliz İngilizcesinde (o) olarak söylenen ses, Amerikan İngilizcesinde (a)'ya yakın olarak söylenir: dollar [BE'dɔlɔ = AE 'dɑlər], college [BE 'kɔlidʒ = AE 'kɑlidʒ], lot [BE lɔt = AE lɑt], problem [BE 'prɔbləm = AE 'prɑbləm].

3. Sonda olup bir ünlüden sonra gelen veya bir ünlü ile bir ünsüz arasında bulunan (r), İngiliz İngilizcesinde söylenmez. Buna karşın Amerikan İngilizcesinde söylenir; car [BE kɑː = AE kɑːr], care [BE kɛə = AE kɛr], border [BE 'bɔːdə = AE 'bɔːrdər].

4. Vurgulu hecedeki (u) sesi, İngiliz İngilizcesinde (juː) olarak söylenir. Fakat bu ses Amerikan İngilizcesinde (uː) olarak söylenmektedir: Tuesday [BE 'tjuːzdi = AE 'tuːzdi], student [BE 'stjuːdənt = AE 'stuːdənt]. Fakat (music) ve (fuel) sözcükleri her iki söylenişte de aynıdır: [BE, AE = 'mjuːzik; BE, AE = 'fjuːəl].

5. (p) ve (t) sesleri, Amerikan İngilizcesinde iki ünlü arasında olduklarında (b) ve (d) olarak söylenirler: property [BE 'prɔpəti = AE 'prɑbɔrti], united [BE juː'naitid = AE ju'naidid].

6. İki veya daha fazla heceli sözcükler, Amerikan İngilizcesinde ana vurgudan sonra daha hafif ikinci bir vurgu alırlar: secretary [BE 'sekrətri = AE 'sekrə'tɛri], dictionary [BE 'dikʃənri = AE 'dikʃənɛri].

7. Sözcük sonundaki (-ile) hecesi, İngiliz İngilizcesinde (-ail) olarak söylendiği halde, Amerikan İngilizcesinde (-əl) veya (-il) olarak söylenir: futile [BE 'fjuːtail = AE 'fjuːtəl], textile [BE 'tekstail = AE 'tekstil].

8. Sözcük sonundaki (-ization) hecesi, İngiliz İngilizcesinde [-ai'zeiʃən] olarak söylendiği halde, Amerikan İngilizcesinde [-i'zeiʃən] olarak söylenir: civilization [BE sivəlai'zeiʃən = AE sivəli'zeiʃən].

9. (-able) ve (-ible) eklerinde bulunan (e) okunmasına karşın, Amerikan İngilizcesinde (b) ve (l) arasında bir (ı) varmış gibi okunur; possible [BE = 'pɔsəbl = AE 'pɑsəbəl], admirable [BE 'ædmərəbl = AE 'ædmərəbəl].

PART I
ENGLISH–TURKISH POCKET DICTIONARY

A

a[ə, *vurgulu:* eı], *seslilerden önce:* **an** [ən, *vurgulu:* æn] *belgisiz tanıtıcı:* bir, herhangi bir; her bir, -de; *not a(n)* hiç...değil; *all of a size* hepsi aynı büyüklükte, hepsi bir; *£ 10 a year* yılda 10 paund; *twice a week* haftada iki kez.

A1 *F* ['eı'wʌn] *adj.* birinci sınıf, üstün nitelikte, mükemmel.

a·back [ə'bæk]: *taken ~ fig.* şaşkına dönmüş, apışıp kalmış, afallamış.

a·ba·cus ['æbəkəs] *n. (pl. -es)* abaküs, sayıboncuğu, çörkü.

a·ban·don [ə'bændən] *v/t.* terk etmek, bırakmak, ayrılmak; vazgeçmek; **~ed:** *be found ~ (araç, tekne v.b.)* terk edilmiş durumda bulunmak.

a·base [ə'beıs] *v/t.* aşağılamak, küçük düşürmek, gururunu kırmak; **~·ment** [~mənt] *n.* aşağılama, küçük düşürme.

a·bashed [ə'bæʃt] *adj.* utanmış; şaşırmış.

a·bate [ə'beıt] *v/t.* azaltmak; indirmek, kırmak *(fiyat);* dindirmek; *v/i.* azalmak; *(rüzgâr v.b.)* dinmek, kesilmek; **~·ment** [~mənt] *n.* azaltma; *(fiyat)* indirim.

ab·at·toir ['æbətwɑ:] *n.* mezbaha, kesimevi.

ab·bess ['æbıs] *n.* başrahibe

ab·bey ['æbı] *n.* manastır, keşişhane.

ab·bot ['æbət] *n.* başrahip.

ab·bre·vi|ate [ə'bri:vıeıt] *v/t.* kısaltmak; **~·a·tion** [əbri:vı'eıʃn] *n.* kısaltma.

ABC ['eıbi:'si:] *n.* alfabe, abece.

ABC weap·ons *n. pl.* nükleer, bakteriyolojik ve kimyasal silahlar.

ab·di|cate ['æbdıkeıt] *vb.* istifa etmek, çekilmek, el çekmek; *~ (from) the throne* tahttan çekilmek; **~·ca·tion** [æbdı'keıʃn] *n.* el çekme, terk.

ab·do·men *anat.* ['æbdəmən] *n.* karın; **ab·dom·i·nal** *anat.* [æb'dɒmınl] *adj.* karna ait, karın...

ab·duct ⚖ [æb'dʌkt] *v/t. (kadın ya da çocuk)* kaçırmak.

a·bet [ə'bet] *(-tt-): aid and ~* ⚖ yardakçılık etmek, suç ortaklığı yapmak; **~·tor** [~ə] *n.* yardakçı, suç ortağı.

a·bey·ance [ə'beıəns] *n.* askıda olma, sürünceme; *in ~* ⚖ karara bağlanmamış, askıda, sürüncemede.

ab·hor [əb'hɔ:] *(-rr-) v/t.* nefret etmek, iğrenmek, tiksinmek; **~·rence** [əb'hɔrəns] *n.* nefret, iğrenme *(of -den);* **~·rent** □ [~t] iğrenç; zıt, aykırı *(to -e).*

a·bide [ə'baıd] *v/i.: ~ by the law* yasaya uymak; *v/t.: I can't ~ him* ona tahammülüm yok.

a·bil·i·ty [ə'bılətı] *n.* yetenek; beceri.

ab·ject □ ['æbdʒekt] aşağılık, alçak; sefil, berbat; *in ~ poverty* sefalet içinde.

ab·jure [əb'dʒʊə] *v/t.* yeminle vazgeçmek, tövbe etmek.

a·blaze [ə'bleız] *adv.* tutuşmuş, alevler içinde; *fig.* ışıl ışıl.

a·ble □ ['eıbl] -ebilen; yetenekli; *be ~ to do* yapabilmek; **~·bod·ied** *adj.* güçlü kuvvetli; *~ seaman* usta gemici.

ab·norm·al □ [æb'nɔ:ml] anormal.

a·board [ə'bɔ:d] *adv.* gemide, uçakta, trende; *all ~ !* ⚓ herkes gemiye!; 🚃 herkes trene!; *~ a bus* otobüste; *go ~ a train* trene binmek.

a·bode [ə'bəʊd] *n. a. place of ~* ikametgâh, konut; *of (ya da with) no fixed ~* yersiz yurtsuz.

a·bol·ish [ə'bɒlɪʃ] *v/t* kaldırmak, iptal etmek.
ab·o·li·tion [æbə'lɪʃn] *n.* kaldırma; **~·ist** *hist.* [~ʃənɪst] *n.* köleliğin kaldırılması yanlısı.
A-bomb ['eɪbɒm] = *atom(ic) bomb.*
a·bom·i|na·ble □ [ə'bɒmɪnəbl] iğrenç; berbat; **~·nate** [~eɪt] *v/t.* iğrenmek; nefret etmek; **~·na·tion** [əbɒmɪ'neɪʃn] *n.* iğrenme, nefret.
ab·o·rig·i|nal [æbə'rɪdʒənl] *n. & adj.* bir yerin eskisi, yerli; **~·ne** [~niː] *n.* yerli *(esp. Avustralyalı).*
a·bort [ə'bɔːt] *vb.* çocuk düşürmek, düşük yapmak; *fig.* başarısız kalmak, boşa çıkmak; **a·bor·tion** ⚕ [~ʃn] *n.* çocuk düşürme; düşük; *have an ~* düşük yapmak; **a·bor·tive** □ *fig.* [~ɪv] başarısız, sonuçsuz.
a·bound [ə'baʊnd] *v/i.* bol olmak *(in -de)*; dolu olmak, kaynamak *(with ile).*
a·bout [ə'baʊt] **1.** *prp.* hakkında; etrafında, yakınında; *I had no money ~ me* üzerimde para yoktu; *what are you ~?* ne ile meşgulsün?; **2** *adv.* aşağı yukarı, yaklaşık; her tarafta; etrafa, etrafına, çevresine; şurada burada.
a·bove [ə'bʌv] **1.** *prp.* yukarısın(d)a, üstün(d)e; *fig.* ötesinde; -den fazla; *~ all* herşeyden önce; **2.** *adv.* yukarıda daha önce; **3.** *adj.* yukarıdaki, yukarıda adı geçen.
a·breast [ə'brest] *adv.* yan yana, başa baş; *keep ya da be ~ of fig.* *-e* ayak uydurmak.
a·bridge [ə'brɪdʒ] *v/t.* kısaltmak, özetlemek; kısmak; **a·bridg(e)·ment** [~mənt] *n.* kısaltma; özet.
a·broad [ə'brɔːd] *adv.* yurt dışın(d)a, dışarıda; *the news soon spread ~* haber hemen yayılıverdi.
a·brupt □ [ə'brʌpt] anı, beklenmedik; sarp, dik; kaba, ters.
ab·scess ⚕ ['æbsɪs] *n.* çıban, apse.
ab·scond [əb'skɒnd] *v/i.* kaçmak, sıvışmak.
ab·sence ['æbsəns] *n.* bulunmama, yokluk; devamsızlık; yokluk, eksiklik.
ab·sent 1. □ ['æbsənt] bulunmayan, yok; devamsız; *be ~* gitmemek, bulunmamak, uzak kalmak *(from school* okuldan; *from work* işten*)*; **2.** [æb'sent] *v/t.: ~ o.s. from -e* gitmemek, *-den* uzak kalmak; **~-mind·ed** □ ['æbsənt'maɪndɪd] dalgın.
ab·so·lute □ ['æbsəluːt] bütün, tam; salt, mutlak; kesin; ⚗ saf, katışıksız.
ab·so·lu·tion *eccl.* [æbsə'luːʃn] *n.* günahların affı
ab·solve [əb'zɒlv] *v/t.* affetmek, bağışlamak *(günah, suç).*
ab·sorb [əb'sɔːb] *v/t.* emmek, soğurmak; *fig.* meşgul etmek; **~·ing** *fig.* [~ɪŋ] *adj.* ilgi çekici, meraklı.
ab·sorp·tion [əb'sɔːpʃn] *n.* emme, soğurma; *fig.* dalma.
ab·stain [əb'steɪn] *v/i.* kaçınmak *(from -den)*
ab·ste·mi·ous □ [æb'stiːmɪəs] azla kanaat eden, perhizkâr.
ab·sten·tion [əb'stenʃn] *n.* kaçınma; *pol.* çekimserlik.
ab·sti|nence ['æbstɪnəns] *n.* sakınma, perhiz; **~·nent** □ [~t] perhizkâr, perhize uyan.
ab·stract 1. □ ['æbstrækt] soyut; kuramsal; **2.** [~] *n.* soyut düşünce, soyutluk; özet; **3.** [æb'strækt] *v/t.* çıkarmak, ayırmak; özetlemek; **~·ed** □ *fig.* dalgın; **ab·strac·tion** [~kʃn] *n.* çıkarma, ayırma; soyutlama; soyut fikir.
ab·struse □ [æb'struːs] anlaşılması güç, çapraşık; derin, engin.
ab·surd □ [əb'sɜːd] anlamsız, saçma; gülünç.

a·bun|dance [ə'bʌndəns] *n.* bolluk, bereket; zenginlik; ~**dant** □ [~t] bol, çok, bereketli; zengin.

a·buse 1. [ə'bju:s] *n.* kötüye kullanma; küfür; **2.** [~z] *v/t.* kötüye kullanmak; küfretmek, sövmek; **a·bu·sive** □ [~sıv] ağzı bozuk, küfürbaz; küfürlü.

a·but [ə'bʌt] *v/i. (-tt-)* bitişik olmak, dayanmak *(on -e)*

a·byss [ə'bıs] *n.* abis, uçurum, boşluk *(a. fig.)*

ac·a·dem·ic [ækə'demık] **1.** *n.univ.* öğretim görevlisi; **2.** *adj.* *(~ally)* akademik; kuramsal; **a·cad·e·mi·cian** [əkædə'mıʃn] *n.* akademisyen, akademi üyesi.

a·cad·e·my [ə'kædəmı] *n.* akademi, yüksekokul; ~ *of music* müzik akademisi.

ac·cede [æk'si:d] *v/i.:* ~ *to -e* razı olmak, kabul etmek; *(göreve)* başlamak; *(tahta)* çıkmak.

ac·cel·e|rate [ək'seləreıt] *v/t.* hızlandırmak; *v/i.* hızlanmak; *mot. a.* gaza basmak; ~**·ra·tion** [əkselə'reıʃn] *n.* hızlan(dır)ma; ivme; ~**·ra·tor** [ək'seləreıtə] *n.* gaz pedalı.

ac·cent 1. ['æksənt] *n.* aksan; *gr.* vurgu; şive; **2.** [æk'sent] = **ac·cen·tu·ate** [æk'sentjʊeıt] *v/t.* vurgulamak *(a.fig.)*

ac·cept [ək'sept] *vb.* kabul etmek, almak; razı olmak; **ac·cep·ta·ble** □ [~əbl] kabul edilebilir; uygun; ~**·ance** [~əns] *n.* kabul; onama; akseptans, kabul belgesi.

ac·cess ['ækses] *n.* yol, giriş *(to -e); fig.* yanına varabilme, yaklaşma *(to -e); easy of ~* yanına varılabilen, yakınlık gösteren, ulaşılabilen *(kimse); ~ road* giriş yolu, ulaşım yolu.

ac·ces·sa·ry ⚖ [ək'sesərı] *s. accessory 2* ⚖

ac·ces|si·ble □ [ək'sesəbl] ulaşılabilir, yanına varılabilir; ~**·sion** [~ʃn] *n.* ulaşma; artma, çoğalma; ~ *to power* iktidara gelme; ~ *to the throne* tahta çıkma.

ac·ces·so·ry [ək'sesərı] **1.** *adj.* ikinci derecede olan, yardımcı; **2.** *n.* ⚖ suç ortağı; *mst accessories pl.* aksesuar *(a.* ⊕ *).*

ac·ci|dent ['æksıdənt] *n.* kaza; rastlantı, tesadüf; *by ~* kaza ile; tesadüfen; ~**·den·tal** □ [æksı'dentl] rastlantı sonucu olan.

ac·claim [ə'kleım] *v/t.* alkışlamak; alkışlarla ilan etmek.

ac·cla·ma·tion [æklə'meıʃn] *n.* alkışlama; alkış.

ac·cli·ma·tize [ə'klaımətaız] *v/t. & v/i.* alış(tır)mak.

ac·com·mo|date [ə'kɒmədeıt] *v/t.* uydurmak *(to -e);* barındırmak, yerleştirmek; sağlamak, vermek *(with -i);* ~**·da·tion** [əkɒmə'deıʃn] *n.* uy(dur)ma; yerleşme; yatacak *ya da* kalacak yer.

ac·com·pa|ni·ment ♪ [ə'kʌmpənımənt] *n.* eşlik; ~**·ny** [ə'kʌmpənı] *v/t.* eşlik etmek *(a.* ♪ *); accompanied with -in* eşliğinde, beraberinde.

ac·com·plice [ə'kʌmplıs] *n.* suç ortağı.

ac·com·plish [ə'kʌmplıʃ] *v/t.* bitirmek, başarmak, yapmak; yerine getirmek; ~**ed** *adj.* başarılmış; iyi yetişmiş, hünerli, usta; ~**·ment** [~mənt] *n.* yerine getirme, başarma; başarı.

ac·cord [ə'kɔ:d] **1.** *n.* uyum, ahenk; uzlaşma, anlaşma; akort; *of one's own ~* kendi arzusu ile, kendiliğinden; *with one ~* hep birlikte; **2.** *v/i.* birbirini tutmak, bağdaşmak, uymak; *v/t.* vermek *(izin v.b.);* akort etmek; ~**·ance** [~əns] *n.* uygunluk; *in ~ with -e* uygun olarak, *-e* göre; ~**·ant** [~t] *adj.* uygun gelen; ~**·ing** [~ıŋ]: ~ *to -e* göre; ~**·ing·ly** [~ıŋlı] *adv.* ona göre, gereğince; bu nedenle.

ac·cost [ɔ'kɒst] *v/t.* yaklaşıp konuşmak, yanaşmak.

ac·count [ɔ'kaʊnt] **1.** *n. econ.* hesap; rapor; değer, önem; neden; yarar; *by all ~s* herkesin dediğine bakılırsa; *of no ~* önemsiz; *on no ~* asla, ne olursa olsun; *on ~ of -den* dolayı, *-in* yüzünden; *take into ~, take ~ of* gözönüne almak, hesaba katmak; *turn s.th. to (good) ~ bşden* yararlanmak; *keep ~s* hesap tutmak, defter tutmak; *call to ~* hesap sormak; *give (an) ~ of -in* hesabını vermek; *give an ~ of -in* raporunu vermek; **2.** *v/i.: ~ for -in* hesabını vermek; açıklamak; **ac·coun·ta·ble** □ [~ɔbl] sorumlu; **ac·coun·tant** [~ɔnt] *n.* muhasebeci, sayman; **~·ing** [~ıŋ] *n.* muhasebe, saymanlık.

ac·cu·mu|late [ɔ'kju:mjʊleıt] *v/t. & v/i.* birik(tir)mek, topla(n)mak, yığ(ıl)mak; **~·la·tion** [əkju:mjʊ'leıʃn] *n.* birik(tir)me, yığ(ıl)ma; yığın, birikinti.

ac·cu|ra·cy ['ækjʊrɔsı] *n.* doğruluk, kesinlik; **~·rate** □ [~rɔt] doğru, tam.

ac·cu·sa·tion [ækju:'zeıʃn] *n.* suçlama.

ac·cu·sa·tive *gr.* [ɔ'kju:zɔtıv] *n. a. ~ case* akuzatif, belirtme durumu, -i hali.

ac·cuse [ɔ'kju:z] *v/t.* suçlamak; *the ~d* sanık(lar); **ac·cus·er** [~ɔ] *n.* davacı; **ac·cus·ing** □ [~ıŋ] suçlayıcı.

ac·cus·tom [ɔ'kʌstɔm] *v/t.* alıştırmak *(to -e)*; **~ed** *adj.* alışkın, alışık *(to -e)*.

ace [eıs] *n. (iskambil)* birli, bey, as *(a. fig.)*; *have an ~ up one's sleeve, Am. have an ~ in the hole fig.* elinde kozu olmak; *within an ~* az kalsın, kıl payı.

ache [eık] **1.** *v/i.* ağrımak, acımak; **2.** *n.* ağrı, acı, sızı.

a·chieve [ɔ'tʃi:v] *v/t.* yapmak, başarmak, tamamlamak; erişmek, kazanmak; **~·ment** [~mɔnt] *n.* yapma; başarı, eser.

ac·id ['æsıd] **1.** *adj.* ekşi; *fig.* iğneleyici, dokunaklı; *~ rain* asit yağmuru; **2.** *n.* ⚗ asit; **a·cid·i·ty** [ɔ'sıdɔtı] *n.* ekşilik.

ac·knowl·edge [ək'nɒlıdʒ] *v/t.* kabul etmek; tanımak; aldığını bildirmek; **ac·knowl·edg(e)·ment** [~mɔnt] *n.* kabul; tanıma; aldığını bildirme; alındı.

a·corn ⚘ ['eıkɔ:n] *n.* meşe palamudu.

a·cous·tics [ɔ'ku:stıks] *n.pl.* akustik, ses dağılımı, yankılanım.

ac·quaint [ɔ'kweınt] *v/t.* bildirmek; göstermek, tanıtmak; *~ s.o. with s.th. b-ni bşden* haberdar etmek; *be ~ed with ile* tanışmış olmak; *-den* haberdar olmak, bilmek; **~·ance** [~ɔns] *n.* tanışma; bilgi; tanıdık.

ac·qui·esce [ækwı'es] *v/i.* razı olmak, kabul etmek, ses çıkarmamak *(in -e)*.

ac·quire [ɔ'kwaıɔ] *v/t.* kazanmak, edinmek.

ac·qui·si·tion [ækwı'zıʃn] *n.* kazanma, edinme; kazanç, edinti.

ac·quit [ɔ'kwıt] *(-tt-) v/t.* ⚖ beraat ettirmek, temize çıkarmak, aklamak *(of a charge bir suçlamadan)*; *~ o.s. of* yerine getirmek, yapmak *(görev)*; *~ o.s. well* yüz akı ile yapmak; **~·tal** ⚖ [~tl] *n.* beraat, aklanma.

a·cre ['eıkɔ] *n.* İngiliz dönümü *(4047 m²)*.

ac·rid ['ækrıd] *adj.* yakıcı, buruk, acı *(a. fig.)*

a·cross [ɔ'krɒs] **1.** *adv.* karşı tarafa geçerek; **2.** *prp.* karşıdan karşıya, öbür tarafa; çaprazlama; üzerinde; ötesinde, karşısında; öbür tarafında; *come ~, run ~ -e* rastlamak, şans eseri bulmak.

act [ækt] **1.** *v/i.* davranmak, hareket etmek; harekete geçmek; *thea.* rol almak, rol oynamak; *fig.* rol yapmak; *v/t. thea. (rol)* almak, oynamak, yapmak *(a. fig.)*; ~ *out* hareketlerle anlatmak; **2.** *n.* davranış, hareket, iş; kanun, yasa; *thea.* perde; yapmacık davranış, numara, rol; **~·ing** ['æktıŋ] **1.** *n.* davranma; *thea.* temsil, oyun; **2.** *adj.* temsil eden, vekil.
ac·tion ['ækʃn] *n.* hareket, iş, eylem; *thea.* olaylar dizisi; ⚖ dava; ⚔ çarpışma; ⊕ işleme, çalışma; *take* ~ harekete geçmek.
ac·tive ['æktıv] *adj.* aktif, etkin, canlı, çalışkan; etken, etkili; *econ.* hareketli; ~ *voice gr.* etken çatı; **ac·tiv·ist** [~vıst] *n.* eylemci, aktif rol oynayan kimse *(esp. pol.)*; **ac·tiv·i·ty** [æk'tıvətı] *n.* faaliyet, etkinlik, çalışma; iş; *esp. econ.* hareketlilik.
ac·tor ['æktə] *n.* aktör, erkek oyuncu; **ac·tress** [~trıs] *n.* aktris, kadın oyuncu.
ac·tu·al □ ['æktʃʊəl] gerçek, asıl; şimdiki, güncel, bugünkü.
a·cute □ [ə'kjuːt] *(~r, ~st)* keskin; şiddetli; zeki; tiz *(ses)*; ⚕ akut, ilerlemiş *(hastalık)*.
ad F [æd] = *advertisement.*
ad·a·mant □ *fig.* ['ædəmənt] boyun eğmez, hoşgörüsüz, katı, dik başlı.
a·dapt [ə'dæpt] *v/t.* uydurmak *(to -e)*; adapte etmek, uyarlamak *(from -den)*; ⊕ ayarlamak *(to -e)*; **ad·ap·ta·tion** [ædæp'teıʃn] *n.* uy(dur)ma; adaptasyon, uyarlama; **a·dapt·er, a·dapt·or** ⚡ [ə'dæptə] *n.* adaptör, uyarlaç.
add [æd] *v/t.* eklemek, ilave etmek, katmak; toplamak; ~ *up* toplamak; *v/i.*: ~ *to -e* eklenmek, artmak, fazlalaşmak, ulanmak; ~ *up fig.* anlamına gelmek.
ad·dict ['ædıkt] *n.* düşkün; *alcohol (drug)* ~ alkol (hap) düşkünü; *(futbol, sinema v.b.)* meraklı; **~·ed** [ə'dıktıd] *adj.* düşkün *(to -e)*; *be* ~ *to alcohol (drugs, television, etc.)* alkole (hapa, televizyona *v.b)* düşkün olmak; **ad·dic·tion** [~ʃn] *n.* düşkünlük, tiryakilik.
ad·di·tion [ə'dıʃn] *n.* ekleme, ilave, katma; zam; *A* toplama; *in* ~ ayrıca, üstelik, bundan başka; *in* ~ *to -e* ilaveten, *-den* başka; **~·al** [~l] *adj.* ilave, ek, katma.
ad·dress [ə'dres] **1.** *vb.* adres yazmak; söz yöneltmek; söylev vermek; **2.** *n.* adres; söylev, nutuk; **~·ee** [ædre'siː] *n.* alıcı.
ad·ept ['ædept] **1.** *adj.* becerikli, usta *(at, in -de)*; **2.** *n.* eksper, erbap, uzman *(at, in -de)*.
ad·e|qua·cy ['ædıkwəsı] *n.* yeterlilik; uygunluk; **~·quate** □ [~kwət] yeterli, tatminkâr, doyurucu; uygun.
ad·here [əd'hıə] *v/i.* yapışık kalmak, yapışmak *(to -e)*; katılmak, girmek; *fig.* bağlı kalmak, desteklemek; **ad·her·ence** [~rəns] *n.* yapışıklık; *fig.* bağlılık; **ad·her·ent** [~rənt] *n.* taraftar, yandaş.
ad·he·sive [əd'hiːsıv] **1.** □ yapışkan, yapışıcı; ~ *plaster* yapışkan bant, plaster; ~ *tape* izole bant, *Am.* yapışkan bant; **2.** *n.* zamk, tutkal, yapışkan, yapıştırıcı.
ad·ja·cent □ [ə'dʒeısnt] bitişik, komşu *(to -e)*.
ad·jec·tive *gr.* ['ædʒıktıv] *n.* sıfat, önad.
ad·join [ə'dʒɔın] *vb.* bitişik olmak, yan yana olmak.
ad·journ [ə'dʒɜːn] *v/t.* ertelemek; *v/i.* oturuma son vermek, dağılmak; **~·ment** [~mənt] *n.* ertele(n)me; ara.
ad·just [ə'dʒʌst] *v/t.* ayar etmek, ayarlamak; düzeltmek; *fig.* uydurmak *(to -e)*; **~·ment** [~mənt] *n.* düzeltme; uydurma; ⊕ ayar.

ad·min·is|ter [əd'mınıstə] *v/t.* yönetmek; uygulamak, yerine getirmek; *(yardım)* sağlamak; *(ceza)* vermek; *(yemin)* ettirmek; ~ *justice* yargıçlık yapmak; **~·tra·tion** [ədmını'streıʃn] *n.* uygulama; *pol. esp. Am.* yönetim, idare; hükümet; *esp. Am.* başkanlık; **~·tra·tive** □ [əd'mınıstrətıv] idari, yönetimsel; **~·tra·tor** [~reıtə] *n.* idareci, yönetici, müdür.

ad·mi·ra·ble □ ['ædmərəbl] hayranlık uyandıran, çok güzel, beğenilen.

ad·mi·ral ['ædmərəl] *n.* amiral.

ad·mi·ra·tion [ædmə'reıʃn] *n.* hayranlık.

ad·mire [əd'maıə] *v/t.* hayran olmak, takdir etmek; **ad·mir·er** [~rə] *n.* hayran; âşık.

ad·mis|si·ble □ [əd'mısəbl] kabul edilebilir; **~·sion** [~ʃn] *n.* kabul; giriş; giriş ücreti; itiraf; ~ *free* giriş serbesttir.

ad·mit [əd'mıt] *(-tt-) v/t.* içeri almak, kabul etmek *(to, into -e)*; itiraf etmek, kabullenmek; olanak vermek; **~·tance** [~əns] *n.* kabul; giriş; *no* ~ girilmez.

ad·mix·ture [æd'mıkstʃə] *n.* ilave, katma.

ad·mon·ish [əd'mɒnıʃ] *v/t.* azarlamak, çıkışmak; uyarmak *(of, against -e karşı)*; **ad·mo·ni·tion** [ædmə'nıʃn] *n.* uyarı, tembih, ihtar.

a·do [ə'du:] *n.* *(pl. -dos)* telaş, gürültü, patırtı; *without much ya da more ya da further* ~ ses çıkarmadan, sorun yapmadan.

ad·o·les|cence [ædə'lesns] *n.* gençlik, yeniyetmelik; **~·cent** [~t] *n.* *& adj.* genç, delikanlı, yeniyetme.

a·dopt [ə'dɒpt] *v/t.* benimsemek, kabul etmek; onaylamak; evlat edinmek; *~ed child* evlatlık, manevi evlat; **a·dop·tion** [~pʃn] *n.* kabul; evlat edinme; **a·dop·tive** □ [~tıv] evlatlığa kabul eden *ya da* edilen, manevi...; ~ *child* evlatlık, manevi evlat; ~ *parents pl.* manevi ana baba.

a·dor·a·ble □ [ə'dɔ:rəbl] tapılacak, tapılmaya değer; F şirin; **ad·o·ra·tion** [ædə'reıʃn] *n.* tapma, aşırı sevgi, aşk; **a·dore** [ə'dɔ:] *v/t.* tapmak *(a.fig.)*; çok hoşlanmak, bayılmak.

a·dorn [ə'dɔ:n] *v/t.* donatmak, süslemek; **~·ment** [~mənt] *n.* süs, ziynet.

a·droit □ [ə'drɔıt] becerikli, usta.

ad·ult ['ædʌlt] *n. & adj.* yetişkin, ergin, reşit; ~ *education* yetişkin eğitimi.

a·dul·ter|ate [ə'dʌltəreıt] *v/t.* karıştırmak, bozmak; *(süt v.b.'ne)* su katmak; **~·er** [~rə] *n.* zina yapan erkek; **~·ess** [~rıs] *n.* zina yapan kadın; **~·ous** □ [~rəs] zina yapan; zina ile ilgili; **~·y** [~rı] *n.* zina.

ad·vance [əd'vɑ:ns] **1.** *v/i.* ilerlemek; yükselmek; *(fiyat)* artmak; *v/t.* yükseltmek; artırmak *(fiyat)*; avans vermek; ileri sürmek, söylemek; **2.** *n.* ilerleme; terfi, yükselme; *(fiyat)* artma, yükselme; avans; *in* ~ önceden, baştan; **~d** *adj.* ilerlemiş; ileri; ~ *for one's years* yaşına göre daha olgun; **~·ment** [~mənt] *n.* ilerleme; terfi, yükselme.

ad·van|tage [əd'vɑ:ntıdʒ] *n.* avantaj, yarar, çıkar; üstünlük; kazanç; *take* ~ *of -den* yararlanmak; **~·ta·geous** □ [ædvən'teıdʒəs] avantajı, yararlı, kârlı.

ad·ven|ture [əd'ventʃə] *n.* macera, serüven, avantür; tehlikeli iş; **~·tur·er** [~rə] *n.* maceracı kimse, serüven peşinde koşan kişi; dalavereci, dolandırıcı; **~·tur·ess** [~rıs] *n.* maceracı kadın; **~·tur·ous** □ [~rəs] maceracı, serüvenci; tehlikeli, maceralı.

ad·verb *gr.* ['ædvɜːb] *n.* zarf, belirteç.

ad·ver·sa·ry ['ædvəsərı] *n.* düşman; rakip; **ad·verse** □ ['ædvɜːs] zıt, ters düşen *(to -e);* elverişsiz; **ad·ver·si·ty** [əd'vɜːsətı] *n.* güçlük, sıkıntı, bela; şanssızlık.

ad·ver|tise ['ædvətaız] *vb.* ilan etmek; ilan vermek; reklamını yapmak; **~·tise·ment** [əd'vɜː tısmənt] *n.* ilan; reklam; **~·tis·ing** ['ædvətaızıŋ] *n.* ilan; reklam; reklamcılık; *attr.* reklam...; *~ agency* reklam ajansı.

ad·vice [əd'vaıs] *n.* öğüt, akıl; öğütleme, tavsiye; bilgi, haber; ihbar; *take medical ~* doktora başvurmak; *take my ~* sözümü dinle, öğüdümü tut.

ad·vi·sab·le □ [əd'vaızəbl] akıllıca, makul, yerinde; **ad·vise** [əd'vaız] *v/t.* öğüt vermek, akıl öğretmek; tavsiye etmek; *esp. econ.* bildirmek, haber vermek; *v/i.* danışmak, akıl sormak; **ad·vis·er,** *Am. a.* **ad·vi·sor** [~ə] *n.* danışman; akıl hocası; **ad·vi·so·ry** [~ərı] *adj.* öğütleme niteliğinde, danışma...

ad·vo·cate 1. ['ædvəkət] *n.* avukat; taraftar, savunucu; **2.** [~keıt] *v/t.* savunmak, desteklemek.

aer·i·al ['eərıəl] **1.** □ havai, hava...; *~ view* havadan görünüş; **2.** *n.* anten.

ae·ro- ['eərəʊ] hava-

aer·o|bics [eə'rəʊbıks] *n. sg.* aerobik; **~·drome** *esp. Brt.* ['eərədrəʊm] *n.* havaalanı; **~·dy·nam·ic** [eərəʊdaı'næmık] *(~ally) adj.* aerodinamik; **~·dy·nam·ics** *n. sg.* aerodinamik; **~·nau·tics** [eərə'nɔːtıks] *n. sg.* havacılık; **~·plane** *Brt.* ['eərəpleın] *n.* uçak.

aes·thet·ic [iːs'θetık] *adj.* estetik, güzelduyusal; **~s** *n. sg.* estetik, güzelduyu.

a·far [ə'fɑː] *adv.* uzakta; uzak.

af·fa·ble □ ['æfəbl] nazik, kibar; içten.

af·fair [ə'feə] *n.* iş, mesele; olay; F şey, nesne; ilişki.

af·fect [ə'fekt] *v/t.* etkilemek; üzmek, dokunmak; hoşlanmak; ... gibi görünmek, taslamak, takınmak; **af·fec·ta·tion** [æfek'teıʃn] *n.* yapmacık tavır, gösteriş; **~·ed** □ yapmacık; yatkın, eğilimli; üzgün; düşkün, tutulmuş; **af·fec·tion** [~kʃn] *n.* sevgi; aşk; **af·fec·tion·ate** □ [~ʃnət] şefkatli, sevecen.

af·fil·i·ate [ə'fılıeıt] *vb. (üyelik v.b.'ne)* kabul etmek; birleştirmek; üye olmak; *~d company econ.* bağlı şirket.

af·fin·i·ty [ə'fınətı] *n.* benzerlik, ilişki, yakınlık; akrabalık; ⚗ ilgi; beğeni *(for, to -e karşı).*

af·firm [ə'fɜːm] *v/t.* doğrulamak; iddia etmek; onaylamak; **af·fir·ma·tion** [æfə'meıʃn] *n.* doğrulama; iddia; **af·fir·ma·tive** [ə'fɜːmətıv] **1.** □ olumlu; **2.** *answer in the ~* olumlu yanıt vermek.

af·fix [ə'fıks] *v/t.* takmak, eklemek *(to -e); (mühür)* basmak; *(imza)* atmak; *(pul)* yapıştırmak.

af·flict [ə'flıkt] *v/t.* üzmek, acı vermek, sarsmak; **af·flic·tion** [~kʃn] *n.* acı, dert, keder.

af·flu|ence ['æflʊəns] *n.* bolluk, refah, gönenç; zenginlik; **~·ent** [~t] **1.** □ bol; refah içinde olan, gönençli; zengin; *~ society* gönençli toplum; **2.** *n.* akarsu kolu, ayak.

af·ford [ə'fɔːd] *vb.* sağlamak, vermek; paraca gücü yetmek, kesesi elvermek; *I can ~ it* ona kesem elveriyor.

af·front [ə'frʌnt] **1.** *v/t.* hakaret etmek; **2.** *n.* hakaret.

a·field [ə'fiːld] *adv.* uzağa; kırlara, kırda.

a·float [ə'fləʊt] *adv.* ⚓ yüzmekte, denizde; *fig.* *(söylenti)* dolaşmakta; *set* ~ ⚓ yüzdürmek.
a·fraid [ə'freɪd]: *be* ~ *of -den* korkmak; *I'm* ~ *she won't come* ne yazık ki gelmeyecek; *I'm* ~ *I must go now* maalesef artık gitmem gerek.
a·fresh [ə'freʃ] *adv.* tekrar, yeniden.
Af·ri·can ['æfrɪkən] **1.** *adj.* Afrika'ya özgü; **2.** *n.* Afrikalı; *Am. a.* zenci.
af·ter ['ɑːftə] **1.** *adv.* arkasından; **2.** *prp.* sonra, *-den* sonra; yönteminde, tarzında; ~ *all -e* rağmen; yine de, bununla birlikte; **3.** *cj.* *-dikten* sonra; **4.** *adj.* sonraki, ertesi; **~-ef·fect** *n.* ⚕ ikincil etki; *fig.* dolaylı sonuç; **~·glow** *n.* akşam kızıllığı; **~·math** [~mæθ] *n.* sonuç, akıbet; **~·noon** [ɑːftə'nuːn] *n.* öğleden sonra; *this* ~ bu öğleden sonra; *good* ~*!* iyi öğleden sonralar!; **~·taste** ['ɑːftəteɪst] *n.* ağızda kalan tat; **~·thought** *n.* sonradan akla gelen düşünce; **~·wards,** *Am. a.* **~·ward** [~wəd(z)] *adv.* sonradan, sonra.
a·gain [ə'gen] *adv.* tekrar, yine, gene, bir daha; ~ *and* ~, *time and* ~ tekrar tekrar, defalarca; *as much* ~ iki katı.
a·gainst [ə'genst] *prp.* *-e* karşı; *fig.* *-in* aleyhinde; *as* ~ *-e* oranla, *-e* kıyasla; *he was* ~ *it* ona karşıydı.
age [eɪdʒ] **1.** *n.* yaş; çağ, devir; *(old)* ~ yaşlılık; *(come) of* ~ reşit (olmak), ergin(leşmek); *be over* ~ yaşı geçmek; *under* ~ yaşı küçük, ergin olmayan; *wait for* ~*s* F çok beklemek; **2.** *v/i.* yaşlanmak, ihtiyarlamak; *v/t.* eskitmek; **~d** ['eɪdʒɪd] *adj.* yaşlı, ihtiyar; [eɪdʒd]: ~ *twenty* yirmi yaşında; **~.less** ['eɪdʒlɪs] *adj.* yaşlanmayan, ihtiyarlamaz, kocamaz; eskimez.
a·gen·cy ['eɪdʒənsɪ] *n.* acente, büro, ajans; aracılık.
a·gen·da [ə'dʒendə] *n.* gündem.
a·gent ['eɪdʒənt] *n.* acente; ajan *(a. pol.)*
ag·glom·er·ate [ə'glɒməreɪt] *v/t.* & *v/i.* topla(n)mak, yığ(ıl)mak.
ag·gra·vate ['ægrəveɪt] *v/t.* kötüleştirmek, zorlaştırmak, ağırlaştırmak; F kızdırmak.
ag·gre·gate **1.** ['ægrɪgeɪt] *v/t.* & *v/i.* topla(n)mak, birik(tir)mek, yığ(ıl)mak; *(sayı v.b.)* varmak, ulaşmak *(to -e)*; **2.** □ [~gət] bütün, toplu; **3.** [~] *n.* toplam; yığın, küme.
ag·gres|sion [ə'greʃn] *n.* sadırı, tecavüz; saldırganlık; **~·sive** □ [~sɪv] saldırgan; kavgacı; *fig.* girişken, atılgan; **~·sor** [~sə] *n.* saldırgan.
ag·grieved [ə'griːvd] *adj.* dertli, incinmiş; mağdur, kıygın.
a·ghast [ə'gɑːst] *adj.* donakalmış, dehşet içindeki.
ag·ile □ ['ædʒaɪl] çevik, atik; **a·gil·i·ty** [ə'dʒɪlətɪ] *n.* çeviklik.
ag·i|tate ['ædʒɪteɪt] *v/t.* sallamak, çalkamak; *fig.* üzmek, sarsmak; *v/i.* propaganda yapmak; **~·ta·tion** [ædʒɪ'teɪʃn] *n.* sallama; heyecan, endişe; tahrik; karışıklık; **~·ta·tor** ['ædʒɪteɪtə] *n.* kışkırtıcı; propagandacı.
a·glow [ə'gləʊ] *adj.* parlak; kıpkırmızı; *be* ~ parlamak *(with -den)*.
a·go [ə'gəʊ] *adv.* önce; *a year* ~ bir yıl önce.
ag·o·nize ['ægənaɪz] *v/t.* & *v/i.* kıvran(dır)mak, acı çek(tir)mek.
ag·o·ny ['ægənɪ] *n.* ıstırap, acı; kıvranma; can çekişme.
a·grar·i·an [ə'greərɪən] *adj.* tarımsal, tarım...
a·gree [ə'griː] *v/i.* aynı fikirde olmak; anlaşmak, uyuşmak *(on, upon -de)*; bağdaşmak, uymak; ~ *to -e* razı olmak; **~·a·ble** □ [ə'grɪ-

əbl] güzel, hoş, tatlı; kabul eden, razı *(to -e)*; **~·ment** [ə'gri:mənt] *n.* anlaşma, uyuşma; sözleşme.

ag·ri·cul·tur|al [ægrı'kʌltʃərəl] *adj.* tarımsal; **~e** ['ægrıkʌltʃə] *n.* tarım, ziraat; **~·ist** [ægrı'kʌltʃərıst] *n.* tarımcı, çiftçi.

a·ground ⚓ [ə'graʊnd] *adv.* karaya oturmuş; *run ~* karaya oturmak.

a·head [ə'hed] *adv.* ileride, önde; ileri *go ~!* ileri!; siz buyrun!, kesmeyin!; *straight ~* dosdoğru, doğruca.

aid [eıd] **1.** *v/t.* yardım etmek; **2.** *n.* yardım; yardımcı.

ail [eıl] *v/i.* hasta olmak; *v/t.* sıkıntı vermek, rahatsız etmek; *what ~s him?* nesi var?; **~·ing** ['eılıŋ] *adj.* hasta, rahatsız; **~·ment** [~mənt] *n.* hastalık, rahatsızlık, keyifsizlik.

aim [eım] **1.** *v/i.* nişan almak *(at -e)*; *~ at fig.* kastetmek; *be ~ ing to do s.th.* *bş* yapmaya niyeti olmak; *v/t. ~ at -e* atmak, fırlatmak, indirmek *(silah, yumruk v.b.)*; **2.** *n.* nişan, hedef *(a. fig.)*; amaç, gaye; *take ~ at -e* nişan almak; **~·less** □ ['eımlıs] amaçsız, boş.

air[1] [eə] **1.** *n.* hava; hava akımı; rüzgâr, esinti; tavır, eda, hava; *by ~* havayolu ile, uçakla; *in the open ~* açık havada; *on the ~* radyoda; *be on the ~* radyoda konuşmak; *go off the ~* yayını kesmek; *give o.s. ~s, put on ~s* caka satmak, hava atmak; **2.** *v/t.* havalandırmak; *fig.* ortaya dökmek, açmak *(fikir v.b.)*.

air[2] ♪ [~] *n.* hava, nağme, melodi.

air|base ✕ ['eəbeıs] *n.* hava üssü; **~·bed** *n.* hava yastığı; **~·borne** *adj.* havadan taşınan; uçmakta olan; ✕ hava indirme...; **~·brake** *n.* ⊕ hava freni; **~·con·di·tioned** *adj.* klimalı, havalandırma tertibatlı; **~·craft** *(pl. -craft) n.* uçak; **~·craft car·ri·er** *n.* uçak gemisi; **~·field** *n.* havaalanı; **~ force** *n.* ✕ hava kuvvetleri; **~ host·ess** *n.* ✈ hostes; **~-jack·et** *n.* yüzme yeleği; **~·lift** *n.* ✈ hava köprüsü; **~·line** *n.* ✈ havayolu; **~·lin·er** *n.* ✈ yolcu uçağı; **~·mail** *n.* uçak postası; *by ~ (mektup v.b.)* uçak ile; **~·man** *(pl. -men) n.* havacı, pilot; **~·plane** *n. Am.* uçak; **~ pock·et** *n.* ✈ hava boşluğu; **~ pol·lu·tion** *n.* hava kirliliği; **~·port** *n.* havaalanı, havalimanı; **~ raid** *n.* hava saldırısı; **~-raid pre·cau·tions** *n. pl.* hava saldırısı önlemleri, pasif korunma; **~-raid shel·ter** *n.* sığınak; **~ route** *n.* ✈ havayolu, uçuş rotası; **~·sick** *adj.* hava çarpmış; **~·space** *n.* hava sahası; **~·strip** *n.* uçuş pisti; **~ ter·mi·nal** *n.* uçak terminali; **~·tight** *adj.* hava geçirmez; **~ traf·fic** *n.* hava trafiği; **~-traf·fic con·trol** *n.* ✈ hava trafiği kontrol; **~-traf·fic con·trol·ler** *n.* ✈ hava trafik kontrolörü; **~·way** *n.* ✈ havayolu; **~·wor·thy** *adj.* uçabilir, uçmaya elverişli, uçuş güvenliğine sahip.

air·y □ ['eərı] *(-ier, -iest)* havadar; *contp.* yapmacıklı, azametli, kurumlu.

aisle *arch.* [aıl] *n.* kilisenin yan kısmı; geçit, koridor.

a·jar [ə'dʒɑ:] *adv.* yarı açık, aralık.

a·kin [ə'kın] *adj.* yakın, benzer *(to -e)*; akraba *(to ile)*.

a·lac·ri·ty [ə'lækrətı] *n.* istek, canlılık, şevk.

a·larm [ə'lɑ:m] **1.** *n.* alarm, tehlike işareti; korku, telaş; **2.** *v/t.* tehlikeyi bildirmek; korkutmak, telaşa vermek; **~ clock** *n.* çalar saat.

al·bum ['ælbəm] *n.* albüm.

al·bu·mi·nous [æl'bju:mınəs] *adj.* albüminli.

al·co·hol ['ælkəhɒl] *n.* alkol; **~·ic**

[ælkə'hɒlık] **1.** *adj.* alkollü; **2.** *n.* alkolik, ayyaş; **~·is·m** ['ælkəhɒlızəm] *n.* alkolizm.
al·cove ['ælkəʊv] *n.* hücre, oyuk; çıkma, cumba; çardak.
al·der·man ['ɔːldəmən] *(pl. -men)* *n.* belediye meclisi üyesi.
ale [eıl] *n.* bira.
a·lert [ə'lɜːt] **1.** □ tetik, uyanık, dikkatli; **2.** *n.* alarm, tehlike işareti; *on the ~* tetikte; **3.** *v/t.* alarma geçirmek; uyarmak.
al·i·bi ['ælıbaı] *n.* *(suç işlendiğinde)* başka yerde olduğu iddiası; F özür, gerekçe.
a·li·en ['eıljən] *n.* & *adj.* yabancı; **~·ate** [~eıt] *v/t.* devretmek; soğutmak, uzaklaştırmak *(from -den)*.
a·light [ə'laıt] **1.** *adj.* tutuşmuş, yanan; **2.** *v/i.* *(otobüs v.b.'den)* inmek; ✈ inmek; konmak *(on, upon -e)*.
a·lign [ə'laın] *v/t.* aynı hizaya getirmek *(with ile)*; *~ o.s. with ile* anlaşmak, *-in* yanında olmak.
a·like [ə'laık] **1.** *adj.* aynı, benzer; **2.** *adv.* aynı biçimde.
al·i·men·ta·ry [ælı'mentərı] *adj.* besleyici, yiyecek ile ilgili; *~ canal* sindirim borusu.
al·i·mo·ny ⚖ ['ælımənı] *n.* nafaka.
alive [ə'laıv] *adj.* canlı, sağ, diri, yaşayan; farkında *(to -in)*; dolu, kaynayan *(with ile)*.
all [ɔːl] **1.** *adj.* bütün, hep, her; tam; **2.** *pron.* herşey, hepsi; **3.** *adv.* tamamen, büsbütün; *~ at once* aniden, birden; *~ the better* daha da iyi; *~ but* hemen hemen; az daha; *~ in Am.* F yorgun, bitkin, turşu gibi; *~ right* tamam, peki, oldu; *for ~ that* bununla birlikte, buna karşın; *for ~ (that) I care* bana ne; *for ~ I know* bildiğim kadarı ile; *at ~* hiç mi hiç; *not at ~* birşey değil; *the score was two ~* skor iki ikiydi.
all-A·mer·i·can ['ɔːlə'merıkən] *adj.* özbeöz Amerikalı; tam Amerikalı.
al·lay [ə'leı] *v/t.* yatıştırmak, hafifletmek.
al·le·ga·tion [ælı'geıʃn] *n.* iddia, sav; ileri sürme.
al·lege [ə'ledʒ] *v/t.* ileri sürmek; iddia etmek; **~d** □ iddia edilen; sözde.
al·le·giance [ə'liːdʒəns] *n.* bağlılık, sadakat.
al·ler|gic [ə'lɜːdʒık] *adj.* alerjik; **~·gy** ['ælədʒı] *n.* alerji.
al·le·vi·ate [ə'liːvıeıt] *v/t.* hafifletmek, azaltmak.
al·ley ['ælı] *n.* dar yol; yaya yolu; *bowling oyunu:* topun atıldığı yol.
al·li·ance [ə'laıəns] *n.* birleşme, ittifak.
al·lo|cate ['æləkeıt] *v/t.* tahsis etmek, ayırmak, özgülemek; bölüştürmek, dağıtmak; **~·ca·tion** [ælə'keıʃn] *n.* ayırma; bölüştürme; hisse.
al·lot [ə'lɒt] *(-tt-)* *v/t.* tahsis etmek, ayırmak, özgülemek; bölüştürmek; **~·ment** [~mənt] *n.* ayırma; bölüştürme; küçük bostan.
al·low [ə'laʊ] *v/t.* izin vermek, olanak vermek; kabul etmek, razı olmak; *~ for* göz önüne almak, hesaba katmak; **~·a·ble** □ [ə'laʊəbl] kabul edilebilir; izin verilebilir; **~·ance** *n.* izin, müsaade; gelir, maaş; harçlık; indirim; *fig.* göz yumma, tolerans; *make ~(s) for s.th.* *bşi* göz önünde tutmak.
al·loy **1.** ['ælɔı] *n.* alaşım; **2.** [ə'lɔı] *v/t.* *(kıymetli madene kıymetsiz maden)* karıştırmak; *fig.* değerini ya da kalitesini bozmak.
all-round ['ɔːlraʊnd] *adj.* çok yönlü, çok yetenekli; **~·er** [ɔːl'raʊndə] *n.* çok yetenekli kimse; *spor:* çok yönlü sporcu.
al·lude [ə'luːd] *vb.* üstü kapalı anlatmak, dolaylı anlatmak, anıştır-

mak *(to -i)*.
al·lure [ə'ljʊə] *v/t.* cezbetmek, çekmek; ayartmak; **~·ment** [~mənt] *n.* cezbetme; çekicilik.
al·lu·sion [ə'luːʒn] *n.* anıştırma, ima; taş.
al·ly 1. [ə'laı] *vb.* birleşmek, ittifak etmek, bağlaşmak *(to, with ile)*; **2.** ['ælaı] *n.* müttefik, bağlaşık; dost; *the Allies pl.* Müttefikler.
al·ma·nac ['ɔːlmənæk] *n.* almanak, takvim, yıllık.
al·might·y [ɔːl'maıtı] *adj.* her şeye gücü yeten; *the* ♀ Allah.
al·mond ⚘ ['ɑːmənd] *n.* badem.
al·mo·ner *Brt.* ['ɑːmənə] *n.* *(hastaların gereksinimlerine yardımcı olan)* sosyal görevli.
al·most ['ɔːlməʊst] *adv.* hemen hemen, az daha, neredeyse; adeta.
alms [ɑːmz] *n. pl.* sadaka.
a·loft [əːlɒft] *adv.* yukarıda, yükseklerde, havada.
a·lone [ə'ləʊn] *adj.* yalnız, tek başına; *let ya da leave* ~ kendi haline bırakmak; *let* ~... ...şöyle dursun, ...bırak ki.
a·long [ə'lɒŋ] *adv.* & *prp.* boyunca, müddetince; yanı sıra; *all* ~ boydan boya; başından beri; ~ *with ile* birlikte; *come* ~ haydi gel, gayret; *get* ~ anlaşmak, geçinmek *(with s.o. b-le)*; *take* ~ yanına almak, beraberinde götürmek; **~·side** [~'saıd] **1.** *adv.* yan yana; **2.** *prp.* yanın(d)a; ⚓ bordasında.
a·loof [ə'luːf] *adv.* uzakta, uzak, ayrı.
a·loud [ə'laʊd] *adv.* yüksek sesle, bağırarak.
al·pha·bet ['ælfəbıt] *n.* alfabe, abece.
al·pine ['ælpaın] *adj.* Alp Dağları ile ilgili.
al·read·y [ɔːl'redı] *adv.* şimdiden, daha; bile, çoktan, zaten; şimdiye dek.
al·right [ɔːl'raıt] = *all right.*
al·so ['ɔːlsəʊ] *adv.* de, da, dahi; üstelik, hem de.
al·tar ['ɔːltə] *n.* mihrap; sunak.
al·ter ['ɔːltə] *v/t.* & *v/i.* değiş(tir)mek; **~·a·tion** [ɔːltə'reıʃn] *n.* değiş(tir)me; değişiklik *(to -e)*.
al·ter|nate 1. ['ɔːltəneıt] *v/t.* & *v/i.* değiş(tir)mek; nöbetle yap(tır)mak; *alternating current* ⚡ dalgalı akım; **2.** □ [ɔːl'tɜːnət] nöbetleşe değişen, sıra ile yapılan; **3.** *Am.* [~] *n.* temsilci, vekil; **~·na·tion** [ɔːltə'neıʃn] *n.* değişiklik; **~·na·tive** [ɔːl'tɜːnətıv] **1.** □ alternatif; ~ *society* alternatif toplum; **2.** *n.* alternatif, seçenek.
al·though [ɔːl'ðəʊ] *cj.* *-diği* halde, *-e* karşın, ise de.
al·ti·tude ['æltıtjuːd] *n.* yükseklik; *at an* ~ *of* ...yükseklikte.
al·to·geth·er [ɔːltə'geðə] *adv.* tamamen, tamamıyla, büsbütün.
al·u·min·i·um [æljʊ'mınjəm], *Am.* **a·lu·mi·num** [ə'luːmınəm] *n.* alüminyum.
al·ways ['ɔːlweız] *adv.* her zaman, daima, hep.
am [æm; *vurgusuz:* əm] *1. sg. pres. of* be.
a·mal·gam·ate [ə'mælgəmeıt] *v/t.* & *v/i.* karış(tır)mak, birleş(tir)mek.
a·mass [ə'mæs] *v/t.* toplamak, yığmak, biriktirmek.
am·a·teur ['æmətə] *n.* amatör, hevesli, özengen.
a·maze [ə'meız] *v/t.* hayretler içinde bırakmak, şaşırtmak; **~·ment** [~mənt] *n.* şaşkınlık, hayret; **a·maz·ing** □ [~ıŋ] şaşırtıcı.
am·bas·sa|dor *pol.* [æm'bæsədə] *n.* büyükelçi; **~·dress** *pol.* [~drıs] *n.* kadın büyükelçi; büyükelçi karısı.
am·ber *min.* ['æmbə] *n.* amber.
am·bi·gu·i·ty [æmbı'gjuːıtı] *n.* belirsizlik; iki anlamlılık; **am·big·u·ous** □ [æm'bıgjʊəs] belirsiz, şüp-

heli; iki anlamlı.
am·bi|tion [æm'bɪʃn] *n.* hırs, tutku; arzu, emel; **~·tious** □ [~ʃəs] hırslı, gözü yükseklerde.
am·ble ['æmbl] **1.** *n.* eşkin, rahvan; rahat yürüyüş; **2.** *v/i.* *(at)* eşkin gitmek; yavaş yavaş dolaşmak.
am·bu·lance ['æmbjʊləns] *n.* ambulans, cankurtaran; × seyyar hastane.
am·bush ['æmbʊʃ] **1.** *n.* pusu; *be ya da lie in ~ for s.o. b-i* için pusuya yatmak; **2.** *v/t.* pusuya düşürmek.
a·me·li·o·rate [ə'mi:ljəreɪt] *v/t.* iyileştirmek, düzeltmek; *v/i.* iyileşmek, düzelmek.
a·men *int.* [ɑ:'men] âmin.
a·mend [ə'mend] *v/t. & v/i.* düzel(t)mek, iyileş(tir)mek; değiştirmek; **~·ment** [~mənt] *n.* düzeltme; *parl.* değişiklik önerisi; *Am.* yasa değişikliği; **~s** *n. pl.* tazminat; *make ~ to s.o. for s.th. bşden* dolayı *b-nin* zararını ödemek.
a·men·i·ty [ə'mi:nətɪ] *n.oft. amenities pl.* refah araçları, yaşamın güzel yönleri.
A·mer·i·can [ə'merɪkən] **1.** *adj.* Amerikan; *~ plan* tam pansiyon; **2.** *n.* Amerikalı; Amerikanca; **~·is·m** [~ɪzəm] *n.* Amerikanca sözcük *ya da* deyim; **~·ize** [~aɪz] *v/t. & v/i.* Amerikalılaş(tır)mak.
a·mi·a·ble □ ['eɪmjəbl] sevimli, tatlı, hoş.
am·i·ca·ble □ ['æmɪkəbl] dostça.
a·mid(st) [ə'mɪd(st)] *prp.* ortasın(d)a, arasın(d)a.
a·miss [ə'mɪs] *adj.* yanlış; kusurlu; *take ~* yanlış anlamak, kötüye çekmek; darılmak.
am·mo·ni·a [ə'məʊnjə] *n.* amonyak.
am·mu·ni·tion [æmjʊ'nɪʃn] *n.* cephane.
am·nes·ty ['æmnɪstɪ] **1.** *n.* genel af; **2.** *vb.* genel af çıkarmak.
a·mok [ə'mɒk]: *run ~* deli gibi koşmak, sağa sola saldırmak.
a·mong(st) [ə'mʌŋ(st)] *prp.* arasın(d)a, için(d)e.
am·o·rous □ ['æmərəs] âşık, tutkun; aşk dolu.
a·mount [ə'maʊnt] **1.** *v/i.* varmak, ulaşmak *(to -e)*; **2.** *n.* miktar, tutar.
am·ple □ ['æmpl] *(~r, ~st)* bol; geniş; yeterli.
am·pli|fi·ca·tion [æmplɪfɪ'keɪʃn] *n.* genişletme; *rhet.* geniş açıklama; *phys.* amplifikasyon, yükseltme; **~·fi·er** ⚡ ['æmplɪfaɪə] *n.* amplifikatör, yükselteç; **~·fy** [~faɪ] *v/t.* büyütmek, genişletmek; ⚡ *(ses)* yükseltmek, kuvvetlendirmek; **~·tude** [~tju:d] *n.* genişlik; genlik.
am·pu·tate ['æmpjʊteɪt] *v/t.* *(organı)* kesmek, kesip almak.
a·muck [ə'mʌk] = *amok.*
a·muse [ə'mju:z] *v/t.* eğlendirmek; güldürmek; *~ o.s.* eğlenmek, hoşça vakit geçirmek; **~·ment** [~mənt] *n.* eğlence; **a·mus·ing** □ [~ɪŋ] eğlenceli; komik, güldürücü.
an [æn, ən] *belgisiz tanıtıcı:* bir, herhangi bir.
a·nae·mi·a ⚕ [ə'ni:mjə] *n.* anemi, kansızlık.
an·aes·thet·ic [ænɪs'θetɪk] **1.** *(~ally) adj.* uyuşturucu; **2.** *n.* uyuşturucu madde.
a·nal *anat.* ['eɪnl] *adj.* anal, anüs ile ilgili.
a·nal·o|gous □ [ə'næləgəs] benzer, andıran, -vari; **~·gy** [~dʒɪ] *n.* benzerlik, benzeşme; kıyas, örnekseme.
an·a·lyse *esp.Brt.,Am.* **-lyze** ['ænəlaɪz] *v/t.* analiz etmek, tahlil etmek, çözümlemek; **a·nal·y·sis** [ə'næləsɪs] *n.* *(pl. -ses* [-si:z]*)* analiz, tahlil, çözümleme.

an·arch·y ['ænəkı] *n.* anarşi, başsızlık, erksizlik.
a·nat·o|mize [ə'nætəmaız] *v/t.* ⚕ parçalara ayırmak; **~·my** [~ı] *n.* anatomi.
an·ces|tor ['ænsestə] *n.* ata, cet; **~·tral** [æn'sestrəl] *adj.* ata ile ilgili; atadan kalma; **~·tress** ['ænsestrıs] *n.* kadın ata; **~·try** [~rı] *n.* atalar, dedeler, ecdat.
an·chor ['æŋkə] **1.** *n.* çapa, demir; *at ~* demir atmış, demirli; **2.** *vb.* demir atmak, demirlemek; **~·age** [~rıdʒ] *n.* demirleme yeri.
an·cho·vy *zo.* ['æntʃəvı] *n.* hamsi; ançüez.
an·cient ['eınʃənt] **1.** *adj.* eski; **2.** *n. the ~s pl.hist.* eski uygarlıklar.
and [ænd, ənd] *cj.* ve; ile.
a·ne·mi·a *Am.* = *anaemia.*
an·es·thet·ic *Am.* = *anaesthetic.*
a·new [ə'njuː] *adv.* yeniden, tekrar, baştan.
an·gel ['eındʒəl] *n.* melek *(a. fig.).*
an·ger ['æŋgə] **1.** *n.* öfke, hiddet *(at -e);* **2.** *v/t.* öfkelendirmek.
an·gi·na ⚕ [æn'dʒaınə] *n.* anjin, boğak, farenjit.
an·gle ['æŋgl] **1.** *n.* açı; *fig.* görüş açısı; **2.** *v/i.* elde etmeye çalışmak, peşinde olmak *(for -in);* **~r** [~ə] *n.* olta ile balık tutan kimse.
An.gli.can ['æŋglıkən] **1.** *adj. eccl.* Anglikan; *Am.* İngiliz; **2.** *n. eccl.* Anglikan, İngiliz kilisesine bağlı kimse.
An·glo-Sax·on ['æŋgləʊ'sæksən] *n. & adj.* Anglosakson; *ling.* eski İngilizce.
an·gry □ ['æŋgrı] *(-ier, -iest)* kızgın, öfkeli, sinirlenmiş *(at, with -e);* dargın.
an·guish ['æŋgwıʃ] *n.* acı, keder, elem; **~ed** [~ʃt] *adj.* acı dolu, kederli.
an·gu·lar □ ['æŋgjʊlə] açısal; açılı, köşeli; *fig.* bir deri bir kemik.
an·i·mal ['ænıml] **1.** *n.* hayvan; **2.** *adj.* hayvani, hayvansal.
an·i|mate ['ænımeıt] *v/t.* canlandırmak, hayat vermek; **~·ma·ted** *adj.* canlı; hayat dolu; *~ cartoon* çizgi film; **~·ma·tion** [ænı'meıʃn] *n.* canlılık; neşe; şevk.
an·i·mos·i·ty [ænı'mɒsətı] *n.* düşmanlık, nefret.
an·kle *anat.* ['æŋkl] *n.* ayak bileği.
an·nals ['ænlz] *n. pl.* tarihsel olaylar, kronik.
an·nex 1. [ə'neks] *v/t.* topraklarına katmak; eklemek; **2.** ['æneks] *n.* ek, ilave; eklentiler; **~·a·tion** [ænek'seıʃn] *n.* katma, ekleme.
an·ni·hi·late [ə'naıəlaıt] *v/t.* yok etmek.
an·ni·ver·sa·ry [ænı'vɜːsərı] *n.* yıldönümü; yıldönümü töreni.
an·no|tate ['ænəʊteıt] *vb.* çıkmalar yapmak, notlar koymak; **~·ta·tion** [ænəʊ'teıʃn] *n.* çıkma, dipnot.
an·nounce [ə'naʊns] *v/t.* anons etmek, duyurmak, bildirmek, ilan etmek; *radyo, TV:* okumak, sunmak *(haber);* **~·ment** [~mənt] *n.* anons, duyuru, bildiri, ilan; *radyo, TV:* haber; **an·nounc·er** [~ə] *n. radyo, TV:* spiker.
an·noy [ə'nɔı] *v/t.* canını sıkmak, üzmek; kızdırmak; bıktırmak; **~·ance** [~əns] *n.* canını sıkma; üzüntü; **~·ing** [~ıŋ] *adj.* can sıkıcı.
an·nu·al ['ænjʊəl] **1.** □ yıllık, senelik; **2.** *n.* ✿ bir yıllık *ya da* mevsimlik bitki.
an·nu·i·ty [ə'njuːıtı] *n.* yıllık ödenek.
an·nul [ə'nʌl] *(-ll-) v/t.* iptal etmek, yürürlükten kaldırmak, bozmak; **~·ment** [~mənt] *n.* iptal, kaldırma.
an·o·dyne ⚕ ['ænəʊdaın] **1.** *adj.* ağrı kesici, yatıştırıcı; **2.** *n.* ağrı kesici ilaç.
a·noint [ə'nɔınt] *v/t.* yağlamak.

a·nom·a·lous □ [ə'nɒmələs] anormal, düzgüsüz.
a·non·y·mous □ [ə'nɒnıməs] anonim, adı bilinmeyen, isimsiz.
an·o·rak ['ænəræk] *n.* anorak.
an·oth·er [ə'nʌðə] *adj.* diğer, başka, öteki, öbür.
an·swer ['ɑːnsə] **1.** *v/t.* cevap vermek, cevaplandırmak, yanıtlamak; ~ *the bell ya da door* kapıyı açmak, kapıya bakmak; ~ *the telephone* telefona bakmak; *v/i.* uymak *(to -e)*; sorumlu olmak *(to -e karşı)*; ~ *back* karşılık vermek; ~ *for -den* sorumlu olmak; *-e* kefil olmak; **2.** *n.* cevap, yanıt *(to -e)*; **~·a·ble** [~rəbl] *adj.* yanıtlanabilir; sorumlu.
ant *zo.* [ænt] *n.* karınca.
an·tag·o|nis·m [æn'tægənızəm] *n.* düşmanlık; **~·nist** [~ıst] *n.* düşman; rakip; **~·nize** [~naız] *v/t.* *k-ne* düşman etmek; karşı çıkmak.
an·te·ced·ent [æntı'siːdənt] **1.** □ önceki *(to -den)*; **2.** *n.* ~*s pl.* atalar, dedeler; geçmiş.
an·te·lope *zo.* ['æntıləʊp] *n.* antilop, ceylan.
an·ten·na[1] *zo.* [æn'tenə] *n.* *(pl. -nae* [-niː]*)* duyarga, anten.
an·ten·na[2] *Am.* [~] *n.* anten.
an·te·ri·or [æn'tıərıə] *adj.* önceki, önce gelen *(to -den)*.
an·te-room ['æntırʊm] *n.* antişambr; bekleme odası.
an·them ♪ ['ænθəm] *n.* ilahi.
an·ti- ['æntı] *prefix* anti-, karşı, aykırı; **~-air·craft** *adj.* ✕ uçaksavar...; **~·bi·ot·ic** [~baı'ɒtık] *n.* antibiyotik.
an·tic·i·pate [æn'tısıpeıt] *v/t.* sezinlemek, önceden tahmin etmek; beklemek, ummak; önce davranıp yapmak; **an·tic·i·pa·tion** [æntısı'peıʃn] *n.* sezinleme, tahmin; bekleme, umma; *in* ~ peşinen, önceden; şimdiden.
an·ti·clock·wise *Brt.* [æntı'klɒkwaız] *adv.* saatin ters yönünde.
an·tics ['æntıks] *n. pl.* tuhaflık, antikalık, maskaralık.
an·ti|dote ['æntıdəʊt] *n.* panzehir; çare; **~·freeze** *n.* antifiriz; **~·mis·sile** ✕ [æntı'mısaıl] *adj.* roketsavar...
an·tip·a·thy [æn'tıpəθı] *n.* antipati.
an·ti·quat·ed ['æntıkweıtıd] *adj.* eski, modası geçmiş; eski kafalı.
an·tique [æn'tiːk] **1.** *adj.* antik(a), eskiye ait; **2.** *n.* antika; ~ *dealer* antikacı; ~ *shop, esp. Am.* ~ *store* antika dükkânı; **an·tiq·ui·ty** [æn'tıkwətı] *n.* antikalık, eskilik; eski çağ; antika.
an·ti·sep·tic [æntı'septık] *n. & adj.* antiseptik.
ant·lers ['æntləz] *n. pl.* çatal boynuzlar.
a·nus *anat.* ['eınəs] *n.* anüs, makat.
an·vil ['ænvıl] *n.* örs.
anx·i·e·ty [æŋ'zaıətı] *n.* endişe, merak, kaygı *(for için)*; ⚕ iç sıkıntısı.
anx·ious □ ['æŋkʃəs] endişeli, kaygılı *(about -den)*; arzulu, istekli, hevesli *(for -e)*; can atan *(to inf. -meğe)*.
an·y ['enı] *adj. & pron. & adv.* herhangi; bazı; birkaç; her; hiç; *not* ~ hiç; **~·bod·y** *pron.* herhangi biri, birisi; **~·how** *adv.* nasıl olsa; her halde; her nasılsa; **~·one** = *anybody*; **~.thing** *pron.* herhangi bir şey; hiçbir şey; her şey; ~ *but* kesinlikle değil; ~ *else?* başka?; **~·way** = *anyhow*; **~·where** *adv.* bir yer(d)e; hiçbir yerde.
a·part [ə'pɑːt] *adv.* ayrı; bir tarafta; ~ *from -den* başka.
a·part·heid [ə'pɑːtheıt] *n.* *(Güney Afrika'da)* ırk ayrımı.
a·part·ment [ə'pɑːtmənt] *n.* salon, büyük oda; *Am.* apartman dairesi; ~*s pl. Brt.* apartman dairesi; ~ *house Am.* apartman.

ap·a|thet·ic [æpə'θetɪk] *(~ally) adj.* ilgisiz, kayıtsız; **~·thy** ['æpəθɪ] *n.* ilgisizlik, kayıtsızlık, soğukluk.
ape [eɪp] **1.** *n. zo.* maymun; **2.** *v/t.* taklit etmek.
a·pe·ri·ent [ə'pɪərɪənt] *n.* müshil.
ap·er.ture ['æpətjʊə] *n.* delik, açık, aralık.
a·pi|a·ry ['eɪpjərɪ] *n.* arı kovanı; **~·cul·ture** [~ɪkʌltʃə] *n.* arıcılık.
a·piece [ə'piːs] *adv.* tanesi, parça başı, her biri.
a·pol·o|get·ic [əpɒlə'dʒetɪk] *(~ally) adj.* özür dileyen; pişmanlık bildiren; **~·gize** [ə'pɒlədʒaɪz] *v/i.* özür dilemek *(for -den dolayı; to -e)*; **~·gy** [~ɪ] *n.* özür dileme; özür; *make ya da offer s.o. an ~ (for s.th.) (bşden dolayı) b-den* özür dilemek.
ap·o·plex·y ['æpəpleksɪ] *n.* felç, inme.
a·pos·tle [ə'pɒsl] *n.* apostol, havari, resul.
a·pos·tro·phe *ling.* [ə'pɒstrəfɪ] *n.* kesme imi *ya da* işareti, apostrof.
ap·pal|(l) [ə'pɔːl] *(-ll-) v/t.* korkutmak, dehşete düşürmek; **~·ling** □ [~ɪŋ] dehşet verici, korkunç.
ap·pa·ra·tus [æpə'reɪtəs] *n.* aygıt, cihaz.
ap·par·el [ə'pærəl] *n.* giysi, üst baş, kıyafet.
ap·par·ent □ [ə'pærənt] belli, açık, ortada; görünüşteki.
ap·pa·ri·tion [æpə'rɪʃn] *n.* görüntü, hayalet; görünüverme.
ap·peal [ə'piːl] **1.** *v/i.* ⚖ daha yüksek mahkemeye başvurmak; yalvarmak, rica etmek *(to -e)*; başvurmak; *~ to* cezbetmek, hoşuna gitmek, cazip gelmek; **2.** *n.* ⚖ istinaf, üstyargı yolu; yalvarma; başvurma *(to -e)*; *~ for mercy* ⚖ af dilekçesi; **~·ing** □ [~ɪŋ] çekici, alımlı.
ap·pear [ə'pɪə] *v/i.* görünmek, ortaya çıkmak; türemek, peyda olmak; mahkemeye çıkmak; gibi görünmek; sahneye çıkmak; *(gazete, kitap vb.)* çıkmak; **~·ance** [~rəns] *n.* görünme, ortaya çıkma; mahkemeye çıkma; görünüş; *to all ~(s)* görünüşe göre.
ap·pease [ə'piːz] *v/t.* yatıştırmak; hafifletmek, azaltmak; *(açlık)* gidermek.
ap·pend [ə'pend] *v/t.* eklemek, katmak; **~·age** [~ɪdʒ] *n.* ek, ilave.
ap·pen|di·ci·tis ⚕ [əpendɪ'saɪtɪs] *n.* apandisit; **~·dix** [ə'pendɪks] *n. (pl. -dixes, -dices* [-dɪsiːz]*)* ek, ilave; *a. vermiform ~* ⚕ apandis.
ap·per·tain [æpə'teɪn] *v/i.* ait olmak *(to -e)*.
ap·pe|tite ['æpɪtaɪt] *n.* iştah; *fig.* istek, arzu *(for -e)*; **~·tiz·er** [~zə] aperatif, açar; **~·tiz·ing** □ [~ɪŋ] iştah açıcı.
ap·plaud [ə'plɔːd] *vb.* alkışlamak; beğenmek, takdir etmek;
ap·plause [~z] *n.* alkış; övme.
ap·ple ⚘ ['æpl] *n.* elma; **~·cart**: *upset s.o.'s ~* F *b-nin* planlarını altüst etmek; **~ pie** *n.* elma turtası; *in ~-pie order* F yerli yerinde; **~ sauce** *n.* elma püresi; *Am. sl.* zırva.
ap·pli·ance [ə'plaɪəns] *n.* alet, araç.
ap·plic·a·ble □ ['æplɪkəbl] uygulanabilir *(to -e)*.
ap·pli|cant ['æplɪkənt] *n.* başvuru sahibi, istekli *(for -e)*; **~·ca·tion** [æplɪ'keɪʃn] *n.* uygulama; başvuru *(to -e)*; dilekçe; dikkat, gayret.
ap·ply [ə'plaɪ] *v/t.* uygulamak; sürmek *(to -e)*; hasretmek, vermek; *~ o.s. to k-ni -e* vermek; *v/i.* başvurmak, müracaat etmek *(to -e)*; ilgili olmak *(to ile)*.
ap·point [ə'pɔɪnt] *v/t.* kararlaştırmak, saptamak *(tarih, gün v.b.)*; tayin etmek, atamak *(to -e)*;

~·ment [~mənt] *n.* tayin, ata(n)ma; görev, iş; randevu; ~ *book* randevu defteri, ajanda.
ap·por·tion [ə'pɔːʃn] *v/t.* paylaştırmak, bölüştürmek; **~·ment** [~mənt] *n.* paylaştırma; pay.
ap·prais|al [ə'preɪzl] *n.* değer biçme; **~e** [ə'preɪz] *v/t.* değer biçmek; değerlendirmek.
ap·pre|cia·ble □ [ə'priːʃəbl] hissedilir, farkedilir; **~·ci·ate** [~ʃɪeɪt] *v/t.* değerlendirmek; değerini bilmek; beğenmek; takdir etmek; *v/i.* değerlenmek; **~·ci·a·tion** [əpriːʃɪ'eɪʃn] *n.* değerlen(dir)me; kıymet bilme; teşekkür, minnettarlık; *econ.* değer artışı.
ap·pre|hend [æprɪ'hend] *v/t.* tutuklamak; anlamak, kavramak; korkmak, endişe duymak; **~·hen·sion** [~ʃn] *n.* tutuklama; anlama; endişe; **~·hen·sive** □ [~sɪv] çabuk kavrayan, zeki; endişeli.
ap·pren·tice [ə'prentɪs] **1.** *n.* çırak; stajyer; **2.** *v/t.* çırak olarak vermek; **~·ship** [~ʃɪp] *n.* çıraklık; stajyerlik.
ap·proach [ə'prəʊtʃ] **1.** *v/i.* yaklaşmak; *v/t.* yaklaştırmak; **2.** *n.* yaklaşma, yanaşma; yaklaşım; giriş, yol.
ap·pro·ba·tion [æprə'beɪʃn] *n.* beğenme, uygun görme, onama.
ap·pro·pri·ate **1.** [ə'prəʊprɪeɪt] *v/t.* ayırmak; *k-ne* mal etmek; üstüne oturmak, iç etmek; **2.** □ [~ɪt] uygun, yakışır *(for, to -e)*.
ap·prov|al [ə'pruːvl] *n.* uygun bulma, onama; **~e** [~v] *vb.* uygun bulmak, onamak, kabul etmek, onaylamak; **~ed** *adj.* onaylı, kabul edilmiş.
ap·prox·i·mate **1.** [ə'prɒksɪmeɪt] *v/t.* & *v/i.* yaklaş(tır)mak; **2.** □ [~mət] yaklaşık.
a·pri·cot ⚘ ['eɪprɪkɒt] *n.* kayısı.
A·pril ['eɪprəl] *n.* nisan.
a·pron ['eɪprən] *n.* önlük; **~-string** *n.* önlük bağı; *be tied to one's wife's (mother's)* **~s** *fig.* karısına (annesine) aşırı bağlı olmak, kılıbık olmak.
apt □ [æpt] elverişli, uygun, yerinde; zeki, yetenekli; ~ *to -e* eğilimli; **ap·ti·tude** ['æptɪtjuːd] *n.* yetenek *(for -e karşı)*; eğilim; ~ *test* yetenek testi.
a·quat·ic [ə'kwætɪk] *n.* sucul hayvan *ya da* bitki; **~s** *sg.* su sporları.
aq·ue·duct ['ækwɪdʌkt] *n.* sukemeri.
aq·ui·line ['ækwɪlaɪn] *adj.* kartal gibi; ~ *nose* gaga burun.
Ar·ab ['ærəb] *n.* Arap; **Ar·a·bic** [~ɪk] **1.** *adj.* Araplar ile ilgili; **2.** *n. ling.* Arapça.
ar·a·ble ['ærəbl] *adj.* sürülebilir, ekilebilir.
ar·bi|tra·ry □ ['ɑːbɪtrərɪ] keyfi, isteğe bağlı olan; **~·trate** [~reɪt] *vb.* hakemlik yapmak; *(hakemle)* halletmek; **~·tra·tion** [ɑːbɪ'treɪʃn] *n.* hakem kararı; hakem kararı ile çözüm; **~·tra·tor** ⚖ ['ɑːbɪtreɪtə] *n.* hakem.
ar·bo(u)r ['ɑːbə] *n.* çardak, kameriye.
arc [ɑːk] *n.* kavis, yay; kemer; **ar·cade** [ɑː'keɪd] *n.* sıra kemek; pasaj, kemer altı.
arch¹ [ɑːtʃ] **1.** *n.* kemer, yay; tak; **2.** *vb.* yay gibi kabar(t)mak; ~ *over* ...üstünde yay gibi uzanmak.
arch² [~] *adj.* açıkgöz, kurnaz, şeytan.
arch³ □ [~] ilk, baş.
ar·cha·ic [ɑː'keɪɪk] *(~ally) adj.* arkaik, eskimiş.
arch|an·gel ['ɑːkeɪndʒəl] *n.* başmelek; **~·bish·op** ['ɑːtʃbɪʃəp] *n.* başpiskopos.
ar·cher ['ɑːtʃə] *n.* okçu; **~.y** [~rɪ] *n.* okçuluk.
ar·chi|tect ['ɑːkɪtekt] *n.* mimar; yaratıcı; **~·tec·ture** [~ktʃə] *n.*

mimarlık; mimari.
ar·chives ['ɑːkaɪvz] *n. pl.* arşiv.
arch·way ['ɑːtʃweɪ] *n.* kemeraltı yolu, kemerli geçit.
arc·tic ['ɑːktɪk] **1.** *adj.* arktik, Kuzey Kutupla ilgili; **2.** *n. Am.* şoson, lastik.
ar·dent □ ['ɑːdənt] ateşli, coşkun, şevkli.
ar·do(u)r *fig.* ['ɑːdə] *n.* ateşlilik, coşkunluk, şevk.
ar·du·ous □ ['ɑːdjʊəs] güç, zahmetli, çetin; sarp, dik.
are [ɑː, *vurgusuz* ə] *pres. pl. and 2. sg. of* be.
ar·e·a ['eərɪə] *n.* alan, saha; bölge; yüzölçümü; ~ *code Am. teleph.* bölge kodu.
Ar·gen·tine ['ɑːdʒəntaɪn] **1.** *adj.* Arjantinli; **2.** *n.* Arjantin.
a·re·na [ə'riːnə] *n.* arena *(a. fig.).*
ar·gue ['ɑːgjuː] *v/t.* ileri sürmek; nedenler göstererek ikna etmek; *v/i.* tartışmak.
ar·gu·ment ['ɑːgjʊmənt] *n.* tartışma; fikir, delil; özet.
ar·id □ ['ærɪd] kurak, çorak; *fig.* yavan, sıkıcı.
a·rise [ə'raɪz] *(arose, arisen) v/i.* kalkmak; doğmak, çıkmak, kaynaklanmak; baş göstermek, belirmek, çıkmak; **a·ris·en** [ə'rɪzn] *p.p. of* arise.
ar·is|toc·ra·cy [ærɪ'stɒkrəsɪ] *n.* aristokrasi, soyluerki; soylular sınıfı; **~·to·crat** ['ærɪstəkræt] *n.* aristokrat, soylu; **~·to·crat·ic** *(~ally)* [ærɪstə'krætɪk] *adj.* aristokrasi ile ilgili.
a·rith·me·tic [ə'rɪθmətɪk] *n.* aritmetik.
ark [ɑːk] *n.* sandık, kutu.
arm[1] [ɑːm] *n.* kol; dal; *keep s.o. at ~'s length b-i* ile arasında mesafe bırakmak, yanına yaklaştırmamak; *infant in ~s* meme çocuğu.
arm[2] [~] **1.** *n. mst ~s pl.* silah; arma; *~s control* silahlanma kontrolü; *~s race* silahlanma yarışı; *up in ~s* ayaklanmış; *fig.* öfkeli, ateş püşküren; **2.** *v/t. & v/i.* silahlan(dır)mak.
ar·ma·da [ɑː'mɑːdə] *n.* donanma.
ar·ma·ment ['ɑːməmənt] *n.* donatı; silahlar; silahlan(dır)ma.
ar·ma·ture ⚡ ['ɑːmətjʊə] *n.* armatur, mıknatıs demiri.
arm·chair ['ɑːm'tʃeə] *n.* koltuk.
ar·mi·stice ['ɑːmɪstɪs] *n.* mütareke, bırakışma, ateşkes *(a. fig.)*
ar·mo(u)r ['ɑːmə] **1.** *n.* ⚔ zırh; zırhlı araç; **2.** *v/t.* zırh ile kaplamak; *~ed car* zırhlı araba; **~·y** [~rɪ] *n.* silah deposu *(a. fig.)*
arm·pit ['ɑːmpɪt] *n.* koltuk altı.
ar·my ['ɑːmɪ] *n.* ordu *(a. fig.); ~ chaplain* ordu papazı *ya da* imamı.
a·ro·ma [ə'rəʊmə] *n.* hoş koku; **ar·o·mat·ic** [ærə'mætɪk] *(~ally) adj.* hoş kokulu.
a·rose [ə'rəʊz] *pret. of* arise.
a·round [ə'raʊnd] *adv. & prp.* etrafın(d)a, çevresin(d)e; civarında, sularında; orada burada.
a·rouse [ə'raʊz] *v/t.* uyandırmak; *fig.* canlandırmak, harekete geçirmek.
ar·range [ə'reɪndʒ] *v/t.* düzenlemek; sıraya koymak, dizmek; kararlaştırmak *(gün);* ♪ düzenlemek, uyarlamak *(a. thea);* **~·ment** [~mənt] *n.* düzenleme; sıra, düzen, tertip; anlaşma; ♪ aranjman, uyarlama *(a. thea.); make ~s* hazırlık yapmak.
ar·ray [ə'reɪ] *n.* ⚔ sıra, saf, düzen; gösterişli giysi; gösteriş.
ar·rear [ə'rɪə] *n. mst ~s pl.* borç, kalıntılar.
ar·rest [ə'rest] **1.** *n* ⚖ tutuklama; durdurma; **2.** *v/t.* ⚖ tutuklamak; durdurmak; *fig.* çekmek *(dikkat).*
ar·riv·al [ə'raɪvl] *n.* varış, geliş; gelen kimse *ya da* şey; *~s pl.* va-

rış; **ar·rive** [~v] *v/i.* varmak, gelmek; gelip çatmak; ~ *at fig. -e* ulaşmak; *(karara)* varmak.
ar·ro|gance ['ærəgəns] *n.* kibir, kendini beğenmişlik; **~·gant** □ [~t] kibirli, kendini beğenmiş.
ar·row ['ærəʊ] *n.* ok; **~·head** *n.* ok başı, temren.
ar·se·nal ['ɑːsənl] *n.* silah ve cephane deposu, tophane.
ar·se·nic ⚗ ['ɑːsnık] *n.* arsenik, sıçanotu.
ar·son ⚖ ['ɑːsn] *n.* kundakçılık.
art [ɑːt] *n.* sanat; *fig.* hüner, maharet; *~s pl.* ilimler; *Faculty of* ♀*s, Am.* ♀*s Department* Edebiyat Fakültesi.
ar·ter·i·al [ɑː'tıərıəl] *adj. anat.* atardamar ile ilgili; ~ *road* anayol; **ar·te·ry** ['ɑːtərı] *n. anat.* arter, atardamar; *fig.* anayol, arter.
art·ful □ ['ɑːtfl] ustalık isteyen; kurnaz.
ar·ti·cle ['ɑːtıkl] *n.* madde; makale; *gr.* tanıtıcı.
ar·tic·u|late 1. [ɑː'tıkjʊleıt] *vb.* eklem ile birleştirmek; tane tane söylemek; **2.** □ [~lət] kolay anlaşılır, açık; ⚘, *zo.* eklemli, boğumlu; **~·la·tion** [ɑːtıkjʊ'leıʃn] *n.* açık söyleyiş; *anat.* eklem, oynak.
ar·ti|fice ['ɑːtıfıs] *n.* beceri, hüner, ustalık; hile, oyun; **~·fi·cial** □ [ɑːtı'fıʃl] yapay, suni; sahte, yapmacık; ~ *person* tüzelkişi.
ar·til·le·ry [ɑː'tılərı] *n.* topçu sınıfı; topçuluk; toplar.
ar·ti·san [ɑːtı'zæn] *n.* zanaatçı, endüstri işçisi.
art·ist ['ɑːtıst] *n.* sanatçı, *esp.* ressam; *variety* ~ cambaz, artist; **ar·tis·tic** [ɑː'tıstık] *(~ ally) adj.* artistik, sanatlı.
art·less □ ['ɑːtlıs] işlenmemiş, doğal; saf, masum; sade.
as [æz, əz] **1.** *adv.* olarak; gibi; **2.** *cj.* çünkü, -diği için; -iken; ~ ... ~ ...kadar; ~ *for,* ~ *to -e* gelince; ~ *from -den* itibaren, *-den* başlayarak; ~ *it were* sanki, güya, âdeta; ~ *Hamlet* Hamlet olarak.
as·cend [ə'send] *vb.* yükselmek, çıkmak, tırmanmak; *(tahta)* çıkmak.
as·cen|dan·cy, ~·den·cy [ə'sendənsı] [~ənsı] *n.* üstünlük, egemenlik; nüfuz; **~·sion** [~ʃn] *n.* yükselme; ♀ *(Day)* İsa'nın göğe çıkışı; **~t** [~t] *n.* yükseliş; tırmanış, çıkış; bayır, yokuş.
as·cer·tain [æsə'teın] *v/t.* soruşturmak, araştırmak.
as·cet·ic [ə'setık] *(~ally) adj.* dünya zevklerinden el çekmiş.
as·cribe [ə'skraıb] *v/t.* atfetmek, yakıştırmak. *(to -e).*
a·sep·tic ⚕ [æ'septık] **1.** *adj.* aseptik, mikropsuz; **2.** *n.* aseptik ilaç.
ash[1] [æʃ] *n.* ⚘ dişbudak ağacı.
ash[2] [~] *n. a. ~es pl.* kül; *Ash Wednesday* Paskalyadan önceki perhizin ilk çarşambası.
a·shamed [ə'ʃeımd] *adj.* utanmış, mahcup; *be ~ of -den* utanmak.
ash can *Am.* ['æʃkæn] = *dustbin.*
ash·en ['æʃn] *adj.* kül gibi; solgun; külrengi.
a·shore [ə'ʃɔː] *adv.* karaya; karada; *run ~* karaya oturmak.
ash|tray ['æʃtreı] *n.* kül tablası; **~.y** [~ı] *(-ier, -iest)* = *ashen.*
A·sian ['eıʃn, 'eıʒn], **A·si·at·ic** [eıʃı'ætık] **1.** *adj.* Asya'ya özgü; **2.** *n.* Asyalı.
a·side [ə'saıd] **1.** *adv.* bir yana, bir tarafa; ~ *from Am. -den* başka; **2.** *n. thea.* oyuncunun alçak sesle söylediği sözler.
ask [ɑːsk] *v/t.* sormak; istemek *(of, from s.o. b-den);* rica etmek *(s.o. [for] s.th. b-den bş); ~ (s.o.) a question (b-ne)* bir soru sormak; *v/i.: ~ for* aramak, istemek; *he ~ed for it ya da for trouble* bunu kendi istedi, kaşındı, arandı; *to be had for the ~ing* istemeniz yeter.

a·skance [ə'skæns]: *look* ~ *at s.o.* *b-ne* yan bakmak.
a·skew [ə'skju:] *adv.* yanlamasına, eğri olarak.
a·sleep [ə'sli:p] *adj.* uyumuş, uykuda; uyuşmuş; *be (fast, sound)* ~ derin uykuda olmak; *fall* ~ uykuya dalmak, uyuya kalmak.
as·par·a·gus ⚘ [ə'spærəgəs] *n.* kuşkonmaz.
as·pect ['æspekt] *n.* görünüş; manzara; bakım, yön; yüz, çehre.
as·phalt ['æsfælt] **1.** *n.* asfalt; **2.** *v/t.* asfaltlamak.
as·pic ['æspık] *n.* dondurulmuş *ya da* jelatinli et.
as·pi|rant [ə'spaıərənt] *n.* aday, istekli; ~**·ra·tion** [æspə'reıʃn] *n.* istek, arzu, emel; özlem.
as·pire [ə'spaıə] *v/i.* çok istemek, can atmak *(to, after -e).*
ass *zo.* [æs] *n.* eşek.
as·sail [ə'seıl] *v/t.* saldırmak; dil uzatmak; *be* ~*ed with doubts* kuşku içinde olmak; **as·sai·lant** [~ənt] *n.* saldırgan.
as·sas·sin [ə'sæsın] *n.* katil; ~**.ate** *esp. pol.* [~eıt] *v/t.* öldürmek, katletmek; *be* ~*d* suikaste kurban gitmek; ~**·a·tion** [əsæsı'neıʃn] *n.* suikast; cinayet.
as·sault [ə'sɔ:lt] **1.** *n.* saldırı, hücum; **2.** *v/t.* saldırmak, hücum etmek; ⚖ tecavüz etmek.
as·say [ə'seı] **1.** *n.* deneme; **2.** *v/t.* denemek; analiz etmek.
as·sem|blage [ə'semblıdʒ] *n.* topla(n)ma; kalabalık; ⊕ montaj; ~**·ble** [~bl] *v/t.* & *v/i.* topla(n)mak, birleş(tir)mek; ⊕ monte etmek; ~**·bly** [~ı] *n.* toplantı; meclis; ⊕ montaj; ~ *line* ⊕ sürekli iş bantı.
as·sent [ə'sent] **1.** *n.* kabul, onama, onay, rıza; **2.** *v/i.* onamak, razı olmak *(to -e).*
as·sert [ə'sɜ:t] *v/t.* ileri sürmek; savunmak, iddia etmek; ~ *o.s. k-ni* göstermek; otoritesini kurmak; **as·ser·tion** [ə'sɜ:ʃn] *n.* ileri sürme; iddia, sav.
as·sess [ə'ses] *vb.* değer biçmek; tayin etmek, belirlemek *(at olarak); fig.* takdir etmek, değerini anlamak; ~**·ment** [~mənt] *n.* değer biçme; vergi (takdiri); belirlenen miktar; *fig.* değerini anlama.
as·set ['æset] *n. econ.* mal, servet; *fig.* kazanç; ~*s pl.* varlık; *econ.* alacak, aktif; ⚖ mallar.
as·sid·u·ous □ [ə'sıdjʊəs] çalışkan, gayretli; devamlı, sürekli.
as·sign [ə'saın] *v/t.* ayırmak; atamak, seçmek; saptamak; **as·sig·na·tion** [æsıg'neıʃn] *n.* randevu; = ~**·ment** [ə'saınmənt] *n.* ayırma; atama; ⚖ devir.
as·sim·i|late [ə'sımıleıt] *v/t.* özümlemek; uydurmak, benzetmek *(to -e);* ~**·la·tion** [əsımı'leıʃn] *n.* özümleme; benzeşme.
as·sist [ə'sıst] *v/t.* yardım etmek; *v/i.* hazır bulunmak *(at -de);* ~**·ance** [~əns] *n.* yardım; **as·sis·tant** [~t] *n.* asistan, yardımcı; *shop* ~ *Brt.* tezgâhtar.
as·siz·es *Brt. hist* [ə'saızız] *n. pl.* geçici mahkeme.
as·so·ci|ate **1.** [ə'səʊʃıeıt] *vb.* birleş(tir)mek; ortak olmak; arkadaş olmak; çağrışım yapmak; ~ *with ile* bir tutmak; **2.** [~ʃıət] *adj.* yardımcı; ~ *member* tüm haklardan yararlanamayan üye; **3.** [~] *n.* ortak; arkadaş; ~**·a·tion** [əsəʊsı'eıʃn] *n.* kurum, birlik, dernek; ortaklık; arkadaşlık; çağrışım.
as·sort [ə'sɔ:t] *v/t.* ayırmak, sınıflandırmak; ~**·ment** [~mənt] *n.* ayırma; *econ.* mal çeşidi.
as·sume [ə'sju:m] *v/t.* üzerine almak; farzetmek; *(tavır)* takınmak; **as·sump·tion** [ə'sʌmpʃn] *n.* üzerine alma; farz, zan; Ⓠ *(Day) eccl.* Meryem'in göğe kabulü yortusu.
as·sur|ance [ə'ʃʊərəns] *n.* güven-

ce, teminat; güven; vaat, söz; yüzsüzlük, arsızlık; *(life)* ~ *esp. Brt.* yaşam sigortası; ~**e** [ə'ʃʊə] *v/t.* temin etmek, garanti etmek; sağlamak; *esp. Brt.* sigorta etmek; ~**ed 1.** *adj.* *(adv.* ~**·ed·ly** [~rıdlı]*)* emin; sağlanmış; **2.** *n.* sigortalı.

asth·ma ⚕ ['æsmə] *n.* nefes darlığı, astım.

a·stir [ə'stɜː] *adj.* hareket halinde; heyecan içinde; yataktan kalkmış, ayakta.

as·ton·ish [ə'stɒnıʃ] *v/t.* şaşırtmak, hayrete düşürmek; *be* ~*ed* şaşırmak, hayret etmek; ~**·ing** □ [~ıŋ] şaşırtıcı; ~**·ment** [~mənt] *n.* hayret, şaşkınlık.

as·tound [ə'staʊnd] *v/t.* hayretler içinde bırakmak.

a·stray [ə'streı]: *go* ~ yolunu şaşırmak; *fig.* yanlış yola düşmek; baştan çıkmak, azmak; *lead* ~ *fig.* yanlış yola düşürmek, baştan çıkarmak.

a·stride [ə'straıd] *adv.* ata biner gibi.

as·trin·gent ⚕ [ə'strındʒənt] **1.** □ kanı durduran; **2.** *n.* kanı durduran ilaç.

as·trol·o·gy [ə'strɒlədʒı] *n.* astroloji, yıldız falcılığı.

as·tro·naut ['æstrənɔːt] *n.* astronot, uzayadamı.

as·tron·o·my [ə'strɒnəmı] *n.* astronomi, gökbilim.

as·tute □ [ə'stjuːt] zeki, cin gibi; ~**·ness** [~nıs] *n.* zekilik, cin fikirlilik.

a·sun·der [ə'sʌndə] *adv.* ayrı ayrı; parça parça.

a·sy·lum [ə'saıləm] *n.* akıl hastanesi; sığınacak yer.

at [æt, *vurgusuz:* ət] *prp.* -de, -da; -ye, -ya; -e, -a; ~ *school* okulda; ~ *the age of* ...yaşında.

ate [et] *pret. of* *eat 1.*

a·the·is·m ['eıθıızəm] *n.* ateizm, Tanrıtanımazlık.

ath|lete ['æθliːt] *n.* atlet; ~**·let·ic** [æθ'letık] *(~ally) adj.* atletik; ~**·let·ics** *n. sg. ya da pl.* atletizm.

At·lan·tic [ət'læntık] **1.** *adj.* Atlas Okyanusu'na özgü; **2.** *n. a.* ~ *Ocean* Atlas Okyanusu.

at·mo|sphere ['ætməsfıə] *n.* atmosfer *(a. fig.)*; ~**·spher·ic** [ætməs'ferık] *(~ally) adj.* atmosferik, hava ile ilgili.

at·om ['ætəm] *n.* atom; *fig.* parçacık, zerre; ~ **bomb** *n.* atom bombası.

a·tom·ic [ə'tɒmık] *(~ally) adj.* atom ile ilgili, atom...; ~ **age** *n.* atom çağı; ~ **bomb** *n.* atom bombası; ~ **en·er·gy** *n.* atom enerjisi; ~ **pile** *n.* atom reaktörü; ~ **pow·er** *n.* atom enerjisi; ~**-pow·ered** *adj.* atom enerjili; ~ **waste** atom artığı.

at·om|ize ['ætəmaız] *v/t.* atomlara ayırmak; püskürtmek; ~**·iz·er** [~ə] *n.* püskürteç.

a·tone [ə'təʊn]: ~ *for* telafi etmek; gönlünü almak; ~**·ment** [~mənt] *n.* telafi; gönlünü alma.

a·tro|cious □ [ə'trəʊʃəs] acımasız, gaddarca; berbat; ~**c·i·ty** [ə'trɒsətı] *n.* vahşet, gaddarlık, canavarlık.

at·tach [ə'tætʃ] *v/t.* bağlamak, iliştirmek, tutturmak, yapıştırmak *(to -e)*; *(önem)* vermek; ~ *o.s. to -e* katılmak; ~**ed** *adj.* bağlı; ~**·ment** [~mənt] *n.* bağlama, iliştirme; ~ *for,* ~ *to -e* bağlılık; *e* sevgi; haciz.

at·tack [ə'tæk] **1.** *v/t.* saldırmak; *fig.* üstüne varmak; dil uzatmak, çatmak; *(işe)* girişmek; **2.** *n.* saldırı; ⚕ kriz, nöbet.

at·tain [ə'teın] *vb.* ulaşmak, varmak, erişmek; ~**·ment** [~mənt] *n.* ulaşma, erişme; ~**s** *pl.* edinti, kazanılan bilgi, beceri *v.b.*

at·tempt [ə'tempt] **1.** *v/t.* teşebbüs etmek, kalkışmak, yeltenmek; **2.**

n. teşebbüs, gayret.

at·tend [ə'tend] *vb.* gitmek, devam etmek; hazır bulunmak, katılmak *(toplantı v.b.);* eşlik etmek; ⚕ *(hastaya)* bakmak; ~ *to ile* ilgilenmek; *-e* bakmak; *-e* hizmet etmek; **~·ance** [~əns] *n.* hazır bulunma; gitme, devam; eşlik; hizmet; ⚕ bakım, tedavi; hazır bulunanlar *(at -de);* **~·ant** [~t] *n.* yardımcı; bakıcı; hizmetçi; bekçi, muhafız; ⊕ operatör.

at·ten|tion [ə'tenʃn] *n.* dikkat; ilgi, bakım; *fig.* iltifat; **~·tive** □ [~tıv] dikkatli; nazik.

at·tic ['ætık] *n.* tavan arası; çatı odası.

at·tire [ə'taıə] **1.** *v/t.* giydirmek; **2.** *n.* giysi, kılık.

at·ti·tude ['ætıtju:d] *n.* tavır, tutum, hal; durum.

at·tor·ney [ə'tɜ:nı] *n.* vekil; dava vekili; *Am.* avukat; *power of* ~ temsil yetkisi, vekâlet; ♀ *General Brt.* başsavcı; *Am.* adalet bakanı.

at·tract [ə'trækt] *v/t.* *(mıknatıs v.b.)* çekmek; *fig.* çezbetmek, çekmek; **at·trac·tion** [~kʃn] *n.* çekim, çekme; alımlılık; *thea.* eğlence programı, atraksiyon; **at·trac·tive** [~tıv] *adj.* çekici, alımlı; **at·trac·tive·ness** [~nıs] *n.* çekicilik.

at·trib·ute[1] [ə'trıbju:t] *v/t.* atfetmek, vermek *(to -e)*

at·tri·bute[2] ['ætrıbju:t] *n.* nitelik, sıfat, özellik; simge; *gr.* yüklem.

at·tune [ə'tju:n]: ~ *to fig. -e* alıştırmak, *-e* uyum sağlamak.

au·burn ['ɔ:bən] *adj.* kestane rengi, kumral.

auc|tion ['ɔ:kʃn] **1.** *n.* artırma ile satış, mezat; *sell by (Am. at)* ~ artırma ile satmak; *put up for (Am. at)* ~ artırmaya çıkarmak; **2.** *v/t. mst.* ~ *off* artırma ile satmak; **~·tio·neer** [ɔ:kʃə'nıə] *n.* mezatçı.

au·da|cious □ [ɔ:'deıʃəs] cüretli, korkusuz; **~c·i·ty** [ɔ:'dæsətı] *n.* cesaret, cüret.

au·di·ble □ ['ɔ:dəbl] duyulabilir.

au·di·ence ['ɔ:djəns] *n.* huzura kabul; seyirciler; dinleyiciler; *give* ~ *to* huzura kabul etmek.

au·di·o|cas·sette ['ɔ:dıəʊkæ'set] *n.* işitsel kaset; **~-vis·u·al** [ɔ:dıəʊ'vıʒʊəl]: ~ *aids pl.* görsel-işitsel araçlar.

au·dit *econ.* ['ɔ:dıt] **1.** *n.* denetim, denetleme; **2.** *v/t.* *(hesapları)* kontrol etmek, denetlemek; **au·di·tor** [~ə] *n.* dinleyici; *econ.* denetçi; **au·di·to·ri·um** [ɔ:dı'tɔ:rıəm] *n.* konferans salonu; *Am.* konser salonu.

au·ger ⊕ ['ɔ:gə] *n.* burgu, matkap, avger.

aught [ɔ:t] *n.* herhangi bir şey; *for ~ I care* bana ne; *for ~ I know* bildiğim kadarıyla.

aug·ment [ɔ:g'ment] *v/t. & v/i.* büyü(t)mek, art(ır)mak, çoğal(t)mak.

au·gur ['ɔ:gə]: ~ *ill (well)* kötüye (iyiye) işaret olmak *(for için).*

Au·gust[1] ['ɔ:gəst] *n.* ağustos.

au·gust[2] □ [ɔ:'gʌst] yüce, aziz.

aunt [ɑ:nt] *n.* hala; teyze; yenge; **~·ie, ~·y** ['ɑ:ntı] *n.* halacık; teyzecik; yengecik.

aus|pices ['ɔ:spısız] *n. pl.* koruma, nezaret; **~·pi·cious** □ [ɔ:'spıʃəs] hayırlı, uğurlu; elverişli.

aus|tere □ [ɒ'stıə] sert, çetin; sade, süssüz; **~·ter·i·ty** [ɒ'sterətı] *n.* sertlik; sadelik.

Aus·tra·li·an [ɒ'streıljən] **1.** *adj.* Avustralya'ya özgü; **2.** *n.* Avustralyalı.

Aus·tri·an ['ɒstrıən] **1.** *adj.* Avusturya'ya özgü; **2.** *n.* Avusturyalı.

au·then·tic [ɔ:'θentık] *(~ally) adj.* otantik, asıl, esas, doğru; güvenilir.

au·thor ['ɔ:θə] *n.* yazar; yaratıcı;

~·**i·ta·tive** □ [ɔː'θɒrɪtətɪv] otoriter; yetkili; ~·**i·ty** [~rətɪ] *n.* otorite, yetke; yetki; yetkili kimse; makam; nüfuz *(over üzerinde); msı authorities pl.* yetkililer; ~·**ize** ['ɔːθəraɪz] *v/t.* yetki vermek, yetkili kılmak; izin vermek; ~·**ship** [~ʃɪp] *n.* yazarlık.

au·to·graph ['ɔːtəgrɑːf] *n.* insanın kendi el yazısı *ya da* imzası.

au·to·mat *TM* ['ɔːtəmæt] *n.* yemeğin otomatik makinelerden dağıtıldığı lokanta.

au·to|mate ['ɔːtəmeɪt] *v/t.* otomatikleştirmek; ~·**mat·ic** [ɔːtə'mætɪk] *(~ally)* **1.** *adj.* otomatik; **2.** *n.* otomatik tabanca; *mot.* otomatik araba; ~·**ma·tion** [~'meɪʃn] *n.* otomasyon; ~·**m·a·ton** *fig.* [ɔː'tɒmətən] *(pl. -ta* [-tə], *-tons) n.* robot.

au·to·mo·bile *esp. Am.* ['ɔːtəməbiːl] *n.* otomobil.

au·ton·o·my [ɔː'tɒnəmɪ] *n.* otonomi, özerklik.

au·tumn ['ɔːtəm] *n.* sonbahar, güz; **au·tum·nal** □ [ɔː'tʌmnəl] sonbahar ile ilgili, sonbahar...

aux·il·i·a·ry [ɔːg'zɪljərɪ] *adj.* yardımcı; yedek.

a·vail [ə'veɪl] **1.** *v/t.* ~ *o.s. of -den* yararlanmak; *-i* kullanmak; **2.** *n.* yarar; *of ya da to no* ~ boşuna; **a·vai·la·ble** □ [~əbl] mevcut, elde olan; işe yarar; geçerli; *econ.* stokta mevcut.

av·a·lanche ['ævəlɑːnʃ] *n.* çığ.

av·a|rice ['ævərɪs] *n.* hırs, para hırsı; ~·**ri·cious** □ [ævə'rɪʃəs] hırslı, para canlısı.

a·venge [ə'vendʒ] *v/t.* öcünü almak; **a·veng·er** [~ə] *n.* öç alan kimse.

av·e·nue ['ævənjuː] *n.* geniş cadde, bulvar.

a·ver [ə'vɜː] *(-rr-) v/t.* doğru olduğunu söylemek; kanıtlamak.

av·e·rage ['ævərɪdʒ] **1.** *n.* ortalama; ⚓ avarya; **2.** □ orta, ortalama; **3.** *vb.* ortalamasını bulmak; *a.* ~ *out* ortalaması...olmak, orta noktada birleşmek.

a·verse [ə'vɜːs] *adj.* hoşlanmaz, karşı *(to -e)*; **a·ver·sion** [~ʃn] *n.* nefret; isteksizlik.

a·vert [ə'vɜːt] *v/t.* başka yöne çevirmek; önlemek, meydan vermemek.

a·vi·a·ry ['eɪvɪərɪ] *n.* kuşhane.

a·vi·a|tion ✈ [eɪvɪ'eɪʃn] *n.* havacılık; ~·**tor** ['eɪvɪeɪtə] *n.* havacı.

av·id □ ['ævɪd] hırslı, arzulu, can atan *(for -e)*; açgözlü.

a·void [ə'vɔɪd] *v/t.* sakınmak, kaçınmak; meydan vermemek; ~·**ance** [~əns] *n.* sakınma, kaçınma.

a·vow [ə'vaʊ] *v/t.* itiraf etmek, kabul etmek; ~·**al** [~əl] *n.* itiraf, kabul; ~**ed·ly** [~ɪdlɪ] *adv.* açıkça.

a·wait [ə'weɪt] *v/t.* beklemek.

a·wake [ə'weɪk] **1.** *adj.* uyanık; *be* ~ *to -in* farkında olmak; **2.** *a.* **a·wak·en** [~ən] *(awoke ya da awaked, awaked ya da awoken) v/t.* uyandırmak; ~ *s.o. to s.th. b-ni bş* hakkında uyarmak; *v/i.* uyanmak; **a·wak·en·ing** [~ənɪŋ] *n.* farkına varma, anlama.

a·ward [ə'wɔːd] **1.** *n.* ödül; karar, hüküm; **2.** *v/t. (ödül v.b.)* vermek.

a·ware [ə'weə]: *be* ~ *of s.th. bşin* farkında olmak; *become* ~ *of s.th. bşin* farkına varmak.

a·way [ə'weɪ] **1.** *adv.* uzakta, uzak, uzağa; **2.** *adj. spor:* deplasman...; ~ *(game)* deplasman maçı; ~ *(win)* deplasmanda galibiyet.

awe [ɔː] **1.** *n.* korku, sakınma; **2.** *v/t.* korkutmak, korku vermek.

aw·ful □ ['ɔːfl] korkunç, müthiş; berbat.

a·while [ə'waɪl] *adv.* biraz, bir süre.

awk·ward □ ['ɔːkwəd] sakar, beceriksiz; hantal, biçimsiz; kulla-

nışsız; sıkıntılı; uygunsuz.
awl [ɔ:l] *n.* kunduracı bizi.
aw·ning ['ɔ:nıŋ] *n.* tente, güneşlik.
a·woke [ə'wəʊk] *pret. of awake 2; a.* **a·wok·en** [~ən] *p.p. of awake 2.*
a·wry [ə'raı] *adj. & adv.* eğri, yan; *fig.* ters, aksi.
ax(e) [æks] *n.* balta.
ax·is ['æksıs] *(pl. -es* [-si:z]*) n.* eksen.
ax·le ⊕ ['æksl] *n. a. ~-tree* dingil, mil, aks.
ay(e) [aı] *n. parl.* olumlu oy, kabul oyu; *the ~s have it* kabul edilmiştir.
az·ure ['æʒə] *adj. & n.* gök mavisi.

B

bab·ble ['bæbl] **1.** *vb.* gevezelik etmek, saçmalamak; *(nehir v.b.)* çağlamak, şarıldamak; ağzından kaçırmak *(sır)*; **2.** *n.* gevezelik; şarıltı.
babe [beıb] *n.* bebek, bebe; *Am. F* genç kız, bebek.
ba·boon *zo.* [bə'bu:n] *n.* şebek.
ba·by ['beıbı] **1.** *n.* bebek; *Am. F* genç kız, bebek; **2.** *adj.* bebek gibi; bebek...; küçük; ~ **car·riage** *n. Am.* çocuk arabası; **~·hood** [~hʊd] *n.* bebeklik; **~-mind·er** *Brt.* [~maındə] *n.* çocuk bakıcısı; **~-sit** *(-tt-; -sat) v/i.* çocuğa bakmak; **~-sit·ter** [~ə] *n.* çocuk bakıcısı.
bach·e·lor ['bætʃələ] *n.* bekâr erkek; *univ.* üniversite mezunu.
back [bæk] **1.** *n.* arka, geri, sırt; arka yüz; *futbol:* bek, savunucu; **2.** *adj.* arkadaki, arka...; önceki; eski; **3.** *adv.* geri, geriye, arkada; yeniden, tekrar; **4.** *v/t.* geri yürütmek, geri sürmek; *(a. ~ up)* desteklemek, arkalamak; *econ.* ciro etmek; *v/i.* geri gitmek; dönmek, caymak; *mot. a.* geri sürmek; ~ **al·ley** *n. Am.* arka sokak; **~·bite** ['bækbaıt] *(-bit, -bitten) v/t.* arkasından çekiştirmek, kötülemek; **~·bone** *n.* belkemiği, omurga; **~-break·ing** [~ıŋ] *adj.* çok yorucu, yıpratıcı; **~·comb** *vb. (saçı)* krepe yapmak; **~·er** [~ə] *n.* taraftar, arka; bahisçi; **~·fire** *n. mot.* geri tepme; **~·ground** *n.* arka plan; fon, zemin; özgeçmiş; *fig.* çevre, görgü; **~·hand** *n. spor:* bekhent, röver; **~·ing** [~ıŋ] *n.* yardım; destek verenler; ⊕ destek; ♪ eşlik; ~ **num·ber** *n.* günü geçmiş gazete, dergi *v.b.*; modası geçmiş; eski kafalı; ~ **seat** *n.* arka koltuk; **~·side** *n.* arka taraf, kıç; sağrı; ~ **stairs** *n.* arka merdiven; ~ **street** *n.* arka sokak; **~·stroke** *n. spor:* sırtüstü yüzme; ~ **talk** *n. Am. F* küstahça konuşma; **~·track** *vb. fig.* geriye dönüş yapmak, sözünden dönmek; **~·ward** [~wəd] **1.** *adj.* geri...; gelişmemiş, geri kalmış; çekingen, utangaç; güç öğrenen, kafasız; **2.** *adv.* *(a.* **~·wards** [~wədz]*)* geriye doğru, geri geri; tersine; **~·yard** *n. Brt.* arka avlu; *Am.* arka bahçe.
ba·con ['beıkən] *n.* tuzlanmış domuz eti.
bac·te·ri·a *biol.* [bæk'tıərıə] *n. pl.* bakteri.
bad □ [bæd] *(worse, worst)* kötü,

fena; yanlış, kusurlu, hatalı; hasta, rahatsız; bozuk, kokmuş, çürük; şiddetli; *go* ~ kötüleşmek; bozulmak, çürümek; *he is in a ~ way* başı dertte; *he is ~ly off* mali durumu kötüdür, dardadır; *~ly wounded* ağır yaralı; *want ~ly F* çok istemek, can atmak.
bade [beıd] *pret. of bid 1.*
badge [bædʒ] *n.* rozet, nişan.
bad·ger ['bædʒə] **1.** *n. zo.* porsuk; **2.** *v/t.* rahat vermemek, sıkıntı vermek.
bad·lands ['bædlændz] *n. pl.* çorak arazi.
baf·fle ['bæfl] *v/t.* şaşırtmak, zorlamak; *(plan v.b.)* bozmak.
bag [bæg] **1.** *n.* çanta; torba, kese, çuval; kesekâğıdı; ~ *and baggage* tası tarağı toplayarak, pılıyı pırtıyı toplayarak; **2.** *(-gg-) vb.* çantaya *ya da* torbaya koymak; *hunt.* yakalamak; çalmak, iç etmek.
bag·gage *esp. Am* ['bægıdʒ] *n.* bagaj; ~ **car** *n.* 🚃 furgon, yük vagonu; ~ **check** *n. Am.* bagaj makbuzu; ~ **room** *n. Am.* emanet.
bag·gy *F* ['bægı] *(-ier, -iest) adj.* şişkin, kabarık; torba gibi *(pantolon v.b.).*
bag·pipes ['bægpaıps] *n. pl.* gayda.
bail [beıl] **1.** *n.* kefalet; kefil; *admit to ~* ⚖ kefaletle serbest bırakmak; *go ya da stand ~ for s.o.* ⚖ *b-ne* kefil olmak; **2.** *v/t.* ~ *out* ⚖ kefaletle serbest bıraktırmak; *Am.* ✈ paraşütle atlayarak kurtulmak.
bai·liff ['beılıf] *n.* ⚖ icra memuru; çiftlik kâhyası; polis müdürü vekili.
bait [beıt] **1.** *n.* yem *(a. fig.)*; **2.** *vb.* oltaya *ya da* kapana yem koymak; *fig.* cezbetmek; *fig.* eziyet etmek, işkence etmek.
bake [beık] *v/t. & v/i.* fırında piş(ir)mek; *fig.* sıcaktan pişmek; *~d beans pl.* fasulye; *~d potatoes pl.* fırında patates; **bak·er** ['beıkə] *n.* fırıncı, ekmekçi; **bak·er·y** [~ərı] *n.* fırın; **bak·ing-pow·der** [~ıŋpaʊdə] *n.* kabartma tozu.
bal·ance ['bæləns] **1.** *n.* terazi; denge; *fig.* uyum; *econ.* kalıntı, bakiye; *econ.* denge, mizan, bilanço; *F* kalıntı, artık; *a.* ~ *wheel* saat rakkası; *keep one's ~* dengesini korumak; *lose one's ~* dengesini kaybetmek; *fig.* akli dengesini kaybetmek; ~ *of payments econ.* ödemeler dengesi; ~ *of power pol.* güçler dengesi; ~ *of trade* dış ticaret dengesi; **2.** *v/t.* dengede tutmak; tartmak; denkleştirmek; *v/i.* dengede durmak, dengeli olmak.
bal·co·ny ['bælkənı] *n.* balkon *(a. thea.).*
bald ☐ [bɔːld] kel, dazlak; *fig.* çıplak, açık; *fig.* sade, süssüz.
bale[1] *econ.* [beıl] *n.* balya, denk.
bale[2] *Brt.* ✈ [~]: ~ *out* arızalı uçaktan paraşütle atlamak.
bale·ful ☐ ['beılfl] kötü niyetli, fena; uğursuz.
balk [bɔːk] **1.** *n.* ↓ sürülmemiş arazi; kiriş; engel; **2.** *v/t.* engel olmak, bozmak; *v/i. (at)* engel karşısında durmak; direnmek.
ball[1] [bɔːl] **1.** *n.* top; küre; yumak; bilye; gülle; *~s pl. V* haya, taşak; *keep the ~ rolling* konuşmayı sürdürmek; *play ~ F* işbirliği yapmak, katılmak, birlikte çalışmak; **2.** *vb.* top yapmak *ya da* olmak.
ball[2] [~] *n.* balo, eğlence.
bal·lad ['bæləd] *n.* balad, türkü.
bal·last ['bæləst] **1.** *n.* balast, safra; **2.** *v/t.* safra koymak.
ball-bear·ing ⊕ ['bɔːl'beərıŋ] *n.* bilye; bilyeli yatak.
bal·let ['bæleı] *n.* bale; bale trupu.
bal·lis·tics ×, *phys.* [bə'lıstıks] *n. sg.* balistik.
bal·loon [bə'luːn] **1.** *n.* balon; **2.** *v/i.* balon gibi şişmek; balonla uç-

mak.
bal·lot ['bælət] **1.** *n.* oy pusulası; oy kullanma hakkı; **2.** *v/i.* oy vermek; ~ *for ...için* oy vermek, oyla belirlemek.
ball-point (pen) ['bɔːlpɔınt ('pen)] *n.* tükenmezkalem.
ball·room ['bɔːlrʊm] *n.* balo salonu, dans salonu.
balm [bɑːm] *n.* balsam; *fig.* avuntu, merhem.
balm·y □ ['bɑːmı] *(-ier, -iest)* yumuşak, ılık *(hava); esp. Am. sl.* kaçık, çatlak.
ba·lo·ney *Am. sl.* [bə'ləʊnı] *n.* zırva, saçma.
bal·us·trade [bælə'streıd] *n.* tırabzan, parmaklık, korkuluk.
bam·boo ⚘ [bæm'buː] *(pl. -boos) n.* bambu.
bam·boo·zle *F* [bæm'buːzl] *v/t.* aldatmak; şaşırtmak.
ban [bæn] **1.** *n.* yasak; *eccl.* aforoz; **2.** *(-nn-) v/t.* yasaklamak; aforoz etmek.
ba·nal [bə'nɑːl] *adj.* banal, bayağı, sıradan.
ba·na·na ⚘ [bə'nɑːnə] *n.* muz.
band [bænd] **1.** *n.* bant, şerit, bağ; çete, topluluk; ♪ bando, orkestra; **2.** *v/t. & v/i.* ~ *together* birleş(tir)mek, bir araya topla(n)mak.
ban·dage ['bændıdʒ] **1.** *n.* bandaj, sargı, bağ; **2.** *v/t.* sarmak, bağlamak.
ban·dit ['bændıt] *n.* haydut.
band|-mas·ter ['bændmɑːstə] *n.* bando şefi; **~·stand** *n.* bandoya ait platform; **~·wa·gon** *n. Am.* bandoyu taşıyan araba; *jump on the ~ fig.* cemaate katılmak.
ban·dy[1] ['bændı]: ~ *words (with s.o.) (b-le)* ağız kavgası yapmak, atışmak; ~ *about* dedikodusunu yapmak; *(söylenti)* herkese yaymak.
ban·dy[2] [~] *(-ier, -iest) adj.* çarpık, eğri; **~-legged** *adj.* çarpık bacaklı.
bane [beın] *n.* zehir; felaket, yıkım; **~·ful** □ ['beınfl] zehirli; zararlı, öldürücü.
bang [bæŋ] **1.** *n.* patlama sesi, çat, pat; şevk; *mst* ~*s pl.* kâkül; **2.** *vb.* hızla çarpmak, "küt" diye vurmak.
ban·ish ['bænıʃ] *v/t.* sürgün etmek; defetmek; **~·ment** [~mənt] *n.* sürgün.
ban·is·ter ['bænıstə] *n.a.* ~*s pl.* tırabzan, parmaklık.
bank [bæŋk] **1.** *n.* kenar, kıyı; yığın, küme, set; sığlık; ⚕ kan *v.b.* bankası; *econ.* banka; ~ *of issue* merkez bankası, emisyon bankası; **2.** *v/t.* set ile kapatmak; *econ.* bankaya yatırmak; ⚕ *(kan v.b.)* saklamak, korumak; *v/i. econ.* bankacılık yapmak; *econ.* bankada para tutmak; ~ *on -e* güvenmek, *-e* bel bağlamak; **~-bill** ['bæŋkbıl] *n.* banknot, kâğıt para; *Am.* = *banknote;* **~-book** *n.* banka defteri; **~·er** [~] *n.* bankacı; banker; **~ hol·i·day** *n. Brt.* resmi tatil; **~·ing** [~ıŋ] *n.* bankacılık; *attr.* banka...; **~·note** *n.* banknot, kâğıt para; **~ rate** *n.* banka faiz oranı.
bank·rupt ⚖ ['bæŋkrʌpt] **1.** *n.* iflas etmiş kimse, batkın kimse; **2.** *adj.* iflas etmiş, batkın; *go* ~ iflas etmek, batmak; **3.** *v/t.* iflas ettirmek, batırmak; **~·cy** ⚖ [~sı] *n.* iflas, batkı.
ban·ner ['bænə] *n.* bayrak, sancak.
banns [bænz] *n. pl.* evlenme ilanı, askı.
ban·quet ['bæŋkwıt] *n.* ziyafet, şölen.
ban·ter ['bæntə] *vb.* şaka etmek, takılmak.
bap|tis·m ['bæptızəm] *n.* vaftiz; **~·tize** [bæp'taız] *v/t.* vaftiz et-

mek; *-e* ad koymak.

bar [bɑː] **1.** *n.* çubuk, kol demiri; *(sabun, çikolata v.b.)* kalıp, parça; ♪ ölçü, usul; ⚖ baro; ⚖ sanık kürsüsü; bar; *fig.* engel, ket; **2.** *(-rr-) v/t.* sürgülemek, kapamak; engel olmak.

barb [bɑːb] *n.* diken; keskin uç.

bar·bar·i·an [bɑːˈbeərɪən] *n.* & *adj.* barbar, yaban, gaddar.

bar·be·cue [ˈbɑːbɪkjuː] **1.** *n.* ızgara, barbekü; kuzu çevirmesi; **2.** *vb.* ızgara yapmak, kuzu çevirmek.

barbed wire [bɑːbd ˈwaɪə] *n.* dikenli tel.

bar·ber [ˈbɑːbə] *n.* berber.

bare [beə] **1.** *(~r, ~st) adj.* açık, çıplak; boş; sade; **2.** *v/t.* açmak; *(şapka)* çıkarmak; soymak; **~-faced** □ [ˈbeəfeɪst] yüzsüz, utanmaz; **~·foot, ~·footed** *adj.* yalınayak; **~·head·ed** *adj.* başı açık, şapkasız; **~·ly** [~lɪ] *adv.* ancak, zar zor.

bar·gain [ˈbɑːgɪn] **1.** *n.* anlaşma; pazarlık; kelepir; *a (dead) ~* yok pahasına, para ile değil; *it's a ~!* Anlaştık!, Oldu bu iş!; *into the ~* üstelik, ayrıca; **2.** *vb.* pazarlık etmek; anlaşmak; **~ sale** *n.* indirimli satış.

barge [bɑːdʒ] **1.** *n.* mavna, salapurya; **2.** *v/i.* ~ *in(to)* *-e* çarpmak, *-e* toslamak.

bark[1] [bɑːk] **1.** *n.* ⚘ ağaç kabuğu; **2.** *v/t.* kabuğunu soymak, derisini sıyırmak.

bark[2] [~] **1.** *v/i.* havlamak; öksürmek; bağırıp çağırmak; ~ *up the wrong tree F* yanlış kapı çalmak; **2.** *n.* havlama; öksürük.

bar·ley ⚘ [ˈbɑːlɪ] *n.* arpa.

barn [bɑːn] *n.* çiftlik ambarı; *Am.* ahır; **~·storm** *Am. pol.* [ˈbɑːnstɔːm] *v/i.* seçim gezisine çıkmak.

ba·rom·e·ter [bəˈrɒmɪtə] *n.* barometre, basınçölçer.

bar·on [ˈbærən] *n.* baron; *fig.* kral; **~·ess** [~ɪs] *n.* barones.

bar·racks [ˈbærəks] *n. sg.* ⚔ kışla; *contp.* çirkin bina.

bar·rage [ˈbærɑːʒ] *n.* baraj, bent, set; ⚔ baraj ateşi; *fig.* yağmur.

bar·rel [ˈbærəl] **1.** *n.* fıçı, varil; namlu; ⊕ tambura, kasnak; **2.** *v/t.* fıçıya koymak; **~-or·gan** *n.* ♪ laterna.

bar·ren □ [ˈbærən] kıraç, çorak, kurak; kısır; yavan; *econ.* atıl, kullanılmayan *(sermaye).*

bar·ri·cade [bærɪˈkeɪd] **1.** *n.* barikat, engel; **2.** *v/t.* barikatla kapatmak.

bar·ri·er [ˈbærɪə] *n.* duvar, mania, engel *(a. fig.)*

bar·ris·ter *Brt.* [ˈbærɪstə] *n.* dava vekili, avukat.

bar·row [ˈbærəʊ] *n.* el arabası.

bar·ter [ˈbɑːtə] **1.** *n.* değiş tokuş, takas, trampa; **2.** *vb.* değiş tokuş etmek, takas etmek *(for ile).*

base[1] □ [beɪs] *(~r, ~st)* adi, bayağı, aşağılık.

base[2] [~] **1.** *n.* temel, taban, esas; ⚗ baz; ⚔ üs; **2.** *v/t.* kurmak; dayandırmak *(on, upon -e).*

base|ball [ˈbeɪsbɔːl] *n.* beysbol; **~·board** *n. Am.* süpürgelik; **~·less** [ˈbeɪslɪs] *adj.* asılsız, yersiz; **~·ment** [~mənt] *n.* temel; bodrum katı, zemin katı.

base·ness [ˈbeɪsnɪs] *n.* adilik, bayağılık.

bash·ful □ [ˈbæʃfl] utangaç, sıkılgan.

ba·sic[1] [ˈbeɪsɪk] **1.** *adj.* esas, ana, temel; ⚗ bazal; **2.** *n.* **~s** *pl.* esaslar.

BA·SIC[2] [~] *n. kompütür:* temel.

ba·sic·al·ly [ˈbeɪsɪkəlɪ] *adv.* aslında, temelinden.

ba·sin [ˈbeɪsn] *n.* leğen, tas, çanak; lavabo; küvet; havza.

ba·sis [ˈbeɪsɪs] *(pl. -ses* [-siːz]*) n.*

temel, esas.
bask [bɑːsk] *v/i.* güneşlenmek; *fig.* tadını çıkarmak.
bas·ket ['bɑːskɪt] *n.* sepet; küfe; **~·ball** *n.* basketbol, sepettopu.
bass[1] ♪ [beɪs] *n.* bas.
bass[2] *zo.* [bæs] *n.* levrek.
bas·tard ['bɑːstəd] **1.** □ evlilikdışı *(çocuk);* sahte; **2.** *n.* piç.
baste[1] [beɪst] *v/t.* yağlamak.
baste[2] [~] *v/t.* teyellemek.
bat[1] [bæt] *n. zo.* yarasa; *as blind as a ~* kör mü kör.
bat[2] [~] *spor:* **1.** *n.* sopa; **2.** *(-tt-) vb.* sopa ile vurmak.
batch [bætʃ] *n.* bir ağız *ya da* fırın ekmek; yığın.
bate [beɪt]: *with ~d breath* soluk soluğa, nefes nefese.
bath [bɑːθ] **1.** *(pl. baths [~ðz]) n.* banyo, yıkanma; *have a ~ Brt., take a ~ Am.* banyo yapmak; *~s pl.* banyo, hamam; **2.** *Brt. v/t.* yıkamak *(çocuk v.b.); v/i.* yıkanmak, banyo yapmak.
bathe [beɪð] *v/t.* yıkamak *(yara v.b., esp. Am. çocuk v.b.); v/i* yıkanmak; yüzmek.
bath·ing ['beɪðɪŋ] *n.* deniz banyosu, yüzme; **~-suit** *n.* mayo.
bath|robe ['bɑːθrəʊb] *n.* bornoz; **~·room** *n.* banyo; **~-tow·el** *n.* hamam havlusu; **~-tub** *n.* küvet.
bat·on ['bætən] *n.* sopa, değnek, baston; asa; ♪ baton, orkestra şefinin sopası.
bat·tal·i·on × [bə'tæljən] *n.* tabur.
bat·ten ['bætn] *n.*pervaz, tiriz.
bat·ter ['bætə] **1.** *n. spor:* vurucu oyuncu; sulu hamur; **2.** *v/t.* güm güm vurmak, yumruklamak; dövmek; eskitmek; *~ down ya da in* vura vura yıkmak; **~·y** [~rɪ] *n.* pil; akü; batarya; *assault and ~* ⚖ müessir fiil; **~·y-op·e·rat·ed** *adj.* pilli.
bat·tle ['bætl] **1.** *n.* muharebe, savaş; *fig.* mücadele; **2.** *v/i.* savaşmak, mücadele etmek *(a. fig.);* **~·ax(e)** *n.* savaş baltası; *F* otoriter kadın; **~·field, ~·ground** *n.* savaş alanı; **~·ments** [~mənts] *n. pl.* siper; **~·plane** *n.* × savaş uçağı; **~·ship** *n.* × savaş gemisi.
baulk [bɔːk] = *balk.*
Ba·var·i·an [bə'veərɪən] *n. & adj.* Bavyeralı.
bawd·y ['bɔːdɪ] *(-ier, -iest) adj.* açık saçık.
bawl [bɔːl] *v/i.* bağırmak, haykırmak; *~ out* azarlamak, haşlamak.
bay[1] [beɪ] **1.** *adj.* doru, kula *(at);* **2.** *n.* doru at.
bay[2] [~] *n.* koy.
bay[3] ⚘ [~] *n. a. ~ tree* defne.
bay[4] [~] **1.** *v/i.* havlamak, ürümek; **2.** *n. hold ya da keep at ~* uzak tutmak, yaklaştırmamak.
bay·o·net × ['beɪənɪt] *n.* süngü, kasatura.
bay·ou *Am.* ['baɪuː] *n.* nehrin bataklıklı kolu.
bay win·dow ['beɪ'wɪndəʊ] *n.* cumba; *Am. sl.* şişgöbek.
ba·za(a)r [bə'zɑː] *n.* çarşı, pazar.
be [biː, bɪ] *(was ya da were, been) v/i.* olmak; var olmak; hazır olmak; *he wants to ~...* ... olmak istiyor; *how much are the shoes?* ayakkabılar ne kadar?; *~ reading* okuyor olmak; *there is, there are* vardır.
beach [biːtʃ] **1.** *n.* sahil, kumsal, plaj; **2.** *v/t.* ⚓ sahile çekmek; **~ ball** *n.* plaj topu; **~ bug·gy** *n. mot.* plaj arabası; **~·comb·er** *fig.* ['biːtʃkəʊmə] *n.* lodosçu.
bea·con ['biːkən] *n.* fener; işaret ateşi; işaret kulesi; nirengi feneri, şamandıra.
bead [biːd] *n.* boncuk; tespih tanesi; *~s pl.* tespih; **~·y** ['biːdɪ] *(-ier, -iest) adj.* boncuk gibi *(göz).*
beak [biːk] *n.* gaga; ⊕ kovan, yuva.

bea·ker ['bi:kə] *n.* geniş bardak; kadeh.
beam [bi:m] **1.** *n.* kiriş; terazi kolu; ⚡ ışın; **2.** *v/i.* parlamak, ışık saçmak; *fig.* gülümsemek.
bean [bi:n] *n.* ⚘ fasulye; *Am. sl.* kafa, kelle; *be full of ~s F* hayat dolu olmak.
bear[1] *zo.* [beə] *n.* ayı.
bear[2] [~] *(bore, borne) v/t.* taşımak; tahammül etmek, çekmek, katlanmak; doğurmak; *(meyve)* vermek; ~ *down* yenmek, alt etmek; ~ *out* doğrulamak; *v/i.* sabretmek, dayanmak; *zo.* hamile olmak; **~·a·ble** □ ['beərəbl] tahammül edilir, çekilir.
beard [bıəd] *n.* sakal; ⚘ püskül; **~·ed** ['bıədıd] *adj.* sakallı.
bear·er ['beərə] *n.* taşıyan kimse; *econ.* hamil.
bear·ing ['beərıŋ] *n.* hal, tavır; yön; *fig.* ilgi; *take one's ~s* yönünü saptamak; *lose one's ~s* kaybolmak, yolunu şaşırmak; sapıtmak, pusulayı şaşırmak.
beast [bi:st] *n.* hayvan; **~·ly** ['bi:stlı] *(-ier, -iest) adj.* hayvanca; berbat.
beat [bi:t] **1.** *(beat, beaten ya da beat) v/t.* vurmak; dövmek; yenmek; *(davul v.b.)* çalmak; *(yumurta)* çırpmak; ~ *it! F* Çek arabanı!; *that ~s all!* Bir bu eksikti!; *that ~s me* beni aşıyor, bana zor geldi; ~ *down econ. (fiyat)* indirmek, kırmak; ~ *out* vurarak çalmak *(melodi);* vura vura söndürmek *(yangın);* ~ *up* dövmek, sopa atmak; *v/i. (kalp)* atmak, çarpmak; ~ *about the bush* bin dereden su getirmek; **2.** *n.* vuruş; ♪ tempo; *(kalp)* atış; devriye; **3.** *adj. (dead)* ~ *F* bitkin, turşu gibi; **~·en** ['bi:tn] *p.p. of beat 1;* dövülmüş; yenik; çiğnenmiş *(yol); off the ~ track* uzak, tenha; *fig.* alışılmamış.
beau·ti|cian [bju:'tıʃn] *n.* güzellik uzmanı; **~·ful** □ ['bju:təfl] güzel; **~·fy** [~ıfaı] *v/t.* güzelleştirmek, süslemek.
beaut·y ['bju:tı] *n.* güzellik; *sleeping* ♀ Uyuyan Güzel; ~ *parlo(u)r,* ~ *shop* güzellik salonu.
bea·ver ['bi:və] *n. zo.* kunduz; kunduz kürkü, kastor.
be·came [bı'keım] *pret. of become.*
be·cause [bı'kɒz] *cj.* çünkü, -diği için; ~ *of -den* dolayı, ...yüzünden.
beck·on ['bekən] *vb. (elle)* işaret etmek.
be·come [bı'kʌm] *(-came, -come) v/i.* olmak; *v/t.* yakışmak, yaraşmak, gitmek, açmak; **be·com·ing** □ [~ıŋ] uygun, yaraşır; yakışık alır.
bed [bed] **1.** *n.* yatak, karyola; ↓ tarh, çiçeklik; ~ *and breakfast* yatak ve kahvaltı; **2.** *(-dd-):* ~ *down* yatırmak, yerleştirmek; **~·clothes** ['bedkləʊðz] *n. pl.* yatak takımı; **~·ding** [~ıŋ] *n.* yatak takımı; hayvan yatağı.
bed·lam ['bedləm] *n.* tımarhane.
bed|rid·den ['bedrıdn] *adj.* yatalak; **~·room** *n.* yatak odası; **~·side:** *at the* ~ *(hastanın)* başucunda; ~ *lamp* gece lambası; **~-sit** *F,* **~-sit·ter** [~ə], **~-sit·ting room** [~ıŋ] *n. Brt.* bekâr odası; **~·spread** *n.* yatak örtüsü; **~-stead** *n.* karyola; **~·time** *n.* yatma zamanı.
bee [bi:] *n. zo.* arı; *have a ~ in one's bonnet F* aklını *b-le* bozmak, kafasını *bşe* takmak.
beech ⚘ [bi:tʃ] *n.* kayın; **~·nut** *n.* kayın kozalağı.
beef [bi:f] **1.** *n.* sığır eti; **2.** *vb. F* şikâyet etmek *(about -den);* ~ **tea** *n.* sığır eti suyu; **~·y** ['bi:fı] *(-ier, -iest) adj.* etli butlu, iri yarı; güçlü.

bee|hive ['bi:haɪv] *n.* arı kovanı; **~·keep·er** *n.* arıcı; **~·line** *n.* en kısa yol, kestirme; *make a ~ for -e* kestirmeden gitmek.
been [bi:n, bɪn] *p.p. of* be.
beer [bɪə] *n.* bira.
beet ⚘ [bi:t] *n.* pancar; *Am.* = beetroot.
bee·tle[1] *zo.* ['bi:tl] *n.* böcek.
bee·tle[2] [~] **1.** *adj.* üzerinden sarkan; **2.** *v/i.* üzerinden sarkmak, çıkıntı yapmak.
beet·root ⚘ ['bi:tru:t] *n.* pancar; pancar kökü.
be·fall [bɪ'fɔ:l] *(-fell, -fallen) v/t. -in* başına gelmek; *v/i.* olmak, vuku bulmak.
be·fit [bɪ'fɪt] *(-tt-) v/t.* yaraşmak, uygun düşmek.
be·fore [bɪ'fɔ:] **1.** *adv.* önde, önden; daha önce, evvelce; **2.** *cj. -meden* önce; **3.** *prp.* önünde; *-den* önce; huzurunda; **~·hand** *adv.* önceden, baştan.
be·friend [bɪ'frend] *vb.* dostça davranmak, yardım elini uzatmak.
beg [beg] *(-gg-) v/t.* dilemek, istemek, rica etmek *(of -den); v/i.* yalvarmak; dilenmek.
be·gan [bɪ'gæn] *pret. of* begin.
be·get [bɪ'get] *(-tt-; -got, -gotten) v/t. -in* babası olmak; neden olmak, yol açmak.
beg·gar ['begə] **1.** *n.* dilenci; *F* herif; çapkın; **2.** *v/t.* sefalete düşürmek, mahvetmek; *it ~s all description* tarifi olanaksız, anlatmaya sözcükler yetmez.
be·gin [bɪ'gɪn] *(-nn-; began, begun) v/t. & v/i.* başla(t)mak; **~·ner** [~ə] *n.* yeni başlayan, acemi; **~·ning** *n.* başlangıç.
be·gone *int.* [bɪ'gɒn] Çek arabanı!, Yıkıl!
be·got [bɪ'gɒt] *pret. of* beget; **~·ten** [~tn] *p.p. of* beget.
be·grudge [bɪ'grʌdʒ] *v/t.* esirgemek, çok görmek.
be·guile [bɪ'gaɪl] *v/t.* aldatmak *(of, out of -de);* eğlendirmek, hoş vakit geçirmek.
be·gun [bɪ'gʌn] *p.p. of* begin.
be·half [bɪ'hɑ:f]: *on (Am. a. in) ~ of -in* adına; *-in* lehinde.
be·have [bɪ'heɪv] *v/i.* davranmak, hareket etmek.
be·hav·io(u)r [bɪ'heɪvjə] *n.* davranış, hareket, tavır; **~·al** *psych.* [~rəl] *adj.* davranış...
be·head [bɪ'hed] *v/t.* başını kesmek.
be·hind [bɪ'haɪnd] **1.** *adv.* geride, geriye; **2.** *prp.* arkasında, gerisinde, geriye; **3.** *n. F* arka, kıç; **~·hand** *adj.* geç kalmış; geri kalmış.
be·hold [bɪ'həʊld] *(-held)* **1.** *v/t.* bakmak, seyretmek; görmek; **2.** *int.* Bak!, İşte!; **~·er** [~ə] *n.* seyirci.
be·ing ['bi:ɪŋ] *n.* var oluş; varlık, yaratık; *in ~* var olan.
be·lat·ed [bɪ'leɪtɪd] *adj.* geç kalmış, gecikmiş.
belch [beltʃ] **1.** *v/i.* geğirmek; *v/t.* püskürtmek; **2.** *n.* geğirme.
be·lea·guer [bɪ'li:gə] *v/t.* kuşatmak.
bel·fry ['belfrɪ] *n.* çan kulesi.
Bel·gian ['beldʒən] **1.** *adj.* Belçika'ya özgü; **2.** *n.* Belçikalı.
be·lie [bɪ'laɪ] *v/t.* yalancı çıkarmak, yalanlamak.
be·lief [bɪ'li:f] *n.* inanç *(in -e).*
be·lie·va·ble □ [bɪ'li:vəbl] inanılır.
be·lieve [bɪ'li:v] *vb.* inanmak *(in -e);* güvenmek *(in -e);* **be·liev·er** *eccl.* [~ə] *n.* inanan, inançlı, imanlı.
be·lit·tle *fig* [bɪ'lɪtl] *v/t.* küçük görmek; kötülemek.
bell [bel] *n.* zil; çan; **~boy** *Am.* ['belbɔɪ] *n.* otel garsonu.
belle [bel] *n.* dilber.
bell·hop *Am.* ['belhɒp] *n.* otel gar-

sonu.

-bel·lied ['belıd] *adj.* ...göbekli.

bel·lig·er·ent [bı'lıdʒərənt] **1.** *adj.* savaşçı; kavgacı; **2.** *n.* savaşta taraflardan biri.

bel·low ['beləʊ] **1.** *v/i.* böğürmek; **2.** *n.* böğürme; **~s** *n. pl.* körük.

bel·ly ['belı] **1.** *n.* karın; göbek; **2.** *v/t. & v/i.* şiş(ir)mek; **~·ache** *n.* F karın ağrısı.

be·long [bı'lɒŋ] *v/i.* ait olmak *(to -e)*; **~·ings** [~ıŋz] *n. pl.* özel eşyalar.

be·loved [bı'lʌvd] **1.** *adj.* sevgili, aziz; **2.** *n.* sevgili.

be·low [bı'ləʊ] **1.** *adv.* aşağıda, aşağı; **2.** *prp.* aşağısında, altında.

belt [belt] **1.** *n.* kemer, kayış, kuşak; bölge, kuşak; ⚔ palaska; ⊕ transmisyon kayışı; **2.** *vb. a.* ~ *up* kemer bağlamak, kuşanmak; **~·ed** ['beltıd] *adj.* kemerli.

be·moan [bı'məʊn] *vb.* sızlanmak, yanıp yakılmak; yasını tutmak.

bench [bentʃ] *n.* sıra, bank; kürsü; mahkeme; tezgâh.

bend [bend] **1.** *n.* dirsek, kavis; viraj, dönemeç; *drive s.o. round the ~* F *b-ni* deli etmek; **2.** *(bent) v/t. & v/i.* bük(ül)mek, eğ(il)mek; uymaya zorlamak *(to, on -e)*.

be·neath [bı'ni:θ] = *below.*

ben·e·dic·tion [benı'dıkʃn] *n.* kutsama.

ben·e·fac·tor ['benıfæktə] *n.* hayır sahibi.

be·nef·i·cent □ [bı'nefısnt] hayır sahibi, iyiliksever

ben·e·fi·cial □ [benı'fıʃl] yararlı; hayırlı.

ben·e·fit ['benıfıt] **1.** *n.* yarar, fayda; hayır; işsizlik *v.b.* parası; **2.** *vb.* yararlı olmak, yaramak; ~ *by ya da from -den* yararlanmak.

be·nev·o|lence [bı'nevələns] *n.* yardım; iyilikseverlik; **~·lent** □ [~t] iyiliksever, hayırsever.

be·nign □ [bı'naın] yumuşak huylu, iyi kalpli; ⚕ tehlikesiz, selim *(ur v.b.)*.

bent [bent] **1.** *pret. & p.p. of bend 2; ~ on doing* ...yapmayı aklına koymuş; **2.** *n. fig.* eğilim, yatkınlık; yetenek.

ben·zene ⚗ ['benzi:n] *n.* benzol.

ben·zine ⚗ ['benzi:n] *n.* benzin.

be·queath ⚖ [bı'kwi:ð] *v/t.* vasiyetle bırakmak, miras bırakmak.

be·quest ⚖ [bı'kwest] *n.* miras, vasiyetle bırakılan taşınır mal.

be·reave [bı'ri:v] *(bereaved ya da bereft) v/t.* yoksun bırakmak, elinden almak.

be·reft [bı'reft] *pret. & p.p. of bereave.*

be·ret ['bereı] *n.* bere.

ber·ry ⚘ ['berı] *n.* meyve tanesi.

berth [bɜ:θ] **1.** *n.* ⚓, 🚃 yatak, kuşet; ranza; ⚓ demirleme yeri; **2.** *vb.* ⚓ palamarla bağlamak; yatacak yer sağlamak.

be·seech [bı'si:tʃ] *(besought ya da beseeched) v/t.* dilemek, yalvarmak.

be·set [bı'set] *(-tt-; beset) v/t.* kuşatmak, sarmak; ~ *with difficulties* güçlüklerle dolu.

be·side [bı'saıd] *prp.* yanın(d)a; ~ *o.s. k-ni* kaybetmiş *(with -den)*; ~ *the point,* ~ *the question* konu dışı; **~s** [~z] **1.** *adv.* üstelik, zaten; ayrıca; **2.** *prp. -den* başka.

be·siege [bı'si:dʒ] *v/t.* kuşatmak; çevrelemek, başına üşüşmek.

be·smear [bı'smıə] *v/t.* kirletmek, bulaştırmak.

be·sought [bı'sɔ:t] *pret. & p.p. of beseech.*

be·spat·ter [bı'spætə] *v/t.* çamurlamak.

best [best] **1.** *adj. (sup. of good 1)* en iyi; en uygun; ~ *man* sağdıç; **2.** *adv. (sup. of well² 1)* en iyi biçimde; en çok; **3.** *n.* en iyisi; *All the ~!* Şerefe!, En iyi dileklerimle!; *to the ~ of...* son derece, elinden geldiğince; *make the ~ of -den* en iyi biçimde yararlanmak; *at ~* olsa olsa; *be at one's ~* en iyi durumunda olmak; gününde olmak.

bes·ti·al □ ['bestjəl] hayvanca, hayvan gibi; vahşi.

be·stow [bı'stəʊ] *v/t.* vermek, bağışlamak *(on, upon -e).*

best·sell·er [best'selə] *n.* en çok satan kitap.

bet [bet] **1.** *n.* iddia, bahis; **2.** *(-tt-; bet ya da betted) vb.* iddiaya tutuşmak, bahse girmek; *you ~ F* Elbette!, Emin olun!

be·tray [bı'treı] *v/t.* ele vermek, ihanet etmek; **~·al** [~əl] *n.* ihanet; **~·er** [~ə] *n.* hain.

bet·ter ['betə] **1.** *adj. (comp. of good 1)* daha iyi; *he is ~* (sağlığı) daha iyi; **2.** *n.* daha iyisi; *~s pl.* yaşlı ve deneyimli kimseler, büyükler; *get the ~ of* alt etmek, yenmek; **3.** *adv. (comp. of well[2])* daha iyi biçimde; daha çok; *so much the ~* İsabet!, Olsun!; *you had ~ (Am. F you ~) go* gitsen iyi olur; **4.** *v/t. & v/i.* düzel(t)mek, iyileş(tir)mek.

be·tween [bı'twi:n] **1.** *adv.* arada, araya; *few and far ~ F* seyrek, tek tük; **2.** *prp. -in* arasın(d)a, *-in* ortasın(d)a; *~ you and me* aramızda kalsın, söz aramızda.

bev·el ['bevl] *(esp. Brt. -ll-, Am. -l-) v/t.* eğim vermek.

bev·er·age ['bevərıdʒ] *n.* içecek, meşrubat.

bev·y ['bevı] *n.* sürü, küme.

be·wail [bı'weıl] *vb.* ağlamak, sızlanmak.

be·ware [bı'weə] *vb.* sakınmak *(of -den); ~ of the dog!* Dikkat köpek var!

be·wil·der [bı'wıldə] *v/t.* şaşırtmak, sersem etmek; **~·ment** [~mənt] *n.* şaşkınlık.

be·witch [bı'wıtʃ] *v/t.* büyülemek.

be·yond [bı'jɒnd] **1.** *adv.* ötede, öteye; **2.** *prp. -in* ötesin(d)e; *-in* dışında.

bi- [baı] *prefix* iki-.

bi·as ['baıəs] **1.** *adj. & adv.* meyilli, eğik, çapraz; **2.** *n.* meyil, eğilim; önyargı; **3.** *(-s-, -ss-) v/t.* meylettirmek; etkilemek; *~(s)ed esp.* ⚖ taraf tutan; önyargılı.

bi·ath|lete [baı'æθli:t] *n. spor:* biatloncu; **~·lon** [~ən] *n. spor:* biatlon, ikili yarışma.

bib [bıb] *n.* çocuk önlüğü, mama önlüğü.

Bi·ble ['baıbl] *n.* Kutsal Kitap, İncil, Tevrat, Zebur.

bib·li·cal □ ['bıblıkl] Kutsal Kitap ile ilgili.

bib·li·og·ra·phy [bıblı'ɒgrəfı] *n.* bibliyografya, kaynakça.

bi·car·bon·ate ⚗ [baı'kɑ:bənıt] *n. a. ~ of soda* bikarbonat de süt, soda.

bi·cen|te·na·ry [baısen'ti:nərı] *Am.* **~·ten·ni·al** [~'tenıəl] *n.* 200. yıldönümü.

bi·ceps *anat.* ['baıseps] *n.* pazı.

bick·er ['bıkə] *v/i.* ağız kavgası yapmak, dalaşmak.

bi·cy·cle ['baısıkl] **1.** *n.* bisiklet; **2.** *v/i.* bisiklete binmek, bisikletle dolaşmak.

bid [bıd] **1.** *(-dd-; bid ya da bade, bid ya da bidden) v/t.* emretmek; teklif etmek *(fiyat);* söylemek, demek; *iskambil:* deklare etmek; *~ farewell* veda etmek; **2.** *n. econ.* ihale; fiyat teklifi; *iskambil:* deklarasyon; **~·den** ['bıdn] *p.p. of bid*

bide [baıd] *(bode ya da bided, bided): ~ one's time* fırsat kollamak

bi·en·ni·al □ [baı'enıəl] iki yıllık; iki yılda bir olan; **~·ly** [~lı] *adv.* iki yılda bir.

bier [bıə] *n.* cenaze teskeresi; katafalk.

big [bıg] *(-gg-) adj.* büyük, iri, ko-

caman; *F* önemli, etkili; ~ *business* büyük sermayeli ticaret, büyük iş; ~ *shot F* kodaman; *talk* ~ yüksekten atmak, atıp tutmak.
big·a·my ['bıgəmı] *n.* ikieşlilik.
big·ot ['bıgət] *n.* bağnaz kimse; **~·ed** *adj.* bağnaz; dar görüşlü.
big·wig *F* ['bıgwıg] *n.* kodaman.
bike *F* [baık] *n.* bisiklet.
bi·lat·er·al □ [baı'lætərəl] iki taraflı, iki yanlı.
bile [baıl] *n.* safra; *fig.* huysuzluk.
bi·lin·gual [baı'lıŋgwəl] *adj.* iki dil konuşan; iki dilde yazılmış.
bil·i·ous □ ['bıljəs] safra ile ilgili; safralı, vücudunda fazla safra olan; *fig.* huysuz.
bill[1] [bıl] *n.* gaga; sivri uç.
bill[2] [~] **1.** *n. econ.* fatura; *pol.* yasa tasarısı; ⚖ pusula, tezkere; dilekçe; *a.* ~ *of exchange econ.* poliçe, tahvil; *Am.* banknot, kâğıt para; afiş, ilan; ~ *of fare* yemek listesi, mönü; ~ *of lading* konşimento; ~ *of sale* ⚖ satış senedi; **2.** *v/t.* ilanla duyurmak, bildirmek; faturasını yapmak, faturasını göndermek.
bill·board *Am.* ['bılbɔːd] *n.* ilan tahtası.
bill·fold *Am.* ['bılfəʊld] *n.* cüzdan.
bil·li·ards ['bıljədz] *n. sg.* bilardo.
bil·li·on ['bıljən] *n.* milyar; trilyon.
bil·low ['bıləʊ] *n.* büyük dalga; dalgalar halinde gelen şey; **~.y** [~ı] *adj.* dalgalı, çalkantılı.
bil·ly *Am.* ['bılı] *n.* sopa, cop; **~-goat** *n. zo.* teke.
bin [bın] *n.* kutu, teneke.
bind [baınd] *(bound) v/t.* bağlamak, sarmak; ciltlemek; dondurmak; *v/i. (çimento v.b.)* donmak, katılaşmak; **~·er** ['baındə] *n.* ciltçi; cilt, kap; biçer bağlar makine; **~·ing** [~ıŋ] **1.** *adj.* bağlayıcı *(a. fig.)*; **2.** *n.* ciltleme; cilt.
bi·noc·u·lars [bı'nɒkjʊləz] *n. pl.* dürbün.
bi·o·chem·is·try [baıəʊ'kemıstrı] *n.* biyokimya.
bi·og·ra|pher [baı'ɒgrəfə] *n.* yaşam öyküsü yazarı; **~·phy** [~ı] *n.* biyografi, yaşam öyküsü.
bi·o·log·i·cal □ [baıəʊ'lɒdʒıkl] biyolojik, dirimbilimsel; **bi·ol·o·gy** [baı'ɒlədʒı] *n.* biyoloji, dirimbilim.
bi·ped *zo.* ['baıped] *n.* iki ayaklı hayvan.
birch [bɜːtʃ] **1.** *n.* ⚘ huş ağacı; **2.** *v/t.* huş dalı ile dövmek.
bird [bɜːd] *n.* kuş; ~ *of prey* yırtıcı kuş; ~ *sanctuary* kuş koruma bölgesi; **~'s-eye** ['bɜːdzaı]: ~ *view* kuşbakışı görünüş.
bi·ro *TM* ['baırəʊ] *(pl. -ros) n.* tükenmez kalem.
birth [bɜːθ] *n.* doğum; doğuş; soy; köken; *give* ~ *to* doğurmak; ortaya koymak; ~ **con·trol** *n.* doğum kontrolü; **~·day** ['bɜːθdeı] *n.* doğum günü; **~·mark** *n.* vücut lekesi, ben; **~·place** *n.* doğum yeri; ~ **rate** *n.* doğum oranı.
bis·cuit *Brt.* ['bıskıt] *n.* bisküvi.
bish·op ['bıʃəp] *n.* piskopos; *satranç:* fil; **~·ric** [~rık] *n.* piskoposluk.
bi·son *zo.* ['baısn] *n.* bizon, Amerikan yabanöküzü.
bit [bıt] **1.** *n.* parça; gem; matkap, delgi; *a (little)* ~ biraz, azıcık; **2.** *pret. of bite* 2.
bitch [bıtʃ] *n. zo.* dişi köpek; *contp.* orospu.
bite [baıt] **1.** *n.* ısırma; ısırık, lokma; *(arı, yılan v.b.)* sokma; ⊕ kavrama; **2.** *(bit, bitten) v/t.* ısırmak; *(arı, yılan v.b.)* sokmak; yakmak, acıtmak; ⊕ kavramak, tutmak; *fig.* yaralamak, incitmek.
bit·ten ['bıtn] *p.p. of bite* 2.
bit·ter ['bıtə] **1.** □ acı, keskin, sert *(a. fig.)*; **2.** *n.* **~s** *pl.* bitter.
biz *F* [bız] = *business.*

blab *F* [blæb] *(-bb-) v/i.* boşboğazlık etmek.
black [blæk] **1.** □ siyah, kara; karanlık; kötü, uğursuz; ~ *eye* morarmış göz; *have s.th. in ~ and white* yazdırmak, bastırmak; *be ~ and blue* çürümek, yara bere içinde olmak; *beat s.o. ~ and blue b-ni* eşek sudan gelinceye kadar dövmek; **2.** *v/t.* karartmak; siyaha boyamak; ~ *out* karartma yapmak; **3.** *n.* siyah renk; siyah boya; zenci; **~·ber·ry** ⚘ ['blækbərı] *n.* böğürtlen; **~·bird** *n. zo.* karatavuk; **~·board** *n.* yazı tahtası, karatahta; **~·en** [~ən] *v/t. & v/i.* karar(t)mak; *fig.* kara çalmak; **~·guard** ['blægɑːd] *n. & adj.* alçak, rezil, teres; **~·head** ⚕ *n.* siyah benek; ~ **ice** *n.* donmuş kırağı; **~·ing** [~ıŋ] *n.* ayakkabı boyası; **~·ish** □ [~ıʃ] siyahımsı, siyahımtırak; **~·jack** *n. esp. Am.* cop; **~·leg** *n. Brt.* grev kırıcı, grev bozan kimse; **~-let·ter** *n. print.* gotik harfler; **~·mail 1.** *n.* şantaj; **2.** *v/t.* şantaj yapmak; **~·mail·er** [~ə] *n.* şantajcı; ~ **mar·ket** *n.* karaborsa; **~·ness** [~nıs] *n.* siyahlık, karalık; **~·out** *n.* karartma; *thea.* ışıkların sönmesi; ⚕ geçici bilinç yitimi; ~ **pud·ding** *n.* kan, yağ ve yulaftan yapılmış sosis; ~ **sheep** *n. fig.* yüzkarası; **~·smith** *n.* nalbant; demirci.
blad·der *anat* ['blædə] *n.* sidik torbası.
blade [bleıd] *n.* ⚘ ince uzun yaprak; bıçak ağzı; kılıç; kürek palası.
blame [bleım] **1.** *n.* ayıplama, kınama; kusur, kabahat; **2.** *v/t.* ayıplamak, sorumlu tutmak; *be to ~ for -in* suçlusu *ya da* sorumlusu olmak; **~·less** □ [~lıs] kabahatsiz, suçsuz; tertemiz, lekesiz.
blanch [blɑːntʃ] *v/t. & v/i.* beyazla(t)mak, ağar(t)mak; sarar(t)mak.
blanc·mange [blə'mɒnʒ] *n.* sütlü pelte, paluze.
bland □ [blænd] tatlı, hoş, yumuşak.
blank [blæŋk] **1.** □ yazısız, boş; anlamsız, ifadesiz, boş *(yüz);* şaşkın; *econ.* açık *(çek);* ~ *cartridge* ⚔ manevra fişeği; ~ *cheque (Am. check) econ.* açık çek; **2.** *n.* boşluk; yazısız kâğıt; *piyango:* boş kura.
blan·ket ['blæŋkıt] **1.** *n.* battaniye; *wet ~* neşe kaçıran kimse; **2.** *v/t.* üstünü örtmek, kaplamak.
blare [bleə] *v/t. & v/i.* bangır bangır bağır(t)mak.
blas|pheme [blæs'fiːm] *vb. (Tanrıya, kutsal şeylere)* küfretmek; **~·phe·my** ['blæsfəmı] *n. (Tanrıya, kutsal şeylere)* küfretme, saygısızlık.
blast [blɑːst] **1.** *n.* hava cereyanı, ani rüzgâr; ⊕ patlama, infilak; boru sesi; ⚘ mildiyu; **2.** *v/t.* havaya uçurmak, patlatmak; yakmak; ~ *off (into space)* uzaya fırlatmak *(roket, astronot); v/i.:* ~ *off* uzaya fırlamak; *~!* Lanet olsun!; **~-fur·nace** ⊕ ['blɑːstfɜːnıs] *n.* yüksek fırın; **~-off** *n.* uzaya fırlatma.
bla·tant □ ['bleıtənt] gürültülü; gürültücü.
blaze [bleız] **1.** *n.* alev, ateş; parlak ışık; yangın; *fig.* parıltı, ışıltı; *go to ~s!* Cehenneme kadar yolun var!; **2.** *v/t. & v/i.* alevlen(dir)mek, yanmak, tutuşmak; parlamak; ilan etmek, yaymak.
blaz·er ['bleızə] *n.* blazer ceket.
bla·zon ['bleızn] *n.* arma; parlak gösteriş.
bleach [bliːtʃ] *v/t. & v/i.* ağar(t)mak, beyazla(t)mak.
bleak □ [bliːk] soğuk, tatsız *(hava); fig.* ümitsiz.
blear.y □ ['blıərı] *(-ier, -iest)* uy-

kulu *(göz);* ~**-eyed** *adj.* gözünden uyku akan.
bleat [bliːt] **1.** *n.* meleme; **2.** *v/i.* melemek.
bled [bled] *pret. & p.p. of* bleed.
bleed [bliːd] *(bled) v/i.* kanamak; *v/t.* ⚕ *-den* kan almak; *fig. F* para sızdırmak; ~**·ing** ['bliːdıŋ] **1.** *n.* ⚕ kanama; **2.** *adj. sl.* Allahın belası, gaddar.
bleep [bliːp] **1.** *n. radyo:* düdük sesi; **2.** *v/i.* düdük sesi çalmak.
blem·ish ['blemıʃ] **1.** *n.* leke; kusur; **2.** *n.* karışım, harman *(a. econ.);* ~**·er** ['blendə] *n.* karıştırıcı, mikser.
bless [bles] *(blessed ya da blest) v/t.* kutsamak; hayır dua etmek; *be ~ed with (Allah'ın lütfu ile) -e* sahip olmak, *-si* olmak; *(God) ~ you!* Çok yaşa!; *~ me!, ~ my heart!, ~ my soul! F* Aman ya Rabbi!; Vay canına!; ~**·ed** □ ['blesıd] kutsal; mutlu; ~**·ing** [~ıŋ] *n.* hayırdua; nimet.
blest [blest] *pret. & p.p. of* bless.
blew [bluː] *pret. of* blow² 1.
blight [blaıt] **1.** *n.* ⚘ mildiyu, küf; *fig.* afet; **2.** *v/t.* yakmak, kavurmak; yıkmak, mahvetmek.
blind □ [blaınd] **1.** kör *(fig. to -e karşı);* gizli, görünmez; düşüncesiz; *~ alley* çıkmaz sokak; *~ly fig.* gözü kapalı, körü körüne; **2.** *n.* kepenk; perde; *the ~ pl.* körler; **3.** *v/t.* kör etmek *(a. fig.);* ~**·ers** *Am.* ['blaındəz] *n. pl.* göz siperi; ~**·fold 1.** *adj.* gözleri bağlı; **2.** *v/t.* gözlerini bağlamak; **3.** *n.* gözbağı; ~**·worm** *n. zo.* köryılan.
blink [blıŋk] **1.** *n.* gözlerini kırpıştırma; **2.** *v/i.* gözlerini kırpıştırmak; pırıldamak; *v/t. fig.* görmezlikten gelmek; ~**·ers** ['blıŋkəz] *n. pl.* göz siperi.
bliss [blıs] *n.* mutluluk.
blis·ter ['blıstə] **1.** *n.* kabarcık; ⚕ yakı; **2.** *v/t. & v/i.* kabar(t)mak, su toplamak.
blitz [blıts] **1.** *n.* hava baskını; **2.** *v/t.* bombardıman etmek.
bliz·zard ['blızəd] *n.* tipi, kar fırtınası.
bloat|ed ['bləʊtıd] *adj.* kabarık, şişkin; *fig.* şişinmiş, böbürlü; şişirilmiş, abartılmış; ~**.er** [~ə] *n.* tütsülenmiş ringa balığı.
block [blɒk] **1.** *n.* kütük, kaya parçası; blok; engel; kalıp; *a. ~ of flats Brt.* apartman; **2.** *v/t.* engel olmak; *a. ~ up* tıkamak, kapamak.
block·ade [blɒ'keıd] **1.** *n.* abluka; **2.** *v/t.* ablukaya almak.
block|head ['blɒkhed] *n.* dangalak, mankafa; ~ **let·ters** *n. pl.* kitap yazısı.
bloke *Brt. F* [bləʊk] *n.* herif.
blond [blɒnd] *n. & adj.* sarışın; ~**e** [~] *n. & adj.* sarışın.
blood [blʌd] *n.* kan *(a. fig.);* soy, ırk; huy; *attr.* kan...; *in cold ~* tasarlayıp kurarak; acımasızca; ~**·cur·dling** ['blʌdkɜːdlıŋ] *adj.* tüyler ürpertici; ~**·shed** *n.* kan dökme; ~**·shot** *adj.* kanlanmış *(göz);* ~**·thirst·y** □ kana susamış; ~**·ves·sel** *n. anat.* kan damarı; ~**·y** □ [~ı] *(-ier, -iest)* kanayan; kanlı; *Brt. F* Allahın cezası.
bloom [bluːm] **1.** *n. poet.* çiçek; *fig.* gençlik, bahar; **2.** *v/i.* çiçek açmak; *fig.* parlamak, gelişmek.
blos·som ['blɒsəm] **1.** *n.* çiçek; **2.** *v/i.* çiçek açmak.
blot [blɒt] **1.** *n.* leke *(a. fig.);* **2.** *(-tt-) v/t. & v/i.* lekele(n)mek *(a. fig.),* kirletmek; kurutma kâğıdı ile kurutmak.
blotch [blɒtʃ] *n.* büyük leke; ~**·y** ['blɒtʃı] *(-ier, -iest) adj.* benekli.
blot|ter ['blɒtə] *n.* kurutma kâğıdı; *Am.* kayıt defteri; ~**·ting-pa·per** [~ıŋpeıpə] *n.* kurutma kâğıdı.
blouse [blaʊz] *n.* bluz.
blow¹ [bləʊ] *n.* vuruş, darbe *(a. fig.);* yumruk.

blow[2] [~] **1.** *(blew, blown) v/i.* esmek; üflemek; ⚡ *(sigorta)* yanmak, atmak; ~ *up* öfkelenmek, tepesi atmak; *v/t.* öttürmek, çalmak; harcamak, çarçur etmek; *F* övünmek; ~ *one's nose* sümkürmek; ~ *one's top F* tepesi atmak; ~ *out* üfleyip söndürmek; patlamak; ~ *up* havaya uçurmak; *(fotoğraf)* büyütmek; **2.** *n.* esme; üfleme; **~-dry** ['bləʊdraı] *v/t. (saçı)* kurutma makinesiyle kurutmak; **~·fly** *n. zo.* etsineği; **~n** [bləʊn] *p.p. of blow*[2] *1;* **~·pipe** ['bləʊpaıp] *n.* ⊕ şalumo; üfleme borusu; **~-up** *n.* patlama; *phot.* büyütülmüş fotoğraf.

bludg·eon ['blʌdʒən] *n.* kalın sopa.

blue [blu:] **1.** *adj.* mavi; *F* kederli, neşesiz; **2.** *n.* mavi renk; *out of the ~ fig.* hiç beklenmedik bir anda, damdan düşer gibi; **~·ber·ry** ⚘ ['blu:bərı] *n.* yaban mersini; **~·bot·tle** *n. zo.* mavisinek; **~-col·lar work·er** *n.* fabrika işçisi.

blues [blu:z] *n. pl. ya da sg.* ♪ bir tür caz müziği; *F* keder, melankoli; *have the ~ F* kederli olmak, sıkıntıdan patlamak.

bluff [blʌf] **1.** □ sarp, dik; **2.** *n.* blöf; **3.** *v/t.* blöf yapmak.

blu·ish ['blu:ıʃ] *adj.* mavimsi, mavimtırak.

blun·der ['blʌndə] **1.** *n.* gaf, hata, pot; **2.** *vb.* gaf yapmak, pot kırmak.

blunt [blʌnt] **1.** □ kesmez, kör, küt; *fig.* sözünü sakınmaz; **2.** *v/t.* körletmek; **~·ly** ['blʌntlı] *adv.* dobra dobra.

blur [blɜ:] **1.** *n.* bulanıklık, leke; **2.** *(-rr-) v/t.* bulandırmak; *phot., TV* bulanıklaştırmak.

blurt [blɜ:t]: ~ *out* ağzından kaçırmak, yumurtlamak.

blush [blʌʃ] **1.** *n.* yüz kızarması, utanma; **2.** *v/i.* yüzü kızarmak, utanmak.

blus·ter ['blʌstə] **1.** *n.* sert rüzgâr *ya da* dalga sesi; *fig.* yüksekten atma; **2.** *v/i. (rüzgâr)* sert esmek; *fig.* yüksekten atmak, patırtı etmek.

boar *zo.* [bɔ:] *n.* erkek domuz.

board [bɔ:d] **1.** *n.* tahta; mukavva; sofra; kurul, meclis; oyun tahtası; *on ~ a train* trende; *~ of directors econ.* yönetim kurul; *♀ of Trade Brt.* Ticaret Bakanlığı; *Am.* Ticaret Odası; **2.** *v/t.* tahta ile kaplamak; pansiyon olarak vermek; ⚓ borda etmek; *(taşıta)* binmek; *v/i.* pansiyoner olmak; **~·er** ['bɔ:də] *n.* pansiyoner; yatılı öğrenci; **~·ing-house** [~ıŋhaʊs] *n.* pansiyon; **~·ing-school** [~ıŋ sku:l] *n.* yatılı okul; **~·walk** *n. esp. Am.* plaj gezinti yeri.

boast [bəʊst] **1.** *n.* övünme; **2.** *vb.* övünmek *(of, about ile);* **~·ful** □ ['bəʊstfl] övüngen, palavracı.

boat [bəʊt] *n.* sandal, kayık, bot; gemi; **~·ing** ['bəʊtıŋ] *n.* sandal gezintisi.

bob [bɒb] **1.** *n.* saç lülesi; sarkaç; *Brt. F hist.* bir şilin; **2.** *(-bb-) v/t.* kısa kesmek *(saç); ~bed hair* kısa kesilmiş saç; *v/i.* sallanmak, oynamak, kımıldamak.

bob·bin ['bɒbın] *n.* bobin *(a.* ⚡ *).*

bob·by *Brt. F* ['bɒbı] *n.* aynasız, polis.

bob·sleigh ['bɒbsleı] *n. spor:* kızak.

bode [bəʊd] *pret. of bide.*

bod·ice ['bɒdıs] *n.* korsa.

bod·i·ly ['bɒdılı] *adv.* hep birden, bütün olarak.

bod·y ['bɒdı] *n.* beden, vücut; ceset; grup, topluluk; cisim; *mot.* karoser; ⚔ birlik; **~·guard** *n.* koruma askeri; **~·work** *n.* karoser.

Boer ['bəʊə] *n.* Hollanda asıllı Güney Afrikalı.

bog [bɒg] **1.** *n.* bataklık; **2.** *(-gg-) : get ~ged down fig.* çıkmaza girmek.

bo·gus ['bəʊgəs] *adj.* sahte, yapmacık.
boil[1] ⚕ [bɔɪl] *n.* çıban.
boil[2] [~] **1.** *v/t.* & *v/i.* kayna(t)mak; haşla(n)mak; **2.** *n.* kaynama; **~·er** ['bɔɪlə] *n.* kazan; **~·er suit** *n.* tulum; **~·ing** [~ɪŋ] *adj.* kaynar...; **~·ing-point** *n.* kaynama noktası.
bois·ter·ous □ ['bɔɪstərəs] gürültülü, taşkın, şamatacı; fırtınalı, sert.
bold □ [bəʊld] cesur, yürekli; küstah; *as ~ as brass F* kaba, arsız, küstah; **~·ness** ['bəʊldnɪs] *n.* cesaret; küstahlık, kabalık.
bol·ster ['bəʊlstə] **1.** *n.* destek; uzun yastık; **2.** *v/t.* ~ *up fig.* desteklemek, arka çıkmak.
bolt [bəʊlt] **1.** *n.* cıvata; sürme; kol demiri; kilit dili; yıldırım; **2.** *adv.* ~ *upright* dimdik; **3.** *v/t.* sürmelemek; yutuvermek; *F* ağzından kaçırma; *v/i.* kaçmak; fırlamak.
bomb [bɒm] **1.** *n.* bomba; *the ~* atom bombası; **2.** *v/t.* bombalamak, bombardıman etmek.
bom·bard [bɒm'bɑːd] *v/t.* bombardıman etmek *(a. fig.)*
bomb|-proof ['bɒmpruːf] *adj.* bombaya dayanıklı; **~·shell** *n.* bomba; *fig.* büyük sürpriz, bomba.
bond [bɒnd] *n. econ.* bono, senet, tahvil; kefalet; ⊕ bağlantı; *~s pl.* ilişki, bağ; *in ~ econ.* antrepoda, ambarda; **~·age** *lit.* ['bɒndɪdʒ] *n.* kölelik, esirlik, serflik.
bone [bəʊn] **1.** *n.* kemik; kılçık; zar; *~s pl.* iskelet; *~ of contention* anlaşmazlık nedeni; *have a ~ to pick with s.o. b-le* paylaşacak kozu olmak; *make no ~s about* hiç tereddütsüz yapmak; **2.** *vb.* kemiklerini ayırmak; ayıklamak.
bon·fire ['bɒnfaɪə] *n.* şenlik ateşi, açık havada yakılan ateş.
bon·net ['bɒnɪt] *n.* başlık, bere; *Brt.* motor kapağı.
bon·ny *esp. Scots* ['bɒnɪ] *(-ier, -iest) adj.* güzel, hoş; gürbüz *(çocuk)*, sağlıklı.
bo·nus *econ.* ['bəʊnəs] *n.* prim, ikramiye.
bon·y ['bəʊnɪ] *(-ier, -iest) adj.* kemikli; kılçıklı.
boob *sl.* [buːb] *n.* ahmak herif; *Brt.* aptalca hata; *~s pl. F* göğüs, ampul, ayva.
boo·by ['buːbɪ] *n.* mankafa, alık, enayi, salak.
book [bʊk] **1.** *n.* kitap; cilt; liste, cetvel; **2.** *vb.* kaydetmek; yer ayırtmak; *~ in esp. Brt.* otel defterine kaydolmak; *~ in at -de* yer ayırtmak; *~ed up* dolu, yer yok; **~·case** ['bʊkkeɪs] *n.* kitaplık; **~·ing** [~ɪŋ] *n.* yer ayırtma, rezarvasyon; **~·ing-clerk** *n.* gişe memuru; **~·ing-of·fice** *n.* gişe; **~·keep·er** *n.* muhasebeci, sayman; **~·keep·ing** *n.* muhasebecilik, saymanlık; **~·let** [~lɪt] *n.* kitapçık, broşür; **~·mark(·er)** [~ə] *n.* sayfayı belirlemek için kullanılan şey; **~·sell·er** *n.* kitapçı; **~·shop,** *Am.* **~·store** *n.* kitabevi.
boom[1] [buːm] **1.** *n. econ.* fiyatların yükselmesi; piyasada canlılık; **2.** *vb.* hızla artmak, gelişmek; yükselmek; tanıtmak, reklamını yapmak.
boom[2] [~] *vb.* gürlemek; *(rüzgâr)* uğultu yapmak.
boon [buːn] *n.* nimet, lütuf.
boor *fig.* [bʊə] *n.* kaba kimse, ayı, hödük; **~·ish** □ ['bʊərɪʃ] kaba, ayı gibi, hoyrat.
boost [buːst] *v/t.* desteklemek, yardım etmek; artırmak *(fiyat);* yükseltmek *(a. ⚡)*.
boot[1] [buːt]: *to ~* ayrıca, ilaveten, üstelik.

boot[2] [~] *n.* bot, çizme, potin; *Brt. mot.* bagaj; **~·ee** ['bu:ti:] *n.* patik; kadın botu.
booth [bu:ð] *n.* baraka, kulübe; satış pavyonu; *Am.* telefon kulübesi.
boot|lace ['bu:tleıs] *n.* ayakkabı bağı; **~·leg·ger** [~legə] *n.* içki kaçakçısı.
boot·y ['bu:tı] *n.* ganimet, yağma.
booze *F* [bu:z] **1.** *v/i.* kafayı çekmek; **2.** *n.* içki; içki âlemi.
bop·per ['bɒpə] = *teeny-bopper.*
bor·der ['bɔ:də] **1.** *n.* sınır; kenar, pervaz; **2.** *vb.* bitişik olmak, sınırdaş olmak *(on, upon -e);* benzemek.
bore[1] [bɔ:] **1.** *n.* delgi, sonda; çap; *fig.* can sıkıcı kimse, baş belası; **2.** *v/t.* sondalamak, delik açmak, delmek; usandırmak, canını sıkmak, baş ağrıtmak.
bore[2] [~] *pret. of bear*[2].
bor·ing □ ['bɔ:rıŋ] can sıkıcı.
born [bɔ:n] *p.p. of bear*[2] doğmuş.
borne [bɔ:n] *p.p. of bear*[2] taşınmış, götürülmüş.
bo·rough ['bʌrə] *n.* ilçe, kaza; kasaba.
bor·row ['bɒrəʊ] *v/t.* ödünç almak, borç almak *(from -den).*
bos·om ['bʊzəm] *n.* göğüs, bağır, koyun; *fig.* koyun, kucak, bağır.
boss *F* [bɒs] **1.** *n.* işveren, patron, şef; *esp. Am. pol.* kodaman, nüfuzlu kimse; **2.** *v/t. a.* ~ *about,* ~ *around* emirler vermek, yönetmek; **~·y** *F* ['bɒsı] *(-ier, -iest) adj.* despot, emir vermeyi seven.
bo·tan·i·cal □ [bə'tænıkl] botanik ile ilgili, bitkisel; **bot·a·ny** ['bɒtənı] *n.* botanik, bitkibilim.
botch [bɒtʃ] **1.** *n.* kaba yama; beceriksizce yapılmış kaba iş; **2.** *v/t.* baştan savma yapmak; beceriksizce yapmak.
both [bəʊθ] *pron.* her ikisi (de); ~... *and* hem ... hem de.
both·er ['bɒðə] **1.** *n.* zahmet, sıkıntı; baş belası; **2.** *v/t.* canını sıkmak, rahatsız etmek; *v/i.* merak etmek, endişelenmek; *don't ~!* Zahmet etmeyin!
bot·tle ['bɒtl] **1.** *n.* şişe; biberon; **2.** *v/t.* şişeye koymak, şişelemek; **~-neck** *n.* şişe boğazı; *fig.* darboğaz.
bot·tom ['bɒtəm] *n.* dip, alt; esas, temel; etek; *F* kıç, popo; *be at the ~ of* işin içinde olmak; *get to the ~ of s.th.* *bşin* içyüzünü öğrenmek; çözümlemek.
bough [baʊ] *n.* büyük dal.
bought [bɔ:t] *pret. & p.p. of buy.*
boul·der ['bəʊldə] *n.* çakıl; kaya parçası.
bounce [baʊns] **1.** *n.* zıplama, sıçrama; canlılık; *F* övünme, yüksekten atma; **2.** *v/t. & v/i.* zıpla(t)mak, sıçra(t)mak, fırla(t)mak; sek(tir)mek; *she ~d the baby on her knee* bebeği dizinde hoplattı; **bounc·ing** ['baʊnsıŋ] *adj.* gürbüz *(çocuk);* sağlam yapılı, güçlü.
bound[1] [baʊnd] **1.** *pret. & p.p. of bind;* **2.** *adj.* gitmek üzere olan *(for -e);* bağlı, yükümlü.
bound[2] [~] *n. mst ~s pl.* sınır; *fig.* ölçü, had.
bound[3] [~] **1.** *n.* sıçrama, fırlama, atlayış; **2.** *v/t. & v/i.* sıçra(t)mak, sek(tir)mek.
bound·a·ry ['baʊndərı] *n.* sınır.
bound·less □ ['baʊndlıs] sınırsız, sonsuz, engin.
boun|te·ous □ ['baʊntıəs], **~·ti·ful** □ [~fl] cömert, eli açık; bol.
boun·ty ['baʊntı] *n.* cömertlik; bağış, armağan; prim.
bou·quet [bʊ'keı] *n.* buket, demet.
bout [baʊt] *n.* maç, gösteri; devre; ⚕ nöbet.
bou·tique [bu:'ti:k] *n.* butik.
bow[1] [baʊ] **1.** *n.* reverans, baş ile selamlama; **2.** *v/i.* reverans yapmak, başı ile selamlamak; *fig.* bo-

yun eğmek *(to -e)*; *v/t.* *(başını)* eğmek.
bow² ⚓ [~] *n.* pruva, baş.
bow³ [bəʊ] **1.** *n.* yay; kavis; fiyonk; **2.** *v/t.* yay ile çalmak *(keman v.b.)*; ~*-legged* eğri bacaklı.
bow·els ['baʊəls] *n. pl. anat.* bağırsak; iç.
bowl¹ [bəʊl] *n.* tas, kâse, çanak; pipo ağzı; *geogr.* havza; *Am.* amfiteatr.
bowl² [~] **1.** *n.* *(bovling v.b. oyunlarda)* top; **2.** *v/t.* & *v/i.* yuvarla(n)mak, atmak; **~·ing** ['bəʊlıŋ] *n.* bovling oyunu.
box¹ [bɒks] **1.** *n.* ⚘ şimşir; kutu, sandık; bir kutu dolusu şey; kulübe; arabacı yeri; ⊕ yuva, mil yatağı; *thea.* loca; sanık yeri; **2.** *v/t.* kutuya koymak, kutulamak.
box² [~] **1.** *v/i.* *spor:* boks yapmak; ~ *s.o.'s ears b-ne* tokat atmak; **2.** *n.* ~ *on the ear* tokat, şamar; **~·er** ['bɒksə] *n.* boksör, yumruk oyuncusu; **~·ing** [~ıŋ] *n.* boks, yumruk oyunu; **≈.ing Day** *Brt.* Noeli izleyen gün.
box-of·fice ['bɒksɒfıs] *n.* gişe.
boy [bɔı] *n.* erkek çocuk, oğlan; delikanlı; ~*friend* erkek arkadaş; ~ *scout* erkek izci.
boy·cott ['bɔıkɒt] *v/t.* boykot etmek.
boy|hood ['bɔıhʊd] *n.* çocukluk çağı; **~·ish** □ ['bɔııʃ] çocukça, çocuk gibi.
bra [brɑ:] *n.* sutyen.
brace [breıs] **1.** *n.* ⊕ matkap kolu, köşebent, payanda; destek; satırları bağlayan işaret; kuşak; çift, iki; *(a. a pair of)* ~*s pl. Brt.* pantolon askısı; **2.** *v/t.* destek vurmak, sağlamlaştırmak; *fig.* güç vermek, canlandırmak.
brace·let ['breıslıt] *n.* bilezik.
brack·et ['brækıt] **1.** *n.* ⊕ destek, dayak; raf; *arch.* dirsek, kol; *print.* ayraç, parantez; sınıf, derece; *lower income* ~ düşük gelir sınıfı; **2.** *v/t.* birleştirmek; *fig.* bir tutmak.
brack·ish ['brækıʃ] *adj.* tuzlu, acı *(su)*.
brag [bræg] **1.** *n.* övünme; **2.** *(-gg-) v/i.* böbürlenmek, övünmek *(about, of ile)*.
brag·gart ['brægət] *n.* & *adj.* övüngen, palavracı.
braid [breıd] **1.** *n.* örgü; saç örgüsü; **2.** *v/t.* örmek; kurdele takmak.
brain [breın] *n. anat.* beyin; *oft* ~*s pl. fig.* zekâ, akıl, kafa; **~s trust** *Brt, Am.* ~ **trust** ['breın(z)trʌst] *n.* danışman *ya da* uzman topluluğu; **~·wash** *vb.* beynini yıkamak; **~·wash·ing** *n.* beyin yıkama; **~·wave** *n. F* ani parlak fikir.
brake [breık] **1.** *n.* ⊕ fren; **2.** *v/i.* fren yapmak.
bram·ble ⚘ ['bræmbl] *n.* böğürtlen çalısı.
bran [bræn] *n.* kepek.
branch [brɑ:ntʃ] **1.** *n.* dal; şube, kol; **2.** *v/i.* kollara ayrılmak, dallanmak.
brand [brænd] **1.** *n. econ.* marka, çeşit; damga; kızgın demir, dağ; ~ *name* marka; **2.** *v/t.* damgalamak, dağlamak; lekelemek.
bran·dish ['brændıʃ] *v/t.* sallamak, savurmak.
bran(d)-new ['bræn(d)'nju:] *adj.* yepyeni, gıcır gıcır.
bran·dy ['brændı] *n.* konyak.
brass [brɑ:s] *n.* pirinç; *F* küstahlık, yüzsüzlük; ~ *band* bando; ~ *knuckles pl. Am.* pirinç muşta.
bras·sière ['bræsıə] *n.* sutyen.
brat *contp.* [bræt] *n.* arsız çocuk, yumurcak.
brave [breıv] **1.** □ *(~r, ~st)* cesur, yiğit; **2.** *v/t.* göğüs germek, karşı gelmek; **brav·er·y** ['breıvərı] *n.* cesaret, kahramanlık.
brawl [brɔ:l] **1.** *n.* kavga, dalaş; **2.** *v/i.* kavga etmek, dalaşmak, ağız

dalaşı yapmak.
brawn·y ['brɔːnı] *(-ier, -iest)* güçlü, kuvvetli; adaleli, kaslı.
bray [breı] **1.** *n.* anırma; **2.** *v/i.* anırmak; gürültülü ve çirkin ses çıkarmak.
bra·zen □ ['breızn] pirinçten yapılmış, pirinç...; arsız, yüzsüz.
Bra·zil·ian [brə'zıljən] **1.** *adj.* Brezilya'ya özgü; **2.** *n.* Brezilyalı.
breach [briːtʃ] **1.** *n.* açıklık, yarık; *fig.* bozma, ihlal; ⨯ gedik; **2.** *v/t.* yarmak, gedik açmak.
bread [bred] *n.* ekmek; *brown* ~ çavdar ekmeği; *know which side one's* ~ *is buttered F* kan alacak damarı bilmek.
breadth [bredθ] *n.* genişlik, en; *fig.* genişlik.
break [breık] **1.** *n.* çatlak, kırık; ara; açıklık; bozma; tenefüs; *econ.* *(fiyat)* düşüş; *fig.* şans, fırsat; *bad* ~ *F* şanssızlık; *lucky* ~ *F* şans; *without a* ~ hiç durmadan, aralıksız; **2.** *(broke, broken) v/t. & v/i.* kır(ıl)mak; bozmak; kesmek; *(sözünü)* tutmamak; açmak, yarmak; *(yasa)* çiğnemek; *(rekor)* kırmak; *(şifre)* çözmek; iflas ettirmek, batırmak; *(gün)* ağarmak; ~ *away* kaçmak; kopmak; ~ *down* bozulmak, arıza yapmak; yılmak, çökmek; ~ *in* zorla girmek; alıştırmak; terbiye etmek; ~ *off* birden durmak; ara vermek; kesilmek, dinmek; *fig.* *(ilişkiyi)* kesmek; ~ *out (savaş v.b.)* çıkmak, patlak vermek; ~ *through* yarıp geçmek; *fig.* aşmak; ~ *up* kırmak, parçalamak; dağıtmak; *(okul)* tatil olmak; dağılmak; sona ermek; **~·a·ble** ['breıkəbl] *adj.* kırılır; **~·age** [~ıdʒ] *n.* kır(ıl)ma; kırık yeri; **~·a·way** *n.* kaçış, firar; ayrılış; **~·down** *n.* yıkılış, çöküş *(a. fig.)*; ⊕ bozulma; *mot.* arıza, bozukluk.
break·fast ['brekfəst] **1.** *n.* kahvaltı; **2.** *v/i.* kahvaltı etmek.
break|through *fig.* ['breıkθruː] *n.* başarı, ilerleme; atılım; **~·up** *n.* parçalanma; ayrılık; çöküş; *(okul)* tatil, kapanış.
breast [brest] *n.* göğüs, meme; *fig.* gönül, kalp; *make a clean* ~ *of s.th.* içini dökmek; **~-stroke** ['breststrəʊk] *n. spor:* kurbağalama yüzüş.
breath [breθ] *n.* nefes, soluk; *waste one's* ~ boşuna nefes tüketmek.
breath·a|lyse, *Am.* **-lyze** ['breθəlaız] *vb.* alkol muayenesi yapmak; **~·lys·er,** *Am.* **-lyz·er** [~ə] *n.* alkol muayene aygıtı, alkolmetre.
breathe [briːð] *v/t. & v/i.* nefes al(dır)mak; söylemek, fısıldamak; hafifçe esmek; yaşamak.
breath|less □ ['breθlıs] nefesi kesilmiş; **~·tak·ing** *adj.* nefes kesici.
bred [bred] *pret. & p.p. of* breed 2.
breech·es ['brıtʃız] *n. pl.* pantolon.
breed [briːd] **1.** *n.* soy, cins, ırk, tür; **2.** *(bred) v/t.* yetiştirmek, beslemek; eğitmek; *v/i.* yavrulamak, doğurmak; **~·er** ['briːdə] *n.* yetiştirici; üretici, yavrulayan; **~·ing** [~ıŋ] *n.* yetiştirme; üreme; terbiye.
breeze [briːz] *n.* esinti, meltem; **breez·y** ['briːzı] *(-ier, -iest) adj.* havadar, esintili; neşeli, canlı.
breth·ren ['breðrən] *n. pl.* erkek kardeşler.
brev·i·ty ['brevətı] *n.* kısalık.
brew [bruː] **1.** *v/t. & v/i.* demlemek *(çay);* yapmak *(bira); fig.* kurmak, hazırlamak; **2.** *n.* içki; **~·er** ['bruːə] *n.* biracı; **~·er·y** ['brʊərı] *n.* bira fabrikası.
bri·ar ['braıə] = *brier.*
bribe [braıb] **1.** *n.* rüşvet; **2.** *vb.* rüşvet vermek, para yedirmek; **brib·er·y** ['braıbərı] *n.* rüşvetçilik.

brick [brık] **1.** *n.* tuğla; *drop a ~ Brt. F* pot kırmak, çam devirmek; **2.** *v/t.* *~ up ya da in* tuğla örerek kapatmak; **~·lay·er** ['brıkleıə] *n.* duvarcı; **~·works** *n. sg.* tuğla ocağı.
brid·al □ ['braıdl] gelin ile ilgili, gelin...; düğün...
bride [braıd] *n.* gelin; **~·groom** ['braıdgrʊm] *n.* damat, güvey; **~s·maid** [~zmeıd] *n.* geline eşlik eden kız.
bridge [brıdʒ] **1.** *n.* köprü; **2.** *v/t.* üzerine köprü kurmak; *fig.* üstesinden gelmek.
bri·dle ['braıdl] **1.** *n.* dizgin, yular; **2.** *v/t.* gem vurmak, dizgin geçirmek; *v/i. a. ~ up* canı sıkılmak, içerlemek; **~-path** *n.* atlı yolu.
brief [bri:f] **1.** □ kısa, özlü; **2.** *n.* ⚖ dava özeti; özet; **3.** *vb.* talimat vermek; avukat tutmak; **~·case** ['bri:fkeıs] *n.* evrak çantası.
briefs [bri:fs] *n. pl. (a pair of ~* bir) don, slip.
bri·er ⚘ ['braıə] *n.* funda, yabangülü.
bri·gade ⚔ [brı'geıd] *n.* tugay.
bright □ [braıt] parlak; neşeli, canlı; zeki; **~·en** ['braıtn] *v/t. & v/i.* parla(t)mak; aydınlanmak; neşelen(dir)mek; **~·ness** [~nıs] *n.* parlaklık; canlılık; zekilik.
bril|liance, ~·lian·cy ['brıljəns, ~sı] *n.* parlaklık, pırıltı; zekâ parlaklığı; **~·liant** [~t] **1.** □ parlak; görkemli; **2.** *n.* pırlanta.
brim [brım] **1.** *n.* kenar, ağız; **2.** *(-mm-) v/i.* ağzına kadar dolu olmak; **~·ful(l)** [brım'fʊl] *adj.* ağzına kadar dolu.
brine [braın] *n.* tuzlu su, salamura.
bring [brıŋ] *(brought) v/t.* getirmek; neden olmak; ikna etmek; *~ about -e* neden olmak; *-e* yol açmak; *~ back* geri getirmek; *~ forth* doğurmak; göstermek; *~ home to* kandırmak, ikna etmek; *~ in* kazandırmak, getirmek *(kâr)*; ⚖ karara varmak; *~ off* başarmak; kurtarmak; *~ on -e* neden olmak; *~ out* ortaya çıkarmak, üretmek; *(kitap)* yayımlamak; *~ round* ikna etmek, kandırmak; *k-ne* getirmek, ayıltmak; *~ up* yetiştirmek, büyütmek; kusmak, çıkarmak.
brink [brıŋk] *n.* kenar, eşik *(a. fig.)*
brisk □ [brısk] canlı, faal; çevik.
bris|tle ['brısl] **1.** *n.* sert kıl; **2.** *v/i.* *(tüy)* dimdik olmak, diken diken olmak; *~ with fig. ile* dolu olmak; **~·tly** [~ı] *(-ier, -iest) adj.* kıllı; kıl gibi.
Brit·ish ['brıtıʃ] *adj.* İngiliz; *the ~ pl.* İngilizler.
brit·tle ['brıtl] *adj.* gevrek, kıtır kıtır.
broach [brəʊtʃ] *vb.* delmek, delik açmak; *(konu, fikir)* belirtmek, girişmek.
broad □ [brɔ:d] geniş, enli; uçsuz bucaksız; belli, açık; genel; kaba; **~·cast** ['brɔ:dkɑ:st] **1.** *(-cast ya da -casted) vb. radyo:* yayınlamak, yayın yapmak; ⬇ saçarak tohum ekmek; *fig. (söylenti)* yaymak; **2.** *n.* radyo yayını; **~·cast·er** [~ə] *n.* spiker; **~·en** [~dn] *v/t. & v/i.* genişle(t)mek; **~ jump** *n. Am. spor:* uzun atlama; **~·mind·ed** *adj.* açık fikirli, liberal.
bro·cade [brə'keıd] *n.* brokar.
bro·chure ['brəʊʃə] *n.* broşür, prospektüs.
brogue [brəʊg] *n.* bir tür ayakkabı.
broil *esp. Am.* [brɔıl] = *grill 1.*
broke [brəʊk] **1.** *pret. of break 2;* **2.** *adj. F* cebi delik, meteliksiz;
bro·ken ['brəʊkən] **1.** *p.p. of break 2;* **2.** *adj.* zayıf düşmüş, yıkılmış; *~ health* bozulmuş sağlık; *~-hearted* ümitsizliğe kapılmış, kalbi kırık.

bro·ker *econ.* ['brəʊkə] *n.* simsar, kamisyoncu.
bron·co *Am.* ['brɒŋkəʊ] *(pl. -cos)n.* yabani *ya da* yarı ehli at.
bronze [brɒnz] **1.** *n.* bronz, tunç; **2.** *adj.* bronzdan yapılmış, bronz...; **3.** *v/t. & v/i.* bronzlaş(tır)mak.
brooch [brəʊtʃ] *n.* broş, iğne.
brood [bruːd] **1.** *n.* yumurtadan çıkan hayvancıklar; sürü, güruh; **2.** *v/i.* kuluçkaya yatmak; *fig.* kara kara düşünmek; **~·er** ['bruːdə] *n.*kuluçka makinesi.
brook [brʊk] *n.* dere, çay.
broom [brʊm] *n.* süpürge; **~·stick** ['brʊmstık] *n.* süpürge sopası.
broth [brɒθ] *n.* et suyu.
broth·el ['brɒθl] *n.* genelev.
broth·er ['brʌðə] *n.* erkek kardeş, birader; *~(s) and sister(s)* kardeşler; **~·hood** [~hʊd] *n.* kardeşlik; topluluk, dernek; **~-in-law** [~rınlɔː] *(pl. -s-in-law) n.* kayınbirader; enişte; bacanak; **~·ly** [~lı] *adj.* kardeşçe.
brought [brɔːt] *pret. & p.p. of bring.*
brow [braʊ] *n.* kaş; alın; yamaç; **~·beat** ['braʊbiːt] *(-beat, -beaten) v/t.* sert bakarak korkutmak.
brown [braʊn] **1.** *adj.* kahverengi...; **2.** *n.* kahverengi; **3.** *v/t. & v/i.* esmerleş(tir)mek; karar(t)mak.
browse [braʊz] **1.** *n.* körpe dal; *fig.* kitap karıştırma; **2.** *v/i.* otlamak; *fig.* kitapları karıştırmak.
bruise [bruːz] **1.** *n.* ⚕ bere, çürük; **2.** *v/t.* berelemek, çürütmek; ezmek, havanda dövmek.
brunch *F* [brʌntʃ] *n.* geç edilen kahvaltı.
brunt [brʌnt]: *bear the ~ of* okkanın altına gitmek, asıl yüke katlanmak.
brush [brʌʃ] **1.** *n.* fırça; fırçalama; tilki kuyruğu; çatışma; **2.** *v/t.* fırçalamak; *~ against s.o. b-ne* sürtünmek; *~ away, ~ off* fırça ile temizlemek; *~ aside, ~ away fig.* aldırmamak, önemsememek; *~ up (bilgiyi)* tazelemek; **~-up** ['brʌʃʌp]: *give one's English a ~* İngilizcesini tazelemek; **~·wood** *n.* çalılık, fundalık.
brusque □ [brʊsk] sert, haşin, kaba, nezaketsiz.
Brus·sels sprouts ⚘ ['brʌsl'spraʊts] *n.* brüksellahanası, frenklahanası.
bru·tal □ ['bruːtl] hayvanca, vahşi; zalim; kaba; **~·i·ty** [bruː'tæləti] *n.* canavarlık; **brute** [bruːt] **1.** *adj.* gaddar, zalim; kaba; **2.** *n.* hayvan; *F* hayvan gibi adam; canavar.
bub·ble ['bʌbl] **1.** *n.* kabarcık; *fig.* hayal, düş; **2.** *v/i.* kaynamak, fokurdamak.
buc·ca·neer [bʌkə'nıə] *n.* korsan.
buck [bʌk] **1.** *n.* *zo.* erkek hayvan; *(esp. karaca, geyik, tavşan) Am. sl.* dolar; **2.** *v/i.* sıçramak *(esp. at); ~ up!* Acele et!; *v/t. ~ off (at)* binicisini üstünden atmak.
buck·et ['bʌkıt] *n.* kova, gerdel.
buck·le ['bʌkl] **1.** *n.* toka, kopça; **2.** *v/t. a. ~ up* toka ile tutturmak; *~ on* tokalamak; iliştirmek, takmak; *v/i.* ⊕ bükülmek; *~ down to a task F* bir işe girişmek, çabalamak.
buck|shot *hunt.* ['bʌkʃɒt] *n.* büyük boy saçma; **~·skin** *n.* güderi.
bud [bʌd] **1.** *n.* ⚘ tomurcuk, gonca; *fig.* gelişmemiş şey; **2.** *(-dd-) v/i.* tomurcuklanmak; *a ~ding lawyer* yetişmekte olan bir avukat.
bud·dy *Am. F.* ['bʌdı] *n.* arkadaş.
budge [bʌdʒ] *v/t. & v/i.* kımılda(t)mak.
bud·ger·i·gar *zo.* ['bʌdʒərıgaː] *n.* muhabbet kuşu.
bud·get ['bʌdʒıt] *n.* bütçe; devlet

bütçesi.

bud·gie *zo.* F ['bʌdʒɪ] = *budgerigar.*

buff[1] [bʌf] **1.** *n.* meşin; devetüyü rengi; **2.** *v/t.* deri ile parlatmak.

buff[2] [~] *n.* hayran, meraklı.

buf·fa·lo *zo.* ['bʌfələʊ] *(pl. -loes, -los) n.* manda.

buff·er ['bʌfə] *n.* ⊕ tampon *(a. fig.).*

buf·fet[1] ['bʌfɪt] **1.** *n.* tokat, yumruk; *fig.* sille; **2.** *vb.* tokatlamak, yumruklamak; dövmek; ~ *about* sarsmak, sallamak, sağa sola savurmak.

buf·fet[2] ['bʊfeɪ] *n.* büfe; tezgâh.

buf·foon [bə'fuːn] *n.* soytarı, maskara, palyaço.

bug [bʌg] **1.** *n. zo.* tahtakurusu; *Am. zo.* böcek; *F* basil; *F* gizli mikrofon; *kompütür:* arıza, bozukluk; güçlük; *sl.* garip fikir, saplantı; **2.** *(-gg-) vb. F* gizli mikrofon yerleştirmek; *F* hata yaptırmak; *Am. F* canını sıkmak, rahatsız etmek.

bug·gy ['bʌgɪ] *n. mot.* tek atlı araba; *Am.* çocuk arabası.

bu·gle ['bjuːgl] *n.* borazan, boru.

build [bɪld] **1.** *(built) v/t.* inşa etmek, yapmak, kurmak; **2.** *n.* yapı, biçim; **~·er** ['bɪldə] *n.* inşaatçı; **~·ing** [~ɪŋ] *n.* bina, yapı; *attr.* inşaat...

built [bɪlt] *pret. & p.p. of* **build** *1.*

bulb [bʌlb] *n.* ⚘ çiçek soğanı; ⚡ ampul.

bulge [bʌldʒ] **1.** *n.* bel verme; çıkıntı, şiş; **2.** *v/i.* bel vermek, çıkıntı yapmak.

bulk [bʌlk] *n.* hacim, kütle; cüsse; yığın; ⚓ kargo; *in ~ econ.* dökme, ambalajsız; toptan; **~·y** ['bʌlkɪ] *(-ier, -iest) adj.* büyük, hacimli; havaleli.

bull[1] *zo.* [bʊl] *n.* boğa.

bull[2] [~] *n.* papalık fermanı.

bull·dog *zo.* ['bʊldɒg] *n.* buldok.

bull|doze *F* ['bʊldəʊz] *v/t.* gözünü korkutarak yaptırmak; **~·doz·er** ⊕ [~ə] *n.* buldozer.

bul·let ['bʊlɪt] *n.* kurşun, mermi; *~-proof* kurşun geçirmez.

bul·le·tin ['bʊlɪtɪn] *n.* bülten, duyuru; ~ *board Am.* ilan tahtası.

bul·lion ['bʊljən] *n.* altın *ya da* gümüş külçesi.

bul·ly ['bʊlɪ] **1.** *n.* kabadayı, zorba; **2.** *v/t.* korkutmak, kabadayılık etmek.

bul·wark ['bʊlwək] *n.* siper *(a. fig.).*

bum *Am. F* [bʌm] **1.** *n.* serseri; dilenci; otlakçı; **2.** *(-mm-) vb.* serseri hayatı yaşamak; başkalarından otlayarak geçinmek, otlamak; ~ *around* aylak aylak dolaşmak.

bum·ble-bee *zo.* ['bʌmblbiː] *n.* yabanarısı.

bump [bʌmp] **1.** *n.* çarpma, vuruş; tümsek; **2.** *vb.* bindirmek, vurmak, çarpmak; ~ *into fig. -e* rastlamak; ~ *off F* öldürmek, temizlemek.

bum·per[1] ['bʌmpə] **1.** *n.* ağzına kadar dolu bardak; **2.** *adj.* bol, çok; ~ *crop* bol hasat.

bum·per[2] *mot.* [~] *n.* tampon; *~-to-~* tampon tampona.

bump·y ['bʌmpɪ] *(-ier, -iest) adj.* tümsekli, yamrı yumru; *fig.* inişli çıkışlı.

bun [bʌn] *n.* çörek; *(saç)* topuz.

bunch [bʌntʃ] **1.** *n.* deste; demet; salkım; ~ *of grapes* üzüm salkımı; **2.** *v/t. & v/i. a.* ~ *up* bir araya gelmek *ya da* getirmek, demet yapmak.

bun·dle ['bʌndl] **1.** *n.* bohça, çıkın; paket; deste, tomar; *fig.* grup; **2.** *v/t. a.* ~ *up* sarmak, paket yapmak.

bung [bʌŋ] *n.* tıkaç, tapa.

bun·ga·low ['bʌŋgələʊ] *n.* bungalov, tek katlı ev.

bun·gle ['bʌŋgl] **1.** *n.* acemice iş; **2.** *v/t.* berbat etmek, yüzüne gö-

züne bulaştırmak.
bun·ion ⚕ ['bʌnjən] *n.* ayak parmağında oluşan şiş.
bunk [bʌŋk] *n.* ranza; kuşet.
bun·ny ['bʌnı] *n.* tavşan.
buoy ⚓ [bɔı] **1.** *n.* şamandıra; **2.** *v/t.* suyun yüzünde tutmak, yüzdürmek; *~ed up fig.* ümitli; **~·ant** □ ['bɔıənt] yüzer, batmaz; *fig.* neşeli, şen, kaygısız.
bur·den ['bɜːdn] **1.** *n.* yük *(a. fig.);* ⚓ tonilato; **2.** *v/t.* yüklemek; **~·some** [~səm] *adj.* sıkıcı; ağır, yorucu.
bu·reau ['bjʊərəʊ] *(pl. -reaux, -reaus) n.* büro, yazıhane; şube; *Brt.* yazı masası; *Am.* çekmeceli dolap; **~c·ra·cy** [bjʊə'rɒkrəsı] *n.* bürokrasi, kırtasiyecilik.
bur|glar ['bɜːglə] *n.* hırsız; **~·glar·ize** *Am.* [~raız] = *burgle;* **~·glar·y** [~rı] *n.* hırsızlık; **~·gle** [~gl] *vb.* ev soymak.
bur·i·al ['berıəl] *n.* gömme, defin.
bur·ly ['bɜːlı] *(-ier, -iest) adj.* iriyarı, güçlü kuvvetli.
burn [bɜːn] **1.** *n.* ⚕ yanık; yanık yarası; **2.** *(burnt ya da burned) v/t. & v/i.* yanmak; yakmak; tutuş(tur)mak; *~ down* yanıp kül olmak; *~ out* sönmek; *~ up* alevlenmek, parlamak; *(roket)* tutuşup parçalanmak; **~·ing** ['bɜːnıŋ] *adj.* yanan, yanıcı; *fig.* şiddetli, hararetli.
bur·nish ['bɜːnıʃ] *v/t.* cilalamak, parlatmak.
burnt [bɜːnt] *pret. & p.p. of burn 2.*
burp *F* [bɜːp] *v/t. & v/i.* geğir(t)mek.
bur·row ['bʌrəʊ] **1.** *n.* oyuk, in, yuva; **2.** *vb.* kazmak; araştırmak.
burst [bɜːst] **1.** *n.* patlama; patlak; yarık; *fig.* coşkunluk; **2.** *(burst) v/t. & v/i.* patla(t)mak; yar(ıl)mak; ayrılmak, ileri fırlamak; *~ from -den* zorla ayrılmak; *~ in on ya da upon* lafı kesmek, söze karışmak; *~ into tears* gözünden yaşlar boşanmak; *~ out* bağırmak, haykırmak.
bur·y ['berı] *v/t.* gömmek, toprağa vermek; gizlemek, saklamak, örtmek.
bus [bʌs] *(pl. -es, -ses) n.* otobüs.
bush [bʊʃ] *n.* çalı, çalılık.
bush·el ['bʊʃl] *n.* kile *(= Brt. 36,37 L, Am. 35,24 L).*
bush·y ['bʊʃı] *(-ier, -iest) adj.* çalılık...; gür, sık, fırça gibi *(saç, sakal).*
busi·ness ['bıznıs] *n.* iş; işyeri; *econ.* ticaret; *~ of the day* gündem; *on ~* iş icabı, iş için, iş hakkında; *you have no ~ doing (ya da to do) that* onu yapaya hakkınız yok; *this is none of your ~* size ne, sizi ilgilendirmez; *s. mind 2;* ~ **hours** *n. pl.* iş saatleri; ~ **-like** *adj.* ciddi; sistemli, düzenli; **~·man** *(pl. -men) n.* iş adamı; ~ **trip** *n.* iş gezisi; **~·wom·an** *(pl. -women) n.* iş kadını.
bust¹ [bʌst] *n.* büst; göğüs.
bust² *Am. F* [~] *n.* iflas, topu atma.
bus·tle ['bʌsl] **1.** *n.* telaş, koşuşturma; **2.** *v/i. ~ about* koşuşturmak, telaş etmek.
bus·y □ ['bızı] **1.** *(-ier, -iest)* meşgul; haraketli; işlek; *Am. teleph.* meşgul; **2.** *vb. mst ~ o.s.* uğraşmak, meşgul olmak *(with ile);* **~·bod·y** *n.* işgüzar, ukala, her işe burnunu sokan kimse.
but [bʌt, bət] **1.** *cj.* fakat, ama; oysa; *a. ~ that* ... olmasa; *he could not ~ laugh* gülmeden edemedi; **2.** *prp. -den* başka; *all ~ him* ondan başka herkes; *the last ~ one* sondan ikinci; *the next ~ one* birinci değil ikinci; *nothing ~ -den* sırf, hepsi, başka bir şey değil; *~ for* ... olmasa; **3.** *rel. pron. there is no one ~ knows* bilmeyen yok; **4.** *adv.* ancak, yalnız,

sırf; *all* ~ hemen hemen, neredeyse
butch·er ['bʊtʃə] **1.** *n.* kasap; **2.** *v/t.* *(hayvan)* kesmek; *fig.* öldürmek; ~**·y** [~rı] *n.* kasaplık; *fig.* katliam.
but·ler ['bʌtlə] *n.* kâhya; sofracı.
butt[1] [bʌt] **1.** *n.* tos; dipçik; izmarit; kıç; *fig.* elâlemin maskarası; **2.** *vb.* tos vurmak; ~ *in F* karışmak *(on -e).*
butt[2] [~] *n.* damacana.
but·ter ['bʌtə] **1.** *n.* tereyağı; *F* yağcılık; **2.** *v/t.* tereyağı sürmek; ~**·cup** *n.* ⚘ düğünçiçeği; ~**·fly** *n.* *zo.* kelebek; ~**·y** [~rı] *adj.* tereyağlı.
but·tocks ['bʌtəks] *n. pl.* arka, kıç.
but·ton ['bʌtn] **1.** *n.* düğme; ⚘ tomurcuk, gonca; **2.** *v/t. & v/i. mst* ~ *up* ilikle(n)mek, düğmele(n)mek; ~**·hole** *n.* ilik.
but·tress ['bʌtrıs] **1.** *n.* payanda, destek *(a. fig.);* **2.** *v/t.* desteklemek.
bux·om ['bʌksəm] *adj.* dolgun, bıldırcın gibi *(kadın).*
buy [baı] **1.** *n. F* satın alma, alım; **2.** *(bought) v/t.* satın almak *(of, from -den);* ~ *out* tazminatı ödemek; tamamını satın almak; ~ *up* hepsini satın almak, kapatmak; ~**·er** ['baıə] *n.* alıcı, müşteri.
buzz [bʌz] **1.** *n.* vızıltı; uğultu; **2.** *v/i.* vızıldamak; çınlamak; ~ *about* ortada dolaşmak, koşturmak; ~ *off! Brt. F* Defol!
buz·zard *zo.* ['bʌzərd] *n.* Şahin.
buzz·er ⚡ ['bʌzə] *n.* vibratör, titreşimli aygıt.
by [baı] **1.** *prp.* ile, vasıtasıyla; tarafından; yanında, kenarında; önünden, yanından; *-mek* suretiyle; *-e* göre; *-e* kadar; ~ *the dozen* düzine ile; ~ *o.s.* kendi başına; ~ *land* karayolu ile, karadan; ~ *rail* trenle; *day* ~ *day* günden güne; ~ *twos* ikişer ikişer; **2.** *adv.* yakında; bir yana; ~ *and* ~ çok geçmeden, daha sonra, birazdan; ~ *the* ~ sırası gelmişken; ~ *and large* genellikle.
by- [baı] *prefix* yan-; ara-.
bye *int. F* [baı], *a.* **bye-bye** [~'baı] Allahaısmarladık!, Hoşça kal!; Güle güle!
by|-e·lec·tion ['baıılekʃn] *n.* ara seçim; ~**·gone 1.** *adj.* geçmiş, eski; **2.** *n.* *let* ~*s be* ~*s* geçmişe mazi, yenmişe kuzu derler; ~**·pass 1.** *n.* dolaşık yol; ⚕ bypass; **2.** *vb.* uğramadan yanından geçmek; ~**·path** *n.* dolaylı yol; ~**-prod·uct** *n.* yan ürün; ~**-road** *n.* yan yol; ~**·stand·er** *n.* seyirci; ~**-street** *n.* yan sokak.
byte [baıt] *n. kompütür:* bayt.
by|way ['baıweı] *n.* dolaşık yol; yan yol; ~**·word** *n.* atasözü; çok kullanılan deyim; *be a* ~ *for ile* adı çıkmış olmak, dillere düşmek.

C

cab [kæb] *n.* taksi; 🚂 makinist yeri; *(otobüste)* şoför yeri.
cab·bage ⚘ ['kæbıdʒ] *n.* lahana.
cab·in ['kæbın] *n.* kulübe; ⚓ kamara; ✈ kabin; ~**-boy** *n.* ⚓ kamarot; subay hizmet eri; ~ **cruis·er** *n.* ⚓ kamaralı gemi.
cab·i·net ['kæbınıt] *n. pol.* kabine,

bakanlar kurulu; dolap, vitrin; küçük oda; ~ *meeting* kabine toplantısı; **~-mak·er** *n.* marangoz, doğramacı.

ca·ble ['keıbl] **1.** *n.* kablo; telgraf; ⚓ palamar; **2.** *vb.* telgraf çekmek; **~-car** *n.* teleferik; **~·gram** [~græm] *n.* telgraf; ~ **tel·e·vi·sion** *n.* kablolu televizyon.

cab|-rank ['kæbræŋk], **~·stand** *n.* taksi durağı.

ca·ca·o ⚘ [kə'kɑːəʊ] *(pl. -os) n.* kakao; kakao ağacı.

cack·le ['kækl] **1.** *n.* gıdaklama; gevezelik; **2.** *v/i.* gıdaklamak; gevezelik etmek.

cad [kæd] *n.* kaba *ya da* alçak adam.

ca·dav·er ⚕ [kə'deıvə] *n.* kadavra, ceset.

ca·dence ['keıdəns] *n.* ♪ uyum, ritim; ses perdesi.

ca·det ⚔ [kə'det] *n.* Harp Okulu öğrencisi.

caf·é, caf·e ['kæfeı] *n.* kafe, kahvehane.

caf·e·te·ri·a [kæfı'tıərıə] *n.* kafeterya.

cage [keıdʒ] **1.** *n.* kafes; ⚒ asansör; *F* hapishane, cezaevi; **2.** *v/t.* kafese koymak; hapsetmek.

cag·ey □*F* ['keıdʒı] *(-gier, -giest)* tedbirli; *Am.* kurnaz, uyanık; ağzı sıkı.

ca·jole [kə'dʒəʊl] *v/t.* tatlı sözlerle kandırmak.

cake [keık] **1.** *n.* kek, pasta; kalıp; **2.** *vb.* *~d with mud* çamurlanmış, çamurlu.

ca·lam·i|tous □ [kə'læmıtəs] felaketli, belalı; **~·ty** [~tı] *n.* felaket, afet, bela.

cal·cu|late ['kælkjʊleıt] *v/t.* hesaplamak; *Am. F* sanmak, inanmak; *v/i.* güvenmek, bel bağlamak *(on, upon -e)*; **~·la·tion** [kælkjʊ'leıʃn] *n.* hesaplama; *fig.* iyice düşünme; *econ.* hesap; **~·la·tor** ['kælkjʊleıtə] *n.* hesap makinesi.

cal·dron ['kɔːldrən] = *cauldron.*

cal·en·dar ['kælındə] **1.** *n.* takvim; liste; **2.** *v/t.* zaman sırasıyla kaydetmek.

calf[1] [kɑːf] *(pl. calves* [~vz]*)* *n.* baldır.

calf[2] [~] *(pl. calves) n.* buzağı, dana; **~·skin** *n.* dana postu.

cal·i·bre, *Am.* **-ber** ['kælıbə] *n.* kalibre, çap; *fig.* kabiliyet, yetenek.

cal·i·co ['kælıkəʊ] *(pl. -coes, -cos) n.* kaliko; pamuk bez, basma.

call [kɔːl] **1.** *n.* çağırış, çağrı; seslenme, bağırma; davet *(to -e)*; *teleph.* telefon etme, arama; kısa ziyaret, uğrama; gerek, neden; istek; yoklama; *on* ~ emre hazır; *make a* ~ telefon etmek; **2.** *v/t.* çağırmak; seslenmek; *teleph.* telefon etmek, aramak; isim vermek; davet etmek *(to -e)*; uyandırmak; *be ~ed* ...denilmek; ~ *s.o. names b-ne* sövüp saymak; ~ *up teleph.* telefon etmek, aramak; *v/i.* bağırmak; *teleph.* telefon görüşmesi yapmak; ziyaret etmek, uğramak *(on s.o., at s.o.'s [house] b-ne, b-nin evine)*; ~ *at a port* limana uğramak; ~ *for* uğrayıp almak; gerektirmek; *to be ~ed for* postrestant, gelinip alınacak; ~ *on s.o. b-ne* uğramak; ~ *on,* ~ *upon* ziyaret etmek, uğramak; davet etmek *(for -e)*; başvurmak; **~-box** ['kɔːlbɔks] *n. Am.* telefon kulübesi; **~·er** ['kɔːlə] *n. teleph.* telefon eden kimse; ziyaretçi; **~girl** *n.* tele-kız; **~·ing** [~ıŋ] *n.* seslenme; davet; iş, meslek.

cal·lous □ ['kæləs] nasırlı; *fig.* katı yürekli, duygusuz, hissiz.

cal·low ['kæləʊ] *adj.* tüysüz *(kuş)*; *fig.* acemi çaylak, toy.

calm [kɑːm] **1.** □ sakin, durgun; **2.** *n.* sakinlik, durgunluk; **3.** *v/t.* & *v/i.* *oft* ~ *down* yatış(tır)mak,

sakinleş(tir)mek.
cal·o·rie *phys.* ['kælərı] *n.* kalori; ~**-con·scious** *adj.* aldığı kalorinin hesabını tutan, kalori meraklısı.
ca·lum·ni·ate [kə'lʌmnıeıt] *v/t.* iftira etmek; **cal·um·ny** ['kæləmnı] *n.* iftira.
calve [kɑːv] *v/i.* buzağı doğurmak.
calves [kɑːvz] *pl. of* *calf*[1,2]
cam·bric ['keımbrık] *n.* patiska.
came [keım] *pret. of* *come*.
cam·el ['kæml] *n. zo.* deve; ⚓ tombaz.
cam·e·ra ['kæmərə] *n.* fotoğraf makinesi, kamera; *in* ~ ⚖ gizli celsede.
cam·o·mile ⚘ ['kæməmaıl] *n.* bir tür papatya.
cam·ou·flage ⚔ ['kæmuflɑːʒ] **1.** *n.* kamuflaj, alalama; **2.** *v/t.* kamufle etmek, alalamak, gizlemek.
camp [kæmp] **1.** *n.* kamp; ⚔ ordugâh; ~ *bed* portatif karyola; **2.** *v/i.* kamp kurmak; ~ *out* kamp yapmak.
cam·paign [kæm'peın] **1.** *n.* ⚔ sefer; *fig.* mücadele; *pol.* kampanya; **2.** *v/i.* ⚔ sefere çıkmak; *fig.* mücadele etmek; *pol.* kampanyaya katılmak; *Am.* adaylığını koymak (*for -e*).
camp|ground ['kæmpgraʊnd], ~**-site** *n.* kamp yeri.
cam·pus ['kæmpəs] *n.* kampus.
can[1] *v/aux.* [kæn, kən] (*pret. could; olumsuz: cannot, can't*) -ebilmek; ~ *you lift this box?* bu kutuyu kaldırabilir misin?
can[2] [~] **1.** *n.* teneke kutu; konserve kutusu; **2.** (*-nn-*) *v/t.* konservesini yapmak.
Ca·na·di·an [kə'neıdjən] **1.** *adj.* Kanada'ya özgü; **2.** *n.* Kanadalı.
ca·nal [kə'næl] *n.* kanal (*a. anat.*)
ca·nard [kæ'nɑːd] *n.* uydurma haber.
ca·nar·y *zo.* [kə'neərı] *n.* kanarya.
can·cel ['kænsl] (*esp. Brt. -ll-, Am. -l-*) *v/t.* silmek, çizmek; iptal etmek, bozmak; *be ~(l)ed* iptal edilmek.
can·cer ['kænsə] *n. ast.* Yengeç burcu; ⚕ kanser; ~**·ous** [~rəs] *adj.* kanserli.
can·did □ ['kændıd] dürüst; samimi, candan.
can·di·date ['kændıdət] *n.* aday (*for -e*), istekli (*for -e*).
can·died ['kændıd] *adj.* şekerli, şekerle kaplanmış.
can·dle ['kændl] *n.* mum; *burn the ~ at both ends* hareketli bir yaşam sürmek, hızlı yaşamak; ~**·stick** *n.* şamdan.
can·do(u)r ['kændə] *n.* açık kalplilik, içtenlik, samimiyet.
can·dy ['kændı] **1.** *n.* şeker, şekerleme, bonbon; **2.** *v/t.* şekerlemesini yapmak, şekerleme haline getirmek.
cane [keın] **1.** *n.* ⚘ kamış; sopa, değnek; baston; **2.** *v/i.* dövmek, sopalamak.
ca·nine ['keınaın] *adj.* köpek ile ilgili, köpek...
canned *Am.* [kænd] *adj.* konserve yapılmış, konserve...
can·ne·ry *Am.* ['kænərı] *n.* konserve fabrikası.
can·ni·bal ['kænıbl] *n.* yamyam.
can·non ['kænən] *n.* top.
can·not ['kænɒt] *s.* *can*[1].
can·ny □ ['kænı] (*-ier, -iest*) dikkatli, tedbirli; açıkgöz.
ca·noe [kə'nuː] **1.** *n.* kano; **2.** *v/t.* kano ile geçmek *ya da* taşımak.
can·on ['kænən] *n.* kanun; kilise kanunu; ~**·ize** [~aız] *v/t.* evliya sırasına geçirmek, aziz olarak resmen tanımak.
can·o·py ['kænəpı] *n.* tente, gölgelik; *arch.* saçak.
cant [kænt] *n.* ikiyüzlülük; yapmacık söz; argo.
can't [kɑːnt] = *cannot*.

can·tan·ker·ous *F* □ [kæn'tæŋkərəs] huysuz, hırçın, geçimsiz.
can·teen [kæn'ti:n] *n.* kantin; ⚔ matara; ⚔ yemek kabı.
can·ter ['kæntə] **1.** *n.* *(at)* eşkin gitme; **2.** *v/i.* *(at)* eşkin gitmek.
can·vas ['kænvəs] *n.* çadır bezi, kanava; *paint.* tuval.
can·vass [~] **1.** *n.pol.* seçim kampanyası; *econ.* sipariş toplama; **2.** *v/t.* görüşmek, tartışmak; *v/i. pol.* dolaşarak oy toplamak, dolaşarak seçim anketi yapmak.
can·yon ['kænjən] *n.* kanyon.
cap [kæp] **1.** *n.* başlık, kep, kasket; *arch.* başlık; ⚕ başlık; kapak; **2.** *(-pp-)* *v/t.* kapağını kapamak; *fig.* daha iyisini yapmak, bastırmak.
ca·pa|bil·i·ty [keıpə'bılətı] *n.* yetenek; **~·ble** □ ['keıpəbl] yetenekli *(of -e).*
ca·pa·cious □ [kə'peıʃəs] geniş, büyük; **ca·pac·i·ty** [kə'pæsətı] *n.* kapasite; hacim; sığdırma; yetenek; görev, sıfat; ⊕ verim; *in my ~ as.,* ... sıfatıyla.
cape[1] [keıp] *n. geogr.* burun.
cape[2] [~] *n.* pelerin.
ca·per ['keıpə] **1.** *n.* oynayıp zıplama; muziplik; *cut ~s* = **2.** *v/i.* oynayıp zıplamak, muziplik etmek.
ca·pil·la·ry *anat.* [kə'pılərı] *n.* kılcal damar.
cap·i·tal ['kæpıtl] **1.** □ büyük, başlıca, baş...; *~ crime* cezası ölüm olan ağır suç; *~ punishment* ölüm cezası; **2.** *n.* başkent; kapital, sermaye, anamal; *mst. ~ letter* büyük harf; **~·is·m** [~ızəm] *n.* kapitalizm, anamalcılık; **~·ist** [~ıst] *n.* kapitalist, anamalcı; **~·ize** [~əlaız] *v/t.* anamala çevirmek; majüskül ile yazmak.
ca·pit·u·late [kə'pıtjʊleıt] *v/i.* teslim olmak, silahları bırakmak.
ca·price [kə'pri:s] *n* kapris, geçici heves; **ca·pri·cious** □ [~ıʃəs] kaprisli, maymun iştahlı.
Cap·ri·corn *ast.* ['kæprıkɔ:n] *n.* Oğlak burcu.
cap·size [kæp'saız] *v/i.* alabora olmak; *v/t.* alabora etmek, devirmek.
cap·sule ['kæpsju:l] *n.* kapsül.
cap·tain ['kæptın] *n.* kaptan; deniz albayı; ⚔ yüzbaşı.
cap·tion ['kæpʃn] *n.* başlık; resmi sıfat; *film:* altyazı.
cap|ti·vate *fig.* ['kæptıveıt] *v/t.* cezbetmek, büyülemek; **~·tive** ['kæptıv] **1.** *adj.* esir düşmüş; *hold ~* esir tutmak; *take ~* esir almak, tutsak etmek; **2.** *n.* esir, tutsak; **~·tiv·i·ty** [kæp'tıvətı] *n.* tutsaklık.
cap·ture ['kæptʃə] **1.** *n.* esir alma, yakalama; zapt; **2.** *v/t.* yakalamak; ele geçirmek, zaptetmek; ⚓ esir almak.
car [kɑ:] *n.* araba, otomobil; vagon; balon sepeti; asansör kabini; *by ~* araba ile.
car·a·mel ['kærəmel] *n.* karamel; karamela.
car·a·van ['kærəvæn] *n.* kervan, katar; *Brt.* karavan; *~ site* karavanlı kamp yeri.
car·a·way ⚘ ['kærəweı] *n.* kimyon.
car·bine ⚔ ['kɑ:baın] *n.* karabina.
car·bo·hy·drate ⚗ ['kɑ:bəʊ'haıdreıt] *n.* karbonhidrat.
car·bon ['kɑ:bən] *n.* ⚗ karbon; *a.* *~ copy* kopya; *a. ~ paper* karbon kâğıdı.
car·bu·ret·tor, *a.* **-ret.ter** *esp. Brt., Am.* **-ret.or,** *a.* **-ret.er** ⊕ [kɑ:bjʊ'retə] *n.* karbüratör.
car·case, car·cass ['kɑ:kəs] *n.* ceset, iskelet, kadavra, leş *(a. fig).*
card [kɑ:d] *n.* kart; iskambil kâğıdı; *have a ~ up one's sleeve fig.* gizli bir kozu olmak; **~·board** ['kɑ:dbɔ:d] *n.* mukavva, karton; *~ box* karton kutu.

car·di·ac ⚕ ['kɑːdıæk] *adj.* kalp ile ilgili, kalp...
car·di·gan ['kɑːdıgən] *n.* hırka.
car·di·nal ['kɑːdınl] **1.** □ asıl, ana, baş; ~ *number* asıl sayı; **2.** *n. eccl.* kardinal.
card-in.dex ['kɑːdındeks] *n.* kartotek.
card-sharp.er ['kɑːdʃɑːpə] *n. iskambil:* hileci.
care [keə] **1.** *n.* dikkat, özen, itina; bakım; kaygı, dert, üzüntü; *medical* ~ tıbbi bakım; ~ *of (abbr. c/o.)* ...eliyle; *take* ~ *of -e* bakmak, *-e* göz kulak olmak; *with* ~*!* Dikkat!; **2.** *vb.* istemek *(to inf. -meyi);* ~ *for* ilgilenmek, istemek; sevmek; *-e* bakmak; *I don't* ~*! F* Umurumda değil!, Bana ne!; *I couldn't* ~ *less F* umurumda değil; *well* ~*d-for* bakımlı.
ca·reer [kə'rıə] **1.** *n.* kariyer, meslek hayatı, meslek; **2.** *adj.* mesleki, meslek...; **3.** *v/i.* hızla gitmek.
care·free ['keəfriː] *adj.* kaygısız, gamsız.
care·ful □ ['keəfl] dikkatli, dikkat eden *(of -e);* özenli; *be* ~*!* Dikkat et!; ~**·ness** [~nıs] *n.* dikkat; dikkatli olma.
care·less □ ['keəlıs] dikkatsiz, ihmalci; kayıtsız; ~**·ness** [~nıs] *n.* dikkatsizlik, ihmal; düşüncesizlik.
ca·ress [kə'res] **1.** *n.* okşama; öpüş; **2.** *v/t.* okşamak; öpmek.
care·tak·er ['keəteıkə] *n.* kapıcı; bina yöneticisi; bakıcı, bekçi.
care·worn ['keəwɔːn] *adj.* kederli, üzgün.
car·go ['kɑːgəʊ] *(pl. -goes, Am. a. -gos) n.* kargo, yük.
car·i·ca|ture ['kærıkətjʊə] **1.** *n.* karikatür; **2.** *v/t.* karikatürünü yapmak; ~**·tur·ist** [~rıst] *n.* karikatürist, karikatürcü.
car·mine ['kɑːmaın] *n.* koyu kırmızı.
car·nal □ ['kɑːnl] cinsel, şehvetle ilgili; dünyevi.
car·na·tion [kɑː'neıʃn] *n.* ⚘ karanfil.
car·ni·val ['kɑːnıvl] *n.* karnaval.
car·niv·o·rous ⚘, *zo.* [kɑː'nıvərəs] *adj.* etçil, etobur.
car·ol ['kærəl] *n.* ilahi.
carp *zo.* [kɑːp] *n.* sazan.
car-park *Brt.* ['kɑːpɑːk] *n.* otopark, park yeri.
car·pen|ter ['kɑːpıntə] *n.* marangoz, doğramacı; ~**·try** [~rı] *n.* marangozluk.
car·pet ['kɑːpıt] **1.** *n.* halı; *bring on the* ~ görüşmek, tartışmak; **2.** *v/t.* halı ile döşemek.
car|pool ['kɑːpuːl] *n. (tasarruf amacıyla)* otomobilleri sıra ile kullanma anlaşması; ~**·port** *n.* üstü örtülü otopark.
car·riage ['kærıdʒ] *n.* taşıma, nakliye; nakliye ücreti; araba; *Brt.* 🚃 vagon; ⊕ şasi, alt düzen *(a.* ✈ *);* duruş; ~**·way** *n.* araba yolu.
car·ri·er ['kærıə] *n.* taşıyıcı; nakliyeci; ~**-bag** *n.* alışveriş torbası, plastik torba; ~ **pi·geon** *n.* posta güvercini.
car·ri·on ['kærıən] *n.* leş; *attr.* leş...
car·rot ⚘ ['kærət] *n.* havuç.
car·ry ['kærı] *v/t.* taşımak; götürmek, nakletmek; *(yük)* çekmek, taşımak; ele geçirmek, almak; kabul ettirmek; yayınlamak; *(faiz)* getirmek; *be carried* kabul edilmek *(öneri v.b.);* ~ *the day* üstün gelmek, kazanmak; ~ *s.th. too far bşi* çok ileri götürmek; *get carried away fig.* kendinden geçmek, coşmak; ~ *forward,* ~ *over econ. (hesabı)* nakletmek, geçirmek; ~ *on* yönetmek, yürütmek; sürdürmek, *-e* devam etmek; ~ *out,* ~ *through* bitirmek; başarmak, yerine getirmek; ~**·cot** *Brt.* ['kærıkɒt] *n.* portatif çocuk karyolası.
cart [kɑːt] **1.** *n.* araba; *put the* ~

before the horse fig. bir işi tersinden yapmak; **2.** *v/t.* araba ile taşımak.

car·ti·lage *anat.* ['kɑːtılıdʒ] *n.* kıkırdak.

car·ton ['kɑːtən] *n.* karton kutu, koli; *a ~ of cigarettes* bir karton sigara.

car·toon [kɑː'tuːn] *n.* karikatür; çizgi film; **~·ist** [~ıst] *n.* karikatürist.

car·tridge ['kɑːtrıdʒ] *n.* fişek; *phot.* kartuş, kaset; **~pen** *n.* kartuşlu dolmakalem.

cart-wheel ['kɑːtwiːl] *n.* araba tekerleği; *turn ~s* yana perende atmak.

carve [kɑːv] *v/t.* oymak; kazımak; *(eti)* kesmek, dilimlemek; **carv·er** ['kɑːvə] *n.* oymacı; oyma bıçağı; **carv·ing** [~ıŋ] *n.* oymacılık; oyma sanat eseri.

car wash ['kɑːwɒʃ] *n.* otomatik araba yıkama yeri.

cas·cade [kæ'skeıd] *n.* çağlayan, şelale.

case[1] [keıs] **1.** *n.* kutu; kılıf; kasa; çanta; ⊕ kovan; **2.** *v/t.* kutuya koymak; ⊕ kaplamak.

case[2] [~] *n.* durum, vaziyet, hal; ⚖ dava; *gr.* durum; ⚕ hasta; olay; *F* garip herif, tip.

case·ment ['keısmənt] *n.* pencere kanadı; *a. ~ window* kanatlı pencere.

cash [kæʃ] **1.** *n.* para; peşin para; *~ down* peşin para; *~ on delivery* mal karşılığı ödeme, ödemeli; **2.** *v/t.* paraya çevirmek, bozdurmak *(çek)*; **~-book** ['kæʃbʊk] *n.* kasa defteri; **~ desk** *n.* kasa; **~ di·spens·er** *n.* bankamatik, para veren otomatik makine; **~·ier** [kæ'ʃıə] *n.* veznedar, kasiyer; *~'s desk ya da office* vezne, kasa; **~·less** [~lıs] *adj.* havale, çek *v.b.* ile yapılan *(ödeme)*; **~·o·mat** [kæʃəʊ'mæt] = *~ dispenser*; **~ re·gis·ter** *n.* otomatik kasa, yazar kasa.

cas·ing ['keısıŋ] *n.* kaplama; çerçeve.

cask [kɑːsk] *n.* fıçı, varil.

cas·ket ['kɑːskıt] *n.* değerli eşya kutusu; *Am.* tabut.

cas·se·role ['kæsərəʊl] *n.* güveç, saplı tencere.

cas·sette [kə'set] *n.* kaset; **~ deck** *n.* kasetçalar; **~ ra·di·o** *n.* radyolu teyp; **~ re·cord·er** *n.* teyp.

cas·sock *eccl.* ['kæsək] *n.* cüppe.

cast [kɑːst] **1.** *n.* atış; ⊕ dökme, kalıp; görünüş; renk tonu; *thea.* oynayanlar; **2.** *(cast) v/t.* atmak, saçmak, fırlatmak; *zo. (deri v.b.)* dökmek; ⊕ dökmek, kalıplamak; *a. ~ up* toplamak, hesaplamak; *thea. (rol)* dağıtmak, vermek; *be ~ in a lawsuit* ⚖ dava kaybetmek; *~ lots* kura çekmek *(for için)*; *~ in one's lot with s.o. b-ne* katılmaya karar vermek, *b-i* ile herşeyi paylaşmak; *~ aside* artık kullanmamak, kaldırmak; bir kenara itmek, terketmek; *~ away* atmak; *be ~ away.* ⚓ kazaya uğramak; *be ~ down* keyfi kaçmak, yüreği kararmak; *~ off* çıkarıp atmak, kaldırmak; tanımamak, bir kenara itmek; denize açılmak; *v/i.* ⊕ kalıplanmak; *~ about for, ~ around for* arayıp durmak.

cas·ta·net [kæstə'net] *n.* kastanyet, çengi zili.

cast·a·way ['kɑːstəweı] **1.** *adj.* reddedilmiş; ⚓ kazaya uğramış; **2.** *n.* reddedilmiş kimse; ⚓ kazazede.

caste [kɑːst] *n.* kast *(a. fig.)*.

cast·er ['kɑːstə] = *castor*[2].

cast·i·gate ['kæstıgeıt] *v/t.* dövmek, cezalandırmak; *fig.* şiddetle eleştirmek, ipliğini pazara çıkarmak.

cast i·ron ['kɑːst'aıən] *n.* dökme demir; **cast-i·ron** *adj.* dökme demirden yapılmış; *fig.* demir gibi.

cas·tle ['kɑːsl] *n.* kale *(a. satranç);* şato.
cast·or[1] ['kɑːstə]: ~ *oil* hintyağı.
cast·or[2] [~] *n.* koltuk *v.b.* tekerleği; tuzluk, biberlik.
cas·trate [kæ'streɪt] *v/t.* hadım etmek, burmak.
cas·u·al □ ['kæʒjʊəl] rastlantı sonucu olan; rastgele; gelişigüzel; ara sıra çalışan, tembel; ~ *wear* gündelik giysi; **~·ty** [~tı] *n.* kaza; ✕ kayıp; *casualties pl.* ✕ zayiat; ~ *ward,* ~ *department* ⚕ acil servis.
cat *zo.* [kæt] *n.* kedi.
cat·a·logue, *Am.* **-log** ['kætəlɒg] **1.** *n.* katalog; *Am. univ.* üniversite programı; **2.** *v/t.* kataloğunu yapmak, kataloglamak.
cat·a·pult ['kætəpʌlt] *n. Brt.* sapan; mancınık.
cat·a·ract ['kætərækt] *n.* şelale; ⚕ katarakt, perde, akbasma.
ca·tarrh ⚕ [kə'tɑː] *n.* akıntı.
ca·tas·tro·phe [kə'tæstrəfı] *n.* felaket, facia, afet.
catch [kætʃ] **1.** *n.* yakalama, tutma; av; ⊕ çengel, kanca, kilit dili; *fig.* bityeniği, tuzak; **2.** *(caught) v/t.* yakalamak, tutmak; yetişmek; ele geçirmek; *(nefesini)* tutmak; anlamak, kavramak; ~ *(a) cold* soğuk almak, üşütmek; ~ *the eye* göze çarpmak; ~ *s.o.'s eye b-nin* dikkatini çekmek; ~ *s.o. up b-ne* yetişmek; *be caught up in k-ni -e* kaptırmak, *ile* çok meşgul olmak; **3.** *v/i.* tutuşmak, ateş almak; *(hastalığa)* yakalanmak; ~ *on F* anlamak, kavramak; *F* moda olmak, tutulmak; ~ *up with -e* yetişmek; **~·er** ['kætʃə] *n.* tutan kimse; **~·ing** [~ıŋ] *adj.* çekici; ⚕ bulaşıcı; **~·word** *n.* parola; slogan; **~·y** □ [~ı] *(-ier, -iest)* kolayca hatırlanan *(melodi).*
cat·e·chis·m ['kætıkızəm] *n. eccl.* sorulu cevaplı öğretme.
ca·te|gor·i·cal □ [kætı'gɒrıkl] kategorik, kesin, açık; **~·go·ry** ['kætıgərı] *n.* kategori, ulam, grup, zümre.
ca·ter ['keıtə]: ~ *for -in* gereksinimini karşılamak; *fig.* sağlamak; *-e* hitap etmek.
cat·er·pil·lar ['kætəpılə] *n. zo.* tırtıl; *TM* palet, tırtıl; ~ *tractor TM* tırtıllı traktör.
cat·gut ['kætgʌt] *n.* kiriş.
ca·the·dral [kə'θiːdrəl] *n.* katedral.
Cath·o·lic ['kæθəlık] *n. & adj.* Katolik.
cat·kin ⚘ ['kætkın] *n.* söğüt *v.b.* ağaçların çiçeği.
cat·tle ['kætl] *n.* sığır.
cat·ty *F* ['kætı] *(-ier, -iest) adj.* kurnaz, şeytan, sinsi.
caught [kɔːt] *pret. & p.p. of catch 2*
caul·dron ['kɔːldrən] *n.* kazan.
cau·li·flow·er ⚘ ['kɒlıflaʊə] *n.* karnabahar.
caus·al □ ['kɔːzl] nedensel, neden gösteren.
cause [kɔːz] **1.** *n.* neden, sebep; vesile; ⚖ dava; amaç, hedef; **2.** *v/t.* *-e* neden olmak, *-e* yol açmak, *fig.* *-i* doğurmak; **~·less** □ ['kɔːzlıs] nedensiz, asılsız.
cause·way ['kɔːzweı] *n.* yol, geçit; şose.
caus·tic ['kɔːstık] *(~ally) adj.* yakıcı, aşındırıcı; *fig.* dokunaklı, iğneli *(söz).*
cau·tion ['kɔːʃn] **1.** *n.* dikkat; uyarı, ikaz; tedbir; **2.** *v/t.* uyarmak, ikaz etmek; ⚖ ihtar etmek.
cau·tious □ ['kɔːʃəs] tedbirli, çekingen; **~·ness** [~nıs] *n.* tedbir, dikkat.
cav·al·ry *esp. hist* ✕ ['kævlrı] *n.* süvari sınıfı.
cave [keıv] **1.** *n.* mağara, in; **2.** *v/i.* ~ *in* yıkılmak, çökmek *(a. fig.).*
cav·ern ['kævən] *n.* mağara; **~·ous** *fig.* [~əs] *adj.* kocaman ve

derin; çukura kaçmış *(göz)*.
cav·i·ty ['kævətı] *n.* boşluk, oyuk, çukur.
caw [kɔː] **1.** *v/i.* *(karga)* gaklamak; **2.** *n.* karga sesi.
cease [siːs] *v/t.* & *v/i.* dur(dur)mak, kes(il)mek; dinmek; **~-fire** × ['siːsfaıə] *n.* ateşkes; **~·less** □ [~lıs] sürekli, aralıksız.
cede [siːd] *v/t.* bırakmak, terketmek.
cei·ling ['siːlıŋ] *n.* tavan *(a. fig.)*; ~ *price* tavan fiyat.
cel·e|brate ['selıbreıt] *v/t.* kutlamak; **~·brat·ed** *adj.* ünlü *(for ile)*; **~·bra·tion** [selı'breıʃn] *n.* kutlama, anma; tören.
ce·leb·ri·ty [sı'lebrətı] *n.* ün; ünlü kimse, şöhret.
ce·ler·i·ty [si'lerətı] *n.* sürat, hız; çabukluk.
cel·e·ry ⚘ ['selərı] *n.* kereviz.
ce·les·ti·al □ [sı'lestjəl] göksel; kutsal, Tanrısal.
cel·i·ba·cy ['selıbəsı] *n.* bekârlık.
cell [sel] *n.* hücre; ⚡ pil.
cel·lar ['selə] *n.* mahzen, kiler, bodrum.
cel|list ♪ ['tʃelıst] *n.* viyolonselist; **~·lo** ♪ [~əʊ] *(pl. -los)* *n.* viyolonsel.
cel·lo·phane *TM* ['seləʊfeın] *n.* selofan.
cel·lu·lar ['seljʊlə] *adj.* hücresel; hücreli.
Cel·tic ['keltık] *adj.* Keltler ile ilgili.
ce·ment [sı'ment] **1.** *n.* çimento; **2.** *v/t.* çimentolamak; yapıştırmak.
cem·e·tery ['semıtrı] *n.* mezarlık.
cen·sor ['sensə] **1.** *n.* sansür memuru, sansürcü; **2.** *v/t.* sansürden geçirmek; **~·ship** [~ʃıp] *n.* sansür.
cen·sure ['senʃə] **1.** *n.* eleştiri, kınama; **2.** *v/t.* eleştirmek, kınamak.
cen·sus ['sensəs] *n.* nüfus sayımı.
cent [sent] *n. Am.* sent *(= 1/100 dolar)*; *per* ~ yüzde.
cen·te·na·ry [sen'tiːnərı] *n.* yüzüncü yıldönümü.
cen·ten·ni·al [sen'tenjəl] **1.** *adj.* yüz yıllık; **2.** *n. Am.* = *centenary*.
cen·ter *Am.* ['sentə] = *centre*.
cen·ti|grade ['sentıgreıd]: *10 degrees* ~ 10 santigrat derece (10°C); **~·me·tre,** *Am.* **~·me·ter** *n.* santimetre; **~·pede** *zo.* [~piːd] *n.* kırkayak.
cen·tral □ ['sentrəl] merkezi, orta; temel, ana, baş...; ~ *heating* merkezi ısıtma, kalorifer; **~·ize** [~aız] *v/t.* merkezileştirmek.
cen·tre, *Am.* **-ter** ['sentə] **1.** *n.* merkez, orta; ~ *of gravity phys.* ağırlık merkezi; **2.** *v/t.* ortaya koymak, merkeze toplamak, ortalamak; *v/i.* ortada olmak, merkezlenmek.
cen·tu·ry ['sentʃʊrı] *n.* yüzyıl.
ce·ram·ics [sı'ræmıks] *n. pl.* çinicilik; seramik; seramik eşya.
ce·re·al ['sıərıəl] **1.** *adj.* tahıl türüden; **2.** *n.* tahıl; *~s pl.* tahıldan yapılmış yiyecek.
cer·e·bral *anat.* ['serıbrəl] *adj.* beyin ile ilgili, beyin...
cer·e·mo|ni·al [serı'məʊnjəl] **1.** □ resmi, törensel; **2.** *n.* tören, ayin; **~·ni·ous** □ [~jəs] resmi, törensel; merasimli; merasime düşkün; **~·ny** ['serımənı] *n.* tören, merasim; ayin; nezaket kuralları, protokol; resmiyet.
cer·tain □ ['sɜːtn] kesin, muhakkak; emin; güvenilir; bazı, kimi, belli; **~·ly** [~lı] *adv.* elbette, muhakkak; **~·ty** [~tı] *n.* kesinlik.
cer|tif·i·cate 1. [sə'tıfıkət] *n.* sertifika, belge; diploma; ruhsat; ~ *of birth* nüfus *ya da* doğum kâğıdı; *General* ♀ *of Education advanced level (A level) Brt.* Üniversiteye girmeyi sağlayan üst düzeyde bir tür belge; *General* ♀ *of Edu-*

cation ordinary level (O level) orta öğretim süreci içinde alınan bir tür belge; *medical ~* sağlık belgesi; **2.** [~keɪt] *v/t.* belgelemek, belge vermek; **~·ti·fy** ['sɜːtɪfaɪ] *v/t.* onaylamak; doğrulamak.

cer·ti·tude ['sɜːtɪtjuːd] *n.* kesinlik, katiyet.

ces·sa·tion [se'seɪʃn] *n.* kesilme, durma.

chafe [tʃeɪf] *v/t. & v/i.* sürt(ün)mek; ovarak ısıtmak; *(ayakkabı)* vurmak, sürterek yara yapmak; kız(dır)mak, gücen(dir)mek.

chaff [tʃɑːf] **1.** *n.* saman tozu, çöp; *F* şaka, takılma; **2.** *v/t. F* alay etmek, takılmak.

chaf·finch *zo.* ['tʃæfɪntʃ] *n.* ispinoz.

chag·rin ['ʃægrɪn] **1.** *n.* iç sıkıntısı, keder; **2.** *v/t.* canını sıkmak, üzmek.

chain [tʃeɪn] **1.** *n.* zincir *(a. fig.)*; *(dağ)* silsile; *~ reaction* zincirleme tepkime; *~-smoke (sigara)* birini söndürmeden ötekini yakmak; *~-smoker* sigara tiryakisi; *~ store* mağaza zincirlerinden biri; **2.** *v/t.* zincirle bağlamak, zincirlemek.

chair [tʃeə] *n.* sandalye, iskemle; makam; kürsü; *be in the ~* başkanlık etmek; **~ lift** ['tʃeəlɪft] *n.* telesiyej; **~·man** *(pl. -men) n.* başkan; **~·man·ship** [~ʃɪp] *n.* başkanlık; **~·wom·an** *(pl. -women) n.* kadın başkan.

chal·ice ['tʃælɪs] *n.* tas, kâse; kadeh.

chalk [tʃɔːk] **1.** *n.* tebeşir; **2.** *v/t.* tebeşirle yazmak *ya da* çizmek; tebeşirle beyazlatmak; *~ up* hesabına katmak, kaydetmek.

chal·lenge ['tʃælɪndʒ] **1.** *n.* meydan okuma, düelloya davet; ⨯ nöbetçinin kimlik *ya da* parola sorması; *esp.* ⚖ itiraz, ret; **2.** *vb.* meydan okumak; düelloya davet etmek; ⨯ kimlik *ya da* parola sormak; ⚖ itiraz etmek, reddetmek.

cham·ber ['tʃeɪmbə] *n.* oda, yatak odası; *parl.* meclis; *zo.*, ⚘ hücre; ⊕ fişek yatağı; *~s pl.* yargıcın özel odası; **~maid** *n.* oda hizmetçisi.

cham·ois ['ʃæmwɑː] *n.* dağkeçisi; *a. ~ leather* [*mst.* 'ʃæmɪleðə] güderi.

champ *F* [tʃæmp] = *champion.*

cham·pagne [ʃæm'peɪn] *n.* şampanya.

cham·pi·on ['tʃæmpjən] **1.** *n.* savunucu, destekleyici; *spor:* şampiyon; **2.** *v/t.* savunmak, desteklemek; **3.** *adj.* galip, üstün gelen; mükemmel, muhteşem; **~·ship** *n.* *spor:* şampiyonluk; şampiyona.

chance [tʃɑːns] **1.** *n.* şans, talih; ihtimal, olasılık; fırsat; *by ~* tesadüfen, şans eseri; *take a ~* bir denemek, şansını kullanmak; *take no ~s* şansa bırakmamak, riske girmemek; **2.** *adj.* şans eseri olan, tesadüfi; **3.** *v/i.* tesadüfen olmak; *I ~d to meet her* tesadüfen onunla karşılaştım; *v/t.* bir denemek, göze almak.

chan·cel·lor ['tʃɑːnsələ] *n.* bakan; şansölye, başbakan; *univ.* rektör.

chan·de·lier [ʃændə'lɪə] *n.* avize.

change [tʃeɪndʒ] **1.** *n.* değiş(tir)me; değişiklik; bozuk para, bozukluk; *for a ~* değişiklik olsun diye; *~ for the better (worse)* iyiye (kötüye) gitme; **2.** *v/t. & v/i.* değiş(tir)mek; *(para)* boz(dur)mak; *mot.* ⊕ vites değiştirmek; *~ over* yöntem değiştirmek, geçmek; *~ trains* aktarma yapmak; **~·a·ble** □ ['tʃeɪndʒəbl] değişebilir; kararsız, dönek; **~·less** □ [~lɪs] değişmez; **~·o·ver** *n.* yöntem değiştirme, geçiş.

chan·nel ['tʃænl] **1.** *n.* kanal *(a. fig.)*, boğaz; nehir yatağı; **2.** *(esp.*

Brt. *-ll-; Am. -l-)* *v/t. -de* kanal açmak; oymak; *fig.* yönlendirmek.
chant [tʃɑːnt] **1.** *n.* dinsel şarkı; monoton ses tonu; **2.** *vb.* şarkı söylemek; usulünce okumak.
cha·os ['keɪɒs] *n.* kaos, karışıklık, kargaşa.
chap[1] [tʃæp] **1.** *n.* çatlak, yarık; **2.** *(-pp-) v/t. & v/i.* çatla(t)mak, yar(ıl)mak.
chap[2] [~] *n.* adam, arkadaş, ahbap.
chap[3] [~] *n.* çene; çenenin etli kısmı.
chap·el ['tʃæpl] *n.* küçük kilise, mabet.
chap·lain ['tʃæplın] *n.* papaz.
chap·ter ['tʃæptə] *n.* bölüm, kısım.
char [tʃɑː] *(-rr-) v/t. & v/i.* kömürleş(tir)mek, karbonlaş(tır)mak; kavurmak; kavrulmak.
char·ac·ter ['kærəktə] *n.* karakter, özyapı; nitelik, özellik; *thea., roman:* karakter, kahraman, canlandırılan kişi; *typ.* karakter, harf türü; **~·is·tic** [kærəktə'rıstık] **1.** *(~ally) adj.* karakteristik, tipik; **2.** *n.* özellik; **~·ize** ['kærəktəraız] *v/t.* karakterize etmek, ayırt etmek; nitelendirmek.
char·coal ['tʃɑːkəʊl] *n.* mangal kömürü.
charge [tʃɑːdʒ] **1.** *n.* yük; ⚡ şarj; sorumluluk, yükümlülük; görev; *esp. fig.* külfet, yük; ⚔ hücum, saldırı; ⚖ suçlama, itham; bakma, nezaret; masraf; vergi; *free of ~* parasız, bedava; *be in ~ of -e* bakmak, görevli olmak, *-in* başında olmak, *-den* sorumlu olmak; *have ~ of* korumak, himaye etmek; *take ~* üzerine almak, üstlenmek; **2.** *v/t.* yüklemek; doldurmak; ⚡ şarj etmek; görevlendirmek; ⚖ suçlamak *(with ile); (fiyat)* istemek; ⚔ saldırmak, hücum etmek; *v/i.* hucuma geçmek; *~ at s.o. b-ne* saldırmak.
char·i·ot *poet. ya da hist.* ['tʃærıət] *n.* savaş arabası.
char·i·ta·ble □ ['tʃærıtəbl] hayırsever, yardımsever, fukara babası.
char·i·ty ['tʃærətı] *n.* hayırseverlik; sadaka; hayır kurumu.
char·la·tan ['ʃɑːlətən] *n.* şarlatan.
charm [tʃɑːm] **1.** *n.* çekicilik, cazibe; büyü, sihir; muska; **2.** *v/t.* büyülemek, hayran bırakmak; **~·ing** □ ['tʃɑːmıŋ] büyüleyici, çekici, alımlı.
chart [tʃɑːt] **1.** *n.* ⚓ deniz haritası; grafik, tablo, çizelge, kroki; **2.** *v/t.* haritasını yapmak; haritada *ya da* çizelgede göstermek.
char·ter ['tʃɑːtə] **1.** *n.* patent; kontrat; ayrıcalık; **2.** *v/t.* patent *ya da* ayrıcalık vermek; ⚓, ✈ kiralamak; **~ flight** *n.* kiralık uçakla uçuş.
char·wom·an ['tʃɑːwʊmən] *(pl. -women) n.* gündelikçi kadın, temizlikçi kadın.
chase [tʃeıs] **1.** *n.* takip, kovalama; av; **2.** *v/t.* kovalamak, takip etmek; defetmek, kovmak; avlamak.
chas·m ['kæzəm] *n.* yarık, uçurum *(a. fig.).*
chaste □ [tʃeıst] iffetli, temiz; sade, gösterişsiz *(biçem).*
chas·tise [tʃæ'staız] *v/t.* cezalandırmak, dövmek.
chas·ti·ty ['tʃæstətı] *n.* iffet, temizlik; sadelik.
chat [tʃæt] **1.** *n.* sohbet, çene çalma; **2.** *v/i.* sohbet etmek, çene çalmak.
chat·tels ['tʃætlz] *n. pl. mst. goods and ~* taşınır mal.
chat·ter ['tʃætə] **1.** *v/i.* çene çalmak, gevezelik etmek; *(diş)* çatırdamak; **2.** *n.* gevezelik; diş çatırdaması; **~·box** *n. F* geveze, çenesi düşük, çalçene; **~·er** [~rə] *n.* geveze, farfaracı.

chat·ty ['tʃætı] *(-ier, -iest) adj.* geveze, çenesi düşük.
chauf·feur ['ʃəʊfə] *n.* özel şoför.
chau|vin·ism ['ʃəʊvınızəm] *n.* şovenizm; **~·vin.ist** [~nıst] *n.* şoven.
cheap □ [tʃiːp] ucuz; değersiz; *fig.* adi, bayağı; **~·en** ['tʃiːpən] *v/t. & v/i.* ucuzla(t)mak; *fig.* küçük düşürmek.
cheat [tʃiːt] **1.** *n.* dalavere, hile, aldatma; dolandırıcı, üçkâğıtçı; **2.** *v/t.* aldatmak, dolandırmak, kandırmak.
check [tʃek] **1.** *n.* engel, durdurma; kontrol, denetim *(on -de);* engel; kontrol işareti (√); *Am.* eşya makbuzu, fiş; ekose kumaş; *Am. econ.* = *cheque; Am. (lokantada)* hesap; **2.** *v/i.* çek yazmak; ~ *in (otel defterine)* adını kaydetmek, kaydolmak; ✈ listeye kaydolmak; ~ *out* hesabı ödeyip otelden ayrılmak; ~ *up (on) F* soruşturmak, araştırmak; *v/t.* durdurmak, önlemek, engel olmak; kontrol etmek, denetlemek; doğruluğunu araştırmak; *(öfkesini)* tutmak, zaptetmek; *Am.* emanete vermek *(bagaj v.b.);* ~ **card** *Am. econ.* ['tʃekkɑːd] *n.* çek kart; **~ed** [~t] *adj.* ekose; **~·ers** *Am.* [~əz] *n. sg.* dama oyunu; **~-in** *n. (otel defterine)* kaydolma; ✈ uçak listesine kaydolma; ~ *counter ya da desk* ✈ yolcu kayıt kontuarı; **~·ing account** *n. Am. econ.* çek hesabı, ciro hesabı carisi; **~·list** *n.* kontrol listesi; **~·mate 1.** *n. satranç:* mat; **2.** *v/t. satranç:* mat etmek; **~-out** *n. a.* ~ *counter (esp. süpermarkette)* kasa; **~·point** *n.* kontrol noktası; **~·room** *n. Am.* vestiyer; **~-up** *n.* kontrol; ⚕ çekap, sağlık kontrolü.
cheek [tʃiːk] *n.* yanak; *F* yüzsüzlük, arsızlık; **~·y** □ *F* ['tʃiːkı] *(-ier, -iest)* yüzsüz, arsız, küstah.
cheer [tʃıə] **1.** *n.* alkış; alkış sesi; neşe, keyif; ruh hali; *~s!* Şerefe!; *three ~s!* Üç kez "yaşa!, yaşa!, yaşa!"; **2.** *v/t. & v/i.* neşelen(dir)mek, keyiflen(dir)mek; *a.* ~ *on -e* "yaşa!" diye bağırmak, tezahürat yapmak, alkışlamak; *a.* ~ *up* neşelendirmek; avutmak; ferahlamak; ~ *up!* Dert etme!, Keyfine bak!; **~·ful** □ ['tʃıəfl] neşeli, keyifli; **~·i·o** *int. F* [~rı'əʊ] Allahaısmarladık!, Hoşça kal!; **~·less** □ [~lıs] neşesiz; kasvetli; **~·y** □ [~rı] *(-ier, -iest)* neşeli, şen, güler yüzlü, candan.
cheese [tʃiːz] *n.* peynir.
chee·tah *zo.* ['tʃiːtə] *n.* çita.
chef [ʃef] *n.* aşçıbaşı, ahçıbaşı, şef.
chem·i·cal ['kemıkl] **1.** □ kimyasal; **2.** *n.* kimyasal madde.
che·mise [ʃə'miːz] *n.* kadın iç gömleği.
chem|ist ['kemıst] *n.* kimyacı, kimyager; eczacı; *~'s shop* eczane; **~·is·try** [~rı] *n.* kimya.
cheque *Brt. econ.* [tʃek] *(Am. check) n.* çek; *crossed* ~ çizgili çek; ~ **ac·count** *n. Brt. econ.* çek hesabı; ~ **card** *n. Brt. econ.* çek kart.
chequ·er *Brt.* ['tʃekə] *n.* ekose desen.
cher·ish ['tʃerıʃ] *v/t.* beslemek, bakmak; *(umut, kin v.b.)* beslemek, gütmek; aziz tutmak, üzerine titremek.
cher·ry ⚘ ['tʃerı] *n.* kiraz.
chess [tʃes] *n.* satranç; *a game of* ~ satranç partisi; **~·board** ['tʃesbɔːd] *n.* satranç tahtası; **~·man** *(pl. -men),* ~ **piece** *n.* satranç taşı.
chest [tʃest] *n.* kutu, sandık; kasa; *anat.* göğüs; *get s.th. off one's* ~ *F* içini dökmek, içini döküp rahatlamak; ~ *of drawers* konsol, çekmeceli dolap.
chest·nut ['tʃesnʌt] **1.** *n.* ⚘ kesta-

ne; **2.** *adj.* kestanerengi...
chew [tʃuː] *v/t.* çiğnemek; düşünmek, derin düşüncelere dalmak *(on, over üzerinde)*; **~·ing-gum** ['tʃuːɪŋgʌm] *n.* çiklet, sakız.
chick [tʃɪk] *n.* civciv; *F* kız, piliç.
chick·en ['tʃɪkɪn] *n.*piliç; tavuk eti; **~-heart·ed** *adj.* korkak, ödlek, tabansız; **~-pox** ⚕ [~pɒks] *n.* suçiçeği.
chic·o·ry ⚘ ['tʃɪkərɪ] *n.* hindiba.
chief [tʃiːf] **1.** □ başlıca, en önemli, ana, baş...; ~ *clerk* başkâtip, başyazman; kalem amiri; **2.** *n.* şef, reis, amir, baş; *...-in-chief* baş...; **~·ly** ['tʃiːflɪ] *adv.* başlıca; her şeyden önce; **~·tain** [~tən] *n.* kabile reisi; şef, reis.
chil·blain ['tʃɪlbleɪn] *n.* soğuk şişliği.
child [tʃaɪld] *(pl. children) n.* çocuk; *from a* ~ küçükten beri; *with* ~ gebe, hamile; ~ **a·buse** *n.* ⚖ çocuğa kötü davranma; **~·birth** ['tʃaɪldbɜːθ] *n.* çocuk doğurma, doğum; **~·hood** [~hʊd] *n.* çocukluk; **~·ish** □ [~ɪʃ] çocuğa özgü, çocuk...; çocukça, saçma; **~·like** *adj.* çocuk gibi, çocuk ruhlu; **~-mind·er** *Brt.* [~maɪndə] *n.* çocuk bakıcısı; **chil·dren** ['tʃɪldrən] *pl. of child.*
chill [tʃɪl] **1.** *adj.* soğuk, buz gibi; **2.** *n.* soğuk; soğukluk; ⚕ soğuk algınlığı; soğuk davranış; **3.** *v/t. & v/i.* soğu(t)mak, don(dur)mak; üşümek, donmak; *(neşe)* kaçırmak; *~ed* dondurulmuş; **~·y** ['tʃɪlɪ] *(-ier, -iest) adj.* soğuk, buz gibi *(a. fig.)*; hep üşüyen.
chime [tʃaɪm] **1.** *n.* çan takımı; çan sesi; *fig.* ahenk, uyum; **2.** *vb.* *(çanlar)* çalmak, çalınmak; ~ *in* söze karışmak.
chim·ney ['tʃɪmnɪ] *n.* baca; lamba şişesi; yanardağ ağzı; **~-sweep** *n.* baca temizleyicisi.
chimp *zo.* [tʃɪmp], **chim·pan·zee** *zo.* [~ən'ziː] *n.* şempanze.
chin [tʃɪn] **1.** *n.* çene; *(keep your)* ~ *up!* Cesaretini kaybetme!, Metin ol!
chi·na ['tʃaɪnə] *n.* porselen, çini; porselen tabak çanak.
Chi·nese [tʃa'ɪniːz] **1.** *adj.* Çin'e özgü; **2.** *n.* Çinli; *ling.* Çince, Çin dili; *the* ~ *pl.* Çinliler.
chink [tʃɪŋk] *n.* yarık, çatlak.
chip [tʃɪp] **1.** *n.* çentik; yonga; kırıntı, küçük parça; marka, fiş; *have a* ~ *on one's shoulder F* kavgacı olmak, meydan okumak; *~s pl. Brt.* kızartılmış patates; *Am.* cips; **2.** *(-pp-) v/t.* yontmak, çentmek; *v/i.* parçalara ayrılmak; **~·munk** *zo.* ['tʃɪpmʌŋk] *n.* küçük Amerikan sincabı.
chirp [tʃɜːp] **1.** *v/i.* cıvıldamak, cır cır ötmek; **2.** *n.* cıvıltı.
chis·el ['tʃɪzl] **1.** *n.* kalem keski, çelik kalem; **2.** *(esp. Brt. -ll-, Am. -l-) v/t.* kalemle oymak, yontmak.
chit-chat ['tʃɪttʃæt] *n.* sohbet, hoşbeş.
chiv·al|rous □ ['ʃɪvlrəs] mert, kibar; **~·ry** [~ɪ] *n. hist.* şövalyelik; mertlik, kibarlık.
chive(s *pl.*) ⚘ [tʃaɪv(z)] *n.* tazesoğan, frenksoğanı.
chlo|ri·nate ['klɔːrɪneɪt] *v/t.* klorlamak *(su v.b.)*; **~·rine** ⚗ [~riːn] *n.* klor; **chlor·o·form** ['klɒrəfcXm] **1.** *n.* ⚗, ⚕ kloroform; **2.** *v/t.* kloroformla bayıltmak.
choc·o·late ['tʃɒkələt] *n.* çikolata; ~ *s. pl.* çikolatalı şekerleme, fondan.
choice [tʃɔɪs] **1.** *n.* seçme, seçim, tercih; secenek, seçilen şey; **2.** □ seçkin, güzide, kalburüstü.
choice [tʃɔɪs] **1.** *n.* seçme, seçim, tercih; seçenek, seçilen şey; **2.** □ seçkin, güzide, kalburüstü.
choir ['kwaɪə] *n.* koro.
choke [tʃəʊk] **1.** *v/t. & v/i.* boğ(ul)mak, tıka(n)mak; ~ *back*

(öfke v.b.) tutmak, frenlemek, zaptetmek; ~ *down* zorla yutmak; ~ *up* tıkanmak; **2.** *n. mot.* jigle.

choose [tʃuːz] *(chose, chosen) v/t.* seçmek; yeğlemek; karar vermek; istemek; ~ *to do s.th. bş* yapmaya karar vermek; *bş* yapmayı istemek.

chop [tʃɒp] **1.** *n.* kesme; darbe; pirzola, kotlet; çırpıntılı deniz; **2.** *(-pp-) v/t.* kesmek, yarmak, doğramak; ~ *down* kesip düşürmek *(ağaç v.b.); v/i.* değişmek; **~.per** ['tʃɒpə] *n.* balta, satır; *F* helikopter; *Am. sl* makineli tüfek, mitralyöz; **~·py** [~ı] *(-ier, -iest) adj.* çırpıntılı *(deniz);* değişken *(rüzgâr);* **~·stick** *n.* Çinlilerin yemek yerken kullandıkları çubuk.

cho·ral □ ['kɔːrəl] koro ile ilgili, koro...; **~(e)** ♪ [kɒ'rɑːl] *n.* kilise ilahisi, koral.

chord ♪ [kɔːd] *n.* tel; akort.

chore *Am.* [tʃɔː] *n.* zor *ya da* sıkıcı iş; *mst* ~*s pl.* ev işi.

cho·rus ['kɔːrəs] *n.* koro; şarkının koro kısmı, nakarat.

chose [tʃəʊz] *pret. of choose;* **chosen** ['tʃəʊzn] *p.p. of choose.*

Christ [kraıst] *n.* Hazreti İsa.

chris·ten ['krısn] *v/t.* vaftiz etmek; ad koymak; **~·ing** [~ıŋ] *n.* vaftiz töreni; *attr.* vaftiz...

Chris|tian ['krıstjən] *n. & adj.* Hıristiyan; ~ *name* vaftizde verilen ad, ilk ad; **~·ti·an·i·ty** [krıstı'ænətı] *n.* Hıristiyanlık.

Christ·mas ['krısməs] *n.* Noel; *at* ~ Noel'de; ~ **Day** *n.* Noel günü *(25 aralık);* ~ **Eve** *n.* Noel arifesi.

chrome [krəʊm] *n.* krom; **chro·mi·um** ⚗ ['krəʊmjəm] *n.* krom; ~*-plated* krom kaplı, kromlu.

chron|ic ['krɒnık] *(~ally) adj.* kronik, süreğen *(mst* ⚕*);* **~·i·cle** [~l] **1.** *n.* kronik, tarih; **2.** *v/t.* tarih sırası ile kaydetmek.

chron·o·log·i·cal □ [krɒnə'lɒdʒıkl] kronolojik, zamandizinsel; **chro·nol·o·gy** [krə'nɒlədʒı] *n.* kronoloji, zamanbilim; zamandizin.

chub·by *F* ['tʃʌbı] *(-ier, -iest) adj.* tombul; ablak *(yüz).*

chuck *F* [tʃʌk] *v/t.* atmak, fırlatmak; kovmak, sepetlemek; ~ *out* kapı dışarı etmek, defetmek; ~ *up (işi)* bırakmak.

chuck·le ['tʃʌkl] **1.** *v/i.* ~ *(to o.s.)* kendi kendine gülmek, kıkır kıkır gülmek; **2.** *n.* kıkır kıkır gülme.

chum *F* [tʃʌm] *n.* yakın arkadaş, ahbap; **~·my** *F* ['tʃʌmı] *(-ier, -iest) adj.* dostça, arkadaşça.

chump [tʃʌmp] *n.* kütük; *F* odun kafalı, sersem.

chunk [tʃʌnk] *n.* kısa ve kalın parça; tıknaz adam.

church [tʃɜːtʃ] *n.* kilise; *attr.* kilise...; ~ *service* ayin; ibadet, tapınma; **~·war·den** ['tʃɜːtʃ'wɔːdn] *n.* kilise yöneticisi, kilise cemaatinin başı; **~·yard** *n.* kilise avlusu *ya da* mezarlığı.

churl·ish □ ['tʃɜːlıʃ] kaba, terbiyesiz; huysuz, ters.

churn [tʃɜːn] **1.** *n.* yayık; süt kabı; **2.** *v/t.* yayıkta çalkalamak; köpürtmek.

chute [ʃuːt] *n.* şelale, çağlayan; *F* paraşüt.

ci·der ['saıdə] *n. (Am. hard ~)* elma şarabı; *(sweet)* ~ *Am.* elma suyu.

ci·gar [si'gɑː] *n.* puro.

cig·a·rette, *Am. a.* **-ret** [sıgə'ret] *n.* sigara.

cinch *F* [sıntʃ] *n.* çok kolay şey, çantada keklik.

cin·der ['sındə] *n.* cüruf, dışık; ~*s pl.* kül; **Cin·de·rel·la** [sındə'relə] *n. fig.* Sinderella, değer verilmemiş kız; **~-path, ~-track** *n. spor:* atletizm pisti.

cin·e|cam·e·ra ['sınıkæmərə] *n.*

alıcı, film çekme makinesi; **~-film** *n.* 8 *ya da* 16 mm.'lik film.
cin·e·ma *Brt.* ['sınəmə] *n.* sinema; sinema dünyası.
cin·na·mon ['sınəmən] *n.* tarçın.
ci·pher ['saıfə] *n.* şifre; sıfır; *fig.* solda sıfır.
cir·cle ['sɜːkl] **1.** *n.* çember, daire, halka; devir; meydan; *fig.* çevre; *thea.* balkon; **2.** *v/t.* daire içine almak.
cir|cuit ['sɜːkıt] *n.* dolaşma, deveran; ⚡ devre; *short* ~ ⚡ kısa devre; **~·cu·i·tous** □ [sə'kjuːıtəs] dolambaçlı, dolaşık; ~ *route* dolambaçlı yol.
cir·cu·lar ['sɜːkjʊlə] **1.** □ dairesel; dolaşık, dolambaçlı; ~ *letter* sirküler, genelge; **2.** *n.* sirküler, genelge.
cir·cu|late ['sɜːkjʊleıt] *v/t.* & *v/i.* dolaş(tır)mak; dön(dür)mek; yay(ıl)mak; **~·lat·ing** [~ıŋ]: ~ *library* dışarıya ödünç kitap veren kütüphane; **~·la·tion** [sɜːkjʊ'leıʃn] *n.* sirkülasyon, dolanım; dolaşma; dolaşım; tiraj.
cir·cum-... ['sɜːkəm] *prefix* etrafında, çevresinde; **~·fer·ence** [sə'kʌmfərəns] *n.* çember; çevre; **~·nav·i·gate** [sɜːkəm'nævıgeıt] *v/t.* gemi ile etrafını dolaşmak; **~·scribe** ['sɜːkəmskraıb] *v/t.* A daire içine almak; *fig.* sınırlamak; **~spect** □ [~spekt] dikkatli; tedbirli; **~·stance** [~stəns] *n.* durum, hal, koşul; *~s pl. a.* koşullar; *in ya da under no ~s* hiçbir şekilde, asla; *in ya da under the ~s* bu şartlar altında; **~·stan·tial** □ [sɜːkəm'stænʃl] ayrıntılı; ikinci derecede önemi olan; ~ *evidence* ⚖ ikinci derecede kanıt; **~·vent** *v/t.* aldatmak, hile ile üstün gelmek; *(plan)* bozmak.
cir·cus ['sɜːkəs] *n.* sirk; meydan.
cis·tern ['sıstən] *n.* sarnıç, su deposu.
ci·ta·tion [saı'teıʃn] *n.* ⚖ celp celpname, çağrı belgesi; alıntı.
cite [saıt] *v/t.* ⚖ celbetmek, mahkemeye çağırmak; beyan etmek, zikretmek, anmak.
cit·i·zen ['sıtızn] *n.* vatandaş, yurttaş; hemşeri; **~·ship** [~ʃıp] *n.* vatandaşlık, yurttaşlık.
cit·y ['sıtı] **1.** *n.* şehir, kent; *the* ♀ Londra'nın iş merkezi; **2.** *adj.* şehir ile ilgili, şehir..., kent...; ~ *centre Brt.* kent merkezi; ~ *council(l)or* belediye meclisi üyesi; ~ *editor Am.* yöresel haber editörü; *Brt.* mali haber editörü; ~ *hall* belediye dairesi; *esp. Am.* belediye.
civ·ic ['sıvık] *adj.* kent ile ilgili; belediye ile ilgili; yurttaşlık ile ilgili; **~s** *n. sg.* yurttaşlık bilgisi.
civ·il ['sıvl] *adj.* devlet ile ilgili; medeni; sivil; kibar, nazik; ⚖ medeni hukukla ilgili; ~ *rights pl.* medeni haklar, vatandaşlık hakları; ~ *rights activist* vatandaşlık hakları eylemcisi; ~ *rights movement* vatandaşlık hakları akımı; ~ *servant* devlet memuru; ~ *service* devlet hizmeti; ~ *war* iç savaş.
ci·vil·i|an [sı'vıljən] *n.* sivil; **~·ty** [~lətı] *n.* nezaket, kibarlık.
civ·i·li|za·tion [sıvılaı'zeıʃn] *n.* uygarlık; **~ze** ['sıvılaız] *v/t.* uygarlaştırmak, uygar düzeye çıkarmak.
clad [klæd] **1.** *pret.* & *p.p.* of *clothe;* **2.** *adj.* kaplı, örtülü, bürünmüş.
claim [kleım] **1.** *n.* istek, talep; iddia *(to -e); Am.* paylaştırılan arazi; **2.** *vb.* iddia etmek; talep etmek, sahip çıkmak; gerektirmek; **clai·mant** ['kleımənt] *n.* davacı, hak talep eden kimse.
clair·voy·ant [kleə'vɔıənt] *n.* kâhin.
clam·ber ['klæmbə] *v/i.* tırmanmak.
clam·my □ ['klæmı] *(-ier, -iest)* soğuk ve nemli; yapışkan.

clam·o(u)r ['klæmə] **1.** *n.* gürültü, patırtı; **2.** *vb.* gürültü yapmak, yaygara koparmak *(for için)*.
clamp ⊕ [klæmp] **1.** *n.* mengene, kenet; **2.** *v/t.* kenetlemek, bağlamak.
clan [klæn] *n.* klan, boy, kabile; *fig.* geniş aile.
clan·des·tine □ [klæn'destın] gizli, el altından yapılan.
clang [klæŋ] **1.** *n.* çınlama; **2.** *v/t.* & *v/i.* çınla(t)mak.
clank [klæŋk] **1.** *n.* şıkırtı, tınlama; **2.** *v/t.* & *v/i.* şıkırda(t)mak.
clap [klæp] **1.** *n.* gök gürültüsü, gürleme; el çırpma, alkış; **2.** *(-pp-) vb.* birbirine vurmak, çarpmak; alkışlamak, el çırpmak.
clar·et ['klærət] *n.* kırmızı şarap; *sl.* kan.
clar·i·fy ['klærıfaı] *v/t.* arıtmak, süzmek; açıklamak, aydınlatmak; *v/i.* berraklaşmak, açılmak.
clar·i·net ♪ [klærı'net] *n.* klarnet.
clar·i·ty ['klærətı] *n.* berraklık, açıklık.
clash [klæʃ] **1.** *n.* şakırtı; çatışma, çarpışma; uyuşmazlık; **2.** *v/t.* & *v/i.* şakırda(t)mak; çarpışmak, çatışmak; uyuşmamak.
clasp [klɑːsp] **1.** *n.* toka, kopça; el sıkma; sıkı tutma; *fig.* kucaklama, sarılma; **2.** *v/t.* toka ile tutturmak; *(el)* sıkmak; yakalamak, kavramak; *fig.* kucaklamak, sarılmak; **~-knife** ['klɑːspnaıf] *n.* sustalı çakı.
class [klɑːs] **1.** *n.* sınıf; ders; çeşit; *Am. univ.* aynı yıl okulu bitirenler; *~mate* sınıf arkadaşı; *~room* sınıf, derslik, dershane; **2.** *v/t.* sınıflara ayırmak.
clas|sic ['klæsık] **1.** *n.* klasik yazarı; **2.** *(~ally) adj.* klasik; birinci sınıf, mükemmel; **~·si·cal** □ [~kl] klasik.
clas·si|fi·ca·tion [klæsıfı'keıʃn] *n.* sınıflandırma, bölümlendirme; **~·fy** ['klæsıfaı] *v/t.* sınıflandırmak, bölümlendirmek.
clat·ter ['klætə] **1.** *n.* takırtı; gürültü; **2.** *v/t.* & *v/i.* takırda(t)mak.
clause [klɔːz] *n.* ⚖ madde, fıkra, bent; *gr.* cümlecik.
claw [klɔː] **1.** *n.* pençe; tırnak *(a.* ⊕*)*; **2.** *vb.* pençe atmak, tırmalamak.
clay [kleı] *n.* kil, balçık.
clean [kliːn] **1.** □ temiz, pak; kullanılmamış, yeni; masum; biçimli, düzgün; **2.** *adv.* tamamen, iyice; **3.** *v/t.* & *v/i.* temizle(n)mek, yıkamak, silmek; *~ out* temizlemek; *sl.* soyup soğana çevirmek; *~ up* temizlemek; bitirmek; **~·er** ['kliːnə] *n.* temizleyici, temizlikçi; temizleyici ilaç; *mst.* *~s pl.*, *~'s* kuru temizleyici; **~·ing** [~ıŋ] *n.* temizlik; *do the ~* temizlik yapmak; *spring-cleaning* bahar temizliği; **~·li·ness** ['klenlınıs] *n.* temizlik; **~·ly 1.** *adv.* ['kliːnlı] temiz biçimde; doğru dürüst, tam olarak; **2.** *adj.* ['klenlı] *(-ier, -iest)* temiz.
cleanse [klenz] *v/t.* temizlemek, arındırmak; **cleans·er** ['klenzə] *n.* temizleme maddesi.
clear [klıə] **1.** □ açık, berrak, parlak; belli; arınmış *(of -den)*; *econ.* net; tam; emin; **2.** *v/t.* kurtarmak, temizlemek *(of, from -den)*; aydınlatmak, açmak; süzmek; toplayıp kaldırmak *(a. ~ away)*; *econ. (kâr)* getirmek, sağlamak; ⚖ temize çıkarmak, aklamak; *~ out* boşaltmak, içini temizlemek; *~ up* toplamak, düzene sokmak; çözmek, açıklığa kavuşturmak; *v/i. (hava)* açmak; *~ out F* çekip gitmek, ortadan kaybolmak; *~ up (hava)* açmak, aydınlanmak; **~·ance** ['klıərəns] *n.* temizleme; boş yer; ⊕ boşluk; *econ.* gümrük muayenesi; ⚓ geminin gümrük işlemlerini bitirme; **~·ing** [~rıŋ] *n.* temizleme;

açıklık, meydan; *econ.* kliring, takas.
cleave [kliːv] *(cleaved ya da cleft ya da clove, cleaved ya da cleft ya da cloven) v/t. & v/i.* yar(ıl)mak, böl(ün)mek, kes(il)mek.
cleav·er ['kliːvə] *n.* satır, balta.
clef ♪ [klef] *n.* nota anahtarı.
cleft [kleft] **1.** *n.* yarık, çatlak; **2.** *pret. & p.p. of cleave.*
clem·en|cy ['klemənsı] *n.* şefkat, yumuşaklık; **~t** □ [~t] şefkatli, yumuşak.
clench [klentʃ] *v/t.* sıkmak; kavramak; perçinlemek.
cler·gy ['klɜːdʒı] *n.* rahipler sınıfı; **~·man** *(pl. -men) n.* rahip, papaz.
cler·i·cal □ ['klerıkl] kâtip ile ilgili; daire işi ile ilgili.
clerk [klɑːk] *n.* kâtip, yazman, sekreter; *eccl.* rahip; *Am.* tezgâhtar.
clev·er □ ['klevə] akıllı, zeki; becerikli, usta.
click [klık] **1.** *n.* tıkırtı, "klik" sesi; ⊕ kilit çengeli; **2.** *v/i.* tıkırdamak, tıkırtı yapmak, "klik" etmek.
cli·ent ['klaıənt] *n.* ⚖ müvekkil; müşteri.
cliff [klıf] *n.* uçurum, kayalık.
cli·mate ['klaımıt] *n.* iklim.
cli·max ['klaımæks] **1.** *n. rhet.* doruk, doruk noktası; *physiol. a.* doyum; **2.** *v/t. & v/i.* doruğa ulaş(tır)mak.
climb [klaım] *vb.* tırmanmak; **~·er** ['klaımə] *n.* tırmanıcı, dağcı; *fig.* yükselmek isteyen kimse; ⚘ tırmanıcı bitki; **~·ing** [~ıŋ] *n.* tırmanma; *attr.* tırmanma...
clinch [klıntʃ] **1.** *n.* ⊕ perçinleme; *boks:* birbirine sarılma; *F* kucaklama, sarılma; **2.** *v/t.* ⊕ perçinlemek; kökünden halletmek; *v/i. boks:* birbirine sarılmak.
cling [klıŋ] *(clung) v/i.* yapışmak, sarılmak *(to -e);* bağlı kalmak *(to -e).*
clin|ic ['klınık] *n.* klinik; **~·i·cal** □ [~l] klinik ile ilgili, klinik...
clink [klıŋk] **1.** *n.* şıngırtı; *sl.* kodes, delik; **2.** *v/t. & v/i.* şıngırda(t)mak; *(kadeh)* tokuşturmak.
clip[1] [klıp] **1.** *n.* kırpma, kesme, kırkım; *F* hız, sürat; **2.** *(-pp-) v/t.* kesmek, kırkmak; *(bilet)* zımbalamak.
clip[2] [~] **1.** *n.* raptiye, ataş, klips, mandal; **2.** *(-pp-) v/t. a. ~ on* ataşlamak, tutturmak, iliştirmek.
clip|per ['klıpə]: *(a pair of) ~s pl.* saç kesme makinesi; ⚓ sürat teknesi; ✈ pervaneli uçak; **~·pings** [~ıŋz] *n. pl.* kırpıntı; *esp. Am.* kupür, kesik.
clit·o·ris *anat.* ['klıtərıs] *n.* klitoris, bızır.
cloak [kləʊk] **1.** *n.* pelerin, cüppe; **2.** *v/t. fig.* gizlemek, örtmek; **~·room** ['kləʊkrʊm] *n.* vestiyer; *Brt.* tuvalet.
clock [klɒk] **1.** *n.* saat; **2.** *vb.* saat tutmak; *~ in, ~ on* işbaşı yapmak; *~ out, ~ off* paydos etmek; **~·wise** ['klɒkwaız] *adv.* saat yelkovanı yönünde; **~·work** *n.* saat makinesi; *like ~* saat gibi, tıkır tıkır.
clod [klɒd] *n.* kesek.
clog [klɒg] **1.** *n.* nalın; engel, köstek; **2.** *(-gg-) v/t. & v/i.* tıka(n)mak; engel olmak, kösteklemek.
clois·ter ['klɔıstə] *n.* manastır; dehliz.
close 1. □ [kləʊs] kapalı; yakın, bitişik; sık; havasız; boğucu, sıkıntılı *(hava);* dar, sıkı; samimi, candan, yakın *(arkadaş);* cimri; *keep a ~ watch on* yakından izlemek; *~ fight* göğüs göğüse çarpışma; *~ season hunt.* avlanmanın yasak olduğu mevsim; **2.** *adv.* yakın, yakından; sıkıca; *~ by, ~ to -e* yakın, *-in* yakınında; **3.** [kləʊz] *n.* son, nihayet, bitim; *come*

ya da draw to a ~ sone ermek, bitmek; [kləʊs] avlu; çıkmaz sokak; **4.** [kləʊz] *v/t.* kapatmak; tıkamak, doldurmak; sona erdirmek, bitirmek; sıklaştırmak; *v/i.* kapanmak; sona ermek, bitmek; uyuşmak; ~ *down (fabrika v.b.)* kapatmak; *radyo, TV:* yayına son vermek, kapanmak; ~ *in (günler)* kısalmak; *(karanlık)* basmak; ~ *up (yol v.b.)* kapatmak; *(yara)* kapanmak; yaklaştırmak, sıklaştırmak; **~d** *adj.* kapalı.
clos·et ['klɒzıt] **1.** *n.* küçük oda; dolap; tuvalet; **2.** *v/t. be ~ed with ile* özel görüşmek, odaya kapanmak.
close-up ['kləʊsʌp] *n. phot., film:* çok yakından çekilmiş resim.
clos·ing-time ['kləʊzıŋtaım] *n.* kapanma zamanı, kapanma saati.
clot [klɒt] **1.** *n.* pıhtı; *Brt. F* andavallı, ahmak; **2.** *(-tt-) v/t. & v/i.* pıhtılaş(tır)mak; *(süt)* kesilmek.
cloth [klɒθ] *(pl. cloths* [~θs, ~ðz]*) n.* bez; kumaş; sofra örtüsü; *the* ~ rahipler sınıfı; *lay the* ~ sofrayı kurmak; ~*-bound* bez ciltli.
clothe [kləʊð] *(clothed ya da clad) v/t.* giydirmek; kaplamak, örtmek.
clothes [kləʊðz] *n. pl.* elbise, giysi; çamaşır; **~-bas·ket** ['kləʊðzbɑːskıt] *n.* çamaşır sepeti; **~-horse** *n.* çamaşır askısı; **~-line** *n.* çamaşır ipi; **~·peg** *Brt., Am.* **~·pin** *n.* çamaşır mandalı.
cloth·ing ['kləʊðıŋ] *n.* elbiseler, giysiler.
cloud [klaʊd] **1.** *n.* bulut *(a. fig.)*; karartı, gölge; sürü, kalabalık; **2.** *v/t. & v/i.* bulutlan(dır)mak; *fig.* bulan(dır)mak; **~·burst** ['klaʊdbɜːst] *n.* ani sağanak; **~·less** □ [~lıs] bulutsuz, açık; **~·y** □ [~ı] *(-ier, -iest)* bulutlu; bulanık; belirsiz.
clout *F* [klaʊt] *n.* tokat, darbe; *esp. Am.* etki, nüfuz.
clove[1] [kləʊv] *n.* sarmısak dişi; ~ *of garlic* bir diş sarmısak.
clove[2] [~] *pret. of cleave*[1]; **clo·ven** ['kləʊvn] **1.** *p.p. of cleave*[1]; **2.** *adj.* yarık, çatal; ~ *hoof zo.* çatal tırnak.
clo·ver ♀ ['kləʊvə] *n.* yonca.
clown [klaʊn] *n.* palyaço, soytarı; kaba herif, hödük; **~·ish** □ ['klaʊnıʃ] kaba, yontulmamış.
club [klʌb] **1.** *n.* sopa; kulüp; ~*s pl. iskambil:* sinek, ispati; **2.** *(-bb-) v/t.* sopa ile vurmak, sopalamak; *v/i.: ~ together* masrafı bölüşmek; **~-foot** *(pl. -feet)* ['klʌb'fʊt] *n.* yumru ayak.
cluck [klʌk] **1.** *v/i.* gıdaklamak; **2.** *n.* gıdaklama.
clue [kluː] *n.* ipucu.
clump [klʌmp] **1.** *n.* küme, yığın; **2.** *v/t.* yığmak, kümelemek; *v/i.* ağır adımlarla yürümek.
clum·sy □ ['klʌmzı] *(-ier, -iest)* beceriksiz, sakar, hantal.
clung [klʌŋ] *pret. & p.p. of cling.*
clus·ter ['klʌstə] **1.** *n.* salkım, demet; küme; *(arı)* oğul; **2.** *v/i.* toplanmak.
clutch [klʌtʃ] **1.** *n.* tutma; ⊕ debriyaj, kavrama; **2.** *v/t.* tutmak, sarılmak, kavramak.
clut·ter ['klʌtə] **1.** *n.* dağınıklık, karmakarışıklık; **2.** *v/t. a.* ~ *up* darmadağınık etmek, altüst etmek.
coach [kəʊtʃ] **1.** *n.* otobüs; gezinti arabası; *Brt.* 🚃 vagon; *spor:* antrenör, çalıştırıcı; **2.** *v/t.* çalıştırmak, eğitmek, yetiştirmek; *spor:* antrenman yaptırmak; **~·man** ['kəʊtʃmən] *(pl. -men) n.* arabacı.
co·ag·u·late [kəʊ'ægjʊleıt] *v/t. & v/i.* pıhtılaş(tır)mak, koyulaş(tır)mak.
coal [kəʊl] *n.* kömür; *carry ~s to Newcastle* tereciye tere satmak.

co·a·lesce [kəʊə'les] *v/i.* birleşmek, birlik oluşturmak.
co·a·li·tion [kəʊə'lɪʃn] **1.** *n. pol.* koalisyon; **2.** *adj. pol.* koalisyon ile ilgili, koalisyon...
coal|-mine ['kəʊlmaɪn], **~-pit** *n.* kömür ocağı.
coarse □ [kɔːs] (~r, ~st) kaba; adi, bayağı; pürüzlü *(yüzey)*.
coast [kəʊst] **1.** *n.* sahil, kıyı; *Am.* kızak kayma yolu; **2.** *v/i.* sahil boyunca gitmek; *(bisiklet, oto v.b.)* yokuş aşağı güç harcamadan inmek; *Am.* kızakla kaymak; **~·er** ['kəʊstə] *n. Am.* kızak; ⚓ koster; **~ guard** *n.* sahil koruma; **~-guard** *n.* sahil koruma görevlisi; **~·line** *n.* kıyı şeridi, sahil boyu.
coat [kəʊt] **1.** *n.* palto; manto; ceket; *zo.* post; tabaka, kat; ~ *of arms* arma; **2.** *v/t.* kaplamak, örtmek; **~-hang·er** ['kəʊthæŋə] *n.* elbise askısı; **~·ing** ['kəʊtɪŋ] *n.* tabaka, kat; astar.
coax [kəʊks] *v/t.* kandırmak, gönlünü yapmak, dil dökmek.
cob [kɒb] *n.* küçük binek atı; mısır koçanı; erkek kuğu.
cob|bled ['kɒbld]: ~ *street* parke yol; **~·bler** [~ə] *n.* ayakkabı tamircisi.
cob·web ['kɒbweb] *n.* örümcek ağı.
co·caine [kəʊ'keɪn] *n.* kokain.
cock [kɒk] **1.** *n. zo.* horoz; musluk, valf; silah horozu; **2.** *v/t. a.* ~ *up (kulak)* dikmek, kabartmak; *(şapka)* yana yatırmak; *(silah horozunu)* kaldırmak, kurmak.
cock·a·too *zo.* [kɒkə'tuː] *n.* kakadu.
cock·chaf·er ['kɒktʃeɪfə] *n.* mayısböceği.
cock-eyed *F* ['kɒkaɪd] *adj.* şaşı; eğri, çarpık; saçma.
cock·ney ['kɒknɪ] *n. mst.* ♀ Londralı.
cock·pit ['kɒkpɪt] *n.* ✈ pilot kabini; ⚓ kokpit, alçak güverte.
cock·roach *zo.* ['kɒkrəʊtʃ] *n.* hamamböceği.
cock|sure *F* ['kɒk'ʃʊə] *adj.* çok emin; **~·tail** *n.* kokteyl; **~·y** □ *F* ['kɒkɪ] *(-ier, -iest)* kendini beğenmiş; kendine çok güvenen.
co·co ⚘ ['kəʊkəʊ] *(pl. -cos) n.* hindistancevizi ağacı.
co·coa ['kəʊkəʊ] *n.* kakao.
co·co·nut ['kəʊkənʌt] *n.* hindistancevizi.
co·coon [kə'kuːn] *n. (ipekböceği)* koza.
cod *zo.* [kɒd] *n.* morina balığı.
cod·dle ['kɒdl] *v/t.* özenle bakmak, üzerine titremek; hafif ateşte kaynatmak.
code [kəʊd] **1.** *n.* kod; şifre, şifre anahtarı; yasa kitabı; **2.** *v/t.* şifre ile yazmak, kodlamak.
cod|fish *zo.* ['kɒdfɪʃ] = *cod;* **~-liv·er oil** *n.* balıkyağı.
co·ed *F* ['kəʊ'ed] *n.* karma okul öğrencisi kız; **~·u·ca·tion** [kəʊedjuːkeɪʃn] *n.* karma öğretim.
co·erce [kəʊ'ɜːs] *v/t.* zorlamak, zorla yaptırmak.
co·ex·ist ['kəʊɪg'zɪst] *v/i.* bir arada var olmak; **~·ence** [~əns] *n.* bir arada var olma.
cof·fee ['kɒfɪ] *n.* kahve; ~ **bean** *n.* kahve çekirdeği; **~-pot** *n.* cezve; **~-set** *n.* kahve takımı; **~-ta·ble** *n.* sehpa.
cof·fer ['kɒfə] *n.* kasa, kutu, sandık.
cof·fin ['kɒfɪn] *n.* tabut.
cog ⊕ [kɒg] *n.* diş, çark dişi.
co·gent □ ['kəʊdʒənt] inandırıcı, ikna edici.
cog·i·tate ['kɒdʒɪteɪt] *vb.* düşünmek; tasarlamak, planlamak.
cog·wheel ⊕ ['kɒgwiːl] *n.* dişli çark.
co·her|ence [kəʊ'hɪərəns] *n.* uyum, tutarlık; **~·ent** □ [~t] uyumlu, tutarlı; yapışık.

co·he|sion [kəʊ'hiːʒn] *n.* yapışma, birleşme; **~·sive** [~sɪv] *adj.* yapışık.
coif·fure [kwɑː'fjʊə] *n.* saç biçimi, saç tuvaleti.
coil [kɔɪl] **1.** *vb. a.* ~ *up* sarılmak; kıvrılmak, kıvrılıp yatmak; **2.** *n.* kangal, roda, halka; ⊕ bobin.
coin [kɔɪn] **1.** *n.* madeni para; **2.** *v/t. (para)* basmak *(a. fig.); (yeni sözcük)* uydurmak, üretmek.
co·in|cide [kəʊɪn'saɪd] *v/i.* aynı zamana rastlamak, çakışmak; uymak, benzemek; **~·ci·dence** [kəʊ'ɪnsɪdəns] *n.* tesadüf, rastlantı; *fig.* çakışma.
coke[1] [kəʊk] *n.* kokkömürü; *sl.* kokain.
Coke[2] *TM F* [~] *n.* Coca-Cola.
cold [kəʊld] **1.** □ soğuk *(a. fig.)*; **2.** *n.* soğuk; nezle, soğuk algınlığı; **~-blood·ed** [~'blʌdɪd] *adj.* soğukkanlı; **~-heart·ed** *adj.* acımasız, duygusuz; **~·ness** ['kəʊldnɪs] *n.* soğukluk; **~ war** *n. pol.* soğuk savaş.
cole·slaw ['kəʊlslɔː] *n.* lahana salatası.
col·ic ⚕ ['kɒlɪk] *n.* kolik, sancı.
col·lab·o|rate [kə'læbəreɪt] *v/i.* işbirliği yapmak, birlikte çalışmak; **~·ra·tion** [kə'læbə'reɪʃn] *n.* işbirliği; *in* ~ *with ile* birlikte.
col|lapse [kə'læps] **1.** *v/t. & v/i.* çök(ert)mek, yık(ıl)mak; *(plan v.b.)* suya düşmek; *(sağlık)* bozulmak; *(masa v.b.)* katlamak; **2.** *n.* çöküş; yığılma; başarısızlık; **~·lap·si·ble** [~əbl] *adj.* açılır kapanır, katlanır *(masa v.b.)*.
col·lar ['kɒlə] **1.** *n.* yaka; tasma; gerdanlık; **2.** *v/t.* tasma takmak; *F* yakalamak, yakasına yapışmak; **~-bone** *n. anat.* köprücükkemiği.
col·league ['kɒliːg] *n.* meslektaş, iş arkadaşı.
col|lect **1.** *eccl.* ['kɒlekt] *n.* kısa dua; **2.** [kə'lekt] *v/t. & v/i.* topla(n)mak, birik(tir)mek; koleksiyon yapmak; uğrayıp almak; **~·lect·ed** □ *fig.* sakin, aklı başında; **~·lec·tion** [~kʃn] *n.* topla(n)ma; koleksiyon, derlem; *econ.* tahsilat; *eccl.* kilisede toplanan para; **~·lec·tive** □ [~tɪv] toplu, ortak; ~ *bargaining econ.* toplu görüşme; **~·lec·tive·ly** [~lɪ] *adv.* birlikte; **~·lec·tor** [~ə] *n.* toplayıcı; koleksiyoncu; 🚃 biletçi; ⚡ kolektör, toplaç.
col·lege ['kɒlɪdʒ] *n.* yüksekokul; kolej.
col·lide [kə'laɪd] *v/i.* çarpışmak; çatışmak.
col|li·er ['kɒlɪə] *n.* kömür madeni işçisi; ⚓ kömür gemisi; **~·lie·ry** [~jərɪ] *n.* kömür ocağı.
col·li·sion [kə'lɪʒn] *n.* çarpışma; çatışma, fikir ayrılığı.
col·lo·qui·al □ [kə'ləʊkwɪəl] konuşma dili ile ilgili.
col·lo·quy ['kɒləkwɪ] *n.* karşılıklı konuşma; sohbet.
co·lon ['kəʊlən] *n.* iki nokta üst üste (:).
colo·nel ⚔ ['kɜːnl] *n.* albay.
co·lo·ni·al □ [kə'ləʊnjəl] sömürge ile ilgili; **~·is·m** *pol.* [~lɪzəm] *n.* sömürgecilik.
col·o|nize ['kɒlənaɪz] *vb.* koloni kurmak, sömürgeleştirmek; **~·ny** [~nɪ] *n.* koloni, sömürge.
co·los·sal □ [kə'lɒsl] koskocaman, dev gibi, muazzam.
col·o(u)r ['kʌlə] **1.** *n.* renk; boya; *fig.* görünüş; cilt rengi, ten; ~*s pl.* bayrak, bandıra; *what* ~ *is*... ...ne renk?; **2.** *v/t.* boyamak; *fig.* değiştirmek, başka göstermek, yaldızlamak; *v/i.* yüzü kızarmak; renklenmek; ~ **bar** *n.* ırk ayrımı; **~-blind** *adj.* renkkörü; **~ed** **1.** *adj.* renkli; ~ *man* zenci; **2.** *n. oft contp.* zenci; **~-fast** *adj.* boyası solmaz; ~ **film** *n. phot.* renkli film; **~·ful** [~fl] *adj.* renkli; can-

lı, parlak; ~·**ing** [~rıŋ] *n.* renk; boya; renklendirme; *fig.* sahte görünüş; ~·**less** □ [~lıs] renksiz *(a. fig.)*; ~ **line** *n.* beyaz ve öteki ırklar arasındaki toplumsal ayrılık; ~ **set** *n.* renkli televizyon; ~ **tel·e·vi·sion** *n.* renkli televizyon.

colt [kəʊlt] *n.* tay; sıpa.

col·umn ['kɒləm] *n.* sütun *(a. print)*, direk; ✕ kol; ~·**ist** [~nıst] *n. (gazetede)* köşe yazarı.

comb [kəʊm] **1.** *n.* tarak; horoz ibiği; **2.** *v/t.* taramak; taraktan geçirmek *(keten)*.

com|bat ['kɒmbæt] **1.** *n.* kavga, dövüş; savaş, çarpışma; *single* ~ düello, teke tek çarpışma; **2.** *(-tt-, Am. a. -t-) vb.* mücadele etmek, savaşmak, çarpışmak; ~·**ba·tant** [~ənt] *n.* savaşçı.

com|bi·na·tion [kɒmbı'neıʃn] *n.* birleş(tir)me; bileşim; *mst* ~*s pl.* kombinezon; ~·**bine** [kəm'baın] *v/t. & v/i.* birleş(tir)mek, karış(tır)mak.

com·bus|ti·ble [kəm'bʌstəbl] **1.** *adj.* yanabilir, tutuşabilir; **2.** *n.* yakıt, yakacak; akaryakıt; ~·**tion** [~tʃən] *n.* yanma, tutuşma.

come [kʌm] *(came, come) v/i.* gelmek; *to* ~ önümüzdeki, gelecek; ~ *about* olmak, meydana gelmek; ~ *across -e* rastlamak; *F -in* aklına gelmek, aklından geçmek; ~ *along* acele etmek; *(fırsat)* çıkmak; ~ *apart* dağılmak, parçalanmak; ~ *at -e* ulaşmak; *-e* saldırmak; ~ *back* geri gelmek, dönmek; ~ *by* elde etmek, kazanmak; ~ *down* aşağı inmek, düşmek; *fig.* çökmek; *(fiyat)* düşmek; kuşaktan kuşağa geçmek; ~ *down with F ile* katkıda bulunmak; ~ *for* uğrayıp almak; üzerine yürümek; ~ *loose* gevşemek, çözülmek; ~ *off* olmak, yapılmak; başarıya ulaşmak; *(düğme)* kopmak; ~ *on!* Haydi!; Yok canım!; ~ *over* uzaklardan gelmek; ~ *round* dolaşmak; uğramak, ziyaret etmek; fikir *v.b.* değiştirmek; *F* ayılmak, kendine gelmek; ~ *through (mesaj)* gelmek, ulaşmak; *(hastalık v.b.)* atlatmak; ~ *to -e* varmak, *-e* ulaşmak; kendine gelmek, ayılmak; *what's the world coming to?* dünya nereye gidiyor?, dünyanın gidişatı nedir?; ~ *to see* görmeye gelmek; ~ *up to -e* ulaşmak; *-e* eşit olmak; ~·**back** ['kʌmbæk] *n.* sert karşılık; eskiye dönüş.

co·me·di·an [kə'mi:djən] *n.* komedyen, güldürü oyuncusu.

com·e·dy ['kɒmədı] *n.* komedi, güldürü.

come·ly ['kʌmlı] *(-ier, -iest) adj.* güzel, hoş, zarif, yakışıklı.

com·fort ['kʌmfət] **1.** *n.* rahatlık, ferahlık; refah; teselli, avuntu; yardım, destek; *a.* ~*s pl.* konfor; **2.** *v/t.* teselli etmek, avutmak; yardım etmek; **com·for·ta·ble** □[~əbl] rahat, konforlu; ~·**er** [~ə] *n.* avutan kimse; *esp. Brt.* boyun atkısı; *Brit.* emzik; *Am.* yorgan; ~·**less** □ [~lıs] konforsuz, rahatsız; ~ **sta·tion** *n. Am.* umumi hela.

com·ic ['kɒmık] *(~ally) adj.* komik, gülünç; komedi...

com·i·cal □ ['kɒmıkl] komik, gülünç; tuhaf.

com·ics ['kɒmıks] *n. pl.* karikatür biçiminde hikaye serisi.

com·ing ['kʌmıŋ] **1.** *adj.* gelecek...; önümüzdeki; geleceği parlak; **2.** *n.* gelme, geliş.

com·ma ['kɒmə] *n.* virgül.

com·mand [kə'mɑ:nd] **1.** *n.* yetki, otorite; *(fig.) (bir konuyu)* bilme; ✕ komut, emir; komuta; *be (have) at* ~ emrine hazır olmak; **2.** *vb.* emretmek; ✕ komuta etmek; *(manzara) -e* bakmak, görmek; ~·**er** [~ə] *n.* ✕ komutan; ⚓ binbaşı; ~·**er-in-chief** ✕ [~ərın-

'tʃi:f] *(pl. commanders-in-chief) n.* başkomutan; **~·ing** □ [kə'mɑ:ndıŋ] emreden, hükmeden; etkili; **~·ment** [~mənt] *n.* emir, buyruk; ~ **mod·ule** *n.* komuta modülü.

com·man·do ⨯ [kə'mɑ:ndəʊ] *(pl. -dos, -does) n.* komando.

com·mem·o|rate [kə'meməreıt] *v/t.* anmak, anısını kutlamak; **~·ra·tion** [kəmemə'reıʃn]: *in ~ of -in* anısına; **~·ra·tive** □ [kə'memərətıv] anmaya yarayan, hatıra...

com·mence [kə'mens] *vb.* başlamak; **~·ment** [~mənt] *n.* başlama; başlangıç.

com·mend [kə'mend] *v/t.* övmek; tavsiye etmek, salık vermek; emanet etmek *(to -e).*

com|ment ['kɒment] **1.** *n.* yorum; düşünce, fikir; dedikodu, söz; *no ~!* Yorum yok!; **2.** *v/i.* yorum yapmak *(on, upon hakkında);* eleştiri yapmak; **~·men·ta·ry** ['kɒməntərı] *n.* yorum, açıklama; maç nakli; **~·men·tate** [~eıt]: *~ on radyo, TV: -de* yorum yapmak; **~·men·ta·tor** [~ə] *n.* yorumcu; *radyo, TV: a.* spiker, muhabir.

com·merce ['kɒmɜ:s] *n.* ticaret, tecim.

com·mer·cial [kə'mɜ:ʃl] **1.** □ ticari, tecimsel; *~ travel(l)er* gezici ticari temsilci; **2.** *n. radyo, TV:* reklam; **~·ize** [~ʃəlaız] *v/t.* ticarileştirmek.

com·mis·e|rate [kə'mızəreıt]: *~ with -in* acısını paylaşmak; **~·ra·tion** [kəmızə'reıʃn] *n.* acıma *(for -e).*

com·mis·sa·ry ['kɒmısərı] *n.* vekil, yardımcı.

com·mis·sion [kə'mıʃn] **1.** *n.* komisyon, kurul; yüzdelik, komisyon; yetki belgesi; ⨯ emir, görev; **2.** *v/t.* görevlendirmek, memur etmek; yetki vermek; hizmete sokmak; *(gemi)* sefere hazırlamak; **~·er** [~ə] *n.* komisyon üyesi; görevli memur; komiser.

com·mit [kə'mıt] *(-tt-) v/t.* emanet etmek, teslim etmek; ⚖ yapmak, işlemek *(cinayet v.b.);* söz vermek; *~ o.s.* üstüne almak, üstlenmek; *k-ni* adamak; **~·ment** [~mənt] *n.* söz, taahhüt; *(suç)* işleme; **~·tal** ⚖ [~l] *n. (suç)* işleme; **~·tee** [~ı] *n.* komite, komisyon, yarkurul.

com·mod·i·ty [kə'mɒdətı] *n.* mal, eşya.

com·mon ['kɒmən] **1.** □ ortak, genel; çok rastlanan, yaygın; adi, bayağı; *F* sıradan; ♀ *Council* Belediye Meclisi; **2.** *n.* ortak çayırlık; *in ~* ortak, ortaklaşa; *in ~ with ile* aynı, ...gibi; **~·er** [~ə] *n.* halk tabakasından olan kimse; ~ **law** *n.* örf ve âdet hukuku; ♀ **Mar·ket** *n. econ., pol.* Ortak Pazar; **~·place 1.** *n.* sıradan iş, hergünkü olay; basmakalıp söz, klişe; **2.** *adj.* sıradan; *fig.* beylik; **~s** *n. pl.* halk tabakası, avam; *House of* ♀ *parl.* Avam Kamarası; ~ **sense** *n.* sağduyu; **~·wealth** [~welθ] *n.* devlet, ulus; *the* ♀ *(of Nations)* İngiliz Uluslar Topluluğu.

com·mo·tion [kə'məʊʃn] *n.* karışıklık, gürültü; heyecan, telaş.

com·mu·nal □ ['kɒmjʊnl] ortak; toplumsal, halk...

com·mune 1. [kə'mju:n] *v/i.* sohbet etmek, söyleşmek; **2.** ['kɒmju:n] *n.* komün; yöresel yönetim.

com·mu·ni|cate [kə'mju:nıkeıt] *v/t.* bildirmek; nakletmek, geçirmek; bulaştırmak; *v/i.* haberleşmek *(with s.o. b-le);* bitişik olmak; **~·ca·tion** [kəmju:nı'keıʃn] *n.* komünikasyon, iletişim; haber, mesaj; ulaşım; *~s pl.* haberleşme; *~s satellite* haberleşme uydusu; **~·ca·tive** □ [kə'mju:nıkətıv] konuşkan.

com·mu·nion [kə'mju:njən] *n.* paylaşma; katılma; ♀ *eccl.* komünyon, şarap içme ve yemek yeme ayini.

com·mu·nis|m ['kɒmjʊnızəm] *n.* komünizm; **~t** [~ıst] *n. & adj.* komünist.

com·mu·ni·ty [kə'mju:nətı] *n.* topluluk; cemaat; paylaşma.

com|mute [kə'mju:t] *vb.* ⚖ *(ceza)* hafifletmek, çevirmek; 🚃 *etc.* ev ile iş arasında mekik dokumak; **~·mut·er** [~ə] *n.* evi ile işi arasında mekik dokuyan kimse; ~ *train* banliyö treni.

com·pact 1. ['kɒmpækt] *n.* sözleşme; pudralık; *Am. mot.* küçük otomobil; **2.** [kəm'pækt] *adj.* sıkı; yoğun, sık; özlü, kısa; ~ *disc* kompakt disk; **3.** *v/t.* sıkılaştırmak, yoğunlaştırmak.

com·pan|ion [kəm'pænjən] *n.* arkadaş, dost; eş; eldiven *v.b.* teki; refakatçi; el kitabı; **~·io·na·ble** □ [~əbl] girgin, sokulgan, arkadaş canlısı; **~·ion·ship** [~ʃıp] *n.* arkadaşlık.

com·pa·ny ['kʌmpənı] *n.* arkadaşlık; eşlik; arkadaşlar, misafirler; ⚔ bölük; *econ.* şirket; ⚓ mürettebat, tayfa; *thea.* trup, oyuncu topluluğu; *have* ~ misafirleri olmak; *keep* ~ *with -e* arkadaşlık etmek, *-e* eşlik etmek.

com|pa·ra·ble □ ['kɒmpərəbl] karşılaştırılabilir; **~·par·a·tive** [kəm'pærətıv] **1.** □ karşılaştırmalı; orantılı; **2.** *n. a.* ~ *degree gr.* üstünlük derecesi; **~·pare** [~'peə] **1.** *n. beyond* ~, *without* ~, *past* ~ eşsiz, üstün, tartışmasız; **2.** *v/t. & v/i.* karşılaştır(ıl)mak; benze(t)mek *(to -e); (as)* ~*d with -e* oranla; **~·pa·ri·son** [~'pærısn] *n.* karşılaştırma, kıyas; benzerlik.

com·part·ment [kəm'pɑ:tmənt] *n.* bölme, bölüm; 🚃 kompartıman.

com·pass ['kʌmpəs] *n.* pusula; alan; sınır; ♪ genişlik; *pair of* ~*es* pergel.

com·pas·sion [kəm'pæʃn] *n.* acıma, şefkat; **~·ate** □ [~ət] şefkatli, sevecen.

com·pat·i·ble □ [kəm'pætəbl] uygun, tutarlı, bağdaşan; ⚕ tehlikesiz, iyicil, selim.

com·pat·ri·ot [kəm'pætrıət] *n.* vatandaş, yurttaş.

com·pel [kəm'pel] *(-ll-) v/t.* zorlamak, zorunda bırakmak; **~·ling** □ [~ıŋ] zorlayıcı.

com·pen|sate ['kɒmpenseıt] *v/t.* tazmin etmek, bedelini vermek; karşılamak; **~·sa·tion** [kɒmpen'seıʃn] *n.* tazminat, bedel; tazmin, karşılama; *Am.* ücret, maaş.

com|père, ~·pere *Brt.* ['kɒmpeə] **1.** *n.* eğlence programı sunucusu; **2.** *v/i.* sunuculuk yapmak.

com·pete [kəm'pi:t] *v/i.* yarışmak, çekişmek *(for için);* boy ölçüşmek, aşık atmak.

com·pe|tence ['kɒmpıtəns] *n.* yeterlik; yetenek, ehliyet; ⚖ yetki; **~·tent** □ [~t] yetenekli, ehil, yeterli; yetkili.

com·pe·ti·tion [kɒmpı'tıʃn] *n.* yarışma; rekabet.

com·pet·i|tive □ [kəm'petətıv] rekabet edebilen *(fiyat);* **~·tor** [~ə] *n.* yarışmacı; *spor:* rakip.

com·pile [kəm'paıl] *v/t.* derlemek.

com·pla|cence, ~·cen·cy [kəm'pleısns, ~sı] *n.* halinden memnun olma; memnuniyet; **~·cent** □ [~nt] kendini beğenmiş; halinden memnun.

com·plain [kəm'pleın] *v/i.* şikayet etmek, yakınmak *(of -den);* **~t** [~t] *n.* şikayet, yakınma; ⚕ hastalık, rahatsızlık.

com·plai·sant □ [kəm'pleızənt] hoşgörülü, yumuşak.

com·ple|ment 1. ['kɒmplımənt] *n.*

tamamlayıcı şey; *gr.* tümleç; *a. full* ~ tam miktar *ya da* sayı; **~·men·ta·ry** [kɒmplı'mentərı] *adj.* tamamlayıcı; tümler *(açı).*

com|plete [kəm'pliːt] **1.** □ tamam, tam, bütün; bitmiş; **2.** *v/t.* tamamlamak, bitirmek; **~·ple·tion** [~iːʃn] *n.* tamamlama, bitirme; yerine getirme.

com·plex ['kɒmpleks] **1.** □ kompleks, karmaşık, karışık, çapraşık; **2.** *n.* karmaşa; *psych.* kompleks, karmaşa; **~·ion** [kəm'plekʃn] *n.* ten, cilt; genel görünüm, gidişat; **~·i·ty** [~sətı] *n.* karmaşa; güçlük, zorluk.

com·pli|ance [kəm'plaıəns] *n.* rıza; uyma, uyarlık, uysallık; *in ~ with -e* uygun olarak, *-e* göre; **~·ant** □ [~t] uysal, yumuşak başlı.

com·pli|cate ['kɒmplıkeıt] *v/t.* karıştırmak, güçleştirmek; **~·cat·ed** *adj.* karmaşık; **~·ca·tion** [kɒmplı'keıʃn] *n.* karmaşıklık, karışıklık; ⚕ karışma.

com·plic·i·ty [kəm'plısətı] *n.* suç ortaklığı, yardakçılık *(in -de).*

com·pli|ment 1. ['kɒmplımənt] *n.* kompliman, iltifat, övgü; selam; **2.** [~ment] *v/t.* iltifat etmek; övmek, tebrik etmek *(on -den dolayı)*; **~·men·ta·ry** [kɒmplı'mentərı] *adj.* övücü; ücretsiz.

com·ply [kəm'plaı] *v/i.* razı olmak, uymak *(with -e).*

com·po·nent [kəm'pəʊnənt] *n.* bileşim maddesi, element; ⊕, ⚡ parça.

com|pose [kəm'pəʊz] *v/t.* birleştirmek, oluşturmak; *(şiir)* yazmak; ♪ bestelemek; *print.* dizmek; yatıştırmak; *~ o.s.* sakinleşmek; **~·posed** □ sakin, soğukkanlı; **~·pos·er** [~ə] *n.* besteci; **~·pos·ite** ['kɒmpəzıt] *adj.* bileşik, karma, karışık; **~·po·si·tion** [kɒmpə'zıʃn] *n.* kompozisyon; beste; bileşim; dizgi; yaradılış; **~·po·sure** [kəm'pəʊʒə] *n.* sakinlik, soğukkanlılık.

com·pound[1] ['kɒmpaʊnd] *n.* çevrili arazi içindeki binalar topluluğu.

com·pound[2] **1.** [~] *adj.* bileşik; *~ interest* bileşik faiz; **2.** *n.* bileşim, alaşım; *gr.* bileşik sözcük; **3.** [kəm'paʊnd] *v/t.* bileştirmek, karıştırmak.

com·pre·hend [kɒmprı'hend] *v/t.* anlamak, kavramak; içine almak, kapsamak.

com·pre·hen|si·ble □ [kɒmprı'hensəbl] anlaşılır; **~·sion** [~ʃn] *n.* anlayış, anlama; kapsam; *past ~* anlaşılmaz; **~·sive** [~sıv] **1.** □ kapsamlı, geniş, etraflı; **2.** *n. a. ~ school Brt.* bir tür sanat okulu.

com|press [kəm'pres] *v/t.* sıkıştırmak; *~ed air* sıkıştırılmış hava, basınçlı hava; **~·pres·sion** [~ʃn] *n. phys.* basınç; ⊕ kompresyon.

com·prise [kəm'praız] *v/t.* kapsamak, içermek; *-den* oluşmak.

com·pro·mise ['kɒmprəmaız] **1.** *n.* uzlaşma, anlaşma; **2.** *v/t. & v/i.* uzlaş(tır)mak, anlaş(tır)mak; tehlikeye atmak.

com·pul|sion [kəm'pʌlʃn] *n.* zorlama, yüküm; **~·sive** □ [~sıv] zorlayıcı; **~·so·ry** □ [~sərı] zorunlu.

com·punc·tion [kəm'pʌŋkʃn] *n.* pişmanlık; vicdan azabı.

com·pute [kəm'pjuːt] *v/t.* hesaplamak, hesap etmek.

com·put·er [kəm'pjuːtə] *n.* kompütür, bilgisayar; **~-con·trolled** *adj.* bilgisayar kontrollü, bilgisayarlı; **~·ize** [~raız] *v/t.* bilgisayara vermek; bilgisayarla donatmak.

com·rade ['kɒmreıd] *n.* arkadaş, yoldaş.

con[1] *abbr.* [kɒn] = *contra.*

con[2] *F* [~] *(-nn-) v/t.* aldatmak, kandırmak.

con·ceal [kən'siːl] *v/t.* gizlemek, saklamak, örtbas etmek.
con·cede [kən'siːd] *v/t.* kabul etmek; itiraf etmek; *(hak v.b.)* vermek, bahşetmek.
con·ceit [kən'siːt] *n.* kendini beğenme, kibir, kurum; **~·ed** □ kendini beğenmiş, kibirli.
con·cei|va·ble □ [kən'siːvəbl] düşünülebilir, akla uygun; **~ve** [kən'siːv] *v/i.* hamile kalmak; *v/t.* tasarlamak, kurmak; kavramak, anlamak; düşünmek.
con·cen·trate ['kɒnsəntreɪt] **1.** *v/t. & v/i.* bir noktaya topla(n)mak; *(dikkatini)* toplamak, vermek; **2.** *n.* derişik madde.
con·cept ['kɒnsept] *n.* kavram; fikir, görüş.
con·cep·tion [kən'sepʃn] *n.* kavram; fikir, görüş; *biol.* gebe kalma.
con|cern [kən'sɜːn] **1.** *n.* ilgi, ilişik; bağlantı; iş; endişe, kaygı *(with ile)*; kuruluş, işletme; pay, hisse; **2.** *v/t.* ilgilendirmek, ilgisi olmak; endişelendirmek, üzmek, kaygıya düşürmek; **~ed** □ endişeli; ilgili; **~·ing** *prp.* [~ɪŋ] ile ilgili, ilişkin, *-e* değgin.
con·cert 1. ['kɒnsət] *n.* konser; **2.** [~sɜːt] *n.* uyum, ahenk, birlik; **~·ed** □ [kən'sɜːtɪd] planlı, birlikte yapılmış; ♪ bölüm bölüm düzenlenmiş.
con·ces·sion [kən'seʃn] *n.* kabul; bağış; ödün; ayrıcalık.
con·cil·i|ate [kən'sɪlɪeɪt] *v/t.* yatıştırmak, gönlünü almak; *-in* dostluğunu kazanmak; **~·a·to·ry** [~ɪətərɪ] *adj.* gönül alıcı.
con·cise □ [kən'saɪs] kısa, özlü; **~·ness** [~nɪs] *n.* kısalık, özlülük.
con·clude [kən'kluːd] *v/t. & v/i.* bit(ir)mek, sona er(dir)mek; sonuçlan(dır)mak; sonucuna varmak; karara varmak *(from -den)*; *to be ~d* devamı var, sonuçlanacak, uygun bir sonuca varacak.
con·clu·sion [kən'kluːʒn] *n.* son; sonuç; karar; sonuç çıkarma; *s. jump*; **~·sive** □ [~sɪv] kesin; son...
con|coct [kən'kɒkt] *v/t.* birbirine karıştırıp hazırlamak; *fig.* uydurmak *(hikaye v.b.)*; **~·coc·tion** [~kʃn] *n.* karıştırma; karışım; *fig.* uydurma.
con·cord ['kɒŋkɔːd] *n.* uygunluk, uyum *(a. gr.)*; ♪ harmoni, uyum.
con·course ['kɒŋkɔːs] *n.* biraraya toplanma; kalabalık, izdiham.
con·crete ['kɒnkriːt] **1.** □ somut; belirli, kesin; beton...; **2.** *n.* beton; **3.** *v/t. & v/i.* katılaş(tır)mak; somutlaş(tır)mak; betonla kaplamak *(yol)*.
con·cur [kən'kɜː] *(-rr-) v/i.* aynı fikirde olmak, uyuşmak; aynı zamana rastlamak; **~·rence** [~'kʌrəns] *n.* fikir birliği, uyuşma; aynı zamanda olma, rastlantı.
con·cus·sion [kən'kʌʃn]: *~ of the brain* ⚕ beyin sarsıntısı.
con|demn [kən'dem] *v/t.* kınamak, ayıplamak; ⚖ *& fig.* mahkûm etmek *(to death* ölüme); kamulaştırmak; **~·dem·na·tion** [kɒndem'neɪʃn] ⚖ *& fig.* mahkûm etme; kınama, ayıplama; kamulaştırma.
con|den·sa·tion [kɒnden'seɪʃn] *n.* yoğunlaş(tır)ma, koyulaş(tır)ma; özet; **~·dense** [kən'dens] *v/t. & v/i.* yoğunlaş(tır)mak, koyulaş(tır)mak; ⊕ sıvılaştırmak; özetlemek, kısaltmak; **~·dens·er** ⊕ [~ə] *n.* kondansatör, yoğunlaç.
con·de|scend [kɒndɪ'send] *v/i.* tenezzül etmek, lütfetmek; **~·scen·sion** [~ʃn] *n.* tenezzül, alçakgönüllülük gösterme.
con·di·ment ['kɒndɪmənt] *n.* yemeğe çeşni veren şey.
con·di·tion [kən'dɪʃn] **1.** *n.* du-

rum, hal, vaziyet; şart, koşul; sosyal durum, mevki; *spor:* kondisyon; ~*s pl.* koşullar; *on ~ that* ...koşulu ile; *out of ~* kondisyonsuz, ham; sağlığı uygun olmayan; **2.** *v/t.* ayarlamak; şart koşmak; koşullandırmak; alıştırmak; ~**·al** [~l] **1.** □ şartlı, koşullara bağlı; bağlı *(on, upon -e);* **2.** *n. a. ~ clause gr.* şart cümleciği; *a. ~ mood gr.* şart kipi.

con|dole [kən'dəʊl] *v/i.* başsağlığı dilemek *(with -e);* ~**·do·lence** [~əns] *n.* başsağlığı.

con·done [kən'dəʊn] *v/t.* göz yummak, görmezden gelmek, bağışlamak.

con·du·cive [kən'dju:sıv] *adj.* yardım eden, neden olan *(to -e).*

con|duct 1. ['kɒndʌkt] *n.* davranış, tavır; yönetim, idare; **2.** [kən'dʌkt] *v/t.* götürmek, rehberlik etmek; yönetmek *(a. ♪);* taşımak, nakletmek, geçirmek; ~*ed tour* rehberli gezi; ~**·duc·tion** [~kʃn] *n.* iletme, geçirme; ~**·duc·tor** [~tə] *n.* rehber, kılavuz; *Am.* 🚃 kondüktör, biletçi; ♪ orkestra şefi; ⚡ iletken madde.

cone [kəʊn] *n.* koni; külah; ⚘ kozalak.

con·fec·tion [kən'fekʃn] *n.* hazırlama; şekerleme, bonbon; ~**·er** [~nə] *n.* şekerci; ~**·e·ry** [~ərı] *n.* şekerlemeler; şekercilik; şekerci dükkânı.

con·fed·e|ra·cy [kən'fedərəsı] *n.* konfederasyon, birlik; *the* ♀ *Am. hist.* Güney Eyaletleri Konfederasyonu; ~**·rate 1.** [~rət] *adj.* birleşik; **2.** [~] *n.* müttefik kimse *ya da* devlet; suç ortağı; **3.** [~reıt] *v/t. & v/i.* birleş(tir)mek; ~**·ra.tion** [kənfedə'reıʃn] *n.* konfederasyon, birlik.

con·fer [kən'fɜ:] *(-rr-) v/t.* vermek; *v/i.* danışmak, akıl sormak.

con·fe·rence ['kɒnfərəns] *n.* konferans, toplantı; görüşme.

con|fess [kən'fes] *vb.* kabul etmek, itiraf etmek; günah çıkartmak *(to -e);* ~**·fes·sion** [~ʃən] *n.* itiraf; günah çıkartma; ~**·fes·sion·al** [~nl] *n.* günah çıkartma hücresi; ~**·fes·sor** [~esə] *n.* günah çıkaran papaz.

con·fide [kən'faıd] *v/t. (sır)* söylemek, açmak; emanet etmek; *v/i.: ~ in s.o. b-ne* güvenmek.

con·fi·dence ['kɒnfıdəns] *n.* güven; gizlilik; ~ **man** *(pl. -men) n.* dolandırıcı, üçkâğıtçı; ~ **trick** *n.* dolandırıcılık, üçkâğıtçılık.

con·fi|dent □ ['kɒnfıdənt] emin; ~**·den·tial** □ [kɒnfı'denʃl] gizli; güvenilir.

con·fid·ing □ [kən'faıdıŋ] güvenen, çabuk inanan.

con·fine [kən'faın] *v/t.* sınırlandırmak; hapsetmek, kapatmak; *be ~d of* doğurmak; *be ~d to bed* yataktan dışarı çıkamamak; ~**·ment** [~mənt] *n.* kapatılma, hapsedilme; loğusalık.

con|firm [kən'fɜ:m] *v/t.* doğrulamak, gerçeklemek; onaylamak; *eccl.* kiliseye kabul etmek; ~**·fir·ma·tion** [kɒnfə'meıʃn] *n.* doğrulama, gerçekleme; *eccl.* kiliseye kabul etme.

con·fis|cate ['kɒnfıskeıt] *v/t.* kamulaştırmak; el koymak; ~**·ca·tion** [kɒnfı'skeıʃn] *n.* kamulaştırma, el koyma.

con·fla·gra·tion [kɒnflə'greıʃn] *n.* büyük yangın.

con·flict 1. ['kɒnflıkt] *n.* çarpışma, çatışma; uyuşmazlık, anlaşmazlık, ayrılık; **2.** [kən'flıkt] *v/i.* birbirini tutmamak, çatışmak; ~**·ing** [~ıŋ] *adj.* birbirini tutmayan, çatışan.

con·form [kən'fɔ:m] *v/t. & v/i.* uy(dur)mak, ayarlamak *(to -e).*

con·found [kən'faʊnd] *v/t.* şaşırtmak, *(kafasını)* allak bullak etmek; ~ *it* ! *F* Allah kahretsin!; **~·ed** □ *F* kahrolası, Allahın cezası.

con|front [kən'frʌnt] *v/t.* yüzleştirmek; göğüs germek; *(ev v.b.)* *-e* bakmak, *-in* karşısında olmak; **~·fron·ta·tion** [kɒnfrʌn'teɪʃn] *n.* yüzleştirme.

con|fuse [kən'fjuːz] *v/t.* şaşırtmak; karıştırmak; **~·fused** □ şaşırmış, kafası allak bullak olmuş; belli belirsiz; **~·fu·sion** [~uːʒn] *n.* şaşkınlık; karıştırma; karışıklık.

con·geal [kən'dʒiːl] *v/t.* & *v/i.* don(dur)mak; pıhtılaş(tır)mak.

con|gest·ed [kən'dʒestɪd] *adj.* aşırı kalabalık, tıkalı *(trafik)*; **~·ges·tion** [~tʃən] *n.* kalabalık, izdiham; *a. traffic* ~ trafik tıkanıklığı.

con·glom·e·ra·tion [kənglɒmə'reɪʃn] *n.* yığ(ıl)ma, kümele(n)me; yığın, birikinti.

con·grat·u|late [kən'grætjʊleɪt] *v/t.* tebrik etmek, kutlamak; **~·la·tion** [kəngrætjʊ'leɪʃn] *n.* tebrik, kutlama; ~*s!* Tebrikler!, Kutlarım!

con·gre|gate ['kɒŋgrɪgeɪt] *v/t.* & *v/i.* topla(n)mak; **~·ga·tion** [kɒŋgrɪ'geɪʃn] *n.* topla(n)ma; *eccl.* cemaat.

con·gress ['kɒŋgres] *n.* kongre; ♀ *Am. parl.* Kongre, Millet Meclisi; **♀·man** *(pl. -men)* *n. Am. parl.* Kongre üyesi; **♀·wom·an** *(pl. -women)* *n. Am. parl.* Kongre kadın üyesi.

con|ic *esp.* ⊕ ['kɒnɪk], **~·i·cal** □ [~kl] konik.

co·ni·fer ⚘ ['kɒnɪfə] *n.* kozalaklı ağaç.

con·jec·ture [kən'dʒektʃə] **1.** *n.* tahmin, sanı, varsayı; **2.** *v/t.* tahmin etmek.

con·ju·gal □ ['kɒndʒʊgl] evlilik ile ilgili, evlilik...

con·ju|gate *gr.* ['kɒndʒʊgeɪt] *v/t.* *(fiil)* çekmek; **~·ga·tion** *gr.* [kɒndʒʊ'geɪʃn] *n.* fiil çekimi.

con·junc·tion [kən'dʒʌŋkʃn] *n.* birleşme; *gr.* bağlaç.

con·junc·ti·vi·tis ⚕ [kəndʒʌŋktɪ'vaɪtɪs] *n.* konjonktivit.

con|jure ['kʌndʒə] *vb.* hokkabazlık yapmak; ruh çağırmak; **~·jur·er** [~rə] *n.* hokkabaz; sihirbaz; **~·jur·ing trick** [~rɪŋ trɪk] *n.* hokkabazlık, el çabukluğu; **~·jur·or** [~rə] = *conjurer.*

con|nect [kə'nekt] *v/t.* & *v/i.* bağla(n)mak, birleş(tir)mek; ⚡ cereyana bağlamak; 🚂, ✈ bağlantılı sefer yapmak *(with ile)*; **~·nect·ed** □ bağlı, bitişik; *be well* ~ yüksek tabakadan olmak; **~·nec·tion,** *Brt. a.* **~·nex·ion** [~kʃn] *n.* bağlantı *(a.* ⚡ *)*, ilişki; süreklilik; akrabalık; 🚂, ✈ aktarma; müşteriler.

con·quer ['kɒŋkə] *v/t.* fethetmek, zaptetmek; *fig.* yenmek; **~·or** [~rə] *n.* fatih.

con·quest ['kɒŋkwest] *n.* fetih; *fig.* zafer, başarı.

con·science ['kɒnʃəns] *n.* vicdan, bulunç.

con·sci·en·tious □ [kɒnʃɪ'enʃəs] vicdanlı, insaflı; ~ *objector* askerlik yapmayı reddeden kimse; **~·ness** [~nɪs] *n.* vicdan.

con·scious □ ['kɒnʃəs] bilinçli; farkında olan; ayık; *be* ~ *of -in* farkında olmak; **~·ness** [~nɪs] *n.* bilinç.

con|script ⚔ **1.** [kən'skrɪpt] *v/t.* askere almak; **2.** ['kɒnskrɪpt] *n.* askere alınmış kimse; **~·scrip·tion** ⚔ [kən'skrɪpʃn] *n.* askere alma.

con·se|crate ['kɒnsɪkreɪt] *v/t.* kutsamak; adamak; **~·cra·tion** [kɒnsɪ'kreɪʃn] *n.* kutsama; kutsama töreni.

con·sec·u·tive □ [kən'sekjʊtɪv] ar-

ka arkaya gelen, ardışık.
con·sent [kən'sent] **1.** *n.* rıza, izin; **2.** *v/i.* razı olmak, izin vermek.
con·se|quence ['kɒnsıkwəns] *n.* sonuç; semere; önem; **~·quent·ly** [~tlı] *adv.* sonuç olarak, bu nedenle.
con·ser·va|tion [kɒnsə'veıʃn] *n.* koruma, himaye; **~·tion·ist** [~ʃnıst] *n.* doğal kaynakları koruma yanlısı; **~·tive** [kən'sɜːvətıv] **1.** □ tedbirli; ılımlı; tutucu; **2.** *n.* ♀ *pol.* Muhafazakâr Parti üyesi; **~·to·ry** [kɒn'sɜːvətrı] *n.* limonluk, ser; ♪ konservatuvar; **con·serve** [kən'sɜːv] *v/t.* korumak; konservesini yapmak.
con·sid|er [kən'sıdə] *v/t.* düşünmek, göz önünde tutmak, hesaba katmak, dikkate almak; ...gözüyle bakmak, saymak; *v/i.* düşünüp taşınmak; **~·e·ra·ble** □ [~rəbl] çok, hayli, epey; önemli, hatırı sayılır; **~·e·ra·bly** [~lı] *adv.* epeyce, oldukça; **~·er·ate** □ [~rət] düşünceli, saygılı; **~·e·ra·tion** [kənsıdə'reıʃn] *n.* düşünüp taşınma, göz önüne alma; saygı; önem; neden, faktör; *take into* ~ göz önüne almak, hesaba katmak; **~·er·ing** □ [kən'sıdərıŋ] **1.** *prp.* *-e* göre, *-e* nazaran; **2.** *adv.* *F* şartlar göz önünde tutulunca.
con·sign [kən'saın] *v/t.* vermek, teslim etmek; emanet etmek; *econ.* *(mal)* göndermek, sevketmek; **~·ment** *econ.* [~mənt] *n.* mal gönderme, sevk; gönderilen mal.
con·sist [kən'sıst]: ~ *in* *-e* bağlı olmak, *-e* dayanmak; ~ *of* *-den* oluşmak.
con·sis|tence, ~·ten·cy [kən'sıstəns, ~sı] *n.* koyuluk, kıvam, yoğunluk; istikrar, kararlılık; tutarlık; **~·tent** □ [~ənt] istikrarlı; tutarlı, birbirini tutan *(with ile)*; *spor v.b.:* sürekli *(başarı)*.
con|so·la·tion [kɒnsə'leıʃn] *n.* teselli, avuntu, avunç; **~·sole** [kən'səʊl] *v/t.* teselli etmek, avutmak.
con·sol·i·date [kən'sɒlıdeıt] *v/t.* & *v/i.* birleş(tir)mek; *fig.* sağlamlaş(tır)mak, pekiş(tir)mek.
con·so·nant ['kɒnsənənt] **1.** □ uyumlu, ahenkli; **2.** *n.* *gr.* konsonant, ünsüz.
con·spic·u·ous □ [kən'spıkjʊəs] belli, açık seçik; göze çarpan, dikkat çeken; *make o.s.* ~ dikkat çekmek.
con|spi·ra·cy [kən'spırəsı] *n.* suikast, komplo; **~·spi·ra·tor** [~tə] *n.* suikastçı; **~·spire** [~'spaıə] *vb.* suikast hazırlamak; kumpas kurmak.
con|sta·ble *Brt.* ['kʌnstəbl] *n.* polis memuru; **~·tab·u·la·ry** [kən'stæbjʊlərı] *n.* polis örgütü; jandarma.
con|stan·cy ['kɒnstənsı] *n.* azim, karar, sebat; değişmezlik; **~·stant** □ [~t] sürekli; sabit, değişmez; sadık.
con·stel·la·tion [kɒnstə'leıʃn] *n.* *ast.* takımyıldız.
con·ster·na·tion [kɒnstə'neıʃn] *n.* şaşkınlık, hayret, donup kalma.
con·sti|pat·ed ⚕ ['kɒnstıpeıtıd] *adj.* kabız; **~·pa·tion** ⚕ [kɒnstı'peıʃn] *n.* kabızlık.
con·sti·tu|en·cy [kən'stıtjʊənsı] *n.* seçim bölgesi; seçmenler; **~·ent** [~t] **1.** *adj.* bir bütünü oluşturan; *pol.* anayasayı değiştirme yetkisi olan; **2.** *n.* bileşen, öğe; *pol.* seçmen.
con·sti·tute ['kɒnstıtjuːt] *v/t.* oluşturmak; kurmak; atamak, seçmek.
con·sti·tu·tion [kɒnstı'tjuːʃn] *n.* *pol.* anayasa; yapı, bünye; bileşim, oluşum; **~·al** [~nl] **1.** □ yapısal, bünyesel; *pol.* anayasal; **2.** *n.* sağlık için yapılan yürüyüş.
con·strain [kən'streın] *v/t.* zorlamak; **~ed** *adj.* zoraki; **~t** [~t] *n.*

zorlama; kendini tutma, çekinme.
con|strict [kən'strıkt] *v/t.* sıkmak, büzmek, daraltmak; **~·stric·tion** [~kʃn] *n.* sıkma, büzme.
con|struct [kən'strʌkt] *v/t.* inşa etmek, yapmak; *fig.* kurmak, düzenlemek; **~·struc·tion** [~kʃn] *n.* inşaat, yapı, bina; *fig.* anlam, yorum; ~*site* şantiye; **~·struc·tive** □ [~tıv] yapıcı, olumlu; yararlı; **~·struc·tor** [~ə] *n.* inşaatçı; yapıcı.
con·strue [kən'stru:] *v/t. gr.* analiz etmek *(cümle);* yorumlamak; çevirmek.
con|sul ['kɒnsəl] *n.* konsolos; ~-*general* başkonsolos; **~·su·late** [~sjʊlət] *n.* konsolosluk.
con·sult [kən'sʌlt] *v/t.* başvurmak, danışmak, sormak; gözönünde tutmak; *(sözlük v.b.'ne)* bakmak; *v/i.* görüşmek.
con·sul|tant [kən'sʌltənt] *n.* danışman; *Brt.* uzman doktor; **~·ta·tion** [kɒnsl'teıʃn] *n.* başvurma, danışma; konsültasyon; ~ *hour* muayene saati; **~·ta·tive** [kən'sʌltətıv] *adj.* danışmanlıkla ilgili, danışma...
con|sume [kən'sju:m] *v/t.* tüketmek, yoğaltmak; yakıp kül etmek; *fig. (k-ni)* yiyip bitirmek; **~·sum·er** [~ə] *n. econ.* tüketici, yoğaltıcı.
con·sum·mate **1.** □ [kən'sʌmıt] eksiksiz, tam, mükemmel; **2.** ['kɒnsəmeıt] *v/t.* tamamlamak, bitirmek.
con·sump|tion [kən'sʌmpʃn] *n.* tüketim, yoğaltım; ⚕ verem; **~·tive** □ [~tıv] tüketilecek; ⚕ veremli.
con·tact ['kɒntækt] **1.** *n.* dokunma, temas; bağlantı; ⚡ kontak; *make* ~*s* bağlantı kurmak, temaslar yapmak; ~ *lenses pl.* kontaklensler; **2.** *v/t.* temasa geçmek, görüşmek.
con·ta·gious □ ⚕ [kən'teıdʒəs] bulaşıcı; *fig.* başkasına kolayca geçen *(gülme v.b.).*
con·tain [kən'teın] *v/t.* içermek, kapsamak; ~ *o.s.* *k-ni* tutmak; **~·er** [~ə] *n.* kap; *econ.* konteyner; **~·er·ize** *econ.* [~əraız] *v/t.* konteynere koymak; konteynerle taşımak.
con·tam·i|nate [kən'tæmıneıt] *v/t.* kirletmek, pisletmek; bulaştırmak, geçirmek; **~·na·tion** [kəntæmı'neıʃn] *n.* bulaş(tır)ma, pisletme; pislik.
con·tem|plate ['kɒntempleıt] *vb.* seyretmek; düşünmek, tasarlamak; niyetinde olmak; **~·pla·tion** [kɒntem'pleıʃn] *n.* düşünme; derin düşünce; niyet; beklenti; **~·pla·tive** □ ['kɒntempleıtıv] düşünceli; [kən'templətıv] *eccl.* çile dolduran.
con·tem·po·ra|ne·ous □ [kəntempə'reınjəs] çağdaş, aynı zamanda olan; **~·ry** [kən'tempərərı] **1.** *adj.* çağdaş; **2.** *n.* yaşıt, akran.
con|tempt [kən'tempt] *n.* küçümseme, hor görme; **~·temp·ti·ble** □ [~əbl] aşağılık, alçak, adi; **~·temp·tu·ous** □ [~jʊəs] küçümseyici, hor gören.
con·tend [kən'tend] *v/i.* yarışmak, çekişmek *(for* için*)*; *v/t.* ileri sürmek, iddia etmek; **~·er** [~ə] *n. esp. spor:* boksör.
con·tent [kən'tent] **1.** *adj.* memnun, hoşnut; **2.** *v/t.* memnun etmek, hoşnut etmek; ~ *o.s.* yetinmek, idare etmek; **3.** *n.* memnuniyet, hoşnutluk; *to one's heart's* ~ canı istediği kadar, doya doya; ['kɒntent] içerik; hacim; ~*s pl.* içindekiler; **~·ed** □ [kən'tentıd] memnun, hoşnut.
con·ten·tion [kən'tenʃn] *n.* tartışma, kavga; iddia.
con·tent·ment [kən'tentmənt] *n.* memnunluk, hoşnutluk.

con|test 1. ['kɒntest] *n.* yarışma; mücadele, çekişme; **2.** [kən'test] *vb.* karşı çıkmak, itiraz etmek; yarışmak, çekişmek; mücadele etmek; **~·tes·tant** [~ənt] *n.* yarışmacı; rakip.
con·text ['kɒntekst] *n.* sözün gelişi; şartlar ve çevre, genel durum.
con·ti|nent ['kɒntınənt] **1.** □ kendine hâkim, nefsine hakim; **2.** *n.* kıta, anakara; *the* ♀ *Brt.* Avrupa Kıtası; **~·nen·tal** [kɒntı'nentl] **1.** □ kıtasal; karasal *(iklim);* **2.** *n.* Avrupalı.
con·tin·gen|cy [kən'tındʒənsı] *n.* olasılık; rastlantı; **~t** [~t] **1.** □: *be ~ on ya da upon -e* bağlı olmak; **2.** *n.* grup.
con·tin|u·al □ [kən'tınjʊəl] sürekli, ardı arkası kesilmeyen; **~·u·a·tion** [kəntınjʊ'eıʃn] *n.* devam, sürüp gitme; uzatma; *~ school (boş zamanları değerlendirmek için gidilen)* akşam okulu; *~ training* meslek eğitimi; **~·ue** [kən'tınjuː] *v/t. & v/i.* devam etmek, sür(dür)mek; uzatmak; *to be ~d* devamı var, arkası var; **con·ti·nu·i·ty** [kɒntı'njuːətı] *n.* süreklilik, devamlılık; **~·u·ous** □ [kən'tınjʊəs] sürekli, devamlı; *~ form gr.* sürekli biçim.
con|tort [kən'tɔːt] *v/t.* eğmek, bükmek, çarpıtmak *(a. fig.);* **~·tor·tion** [~ɔːʃn] *n.* eğ(il)me, bük(ül)me.
con·tour ['kɒntʊə] *n.* dış hatlar; çevre.
con·tra ['kɒntrə] *prefix* karşı, zıt, aksi.
con·tra·band *econ.* ['kɒntrəbænd] *n.* kaçak eşya; kaçakçılık.
con·tra·cep|tion ⚕ [kɒntrə'sepʃn] *n.* hamilelikten korunma; **~·tive** ⚕ [~tıv] *n.* hamileliği önleyici hap *ya da* araç.
con|tract 1. [kən'trækt] *v/t. & v/i.* daral(t)mak, büz(ül)mek; kısaltmak; kas(ıl)mak; *(hastalığa)* tutulmak; ⚖ kontrat yapmak, anlaşma yapmak; *(sözcük)* kaynaştırmak; **2.** ['kɒntrækt] *n.* kontrat, sözleşme; **~·trac·tion** [kən'trækʃn] *n.* büz(ül)me; *gr.* kaynaştırma; kaynaştırılmış biçim; **~·trac·tor** [~tə]: *a. building ~* müteahhit, üstenci.
con·tra|dict [kɒntrə'dıkt] *v/t.* yalanlamak; aksini söylemek; ters düşmek, çelişmek; **~·dic·tion** [~kʃn] *n.* yalanlama; çelişme, tutarsızlık; **~·dic·to·ry** □ [~tərı] birbirini tutmaz, çelişkili.
con·tra·ry ['kɒntrərı] **1.** □ karşıt, zıt, aksi; *~ to -e* aykırı, *-e* ters; *~ to expectations* beklentilerin aksine; **2.** *n.* karşıt, zıt; *on the ~* aksine.
con·trast 1. ['kɒntrɑːst] *n.* zıtlık, karşıtlık; **2.** [kən'trɑːst] *v/t.* karşılaştırmak; *v/i.* ters düşmek, çelişmek *(with ile).*
con|trib·ute [kən'trıbjuːt] *v/t.* katkıda bulunmak, yardım etmek *(to -e);* **~·tri·bu·tion** [kɒntrı'bjuːʃn] *n.* yardım; katkı; **~·trib·u·tor** [kən'trıbjʊtə] *n.* katkıda bulunan kimse; dergi *ya da* gazete yazarı; **~·trib·u·to·ry** [~ərı] *adj.* neden olan.
con|trite □ ['kɒntraıt] pişman; **~·tri·tion** [kən'trıʃn] *n.* pişmanlık, tövbe.
con·trive [kən'traıv] *vb.* icat etmek, bulmak; tasarlamak, kurmak; başarmak, becermek *(to inf. -meyi);* **~d** *adj.* sahte, yapmacık *(iyilik v.b.).*
con·trol [kən'trəʊl] **1.** *n.* kontrol, denetim, denetleme; hâkimiyet, idare; ⊕ kumanda; *mst ~s pl.* ⊕ kumanda aygıtları; *lose ~* kontrolü kaybetmek, ipin ucunu kaçırmak; **2.** *(-ll-) v/t.* kontrol etmek, denetlemek; idare etmek, yönetmek; *econ.* düzenlemek; *(fi-*

yat) ayarlamak, kontrol etmek; ⚡, ⊕ ayar etmek; ~ **desk** *n.* ⚡ kontrol masası; ~ **pan·el** *n.* ⚡ kontrol paneli; ~ **tow·er** *n.* ✈ kontrol kulesi.

con·tro·ver|sial □ [kɒntrə'vɜːʃl] çekişmeli, tartışmalı; ~**·sy** ['kɒntrəvɜːsı] *n.* çekişme, tartışma, anlaşmazlık.

con·tuse ⚕ [kən'tjuːz] *v/t.* çürütmek, berelemek.

con·va|lesce [kɒnvə'les] *v/i.* iyileşmek, ayağa kalkmak; ~**·les.cence** [~ns] *n.* iyileşme; ~**·les·cent** [~t] **1.** □ iyileşen; iyileşme....; **2.** *n.* iyileşen kimse.

con·vene [kən'viːn] *v/t. & v/i.* topla(n)mak, toplantıya çağırmak *(parlamento v.b.).*

con·ve·ni|ence [kən'viːnjəns] *n* uygunluk; rahatlık, kolaylık, elverişlilik; *Brt.* tuvalet; *all (modern)* ~*s pl.* konfor, modern gereçler; *at your earliest* ~ sizce mümkün olan en kısa zamanda; ~**ent** □ [~t] uygun, elverişli; rahat, kullanışlı.

con·vent ['kɒnvənt] *n.* manastır.

con·ven·tion [kən'venʃn] *n.* toplantı, kongre; anlaşma; gelenek; ~**·al** □ [~nl] geleneksel; basmakalıp; sıradan.

con·verge [kən'vɜːdʒ] *v/i.* bir noktada birleşmek.

con·ver·sant [kən'vɜːsənt] *adj.* bilgisi olan, iyi bilen.

con·ver·sa·tion [kɒnvə'seıʃn] *n.* konuşma, sohbet; ~**·al** □ [~nl] konuşma ile ilgili, konuşma...; konuşma dili ile ilgili.

con·verse 1. □ ['kɒnvɜːs] zıt, aksi, ters; **2.** [kən'vɜːs] *v/i.* konuşmak, görüşmek.

con·ver·sion [kən'vɜːʃn] *n.* değiş(tir)me, dönüşme; ⚡, ⊕ çevirme; *eccl.* din değiştirme, dininden dönme; *pol.* başka görüşü benimseme; *econ.* borçların tahvili.

con|vert 1. ['kɒnvɜːt] *n.* dönme; *eccl.* dininden dönen kimse; **2.** [kən'vɜːt] *v/t.* değiştirmek, döndürmek; ⚡, ⊕ çevirmek, dönüştürmek *(into -e); eccl.* inancını değiştirmek; *econ.* paraya çevirmek; ~**·vert·er** ⚡ [~ə] *n.* konverter, çevirgeç; ~**·ver·ti·ble 1.** □ [~əbl] değiştirilebilir; *econ.* çevrilebilir; **2.** *n. mot.* üstü açılır araba, kabriyole.

con·vey [kən'veı] *v/t.* taşımak, götürmek; nakletmek, iletmek; açığa vurmak; devretmek; ~**·ance** [~əns] *n.* taşıma, nakil; taşıt, araba; ⚖ devretme, devir; feragatname; ~**·er,** ~**·or** ⊕ [~ıə] = ~**·er belt** *n.* taşıma bandı.

con|vict 1. ['kɒnvıkt] *n.* hükümlü, mahkûm, suçlu; **2.** ⚖ [kən'vıkt] *v/t.* mahkûm etmek, suçlamak; ~**·vic·tion** [~kʃn] *n.* ⚖ mahkûmiyet.

con·vince [kən'vıns] *v/t.* ikna etmek, inandırmak.

con·viv·i·al □ [kən'vıvıəl] neşeli, şen.

con·voy ['kɒnvɔı] **1.** *n.* konvoy *(a.* ⚓*);* koruma, himaye; **2.** *v/t.* eşlik etmek, korumak.

con·vul|sion ⚕ [kən'vʌlʃn] *n.* çırpınma, kıvranma; ~**·sive** □ [~sıv] çırpınmalı.

coo [kuː] *v/i. (kumru)* ötmek, üveymek.

cook [kʊk] **1.** *n.* aşçı, ahçı; **2.** *v/t. & v/i.* piş(ir)mek; *F (hesap)* üzerinde oynamak; ~ *up F* uydurmak *(hikâye);* ~**·book** *Am.* ['kʊkbʊk] *n.* yemek kitabı; ~**·er** *Brt.* [~ə] *n.* ocak; ~**·e·ry** [~ərı] *n.* aşçılık; ~*book Brt.* yemek kitabı; ~**·ie** *Am.* [~ı] *n.* kurabiye, çörek; ~**·ing** [~ıŋ] *n.* pişirme, pişirme sanatı; ~**·y** *Am.* [~ı] = *cookie.*

cool [kuːl] **1.** □ serin; *fig.* soğukkanlı, sakin; *esp. Am. F* güzel, hoş, mükemmel; **2.** *n.* serinlik; *F* so-

ğukkanlılık; **3.** *v/t. & v/i.* serinle(t)mek, soğu(t)mak; yatışmak, geçmek *(sinir);* ~ *down,* ~ *off* yatışmak, geçmek.
coon *zo.* F [kuːn] *n.* rakun.
coop [kuːp] **1.** *n.* kümes; **2.** *v/t.* ~ *up,* ~ *in* tıkmak, sokmak.
co-op F ['kəʊɒp] *n.* kooperatif.
co(-)op·e|rate [kəʊ'ɒpəreɪt] *v/i.* işbirliği yapmak, el ele vermek; **~·ra·tion** [kəʊɒpə'reɪʃn] *n.* işbirliği, elbirliği; **~·ra·tive** [kəʊ'ɒpərətɪv] **1.** □ işbirliği yapan; **2.** *n. a.* · ~ *society* kooperatif; *a.* ~ *store* kooperatif; **~·ra·tor** [~reɪtə] *n.* iş arkadaşı.
co(-)or·di|nate 1. □ [kəʊ'ɔːdɪnət] aynı derecede önemli, eşit; **2.** [~neɪt] *v/t.* ayarlamak, düzenlemek, koordine etmek; **~·na·tion** [kəʊɔːdɪ'neɪʃn] *n.* koordinasyon, eşgüdüm; ayarlama, düzenleme.
cop F [kɒp] *n.* polis, aynasız.
cope [kəʊp]: ~ *with ile* başa çıkmak, *-in* üstesinden gelmek.
cop·i·er ['kɒpɪə] *n.* fotokopi makinesi; = *copyist.*
co·pi·ous □ ['kəʊpjəs] çok, bol, zengin.
cop·per[1] ['kɒpə] **1.** *n. min.* bakır; bakır para; **2.** *adj.* bakırdan yapılmış, bakır...
cop·per[2] F [~] *n.* polis, aynasız.
cop·pice, copse ['kɒpɪs, kɒps] *n.* ağaçlık, koru.
cop·y ['kɒpɪ] **1.** *n.* kopya, suret; örnek; yazı, metin; *fair ya da clean* ~ temiz kopya; **2.** *v/t.* kopya etmek, suretini çıkarmak; taklit etmek; **~-book** *n.* defter, karalama defteri; **~·ing** [~ɪŋ] *adj.* kopya...; **~·ist** [~ɪst] *n.* kopya eden kimse, taklitçi; **~·right** *n.* telif hakkı.
cor·al *zo.* ['kɒrəl] *n.* mercan.
cord [kɔːd] **1.** *n.* ip, sicim, kaytan; tel, şerit; *anat.* kiriş; **2.** *v/t.* iple bağlamak.
cor·di·al ['kɔːdjəl] **1.** □ samimi, candan, yürekten, içten; ⚕ kalbi harekete geçiren; **2.** *n.* likör; **~·i·ty** [kɔːdɪ'ælətɪ] *n.* samimiyet, içtenlik.
cor·don ['kɔːdn] **1.** *n.* kordon; **2.** *v/t.* ~ *off* kordonla ayırmak, kordon içine almak.
cor·du·roy ['kɔːdərɔɪ] *n.* fitilli kadife; *(a pair of)* ~*s pl.* kadife pantolon.
core [kɔː] **1.** *n.* meyve içi, göbek; *fig.* öz, esas, iç; **2.** *v/t.* içini çıkarmak.
cork [kɔːk] **1.** *n.* mantar, tıpa; **2.** *v/t. a.* ~ *up* tıpalamak; **~·screw** ['kɔːkskruː] *n.* tirbuşon, tıpa burgusu.
corn [kɔːn] **1.** *n.* buğday, tahıl, ekin; *a. Indian* ~ *Am.* mısır; ⚕ nasır; **2.** *v/t.* tuzlayıp kurutmak.
cor·ner ['kɔːnə] **1.** *n.* köşe, köşe başı; *futbol:* korner; *fig.* çıkmaz; **2.** *adj.* köşe...; **~-kick** *futbol:* korner atışı, köşe atışı; **3.** *v/t.* köşeye sıkıştırmak, kıstırmak *(a. fig.); econ. (piyasayı)* ele geçirmek; **~ed** *adj.* ...köşeli.
cor·net ['kɔːnɪt] *n.* ♪ kornet, boru; *Brt.* kâğıt külah.
corn·flakes ['kɔːnfleɪks] *n. pl.* mısır gevreği.
cor·nice *arch.* ['kɔːnɪs] *n.* korniş, pervaz.
cor·o·na·ry *anat.* ['kɒrənərɪ] *adj.* kalp damarları ile ilgili; ~ *artery* kalp damarı.
cor·o·na·tion [kɒrə'neɪʃn] *n.* taç giyme töreni.
cor·o·ner ⚖ ['kɒrənə] *n.* şüpheli ölüm olaylarını araştıran memur, sorgu yargıcı; ~*'s inquest* bu memurun araştırması.
cor·o·net ['kɒrənɪt] *n.* küçük taç.
cor·po|ral ['kɔːpərəl] **1.** □ bedensel, maddi; **2.** *n.* ⚔ onbaşı; **~·ra·tion** [kɔːpə'reɪʃn] *n.* kurum, dernek, birlik; tüzelkişi; *Am.* anonim ortaklık.

corpse [kɔːps] *n.* ceset, ölü.

cor·pu|lence, ~·len·cy ['kɔːpjʊləns, ~sı] *n.* şişmanlık; **~·lent** [~t] *adj.* şişman.

cor·ral 1. *Am.* [kɔː'rɑːl, *Am.* kə'ræl] *n.* ağıl, ahır; **2.** *(-ll-) v/t.* ağıla kapatmak.

cor|rect [kə'rekt] **1.** □ doğru; tam; yakışık alır; **2.** *v/t.* düzeltmek; ayarlamak, ayar etmek; cezalandırmak; **~·rec·tion** [~kʃn] *n.* düzeltme; ayarlama; ıslah; *house of ~* ıslahevi.

cor·re|spond [kɒrı'spɒnd] *v/i.* uymak *(with, to -e);* mektuplaşmak, yazışmak *(with ile);* **~·spon·dence** [~əns] *n.* uygunluk; benzerlik; mektuplaşma, yazışma; *~ course* mektupla öğretim; **~·spon·dent** [~t] **1.** □ uygun; **2.** *n.* muhabir; mektup arkadaşı; **~·spon·ding** □ [~ıŋ] uygun, yerini tutan; *-in* karşılığı olan.

cor·ri·dor ['kɒrıdɔː] *n.* koridor, geçenek, dehliz; *~ train* koridorlu tren.

cor·rob·o·rate [kə'rɒbəreıt] *v/t.* doğrulamak; desteklemek.

cor|rode [kə'rəʊd] *v/t. & v/i.* çürü(t)mek, paslan(dır)mak, aşın(dır)mak *(a.* ⊕ *);* **~·ro·sion** [~ʒn] *n.* çürüme, paslanma, aşınma; ⊕ korozyon; **~·ro·sive** [~sıv] **1.** □ aşındırıcı, çürütücü; **2.** *n.* aşındırıcı madde.

cor·ru·gate ['kɒrʊgeıt] *vb.* kırıştırmak, buruşturmak; ⊕ oluk açmak; *~d iron* oluklu demir levha.

cor|rupt [kə'rʌpt] **1.** □ bozulmuş, bozuk; pis; namussuz, fırsatçı, yiyici; **2.** *v/t. & v/i.* boz(ul)mak, çürü(t)mek; baştan çıkarmak, ayartmak; rüşvet vermek, para yedirmek; **~·rupt·i·ble** □ [~əbl] rüşvet almaya hazır, para yemeğe eğilimli; **~·rup·tion** [~pʃn] *n.* bozulma, çürüme; ahlak bozukluğu; rüşvet yeme, yiyicilik.

cor·set ['kɔːsıt] *n.* korse.

cos|met·ic [kɒz'metık] **1.** *(~ally) adj.* makyaj ile ilgili; **2.** *n.* kozmetik, makyaj malzemesi; **~·me·ti·cian** [kɒzmə'tıʃn] *n.* güzellik uzmanı.

cos·mo·naut ['kɒzmənɔːt] *n.* kozmonot, uzayadamı.

cos·mo·pol·i·tan [kɒzmə'pɒlıtən] *n. & adj.* kozmopolit.

cost [kɒst] **1.** *n.* fiyat, paha, eder; masraf; maliyet; *~ of living* hayat pahalılığı, geçim masrafı; **2.** *(cost) v/i.* para tutmak, mal olmak; **~·ly** ['kɒstlı] *(-ier, -iest) adj.* pahalı; masraflı.

cos·tume ['kɒstjuːm] *n.* kostüm, giysi, kıyafet.

co·sy ['kəʊzı] **1.** □ *(-ier, -iest)* rahat, sıcacık; **2.** = *egg-cosy, tea-cosy.*

cot [kɒt] *n.* portatif karyola; *Brt.* çocuk karyolası.

cot|tage ['kɒtıdʒ] *n.* kulübe; *Am.* yazlık ev, sayfiye evi; *~ cheese* süzme peynir; **~·tag·er** [~ə] *n.* rençper; *Am.* sayfiye evinde oturan kimse.

cot·ton ['kɒtn] **1.** *n.* pamuk; pamuk bezi; pamuk ipliği; **2.** *adj.* pamuklu...; **3.** *v/i.* *~ on to* anlamak, çakmak; **~·wood** *n.* ⚘ bir tür kavak; *~* **wool** *n. Brt.* hidrofil pamuk, ham pamuk.

couch [kaʊtʃ] **1.** *n.* divan, yatak, sedir, kanepe; **2.** *v/t. & v/i.* yat(ır)mak; ifade etmek.

cou·chette 🚃 [kuː'ʃet] *n.* kuşet; *a. ~coach* kuşetli vagon.

cou·gar *zo.* ['kuːgə] *n.* puma, Yenidünya aslanı.

cough [kɒf] **1.** *n.* öksürük; **2.** *v/i.* öksürmek.

could [kʊd] *pret. of can*[1].

coun|cil ['kaʊnsl] *n.* konsey, meclis, encümen, divan, şûra, danışma kurulu; *~ house Brt.* kiraya verilmek üzere yerel yönetimce yapılan ev; ~·ci(l)·lor [~sələ] *n.* meclis üyesi, konsey üyesi.

coun|sel ['kaʊnsl] **1.** *n.* fikir, öğüt, düşünce; danışma; *Brt.* ⚖ avukat, dava vekili; ~ *for the defence (Am. defense)* savunma avukatı; ~ *for the prosecution* dava avukatı; **2.** *(esp. Brt. -ll-, Am. -l-) v/t.* öğüt vermek, akıl öğretmek; **~·se(l)·lor** [~sələ] *n.* danışman; *a.* ~*-at-law Am.* ⚖ avukat, dava vekili.

count¹ [kaʊnt] *n.* kont.

count² [~] **1.** *n.* sayma, sayım; hesap; ⚖ şikayet maddesi; **2.** *v/t.* saymak, hesaplamak; hesaba katmak, göz önünde tutmak; *fig.* addetmek, saymak; ~ *down* geriye saymak; *v/i.* güvenmek, bel bağlamak *(on, upon -e);* değeri olmak *(for little* az); **~·down** ['kaʊntdaʊn] *n.* geriye sayma.

coun·te·nance ['kaʊntınəns] *n.* çehre, yüz, sima; yüz ifadesi; onama, destek.

count·er¹ ['kaʊntə] *n.* sayaç; *Brt.* marka, fiş.

coun·ter² [~] *n.* tezgâh; kontuar.

coun·ter³ [~] **1.** *adv.* karşı...; **2.** *v/t.* karşılamak, karşılık vermek; *boks:* savuşturmak *(yumruk).*

coun·ter·act [kaʊntə'rækt] *v/t.* karşılamak, karşı koymak; *(etkisini)* gidermek, yok etmek.

coun·ter·bal·ance 1. ['kaʊntəbæləns] *n.* karşılık, denk; **2.** [kaʊntə'bæləns] *v/t.* denkleştirmek; karşılamak.

coun·ter·clock·wise *Am.* [kaʊntə'klɒkwaız] = *anticlockwise.*

coun·ter-es·pi·o·nage ['kaʊntər'espıənɑːʒ] *n.* karşı casusluk.

coun·ter·feit ['kaʊntəfıt] **1.** □ sahte, kalp, taklit; **2.** *n.* taklit; kalp para; **3.** *v/t.* sahtesini yapmak; taklit etmek.

coun·ter·foil ['kaʊntəfɔıl] *n.* makbuz koçanı.

coun·ter·mand [kaʊntə'mɑːnd] *v/t. (yeni bir emirle eskisini)* iptal etmek.

coun·ter·pane ['kaʊntəpeın] = *bedspread.*

coun·ter·part ['kaʊntəpɑːt] *n.* karşılık; emsal, akran.

coun·ter·sign ['kaʊntəsaın] *v/t.* ikinci olarak imzalamak.

coun·tess ['kaʊntıs] *n.* kontes.

count·less ['kaʊntlıs] *adj.* çok, sayısız.

coun·try ['kʌntrı] **1.** *n.* ülke; vatan, yurt; taşra, kır, sayfiye, kent dışı; **2.** *adj.* ülke...; taşra...; **~·man** *(pl. -men) n.* vatandaş; taşralı; *a. fellow* ~ hemşeri; **~ road** *n.* şose; **~·side** *n.* kırsal bölge, kırlık; sayfiye, kent dışı; **~·wom·an** *(pl. -women) n.* kadın vatandaş; taşralı kadın; *a. fellow* ~ kadın hemşeri.

coun·ty ['kaʊntı] *n. Brt.* kontluk; idare bölümü; *Am.* ilçe, kaza; **~ seat** *n. Am.* ilçe merkezi; **~ town** *n. Brt.* ilçe merkezi.

coup [kuː] *n.* askeri darbe, hükümet darbesi.

cou·ple ['kʌpl] **1.** *n.* çift; *a ~ of F* birkaç, bir iki; **2.** *v/t. & v/i.* birleş(tir)mek; ⊕ bağlamak; *zo.* çiftleş(tir)mek.

coup·ling ⊕ ['kʌplıŋ] *n.* kavrama, bağlama.

cou·pon ['kuːpɒn] *n.* kupon; koçan.

cour·age ['kʌrıdʒ] *n.* cesaret, yiğitlik, yürek; **cou·ra·geous** □ [kə'reıdʒəs] cesur, yiğit, yürekli.

cou·ri·er ['kʊrıə] *n.* kurye, haberci; turist rehberi.

course [kɔːs] **1.** *n.* yön; alan, saha; yol; *fig.* akış, seyir, cereyan; ⚓, ✈ rota; *spor:* pist; ders; tahsil; kurs; yemek, öğün; *econ.* vade; ⚕ kür, tedavi; *of* ~ elbette; **2.** *v/t.* *(av)* kovalamak; *v/i. (kan, gözyaşı)* akmak.

court [kɔːt] **1.** *n.* avlu, iç bahçe; saray; *spor:* kort; ⚖ mahkeme; kur; **2.** *vb.* kur yapmak; *fig. (hastalık, tehlike)* davet etmek.

cour·te|ous □ ['kɜːtjəs] kibar, nazik, ince; **~·sy** [~ısı] *n.* kibarlık, incelik.

court|-house ['kɔːt'haʊs] *n.* mahkeme binası, adliye sarayı; **~·ier** [~jə] *n.* padişah nedimi; **~·ly** [~lı] *adj.* kibar, nazik; **~ mar·tial** *(pl.* ~s martial, ~ martials*)* *n.* askeri mahkeme; **~-mar·tial** [~'mɑːʃl] *(esp. Brt. -ll-, Am. -l-)* *v/t.* askeri mahkemede yargılamak; **~·room** *n.* mahkeme salonu; **~·ship** ['kɔːtʃıp] *n.* kur yapma, kur; **~·yard** *n.* avlu, iç bahçe.

cous·in ['kʌzn] *n.* kuzen; kuzin.

cove [kəʊv] *n.* koy, küçük körfez.

cov·er ['kʌvə] **1.** *n.* kapak, örtü, kap, kılıf; cilt; zarf; barınak, sığınak, siper; himaye, koruma; sofra takımı; *fig.* maske, perde, kisve; take ~ sığınmak, barınmak; under plain ~ isimsiz zarfta *ya da* pakette; under separate ~ ayrı bir zarfta *ya da* pakette; **2.** *v/t.* örtmek, kapamak; kaplamak; katetmek, almak *(yol);* içine almak, içermek, kapsamak; *econ.* karşılamak *(masraf);* ✕ korumak; *fig.* gizlemek, saklamak; *radyo, TV:* rapor etmek, bildirmek; ~ up örtmek, sarmak; *fig.* örtbas etmek; ~ up for s.o. *b-nin* yerine bakmak; *b-nin* açığını kapatmak; **~·age** [~rıdʒ] *n.* rapor etme, bildirme, nakil; **~ girl** *n.* kapak kızı; **~·ing** [~rıŋ] *n.* örtü, perde; **~ sto·ry** *n.* kapak konusu.

cov·ert □ ['kʌvərt] saklı, gizli, örtülü.

cov·et ['kʌvıt] *v/t.* gıpta etmek, imrenmek, göz dikmek; **~·ous** □ [~əs] açgözlü, göz diken.

cow[1] *zo.* [kaʊ] *n.* inek.

cow[2] [~] *v/t.* korkutmak, sindirmek, yıldırmak.

cow·ard ['kaʊəd] *n. & adj.* korkak, ödlek, yüreksiz; **~·ice** [~ıs] *n.* korkaklık, ödleklik; **~·ly** [~lı] *adj.* korkak, ödlek; alçakça *(davranış).*

cow·boy ['kaʊbɔı] *n.* kovboy, sığırtmaç, sığır çobanı.

cow·er ['kaʊə] *v/i.* çömelmek, sinmek, büzülmek.

cow|herd ['kaʊhɜːd] *n.* sığırtmaç, sığır çobanı; **~·hide** *n.* sığır derisi; **~·house** *n.* ahır.

cowl [kaʊl] *n.* başlıklı rahip cüppesi; kukuleta; baca şapkası.

cow|shed ['kaʊʃed] *n.* ahır; **~·slip** *n.* ⚘ çuhaçiçeği.

cox [kɒks] = coxswain.

cox·comb ['kɒkskəʊm] *n.* züppe, hoppa.

cox·swain ['kɒksweın, ⚓ *mst* 'kɒksn] *n.* dümenci, filika serdümeni.

coy □ [kɔı] çekingen, utangaç, ürkek; nazlı, cilveli.

coy·ote *zo.* ['kɔıəʊt] *n.* kırkurdu.

co·zy *Am.* □ ['kəʊzı] *(-ier, -iest)* = cosy.

crab [kræb] *n.* yengeç; *F* şikâyet, sızlanma, mızmızlık.

crack [kræk] **1.** *n.* çatlak, yarık; çatırdı, gümbürtü; şaklama; *F* şiddetli tokat, şamar; *F* deneme, girişim; espri; **2.** *adj.* birinci sınıf, mükemmel; **3.** *v/t. & v/i.* çatla(t)mak, kır(ıl)mak, yar(ıl)mak; şakla(t)mak; çatırda(t)mak; ~ a joke espri yapmak, şaka yapmak; *a.* ~ up *fig.* elden ayaktan düşmek; bunamak; get ~ing *F* meşgul olmak; **~·er** ['krækə] *n.* patlangaç; fındık *ya da* ceviz kıracağı; kraker, gevrek bisküvi; **~·le** [~kl] *v/i.* çatırdamak, çıtırdamak.

cra·dle ['kreıdl] **1.** *n.* beşik *(a. fig.);* **2.** *v/t.* beşiğe yatırmak.

craft[1] [krɑːft] *n.* ⚓ gemi, tekne;

gemiler; ✈ uçak; uçaklar.
craft² [~] *n.* el sanatı, zanaat, hüner; hile, kurnazlık, şeytanlık; **~s·man** ['krɑːftsmən] *(pl. -men) n.* zanaatçı, usta; **~·y** ☐ [~ı] *(-ier, -iest)* kurnaz, şeytan.
crag [kræg] *n.* sarp kayalık, uçurum.
cram [kræm] *(-mm-) v/t.* tıka basa doldurmak, tıkmak; çiğnemeden yutmak; *v/i.* tıkınmak; sınava hazırlanmak.
cramp [kræmp] **1.** *n.* kramp, kasınç; ⊕ mengene, kenet; *fig.* engel; **2.** *v/t.* engel olmak.
cran·ber·ry ⚘ ['krænbərı] *n.* kırmızı yabanmersini.
crane [kreın] **1.** *n. zo.* turna; ⊕ vinç; **2.** *v/t.* uzatmak *(boyun); ~ one's neck* boynunu uzatmak *(for için).*
crank [kræŋk] **1.** *n.* ⊕ krank; ⊕ manivela, kol; *F* sabit fikirli kimse, tip; **2.** *v/t.* krankla hareket ettirmek; **~·shaft** ⊕ ['kræŋkʃɑːft] *n.* krank mili; **~·y** [~ı] *(-ier, -iest) adj.* garip, tuhaf; aksi, huysuz; güvenilmez.
cran·ny ['krænı] *n.* çatlak, yarık.
crape [kreıp] *n.* krepon.
craps *Am.* [kræps] *n. sg.* çift zarla oynanan bir oyun.
crash [kræʃ] **1.** *n.* çatırtı, şangırtı, gürültü; ✈ kaza; *esp. econ.* iflas, batkı, topu atma; **2.** *v/t. & v/i.* parçala(n)mak, kır(ıl)mak; yıkılmak, çökmek; ✈ düşüp parçalanmak, kaza geçirmek; *esp. econ.* mahvolmak, batmak; davetsiz girmek; çarpmak, toslamak *(against, into -e);* **3.** *adj.* âcil, ivedili; **~ bar·ri·er** ['kræʃbærıə] *n.* barikat, korkuluk; **~ course** *n.* yoğun kurs; **~ di·et** *n.* sıkı rejim; **~-hel·met** *n.* miğfer, kask; **~-land** *v/t. & v/i.* ✈ zorunlu iniş yap(tır)mak; **~ land·ing** *n.* ✈ zorunlu iniş.
crate [kreıt] *n.* kasa.
cra·ter ['kreıtə] *n.* krater, yanardağ ağzı.
crave [kreıv] *v/t.* yalvarmak, yalvararak istemek; *v/i.* çok istemek, can atmak *(for -e);* **crav·ing** ['kreıvıŋ] *n.* şiddetli arzu, özlem.
craw·fish *zo.* ['krɔːfıʃ] *n.* kerevides, kerevit.
crawl [krɔːl] **1.** *n.* ağır ilerleme; emekleme; **2.** *v/i.* sürünmek; emeklemek; ağır ilerlemek; dolu olmak, kaynamak *(with ile);* krol yüzmek; *it makes one's flesh ~* insanın tüylerini ürpertiyor.
cray·fish *zo.* ['kreıfıʃ] *n.* kerevides, kerevit.
cray·on ['kreıən] *n.* boyalı kalem, pastel.
craze [kreız] *n.* çılgınlık; *F* geçici moda; *be the ~* moda olmak; **cra·zy** ☐ ['kreızı] *(-ier, -iest)* çılgın, deli; hayran, âşık, tutkun *(about -e).*
creak [kriːk] *v/i.* gıcırdamak.
cream [kriːm] **1.** *n.* krem; krem rengi; krema, kaymak; **2.** *v/t. a. ~ off* kaymağını almak; *fig.* kaymağını yemek; **~·e·ry** ['kriːmərı] *n.* sütçü dükkânı; yağ ve peynir fabrikası; **~·y** [~ı] *(-ier, -iest) adj.* kaymaklı.
crease [kriːs] **1.** *n.* buruşuk; pli, kat; **2.** *v/t. & v/i.* buruş(tur)mak, katla(n)mak.
cre|ate [kriː'eıt] *v/t.* yaratmak *(a. fig.);* neden olmak, yol açmak; **~·a·tion** [~'eıʃn] *n.* yaratma; yaratılış; evren; yaratılan şey, buluş; **~·a·tive** ☐ [~'eıtıv] yaratıcı; **~·a·tor** [~ə] *n.* yaratıcı kimse; **crea·ture** ['kriːtʃə] *n.* yaratık; insan, kul.
crèche [kreıʃ] *n.* kreş, bebek bakımevi.
cre|dence ['kriːdns] *n.* güven; **~·den·tials** [krı'denʃlz] *n. pl.* itimatname, güven belgesi.

cred·i·ble □ ['kredəbl] inanılır, güvenilir.

cred|it ['kredɪt] **1.** *n.* güven, inanma, emniyet; saygınlık, itibar; etki, nüfuz; *econ.* kredi; *econ.* borç; ~ *card econ.* kredi kartı; **2.** *v/t.* inanmak; *econ.* alacak kaydetmek, alacaklandırmak; ~ *s.o. with s.o. b-ni* ...sanmak; **~·i·ta·ble** □ [~əbl] şerefli, şeref kazandıran *(to -e)*; **~·i·tor** [~ə] *n.* alacaklı; **~·u·lous** □ [~jʊləs] herşeye inanan, saf.

creed [kri:d] *n.* inanç, iman.

creek [kri:k] *n. Brt.* koy; *Am.* çay, dere.

creel [kri:l] *n.* balık sepeti.

creep [kri:p] *(crept) v/i.* sürünmek, emeklemek; *fig.* sessizce sokulmak; ürpermek; *(sarmaşık)* sarılmak; ~ *in* içeri süzülmek; *it makes my flesh* ~ tüylerimi ürpertiyor; **~·er** ⚘ ['kri:pə] *n.* sürüngen bitki; **~s** *pl. F: the sight gave me the* ~ manzara tüylerimi ürpertti.

crept [krept] *pret. & p.p. of creep.*

cres·cent ['kresnt] **1.** *adj.* hilal biçiminde; **2.** *n.* hilal, yeniay, ayça.

cress ⚘ [kres] *n.* tere.

crest [krest] *n.* ibik; zirve, doruk; tepe; miğfer püskülü; *family* ~ aile arması; **~·fal·len** ['krestfɔ:lən] *adj.* üzgün.

cre·vasse [krɪ'væs] *n.* buzul yarığı; *Am.* su bendi.

crev·ice ['krevɪs] *n.* çatlak, yarık.

crew[1] [kru:] *n.* ⚓, ✈ mürettebat, ⚓ *a.* tayfa; grup, takım; çete.

crew[2] [~] *pret. of crow 2.*

crib [krɪb] **1.** *n.* yemlik, ambar; kulübe; *Am.* çocuk karyolası; *F okul:* kopya; **2.** *(-bb-) vb. F* kopya çekmek.

crick [krɪk]: *a* ~ *in one's back (neck)* boyun tutulması.

crick·et ['krɪkɪt] *n. zo.* cırcırböceği; *spor:* kriket; *not* ~ *F* haksız; sportmence olmayan.

crime [kraɪm] *n.* ⚖ cinayet, kıya; ayıp, günah; ~ *novel* cinayet romanı.

crim·i·nal ['krɪmɪnl] **1.** □ cinayetle ilgili, kıyasal, cinayet...; **2.** *n.* suçlu, cani, kıyacı.

crimp [krɪmp] *v/t. (saçı)* kıvırcık yapmak, dalga dalga yapmak.

crim·son ['krɪmzn] *adj.* koyu kırmızı, fes rengi.

cringe [krɪndʒ] *v/i.* sinmek, büzülmek; yaltaklanmak.

crin·kle ['krɪŋkl] **1.** *n.* kırışık, buruşuk; **2.** *v/t. & v/i.* kırış(tır)mak, buruş(tur)mak.

crip·ple ['krɪpl] **1.** *n.* topal, sakat, kötürüm; **2.** *v/t.* sakatlamak; *fig.* felce uğratmak.

cri·sis ['kraɪsɪs] *(pl. -ses* [-si:z]*) n.* kriz, buhran; bunalım.

crisp [krɪsp] **1.** □ gevrek; körpe; kuru, serin *(hava);* kıvırcık, kıvır kıvır *(saç);* **2.** *vb. (saç)* kıvırcık yapmak; gevretmek; **3.** *n.* **~s** *pl., a. potato* **~s** *pl. Brt.* cips, patates kızartması; **~·bread** ['krɪspbred] *n.* gevrek ekmek.

criss-cross ['krɪskrɒs] **1.** *n.* birbirini kesen çapraz doğrular; **2.** *vb.* çapraz doğrular çizmek; çapraz biçimde hareket etmek.

cri·te·ri·on [kraɪ'tɪərɪən] *(pl. -ria* [-rɪə], *-rions) n.* kriter, ölçüt.

crit|ic ['krɪtɪk] *n.* eleştirmen; **~·i·cal** □ [~kl] kritik, tehlikeli; eleştiren; **~·i·cis·m** [~ɪsɪzəm] *n.* eleştiri, kritik; **~·i·cize** [~saɪz] *v/t.* eleştirmek; kınamak, yermek.

cri·tique [krɪ'ti:k] *n.* eleştiri yazısı.

croak [krəʊk] *v/i.* vakvaklamak, vak vak diye bağırmak.

cro·chet ['krəʊʃeɪ] **1.** *n.* kroşe, tığla işlenen dantel; **2.** *vb.* kroşe yapmak.

crock·e·ry ['krɒkərɪ] *n.* çanak çömlek.

croc·o·dile *zo.* ['krɒkədaɪ] *n.* timsah.

crone *F* [krəʊn] *n.* kocakarı.

cro·ny *F* ['krəʊnı] *n.* yakın arkadaş, kafadar.

crook [krʊk] **1.** *n.* kanca; viraj, dönemeç; *F* dolandırıcı, üçkâğıtçı; **2.** *v/t.* bükmek, kıvırmak; **~·ed** ['krʊkıd] *adj.* dolandırıcı, namussuz; hileli; [krʊkt] eğri.

croon [kru:n] *v/i.* mırıldanmak; **~·er** ['kru:nə] *n.* duygulu şarkılar söyleyen şarkıcı.

crop [krɒp] **1.** *n. zo.* kursak; ekin, ürün; yığın; kısa saç; kırbaç sapı; **2.** *(-pp-) v/t.* kısa kesmek *(saç);* biçmek; kırpmak, kırkmak; dikmek, ekmek; **~** *up fig.* ortaya çıkmak, doğmak.

cross [krɒs] **1.** *n.* çapraz işareti; haç; çarmıh; ıstavroz; elem, dert; **2.** □ karşıdan gelen *(rüzgâr);* huysuz, aksi, ters; dargın, öfkeli; çapraz; melez; **3.** *v/t.* geçmek, aşmak; *(kollarını)* kavuşturmak; *(bacaklarını)* üst üste atmak; iptal etmek, çıkarmak; *fig.* işini bozmak, engellemek; **~** *off,* **~** *out* çizmek, silmek; **~** *o.s.* istavroz çıkarmak, haç çıkarmak; *keep one's fingers* **~***ed* şans dilemek; *v/i.* karşıdan karşıya geçmek; **~·bar** ['krɒsbɑ:] *n. futbol:* üst kale direği; **~-breed** *n.* melez; **~-coun·try** *adj.* kırları aşan, kır...; **~** *race* kır koşusu; **~-ex·am·i·na·tion** *n.* sorgu; **~-ex·am·ine** *v/t.* sorguya çekmek; **~-eyed** *adj.* şaşı; *be* **~** şaşı olmak; **~·ing** [~ıŋ] *n.* geçiş; geçit; ⚓ karşıdan karşıya geçme; **~·road** *n.* yan yol, ara yol; **~·roads** *n. pl. ya da sg.* kavşak, dörtyol ağzı; *fig.* dönüm noktası; **~-sec·tion** *n.* kesit; **~·walk** *n. Am.* yaya geçidi; **~·wise** *adv.* çaprazlama; **~·word (puz·zle)** *n.* çapraz bulmaca.

crotch [krɒtʃ] *n.* ⚘ çatal, gövde ile dalın birleştiği yer.

crotch·et ['krɒtʃıt] *n.* garip fikir, akıl almaz düşünce; *esp. Brt.* ♪ dörtlük.

crouch [kraʊtʃ] **1.** *v/i.* çömelmek, sinmek; **2.** *n.* çömelme, sinme.

crow [krəʊ] **1.** *n. zo.* karga; **2.** *(crowed ya da crew, crowed) v/i. (horoz)* ötmek; *(crowed) F* övünmek, koltukları kabarmak *(about -den).*

crow·bar ['krəʊbɑ:] *n.* manivela, kaldıraç.

crowd [kraʊd] **1.** *n.* kalabalık; yığın, kitle; halk; *F* arkadaş grubu; **2.** *v/i.* içeriye dolmak, doluşmak, toplanmak; *v/t.* doldurmak; **~·ed** ['kraʊdıd] *adj.* kalabalık.

crown [kraʊn] **1.** *n.* taç; krallık, hükümdarlık; baş, tepe; kuron; **2.** *v/t.* taç giydirmek; ödüllendirmek; *-in* tepesinde bulunmak; *to* **~** *all* üstelik, bu da yetmezmiş gibi.

cru·cial □ ['kru:ʃl] kritik, önemli, can alıcı.

cru·ci|fix ['kru:sıfıks] *n.* İsalı haç; **~·fix·ion** [kru:sı'fıkʃn] *n.* çarmıha ger(il)me; **~·fy** ['kru:sıfaı] *v/t.* çarmıha germek.

crude □ [kru:d] işlenmemiş, ham *(petrol v.b.);* bitmemiş, yarım yamalak; kaba, çiğ *(davranış).*

cru·el □ [krʊəl] *(-ll-)* acımasız, zalim; *fig.* dayanılmaz, çok acı; **~·ty** ['krʊəltı] *n.* acımasızlık, zalimlik; **~** *to animals* hayvanlara zulmetme; **~** *to children* çocuklara acımasızca davranma.

cru·et ['kru:ıt] *n.* küçük şişe.

cruise ⚓ [kru:z] **1.** *n.* deniz gezintisi; **~** *missile* ✈ ⚔ kruz füzesi; **2.** *v/i.* gemi ile gezmek; devriye gezmek, dolaşmak, kol gezmek; **cruis·er** ['kru:zə] *n.* ⚓ ⚔ kruvazör; *Am.* devriye arabası.

crumb [krʌm] **1.** *n.* ekmek kırıntısı; az şey, kırıntı; **2.** *v/t.* ufalamak; **crum·ble** ['krʌmbl] *v/t. & v/i.* ufala(n)mak; *fig.* çökmek; *(umut)* suya düşmek.

crum·ple ['krʌmpl] *v/t.* & *v/i.* buruş(tur)mak, kırış(tır)mak; *fig.* çökmek.
crunch [krʌntʃ] *v/t.* çatır çutur yemek; *v/i.* gıcırdamak, gırç gırç etmek.
cru|sade [kruː'seɪd] *n.* Haçlı seferi; *fig.* mücadele; **~·sad·er** *hist.* [~ə] *n.* Haçlı.
crush [krʌʃ] **1.** *n.* kalabalık, izdiham; ezme, sıkma; *F* tutku; *have a ~ on s.o.* *b-ne* tutulmak, âşık olmak; **2.** *v/t.* & *v/i.* ez(il)mek; kırmak; buruşturmak; *fig.* bastırmak, ezmek; **~-bar·ri·er** ['krʌʃbærɪə] *n.* bariyer.
crust [krʌst] **1.** *n.* ekmek kabuğu; kabuk; **2.** *v/t.* & *v/i.* kabukla(n)mak, kabuk bağlamak.
crus·ta·cean *zo.* [krʌ'steɪʃn] *n.* kabuklu hayvan.
crust·y □ ['krʌstɪ] *(-ier, -iest)* kabuklu; *fig.* huysuz, ters.
crutch [krʌtʃ] *n.* koltuk değneği; *fig.* destek.
cry [kraɪ] **1.** *n.* ağlama; feryat, çığlık; haykırış, ses; nara; **2.** *v/i.* ağlamak; bağırmak; *v/t.* yalvarmak; bağırarak satmak; *~ for* ağlayarak istemek.
crypt [krɪpt] *n.* yeraltı kemeri; **cryp·tic** ['krɪptɪk] *(~ally) adj.* gizli, esrarlı; gizli anlamlı.
crys·tal ['krɪstl] *n.* kristal, billur; *Am.* saat camı; **~·line** [~təlaɪn] *adj.* billur gibi, berrak; kristal...; **~·lize** [~aɪz] *v/t.* & *v/i.* billurlaş(tır)mak.
cub [kʌb] **1.** *n.* hayvan yavrusu; genç; **2.** *vb.* yavrulamak.
cube [kjuːb] *n.* küp *(a.* A *);* A kübik sayı; *~ root* A küp kök; **cu·bic** ['kjuːbɪk] *(~ally),* **cu·bi·cal** □ [~kl] kübik.
cu·bi·cle ['kjuːbɪkl] *n.* odacık, kabin.
cuck·oo *zo.* ['kʊkuː] *(pl. -oos) n.* guguk.
cu·cum·ber ['kjuːkʌmbə] *n.* salatalık, hıyar; *as cool as a ~ fig.* sakin, kendine hâkim.
cud [kʌd] *n.* geviş; *chew the ~* geviş getirmek; *fig.* derin derin düşünmek.
cud·dle ['kʌdl] *v/t.* kucaklamak, sarılmak.
cud·gel ['kʌdʒəl] **1.** *n.* sopa; **2.** *(esp. Brt. -ll-, Am. -l-) v/t.* sopa atmak, sopalamak, dövmek.
cue [kjuː] *n. bilardo:* isteka; *thea.* oyuncunun sözü arkadaşına bırakmadan önceki son sözü; *fig.* işaret, ima.
cuff [kʌf] **1.** *n.* manşet, kolluk; kelepçe; tokat, sille; **2.** *v/t. -e* tokat atmak, tokatlamak.
cui·sine [kwiː'ziːn] *n.* yemek pişirme sanatı, mutfak.
cul·mi·nate ['kʌlmɪneɪt] *vb.* en son noktaya erişmek, sonuçlanmak *(in ile).*
cu·lottes [kjuː'lɒts] *n. pl.* *(a pair of* bir) pantolon-etek.
cul·pa·ble □ ['kʌlpəbl] suçlu, kabahatli.
cul·prit ['kʌlprɪt] *n.* suçlu, sanık.
cul·ti|vate ['kʌltɪveɪt] *v/t.* ↓ *(toprak)* işlemek, ekip biçmek; yetiştirmek; *(dostluk)* kazanmaya çalışmak; **~·vat·ed** *adj.* ↓ ekili, işlenmiş; *fig.* kültürlü, görgülü; **~·va·tion** [kʌltɪ'veɪʃn] *n.* ↓ toprağı işleme, ekip biçme, tarım; *fig.* kültür, görgü.
cul·tu·ral □ ['kʌltʃərəl] kültürel, ekinsel.
cul·ture ['kʌltʃə] *n.* kültür, ekin; **~d** *adj.* kültürlü.
cum·ber·some ['kʌmbəsəm] *adj.* sıkıcı; kullanışsız, biçimsiz, hantal.
cu·mu·la·tive □ ['kjuːmjʊlətɪv] toplanmış, birikmiş; giderek artan.
cun·ning ['kʌnɪŋ] **1.** □ kurnaz, açıkgöz, şeytan; *Am.* şirin, sevim-

li; **2.** *n.* kurnazlık, şeytanlık; hüner, marifet.

cup [kʌp] **1.** *n.* fincan; kadeh, bardak; ⚘ çanak; *spor:* kupa; ~ *final* kupa finali; ~ *winner* kupa galibi; **2.** *(-pp-) v/t.* fincan biçimine sokmak, çukurlaştırmak; *she ~ped her chin in her hand* çenesini elinin içine aldı; **~·board** ['kʌbəd] *n.* dolap, büfe; ~ *bed* dolap-yatak.

cu·pid·i·ty [kjuː'pɪdətɪ] *n.* açgözlülük, hırs.

cu·po·la ['kjuːpələ] *n.* küçük kubbe.

cur [kɜː] *n.* sokak köpeği, it *(a. fig.).*

cu·ra·ble ['kjʊərəbl] *adj.* tedavi edilebilir.

cu·rate ['kjʊərət] *n.* papaz yardımcısı.

curb [kɜːb] **1.** *n.* atın suluk zinciri; *fig.* engel, fren; *esp. Am.* = *kerb(stone);* **2.** *v/t. (atı)* kontrol altına almak; *fig.* zaptetmek, frenlemek, hâkim olmak.

curd [kɜːd] **1.** *n.* kesmik, lor; **2.** *mst*

cur·dle ['kɜːdl] *v/t. & v/i. (süt)* kes(il)mek; *the sight made my blood ~* manzara kanımı dondurdu.

cure [kjʊə] **1.** *n.* tedavi; iyileşme, şifa; ilaç; çare, derman; **2.** *v/t.* tedavi etmek, iyileştirmek; *-e* çare bulmak; tuzlamak; tütsülemek.

cur·few ⨯ ['kɜːfjuː] *n.* sokağa çıkma yasağı.

cu·ri|o ['kjʊərɪəʊ] *(pl. -os) n.* nadir ve pahalı eşya, antika; **~·os·i·ty** [kjʊərɪ'ɒsətɪ] *n.* merak; nadir şey, antika; **~·ous** □ ['kjʊərɪəs] meraklı; garip, tuhaf.

curl [kɜːl] **1.** *n.* bukle, büklüm, lüle; **2.** *v/t. & v/i.* bük(ül)mek, kıvırmak; kıvrılmak; **~·er** ['kɜːlə] *n.* saç maşası; **~·y** [~ɪ] *(-ier, -iest) adj.* kıvırcık, kıvır kıvır, bukleli.

cur·rant ['kʌrənt] *n.* ⚘ frenküzümü; kuşüzümü.

cur|ren·cy ['kʌrənsɪ] *n.* geçerlik, tedavül; revaç, sürüm; *econ.* para; *econ.* rayiç, sürüm değeri; *foreign ~* döviz; **~·rent** [~t] **1.** □ şimdiki, bugünkü; *econ.* yürürlükte olan, geçer, cari; **2.** *n.* akıntı; ⚡ cereyan, akım; *fig.* akış, gidişat; **~·rent ac·count** *n. econ.* cari hesap, alacak verecek hesabı.

cur·ric·u·lum [kə'rɪkjʊləm] *(pl. -la* [-lə], *-lums) n.* müfredat programı, öğretim izlencesi; ~ **vi·tae** [~'vaɪtiː] *n.* özgeçmiş.

cur·ry[1] ['kʌrɪ] *n.* baharatlı bir yemek.

cur·ry[2] [~] *v/t.* kaşağılamak *(at);* tabaklamak *(deri).*

curse [kɜːs] **1.** *n.* beddua, lanet; küfür; **2.** *vb.* beddua etmek; küfretmek; **curs·ed** □ ['kɜːsɪd] Allahın cezası, lanet olası.

cur·sor ['kɜːsə] *n.* ⩓ sürgülü hesap cetveli; cetvel sürgüsü.

cur·so·ry □ ['kɜːsrɪ] gelişigüzel yapılmış, üstünkörü, yarımyamalak.

curt □ [kɜːt] kısa ve sert.

cur·tail [kɜː'teɪl] *v/t.* azaltmak, kısaltmak; *fig.* kısa kesmek.

cur·tain ['kɜːtn] **1.** *n.* perde; tiyatro perdesi; *draw the ~s* perdeleri çekmek; **2.** *v/t.* ~ *off* perde ile ayırmak.

curt·s(e)y ['kɜːtsɪ] **1.** *n.* reverans; **2.** *v/i.* reverans yapmak *(to -e).*

cur·va·ture ['kɜːvətʃə] *n.* eğilme; eğiklik.

curve [kɜːv] **1.** *n.* eğri, kavis, kıvrım; viraj, dönemeç; **2.** *v/t. & v/i.* eğ(il)mek, bük(ül)mek.

cush·ion ['kʊʃn] **1.** *n.* minder, yastık; *bilardo:* bant; **2.** *v/t.* kıtıkla doldurmak; ⊕ beslemek.

cuss *F* [kʌs] **1.** *n.* küfür; **2.** *v/i.* küfretmek.

cus·tard ['kʌstəd] *n.* krema.

cus·to·dy ['kʌstədɪ] *n.* gözetim, bakım; nezaret, gözaltı; tutuklama.

cus·tom ['kʌstəm] *n.* alışkanlık; örf, töre, görenek; *econ.* müşterisi olma, alışveriş; **~·a·ry** □ [~ərı] alışılmış, âdet olan; **~-built** *adj.* isteğe göre yapılmış; **~·er** [~ə] *n.* müşteri, alıcı; *F* herif; **~-house** *n.* gümrük dairesi; **~-made** *adj.* ısmarlama.

cus·toms ['kʌstəmz] *n. pl.* gümrük; **~ clear·ance** *n.* gümrük muayene belgesi; **~ of·fi·cer, ~ of·fi·cial** *n.* gümrük memuru, gümrükçü.

cut [kʌt] **1.** *n.* kesme; kesik, yara; indirim, iskonto; ⚡ kesinti; hisse, pay; kestirme yol *(mst short-~)*; dersi asma; parça, dilim; biçim; *fig.* iğneleyici söz, taş; *iskambil:* kesme; *cold ~s pl.* soğuk et yemekleri; *give s.o. the ~ direct F b-ni* görmezlikten gelmek; **2.** *(-tt-; cut) v/t.* kesmek; biçmek; *(yol)* açmak; *(taş)* yontmak, işlemek; *(fiyat)* indirmek; *(diş)* çıkarmak; *(film)* sansür etmek; *(okul)* asmak; *(oyun kâğıdı)* kesmek; *~ teeth* diş çıkarmak; *~ short* kısa kesmek, sözü uzatmamak; *~ across* kestirmeden gitmek; *-e* ters düşmek; *~ back (çalı v.b.)* budamak; azaltmak, düşürmek; *~ down* kesip devirmek; *(masraf)* kısmak; azaltmak; *(fiyat)* indirmek, kırmak; *(giysi)* kısaltmak; *~ in F* söze karışmak, araya girmek; *~ in on s.o. mot.* araya dalmak; *~ off* kesmek, uçurmak; *teleph.* hattı kesmek; *~ out* kesip çıkarmak; *Am.* bırakmak, atlamak; *fig.* gölgede bırakmak; *be ~ out for* ...için istenilen nitelikte olmak; *~ up* parçalamak, doğramak; *be ~ up F* çok üzülmek, sarsılmak; **~-back** ['kʌtbæk] *n.* azaltma, kısıntı; *film:* tekrar oynatma.

cute □ *F* [kjuːt] *(~r, ~st)* zeki, akıllı; *Am.* şirin, sevimli, cici.

cu·ti·cle ['kjuːtıkl] *n. anat.* epiderm, üstderi.

cut·le·ry ['kʌtlərı] *n.* çatal bıçak takımı; bıçakçılık.

cut·let ['kʌtlıt] *n.* kotlet, pirzola.

cut|-price *econ.* ['kʌtpraıs], **~-rate** *adj.* indirimli, düşük fiyatlı; **~·ter** [~ə] *n.* kesici; *film:* montajcı; ⊕ bıçak, freze; ⚓ tek direkli gemi; filika; *Am.* hafif kızak; **~·throat** *n.* katil, cani; **~·ting** [~ıŋ] **1.** □ iğneleyici, taşlamalı *(söz)*; ⊕ kesici, keskin; **2.** *n.* kesme; 🚂 *etc.* yol, pasaj; ⚘ daldırma; *esp. Brt.* gazete kupürü; *~s pl.* ⊕ talaş, süprüntü, matkap tozu.

cy·cle[1] ['saıkl] *n.* devir, dönme; seri; dönem.

cy·cle[2] [~] **1.** *n.* bisiklet; motosiklet; **2.** *v/i.* bisiklete binmek;

cy·clist [~lıst] *n.* bisikletçi; motosikletçi.

cy·clone ['saıkləʊn] *n.* siklon, kiklon, şiddetli fırtına.

cyl·in·der ['sılındə] *n.* silindir *(a. ⊕)*.

cym·bal ♪ ['sımbl] *n.* zil.

cyn|ic ['sınık] *n.* sinik, kinik; **~·i·cal** □ [~kl] sinik, kinik.

cy·press ⚘ ['saıprıs] *n.* servi.

cyst ⚕ [sıst] *n.* kist.

czar *hist.* [zɑː] = *tsar.*

Czech [tʃek] **1.** *adj.* Çekler ile ilgili; **2.** *n.* Çek; *ling.* Çekçe, Çek dili.

Czech·o·slo·vak ['tʃekəʊ'sləʊvæk] *n. & adj.* Çekoslovakyalı, Çek; Çekçe, Çek dili.

D

dab [dæb] **1.** *n.* hafif vuruş; temas, değme; usta; **2.** *(-bb-) v/t.* hafifçe vurmak, dokunmak; *(boya)* hafifçe sürmek.
dab·ble ['dæbl] *vb.* etrafa su sıçratmak, su serpmek, ıslatmak; suda oynamak; amatörce uğraşmak *(at, in ile).*
dachs·hund *zo.* ['dækshʊnd] *n.* base, kısa bacaklı bir köpek türü.
dad *F* [dæd], **~·dy** *F* ['dædı] *n.* baba, babacık.
dad·dy-long·legs *zo.* ['dædı'lɒŋlegz] *n.* tipula sineği.
daf·fo·dil ⚘ ['dæfədıl] *n.* nergis, zerrin, fulya.
daft *F* [dɑːft] *adj.* aptal, kaçık; saçma.
dag·ger ['dægə] *n.* hançer; *be at ~s drawn fig.* kanlı bıçaklı olmak.
dai·ly ['deılı] **1.** *adj.* günlük; **2.** *n.* günlük gazete; gündelikçi.
dain·ty ['deıntı] **1.** □ *(-ier, -iest)* zarif, ince; narin, hoş, çıtı pıtı; lezzetli, leziz; titiz, güç beğenen; kolay kırılır; **2.** *n.* lezzetli yiyecek.
dair·y ['deərı] *n.* mandıra, süthane; sütçü dükkânı; **~ cat·tle** *n.* sağmal inek; **~·man** *(pl. -men) n.* sütçü.
dai·sy ⚘ ['deızı] *n.* papatya.
dale *dial. ya da poet.* [deıl] *n.* vadi.
dal·ly ['dælı] *vb.* ciddiye almamak; cilveleşmek, oynaşmak.
dam[1] *zo.* [dæm] *n.* ana hayvan.
dam[2] [~] **1.** *n.* baraj, bent; **2.** *(-mm-) v/t. a. ~ up* bentle tutmak; *fig.* frenlemek, tutmak.
dam·age ['dæmıdʒ] **1.** *n.* zarar, hasar; *~s pl.* ⚖ tazminat; **2.** *v/t* zarar vermek, hasara uğratmak.
dam·ask ['dæməsk] *n.* damasko, bir tür kumaş.
dame *Am. F* [deım] *n.* hanım, bayan.
damn [dæm] **1.** *v/t.* lanetlemek, beddua etmek; *~ (it) ! F* Allah kahretsin!; **2.** *adj. & adv. F = damned;* **3.** *n. I don't care a ~ F* umurumda değil, vız gelir tırıs gider; **dam·na·tion** [dæm'neıʃn] *n.* lanet; bela; **~ed** *F* [dæmd] **1.** *adj.* Allahın cezası, kahrolası; **2.** *adv.* çok, son derece; **~·ing** ['dæmıŋ] *adj.* bela getiren.
damp [dæmp] **1.** □ rutubetli, nemli, ıslak; **2.** *n.* rutubet, nem; **3.** *v/t. & v/i. a.* **~·en** ['dæmpən] nemlen(dir)mek, ıslatmak; ıslanmak; *(neşesini)* bozmak, kaçırmak; **~·ness** [~nıs] *n.* rutubet, nem.
dance [dɑːns] **1.** *n.* dans; balo; **2.** *v/t. & v/i.* dans et(tir)mek, oyna(t)mak; **danc·er** ['dɑːnsə] *n.* dansçı, dansör; dansöz; **danc·ing** [~ıŋ] *n.* dans etme; *attr.* dans...
dan·de·li·on ⚘ ['dændılaıən] *n.* karahindiba.
dan·dle ['dændl] *v/t. (çocuğu)* hoplatmak, zıplatmak.
dan·druff ['dændrʌf] *n. (saçta)* kepek.
Dane [deın] *n.* Danimarkalı.
dan·ger ['deındʒə] **1.** *n.* tehlike; *be in ~ of doing s.th. b-şi* yapma tehlikesiyle karşı karşıya olmak; *be out of ~* ⚕ tehlikeyi atlatmak; **2.** *adj.* tehlike...; *~ area, ~ zone* tehlike bölgesi; **~·ous** □

[~rəs] tehlikeli.
dan·gle ['dæŋgl] *v/t.* & *v/i.* sark(ıt)mak, sallan(dır)mak.
Da·nish ['deınıʃ] **1.** *adj.* Danimarka'ya özgü; Danimarkalı; **2.** *n. ling.* Danimarka dili.
dank [dæŋk] *adj.* ıslak, yaş, nemli.
dap·per ['dæpə] *adj.* üstü başı temiz, şık; çevik.
dap·pled ['dæpld] *adj.* benekli.
dare [deə] *v/i.* cesaret etmek; *I ~ say, I ~say* bana kalırsa, sanırım, her halde; *v/t.* kalkışmak; göze almak, karşı koymak; **~·dev·il** ['deədevl] *n.* gözü pek kimse, korkusuz kimse; **dar·ing** [~rıŋ] **1.** □ cesur, korkusuz; **2.** *n.* cesaret, yiğitlik.
dark [dɑːk] **1.** □ karanlık; esmer; koyu; gizli, karanlık; **2.** *n.* karanlık; *before (at, after) ~* karanlık basmadan önce (karanlık basınca, karanlık bastıktan sonra); *keep s.o. in the ~ about s.th. b-ne bş* hakkında bilgi vermemek; **♀ Ag·es** *n. pl.* Karanlık Çağlar; **~·en** ['dɑːkən] *v/t.* & *v/i.* karar(t)mak; **~·ness** [~nıs] *n.* karanlık; koyuluk; esmerlik.
dar·ling ['dɑːlıŋ] *n.* & *adj.* sevgili.
darn [dɑːn] *v/t.* örerek onarmak, gözemek.
dart [dɑːt] **1.** *n.* kargı, cirit; sıçrama, fırlama; *~s sg.* ok atma oyunu; *~board* ok atma oyununun tahtası; **2.** *v/t.* & *v/i.* fırla(t)mak, at(ıl)mak.
dash [dæʃ] **1.** *n.* saldırı, hücum, hamle; canlılık, ataklık; gösteriş, caka, çalım; darbe, vuruş; *fig.* azıcık şey; tire, çizgi; *spor:* kısa mesafe koşusu; **2.** *v/t.* & *v/i.* at(ıl)mak, fırla(t)mak; sıçratmak *(su v.b.);* savurmak, serpmek; *(umut)* kırmak, yıkmak; **~·board** *mot.* ['dæʃbɔːd] *n.* kontrol paneli, konsol; **~·ing** □ [~ıŋ] atılgan, cesur; *F* gösterişli, şık.
da·ta ['deıtə] *n. pl., a. sg.* bilgi, haber; veriler; *kompütür:* data, bilgi; **~ bank** *n.* bilgi merkezi; **~ in·put** *n. kompütür:* bilgi, giriş bilgisi; **~ out·put** *n.* çıkış bilgisi; **~ pro·cess·ing** *n.* bilgi işlem; **~ pro·tec·tion** *n.* bilgi koruma; **~ typ·ist** *n.* bilgi işlemci.
date[1] ♀ [deıt] *n.* hurma.
date[2] [~] **1.** *n.* tarih; zaman; randevu; *Am. F* flört; *out of ~* süresi geçmiş; eski, modası geçmiş; *up to ~* modern, çağcıl, yeni; **2.** *v/t. -e* tarih atmak; *Am. F* randevulaşmak; flört etmek, çıkmak; **dat·ed** ['deıtıd] *adj.* eski, modası geçmiş; artık kullanılmayan.
da·tive *gr.* ['deıtıv] *n. a. ~ case* datif, yönelme durumu, ismin -e hali.
daub [dɔːb] *v/t.* bulaştırmak, sürmek; kirletmek.
daugh·ter ['dɔːtə] *n.* kız evlat; **~-in-law** [~ərınlɔː] *(pl. daughters-in-law) n.* gelin.
daunt [dɔːnt] *v/t.* korkutmak, yıldırmak; **~·less** ['dɔːntlıs] *adj.* korkusuz, yılmaz, yürekli.
daw *zo.* [dɔː] *n.* küçük karga.
daw·dle *F* ['dɔːdl] *v/i.* tembellik etmek, aylaklık etmek.
dawn [dɔːn] **1.** *n.* şafak, gün ağarması, tan; **2.** *v/i.* gün ağarmak, şafak sökmek; *it ~ed on ya da upon him fig.* kafasına dank etti, sonunda anladı.
day [deı] *n.* gün; gündüz; *oft ~s pl.* zaman, çağ; *~ off* izinli gün, boş gün; *carry ya da win the ~* kazanmak, üstün gelmek; *any ~* herhangi bir gün; *these ~s* bu günlerde; *the other ~* geçen gün; *this ~ week* haftaya bugün; *let's call it a ~!* Bu günlük bu kadar iş yeter!; **~·break** ['deıbreık] *n.* şafak, tan; **~·light** *n.* gündüz, gün ışığı; *in broad ~* güpegündüz, gün ortasında; **~·time:** *in the ~* gündüz, gündüz vaktinde.

daze [deɪz] **1.** *v/t.* sersemletmek, serseme çevirmek; **2.** *n.* *in a* ~ sersemlemiş bir durumda.
dead [ded] **1.** *adj.* ölü, ölmüş; hissiz, duygusuz *(to -e karşı)*; soluk, mat *(renk)*; uyuşmuş *(el v.b.)*; derin *(uyku)*; *econ.* durgun; *econ.* işlemeyen, ölü *(sermaye v.b.)*; tam; ~ *bargain* kelepir fiyat; ~ *letter* uygulamaya konmamış yasa; ~ *loss* tam kayıp; *a* ~ *shot* keskin nişancı; **2.** *adv.* tamamen, adamakıllı, büsbütün; ~ *tired* adamakıllı yorgun, bitkin, turşu gibi; ~ *against* tamamen karşısında; **3.** *n.* *the* ~ ölüler; *in the* ~ *of winter* karakışta, kış ortasında; *in the* ~ *of night* gecenin ortasında, gece yarısı; ~ **cen·tre,** *Am.* ~ **cen·ter** *n.* tam orta, tam merkez; ~**·en** ['dedn] *v/t.* zayıflatmak, azaltmak, hafifletmek; ~ **end** *n.* çıkmaz sokak; *fig.* çıkmaz; ~ **heat** *n.* *spor:* berabere biten koşu; ~**·line** *n.* *Am.* yasak bölge sınırı; son teslim tarihi; son fırsat; ~**·lock** *n.* *fig.* çıkmaz; ~**·locked** *adj.* *fig.* çıkmaza girmiş *(görüşme)*; ~**·ly** [~lı] *(-ier, -iest)* *adj.* öldürücü; ölü gibi; aşırı.
deaf [def] **1.** □ sağır; ~ *and dumb* sağır ve dilsiz; **2.** *n.* *the* ~ *pl.* sağırlar; ~**·en** ['defn] *v/t.* sağırlaştırmak, sağır etmek.
deal [di:l] **1.** *n.* parça, kısım, miktar; *iskambil:* kâğıt dağıtma; *F* iş, alışveriş; *a good* ~ çok, bir hayli; *a great* ~ bir sürü, epeyce; **2.** *(dealt)* *v/t.* pay etmek, dağıtmak; *iskambil: (kağıtları)* dağıtmak; *(tokat)* atmak, indirmek; *v/i.* ticaret yapmak, alışveriş etmek; *sl.* uyuşturucu satmak; *iskambil:* kâğıtları dağıtmak; davranmak; ~ *with -e* davranmak; *econ.* *ile* iş yapmak; *ile* ilgili olmak; ~**·er** ['di:lə] *n.* *econ.* satıcı, tüccar; *iskambil:* kâğıdı dağıtan kimse; *sl.* uyuşturucu satıcısı; ~**·ing** [~ıŋ] *n.* dağıtım; davranış, tavır; *econ.* iş; ~*s pl.* ilişki; iş ilişkisi; ~**t** [delt] *pret.* & *p.p.* *of deal 2.*
dean [di:n] *n.* dekan.
dear [dıə] **1.** □ sevgili, aziz; pahalı; **2.** *n.* sevgili, gözde; *my* ~ sevgili, canım; **3.** *int.* *(oh)* ~!, ~~!, ~*me!* *F* Aman yarabbi!, Hay Allah!; ~**·ly** ['dıəlı] *adv.* çok; pahalı.
death [deθ] *n.* ölüm; ~**·bed** ['deθbed] *n.* ölüm döşeği; ~**·less** [~lıs] *adj.* ölümsüz, ölmez; ~**·ly** [~lı] *(-ier, -iest)* *adj.* öldürücü; ~**-war·rant** *n.* ⚖ idam kararı; *fig.* ölüm fermanı.
de·bar [dı'bɑ:] *(-rr-)*: ~ *from doing s.th.* *bş.* yapmaktan menetmek.
de·base [dı'beıs] *v/t.* alçaltmak, saygınlığını düşürmek.
de·ba·ta·ble □ [dı'beıtəbl] tartışma götürür, tartışılabilir; **de·bate** [dı'beıt] **1.** *n.* tartışma; **2.** *v/t.* tartışmak, görüşmek; düşünüp taşınmak.
de·bil·i·tate [dı'bılıteıt] *v/t.* zayıf düşürmek.
deb·it *econ.* ['debıt] **1.** *n.* borç; ~ *and credit* borç ve alacak; **2.** *v/t.* borç kaydetmek, borçlandırmak.
deb·ris ['debri:] *n.* yıkıntı, enkaz, moloz.
debt [det] *n.* borç; *be in* ~ borcu olmak; *be out of* ~ borcu olmamak; ~**·or** ['detə] *n.* borçlu.
de·bug ⊕ [di:'bʌg] *(-gg-)* *v/t.* kusurlarını gidermek.
de·bunk ['di:'bʌŋk] *v/t.* *(yanlış fikirleri)* yıkmak, gerçeği göstermek.
dé·but, *esp.* *Am.* **de·but** ['deıbu:] *n.* sosyeteye ilk giriş; ilk sahneye çıkış.
dec·ade ['dekeıd] *n.* on yıl.
dec·a|dence ['dekədəns] *n.* çöküş, gerileme; ~**·dent** □ [~t] çökmekte olan, gerileyen.
de·caf·fein·at·ed ['di:'kæfıneıtıd]

adj. kafeinsiz.
de·camp [dı'kæmp] *v/i.* *esp.* ⚔ kampı bozup çekilmek; *F* sıvışmak, tüymek.
de·cant [dı'kænt] *v/t.* kaptan kaba boşaltmak *(şarap v.b.)*; **~·er** [~ə] *n.* sürahi.
de·cath|lete [dı'kæθliːt] *n.* *spor:* dekatloncu; **~·lon** [~lɒn] *n.* *spor:* dekatlon.
de·cay [dı'keı] **1.** *n.* çürüme; çökme, gerileme; **2.** *v/i.* çürümek, bozulmak; çökmek.
de·cease *esp.* ⚖ [dı'siːs] **1.** *n.* ölüm; **2.** *v/i.* ölmek; **~d** *esp.* ⚖ **1.** *n.* *the* ~ ölmüş kimse *ya da* kimseler; **2.** *adj.* ölmüş.
de·ceit [dı'siːt] *n.* aldatma; hile, dalavere; yalan; **~·ful** □ [~fl] hileci; yalancı.
de·ceive [dı'siːv] *v/t.* aldatmak; **de·ceiv·er** [~ə] *n.* hileci, dubaracı.
De·cem·ber [dı'sembə] *n.* aralık ayı.
de·cen|cy ['diːsnsı] *n.* terbiye; **~t** □ [~t] terbiyeli, edepli, saygıdeğer; *F* yeterli; *F* anlayışlı; uygun.
de·cep|tion [dı'sepʃn] *n.* aldatma; hile; **~·tive** □ [~tıv]: *be* ~ aldatıcı olmak, yanıltmak.
de·cide [dı'saıd] *v/t.* kararlaştırmak, karar vermek; belirlemek; **de·cid·ed** □ kararlı, azimli; kesin, belli, açık.
dec·i·mal ['desıml] *n.* *a.* ~ *fraction* ondalık; *attr.* ondalık...
de·ci·pher [dı'saıfə] *v/t.* şifresini çözmek.
de·ci|sion [dı'sıʒn] *n.* karar; hüküm; *make a* ~ karar vermek; *reach ya da come to a* ~ karara varmak; **~·sive** □ [dı'saısıv] kararlı; kesin; sonucu belirleyen.
deck [dek] **1.** *n.* ⚓ güverte; *Am. iskambil:* deste; *tape* ~ teyp; **2.** *v/t.* ~ *out* süslemek, donatmak; **~-chair** ['dektʃeə] *n.* şezlong.
de·claim [dı'kleım] *vb.* *(şiir v.b.)* okumak; sözle saldırmak, çatmak.
de·clar·a·ble [dı'kleərəbl] *adj.* gümrüğe tabi.
dec·la·ra·tion [deklə'reıʃn] *n.* bildiri, duyuru; beyan, demeç; beyanname.
de·clare [dı'kleə] *v/t.* bildirmek, duyurmak, beyan etmek; ifade etmek, söylemek.
de·clen·sion *gr.* [dı'klenʃn] *n.* ad çekimi.
dec·li·na·tion [deklı'neıʃn] *n.* eğim, meyil; **de·cline** [dı'klaın] **1.** *n.* azalma, düşüş; gerileme, zayıflama; **2.** *v/t.* & *v/i.* eğ(il)mek; reddetmek; gerilemek, çökmek, zayıflamak; *gr.* çekmek; *(güneş)* batmak.
de·cliv·i·ty [dı'klıvətı] *n.* iniş, meyil.
de·clutch *mot.* ['diː'klʌtʃ] *v/t.* debriyaj yapmak.
de·code ['diː'kəʊd] *v/t.* şifresini çözmek.
de·com·pose [diːkəm'pəʊz] *v/t.* & *v/i.* çürü(t)mek; ayrıştırmak.
dec·o|rate ['dekəreıt] *v/t.* dekore etmek, süslemek, donatmak; *-e* nişan vermek; **~·ra·tion** [dekə'reıʃn] *n.* dekorasyon, süsleme; süs; nişan, madalya; **~·ra·tive** □ ['dekərətıv] dekoratif, süsleyici; süslü; **~·ra·tor.** [~reıtə] *n.* dekoratör.
dec·o·rous □ ['dekərəs] terbiyeli, kibar; uygun; **de·co·rum** [dı'kɔːrəm] *n.* terbiye, edep.
de·coy **1.** ['diːkɔı] *n.* tuzak, yem *(a. fig.)*; **2.** [dı'kɔı] *v/t.* kandırıp tuzağa düşürmek; hile ile çekmek *(into -e)*.
de·crease **1.** ['diːkriːs] *n.* azalma, düşüş; **2.** [diː'kriːs] *v/t.* & *v/i.* azal(t)mak, düş(ür)mek.
de·cree [dı'kriː] **1.** *n.* emir, ferman; kararname; ⚖ hüküm, karar; **2.** *vb.* emretmek, buyurmak;

⚖ karar çıkarmak.
ded·i|cate ['dedıkeıt] *v/t.* adamak; adına sunmak, armağan etmek; **~·cat·ed** *adj.* kendini adamış; **~·ca·tion** [dedı'keıʃn] *n.* adama; adına sunma, armağan etme.
de·duce [dı'dju:s] *v/t.* ...sonucunu çıkarmak, ...sonucuna varmak.
de·duct [dı'dʌkt] *v/t.* hesaptan düşmek, çıkarmak; **de·duc·tion** [~kʃn] *n.* hesaptan düşme; sonuç; *econ. a.* iskonto, indirim.
deed [di:d] **1.** *n.* iş, eylem; başarı; kahramanlık; ⚖ senet, tapu; belge; **2.** *v/t. Am.* ⚖ senetle devretmek *(to -e)*.
deem [di:m] *v/t.* sanmak, zannetmek, inanmak; saymak; *v/i.* hüküm vermek *(of hakkında)*.
deep [di:p] **1.** ☐ derin *(a. fig.)*; boğuk, kalın *(ses)*; anlaşılması güç; koyu; ciddi, ağır; şiddetli; **2.** *n.* derinlik; *poet.* deniz, engin; **~·en** ['di:pən] *v/t. & v/i.* derinleş(tir)mek; koyulaş(tır)mak; **~-freeze 1.** *(-froze, -frozen) v/t. (yiyecek)* dondurmak; **2.** *n.* dipfriz, dondurucu, donduraç; **3.** *adj.* dondurucu...; **~** *cabinet* dondurucu dolap; **~-fro·zen** *adj.* dondurulmuş; **~** *food* dondurulmuş yiyecek; **~-fry** *v/t.* bol yağda kızartmak; **~·ness** [~nıs] *n.* derinlik; *(ses)* tokluk.
deer *zo.* [dıə] *n.* geyik.
de·face [dı'feıs] *v/t.* biçimini bozmak, çirkinleştirmek.
def·a·ma·tion [defə'meıʃn] *n.* lekeleme; iftira; **de·fame** [dı'feım] *v/t.* iftira etmek, lekelemek, kara çalmak.
de·fault [dı'fɔ:lt] **1.** *n.* ihmal, kusur; *spor:* maça çıkmama, sahaya çıkmama; *econ.* gecikme; **2.** *v/i.* işini yapmamak, ihmalkârlık etmek; mahkemeye çıkmamak; borcunu ödememek; *spor:* maça çıkmamak.
de·feat [dı'fi:t] **1.** *n.* yenilgi, bozgun; **2.** *v/t.* yenmek, bozguna uğratmak; boşa çıkarmak.
de·fect [dı'fekt] *n.* kusur, hata; eksiklik; **de·fec·tive** ☐ [~ıv] kusurlu; eksik.
de·fence, *Am.* **de·fense** [dı'fens] *n.* savunma; *witness for the* **~** savunma tanığı; **~·less** [~lıs] *adj.* savunmasız.
defend [dı'fend] *v/t.* savunmak, korumak *(from, against -den, -e karşı)*; **de·fen·dant** [~ənt] *n.* davalı; sanık; **de·fend·er** [~ə] *n.* savunucu, koruyucu.
de·fen·sive [dı'fensıv] **1.** *n.* savunma; **2.** ☐ savunma için yapılmış, koruyucu; savunmalı.
de·fer [dı'fɜ:] *(-rr-) v/t.* ertelemek; *Am.* ✕ tecil etmek.
def·er|ence ['defərəns] *n.* hürmet, saygı; **~·en·tial** ☐ [defə'renʃl] saygılı.
de·fi|ance [dı'faıəns] *n.* meydan okuma, karşı koyma; **~·ant** ☐ [~t] meydan okuyan, karşı koyan.
de·fi·cien|cy [dı'fıʃnsı] *n.* eksiklik, noksan; yetersizlik; = *deficit;* **~t** ☐ [~t] eksik; yetersiz.
def·i·cit *econ.* ['defısıt] *n. (bütçe, hesap)* açık.
de·file 1. ['di:faıl] *n.* geçit, boğaz; **2.** [dı'faıl] *v/t.* kirletmek, pisletmek, lekelemek *(a. fig.)*.
de·fine [dı'faın] *v/t.* tarif etmek, tanımlamak; açıklamak; belirlemek; **def·i·nite** ☐ ['defınıt] kesin, belirli, belli; **def·i·ni·tion** [defı'nıʃn] *n.* tanım; tanımlama, açıklama; belirleme; **de·fin·i·tive** ☐ [dı'fınıtıv] kesin, son.
de·flect [dı'flekt] *v/t.* saptırmak, çevirmek.
de·form [dı'fɔ:m] *v/t.* biçimini bozmak, deforme etmek; **~ed** *adj.* deforme, biçimi bozulmuş; **de·for·mi·ty** [~ətı] *n.* biçimsiz-

lik; biçimsiz kısım.
de·fraud [dɪ'frɔːd] *v/t.* dolandırmak, elinden almak, hakkını yemek.
de·frost [diː'frɒst] *v/t. & v/i. (buz)* eri(t)mek, çöz(ül)mek.
deft □ [deft] becerikli, usta; eli çabuk.
de·fy [dɪ'faɪ] *v/t.* meydan okumak, karşı koymak; hiçe saymak.
de·gen·e·rate 1. [dɪ'dʒenəreɪt] *v/i.* dejenere olmak, yozlaşmak, soysuzlaşmak; **2.** □ [~rət] dejenere, yoz, soysuz.
deg·ra·da·tion [degrə'deɪʃn] *n.* alçal(t)ma; **de·grade** [dɪ'greɪd] *v/t.* alçaltmak, küçültmek, aşağılamak; *(rütbesini v.b.)* indirmek.
de·gree [dɪ'griː] *n.* derece; aşama; rütbe, paye; düzey, mevki; *by ~s* azar azar, gitgide; *take one's ~ univ.* diploma almak, mezun olmak.
de·hy·drat·ed ['diː'haɪdreɪtɪd] *adj.* susuz, kurumuş.
de·i·fy ['diːɪfaɪ] *v/t.* tanrılaştırmak; tapmak.
deign [deɪn] *v/i.* tenezzül etmek.
de·i·ty ['diːɪtɪ] *n.* tanrılık; tanrı; tanrıça.
de·jec|ted □ [dɪ'dʒektɪd] kederli, üzgün, karamsar; **~·tion** [~kʃn] *n.* keder, neşesizlik.
de·lay [dɪ'leɪ] **1.** *n.* gecikme; **2.** *v/t. & v/i.* gecik(tir)mek; ertelemek; oyalanmak; *~ in doing s.th. bş* yapmayı sonraya bırakmak.
del·e|gate 1. ['delɪgeɪt] *v/t.* yetki ile göndermek; temsilci seçmek; devretmek; **2.** [~gət] *n.* delege, temsilci; *Am. parl.* kongre üyesi; **~·ga·tion** [delɪ'geɪʃn] *n.* delegasyon; görevlendirme; *Am. parl.* kongre üyeleri.
de·lete [dɪ'liːt] *v/t.* silmek, çizmek, çıkarmak.
de·lib·e|rate 1. [dɪ'lɪbəreɪt] *v/t.* iyice düşünmek, tartmak; *v/i.* danışmak; görüşmek; **2.** □ [~rət] kasıtlı; tedbirli; iyice düşünülmüş; **~·ra·tion** [dɪlɪbə'reɪʃn] *n.* düşünüp taşınma; tartışma, görüşme; tedbirli olma.
del·i|ca·cy ['delɪkəsɪ] *n.* kibarlık, incelik; zerafet; lezzetli yiyecek, eğlencelik; **~·cate** □ [~kət] nazik, ince; narin; zarif; lezzetli, nefis; **~·ca·tes·sen** [delɪkə'tesn] *n.* meze; mezeci dükkânı.
de·li·cious □ [dɪ'lɪʃəs] lezzetli, leziz, nefis.
de·light [dɪ'laɪt] **1.** *n.* zevk, haz, sevinç; **2.** *v/t.* zevk vermek, sevindirmek; *v/i.: ~ in -den* zevk almak; **~·ful** □ [~fl] nefis, hoş.
de·lin·e·ate [dɪ'lɪnɪeɪt] *v/t.* taslağını çizmek; betimlemek.
de·lin·quen|cy [dɪ'lɪŋkwənsɪ] *n.* kusur, kabahat, suç; ihmal; **~t** [~t] **1.** *adj.* kabahatli, suçlu; **2.** *n.* suçlu kimse; *s. juvenile 1.*
de·lir·i|ous □ [dɪ'lɪrɪəs] ⚕ sayıklayan; çılgına dönmüş; **~·um** [~əm] *n.* sayıklama; çılgınlık.
de·liv·er [dɪ'lɪvə] *v/t.* teslim etmek, vermek, iletmek; dağıtmak; *esp. econ. (söylev, konferans)* vermek; *(tokat)* atmak, indirmek; kurtarmak; *(top)* atmak; ⚕ doğurtmak; *be ~ed of a child* çocuk doğurmak; **~·ance** [~rəns] *n.* kurtarma; kurtuluş; hüküm, kanı; **~·er** [~rə] *n.* dağıtan; kurtarıcı; **~·y** [~rɪ] *n.* teslim; serbest bırakma; kurtarma; 📯 dağıtım; söyleyiş, konuşma tarzı; ⚕ doğurma, doğum; **~·y van** *n. Brt.* kamyonet, eşya kamyonu.
dell [del] *n.* küçük vadi.
de·lude [dɪ'luːd] *v/t.* aldatmak, kandırmak.
del·uge ['deljuːdʒ] **1.** *n.* sel, tufan; **2.** *vb.* su basmak.
de·lu|sion [dɪ'luːʒn] *n.* hayal, düş; aldanma; **~·sive** □ [~sɪv] aldatıcı; hayali, asılsız.

de·mand [dı'mɑːnd] **1.** *n.* talep, istem, istek (*on -e*); *econ.* rağbet, talep; ⚖ talep, hak iddiası; **2.** *v/t.* talep etmek, istemek; gerektirmek; sormak; **~·ing** □ [~ıŋ] yorucu, zahmetli, emek isteyen.

de·mean [dı'miːn]: ~ *o.s.* davranmak, hareket etmek; **de·mea·no(u)r** [~ə] *n.* davranış, tavır.

de·men·ted □ [dı'mentıd] çılgın, deli.

dem·i- ['demı] *prefix* yarım..., yarı...

dem·i·john ['demıdʒɒn] *n.* damacana.

de·mil·i·ta·rize ['diː'mılıtəraız] *v/t.* askerden arındırmak.

de·mo·bi·lize [diː'məʊbılaız] *v/t.* terhis etmek.

de·moc·ra·cy [dı'mɒkrəsı] *n.* demokrasi, elerki.

dem·o·crat ['deməkræt] *n.* demokrat; **~·ic** [demə'krætık] (*~ally*) *adj.* demokratik.

de·mol·ish [dı'mɒlıʃ] *v/t.* yıkmak; yok etmek, son vermek; **dem·o·li·tion** [demə'lıʃn] *n.* yık(ıl)ma; yok etme.

de·mon ['diːmən] *n.* şeytan, iblis.

dem·on|strate ['demənstreıt] *v/t.* göstermek; kanıtlamak; göstererek anlatmak; *v/i.* gösteri yapmak; **~·stra·tion** [demən'streıʃn] *n.* gösterme, açıklama; kanıt; gösteri; **de·mon·stra·tive** □ [dı'mɒnstrətıv] duygularını açığa vuran, coşkun; inandırıcı; göze çarpan; *be* ~ duygularını açığa vurmak; **~·stra·tor** ['demənstreıtə] *n.* göstererek anlatan kimse; gösterici.

de·mote [diː'məʊt] *v/t.* (*rütbesini*) indirmek.

de·mur [dı'mɜː] (*-rr-*) *v/i.* itiraz etmek.

de·mure □ [dı'mjʊə] ağırbaşlı, ciddi.

den [den] *n.* mağara, in; gizli barınak, yatak; çalışma odası.

de·ni·al [dı'naıəl] *n.* yalanlama; inkâr, yadsıma; ret.

den·ims ['denımz] *n. pl.* pamuklu kumaştan pantolon.

de·nom·i·na·tion [dınɒmı'neıʃn] *n. eccl.* ad verme; *eccl.* mezhep, tarikat; *econ.* nominal değer.

de·note [dı'nəʊt] *v/t.* göstermek, anlamına gelmek, *-in* belirtisi olmak.

de·nounce [dı'naʊns] *v/t.* ihbar etmek, ele vermek; suçlamak; (*anlaşma v.b.*) sona erdiğini bildirmek.

dense □ [dens] (*~r, ~st*) yoğun, koyu; sık; anlayışı kıt, kalın kafalı; **den·si·ty** ['densətı] *n.* yoğunluk; sıklık.

dent [dent] **1.** *n.* çentik, kertik; **2.** *v/t.* çentmek, kertik açmak.

den|tal ['dentl] *adj.* diş *ya da* dişçilik ile ilgili; ~ *plaque* kaplama; ~ *plate* protez; ~ *surgeon* diş hekimi; **~·tist** [~ıst] *n.* diş doktoru; **~·tures** [~ʃəz] *n. pl.* takma dişler.

de·nun·ci·a|tion [dınʌnsı'eıʃn] *n.* ele verme, ihbar; suçlama; **~·tor** [dı'nʌnsıeıtə] *n.* ihbarcı, muhbir.

de·ny [dı'naı] *v/t.* inkâr etmek, yadsımak; yalanlamak; reddetmek; vermemek, esirgemek, çok görmek.

de·part [dı'pɑːt] *v/i.* gitmek, ayrılmak; hareket etmek, kalkmak.

de·part·ment [dı'pɑːtmənt] *n.* departman, bölüm, kısım; daire; *econ.* branş, şube; *pol.* bakanlık; ♀ *of Defence Am.* Savunma Bakanlığı; ♀ *of the Environment Brt.* Çevre Bakanlığı; ♀ *of the Interior Am.* İçişleri Bakanlığı; ♀ *of State Am.*, *State* ♀ *Am.* Dışişleri Bakanlığı; ~ *store* büyük mağaza.

de·par·ture [dı'pɑːtʃə] *n.* gidiş;

🚃, ✈ hareket, kalkış; değişiklik; ~ **gate** *n.* ✈ çıkış kapısı; ~ **lounge** *n.* ✈ çıkış salonu.

de·pend [dı'pend]: ~ *on*, ~ *upon* *-e* bağlı olmak; geçimi *-e* bağlı olmak, *-in* eline bakmak; *-e* güvenmek; *it* ~*s* *F* duruma bağlı, belli olmaz.

de·pen|da·ble [dı'pendəbl] *adj.* güvenilir; ~**·dant** [~ənt] *n.* bağlı kimse, *esp.* geçimi başkasına bağlı olan kimse, bakmakla yükümlü olunan kimse; ~**·dence** [~əns] *n.* bağlılık, bağımlılık; güven, güvenme; ~**·den·cy** [~ənsı] *n. pol.* bağımlılık; sömürge; ~**·dent** [~ənt] **1.** □ bağımlı, bağlı *(on -e)*; **2.** *n. Am.* = *dependant.*

de·pict [dı'pıkt] *v/t.* resmetmek; anlatmak, betimlemek, dile getirmek.

de·plor|a·ble □ [dı'plɔ:rəbl] acıklı, içler acısı; ~**e** [dı'plɔ:] *v/t.* acımak, yanmak; üzülmek.

de·pop·u·late [di:'pɒpjʊleıt] *v/t.* nüfusunu azaltmak.

de·port [dı'pɔ:t] *v/t.* yurtdışı etmek, sürgün etmek; ~ *o.s.* davranmak, hareket etmek; ~**·ment** [~mənt] *n.* davranış, tavır.

de·pose [dı'pəʊz] *v/t.* görevine son vermek; tahttan indirmek; *v/i.* ⚖ yeminli ifade vermek.

de·pos|it [dı'pɒzıt] **1.** *n.* tortu, çökelti; mevduat; depozit; kaparo, pey akçası; emanet, rehin; *make a* ~ depozit vermek; ~ *account* *Brt.* vadeli hesap; **2.** *v/t.* koymak, bırakmak; bankaya yatırmak; depozit olarak vermek; *(tortu)* bırakmak, çökeltmek; **dep·o·si·tion** [depə'zıʃn] *n.* görevden alma; tahttan indirme; yeminli ifade; ~**·i·tor** [dı'pɒzıtə] *n.* para yatıran kimse, mudi.

dep·ot ['depəʊ] *n.* depo, ambar, antrepo; *Am.* ['di:pəʊ] gar, istasyon; durak.

de·prave [dı'preıv] *v/t.* ahlakını bozmak, baştan çıkarmak.

de·pre·ci·ate [dı'pri:ʃıeıt] *v/t.* & *v/i.* *(değer)* düş(ür)mek, fiyatını kırmak; *fig.* küçümsemek.

de·press [dı'pres] *v/t.* bastırmak, basmak; *(değer, fiyat)* düşürmek; *(ses)* alçaltmak; keyfini kaçırmak, içini karartmak; *(işleri)* durgunlaştırmak; ~**ed** *adj.* kederli, keyfi kaçmış; **de·pres·sion** [~eʃn] *n.* can sıkıntısı, kasvet; *econ.* durgunluk, ekonomik kriz; ⚕ depresyon, çöküntü.

de·prive [dı'praıv]: ~ *s.o. of s.th.* *b-ni bşden* yoksun bırakmak; ~**d** *adj.* yoksun; temel sosyal haklardan yoksun.

depth [depθ] *n.* derinlik; derin yer; *attr.* derinlik..., sualtı...

dep.u|ta·tion [depjʊ'teıʃn] *n.* heyet, delegasyon; ~**·tize** ['depjʊtaız]: ~ *for s.o.* *b-ne* vekillik etmek; ~**·ty** [~ı] *n. parl.* milletvekili; vekil; delege; *a.* ~ *sheriff* *Am.* şerif yardımcısı.

de·rail 🚃 [dı'reıl] *v/t.* & *v/i.* raydan çık(ar)mak.

de·range [dı'reındʒ] *v/t.* karıştırmak, bozmak; deli etmek; ~*d* deli, aklı bozuk.

der·e·lict ['derəlıkt] *adj.* terkedilmiş, sahipsiz; kayıtsız, ihmalci.

de·ride [dı'raıd] *v/t.* alay etmek, alaya almak; **de·ri·sion** [dı'rıʒn] *n.* alay; **de·ri·sive** □ [dı'raısıv] alaylı; gülünç.

de·rive [dı'raıv] *v/t.* & *v/i.* türe(t)mek *(from -den)*; *(zevk)* almak *(from -den)*.

de·rog·a·to·ry □ [dı'rɒgətərı] küçük düşürücü, aşağılayıcı.

der·rick ['derık] *n.* ⊕ vinç, maçuna; ⚓ bumba; ⚒ petrol sondaj kulesi.

de·scend [dı'send] *vb.* inmek *(a.* ✈ *)*, alçalmak; *(miras)* geçmek, kalmak; ~ *on*, ~ *upon* *-e* baskın

yapmak, *-e* saldırmak; *F -e* ansızın konuk gelmek, *-e* baskın yapmak; **de·scen·dant** [~ənt] *n.* torun.
de·scent [dı'sent] *n.* iniş *(a.* ✈*)*; bayır, yokuş; baskın; soy; *fig.* çökme, düşüş; *F* ani ziyaret, baskın.
de·scribe [dı'skraıb] *v/t.* tanımlamak, tarif etmek; anlatmak.
de·scrip|tion [dı'skrıpʃn] *n.* tarif, tanım; tanımlama; cins, tür; eşkâl; **~·tive** □ [~tıv] tanımlayıcı, betimsel.
des·e·crate ['desıkreıt] *v/t.* kutsallığını bozmak.
de·seg·re·gate ['diː'segrıgeıt] *vb.* ırk ayrımını kaldırmak.
des·ert[1] ['dezət] **1.** *n.* çöl; **2.** *adj.* ıssız, boş.
de·sert[2] [dı'zɜːt] *v/t.* terketmek, bırakmak; *v/i.* firar etmek, kaçmak; **~·er** ⨯ [~ə] *n.* asker kaçağı; **de·ser·tion** [~ʃn] *n.* terketme, terk *(a.* ⚖*)*; ⨯ askerlikten kaçma, firar.
de·serve [dı'zɜːv] *v/t.* hak etmek, layık olmak; **de·serv·ed·ly** [~ıdlı] *adv.* haklı olarak; hak ettiği gibi; **de·serv·ing** [~ıŋ] *adj.* hak eden, layık *(of -e)*.
de·sign [dı'zaın] **1.** *n.* plan, proje; taslak, resim; model; maksat, niyet; entrika, komplo; *have ~s on ya da against -e* karşı niyeti bozuk olmak; **2.** *vb.* planını çizmek; ⊕ taslak çizmek; tasarlamak; tertiplemek, hazırlamak; niyet etmek.
des·ig|nate ['dezıgneıt] *v/t.* göstermek, belirtmek; adlandırmak; atamak, seçmek; **~·na·tion** [dezıg'neıʃn] *n.* gösterme; ad, unvan, sıfat; ata(n)ma.
de·sign·er [dı'zaınə] *n.* modelist, desinatör; ⊕ teknik ressam.
de·sir|a·ble □ [dı'zaıərəbl] arzu edilir, istenir, hoş; istek uyandıran; **~e** [dı'zaıə] **1.** *n.* arzu, istek, dilek; rica; **2.** *v/t.* arzu etmek, arzulamak, istemek; rica etmek; **~·ous** □ [~rəs] arzulu, istekli.
de·sist [dı'zıst] *v/i.* vazgeçmek *(from -den)*.
desk [desk] *n.* *(okul)* sıra; kürsü; yazı masası.
des·o·late □ ['desələt] ıssız, tenha, boş; harap; yalnız.
de·spair [dı'speə] **1.** *n.* umutsuzluk, çaresizlik; **2.** *v/i.* umudunu kesmek *(of -den)*; **~·ing** □ [~rıŋ] umutsuz, çaresiz.
de·spatch [dı'spætʃ] = *dispatch.*
des·per|ate □ ['despərət] umutsuz; gözü dönmüş *(katil v.b.)*; çok ciddi, çok tehlikeli; *F* çok, aşırı; **~·a·tion** [despə'reıʃn] *n.* umutsuzluk.
des·pic·a·ble □ ['despıkəbl] aşağılık, alçak, rezil.
de·spise [dı'spaız] *v/t.* küçümsemek, hor görmek, tepeden bakmak.
de·spite [dı'spaıt] **1.** *n.* kin, nefret; *in ~ of -e* karşın; **2.** *prp. a. ~ of -e* karşın.
de·spon·dent □ [dı'spɒndənt] umutsuz, çaresiz.
des·pot ['despɒt] *n.* despot, tiran; **~·is·m** [~pətızəm] *n.* despotluk.
des·sert [dı'zɜːt] *n.* *(yemek sonunda yenen)* tatlı, meyve *v.b.*; *attr.* tatlı...
des|ti·na·tion [destı'neıʃn] *n.* gidilecek yer, hedef; **~·tined** ['destınd] *adj.* kaderinde var olan, alnında yazılı olan; **~·ti·ny** [~ı] *n.* kader, alın yazısı, yazgı.
des·ti·tute □ ['destıtjuːt] yoksul, muhtaç; *~ of -den* yoksun.
de·stroy [dı'strɔı] *v/t.* yıkmak, ortadan kaldırmak, mahvetmek; parçalamak; öldürmek; **~·er** [~ə] *n.* yok eden kimse; ⚓ ⨯ destroyer.
de·struc|tion [dı'strʌkʃn] *n.* yıkma, imha, ortadan kaldırma; yok olma; **~·tive** □ [~tıv] yıkıcı; za-

rarlı.
des·ul·to·ry □ ['desəltəri] düzensiz, gelişigüzel, amaçsız; tutarsız, daldan dala konan.
de·tach [dı'tætʃ] *v/t.* ayırmak, çıkarmak, çözmek, sökmek; ⨯ özel görevle göndermek; **~ed** *adj.* tarafsız, yansız; ayrı, müstakil *(ev);* **~·ment** [~mənt] *n.* ayırma; ayrılma; tarafsızlık; ilgisizlik; ⨯ müfreze.
de·tail ['di:teıl] **1.** *n.* detay, ayrıntı; ⨯ müfreze; *in ~* ayrıntılı olarak, ayrıntıları ile; **2.** *v/t.* ayrıntıları ile anlatmak; ⨯ özel bir göreve seçmek; **~ed** *adj.* ayrıntılı.
de·tain [dı'teın] *v/t.* alıkoymak, tutmak; tutuklamak, gözaltına almak.
de·tect [dı'tekt] *v/t.* ortaya çıkarmak, keşfetmek, bulmak; **de·tec·tion** [~kʃn] *n.* ortaya çıkarma, bulma; **de·tec·tive** [~tıv] *n.* dedektif, gizli polis; *~ novel, ~ story* polisiye roman *ya da* hikâye.
de·ten·tion [dı'tenʃn] *n.* alıkoyma, tutma; gözaltına alma.
de·ter [dı'tɜ:] *(-rr-) v/t.* vazgeçirmek, caydırmak *(from -den).*
de·ter·gent [dı'tɜ:dʒənt] *n.* deterjan, arıtıcı.
de·te·ri·o·rate [dı'tıərıəreıt] *v/t. & v/i.* boz(ul)mak, kötüye gitmek.
de·ter|mi·na·tion [dıtɜ:mı'neıʃn] *n.* karar, azim; saptama, belirleme, bulma; **~·mine** [dı'tɜ:mın] *vb.* belirlemek, saptamak; kararlaştırmak; **~·mined** *adj.* kararlı, azimli.
de·ter|rence [dı'terəns] *n.* caydırma; **~·rent** [~t] **1.** *adj.* caydırıcı; **2.** *n.* caydırıcı şey.
de·test [dı'test] *v/t.* nefret etmek; **~·a·ble** □ [~əbl] iğrenç, berbat.
de·throne [dı'θrəʊn] *v/t.* tahttan indirmek.
de·to·nate ['detəneıt] *v/t. & v/i.* patla(t)mak, infilak et(tir)mek.
de·tour ['di:tʊə] *n.* dolaşık yol, servis yolu.
de·tract [dı'trækt]: *~ from s.th. bşden* azaltmak, eksiltmek, götürmek.
de·tri·ment ['detrımənt] *n.* zarar, hasar.
deuce [dju:s] *n. iskambil:* ikili; *zar:* dü; *tenis:* düs, beraberlik; *F* kör talih; *how the ~* hay kör şeytan.
de·val·u|a·tion ['di:vælju'eıʃn] *n.* devalüasyon, değerdüşürümü; **~e** ['di:'vælju:] *v/t.* devalüe etmek, değerini düşürmek.
dev·a|state ['devəsteıt] *v/t.* harap etmek, mahvetmek, yakıp yıkmak; **~·stat·ing** □ [~ıŋ] yakıp yıkıcı, mahvedici; *F* çok iyi; **~·sta·tion** [devə'steıʃn] *n.* yakıp yıkma.
de·vel·op [dı'veləp] *v/t. & v/i.* geliş(tir)mek; *(alışkanlık)* edinmek, kazanmak; *(film)* banyo etmek; açığa vurmak, göstermek; **~·er** [~ə] *n. phot.* banyo ilacı; planlamacı; **~·ing** [~ıŋ] *adj.* gelişmekte olan; *~ country econ.* gelişmekte olan ülke; **~·ment** [~mənt] *n.* geliş(tir)me; kalkınma; *phot.* banyo; *~ aid econ.* kalkınma yardımı.
de·vi|ate ['di:vıeıt] *v/i.* sapmak, ayrılmak; **~·a·tion** [di:vı'eıʃn] *n.* sapma, ayrılma.
de·vice [dı'vaıs] *n.* alet, aygıt; buluş, icat; hile, oyun; parola, slogan; *leave s.o. to his own ~s b-ni* kendi haline bırakmak.
dev·il ['devl] *n.* şeytan *(a. fig.);* **~·ish** □ [~ıʃ] şeytanca.
de·vi·ous □ ['di:vjəs] dolaşık; hileli; *take a ~ route* yolu uzatmak, dolaşmak.
de·vise [dı'vaız] *v/t.* düşünüp bulmak, tasarlamak; ⚖ vasiyetle bırakmak.
de·void [dı'vɔıd]: *~ of -den* yoksun, ...sız.

de·vote [dɪ'vəʊt] *v/t.* adamak *(to -e);* ayırmak *(to -e);* **de·vot·ed** □ sadık, bağlı, vefalı; **dev·o·tee** [devəʊ'tiː] *n.* düşkün, hayran, meraklı; sofu; **de·vo·tion** [dɪ'vəʊʃn] *n.* bağlılık, vefa; sofuluk, dindarlık.

de·vour [dɪ'vaʊə] *v/t.* yemek, tıkınmak, silip süpürmek.

de·vout □ [dɪ'vaʊt] dindar; samimi, içten, yürekten.

dew [djuː] *n.* çiy, şebnem; **~·y** ['djuːɪ] *(-ier, -iest) adj.* çiyle kaplı.

dex|ter·i·ty [dek'sterətɪ] *n.* beceri, ustalık; **~·ter·ous, ~·trous** □ ['dekstrəs] becerikli, eli çabuk.

di·ag|nose ['daɪəgnəʊz] *v/t.* teşhis etmek, tanılamak; **~·no·sis** [daɪəg'nəʊsɪs] *(pl. -ses* [-siːz]*) n.* teşhis, tanı, tanılama.

di·a·gram ['daɪəgræm] *n.* diyagram, grafik; şema, plan.

di·al ['daɪəl] **1.** *n.* kadran; *teleph.* disk, kurs; ⊕ dereceli daire; **2.** *(esp. Brt. -ll-, Am. -l-) v/t. teleph. (numaraları)* çevirmek; **~** *direct* direkt aramak *(to -i); direct dial(l)ing* direkt arama.

di·a·lect ['daɪəlekt] *n.* diyalekt, lehçe, ağız.

di·a·logue, *Am.* **-log** ['daɪəlɒg] *n.* diyalog, karşılıklı konuşma.

di·am·e·ter [daɪ'æmɪtə] *n.* çap; *in* **~** çap olarak.

di·a·mond ['daɪəmənd] *n.* elmas; *beysbol:* oyun sahası; *iskambil:* karo.

di·a·per *Am.* ['daɪəpə] *n.* baklava desenli keten bezi.

di·a·phragm ['daɪəfræm] *n. anat., opt., teleph.* diyafram.

di·ar·rh(o)e·a ⚕ [daɪə'rɪə] *n.* ishal, amel.

di·a·ry ['daɪərɪ] *n.* hatıra defteri, günlük.

dice [daɪs] **1.** *n. pl. of die*[2]; **2.** *vb.* zar atmak; **~-box** ['daɪsbɒks], **~-cup** *n.* zar atma kabı.

dick *Am. sl.* [dɪk] *n.* dedektif, polis hafiyesi.

dick·(e)y(-bird) ['dɪkɪ(bɜːd)] *n. (çocuk dilinde)* kuş.

dic|tate [dɪk'teɪt] *vb.* yazdırmak, dikte etmek; *fig.* dikte etmek, zorla kabul ettirmek; **~·ta·tion** [~ʃn] *n.* dikte, yazdırma.

dic·ta·tor [dɪk'teɪtə] *n.* diktatör; **~·ship** [~ʃɪp] *n.* diktatörlük.

dic·tion ['dɪkʃn] *n.* diksiyon, söyleme biçimi.

dic·tion·a·ry ['dɪkʃnrɪ] *n.* sözlük.

did [dɪd] *pret. of do.*

die[1] [daɪ] *v/i.* ölmek; sona ermek, sönmek; can atmak, çok istemek; **~** *away (rüzgâr, gürültü)* kesilmek; *(ses)* azalmak; *(ışık, ateş)* sönmek; **~** *down* azalmak, kesilmek, dinmek; sönmek; **~** *off* teker teker ölmek; **~** *out* ortadan kalkmak, yok olmak *(a. fig.).*

die[2] [~] *(pl. dice* [daɪs]*) n.* zar; *(pl. dies* [daɪz]*)* kalıp.

die-hard ['daɪhɑːd] *n.* gerici, tutucu, eski kafalı.

di·et ['daɪət] **1.** *n.* diyet, perhiz, rejim; *be on a* **~** rejim yapmak; **2.** *v/t. & v/i.* rejim yap(tır)mak.

dif·fer ['dɪfə] *v/i.* farklı olmak, ayrılmak *(from -den);* aynı fikirde olmamak *(with ile).*

dif·fe|rence ['dɪfrəns] *n.* ayrılık, fark; anlaşmazlık; **~·rent** □ [~t] başka, farklı *(from -den);* çeşitli, değişik; **~·ren·ti·ate** [dɪfə'renʃɪeɪt] *vb.* ayırt etmek, ayırmak; farklı olmak, ayrılmak.

dif·fi|cult ['dɪfɪkəlt] *adj.* zor, güç; **~·cul·ty** [~ɪ] *n.* zorluk, güçlük.

dif·fi|dence ['dɪfɪdəns] *n.* çekingenlik, kendine güvensizlik; **~·dent** □ [~t] çekingen, kendine güvenmeyen.

dif|fuse 1. *fig.* [dɪ'fjuːz] *v/t. & v/i.* yay(ıl)mak; dağıtmak; dağılmak; **2.** □ [~s] yayılmış, dağınık; çok sözcük kullanan; **~·fu·sion** [~ʒn] *n.* yay(ıl)ma, dağılma.

dig [dıg] **1.** *(-gg-; dug) vb.* kazmak; *oft* ~ *up* kazıp çıkarmak; *oft.* ~ *up,* ~ *out* kazıp çıkarmak; *fig.* ortaya çıkarmak; **2.** *n. F* dürtme; *F* iğneli söz, taş; ~*s pl. Brt. F* pansiyon.

di·gest 1. [dı'dʒest] *v/t. & v/i.* sindir(il)mek; *fig.* özetlemek; **2.** ['daıdʒest] *n.* özet; derleme; **~·i·ble** [dı'dʒestəbl] *adj.* sindirimi kolay; **di·ges·tion** [~tʃən] *n.* sindirim; **di·ges·tive** □ [~tıv] sindirim ile ilgili, sindirim...

dig·ger ['dıgə] *n.* kazıcı, *esp.* altın arayıcısı; ekskavatör, kazaratar.

di·git ['dıdʒıt] *n.* parmak; rakam; *three-~ number* üç rakamlı bir sayı; **di·gi·tal** □ [~tl] dijital; ~ *clock,* ~ *watch* dijital saat.

dig·ni·fied ['dıgnıfaıd] *adj.* ağırbaşlı, ölçülü, olgun.

dig·ni·ta·ry ['dıgnıtərı] *n.* yüksek rütbeli kimse, yüksek mevki sahibi.

dig·ni·ty ['dıgnıtı] *n.* ağırbaşlılık; saygınlık.

di·gress [daı'gres] *v/i.* konu dışına çıkmak.

dike[1] [daık] **1.** *n.* set, bent; hendek; **2.** *vb.* setle kapatmak.

dike[2] *sl.* [~] *n.* lezbiyen, sevici.

di·lap·i·dat·ed [dı'læpıdeıtıd] *adj.* yıkık, harap, köhne.

di·late [daı'leıt] *v/t. & v/i.* genişle(t)mek, büyü(t)mek; **dil·a·to·ry** □ ['dılətərı] ağır, ağırdan alan, tembel; geciktirici.

dil·i|gence ['dılıdʒəns] *n.* gayret, çaba, çalışkanlık; **~·gent** □ [~nt] gayretli, çalışkan.

di·lute [daı'ljuːt] **1.** *v/t.* sulandırmak, seyreltmek; **2.** *adj.* sulandırılmış, seyreltik.

dim [dım] **1.** □ *(-mm-)* bulanık, donuk; loş; **2.** *(-mm-) v/t. & v/i.* soluklaş(tır)mak; bulan(dır)mak; donuklaş(tır)mak.

dime *Am.* [daım] *n.* on sent.

di·men·sion [dı'menʃn] *n.* boyut; ~*s pl. a.* ebat, boyutlar; **~·al** [~ʃnl] *adj.* ...boyutlu; *three-~* üç boyutlu.

di·min·ish [dı'mınıʃ] *v/t. & v/i.* azal(t)mak; küçül(t)mek.

di·min·u·tive □ [dı'mınjʊtıv] küçücük, minicik.

dim·ple ['dımpl] *n.* gamze.

din [dın] *n.* gürültü, patırtı.

dine [daın] *v/i.* akşam yemeği yemek; *v/t.* yedirip içirmek, ziyafet vermek; ~ *in ya da out* yemeği evde *ya da* dışarıda yemek; **din·er** ['daınə] *n.* akşam yemeği yiyen kimse; *esp. Am.* 🚃 yemekli vagon; *Am.* yemekli vagon biçiminde lokanta.

din·gy □ ['dındʒı] *(-ier, -iest)* rengi solmuş, pis görünümlü; cansız, hareketsiz.

din·ing| car 🚃 ['daınıŋkaː] *n.* yemekli vagon; ~ **room** *n.* yemek odası.

din·ner ['dınə] *n.* akşam yemeği; ziyafet; **~-jack·et** *n.* smokin; **~-par·ty** *n.* ziyafet, yemek; **~-ser·vice, ~-set** *n.* sofra takımı.

dint [dınt] **1.** *n.* kertik, çentik; *by* ~ *of -in* sayesinde; **2.** *v/t.* berelemek, yamru yumru etmek.

dip [dıp] **1.** *(-pp-) v/t. & v/i.* dal(dır)mak, bat(ır)mak, banmak; meyletmek; ~ *the headlights esp. Brt. mot.* kısa farları yakmak; **2.** *n.* dal(dır)ma, bat(ır)ma; iniş, meyil; *F* deniz banyosu, denize dalıp çıkma.

diph·ther·i·a ⚕ [dıf'θıərıə] *n.* difteri, kuşpalazı.

di·plo·ma [dı'pləʊmə] *n.* diploma.

di·plo·ma·cy [dı'pləʊməsı] *n.* diplomasi.

dip·lo·mat ['dıpləmæt] *n.* diplomat; **~·ic** [dıplə'mætık] *(~ally) adj.* diplomatik.

di·plo·ma·tist *fig.* [dı'pləʊmətıst] *n.* diplomat, ilişkilerinde kurnaz kimse.

dip·per ['dıpə] *n.* kepçe.
dire ['daıə] *(~r, ~st) adj.* dehşetli, korkunç, müthiş; uğursuz.
di·rect [dı'rekt] **1.** □ direkt, dolaysız, doğrudan doğruya; açık, belirgin; ~ *current* ⚡ doğru akım; ~ *train* direkt tren, aktarmasız tren; **2.** *adv.* doğrudan doğruya, doğruca, aktarmasız olarak; **3.** *v/t.* yönetmek, idare etmek; doğrultmak, çevirmek, yöneltmek; *(yolu)* tarif etmek, göstermek; *(orkestra)* yönetmek; emretmek; adresini yazmak.
di·rec·tion [dı'rekʃn] *n.* yön; idare, yönetim; emir; *film v.b.:* reji, yönetme; *mst* ~*s pl.* talimat; ~*s for use* kullanma talimatı; ~-**find·er** [~faındə] *n.* yön bulma aleti; ~-**in·di·ca·tor** *n. mot.* yön göstergesi; ✈ rota göstergesi.
di·rec·tive [dı'rektıv] *n.* direktif, talimat, yönerge.
di·rect·ly [dı'rektlı] **1.** *adv.* doğrudan doğruya; derhal; kısa zamanda; **2.** *cj.* -ir -irmez.
di·rec·tor [dı'rektə] *n.* direktör, müdür; *film v.b.:* rejisör, yönetmen; *board of* ~*s* yönetim kurulu.
di·rec·to·ry [dı'rektərı] *n.* adres rehberi; *telephone* ~ telefon rehberi.
dirge [dɜːdʒ] *n.* ağıt.
dir·i·gi·ble ['dırıdʒəbl] **1.** *adj.* yönetilebilir, güdümlü; **2.** *n.* güdümlü balon, zeplin.
dirt [dɜːt] *n.* kir, pislik; çamur, leke; ~-**cheap** *F* ['dɜːt'tʃiːp] *adj.* sudan ucuz; ~·**y** [~ı] **1.** □ *(-ier, -iest)* kirli, pis; *fig.* iğrenç, alçak; **2.** *v/t.* kirletmek, pisletmek; *v/i.* kirlenmek, pislenmek.
dis·a·bil·i·ty [dısə'bılətı] *n.* sakatlık; yetersizlik.
dis·a·ble [dıs'eıbl] *v/t.* sakatlamak *(a.* ⚔ *)*, güçsüz bırakmak; ~**d** **1.** *adj.* sakat *(a.* ⚔ *)*; işe yaramaz; **2.** *n. the* ~ *pl.* sakatlar.
dis·ad·van|tage [dısəd'vɑːntıdʒ] *n.* dezavantaj, sakınca, zarar; ~·**ta·geous** □ [dısædvɑːn'teıdʒəs] dezavantajlı, sakıncalı, elverişsiz.
dis·a·gree [dısə'griː] *vb.* uymamak, çelişmek; aynı fikirde olmamak; *(yiyecek, hava)* dokunmak *(with s.o. b-ne)*; ~·**a·ble** □ [~ıəbl] hoşa gitmeyen, tatsız; aksi, huysuz; ~·**ment** [~iːmənt] *n.* anlaşmazlık, uyuşmazlık; fikir ayrılığı.
dis·ap·pear [dısə'pıə] *v/i.* gözden kaybolmak; yok olmak; ~·**ance** [~rəns] *n.* gözden kaybolma; yok olma.
dis·ap·point [dısə'pɔınt] *v/t.* hayal kırıklığına uğratmak; *(beklenti, plan)* boşa çıkarmak, altüst etmek; ~·**ment** [~mənt] *n.* hayal kırıklığı.
dis·ap·prov|al [dısə'pruːvl] *n.* onaylamama, uygun bulmama, beğenmeme; ~**e** ['dısə'pruːv] *v/t.* onaylamamak, uygun bulmamak, beğenmemek.
dis|arm [dıs'ɑːm] *v/t. & v/i.* ⚔ *pol.* silahsızlan(dır)mak; *fig.* yumuşatmak, yatıştırmak; ~·**ar·ma·ment** [~əmənt] *n.* ⚔ *pol.* silahsızlan(dır)ma.
dis·ar·range ['dısə'reındʒ] *v/t.* karıştırmak, bozmak.
dis·ar·ray ['dısə'reı] *n.* karışıklık, düzensizlik.
di·sas|ter [dı'zɑːstə] *n.* felaket, afet, yıkım, bela; ~·**trous** □ [~trəs] felaket getiren, feci, korkunç.
dis·band [dıs'bænd] *v/t.* terhis etmek, dağıtmak; *v/i.* dağılmak.
dis·be|lief [dısbı'liːf] *n.* inançsızlık, imansızlık; güvensizlik, kuşku *(in -e)*; ~·**lieve** [~iːv] *vb.* inanmamak, kuşku duymak.
disc [dısk] *n.* disk *(a. anat., zo.,* ⊕ *)*;

plak; *slipped* ~ ⚕ kaymış disk.

dis·card [dı'skɑːd] *v/t.* ıskartaya çıkarmak, atmak; *(dostlarını)* terketmek.

di·scern [dı'sɜːn] *v/t.* farketmek; sezmek; ayırt etmek, ayırmak; **~·ing** □ [~ıŋ] anlayışlı, zeki; **~·ment** [~mənt] *n.* ayırt etme, ayırma; anlayış, kavrayış.

dis·charge [dıs'tʃɑːdʒ] **1.** *v/t. & v/i.* boşal(t)mak, dökülmek; ateş etmek; *(ok v.b.)* atmak; terhis etmek; *(görev)* yerine getirmek; *(borç)* ödemek; ⚡ cereyanı boşaltmak; işten çıkarmak, yol vermek; ⚕ *(irin)* çıkarmak, akıtmak; *(öfkesini)* çıkarmak *(on -den)*; **2.** *n.* boşaltma; terhis; ödeme; ⚕ irin; ⚡ cereyanı boşaltma; ateş etme; *(görev)* yerine getirme.

di·sci·ple [dı'saıpl] *n.* havari; mürit.

dis·ci·pline ['dısıplın] **1.** *n.* disiplin, sıkıdüzen; **2.** *v/t.* disiplin altına almak, terbiye etmek; *well ~d* disiplinli; *badly ~d* disiplinsiz.

disc jock·ey ['dıskdʒɒkı] *n.* diskcokey.

dis·claim [dıs'kleım] *v/t.* reddetmek, inkâr etmek; ⚖ vazgeçmek.

dis|close [dıs'kləʊz] *v/t.* açığa vurmak, açmak; açığa çıkarmak, ortaya çıkarmak; **~·clo·sure** [~əʊʒə] *n.* açığa çıkarma.

dis·co *F* ['dıskəʊ] **1.** *(pl. -cos) n.* disko, diskotek; **2.** *adj.* disko...; ~ *sound* disko müziği.

dis·col·o(u)r [dıs'kʌlə] *v/t. & v/i.* sol(dur)mak.

dis·com·fort [dıs'kʌmfət] **1.** *n.* rahatsızlık, sıkıntı, huzursuzluk; **2.** *v/t.* rahatsız etmek, sıkıntı vermek.

dis·con·cert [dıskən'sɜːt] *v/t.* şaşırtmak; altüst etmek.

dis·con·nect ['dıskə'nekt] *v/t.* bağlantısını kesmek *(a.* ⊕, ⚡*)*, ayırmak; *(gaz, cereyan, telefon)* kesmek; **~·ed** □ bağlantısız.

dis·con·so·late □ [dıs'kɒnsələt] avutulamaz, çok kederli.

dis·con·tent ['dıskən'tent] *n.* hoşnutsuzluk; **~·ed** □ hoşnutsuz.

dis·con·tin·ue ['dıskən'tınjuː] *v/t.* ara vermek, kesmek, durdurmak, devam etmemek.

dis·cord ['dıskɔːd] , **~·ance** [dıs'kɔːdəns] *n.* anlaşmazlık, uyuşmazlık; ♪ akortsuzluk; **~·ant** □ [~t] uyumsuz, ahenksiz; çelişik; ♪ akortsuz.

dis·co·theque ['dıskətek] *n.* diskotek.

dis·count ['dıskaʊnt] **1.** *n. econ.* iskonto, indirim; **2.** *v/t. econ.* iskonto etmek, indirmek; *(senet)* kırmak.

dis·cour·age [dı'skʌrıdʒ] *v/t.* cesaretini kırmak; vazgeçirmek; **~·ment** [~mənt] *n.* cesaretsizlik, cesaretin kırılması.

dis·course **1.** ['dıskɔːs] *n.* söylev, nutuk; konuşma; **2.** [dı'skɔːs] *v/i.* söylev vermek, konuşmak *(on, upon üzerine)*.

dis·cour·te|ous □ [dıs'kɜːtjəs] saygısız, kaba; **~·sy** [~təsı] *n.* saygısızlık, kabalık.

dis·cov|er [dı'skʌvə] *v/t.* keşfetmek, bulmak; ortaya çıkarmak; farkına varmak; **~·e·ry** [~ərı] *n.* keşif, buluş.

dis·cred·it [dıs'kredıt] **1.** *n.* saygınlığını yitirme, gözden düşme; güvensizlik; **2.** *v/t.* saygınlığını sarsmak, gözden düşürmek; güvenini sarsmak.

di·screet □ [dı'skriːt] tedbirli, denli; ağzı sıkı.

di·screp·an·cy [dı'krepənsı] *n.* farklılık, ayrılık, çelişki.

di·scre·tion [dı'skreʃn] *n.* ağzı sıkılık; akıllılık; yetki.

di·scrim·i|nate [dı'skrımıneıt] *vb.* ayırt etmek, ayırmak; fark gözetmek, farklı davranmak, taraf tutmak; ~ *against* -*e* farklı davranmak; **~·nat·ing** □ [~ıŋ] ayırt eden, ayıran; ince zevk sahibi; farklı; **~·na·tion** [dıskrımı'neıʃn] *n.* ayırt etme, ayırım; farklı davranma, taraf tutma.

dis·cus ['dıskəs] *n. spor:* disk; ~ *throw* disk atma; ~ *thrower* disk atıcısı.

di·scuss [dı'skʌs] *v/t.* tartışmak; görüşmek; **di·scus·sion** [~ʌʃn] *n.* tartışma; görüşme.

dis·dain [dıs'deın] **1.** *n.* küçük görme; **2.** *v/t.* hor görmek, küçümsemek, hafife almak.

dis·ease [dı'zi:z] *n.* hastalık, sayrılık; **~d** *adj.* hasta, sayrı.

dis·em·bark ['dısım'ba:k] *v/t.* & *v/i.* karaya çık(ar)mak.

dis·en·chant·ed [dısın'tʃa:ntıd]: *be* ~ *with* aklı başına gelmek, gözü açılmak.

dis·en·gage ['dısın'geıdʒ] *v/t.* kurtarmak; serbest bırakmak, salıvermek; ⊕ sökmek.

dis·en·tan·gle ['dısın'tæŋgl] *v/t.* & *v/i.* çöz(ül)mek, aç(ıl)mak; kurtarmak *(from -den)*.

dis·fa·vo(u)r ['dıs'feıvə] *n.* gözden düşme; beğenmeme, hoşlanmama.

dis·fig·ure [dıs'fıgə] *v/t.* biçimini bozmak, çirkinleştirmek.

dis·grace [dıs'greıs] **1.** *n.* gözden düşme; yüzkarası, utanç; **2.** *v/t.* gözden düşürmek, yüzünü kara çıkarmak, utandırmak; *be* ~*d* rezil olmak; **~·ful** □ [~fl] yüz kızartıcı, ayıp, utandırıcı.

dis·guise [dıs'gaız] **1.** *v/t.* kılık değiştirmek *(as olarak)*; gizlemek, saklamak; **2.** *n.* kılık değiştirme; *thea.* kıyafet; *fig.* maske; *in* ~ kılık değiştirmiş olarak; *fig.* maskeli; *in the* ~ *of* ...kılığında.

dis·gust [dıs'gʌst] **1.** *n.* tiksinti, nefret; **2.** *v/t.* tiksindirmek, nefret ettirmek; **~·ing** □ [~ıŋ] tiksindirici, iğrenç.

dish [dıʃ] **1.** *n.* tabak, çanak; yemek; *the* ~*es pl.* bulaşık; **2.** *v/t. mst.* ~ *up* tabağa koymak; ~ *out F* dağıtmak, vermek; **~·cloth** ['dıʃklɒθ] *n.* bulaşık bezi.

dis·heart·en [dıs'ha:tn] *v/t.* cesaretini kırmak.

di·shev·el(l)ed [dı'ʃevld] *adj.* darmadağınık; düzensiz.

dis·hon·est □ [dıs'ɒnıst] namussuz, onursuz; **~·y** [~ı] *n.* namussuzluk, onursuzluk.

dis·hon|o(u)r [dıs'ɒnə] **1.** *n.* onursuzluk, namussuzluk, yüzkarası; **2.** *v/t.* namusuna leke sürmek, rezil etmek; *econ. (çek, poliçe)* ödememek, kabul etmemek; **~·o(u)·ra·ble** □ [~rəbl] namussuz, onursuz.

dish|rag ['dıʃræg] = *dishcloth*; **~·wash·er** *n.* bulaşıkçı; bulaşık makinesi; **~·wa·ter** *n.* bulaşık suyu.

dis·il·lu·sion [dısı'lu:ʒn] **1.** *n.* gözünü açma, hayalden kurtarma; **2.** *v/t.* gözünü açmak, hayalden kurtarmak; *be* ~*ed with* gözü açılmak, aklı başına gelmek.

dis·in·clined ['dısın'klaınd] *adj.* isteksiz, gönülsüz.

dis·in|fect ['dısın'fekt] *v/t.* dezenfekte etmek, mikropsuzlaştırmak; **~·fec·tant** [~ənt] *n.* dezenfektan, antiseptik.

dis·in·her·it [dısın'herıt] *v/t.* mirastan yoksun bırakmak.

dis·in·te·grate [dıs'ıntıgreıt] *v/t.* & *v/i.* parçala(n)mak, böl(ün)mek, dağıtmak; dağılmak.

dis·in·terest·ed □ [dıs'ıntrəstıd] tarafsız, yansız, önyargısız.

disk [dısk] *n. esp. Am.* = *Brt. disc*; *kompütür:* disk; ~ *drive* aynalı işletici düzeni.

disk·ette ['dısket, dı'sket] *n. kompütür:* disket.

dis·like [dıs'laık] **1.** *n.* hoşlanma-

ma, antipati *(of, for -e); take a ~ to s.o. b-den* soğumaya başlamak; **2.** *v/t.* hoşlanmamak, sevmemek.
dis·lo·cate ['dısləkeıt] *v/t.* ⚕ yerinden çıkarmak; *fig.* altüst etmek.
dis·lodge [dıs'lɒdʒ] *v/t.* yerinden atmak, çıkarmak, defetmek.
dis·loy·al □ ['dıs'lɔıəl] vefasız; hain.
dis·mal □ ['dızməl] kederli, üzgün; kasvetli.
dis·man·tle [dıs'mæntl] *v/t.* eşyasını boşaltmak; ⚓ armasını soymak; ⚓ donanımını sökmek; ⊕ sökmek.
dis·may [dıs'meı] **1.** *n.* üzüntü; korku, dehşet; *in ~, with ~* dehşet içinde, korku ile; *to one's ~* korktuğu gibi; **2.** *v/t.* korkutmak, dehşete düşürmek.
dis·miss [dıs'mıs] *v/t.* kovmak, işten çıkarmak; gitmesine izin vermek; *(konu v.b.)* vazgeçmek, bırakmak; ⚖ *(davayı)* reddetmek; **~·al** [~l] *n.* işten çıkarma; izin; ⚖ davanın reddi.
dis·mount ['dıs'maʊnt] *v/t.* ⊕ sökmek, parçalara ayırmak; attan düşürmek; *v/i.* inmek *(from -den).*
dis·o·be·di|ence [dısə'biːdjəns] *n.* itaatsizlik; **~·ent** □ [~t] itaatsiz, söz dinlemez.
dis·o·bey ['dısə'beı] *v/t.* itaat etmemek, dinlememek, uymamak.
dis·or·der [dıs'ɔːdə] **1.** *n.* düzensizlik, karışıklık; kargaşalık; ⚕ hastalık; **2.** *v/t.* karıştırmak; ⚕ rahatsız etmek, dokunmak; **~·ly** [~lı] *adj.* düzensiz, karışık, dağınık; karışıklık çıkaran.
dis·or·gan·ize [dıs'ɔːgənaız] *v/t.* düzenini bozmak, altüst etmek.
dis·own [dıs'əʊn] *v/t.* tanımamak, yadsımak; evlatlıktan reddetmek.
di·spar·age [dı'spærıdʒ] *v/t.* kötülemek, yermek, küçük düşürmek.
di·spar·i·ty [dı'spærətı] *n.* eşitsizlik, fark; *~ of ya da in age* yaş farkı.
dis·pas·sion·ate □ [dı'spæʃnət] soğukkanlı, sakin; tarafsız, yansız.
di·spatch [dı'spætʃ] **1.** *n.* gönderme, yollama, sevk; mesaj, rapor; telgraf; mektup; sürat, acele; **2.** *v/t.* göndermek, yollamak, sevketmek; bitirivermek; öldürmek.
di·spel [dı'spel] *(-ll-) v/t.* defetmek, dağıtmak *(a. fig.)*
di·spen·sa|ble [dı'spensəbl] *adj.* zorunlu olmayan, vazgeçilebilir; **~·ry** [~rı] *n.* dispanser.
dis·pen·sa·tion [dıspen'seıʃn] *n.* dağıtma, dağıtım; yazgı, kader.
di·spense [dı'spens] *v/t.* dağıtmak, vermek; *(ilaç)* hazırlamak; *(yasa)* uygulamak; *~ with -den* vazgeçmek, *-sız* yapabilmek; *-i* ortadan kaldırmak; **di·spens·er** [~ə] *n.* ilaç hazırlayan kimse; dağıtıcı makine.
di·sperse [dı'spɜːs] *v/t.* dağıtmak; yaymak; *v/i.* dağılmak.
di·spir·it·ed [dı'spırıtıd] *adj.* cesareti kırık; morali bozuk.
dis·place [dıs'pleıs] *v/t.* yerinden çıkarmak, yerini değiştirmek; yerine geçmek, yerini almak.
di·splay [dı'spleı] **1.** *n.* gösterme, sergileme; gösteriş; *econ.* sergi; *be on ~* sergilenmek; **2.** *v/t.* göstermek, sergilemek; ...eseri göstermek.
dis|please [dıs'pliːz] *v/t.* hoşuna gitmemek, gücendirmek, sinirlendirmek; **~·pleased** *adj.* hoşnutsuz, gücenmiş, kırgın; **~·plea·sure** [~pleʒə] *n.* hoşnutsuzluk, gücenme.
dis|po·sa·ble [dı'spəʊzəbl] *adj.* bir kez kullanılıp atılan; **~·pos·al** [~zl] *n.* düzen, tertip; elden çıkarma, satma; kontrol, yönetim; yok etme, kurtulma; *be (put) at s.o.'s ~ b-nin* emrine hazır ol-

mak; **~·pose** [~əʊz] *vb.* düzenlemek, yerleştirmek; sevk etmek, meylettirmek; ~ *of -den* kurtulmak, yok etmek; elden çıkarmak, satmak; yiyip bitirmek; **~·posed** *adj.* eğilimli, yatkın, istekli; **~·po·si·tion** [dıspə'zıʃn] *n.* düzen, tertip; eğilim, istek; yaradılış, huy; kullanma hakkı.

dis·pos·sess ['dıspə'zes] *v/t.* elinden almak, el koymak, yoksun bırakmak; *(kiracıyı)* çıkarmak.

dis·pro·por·tion·ate □ ['dıs-prə'pɔːʃnət] oransız.

dis·prove ['dıs'pruːv] *v/t.* aksini kanıtlamak, çürütmek.

di·spute [dı'spjuːt] **1.** *n.* tartışma; çekişme, kavga; anlaşmazlık, uyuşmazlık; **2.** *vb.* tartışmak; çekişmek, kavga etmek.

dis·qual·i·fy [dıs'kwɒlıfaı] *v/t.* yetkisini einden almak; *spor:* diskalifiye etmek, yarış dışı bırakmak.

dis·qui·et [dıs'kwaıət] *v/t.* huzurunu kaçırmak, endişeye düşürmek.

dis·re·gard ['dısrı'gɑːd] **1.** *n.* aldırmazlık, kayıtsızlık, ihmal; **2.** *v/t.* aldırmamak, önemsememek, saymamak.

dis|rep·u·ta·ble □ [dıs'repjʊtəbl] adı kötüye çıkmış; rezil, itibarsız; **~·re·pute** ['dısrı'pjuːt] *n.* kötü şöhret, itibarsızlık.

dis·re·spect ['dısrı'spekt] *n.* saygısızlık, kabalık; **~·ful** □ [~fl] saygısız, kaba.

dis·rupt [dıs'rʌpt] *v/t.* parçalamak, dağıtmak, ayırmak.

dis·sat·is|fac·tion ['dıssætıs-'fækʃn] *n.* hoşnutsuzluk, tatminsizlik; **~·fy** ['dıs'sætısfaı] *v/t.* memnun etmemek, tatmin etmemek.

dis·sect [dı'sekt] *v/t.* parçalara ayırmak; *fig.* iyice incelemek.

dis·sem·ble [dı'sembl] *v/t. (duygu, fikir)* saklamak, gizlemek; *v/i.* yapmacık davranmak.

dis·sen|sion [dı'senʃn] *n.* anlaşmazlık, çekişme, kavga; **~t** [~t] **1.** *n.* anlaşmazlık, ayrılık, uyuşmazlık; **2.** *v/i.* ayrı görüşte olmak, ayrılmak *(from -den)*; **~t.er** [~ə] *n.* ayrı görüşte olan kimse.

dis·si·dent ['dısıdənt] **1.** *adj.* ayrı görüşte olan, karşıt fikirli, muhalif; **2.** *n.* karşıt fikirli kimse; *pol.* muhalif kimse.

dis·sim·i·lar □ ['dı'sımılə] farklı, ayrı, benzemez *(to -e)*.

dis·sim·u·la·tion [dısımjʊ'leıʃn] *n.* duygularını gizleme; sahte tavır.

dis·si|pate ['dısıpeıt] *v/t.* dağıtmak; yok etmek, gidermek; *(para)* çarçur etmek, saçıp savurmak; *v/i.* dağılmak; **~·pat·ed** *adj.* eğlenceye düşkün, uçarı.

dis·so·ci·ate [dı'səʊʃıeıt] *v/t.* ayırmak; ~ *o.s.* ayrılmak, ilgisini kesmek.

dis·so|lute □ ['dısəluːt] hovarda, uçarı, çapkın, ahlaksız; **~·lu·tion** [dısə'luːʃn] *n.* eri(t)me; dağıtma; ⚖ boz(ul)ma; ölüm.

dis·solve [dı'zɒlv] *v/t. & v/i.* eri(t)mek; *parl.* dağıtmak; geçersiz saymak, bozmak; dağılmak; gözden kaybolmak, yok olmak.

dis·so·nant □ ['dısənənt] ♪ ahenksiz, akortsuz; *fig.* uyumsuz.

dis·suade [dı'sweıd] *v/t.* caydırmak, vazgeçirmek *(from -den)*.

dis|tance ['dıstəns] **1.** *n.* uzaklık, mesafe; ara, aralık; *fig.* uzak durma, soğukluk; *at a* ~ uzakta; *keep s.o. at a* ~ *b-ne* soğuk davranmak, araya mesafe koymak; ~ *race spor:* uzun mesafe koşusu; ~ *runner spor:* uzun mesafe koşucusu; **2.** *v/t.* geride bırakmak; **~·tant** □ [~t] uzak, ırak; samimi olmayan, soğuk; ~ *control* uzaktan kontrol.

dis·taste [dıs'teıst] *n.* hoşlanmama, sevmeme, nefret; **~·ful** □ [~fl]: *be* ~ *to s.o. b-i* için hoş ol-

mamak, *b-ne* ters gelmek.
dis·tem·per [dı'stempə] *n. (köpeklerde görülen)* gençlik hastalığı.
dis·tend [dı'stend] *v/t. & v/i.* genişle(t)mek, şiş(ir)mek.
dis·til(l) [dı'stıl] *(-ll-) v/t. & v/i.* damla damla ak(ıt)mak; ⚗ damıtmak, imbikten çekmek; **dis·til·le·ry** [~lərı] *n.* içki yapımevi.
dis|tinct □ [dı'stıŋkt] farklı, ayrı; açık, belli, belirgin; **~·tinc·tion** [~kʃn] *n.* ayırt etme, ayırım; fark; üstünlük; nişan, ödül; **~·tinc·tive** □ [~tıv] farklı, özellik belirten, özel.
dis·tin·guish [dı'stıŋgwıʃ] *v/t.* ayırt etmek, ayırmak, seçmek; ~ *o.s. k-ni* göstermek, sivrilmek; **~ed** *adj.* seçkin, güzide; ünlü.
dis·tort [dı'stɔːt] *v/t.* çarpıtmak *(a. fig.)*
dis·tract [dı'strækt] *v/t. (dikkati v.b.)* başka yöne çekmek; rahatsız etmek; şaşırtmak; deli etmek; **~·ed** □ şaşırmış, şaşkına dönmüş *(by, with -den)*; çileden çıkmış, deliye dönmüş; **dis·trac·tion** [~kʃn] *n.* şaşkınlık; delilik, çılgınlık; eğlence.
dis·traught [dı'strɔːt] = *distracted.*
dis·tress [dı'stres] **1.** *n.* acı, ıstırap, üzüntü; sıkıntı, yoksulluk; tehlike; **2.** *v/t.* üzmek, sarsmak; **~ed** *adj.* üzgün, kederli, acılı; ~ *area Brt.* işsizliğin yoğun olduğu bölge.
dis|trib·ute [dı'strıbjuːt] *v/t.* dağıtmak, vermek; yaymak, serpmek; gruplandırmak; **~·tri·bu·tion** [dıstrı'bjuːʃn] *n.* dağıtma, dağıtım; dağılım; gruplandırma.
dis·trict ['dıstrıkt] *n.* bölge; ilçe, mahalle.
dis·trust [dıs'trʌst] **1.** *n.* güvensizlik, kuşku; **2.** *v/t.* güvenmemek, inanmamak; **~·full** □ [~fl] güvensiz, kuşkulu.
dis·trub [dı'stɜːb] *v/t.* rahatsız etmek; karıştırmak, bozmak; üzmek; **~·ance** [~əns] *n.* karışıklık, kargaşa; üzüntü; ~ *of the peace* ⚖ huzurun bozulması; *cause a* ~ kargaşa yaratmak, karışıklık çıkarmak; **~ed** *adj.* üzgün, sarsılmış.
dis·used ['dıs'juːzd] *adj.* artık kullanılmayan; kör *(kuyu).*
ditch [dıtʃ] *n.* hendek.
di·van [dı'væn, *Am.* 'daıvæn] *n.* divan, sedir; ~ *bed* yatak.
dive [daıv] **1.** *(dived ya da Am. a. dove, dived) v/i.* dalmak; ✈ pike yapmak; **2.** *n.* dalış; *F* batakhane; **div·er** ['daıvə] *n.* karabatak; dalgıç.
di·verge [daı'vɜːdʒ] *v/i.* ayrılmak, birbirinden uzaklaşmak; **di·ver·gence** [~əns] *n.* ayrılma, ayrılık; **di·ver·gent** □ [~t] birbirinden ayrılan, farklı, ayrı.
di·vers ['daıvɜːz] *adj.* çeşitli, birçok.
di·verse □ [daı'vɜːs] çeşitli, değişik, farklı; **di·ver·si·fy** [~sıfaı] *v/t.* çeşitlendirmek, değiştirmek; **di·ver·sion** [~ɜːʃn] *n.* saptırma, başka yöne çekme; eğlence; **di·ver·si·ty** [~ɜːsətı] *n.* farklılık, çeşitlilik; tür, çeşit.
di·vert [daı'vɜːt] *v/t.* başka yöne çevirmek, saptırmak; eğlendirmek, oyalamak.
di·vide [dı'vaıd] **1.** *v/t. & v/i.* taksim etmek, böl(ün)mek; *(a.* ⩓*)*; ayırmak; dağıtmak; dağılmak; *parl.* oy vermek için ayrılmak; **2.** *n. geogr.* su bölümü çizgisi; **di·vid·ed** *adj.* bölünmüş; ~ *highway Am.* çift yönlü anayol; ~ *skirt* pantolon-etek.
div·i·dend *econ.* ['dıvıdend] *n.* kâr hissesi.
di·vid·ers [dı'vaıdəz] *n. pl. (a pair of* ~ bir) pergel, yayçizer.

di·vine [dı'vaın] **1.** □ *(~r, ~st)* ilahi, tanrısal; ~ *service* ibadet, tapınma; **2.** *n.* papaz; **3.** *vb.* sezmek, hissetmek; kehanette bulunmak.

div·ing ['daıvıŋ] *n.* dalma; *spor;* tramplenden atlama; *attr.* dalgıç...; ✈ pike ...; ~*-board* tramplen; ~*-suit* dalgıç elbisesi.

di·vin·i·ty [dı'vınətı] *n.* tanrısallık; tanrı, ilah; teoloji, Tanrıbilim.

di·vis·i·ble □ [dı'vızəbl] bölünebilir; **di·vi·sion** [~ʒn] *n.* böl(ün)me, taksim; kısım, bölüm; fikir ayrılığı; ⚔ bölme; × tümen.

di·vorce [dı'vɔːs] **1.** *n.* boşanma; *get a* ~ boşanmak *(from -den);* **2.** *v/t.* boşamak; ayırmak; *they have been* ~*d* boşandılar, ayrıldılar; **di·vor·cee** [dıvɔː'siː] *n.* boşanmış kadın.

diz·zy □ ['dızı] *(-ier, -iest)* başı dönen, sersem; baş döndürücü.

do [duː] *(did, done) v/t.* yapmak; etmek; bitirmek; *(rol)* oynamak; *(yemek)* pişirmek; *(yol)* almak; *(problem v.b.)* çözmek; çekidüzen vermek, düzeltmek; ~ *you know him? — no, I don't* onu tanıyor musunuz? — hayır, tanımıyorum; *What can I* ~ *for you?* sizin için ne yapabilirim; ~ *London F* Londra'yı gezmek; *have one's hair done* saçını yaptırmak; *have done reading* okumayı bitirmiş olmak; *v/i.* davranmak; yetmek, yeterli olmak; uygun olmak; *that will* ~ bu yeter; *how* ~ *you* ~ nasılsınız; memnun oldum; ~ *be quick* haydi acele et; ~ *you like London? — I* ~ Londra'yı seviyor musunuz? — evet; ~ *well* başarmak, başarılı olmak; işi iyi gitmek; ~ *away with* ortadan kaldırmak; öldürmek; *I'm done in F* çok yorgunum, turşu gibiyim; ~ *up* tamir etmek, onarmak; paketlemek, sarmak; *(giysi)* düğmelemek, kopçalamak; ~ *o.s. up* boyanmak, makyaj yapmak; *I'm done up F* çok yorgunum, turşu gibiyim; *I could* ~ *with...* ...se fena olmaz; ~ *without -den* vazgeçmek, *-sız* yapmak.

do·cile □ ['dəʊsaıl] uysal, yumuşak başlı.

dock[1] [dɒk] *v/t. (kuyruk)* kesmek, kısaltmak; *fig. (ücret v.b.)* kesmek.

dock[2] [~] **1.** *n.* ⚓ dok, havuz; rıhtım; ⚖ sanık yeri; **2.** *v/t.* havuza çekmek *(gemi); (uzaygemisi)* uzayda kenetlemek; *v/i.* ⚓ rıhtıma yanaşmak; *(uzaygemisi)* uzayda kenetlenmek; ~**·ing** ['dɒkıŋ] *n.* gemiyi havuza çekme; uzayda kenetlenme; ~**·yard** *n.* ⚓ tersane, gemilik.

doc·tor ['dɒktə] **1.** *n.* doktor; doktora vermiş kimse; **2.** *v/t.* tedavi etmek; *F* tamir etmek; *F (hesap)* üzerinde oynamak.

doc·trine ['dɒktrın] *n.* doktrin, öğreti.

doc·u·ment 1. ['dɒkjʊmənt] *n.* döküman, belge; **2.** [~ment] *v/t.* belgelemek.

doc·u·men·ta·ry [dɒkjʊ'mentrı] **1.** *adj.* dökümanter, belgesel *(film);* **2.** *n.* belgesel film.

dodge [dɒdʒ] **1.** *n.* yana kaçılma; hile, dolap, oyun, kurnazlık; **2.** *v/i.* hızla yana kaçılmak; *v/t. F* atlatmak, kaytarmak.

doe *zo.* [dəʊ] *n.* dişi geyik *ya da* tavşan.

dog [dɒg] **1.** *n. zo.* köpek; **2.** *(-gg-) v/t.* izlemek, peşini bırakmamak; ~**-eared** ['dɒgıəd] *adj.* köşesi kıvrık *(sayfa);* ~**·ged** □ inatçı, bildiğinden şaşmaz.

dog·ma ['dɒgmə] *n.* dogma, inak; ~**t·ic** [dɒg'mætık] *(~ally) adj.* dogmatik, inaksal.

dog-tired *F* ['dɒg'taıəd] *adj.* çok yorgun, turşu gibi.

do·ings ['duːıŋz] *n. pl.* yapılan iş

ler, olan şeyler.
do-it-your·self [du:ıtjɔ:'self] **1.** *n.* kendi kendine yapılan iş; **2.** *ad.* yardımsız yapılacak biçimde hazırlanmış.
dole [dəʊl] **1.** *n.* sadaka; *Brt. F* haftalık işsizlik parası; *be ya da go on the ~ Brt. F* haftalık işsizlik parası almak; **2.** *v/t. ~ out* azar azar dağıtmak.
dole·ful □ ['dəʊlfl] üzüntülü, acılı; yaslı.
doll [dɒl] *n.* oyuncak bebek.
dol·lar ['dɒlə] *n.* dolar.
dol·phin *zo.* ['dɒlfın] *n.* yunusbalığı.
do·main [dəʊ'meın] *n.* arazi, mülk; *fig.* saha, alan.
dome [dəʊm] *n.* kubbe; **~d** *adj.* kubbeli.
Domes·day Book ['du:mzdeıbʊk] *n.* 1086'da İngiltere'de Kral 1. William'ın emriyle hazırlanan tapu sicili.
do·mes|tic [də'mestık] **1.** *(~ally) adj.* ev ile ilgili, aile ile ilgili; evcil; yerli, iç...; *~ animal* evcil hayvan; *~ flight* ✈ iç uçuş; *~ trade* iç ticaret; **2.** *n.* hizmetçi; **~·ti·cate** [~eıt] *v/t.* evcilleştirmek.
dom·i·cile [ˌdɒmısaılè *n.* konut, mesken.
dom·i|nant □ ['dɒmınənt] dominant, başat, hâkim, egemen, üstün, baskın; **~·nate** [~eıt] *vb.* egemen olmak, hükmetmek; *(manzara) -e* bakmak; **~·na·tion** [dɒmı'neıʃn] *n.* egemenlik, üstünlük; **~·neer·ing** □ [~ıərıŋ] otoriter, hükmeden, zorba.
do·min·ion də'mınjən] *n.* egemenlik, hüküm, idare; ♀ dominyon.
don [dɒn] *v/t. (elbise)* giymek.
d·nate [dəʊ'neıt] *v/t.* bağışlamak, bağış olarak vermek; **do·na·tion** [~eıʃn] *n.* bağış.
done [dʌn] **1.** *p.p. of do;* **2.** *adj.* yapılmış, bitmiş; iyi pişmiş.
don·key ['dɒŋkı] *n. zo.* eşek; *attr.* yardımcı...
do·nor ['dəʊnə] *n.* (⚕ *esp.* kan) veren kimse, verici.
doom [du:m] **1.** *n.* kötü kader, yazgı; ölüm, kıyamet; **2.** *v/t. (ölüme v.b.)* mahkûm etmek; **~s·day** ['du:mzdeı]: *till ~ F* kıyamete kadar, dünya durdukça.
door [dɔ:] *n.* kapı; kapak; *next ~* bitişik evde, bitişikte, kapı komşu; **~-han·dle** ['dɔ:hændl] *n.* kapı tokmağı, kapı kolu; **~-keep·er** *n.* kapıcı; **~-man** *(pl. -men) n.* kapıcı; **~·step** *n.* eşik; **~·way** *n.* giriş.
dope [dəʊp] **1.** *n.* çiriş; *esp.* ✈ bez cilası; *F* uyuşturucu madde; *spor:* doping; *Am. F* uyuşturucu tiryakisi, afyonkeş; *sl.* sersem, budala; *sl.* bilgi, haber; **2.** *vb.* ✈ cilalamak, verniklemek; *F* uyuşturucu vermek; *spor:* doping yapmak; **~ ad·dict, ~ fiend** *n. F* uyuşturucu tiryakisi, afyonkeş; **~ test** *n.* doping kontrolü.
dorm *F* [dɔ:m] = *dormitory.*
dor·mant *mst fig.* ['dɔ:mənt] *adj.* uyuşuk, cansız.
dor·mer (win·dow) ['dɔ:mə('wındəʊ)] *n.* çatı penceresi.
dor·mi·to·ry ['dɔ:mıtrı] *n.* yatakhane, koğuş; *esp. Am.* öğrenci yurdu.
dose [dəʊs] **1.** *n.* doz; **2.** *v/t.* belirli dozda vermek.
dot [dɒt] **1.** *n.* nokta, benek, küçük leke; *on the ~ F* tam zamanında; **2.** *(-tt-) v/t.* noktalamak; *fig.* serpiştirmek, dağıtmak; *~ted line (bir belgede)* imza yeri.
dote [dəʊt]: *~ on, ~ upon -in* üzerine titremek, *-in* üstüne düşmek; **dot·ing** □ ['dəʊtıŋ] çılgınca seven, üstüne düşen.
doub·le ['dʌbl] **1.** □ iki, çift; iki katı; iki kişilik; **2.** *n.* benzer, eş; *(içki)* duble; *film, TV:* dublör; *mst ~s sg., pl. tenis:* çiftler; *men's ya*

da *women's* ~*s* *sg., pl. tenis:* çift erkekler *ya da* bayanlar; **3.** *v/t. & v/i.* iki katına çık(ar)mak; *film, TV:* dublörlük yapmak; *a.* ~ *up* eğ(il)mek, ikiye katla(n)mak; ~ *back* aynı yoldan dönmek; ~ *up* ikiye katla(n)mak, bük(ül)mek; *(sancı v.b.'den)* iki kat olmak; ~-**breast·ed** *adj.* kruvaze *(ceket);* ~-**check** *v/t.* iki kez kontrol etmek; ~ **chin** *n.* gerdan; ~-**cross** *v/t.* dost görünüp aldatmak, kazık atmak; ~-**deal·ing 1.** *adj.* ikiyüzlü, dolandırıcı; **2.** *n.* ikiyüzlülük, dolandırıcılık; ~-**deck·er** [~ə] *n.* iki katlı otobüs; ~-**edged** *adj.* iki kenarlı; iki amaçlı; ~-**en·try** *n. econ.* çift defter tutma; ~ **feature** *n. film:* iki film birden; ~ **head·er** *Am.* [~ə] *n. spor:* üst üste yapılan iki karşılaşma; ~-**park** *vb. mot.* park etmiş aracın yanına park etmek; ~-**quick** *adv. F* hemencecik, çabucak.

doubt [daʊt] **1.** *v/i.* kuşusu olmak; *v/t.* kuşkulanmak, şüphe etmek; **2.** *n.* kuşkulu olmak; *no* ~ hiç kuşkusuz, elbette; ~·**ful** □ ['daʊtfl] kuşkulu, şüpheli; kararsız; ~·**less** [~lıs] *adj.* kuşkusuz, şüphesiz, muhakkak.

douche [duːʃ] **1.** *n.* duş; ⚕ şırınga; **2.** *vb.* duş yapmak, sudan geçirmek; ⚕ şırınga etmek.

dough [dəʊ] *n.* hamur; ~·**nut** ['dəʊnʌt] *n.* tatlı çörek.

dove[1] *zo.* [dʌv] *n.* kumru.

dove[2] *Am.* [dəʊv] *pret. of dive 1.*

dow·el ⊕ ['daʊəl] *n.* ağaç çivi, dübel, kama.

down[1] [daʊn] *n.* tüy; kuştüyü; hav; ~*s* *pl.* ağaçsız tepeler, dağ sırtları.

down[2] [~] **1.** *adv.* aşağıya, aşağı; aşağıda, yer(d)e; güneye; **2.** *prp.* *-in* aşağısın(d)a; ~ *the river* ırmağın aşağısına doğru; **3.** *adj.* aşağıdaki, yerdeki; düşük, inik; *(ateş)* sönmüş; üzgün; ~ *platform (Londra'da)* hareket peronu, kalkış peronu; ~ *train* Londra'dan kalkan tren; **4.** *v/t.* yere devirmek; yenmek, alt etmek; *F (esp. içki)* içmek, mideye indirmek; ~ *tools* grev yapmak, işi bırakmak; ~·**cast** ['daʊnkɑːst] *adj.* üzgün, keyfi kaçık; ~·**fall** *n.* sağanak; *fig.* yıkılma, düşüş; ~-**heart·ed** □ üzgün, keyfi kaçık; ~·**hill 1.** *adv.* yokuş aşağı; **2.** *adj.* inişli, meyilli, eğik; *kayak:* depar...; **3.** *n.* iniş; *kayak:* depar, çıkış; ~ **pay·ment** *n. econ.* kaparo, pey akçası; ~·**pour** *n.* sağanak; ~·**right 1.** *adv.* tamamen, büsbütün; **2.** *adj.* açık, tam; dürüst, sözünü sakınmaz; ~·**stairs** *adv.* alt kat(t)a, aşağıda; ~·**stream** *adv.* akıntı yönünde; ~-**to-earth** *adj.* gerçekçi, realist; ~·**town** *Am.* **1.** *adv.* kentin iş merkezin(d)e, çarşıya; **2.** *adj.* kentin iş merkezi ile ilgili, çarşı...; **3.** *n.* kentin iş merkezi, çarşı; ~·**ward(s)** [~wəd(z)] *adv.* aşağı doğru.

down·y ['daʊnı] *(-ier, -iest) adj.* ince tüylü, havlı.

dow·ry ['daʊərı] *n.* çeyiz, drahoma.

doze [dəʊz] **1.** *v/i.* uyuklamak, kestirmek, şekerleme yapmak; **2.** *n.* uyuklama, şekerleme.

doz·en ['dʌzn] *n.* düzine.

drab [dræb] *adj.* sarımtırak kurşuni; sıkıcı, monoton.

draft [drɑːft] **1.** *n.* taslak, tasarı; *econ.* poliçe; ⚔ manga; hava akımı, cereyan; *Am.* ⚔ zorunlu askere alma; *esp. Brit.* = *draught;* **2.** *v/t.* taslağını çizmek, tasarlamak; ⚔ özel olarak görevlendirmek; *Am.* ⚔ silah altına almak; ~·**ee** *Am.* ⚔ [drɑːfˈtiː] *n.* kura askeri; ~**s·man** *esp. Am.* ['drɑːftsmən] *(pl. -men) s. draughtsman;* ~·**y** *Am.* [~ı] *(-ier, -iest)* = *draughty.*

drag [dræg] **1.** *n.* çekme, sürükle-

me; ⚕ demir tarama; hava direnci; tırmık, tarak; *fig.* engel, köstek; *F* sıkıcı şey *ya da* kimse; **2.** *(-gg-) v/t. & v/i.* sürükle(n)mek, sürü(n)mek; tırmıklamak; *a.* ~ *behind* geri kalmak; *(zaman)* geçmek bilmemek; ~ *on* çekmek, sürüklemek; *fig.* uzadıkça uzamak, bitmek bilmemek; *fig.* zorla söyletmek; **~·lift** ['dræglıft] *n.* tele-ski.
drag·on ['drægən] *n.* ejderha; **~-fly** *n. zo.* kızböceği, yusufçuk.
drain [dreın] **1.** *n.* kanalizasyon, lağım; *fig.* yük, masraf, külfet; **2.** *v/t. & v/i.* süz(ül)mek, ak(ıt)mak, kuru(t)mak; drenaj yapmak, akaçlamak; *fig. (para, güç)* bitirmek, tüketmek; ~ *away,* ~ *off* ak(ıt)mak; göç et(tir)mek; zayıfla(t)mak; **~·age** ['dreınıdʒ] *n.* drenaj, akaçlama; akıtma, boşaltma; kanalizasyon; **~-pipe** *n.* su borusu, oluk, künk.
drake *zo.* [dreık] *n.* erkek ördek, suna.
dram *F* [dræm] *n.* yudum, damla.
dra|ma ['drɑːmə] *n.* dram, drama, tiyatro oyunu; **~·mat·ic** [drə'mætık] *(~ally) adj.* dramatik, coşku veren; **~m·a·tist** ['dræmətıst] *n.* oyun yazarı; **~m·a·tize** [~taız] *v/t.* dramatize etmek, oyunlaştırmak.
drank [dræŋk] *pret. of drink 2.*
drape [dreıp] **1.** *v/t.* kumaşla örtmek *ya da* süslemek; *(bacak v.b.)* sallandırmak; **2.** *n. mst* ~*s pl. Am.* kalın perde; **drap·er·y** ['dreıpərı] *n.* manifatura; kumaşçılık; kumaş, çuha.
dras·tic ['dræstık] *(~ally) adj.* şiddetli, sert, ani.
draught [drɑːft] *n.* çekme, çekiş; hava akımı, cereyan; içme, yudum; ⚓ geminin çektiği su; ~*s sg. Brt.* dama oyunu; ~ *beer* fıçı birası; **~·horse** ['drɑːfthɔːs] *n.* koşum atı; **~s·man** [~smən] *(pl. -men) n. Brt.* dama oyuncusu; ⊕ teknik ressam; **~·y** [~ı] *(-ier, -iest) adj.* cereyanlı.
draw [drɔː] **1.** *(drew, drawn) vb.* çekmek; çekip çıkarmak; ⚕ *(kan)* akıtmak; *econ. (para)* çekmek; *(su, perde, silah)* çekmek; *(faiz)* getirmek; resmini yapmak, çizmek; *(çek)* yazmak; *(sonuç)* çıkarmak; *(dikkatini)* çemek *(to -e); (kümes hayvanı)* içini temizlemek; yaklaşmak *(to -e); spor:* berabere bitirmek; ~ *near* yaklaşmak; ~ *on,* ~ *upon* kullanmak; *-e* silah çekmek; ~ *out* uzatmak; *(para)* çekmek; *(gün)* uzamak; ~ *up (plan, anlaşma)* yapmak; yazmak, düzenlemek; **2.** *n.* çekme, çekiş; *piyango:* çekiliş, kura; *spor:* beraberlik; cazibe, çekicilik; **~·back** ['drɔːbæk] *n.* sakınca, dezavantaj, engel; **~·er** ['drɔːə] *n.* çeken kimse; teknik ressam; *econ.* keşideci; [drɔː] çekmece, göz; *(a. pair of)* ~*s pl.* don, külot; *mst chest of* ~*s* konsol, şifoniyer.
draw·ing ['drɔːıŋ] *n.* resim, karakalem; çekiliş, piyango; **~ account** *n. econ.* vadesiz hesap; **~-board** *n.* resim tahtası; **~-pin** *n. Brt.* raptiye; **~-room** = *living room;* misafir odası, salon.
drawl [drɔːl] **1.** *v/i.* ağır ağır konuşmak; **2.** *n.* ağır ağır konuşma.
drawn [drɔːn] **1.** *p.p. of draw 1;* **2.** *adj. spor:* berabere.
dread [dred] **1.** *n.* dehşet, korku; **2.** *v/t. -den* korkmak, endişe duymak; **~·ful** □ ['dredfl] korkunç, dehşetli; müthiş; sıkıcı.
dream [driːm] **1.** *n.* rüya, düş; hayal; **2.** *(dreamed ya da dreamt) vb.* rüya görmek; rüyasında görmek; düşlemek, hayal etmek; **~·er** ['driːmə] *n.* hayalci kimse; **~t** [dremt] *pret. & p.p. of dream 2;* **~·y** □ ['driːmı] *(-ier, -iest)* rüya gibi; hayalci, dalgın; belirsiz.

drear·y □ ['drɪərɪ] *(-ier, -iest)* can sıkıcı, kasvetli, iç karartıcı.

dredge [dredʒ] **1.** *n.* tarak dubası; ağlı kepçe; **2.** *v/t.* *(deniz dibini)* tarakla temizlemek, taramak.

dregs [dregz] *n. pl.* tortu; *fig.* ayaktakımı.

drench [drentʃ] *v/t.* adamakıllı ıslatmak, sırıksıklam etmek.

dress [dres] **1.** *n.* elbise, giysi; kıyafet, üstbaş; **2.** *v/t.* giydirmek; süslemek, donatmak; ✕ hizaya sokmak; *(salata)* hazırlamak; ⚕ *(yara)* sarmak, pansuman yapmak; ~ *down (deri)* işlemek; azarlamak, haşlamak; *v/i.* giyinmek; ~ *up* giyinip kuşanmak, süslenmek; ~ **cir·cle** *thea.* ['dres'sɜːkl] *n.* protokol yeri; ~ **de·sign·er** *n.* modacı; **~·er** [~ə] *n.* giydirici; pansumancı; tuvalet masası; mutfak dolabı.

dress·ing ['dresɪŋ] *n.* giy(in)me; giydirme; ⚕ pansuman, sargı; gübre; salata sosu; **~-down** *n.* azar; dayak; **~-gown** *n.* sabahlık; *spor:* bornoz; **~-ta·ble** *n.* tuvalet masası.

dress·mak·er ['dresmeɪkə] *n.* kadın terzisi.

drew [druː] *pret. of draw 1.*

drib·ble ['drɪbl] *v/t. & v/i.* damla(t)mak; *(çocuk)* salyası akmak; *futbol:* dripling yapmak.

dried [draɪd] *adj.* kurutulmuş, kuru.

dri·er ['draɪə] = *dryer.*

drift [drɪft] **1.** *n.* sürükle(n)me; cereyan, akıntı; birikinti, yığın; *fig.* eğilim; **2.** *v/t. & v/i.* sürükle(n)mek; *(kar, kum v.b.)* yığ(ıl)mak, birik(tir)mek.

drill [drɪl] **1.** *n.* matkap, delgi; ⸸ tohum ekme makinesi; alıştırma; ✕ talim; **2.** *v/t. & v/i.* delmek, delik açmak; ✕ talim et(tir)mek; alıştırma yap(tır)mak; tohum ekmek.

drink [drɪŋk] **1.** *n.* içecek; içki; **2.** *(drank, drunk) v/t.* içmek; emmek; ~ *to s.o.* *b-nin* şerefine içmek; **~·er** ['drɪŋkə] *n.* içen kimse; içkici, ayyaş.

drip [drɪp] **1.** *n.* damlama; damla; ⚕ damardan verilen sıvı; **2.** *(-pp-) v/t. & v/i.* damla(t)mak, şıp şıp ak(ıt)mak; **~-dry shirt** [drɪp'draɪ ʃɜːt] *n.* buruşmaz gömlek; **~·ping** ['drɪpɪŋ] *n.* kızartılan etten damlayan yağ.

drive [draɪv] **1.** *n.* araba gezintisi; araba yolu; ⊕ işletme mekanizması; *psych.* dürtü; *fig.* kampanya, hamle; *fig.* enerji, canlılık, şevk; sürgün avı, sürek avı; **2.** *(drove, driven) v/t. & v/i.* sür(ül)mek, önüne katmak; *(araba)* kullanmak; ⊕ çalıştırmak, işletmek; *a.* ~ *off* araba ile götürmek; zorlamak, sıkıştırmak; ~ *off* araba ile gitmek; *what are you driving at?* *F* ne demek istiyorsun

drive-in ['draɪvɪn] **1.** *adj.* araba içinde servis yapan; ~ *cinema, Am.* ~ *motion-picture theater* araba ile girilen sinema; **2.** *n.* araba ile girilen sinema *ya da* lokanta.

driv·el ['drɪvl] **1.** *(esp. Brt. -ll-, Am. -l-) v/i.* saçmalamak, saçma sapan konuşmak; **2.** *n.* saçma, zırva.

driv·en ['drɪvn] *p.p. of drive 2.*

driv·er ['draɪvə] *n. mot.* şoför, sürücü; 🚂 makinist; **~'s li·cense** *n. Am.* ehliyet.

driv·ing ['draɪvɪŋ] *adj.* süren; ⊕ işleten, çalıştıran; şiddetli; *mot.* şoför..., sürücü...; ~ **li·cence** *n.* ehliyet.

driz·zle ['drɪzl] **1.** *n.* çisenti, ahmak ıslatan; **2.** *v/i.* çiselemek, serpiştirmek.

drone [drəʊn] **1.** *n. zo.* erkek arı; *fig.* asalak, parazit; **2.** *v/i.* vızıldamak; homurdanmak.

droop [druːp] *v/t. & v/i.*

sark(ıt)mak, öne eğ(il)mek, boyun bükmek; kuvvetten düşmek.

drop [drɒp] **1.** *n.* damla; düşüş, iniş; *fig.* azıcık şey; tiyatro perdesi; bonbon, draje; *fruit ~s pl.* meyveli şekerleme; **2.** *(-pp-) v/t. & v/i.* düş(ür)mek; damla(t)mak; atmak; *(arabadan)* indirmek, bırakmak; vazgeçmek, bırakmak; son vermek, kesmek; görüşmemek, selamı sabahı kesmek; *(ses)* alçal(t)mak; *~ s.o. a few lines b-ne* iki satır yazmak; *~ in* uğramak; *~ off* azalmak; *F* içi geçmek, uyuya kalmak; *~ out* ayrılmak, çıkmak; *a. ~ out of school (university)* okulu (üniversiteyi) bırakmak; **~-out** ['drɒpaʊt] *n.* ayrılan kimse; okulu bırakan öğrenci.

droght [draʊt] *n.* kraklık, susuzluk.

drove [drəʊv] **1.** *n.* sürü; kalabalık, yığın; **2.** *pret. of drive 2.*

drown [draʊn] *v/t. & v/i.* suda boğ(ul)mak; *fig.* sesiyle bastırmak, boğmak.

drowse [draʊz] *v/i.* uyuklamak, pineklemek; *~ off* uyuklamak, dalmak; **drow·sy** ['draʊzı] *(-ier, -iest) adj.* uykulu; yku getiren, uyutucu.

drudge [drʌdʒ] *v/i.* ağır iş yapmak, köle gibi çalışmak; **drudg·e·ry** ['drʌdʒərı] *n.* ağır ve sıkıcı iş, angarya.

drug [drʌg] **1.** *n.* ecza; ilaç; uyuşturucu ilaç, hap; *be on (off) ~s* hapçı olmak (hapçılığı bırakmak); **2.** *(-gg-) v/t.* ilaçla uyutmak; *(içkiye v.b.)* ilaç katmak; *~* **a·buse** *n.* ilacı kötü amaçla kullanma; *~* **ad·dict** *n.* hapçı, uyuşturucu düşkünü; **~·gist** *Am.* ['drʌgıst] *n.* eczacı; eczane sahibi; **~·store** *n. Am.* eczane.

drum [drʌm] **1.** *n.* ♪ davul; trampet; davul sesi; *anat.* kulakzarı, kulakdavulu; *~s pl.* ♪ bateri; **2.** *(-mm-) v/i.* davul çalmak; **~·mer** ♪ ['drʌmə] *n.* davlcu, baterist.

drunk [drʌŋkr] **1.** *p.p. of drink 2;* **2.** *adj.* sarhoş; *get ~* sarhoş olmak; **3.** *n.* sarhoş kimse; = **~·ard** ['drʌŋkəd] *n.* içkici, ayyaş; **~·en** [~ən] *adj.* sarhoş; *~ driving* içkili araba kullanma.

dry [draı] **1.** □ *(-ier, -iest)* kuru; kurak; kör *(kuyu);* süt vermez *(inek); F* susamış; *F* sek *(içki);* sıkıcı, yavan; *~ goods pl.* tuhafiye, manifatura; **2.** *v/t. & v/i.* kuru(t)mak; kurulamak, silmek; *~ up* kupkuru yapmak *ya da* olmak; **~-clean** ['draı'kli:n] *v/t. (elbise v.b.)* temizlemek; **~-clean·er's** *n.* kuru temizleyici; **~·er** [~ə] *n. a. drier* kurutma makinesi.

du·al □ ['dju:əl] çift, iki; iki yönlü; *~ carriageway Brt.* çift yönlü yol.

dub [dʌb] *(-bb-) v/t. (film)* dublaj yapmak, sözlendirmek.

du·bi·ous □ ['dju:bjəs] belirsiz, şüpheli; kararsız.

duch·ess ['dʌtʃıs] *n.* düşes.

duck [dʌk] **1.** *n. zo.* ördek; ördek eti; *F* sevgili, yavru; **2.** *v/t. & v/i.* dal(dır)mak, sokup çıkarmak; **~·ling** *zo.* ['dʌklıŋ] *n.* ördek yavrusu.

due [dju:] **1.** *adj.* ödenmesi gereken; vadesi gelmiş; gerekli; uygun; gelmesi beklenen; *in ~ time* zamanı gelince; *~ to -den* dolayı, ... yüzünden; *be ~ to -den* ileri gelmek; ...mek üzere olmak; **2.** *adv.* doğruca, doğru; **3.** *n.* hak; alacak; *~s pl.* ücret, vergi, resim; aidat.

du·el ['dju:ə] **1.** *n.* düello; **2.** *(esp. Brt. -ll-, Am. -l-) v/i.* düello etmek.

dug [dʌg] *pret. & p.p. of dig 1.*

duke [dju:k] *n.* dük.

dull [dʌl] **1.** □ aptal, kalın kafalı; ağır, hantal; *(ses)* boğuk; neşesiz, sönük, renksiz; tatsız, yavan, sıkıcı; *(hava)* kapalı; *(renk)* donuk; kesmez, kör; *econ.* durgun, kesat, ölü; **2.** *v/t.* & *v/i.* donuklaş(tır)mak; sersemle(t)mek; körleş(tir)mek; *fig.* duygusuzlaş(tır)mak; *(ağrı)* uyuşturmak.

du·ly ['dju:lı] *adv.* tam zamanında; gerektiği gibi; hakkıyla.

dumb □ [dʌm] dilsiz; sessiz; *esp. Am. F* sersem, budala; **dum(b)·found·ed** ['dʌm'faʊndıd] *adj.* hayretler içinde olan, dili tutulmuş.

dum·my ['dʌmı] *n.* yapma şey, taklit; vitrin mankeni; *fig.* kkla; *Brt.* emzik; *attr.* taklit..., uydurma...

dump [dʌmp] **1.** *v/t.* boşaltmak, dökmek, atmak; dışarı atmak, kovmak; *econ.* damping yapmak, ucuza satmak; **2.** *n.* çöplük *(a. fig.)*; ⨯ cephanelik; **~·ing** *econ.* ['dʌmpıŋ] *n.* dampin, ucuzluk.

dune [dju:n] *n.* kum tepesi, kumul.

dung [dʌŋ] **1.** *n.* gübre; **2.** *v/t.* gübrelemek.

dun·ga·rees [dʌŋgə'ri:z] *n. pl.* (*a pair of* bir) kaba pamuklu kumaştan tulum.

dun·geon ['dʌndʒən] *n.* zindan.

dunk *F* [dʌŋk] *v/t.* & *v/i.* suya dal(dır)mak; batırmak, banmak.

dupe [dju:p] *v/t.* aldatmak, dolandırmak.

du·plex ['dju:pleks] *adj.* çift; dubleks...; ~ *(apartment) Am.* dubleks daire; ~ *(house) Am.* dubleks ev.

du·pli·cate **1.** ['dju:plıkət] *adj.* çift, eş; benzer; ~ *key* çift anahtar; **2.** [~] *n.* suret, kopya; **3.** [~keıt] *v/t.* suretini çıkarmak, kopya etmek; iki katına çıkarmak.

du·plic·i·ty [dj:'plısətı] *n.* ikiyüzlülük, hile.

dur·a·ble □ ['djʊərəbl] dayanıklı, sağlam; sürekli; **du·ra·tion** [djʊə'reıʃn] *n.* devam, süre.

du·ress [djʊə'res] *n.* zorlama, baskı, tehdit.

dur·ing ['djʊərıŋ] *prp.* esnasında; süresince, boyunca.

dusk [dʌsk] *n.* alacakaranlık; **~·y** □ ['dʌskı] *(-ier, -iest)* karanlık; esmer, koyu; *fig.* üzgün.

dust [dʌst] **1.** *n.* toz; toprak; **2.** *v/t.* tozunu almak, silmek; serpmek; *v/i.* toz almak; **~·bin** *Brt.* ['dʌstbın] *n.* çöp kutus, çöp tenekesi; **~cart** *n. Brt.* çöp arabası; **~·er** [~ə] *n.* toz bezi; *okul:* silgi; **~-cov·er,** **~-jack·et** *n.* kitap cildini tozdan koruyan kap; **~·man** *(pl. -men) n. Brt.* çöpçü; **~·y** □ [~ı] *(-ier, -iest)* tozl; toz gibi.

Dutch [dʌtʃ] **1.** *adj.* Hollandalı; **2.** *adv.: go* ~ Alman usulü yapmak, hesabı paylaşmak; **3.** *n. ling.* Felemenkçe; *the* ~ Hollanda halkı.

du·ty ['dju:tı] *n.* görev, vazife; *econ.* gümrük vergisi; yükümlülük; hizmet, iş; *be on* ~ görev başında olmak; *be off* ~ izinli olmak; **~-free** *adj.* gümrüksüz.

dwarf [dwɔ:f] **1.** *(pl. dwarfs* [~fs], *dwarves* [~vz]*) n.* cüce; **2.** *v/t.* cüceleştirmek; küçük göstermek.

dwell [dwel] *(dwelt ya da dwelled) vb.* oturmak; üzerinde durmak *(on, upon -in)*; **~·ing** ['dwelıŋ] *n.* oturma; konut, ev.

dwelt [dwelt] *pret.* & *p.p. of dwell.*

dwin·dle ['dwındl] *v/i.* azalmak; küçülmek.

dye [daı] **1.** *n.* boya; *of the deepest* ~ *fig.* en kötüsünden; **2.** *v/t.* & *v/i.* boya(n)mak.

dy·ing ['daııŋ] **1.** *adj.* ölmekte olan, ölen; **2.** *n.* ölüm.

dyke [daık] = *dike*[1,2].

dy·nam·ic [daı'næmık] *adj.* dinamik, canlı, etkin, hareketli; **~s** *n. mst sg.* dinamik, devimbilim.

dy·na·mite ['daınəmaıt] **1.** *n.* dinamit; **2.** *v/t.* dinamitlemek, dinamitle havaya uçurmak.

dys·en·te·ry ⚕ ['dısntrı] *n.* dizanteri, kanlı basur.

dys·pep·si·a ⚕ [dıs'pepsıə] *n.* sindirim güçlüğü.

E

each [iːtʃ] *adj.* her, her bir; ~ *other* birbirini; birbirine.

ea·ger □ ['iːgə] hevesli, istekli, can atan; **~·ness** ['iːgənıs] *n.* heves, istek, şevk.

ea·gle ['iːgl] *n. zo.* kartal; *Am. hist.* on dolarlık madeni para; **~-eyed** *adj.* keskin gözlü.

ear [ıə] *n. anat.* kulak; sap, başak; önem verme; *keep an ~ to the ground* olan bitenden haberdar olmak; **~-drum** *anat.* ['ıədrʌm] *n.* kulakzarı, kulakdavulu; **~ed** *adj.* kulaklı.

earl [ɜːl] *n.* kont.

ear·lobe ['ıələʊb] *n.* kulakmemesi.

ear·ly ['ɜːlı] *adj. & adv.* erken, erkenden; erkenci; ilk, önceki; eski; *(meyve)* turfanda; *as ~ as May* daha mayısta; *as ~ as possible* mümkün olduğunca erken; ~ *bird* erken kalkan kimse; ~ *warning system* ✕ erken uyarı sistemi.

ear·mark ['ıəmɑːk] **1.** *n.* hayvanların kulağına takılan marka; işaret; **2.** *v/t. (para)* bir kenara koymak, ayırmak *(for için)*.

earn [ɜːn] *v/t.* kazanmak; hak etmek, hak kazanmak.

ear·nest ['ɜːnıst] **1.** □ ciddi, ağırbaşlı; samimi; hevesli; **2.** *n.* ciddiyet; *in ~* ciddi olarak, ciddi ciddi.

earn·ings ['ɜːnıŋz] *n. pl.* kazanç, edinti, gelir.

ear|phones ['ıəfəʊnz] *n. pl.* kulaklık; **~-piece** *n. teleph.* kulaklık; işitme aygıtı; **~-ring** *n.* küpe; **~·shot:** *within (out of) ~* duyula(maya)cak uzaklıkta.

earth [ɜːθ] **1.** *n.* yeryüzü, dünya; yer, toprak; hayvan ini; **2.** *v/t.* ⚡ toprağa bağlamak, topraklamak; **~·en** ['ɜːθn] *adj.* topraktan yapılmış, toprak...; **~·en·ware** [~nweə] **1.** *n.* çanak çömlek; **2.** *adj.* topraktan yapılmış, toprak...; **~·ly** ['ɜːθlı] *adj.* dünyasal, maddesel; *F* mümkün, olası; **~·quake** *n.* deprem, yersarsıntısı; **~·worm** *n. zo.* yersolucanı.

ease [iːz] **1.** *n.* huzur, rahat, refah; kolaylık; serbestlik, rahatlık; *at ~* rahat, huzurl; *ill at ~* endişeli, huzursuz; **2.** *v/t.* rahat ettirmek; dindirmek, yatıştırmak; gevşetmek; *v/i. mst ~ off, ~ up* azalmak, kesilmek; yumuşak.

ea·sel ['iːzl] *n.* ressam sehpası, şövalye.

east [iːst] **1.** *n.* doğu; *the* ♀ A.B.D.'-nin doğu eyaletleri; *pol.* doğu; **2.** *adj.* doğu...; **3.** *adv.* doğuya doğru.

Eas·ter ['iːstə] *n.* paskalya; *attr.* paskalya...

eas·ter·ly ['iːstəlı] **1.** *adv.* doğuya doğru; doğuda(n); **2.** *adj.* doğu...; **east·ern** [~n] *adj.* doğu ile ilgili, doğu...; **east·ward(s)** [~wəd(z)] *adv.* doğuya doğru, doğuya.

eas·y ['iːzı] □ *(-ier, -iest)* kolay; rahat, sıkıntısız; sakin, uysal; *in ~ circumstances* hali vakti yerinde olan, varlıklı; *on ~ street Am.* iyi koşullarda; *go ~, take it ~* kendini fazla yormamak, keyfine bakmak, yan gelmek; *take it ~!* Boş ver!; **~ chair** *n.* koltuk; **~·going** *adj.* kaygısız, telaşsız, geniş.

eat [iːt] **1.** *(ate, eaten) v/t.* yemek; çürütmek, kemirmek, aşındırmak; *~ out* yemeği dışarıda yemek; **2.** *n.* *~s pl. F* yemek, yiyecek; **ea·ta·ble** ['iːtəbl] **1.** *adj.* yenebilir, yenir; **2.** *n.* *~s pl.* yiyecek; **~·en** ['iːtn] *p.p. of eat 1;* **~·er** [~ə] *n.* yiyen kimse.

eaves [iːvz] *n. pl.* saçak; **~·drop** ['iːvzdrɒp] *(-pp-) v/i.* gizlice dinlemek, kulak kabartmak.

ebb [eb] **1.** *n.* cezir, suların alçalması; *fig.* düşük seviye; *fig.* bozulma, düşüş; **2.** *v/i. (deniz)* çekilmek; *fig.* bozulmak, azalmak; **~ tide** ['eb'taɪd] *n.* cezir, inik deniz.

eb·o·ny ['ebənɪ] *n.* abanoz.

ec·cen·tric [ɪk'sentrɪk] **1.** *(~ally) adj.* eksantrik, dışmerkezli; garip, tuhaf, ayrıksı; **2.** *n.* tuhaf kimse.

ec·cle·si·as|tic [ɪkliːzɪ'æstɪk] *(~ally),* **~·ti·cal** □ [~kl] kilise ile ilgili, dinsel.

ech·o ['ekəʊ] **1.** *(pl. -oes) n.* eko, yankı; **2.** *v/t. & v/i.* yankıla(n)mak; *fig.* aynen tekrarlamak, taklit etmek.

e·clipse [ɪ'klɪps] **1.** *n. ast.* tutulma; **2.** *v/t. ast.* tutulmasına neden olmak, karartmak; *be ~d by fig.* ... tarafından gölgede bırakılmak.

e·co·cide ['iːkəsaɪd] *n.* çevre kirlenmesi.

e·co|lo·gi·cal □ [iːkə'lɒdʒɪkl] ekolojik, çevrebilimsel; **~l·o·gist** [iː'kɒlədʒɪst] *n.* ekolojist, çevrebilimci; **~l·o·gy** [~ɪ] *n.* ekoloji, çevrebilim.

ec·o·nom|ic [iːkə'nɒmɪk] *(~ally) adj.* ekonomik; az masraflı, hesaplı, kazançlı; *~ aid* ekonomik yardım; *~ growth* ekonomik gelişme; **~·i·cal** □ [~kl] tutumlu, idareli; **~·ics** *n. sg.* ekonomi.

e·con·o|mist [ɪ'kɒnəmɪst] *n.* ekonomist, ekonomi uzmanı; **~·mize** [~aɪz] *vb.* idareli harcamak, ekonomi yapmak; **~·my** [~ɪ] **1.** *n.* ekonomi; idare, tutum; ekonomik sistem; **2.** *adj.* ucuz, ekonomi...; *~ class* ✈ ekonomi sınıfı.

e·co·sys·tem [iːkəʊsɪstəm] *n.* çevrebilimsel sistem.

ec·sta|sy ['ekstəsɪ] *n.* kendinden geçme, coşkunluk; **~t·ic** [ɪk'stætɪk] *(~ally) adj.* kendinden geçmiş, coşmuş; kendinden geçirici.

ed·dy ['edɪ] **1.** *n.* girdap, anafor; **2.** *v/i.* fırıl fırıl dönmek.

edge [edʒ] **1.** *n.* kenar, uç; bıçak ağzı; kıyı, sınır; şiddet, keskinlik; *be on ~* sinirli *ya da* endişeli olmak; **2.** *v/t. & v/i.* bilemek; kenar yapmak; yan yan sok(ul)mak; **~·ways, ~·wise** ['edʒweɪz, ~waɪz] *adv.* yanlamasına, yan yan; yandan.

edg·ing ['edʒɪŋ] *n.* kenar, şerit, dantela.

edg·y ['edʒɪ] *(-ier, -iest) adj.* keskin kenarlı; *F* sinirli; *F* endişeli.

ed·i·ble ['edɪbl] *adj.* yenebilir, yenir.

e·dict ['iːdɪkt] *n.* emir, ferman.

ed·i·fice ['edɪfɪs] *n.* büyük bina, muazzam yapı.

ed·i·fy·ing □ ['edɪfaɪɪŋ] yüksek duygulara ulaştıran.

ed·it ['edɪt] *v/t. (yazı)* yayına hazırlamak; *(gazete v.b.)* yönetmek; **e·di·tion** [ɪ'dɪʃn] *n.* baskı, yayım; **ed·i·tor** ['edɪtə] *n.* editör, yayımcı, basıcı; yazı işleri müdürü; **ed·i·to·ri·al** [edɪ'tɔːrɪəl] **1.** *n.* başyazı; **2.** □ editör ile ilgili.

ed·u|cate ['edjuːkeɪt] *v/t.* eğitmek, yetiştirmek; okutmak; **~·cat·ed** *adj.* okumuş, aydın; **~·ca·tion** [edjuː'keɪʃn] *n.* eğitim; öğrenim; *Ministry of* ℒ Eğitim Bakanlığı;

~·ca·tion·al □ [~nl] eğitimsel; eğitsel, eğitici; **~·ca·tor** ['edju:keɪtə] *n.* eğitimci, eğitmen.
eel *zo.* [i:l] *n.* yılanbalığı.
ef·fect [ɪ'fekt] **1.** *n.* etki; sonuç; gösteriş; yürürlük; anlam; ⊕ verim, randıman; *~s pl. econ.* taşınır mallar; kişisel eşya; *be of ~* etkili olmak; *take ~* yürürlüğe girmek; *in ~* gerçekte, aslında; yürürlükte; *to the ~* anlamında; **2.** *v/t.* yapmak, yerine getirmek; **ef·fec·tive** □ [~ɪv] etkili; yürürlükte olan, geçerli; gerçek; ⊕ randımanlı, verimli; *~ date* yürürlük tarihi, geçerli tarih.
ef·fem·i·nate □ [ɪ'femɪnət] kadınsı, çıtkırıldım.
ef·fer|vesce [efə'ves] *v/i.* köpürmek, kabarmak; **~·ves·cent** [~nt] *adj.* köpüren, kabaran; coşkun.
ef·fi·cien|cy [ɪ'fɪʃənsɪ] *n.* etki; yeterlik; *~ engineer; ~ expert econ.* rasyonalizasyon uzmanı; **~t** □ [~t] etkili; yeterli; verimli.
ef·flu·ent ['efluənt] *n.* pis su, artık su, akıntı.
ef·fort ['efət] *n.* gayret, çaba, uğraş; *without ~* = **~·less** □ [~lɪs] zahmetsiz, kolay.
ef·fron·te·ry [ɪ'frʌntərɪ] *n.* küstahlık, yüzsüzlük.
ef·fu·sive □ [ɪ'fju:sɪv] bol; taşkın, coşkun.
egg[1] [eg]: *~ on* teşvik etmek, gayrete getirmek.
egg[2] [~] *n.* yumurta; *put all one's ~s in one basket* varını yoğunu bir işe bağlamak; *as sure as ~s is ~s F* hiç kuşkusuz; **~-co·sy** ['egkəuzɪ] *n.* yumurta kılıfı; **~-cup** *n.* yumurta kabı, yumurtalık; **~-head** *n. F* entelektüel, aydın.
e·go·is|m ['egəuɪzəm] *n.* egoizm, bencillik; **~t** [~ɪst] *n.* egoist, bencil.
E·gyp·tian [ɪ'dʒɪpʃn] **1.** *adj.* Mısır'a özgü; **2.** *n.* Mısırlı.
ei·der·down ['aɪdədaun] *n.* kuştüyü yorgan.
eight [eɪt] **1.** *adj.* sekiz; **2.** *n.* sekiz rakamı; **eigh·teen** ['eɪ'ti:n] **1.** *adj.* on sekiz; **2.** *n.* on sekiz rakamı; **eigh·teenth** [~θ] *adj. & n.* on sekizinci; **~·fold** ['eɪtfəuld] *adj. & adv.* sekiz katı; **~h** [eɪtθ] **1.** *adj.* sekizinci; **2.** *n.* sekizde bir; **~h·ly** ['eɪtθlɪ] *adv.* sekizinci olarak; **eigh·ti·eth** ['eɪtɪɪθ] *adj.* sekseninci; **eigh·ty** ['eɪtɪ] **1.** *adj.* seksen; **2.** *n.* seksen rakamı.
ei·ther ['aɪðə; *Am.* 'i:ðə] *cj.* ya ya da; *~ ... or* ya ... ya da; *not ~* o da... değil.
e·jac·u·late [ɪ'dʒækjuleɪt] *v/t. & v/i. physiol. (meni)* fışkır(t)mak; birden söyleyivermek; feryat etmek.
e·ject [ɪ'dʒekt] *v/t.* dışarı atmak, kovmak, kapı dışarı etmek *(from -den).*
eke [i:k]: *~ out* idareli kullanmak, idare etmek; *~ out a living* kıt kanaat geçinmek.
e·lab·o·rate 1. □ [ɪ'læbərət] özenle hazırlanmış, özenilmiş; ayrıntılı, komplike; **2.** [~reɪt] *vb.* özenle hazırlamak; ayrıntılara inmek.
e·lapse [ɪ'læps] *v/i. (zaman)* geçmek, geçip gitmek.
e·las|tic [ɪ'læstɪk] **1.** *(~ally) adj.* esnek; *~ band Brt.* = **2.** *n.* lastik bant; **~·ti·ci·ty** [elæ'stɪsətɪ] *n.* esneklik.
e·lat·ed [ɪ'leɪtɪd] *adj.* sevinçli, mutlu.
el·bow ['elbəu] **1.** *n.* dirsek; viraj, dönemeç; ⊕ dirsek; *at one's ~* elinin altında; *out at ~s fig.* kılıksız, üstü başı dökülen; **2.** *v/t.* dirsekle dürtmek; *~ one's way through* ite kaka *k-ne* yol açmak.
el·der[1] ⚘ ['eldə] *n.* mürver ağacı.
el·der[2] [~] **1.** *adj.* daha yaşlı, daha büyük; **2.** *n.* yaşlı, büyük; **~·ly**

[~lı] *adj.* yaşlıca, geçkin.
el·dest ['eldıst] *adj.* en yaşlı, en büyük.
e·lect [ı'lekt] **1.** *adj.* seçkin; **2.** *v/t.* seçmek; karar vermek.
e·lec|tion [ı'lekʃn] *n.* seçim; *attr. pol.* seçim...; **~·tor** [~tə] *n.* seçmen; *Am. pol.* seçmenler kurulu üyesi; *hist.* elektör; **~·to·ral** [~ərəl] *adj.* seçim *ya da* seçmenle ilgili, seçim..., seçmen...; ~ *college Am. pol.* seçmenler kurulu; **~·to·rate** *pol.* [~ərət] *n.* seçmenler.
e·lec|tric [ı'lektrık] *(~ally) adj.* elektrikle ilgili, elektrik...; elektrikli *(a. fig.)*, elektro...; **~·tri·cal** □ [~kl] elektrik...; elektrikli; ~ *engineer* elektrik mühendisi; **~·tric chair** *n.* elektrikli sandalye; **~·tri·cian** [ılek'trıʃn] *n.* elektrikçi; **~·tri·ci·ty** [~ısətı] *n.* elektrik; elektrik akımı.
e·lec·tri·fy [ı'lektrıfaı] *v/t.* elektriklendirmek; *fig.* heyecana düşürmek.
e·lec·tro- [ı'lektrəʊ] *prefix* elektro...
e·lec·tro·cute [ı'lektrəkju:t] *v/t.* elektrikli sandalyede idam etmek.
e·lec·tron [ı'lektrɒn] *n.* elektron.
el·ec·tron·ic [ılek'trɒnık] **1.** *(~ally) adj.* elektronik; ~ *data processing* elektronik bilgi işlem; **2.** *n.* ~*s sg.* elektronik bilimi.
el·e|gance ['elıgəns] *n.* zariflik, şıklık; **~·gant** □ [~t] zarif, şık, kibar.
el·e|ment ['elımənt] *n.* eleman, öğe; ⚗ element; ~*s pl.* temel bilgiler; kötü hava; **~·men·tal** □ [elı'mentl] temel, esas; duyguları kuvvetli; doğaya özgü.
el·e·men·ta·ry □ [elı'mentərı] temel; ilk; ~ *school Am.* ilkokul.
el·e·phant *zo.* ['elıfənt] *n.* fil.
el·e|vate ['elıveıt] *v/t.* yükseltmek *(a. fig.)*; **~·vat·ed** *adj.* yüksek; *fig.* yüce, ulu; ~ *(railroad) Am.* havai demiryolu; **~·va·tion** [elı'veıʃn] *n.* yükseltme; yüceltme; yükseklik; tepe, yükselti; **~·va·tor** ⊕ ['elıveıtə] *n. Am.* asansör; ✈ yükselti dümeni.
e·lev·en [ı'levn] **1.** *adj.* on bir; **2.** *n.* on bir rakamı; **~th** [~θ] **1.** *adj.* on birinci; **2.** *n.* on birde bir.
elf [elf] *(pl. elves) n.* cin, peri.
e·li·cit [ı'lısıt] *v/t.* *(gerçek)* ortaya çıkarmak; *(bilgi)* sağlamak *(from -den)*; neden olmak.
el·i·gi·ble □ ['elıdʒəbl] seçilebilir, uygun, elverişli.
e·lim·i|nate [ı'lımıneıt] *v/t.* çıkarmak, atmak, elemek, ortadan kaldırmak, gidermek; **~·na·tion** [ılımı'neıʃn] *n.* çıkarma, atma, eleme.
é·lite [eı'li:t] *n.* seçkin sınıf, elit tabaka.
elk *zo.* [elk] *n.* Kanada geyiği.
el·lipse △ [ı'lıps] *n.* elips.
elm ⚘ [elm] *n.* karaağaç.
el·o·cu·tion [elə'kju:ʃn] *n.* söz sanatı, etkili söz söyleme sanatı.
e·lon·gate ['i:lɒŋgeıt] *v/t.* uzatmak.
e·lope [ı'ləʊp] *v/i.* âşığı ile kaçmak, evlenmek için evden kaçmak.
e·lo|quence ['eləkwəns] *n.* etkili söz söyleme sanatı; **~·quent** □ [~t] etkili konuşan; etkili.
else [els] *adv.* başka; yoksa; **~·where** ['els'weə] *adv.* başka yer(d)e.
e·lu·ci·date [ı'lu:sıdeıt] *v/t.* açıklamak, aydınlatmak.
e·lude [ı'lu:d] *v/t.* kurtulmak, yakasını kurtarmak, sıyrılmak, atlatmak; *fig.* *-in* aklına gelmemek.
e·lu·sive □ [ı'lu:sıv] yakalaması zor, ele geçmez; akılda tutulması zor.
elves [elvz] *pl. of elf.*
e·ma·ci·at·ed [ı'meıʃıeıtıd] *adj.* çok sıska, bir deri bir kemik.
em.a|nate ['eməneıt] *v/t.* çıkmak,

gelmek, yayılmak *(from -den)*; **~·nation** [emə'neɪʃn] *n.* çıkma, yayılma.
e·man·ci|pate [ɪ'mænsɪpeɪt] *v/t.* serbest bırakmak, özgürlüğüne kavuşturmak; **~·pa·tion** [ɪmænsɪ'peɪʃn] *n.* serbest bırakma; özgürlüğüne kavuşma.
em·balm [ɪm'bɑːm] *v/t.* mumyalamak.
em·bank·ment [ɪm'bæŋkmənt] *n.* toprak set, bent; şev.
em·bar·go [em'bɑːgəʊ] *(pl. -goes) n.* ambargo.
em·bark [ɪm'bɑːk] *v/t. & v/i.* ⚓, ✈ bin(dir)mek; ⚓ *a. (yolcu, eşya)* almak; ~ *on,* ~ *upon -e* başlamak, *-e* girişmek.
em·bar·rass [ɪm'bærəs] *v/t.* şaşırtmak, bozmak; utandırmak; rahatsız etmek, sıkmak; engellemek, güçleştirmek; **~·ing** □ [~ɪŋ] can sıkıcı; sıkıntılı; utandırıcı; **~·ment** [~mənt] *n.* şaşkınlık; sıkılma, utanma; sıkıntı.
em·bas·sy ['embəsɪ] *n.* elçilik.
em·bed [ɪm'bed] *(-dd-) v/t.* yerleştirmek, oturtmak, gömmek.
em·bel·lish [ɪm'belɪʃ] *v/t.* süslemek, güzelleştirmek; *fig.* uydurma ayrıntılarla ilginçleştirmek.
em·bers ['embəz] *n. pl.* kor, köz.
em·bez·zle [ɪm'bezl] *v/t.* zimmetine geçirmek; **~·ment** [~mənt] *n.* zimmetine geçirme.
em·bit·ter [ɪm'bɪtə] *v/t.* acılaştırmak; *fig.* hayata küstürmek.
em·blem ['embləm] *n.* amblem, belirtke, simge.
em·bod·y [ɪm'bɒdɪ] *v/t.* cisimlendirmek, somutlaştırmak; içermek, kapsamak.
em·bo·lis·m ⚕ ['embəlɪzəm] *n.* amboli, damar tıkanıklığı.
em·brace [ɪm'breɪs] **1.** *v/t. & v/i.* kucakla(ş)mak; benimsemek; içermek; **2.** *n.* kucakla(ş)ma.
em·broi·der [ɪm'brɔɪdə] *vb.* nakış işlemek; *fig.* süslemek, ballandırmak; **~·y** [~ərɪ] *n.* nakış; *fig.* süsleme, ballandırma.
em·broil [ɪm'brɔɪl] *v/t.* karıştırmak, araya sokmak.
e·men·da·tion [iːmen'deɪʃn] *n.* düzeltme.
em·e·rald ['emərəld] **1.** *n.* zümrüt; **2.** *adj.* zümrüt renginde.
e·merge [ɪ'mɜːdʒ] *v/i.* çıkmak, görünmek; *fig.* ortaya çıkmak, doğmak.
e·mer|gen·cy [ɪ'mɜːdʒənsɪ] *n.* olağanüstü durum, tehlike; *attr.* tehlike..., imdat...; ~ *brake* imdat freni; ~ *call* imdat isteme; ~ *exit* tehlike çıkışı, imdat kapısı; ~ *landing* ✈ zorunlu iniş; ~ *number* imdat isteme; ~ *ward* ⚕ ilk yardım koğuşu; **~·gent** [~t] *adj.* çıkan, ortaya çıkan; *fig.* gelişen, yükselen *(ulus).*
em·i|grant ['emɪgrənt] *n.* göçmen; **~·grate** [~reɪt] *v/i.* göç etmek; **~·gra·tion** [emɪ'greɪʃn] *n.* göç.
em·i|nence ['emɪnəns] *n.* yükseklik, tepe; saygınlık, ün, nam, rütbe; ♀ Kardinal sanı; **~·nent** □ [~t] *fig.* seçkin, güzide; ünlü; **~·nent·ly** [~lɪ] *adv.* pek, oldukça.
e·mit [ɪ'mɪt] *(-tt-) v/t.* çıkarmak, yaymak, salmak.
e·mo·tion [ɪ'məʊʃn] *n.* heyecan, duygu, his; **~·al** □ [~l] duygusal; duygulu, heyecanlı; dokunaklı; **~·al·ly** [~lɪ] *adv.* duygusal olarak; ~ *disturbed* ruhen yıkık; ~ *ill* zihni bulanık; **~·less** [~lɪs] *adj.* duygusuz, soğuk.
em·pe·ror ['empərə] *n.* imparator.
em·pha|sis ['emfəsɪs] *(pl. -ses* [-siːz]) *n.* önem; şiddet; vurgu; **~·size** [~saɪz] *v/t.* vurgulamak *(a. fig.)*; **~·t·ic** [ɪm'fætɪk] *(~ally) adj.* etkili; vurgulu.
em·pire ['empaɪə] *n.* imparatorluk;

the British ♀ Büyük Britanya İmparatorluğu.

em·pir·i·cal □ [em'pırıkl] deneyimsel.

em·ploy [ım'plɔı] **1.** *v/t.* çalıştırmak, iş vermek; kullanmak; *(zaman v.b.)* harcamak, vermek; **2.** *n.* görev, iş, hizmet; *in the ~ of -in* hizmetinde; **~·ee** [emplɔı'i:] *n.* işçi, hizmetli, memur; **~·er** [ım'plɔıə] *n.* işveren, patron; **~·ment** [~mənt] *n.* iş verme; iş, memuriyet; *~ agency, ~ bureau* iş bulma bürosu; *~ market* iş piyasası; *~ service agency Brt.* iş bürosu.

em·pow·er [ım'paʊə] *v/t.* yetki vermek, yetkili kılmak.

em·press ['emprıs] *n.* imparatoriçe.

emp|ti·ness ['emptınıs] *n.* boşluk *(a. fig.)*; **~·ty** ['emptı] **1.** □ *(-ier, -iest)* boş *(a. fig.)*; *~ of -den* yoksun, -sız; **2.** *v/t. & v/i.* boşal(t)mak; dökmek; *(nehir)* dökülmek.

em·u·late ['emjʊleıt] *v/t.* rekabet etmek, geçmeye çalışmak.

e·mul·sion [ı'mʌlʃn] *n.* sübye, emülsiyon.

en·a·ble [ı'neıbl] *v/t.* olanak vermek, olası kılmak; yetki vermek; kolaylaştırmak.

en·act [ı'nækt] *v/t.* *(kanun)* çıkarmak, kabul etmek; hükmetmek, buyurmak; *thea. (rol)* oynamak.

e·nam·el [ı'næml] **1.** *n.* mine; *anat.* diş minesi; **2.** *(esp. Brt. -ll-, Am. -l-) v/t.* minelemek; sıralamak.

en·am·o(u)red [ı'næməd]: *~ of -e* tutkun, *-e* gönül vermiş.

en·camp·ment *esp.* ⚔ [ın'kæmpmənt] *n.* kamp, ordugâh.

en·cased [ın'keıst]: *~ in ile* örtülü, *ile* kaplı.

en·chant [ın'tʃɑ:nt] *v/t.* büyülemek *(a. fig.)*; **~·ing** □ [~ıŋ] büyüleyici; **~·ment** [~mənt] *n.* büyüleme *(a. fig.)*; büyü.

en·cir·cle [ın'sɜ:kl] *v/t.* etrafını çevirmek, kuşatmak.

en·close [ın'kləʊz] *v/t.* etrafını çevirmek; içine koymak, iliştirmek; **en·clo·sure** [~əʊʒə] *n.* etrafını çevirme; etrafı çevrili arazi; çit; ilişikte gönderilen şey.

en·com·pass [ın'kʌmpəs] *v/t.* etrafını çevirmek, kuşatmak.

en·coun·ter [ın'kaʊntə] **1.** *n.* karşılaşma; çarpışma; **2.** *v/t.* karşılaşmak, rastlamak; çarpışmak.

en·cour·age [ın'kʌrıdʒ] *v/t.* cesaret vermek, özendirmek; **~·ment** [~mənt] *n.* cesaret verme, özendirme.

en·croach [ın'krəʊtʃ] *v/i.* tecavüz etmek, el uzatmak *(on, upon -e)*; sokulmak; **~·ment** [~mənt] *n.* tecavüz, el uzatma; sokulma.

en·cum|ber [ın'kʌmbə] *v/t.* tıka basa doldurmak; yüklemek; engel olmak; **~·brance** [~brəns] *n.* yük; engel; *without ~* çocuksuz.

en·cy·clo·p(a)e·di·a [ensaıklə'pi:djə] *n.* ansiklopedi, bilgilik.

end [end] **1.** *n.* son; uç; gaye, amaç; *no ~ of* sayısız, dünya kadar; *in the ~* sonunda; *on ~* ayakta, dik; *stand on ~ (tüyler)* ürpermek, diken diken olmak; *to no ~* boşuna; *go off the deep ~ fig.* öfkelenmek, tepesi atmak; *make both ~s meet* iki yakayı bir araya getirmek; **2.** *v/t. & v/i.* bit(ir)mek, sona er(dir)mek.

en·dan·ger [ın'deındʒə] *v/t.* tehlikeye atmak.

en·dear [ın'dıə] *v/t.* sevdirmek *(to s.o. b-ne)*; **~·ing** □ [~rıŋ] çekici, alımlı; **~·ment** [~mənt] *n.* sevgi; sevgi dolu söz; *term of ~* okşayıcı söz.

en·deav·o(u)r [ın'devə] **1.** *n.* çaba, gayret; **2.** *vb.* çabalamak, çalışmak.

end|ing ['endıŋ] *n.* son; *gr.* sonek;

~·**less** □ [~lıs] bitmez tükenmez; ⊕ sonsuz *(kayış v.b.).*
en·dive ⚘ ['endıv] *n.* hindiba.
en·dorse [ın'dɔːs] *v/t. econ. (çek v.b.)* ciro etmek; desteklemek *(on konusunda);* ~·**ment** [~mənt] *n.* destekleme, onay; *econ.* ciro.
en·dow [ın'daʊ] *v/t. fig.* vermek, bahşetmek; ~ *s.o. with s.th. b-ne bş* bahşetmek; ~·**ment** [~mənt] *n.* bağışlama; bağış; *mst* ~*s pl.* Allah vergisi, yetenek.
en·dur|ance [ın'djʊərəns] *n.* tahammül, katlanma, çekme, dayanma; *beyond* ~, *past* ~ dayanılmaz; ~**e** [ın'djʊə] *v/t.* tahammül etmek, katlanmak, dayanmak.
en·e·my ['enəmı] **1.** *n.* düşman; *the* ♀ şeytan; **2.** *adj.* düşmanca.
en·er|get·ic [enə'dʒetık] *(~ally) adj.* enerjik, hareketli, çalışkan; ~·**gy** ['enədʒı] *n.* enerji, erke, güç; ~ *crisis* enerji krizi.
en·fold [ın'fəʊld] *v/t.* katlamak, sarmak; kucaklamak.
en·force [ın'fɔːs] *v/t. (yasa)* uygulamak, yürütmek; zorlamak, zorla yaptırmak; zorla kabul ettirmek *(upon -e);* ~·**ment** [~mənt] *n.* zorlama; uygulama, yürütme.
en·fran·chise [ın'fræntʃaız] *v/t.* oy hakkı vermek; *(köle)* serbest bırakmak.
en·gage [ın'geıdʒ] *v/t.* ücretle tutmak, angaje etmek; *(ilgi)* çekmek; meşgul etmek; ⚔ saldırmak; nişanlamak; *be* ~*d* nişanlı olmak *(to ile);* meşgul olmak *(in ile);* ~ *the clutch mot.* kavramak; *v/i.* meşgul olmak *(to inf. -mekle);* söz vermek, garanti vermek *(for için);* ⚔ çarpışmak; ⊕ birbirine geçmek; ~·**ment** [~mənt] *n.* angajman, üstenme; söz, vaat; nişan; randevu; ⚔ çarpışma; ⊕ birbirine geçme.
en·gag·ing □ [ın'geıdʒıŋ] çekici, alımlı, sempatik.
en·gine ['endʒın] *n.* makine; motor; 🚂 lokomotif; ~-**driv·er** *n. Brt.* 🚂 makinist.
en·gi·neer [endʒı'nıə] **1.** *n.* mühendis; makineci; *Am.* 🚂 makinist; ⚔ istihkâmcı; **2.** *v/t.* planlayıp yapmak, inşa etmek; becermek, neden olmak; ~·**ing** [~rıŋ] *n.* mühendislik; makinistlik; inşa, yapılış; *attr.* mühendislik...
En·glish ['ıŋglıʃ] *n. & adj.* İngiliz; *ling.* İngilizce; *the* ~ *pl.* İngilizler; *in plain* ~ *fig.* açık bir dille, açık açık; ~·**man** *(pl. -men) n.* İngiliz; ~·**wom·an** *(pl. -women) n.* İngiliz kadını.
en·grave [ın'greıv] *v/t.* hakketmek, oymak; *fig. (belleğinde)* derin izler bırakmak, yer etmek; **en·grav·er** [~ə] *n.* oymacı; **en·grav·ing** [~ıŋ] *n.* oymacılık; metal üzerine oyulmuş resim.
en·grossed [ın'grəʊst] *adj.* dalmış, dalıp gitmiş *(in -e).*
en·gulf [ın'gʌlf] *v/t.* içine çekmek, yutmak *(a. fig.)*
en·hance [ın'hɑːns] *v/t.* artırmak, yükseltmek.
e·nig·ma [ı'nıgmə] *n.* anlaşılmaz şey, muamma; **en·ig·mat·ic** [enıg'mætık] *(~ally) adj.* anlaşılmaz, muammalı.
en·joy [ın'dʒɔı] *v/t.* beğenmek, hoşlanmak, zevk almak, tadını çıkarmak; sahip olmak; *did you* ~ *it?* beğendiniz mi?; ~ *o.s.* eğlenmek, hoşça vakit geçirmek; ~ *yourself!* Keyfinize bakın!; *I* ~ *my dinner* yemek güzel olmuş, elinize sağlık; ~·**a·ble** □ [~əbl] eğlenceli, zevkli; ~·**ment** [~mənt] *n.* eğlence, zevk.
en·large [ın'lɑːdʒ] *v/t. & v/i.* büyü(t)mek *(a. phot.),* genişle(t)mek; daha çok bahsetmek *(on, upon -den);* ~·**ment** [~mənt] *n.* büyü(t)me *(a. phot.).*

en·light·en [ın'laıtn] *v/t. fig.* aydınlatmak, bilgi vermek; **~·ment** [~mənt] *n.* aydınlatma, bilgi verme.
en·list [ın'lıst] *v/t.* ✕ askere almak; *(yardım v.b.)* sağlamak; *~ed men pl.Am.* ✕ asker; *v/i.* gönüllü yazılmak, asker olmak.
en·liv·en [ın'laıvn] *v/t.* canlandırmak, neşelendirmek.
en·mi·ty ['enmətı] *n.* düşmanlık.
en·no·ble [ı'nəʊbl] *v/t.* soylulaştırmak.
e·nor|mi·ty [ı'nɔːmətı] *n.* alçaklık, kötülük, çirkinlik; **~·mous** □ [~əs] kocaman, muazzam.
e·nough [ı'nʌf] *adj.* yeterli, yetişir, yeter.
en·quire, en·qui·ry [ın'kwaıə, ~rı] = *inquire, inquiry.*
en·rage [ın'reıdʒ] *v/t.* öfkelendirmek, çileden çıkarmak; **~d** *adj.* öfkeli *(at -e).*
en·rap·ture [ın'ræptʃə] *v/t.* kendinden geçirmek; aklını başından almak; **~d** *adj.* kendinden geçmiş.
en·rich [ın'rıtʃ] *v/t.* zenginleştirmek.
en·rol(l) [ın'rəʊl] *(-ll-) v/t. & v/i.* yaz(ıl)mak; kaydetmek; *univ.* kaydını yap(tır)mak; ✕ askere almak; **~·ment** [~mənt] *n.* yaz(ıl)ma; kaydetme; kayıt; *univ.* kayıt yap(tır)ma; *esp.* ✕ askere alma.
en·sign ['ensaın] *n.* bayrak, sancak, bandıra; *Am.* ⚓ ['ensn] teğmen.
en·sue [ın'sjuː] *v/i.* ardından gelmek, daha sonra olmak.
en·sure [ın'ʃʊə] *v/t.* sağlamak, garanti etmek.
en·tail [ın'teıl] *v/t.* ⚖ başkasına devredilmemek üzere miras bırakmak; *fig.* gerektirmek, istemek.
en·tan·gle [ın'tæŋgl] *v/t.* dolaştırmak, karıştırmak; **~·ment** [~mənt] *n.* karıştırma, dolaştırma; *fig.* ayak bağı; ✕ dikenli tel engeli.
en·ter ['entə] *v/t.* girmek; yazdırmak; kaydetmek; *econ.* deftere geçirmek; *spor:* yarışmaya sokmak; *~ s.o. at school b-ni* okula yazdırmak; *v/i.* yazılmak; adını yazmak; işe koyulmak; *spor:* yarışmaya girmek, yazılmak; *~ into fig. -e* girmek, *-e* başlamak; *~ on ya da upon an inheritance* mirasa konmak.
en·ter|prise ['entəpraız] *n.* girişim *(a. econ.); econ.* firma; **~·pris·ing** □ [~ıŋ] girişken, cesur.
en·ter·tain [entə'teın] *v/t.* eğlendirmek; misafir etmek, ağırlamak; göz önünde bulundurmak; **~·er** [~ə] *n.* eğlendiren kimse; **~·ment** [~mənt] *n.* ağırlama; eğlence, gösteri; ziyafet, davet.
en·thral(l) *fig.* [ın'θrɔːl] *(-ll-) v/t.* büyülemek, hayran bırakmak.
en·throne [ın'θrəʊn] *v/t.* tahta çıkarmak.
en·thu·si·as|m [ın'θjuːzıæzəm] *n.* coşkunluk; heves, şevk; **~t** [~st] *n.* hayran, meraklı; **~·tic** [ınθjuːzı'æstık] *(~ally) adj.* heyecanlı, coşkun, şevkli, hevesli.
en·tice [ın'taıs] *v/t.* ayartmak, baştan çıkarmak; **~·ment** [~mənt] *n.* ayartma, baştan çıkarma.
en·tire □ [ın'taıə] bütün, tüm, tam; **~·ly** [~lı] *adv.* tamamen, büsbütün.
en·ti·tle [ın'taıtl] *v/t.* hak kazandırmak, ...hakkını *ya da* yetkisini vermek *(to inf. -meye);* ...adını vermek.
en·ti·ty ['entətı] *n.* varlık.
en·trails ['entreılz] *n. pl.* bağırsaklar; *fig.* iç kısımlar.
en·trance ['entrəns] *n.* giriş, girme; giriş yeri, antre, giriş kapısı.
en·treat [ın'triːt] *v/t.* yalvarmak, ısrarla rica etmek, dilemek;

en·trea·ty [~ı] *n.* yalvarma; yakarış, rica, dilek.
en·trench ⨯ [ın'trentʃ] *vb.* siper *ya da* hendek kazmak; *fig.* yerleştirmek.
en·trust [ın'trʌst] *v/t.* emanet etmek *(s.th. to s.o. bşi b-ne);* görevlendirmek.
en·try ['entrı] *n.* giriş, girme; giriş yeri, antre; kayıt; yarışmaya sokulan şey *ya da* kimse; *sözlük:* madde başı sözcük; *spor:* yarışa katılma; ~ *permit* giriş izni; ~ *visa* giriş vizesi; *book-keeping by double (single)* ~ *econ.* çifte (tek taraflı) defter tutma; *no* ~*!* Girilmez! *(a. mot.).*
en·twine [ın'twaın] *v/t.* sarmak, dolamak.
e·nu·me·rate [ı'nju:məreıt] *v/t.* birer birer saymak, sıralamak, sayıp dökmek.
en·vel·op [ın'veləp] *v/t.* sarmak, örtmek, kaplamak; kuşatmak.
en·ve·lope ['envələʊp] *n.* zarf.
en·vi|a·ble □ ['envıəbl] imrenilecek, gıpta edilen; **~·ous** □ [~əs] kıskanç, çekemeyen, gıpta eden.
en·vi·ron|ment [ın'vaıərənmənt] *n.* çevre, ortam *(a. sociol);* **~·men·tal** □ [ınvaıərən'mentl] *sociol.* çevresel, çevre...; ~ *law* çevre yasası; ~ *pollution* çevre kirliliği; **~·men·tal·ist** [~əlıst] *n.* çevreyi temiz tutan kimse; **~s** ['envırənz] *n. pl.* civar, havali, dolay.
en·vis·age [ın'vızıdʒ] *v/t.* göze almak *(tehlike);* gözünün önüne getirmek, zihninde canlandırmak.
en·voy ['envɔı] *n.* elçi, delege.
en·vy ['envı] **1.** *n.* kıskançlık, çekememezlik, gıpta; **2.** *v/t.* gıpta etmek, kıskanmak.
ep·ic ['epık] **1.** *adj.* epik, destansı, destan gibi; **2.** *n.* destan.
ep·i·dem·ic [epı'demık] **1.** *(~ally) adj.* salgın; ~ *disease* = **2.** *n.* salgın hastalık.
ep·i·der·mis [epı'dɜ:mıs] *n.* epiderm, üstderi.
ep·i·lep·sy ⚕ ['epılepsı] *n.* sara.
ep·i·logue, *Am. a.* **-log** ['epılɔg] *n.* epilog, sonuç bölümü.
e·pis·co·pal □ *eccl.* [ı'pıskɔpl] piskopos ile ilgili; piskoposlarca yönetilen.
ep·i·sode ['epısəʊd] *n.* olay; *(roman)* bölüm.
ep·i·taph ['epıtɑ:f] *n.* mezar yazıtı, kitabe.
e·pit·o·me [ı'pıtəmı] *n.* özet; ideal örnek, simge.
e·poch ['i:pɒk] *n.* devir, çağ, dönem; çığır.
eq·ua·ble □ ['ekwəbl] sakin, soğukkanlı; ılımlı.
e·qual ['i:kwəl] **1.** □ eşit, aynı, bir; ~ *to fig.* ...yapabilecek güçte; ~ *opportunities pl.* eşit fırsatlar; ~ *rights for women* kadınlara eşit haklar; **2.** *n.* emsal, akran, eş; **3.** *(esp. Brt. -ll-, Am. -l-) vb. -e* eşit olmak, bir olmak; **~·i·ty** [i:kwɒlətı] *n.* eşitlik; akranlık; **~·i·za·tion** [i:kwəlaı'zeıʃn] *n.* eşitle(n)me; **~·ize** ['i:kwəlaız] *v/t.* eşitlemek; *v/i. spor:* beraberliği sağlamak.
eq·ua·nim·i·ty [i:kwə'nımətı] *n.* soğukkanlılık, ılım.
e·qua·tion [ı'kweıʒn] *n.* eşitleme; ⩓ denklem.
e·qua·tor ['ıkweıtə] *n.* ekvator, eşlek.
e·qui·lib·ri·um [i:kwı'lıbrıəm] *n.* denge.
e·quip [ı'kwıp] *(-pp-) v/t.* teçhiz etmek, donatmak; **~·ment** [~mənt] *n.* donatma, donatım; donatı, teçhizat.
eq·ui·ty ['ekwətı] *n.* eşitlik, adalet, dürüstlük.
e·quiv·a·lent [ı'kwıvələnt] **1.** □ eşit *(to -e);* **2.** *n.* bedel, karşılık, eşit miktar.
e·quiv·o·cal □ [ı'kwıvɔkl] iki an-

lamlı *(sözcük);* şüpheli, belirsiz.
e·ra ['ɪərə] *n.* çağ, devir; tarih.
e·rad·i·cate [ɪ'rædɪkeɪt] *v/t.* yok etmek, kökünü kurutmak.
e·rase [ɪ'reɪz] *v/t.* silmek, çizmek; *fig.* öldürmek, temizlemek; **e·ras·er** [~ə] *n.* silgi.
ere [eə] *cj. & prp. -den* önce.
e·rect [ɪ'rekt] **1.** □ dik, dimdik; **2.** *v/t. (direk, anıt)* dikmek; kurmak; **e·rec·tion** [~kʃn] *n.* dikme, kurma; *physiol. (penis)* sertleşme.
er·mine *zo.* ['ɜːmɪn] *n.* ermin, kakım, as.
e·ro·sion [ɪ'rəʊʒn] *n.* aşın(dır)ma; *geol.* erozyon.
e·rot|ic [ɪ'rɒtɪk] *(~ally) adj.* erotik, erosal, kösnül, aşkla ilgili; **~·i·cis·m** [~ɪsɪzəm] *n.* erotizm, kösnüllük.
err [ɜː] *v/i.* hata etmek, yanılmak; günah işlemek.
er·rand ['erənd] *n.* ayak işi; sipariş; *go on ya da run an ~* haber götürüp getirmek, ayak işine bakmak; **~-boy** *n.* ayak işine koşulan çocuk.
er·rat·ic [ɪ'rætɪk] *(~ally) adj.* dolaşan, seyyar; düzensiz; kararsız.
er·ro·ne·ous □ [ɪ'rəʊnjəs] yanlış, hatalı.
er·ror ['erə] *n.* yanlışlık, hata; *~s excepted* hatalar kabul edilir.
e·rupt [ɪ'rʌpt] *v/i. (yanardağ)* püskürmek; *fig.* patlak vermek, çıkmak; **e·rup·tion** [~pʃn] *n. (yanardağ)* püskürme; ⚕ döküntü; ⚕ *(hastalık)* baş gösterme.
es·ca|late ['eskəleɪt] *v/t. & v/i. (savaş v.b.)* kızış(tır)mak; *(fiyat)* yüksel(t)mek; **~·la·tion** [eskə'leɪʃn] *n.* kızış(tır)ma; yüksel(t)me.
es·ca·la·tor ['eskəleɪtə] *n.* yürüyen merdiven.
es·ca·lope ['eskələʊp] *n. zo.* tarak.
es·cape [ɪ'skeɪp] **1.** *vb.* kaçmak; kurtulmak, yakayı kurtarmak; *(gaz)* sızıntı yapmak, sızmak; hatırından çıkmak; ağzından *ya da* gözünden kaçmak; **2.** *n.* kaçma, kaçış; *(gaz)* sızıntı, kaçak; *have a narrow ~* ucuz kurtulmak, dar atlatmak; *~ chute* ✈ imdat çıkış kızağı.
es·cort **1.** ['eskɔːt] *n.* ✕ muhafız; maiyet; konvoy; kavalye; **2.** [ɪ'skɔːt] *v/t.* ✕ korumak; ✈, ⚓ eşlik etmek; *-e* kavalyelik etmek.
es·cutch·eon [ɪ'skʌtʃən] *n.* armalı kalkan.
es·pe·cial [ɪ'speʃl] *adj.* özel; seçkin; **~·ly** [~lɪ] *adv.* özellikle.
es·pi·o·nage [espɪə'nɑːʒ] *n.* casusluk.
es·pla·nade [esplə'neɪd] *n.* gezinti yeri, kordonboyu.
es·pres·so [e'spresəʊ] *n. (pl. -sos)* espreso kahve, İtalyan usulü kahve.
Es·quire [ɪ'skwaɪə] *(abbr. Esq.) n.* Bay; *John Smith Esq.* Bay John Smith.
es·say **1.** [e'seɪ] *v/t.* denemek; **2.** ['eseɪ] *n.* deneme; deneme yazısı.
es·sence ['esns] *n.* öz, esas, asıl; esans.
es·sen·tial [ɪ'senʃl] **1.** □ gerekli, zorunlu *(to -e, için);* esaslı, başlıca; **2.** *n. mst. ~s pl.* esaslar; gerekli şeyler; **~·ly** [~lɪ] *adv.* aslında, esasen.
es·tab·lish [ɪ'stæblɪʃ] *v/t.* kurmak; yerleştirmek; tanıtmak; kanıtlamak; *~ o.s.* yerleşmek; *⁲ed Church* Yasal Kilise; **~·ment** [~mənt] *n.* kurma; kuruluş, kurum, tesis; *the ⁲* egemen çevreler, ileri gelenler, kodamanlar.
es·tate [ɪ'steɪt] *n.* durum, hal; sınıf, tabaka; ⚖ mal, mülk, emlak; *housing ~* yerleşim bölgesi; *industrial ~* sanayi bölgesi; *real ~* taşınamaz mallar; **(***Am.* **real) ~ a·gent** *n.* emlakçi, emlak komisyoncusu; **~ car** *n. Brt. mot.* steyşın otomobil.

es·teem [ɪ'stiːm] **1.** *n.* saygı, itibar; **2.** *v/t.* saygı göstermek, saymak, değer vermek; sanmak, inanmak.
es·thet·ic(s) *Am.* [es'θetɪk(s) = *aesthetic(s).*
es·ti·ma·ble ['estɪməbl] *adj.* saygıdeğer, değerli.
es·ti|mate 1. ['estɪmeɪt] *v/t.* tahmin etmek, değer biçmek; **2.** [~mɪt] *n.* tahmin, hesap; fikir, yargı; **~·ma·tion** [estɪ'meɪʃn] *n.* hesaplama; tahmin; saygı; kanı, fikir.
es·trange [ɪ'streɪndʒ] *v/t.* yabancılaştırmak, uzaklaştırmak, soğutmak.
es·tu·a·ry ['estjʊərɪ] *n.* haliç.
etch [etʃ] *vb.* asitle resim oymak; **~·ing** ['etʃɪŋ] *n.* asitle oyulmuş resim.
e·ter|nal □ ['tɜːnl] sonsuz, ölümsüz; **~·ni·ty** ['ətɪ] *n.* sonsuzluk.
e·ther ['iːθə] *n.* eter, lokmanruhu; **e·the·re·al** □ [iː'θɪərɪəl] göklerle ilgili; ruh gibi.
eth|i·cal □ ['eθɪkl] ahlaki; **~·ics** [~s] *n. sg.* etik, ahlakbilim, törebilim.
Eu·ro- ['jʊərəʊ] *prefix* Avrupa-.
Eu·ro·pe·an [jʊərə'hɪən] **1.** *adj.* Avrupa'ya özgü; ~ *(Economic) Community* Avrupa Ekonomik Topluluğu; **2.** *n.* Avrupalı.
e·vac·u·ate [ɪ'vækjʊeɪt] *v/t.* boşaltmak; vücuttan atmak.
e·vade [ɪ'veɪd] *v/t.* sakınmak, kaçınmak, yakasını kurtarmak, savmak.
e·val·u·ate [ɪ'væljʊeɪt] *v/t.* değerlendirmek, değer biçmek.
ev·a·nes·cent [iːvə'nesnt] *adj.* unutulan; gözden kaybolan, yok olan.
e·van·gel·i·cal □ [iːvæn'dʒelɪkl] Protestan.
e·vap·o|rate [ɪ'væpəreɪt] *v/t. & v/i.* buharlaş(tır)mak, uç(ur)mak; *fig.* *(umut)* uçup gitmek; *~d milk* kondanse süt; **~·ra·tion**|[ɪvæpə'reɪʃn] *n.* buharlaş(tır)ma.
e·va|sion [ɪ'veɪʒn] *n.* kaç(ın)ma; kaçamak; *(vergi)* kaçırma; **~·sive** □ [~sɪv] kaçamaklı *(cevap); be ~ fig.* yan çizmek.
eve [iːv] *n.* arife; *on the ~ of -in* arifesinde, *-in* öncesinde.
e·ven ['iːvn] **1.** □ düz, engebesiz; düzenli; eşit, aynı; bir düzeyde olan; denk; çift *(sayı);* ödeşmiş, fit olmuş; *get ~ with s.o. fig. b-le* hesaplaşmak, *b-den* acısını çıkarmak; **2.** *adv.* bile, hatta; tıpkı; tam; *not ~ ...* bile değil; *~ though, ~ if* ...se bile; **3.** *v/t.* düzlemek, düzeltmek; *~ out* eşitle(n)mek, bir olmak *ya da* yapmak.
eve·ning ['iːvnɪŋ] *n.* akşam; *~ classes pl.* akşam dersleri, akşam kursu; *~ dress* gece elbisesi, tuvalet; smokin, frak.
e·ven·song ['iːvnsɒŋ] *n.* akşam duası.
e·vent [ɪ'vent] *n.* olay; sonuç; *spor:* yarışma, maç; *at all ~s* ne olursa olsun, her halde; herşeye karşın; *in the ~ of -diği* takdirde, ... durumunda; **~·ful** [~fl] *adj.* olaylı, olaylarla dolu.
e·ven·tu·al □ [ɪ'ventʃʊəl] en sonunda olan, sonuncu; *~ly* en sonunda, sonuçta.
ev·er ['evə] *adv.* her zaman, hep; hiç, acaba; *~ so* çok, pek; *as soon as ~ I can* elimden geldiğince çabuk; *~ after, ~ since* o zamandan beri; *~ and again* ara sıra, zaman zaman; *for ~* sonsuza dek; temelli; *Yours ~,* daima senin...; **~·glade** *n. Am.* bataklık alan; **~·green 1.** *adj.* yaprağını dökmeyen; *~ song* ölmez şarkı; **2.** *n.* yaprağını dökmeyen ağaç; **~·last·ing** □ sonsuz; ölümsüz; bitmez tükenmez; **~·more** [~'mɔː] *adv.* her zaman, hep.
ev·ery ['evrɪ] *adj.* her, her ir; ~

now and then ara sıra, zaman zaman; ~ *one of them* hepsi, her biri; ~ *other day* iki günde bir, günaşırı; **~·bod·y** *pron.* herkes; **~·day** *adj.* her günkü, günlük; **~·one** *pron.* herkes; **~·thing** *pron.* her şey; **~·where** *adv.* her yer(d)e.

e·vict [ɪ'vɪkt] *v/t.* ⚖ yasa yoluyla boşalttırmak; *(kiracı)* çıkarmak.

ev·i|dence ['evɪdəns] **1.** *n.* delil, kanıt; tanıklık; ifade; *give* ~ ifade vermek, tanıklık etmek; *in* ~ göze çarpan, kendini gösteren; ortaklıkta; **2.** *v/t.* kanıtlamak, göstermek; **~·dent** □ [~t] besbelli, açık, ortada olan.

e·vil ['iːvl] **1:** □ *(esp. Brt. -ll-, Am. -l-)* kötü; uğursuz, aksi; zararlı; *the* ♀ *One* Şeytan; **2.** *n.* kötülük; bela, dert; zarar; **~-mind·ed** [~'maɪndɪd] *adj.* kötü niyetli, art düşünceli.

e·vince [ɪ'vɪns] *v/t.* açıkça göstermek, ortaya koymak.

e·voke [ɪ'vəʊk] *v/t.* *(ruh)* çağırmak; *(hayranlık)* uyandırmak; neden olmak, yol açmak.

ev·o·lu·tion [iːvə'luːʃn] *n.* evrim; gelişme, gelişim.

e·volve [ɪ'vɒlv] *v/t. & v/i.* geliş(tir)mek; evrim geçirmek.

ewe *zo.* [juː] *n.* dişi koyun.

ex [eks] *prp. econ. -den* dışarı; *borsa:* -sız, olmadan.

ex- [~] *prefix* eski..., önceki...

ex·act [ɪg'zækt] **1.** □ tam, kesin, doğru; dakik; **2.** *v/t.* zorla almak; ısrarla istemek; gerektirmek; **~·ing** [~ɪŋ] *adj.* emek isteyen, yorucu, zahmetli; sert, titiz; **~·i·tude** [~ɪtjuːd] = *exactness;* **~·ly** [~lɪ] *adv.* tam, tamamen, tıpatıp; **~·ness** [~nɪs] *n.* tamlık, kesinlik, doğruluk.

ex·ag·ge|rate [ɪg'zædʒəreɪt] *vb.* abartmak, büyütmek, şişirmek; **~·ra·tion** [ɪgzædʒə'reɪʃn] *n.* abartma, büyütme.

ex·alt [ɪg'zɔːlt] *v/t.* *(bir makama)* yükseltmek; övmek, ululamak, göklere çıkarmak; **ex·al·ta·tion** [egzɔːl'teɪʃn] *n.* yüksel(t)me; coşkunluk, heyecan.

ex·am *F* [ɪg'zæm] *n.* sınav.

ex·am|i·na·tion [ɪgzæmɪ'neɪʃn] *n.* sınav; muayene, teftiş, yoklama; **~·ine** [ɪg'zæmɪn] *v/t.* incelemek, gözden geçirmek; muayene etmek; ⚖ sorguya çekmek; *okul:* sınava tabi tutmak *(in, on konusunda).*

ex·am·ple [ɪg'zɑːmpl] *n.* örnek; *for* ~ örneğin.

ex·as·pe|rate [ɪg'zæspəreɪt] *v/t.* kızdırmak, çileden çıkarmak, deli etmek; **~·rat·ing** □ [~ɪŋ] kızdıran, çileden çıkaran.

ex·ca·vate ['ekskəveɪt] *v/t.* kazmak, kazıp ortaya çıkarmak.

ex·ceed [ɪk'siːd] *vb.* aşmak, geçmek; **~ing** □ [~ɪŋ] aşırı, ölçüsüz; **~·ing·ly** [~lɪ] *adv.* son derece, fazlasıyla.

ex·cel [ɪk'sel] *(-ll-) v/t.* geçmek, gölgede bırakmak; *v/i.* sivrilmek; **~·lence** ['eksələns] *n.* üstünlük, mükemmellik; **Ex·cel·len·cy** [~ənsɪ] *n.* ekselans; **~·lent** □ [~ənt] mükemmel, üstün.

ex·cept [ɪk'sept] **1.** *v/t.* hariç tutmak, ayrı tutmak; **2.** *prp. -den* başka, hariç; ~ *for -in* dışında, hariç; **~·ing** [~ɪŋ] *prp. -den* başka, *-in* dışında.

ex·cep·tion [ɪk'sepʃn] *n.* istisna, ayrıklık; itiraz *(to -e); by way of* ~ farklı biçimde, istisna olarak; *make an* ~ istisnalı davranmak, ayrı tutmak; *take* ~ *to e* gücenmek; sakıncalı bulmak, itiraz etmek; **~·al** □ [~nl] ayrı tutulan, ayrıcalı, ayrık; **~·al·ly** [~ʃnəlɪ] *adv.* ayrıcalı derecede, son derece.

ex·cerpt ['eksɜːpt] *n.* seçme parça, alıntı.

ex·cess [ık'ses] *n.* aşırılık, ölçüsüzlük; fazlalık; taşkınlık; *attr.* fazla...; ~ *fare (bilet)* mevki farkı, ücret farkı; ~ *baggage esp. Am.*, ~ *luggage esp. Brt.* ✈ fazla bagaj; ~ *postage* taksa, cezalı olarak ödenen posta ücreti; **ex·ces·sive** □ [~ıv] fazla, aşırı, ölçüsüz.

ex·change [ıks'tʃeındʒ] **1.** *v/t.* değiş tokuş etmek, trampa etmek *(for ile)*; karşılıklı alıp vermek; **2.** *n.* değiş tokuş, trampa; borsa; kambiyo; *teleph.* santral; *a. bill of* ~ poliçe; *foreign* ~*(s pl.)* döviz; *rate of* ~, ~ *rate* döviz kuru, kambiyo rayici; ~ *office* kambiyo gişesi; ~ *student* mübadele öğrencisi.

ex·cheq·uer [ıks'tʃekə] *n.* devlet hazinesi; *Chancellor of the* ♀ *Brt.* Maliye Bakanı.

ex·cise[1] [ek'saız] *n.* tüketim vergisi; işletme vergisi.

ex·cise[2] ⚕ [~] *v/t.* kesip almak *(organ)*.

ex·ci·ta·ble [ık'saıtəbl] *adj.* kolay heyecanlanır, çok duyarlı.

ex·cite [ık'saıt] *v/t.* heyecanlandırmak; uyandırmak; uyarmak; **ex·cit·ed** □ heyecanlı; **ex·cite·ment** [~mənt] *n.* heyecan; telaş; uyarı; **ex·cit·ing** □ [~ıŋ] heyecan verici, heyecanlı.

ex·claim [ık'skleım] *vb.* haykırmak, bağırmak, çığlık koparmak.

ex·cla·ma·tion [ekskləˈmeıʃn] *n.* bağırış, haykırış; ünlem; ~ *mark, Am. a.* ~ *point* ünlem işareti.

ex·clude [ık'sklu:d] *v/t.* içeri almamak; kovmak; hesaba katmamak.

ex·clu|sion [ık'sklu:ʒn] *n.* hesaba katmama; çıkar(ıl)ma; **~·sive** □ [~sıv] tek, özel, özgü; birbiriyle bağdaşmayan; ~ *of* ...hariç, -sız.

ex·com·mu·ni|cate [ekskə'mju:nıkeıt] *v/t.* aforoz etmek; **~·ca·tion** ['ekskəmju:nı'keıʃn] *n.* aforoz.

ex·cre·ment ['ekskrımənt] *n.* dışkı, pislik.

ex·crete [ek'skri:t] *v/t. (vücuttan)* çıkarmak, atmak, salgılamak.

ex·cru·ci·at·ing □ [ık'skru:ʃıeıtıŋ] çok kötü, dayanılmaz *(ağrı)*.

ex·cur·sion [ık'skɜ:ʃn] *n.* gezi.

ex·cu·sa·ble □ [ık'skju:zəbl] affedilebilir; **ex·cuse 1.** [ık'skju:z] *v/t.* affetmek, bağışlamak; ~ *me* affedersiniz, kusuruma bakmayın; **2.** [~u:s] *n.* özür; bahane.

ex·e|cute ['eksıkju:t] *v/t.* yapmak, yerine getirmek; yürütmek, uygulamak; ♪ çalmak; idam etmek; **~·cu·tion** [eksı'kju:ʃn] *n.* yapma, yerine getirme; yürütme, uygulama; ♪ çalma; idam; *put ya da carry a plan into* ~ bir planı gerçekleştirmek; **~·cu·tion·er** [~ʃnə] *n.* cellat; **~c·u·tive** [ıg'zekjʊtıv] **1.** □ uygulayan, yürüten; *pol.* yürütme...; *econ.* icra...; ~ *board* yürütme kurulu; ~ *committee* yürütme komitesi; **2.** *n. pol.* yetkili kimse; yürütme organı; *econ.* yönetici; **~c·u·tor** [~ə] *n.* vasiyet hükümlerini yerine getiren kimse.

ex·em·pla·ry □ [ıg'zemplərı] örnek...; ibret verici.

ex·em·pli·fy [ıg'zemplıfaı] *v/t.* örnek olarak göstermek, *-in* örneği olmak.

ex·empt [ıg'zempt] **1.** *adj.* muaf, ayrıcalık tanınmış, ayrı tutulmuş; **2.** *v/t.* muaf tutmak, ayrıcalık tanımak, ayrı tutmak.

ex·er·cise ['eksəsaız] **1.** *n.* egzersiz, idman; talim; *okul:* alıştırma; ⚔ manevra; *do one's* ~*s* jimnastik yapmak; *take* ~ idman yapmak, spor yapmak; *Am.* ~*s pl.* tören; ~ *book* karalama defteri; **2.** *v/t. & v/i.* idman yap(tır)mak; *(hak)* kullanmak; *(sabır v.b.)* göstermek; ⚔ talim ettirmek.

ex·ert [ıg'zɜ:t] *v/t. (güç, hak v.b.)*

kullanmak; ~ *o.s.* uğraşmak, çabalamak; **ex·er·tion** [~ɜːʃn] *n.* kullanma; çaba, uğraş, gayret.

ex·hale [eks'heɪl] *v/t.* *(nefes)* dışarı vermek; *(gaz, koku v.b.)* çıkarmak.

ex·haust [ɪg'zɔːst] **1.** *v/t.* yormak, bitkinleştirmek; tüketmek, bitirmek; **2.** *n.* ⊕ çürük gaz; egzoz, egzoz borusu; ~ *fumes pl.* egzoz dumanı, çürük gaz; ~ *pipe* egzoz borusu; **~·ed** *adj.* tükenmiş *(a. fig.)*; yorgun, bitkin; **ex·haus·tion** [~tʃən] *n.* bitkinlik; tükenme, tüketme; **ex·haus·tive** □ [~tɪv] ayrıntılı, adamakıllı, etraflı.

ex·hib·it [ɪg'zɪbɪt] **1.** *v/t.* sergilemek; ⚖ ibraz etmek, belge olarak göstermek; *fig.* *(cesaret v.b.)* göstermek, ortaya koymak; **2.** *n.* sergi; sergilenen şey; **ex·hi·bi·tion** [eksɪ'bɪʃn] *n.* sergi; gösterme, sergileme; *Brt.* burs.

ex·hil·a·rate [ɪg'zɪləreɪt] *v/t.* neşelendirmek, keyiflendirmek.

ex·hort [ɪg'zɔːt] *v/t.* teşvik etmek, tembih etmek.

ex·ile ['eksaɪl] **1.** *n.* sürgün; sürgüne gönderilen kimse; **2.** *v/t.* sürgüne göndermek, sürmek.

ex·ist [ɪg'zɪst] *v/i.* var olmak; bulunmak, olmak; yaşamak; **~·ence** [~əns] *n.* varlık; varoluş; yaşam, ömür; **~·ent** [~t] *adj.* var olan, bulunan, mevcut, eldeki.

ex·it ['eksɪt] **1.** *n.* çıkma, çıkış; çıkış kapısı; sahneden çıkış; **2.** *vb. thea.* sahneden çıkar.

ex·o·dus ['eksədəs] *n.* çıkış, göç; *general* ~ toplu göç, toplu akın.

ex·on·e·rate [ɪg'zɒnəreɪt] *v/t.* temize çıkarmak, aklamak, suçsuzluğunu kanıtlamak.

ex·or·bi·tant □ [ɪg'zɔːbɪtənt] çok fazla, aşırı, fahiş *(fiyat v.b.)*.

ex·or·cize ['eksɔːsaɪz] *v/t.* *(büyü ya da dua ile)* kovmak, defetmek *(from -den)*; kurtarmak *(of -den)*.

ex·ot·ic [ɪg'zɒtɪk] *(~ally) adj.* egzotik, yabancıl, dış ülkelerden gelme.

ex·pand [ɪk'spænd] *v/t. & v/i.* genişle(t)mek, yay(ıl)mak; büyü(t)mek, geliş(tir)mek; ~ *on* ayrıntılarıyla anlatmak, ayrıntılara girmek; **ex·panse** [~ns] *n.* geniş yüzey; genişlik; **ex·pan·sion** [~ʃn] *n.* büyü(t)me; *phys.* genleşme; *fig.* yayılma, genişleme; **ex·pan·sive** □ [~sɪv] geniş; genleşici; *fig.* açık sözlü, duygularını gizlemeyen.

ex·pat·ri·ate [eks'pætrɪeɪt] *v/t.* ülkeden kovmak, sürmek, sürgün etmek.

ex·pect [ɪk'spekt] *v/t.* beklemek; ummak; *F* sanmak, farzetmek; *be ~ing* hamile olmak, bebek beklemek; **ex·pec·tant** □ [~ənt] bekleyen; umutlu *(of -den)*; ~ *mother* bebek bekleyen kadın; **ex·pec·ta·tion** [ekspek'teɪʃn] *n.* bekleme, umut; beklenti.

ex·pe·dient [ɪk'spiːdjənt] **1.** □ uygun, yerinde; **2.** *n.* çare, yol.

ex·pe·di|tion [ekspɪ'dɪʃn] *n.* sürat, acele; gezi; yollama, sevk; ⚔ sefer; **~·tious** □ [~ʃəs] süratli, seri, eli çabuk.

ex·pel [ɪk'spel] *(-ll-)* *v/t.* kovmak, defetmek, çıkarmak.

ex·pend [ɪk'spend] *v/t.* *(zaman, para)* harcamak; **ex·pen·di·ture** [~dɪtʃə] *n.* harcama, gider, masraf; **ex·pense** [ɪk'spens] *n.* gider, masraf; **~s** *pl.* masraflar, giderler; *at the ~ of -in* hesabına; *-in* pahasına; *at any ~* ne pahasına olursa olsun; **ex·pen·sive** □ [~sɪv] pahalı; masraflı.

ex·pe·ri·ence [ɪk'spɪərɪəns] **1.** *n.* tecrübe, deneyim; **2.** *v/t.* görüp geçirmek, tatmak, uğramak; **~d** *adj.* tecrübeli, deneyimli; görmüş geçirmiş.

ex·per·i|ment **1.** [ɪk'sperɪmənt] *n.* deney, tecrübe; **2.** [~ment] *v/t.*

denemek, tecrübe etmek; ~·**mental** □ [eksperı'mentl] deneysel, deney...

ex·pert ['ekspɜːt] **1.** □ [*pred.* eks'pɜːt] usta; **2.** *n.* eksper, bilirkişi, uzman.

ex·pi·ra·tion [ekspı'reıʃn] *n.* nefes verme; sona erme, bitiş; **ex·pire** [ık'spaıə] *v/i.* süresi dolmak, sona ermek; ölmek.

ex·plain [ık'spleın] *v/t.* açıklamak, anlatmak.

ex·pla·na·tion [eksplə'neıʃn] *n.* açıklama; **ex·plan·a·to·ry** □ [ık'splænətərı] açıklayıcı.

ex·pli·ca·ble □ ['eksplıkəbl] açıklanabilir, anlatılabilir.

ex·pli·cit □ [ık'splısıt] açık, apaçık, kesin.

ex·plode [ık'spləʊd] *v/t.* & *v/i.* patla(t)mak; *fig.* patlamak *(with ile)*; *fig. (bir inancı)* çürütmek, yıkmak.

ex·ploit 1. ['eksplɔıt] *n.* kahramanlık; macera; **2.** [ık'splɔıt] *v/t.* işletmek; *fig.* sömürmek; **ex·ploi·ta·tion** [eksplɔı'teıʃn] *n.* işletme, kullanım; kendi çıkarına kullanma; *fig.* sömürü.

ex·plo·ra·tion [ekşplə'reıʃn] *n.* araştırma; keşif; **ex·plore** [ık'splɔː] *v/t.* araştırmak, incelemek; keşfetmek; **ex·plor·er** [~rə] *n.* araştırmacı; kâşif, bulucu.

ex·plo|sion [ık'spləʊʒn] *n.* patlama; *fig.* galeyan, parlama; *fig.* ani artış; ~·**sive** [~əʊsıv] **1.** □ patlayıcı; *fig.* çileden çıkaran, tartışmalı; *fig.* patlamaya hazır; **2** *n.* patlayıcı madde.

ex·po·nent [ek'spəʊnənt] *n.* örnek, sembol; A üs.

ex·port 1. [ek'spɔːt] *vb.* ihraç etmek; ihracat yapmak; **2.** ['ekspɔːt] *n.* ihracat, dışsatım; ihraç malı; **ex·por·ta·tion** [ekspɔː'teıʃn] *n.* ihracat, dışsatım.

ex·pose [ık'spəʊz] *v/t.* maruz bırakmak; *phot.* poz vermek; sergilemek; *fig.* açığa çıkarmak; **ex·po·si·tion** [ekspə'zıʃn] *n.* sergi, fuar; açıklama.

ex·po·sure [ık'spəʊʒə] *n.* maruz kalma; *fig.* ortaya çıkarma, açığa vurma; *phot.* poz; sergileme; *(ev)* cephe; ~ *meter* fotometre, ışıkölçer.

ex·pound [ık'spaʊnd] *v/t.* açıklama; yorumlamak.

ex·press [ık'spres] **1.** □ açık, kesin; özel; süratli, hızlı, ekspres...; ~ *company Am.* nakliye şirketi; ~ *train* ekspres; **2.** *n.* acele posta; ekspres; *by* ~ = **3.** *adv.* ekspresle; **4.** *v/t.* anlatmak, dile getirmek; açığa vurmak; **ex·pres·sion** [~eʃn] *n.* ifade, anlatım; **ex·pres·sion·less** □ [~lıs] ifadesiz, anlamsız; **ex·pres·sive** □ [~sıv] anlamlı; ...anlamına gelen; ~·**ly** [~lı] *adv.* açıkça; özellikle; ~·**way** *n. esp. Am.* ekspres yol.

ex·pro·pri·ate [eks'prəʊprıeıt] *v/t.* kamulaştırmak; elinden almak.

ex·pul·sion [ık'spʌlʃn] *n.* kov(ul)ma, çıkar(ıl)ma.

ex·pur·gate ['ekspɜːgeıt] *v/t. (bir kitabın uygunsuz bölümlerini)* çıkarmak, temizlemek.

ex·qui·site □ ['ekskwızıt] zarif; kibar, nazik; enfes; şiddetli, keskin *(soğuk, acı v.b.)*.

ex·tant [ek'stænt] *adj.* hâlâ mevcut, günümüze dek gelen.

ex·tend [ık'stend] *v/t.* & *v/i.* uza(t)mak; büyü(t)mek, genişle(t)mek; *(yardım v.b.)* sunmak; *(çizgi, tel)* çekmek; ✕ avcı hattına yayılmak.

ex·ten|sion [ık'stenʃn] *n.* uzatma; yayılma; böyü(t)me; ek; *teleph.* dahili numara; ~ *cord* ⚡ uzatma kordonu; ~·**sive** [~sıv] *adj.* geniş, yaygın; büyük.

ex·tent [ık'stent] *n.* ölçü, derece; kapsam, boyut, genişlik; *to the* ~

of -e kadar, *-e* derecede; *to some ya da a certain* ~ bir dereceye kadar, bir ölçüde.
ex·ten·u·ate [ek'stenjʊeɪt] *v/t.* hafifletmek; *extenuating circumstances pl.* ⚖ hafifletici nedenler.
ex·te·ri·or [ek'stɪərɪə] **1.** *adj.* dış...; **2.** *n.* dış kısım, dış; dış görünüş; *film:* dış sahne.
ex·ter·mi·nate [ek'stɜːmɪneɪt] *v/t.* yok etmek, kökünü kazımak.
ex·ter·nal □ [ek'stɜːnl] dıştan gelen, dış...; haricen kullanılan *(ilaç).*
ex·tinct [ɪk'stɪŋkt] *adj.* soyu tükenmiş; sönmüş *(yanardağ);* **ex·tinc·tion** [~kʃn] *n.* sön(dür)me; yok olma; soyu tükenme.
ex·tin·guish [ɪk'stɪŋgwɪʃ] *v/t.* söndürmek; *(umut)* yıkmak; **~·er** [~ə] *n.* yangın söndürme aygıtı.
ex·tort [ɪk'stɔːt] *v/t.* zorla almak, gaspetmek, koparmak *(from -den);* **ex·tor·tion** [~ʃn] *n.* zorla alma, gasp.
ex·tra ['ekstrə] **1.** *adj.* ekstra, üstün nitelikli; fazla, ek...; ~ *pay* ek ödeme; ~ *time spor:* uzatma; **2.** *adv.* ek olarak, fazladan; **3.** *n.* ek, ilave; zam; *gazete:* özel baskı; *thea., film:* figüran.
ex·tract 1. ['ekstrækt] *n.* öz; seçme parça, alıntı; **2.** [ɪk'strækt] *v/t.* çekmek, sökmek; çıkarmak; *(bilgi)* almak, koparmak; **ex·trac·tion** [~kʃn] *n.* çekme, sökme; çıkarma; soy; öz.
ex·tra|dite ['ekstrədaɪt] *v/t. (suçlu)* ülkesine iade etmek; **~·di·tion** [ekstrə'dɪʃn] *n.* suçluların iadesi.
extra·or·di·na·ry □ [ɪk'strɔːdnrɪ] olağanüstü; görülmemiş, olağandışı, alışılmamış; garip.
ex·tra·ter·res·tri·al □ ['ekstrətɪ'restrɪəl] dünyamız dışındaki.
ex·trav·a|gence [ɪk'strævəgəns] *n.* savurganlık; aşırılık, taşkınlık; **~·gant** □ [~t] savurgan; aşırı, ölçüsüz, fazla.
ex·treme [ɪk'striːm] **1.** □ en uçtaki; aşırı; en son; **2.** *n.* uç, sınır; en son derece; **~·ly** [~lɪ] *adv.* son derece, aşırı derecede.
ex·trem|is·m *esp. pol.* [ɪk'striːmɪzm] *n.* aşırılık; **~·ist** [~ɪst] *n.* aşırı giden kimse.
ex·trem·i·ty [ɪk'stremətɪ] *n.* sınır, uç, son; zorluk, sıkıntı; son çare; *extremities pl.* eller ve ayaklar.
ex·tri·cate ['ekstrɪkeɪt] *v/t.* kurtarmak.
ex·tro·vert ['ekstrəʊvɜːt] *n.* dışadönük kimse.
ex·u·be|rance [ɪg'zjuːbərəns] *n.* taşkınlık, coşkunluk; bolluk; **~·rant** □ [~t] taşkın, coşkun; bol.
ex·ult [ɪg'zʌlt] *vb.* sevinçten uçmak, bayram etmek.
eye [aɪ] **1.** *n.* göz; bakış, nazar; iğne deliği; ilik; *see ~ to ~ with s.o. b-le* tamamen aynı fikirde olmak; *be up to the ~s in work* işi başından aşkın olmak, dünya kadar işi olmak; *with an ~ to s.th. bşi* hesaba katarak, niyetiyle; **2.** *v/t.* bakmak, gözden geçirmek; **~·ball** ['aɪbɔːl] *n.* gözküresi; **~·brow** *n.* kaş; **~-catch·ing** [~ɪŋ] *adj.* dikkat çeken; **~d** *adj.* ...gözlü; **~·glass** *n.* monokl, gözlük camı; *(a pair of) ~es pl.* gözlük; **~·lash** *n.* kirpik; **~·lid** *n.* gözkapağı; **~·lin·er** *n.* göz kalemi; **~-o·pen·er:** *that was an ~ to me* şaştım kaldım, şaşkına döndüm; **~·shad·ow** *n.* göz farı; **~·sight** *n.* görme gücü; **~·strain** *n.* göz yorgunluğu, göz ağrısı; **~·wit·ness** *n.* görgü tanığı.

F

fa·ble ['feɪbl] *n.* fabl, öykünce, hayvan masalı; efsane.
fab|ric ['fæbrɪk] *n.* kumaş, bez, dokuma; yapı, bünye; **~·ri·cate** [~eɪt] *v/t.* yapmak, üretmek; *fig.* uydurmak.
fab·u·lous □ ['fæbjʊləs] efsanevi; inanılmaz, muazzam.
fa·çade *arch.* [fə'sɑːd] *n.* bina yüzü, cephe.
face [feɪs] **1.** *n.* yüz, çehre; görünüş; yüzey; saygınlık; küstahlık; *~ to ~ with ile* yüz yüze; *save ya da lose one's ~* saygınlığını kurtarmak *ya da* yitirmek; *on the ~ of it* görünüşe bakılırsa; *pull a long ~* surat asmak; *have the ~ to do s.th. bş* yapmaya yüzü olmak, cüret etmek; **2.** *v/t.* karşı karşıya getirmek; *-in* karşısında bulunmak; göğüs germek, karşı koymak; *(ev v.b.) -e* bakmak; *arch.* kaplamak; *v/i. ~ about* dönmek; **~-cloth** ['feɪsklɒθ] *n.* elbezi; yüz havlusu; **~d** *adj.* ...yüzlü; **~- flan·nel** *Brt.* = *face-cloth;* **~- lift·ing** [~ɪŋ] *n.* estetik ameliyat; *fig.* yenileştirme, çehresini değiştirme.
fa·ce·tious □ [fə'siːʃəs] şakacı, matrak.
fa·cial ['feɪʃl] **1.** □ yüz ile ilgili, yüz...; **2.** *n.* yüz masajı.
fa·cile ['fæsaɪl] *adj.* kolay; **fa·cil·i·tate** [fə'sɪlɪteɪt] *v/t.* kolaylaştırmak; **fa·cil·i·ty** [~ətɪ] *n.* kolaylık; yetenek, ustalık; *mst facilities pl.* olanak, fırsat, kolaylık.
fac·ing ['feɪsɪŋ] *n.* ⊕ kaplama, astar; *~s pl.* volan, süs.
fact [fækt] *n.* gerçek; olay; olgu; iş; *in ~* aslında, gerçekte, doğrusu.
fac·tion *esp. pol.* ['fækʃn] *n.* hizip, klik; ayrılık.
fac·ti·tious □ [fæk'tɪʃəs] fesatçı, fitneci.
fac·tor ['fæktə] *n. fig.* faktör, etken, etmen; simsar; *Scot.* kâhya.
fac·to·ry ['fæktrɪ] *n.* fabrika, üretimlik.
fac·ul·ty ['fækəltɪ] *n.* yeti; *fig.* yetenek; *univ.* fakülte.
fad [fæd] *n.* geçici moda; geçici heves, tutku.
fade [feɪd] *v/t. & v/i.* sol(dur)mak; kurumak, zayıflamak; yavaş yavaş kaybolmak; *film, radyo, TV: ~ in (ses)* yavaş yavaş duy(ul)mak, aç(ıl)mak; *(görüntü)* değiş(tir)mek, aç(ıl)mak; *~ out* yavaş yavaş yok olmak *ya da* karar(t)mak.
fag[1] [fæg] *n. F* yorucu iş, angarya; *Brt.* büyük öğrencilere hizmet eden küçük öğrenci, çömez.
fag[2] *sl.* [~] *n. Brt.* sigara; *Am.* homoseksüel erkek, ibne.
fail [feɪl] **1.** *v/i.* başarısızlığa uğramak; yetmemek, bitmek; zayıflamak; sınıfta kalmak; *v/t.* başaramamak, becerememek; yapmamak; ihmal etmek; sınıfta bırakmak; *he ~ed to come* gelemedi; *he cannot ~ to come* mutlaka gelir, gelmemezlik etmez; **2.** *n. without ~* mutlaka; **~·ing** ['feɪlɪŋ] **1.** *n.* kusur, hata; **2.** *prp.* ...olmadığında; **~·ure** [~jə] *n.* başarısızlık; eksiklik; fiyasko; yokluk, kıtlık; ihmal; bozulma, arıza.
faint [feɪnt] **1.** □ zayıf; belirsiz; soluk, donuk; bitkin; **2.** *v/i.* bayılmak *(with -den)*; **3.** *n.* baygınlık; **~-heart·ed** □ ['feɪnt'hɑːtɪd] korkak, tavşan yürekli.
fair[1] [feə] **1.** □ dürüst, doğru; tarafsız; sarışın; açık renkli *(cilt)*; temiz *(kopya)*; açık *(hava)*; uygun, elverişli *(rüzgâr)*; **2.** *adv.* dürüstçe, kuralına göre; kibarca.

fair² [~] *n.* fuar, panayır; sergi.
fair|ly ['feəlı] *adv.* dürüstçe, açık açık; oldukça; **~·ness** [~nıs] *n.* dürüstlük, doğruluk; sarışınlık; *esp. spor:* tarafsızlık.
fai·ry ['feərı] *n.* peri; **~·land** *n.* periler ülkesi; **~-tale** *n.* peri masalı; *fig.* inanılmaz hikâye.
faith [feıθ] *n.* güven; inanç, iman; **~·ful** □ ['feıθfl] sadık, vefalı; güvenilir; *Yours ~ly* saygılarım(ız)la; **~·less** □ [~lıs] vefasız; güvenilmez; inançsız.
fake [feık] **1.** *n.* taklit; sahtekâr, düzenbaz; **2.** *vb.* sahtesini yapmak; ...taklidi yapmak, ...numarası yapmak; **3.** *adj.* sahte, kalp, taklit...
fal·con *zo.* ['fɔːlkən] *n.* şahin, doğan.
fall [fɔːl] **1.** *n.* düşme, düşüş; yağış; azalma, alçalma; çöküş, yıkılış; *Am.* sonbahar, güz; *mst* ~*s pl.* çağlayan, şelale; **2.** *(fell, fallen) v/i.* düşmek; yağmak; *(fiyat)* düşmek; çökmek, yıkılmak; *(kale)* zaptedilmek, düşmek; *(surat)* asılmak; yaralanmak; ölmek; ~ *ill ya da sick* hastalanmak; ~ *in love with -e* âşık olmak; ~ *short of -e* erişememek; *-e* ulaşamamak; ~ *back* geri çekilmek; ~ *back on fig. -e* başvurmak; ~ *for -e* aldanmak, *-e* kanmak; *F -e* abayı yakmak; ~ *off* azalmak, düşmek; ~ *on -e* saldırmak; ~ *out* kavga etmek, tartışmak *(with ile)*; ~ *through fig.* suya düşmek; ~ *to -e* başlamak, *-e* koyulmak; *-e* düşmek.
fal·la·cious □ [fə'leıʃəs] aldatıcı; yanlış, boş.
fal·la·cy ['fæləsı] *n.* yanlış düşünce, yanılgı.
fall·en ['fɔːlən] *p.p. of fall 2.*
fall guy *Am. F* ['fɔːlgaı] *n.* enayi, keriz; başkasının suçunu yüklenen kişi, abalı.
fal·li·ble □ ['fæləbl] yanılabilir, yanılgıya düşebilir.
fal·ling star *ast.* ['fɔːlıŋstɑː] *n.* akanyıldız.
fall-out ['fɔːlaʊt] *n.* radyoaktif serpinti.
fal·low ['fæləʊ] *adj. zo.* devetüyü rengindeki; ↓ nadasa bırakılmış.
false □ [fɔːls] yanlış; takma *(diş)*; sahte; **~·hood** ['fɔːlshʊd], **~·ness** [~nıs] *n.* yalancılık; yalan; sahtelik
fal·si|fi·ca·tion [fɔːlsıfı'keıʃn] *n.* değiştirme, kalem oynatma; **~·fy** ['fɔːlsıfaı] *v/t.* değiştirmek, kalem oynatmak; **~·ty** [~tı] *n.* sahtelik; yanlışlık; yalan.
fal·ter ['fɔːltə] *v/i.* sendelemek, bocalamak; kekelemek; *fig.* duraksamak.
fame [feım] *n.* ün, şöhret; **~d** *adj.* ünlü, tanınmış *(for ile)*.
fa·mil·i·ar [fə'mılјə] **1.** □ bilen; alışılmış, olağan; samimi *(dost)*; teklifsiz, laubali, senlibenli; **2.** *n.* samimi dost; **~·i·ty** [fəmılı'ærətı] *n.* bilme, tanıma; samimiyet; teklifsizlik, laubalilik; **~·ize** [fə'mıljəraız] *v/t.* alıştırmak.
fam·i·ly ['fæməlı] *n.* aile; familya; *attr.* aile...; *be in the ~ way F* hamile olmak, bebek beklemek; ~ *allowance* çocuk zammı; ~ *planning* aile planlaması; ~ *tree* soyağacı, hayatağacı.
fam|ine ['fæmın] *n.* kıtlık; **~ished** [~ʃt] *adj.* çok acıkmış, karnı zil çalan; *be ~ F* karnı zil çalmak.
fa·mous □ ['feıməs] ünlü, tanınmış
fan¹ [fæn] **1.** *n.* vantilatör; pervane; yelpaze; ~ *belt* ⊕ pervane kayışı; **2.** *(-nn-) v/t.* yelpazelemek; *fig.* körüklemek.
fan² [~] *n.* meraklı, hayran, tutkun, hasta; ~ *club* fan kulüp; ~ *mail* hayran mektupları.
fa·nat|ic [fə'nætık] **1.** *(~ally), a.* **~·i·cal** □ *n.* [~kl] fanatik, bağnaz; **2.** bağnaz kimse.
fan·ci·er ['fænsıə] *n.* meraklı, düşkün.
fan·ci·ful □ ['fænsıfl] hayalci; ha-

yal ürünü olan; acayip, tuhaf.

fan·cy ['fænsı] **1.** *n.* fantezi, hayal; hayal gücü; kuruntu; hoşlanma, beğeni; **2.** *adj.* fantezi, süslü; aşırı *(fiyat);* ~ *ball* maskeli balo; ~ *dress* maskeli balo giysisi; ~ *goods pl.* fantezi eşya; **3.** *v/t.* hayal etmek, imgelemek; sanmak; beğenmek, canı istemek; *just ~!* Şaşılacak şey!; **~-free** *adj.* serbest, özgür; **~-work** *n.* işleme, süsleme, ince elişi.

fang [fæŋ] *n.* azıdişi; yılanın zehirli dişi.

fan|tas·tic [fæn'tæstık] *(~ally) adj.* fantastik, hayali; garip; harika; **~·ta·sy** ['fæntəsı] *n.* hayal.

far [fɑː] *(farther, further; farthest, furthest)* **1.** *adj.* uzak; ötedeki, öbür; **2.** *adv.* uzağa; uzakta; çok, bir hayli; *as ~ as -e* kadar; *in so ~ as -diği* ölçüde, *-diği* derecede; **~·a·way** ['fɑːrəweı] *adj.* uzak; dalgın *(bakış).*

fare [feə] **1.** *n.* yol parası; yiyecek; **2.** *v/i.* başarılı olmak; *(iş)* iyi *ya da* kötü gitmek; *he ~d well* başarılı oldu; **~·well** ['feə'wel] **1.** *int.* Elveda!; **2.** *n.* veda.

far-fetched *fig.* ['fɑː'fetʃt] *adj.* doğal olmayan, zoraki, gıcırı bükme.

farm [fɑːm] **1.** *n.* çiftlik; *chicken ~* tavuk çiftliği; **2.** *vb.* sürüp ekmek; çiftçilik yapmak; **~·er** ['fɑːmə] *n.* çiftçi; **~·hand** *n.* rençper, ırgat; **~·house** *n.* çiftlik evi; **~·ing** [~ıŋ] *n.* çiftçilik; *attr.* tarım...; **~·stead** *n.* çiftlik ve içindeki binaları; **~·yard** *n.* çiftlik avlusu.

far|-off ['fɑːr'ɒf] *adj.* uzak; **~-sight·ed** *adj. esp. Am.* uzağı iyi gören; *fig.* ileri görüşlü.

far|ther ['fɑːðə] *comp. of far;* **~·thest** ['fɑːðıst] *sup. of far.*

fas·ci|nate ['fæsıneıt] *v/t.* büyülemek, hayran bırakmak; **~·nat·ing** □ [~ıŋ] büyüleyici; **~·na·tion** [fæsı'neıʃn] *n.* büyüleme.

fas·cis|m *pol.* ['fæʃızəm] *n.* faşizm; **~t** *pol.* [~ıst] *n. & adj.* faşist.

fash·ion ['fæʃn] **1.** *n.* moda; tarz, biçim; *in (out of) ~* moda olan (modası geçmiş); *~ parade, ~ show* moda defilesi; **2.** *v/t.* yapmak; biçimlendirmek; **~·a·ble** □ [~nəbl] modaya uygun.

fast[1] [fɑːst] **1.** *n.* oruç; **2.** *v/i.* oruç tutmak.

fast[2] [~] *adj.* hızlı, çabuk, seri, süratli; sabit, sıkı; solmaz *(renk); (saat)* ileri; sadık, vefalı *(dost); be ~ (saat)*ilerigitmek; **~·back** *mot.* ['fɑːstbæk] *n.* arkası yatık araba; **~ breed·er, ~-breed·er re·ac·tor** *n. phys.* seri üretici reaktör; **~ food** *n. (hamburger v.b.)* hazır yiyecek; **~-food res·tau·rant** *n.* hazır yiyecek satan lokanta; **~ lane** *n. mot.* sürat şeridi.

fas·ten ['fɑːsn] *v/t. & v/i.* bağlamak; tutturmak, iliştirmek; kapa(n)mak; ilikle(n)mek; *(gözlerini)* dikmek *(on, upon -e); ~ on, ~ upon -e* sarılmak, *-e* yapışmak; *fig. (kabahati) -e* yüklemek; **~·er** [~ə] *n.* fermuar; sürgü, mandal; **~·ing** [~ıŋ] *n.* sürgü, mandal.

fas·tid·i·ous □ [fə'stıdıəs] zor beğenen, titiz.

fat [fæt] **1.** □ *(-tt-)* şişman; yağlı; dolgun, tombul; **2.** *n.* yağ; **3.** *(-tt-) v/t. & v/i.* şişmanla(t)mak, semir(t)mek.

fa·tal □ ['feıtl] ölümle biten, ölümcül, öldürücü; **~·i·ty** [fətælətı] *n.* ölümcüllük; kader, yazgı; ölüm.

fate [feıt] *n.* kader, alınyazısı, yazgı; ölüm.

fa·ther ['fɑːðə] *n.* baba; ♀ **Christ·mas** *n. esp. Brt.* Noel Baba; **~·hood** [~hʊd] *n.* babalık; **~-in-law** [~rınlɔː] *(pl. fathers-in-law) n.*

kayınpeder; ~·**less** [~lıs] *adj.* babasız, yetim; ~·**ly** [~lı] *adj.* baba gibi; babacan.
fath·om ['fæðəm] **1.** *n.* ⚓ kulaç; **2.** *v/t.* ⚓ iskandil etmek, derinliğini ölçmek; *fig.* içyüzünü anlamak, çözmeye çalışmak; ~·**less** [~lıs] *adj.* dipsiz; *fig.* anlaşılmaz.
fa·tigue [fə'ti:g] **1.** *n.* yorgunluk; zahmet; **2.** *v/t.* yormak.
fat|ten ['fætn] *v/t. & v/i.* şişmanla(t)mak, semir(t)mek; ~·**ty** [~tı] *(-ier, -iest) adj.* yağlı.
fat·u·ous □ ['fætjʊəs] ahmak, budala.
fau·cet *Am.* ['fɔ:sıt] *n.* musluk.
fault [fɔ:lt] *n.* hata, yanlış; yanılgı; kabahat, suç; kusur, noksan; *find ~ with -e* kusur bulmak; *be at ~* hatalı olmak; yanılmak; ~·**less** □ [~lıs] kusursuz, mükemmel; ~·**y** □ [~ı] *(-ier, -iest)* kusurlu, hatalı; ⊕ bozuk.
fa·vo(u)r ['feıvə] **1.** *n.* güleryüz; lütuf; kayırma, arka çıkma, koruma; *in ~ of -in* lehin(d)e; *-den* yana; *do s.o. a ~ b-ne* iyilik etmek; **2.** *v/t.* kayırmak; uygun görmek, onaylamak; kolaylaştırmak; *-e* benzemek; *spor: -in* taraftarı olmak, tutmak; **fa·vo(u)·ra·ble** □ [~rəbl] elverişli, uygun; **fa·vo(u)·rite** [~rıt] **1.** *n.* en çok sevilen kimse *ya da* şey; *spor:* favori; **2.** *adj.* en çok sevilen, favori, gözde.
fawn[1] [fɔ:n] **1.** *n. zo.* geyik yavrusu; açık kahverengi; **2.** *v/i. (geyik)* yavrulamak.
fawn[2] [~] *v/i. (köpek)* kuyruk sallamak; *fig.* yaltaklanmak *(on, upon -e).*
fear [fıə] **1.** *n.* korku, dehşet; endişe; **2.** *vb.* korkmak, çekinmek; endişe etmek; ~·**ful** □ ['fıəfl] korkunç, dehşetli; korku dolu; endişeli; ~·**less** □ [~lıs] korkusuz.
fea·si·ble □ ['fi:zəbl] yapılabilir, uygulanabilir, uygun.
feast [fi:st] **1.** *n. eccl.* yortu, bayram; ziyafet; **2.** *v/t. -e* ziyafet vermek; *v/i.* yiyip içmek *(on -i).*
feat [fi:t] *n.* beceri, başarı.
fea·ther ['feðə] **1.** *n.* tüy; *a. ~s* kuş tüyü; *birds of a ~ flock together* tencere yuvarlanmış kapağını bulmuş; *in high ~* neşesi yerinde; **2.** *vb.* tüy takmak; *(kuş)* tüylenmek; ~ **bed** *n.* kuştüyü yatak; ~-**bed** *(-dd-) v/t. -e* iltimas geçmek, kayırmak; ~-**brained,** ~-**head·ed** *adj.* kuş beyinli, akılsız, aptal; ~**ed** *adj.* tüylü; ~-**weight** *n. spor:* tüysıklet, tüyağırlık; *fig.* önemsiz kimse, solda sıfır; ~·**y** [~rı] *adj.* tüylü; tüy gibi.
fea·ture ['fi:tʃə] **1.** *n.* yüz organlarından biri; özellik; *a. ~ article, ~ story gazete:* makale, öykü; *a. ~ film* asıl film; ~*s pl.* yüz, çehre; **2.** *vb. -in* özelliği olmak; önem vermek; *film:* başrolde oynamak.
Feb·ru·a·ry ['februərı] *n.* şubat.
fed [fed] *pret. & p.p. of feed 2.*
fed·e|ral □ ['fedərəl] federal; ♀ *Bureau of Investigation (abbr. FBI)* Federal Araştırma Bürosu, Amerikan Ulusal Güvenlik Örgütü; *~ government* federal hükümet; ~·**rate** [~eıt] *v/t. & v/i.* federasyon halinde birleş(tir)mek; ~·**ra·tion** [fedə'reıʃn] *n.* federasyon *(a. econ., pol.),* devletler birliği; birlik.
fee [fi:] *n.* ücret; giriş ücreti; vizite; harç.
fee·ble □ ['fi:bl] *(~r, ~st)* zayıf, güçsüz.
feed [fi:d] **1.** *n.* yiyecek, besin; yemek; yem; ⊕ besleme; **2.** *(fed) v/t.* beslemek *(a. ⊕);* yemlemek, yedirmek; *be fed up with -den* bıkmak, *-den* bezmek; *well fed* iyi beslenmiş, besili; *v/i.* yemek yemek; otlamak; ~·**back** ['fi:dbæk] *n.* ⚡ geri itilim; geri bildirim; geri

verme; **~·er** [~ə] *n.* besleyici; mama önlüğü; **~·er road** *n.* yan yol; **~·ing-bot·tle** [~ɪŋbɒtl] *n.* biberon.
feel [fiːl] **1.** *(felt) v/t.* hissetmek, duymak; dokunmak; yoklamak; *I ~ like drinking* canım içmek istiyor; **2.** *n.* duygu, his; **~·er** *zo.* ['fiːlə] *n.* anten, duyarga, dokunaç; **~·ing** [~ɪŋ] *n.* duygu, his; dokunma.
feet [fiːt] *pl. of foot 1.*
feign [feɪn] *vb.* yalandan yapmak, ... numarası yapmak; *(bahane v.b.)* uydurmak.
feint [feɪnt] *n.* aldatıcı davranış, aldatmaca; ⚔ savaş hilesi.
fell [fel] **1.** *pret. of fall 2;* **2.** *v/t.* vurup devirmek, yere sermek; *(ağaç)* kesmek.
fel·low ['feləʊ] **1.** *n.* adam, herif; kişi, insan; arkadaş; *(ayakkabı v.b.)* eş, tek; *univ.* hoca; *old ~ F* eski dost; *the ~ of a glove* bir eldivenin teki; **2.** *adj.* bir başka...; *~ being* hemcins; *~ countryman* hemşeri, vatandaş; *~ travel(l)er* yol arkadaşı, yoldaş; **~·ship** [~ʃɪp] *n.* arkadaşlık; dernek.
fel·o·ny ⚖ ['felənɪ] *n.* ağır suç.
felt[1] [felt] *pret. & p.p. of feel 1.*
felt[2] [~] *n.* keçe, fötr; *~ tip, ~-tip(ped) pen* keçeli kalem.
fe·male ['fiːmeɪl] **1.** *adj.* kadına özgü, dişi; dişil; **2.** *n.* kadın, dişi; *zo.* dişi hayvan.
fem·i|nine ☐ ['femɪnɪn] kadına özgü; kadınsı; *gr.* dişil; **~·nis·m** [~ɪzəm] *n.* feminizm; **~·nist** [~ɪst] *n. & adj.* feminist, kadın hakları savunucusu.
fen [fen] *n.* bataklık.
fence [fens] **1.** *n.* tahta perde, parmaklık, çit; *F* çalıntı mal alıp satan kimse; **2.** *v/t. ~ in* etrafını çitle çevirmek; *~ off* çitle kapatmak; *v/i. spor:* eskrim yapmak; *sl.* çalıntı mal alıp satmak; **fenc·er** ['fensə] *n. spor:* eskrimci, kılıçoyuncusu; **fenc·ing** [~ɪŋ] *n.* parmaklık, çit; *spor:* eskrim, kılıçoyunu; *attr.* eskrim...
fend [fend]: *~ off* defetmek, savuşturmak; *~ for o.s. k-ni* geçindirmek, başının çaresine bakmak; **~·er** ['fendə] *n.* şömine paravanası; *Am. mot.* çamurluk.
fen·nel ⚘ ['fenl] *n.* rezene.
fer|ment 1. [fɜːment] *n.* maya; *fig.* karışıklık; **2.** [fə'ment] *v/t. & v/i.* mayala(n)mak; *fig.* galeyana getirmek; **~·men·ta·tion** [fɜːmen'teɪʃn] *n.* fermantasyon, mayalanma.
fern ⚘ [fɜːn] *n.* eğreltiotu.
fe·ro|cious ☐ [fə'rəʊʃəs] yırtıcı, vahşi, yabanıl; **~·ci·ty** [fə'rɒsətɪ] *n.* yırtıcılık, vahşilik.
fer·ret ['ferɪt] **1.** *n. zo.* dağgelinciği; *fig.* hafiye, dedektif; **2.** *v/i.* dağgelinciği ile avlanmak; *~ out* ortaya çıkarmak.
fer·ry ['ferɪ] **1.** *n.* feribot, araba vapuru; **2.** *v/t.* feribotla taşımak; **~·boat** *n.* feribot, araba vapuru; **~·man** *(pl. -men) n.* feribot kullanan kimse.
fer|tile ☐ ['fɜːtaɪl] verimli, bereketli; dolu *(of, in ile);* **~·til·i·y** [fə'tɪlətɪ] *n.* verimlilik, bereket; *fig.* yaratıcılık; **~·ti·lize** ['fɜːtɪlaɪz] *v/t.* gübrelemek; döllemek; **~·ti·liz·er** [~ə] *n.* gübre.
fer·vent ☐ ['fɜːvənt] sıcak; hararetli, ateşli, coşkun.
fer·vo(u)r ['fɜːvə] *n.* sıcaklık; şevk, hararet, coşku.
fes·ter ['festə] *v/i.* iltihaplanmak, yangılanmak.
fes|ti·val ['festəvl] *n.* festival, şenlik; bayram, yortu; **~·tive** ☐ [~tɪv] bayram ile ilgili, bayram...; **~·tiv·i·ty** [fe'stɪvətɪ] *n.* şenlik, eğlence.
fes·toon [fe'stuːn] *n.* çiçek, yaprak *v.b.*'nden yapılmış kordon.
fetch [fetʃ] *v/t.* gidip getirmek; *(ne-*

fes) almak; *(tokat)* atmak, indirmek; **~·ing** □ *F* ['fetʃıŋ] çekici, alımlı.

fet·id □ ['fetıd] pis kokulu, kokmuş.

fet·ter ['fetə] **1.** *n.* pranga, zincir; **2.** *v/t.* ayağına zincir vurmak.

feud [fju:d] *n.* kavga, düşmanlık; kan davası; **~·al** □ ['fju:dl] feodal, derebeylikle ilgili; **feu·dal·is·m** [~əlızəm] *n.* derebeylik.

fe·ver ['fi:və] *n.* ateş; **~·ish** □ [~rıʃ] ateşli; *fig.* heyecanlı, telaşlı.

few [fju:] *adj.* az; *a ~* birkaç; *no ~er than -den* az değil; *quite a ~, a good ~* birçok, epey.

fi·an·cé [fı'ɑ̃:nseı] *n.* erkek nişanlı; **~e** [~] *n.* kız nişanlı.

fib *F* [fıb] **1.** *n.* yalan; **2.** *(-bb-) v/i.* yalan söylemek, atmak.

fi·bre, *Am.* **-ber** ['faıbə] *n.* elyaf, tel, iplik; **fi·brous** □ ['faıbrəs] lifli, telli.

fick·le ['fıkl] *adj.* dönek, kararsız; **~·ness** [~nıs] *n.* döneklik, kararsızlık.

fic·tion ['fıkʃn] *n.* uydurma, hayal; yalan, uyduruk; hayal ürünü öykü *ya da* roman; **~·al** □ [~l] hayali; roman yazımıyla ilgili.

fic·ti·tious □ [fık'tıʃəs] hayali; uydurma, sahte.

fid·dle ['fıdl] **1.** *n.* keman; *play first (second) ~ esp. fig.* birinci (ikinci) derecede rol oynamak; *(as) fit as a ~* sağlığı yerinde, turp gibi; **2.** *v/i.* ♪ keman çalmak; *a. ~ about ya da around with ile* oynayıp durmak; **~r** [~ə] *n.* kemancı; **~·sticks** *int.* Saçma!

fi·del·i·ty [fı'delətı] *n.* sadakat, bağlılık, vefa.

fid·get *F* ['fıdʒıt] **1.** *n.* yerinde duramayan kimse; **2.** *v/i.* yerinde duramamak, kıpır kıpır kıpırdanmak; **~·y** [~ı] *adj.* yerinde duramayan, kıpır kıpır kıpırdayan.

field [fi:ld] *n.* tarla; çayır, otlak; alan, saha; *hold the ~* yerini korumak; **~ e·vents** *n. pl. spor:* atletizm karşılaşmaları; **~-glass·es** *n. pl (a pair of* bir) dürbün; **~ mar·shal** *n.* ✕ feldmareşal; **~ of·fi·cer** *n.* ✕ üstsubay; **~ sports** *n. pl.* açık hava sporları; **~·work** *n.* açık hava çalışması.

fiend [fi:nd] *n.* şeytan, kötü ruh; düşkün, tiryaki; **~·ish** □ ['fi:ndıʃ] şeytan gibi, şeytanca.

fierce □ [fıəs] *(~r, ~st)* vahşi, azgın, azılı; şiddetli; **~·ness** ['fıəsnıs] *n.* azgınlık, vahşet; şiddet.

fi·er·y □ ['faıərı] *(-ier, -iest)* ateş gibi, kızgın; coşkun, ateşli.

fif|teen ['fıf'ti:n] *n. & adj.* on beş; **~·teenth** [~'ti:nθ] *adj.* on beşinci; **~th** [fıfθ] **1.** *adj.* beşinci; **2.** *n.* beşte bir; **~·th·ly** ['fıfθlı] *adv.* beşinci olarak; **~·ti·eth** ['fıftııθ] *adj.* ellinci; **~·ty** [~tı] *n. & adj.* elli; **~·ty-fif·ty** *adj. & adv. F* yarı yarıya.

fig ⚘ [fıg] *n.* incir; incir ağacı.

fight [faıt] **1.** *n.* dövüş, kavga; ✕ savaş; *boks:* maç, karşılaşma; **2.** *(fought) v/t. (savaş)* vermek, girmek; *ile* mücadele etmek, savaşmak; karşı koymak; *spor: ile* dövüşmek, boks yapmak; *v/i.* dövüşmek, kavga etmek; savaşmak, çarpışmak; **~·er** ['faıtə] *n.* savaşçı; *spor:* boksör; *a. ~ plane* ✕ av uçağı; **~·ing** [~ıŋ] *n.* kavga, mücadele, savaş.

fig·u·ra·tive □ ['figjʊrətıv] mecazi.

fig·ure ['figə] **1.** *n.* rakam; adet; biçim, şekil; endam, boy bos; fiyat; *be good at ~s* hesabı kuvvetli olmak; **2.** *v/t.* desenlerle süslemek; hesaplamak; temsil etmek; *Am. F* sanmak; *~ out* anlamak; *(problem)* çözmek; *~ up* hesaplamak, toplamak; *v/i.* hesap yap-

mąk; yer almak, görünmek; ~ *on* *esp. Am.* hesaba katmak; planlamak; ~ **skat·er** *n. spor:* artistik patinajcı; ~ **skat·ing** *n. spor:* artistik patinaj.
fil·a·ment ['fıləmənt] *n.* tel, lif; ⚘ ercik sapı; ⚡ lamba teli.
fil·bert ⚘ ['fılbət] *n.* fındık; fındık ağacı.
filch *F* [fıltʃ] *v/t.* çalmak, aşırmak, yürütmek.
file[1] [faıl] **1.** *n.* dosya, klasör; dizi, sıra; ⚔ kol; *on* ~ dosyalanmış; **2.** *v/t.* dosyalamak; sıralamak; *(dilekçe)* vermek; *v/i.* birerle kolda yürümek, tek sıra halinde yürümek.
file[2] [~] **1.** *n.* eğe, törpü; **2.** *v/t.* eğelemek, törpülemek.
fi·li·al □ ['filjəl] evlatla ilgili, evlat...
fil·ing ['faılıŋ] *n.* dosyalama; ~ *cabinet* dosya dolabı.
fill [fıl] **1.** *v/t. & v/i.* dol(dur)mak; yapmak, yerine getirmek; doyurmak; *(diş)* doldurmak; ~ *in (çek, form v.b.)* doldurmak; *Am. a.* ~ *out* şişmek, tombullaşmak; *(çek, form v.b.)* doldurmak; ~ *up* ağzına kadar dol(dur)mak; ~ *her up! F mot.* Depoyu doldur!; **2.** *n.* doyumluk; *eat one's* ~ yiyebildiğince yemek, canının istediği kadar yemek.
fil·let, *Am. a.* **fil·et** ['fılıt] *n.* fileto.
fill·ing ['fılıŋ] *n.* doldurma; ⚕ *(diş)* dolgu; ~ *station* benzin istasyonu.
fil·ly ['fılı] *n.* kısrak; *fig.* fıkırdak kız.
film [fılm] **1.** *n.* film *(a. phot.);* ince tabaka, zar; *take ya da shoot a* ~ film çekmek, film çevirmek; **2.** *vb.* filme almak; film çevirmek.
fil·ter ['fıltə] **1.** *n.* filtre, süzgeç; **2.** *v/t. & v/i.* süz(ül)mek; ~**-tip** *n.* sigara filtresi; filtreli sigara; ~**-tipped:** ~ *cigarette* filtreli sigara.
filth [fılθ] *n.* pislik, kir; ~**·y** □ ['fılθı] *(-ier, -iest)* pis, kirli; *fig.* açık saçık, çirkin.
fin [fın] *n. zo.* yüzgeç.
fi·nal ['faınl] **1.** □ son; kesin; ~ *storage* son bekletilme (yeri); **2.** *n. spor:* final; *gazete:* son baskı; *mst* ~*s pl.* final sınavı, final; ~**·ist** [~nəlıst] *n. spor:* finalist; ~**·ly** [~lı] *adv.* sonunda; son olarak.
fi·nance [faı'næns] **1.** *n.* maliye; ~*s pl.* mali durum; **2.** *v/t.* finanse etmek, gerekli parayı vermek; *v/i.* mali işleri yürütmek; **fi·nan·cial** □ [~nʃl] mali; **fi·nan·cier** [~nsıə] *n.* maliyeci.
finch *zo.* [fıntʃ] *n.* ispinoz.
find [faınd] **1.** *(found) v/t.* bulmak; keşfetmek; öğrenmek; ⚖ ...kararına varmak, hükmetmek; ulaşmak, varmak; rastlamak; **2.** *n.* bulunmuş şey; buluş; ~**·ings** ['faındıŋz] *n. pl.* sonuç; ⚖ karar.
fine[1] [faın] **1.** □ *(~r, ~st)* iyi, güzel, hoş, nefis; süslü, gösterişli; ince; saf *(altın); I'm* ~ iyiyim; **2.** *adv.* çok iyi; ince ince.
fine[2] [~] **1.** *n.* para cezası; **2.** *v/t.* para cezasına çarptırmak.
fi·ne·ry ['faınərı] *n.* süslü giysi; şıklık.
fin·ger ['fıŋgə] **1.** *n.* parmak; *s. cross 2;* **2.** *v/t.* parmakla dokunmak; ♪ parmakla çalmak; ~**-nail** *n.* tırnak; ~**·print** *n.* parmak izi; ~**-tip** *n.* parmak ucu.
fin·i·cky ['fınıkı] *adj.* titiz, kılı kırk yaran.
fin·ish ['fınıʃ] **1.** *v/t. & v/i.* bit(ir)mek, sona er(dir)mek; cilalamak; ~ *with ile* işi bitmek; *ile* ilişkisini kesmek; *have ~d with ile* işi bitmiş; **2.** *n.* son, bitiş; cila, rötuş; *spor:* finiş, varış; ~**·ing line** [~ıŋlaın] *n. spor:* varış çizgisi.
Finn [fın] *n.* Finlandiyalı; ~**·ish** ['fınıʃ] **1.** *adj.* Finlandiya'ya özgü; **2.** *n. ling.* Fin dili.
fir ⚘ [fɜː] *n. a.* ~*-tree* köknar; ~-

cone ['fɜːkəʊn] *n.* köknar kozalağı.

fire ['faɪə] **1.** *n.* ateş; yangın; *be on ~* alevler içinde olmak, yanmak; *catch ~* ateş almak, tutuşmak; *set on ~, set ~ to* ateşe vermek, tutuşturmak; **2.** *v/t. & v/i.* tutuş(tur)mak, yakmak; ateş etmek; pişirmek, fırınlamak; *fig.* gayrete getirmek; *F* kovmak, yol vermek; **~-a·larm** [~rəlɑːm] *n.* yangın işareti *ya da* alarmı; **~·arms** *n. pl.* ateşli silahlar; **~ bri·gade** *n.* itfaiye; **~-bug** *n. F* kundakçı; **~·crack·er** *n.* kestane-fişeği; **~ de·part·ment** *n. Am.* itfaiye; **~-en·gine** [~rendʒɪn] *n.* itfaiye arabası; **~-es·cape** [~rɪskeɪp] *n.* yangın merdiveni; **~-ex·tin·guish·er** [~rɪkstɪŋgwɪʃə] *n.* yangın söndürme aygıtı; **~-guard** *n.* şömine pervazı; **~-man** *n.* itfaiyeci; ateşçi; **~·place** *n.* şömine; **~-plug** *n.* yangın musluğu; **~·proof** *adj.* ateşe dayanıklı, yanmaz; **~-rais·ing** *Brt.* [~ɪŋ] *n.* kundakçılık; **~·side** *n.* ocak başı; ev hayatı; **~ sta·tion** *n.* yangın istasyonu, itfaiye merkezi; **~·wood** *n.* odun; **~·works** *n. pl.* havai fişekler; *fig.* çıngar.

fir·ing squad × ['faɪərɪŋskwɒd] *n.* idam mangası.

firm[1] [fɜːm] *adj.* katı, sert; sağlam; sıkı; kararlı.

firm[2] [~] *n.* firma.

first [fɜːst] **1.** □ birinci, ilk; başta gelen; **2.** *adv.* ilk olarak, önce, başta; *~ of all* her şeyden önce; **3.** *n.* başlangıç; birincilik; *at ~* önce, öncelikle; önceleri; *from the ~* başından beri; **~ aid** *n.* ilkyardım; **~-aid** ['fɜːsteɪd] *adj.* ilkyardım...; *~ kit* ilkyardım çantası; **~-born** *adj.* ilk doğan, ilk *(çocuk)*; **~ class** *n.* birinci mevki; **~-class** *adj.* birinci sınıf, mükemmel; **~·ly** [~lɪ] *adv.* önce, öncelikle; **~·hand** *adj. & adv.* ilk elden, dolaysız, aracısız; **~ name** *n.* ad, isim; **~-rate** *adj.* birinci sınıf, en iyi cinsten.

firth [fɜːθ] *n.* haliç.

fish [fɪʃ] **1.** *n.* balık; balık eti; *a queer ~ F* garip herif, tip; **2.** *v/i.* balık tutmak; *~ around* aramak *(for -i)*; *(cebini)* karıştırmak; **~-bone** ['fɪʃbəʊn] *n.* kılçık.

fish|er·man ['fɪʃəmən] *(pl. -men)* *n.* balıkçı; **~·e·ry** [~rɪ] *n.* balıkçılık; balık sahası.

fish·ing ['fɪʃɪŋ] *n.* balık avı; balıkçılık; **~-line** *n.* olta; **~-rod** *n.* olta kamışı; **~-tack·le** *n.* balıkçı takımı, olta takımı.

fish|mon·ger *esp. Brt.* ['fɪʃmʌŋgə] *n.* balık satıcısı, balıkçı; **~·y** □ [~ɪ] *(-ier, -iest)* balık kokan; balık gibi; *F* bityeniği olan.

fis|sile ⊕ ['fɪsaɪl] *adj.* yarılabilir, bölünebilir; **~·sion** ['fɪʃn] *n.* bölünme; **~·sure** ['fɪʃə] *n.* yarık, çatlak.

fist [fɪst] *n.* yumruk.

fit[1] [fɪt] **1.** □ *(-tt-)* uygun, elverişli; yakışır, yaraşır; hazır; *spor:* formda; **2.** *(-tt-; fitted, Am. a. fit) v/t. & v/i.* uy(dur)mak; yakışmak, yaraşmak; *(kapak v.b.)* oturmak; *(kilit v.b.)* takmak; *(elbise)* prova etmek; *(elbise)* vücuda oturmak; *~ in* içine sığmak; takmak; *~ on* prova etmek; *~ out* donatmak *(with ile)*; *~ up* hazırlamak, düzenlemek; **3.** *n.* *(elbise)* vücuda oturma.

fit[2] [~] *n.* nöbet, kriz; ⚕ sara, tutarık; *by ~s and starts* kısa aralıklarla, düzensiz olarak; *give s.o. a ~ F b-ni* deli etmek, şaşırtmak.

fit|ful □ ['fɪtfl] düzensiz, kesintili; *fig.* uykusuz *(gece)*; **~·ness** [~nɪs] *n.* uygunluk; *spor:* formda olma; **~·ted** *adj.* takılı; döşeli; *~ carpet* döşeli halı; *~ kitchen* döşeli mutfak; **~·ter** [~ə] *n.* tesisatçı, montajcı; ~·**ting** [~ıŋ] **1.** *adj.* uygun, yakışır, yerinde; **2.** *n.* montaj; prova; ~*s pl.* tesisat; yedek parçalar.

five [faıv] *n. & adj.* beş.

fix [fıks] **1.** *v/t. & v/i.* yerleş(tir)mek, otur(t)mak, takmak; *(tarih, fiyat)* saptamak, belirlemek, kararlaştırmak; yapıştırmak; sabitleştirmek; *(gözlerini)* dikmek *(on -e)*; *esp. Am.* tamir etmek, onarmak; hazırlamak; öcünü almak, icabına bakmak; ~ *on -e* karar vermek, saptamak, seçmek; *(gözünü) -e* dikmek; *(dikkatini) -e* vermek; ~ *up* düzeltmek; onarmak; gerekli hazırlığı yapmak; resmi giyinmek; **2.** *n. F* çıkmaz; *sl.* vücuda vurulan uyuşturucu iğnesi; ~**ed** □ sabit; solmaz *(renk)*; ~·**ing** ['fıksıŋ] *n.* tespit, bağlama; montaj; *Am.* ~*s pl.* tertibat; garnitür; ~·**ture** [~stʃə] *n.* demirbaş *(a. fig.)*; *spor:* fikstür; *lighting* ~ elektrik donanımı.

fizz [fız] **1.** *v/i.* fışırdamak; **2.** *n.* fışırtı; *F* şampanya.

flab·ber·gast *F* ['flæbəgɑːst] *v/t.* şaşırtmak, afallatmak; *be* ~*ed* apışıp kalmak, afallamak.

flab·by □ ['flæbı] *(-ier, -iest)* gevşek, sarkık, yumuşak.

flac·cid □ ['flæksıd] yumuşak, gevşek.

flag [flæg] **1.** *n.* bayrak, sancak, bandıra, flama; ⚘ süsen; **2.** *(-gg-) v/t.* bayraklarla donatmak; işaretle durdurmak, çevirmek *(taksi)*; *v/i.* sarkmak, pörsümek; zayıflamak, gevşemek; ~·**pole** ['flægpəʊl] = *flagstaff*.

fla·grant □ ['fleıgrənt] çirkin, rezil; utanmaz.

flag|staff ['flægstɑːf] *n.* bayrak direği, gönder; ~·**stone** *n.* döşeme taşı, fayans, çini.

flair [fleə] *n.* yetenek, Allah vergisi; seziş, kavrayış.

flake [fleık] **1.** *n.* ince tabaka; kuşbaşı kar; **2.** *v/i.* tabaka tabaka ayrılmak; lapa lapa yağmak; **flak·y** ['fleıkı] *(-ier, -iest) adj.* lapa lapa; kat kat; ~ *pastry* yufka.

flame [fleım] **1.** *n.* alev, ateş; *fig.* şiddet, hiddet; *be in* ~*s* alevler içinde olmak, yanmak; **2.** *v/i.* alev alev yanmak; *fig.* öfkelenmek, parlamak.

flam·ma·ble *Am.*, ⊕ ['flæməbl] = *inflammable*.

flan [flæn] *n.* meyveli turta.

flank [flæŋk] **1.** *n.* yan, böğür; ⚔ kanat; **2.** *vb. -in* yan tarafında olmak; ⚔ kanattan saldırmak.

flan·nel ['flænl] *n.* fanila, yumuşak kumaş; ~*s pl.* fanila pantolon.

flap [flæp] **1.** *n.* masa kanadı; *(zarf, cep)* kapak; kanatçık; çarpma sesi; **2.** *(-pp-) v/t. (kanat)* çırpmak; hafifçe vurmak; *v/i.* kanat gibi sarkmak; *(kuş)* pır diye uçmak.

flare [fleə] **1.** *v/i.* titrek titrek yanmak; alev gibi parlamak; ~ *up* birden alevlenmek; *fig.* öfkelenmek, parlamak; *fig.* patlak vermek, başgöstermek; **2.** *n.* titrek alev *ya da* ışık; işaret fişeği.

flash [flæʃ] **1.** *n.* ışıltı, parıltı; gösteriş; *radyo v.b.:* haber, bülten; *phot. F* flaş; kısa süre, an; *esp. Am. F* cep feneri; *like a* ~ yıldırım gibi; *in a* ~ hemencecik, çabucak; ~ *of lightning* şimşek; **2.** *vb.* birden parlamak; *(şimşek)* çakmak; parıldamak, ışıldamak; *(haber)* göndermek, geçmek; *it* ~*ed on me* birden aklıma geldi; ~·**back** ['flæʃbæk] *n. film, roman:* geçmiş bir olayı yeniden gösteren bölüm; ~·**light** *n. phot.* flaş; ⚓ deniz feneri; *esp. Am.* cep feneri; ~·**y** □ *(-ier, -iest)* parlak; gösterişli, fiyakalı.

flask [flɑːsk] *n.* küçük şişe; matara; termos.

flat [flæt] **1.** □ *(-tt-)* düz, yassı;yatay; tatsız, yavan; *econ.* durgun, kesat; donuk, mat; *mot.* inik, sönük *(lastik);* ♪ bemol; ~ *price* tek fiyat; **2.** *adv.* tamamen, büsbütün; tam; *fall* ~ ilgi uyandırmamak, boşa gitmek; *sing* ~ bemolden okumak; **3.** *n.* apartman dairesi, kat; düz arazi; ♪ bemol; *F* avanak, enayi; *esp. Am. mot.* inik lastik; **~·foot** ['flætfʊt] *(pl. -feet) n. sl.* polis, aynasız; **~-foot·ed** *adj.* düztaban; **~-i·ron** *n.* ütü; **~·ten** [~tn] *v/t. & v/i.* düzleş(tir)mek, yassılaş(tır)mak.

flat·ter ['flætə] *v/t.* pohpohlamak, göklere çıkarmak; **~·er** [~rə] *n.* dalkavuk, yağcı; **~·y** [~rı] *n.* dalkavukluk, yağcılık.

fla·vo(u)r ['fleıvə] **1.** *n.* tat, lezzet, çeşni *(a. fig.);* **2.** *v/t.* tat *ya da* çeşni katmak; **~·ing** [~ərıŋ] *n.* çeşni katan şey; **~·less** [~lıs] *adj.* tatsız, lezzetsiz.

flaw [flɔ:] **1.** *n.* çatlak, yarık; kusur, defo; ⚓ bora; **2.** *v/t. & v/i.* çatla(t)mak; defolu olmak; *(güzelliğini)* bozmak; **~·less** □ ['flɔ:lıs] kusursuz.

flax ⚘ [flæks] *n.* keten.

flea *zo.* [fli:] *n.* pire.

fleck [flek] *n.* benek, leke, nokta.

fled [fled] *pret. & p.p. of flee.*

fledged [fledʒd] *adj. (kuş)* tüylenmiş; **fledg(e)·ling** ['fledʒlıŋ] *n.* yeni tüylenmiş kuş; *fig.* acemi çaylak.

flee [fli:] *(fled) v/i.* kaçmak.

fleece [fli:s] **1.** *n.* koyun postu; yapağa, yapak; **2.** *v/t. F* kazıklamak, yolmak; **fleec·y** ['fli:sı] *(-ier, -iest) adj.* yün gibi; yünle kaplı.

fleet [fli:t] **1.** □ çabuk, seri, hızlı; **2.** *n.* ⚓ filo; ♀ *Street* Londra Basını; basın.

flesh [fleʃ] *n.* et; vücut; **~·y** ['fleʃı] *(-ier, -iest) adj.* etli; tombul.

flew [flu:] *pret. of fly 2.*

flex[1] *esp. anat.* [fleks] *v/t.* bükmek, esnetmek.

flex[2] *esp. Brt.* ⚡ [~] *n.* esnek kablo.

flex·i·ble □ ['fleksəbl] esnek, bükülgen; *fig.* uysal.

flick [flık] *v/t.* hafifçe vurmak, fiske atmak.

flick·er ['flıkə] **1.** *v/i.* titrek yanmak, titreşmek; **2.** *n.* titrek yanma, titreşme; titrek ışık; *Am.* ağaçkakan.

fli·er ['flaıə] = *flyer.*

flight [flaıt] *n.* uçuş, uçma; uçak yolculuğu; uçak; *fig.* kaçış; ✈, ✕ hava filosu; sürü, küme; *a.* ~ *of stairs* bir kat merdiven; *put to* ~ kaçırtmak; *take (to)* ~ kaçmak, tüymek; **~·less** *zo.* [~lıs] *adj.* uçamayan; **~·y** □ ['flaıtı] *(-ier, -iest)* dönek; maymun iştahlı; hafifmeşrep.

flim·sy ['flımzı] *(-ier, -iest) adj.* dayanıksız, çürük; *fig.* sudan *(bahane).*

flinch [flıntʃ] *v/i.* korkmak, ürkmek, çekinmek.

fling [flıŋ] **1.** *n.* atma, atış, fırlatma; *have one's ya da a* ~ *fig.* kurtlarını dökmek; **2.** *(flung) v/t. & v/i.* fırla(t)mak, at(ıl)mak; *fig. (küfür)* savurmak; ~ *o.s.* birden atılmak; ~ *open* hızla açmak.

flint [flınt] *n.* çakmaktaşı.

flip [flıp] **1.** *n.* fiske; **2.** *(-pp-) vb.* fiske vurmak; havaya fırlatmak.

flip·pant □ ['flıpənt] küstah, kendini bilmez, saygısız.

flip·per ['flıpə] *n. zo.* yüzgeç; *spor:* palet.

flirt [flɜ:t] **1.** *v/i.* flört etmek; = *flip 2;* **2.** *n. be a* ~ flört etmek; **flir·ta·tion** [flɜ:'teıʃn] *n.* flört.

flit [flıt] *(-tt-) v/i. (kuş)* uçuşmak; taşınmak.

float [fləʊt] **1.** *n.* olta mantarı; şamandıra, duba; **2.** *v/t. & v/i.*

yüz(dür)mek, batmamak; ⚓ denize indirmek; *fig.* sürüklenmek; *econ.* *(şirket v.b.)* kurmak; *econ.* *(hisse senedi v.b.)* çıkarmak; **~·ing** ['fləʊtıŋ] **1.** *adj.* yüzen; *econ.* döner... *(sermaye v.b.);* değişen; seyyar; ~ *voter pol.* kararsız seçmen, belli bir siyasi partiyi tutmayan seçmen; **2.** *n. econ.* dalgalanmaya bırakma.

flock [flɒk] **1.** *n.* sürü; küme; *fig.* kalabalık, yığın; **2.** *v/i.* toplanmak, üşüşmek.

floe [fləʊ] *n.* yüzer buz kütlesi.

flog [flɒg] *(-gg-) v/t.* dövmek, kırbaçlamak, kamçılamak; **~·ging** ['flɒgıŋ] *n.* kırbaçlama, dayak.

flood [flʌd] **1.** *n. a.* **~-tide** sel, tufan; su basması; **2.** *v/i.* su basmak, sel basmak; **~·gate** ['flʌdʒeıt] *n.* bent kapağı; **~·light** *n.* ⚡ projektör.

floor [flɔː] **1.** *n.* döşeme, zemin; kat; dip; ⬇ harman yeri; *first* ~ *Brt.* birinci kat, *Am.* zemin kat; *second* ~ *Brt.* ikinci kat, *Am.* birinci kat; ~ *leader Am. parl.* parti grup başkanı; ~ *show* eğlence programı; *take the* ~ mecliste söz almak; **2.** *v/t.* döşemek; yere yıkmak, devirmek; şaşırtmak; **~-board** ['flɔːbɔːd] *n.* döşeme tahtası; **~-cloth** *n.* tahta bezi; **~·ing** [~rıŋ] *n.* döşemelik; ~ **lamp** *n.* ayaklı abajur; **~·walk·er** *Am.* = *shopwalker.*

flop [flɒp] **1.** *(-pp-) v/t. & v/i.* birden düş(ür)mek; çırpınmak; *F* başarısızlığa uğramak, tutmamak; **2.** *n.* çarpma; çarpma sesi, cup; *F* başarısızlık, fiyasko.

flor·id □ ['flɒrıd] kırmızı, al; süslü, gösterişli.

flor·ist ['flɒrıst] *n.* çiçekçi.

flounce[1] [flaʊns] *n.* volan, farbala, fırfır.

flounce[2] [~]: ~ *off* çıkıp gitmek, fırlamak.

floun·der[1] *zo.* ['flaʊndə] *n.* dilbalığı.

floun·der[2] [~] *v/i.* bata çıka ilerlemek; *fig.* bocalamak.

flour ['flaʊə] *n.* un.

flour·ish ['flʌrıʃ] **1.** *n.* gelişme; savurma, sallama; gösteriş; ♪ coşkulu parça; **2.** *v/i.* gelişmek, ilerlemek; büyümek; *v/t.* sallamak, savurmak.

flout [flaʊt] *v/t.* hor görmek, küçümsemek, burun kıvırmak.

flow [fləʊ] **1.** *n.* akış; akıntı, cereyan; akın; ⚓ met, kabarma; **2.** *v/i.* akmak; akın etmek; *(saç, giysi v.b.)* dökülmek; *(deniz)* kabarmak.

flow·er ['flaʊə] **1.** *n.* çiçek; *fig.* en güzel dönem, bahar; **2.** *v/i.* çiçek açmak, çiçeklenmek; **~-bed** *n.* çiçek tarhı; **~·pot** *n.* saksı; **~·y** [~rı] *(-ier, -iest) adj.* çiçekli; *fig.* süslü.

flown [fləʊn] *p.p. of fly 2.*

flu *F* [fluː] *n.* grip.

fluc·tu|ate ['flʌktjʊeıt] *v/i.* dalgalanmak, inip çıkmak; **~·a·tion** [flʌktjʊ'eıʃn] *n.* dalgalanma.

flue [fluː] *n.* boru, baca.

flu·en|cy *fig.* ['fluːənsı] *n.* akıcılık; **~t** □ [~t] akıcı.

fluff [flʌf] **1.** *n.* tüy, hav; *fig.* hata, gaf; **2.** *v/t.* *(tüylerini)* kabartmak; *(söyleyeceğini)* unutmak; **~·y** ['flʌfı] *(-ier, -iest) adj.* yumuşak tüylü; kabarık.

flu·id ['fluːıd] **1.** *adj.* akıcı, akışkan; **2.** *n.* sıvı.

flung [flʌŋ] *pret. & p.p. of fling 2.*

flunk *Am. fig. F* [flʌŋk] *v/i.* sınıfta kalmak, çakmak, topu atmak.

flu·o·res·cent [flʊə'resnt] *adj.* floresan, flüorışıl.

flur·ry ['flʌrı] *n.* telaş, heyecan; fırtına; *Am. a.* sağanak.

flush [flʌʃ] **1.** *adj.* ⊕ düz, bir hizada; *F.* bol paralı; **2.** *n.* kızartı, kızarıklık; coşkunluk; sifon; **3.** *v/t. & v/i.* *(yüz)* kızar(t)mak; *a.* ~ *out*

basınçlı su ile temizlemek; coşturmak; ~ *down* yıkayıp temizlemek; ~ *the toliet* sifonu çekmek.
flus·ter ['flʌstə] **1.** *n.* heyecan, telaş; **2.** *v/t.* & *v/i.* telaşa düş(ür)mek.
flute [fluːt] **1.** *n.* ♪ flüt; oluk, yiv; **2.** *v/i.* flüt çalmak; yiv açmak.
flut·ter ['flʌtə] **1.** *n.* telaş, heyecan; kanat çırpma; *F* bahis; **2.** *v/t.* *(kanat)* çırpmak; *v/i.* çırpınmak; telaşlanmak.
flux *fig.* [flʌks] *n.* sürekli değişim.
fly [flaı] **1.** *n.* *zo.* sinek; uçuş; fermuar; **2.** *(flew, flown)* *v/t.* & *v/i.* uç(ur)mak; ✈ uçakla gitmek; çabuk gitmek; kaçmak; *(bayrak)* dalgalanmak; *(zaman)* akıp gitmek; ~ *at s.o.* *b-ne* saldırmak, *b-nin* üstüne atlamak; ~ *into a passion ya da rage* öfkelenmek, küplere binmek; ~**·er** ['flaıə] *n.* havacı, pilot; *Am.* el ilanı; ~**·ing** [~ıŋ] *adj.* uçan...; ~ *saucer* uçan daire; ~ *squad* *(polis)* çevik kuvvet; ~**·o·ver** *n.* *Brt.* üstgeçit; ~**·weight** *n.* *boks:* sineksıklet; ~**·wheel** *n.* volan, düzenteker.
foal *zo.* [fəʊl] *n.* tay; sıpa.
foam [fəʊm] **1.** *n.* köpük; ~ *rubber* sünger; **2.** *v/i.* köpürmek *(a. fig.)*; ~**.y** ['fəʊmı] *(-ier, -iest)* *adj.* köpüklü.
fo·cus ['fəʊkəs] **1.** *(pl. -cuses, -ci* [-saı]*)* *n.* odak; **2.** *vb.* *opt.* odaklaştırmak *(a. fig.)*; konsantre olmak; dikkatini toplamak.
fod·der ['fɒdə] *n.* yem.
foe *poet.* [fəʊ] *n.* düşman.
fog [fɒg] **1.** *n.* sis; *fig.* zihin bulanıklığı; *phot.* donukluk; **2.** *(-gg-)* *v/t.* & *v/i.* *mst. fig.* şaşırtmak; *phot.* donuklaş(tır)mak; ~**·gy** □ ['fɒgı] *(-ier, -iest)* sisli; bulanık.
foi·ble *fig.* ['fɔıbl] *n.* zaaf, zayıf yön.
foil[1] [fɔıl] *n.* ince yaprak, varak; *fig.* engel.
foil[2] [~] *v/t.* engellemek, işini bozmak.
foil[3] [~] *n.* *eskrim:* meç.
fold[1] [fəʊld] **1.** *n.* ağıl; sürü *(a. fig.)*; cemaat; **2.** *v/t.* ağıla kapamak.
fold[2] [~] **1.** *n.* kıvrım, kat, pli; **2.** *suffix* ...misli, ...kat; **3.** *v/t.* & *v/i.* katla(n)mak; bükmek; *(kollarını)* kavuşturmak; sarmak; *Am.* *F* *(işyeri)* kapanmak; ~ *(up)* iflas etmek, topu atmak; ~**·er** ['fəʊldə] *n.* dosya, klasör; broşür.
fold·ing ['fəʊldıŋ] *adj.* katlanır...; ~ **bed** *n.* katlanır karyola; ~ **bi·cy·cle** *n.* katlanır bisiklet; ~ **boat** *n.* sökülüp takılabilen kayık; ~ **chair** *n.* katlanır iskemle; ~ **door(s** *pl.***)** *n.* katlanır kapı.
fo·li·age ['fəʊlııdʒ] *n.* ağaç yaprakları.
folk [fəʊk] *n.* *pl.* halk; ~*s pl.* *F* ev halkı, aile; ~**·lore** ['fəʊklɔː] *n.* folklor, halkbilim; ~**·song** *n.* halk türküsü.
fol·low ['fɒləʊ] *v/t.* izlemek, takip etmek; anlamak; *(öğüt)* tutmak, dinlemek; ...sonucu çıkmak; ~ *through* sonuna kadar götürmek, tamamen yerine getirmek *(plan v.b.)*; ~ *up* *(iş)* peşini bırakmamak, kovalamak; ~**·er** [~ə] *n.* taraftar, yandaş, *F* hayran; ~**·ing** [~ıŋ] **1.** *n.* taraftarlar; *the* ~ aşağıdakiler; **2.** *adj.* aşağıdaki; izleyen, ertesi; **3.** *prp.* *-den* sonra, *-in* ardından.
fol·ly ['fɒlı] *n.* aptallık, akılsızlık; çılgınlık.
fond □ [fɒnd] seven, düşkün *(of -e)*; *be* ~ *of* *-e* düşkün olmak, *-e* bayılmak; **fon·dle** ['fɒndl] *v/t.* okşamak, sevmek; ~**·ness** [~nıs] *n.* düşkünlük, sevgi.
font [fɒnt] *n.* vaftiz kurnası; *Am.* basım harfleri takımı, font.
food [fuːd] *n.* yiyecek, gıda, besin; yemek.

fool [fu:l] **1.** *n.* aptal kimse, budala kimse; *make a ~ of s.o. b-ni* enayi yerine koymak; *b-ni* maskaraya çevirmek; *make a ~ of o.s.* rezil olmak, gülünç olmak; **2.** *adj. Am. F* aptal, budala, sersem; **3.** *v/t.* aldatmak, elinden almak *(out of -i)*; *~ away F (zamanı)* boşa geçirmek; *v/i.* maskaralık etmek; *~ (a)round esp. Am.* aylak aylak dolaşmak.

fool|e·ry ['fu:lərı] *n.* aptallık, budalalık; **~·har·dy** □ [~ha:dı] delifişek, çılgın; **~·ish** □ [~ıʃ] ahmak, akılsız; saçma; **~·ish·ness** [~ıʃnıs] *n.* ahmaklık, akılsızlık; **~·proof** *adj.* emniyetli; çok basit; kusursuz.

foot [fʊt] **1.** *(pl. feet) n.* ayak; fut, ayak *(= 0,3048 m)*; ✕ piyade; dağ eteği; dip; *on ~* yürüyerek, yayan, tabanvayla; **2.** *v/t. mst ~ up* toplamak; *~ it* yayan gitmek, tabanvayla gitmek; **~·ball** ['fʊtbɔ:l] *n. Brt.* futbol, ayaktopu; *Am.* Amerikan futbolu; *Brt.* rugbi; *Am.* futbol topu; **~·board** *n.* basamak, ayak dayayacak tahta; **~·bridge** *n.* yaya köprüsü, yaya geçidi; **~·fall** *n.* ayak sesi; **~·gear** *n.* ayak giyecekleri; **~·hold** *n.* ayak basacak yer; *fig.* sağlam yer.

foot·ing ['fʊtıŋ] *n.* ayak basacak yer; esas, temel; mevki, yer; ilişki; ✕ durum, hal; *be on a friendly ~ with s.o. b-le* arası iyi olmak, *b-le* dostça ilişkide olmak; *lose one's ~* ayağı kaymak.

foot|lights *thea.* ['fʊtlaıts] *n. pl.* sahnenin önündeki ışıklar; **~·loose** *adj.* başıboş; serbest; *~ and fancy-free* başıboş ve kayıtsız; **~·path** *n.* patika, keçiyolu; **~·print** *n.* ayak izi; *~s pl. a.* ayak izleri; **~·sore** *adj.* yürümekten ayakları şişmiş *ya da* acımış; **~·step** *n.* adım; ayak sesi; ayak izi; **~·wear** = *footgear.*

fop [fɒp] *n.* züppe.

for [fɔ:, fə] **1.** *prp. mst* için; uğruna; süresince; yerine; *-den* beri; adına, namına; lehinde; *-e* göre; şerefine; *-e* karşın; *~ three days* üç gündür, üç günden beri; *I walked ~ a mile* bir mil yürüdüm; *I ~ one* kendi adıma; *~ sure* Elbette!, Kuşkusuz!; **2.** *cj. -den* dolayı, çünkü.

for·age ['fɒrıdʒ] *vb. a. ~ about* aramak, karıştırmak; yiyecek aramak, yiyecek peşinde koşmak.

for·ay ['fɒreı] *n.* akın, yağma.

for·bear[1] [fɔ:'beə] *(-bore, -borne) v/t.* sakınmak, vazgeçmek *(from -den)*; *v/i.* kendini tutmak, sabretmek.

for·bear[2] ['fɔ:beə] *n.* ata, cet, dede.

for·bid [fə'bıd] *(-dd-; -bade ya da -bad* [-bæd], *-bidden ya da -bid) v/t.* yasaklamak; **~·ding** □ [~ıŋ] sert, haşin, ürkütücü.

force [fɔ:s] **1.** *n.* güç, kuvvet; baskı, zor; etki, nüfuz, otorite; *in ~* yürürlükte; *the (police) ~* polis; *armed ~s pl.* silahlı kuvvetler; *come (put) in(to) ~* yürürlüğe girmek (sokmak); **2.** *v/t.* zorlamak; sıkıştırmak; zorla açmak; zorla almak; turfanda yetiştirmek; *~ open* kırıp açmak; **~d:** *~ landing* zorunlu iniş; *~ march esp.* ✕ zorunlu yürüyüş; **~·ful** □ ['fɔ:sfl] nüfuzlu, güçlü; etkili, etkin.

for·ceps ⚕ ['fɔ:seps] *n.* forseps, kıskaç, pens.

for·ci·ble □ ['fɔ:səbl] zorla yapılan, zora dayanan; etkili, ikna edici.

ford [fɔ:d] **1.** *n.* nehir geçidi; **2.** *v/t. (nehrin)* sığ yerinden geçmek.

fore [fɔ:] **1.** *adv.* önde, ön tarafta; **2.** *n.* ön; *come to the ~* ön plana geçmek, sivrilmek, tanınmak; **3.** *adj.* öndeki, ön...; **~·arm** ['fɔ:-

raːm] *n.* önkol; **~·bear** ['fɔːbeə] = *forbear²*; **~·bod·ing** [fɔː'bəʊdıŋ] *n.* içe doğma, önsezi; **~·cast** ['fɔːkɑːst] **1.** *n.* hava tahmini; tahmin; **2.** *(-cast ya da -casted) v/t.* tahmin etmek; **~·fa·ther** *n.* ata, cet, dede; **~·fin·ger** *n.* işaretparmağı, göstermeparmağı; **~·foot** *(pl. -feet) n. zo.* önayak; **~·gone** ['fɔːgɒn] *adj.* geçmiş, önceki, bitmiş; ~ *conclusion* kaçınılmaz sonuç; **~·ground** ['fɔːgraʊnd] *n.* ön plan; **~·hand 1.** *n. spor:* sağ vuruş; **2.** *adj. spor:* sağ vuruşla yapılan; **~·head** ['fɒrıd] *n.* alın.

for·eign ['fɒrən] *adj.* yabancı; dış...; ~ *affairs* dışişleri; ~ *language* yabancı dil; ~ *minister pol.* dişişleri bakanı; ♀ *Office Brt. pol.* Dışişleri Bakanlığı; ~ *policy* dış politika; ♀ *Secretary Brt. pol.* Dışişleri Bakanı; ~ *trade econ.* dış ticaret; ~ *worker* yabancı işçi; **~·er** [~ə] *n.* yabancı.

fore|knowl·edge ['fɔː'nɒlıdʒ] *n.* önceden bilme; **~·leg** *zo.* ['fɔːleg] *n.* ön bacak; **~·man** *(pl. -men) n.* ⚖ juri başkanı; ustabaşı; ⚒ madenci ustabaşısı; **~·most** *adj.* en önde gelen; **~·name** *n.* ilk ad; **~·run·ner** *n.* haberci, müjdeci; öncü; **~·see** [fɔː'siː] *(-saw, -seen) v/t.* önceden görmek, sezmek; **~·shad·ow** *v/t.* önceden göstermek, *-in* belirtisi olmak; **~·sight** ['fɔːsaıt] *n. fig.* sağgörü, önsezi.

for·est ['fɒrıst] **1.** *n.* orman *(a. fig.)*; ~ *ranger Am.* orman bekçisi, korucu; **2.** *v/t.* ağaçlandırmak.

fore·stall [fɔː'stɔːl] *v/t. -den* önce davranmak, önlemek; önüne geçmek.

for·est|er ['fɒrıstə] *n.* ormancı; **~·ry** [~rı] *n.* ormancılık.

fore|taste ['fɔːteıst] *n.* önceden tatma; **~·tell** [fɔː'tel] *(-told) v/t.* önceden haber vermek; **~·thought** ['fɔːθɔːt] *n.* ileriyi görme, sağgörü.

for·ev·er, for ev·er [fə'revə] *adv.* sonsuzluğa dek, daima.

fore|wom·an *(pl. -women) n.* kadın ustabaşı; **~·word** *n.* önsöz.

for·feit ['fɔːfıt] **1.** *n.* ceza; bedel; **2.** *v/t.* kaybetmek.

forge¹ [fɔːdʒ] *v/i. mst ~ ahead* ilerlemek, öne geçmek.

forge² [~] **1.** *n.* demirhane; **2.** *v/t.* *(demir)* dövmek; *fig.* kurmak, oluşturmak; sahtesini yapmak, taklit etmek; **forg·er** ['fɔːdʒə] *n.* sahtekâr, düzmeci; **for·ge·ry** [~ərı] *n.* sahtekârlık, düzmecilik; sahte şey.

for·get [fə'get] *(-got, -gotten) vb.* unutmak; **~·ful** □ [~fl] unutkan; **~-me-not** *n.* ⚘ unutmabeni.

for·give [fə'gıv] *(-gave, -given) v/t.* bağışlamak, affetmek; **~·ness** [~nıs] *n.* bağışla(n)ma; af; **for·giv·ing** □ [~ıŋ] bağışlayıcı.

for·go [fɔː'gəʊ] *(-went, -gone) v/t.* vazgeçmek, bırakmak.

fork [fɔːk] **1.** *n.* çatal; bel; **2.** *vb.* *(yol v.b.)* çatallaşmak; çatalla kaldırmak; **~ed** *adj.* çatallı; **~-lift** ['fɔːklıft], *a.* ~ **truck** *n.* çatallı kaldırıcı.

for·lorn [fə'lɔːn] *adj.* terkedilmiş, kimsesiz; üzgün.

form [fɔːm] **1.** *n.* biçim, şekil; kalıp; âdet; form; *okul:* sınıf; *spor:* form; **2.** *v/t. & v/i.* oluş(tur)mak, kurmak; biçimlendirmek; ⚔ tertiplemek.

form·al □ ['fɔːml] resmi, teklifli; biçimsel; **for·mal·i·ty** [fɔː'mæləti] *n.* formalite; resmiyet, resmilik.

for·ma|tion [fɔː'meıʃn] *n.* oluş(tur)ma; kuruluş; oluşum; **~·tive** ['fɔːmətıv] *adj.* biçim veren; gelişme...; ~ *years pl.* gelişme yılları.

for·mer ['fɔːmə] *adj.* eski, önceki; ilk bahsedilen; **~·ly** [~lı] *adv.* eskiden.

for·mi·da·ble □ ['fɔːmɪdəbl] korkunç, ürkütücü, heybetli; çok zor, çetin.
for·mu|la ['fɔːmjʊlə] *(pl. -las, -lae* [-liː]*)* *n.* formül; reçete; **~·late** [~leɪt] *v/t.* açıkça belirtmek; *(plan v.b.)* hazırlamak.
for|sake [fə'seɪk] *(-sook, -saken)* *v/t.* bırakmak, terketmek; *-den* vazgeçmek; **~·sak.en** [~ən] *p.p. of forsake;* **~·sook** [fə'sʊk] *pret. of forsake;* **~·swear** [fɔː'sweə] *(-swore, -sworn) v/t.* yeminle bırakmak, tövbe etmek.
fort ⨯ [fɔːt] *n.* kale, hisar; istihkâm.
forth [fɔːθ] *adv.* ileri; dışarı, açığa; **~·com·ing** ['fɔːθ'kʌmɪŋ] *adj.* gelecek, çıkacak; hazır; *F* yardımsever; **~·with** [~'wɪθ] *adv.* derhal, gecikmeksizin.
for·ti·eth ['fɔːtɪɪθ] *adj.* kırkıncı.
for·ti|fi·ca·tion [fɔːtɪfɪ'keɪʃn] *n.* sağlamlaştırma; **~·fy** ['fɔːtɪfaɪ] *v/t.* ⨯ sağlamlaştırmak; *fig.* canlandırmak; **~·tude** [~tjuːd] *n.* sağlamlık, dayanıklılık.
fort·night ['fɔːtnaɪt] *n.* iki hafta, on beş gün.
for·tress ['fɔːtrɪs] *n.* kale, hisar.
for·tu·i·tous □ [fɔː'tjuːɪtəs] rastlantı sonucu olan.
for·tu·nate ['fɔːtʃnət] *adj.* şanslı; uğurlu; *be ~* şanslı olmak; **~·ly** [~lɪ] *adv.* bereket versin, Allahtan, çok şükür.
for·tune ['fɔːtʃn] *n.* şans, talih; kader, kısmet; servet; **~-teli·er** *n.* falcı.
for·ty ['fɔːtɪ] *n. & adj.* kırk; *~-niner Am. (1849'da)* altın arayıcısı; *~ winks pl. F* kısa uyku, şekerleme, kestirme.
for·ward ['fɔːwəd] **1.** *adj.* ilerdeki, öndeki; gelişmiş; istekli, hazır; küstah, şımarık; **2.** *adv. a. ~s* ileri doğru, ileri; **3.** *n. futbol:* forvet, akıncı; **4.** *v/t.* ilerletmek; göndermek, sevketmek; *(mektup)* yeni adresine göndermek; **~·ing a·gent** [~ɪŋeɪdʒənt] *n.* nakliye acentesi.
fos·ter|-child ['fɒstətʃaɪld] *(pl. -children) n.* evlatlık; **~-par·ents** *n.pl.* evlatlık edinen ana baba.
fought [fɔːt] *pret. & p.p. of fight 2.*
foul [faʊl] **1.** □ kirli, pis; bozuk, berbat; fırtınalı, kötü, bozuk *(hava);* dolaşmış, karışmış *(ip); spor:* faullü; *fig.* ayıp, çirkin; *fig.* açık saçık; **2.** *n. spor:* faul; **3.** *vb. a. ~ up* karmakarışık etmek, bozmak; kirletmek; kirlenmek; *spor:* faul yapmak.
found [faʊnd] **1.** *pret. & p.p. of find 1;* **2.** *v/t.* kurmak; ⊕ kalıba dökmek.
foun·da·tion [faʊn'deɪʃn] *n. arch.* temel *(a. fig.);* kuruluş, vakıf; *fig.* dayanak, esas.
found·er[1] ['faʊndə] *n.* kurucu; ⊕ dökümcü, dökmeci.
foun·der[2] [~] *v/i.* ⚓ su dolup batmak; *fig.* boşa çıkmak, sonuçsuz kalmak.
found·ling ['faʊndlɪŋ] *n.* sokakta bulunmuş çocuk, buluntu.
foun·dry ⊕ ['faʊndrɪ] *n.* dökümhane.
foun·tain ['faʊntɪn] *n.* çeşme; pınar, kaynak; fıskiye; **~ pen** *n.* dolmakalem.
four [fɔː] **1.** *adj.*dört; **2.** *n.* dört rakamı; dört kişilik yarış kayığı; *on all ~s* emekleyerek, dört ayak üzerinde; **~-square** [fɔː'skweə] *adj.* dört köşeli, kare; *fig.* sağlam, oturaklı; **~-stroke** ['fɔːstrəʊk] *adj. mot.* dört zamanlı...; **~·teen** ['fɔː'tiːn] *n. & adj.* on dört; **~-teenth** [~'tiːnθ] *adj.* on dördüncü; **~th** [fɔːθ] **1.** *adj.* dördüncü; **2.** *n.* dörtte bir; **~th·ly** ['fɔːθlɪ] *adv.* dördüncü olarak.
fowl [faʊl] *n.* kümes hayvanı; kuş; **~·ing piece** ['faʊlɪŋpiːs] *n.* av tüfeği.

fox [fɒks] **1.** *n.* tilki; **2.** *v/t.* aldatmak; **~·glove** ⚘ ['fɒksglʌv] *n.* yüksükotu; **~·y** [~sı] *(-ier, -iest) adj.* tilki gibi; kurnaz.

frac·tion ['frækʃn] *n.* parça, azıcık miktar; ⚠ kesir.

frac·ture ['fræktʃə] **1.** *n.* kır(ıl)ma; kırık; **2.** *v/t. & v/i.* kır(ıl)mak.

fra·gile ['frædʒaıl] *adj.* kolay kırılır, kırılgan.

frag·ment ['frægmənt] *n.* parça.

fra|grance ['freıgrəns] *n.* güzel koku; **~·grant** □ [~t] güzel kokulu.

frail □ [freıl] kolay kırılır, kırılgan; zayıf, az *(şans);* güçsüz; **~·ty** ['freıltı] *n.* kırılganlık; zayıflık, zaaf.

frame [freım] **1.** *n.* çerçeve; iskelet, çatı; vücut, beden; şasi; *phot.* poz; ⚘ limonluk, sera; **~ of mind** ruh durumu; **2.** *v/t.* çerçevelemek; yapmak, kurmak; dile getirmek; biçim vermek, uydurmak; **~-up** *esp. Am. F* ['freımʌp] *n.* komplo, tuzak; danışıklı dövüş; **~·work** *n.* ⊕ şasi; çatı, iskelet; *fig.* yapı, bünye.

fran·chise ⚖ ['fræntʃaız] *n.* oy hakkı; *esp. Am.* ayrıcalık.

frank [fræŋk] **1.** □ doğru sözlü, dobra, samimi; **2.** *v/t.* *(mektup)* damgalamak.

frank·fur·ter ['fræŋkfɜːtə] *n.* sosis.

frank·ness ['fræŋknıs] *n.* doğru sözlülük, dobralık.

fran·tic ['fræntık] *(~ally) adj.* çılgın, çılgına dönmüş.

fra·ter|nal □ [frə'tɜːnl] kardeşçe; **~·ni·ty** [~nətı] *n.* kardeşlik; *Am. univ.* erkek öğrenci birliği *ya da* yurdu.

fraud [frɔːd] *n.* hile, dolandırıcılık; *F* dolandırıcı; **~·u·lent** □ ['frɔːdjʊlənt] dolandırıcı, sahtekâr; hileli.

fray [freı] *v/i.* yıpranmak, aşınmak; *v/t.* yıpratmak.

freak [friːk] **1.** *n.* çılgınca heves, kapris; maymun iştahlılık; anormal yaratık, hilkat garibesi; garip olay; meraklı, hayran; **~ of nature** hilkat garibesi, anormal yaratık; *film* **~** film hayranı; **2.** *v/t. & v/i.* **~ out** *sl.* heyecanlan(dır)mak.

freck·le ['frekl] *n.* çil; **~d** *adj.* çilli.

free [friː] **1.** □ *(~r, ~st)* özgür, hür; serbest, boş; parasız, bedava; *he is ~ to inf.* ...mekte serbesttir; *~ and easy* teklifsiz, laubali, senli benli; tasasız; *make ~* laubali olmak; kendi malı gibi kullanmak; *set ~* serbest bırakmak; **2.** *(freed) v/t.* serbest bırakmak, kurtarmak; **~·dom** ['friːdəm] *n.* özgürlük, hürriyet; serbestlik; bağımsızlık; bağışıklık; açık sözlülük; laubalilik; *~ of a city* bir kentin onursal hemşerilik sanı; **~·hold·er** *n.* mülk sahibi; **~·lance** *v/i.* serbest çalışmak; **♀·ma·son** *n.* farmason; **~·way** *n. Am.* çevre yolu; **~-wheel** ⊕ [friː'wiːl] **1.** *n.* pedal çevirmeden gitme; **2.** *v/i.* pedal çevirmeden gitmek.

freeze [friːz] **1.** *(froze, frozen) v/t. & v/i.* don(dur)mak; buz gibi olmak; çok üşümek, buz kesmek; donakalmak; *econ. (fiyatları)* dondurmak; **2.** *n.* donma; don; *econ. pol.* fiyatların dondurulması; *wage ~, ~ on wages* ücretlerin dondurulması; **~-dry** [friːz'draı] *v/t.* *(yiyecek)* dondurup saklamak; **freez·er** ['friːzə] *n. a. deep ~* dipfriz, buzdolabı, donduraç; **freez·ing** □ [~ıŋ] çok soğuk, buz gibi; ⊕ dondurucu...; *~ compartment* buzluk; *~ point* donma noktası.

freight [freıt] **1.** *n.* navlun, taşıma ücreti; yük; *attr. Am.* yük...; **2.** *v/t.* yüklemek; göndermek, taşımak; **~ car** *Am.* 🚃 ['freıtkɑː] *n.* yük vagonu; **~·er** [~ə] *n.* şilep; nakli-

ye uçağı; ~ **train** *n. Am.* yük treni, marşandiz.
French [frentʃ] **1.** *adj.* Fransız; *take ~ leave* izinsiz sıvışmak; *~ doors pl. Am. = French window(s); ~ fries pl. esp. Am.* kızartılmış patates, cips; *~ window(s pl.)* balkon kapısı; **2.** *n. ling.* Fransızca; *the ~ pl.* Fransızlar; **~·man** ['frentʃmən] *(pl. -men) n.* Fransız.
fren|zied ['frenzıd] *adj.* çılgın, çılgınca; **~·zy** [~ı] *n.* çılgınlık; kudurganlık.
fre·quen|cy ['fri:kwənsı] *n.* sık sık olma, sıklık; ⚡ frekans; **~t 1.** □ [~t] sık olan, sık; **2.** [frı'kwent] *vb.* sık sık gitmek, dadanmak, aşındırmak.
fresh □ [freʃ] taze; körpe; yeni; tatlı *(su);* temiz; serin *(hava); Am. F* küstah, arsız; **~·en** ['freʃn] *v/t. & v/i.* tazeleş(tir)mek; canlan(dır)mak; *(rüzgâr)* sertleşmek; *~ up* rahatlatmak, zindelik vermek; yenileştirmek; *~ (o.s.) up* yıkanıp rahatlamak; **~·man** *(pl. -men) n. univ.* birinci sınıf öğrencisi; **~·ness** [~nıs] *n.* tazelik; yenilik; **~ wa·ter** *n.* tatlı su; **~·wa·ter** *adj.* tatlı su...
fret [fret] **1.** *n.* üzüntü; kabartma, oyma; ♪ telli sazlarda perde; **2.** *(-tt-) v/t. & v/i.* üz(ül)mek; aşın(dır)mak, kemirmek; *~ away, ~ out* yıpratmak, mahvetmek.
fret·ful □ ['fretfl] huysuz, aksi, ters.
fret·saw ['fretsɔ:] *n.* kıl testere.
fret·work ['fretwɜ:k] *n.* oyma işi.
fri·ar ['fraıə] *n.* papaz, keşiş.
fric·tion ['frıkʃn] *n.* sürt(ün)me; *fig.* sürtüşme.
Fri·day ['fraıdı] *n.* cuma.
fridge *F* [frıdʒ] *n.* buzdolabı.
friend [frend] *n.* arkadaş, dost; *make ~s with ile* arkadaş olmak; **~·ly** ['frendlı] *adj.* arkadaşça, dostça; **~·ship** [~ʃıp] *n.* arkadaşlık, dostluk.
frig·ate ⚓ ['frıgıt] *n.* firkateyn.
fright [fraıt] *n.* korku, dehşet; *fig.* çirkin kılıklı kimse *ya da* şey; **~·en** ['fraıtn] *v/t.* korkutmak, ürkütmek; *be ~ed of s.th. bşden* korkmak; **~·en·ing** □ [~ıŋ] korkutucu, ürkütücü; **~·ful** □ [~fl] korkunç; berbat.
fri·gid □ ['frıdʒıd] çok soğuk, buz gibi; *psych.* cinsel yönden soğuk.
frill [frıl] *n.* volan, fırfır; farbala.
fringe [frındʒ] **1.** *n.* saçak; kenar; kâkül; *~ benefits pl. econ.* ek olanaklar; *~ event* ikincil olay; *~ group* aşırı fikirleri olan azınlık; **2.** *v/t.* saçak *ya da* kenar takmak.
Fri·si·an ['frızıən] *adj.* Frizye'li.
frisk [frısk] **1.** *n.* sıçrayıp oynama; **2.** *v/i.* sıçrayıp oynamak, koşuşmak; *v/t. F* üstünü aramak; **~·y** □ ['frıskı] *(-ier, -iest)* neşeli, oynak.
frit·ter ['frıtə] **1.** *n.* gözlemeye benzer börek; **2.** *v/t. ~ away (zaman, para)* harcamak.
fri·vol·i·ty [frı'vɒlətı] *n.* hoppalık, havailik; **friv·o·lous** □ ['frıvələs] uçarı, hoppa, havai; önemsiz, boş.
friz·zle ['frızl] *v/i. (yemek)* cızırdamak.
frizz·y □ ['frızı] *(-ier, -iest)* kıvır kıvır, kıvırcık *(saç).*
fro [frəʊ]: *to and ~* ileri geri, öteye beriye.
frock [frɒk] *n.* cüppe; kadın elbisesi, rop.
frog *zo.* [frɒg] *n.* kurbağa; **~·man** ['frɒgmən] *(pl. -men) n.* kurbağaadam, balıkadam.
frol·ic ['frɒlık] **1.** *n.* gülüp oynama, eğlence, neşe; **2.** *(-ck-) v/i* gülüp oynamak, oynayıp sıçramak; **~·some** □ [~səm] şen, oynak.
from [frɒm, frəm] *prp.* -den, -dan -den beri; -den ötürü; *defend ~*

-den korumak; ~ *amidst* arasından.

front [frʌnt] **1.** *n.* ön; yüz, cephe; çehre; tavır; ⚔ cephe; *at the* ~, *in* ~ önde; *in* ~ *of -in* önünde; **2.** *adj.* ön...; ~ *door* ön kapı; ~ *entrance* ön giriş; **3.** *vb. a.* ~ *on*, ~ *towards -e* bakmak; **~·age** ['frʌntɪdʒ] *n. (bina)* cephe; **~·al** □ [~tl] ön...; cepheden yapılan; alınla ilgili, alın...

fron·tier ['frʌntɪə] *n.* sınır; *Am. hist.* yerleşim bölgeleri ile vahşi bölgeler arasındaki sınır; *attr.* sınır...

front| page ['frʌntpeɪdʒ] *n. gazete:* baş sayfa; **~-wheel drive** *n. mot.* önden çekiş.

frost [frɒst] **1.** *n.* ayaz, don; *a. hoar* ~, *white* ~ kırağı; **2.** *v/t.* & *v/i.* don(dur)mak, buz tutmak; şekerle kaplamak; ~*ed glass* buzlucam; **~·bite** ['frɒstbaɪt] *n.* soğuk ısırması, soğuğun yakması; **~·bit·ten** *adj.* soğuktan donmuş; **~·y** □ [~ɪ] *(-ier, -iest)* dondurucu; *fig.* soğuk.

froth [frɒθ] **1.** *n.* köpük; **2.** *v/i.* köpürmek; **~·y** □ ['frɒθɪ] *(-ier, -iest)* köpüklü; *fig.* ciddiyetten uzak, boş.

frown [fraʊn] **1.** *n.* kaş çatma; **2.** *v/i.* kaşlarını çatmak; ~ *on ya da upon s.th. bşi* uygun görmemek, onaylamamak.

froze [frəʊz] *pret. of freeze 1;* **fro·zen** ['frəʊzn] **1.** *p.p. of freeze 1;* **2.** *adj.* don(durul)muş; ~ *food* dondurulmuş yiyecek.

fru·gal □ ['fruːgl] tutumlu, idareli; ucuz.

fruit [fruːt] **1.** *n.* meyve; ürün; sonuç; **2.** *v/i.* meyve vermek; **~·er·er** ['fruːtərə] *n.* manav, yemişçi; **~·ful** □ [~fl] verimli, bereketli; **~·less** □ [~lɪs] meyvesiz; verimsiz; faydasız; **~·y** [~ɪ] *(-ier, -iest) adj.* meyveli; meyve gibi; açık saçık *(hikâye v.b.)*; dolgun *(ses)*.

frus|trate [frʌ'streɪt] *v/t.* engel olmak, bozmak; hüsrana uğratmak; **~·tra·tion** [~eɪʃn] *n.* engel olma; hüsran.

fry [fraɪ] **1.** *n.* kızartma; yavru balık; **2.** *v/t.* & *v/i.* kızar(t)mak; **~·ing-pan** ['fraɪɪŋpæn] *n.* tava.

fuch·sia ⚘ ['fjuːʃə] *n.* küpeçiçeği.

fuck *V* [fʌk] **1.** *v/t.* sikmek; ~ *it!* Allah kahretsin!; *get* ~*ed!* Siktir!; **2.** *int.* Allah kahretsin!; **~·ing** *V* ['fʌkɪŋ] *adj.* kahrolası; ~ *hell!* Allahın cezası!, Dinine yandığım!

fudge [fʌdʒ] **1.** *v/t. F* uydurmak; aldatmak; **2.** *n.* saçma, boş laf; fondan.

fu·el [fjʊəl] **1.** *n.* yakacak; yakıt; *mot.* benzin; **2.** *(esp. Brt. -ll-, Am. -l-) v/i.* ✈ yakıt almak; *mot.* benzin almak.

fu·gi·tive ['fjuːdʒɪtɪv] **1.** *adj.* kaçan; *fig.* geçici; **2.** *n.* kaçak; mülteci, sığınık.

ful·fil, *Am. a.* **-fill** [fʊl'fɪl] *(-ll-) v/t.* yerine getirmek, yapmak; bitirmek; **~·ment** [~mənt] *n.* yerine getirme, yapma.

full [fʊl] **1.** □ dolu; tam; doymuş, tok; bol, geniş; tok *(ses)*; *of* ~ *age* ergin; **2.** *adv.* tamamen; çok; **3.** *n.* en son derece; *in* ~ tamamen; *to the* ~ son derece, tamamiyle; **~·blood·ed** ['fʊlblʌdɪd] *adj.* safkan; özbeöz; güçlü, zorlu; ~ **dress** *n.* resmi elbise; **~-dress** *adj.* resmi; **~-fledged** *Am.* = *fully-fledged;* **~-grown** *adj.* tamamen büyümüş, anaç; ergin; **~-length** *adj.* tam boy *(fotoğraf, resim v.b.)*; ~ **moon** *n.* dolunay; ~ **stop** *n. ling.* nokta; ~ **time** *n. spor:* maç süresi, karşılaşma sonu; **~-time** *adj.* fultaym, tamgünlük; ~ *job* tamgünlük iş.

ful·ly ['fʊlɪ] *adv.* tamamen; en az, tam; **~-fledged** *adj. (kuş)* tama-

men tüylenmiş; *fig.* dört dörtlük, tam; **~-grown** *Brt.* = *full-grown.*
fum·ble ['fʌmbl] *vb.* el yordamıyla aramak, yoklamak.
fume [fju:m] **1.** *v/t.* tütsülemek; *v/i.* tütmek; **2.** *n.* *~s pl.* duman.
fu·mi·gate ['fju:mɪgeɪt] *v/t.* buharla dezenfekte etmek.
fun [fʌn] *n.* eğlence; alay, şaka; *make ~ of ile* alay etmek, dalga geçmek.
func·tion ['fʌŋkʃn] **1.** *n.* fonksiyon *(a.* ⩟*)*, işlev; görev; tören; **2.** *v/i.* işlemek, çalışmak; **~·a·ry** [~ərɪ] *n.* memur, görevli.
fund [fʌnd] **1.** *n.* fon, ayrılmış para; *~s pl.* sermaye, para, fon; *a ~ of fig.* birtakım; **2.** *vb.* para sağlamak, karşılamak; *(borç)* konsolide etmek, vadesini uzatmak.
fun·da·men·tal [fʌndə'mentl] **1.** □ esas, temel, ana; **2.** *n.* *~s pl.* temel kurallar.
fu·ne|ral ['fju:nərəl] *n.* cenaze töreni; cenaze alayı; *attr.* cenaze...; **~·re·al** □ [fju:'nɪərɪəl] hüzünlü, kasvetli.
fun-fair ['fʌnfeə] *n.* lunapark.
fu·nic·u·lar [fju:'nɪkjʊlə] *n. a. ~ railway* kablolu demiryolu.
fun·nel ['fʌnl] *n.* huni; boru; ⚓, 🚂 baca.
fun·nies *Am.* ['fʌnɪz] *n. pl.* çizgi öykü dizisi.
fun·ny □ ['fʌnɪ] *(-ier, -iest)* komik, gülünç; tuhaf.
fur [fɜ:] **1.** *n.* kürk; dil pası; *~s pl.* kürklü giysiler; **2.** *v/t.* kürkle kaplamak; *v/i. (dil)* pas bağlamak.
fur·bish ['fɜ:bɪʃ] *v/t.* parlatmak; yenilemek.
fu·ri·ous □ ['fjʊərɪəs] öfkeli, kızgın; azgın, şiddetli.
furl [fɜ:l] *v/t. & v/i.* sar(ıl)mak, katla(n)mak.
fur·lough × ['fɜ:ləʊ] *n.* sıla izni.
fur·nace ['fɜ:nɪs] *n.* ocak, fırın.
fur·nish ['fɜ:nɪʃ] *v/t.* döşemek; donatmak *(with ile)*; sağlamak, vermek.
fur·ni·ture ['fɜ:nɪtʃə] *n.* mobilya; *sectional ~* parçalara ayrılabilen mobilya.
fur·ri·er ['fʌrɪə] *n.* kürkçü.
fur·row ['fʌrəʊ] **1.** *n.* saban izi; kırışıklık; **2.** *vb.* iz açmak; kırıştırmak.
fur·ry ['fɜ:rɪ] *adj.* kürk kaplı, kürklü.
fur·ther ['fɜ:ðə] **1.** *comp. of far;* **2.** *v/t.* ilerletmek, yardım etmek; **~·ance** [~rəns] *n.* ilerleme; devam; **~·more** [~'mɔ:] *adv.* ayrıca, üstelik; **~·most** [~məʊst] *adj.* en uzaktaki, en ilerideki.
fur·thest ['fɜ:ðɪst] *sup. of far.*
fur·tive □ ['fɜ:tɪv] gizli, kaçamak.
fu·ry ['fjʊərɪ] *n.* öfke, hiddet.
fuse [fju:z] **1.** *v/t. & v/i.* eri(t)mek; eritip birleştirmek; ⚡ sigorta atmak; **2.** *n.* ⚡ sigorta; tapa.
fu·se·lage ✈ ['fju:zɪlɑ:ʒ] *n.* uçak gövdesi.
fu·sion ['fju:ʒn] *n.* eri(t)me; birleşme; *nuclear ~* nükleer birleşme.
fuss *F* [fʌs] **1.** *n.* telaş, yaygara, velvele; **2.** *vb.* gereksiz yere telaşlanmak; sinirlendirmek, canını sıkmak; **~·y** □ ['fʌsɪ] *(-ier, -iest)* titiz, kılı kırk yaran; yaygaracı, telaşçı; cicili bicili *(giysi).*
fus·ty ['fʌstɪ] *(-ier, -iest) adj.* küflü; *fig.* eski kafalı.
fu·tile □ ['fju:taɪl] faydasız, sonuçsuz, boş.
fu·ture ['fju:tʃə] **1.** *adj.* gelecekteki, müstakbel; **2.** *n.* gelecek; *gr.* gelecek zaman; *in ~* gelecekte, ileride.
fuzz¹ [fʌz] **1.** *n.* tüy, hav; **2.** *v/i.* tüylenmek.
fuzz² *sl.* [~] *n.* polis, aynasız.

G

gab *F* [gæb] *n.* gevezelik, konuşkanlık; *have the gift of the* ~ çenesi kuvvetli olmak, ağzı laf yapmak.
gab·ar·dine ['gæbədi:n] *n.* gabardin.
gab·ble ['gæbl] **1.** *n.* anlaşılmaz konuşma; **2.** *v/i.* çabuk çabuk konuşmak.
gab·er·dine ['gæbədi:n] *n. hist.* cüppe; = *gabardine.*
ga·ble *arch.* ['geıbl] *n.* üçgen biçiminde duvar.
gad *F* [gæd] *(-dd-):* ~ *about,* ~ *around* aylak aylak dolaşmak.
gad·fly *zo.* ['gædflaı] *n.* atsineği.
gad·get ⊕ ['gædʒıt] *n.* küçük makine, marifetli aygıt; *oft contp.* şey, zımbırtı.
gag [gæg] **1.** *n.* ağız tıkacı *(a. fig);* *F* şaka; **2.** *(-gg-) v/t.* ağzını tıkamak, susturmak *(a. fig.).*
gage *Am.* [geıdʒ] = *gauge.*
gai·e·ty ['geıətı] *n.* neşe, keyif.
gai·ly ['geılı] *adv.* neşeyle, keyifle.
gain [geın] **1.** *n.* kazanç, edinti, kâr; yarar, çıkar; **2.** *v/t.* kazanmak; elde etmek, edinmek; *(kilo)* almak; *v/i. (saat)* ileri gitmek; ~ *in -den* kilo almak.
gait [geıt] *n.* yürüyüş, gidiş.
gai·ter ['geıtə] *n.* tozluk, getr.
gal *F* [gæl] *n.* kız.
gal·ax·y *ast.* ['gæləksı] *n.* galaksi, gökada.
gale [geıl] *n.* fırtına, bora.
gall [gɔ:l] **1.** *n.* safra, öd; *F* küstahlık, yüzsüzlük; **2.** *v/t.* sürterek yara etmek.
gal|lant ['gælənt] *adj.* cesur, yiğit; **~·lan·try** [~rı] *n.* cesaret, yiğitlik, kahramanlık; kibarlık.
gal·le·ry ['gælərı] *n.* galeri, yeraltı yolu, dehliz, pasaj; sergi salonu.
gal·ley ['gælı] *n.* ⚓ kadırga; ⚓ gemi mutfağı; *a.* ~ *proof print.* ilk düzeltme.
gal·lon ['gælən] *n.* galon *(4,54 litre, Am. 3,78 litre).*
gal·lop ['gæləp] **1.** *n.* dörtnal; **2.** *v/i.* dörtnala gitmek.
gal·lows ['gæləʊz] *n. sg.* darağacı.
ga·lore [gə'lɔ:] *adv.* bol bol.
gam·ble ['gæmbl] **1.** *v/i.* kumar oynamak; **2.** *n. F* kumar, riskli iş; **~r** [~ə] *n.* kumarbaz.
gam·bol ['gæmbl] **1.** *n.* hoplama, zıplama; **2.** *(esp. Brt. -ll-, Am. -l-) v/i.* hoplamak, zıplamak.
game [geım] **1.** *n.* oyun; oyun partisi; *fig.* hile, dolap; *hunt.* av; av eti; ~*s pl.* oyunlar; *okul:* spor, beden eğitimi; **2.** *adj.* istekli, hazır *(for -e; to inf. -meye);* **~·keep·er** ['geımki:pə] *n.* avlak bekçisi.
gam·mon *esp. Brt.* ['gæmən] *n.* tütsülenmiş jambon.
gan·der *zo.* ['gændə] *n.* erkek kaz.
gang [gæŋ] **1.** *n.* ekip, takım; çete; sürü; **2.** *vb.* ~ *up* karşı gelmek, birlik olmak.
gang·ster ['gæŋstə] *n.* gangster.
gang·way ['gæŋweı] *n.* aralık, geçit, koridor; ⚓ borda iskelesi; ⚓ iskele tahtası.
gaol [dʒeıl], **~·bird** ['dʒeılbɜ:d], **~·er** [~ə] *s. jail etc.*
gap [gæp] *n.* boşluk, açıklık, gedik; *fig. (fikir)* ayrılık.
gape [geıp] *v/i.* açılmak, yarılmak.
gar·age ['gærɑ:ʒ] **1.** *n.* garaj; benzin istasyonu; **2.** *v/t. (araba)* garaja çekmek.
gar·bage *esp. Am.* ['gɑ:bıdʒ] *n.* çöp; ~ *can* çöp tenekesi; ~ *truck* çöp kamyonu.

gar·den ['gɑːdn] **1.** *n.* bahçe; **2.** *v/i.* bahçede çalışmak, bahçıvanlık yapmak; **~·er** [~ə] *n.* bahçıvan; **~·ing** [~ıŋ] *n.* bahçıvanlık.
gar·gle ['gɑːgl] **1.** *v/i.* gargara yapmak; **2.** *n.* gargara.
gar·ish □ ['geərıʃ] gösterişli, cafcaflı.
gar·land ['gɑːlənd] *n.* çelenk.
gar·lic ⚘ ['gɑːlık] *n.* sarmısak.
gar·ment ['gɑːmənt] *n.* elbise, giysi.
gar·nish ['gɑːnıʃ] *v/t.* süslemek; garnitür katmak.
gar·ret ['gærət] *n.* çatı arası, tavan arası.
gar·ri·son ⚔ ['gærısn] *n.* garnizon.
gar·ru·lous □ ['gærələs] geveze, boşboğaz.
gar·ter ['gɑːtə] *n.* çorap bağı; *Am.* jartiyer.
gas [gæs] **1.** *n.* gaz; *Am. F* benzin; **2.** *(-ss-) v/t.* gaz ile zehirlemek; *v/i. F* boş boş konuşmak, zevzeklik etmek; *a.* ~ *up Am. F mot.* depoyu doldurmak; **~·e·ous** ['gæsjəs] *adj.* gazlı; gaz gibi.
gash [gæʃ] **1.** *n.* derin yara, kesik; **2.** *v/t.* derin yara açmak, kesmek.
gas·ket ⊕ ['gæskıt] *n.* conta.
gas|light ['gæslaıt] *n.* gaz ışığı; **~ me·ter** *n.* gaz sayacı, gaz saati; **~·o·lene, ~·o·line** *Am.* [~əliːn] *n.* benzin.
gasp [gɑːsp] **1.** *n.* soluma, nefes; **2.** *v/i.* solumak; ~ *for breath* nefes nefese kalmak, soluğu kesilmek.
gas| sta·tion *Am.* ['gæssteıʃn] *n.* benzin istasyonu; **~ stove** *n.* gaz ocağı, fırın; **~·works** *n. sg.* gazhane.
gate [geıt] *n.* kapı; giriş; kanal kapağı; ✈ uçuş kapısı; **~·crash** ['geıtkræʃ] *v/i.* davetiyesiz girmek; biletsiz girmek; **~·post** *n.* kapı direği; **~·way** *n.* giriş, kapı.
gath·er ['gæðə] **1.** *v/t. & v/i.* toplа(n)mak; *(çiçek v.b.)* toplamak, devşirmek; sonuç çıkarmak *(from -den);* ⚕ iltihaplanmak, yangılanmak; ~ *speed* hızlanmak, hız kazanmak; **2.** *n.* kıvrım, büzgü; **~·ing** [~rıŋ] *n.* toplantı; toplanma.
gau·dy □ ['gɔːdı] *(-ier, -iest)* aşırı süslü, cicili bicili.
gauge [geıdʒ] **1.** *n.* ölçü, ayar; ⊕ geyç, ölçü aygıtı; 🚂 ray açıklığı; *fig.* ölçüt; **2.** *v/t.* ölçmek; *fig.* ölçümlemek.
gaunt □ [gɔːnt] zayıf, sıska, kuru.
gaunt·let ['gɔːntlıt] *n.* zırh eldiveni; uzun eldiven, kolçak; *fig.* meydan okuma; *run the* ~ sıra dayağı yemek.
gauze [gɔːz] *n.* gazlı bez, gaz bezi.
gave [geıv] *pret. of give.*
gav·el ['gævl] *n.* tokmak.
gaw·ky ['gɔːkı] *(-ier, -iest) adj.* beceriksiz; hantal.
gay [geı] **1.** □ neşeli, şen; parlak, canlı *(renk); F* homoseksüel; **2.** *n. F* homoseksüel kimse, oğlan.
gaze [geız] **1.** *n.* dik bakış; **2.** *v/i.* gözünü dikip bakmak; ~ *at -e* dik dik bakmak.
ga·zelle *zo.* [gə'zel] *n.* gazal, ceylan.
ga·zette [gə'zet] *n.* resmi gazete.
gear [gıə] **1.** *n.* ⊕ dişli; donanım; *mot.* vites, şanjman; giysi, giyecek; *in* ~ viteste; *out of* ~ boşta; *change* ~*(s), Am. shift* ~*(s) mot.* vites değiştirmek; *landing* ~ ✈ iniş takımı; *steering* ~ ⚓ dümen donanımı; *mot.* direksiyon dişli donanımı; **2.** *vb.* vitese takmak; ⊕ birbirine geçmek; **~·le·ver** ['gıəliːvə], *Am.* **~·shift** *n. mot.* vites kolu.
geese [giːs] *pl. of goose.*
geld·ing *zo.* ['geldıŋ] *n.* kısırlaştırılmış hayvan *(esp. at).*
gem [dʒem] *n.* değerli taş, mücevher; *fig.* cevher.

gen·der ['dʒendə] *n. gr.* ismin cinsi; *coll. F* cinsiyet.

gen·e·ral ['dʒenərəl] **1.** □ genel; yaygın; şef..., amir...; ♀ *Certificate of Education s. certificate 1;* ~ *education ya da knowledge* genel bilgi; ~ *election Brt. pol.* genel seçim; ~ *practitioner* pratisyen; **2.** *n.* × general; *in* ~ genellikle; ~**·i·ty** [dʒenə'rælətı] *n.* genellik; çoğunluk; genel ifade; ~**·ize** [~laız] *v/t.* genelleştirmek; **gen·er·al·ly** [~lı] *adv.* genellikle, genel olarak.

gen·e|rate ['dʒenəreıt] *v/t.* üretmek; doğurmak; ~**·ra·tion** [dʒenə'reıʃn] *n.* üretme; nesil, soy, kuşak; ~**·ra·tor** ['dʒenəreıtə] *n.* üretici; ⊕ jeneratör, üreteç; *esp. Am. mot.* dinamo.

gen·e|ros·i·ty [dʒenə'rɒsətı] *n.* cömertlik; yüce gönüllülük; ~**·rous** □ ['dʒenərəs] cömert, eli açık; yüce gönüllü.

ge·ni·al □ ['dʒi:njəl] cana yakın, candan, güler yüzlü; elverişli, uygun *(iklim).*

gen·i·tive *gr.* ['dʒenıtıv] *n. a.* ~ *case* genitif, tamlayan durumu, -in hali.

ge·ni·us ['dʒi:njəs] *n.* deha, üstün yetenek.

gent *F* [dʒent] *n.* beyefendi, centilmen; ~*s sg. Brt. F* erkekler tuvaleti.

gen·teel □ [dʒen'ti:l] nazik, kibar, terbiyeli.

gen·tile ['dʒentaıl] **1.** *adj.* Yahudi olmayan; **2.** *n.* Yahudi olmayan kimse.

gen·tle □ ['dʒentl] *(~r, ~st)* nazik, kibar; soylu; tatlı, ılık *(rüzgâr);* hafif *(yokuş);* ~**·man** *(pl. -men) n.* centilmen, beyefendi; ~**·man·ly** [~mənlı] *adj.* centilmence, centilmene yakışır; ~**·ness** [~nıs] *n.* kibarlık; tatlılık, ılıklık.

gen·try ['dʒentrı] *n.* yüksek tabaka.

gen·u·ine □ ['dʒenjuın] gerçek, hakiki; samimi, içten.

ge·og·ra·phy [dʒı'ɒgrəfı] *n.* coğrafya.

ge·ol·o·gy [dʒı'ɒlədʒı] *n.* jeoloji, yerbilim.

ge·om·e·try [dʒı'ɒmətrı] *n.* geometri.

germ [dʒɜ:m] *n. biol.* mikrop; ⚘ tohum.

Ger·man ['dʒɜ:mən] **1.** *adj.* Almanya'ya özgü; **2.** *n.* Alman; *ling.* Almanca.

ger·mi·nate ['dʒɜ:mıneıt] *v/t. & v/i.* filizlen(dir)mek, çimlen(dir)mek.

ger·und *gr.* ['dʒerənd] *n.* gerundium, bağfiil, ulaç.

ges·tic·u|late [dʒe'stıkjuleıt] *v/i.* konuşurken el hareketleri yapmak; ~**·la·tion** [dʒestıkju'leıʃn] *n.* konuşurken el hareketleri yapma.

ges·ture ['dʒestʃə] *n.* el hareketi; jest.

get [get] *(-tt-; got, got ya da Am. gotten) v/t.* almak; elde etmek; bulmak; kazanmak; yakalamak, tutmak; anlamak; duymak, işitmek; *(soğuk)* almak; *(hastalığa)* yakalanmak, tutulmak; hazırlamak; *have got* sahip olmak, ...si olmak; *have got to* -mek zorunda olmak; ~ *one's hair cut* saçını kestirmek; ~ *by heart* ezberlemek; *v/i.* gelmek; varmak, ulaşmak; olmak; ~ *ready* hazırlanmak; ~ *about* iyileşmek, ayağa kalkmak; *(söylenti)* yayılmak, dolaşmak; ~ *ahead* başarılı olmak, ilerlemek; ~ *ahead of -i* geçmek, geride bırakmak; ~ *along* geçinmek, anlaşmak *(with ile);* ~ *at -e* ulaşmak, yetişmek; *(gerçeği)* yakalamak; ~ *away* kaçmak; ~ *in* varmak, gelmek; seçilmek, başa geçmek; ~ *off* inmek;

~ *on* binmek; ~ *out* kaçmak; dışarı çıkmak; *(sır)* ortaya çıkmak; ~ *over s.th. bşi* atlatmak, üzerinden atmak; ~ *to -e* varmak; ~ *together* biraraya toplanmak, buluşmak; ~ *up* yataktan kalkmak; **~·a·way** ['getəweı] *n.* kaçış; ~ *car* kaçarken kullanılan araba; **~-up** *n.* düzen, tertip; garip kıyafet.
ghast·ly ['gɑ:stli] *(-ier, -iest) adj.* korkunç, dehşetli; beti benzi atmış, solgun.
gher·kin ['gɜ:kın] *n.* turşuluk salatalık.
ghost [gəʊst] *n.* hayalet, hortlak; *fig.* az şey, nebze; **~·ly** ['gəʊstlı] *(-ier, -iest) adj.* hayalet gibi; manevi.
gi·ant ['dʒaıənt] **1.** *adj.* dev gibi, kocaman; **2.** *n.* dev.
gib·ber ['dʒıbə] *v/i.* çetrefilli konuşmak; **~·ish** [~rıʃ] *n.* çetrefilli konuşma.
gib·bet ['dʒıbıt] *n.* darağacı.
gibe [dʒaıb] **1.** *v/i.* alay etmek, dalga geçmek *(at ile)*; **2.** *n.* alay, alaylı söz.
gib·lets ['dʒıblıts] *n. pl.* tavuk sakatatı.
gid|di·ness ['gıdınıs] *n.* ⚕ baş dönmesi; *fig.* hoppalık, havailik; **~·dy** □ ['gıdı] *(-ier, -iest)* başı dönen; baş döndürücü; *fig.* hoppa, havai.
gift [gıft] *n.* armağan, hediye; yetenek, Allah vergisi; **~·ed** ['gıftıd] *adj.* yetenekli.
gi·gan·tic [dʒaı'gæntık] *(~ally) adj.* dev gibi, koskocaman.
gig·gle ['gıgl] **1.** *v/i.* kıkır kıkır gülmek; **2.** *n.* kıkır kıkır gülme.
gild [gıld] *(gilded ya da gilt) v/t.* yaldızlamak; *~ed youth* zengin ve moda düşkünü gençlik.
gill [gıl] *n. zo.* solungaç; ⚘ ince yaprak.
gilt [gılt] **1.** *pret. & p.p. of gild;* **2.** *n.* yaldız.
gim·mick *F* ['gımık] *n.* hile, dolap, numara.
gin [dʒın] *n.* cin.
gin·ger ['dʒındʒə] **1.** *n.* zencefil; canlılık; **2.** *adj.* koyu kahverengi, kızılımsı; **~·bread** *n.* zencefilli çörek *ya da* bisküvi; **~·ly** [~lı] **1.** *adj.* dikkatli; **2.** *adv.* dikkatle.
gip·sy ['dʒıpsı] *n.* çingene.
gi·raffe *zo.* [dʒı'rɑ:f] *n.* zürafa.
gir·der ⊕ ['gɜ:də] *n.* kiriş, direk.
gir·dle ['gɜ:dl] *n.* kuşak, kemer; korse.
girl [gɜ:l] *n.* kız; **~·friend** ['gɜ:lfrend] *n.* kız arkadaş; sevgili; ~ **guide** [~'gaıd] *n.* kız izci; **~·hood** [~hʊd] *n.* kızlık, kızlık çağı; **~·ish** □ [~ıʃ] kız gibi; kıza yakışır; ~ **scout** *n.* kız izci.
gi·ro ['dʒaırəʊ] **1.** *n.* banka cirosu, borçların banka aracılığı ile ödenmesi; **2.** *adj.* ciro...
girth [gɜ:θ] *n.* kolan, çevre; kuşak.
gist [dʒıst] *n.* ana fikir, öz.
give [gıv] *(gave, given) v/t.* vermek; ödemek; armağan etmek; *(hastalık)* bulaştırmak, geçirmek; *(yumruk)* atmak; ~ *birth to* doğurmak, dünyaya getirmek; ~ *away* vermek; *(sır)* açığa vurmak; ele vermek, belli etmek; ~ *back* geri vermek; ~ *in* teslim olmak, pes etmek; teslim etmek; ~ *off (koku, duman v.b.)* çıkarmak, salmak; ~ *out* dağıtmak; bildirmek, duyurmak; bitmek, tükenmek; ~ *up* vazgeçmek, bırakmak; umudu kesmek; ~ *o.s. up* teslim olmak (*to the police* polise); ~ **and take** ['gıvən'teık] *n.* bir işi karşılıklı yapma, al gülüm ver gülüm;
giv·en ['gıvn] **1.** *p.p. of give;* **2.** *adj. be ~ to -e* düşkün olmak;
giv·en name *n. Am.* ilk ad.
gla|cial □ ['gleısjəl] buzullarla ilgili; çok soğuk, buz gibi; **~·ci·er** ['glæsjə] *n.* buzul.

glad □ [glæd] *(-dd-)* memnun, hoşnut; ~·**den** ['glædn] *v/t.* memnun etmek, sevindirmek.
glade [gleɪd] *n.* ormanda açıklık yer; *Am.* bataklık bölgesi.
glad|ly ['glædlı] *adv.* memnuniyetle, seve seve; ~·**ness** [~nıs] *n.* memnunluk.
glam|or·ous, -our·ous □ ['glæmərəs] cazibeli, çekici, göz alıcı; ~·**o(u)r** ['glæmə] **1.** *n.* çekicilik, göz alıcılık; **2.** *v/t.* cezbetmek, büyülemek.
glance [glɑːns] **1.** *n.* bakış, göz atma; parıltı; *at a* ~ bir bakışta; **2.** *vb.* şöyle bir bakmak; parlamak; *mst.* ~ *off* sıyırmak; ~ *at -e* göz atmak, bakıvermek.
gland *anat.* [glænd] *n.* bez, beze.
glare [gleə] **1.** *n.* göz kamaştırıcı ışık; öfkeli bakış; **2.** *v/i.* parıldamak; ters ters bakmak *(at -e)*.
glass [glɑːs] **1.** *n.* cam; bardak; ayna; barometre; *(a pair of)* ~*es pl.* gözlük; **2.** *adj.* camdan yapılmış, cam...; **3.** *v/t.* camla kaplamak; ~ **case** ['glɑːskeɪs] *n.* cam dolap, vitrin; ~·**ful** [~fʊl] *n.* bir bardak dolusu; ~·**house** *n.* limonluk, ser; ✕ *F* askeri hapishane; ~·**ware** *n.* züccaciye, cam eşya; ~·**y** [~ı] *(-ier, -iest) adj.* cam gibi; *(deniz)* çarşaf gibi; ifadesiz *(bakış)*.
glaze [gleɪz] **1.** *n.* perdah, sır; **2.** *v/t.* perdahlamak, sırlamak; *-e* cam takmak; *v/i. (gözler)* donuklaşmak; **gla·zi·er** ['gleɪzjə] *n.* camcı.
gleam [gliːm] **1.** *n.* parıltı, ışık; **2.** *v/i.* parıldamak.
glean [gliːn] *v/t.* hasattan sonra toplamak; azar azar toplamak *(bilgi)*; *v/i.* hasattan sonra ekin toplamak.
glee [gliː] *n.* neşe; ~·**ful** □ ['gliːfl] neşeli, şen.
glen [glen] *n.* küçük vadi, dere.
glib □ [glıb] *(-bb-)* akıcı konuşan.
glide [glaɪd] **1.** *n.* kayma; ✈ havada süzülme; **2.** *v/i.* kayıp gitmek, süzülmek; **glid·er** ✈ ['glaɪdə] *n.* planör; **glid·ing** ✈ [~ıŋ] *n.* planörcülük.
glim·mer ['glımə] **1.** *n.* parıltı; *min.* mika; **2.** *v/i.* parıldamak.
glimpse [glımps] **1.** *n.* kısa ve ani bakış, gözüne ilişme; **2.** *v/t.* bir an görmek, gözüne ilişmek.
glint [glınt] **1.** *v/i.* parıldamak; **2.** *n.* parıltı.
glis·ten ['glısn] *v/i.* parlamak.
glit·ter ['glıtə] **1.** *v/i.* parlamak, parıldamak; **2.** *n.* parıltı.
gloat [gləʊt]: ~ *over* şeytanca bir zevkle seyretmek, oh demek; ~·**ing** □ ['gləʊtıŋ] başkalarının başarısızlığından zevk duyan, oh diyen.
globe [gləʊb] *n.* küre, top; dünya; dünya küresi modeli; lamba karpuzu.
gloom [gluːm] *n.* karanlık; hüzün, kasvet; ~·**y** □ ['gluːmı] *(-ier, -iest)* karanlık; kasvetli; kederli.
glo|ri·fy ['glɔːrıfaı] *v/t.* yüceltmek, ululamak; övmek; ~·**ri·ous** □ [~ıəs] şanlı, şerefli; görkemli, parlak; ~·**ry** [~ı] **1.** *n.* şan, şöhret, şeref; görkem; tapınma; **2.** *vb.* ~ *in -e* çok sevinmek; *ile* övünmek.
gloss [glɒs] **1.** *n.* cila, perdah; parlaklık; aldatıcı görünüş; **2.** *v/t.* parlatmak, cilalamak; ~ *over* örtbas etmek.
glos·sa·ry ['glɒsərı] *n.* açıklamalı ek sözlük.
gloss·y □ ['glɒsı] *(-ier, -iest)* cilalı, parlak.
glove [glʌv] *n.* eldiven; ~ *compartment mot.* torpido gözü.
glow [gləʊ] **1.** *n.* kızıllık; parlaklık; **2.** *v/i.* kızıllaşmak; parlamak; *(yüz)* kızarmak.
glow·er ['glaʊə] *v/i.* ters ters bakmak, yiyecekmiş gibi bakmak.

glow-worm *zo.* ['glǝʊwɜːm] *n.* ateşböceği.
glu·cose ['gluːkǝʊs] *n.* glikoz, üzüm şekeri.
glue [gluː] **1.** *n.* tutkal, yapışkan, zamk; **2.** *v/t.* yapıştırmak, tutkallamak.
glum □ [glʌm] *(-mm-)* asık suratlı, somurtkan; kederli, üzgün.
glut [glʌt] *(-tt-) v/t.* tıka basa doldurmak; ~ *o.s. with ya da on* tıka basa yemek.
glu·ti·nous □ ['gluːtınǝs] yapışkan, yapış yapış.
glut·ton ['glʌtn] *n.* obur kimse; **~·ous** □ [~ǝs] obur, pisboğaz; **~·y** [~ı] *n.* oburluk, pisboğazlık.
gnarled [nɑːld] *adj.* budaklı, boğumlu; biçimi bozuk *(el, parmak).*
gnash [næʃ] *v/t. (diş)* gıcırdatmak.
gnat *zo.* [næt] *n.* tatarcık, sivrisinek.
gnaw [nɔː] *v/t.* kemirmek; aşındırmak.
gnome [nǝʊm] *n.* yeraltındaki hazinelerin bekçisi farzolunan yaşlı cüce.
go [gǝʊ] **1.** *(went, gone) v/i.* gitmek; çalışmak, işlemek; *(zaman)* geçmek; *(söylenti)* dolaşmak; yaraşmak, uymak; verilmek *(to -e)*; satılmak; kaybolmak; sığmak; kopmak, kırılmak; gelişmek, ilerlemek; erişmek, varmak; *(ağrı)* geçmek; *let* ~ bırakmak, salmak; ~ *shares* bölüşmek, paylaşmak; *I must be ~ing* gitmem gerekiyor; ~ *to bed* yatmak; ~ *to school* okula gitmek; ~ *to see* görmeye gitmek; ~ *ahead* ilerlemek, ileri gitmek; ~ *ahead with s.th. bşe* başlamak; ~ *at -e* saldırmak; ~ *between* araya girmek, aralarını bulmak; ~ *by* geçmek; ~ *for -e* çıkışmak; *-den* hoşlanmak; ~ *for a walk* yürüyüşe çıkmak; ~ *in* girmek, sığmak; ~ *in for an examination* sınava girmek; ~ *off* patlamak; *(yiyecek)* bozulmak; ~ *on* olmak; *fig.* devam etmek *(doing -meye)*; *(zaman)* geçmek; ~ *out* dışarı çıkmak; gezip tozmak, çıkmak *(with ile)*; ~ *through* geçirmek, atlatmak; *-den* geçmek; ~ *up* artmak, yükselmek; ~ *without -den* yoksun olmak, *-sız* kalmak; **2.** *n.* F moda; başarı; canlılık, enerji; *on the* ~ hareket halinde; *it is no* ~ olacak iş değil, boşuna; *in one* ~ bir seferde; *have a* ~ *at* denemek.
goad [gǝʊd] **1.** *n.* üvendire; *fig.* harekete geçiren şey; **2.** *fig. v/t.* harekete geçirmek, dürtmek.
go-a·head F ['gǝʊǝhed] *adj.* ilerleyen, gelişen.
goal [gǝʊl] *n.* amaç, gaye; *futbol:* gol; kale; **~·keep·er** ['gǝʊlkiːpǝ] *n.* kaleci.
goat *zo.* [gǝʊt] *n.* keçi.
gob·ble ['gɒbl] **1.** *v/i. (hindi)* glu glu etmek; *v/t. mst.* ~ *up* hapır hupur yemek; **~r** [~ǝ] *n.* baba hindi.
go-be·tween ['gǝʊbıtwiːn] *n.* arabulucu, aracı.
gob·let ['gɒblıt] *n.* kadeh.
gob·lin ['gɒblın] *n.* gulyabani, cin.
god [gɒd] *n. eccl.* ♀ Tanrı, Allah; *fig.* çok sevilen kimse *ya da* şey; **~·child** ['gɒdtʃaıld] *(pl. -children) n.* vaftiz çocuğu; **~·dess** ['gɒdıs] *n.* tanrıça; **~·fa·ther** *n.* vaftiz babası; **~·for·sak·en** *adj. contp.* ıssız, tenha, boş; **~·head** *n.* Tanrılık; **~·less** [~lıs] *adj.* Allahsız; **~·like** *adj.* Allah gibi, tanrısal; **~·ly** [~lı] *(-ier, -iest) adj.* dindar; **~·moth·er** *n.* vaftiz anası; **~·pa·rent** *n.* vaftiz anası *ya da* babası; **~·send** *n.* Hızır gibi gelen yardım.
go-get·ter F ['gǝʊ'getǝ] *n.* girişken kimse, tuttuğunu koparan kimse.
gog·gle ['gɒgl] **1.** *v/i.* gözlerini devirerek bakmak; **2.** *n.* **~s** *pl.* göz-

lük; ~-**box** *n. Brt. F* televizyon.

go·ing ['gəʊɪŋ] **1.** *adj.* hareket eden, giden; işleyen; *be ~ to inf.* -ecek olmak; **2.** *n.* gidiş, hareket; sürat; yol durumu; ~**s-on** *F* [~z'ɒn] *n. pl.* olup bitenler, gidişat.

gold [gəʊld] **1.** *n.* altın; **2.** *adj.* altından yapılmış, altın...; ~ **dig·ger** *Am.* ['gəʊlddɪgə] *n.* altın arayıcısı; ~**·en** *mst fig.* [~ən] *adj.* altın gibi, altın...; ~**·finch** *n. zo.* saka; ~**·fish** *n. zo.* kırmızı balık, havuz balığı; ~**·smith** *n.* kuyumcu.

golf [gɒlf] **1.** *n.* golf; **2.** *v/i.* golf oynamak; ~ **club** ['gɒlfklʌb] *n.* golf sopası; golf kulübü; ~ **course,** ~ **links** *n. pl. ya da sg.* golf sahası.

gon·do·la ['gɒndələ] *n.* gondol.

gone [gɒn] **1.** *p.p. of go 1;* **2.** *adj.* geçmiş; kaybolmuş; *F* mahvolmuş; *F* ümitsiz.

good [gʊd] **1.** *(better, best) adj.* iyi, güzel; uygun; becerikli; ~ *at -de* becerikli, başarılı; **2.** *n.* iyilik; fayda, yarar; ~*s pl. econ.* mal, eşya; *that's no ~* yararı yok; *for ~* temelli olarak; ~**·by(e)** **1.** [gʊd'baɪ]: *wish s.o. ~, say ~ to s.o. b-ne* veda etmek; **2.** *int.* ['gʊd'baɪ] Allahaısmarladık!,Hoşça kal!; Güle güle!; ♀ **Fri·day** *n.* Paskalyadan önceki cuma; ~**-hu·mo(u)red** □ neşeli, şen; ~**-lock·ing** [~ɪŋ] *adj.* güzel; yakışıklı; ~**·ly** ['gʊdlɪ] *adj.* güzel, hoş; *fig.* çok, dolgun, yüklü; ~**-na·tured** □ iyi huylu; ~**·ness** [~nɪs] *n.* iyilik; *thank ~!* Tanrıya şükür!; *(my) ~!, ~ gracious!* Allah Allah!, Aman Yarabbi!; *for ~'s sake* Allah aşkına!; ~ *knows* Allah bilir; ~**·will** *n.* iyi niyet; *econ.* prestij; *econ.* firma saygınlığı.

good·y *F* ['gʊdɪ] *n.* şekerleme, bonbon.

goose *zo.* [guːs] *(pl. geese)* kaz *(a.fig).*

goose·ber·ry ♆ ['gʊzbərɪ] *n.* bektaşiüzümü.

goose|flesh ['guːsfleʃ], ~ **pim·ples** *n. pl.* ürpermiş insan derisi.

go·pher *zo.* ['gəʊfə] *n.* Amerikan yersincabı.

gore [gɔː] *v/t.* boynuzlamak.

gorge [gɔːdʒ] **1.** *n.* geçit; boğaz, gırtlak; **2.** *v/i.* tıka basa yemek, tıkınmak.

gor·geous □ ['gɔːdʒəs] nefis; görkemli, göz kamaştırıcı.

go·ril·la *zo.* [gə'rɪlə] *n.* goril.

gor·y □ ['gɔːrɪ] *(-ier, -iest)* kanlı; *fig.* şiddet dolu.

gosh *int. F* [gɒʃ]: *by ~* Aman Allahım!

gos·ling *zo.* ['gɒzlɪŋ] *n.* kaz yavrusu.

go-slow *Brt. econ.* [gəʊ'sləʊ] *n.* işi yavaşlatma grevi.

Gos·pel *eccl.* ['gɒspəl] *n.* İncil.

gos·sa·mer ['gɒsəmə] *n.* ince örümcek ağı.

gos·sip ['gɒsɪp] **1.** *n.* dedikodu; dedikoducu kimse; **2.** *v/i.* dedikodu yapmak.

got [gɒt] *pret. & p.p. of get.*

Goth·ic ['gɒθɪk] *adj.* Gotlarla ilgili, gotik; ~ *novel* korku romanı.

got·ten *Am.* ['gɒtn] *p.p. of get.*

gouge [gaʊdʒ] **1.** *n.* ⊕ oluklu keski, marangoz kalemi; **2.** *v/t.* ~ *out* ⊕ kalemle işlemek; ~ *out s.o.'s eye b-nin* gözünü oymak.

gourd ♆ [gʊəd] *n.* sukabağı.

gout ⚕ [gaʊt] *n.* gut, damla hastalığı.

gov·ern ['gʌvn] *v/t.* yönetmek; *fig.* frenlemek, tutmak; *v/i.* hüküm sürmek; ~**·ess** [~ɪs] *n.* mürebbiye; ~**·ment** [~mənt] *n.* hükümet; yönetim; *attr.* hükümet...; ~**·men·tal** [gʌvən'mentl] *adj.* hükümetle ilgili, hükümet...;

gov·er·nor ['gʌvənə] *n.* vali; yö-

netici; *F* patron, şef, baba.
gown [gaʊn] **1.** *n.* kadın elbisesi; cüppe, rop; sabahlık, gecelik; **2.** *v/t.* giydirmek.
grab [græb] **1.** *(-bb-) v/t.* yakalamak, kapmak, elinden almak; **2.** *n.* kapma, elinden alma; ⊕ eşya kaldırmakta kullanılan kıskaçlı alet.
grace [greɪs] **1.** *n.* zerafet; cazibe; lütuf; erdem; iyi niyet; borç ertelemesi, vade; *Your* ♀ Yüce Başpiskoposum; Yüce Düküm *ya da* Düşesim; **2.** *v/t.* şereflendirmek, şeref vermek; süslemek; **~·ful** □ ['greɪsfl] zarif; nazik; **~·less** □ [~lɪs] zarafetsiz, kaba.
gra·cious □ ['greɪʃəs] nazik, kibar, ince; *(Tanrı)* bağışlayıcı.
gra·da·tion [grə'deɪʃn] *n.* derece, basamak; yavaş yavaş geçiş.
grade [greɪd] **1.** *n.* derece; rütbe; cins; *esp. Am.* = *gradient; Am. okul:* sınıf; not; *make the ~* başarmak, hedefe ulaşmak; *~ crossing esp. Am.* hemzemin geçit; **2.** *v/t.* sınıflandırmak; ⊕ düzleştirmek.
gra·di·ent 🚃 *etc.* ['greɪdjənt] *n.* meyil, eğim.
grad·u|al □ ['grædʒʊəl] derece derece olan, aşamalı; **~·al·ly** [~lɪ] *adv.* derece derece, yavaş yavaş; **~·ate 1.** [~ʊeɪt] *v/t.* derecelere ayırmak; mezun etmek; *v/i.* mezun olmak; **2.** [~ʊət] *n. univ.* üniversite mezunu; *Am.* mezun; **~·a·tion** [grædjʊ'eɪʃn] *n.* mezuniyet; *univ., Am. a. okul:* mezuniyet töreni.
graft [grɑːft] **1.** *n.* ↓ aşı; *Am.* rüşvet; *Am.* rüşvet alma, para yeme; **2.** *v/t.* ↓ aşılamak; ⚕ doku nakli yapmak.
grain [greɪn] *n.* tane; tahıl; zerre; *fig.* huy.
gram [græm] *n.* gram.
gram·mar ['græmə] *n.* gramer, dilbilgisi; **~ school** *n. Brt.* üniversite hazırlık okulu; *Am.* ilk ve ortaokul.
gram·mat·i·cal □ [grə'mætɪkl] gramatik, dilbilgisi kurallarına uygun.
gramme [græm] = *gram.*
gra·na·ry ['grænərɪ] *n.* tahıl ambarı.
grand [grænd] **1.** □ büyük, yüce, ulu; görkemli; ♀ *Old Party Am.* Cumhuriyetçi Parti; **2.** *(pl. grand) n. F* bin dolar; **~·child** ['græntʃaɪld] *(pl. -children) n.* torun.
gran·deur ['grændʒə] *n.* büyüklük, görkem.
grand·fa·ther ['grændfɑːðə] *n.* büyükbaba, dede.
gran·di·ose □ ['grændɪəʊs] heybetli, muhteşem, görkemli.
grand|moth·er ['grænmʌðə] *n.* büyükanne, nine; **~·par·ents** [~npeərənts] *n. pl.* büyükanne ve büyükbaba; **~ pi·an·o** ♪ *(pl. -os) n.* kuyruklu piyano; **~·stand** *n. spor:* tribün.
grange [greɪndʒ] *n.* binalarıyla birlikte çiftlik.
gran·ny *F* ['grænɪ] *n.* büyükanne, nine.
grant [grɑːnt] **1.** *n.* bağış; ödenek; **2.** *v/t.* bahşetmek, vermek; kabul etmek, onaylamak, farzetmek; ⚖ bağışlamak; *~ed, but* evet ama, doğru fakat; *take for ~ed* doğru olarak kabul etmek.
gran|u·lat·ed ['grænjʊleɪtɪd] *adj.* taneli; *~ sugar* tozşeker; **~·ule** [~juːl] *n.* tanecik.
grape [greɪp] *n.* üzüm; asma; **~·fruit** ⚘ ['greɪpfruːt] *n.* greyfrut, altıntop; **~·vine** *n.* ⚘ asma.
graph [græf] *n.* grafik, çizelge; **~·ic** ['græfɪk] *(~ally) adj.* resim *ya da* yazı ile ilgili; *~ arts pl.* grafik sanatlar.
grap·ple ['græpl] *v/t.* tutmak, yakalamak; *~ with s.th. fig. bşle* bo-

ğuşmak, pençeleşmek.
grasp [grɑːsp] **1.** *n.* tutma, kavrama; anlama; **2.** *v/t.* yakalamak, kavramak, sımsıkı tutmak, yapışmak; anlamak.
grass [grɑːs] *n.* ot, çimen; otlak, çayır; *sl.* marihuana, haşiş; **~·hop·per** *zo.* ['grɑːshɒpə] *n.* çekirge; **~ wid·ow** *n.* eşinden bir süre ayrı kalmış kadın; *Am.* boşanmış kadın; **~ wid·ow·er** *n.* eşinden bir süre ayrı kalmış erkek; *Am.* boşanmış erkek; **gras·sy** [~ı] *(-ier, -iest) adj.* çimenli, otlu.
grate [greıt] **1.** *n.* ızgara;demir parmaklık; **2.** *v/t.* rendelemek; ~ *on s.o.'s nerves b-nin* sinirine dokunmak.
grate·ful □ ['greıtfl] minnettar, teşekkür borçlu.
grat·er ['greıtə] *n.* rende.
grat·i|fi·ca·tion [grætıfı'keıʃn] *n.* memnuniluk, zevk, haz; **~·fy** ['grætıfaı] *v/t.* memnun etmek.
grat·ing[1] □ ['greıtıŋ] kulakları tırmalayan, cırlak *(ses).*
grat·ing[2] [~] *n.* demir parmaklık, kafes.
grat·i·tude ['grætıtjuːd] *n.* minnettarlık.
gra·tu·i|tous □ [grə'tjuːıtəs] bedava, ücretsiz; gereksiz; **~·ty** [~'tjuːətı] *n.* armağan; bahşiş; ikramiye.
grave[1] □ [greıv] *(~r, ~st)* ciddi, ağır, tehlikeli; ağırbaşlı.
grave[2] [~] *n.* mezar; **~-dig·ger** ['greıvdıgə] *n.* mezarcı.
grav·el ['grævl] **1.** *n.* çakıl; ⚕ idrar taşı; **2.** *(esp. Brt. -ll-, Am. -l-) vb.* çakıl döşemek.
grave|stone ['greıvstəʊn] *n.* mezar taşı; **~·yard** *n.* mezarlık.
grav·i·ta·tion [grævı'teıʃn] *n.* *phys.* yerçekimi; *fig.* cazibe, cezbolunma, akın.
grav·i·ty ['grævətı] *n.* ağırbaşlılık; önem, ağırlık; *phys.* yerçekimi
gra·vy ['greıvı] *n.* et suyu, sos, salça.
gray *esp. Am.* [greı] *adj.* gri.
graze[1] [greız] *v/t.* & *v/i.* otla(t)mak.
graze[2] [~] **1.** *vb.* sıyırıp geçmek, sıyırmak; **2.** *n.* sıyrık.
grease 1. [griːs] *n.* makine yağı; içyağı; **2.** [griːz] *v/t.* yağlamak.
greas·y □ ['griːzı] *(-ier, -iest)* yağlı, yağlanmış.
great □ [greıt] büyük, kocaman, muazzam; önemli; ünlü; *F* mükemmel; **~-grand·child** [greıt'græntʃaıld] *(pl. -children) n.* evladının torunu; **~-grand·fa·ther** *n.* babanın dedesi; **~-grand·moth·er** *n.* babanın ninesi; **~-grand·par·ents** *n. pl.* babanın dedesi ve ninesi; **~·ly** ['greıtlı] *adv.* çokça, adamakıllı; **~·ness** [~nıs] *n.* büyüklük; önem.
greed [griːd] *n.* açgözlülük; **~·y** □ ['griːdı] *(-ier, -iest)* açgözlü, obur; *fig.* susamış *(for -e).*
Greek [griːk] **1.** *adj.* Yunanistan'a özgü; **2.** *n.* Yunanlı, Rum; *ling.* Yunanca.
green [griːn] **1.** □ yeşil; ham; taze; *fig.* toy, acemi; **2.** *n.* yeşil renk; çayır, çimenlik; *~s pl.* yeşil yapraklı sebzeler; **~·back** *Am. F* ['griːnbæk] *n.* banknot, dolar; **~ belt** *n.* yeşil arazi şeridi; **~·gro·cer** *n. esp. Brt.* manav; **~·gro·cer·y** *n. esp. Brt.* manavlık; **~·horn** *n.* toy kimse; **~·house** *n.* limonluk, ser; **~·ish** [~ıʃ] *adj.* yeşilimsi, yeşilimtırak.
greet [griːt] *v/t.* selamlamak; karşılamak; **~·ing** ['griːtıŋ] *n.* selam; *~s pl.* tebrik.
gre·nade ✕ [grı'neıd] *n.* el bombası.
grew [gruː] *pret. of grow.*
grey [greı] **1.** □ gri; ağarmış *(saç);* **2.** *n.* gri renk; **3.** *v/t.* & *v/i.* ağar(t)mak, kırlaş(tır)mak; **~·hound** *zo.*

['greıhaʊnd] *n.* tazı.
grid [grıd] **1.** *n.* ızgara; ⚡ *etc.* şebeke; **2.** *adj.* ⚡ şebeke...; *Am. F* futbol...; **~·i·ron** ['grıdaıən] *n.* ızgara.
grief [gri:f] *n.* üzüntü, keder, acı; *come to* ~ başına iş gelmek, felakete uğramak.
griev|ance ['gri:vns] *n.* dert; **~e** [gri:v] *v/t. & v/i.* üz(ül)mek, kederlen(dir)mek; ~ *for -in* yasını tutmak; **~·ous** □ ['gri:vəs] üzücü, kederli, acı.
grill [grıl] **1.** *v/t.* ızgarada pişirmek; **2.** *n.* ızgara; *a.* ~*-room* ızgara yapılan yer.
grim □ [grım] *(-mm-)* sert, amansız, çetin; korkunç, tehlikeli; *F* sıkıcı.
gri·mace [grı'meıs] **1.** *n.* yüzünü ekşitme; **2.** *v/i.* yüzünü ekşitmek.
grime [graım] *n.* pislik, kir; **grim·y** □ ['graımı] *(-ier, -iest)* pis, kirli.
grin [grın] **1.** *n.* sırıtma; **2.** *(-nn-) v/i.* sırıtmak.
grind [graınd] **1.** *(ground) v/t. & v/i.* öğüt(ül)mek; bile(n)mek; *(diş)* gıcırda(t)mak; *(ders)* ineklemek; *fig.* ezmek, zulmetmek; **2.** *n.* öğütme; gıcırtı; uzun ve sıkıcı iş; inek öğrenci; **~·er** ['graındə] *n.* öğütücü; bileyici; azıdişi; ⊕ öğütücü makine; ⊕ kahve değirmeni; **~·stone** *n.* bileğitaşı.
grip [grıp] **1.** *(-pp-) v/t.* sımsıkı tutmak, kavramak, yapışmak; *fig.* etkilemek; **2.** *n.* sımsıkı tutma, kavrama; *fig.* anlama; *Am.* yolcu çantası.
gripes [graıps] *n. pl.* karın ağrısı, sancı.
grip·sack *Am.* ['grıpsæk] *n.* yolcu çantası.
gris·ly ['grızlı] *(-ier, -iest) adj.* tüyler ürpertici, dehşetli.
gris·tle ['grısl] *n. anat.* kıkırdak.
grit [grıt] **1.** *n.* iri taneli kum; *fig.* cesaret; **2.** *(-tt-):* ~ *one's teeth* dişlerini gıcırdatmak.
griz·zly (bear) ['grızlı(beə)] *n.* boz ayı.
groan [grəʊn] **1.** *v/i.* inlemek; **2.** *n.* inilti.
gro·cer ['grəʊsə] *n.* bakkal; **~·ies** [~rız] *n. pl.* bakkaliye; **~·y** [~ı] *n.* bakkal dükkânı; bakkallık.
grog·gy *F* ['grɒgı] *(-ier, -iest) adj.* sallanan; sersemlemiş; halsiz.
groin *anat.* [grɔın] *n.* kasık.
groom [grʊm] **1.** *n.* seyis; = *bridegroom;* **2.** *v/t.* tımar etmek; *(bir işe)* hazırlamak.
groove [gru:v] *n.* oluk, yiv; tekerlek izi; **groov·y** *sl.* ['gru:vı] *(-ier, -iest) adj.* son modaya uygun, şık.
grope [grəʊp] *v/t.* el yordamıyla aramak; *sl. (kızın vücudunu)* okşamak.
gross [grəʊs] **1.** □ kaba, çirkin, terbiyesiz; şişko; yoğun, sık *(bitki örtüsü); berbat (yemek); econ.* brüt; **2.** *n.* grosa, on iki düzine; *in the* ~ toptan.
gro·tesque □ [grəʊ'tesk] garip, acayip.
ground[1] [graʊnd] **1.** *pret. & p.p. of grind 1;* **2.** *n.* ~ *glass* kristal cam.
ground[2] [graʊnd] **1.** *n.* yer; toprak *(a.* ⚡*);* alan, saha; deniz dibi; temel, esas; ~*s pl.* bahçe; arazi; kahve telvesi; neden, gerekçe; *on the* ~*(s) of* ...nedeniyle, ...gerekçesiyle; *stand ya da hold ya da keep one's* ~ davasından vazgeçmemek, direnmek; **2.** *v/t. & v/i.* karaya otur(t)mak; yere indirmek; dayandırmak *(on -e);* ⚡ toprağa bağlamak; ~ **crew** *n.* ✈ yer mürettebatı; ~ **floor** *esp. Brt.* [graʊndflɔ:] *n.* zemin katı; ~ **forc·es** *n. pl.* ✕ kara kuvvetleri; **~·hog** *n. zo.* dağsıçanı; **~·ing** [~ıŋ] *n. Am.* ⚡ toprağa bağlama; temel eğitim; **~·less** □ [~lıs] nedensiz, yersiz, asılsız; **~·nut** *n.*

Brt. ⚘ yerfıstığı; ~ **staff** *n. Brt.* ✈ yer mürettebatı; ~ **sta·tion** *n. radyo:* sahra istasyonu; ~**·work** *n.* temel, esas.
group [gru:p] **1.** *n.* grup, küme, öbek; **2.** *v/t.* gruplandırmak; *v/i.* gruplaşmak.
group·ie *F* ['gru:pı] *n.* pop müzik âşığı kız.
group·ing ['gru:pıŋ] *n.* gruplandırma.
grove [grəʊ] *n.* koru, ağaçlık.
grov·el ['grɒvl] *(esp. Brt. -ll-, Am. -l-) v/i.* yerde sürünmek; ayaklarına kapanmak.
grow [grəʊ] *(grew, grown) v/t. & v/i.* büyü(t)mek, yetiş(tir)mek; olmak, -leşmek; ~ *into* olmak; *-e* alışmak; ~ *on* gittikçe hoş gelmek, gittikçe sarmak; ~ *out of (elbise)* dar gelmek, içine sığmamak; *(alışkanlık)* bırakmak; ~ *up* büyümek, gelişmek; ~**·er** ['grəʊə] *n.* yetiştirici, üretici.
growl [graʊl] *v/i.* hırlamak; homurdanmak.
grown [grəʊn] **1.** *p.p. of grow;* **2.** *adj.* büyümüş, yetişkin; ~**-up** ['grəʊnʌp] **1.** *adj.* yetişkin; **2.** *n.* yetişkin kimse; **growth** [grəʊθ] *n.* büyüme, gelişme; artma, artış; ürün; ⚕ ur.
grub [grʌb] **1.** *n. zo.* kurtçuk, tırtıl; *F* yiyecek; **2.** *(-bb-) v/t.* eşelemek, kazmak; *v/i.* didinmek; ~**·by** ['grʌbı] *(-ier, -iest) adj.* kirli, pis.
grudge [grʌdʒ] **1.** *n.* kin; **2.** *v/t.* vermek istememek, çok görmek, esirgemek; diş bilemek, kin gütmek.
gru·el [grʊəl] *n.* pişirilmiş yulaf ezmesi.
gruff □ [grʌf] boğuk *(ses);* kaba, sert, hırçın.
grum·ble ['grʌmbl] **1.** *v/i.* söylenmek, homurdanmak; **2.** *n.* homurdanma; ~**r** *fig.* [~ə] *n.* homurdanan kimse.
grunt [grʌnt] **1.** *v/i.* hırıldamak; homurdanmak; **2.** *n.* hırıltı; homurtu.
guar·an|tee [gærən'ti:] **1.** *n.* garanti; kefil; **2.** *v/t.* garanti etmek; kefil olmak; ~**·tor** [~'tɔ:] *n.* kefil, garantör; ~**·ty** ['gærəntı] *n.* garanti, kefalet.
guard [gɑ:d] **1.** *n.* koruma; ⚔ nöbet; nöbetçi; bekçi, gardiyan; 🚂 tren memuru; ♀*s pl.* muhafız alayı; *be on* ~ nöbette *ya da* tetikte olmak; *be on (off) one's* ~ hazırlıklı (hazırlıksız) olmak; **2.** *v/t.* korumak *(from -den); v/i.* önlem almak *(against -e karşı);* nöbet tutmak; ~**·ed** ['gɑ:dıd] *adj.* dikkatli, tedbirli; ~**·i·an** [~jən] *n.* gardiyan, bekçi, koruyucu; ⚖ veli, vasi; *attr.* koruyucu...; ~**·i·an·ship** ⚖ [~ʃıp] *n.* velilik, vasilik.
gue(r)·ril·la ⚔ [gə'rılə] *n.* gerilla; ~ *warfare* gerilla savaşı.
guess [ges] **1.** *n.* tahmin; **2.** *v/t.* tahmin etmek; *Am.* zannetmek, sanmak; ~*ing game* bulmaca; ~**·work** ['geswɜ:k] *n.* tahmin, varsayı.
guest [gest] *n.* misafir, konuk; *attr.* misafir...; ~**-house** ['gesthaʊs] *n.* pansiyon; ~**-room** *n.* misafir yatak odası.
guf·faw [gʌ'fɔ:] **1.** *n.* kaba gülüş; **2.** *v/i.* kabaca gülmek, kahkahayı koyvermek.
guid·ance ['gaıdns] *n.* rehberlik; öğüt, akıl.
guide [gaıd] **1.** *n.* rehber, kılavuz; ⊕ yatak, kızak; *a.* ~*book* turist kılavuzu, yolculuk rehberi; *a* ~ *to London* Londra rehberi; *s. girl guide;* **2.** *v/t.* yol göstermek, rehberlik etmek; **guid·ed mis·sile** *n.* ⚔ güdümlü roket; **guid·ed tour** *n.* rehberli tur; ~**-line** ['gaıdlaın] *n.* ana hatlar *(on -de).*
guild *hist.* [gıld] *n.* lonca, der-

nek; ♀**·hall** ['gıld'hɔːl] *n.* Londra Belediye Dairesi.

guile [gaıl] *n.* hile, kurnazlık; **~·ful** □ ['gaılfl] hileci; **~·less** □ [~lıs] dürüst, temiz kalpli.

guilt [gılt] *n.* suç; suçluluk; **~·less** □ ['gıltlıs] suçsuz, masum; **~·y** □ [~ı] *(-ier, -iest)* suçlu *(of -den)*.

guin·ea ['gını] *n.* 21 şilinlik eski İngiliz parası; **~-pig** *n. zo.* kobay.

guise [gaız] *n.* elbise, kılık; *fig.* maske, kisve.

gui·tar ♪ [gı'tɑː] *n.* gitar.

gulch *esp. Am.* [gʌlʃ] *n.* küçük ve derin dere.

gulf [gʌlf] *n.* körfez; uçurum; *(fikir)* ayrılık.

gull *zo.* [gʌl] *n.* martı.

gul·let *anat.* ['gʌlıt] *n.* boğaz, gırtlak.

gulp [gʌlp] **1.** *n.* yutma, yudum; **2.** *v/t. oft.* ~ *down* yutuvermek, mideye indirmek.

gum [gʌm] **1.** *n.* zamk; sakız; ~, *Am.* ~*drop* sakızlı şekerleme; ~*s pl. anat.* dişeti; *Am.* lastik ayakkabı; **2.** *(-mm-) v/t.* zamklamak, yapıştırmak.

gun [gʌn] **1.** *n.* silah, top, tüfek; *Am.* tabanca; *big* ~ *F fig.* kodaman; **2.** *(-nn-): mst* ~ *down* öldürmek, vurmak; ~ **bat·tle** *n.* silahlı çatışma; **~·boat** ['gʌnbəʊt] *n.* ⚓ gambot; **~·fight** *n. Am.* = *gun battle;* **~·fire** *n.* ✕ top ateşi; **~·li·cence** *n.* silah taşıma ruhsatı; **~·man** *(pl. -men) n.* silahlı soyguncu, gangster; **~·ner** ✕ [~ə] *n.* topçu; **~·point:** *at* ~ ölüm tehdidi altında; **~·pow·der** *n.* barut; **~·run·ner** *n.* silah kaçakçısı; **~·run·ning** *n.* silah kaçakçılığı; **~·shot** *n.* silah atışı; *within (out of)* ~ menzil içinde (dışında); **~·smith** *n.* silahçı, tüfekçi.

gur·gle ['gɜːgl] **1.** *v/i.* çağıldamak; *(bebek)* agulamak; **2.** *n.* çağıltı; *(bebek)* agu.

gush [gʌʃ] **1.** *n.* fışkırma; *fig.* coşku; **2.** *v/i.* fışkırmak *(from -den); fig.* sevgisini dile getirmek.

gust [gʌst] *n.* bora.

gut [gʌt] *n. anat.* bağırsak; ♪ bağırsaktan yapılmış çalgı teli; ~*s pl.* bağırsaklar; *fig.* cesaret, yürek.

gut·ter ['gʌtə] *n.* oluk, suyolu; *fig.* sefalet.

guy *F* [gaı] *n.* adam, herif.

guz·zle ['gʌzl] *v/t.* oburca yemek *ya da* içmek.

gym *F* [dʒım] = *gymnasium; gymnastics;* **~·na·si·um** [dʒım'neızjəm] *n.* jimnastik salonu; **~·nas·tics** [~'næstıks] *n. sg.* jimnastik.

gy·n(a)e·col·o|gist [gaını'kɒlədʒıst] *n.* jinekolog, kadın hastalıkları uzmanı; **~·gy** [~dʒı] *n.* jinekoloji, kadın hastalıkları bilimi.

gyp·sy *esp. Am.* ['dʒıpsı] = *gipsy.*

gy·rate [dʒaıə'reıt] *v/i.* dönmek.

H

hab·er·dash·er ['hæbədæʃə] *n. Brt.* tuhafiyeci; *Am.* erkek giyimi satıcısı; **~·y** [~rı] *n. Brt.* tuhafiye dükkânı; tuhafiye eşyası; *Am.* erkek giyim eşyası; *Am.* erkek giyim mağazası.

hab|it ['hæbıt] *n.* alışkanlık, âdet; *esp.* din adamlarının özel kıyafeti;

~ *of mind* ruhsal durum; *drink has become a ~ with him* içki onda alışkanlık yaptı, içmeyi alışkanlık haline getirdi; **~·i·ta·ble** □ [~əbl] içinde yaşanabilir, oturulabilir.
ha·bit·u·al □ [hə'bıtjʊəl] alışılmış, her zamanki.
hack[1] [hæk] *v/t.* kesmek, doğramak.
hack[2] [~] *n.* kira beygiri; yaşlı at; taksi; *a.* ~ *writer* kalitesiz yazar; **~·neyed** ['hæknıd] *adj.* basmakalıp, bayat, adi.
had [hæd] *pret. & p.p. of have.*
had·dock *zo.* ['hædək] *n.* mezgit.
h(a)e·mor·rhage ⚕ ['hemərıdʒ] *n.* kanama.
hag *fig.* [hæg] *n.* kocakarı, cadı.
hag·gard □ ['hægəd] bitkin görünüşlü, çökmüş, süzgün.
hag·gle ['hægl] *v/i.* sıkı pazarlık etmek.
hail [heıl] **1.** *n.* dolu; **2.** *v/i.* dolu yağmak; *v/t.* seslenmek, çağırmak; ~ *from* ...li olmak; **~.stone** ['heılstəʊn] *n.* dolu tanesi; **~·storm** *n.* dolu fırtınası.
hair [heə] *n.* kıl, tüy; *coll.* saç; **~·breadth** ['heəbredθ]: *by a* ~ kıl payı, az kaldı; **~·brush** *n.* saç fırçası; **~·cut** *n.* saç traşı; **~·do** *(pl. -dos) n. F.* saç tuvaleti; **~·dress·er** *n.* kuaför; **~-dri·er, ~-dry·er** [~draıə] *n.* saç kurutma makinesi; **~-grip** *n. Brt.* saç tokası; **~·less** [~lıs] *adj.* saçsız, kel; **~·pin** *n.* saç tokası, firkete; ~ *bend* keskin viraj; **~-rais·ing** [~reızıŋ] *adj.* tüyler ürpertici, korkunç; **~'s breadth** = *hairbreadth;* **~-slide** *n. Brt.* kancalı iğne; **~-split·ting** *n.* kılı kırk yarma; ~ **spray** *n.* saç spreyi; **~·style** *n.* saç biçimi, saç tuvaleti; ~ **styl·ist** *n.* kadın berberi; **~·y** [~rı] *(-ier, -iest) adj.* tüylü, kıllı; *sl.* tehlikeli.
hale [heıl]: ~ *and hearty* dinç ve sağlıklı, zinde.
half [hɑːf] **1.** *(pl. halves* [~vz]*) n.* yarı, yarım; *by halves* yarım yamalak, üstünkörü; *go halves* yarı yarıya bölüşmek; **2.** *adj.* yarım, buçuk; ~ *an hour* yarım saat; ~ *a pound* yarım pound; ~ *past ten* on buçuk; ~ *way up* yarı yolda; **~-back** ['hɑːf'bæk] *n. futbol:* hafbek; **~-breed** [~briːd] *n.* melez; ~ **broth·er** *n.* üvey kardeş; **~-caste** *n.* melez; **~-heart·ed** □ [~'hɑːtıd] isteksiz, gönülsüz; **~-length**: ~ *portrait* büst portresi; **~-mast**: *fly at* ~ *(bayrak)* yarıya inmek, yarıda dalgalanmak; **~·pen·ny** ['heıpnı] *(pl. -pennies, -pence) n.* yarım peni; ~ **sis·ter** *n.* üvey kız kardeş; **~-term** *n. Brt. univ.* sömestr tatili, yarıyıl tatili; **~-time** ['hɑːf'taım] *n. spor:* haftaym, yarı devre, ara; **~-way** *adj.* yarı yoldaki; yetersiz; **~-wit·ted** *adj.* yarım akıllı, aptal.
hal·i·but *zo.* ['hælıbət] *n.* büyük dilbalığı.
hall [hɔːl] *n.* salon; hol, antre; resmi bina; *univ.* yemek salonu; ~ *of residence* öğrenci yurdu.
hal·lo *Brt.* [hə'ləʊ] = *hello.*
hal·low ['hæləʊ] *v/t.* kutsamak; kutsallaştırmak; **♀·e'en** [hæləʊ'iːn] *n.* hortlaklar gecesi *(31 Ekim).*
hal·lu·ci·na·tion [həluːsı'neıʃn] *n.* kuruntu, sanrı.
hall·way *esp. Am.* ['hɔːlweı] *n.* koridor.
ha·lo ['heıləʊ] *(pl. -loes, -los) n. ast.* hale, ağıl, ayla.
halt [hɔːlt] **1.** *n.* durma; mola; **2.** *v/t. & v/i.* dur(dur)mak, mola vermek; duraksamak.
hal·ter ['hɔːltə] *n.* yular.
halve [hɑːv] *v/t.* yarıya bölmek; yarı yarıya azaltmak; **~s** [hɑːvz] *pl. of half 1.*

ham [hæm] *n.* jambon; ~ *and eggs* yumurtalı jambon.
ham·burg·er ['hæmbɜːgə] *n. Am.* sığır kıyması, sığır köftesi; *a.* ♀ *steak* köfteli sandviç, hamburger.
ham·let ['hæmlıt] *n.* küçük köy.
ham·mer ['hæmə] **1.** *n.* çekiç; **2.** *v/t.* çekiçlemek.
ham·mock ['hæmək] *n.* hamak, ağ yatak.
ham·per[1] ['hæmpə] *n.* kapaklı sepet; çamaşır sepeti.
ham·per[2] [~] *v/t.* engel olmak, güçleştirmek.
ham·ster *zo.* ['hæmstə] *n.* hamster, cırlak sıçan.
hand [hænd] **1.** *n.* el; yardım; işçi, amele; *fig.* nüfuz, yetki; *fig.* bir işe karışma, parmak; yelkovan; ibre; *iskambil:* el; *at* ~ yakında; yanında, elinin altında; *at first* ~ ilk elden; *a good (poor)* ~ *at -de* becerikli (beceriksiz); ~ *and glove* el ele, yardımlaşarak; *change* ~*s* el değiştirmek, sahip değiştirmek; *lend a* ~ yardım etmek; *off* ~ derhal, hemen; *on* ~ *econ.* elde mevcut, stokta; *esp. Am.* elde hazır; *on one's* ~*s -in* elinde; *on the one* ~ bir taraftan; *on the other* ~ diğer taraftan; **2.** *v/t.* el ile vermek, uzatmak; yardım etmek; ~ *around* el ile dağıtmak; elden ele dolaştırmak; ~ *down* kuşaktan kuşağa devretmek; ~ *in* teslim etmek, vermek; ~ *on* elden ele geçirmek; ~ *out* dağıtmak; ~ *over* teslim etmek, vermek; ~ *up* vermek, uzatmak; ~**·bag** ['hændbæg] *n.* el çantası; ~**·bill** *n.* el ilanı; ~**·brake** *n.* ⊕ el freni; ~**·cuffs** *n. pl.* kelepçe; ~**·ful** [~fʊl] *n.* avuç dolusu; *F* ele avuca sığmayan çocuk.
hand·i·cap ['hændıkæp] **1.** *n.* handikap, engel; *spor:* handikap koşusu; *s. mental, physical;* **2.** *(-pp-) v/t.* sakatlamak; engel olmak, engellemek; *spor: (yarışta)* handikap koymak; ~**ped** **1.** *adj.* sakat, özürlü; *s. mental, physical;* **2.** *n. the* ~ *pl.* ⚕ sakatlar, özürlüler.
hand·ker·chief ['hæŋkətʃıf] *(pl. -chiefs) n.* mendil
han·dle ['hændl] **1.** *n.* sap, kulp, kabza, tutamaç; *fig.* neden, bahane; *fly off the* ~ *F* küplere binmek, zıvanadan çıkmak; **2.** *v/t.* ellemek; kullanmak; alıp satmak; ~**·bar(s** *pl.*) *n.* bisiklet gidonu.
hand|lug·gage ['hændlʌgıdʒ] *n.* el bagajı; ~**·made** *adj.* el yapımı; ~**·rail** *n.* tırabzan; ~**·shake** *n.* el sıkma, toka; ~**·some** □ ['hænsəm] *(~r, ~st)* yakışıklı; güzel; bol; ~**·work** *n.* elişi; ~**·writ·ing** *n.* el yazısı; ~**·writ·ten** *adj.* el ile yazılmış; ~**·y** □ [~ı] *(-ier, -iest)* yakın, el altında; kullanışlı; elinden iş gelir; *come in* ~ işe yaramak.
hang[1] [hæŋ] **1.** *(hung) v/t.* asmak; *(baş)* eğmek; *(kâğıt)* kaplamak; *(kapı)* takmak; *v/i.* asılı durmak; sarkmak; ~ *about,* ~ *around* aylakça dolaşıp beklemek, oyalanmak; ~ *back* tereddüt etmek, geri durmak, çekinmek; ~ *on* sımsıkı sarılmak *(to -e) (a. fig.);* ~ *up teleph.* telefonu kapatmak; *she hung up on me* telefonu yüzüme kapadı; **2.** *n. (elbise, perde)* duruş; kullanılış biçimi; *get the* ~ *of s.th. bşin* usulünü öğrenmek; *bşin* esasını kavramak.
hang[2] [~] *(hanged) v/t.* idam etmek, ipe çekmek, asmak; ~ *o.s. k-ni* asmak.
han·gar ['hæŋə] *n.* hangar.
hang·dog ['hæŋdɒg] *adj.* aşağılık, alçak, sinsi.
hang·er ['hæŋə] *n.* askı, çengel; ~**-on** *fig.* [~ər'ɒn] *(pl. hangers-on) n.* beleşçi, asalak, lüpçü.
hang|-glid·er ['hæŋglaıdə] *n.* el uçurtması ile uçan kimse; ~-

glid·ing [~ıŋ] *n.* el uçurtması ile uçma.
hang·ing ['hæŋıŋ] **1.** *adj.* asılı, sarkan; **2.** *n.* idam etme, asma; ~*s* duvara asılan perde *v.b.*
hang·man ['hæŋmən] *(pl. -men) n.* cellat.
hang·nail ⚕ ['hæŋneıl] *n.* şeytantırnağı.
hang·o·ver *F* ['hæŋəʊvə] *n.* içki mahmurluğu, akşamdan kalmış olma.
han·ker ['hæŋkə] *v/t.* özlemini çekmek, yanıp tutuşmak *(after, for için).*
hap·haz·ard ['hæp'hæzəd] **1.** *n.* rastlantı, şans; *at* ~ rasgele, gelişigüzel; **2.** □ rasgele, gelişigüzel.
hap·pen ['hæpən] *v/i.* olmak, meydana gelmek, cereyan etmek; *he ~ed to be at home* tesadüfen evdeydi, Allahtan evdeydi; ~ *in Am. F* geçerken şöyle bir uğramak; ~ *on,* ~ *upon -e* rast gelmek, şans eseri bulmak; **~·ing** ['hæpnıŋ] *n.* olay.
hap·pi|ly ['hæpılı] *adv.* sevinçle, mutlu olarak; bereket versin ki, Allahtan; **~·ness** [~nıs] *n.* mutluluk.
hap·py □ ['hæpı] *(-ier, -iest)* mutlu; şanslı; memnun; isabetli, yerinde; *F* çakırkeyf; **~-go-luck·y** *adj.* gamsız, tasasız, vurdumduymaz.
ha·rangue [hə'ræŋ] **1.** *n.* uzun konuşma, nutuk; **2.** *v/t. -e* nutuk çekmek.
har·ass ['hærəs] *v/t.* rahat vermemek, canını sıkmak.
har·bo(u)r ['hɑːbə] **1.** *n.* liman; barınak; **2.** *v/t. & v/i.* barın(dır)mak; sığınmak; *(kin v.b.)* beslemek.
hard [hɑːd] **1.** □ sert, katı; zor, güç; zorlu, çetin; şiddetli, sert; acımasız, insafsız; ~ *of hearing* kulağı ağır işiten; **2.** *adv.* gayretle, harıl harıl, sıkı; şiddetle; ~ *by* çok yakın, yanı başında; ~ *up* parasız, eli darda; **~-boiled** ['hɑːdbɔıld] *adj.* lop, katı *(yumurta); fig.* görmüş geçirmiş, pişkin; ~ **cash** *n.* nakit para; ~ **core** *n.* kırma taş; **~-core** *adj.* boyun eğmez, yolundan şaşmaz; açık saçık *(film);* **~·cov·er** *print.* **1.** *adj.* kalın ciltli; **2.** *n.* kalın ciltli kitap; **~·en** [~n] *v/t. & v/i.* sertleş(tir)mek; katılaş(tır)mak; *fig.* duygusuzlaştırmak; *econ. (fiyat)* yükselmek; ~ **hat** *n.* miğfer; inşaat işçisi; **~-head·ed** *adj.* becerikli, işini bilir; *esp. Am.* inatçı; **~·heart·ed** □ katı yürekli, acımasız; ~ **la·bo(u)r** *n.* ⚖ ağır iş cezası; ~ **line** *n. esp. pol.* sabit düşünce; **~-line** *adj. esp. pol.* sabit düşünceli, uzlaşmaz; **~·ly** [~lı] *adv.* hemen hiç, ancak; güçlükle; **~·ness** [~nıs] *n.* sertlik, katılık; güçlük; **~·ship** [~ʃıp] *n.* güçlük, sıkıntı; ~ **shoul·der** *n. mot.* banket; **~·ware** *n.* madeni eşya, hırdavat; *kompütür:* donanım; **har·dy** □ [~ı] *(-ier, -iest)* cesur, gözü pek; dayanıklı; soğuğa dayanıklı *(bitki).*
hare *zo.* [heə] *n.* tavşan; **~·bell** ⚘ ['heəbel] *n.* çançiçeği, meryemanaeldiveni; **~-brained** *adj.* kuş beyinli, aptal; **~·lip** *anat.* [~'lıp] *n.* tavşandudağı, yarık dudak.
ha·rem ['heərəm] *n.* harem.
hark [hɑːk]: ~ *back* geçmişten söz etmek, geçmişe dönmek.
harm [hɑːm] **1.** *n.* zarar, ziyan; kötülük; **2.** *v/t.* zarar vermek; kötülük etmek; **~·ful** □ ['hɑːmfl] zararlı; **~·less** □ [~lıs] zararsız; masum, suçsuz.
har·mo|ni·ous □ [hɑː'məʊnjəs] uyumlu, ahenkli; **~·nize** ['hɑːmənaız] *v/t. & v/i.* uy(dur)mak, bağdaştırmak; **~·ny** [~ı] *n.* uyum, ahenk; harmoni.

har·ness ['hɑːnɪs] **1.** *n.* koşum takımı; *die in ~ fig.* işinin başında ölmek; **2.** *v/t. (atı)* arabaya koşmak; yararlanmak, kullanmak.
harp [hɑːp] **1.** *n.* ♪ harp; **2.** *v/i.* ♪ harp çalmak; *~ on fig.* aynı şeyleri tekrarlayıp durmak, *-in* üzerinde çok durmak.
har·poon [hɑː'puːn] **1.** *n.* zıpkın; **2.** *v/t.* zıpkınlamak.
har·row ↓ ['hærəʊ] **1.** *n.* tırmık; **2.** *v/t.* tırmıklamak.
har·row·ing □ ['hærəʊɪŋ] üzücü, yürek parçalayıcı.
harsh □ [hɑːʃ] sert, haşin; gaddar; ters, huysuz; kulakları tırmalayan *(ses).*
hart *zo.* [hɑːt] *n.* erkek karaca.
har·vest ['hɑːvɪst] **1.** *n.* hasat; ürün, rekolte; *fig.* sonuç, semere; **2.** *v/t. (ürün)* toplamak, kaldırmak; biçmek; **~·er** [~ə] *n. esp.* orak makinesi, biçerdöver.
has [hæz] *3. sg. pres. of have.*
hash[1] [hæʃ] **1.** *n.* kıymalı yemek; *fig.* karmakarışık şey; *make a ~ of fig.* yüzüne gözüne bulaştırmak; **2.** *v/t. (et)* kıymak, doğramak.
hash[2] *F* [~] *n.* haşiş, esrar.
hash·ish ['hæʃiːʃ] *n.* haşiş, esrar.
hasp [hɑːsp] *n.* asma kilit köprüsü.
haste [heɪst] *n.* acele; *make ~* acele etmek, ivmek; **has·ten** ['heɪsn] *v/t. & v/i.* acele et(tir)mek, hızlan(dır)mak; **hast·y** □ ['heɪstɪ] *(-ier, -iest)* acele, çabuk; aceleci.
hat [hæt] *n.* şapka.
hatch[1] [hætʃ] *v/t. & v/i. a. ~ out (civciv)* yumurtadan çık(ar)mak.
hatch[2] [~] *n.* ⚓, ✈ ambar ağzı *ya da* kapağı; **~·back** *mot.* ['hætʃbæk] *n.* arkada da kapısı olan araba.
hatch·et ['hætʃɪt] *n.* küçük balta.
hatch·way ⚓ ['hætʃweɪ] *n.* ambar ağzı, lombar ağzı.
hate [heɪt] **1.** *n.* nefret; **2.** *v/t. -den* nefret etmek; **~·ful** □ ['heɪtfl] nefret verici; nefret dolu; **ha·tred** [~rɪd] *n.* nefret, kin, düşmanlık.
haugh|ti·ness ['hɔːtɪnɪs] *n.* kibir, kurum; **~·ty** □ [~ɪ] kibirli, kendini beğenmiş.
haul [hɔːl] **1.** *n.* çekme, çekiş; taşıma uzaklığı; **2.** *vb.* çekmek; taşımak; ⚒ çıkarmak; ⚓ vira etmek.
haunch [hɔːntʃ] *n.* kalça; *zo.* but; *Am. a. ~es pl.* kıç; *zo.* sağrı.
haunt [hɔːnt] **1.** *n.* sık gidilen yer, uğrak; **2.** *vb.* sık sık uğramak, aşındırmak; *(hayalet)* sık sık görünmek; aklından çıkmamak; **~·ing** □ ['hɔːntɪŋ] hiç akıldan çıkmayan.
have [hæv] *(had) v/t.* sahip olmak, ...sı olmak; almak; elde etmek; yemek; içmek; *~ to do* yapmak zorunda olmak; *I had my hair cut* saçımı kestirdim; *he will ~ it that...* ...diğini iddia ediyor; *I had better go* gitsem iyi olur; *I had rather go* gitmeyi yeğlerim, gitsem daha iyi olur; *~ about one* üzerinde bulundurmak *(para v.b.)*; *~ on* aldatmak; *(elbise)* giyiyor olmak, üzerinde olmak; *~ it out with ile* tartışarak çözümlemek; *v/aux.: I ~ come* geldim; *v/i. oft* olmak; *~ come* gelmiş olmak.
ha·ven ['heɪvn] *n.* liman; *fig.* sığınak, barınak.
hav·oc ['hævək] *n.* hasar, tahribat; *play ~ with* harabeye çevirmek; *(plan)* altüst etmek.
haw ⚘ [hɔː] *n.* alıç.
Ha·wai·i·an [hə'waɪɪən] **1.** *adj.* Hawaii'ye özgü; **2.** *n.* Hawaii'li; *ling.* Hawaii dili.
hawk[1] *zo.* [hɔːk] *n.* atmaca.
hawk[2] [~] *vb.* işportacılık yapmak; "öhö öhö" diye öksürmek.
haw·thorn ⚘ ['hɔːθɔːn] *n.* yabani akdiken, alıç.
hay [heɪ] **1.** *n.* kuru ot, saman; **2.** *vb.* kuru ot biçmek; **~·cock** ['heɪ-

kɒk] *n.* ot yığını; tınaz; ~ **fe·ver** *n.* saman nezlesi; ~**·loft** *n.* samanlık; ~**·rick,** ~**·stack** *n.* ot yığını; tınaz.

haz·ard ['hæzərd] **1.** *n.* şans; şans işi; tehlike, riziko; **2.** *v/t.* şansa bırakmak; tehlikeye atmak; ~**·ous** □ [~əs] tehlikeli; şansa bağlı.

haze [heɪz] *n.* hafif sis, pus.

ha·zel ['heɪzl] **1.** *n.* ⚘ fındık ağacı; **2.** *adj.* ela *(göz);* ~**-nut** *n.* ⚘ fındık.

haz·y □ ['heɪzɪ] *(-ier, -iest)* puslu, dumanlı; *fig.* belirsiz, bulanık.

H-bomb ✕ ['entʃbɒm] *n.* hidrojen bombası.

he [hiː] **1.** *pron. (erkek)* o, kendisi; **2.** *n.* erkek *(a. zo.);* **3.** *adj. esp. zo.* erkek...; ~*-goat* erkek keçi, teke.

head [hed] **1.** *n.* baş, kafa *(a. fig.);* şef, baş; tane, adet, baş *(pl. ~); (para)* tura; *(bira v.b.)* köpük; başak; ⚓ pruva; *come to a ~ (sivilce, çıban)* baş vermek, olgunlaşmak; *fig.* son noktaya varmak, dananın kuyruğu kopmak; *get it into one's ~ that...* ...yi kafasına koymak; *lose one's ~ fig.* pusulayı şaşırmak; *~ over heels* havada perende atma; **2.** *adj.* baş ile ilgili; baş..., şef...; **3.** *v/t. -in* başında olmak, başı çekmek; yönetmek; tepesini budamak; *~ off* yolunu kesmek; önlemek; *v/i. (lahana v.b.)* baş vermek; yönelmek, gitmek *(for -e);* ⚓ başı bir yöne doğru olmak; *futbol:* topa kafa atmak; ~**·ache** ['hedeɪk] *n.* baş ağrısı; ~**·band** *n.* saç bantı; ~**·dress** *n.* başlık; ~**·gear** *n.* başlık, şapka, başörtüsü; ~**·ing** [~ɪŋ] *n.* başlık; bölüm; ~**·land** [~lənd] *n.* çıkıntı, burun; ~**·light** *n. mot.* far; ~**·line** *n.* başlık, manşet; ~*s pl. radyo, TV:* haberlerden özetler; ~**·long** **1.** *adj.* düşüncesizce yapılmış; **2.** *adv.* düşüncesizce; balıklama; ~**·mas·ter** *n. okul:* müdür; ~**·mis·tress** *n. okul:* müdire; ~**-on** *adj.* önden; *~ collision* kafa kafaya çarpışma; ~**·phones** *n. pl.* kulaklık; ~**·quar·ters** *n. pl.* ✕ karargâh; merkez; ~**·rest,** ~ **re·straint** *n.* koltuk başlığı; ~**·set** *n. esp. Am.* kulaklık; ~ **start** *n. spor:* avantaj *(a. fig.);* ~**·strong** *adj.* bildiğini okuyan, dik kafalı; ~**·wa·ters** *n. pl.* ırmağı besleyen kaynak; ~**·way** *n. fig.* ilerleme; *make ~* ilerlemek; ~**·word** *n. (sözlükte)* madde başı sözcük; ~**·y** □ [~ɪ] *(-ier, -iest)* inatçı, dik başlı; başa vuran, çarpan *(içki);* düşüncesizce yapılan.

heal [hiːl] *v/t. & v/i.* iyileş(tir)mek; *~ over, ~ up (yara)* kapanmak.

health [helθ] *n.* sağlık; *~ club* sağlık kulübü; *~ food* besin değeri yüksek gıda; *~ food shop (esp. Am. store)* besleyici yiyecek satan dükkân; *~ insurance* sağlık sigortası; *~ resort* ılıca; *~ service* sağlık hizmeti; ~**·ful** □ ['helθfl] sağlıklı, sağlığa yararlı; ~**·y** □ [~ɪ] *(-ier, -iest)* sağlıklı, sağlam; sağlığa yararlı.

heap [hiːp] **1.** *n.* yığın, küme; kalabalık; **2.** *v/t. a. ~ up* yığmak; *fig. a.* yağdırmak.

hear [hɪə] *(heard) v/t.* işitmek, duymak; dinlemek, kulak vermek; ~**d** [hɜːd] *pret. & p.p. of hear;* ~**·er** ['hɪərə] *n.* dinleyici; ~**·ing** [~rɪŋ] *n.* işitme, işitim; ⚖ duruşma; ⚖ oturum, celse; *within (out of) ~ in* işitilecek (işitilmeyecek) uzaklıkta; ~**·say** *n.* söylenti; dedikodu; *by ~* söylentiye göre.

hearse [hɜːs] *n.* cenaze arabası.

heart [hɑːt] *n. anat.* yürek, kalp *(a. fig.); fig.* gönül, can; merkez, göbek; *iskambil:* kupa; *by ~* ezbere; *out of ~* üzgün, cesareti kırılmış; *cross my ~* inan doğruyu söylüyorum; *lay to ~* akılda tutmak, unutmamak; *lose ~* cesaretini yitirmek, cesareti kırılmak; *take* ~ cesaretlenmek; ~**·ache** ['hɑːteɪk] *n.* kalp ağrısı, üzüntü, keder; ~ **at·tack** *n.* ⚕ kalp krizi; ~**·beat** *n.* kalp atışı; ~**-break** *n.* kalp kırıklığı, gönül yarası; ~**-break·ing** □ [~ɪŋ] keder verici, yürek parçalayıcı; ~**-brok·en** *adj.* kalbi kırık, acılı; ~**·burn** *n.* ⚕ mide ekşimesi; ~**en** [~n] *v/t.* cesaretlendirmek, yüreklendirmek; ~ **fail·ure** *n.* ⚕ kalp yetmezliği; ~**·felt** *adj.* candan, yürekten.

hearth [hɑːθ] *n.* ocak *(a. fig.)*; aile ocağı, yurt.

heart|less □ ['hɑːtlɪs] kalpsiz, acımasız; ~**·rend·ing** □ ['hɑːtrendɪŋ] çok acıklı, yürekler acısı; ~ **trans·plant** *n.* ⚕ kalp nakli; ~**·y** □ [~ɪ] *(-ier, -iest)* içten, candan, yürekten; sağlıklı, dinç.

heat [hiːt] **1.** *n.* sıcaklık; ısı; tav; *spor:* eleme koşusu; *zo.* kızgınlık dönemi; **2.** *v/t.* ısıtmak; *fig.* kızıştırmak; *v/i.* ısınmak; ~**·ed** □ ['hiːtɪd] ısınmış; *fig.* öfkeli; ~**·er** ⊕ [~ə] *n.* soba, ocak, fırın.

heath [hiːθ] *n.* fundalık, çalılık; ⚘ funda.

hea·then ['hiːðn] *n. & adj.* putperest, dinsiz.

heath·er ⚘ ['heðə] *n.* süpürgeotu, funda.

heat|ing ['hiːtɪŋ] *n.* ısıtma; *attr.* ısıtıcı...; ~**·proof,** ~**-re·sis·tant,** ~**-re·sist·ing** *adj.* ısıya dayanıklı; ~ **shield** *n.* termik ekran; ~**-stroke** *n.* ⚕ sıcak çarpması, güneş çarpması; ~ **wave** *n.* sıoak dalgası.

heave [hiːv] **1.** *n.* kaldırma; fırlatma; **2.** *(heaved, esp.* ⚓ *hove) v/t.* kaldırmak; fırlatmak; *(göğüs)* şişirmek; *(inilti)* güçlükle çıkarmak; *v/i.* kabarmak; *(göğüs)* inip kalkmak; ⚓ vira etmek.

heav·en ['hevn] *n.* cennet; ~**·ly** [~lɪ] *adj.* göksel, gök...; Tanrısal.

heav·i·ness ['hevɪnɪs] *n.* ağırlık; uyuşukluk, gevşeklik; sıkıcılık, kasvet.

heav·y □ ['hevɪ] *(-ier, -iest)* ağır; zor, güç; sert; şidettli, kuvvetli; üzücü, acı *(haber);* üzgün, kederli; bulutlu, kapalı *(hava);* dalgalı *(deniz);* önemli, ciddi; ~ **cur·rent** *n.* ⚡ kuvvetli akım; ~**-du·ty** *adj.* ⊕ dayanıklı; ~**·hand·ed** □ beceriksiz, sakar, eli ağır; ~**-heart·ed** *adj.* üzgün, kederli; ~**·weight** *n.* *boks:* ağır sıklet.

He·brew ['hiːbruː] **1.** *adj.* İbranilerle ilgili; **2.** *n.* İbrani; *ling.* İbranice.

heck·le ['hekl] *vb.* sözünü kesip soru sormak, sıkıştırmak, soru yağmuruna tutmak.

hec·tic ['hektɪk] *(~ally) adj.* telaşlı, heyecanlı.

hedge [hedʒ] **1.** *n.* çit; **2.** *v/t.* çit ile çevirmek; engellemek; *v/i.* kaçamak cevap vermek, dolaylı konuşmak; ~**·hog** *zo.* ['hedʒhɒg] *n.* kirpi; *Am.* oklukirpi; ~**·row** *n.* çit.

heed [hiːd] **1.** *n.* dikkat; önem verme, aldırma; *take ~ of, give ya da pay ~ to -e* önem vermek, aldırmak; *-e* dikkat etmek; **2.** *v/t.* dikkat etmek, kulak vermek, önemsemek, aldırmak; ~**·less** □ ['hiːdlɪs] dikkatsiz, aldırmayan, önem vermeyen *(of -e)*.

heel [hiːl] **1.** *n.* topuk, ökçe; *Am. sl.* aşağılık adam; *head over ~s* tepetaklak, tepesi üstü; *down at ~* topukları aşınmış; *fig.* üstü başı perişan, kılıksız; **2.** *vb.* ökçe takmak.

hef·ty ['heftɪ] *(-ier, -iest) adj.* ağır; güçlü, kuvvetli; iriyarı.

heif·er *zo.* ['hefə] *n.* düve, doğurmamış inek.

height [haɪt] *n.* yükseklik; boy; yükselti; doruk; ~**·en** ['haɪtn] *v/t. & v/i.* yüksel(t)mek, art(ır)mak.

hei·nous □ ['heɪnəs] berbat, iğrenç.

heir [eə] *n.* vâris, mirasçı, kalıtçı; ~ *apparent* yasal vâris; ~**·ess** ['eərıs] *n.* kadın vâris; ~**·loom** ['eəlu:m] *n.* evladiyelik, kuşaktan kuşağa geçen değerli eşya.

held [held] *pret. & p.p. of hold 2.*

hel·i|cop·ter ✈ ['helıkɒptə] *n.* helikopter; ~**·port** *n.* ✈ helikopter alanı.

hell [hel] **1.** *n.* cehennem; *attr.* cehennem...; *what the ~...?* Allah aşkına ne...?; *raise ~ F* kıyameti koparmak, ortalığı birbirine katmak; **2.** *int. F* Allah kahretsin!, Hay aksi!; ~**-bent** ['helbent] *adj.* azimli, kararlı *(for, on -e)*; ~**·ish** □ [~ıʃ] korkunç, berbat.

hel·lo *int.* [hə'ləʊ] Merhaba!; Alo!

helm ⚓ [helm] *n.* dümen.

hel·met ['helmıt] *n.* miğfer; kask.

helms·man ⚓ ['helmzmən] *(pl. -men) n.* dümenci.

help [help] **1.** *n.* yardım; imdat; yardımcı; hizmetçi; **2.** *v/t. -e* yardım etmek; ~ *o.s.* yemeğe buyurmak; *I cannot ~ it* elimde değil; *I could not ~ laughing* gülmekten kendimi alamadım, gülmemek elimde değildi; ~**·er** ['helpə] *n.* yardımcı; hizmetçi; ~**·ful** □ [~fl] yardımsever; işe yarar; ~**·ing** [~ıŋ] *n. (yemek)* porsiyon; ~**·less** □ [~lıs] çaresiz, âciz; beceriksiz; ~**·less·ness** [~nıs] *n.* çaresizlik, âcizlik.

hel·ter-skel·ter ['heltə'skeltə] **1.** *adv.* alelacele, apar topar, palas pandıras; **2.** *adj.* alelacele yapılmış; **3.** *n. Brt. (lunaparkta)* büyük kaydırak.

helve [helv] *n.* sap.

Hel·ve·tian [hel'vi:ʃjən] *n.* İsviçreli; *attr.* İsviçreli...

hem [hem] **1.** *n.* elbise kenarı; **2.** *(-mm-) v/t. -in* kenarını bastırmak; ~ *in* kuşatmak.

hem·i·sphere *geogr.* ['hemısfıə] *n.* yarıküre.

hem·line ['hemlaın] *n. (elbisede)* etek ucu.

hem·lock ✿ ['hemlɒk] *n.* bir çam türü; baldıran, ağıotu.

hemp ✿ [hemp] *n.* kenevir, kendir.

hem·stitch ['hemstıtʃ] *n.* ajur.

hen [hen] *n. zo.* tavuk; dişi kuş.

hence [hens] *adv.* buradan; bu andan itibaren; *a week ~* bundan bir hafta sonra; ~**·forth** ['hens'fɔ:θ], ~**·for·ward** [~'fɔ:wəd] *adv.* bundan böyle.

hen|-house ['henhaʊs] *n.* kümes; ~**·pecked** *adj.* kılıbık *(koca)*.

her [hɜ:, hə] *adj. & pron. (dişil)* onun; onu, ona.

her·ald ['herəld] **1.** *n. hist.* teşrifatçı; haberci, müjdeci; **2.** *v/t.* haber vermek, müjdelemek; ~ *in* takdim etmek; ~**·ry** [~rı] *n.* hanedan armacılığı.

herb ✿ [hɜ:b] *n.* ot, bitki; **her·ba·ceous** ✿ [hɜ:'beıʃəs] *adj.* ot türünden; ~ *border (bahçede)* otlardan oluşmuş sınır; **herb·age** ['hɜ:bıdʒ] *n.* ot, yeşillik; **her·biv·o·rous** □ *zo.* [hɜ:'bıvərəs] otçul *(hayvan)*.

herd [hɜ:d] **1.** *n.* sürü *(a. fig.)*; avam, ayaktakımı; **2.** *v/t. (sürü)* gütmek; *v/i. a. ~ together* biraraya toplanmak, toplaşmak; ~**s·man** ['hɜ:dzmən] *(pl. -men) n.* çoban, sığırtmaç.

here [hıə] *adv.* burada; buraya; ~ *you are* Buyurun!, İşte!; *~'s to you!* Şerefinize!

here|a·bout(s) ['hıərəbaʊt(s)] *adv.* buralarda, bu çevrede; ~**·af·ter** [hıər'ɑ:ftə] **1.** *adv.* bundan sonra, ileride; **2.** *n.* ahiret, öbür dünya; ~**·by** ['hıə'baı] *adv.* bu nedenle, bu vesileyle.

he·red·i|ta·ry [hı'redıtərı] *adj.* mirasla kalan; kalıtsal; ~**·ty** [~ı] *n.*

kalıtım, soyaçekim.
here|in ['hıər'ın] *adv.* bunun içinde, bunda; **~·of** [~'ɒv] *adv.* bununla ilgili olarak, bundan.
her·e|sy ['herəsı] *n.* sapkın düşünce; **~·tic** [~tık] *n.* sapkın düşünce yanlısı.
here|up·on ['hıərə'pɒn] *adv.* bunun üzerine; **~·with** *adv.* ilişik olarak, beraberce.
her·i·tage ['herıtıdʒ] *n.* miras, kalıt.
her·mit ['hɜːmıt] *n.* yalnız kalmayı seven kimse; keşiş.
he·ro ['hıərəʊ] *(pl. -roes) n.* kahraman; **~·ic** [hı'rəʊık] *(~ally) adj.* kahramanca; destansı *(şiir).*
her·o·in ['herəʊın] *n.* eroin.
her·o|ine ['herəʊın] *n.* kadın kahraman; **~·is·m** [~ızəm] *n.* kahramanlık.
her·on *zo.* ['herən] *n.* balıkçıl.
her·ring *zo.* ['herıŋ] *n.* ringa.
hers [hɜːz] *pron. (dişil)* onunki.
her·self [hɜː'self] *pron. (dişil)* kendisi; *by ~* yalnız başına.
hes·i|tant □ ['hezıtənt] tereddütlü, duraksayan; **~·tate** [~eıt] *v/i.* tereddüt etmek, duraksamak; kem küm etmek; **~·ta·tion** [hezı'teıʃn] *n.* tereddüt, duraksama; *without ~* tereddütsüz.
hew [hjuː] *(hewed, hewed ya da hewn) v/t.* kesmek, yontmak, yarmak; *~ down* kesip devirmek; **~n** [hjuːn] *p.p. of hew.*
hey *int.* [heı] Hey!, Baksana!
hey·day ['heıdeı] *n.* en parlak dönem, altın çağ.
hi *int.* [haı] Merhaba!, Selam!
hi·ber·nate *zo.* ['haıbəneıt] *v/i.* kış uykusuna yatmak.
hic|cup, ~·cough ['hıkʌp] **1.** *n.* hıçkırık; **2.** *v/i.* hıçkırık tutmak, hıçkırmak.
hid [hıd] *pret. of hide*[2]; **~·den** ['hıdn] *p.p. of hide*[2].
hide[1] [haıd] *n.* post, deri.
hide[2] [~] *(hid, hidden) v/t. & v/i.* sakla(n)mak, gizle(n)mek; **~-and-seek** ['haıdn'siːk] *n.* saklambaç; **~·a·way** *F* [~əweı] *n.* saklanacak yer, yatak; kafa dinlemeye gidilen ev; **~·bound** *adj.* eski kafalı.
hid·e·ous □ ['hıdıəs] iğrenç, çirkin, korkunç.
hide·out ['haıdaʊt] *n.* saklanacak yer, yatak.
hid·ing[1] *F* ['haıdıŋ] *n.* dayak, kötek.
hid·ing[2] [~] *n.* sakla(n)ma; **~-place** *n.* saklanacak yer, yatak.
hi-fi ['haı'faı] **1.** *(pl. hi-fis) n.* sesi çok doğal veren aygıt; **2.** *adj.* sesi çok doğal veren.
high [haı] **1.** □ yüksek; yüce, ulu; soylu; tiz *(ses);* fahiş, yüksek *(fiyat);* kendini beğenmiş, kibirli; lüks *(yaşantı);* şen, neşeli; kokmuş *(et);* sert, şiddetli *(rüzgâr v.b.); F* sarhoş, kafayı bulmuş; *F* esrarın etkisinde; *with a ~ hand* zorbalıkla, kaba kuvvetle; *in ~ spirits* keyfi yerinde; *~ society* sosyete; *♀ Tech = ♀ Technology* ileri teknoloji; *~ time bşin* tam zamanı; *~ words* öfkeli sözler, ağır sözler; **2.** *n. meteor.* yüksek basınç bölgesi; **3.** *adv.* yükseğe; yüksekte; **~·ball** *Am.* ['haıbɔːl] *n.* sodalı viski; **~·brow** *F n. & adj.* entelektüel; **~-class** *adj.* kaliteli, birinci sınıf; **~ fi·del·i·ty** = *hi-fi;* **~-grade** *adj.* kaliteli; **~-hand·ed** □ küstah, zorba; **~ jump** *n. spor:* yüksek atlama; **~ jump·er** *n. spor:* yüksek atlamacı; **~·land** ['haılənd] *n. mst.* *~s pl.* dağlık arazi; **~·lights** *n. pl. fig.* önemli olaylar; **~·ly** [~lı] *adv.* son derece; iyi; *speak ~ of s.o. b-den* övgüyle söz etmek; **~-mind·ed** *adj.* yüce gönüllü; **~·ness** [~nıs] *n.* yükseklik; *fig.* yücelik; **~-pitched** *adj.* çok tiz *(ses);* dik *(çatı);* ~-

pow·ered *adj.* ⊕ güçlü, dinamik; **~-pres·sure** *adj. meteor.*, ⊕ yüksek basınçlı; **~-rise 1.** *adj.* yüksek *(bina)*; **2.** *n.* yüksek bina; **~·road** *n.* anayol; **~ school** *n. esp. Am.* lise; **~ street** *n.* ana cadde; **~-strung** *adj.* çok sinirli, sinir köpü; **~ tea** *n. Brt.* ikindi kahvaltısı; **~ wa·ter** *n.* kabarma; taşkın; **~·way** *n. esp. Am. ya da* ⚖ anayol, karayolu; ♀ *Code Brt.* Karayolları Tüzüğü; **~·way·man** *(pl. -men) n.* eşkiya, soyguncu.

hi·jack ['haɪdʒæk] **1.** *v/t. (uçak)* kaçırmak; *(kamyon v.b.)* soymak; **2.** *n.* uçak kaçırma; **~·er** [~ə] *n.* uçak korsanı; haydut.

hike *F* [haɪk] **1.** *v/i.* yürüyüşe çıkmak; **2.** *n.* uzun yürüyüş; *Am. (fiyat)* artış; **hik·er** ['haɪkə] *n.* yürüyüşe çıkan kimse; **hik·ing** [~ɪŋ] *n.* yürüyüşe çıkma.

hi·lar·i|ous □ [hɪ'leərɪəs] neşeli, şamatalı; **~·ty** [hɪ'lærətɪ] *n.* neşe, şamata.

hill [hɪl] *n.* tepe; bayır; **~·bil·ly** *Am. F* ['hɪlbɪlɪ] *n.* orman köylüsü; *~ music* taşra müziği; **~·ock** ['hɪlək] *n.* tepecik; tümsek; **~·side** ['hɪl'saɪd] *n.* yamaç; **~·top** *n.* tepe doruğu; **~·y** ['hɪlɪ] *(-ier, -iest) adj.* tepelik.

hilt [hɪlt] *n.* kabza.

him [hɪm] *pron. (eril)* onu, ona; **~·self** [hɪm'self] *pron. (eril)* kendisi; bizzat; *by ~* yalnız başına.

hind[1] *zo.* [haɪnd] *n.* dişi geyik.

hind[2] [~] *adj.* arka..., art...

hind·er[1] ['haɪndə] *adj.* arkadaki, arka...

hin·der[2] ['hɪndə] *v/t.* engellemek, alıkoymak *(from -den)*.

hind·most ['haɪndməʊst] *adj.* en arkadaki.

hin·drance ['hɪndrəns] *n.* engel.

hinge [hɪndʒ] **1.** *n.* menteşe; *fig.* dayanak noktası; **2.** *v/t. ~ on, ~ upon fig. -e* bağlı olmak, *-e* dayanmak.

hint [hɪnt] **1.** *n.* üstü kapalı söz, ima; *take a ~* lep demeden leblebiyi anlamak; **2.** *vb.* üstü kapalı söylemek, çıtlatmak.

hin·ter·land ['hɪntəlænd] *n.* hinterlant, içbölge.

hip[1] *anat.* [hɪp] *n.* kalça.

hip[2] ⚘ [~] *n.* kuşburnu.

hip·pie, hip·py ['hɪpɪ] *n.* hippi.

hip·po *zo. F* ['hɪpəʊ] *(pl. -pos)* = **~·pot·a·mus** *zo.* [hɪpə'pɒtəməs] *(pl. -muses, -mi* [-maɪ]*) n.* suaygırı.

hire ['haɪə] **1.** *n.* kira; ücret; *for ~* kiralık; *~ car* kiralık araba; *~ charge* kiralama ücreti; *~ purchase Brt. econ.* taksit; **2.** *v/t.* kiralamak; *~ out* kiraya vermek.

his [hɪz] **1.** *adj. (eril)* onun; **2.** *pron. (eril)* onunki.

hiss [hɪs] **1.** *v/i.* tıslamak; *a. ~ at* ıslıklamak, ıslıklayarak yuhalamak; **2.** *n.* tıslama; ıslık.

his|to·ri·an [hɪ'stɔːrɪən] *n.* tarihçi; **~·tor·ic** [hɪ'stɒrɪk] *(~ally) adj.* tarihsel; **~·tor·i·cal** □ [~kl] tarihsel; önemli; **~·to·ry** ['hɪstərɪ] *n.* tarih; *~ of civilization* uygarlık tarihi; *contemporary ~* çağdaş tarih, günümüz tarihi.

hit [hɪt] **1.** *n.* vurma, vuruş, darbe; çarpışma; isabet; liste başı yapıt; iğneli söz, taş; **2.** *(-tt-; hit) vb.* vurmak, çarpmak; isabet etmek; *~ it off with F ile* iyi geçinmek, anlaşmak; *~ on, ~ upon* rasgele bulmak; **~-and-run** [hɪtənd'rʌn] **1.** *n. a. ~ accident* çarpanın kaçtığı kaza; **2.** *adj. ~ driver* çarpıp kaçan şoför.

hitch [hɪtʃ] **1.** *n.* ani çekme; ⚓ adi düğüm; aksaklık, pürüz; **2.** *v/t. & v/i.* çek(iştir)mek; iliş(tir)mek, tak(ıl)mak; **~-hike** ['hɪtʃhaɪk] *v/i.* otostop yapmak; **~-hik·er** *n.* otostopçu.

hith·er ['hɪðə]: *~ and thither* ora-

ya buraya; ~·**to** *adv.* şimdiye dek, bu zamana dek.
hive [haıv] *n.* arı kovanı *(a. fig.)*
hoard [hɔːd] **1.** *n.* istif; **2.** *v/t.* *a.* ~ *up* istiflemek, biriktirmek.
hoard·ing ['hɔːdıŋ] *n.* tahta perde; *Brt.* ilan tahtası.
hoar·frost ['hɔː'frɒst] *n.* kırağı.
hoarse □ [hɔːs] *(~r, ~st)* boğuk *(ses);* boğuk sesli.
hoar·y ['hɔːrı] *(-ier, -iest) adj.* ağarmış, ak düşmüş, kır.
hoax [həʊks] **1.** *n.* muziplik, oyun; **2.** *v/t.* aldatmak, oyun etmek, işletmek.
hob·ble ['hɒbl] **1.** *n.* topallama, aksama; **2.** *v/i.* topallamak, aksamak *(a. fig.); v/t.* kösteklemek; engel olmak.
hob·by ['hɒbı] *n. fig.* hobi, düşkü, merak, özel zevk; ~**-horse** *n.* oyuncak at; çocuğun at diye bindiği değnek.
hob·gob·lin ['hɒbgɒblın] *n.* gulyabani.
ho·bo *Am.* ['həʊbəʊ] *(pl. -boes, -bos) n.* aylak, boş gezenin boş kalfası.
hock[1] [hɒk] *n.* Ren şarabı.
hock[2] *zo.* [~] *n.* içdiz.
hock·ey ['hɒkı] *n. Brt., Am. field* ~ *spor:* çim hokeyi; *Am.* buz hokeyi.
hoe ↓ [həʊ] **1.** *n.* çapa; **2.** *v/t.* çapalamak.
hog [hɒg] *n.* domuz; ~·**gish** □ ['hɒgıʃ] domuz gibi; pis; bencil.
hoist [hɔıst] **1.** *n. (bayrak v.b.)* çekme; kaldıraç, vinç; yük asansörü; **2.** *v/t.* kaldırmak; *(bayrak)* çekmek.
hold [həʊld] **1.** *n.* tutma; tutunacak yer; otorite, nüfuz; hapishane, hücre; ⚓ gemi ambarı; *catch (ya da get, lay, take, seize)* ~ *of* tutmak, yakalamak; *keep* ~ *of* kontrol altına almak; **2.** *(held) v/t.* tutmak; alıkoymak, durdurmak; içine almak; savunmak, korumak *(kale);* işgal etmek *(makam);* inanmak, kabul etmek; *(toplantı v.b.)* düzenlemek, yapmak; *(ağırlık)* taşımak, çekmek, tartmak; ~ *one's ground,* ~ *one's own* yerini korumak, ayak diremek; ~ *the line teleph.* telefonu açık tutmak, beklemek; *a.* ~ *good* geçerli olmak; ~ *still* kıpırdamamak, kıpırdamadan durmak; ~ *against (suçu) -e* yüklemek; ~ *back* kontrol altına almak; *fig. (duygularını)* zaptetmek; ~ *forth fig.* nutuk atmak *(on konusunda);* ~ *off* uzak tutmak, yaklaştırmamak; *(karar)* ertelemek; ~ *on* tutmak, yapışmak *(to -e);* dayanmak, direnmek; devam etmek; *teleph.* beklemek; ~ *on to* tutmak; ~ *over* ertelemek; ~ *together* birarada tutmak; ~ *up* geciktirmek; kaldırmak; yolunu kesip soymak; ~·**all** ['həʊldɔːl] *n.* valiz, çanta, bavul; ~·**er** [~ə] *n.* sap, kulp; *esp. econ.* hamil, sahip; ~·**ing** [~ıŋ] *n.* tutma; mülk, arazi; ~ *company econ.* holding; ~**-up** *n.* gecikme; yol kesme, soygun.
hole [həʊl] **1.** *n.* delik; çukur; *F fig.* çıkmaz; *pick ~s in -de* kusur bulmak; **2.** *vb.* delik açmak.
hol·i·day ['hɒlədı] *n.* tatil günü; bayram günü; *esp. Brt. mst ~s pl.* tatil; ~**-mak·er** *n.* tatile çıkmış kimse.
hol·i·ness ['həʊlınıs] *n.* kutsallık; *His* ♀ Papa Cenapları.
hol·ler *Am. F* ['hɒlə] *v/i.* bağırmak.
hol·low ['hɒləʊ] **1.** □ oyuk, içi boş; yalan, sahte; **2.** *n.* boşluk, çukur; **3.** *v/t.* ~ *out* oymak.
hol·ly ⚘ ['hɒlı] *n.* çobanpüskülü.
hol·o·caust ['hɒləkɔːst] *n.* büyük yıkım, yangın felaketi; *the* ♀ *hist.* Nazilerce yapılan Musevi katliamı.
hol·ster ['həʊlstə] *n.* deri tabanca

kılıfı.

ho·ly ['həʊlı] *(-ier, -iest) adj.* kutsal; ♀ *Thursday* Kutsal Haftadaki Perşembe günü; ~ *water* kutsanmış su; ♀ *Week* Kutsal Hafta, paskalyadan önceki hafta.

home [həʊm] **1.** *n.* ev, yuva, aile ocağı; vatan, ülke; *spor:* bir takımın kendi sahası; *at* ~ evde; *make oneself at* ~ kendi evindeymiş gibi davranmak, rahatına bakmak; *at* ~ *and abroad* yurt içi ve dışında; **2.** *adj.* ev ile ilgili, ev...; ülke ile ilgili, iç...; **3.** *adv.* ev(d)e; ülkesin(d)e; *strike* ~ can evinden vurmak; ~ **com·put·er** *n.* ev tipi bilgisayar; ♀ **Coun·ties** *n. pl.* Kontluklar; ~ **e·co·nom·ics** *n. sg.* ev ekonomisi; **~-felt** ['həʊmfelt] *adj.* kendini evindeymiş gibi hisseden; **~·less** [~lıs] *adj.* evsiz barksız; **~·like** *adj.* evindeki gibi, rahat; **~·ly** [~lı] *(-ier, -iest) adj.* sade, basit, gösterişsiz; *Am.* çirkin; **~-made** *adj.* evde yapılmış; ♀ **Of·fice** *n. Brt. pol.* İçişleri Bakanlığı; ♀ **Sec·re·ta·ry** *n. Brt. pol.* İçişleri Bakanı; **~·sick:** *be* ~ evi *ya da* ülkesi burnunda tütmek, sıla hasreti çekmek; **~·sick·ness** *n.* sıla hasreti; **~·stead** *n.* çiftlik ve eklentileri; ⚖ *Am.* sahibinin sürmesi koşuluyla verilen arazi; ~ **team** *n. spor:* ev sahibi takım; **~·ward** [~wəd] **1.** *adj.* eve doğru giden; **2.** *adv. Am.* eve doğru; **~·wards** [~wədz] *adv.* = *homeward 2;* **~·work** *n.* ev ödevi.

hom·i·cide ⚖ ['hɒmısaıd] *n.* cinayet, adam öldürme; katil; ~ *squad* cinayetleri saptayan yargıç ve polislerden kurulu komisyon.

ho·mo *F* ['həʊməʊ] *(pl. -mos) n.* homoseksüel, eşcinsel.

ho·mo·ge·ne·ous □ [hɒmə'dʒiːnjəs] homojen, bağdaşık, türdeş.

ho·mo·sex·u·al [hɒməʊ'seksjʊəl] *n. & adj.* homoseksüel, eşcinsel.

hone ⊕ [həʊn] *v/t.* bilemek.

hon|est □ ['ɒnıst] dürüst, namuslu; doğru; **~·es·ty** [~ı] *n.* dürüstlük, namus; doğruluk.

hon·ey ['hʌnı] *n.* bal; *fig.* sevgili; **~·comb** [~kəʊm] *n.* bal peteği; **~ed** [~ıd] *adj.* tatlı, okşayıcı *(söz);* **~·moon 1.** *n.* balayı; **2.** *v/i.* balayına çıkmak.

honk *mot.* [hɒŋk] *v/i.* klakson çalmak.

hon·ky-tonk *Am. sl.* ['hɒŋkıtɒŋk] *n.* adi gece kulübü, batakhane.

hon·or·ar·y ['ɒnərərı] *adj.* onursal *(başkan v.b.).*

hon·o(u)r ['ɒnə] **1.** *n.* şeref, onur, namus; *fig.* şan, şöhret; *~s pl.* şeref payesi; *Your* ♀ Sayın Yargıç; **2.** *v/t.* şereflendirmek, şeref vermek; *econ. (çek)* kabul edip ödemek; **~·a·ble** □ [~rəbl] namuslu, şerefli; saygıdeğer.

hood [hʊd] *n.* başlık, kukuleta, kapşon; *mot.* arabanın üst kısmı; *Am.* motor kapağı, kaput; ⊕ kapak.

hood·lum *Am. F* ['huːdləm] *n.* serseri, kabadayı.

hood·wink ['hʊdwıŋk] *v/t.* aldatmak, oyuna getirmek.

hoof [huːf] *(pl. hoofs* [~fs], *hooves* [~vz]*) n.* toynak.

hook [hʊk] **1.** *n.* çengel, kanca; kopça; orak; *by* ~ *or by crook* öyle ya da böyle, o ya da bu biçimde; **2.** *v/t.* oltayla yakalamak; çengellemek; *fig.* aldatmak, ökseye bastırmak; **~ed** *adj.* çengelli; çengel gibi; *F* düşkün *(on -e);* ~ *on heroin (television)* eroine (televizyona) düşkün; **~·y** ['hʊkı]: *play* ~ *Am. F* okulu asmak, okulu kırmak.

hoo·li·gan ['huːlıgən] *n.* serseri, külhanbeyi; **~·is·m** [~ızəm] *n.* serserilik.

hoop [huːp] **1.** *n.* çember; ⊕ tasma kelepçe; **2.** *v/t.* çemberlemek.

hoot [hu:t] **1.** *n.* baykuş sesi; *mot.* klakson sesi; **2.** *v/i.* *(baykuş)* ötmek; *mot.* klakson çalmak; *v/t.* yuhalamak, ıslıklamak.
Hoo·ver *TM* ['hu:və] **1.** *n.* elektrik süpürgesi; **2.** *v/t.* *mst.* ♀ elektrik süpürgesiyle temizlemek.
hooves [hu:vz] *pl. of hoof.*
hop[1] [hɒp] **1.** *n.* sıçrama, sekme; *F* dans; **2.** *(-pp-)* *v/i.* sıçramak, sekmek; *be ~ping mad F* çok öfkeli olmak, zıvanadan çıkmak.
hop[2] ⚘ [~] *n.* şerbetçiotu.
hope [həʊp] **1.** *n.* umut, ümit; **2.** *vb.* ümit etmek, ummak *(for -i)*; *~ in -e* güvenmek; **~·ful** □ ['həʊpfl] umutlu; umut verici; **~·less** □ [~lıs] umutsuz, ümitsiz.
horde [hɔ:d] *n.* kalabalık, sürü.
ho·ri·zon [hə'raızn] *n.* ufuk, çevren, gözerimi.
hor·i·zon·tal □ [hɒrı'zɒntl] yatay, düz.
horn [hɔ:n] *n. zo.* boynuz; ♪ boru; *mot.* klakson, korna; *~s pl.* geyik boynuzları; *~ of plenty* bolluk sembolü.
hor·net *zo.* ['hɔ:nıt] *n.* eşekarısı.
horn·y ['hɔ:nı] *(-ier, -iest) adj.* nasırlaşmış *(el)*; *V* şehvete gelmiş, abazan *(erkek).*
hor·o·scope [hɒrəskəʊp] *n.* zayiçe, yıldız falı.
hor|ri·ble □ ['hɒrəbl] dehşetli, korkunç; *F* berbat; **~·rid** □ ['hɒrıd] korkunç; berbat, çirkin; **~·ri·fy** [~faı] *v/t.* korkutmak, dehşete düşürmek; **~·ror** [~ə] *n.* korku, dehşet.
horse [hɔ:s] *n. zo.* at, beygir; *jimnastik:* atlama beygiri; *wild ~s will not drag me there F* dünyada hiçbir şey beni oraya götüremez; **~·back** ['hɔ:sbæk]: *on ~* at sırtında, atla; **~ chest·nut** *n.* ⚘ atkestanesi; **~·hair** *n.* at kılı; **~·man** *(pl. -men) n.* binici, süvari; **~·man·ship** [~mənʃıp] *n.* binicilik; **~ op·e·ra** *n. F* kovboy filmi; **~·pow·er** *n. phys.* beygir gücü; **~·rac·ing** *n.* at yarışı; **~·rad·ish** *n.* yabanturpu, acırga; **~·shoe** *n.* nal; **~·wom·an** *(pl. -women) n.* kadın binici.
hor·ti·cul·ture ['hɔ:tıkʌltʃə] *n.* bahçıvanlık, bahçecilik.
hose[1] [həʊz] *n.* hortum.
hose[2] [~] *n. pl.* çorap.
ho·sier·y ['həʊzjərı] *n.* çoraplar; mensucat.
hos·pi·ta·le □ ['hɒspıtəbl] misafirperver, konuksever.
hos·pi·tal ['hɒspıtl] *n.* hastane; ✕ askeri hastane; *in (Am. in the) ~* hastanede; **~·i·ty** [hɒspı'tæləti] *n.* misafirperverlik, konukseverlik; **~·ize** ['hɒspıtəlaız] *v/t.* hastaneye yatırmak.
host[1] [həʊst] *n.* ev sahibi; otelci, hancı; *radyo, TV:* protokol müdürü, program sunucusu; *your ~ was...* programda size ev sahipliği eden... idi.
host[2] [~] *n.* kalabalık.
host[3] *eccl.* [~] *n. oft.* ♀ okunmuş ekmek.
hos·tage ['hɒstıdʒ] *n.* rehine, tutak; *take s.o. ~* *b-ni* rehin almak.
hos·tel ['hɒstl] *n. esp. Brt.* öğrenci yurdu; han; *mst. youth ~* genç turistler için ucuz otel.
host·ess ['həʊstıs] *n.* ev sahibesi; konsomatris; hancı kadın; ✈ hostes.
hos|tile ['hɒstaıl] *adj.* düşman; düşmanca; *~ to foreigners* yabancı düşmanı; **~·til·i·ty** [hɒ'stılətı] *n.* düşmanlık *(to -e).*
hot [hɒt] *(-tt-) adj.* sıcak; kızgın; acı *(biber)*; çabuk kızan, öfkeli; taze, yeni *(haber, iz)*; *F* şiddetli, sert; radyoaktif; **~·bed** ['hɒtbed] *n.* camekânlı fidelik; *fig.* yatak, yuva.
hotch·potch ['hɒtʃpɒtʃ] *n.* karman çorman şey; türlü yemeği.

hot dog [hɒt'dɒg] *n.* sosisli sandviç.

ho·tel [həʊ'tel] *n.* otel.

hot|head ['hɒthed] *n.* aceleci; ~·**house** *n.* limonluk, ser; ~ **line** *n. pol. (devlet başkanları arasında)* direkt telefon hattı; ~·**pot** *n.* güveç; ~ **spot** *n. esp. pol* kargaşalık bölgesi; ~·**spur** *n.* aceleci; ~-**wa·ter** *adj.* sıcak su...; ~ *bottle* sıcak su torbası, buyot.

hound [haʊnd] **1.** *n.* tazı, av köpeği; *fig.* adi adam, it; **2.** *v/t.* tazı ile avlamak; *fig.* rahat vermemek.

hour ['aʊə] *n.* saat; zaman; ~·**ly** [~lı] *adv.* saat başı.

house 1. [haʊs] *n.* ev; *the* ~ borsa; **2.** [haʊz] *v/t. & v/i.* barın(dır)mak; ~-**a.gent** ['haʊseıdʒənt] *n.* ev komisyoncusu; ~·**bound** *adj. fig.* evden dışarı çıkamayan, eve tıkılmış; ~·**hold** *n.* ev halkı; *attr.* ev...; ~·**hold·er** *n.* ev sahibi; aile reisi; ~·**hus·band** *n. esp. Am.* işe gitmeyip ev işlerini gören koca; ~·**keep·er** *n.* evi yöneten kadın, kâhya kadın; ~·**keep·ing** *n.* ev idaresi; ~·**maid** *n.* orta hizmetçisi; ~·**man** *(pl. -men) n. Brt.* ⚕ asistan doktor, stajyer doktor; ~-**warm·ing (par·ty)** [~wɔːmıŋ-(pɑːtı)] *n.* yeni eve taşınanların eşe dosta verdikleri ziyafet; ~·**wife** ['haʊswaıf] *(pl. -wives) n.* ev kadını; ['hʌzıf] dikiş kutusu; ~·**work** *n.* ev işi.

hous·ing ['haʊzıŋ] *n.* evler; iskân, yurtlandırma; ~ *estate Brt.* iskân mahallesi.

hove [həʊv] *pret. & p.p. of heave* 2.

hov·el ['hɒvl] *n.* açık ağıl; harap kulübe.

hov·er ['hɒvə] *v/i.* havada durmak; *fig.* tereddüt etmek; ~·**craft** *(pl. craft[s]) n.* hoverkraft.

how [haʊ] *adv.* nasıl; ne kadar; kaç; ~ *do you do?* nasılsınız?; ~ *about...?* ...ne dersin?

how·dy *Am. int. F* ['haʊdı] Merhaba!

how·ev·er ['haʊ'evə] **1.** *adv.* bununla beraber, fakat; **2.** *cj.* ne kadar... olursa olsun.

howl [haʊl] **1.** *v/i.* ulumak; inlemek; **2.** *n.* uluma; inilti; ~·**er** *F* ['haʊlə] *n.* gülünç hata, gaf.

hub [hʌb] *n.* poyra, tekerlek göbeği; *fig.* merkez.

hub·bub ['hʌbʌb] *n.* gürültü, velvele.

hub·by *F* ['hʌbı] *n.* koca, eş.

huck·le·ber·ry ⚘ ['hʌklberı] *n.* Amerikan yabanmersini.

huck·ster ['hʌkstə] *n.* seyyar satıcı.

hud·dle ['hʌdl] **1.** *v/t. & v/i. a.* ~ *together* biraraya sıkış(tır)mak; ~ *(o.s.) up* iyice sokulmak; **2.** *n.* karışıklık, yığın.

hue[1] [hjuː] *n.* renk; renk tonu.

hue[2] [~]: ~ *and cry fig.* karşı çıkma, protesto.

huff [hʌf] *n.* surat asma, küsme, dargınlık; *be in a* ~ küsmek, içerlemek.

hug [hʌg] **1.** *n.* kucaklama; **2.** *(-gg-) v/t.* kucaklamak, sarılmak; *fig.* benimsemek.

huge □ [hjuːdʒ] koskocaman, dev gibi, muazzam; ~·**ness** ['hjuːdʒnıs] *n.* koskocamanlık, muazzamlık.

hulk·ing ['hʌlkıŋ] *adj.* hantal, azman; sakar.

hull [hʌl] **1.** *n.* ⚘ kabuk; ⚓ gövde; **2.** *v/t. -in* kabuğunu soymak.

hul·la·ba·loo ['hʌləbə'luː] *(pl. -loos) n.* gürültü, velvele.

hul·lo *int.* [hə'ləʊ] Merhaba!; Alo!

hum [hʌm] *(-mm-) v/i.* vızıldamak; mırıldanmak.

hu·man ['hjuːmən] **1.** □ insani, insanca; ~*ly possible* insanın elinden geldiğince; ~ *being* insan; ~ *rights pl.* insan hakları; **2.** *n.* insan; ~**e** □ [hjuː'meın] insancıl;

~·i·tar·i·an [hjuːmænɪˈteərɪən] *n. & adj.* insaniyetperver, insancıl; **~·i·ty** [hjuːˈmænətɪ] *n.* insanlık; acıma, sevecenlik; *humanities pl.* klasik Yunan ve Latin edebiyatı üzerine çalışma.
hum·ble [ˈhʌmbl] **1.** □ *(~r, ~st)* alçak gönüllü; önemsiz; **2.** *v/t.* kibrini kırmak, burnunu sürtmek.
hum·ble-bee *zo.* [ˈhʌmblbiː] *n.* yabanarısı.
hum·ble·ness [ˈhʌmblnɪs] *n.* alçak gönüllülük.
hum·drum [ˈhʌmdrʌm] *adj.* can sıkıcı, yavan.
hu·mid [ˈhjuːmɪd] *adj.* nemli, rutubetli, yaş; **~·i·ty** [hjuːˈmɪdətɪ] *n.* nem, rutubet.
hu·mil·i|ate [hjuːˈmɪlɪeɪt] *v/t.* küçük düşürmek, bozmak, burnunu sürtmek; **~·a·tion** [hjuːmɪlɪˈeɪʃn] *n.* küçük düşürme, bozma; **~·ty** [hjuːˈmɪlətɪ] *n.* alçak gönüllülük.
hum·ming·bird *zo.* [ˈhʌmɪŋbɜːd] *n.* sinekkuşu, kolibri.
hu·mor·ous □ [ˈhjuːmərəs] gülünç, komik.
hu·mo(u)r [ˈhjuːmə] **1.** *n.* güldürü, mizah, şaka, komiklik; huy; *out of ~* canı sıkkın, keyifsiz; **2.** *v/t. -in* kaprisine boyun eğmek, suyuna gitmek.
hump [hʌmp] **1.** *n.* hörgüç; kambur; tümsek; **2.** *v/t.* kamburlaştırmak; *Brt. F* sırtında taşımak; *~ o.s. Am. sl.* gayrete gelmek; **~·back(ed)** [ˈhʌmpbæk(t)] = *hunchback(ed).*
hunch [hʌntʃ] **1.** = *hump 1;* önsezi, içe doğma; **2.** *v/t. a. ~ up* kamburlaştırmak; **~·back** [ˈhʌntʃbæk] *n.* kambur kimse; **~·backed** *adj.* kambur.
hun·dred [ˈhʌndrəd] *n. & adj.* yüz; **~th** [~θ] **1.** *adj.* yüzüncü; **2.** *n.* yüzde bir; **~·weight** *n.* 50,8 kilo.
hung [hʌŋ] **1.** *pret. & p.p. of hang*[1]; **2.** *adj.* asılmış, asılı.
Hun·gar·i·an [hʌŋˈgeərɪən] **1.** *adj.* Macar...; **2.** *n.* Macar; *ling.* Macarca.
hun·ger [ˈhʌŋgə] **1.** *n.* açlık; *fig.* özlem *(for -e);* **2.** *v/t.* şiddetle arzulamak, susamak *(for, after -e);* **~ strike** *n.* açlık grevi.
hun·gry □ [ˈhʌŋgrɪ] *(-ier, -iest)* acıkmış, aç.
hunk [hʌŋk] *n.* iri parça.
hunt [hʌnt] **1.** *n.* avlanma, av; avlanma bölgesi; *fig.* arama *(for -i);* **2.** *v/t. & v/i.* avla(n)mak; *~ after, ~ for* aramak, araştırmak; *~ out, ~ up* arayıp bulmak; **~·er** [ˈhʌntə] *n.* avcı; av atı; **~·ing** [~ɪŋ] *n.* avcılık; *attr.* av...; **~·ing-ground** *n.* avlanma bölgesi.
hur·dle [ˈhɜːdl] *n. spor:* engel *(a. fig.);* **~r** [~ə] *n. spor:* engelli yarış koşucusu; **~ race** *n. spor:* engelli koşu.
hurl [hɜːl] **1.** *n.* fırlatma, savurma; **2.** *v/t.* fırlatmak, savurmak; *(küfür v.b.)* yağdırmak.
hur·ri·cane [ˈhʌrɪkən] *n.* kasırga.
hur·ried □ [ˈhʌrɪd] aceleyle yapılmış.
hur·ry [ˈhʌrɪ] **1.** *n.* acele, telaş; *be in a (no) ~* acelesi ol(ma)mak; *not... in a ~ F* kolay kolay ...memek; **2.** *v/t. & v/i.* acele et(tir)mek, hızlandırmak; acele ile göndermek; *~ up* acele etmek, çabuk olmak.
hurt [hɜːt] **1.** *n.* yara, bere; ağrı, sızı; zarar; **2.** *(hurt) v/t. & v/i.* yaralamak, incitmek; acı(t)mak, ağrı(t)mak; zarar vermek; *fig.* kalbini kırmak, incitmek; **~·ful** □ [ˈhɜːtfl] zararlı.
hus·band [ˈhʌzbənd] **1.** *n.* koca, eş; **2.** *v/t.* idareli kullanmak, ölçülü harcamak; **~·ry** [~rɪ] *n.* çiftçilik, tarım; *fig.* idareli kullanma *(of -i).*
hush [hʌʃ] **1.** *int.* Sus!; **2.** *n.* sessizlik; **3.** *v/t. & v/i.* sus(tur)mak; ya-

tış(tır)mak; ~ *up* örtbas etmek; ~ **money** ['hʌʃmʌnı] *n.* sus payı.
husk [hʌsk] **1.** *n.* ⚘ kabuk; *fig.* işe yaramaz dış kısım; **2.** *v/t.* -*in* kabuğunu soymak; **hus·ky** ['hʌskı] **1.** □ *(-ier, -iest)* kabuklu; boğuk, kısık *(ses)*; *F* güçlü kuvvetli, kapı gibi; **2.** *n.* *F* kapı gibi kimse.
hus·sy ['hʌsı] *n.* ahlaksız kadın; arsız kız, haspa.
hus·tle ['hʌsl] **1.** *v/t.* & *v/i.* acele et(tir)mek; itip kakmak; fahişelik yapmak; **2.** *n.* ~ *and bustle* telaş, koşuşma.
hut [hʌt] *n.* kulübe; × baraka.
hutch [hʌtʃ] *n.* *esp.* tavşan kafesi.
hy·a·cinth ⚘ ['haıəsınθ] *n.* sümbül.
hy·ae·na *zo.* [haı'iːnə] *n.* sırtlan.
hy·brid *biol.* ['haıbrıd] *n.* melez hayvan *ya da* bitki; *attr.* melez...; ~**·ize** [~aız] *v/t.* & *v/i.* melez olarak yetiş(tir)mek.
hy·drant ['haıdrənt] *n.* yangın musluğu.
hy·draul·ic [haı'drɔːlık] *(~ally)* *adj.* hidrolik; ~**s** *n.* *sg.* hidrolik bilimi.
hy·dro- ['haıdrəʊ] *prefix* hidro..., su...; ~**·car·bon** *n.* hidrokarbon; ~**·chlor·ic ac·id** [~rə'klɔrık'æsıd] *n.* hidroklorik asit; ~**·foil** ⚓ [~fɔıl] *n.* gemi kayağı; kızaklı tekne; ~**·gen** [~ədʒən] *n.* hidrojen; ~**·gen bomb** *n.* hidrojen bombası; ~**·plane** *n.* ✈ deniz uçağı; ⚓ denizaltıyı daldırıp yükseltmeye yarayan dümen.
hy·e·na *zo.* [haı'iːnə] *n.* sırtlan.
hy·giene ['haıdʒiːn] *n.* hijyen, sağlıkbilgisi; **hy·gien·ic** [haı'dʒiːnık] *(~ally)* *adj.* hijyenik, sağlıksal.
hymn [hım] **1.** *n.* ilahi; **2.** *v/t.* ilahi okuyarak ifade etmek.
hy·per- ['haıpə] *prefix* hiper..., yüksek..., aşırı...; ~**·mar·ket** *n.* büyük süpermarket; ~**·sen·si·tive** [haıpə'sensətıv] *adj.* aşırı duyarlı *(to -e)*.
hy·phen ['haıfn] *n.* tire, kısa çizgi; ~**·ate** [~eıt] *v/t.* tire ile birleştirmek.
hyp·no·tize ['hıpnətaız] *v/t.* ipnotize etmek, uyutmak.
hy·po·chon·dri·ac [haıpəʊkɒndrıæk] *n.* kuruntulu kimse, hastalık hastası.
hy·poc·ri·sy [hı'pɒkrəsı] *n.* ikiyüzlülük; **hyp·o·crite** ['hıpəkrıt] *n.* ikiyüzlü kimse; **hyp·o·crit·i·cal** □ [hıpə'krıtıkl] ikiyüzlü.
hy·poth·e·sis [haı'pɒθısıs] *(pl.* *-ses* [-siːz]*)* *n.* hipotez, varsayım.
hys·te·ri·a ⚕ [hı'stıərıə] *n.* isteri, histeri; ~**·ter·i·cal** □ [~'sterıkl] isterik, histerik; ~**·ter·ics** [~ıks] *n. pl.* isteri nöbeti; *go into* ~ isterikleşmek; *F* çılgınlaşmak.

I

I [aı] *pron.* ben; *it is* ~ benim.
ice [aıs] **1.** *n.* **buz; 2.** *v/t.* dondurmak, soğutmak; *(pasta)* krema ile kaplamak; *v/i. a.* ~ *up* buzlanmak, buz tutmak; ~ **age** ['aıseıdʒ] *n.* buzul çağı; ~**·berg** [~bɜːg] *n.* aysberg, buzdağı; ~**-bound** *adj.* her tarafı donmuş *(liman)*; ~**·box** *n.* buzluk; *Am.* buzdolabı; ~ **cream** *n.* dondurma; ~ **cube** *n.* küçük buz kalıbı; ~ **floe** *n.* buzul; ~ **lol·ly** *n.* *Brt.* meyveli

dondurma; ~ **rink** *n.* buz pateni alanı; ~ **show** *n.* buz pateni gösterisi.

i·ci·cle ['aısıkl] *n.* saçaklardan sarkan buz salkımı, saçak buzu.

ic·ing ['aısıŋ] *n.* şekerli krema.

i·cy □ ['aısı] *(-ier, -iest)* buz gibi *(a. fig.)*; buz kaplı, buzlu.

i·dea [aı'dıə] *n.* fikir, düşünce; kanaat, kanı; plan; **~l** [~l] **1.** □ ideal, ülküsel; mükemmel; **2.** *n.* ideal, ülkü; **~l·is·m** [~ızəm] *n.* idealizm, ülkücülük; **~·l·ize** [~aız] *v/t.* idealleştirmek, ülküleştirmek.

i·den·ti|cal □ [aı'dentıkl] aynı, benzer, tıpkı, özdeş; **~·fi·ca·tion** [aıdentıfı'keıʃn] *n.* kimlik; kimlik saptaması; **~·fy** [aı'dentıfaı] *v/t.* kimliğini saptamak, tanımak; bir tutmak, aynı saymak; **~·ty** [~ətı] *n.* benzerlik, özdeşlik; kimlik; ~ *card* kimlik kartı; ~ *disk, Am.* ~ *tag* ✕ künye.

i·de|o·log·i·cal □ [aıdıə'lɒdʒıkl] ideolojik; **~·ol·ogy** [aıdı'ɒlədʒı] *n.* ideoloji.

id·i|om ['ıdıəm] *n.* deyim; şive, lehçe; üslup, deyiş; **~·o·mat·ic** [ıdıə'mætık] *(~ally) adj.* deyimsel.

id·i·ot ['ıdıət] *n.* aptal kimse, budala kimse; **~·ic** [ıdı'ɒtık] *(~ally) adj.* aptal, budala, sersem.

i·dle ['aıdl] **1.** □ *(~r, ~st)* aylak, işsiz güçsüz, başıboş; tembel, haylaz; asılsız; boşa geçen *(zaman)*; *econ.* kâr getirmeyen, ölü; ~ *hours pl.* boşa geçen saatler; **2.** *v/t.* *mst* ~ *away* boşa geçirmek *(zaman)*; *v/i.* aylak aylak dolaşmak, boş gezmek; ⊖ boşta çalışmak; **~·ness** [~nıs] *n.* aylaklık, avarelik; tembellik; işsizlik.

i·dol ['aıdl] *n.* put; *fig.* çok sevilen kimse *ya da* şey; **~·a·trous** □ [aı'dɒlətrəs] putlara tapan, putperest; **~·a·try** *n.* putperestlik; *fig.* büyük sevgi, hayranlık; **~·ize** ['aıdəlaız] *v/t.* putlaştırmak; *fig.* tap(ın)mak.

i·dyl·lic [aı'dılık] *(~ally) adj.* pastoral.

if [ıf] **1.** *cj.* eğer, ise; ...ip ...ipmediği; **2.** *n.* şart.

ig·nite [ıg'naıt] *v/t. & v/i.* tutuş(tur)mak; *mot.* ateşlemek; **ig·ni·tion** [ıg'nıʃən] *n.* tutuş(tur)ma; *mot.* marş.

ig·no·ble □ [ıg'nəʊbl] alçak, rezil; yüz kızartıcı, utanılacak.

ig·no·min·i·ous □ [ıgnə'mınıəs] küçük düşürücü, yüz kızartıcı.

ig·no·rance ['ıgnərəns] *n.* cahillik; **ig·no·rant** [~t] *adj.* cahil; *F* habersiz; **ig·nore** [ıg'nɔː] *v/t.* aldırmamak, önemsememek; bilmezlikten gelmek; ⚖ kabul etmemek, reddetmek.

ill [ıl] **1.** *(worse, worst) adj.* hasta; kötü; yaralı; *fall* ~, *be taken* ~ hastalanmak, yatağa düşmek; **2.** *n.* **~s** *pl.* kötülük, zarar; **~-ad·vised** □ ['ıləd'vaızd] tedbirsiz, düşüncesiz; **~-bred** *adj.* terbiyesiz, görgüsüz, kaba; ~ **breed·ing** *n.* kötü davranışlar.

il·le·gal □ [ı'liːgl] illegal, yasadışı; ⚖ yolsuz; ~ *parking* yasak yere park etme.

il·le·gi·ble □ [ı'ledʒəbl] okunaksız.

il·le·git·i·mate □ [ılı'dʒıtımət] yasadışı, yolsuz; evlilikdışı; saçma.

ill|-fat·ed ['ıl'feıtıd] *adj.* talihsiz, bahtsız; uğursuz; **~-fa·vo(u)red** *adj.* çirkin; **~-hu·mo(u)red** *adj.* huysuz, aksi.

il·lib·e·ral □ [ı'lıbərəl] dar kafalı, hoşgörüsüz; cimri, eli sıkı.

il·li·cit □ [ı'lısıt] yasadışı, yasaya aykırı; haram.

il·lit·e·rate [ı'lıtərət] *n. & adj.* okuma yazma bilmez, kara cahil.

ill|-judged ['ıl'dʒʌdʒd] *adj.* tedbirsiz, düşüncesiz; **~-man·nered** *adj.* kaba, terbiyesiz; **~-na·tured** □ huysuz, aksi, ters.

ill·ness ['ılnıs] *n.* hastalık.
il·lo·gi·cal □ [ı'lɒdʒıkl] mantıksız, mantığa aykırı.
ill|-tem·pered ['ıl'tempəd] *adj.* huysuz, aksi; **~-timed** *adj.* zamansız.
il·lu·mi|nate [ı'lju:mıneıt] *v/t.* aydınlatmak *(a. fig.)*; ışıklandırmak; *fig.* açıklamak; **~·nat·ing** [~ıŋ] *adj.* aydınlatıcı *(a. fig.)*; *fig.* açıklayıcı; **~·na·tion** [ılju:mı'neıʃn] *n.* aydınlatma *(a. fig.)*; *fig.* açıklama; *~s pl.* kitap süslemeleri.
ill-use ['ıl'ju:z] *v/t.* kötü davranmak; hor kullanmak.
il·lu|sion [ı'lu:ʒn] *n.* illüzyon, yanılsama; hayal, kuruntu; **~·sive** [~sıv], **~·so·ry** □ [~ərı] aldatıcı, yanıltıcı.
il·lus|trate ['ıləstreıt] *v/t.* resimlerle süslemek, resimlemek; örneklerle açıklamak, anlatmak; **~·tra·tion** ['ılə'streıʃn] *n.* resimleme; örneklerle açıklama; illüstrasyon, resim; örnek; **~·tra·tive** □ ['ıləstrətıv] açıklayıcı, aydınlatıcı.
il·lus·tri·ous □ [ı'lʌstrıəs] ünlü, tanınmış.
ill will ['ıl'wıl] *n.* kötü niyet, düşmanlık, kin.
im·age ['ımıdʒ] *n.* imaj, hayal, imge; resim; heykel, put; benzer, kopya; **im·ag·e·ry** [~ərı] *n.* betim, betimleme; imge, düş, hayal.
i·ma·gi·na|ble □ [ı'mædʒınəbl] hayal edilebilir, gözönüne getirilebilir; **~·ry** [~ərı] *adj.* hayal ürünü, düşsel; **~·tion** [ımædʒı'neıʃn] *n.* hayal gücü; hayal, kuruntu; **~·tive** □ [ı'mædʒınətıv] hayal gücü kuvvetli; hayal ürünü; **i·ma·gine** [ı'mædʒın] *v/t.* hayal etmek, hayalinde canlandırmak; sanmak, farzetmek.
im·bal·ance [ım'bæləns] *n.* dengesizlik; oransızlık.
im·be·cile ['ımbısi:l] *n. & adj.* budala, ahmak, bön; *contp.* geri zekâlı.
im·bibe [ım'baıb] *v/t.* içmek; *fig.* kafasına yerleştirmek, kapmak.
im·bue *fig.* [ım'bju:] *v/t.* zihnini doldurmak, aşılamak *(with ile)*.
im·i|tate ['ımıteıt] *v/t.* taklit etmek, benzetmek; *-in* taklidini yapmak; **~·ta·tion** [ımı'teıʃn] **1.** *n.* taklit etme; taklit; **2.** *adj.* sahte, taklit, yapma...
im·mac·u·late □ [ı'mækjʊlət] lekesiz, tertemiz; kusursuz; saf, masum.
im·ma·te·ri·al □ [ımə'tıərıəl] manevi, tinsel, cisimsiz; önemsiz *(to için)*.
im·ma·ture □ [ımə'tjʊə] ham, olmamış.
im·mea·su·ra·ble □ [ı'meʒərəbl] ölçülmez; sınırsız, sonsuz.
im·me·di·ate □ [ı'mi:djət] doğrudan doğruya; yakın; şimdiki; âcil, derhal olan; **~·ly** [~lı] **1.** *adv.* derhal, hemen; **2.** *cj.* ...ir ...irmez.
im·mense □ [ı'mens] koskocaman, muazzam *(a. fig.)*
im·merse [ı'mɜ:s] *v/t.* daldırmak, suya batırmak; *fig.* daldırmak, kaptırmak *(in -e)*; **im·mer·sion** [~ʃn] *n.* dal(dır)ma, bat(ır)ma; *~ heater* daldırma ısıtıcı, elektrikli su ısıtıcısı.
im·mi|grant ['ımıgrənt] *n.* göçmen; **~·grate** [~greıt] *v/i.* göç etmek; *v/t.* göçmen olarak yerleştirmek *(into -e)*; **~·gra·tion** [ımı'greıʃn] *n.* göç.
im·mi·nent □ ['ımınənt] olması yakın, eli kulağında; *~ danger* eli kulağında tehlike.
im·mo·bile [ı'məʊbaıl] *adj.* hareketsiz; sabit, durağan.
im·mod·e·rate □ [ı'mɒdərət] aşırı, ölçüsüz.
im·mod·est □ [ı'mɒdıst] utanmaz, arsız; terbiyesiz, haddini bilmez.
im·mor·al □ [ı'mɒrəl] ahlaksız;

ahlaka aykırı.

im·mor·tal [ɪ'mɔːtl] **1.** □ ölümsüz; **2.** *n.* ölümsüz şey; ~**·i.ty** [ɪmɔː'tælətɪ] *n.* ölümsüzlük.

im·mo·va·ble [ɪ'muːvəbl] **1.** □ yerinden oynamaz, kımıldamaz; taşınmaz; **2.** *n.* ~*s pl.* taşınmaz mallar.

im·mune [ɪ'mjuːn] *adj.* bağışık *(against, to -e karşı)*; muaf *(from -den)*; **im·mu·ni·ty** [~ətɪ] *n.* bağışıklık; dokunulmazlık.

im·mu·ta·ble □ [ɪ'mjuːtəbl] değişmez, sabit, durağan.

imp [ɪmp] *n.* afacan çocuk, yaramaz.

im·pact ['ɪmpækt] *n.* çarp(ış)ma; vuruş; etki.

im·pair [ɪm'peə] *v/t.* bozmak, zayıflatmak.

im·part [ɪm'pɑːt] *v/t.* vermek *(to -e)*; söylemek, bildirmek.

im·par|tial □ [ɪm'pɑːʃl] tarafsız, yansız; ~**·ti·al·i·ty** ['ɪmpɑːʃɪ'ælətɪ] *n.* tarafsızlık, yansızlık.

im·pass·a·ble □ [ɪm'pɑːsəbl] geçilmez, geçit vermez.

im·passe [æm'pɑːs] *n.* çıkmaz sokak; *fig.* çıkmaz, açmaz.

im·pas·sioned [ɪm'pæʃnd] *adj.* heyecanlı, ateşli.

im·pas·sive □ [ɪm'pæsɪv] duygusuz; kayıtsız, vurdumduymaz.

im·pa|tience [ɪm'peɪʃns] *n.* sabırsızlık; ~**·tient** □ [~t] sabırsız; hoşgörüsüz.

im·peach [ɪm'piːtʃ] *v/t.* suçlamak *(for, of, with ile)*; *-den* kuşkulanmak.

im·pec·ca·ble □ [ɪm'pekəbl] kusursuz; günahsız.

im·pede [ɪm'piːd] *v/t.* engellemek, sekte vurmak.

im·ped·i·ment [ɪm'pedɪmənt] *n.* engel, sekte.

im·pel [ɪm'pel] *(-ll-) v/t.* sürmek, itmek; sevketmek, zorlamak.

im·pend·ing [ɪm'pendɪŋ] *adj.* olması yakın, eli kulağında; ~ *danger* eli kulağında tehlike.

im·pen·e·tra·ble □ [ɪm'penɪtrəbl] içinden geçilmez; *fig.* akıl ermez; *fig.* kabul etmeyen, kapalı *(to -e)*.

im·per·a·tive [ɪm'perətɪv] **1.** □ zorunlu; gerekli; emredici, buyurucu; *gr.* emir belirten; **2.** *n.* emir; *a.* ~ *mood gr.* emir kipi.

im·per·cep·ti·ble □ [ɪmpə'septəbl] hissedilmez, algılanmaz.

im·per·fect [ɪm'pɜːfɪkt] **1.** □ eksik, noksan; kusurlu; **2.** *n. a.* ~ *tense gr.* bitmemiş bir eylemi gösteren zaman.

im·pe·ri·al·is|m *pol.* [ɪm'pɪərɪəlɪzəm] *n.* emperyalizm, yayılımcılık; ~**t** *pol.* [~ɪst] *n.* emperyalist.

im·per·il [ɪm'perəl] *(esp. Brt. -ll-, Am. -l-) v/t.* tehlikeye sokmak.

im·pe·ri·ous □ [ɪm'pɪərɪəs] buyurucu, otoriter; acil, ivedili; zorunlu.

im·per·me·a·ble □ [ɪm'pɜːmjəbl] su *ya da* hava geçirmez, geçirimsiz.

im·per·son·al □ [ɪm'pɜːsnl] kişisel olmayan.

im·per·so·nate [ɪm'pɜːsəneɪt] *v/t. thea. etc. (rol)* canlandırmak, temsil etmek; *-in* taklidini yapmak.

im·per·ti|nence [ɪm'pɜːtɪnəns] *n.* küstahlık, laubalilik, sululuk; ~**·nent** □ [~t] küstah, laubali, sulu.

im·per·tur·ba·ble □ [ɪmpə'tɜːbəbl] soğukkanlı, sakin, istifini bozmayan.

im·per·vi·ous □ [ɪm'pɜːvjəs] etkilenmez, kapalı *(to -e)*; geçirimsiz.

im·pe·tu·ous □ [ɪm'petjʊəs] atılgan, aceleci, coşkun; şiddetli.

im·pe·tus ['ɪmpɪtəs] *n.* şiddet, hız; dürtü.

im·pi·e·ty [ɪm'paɪətɪ] *n.* (*esp.* dinsel) saygısızlık.

im·pinge [ɪm'pɪndʒ]: ~ *on*, ~ *upon -de* etkisi olmak; *(b-nin hak-*

kına) tecavüz etmek, el uzatmak.

im·pi·ous □ ['ımpıəs] dinsiz, kâfir; dine karşı saygısız.

im·plac·a·ble □ [ım'plækəbl] yatıştırılamaz, sönmeyen *(nefret v.b.)*; amansız *(düşman)*.

im·plant [ım'plɑːnt] *v/t.* ⚕ dikmek; *fig.* aklına sokmak, aşılamak.

im·ple·ment 1. ['ımplımənt] *n.* alet, araç; **2.** [~ment] *v/t.* yerine getirmek, uygulamak.

im·pli|cate ['ımplıkeıt] *v/t.* sokmak, karıştırmak, bulaştırmak; **~·ca·tion** [ımplı'keıʃn] *n.* işin içine sokma, bulaştırma.

im·pli·cit □ [ım'plısıt] dolayısıyla anlatılan, üstü kapalı; tam, kesin.

im·plore [ım'plɔː] *v/t.* dilemek, yalvarmak, rica etmek.

im·ply [ım'plaı] *v/t.* dolaylı anlatmak, imlemek, anıştırmak; ... anlamına gelmek; gerektirmek.

im·po·lite □ [ımpə'laıt] kaba, terbiyesiz.

im·pol·i·tic □ [ım'pɒlıtık] uygunsuz, isabetsiz.

im·port 1. ['ımpɔːt] *n. econ.* ithal; *econ.* ithalat, dışalım; anlam; önem; ~*s pl. econ.* ithal malları; **2.** [ım'pɔːt] *v/t. econ.* ithal etmek.

im·por|tance [ım'pɔːtəns] *n.* önem; **~·tant** □ [~t] önemli; nüfuzlu, etkin.

im·por·ta·tion [ımpɔː'teıʃn] *n.* ithalat, dışalım.

im·por|tu·nate □ [ım'pɔːtjʊnət] ısrarla isteyen; acil, ivedili; **~·tune** [ım'pɔːtjuːn] *vb.* ısrarla istemek, sıkboğaz etmek.

im·pose [ım'pəʊz] *v/t. (vergi)* koymak *(on, upon -e)*; *(ceza)* vermek; zorla kabul ettirmek; *v/i.* ~ *on,* ~ *upon -den* yararlanmak; *-e* zahmet vermek, yük olmak; **im·pos·ing** □ [~ıŋ] heybetli, görkemli.

im·pos·si|bil·i·ty [ımpɒsə'bıləti] *n.* olanaksızlık; **~·ble** [ım'pɒsəbl] *adj.* olanaksız.

im·pos·tor [ım'pɒstə] *n.* dolandırıcı, düzenbaz.

im·po|tence ['ımpətəns] *n.* güçsüzlük; ⚕ iktidarsızlık; **~·tent** □ [~t] güçsüz, zayıf; ⚕ iktidarsız.

im·pov·e·rish [ım'pɒvərıʃ] *v/t.* yoksullaştırmak; *fig.* tüketmek.

im·prac·ti·ca·ble □ [ım'præktıkəbl] uygulanamaz, yapılamaz; kullanışsız; geçit vermez *(yol)*.

im·prac·ti·cal □ [ım'præktıkl] uygulanamaz, yapılamaz; pratik olmayan; mantıksız *(kimse)*.

im·preg|na·ble □ [ım'pregnəbl] zaptedilemez, alınamaz; **~·nate** ['ımpregneıt] *v/t. biol.* hamile bırakmak, döllemek; ⚗ doyurmak; ⊕ emprenye etmek.

im·press [ım'pres] *v/t.* basmak; etkilemek; aklına sokmak; **im·pres·sion** [~ʃn] *n.* izlenim, etki; *print.* baskı; *be under the ~ that* ...izleniminde olmak, ...gibi gelmek; **im·pres·sive** □ [~sıv] etkileyici.

im·print 1. [ım'prınt] *v/t. (damga, mühür)* basmak; *fig.* iyice yerleştirmek, nakşetmek, sokmak *(on, in -e)*; **2.** ['ımprınt] *n.* damga, iz *(a. fig.)*; *print.* yayınevinin adı.

im·pris·on ⚖ [ım'prızn] *v/t.* hapsetmek; **~·ment** ⚖ [~mənt] *n.* hapsetme; hapis, tutukluluk.

im·prob·a·ble □ [ım'prɒbəbl] olası olmayan, olmayacak.

im·prop·er □ [ım'prɒpə] uygunsuz, yersiz, yakışık almaz; yanlış.

im·pro·pri·e·ty [ımprə'praıəti] *n.* uygunsuzluk, yersizlik.

im·prove [ım'pruːv] *v/t. & v/i.* düzel(t)mek; geliş(tir)mek; iyileşmek; *(fiyat, değer)* artmak; ~ *on,* ~ *upon* düzeltmek, mükemmelleştirmek; **~·ment** [~mənt] *n.* düzel(t)me; gelişme, ilerleme *(on, upon -de)*.

im·pro·vise ['ımprəvaız] *v/t.* doğaçtan söylemek, içine doğduğu gibi konuşmak.
im·pru·dent □ [ım'pru:dənt] tedbirsiz, düşüncesiz.
im·pu|dence ['ımpjʊdəns] *n.* yüzsüzlük, arsızlık; **~·dent** □ [~t] yüzsüz, arsız, küstah.
im·pulse ['ımpʌls] *n.* itme, itiş, dürtü; *fig.* güdü, içtepi; **im·pul·sive** □ [ım'pʌlsıv] itici; *fig.* düşüncesiz, atılgan.
im·pu·ni·ty [ım'pju:nətı] *n.* cezasız kalma; *with* ~ cezasız, ceza görmeden.
im·pure □ [ım'pjʊə] kirli, pis; *eccl.* cenabet; katışık, karışık; *fig.* açık saçık.
im·pute [ım'pju:t] *v/t.* *(suç)* üstüne atmak, yüklemek, yıkmak *(to -e)*; ~ *s.th. to s.o.* *bşi b-nin* üstüne atmak.
in [ın] **1.** *prp.* içinde, -de, -da (~ *the street* caddede); içine, -e, -a; esnasında, -de, -leyin (~ *the morning* sabahleyin); için, -e (~ *honour of -in* şerefine); -ken (~ *crossing the road* yolu geçerken); olarak (~ *English* İngilizce olarak); -den yapılmış (*coat ~ velvet* kadifeden yapılmış palto); ile meşgul (*engaged ~ reading* okumakla meşgul); -ce, -ca (~ *number* sayıca; ~ *my opinion* kanımca); yüzünden, ile (*cry out ~ alarm* korku ile bağırmak); ~ *1989* 1989'da; ~ *that* ...yüzünden, -den dolayı; **2.** *adv.* içeriye, içeri; içeride; evde; seçilmiş, iktidarda; moda; *be ~ for* başına gelecek olmak, karşı karşıya olmak; *be ~ with ile* arası iyi olmak, dost olmak; **3.** *adj.* iç...; iktidardaki; moda olan.
in·a·bil·i·ty [ınə'bılətı] *n.* yetersizlik; güçsüzlük; beceriksizik.
in·ac·ces·si·ble □ [ınæk'sesəbl] yanına girilmez; erişilmez *(to -e)*.
in·ac·cu·rate □ [ın'ækjʊrət] yanlış, hatalı.
in·ac|tive □ [ın'æktıv] hareketsiz; tembel; *econ.* durgun; ⚗ etkisiz; **~·tiv·i·ty** [ınæk'tıvətı] *n.* hareketsizlik; tembellik; *econ.* durgunluk; ⚗ etkisizlik.
in·ad·e·quate □ [ın'ædıkwət] yetersiz; eksik, noksan.
in·ad·mis·si·ble □ [ınəd'mısəbl] kabul olunmaz, uygun görülmez.
in·ad·ver·tent □ [ınəd'vɜ:tənt] dikkatsiz; kasıtsız.
in·a·li·e·na·ble □ [ın'eıljənəbl] geri verilemez, elden çıkarılamaz.
i·nane □ *fig.* [ı'neın] boş, anlamsız, saçma.
in·an·i·mate □ [ın'ænımət] cansız, ölü; donuk, sönük.
in·ap·pro·pri·ate □ [ınə'prəʊprıət] uygunsuz, yersiz.
in·apt □ [ın'æpt] beceriksiz, yeteneksiz; uygunsuz.
in·ar·tic·u·late □ [ına:'tıkjʊlət] anlaşılmaz, açık seçik olmayan; derdini anlatamayan; iyi ifade edilmemiş.
in·as·much [ınəz'mʌtʃ]: ~ *as* -diği için, -den dolayı, madem ki.
in·at·ten·tive □ [ınə'tentıv] dikkatsiz.
in·au·di·ble □ [ın'ɔ:dəbl] işitilemez.
in·au·gu|ral [ı'nɔ:gjʊrəl] *n.* açılış konuşması *ya da* töreni; *attr.* açılış...; **~·rate** [~reıt] *v/t.* törenle açmak; *-e* törenle baslamak; başlatmak; **~·ra·tion** [ınɔ:gjʊ'reıʃn] *n.* açılış töreni; açılış; ♀ *Day Am.* cumhurbaşkanının resmen göreve başladığı gün.
in·born ['ın'bɔ:n] *adj.* doğuştan, yaradılıştan.
in-built ['ınbılt] *adj.* gömme.
in·cal·cu·la·ble □ [ın'kælkjʊləbl] hesaplanamaz, haddi hesabı olmayan.
in·can·des·cent □ [ınkæn'desnt]

akkor.
in·ca·pa·ble □ [ın'keıpəbl] yeteneksiz, güçsüz, elinden gelmez; ~ *of deceiving* aldatmak elinden gelmez.
in·ca·pa·ci|tate [ınkə'pæsıteıt] *v/t.* yapamaz duruma getirmek, olanak vermemek; **~·ty** [~sətı] *n.* güçsüzlük, yeteneksizlik, olanaksızlık.
in·car·nate [ın'kɑːnət] *adj. eccl.* insan biçiminde olan; *fig.* cisimlenmiş, kişileşmiş.
in·cau·tious □ [ın'kɔːʃəs] tedbirsiz, düşüncesiz.
in·cen·di·a·ry [ın'sendjərı] **1.** *adj.* kasten yangın çıkaran; *fig.* kışkırtıcı, arabozucu, ortalığı karıştıran; **2.** *n.* kundakçı; ortalığı karıştıran kimse.
in·cense[1] ['ınsens] *n.* tütsü, günlük, buhur.
in·cense[2] [ın'sens] *v/t.* öfkelendirmek.
in·cen·tive [ın'sentıv] *n.* dürtü, güdü, neden.
in·ces·sant □ [ın'sesnt] sürekli, aralıksız, ardı arkası kesilmeyen.
in·cest ['ınsest] *n.* akraba ile zina, kızılbaşlık.
inch [ıntʃ] **1.** *n.* inç, parmak *(=2,54 cm); fig.* az miktar; *by ~es* azar azar; *every ~* tepeden tırnağa, sapına kadar; **2.** *v/t.* yavaş yavaş hareket ettirmek.
in·ci|dence ['ınsıdəns] *n.* isabet; oluş derecesi; **~·dent** [~t] *n.* olay; **~·den·tal** □ [ınsı'dentl] rastlantı sonucu olan; önemsiz, küçük; *~ly* aklıma gelmişken.
in·cin·e|rate [ın'sınəreıt] *v/t.* yakıp kül etmek; **~·ra·tor** [~ə] *n.* fırın.
in·cise [ın'saız] *v/t.* oymak, hakketmek; **in·ci·sion** [ın'sıʒn] *n.* yarma, deşme; **in·ci·sive** □ [ın'saısıv] keskin, kesici; zeki; **in·ci·sor** [~aızə] *n. anat.* kesicidiş.
in·cite [ın'saıt] *v/t.* kışkırtmak, körüklemek; **~·ment** [~mənt] *n.* kışkırtma, körükleme, tahrik.
in·clem·ent [ın'klemənt] *adj.* sert *(iklim).*
in·cli·na·tion [ınklı'neıʃn] *n.* eğim, eğiklik; *fig.* eğilim; **in·cline** [ın'klaın] **1.** *v/t. & v/i.* eğ(il)mek; *~ to fig.* -e eğilim göstermek, -e meyletmek; **2.** *n.* yokuş, meyil.
in·close [ın'kləʊz], **in·clos·ure** [~əʊʒə] *s. enclose, enclosure.*
in·clude [ın'kluːd] *v/t.* dahil etmek, katmak; içermek; **in·clu·ded** *adj.* dahil; *tax ~* vergi dahil; **in·clud·ing** *adj.* dahil; **in·clu·sion** [~ʒn] *n.* dahil etme, kat(ıl)ma; **in·clu.sive** □ [~sıv] dahil, içine alan *(of -i); be ~ of* içine almak, kapsamak; *~ terms pl.* herşey dahil olan fiyatlar
in·co·her|ence [ınkəʊ'hıərəns] *n.* tutarsızlık; **~·ent** □ [~t] tutarsız, abuk sabuk, ipe sapa gelmez.
in·come *econ.* ['ınkʌm] *n.* gelir, kazanç; **~ tax** *n. econ.* gelir vergisi.
in·com·ing ['ınkʌmıŋ] *adj.* gelen; göreve yeni başlayan, yeni; *~ orders pl. econ.* gelen siparişler.
in·com·mu·ni·ca·tive □ [ınkə'mjuːnıkətıv] bildiğini söylemez, ağzı sıkı.
in·com·pa·ra·ble □ [ın'kɒmpərəbl] eşsiz, emsalsiz.
in·com·pat·i·ble □ [ınkəm'pætəbl] uyuşamaz, bağdaşmaz; birbirine uymayan, zıt.
im·com·pe|tence [ın'kɒmpıtəns] *n.* beceriksizlik, yetersizlik; **~·tent** □ [~t] beceriksiz, yetersiz.
in·com·plete □ [ınkəm'pliːt] eksik, noksan, bitmemiş.
in·com·pre·hen|si·ble □ [ınkɒmprı'hensəbl] anlaşılmaz, akıl almaz; **~·sion** [~ʃn] *n.* anlaşılmazlık, akıl almazlık.

in·con·cei·va·ble □ [ınkən'si:vəbl] kavranılmaz, anlaşılmaz.
in·con·clu·sive □ [ınkən'klu:sıv] sonuçsuz, yetersiz, ikna edici olmayan.
in·con·gru·ous □ [ın'kɒŋgrʊəs] uygunsuz, yersiz; uyuşmaz, bağdaşmaz, aykırı.
in·con·se|quent □ [ın'kɒnsıkwənt] mantıksız, tutarsız; **~·quen·tial** □ [ınkɒnsı'kwenʃl] önemsiz.
in·con·sid|e·ra·ble □ [ınkən'sıdərəbl] önemsiz, küçük, az; **~·er·ate** □ [~rət] düşüncesiz.
in·con·sis|ten·cy [ınkən'sıstənsı] *n.* tutarsızlık, bağdaşmazlık, uyumsuzluk; kararsızlık; **~·tent** □ [~t] tutarsız, bağdaşmaz, uyumsuz; kararsız, değişken.
in·con·so·la·ble □ [ınkən'səʊləbl] avutulamaz.
in·con·spic·u·ous □ [ınkən'spıkjʊəs] göze çarpmaz, farkedilmeyen; önemsiz.
in·con·stant □ [ın'kɒnstənt] kararsız, değişken; vefasız.
in·con·ti·nent □ [ın'kɒntınənt] kendini tutamayan; ⚕ idrarını tutamayan.
in·con·ve·ni|ence [ınkən'vi:njəns] **1.** *n.* rahatsızlık, zahmet, sıkıntı; sakınca; **2.** *v/t.* -*e* zahmet vermek; **~·ent** □ [~t] zahmetli, zahmet verici, güç; uygunsuz, elverişsiz; sakıncalı.
in·cor·po|rate [ın'kɔ:pəreıt] *v/t.* & *v/i.* birleş(tir)mek, kat(ıl)mak; cisimlendirmek; *econ.*, ⚖ anonim şirket durumuna getirmek; **~·ra·tion** [ınkɔ:pə'reıʃn] *n.* birleş(tir)me, kat(ıl)ma; *econ.*, ⚖ şirket.
in·cor·rect □ [ınkə'rekt] yanlış, hatalı; uygunsuz, yakışıksız.
in·cor·ri·gi·ble □ [ın'kɒrıdʒəbl] adam olmaz, düzelmez, yola gelmez.
in·cor·rup·ti·ble □ [ınkə'rʌptəbl] rüşvet yemez, dürüst; bozulmaz, çürümez.
in·crease 1. [ın'kri:s] *v/t.* & *v/i.* art(ır)mak, çoğal(t)mak; büyü(t)mek, geliş(tir)mek; **2.** ['ınkri:s] *n.* artma, çoğalma, artış; **in·creas·ing·ly** [ın'kri:sıŋlı] *adv.* gittikçe artarak, giderek, gitgide; ~ *difficult* giderek zorlaşan.
in·cred·i·ble □ [ın'kredəbl] inanılmaz, akıl almaz.
in·cre·du·li·ty [ınkrı'dju:lətı] *n.* inanılmazlık; **in·cred·u·lous** □ [ın'kredjʊləs] inanılmaz, kuşkulu.
in·crim·i·nate [ın'krımıneıt] *v/t.* suçlamak; suçlu çıkarmak.
in·cu|bate ['ınkjʊbeıt] *v/i.* kuluçkaya yatmak; **~·ba·tor** [~ə] *n.* kuluçka makinesi; kuvöz.
in·cum·bent □ [ın'kʌmbənt] zorunlu, yükümlü; *it is ~ on her* ona düşer, onun görevi.
in·cur [ın'kɜ:] (*-rr-*) *v/t.* tutulmak, yakalanmak, uğramak, girmek; üstüne çekmek.
in·cu·ra·ble □ [ın'kjʊərəbl] tedavi edilemez, iyi olmaz, iyileşmez, devasız.
in·cu·ri·ous □ [ın'kjʊərıəs] meraksız; kayıtsız, ilgisiz.
in·cur·sion [ın'kɜ:ʃn] *n.* akın, saldırı, baskın.
in·debt·ed [ın'detıd] *adj. econ.* borçlu; *fig.* teşekkür borçlu, minnettar.
in·de·cent □ [ın'di:snt] uygunsuz, yakışıksız; edepsiz, çirkin; ⚖ toplum töresine aykırı; ~ *assault* ⚖ ırza tecavüz.
in·de·ci|sion [ındı'sıʒn] *n.* kararsızlık; **~·sive** □ [~'saısıv] kararsız; kesin olmayan, ortada.
in·deed [ın'di:d] **1.** *adv.* gerçekten, cidden; *thank you very much ~!* Gerçekten çok teşekkür ederim!; **2.** *int.* öyle mi?
in·de·fat·i·ga·ble □ [ındı'fætıgəbl] yorulmak bilmez, yorulmaz.

in·de·fen·si·ble □ [ɪndɪ'fensəbl] savunulamaz.
in·de·fi·na·ble □ [ɪndɪ'faɪnəbl] tanımlanamaz, anlatılmaz, tarifsiz.
in·def·i·nite □ [ɪn'defɪnət] belirsiz, şüpheli, bulanık.
in·del·i·ble □ [ɪn'delɪbl] silinmez (a. fig.), çıkmaz; ~ *pencil* kopya kalemi.
in·del·i·cate [ɪn'delɪkət] *adj.* terbiyesiz, kaba.
in·dem·ni|fy [ɪn'demnɪfaɪ] *v/t.* -in zararını ödemek *(for -e karşı)*; ⚖ zarar görmeyeceğine dair kefil olmak; **~·ty** [~ətɪ] *n.* tazminat; ⚖ teminat, güvence.
in·dent [ɪn'dent] *vb.* çentmek, diş diş oymak; *print.* satır başı yapmak; ⚖ senede bağlamak; ~ *on s.o. for s.th. esp. Brt. econ. b-ne bş* sipariş etmek.
in·den·tures *econ.*, ⚖ [ɪn'dentʃəz] *n. pl* sözleşme.
in·de·pen|dence [ɪndɪ'pendəns] *n.* bağımsızlık; ♀ *Day Am.* Bağımsızlık Günü *(4 Temmuz)*; **~·dent** □ [~t] bağımsız; başına buyruk.
in·de·scri·ba·ble □ [ɪndɪ'skraɪbəbl] tanımlanamaz, anlatılmaz, tarifsiz.
in·de·struc·ti·ble □ [ɪndɪ'strʌktəbl] yok edilemez, yıkılmaz.
in·de·ter·mi·nate □ [ɪndɪ'tɜːmɪnət] belirsiz, belli olmayan.
in·dex ['ɪndeks] **1.** *(pl. -dexes, -dices* [-dɪsiːz]*) n.* indeks, dizin; işaret; + gösterge, ibre; *cost of living* ~ geçim indeksi; **2.** *v/t.* indeks içine koymak, indeksini yapmak; ~ **card** *n.* fiş; ~ **fin·ger** *n.* işaretparmağı, göstermeparmağı.
In·di·an ['ɪndjən] **1.** *adj.* Hindistan'a özgü; **2.** *n.* Hintli; *a. American ~, Red ~* kızılderili; ~ **corn** *n.* ⚘ mısır; ~ **file:** *in ~* tek sıra halinde; ~ **pud·ding** *n.* mısır muhallebisi; ~ **sum·mer** *n.* pastırma yazı.
In·di·a rub·ber, in·di·a·rub·ber ['ɪndjə'rʌbə] *n.* kauçuk, lastik; *attr.* kauçuk...
in·di|cate ['ɪndɪkeɪt] *v/t.* göstermek, belirtmek, işaret etmek; *v/i. mot.* sinyal vermek; **~·ca·tion** [ɪndɪ'keɪʃn] *n.* gösterme; işaret, belirti; **in·dic·a·tive** [ɪn'dɪkətɪv] *n. a.* ~ *mood gr.* bildirme kipi; **~·ca·tor** ['ɪndɪkeɪtə] *n.* gösterge, ibre; belirti; *mot.* sinyal.
in·di·ces ['ɪndɪsiːz] *pl. of index.*
in·dict ⚖ [ɪn'daɪt] *v/t.* suçlamak *(for -den)*; **~·ment** ⚖ [~mənt] *n.* suçlama; iddianame.
in·dif·fer|ence [ɪn'dɪfrəns] *n.* aldırmazlık, ilgisizlik, kayıtsızlık; **~·ent** □ [~t] aldırmaz, ilgisiz, kayıtsız *(to -e)*; şöyle böyle, orta derecede.
in·di·gent ['ɪndɪdʒənt] *adj.* yoksul.
in·di·ges|ti·ble □ [ɪndɪ'dʒestəbl] sindirimi güç; **~·tion** [~tʃən] *n.* sindirim güçlüğü, hazımsızlık.
in·dig|nant □ [ɪn'dɪgnənt] öfkeli, kızgın, içerlemiş *(at, over, about -e)*; **~·na·tion** [ɪndɪg'neɪʃn] *n.* öfke, kızgınlık *(at, over, about konusunda)*; **~·ni·ty** [ɪn'dɪgnətɪ] *n.* küçük düşürücü hareket, hakaret.
in·di·rect □ [ɪndɪ'rekt] dolaşık, dolambaçlı, dolaylı *(a. gr)*; *by ~ means* dolambaçlı yoldan.
in·dis|creet □ [ɪndɪ'skriːt] boşboğaz, patavatsız, düşüncesiz; **~·cre·tion** [~reʃn] *n.* boşboğazlık, patavatsızlık, düşüncesizlik.
in·dis·crim·i·nate □ [ɪndɪ'skrɪmɪnət] gelişigüzel, rasgele, karışık.
in·di·spen·sa·ble □ [ɪndɪ'spensəbl] çok gerekli, vazgeçilmez, zorunlu.
in·dis|posed [ɪndɪ'spəʊzd] *adj.* rahatsız, keyifsiz; isteksiz; **~·po·si·tion** [ɪndɪspə'zɪʃn] *n.* rahatsızlık; isteksizlik *(to -e karşı)*.
in·dis·pu·ta·ble □ [ɪndɪ'spjuːtəbl] tartışılmaz, su götürmez, kesin.

in·dis·pu·ta·ble □ [ɪndɪ'spjuːtəbl] tartışılmaz, su götürmez, kesin.
in·dis·tinct □ [ɪndɪ'stɪŋkt] iyice görülmeyen, belli belirsiz, seçilemez.
in·dis·tin·guish·a·ble □ [ɪndɪ'stɪŋgwɪʃəbl] ayırt edilemez, seçilemez.
in·di·vid·u·al [ɪndɪ'vɪdjʊəl] **1.** □ bireysel; kişisel, özel; tek, yalnız; **2.** *n.* birey, kimse; **~·is·m** [~ɪzəm] *n.* bireycilik; **~·ist** [~ɪst] *n.* bireyci; **~·i·ty** [ɪndɪvɪdjʊ'ælətɪ] *n.* bireylik, kişilik; özellik, kendine özgülük; **~·ly** [ɪndɪ'vɪdjʊəlɪ] *adv.* ayrı ayrı, teker teker.
in·di·vis·i·ble □ [ɪndɪ'vɪzəbl] bölünmez.
in·do·lent □ ['ɪndələnt] tembel, üşengeç; ⚕ ağrısız.
in·dom·i·ta·ble □ [ɪn'dɒmɪtəbl] boyun eğmez, direngen, yılmaz.
in·door ['ɪndɔː] *adj.* ev içinde olan *ya da* yapılan, ev...; *spor:* salonda yapılan, salon...; **~s** ['ɪn'dɔːz] *adv.* ev(d)e.
in·dorse [ɪn'dɔːs] = *endorse etc.*
in·duce [ɪn'djuːs] *v/t.* ikna etmek, kandırıp yaptırmak; *-e* neden olmak; **~·ment** [~mənt] *n.* ikna; neden.
in·duct [ɪn'dʌkt] *v/t.* resmen göreve getirmek; **in·duc·tion** [~kʃn] *n.* resmen göreve getirme; ⚡ indüksiyon, indükleme.
in·dulge [ɪn'dʌldʒ] *v/t.* anlayış göstermek, *(isteklerine)* boyun eğmek; yüz vermek; ~ *in s.th. bşe* kapılmak; *bşe* düşkün olmak; **in·dul·gence** [~əns] *n.* hoşgörü, anlayış gösterme; düşkünlük; **in·dul·gent** □ [~nt] hoşgörülü, anlayış gösteren.
in·dus·tri·al □ [ɪn'dʌstrɪəl] endüstriyel, sanayi...; ~ *area* sanayi bölgesi; **~·ist** *econ.* [~əlɪst] *n.* sanayici; **~·ize** *econ.* [~əlaɪz] *v/t.* & *v/i.* sanayileş(tir)mek.
in·dus·tri·ous □ [ɪn'dʌstrɪəs] çalışkan.
in·dus·try ['ɪndəstrɪ] *n. econ.* endüstri, sanayi; çalışkanlık.
in·ed·i·ble □ [ɪn'edɪbl] yenmez.
in·ef·fa·ble □ [ɪn'efəbl] anlatılmaz, tarifsiz.
in·ef·fec·tive □ [ɪnɪ'fektɪv], **~·tu·al** □ [~tʃʊəl] etkisiz, sonuçsuz; beceriksiz.
in·ef·fi·cient □ [ɪnɪ'fɪʃnt] etkisiz; yetersiz; verimsiz, randımansız.
in·el·e·gant □ [ɪn'elɪgənt] çirkin, kaba, incelikten yoksun.
in·eli·gi·ble □ [ɪn'elɪdʒəbl] seçilemez; uygun olmayan; *esp.* ⚔ çürük, hizmete yaramaz.
in·ept □ [ɪ'nept] uygunsuz, yersiz, aptalca; beceriksiz, hünersiz.
in·e·qual·i·ty [ɪnɪ'kwɒlətɪ] *n.* eşitsizlik.
in·ert □ [ɪ'nɜːt] *phys.* süreduran, hareketsiz; *fig.* tembel, uyuşuk; ⚗ etkisiz; **in·er·tia** [ɪ'nɜːʃjə] *n.* süredurum; *fig.* tembellik.
in·es·ca·pa·ble [ɪnɪ'skeɪpəbl] *adj.* kaçınılmaz.
in·es·sen·tial [ɪnɪ'senʃl] *adj.* gereksiz *(to -e).*
in·es·ti·ma·ble □ [ɪn'estɪməbl] paha biçilmez.
in·ev·i·ta·ble □ [ɪn'evɪtəbl] kaçınılmaz, çaresiz.
in·ex·act □ [ɪnɪg'zækt] yanlış, hatalı.
in·ex·cu·sa·ble □ [ɪnɪk'skjuːzəbl] bağışlanamaz, affedilmez.
in·ex·haus·ti·ble □ [ɪnɪg'zɔːstəbl] bitmez tükenmez; yorulmaz.
in·ex·o·ra·ble □ [ɪn'eksərəbl] acımasız, amansız, insafsız.
in·ex·pe·di·ent □ [ɪnɪk'spiːdjənt] uygunsuz, akıllıca olmayan.
in·ex·pen·sive □ [ɪnɪk'spensɪv] ucuz, masrafı az.
in·ex·pe·ri·ence [ɪnɪk'spɪərɪəns] *n.* tecrübesizlik, deneyimsizlik; **~d**

adj. tecrübesiz, deneyimsiz, acemi.
in·ex·pert □ [ın'ekspɜːt] deneyimsiz, acemi; beceriksiz.
in·ex·plic·a·ble □ [ınık'splıkəbl] açıklanamaz, anlaşılmaz.
in·ex·pres·si|ble □ [ınık'spresəbl] anlatılamaz, tanımlanamaz, tarifsiz; **~ve** [~sıv] *adj.* anlamsız, ifadesiz.
in·ex·tri·ca·ble □ [ın'ekstrıkəbl] içinden çıkılmaz, karışık; kaçınılmaz.
in·fal·li·ble □ [ın'fæləbl] yanılmaz, şaşmaz.
in·fa|mous □ ['ınfəməs] adı çıkmış, rezil; utanç verici; **~·my** [~ı] *n.* rezalet, kepazelik.
in·fan|cy ['ınfənsı] *n.* çocukluk, küçüklük, bebeklik; ⚖ ergin olmama; *in its ~ fig.* başlangıcında, işin başında; **~t** [~t] *n.* küçük çocuk, bebek; ⚖ ergin olmayan kimse.
in·fan·tile ['ınfəntaıl] *adj.* çocukla ilgili, çocuk ...; çocukça.
in·fan·try × ['ınfəntrı] *n.* piyade.
in·fat·u·at·ed [ın'fætjʊeıtıd] *adj.* deli gibi âşık *(with -e).*
in·fect [ın'fekt] *v/t.* ⚕ bulaştırmak, geçirmek *(a. fig.)*; **in·fec·tion** [~kʃn] *n.* ⚕ bulaş(tır)ma, geç(ir)me *(a. fig.)*; enfeksiyon; **in·fec·tious** □ [~kʃəs] ⚕ bulaşıcı; *fig.* başkalarına geçen *(gülme v.b.).*
in·fer [ın'fɜː] *(-rr-) v/t.* sonucunu çıkarmak, anlamak *(from -den)*; **~·ence** ['ınfərəns] *n.* sonuç çıkarma; sonuç.
in·fe·ri·or [ın'fıərıə] **1.** *adj.* aşağı, alt; ikinci derecede, adi *(to -e göre)*; *be ~ to s.o. b-den* daha alt derecede olmak; **2.** *n.* ast, alt derecede bulunan kimse; **~·i·ty** [ınfıərı'ɒrətı] *n.* aşağılık; astlık; âdilik; *~ complex psych.* aşağılık duygusu.
in·fer|nal □ [ın'fɜːnl] cehennem ile ilgili, cehennem ...; **~·no** [~əʊ] *(pl. -nos) n.* cehennem; cehennem gibi yer.
in·fer·tile [ın'fɜːtaıl] *adj.* verimsiz, kıraç, çorak.
in·fest [ın'fest] *vb. (fare, böcek v.b.)* sarmak, bürümek, istila etmek; *fig.* dolu olmak, kaynamak *(with ile).*
in·fi·del·i·ty [ınfı'delətı] *n.* ihanet, aldatma.
in·fil·trate ['ınfıltreıt] *v/t. & v/i.* süz(ül)mek; sok(ul)mak, sızmak *(into -e)*; *pol.* sızmak, katılmak *(into -e).*
in·fi·nite □ ['ınfınət] sonsuz, sınırsız.
in·fin·i·tive [ın'fınətıv] *n. a. ~ mood gr.* mastar.
in·fin·i·ty [ın'fınətı] *n.* sonsuzluk.
in·firm □ [ın'fɜːm] zayıf, dermansız, halsiz; **in·fir·ma·ry** [~ərı] *n.* revir; hastane; **in·fir·mi·ty** [~ətı] *n.* zayıflık, dermansızlık; *fig.* hata, zaaf.
in·flame [ın'fleım] *v/t. & v/i.* tutuş(tur)mak; *fig.* öfkelen(dir)mek; ⚕ iltihaplan(dır)mak, yangılan(dır)mak.
in·flam·ma|ble [ın'flæməbl] *adj.* çabuk tutuşur, parlayıcı; çabuk kızar; **~·tion** ⚕ [ınflə'meıʃn] *n.* iltihap, yangı; **~·to·ry** [ın'flæmətərı] *adj.* ⚕ iltipahlı, yangılı; *fig.* tahrik edici.
in·flate [ın'fleıt] *v/t.* şişirmek; *econ. (fiyat)* suni olarak yükseltmek; *(para)* piyasaya çok sürmek; **in·fla·tion** [~ʃn] *n.* şiş(ir)me; *econ.* enflasyon, paraşişkinliği.
in·flect *gr.* [ın'flekt] *v/t.* çekmek; **in·flec·tion** [~kʃn] = *inflexion.*
in·flex|i·ble □ [ın'fleksəbl] eğilmez, bükülmez; *fig.* kararından dönmez, boyun eğmez, azimli; **~·ion** *esp. Brt.* [~kʃn] *n. gr.* çekim; ♪ ses tonunun değişmesi.

in·flict [ın'flıkt] *v/t.* *(dayak, yumruk)* atmak; *-e* uğratmak, çektirmek, vermek; *fig.* yüklemek, yamamak *(on, upon -e)*; **in·flic·tion** [~kʃn] *n.* ceza; eziyet, sıkıntı.

in·flu|ence ['ınfluəns] **1.** *n.* etki, nüfuz; **2.** *v/t.* etkilemek, sözünü geçirmek; **~·en·tial** □ [ınflu'enʃl] etkili, nüfuzlu, sözü geçer.

in·flu·en·za ⚕ [ınflu'enzə] *n.* grip.

in·flux ['ınflʌks] *n.* içeriye akma; *econ.* giriş, akış; *fig.* üşüşme, akın.

in·form [ın'fɔːm] *v/t.* haber vermek, bilgi vermek *(of hakkında)*; bildirmek, haberdar etmek *(of -den)*; ~ *against ya da on ya da upon s.o.* *b-ni* ihbar etmek.

in·for·mal [ın'fɔːml] *adj.* resmi olmayan; teklifsiz, içlidışlı, sıkı fıkı; **~·i·ty** [ınfɔː'mæləti] *n.* teklifsizlik.

in·for·ma|tion [ınfə'meıʃn] *n.* bilgi, haber; danışma; ~ *storage kompütür:* bilgi belleği; **~·tive** [ın'fɔːmətıv] *adj.* bilgi verici, aydınlatıcı; öğretici.

in·form·er [ın'fɔːmə] *n.*ihbarcı, muhbir, jurnalcı.

in·fre·quent □ [ın'friːkwənt] seyrek.

in·fringe [ın'frındʒ]: ~ *on,* ~ *upon -e* tecavüz etmek, *-e* el uzatmak.

in·fu·ri·ate [ın'fjuərıeıt] *v/t.* öfkelendirmek, çileden çıkarmak.

in·fuse [ın'fjuːz] *v/t.* *(çay)* demlemek; *fig.* aşılamak *(with ile)*; **in·fu·sion** [~ʒn] *n.* demleme; çay; ⚕ damarlara zerketme; *fig.* aşılama.

in·ge|ni·ous □ [ın'dʒiːnjəs] hünerli, becerikli; usta; yaratıcı; ustaca yapılmış; **~·nu·i·ty** [ındʒı'njuːəti] *n.* marifet, hüner; yaratıcılık.

in·gen·u·ous □ [ın'dʒenjuəs] samimi, candan; temiz yürekli, saf.

in·got ['ıŋgət] *n.* külçe.

in·gra·ti·ate [ın'greıʃıeıt]: ~ *o.s. with s.o.* *b-ne k-ni* sevdirmek, gözüne girmek.

in·grat·i·tude [ın'grætıtjuːd] *n.* nankörlük.

in·gre·di·ent [ın'griːdjənt] *n.* parça; yemek harcı.

in·grow·ing ['ıngrəuıŋ] *adj.* içe doğru büyüyen.

in·hab|it [ın'hæbıt] *vb.* oturmak; **~·it·a·ble** [~əbl] *adj.* oturmaya elverişli, oturulabilir; **~·i·tant** [~ənt] *n.* oturan, sakin.

in·hale [ın'heıl] *v/t.* ⚕ içine çekmek; *v/i.* nefes almak, solumak.

in·her·ent □ [ın'hıərənt] doğuştan olan, yaradılıştan, içinde olan *(in -in)*.

in·her|it [ın'herıt] *v/t.* miras olarak almak; mirasa konmak; **~·i·tance** [~əns] *n.* miras, kalıt; *biol.* kalıtım, soyaçekim.

in·hib·it [ın'hıbıt] *v/t.* tutmak, alıkoymak, zaptetmek, dizginlemek; *psych.* içine atmak; **~·ed** *adj. psych.* çekingen; **in·hi·bi·tion** *psych.* [ınhı'bıʃn] *n.* engelleme, alıkoyma, dizginleme.

in·hos·pi·ta·ble □ [ın'hɒspıtəbl] konuk sevmez; barınılmaz *(yer)*.

in·hu·man □ [ın'hjuːmən] insanlık dışı, gaddarca; **~e** □ [ınhjuː'meın] insaniyetsiz, acımasız.

in·im·i·cal □ [ı'nımıkl] düşman, karşı *(to -e)*; ters, aksi, zıt *(to -e)*.

in·im·i·ta·ble □ [ı'nımıtəbl] taklit edilemez; eşsiz.

i·ni|tial [ı'nıʃl] **1.** □ birinci, ilk, baş ...; **2.** *n.* ilk harf; büyük harf; **~·tial·ly** [~ʃəlı] *adv.* ilk olarak, önce; **~·ti·ate 1.** [~ʃıət] *n.* yeni üye; **2.** [~ʃıeıt] *v/t.* başlatmak, önayak olmak; göstermek, öğretmek; *-e* başlamak; **~·ti·a·tion** [ınıʃı'eıʃn] *n.* başla(t)ma; üyeliğe kabul töreni; ~ *fee esp. Am.* kayıt ücreti; **~·tia·tive** [ı'nıʃıətıv] *n.* ilk adım, önayak olma; girişim; *take* *the* ~ ilk adımı atmak, önayak olmak; *on one's own* ~ kişisel girişimiyle, kendince.

in·ject ⚕ [ın'dʒekt] *v/t.* iğne yapmak, şırınga etmek; **in·jec.tion** ⚕ [~kʃn] *n.* enjeksiyon, iğne yapma.

in·ju·di·cious □ [ındʒuː'dıʃəs] düşüncesiz, akılsız; akılcı olmayan.

in·junc·tion [ın'dʒʌŋkʃn] *n.* ⚖ uyarı, ihtar; emir.

in·jure ['ındʒə] *v/t.* incitmek, yaralamak; zedelemek; zarar vermek; **in·ju·ri·ous** □ [ın'dʒʊərıəs] zararlı, dokunur; incitici, onur kırıcı *(söz); be* ~ *to -e* dokunmak; ~ *to health* sağlığa zararlı; **in·ju·ry** ['ındʒərı] *n.* ⚕ yara, bere; zarar, hasar; haksızlık.

in·jus·tice [ın'dʒʌstıs] *n.* haksızlık, adaletsizlik; *do s.o. an* ~ *b-ne* haksızlık etmek.

ink [ıŋk] *n.* mürekkep; *mst. printer's* ~ matbaa mürekkebi; *attr.* mürekkep ...

ink·ling ['ıŋklıŋ] *n.* işaret, iz, ipucu; seziş.

ink|pad ['ıŋkpæd] *n.* ıstampa; ~**·y** [~ı] *(-ier, -iest) adj.* mürekkepli; kapkara, zifiri.

in·laid ['ınleıd] *adj.* kakma, işlemeli; ~ *work* kakma işi.

in·land 1. ['ınlənd] *adj.* iç ...; **2.** [~] *n.* ülkenin iç kısmı; **3.** [ın'lænd] *adv.* ülke içlerine doğru; iç kısımlara doğru; ~**·rev·e·nue** *n. Brt.* vergilerden elde edilen devlet geliri; ♀ **Rev·e·nue** *n. Brt.* Maliye Tahsil Dairesi.

in·lay ['ınleı] *n.* kakma işi; *(diş)* dolgu.

in·let ['ınlet] *n.* giriş, geçit; koy; ⊖ giriş deliği.

in·mate ['ınmeıt] *n.* oturan, sakin.

in·most ['ınməʊst] = *innermost.*

inn [ın] *n.* han, otel.

in·nate □ ['ı'neıt] doğuştan, yaradılıştan.

in·ner ['ınə] *adj.* iç ...; ruhsal ~**·most** *adj.* en içerideki, en içtek *(a. fig.)*

in·nings ['ınıŋz] *(pl. innings) n.* *kriket, basketbol:* oyun süresi.

inn·keep·er ['ınkiːpə] *n.* hancı.

in·no|cence ['ınəsns] *n.* masumluk suçsuzluk; ~**·cent** [~t] *n. & adj.* masum, suçsuz; saf; zararsız.

in·noc·u·ous □ [ı'nɒkjʊəs] incitmeyen, zararsız.

in·no·va·tion [ınəʊ'veıʃn] *n.* yenilik, değişiklik, buluş.

in·nu·en·do [ınjuː'endəʊ] *(pl. -does, -dos) n.* üstü kapalı söz taş; imleme, dolaylı söyleme.

in·nu·me·ra·ble □ [ı'njuːmərəbl] sayısız.

i·noc·u|late ⚕ [ı'nɒkjʊleıt] *v/t.* aşılamak; ~**·la·tion** ⚕ [ınɒkjʊ'leıʃn] *n.* aşılama; aşı.

in·of·fen·sive □ [ınə'fensıv] incitmeyen, zararsız.

in·op·e·ra·ble [ın'ɒpərəbl] *adj.* ⚕ ameliyat edilemez; uygulanamaz *(plan v.b.).*

in·op·por·tune □ [ın'ɒpətjuːn] zamansız, yersiz, uygunsuz.

in·or·di·nate □ [ı'nɔːdınət] aşırı ölçüsüz; düzensiz.

in-pa·tient ⚕ ['ınpeıʃnt] *n.* hastanede yatan hasta.

in·put ['ınpʊt] *n. econ.* girdi; ⚡ giriş, besleme; *kompütür:* bilgi.

in·quest ⚖ ['ınkwest] *n.* resmi soruşturma; *coroner's* ~ *s. coroner.*

in·quir|e [ın'kwaıə] *vb.* sormak, soruşturmak, sorup öğrenmek; ~ *into* araştırmak, soruşturmak; **in·quir·ing** □ [~rıŋ] araştıran; meraklı; **in·quir·y** [~rı] *n.* araştırma, soruşturma; *make inquiries* soruşturma yapmak.

in·qui·si·tion [ınkwı'zıʃn] *n.* ⚖ soruşturma, sorgu; *eccl. hist.* engizisyon; **in·quis·i·tive** □ [ın'kwızətıv] meraklı.

in·road ['ınrəʊd] akın, baskın *(in-*

to -e); fig. gedik *(on -de).*
in·sane □ [ɪn'seɪn] deli; anlamsız, delice.
in·san·i·ta·ry [ɪn'sænɪtərɪ] *adj.* sağlığa zararlı.
in·san·i·ty [ɪn'sænətɪ] *n.* delilik.
in·sa·tia·ble □ [ɪn'seɪʃjəbl] doymak bilmez, obur, açgözlü.
in·scribe [ɪn'skraɪb] *v/t.* yazmak, kaydetmek; hakketmek, oymak; *(kitap v.b.)* ithaf etmek, adına sunmak, armağan etmek.
in·scrip·tion [ɪn'skrɪpʃn] *n.* kayıt; kitabe, yazıt; ithaf.
in·scru·ta·ble □ [ɪn'skruːtəbl] anlaşılmaz, esrarengiz, akıl sır ermez.
in·sect *zo.* ['ɪnsekt] *n.* böcek; **in·sec·ti·cide** [ɪn'sektɪsaɪd] *n.* böcek ilacı.
in·se·cure □ [ɪnsɪ'kjʊə] emniyetsiz, güvenilmez, çürük; endişeli; korumasız.
in·sen·si|ble □ [ɪn'sensəbl] duygusuz *(to -e karşı);* kendinden geçmiş, baygın; farkında olmayan, habersiz *(of -den);* **~·tive** [~sətɪv] *adj.* duyarsız *(to -e karşı);* aldırışsız, düşüncesiz.
in·sep·a·ra·ble □ [ɪn'sepərəbl] ayrılmaz; içtikleri su ayrı gitmez.
in·sert 1. [ɪn'sɜːt] *v/t.* sokmak; içine koymak; *(ilan)* vermek; **2.** ['ɪnsɜːt] *n.* ek, ilave; **in·ser·tion** [ɪn'sɜːʃn] *n.* sokma; ekleme; eklenen şey; ilan.
in·shore ['ɪn'ʃɔː] *adj.* kıyıya yakın; kıyı ...
in·side [ɪn'saɪd] **1.** *n.* iç taraf, iç; *turn ~ out* tersyüz etmek, içini dışına çevirmek; **2.** *adj.* içteki, iç ...; **3.** *adv.* içerde; içeriye; *~ of a week F* bir haftaya kadar; **4.** *prp.* *-in* için(d)e; **in·sid·er** [~ə] *n.* bilgi edinebilecek durumda olan kimse.
in·sid·i·ous □ [ɪn'sɪdɪəs] sinsi, hain, gizlice fırsat kollayan.
in·sight ['ɪnsaɪt] *n.* anlayış, kavrayış, sezgi.
in·sig·ni·a [ɪn'sɪgnɪə] *n. pl.* nişanlar; rütbe işaretleri.
in·sig·nif·i·cant [ɪnsɪg'nɪfɪkənt] *adj.* önemsiz, değersiz; anlamsız, saçma.
in·sin·cere □ [ɪnsɪn'sɪə] samimiyetsiz, ikiyüzlü.
in·sin·u|ate [ɪn'sɪnjʊeɪt] *v/t.* üstü kapalı söylemek, anıştırmak, çıtlatmak; **~·a·tion** [ɪnsɪnjʊ'eɪʃn] *n.* dolaylı söz, çıtlatma.
in·sip·id [ɪn'sɪpɪd] *adj.* lezzetsiz, tatsız; sıkıcı, yavan.
in·sist [ɪn'sɪst] *v/i.* ısrar etmek, ayak diremek, dayatmak *(on, upon -de);* **in·sis·tence** [~əns] *n.* ısrar, ayak direme; **in·sis·tent** □ [~t] ısrarlı, inatçı, direngen.
in·so·lent □ ['ɪnsələnt] küstah, terbiyesiz, saygısız.
in·sol·u·ble □ [ɪn'sɒljʊbl] erimez, çözünmez *(sıvı);* çözülmez, halledilemez *(problem v.b.)*
in·sol·vent [ɪn'sɒlvənt] *adj.* iflas etmiş, batkın.
in·som·ni·a [ɪn'ʃɒmnɪə] *n.* uykusuzluk, uyuyamazlık.
in·spect [ɪn'spekt] *v/t.* teftiş etmek, denetlemek; gözden geçirmek, yoklamak; **in·spec·tion** [~kʃn] *n.* teftiş, denetleme; yoklama; **in·spec·tor** [~ktə] *n.* müfettiş; kontrol memuru; polis müfettişi.
in·spi·ra·tion [ɪnspə'reɪʃn] *n.* ilham, esin; ilham kaynağı; **inspire** [ɪn'spaɪə] *v/t.* ilham etmek, esinlemek; *(duygu)* uyandırmak; etkilemek.
in·stall [ɪn'stɔːl] *v/t.* ⊕ kurmak, takmak, döşemek, yerleştirmek; makamına getirmek, atamak; **in·stal·la·tion** [ɪnstə'leɪʃn] *n.* ⊕ tesisat, döşem; kurma, takma.
in·stal·ment, *Am. a.* **-stall-** [ɪn'stɔːlmənt] *n. econ.* taksit; *radyo, TV:* bölüm, kısım.

in·stance ['ınstəns] *n.* defa, kere, sefer; örnek; rica, istek; hal, durum, basamak, aşama; ⚖ dava; *for* ~ örneğin; *at s.o.'s* ~ *b-nin* isteği üzerine.
in·stant ['ınstənt] **1.** □ hemen olan, ani; acil, ivedi, zorlayıcı; *econ.* içinde bulunulan ayda olan; ~ *coffee* sıcak su *ya da* süt katılarak yapılan toz kahve; **2.** *n.* çok kısa zaman, an; **in·stan·ta·ne·ous** □ [ınstən'teınjəs] bir anda olan, bir anlık, ani; **~·ly** ['ınstəntlı] *adv.* hemen, derhal.
in·stead [ın'sted] *adv.* yerine; ~ *of* *-in* yerine, *-ecek* yerde.
in·step *anat.* ['ınstep] *n.* ayağın üst kısmı, ağım.
in·sti|gate ['ınstıgeıt] *v/t.* kışkırtmak, ayartmak, fitlemek; **~·ga·tor** [~ə] *n.* kışkırtıcı, elebaşı.
in·stil, *Am. a.* **-still** *fig.* [ın'stıl] *(-ll-)* kafasına sokmak, aşılamak *(into -e).*
in·stinct ['ınstıŋkt] *n.* içgüdü; sezgi, içe doğma; **in·stinc·tive** □ [ın'stıŋktıv] içgüdüsel.
in·sti|tute ['ınstıtju:t] **1.** *n.* enstitü, kurum, kuruluş; **2.** *v/t.* kurmak; atamak, tayin etmek; **~·tu·tion** [ınstı'tju:ʃn] *n.* kurma, yerleştirme; yerleşmiş gelenek; kurum, kuruluş.
in·struct [ın'strʌkt] *v/t.* eğitmek, öğretmek, ders vermek; talimat vermek; bilgi vermek; **in·struc·tion** [~kʃn] *n.* eğitim, öğretim; öğrenim; ders; bilgi; *~s for use* kullanma talimatı; *operating ~s* çalıştırma talimatı; **in·struc·tive** □ [~ktıv] eğitici, öğretici; **in·struc·tor** [~ə] *n.* eğitmen, öğretmen, okutman; *Am. univ.* doçent.
in·stru|ment ['ınstrʊmənt] *n.* alet, araç; ♪ enstrüman, çalgı; *fig.* maşa, alet; ~ *panel* ⊕ alet tablası; **~·men·tal** □ [ınstrʊ'mentl] yardımcı olan, aracı olan; ♪ enstrümantal.
in·sub·or·di|nate [ınsə'bɔ:dənət] *adj.* itaatsiz, asi, baş kaldıran; **~·na·tion** ['ınsəbɔ:dı'neıʃn] *n.* itaatsizlik, asilik, baş kaldırma.
in·suf·fe·ra·ble □ [ın'sʌfərəbl] dayanılmaz, çekilmez, katlanılmaz.
in·suf·fi·cient □ [ınsə'fıʃnt] yetersiz, yetmez, eksik, az.
in·su·lar □ ['ınsjʊlə] ada ile ilgili, ada ...; *fig.* dar görüşlü.
in·su|late ['ınsjʊleıt] *v/t.* izole etmek, yalıtmak; **~·la·tion** [ınsjʊ'leıʃn] *n.* yalıtım; yalıtım maddesi.
in·sult **1.** ['ınsʌlt] *n.* hakaret, aşağılama; **2.** [ın'sʌlt] *v/t.* hakaret etmek, onurunu kırmak, hor görmek.
in·sur|ance [ın'ʃʊərəns] *n.* sigorta; sigorta primi; ~ *company* sigorta şirketi; ~ *policy* sigorta poliçesi; **~e** [ın'ʃʊə] *v/t.* sigorta et(tir)mek *(against -e karşı)*; sağlamak; sağlama bağlamak.
in·sur·gent [ın'sɜ:dʒənt] *n. & adj.* asi, baş kaldıran, ayaklanan.
in·sur·moun·ta·ble □ *fig.* [ınsə'maʊntəbl] başa çıkılmaz, üstesinden gelinemez, yenilmez.
in·sur·rec·tion [ınsə'rekʃn] *n.* isyan, ayaklanma, baş kaldırma.
in·tact [ın'tækt] *adj.* dokunulmamış, el sürülmemiş, zarar görmemiş, sağlam.
in·tan·gi·ble □ [ın'tændʒəbl] elle tutulamaz, dokunulamaz; kolay anlaşılmaz.
in·te|gral □ ['ıntıgrəl] bütün, tam, eksiksiz; gerekli, ayrılmaz; **~·grate** [~eıt] *v/t. & v/i.* tamamlamak, bütünlemek; birleş(tir)mek, eklemek, kat(ıl)mak; *Am. (ırk ayrımını)* kaldırmak; **~·grat·ed** *adj.* ırk ayrımı olmayan, karışık; ⊕ entegre; **~·gra·tion** [ıntı'greıʃn] *n.* bütünleş(tir)me, birleş(tir)me; ırk ayrımını kaldırma.

in·teg·ri·ty [ın'tegrətı] *n.* bütünlük; dürüstlük, doğruluk.
in·tel|lect ['ıntəlekt] *n.* akıl, zihin, idrak; anlık; **~·lec·tual** [ıntə'lektjʊəl] **1.** □ akıl ile ilgili, zihinsel; çok akıllı; **2.** *n.* entelektüel, aydın.
in·tel·li|gence [ın'telıdʒəns] *n.* akıl, zekâ, anlayış; haber, bilgi; istihbarat, haber alma; *a.* ~ *department* haber alma dairesi, istihbarat dairesi; **~·gent** □ [~t] zeki, akıllı, anlayışlı.
in·tel·li·gi·ble □ [ın'telıdʒəbl] anlaşılır, açık *(to için).*
in·tem·per·ate □ [ın'tempərət] aşırı, ölçüsüz, taşkın; sert, şiddetli, bozuk *(hava).*
in·tend [ın'tend] *v/t.* niyetinde olmak, niyetlenmek; demek istemek, kastetmek; *~ed for için* amaçlanmış, *-e* yönelik.
in·tense □ [ın'tens] şiddetli, kuvvetli; hararetli, ateşli, gergin; ciddi, derin *(düşünce).*
in·ten|si·fy [ın'tensıfaı] *v/t. & v/i.* şiddetlen(dir)mek, art(ır)mak, yoğunlaştırmak; **~·si·ty** [~sətı] *n.* şiddet, kuvvet; **~·sive** [~sıv] *adj.* yoğun; şiddetli, kuvvetli; ~ *care unit* ⚕ yoğun bakım ünitesi.
in·tent [ın'tent] **1.** □ istekli, gayretli, kararlı; kendini vermiş, dalmış; ~ *on -e* istekli; *-e* dalmış; **2.** *n.* amaç, niyet, kasıt; *to all ~s and purposes* her bakımdan; **in·ten·tion** [~ʃn] *n.* amaç, niyet, maksat; ⚖ kasıt; **in·ten·tion·al** □ [~nl] kasıtlı, maksatlı.
in·ter [ın'tɜː] *(-rr-) v/t.* gömmek, toprağa vermek.
in·ter- ['ıntə] *prefix* arasında, arası; karşılıklı.
in·ter·act [ıntər'ækt] *v/i.* birbirini etkilemek.
in·ter·cede [ıntə'siːd] *v/i.* aracılık etmek, arasına girmek *(with ile; for için).*
in·ter|cept [ıntə'sept] *v/t.* durdurmak, engellemek; yolunu kesmek, yolda iken yakalamak; **~·ception** [~pʃn] *n.* durdurma, yolunu kesme.
in·ter·ces·sion [ıntə'seʃn] *n.* aracılık, araya girme, başkası adına rica.
in·ter·change 1. [ıntə'tʃeındʒ] *v/t. & v/i.* değiş(tir)mek, değiş tokuş etmek; birbirinin yerine koymak; **2.** ['ıntə'tʃeındʒ] *n.* değiş tokuş etme, karşılıklı alıp verme.
in·ter·course ['ıntəkɔːs] *n.* ilişki; *a. sexual* ~ cinsel ilişki.
in·ter|dict 1. [ıntə'dıkt] *v/t.* yasaklamak, menetmek *(s.th. to s.o. bşi b-ne; s.o. from doing s.th b-ni bş yapmaktan);* **2.** ['ıntədıkt], **~·dic·tion** [ıntə'dıkʃn] *n.* yasak.
in·terest ['ıntrıst] **1.** *n.* ilgi, merak *(in -e);* çıkar, yarar; kâr, kazanç; *econ.* faiz; *econ.* pay, hisse; *take an ~ in -e* ilgi duymak, *ile* ilgilenmek; **2.** *v/t.* ilgilendirmek, merakını uyandırmak; **~·ing** □ [~ıŋ] enteresan, ilginç, ilgi çekici.
in·ter·face ['ıntəfeıs] *n. kompütür:* arayüz.
in·ter|fere [ıntə'fıə] *vb.* engel olmak; karışmak, burnunu sokmak *(in -e);* çatışmak; **~·fer·ence** [~rəns] *n.* karışma; engel; *radyo:* parazit.
in·te·ri·or [ın'tıərıə] **1.** □ içerdeki, iç ...; kıyıdan *ya da* sınırdan uzaktaki; ~ *decorator* içmimar, dekoratör; **2.** *n.* iç; iç kısımlar; *pol.* içişleri; *Department of the* ♀ *Am.* İçişleri Bakanlığı.
in·ter|ject [ıntə'dʒekt] *v/t.* arada söylemek, araya sokmak *(söz);* **~·jec·tion** [~kʃn] *n.* arada söyleme; *ling.* ünlem.
in·ter·lace [ıntə'leıs] *v/t. & v/i.* beraber doku(n)mak, birbirine geç(ir)mek.
in·ter·lock [ıntə'lɒk] *v/t. & v/i.* birbirine bağla(n)mak, kenet-

le(n)mek.
in·ter·lop·er ['ıntələʊpə] *n.* başkasının işine burnunu sokan kimse.
in·ter·lude ['ıntəlu:d] *n.* ara; perde arası, antrakt; ~*s of bright weather* geçici güzel hava.
in·ter·me·di|a·ry [ıntə'mi:djərı] *n.* arabulucu, aracı; **~·ate** □ [~ət] ortadaki, aradaki, orta ...; ~*-range missile* orta menzilli füze.
in·ter·ment [ın'tɜ:mənt] *n.* gömme, toprağa verme.
in·ter·mi·na·ble □ [ın'tɜ:mınəbl] sonsuz, sonu gelmez, bitmez tükenmez.
in·ter·mis·sion [ıntə'mıʃn] *n.* ara; *esp. Am. thea., film v.b.:* antrakt, ara.
in·ter·mit·tent □ [ıntə'mıtənt] aralıklı, kesik kesik, bir durup bir başlayan; ~ *fever* ⚕ sıtma.
in·tern[1] [ın'tɜ:n] *v/t.* enterne etmek, gözaltına almak.
in·tern[2] *Am.* ⚕ ['ıntɜ:n] *n.* stajyer doktor.
in·ter·nal □ [ın'tɜ:nl] iç ...; içilir *(ilaç);* içişleri ile ilgili; ~*-combustion engine* içten yanmalı motor.
in·ter·na·tion·al [ıntə'næʃnl] **1.** □ uluslararası; ~ *law* ⚖ uluslararası hukuk; **2.** *n. spor:* uluslararası karşılaşma; milli oyuncu; *pol.* uluslararası dört sol kanat kurumundan biri.
in·ter·po·late [ın'tɜ:pəleıt] *v/t.* eklemek, katmak.
in·ter·pose [ıntə'pəʊz] *v/t.* araya koymak, araya sıkıştırmak; *v/i.* araya girmek, karışmak.
in·ter|pret [ın'tɜ:prıt] *v/t.* yorumlamak; anlamını açıklamak; çevirmek; **~·pre·ta·tion** [ıntɜ:prı'teıʃn] *n.* açıklama, yorum; çeviri; **~·pret·er** [ın'tɜ:prıtə] *n.* tercüman, çevirici, dilmaç.
in·ter·ro|gate [ın'terəgeıt] *v/t.* sorguya çekmek, sorgulamak; **~·ga·tion** [ınterə'geıʃn] *n.* sorgu; soru; *note ya da mark ya da point of* ~ *ling.* soru işareti; **~g·a·tive** □ [ıntə'rɒgətıv] soru ifade eden, sorulu; *gr.* soru biçiminde, soru ...
in·ter|rupt [ıntə'rʌpt] *v/t.* yarıda kesmek; engel olmak, kapatmak; sözünü kesmek; **~·rup·tion** [~pʃn] *n.* ara, kesilme, kesiklik; sözünü kesme.
in·ter|sect [ıntə'sekt] *v/t. & v/i.* kes(iş)mek, ikiye bölmek; **~·section** [~kʃn] *n.* kes(iş)me; kavşak.
in·ter·sperse [ıntə'spɜ:s] *v/t.* arası na serpiştirmek.
in·ter·state *Am.* [ıntə'steıt] *adj.* eyaletlerarası.
in·ter·twine [ıntə'twaın] *v/t. & v/i.* birbiriyle ör(ül)mek, birbirine geçmek, dolaşmak.
in·ter·val ['ıntəvl] *n.* aralık, ara; süre; ♪ es; *at ~s of* ...lık aralıklarla.
in·ter|vene [ıntə'vi:n] *v/i.* araya girmek, karışmak; arada gelmek, geçmek; **~·ven·tion** [~'venʃn] *n.* araya girme, karışma.
in·ter·view ['ıntəvju:] **1.** *n. basın, TV:* röportaj; görüşme; **2.** *v/t.* görüşmek, röportaj yapmak; **~·er** [~ə] *n.* röportajcı, görüşmeci.
in·ter·weave [ıntə'wi:v] *(-wove, -woven) v/t.* beraber dokumak, birbirine karıştırmak.
in·tes·tate ⚖ [ın'testeıt]: *die* ~ vasiyet bırakmadan ölmek.
in·tes·ine *anat.* [ın'testın] *n.* bağırsak; *~s pl.* bağırsaklar.
in·ti·ma·cy ['ıntıməsı] *n.* yakın dostluk, samimiyet; cinsel temas.
in·ti·mate[1] ['ıntımət] **1.** □ samimi, içten, yakın, içlidışlı, candan; **2.** *n.* yakın dost, candan arkadaş.
in·ti|mate[2] ['ıntımeıt] *v/t.* üstü kapalı söylemek, çıtlatmak; **~·mation** [ıntı'meıʃn] *n.* üstü kapalı söyleme, çıtlatma.
in·tim·i|date [ın'tımıdeıt] *v/t.* korkutmak, sindirmek, gözdağı ve

mek; **~·da·tion** [ıntımı'deıʃn] *n.* korkutma, gözdağı verme.
in·to ['ıntʊ, 'ıntə] *prp.* *-in* içine, -ye, -ya; *4 ~ 20 goes five times* 20'de 4 beş kere var.
in·tol·e·ra·ble □ [ın'tɒlərəbl] dayanılmaz, çekilmez.
in·tol·e|rance [ın'tɒlərəns] *n.* hoşgörüsüzlük; **~·rant** [~t] *adj.* hoşgörüsüz *(of -e karşı).*
in·to·na·tion [ıntəʊ'neıʃn] *n. gr.* tonlama; ♪ ses perdesi, seslem, tonötüm.
in·tox·i|cant [ın'tɒksıkənt] **1.** *adj.* sarhoş edici; **2.** *n.* sarhoş edici içki; **~·cate** [~eıt] *v/t.* sarhoş etmek; *fig.* mest etmek, kendinden geçirmek; **~·ca·tion** [ıntɒksı'keıʃn] *n.* sarhoşluk; *fig.* kendinden geçme.
in·trac·ta·ble □ [ın'træktəbl] söz dinlemez, ele avuca sığmaz, dik kafalı.
in·tran·si·tive □ *gr.* [ın'trænsətıv] geçişsiz *(eylem).*
in·tra·ve·nous ⚕ [ıntrə'vi:nəs] *adj.* damariçi ...
in·trep·id □ [ın'trepıd] korkusuz, gözüpek, yılmaz.
in·tri·cate □ ['ıntrıkət] karışık, karmaşık, içinden çıkılması güç.
in·trigue [ın'tri:g] **1.** *n.* entrika, dolap, hile; gizli aşk macerası; **2.** *v/i.* entrika çevirmek, dalavere yapmak; *v/t.* ilgisini çekmek.
in·trin·sic [ın'trınsık] *(~ally) adj.* aslında var olan, gerçek, asıl.
in·tro|duce [ıntrə'dju:s] *v/t.* tanıştırmak, tanıtmak *(to -e);* ileri sürmek, önermek, sunmak; *(yeni fikir)* ortaya koymak, getirmek; **~·duc·tion** [~'dʌkʃn] *n.* tanıştırma, takdim; giriş, önsöz; başlangıç; *letter of ~* tavsiye mektubu; **~·duc·to·ry** [~tərı] *adj.* tanıtıcı, tanıtım amacıyla yapılan.
in·tro·spec|tion [ıntrəʊ'spekʃn] *n. psych.* içebakış; **~·tive** [~tıv] *adj.* içebakışla ilgili.
in·tro·vert *psych.*['ıntrəʊvɜ:t] *n.* içedönük kimse, içine kapanık kimse; **~·ed** *adj. psych.* içedönük, içine kapanık.
in·trude [ın'tru:d] *v/t. & v/i.* zorla sok(ul)mak; davetsiz girmek, izinsiz dalmak; *am I intruding?* rahatsız ediyor muyum?, zamansız mı geldim?; **in·trud·er** [~də] *n.* davetsiz misafir; **in·tru·sion** [~ʒn] *n.* davetsiz girme, izinsiz dalma; içeri sokulma; **in·tru·sive** □ [~sıv] davetsiz giren, içeri dalan; sokulgan.
in·tu·i|tion [ıntju:'ıʃn] *n.* sezgi, içine doğma; önsezi; **~·tive** □ [ın'tju:ıtıv] sezgiyle öğrenilen; sezgileri güçlü, sezgili.
in·un·date ['ınʌndeıt] *v/t.* sel basmak, su altında bırakmak; *fig.* garketmek, boğmak.
in·vade [ın'veıd] *v/t.* istila etmek, ele geçirmek; *fig.* akın etmek, doldurmak; *(hak)* tecavüz etmek, el uzatmak; **~r** [~ə] *n.* istilacı.
in·va·lid[1] ['ınvəlıd] *n. & adj.* hasta, sakat, yatalak.
in·val|id[2] □ [ın'vælıd] geçersiz, hükümsüz; **~·i·date** [~eıt] *v/t.* zayıflatmak, kuvvetten düşürmek; ⚖ geçersiz kılmak.
in·val·u·a·ble □ [ın'væljʊəbl] paha biçilmez, çok değerli.
in·var·i·a|ble □ [ın'veərıəbl] değişmez, sürekli; **~·bly** [~lı] *adv.* değişmeyerek, aynı biçimde, sürekli.
in·va·sion [ın'veıʒn] *n.* istila, ele geçirme, akın; *fig.* akın etme.
in·vec·tive [ın'vektıv] *n.* küfür, hakaret, kalay, sövme.
in·vent [ın'vent] *v/t.* icat etmek, bulmak; *(bahane)* uydurmak; **in·ven·tion** [~nʃn] *n.* icat, buluş; uydurma, atma, yalan; **in·ven·tive** □ [~tıv] yaratıcı; **in·ven·tor** [~ə] *n.* mucit, icat eden kimse; **in·ven·tory** ['ınvəntrı] *n.* envan-

ter defteri; *Am.* envanter, mal stoku.

in·verse ['ın'vɜ:s] **1.** □ ters, aksi; **2.** *n.* zıt şey; **in·ver·sion** [ın'vɜ:ʃn] *n.* ters çevirme; *gr.* devriklik.

in·vert [ın'vɜ:t] *v/t.* tersine çevirmek, ters yüz etmek; *gr.* sırasını değiştirmek, devrikleştirmek; ~*ed commas pl.* tırnak işareti.

in·ver·te·brate *zo.* [ın'vɜ:tıbrət] **1.** *adj.* omurgasız; **2.** *n.* omurgasız hayvan.

in·vest [ın'vest] *v/t.* *(para)* yatırmak; sarmak, kaplamak.

in·ves·ti|gate [ın'vestıgeıt] *v/t.* araştırmak, incelemek, soruşturmak; ~**·ga·tion** [ınvestı'geıʃn] *n.* araştırma, inceleme, soruşturma; ~**·ga·tor** [ın'vestıgeıtə] *n.* soruşturmacı, müfettiş; *private* ~ özel dedektif.

in·vest·ment *econ.* [ın'vestmənt] *n.* yatırım, para koyma; yatırılan sermaye.

in·vet·e·rate □ [ın'vetərət] yerleşmiş, kökleşmiş; tiryaki.

in·vid·i·ous □ [ın'vıdıəs] kıskandırıcı; gücendirici.

in·vig·o·rate [ın'vıgəreıt] *v/t.* güçlendirmek, canlandırmak, dinçleştirmek.

in·vin·ci·ble □ [ın'vınsəbl] yenilmez.

in·vi·o·la|ble □ [ın'vaıələbl] dokunulmaz; bozulamaz, çiğnenemez; ~**te** [~lət] *adj.* bozulmamış, çiğnenmemiş.

in·vis·i·ble [ın'vızəbl] *adj.* görülmez, görünmeyen.

in·vi·ta·tion [ınvı'teıʃn] *n.* davet, çağrı; davetiye; **in·vite** [ın'vaıt] *v/t.* davet etmek, çağırmak; istemek, rica etmek; *fig.* davet etmek, yol açmak; ~ *s.o. in b-ni* eve davet etmek, içeri buyur etmek; **in·vit·ing** □ [~ıŋ] davet edici, çekici.

in·voice *econ.* ['ınvɔıs] **1.** *n.* fatura; **2.** *v/t.* faturasını çıkarmak, fatura etmek.

in·voke [ın'vəʊk] *v/t.* yalvarmak, yakarmak; *(cin)* çağırmak; rica etmek, istemek *(yardım v.b.).*

in·vol·un·ta·ry □ [ın'vɒləntərı] istemeyerek yapılan, istemsiz; iradedışı, istençdışı.

in·volve [ın'vɒlv] *v/t.* karıştırmak, bulaştırmak, sokmak *(in -e);* gerektirmek, istemek; içermek, kapsamak; sarmak, bürümek; ~**d** *adj.* karışık, karmaşık, anlaşılması güç; ~**·ment** [~mənt] *n.* ilgi, bağlılık; karıştırma, bulaştırma.

in·vul·ne·ra·ble □ [ın'vʌlnərəbl] yaralanmaz, incitilemez; *fig.* çürütülemez.

in·ward ['ınwəd] **1.** *adj.* içerdeki, iç ...; içe kıvrık; **2.** *adv.* *mst.* ~s içeriye doğru.

i·o·dine ⚗ ['aıədi:n] *n.* iyot.

i·on *phys.* ['aıən] *n.* iyon, yükün.

IOU ['aıəʊ'ju:] *(= I owe you)* size olan borcum; borç senedi.

I·ra·ni·an [ı'reınjən] **1.** *adj.* İran'a özgü; **2.** *n.* İranlı; *ling.* Farsça.

I·ra·qi [ı'rɑ:kı] **1.** *adj.* Irak'a özgü; **2.** *n.* Iraklı; *ling.* Irak Arapçası.

i·ras·ci·ble □ [ı'ræsəbl] çabuk öfkelenir, çabuk parlar, öfkesi burnunda.

i·rate □ [aı'reıt] öfkeli, kızgın.

ir·i·des·cent [ırı'desnt] *adj.* yanardöner, şanjan.

i·ris ['aıərıs] *n.* *anat.* iris; ⚘ süsen.

I·rish ['aıərıʃ] **1.** *adj.* İrlanda'ya özgü; **2.** *n.* *ling.* İrlanda dili; *the* ~ *pl.* İrlanda halkı, İrlandalılar; ~**·man** *(pl. -men) n.* İrlandalı; ~**·wom·an** *(pl. -women) n.* İrlandalı kadın.

irk·some ['ɜ:ksəm] *adj.* sıkıcı, usandırıcı, bıktırıcı.

i·ron ['aıən] **1.** *n.* demir; *a. flat-*~ ütü; ~*s pl.* zincir, pranga; *strike while the* ~ *is hot fig.* demiri ta-

vında dövmek, su akarken testiyi doldurmak; **2.** *adj.* demirden yapılmış, demir ...; demir gibi; **3.** *v/t.* ütülemek; zincire vurmak; ~ *out fig. (güçlük v.b.)* ortadan kaldırmak, çözüm bulmak; *v/i.* ütü yapmak; *(giysi)* ütü tutmak; ♀ **Cur·tain** *n.pol.* demirperde.
i·ron·ic [aı'rɒnık] *(~ally)*, **i·ron·i·cal** □ [~kl] alaylı, alay eden.
i·ron|ing ['aıənıŋ] *n.* ütü işi; ütülenmiş *ya da* ütülenecek giysiler; **~-board** *n.* ütü tahtası; ~ **lung** *n.* ⚕ çelik ciğer, yapay ciğer; **~·mon·ger** *Brt.* [~mʌŋgə] *n.* demirci, hırdavatçı, nalbur; **~·mon·ger·y** *Brt.* [~ərı] *n.* demir eşya, hırdavat; **~·works** *n. sg.* demirhane.
i·ron·y ['aıərənı] *n.* alay; *(kader)* cilve.
ir·ra·tion·al □ [ı'ræʃənl] mantıksız, akılsız; saçma, yersiz.
ir·rec·on·ci·la·ble □ [ı'rekənsaıləbl] barıştırılamaz, uzlaşmaz; uyuşmaz, bağdaşmaz *(fikir v.b.)*.
ir·re·cov·e·ra·ble □ [ırı'kʌvərəbl] geri alınamaz; düzeltilemez.
ir·re·fu·ta·ble □ [ı'refjʊtəbl] inkâr edilemez, çürütülemez, su götürmez.
ir·reg·u·lar □ [ı'regjʊlə] düzensiz, tertipsiz, karışık; engebeli; yolsuz, usulsüz; *gr.* düzensiz, kuraldışı.
ir·rel·e·vant □ [ı'reləvənt] ilgisiz, ilgisi olmayan, konudışı.
ir·rep·a·ra·ble □ [ı'repərəbl] onarılamaz, düzeltilemez, çaresiz.
ir·re·place·a·ble [ırı'pleısəbl] *adj.* yeri doldurulamaz.
ir·re·pres·si·ble □ [ırı'presəbl] bastırılamaz, önüne geçilmez, frenlenemez.
ir·re·proa·cha·ble □ [ırı'prəʊtʃəbl] hatasız, kusursuz, dört dörtlük.
ir·re·sis·ti·ble □ [ırı'zıstəbl] karşı konulmaz, dayanılmaz.
ir·res·o·lute □ [ı'rezəlu:t] kararsız, tereddütlü.
ir·re·spec·tive □ [ırı'spektıv]: *~of* *-e* bakmazsızın, *-e* aldırmayarak.
ir·re·spon·si·ble □ [ırı'spɒnsəbl] sorumsuz; güvenilmez.
ir·re·trie·va·ble □ [ırı'tri:vəbl] bir daha ele geçmez, yeri doldurulamaz, onarılmaz.
ir·rev·e·rent □ [ı'revərənt] saygısız.
ir·rev·o·ca·ble □ [ı'revəkəbl] geri alınamaz, değiştirilemez, bozulamaz *(karar)*; *econ.* iptal edilemez, dönülemez, gayri kabili rücu *(akreditif)*.
ir·ri·gate [ı'rıgeıt] *v/t.* sulamak.
ir·ri·ta|ble □ [ı'rıtəbl] çabuk kızar, sinirli; **~nt** [~ənt] *n.* tahriş edici maddė; **~te** [~teıt] *v/t.* sinirlendirmek, kızdırmak; tahriş etmek, kaşındırmak; **~t·ing** □ [~tıŋ] sinirlendirici; tahriş edici; **~·tion** [ırı'teıʃn] *n.* sinirlendirme; öfke, kızgınlık; kaşıntı
is [ız] *3. sg. pres. of* **be**.
Is·lam ['ızlɑ:m] *n.* İslam, İslamiyet; İslam dünyası.
is·land ['aılənd] *n.* ada; *a. traffic ~* refüj; **~·er** [~ə] *n.*adalı.
isle *poet.* [aıl] *n.*ada.
is·let ['aılıt] *n.* adacık.
i·so|late ['aısəleıt] *v/t.* izole etmek, yalıtmak; yalnız bırakmak; karantinaya almak; **~·lat·ed** *adj.* ayrı kalmış, yalnız, tek; **~·la·tion** [aısə'leıʃn] *n.* izolasyon, yalıtım; ayırma; karantinaya alma; *~ward* ⚕ karantina odası.
Is·rae·li [ız'reılı] **1.** *adj.* İsrail'e özgü; **2.** *n.* İsrailli.
is·sue ['ıʃu:] **1.** *n.* akma, akış, çıkış; çıkış yeri, delik, ağız; dağıtım; ⚖ evlat, çocuk, döl, soy sop; *econ.* piyasaya çıkarma, emisyon, ihraç; *print. (dergi v.b.)* sayı; *print. (kitap v.b.)* yayım; *esp.* ⚖ tartışma konu-

su, sorun; *fig.* sonuç, netice, son, akıbet; *at* ~ söz konusu olan, tartışılan; *point at* ~ tartışma konusu; **2.** *v/t.& v/i.* çık(ar)mak, akmak; *econ.* piyasaya çıkarmak; yayımlamak; dağıtmak; ortaya çıkmak, doğmak; sonuçlanmak.
isth·mus ['ısməs] *n.* kıstak.
it [ıt] *pron. (cinssiz)* o; onu, ona; *edattan sonra: by* ~ onun ile; *for* ~ onun için
I·tal·i·an [ı'tæljən] **1.** *adj.* İtalya'ya özgü; **2.** *n.* İtalyan; *ling.* İtalyanca.
i·tal·ics *print.* [ı'tælıks] *n.* italik.
itch [ıtʃ] **1.** *n.* ⚕ kaşıntı, kaşınma; uyuz hastalığı; şiddetli arzu, özlem, can atma; **2.** *vb.* kaşınmak; *(yara v.b.)* kaşıntı yapmak; *fig.* şiddetle arzu etmek, can atmak; *I* ~ *all over* her yanım kaşınıyor; *be* ~*ing to inf.* -meye can atmak.
i·tem ['aıtəm] *n.* parça, adet, çeşit, kalem; madde, fıkra; *a. news* ~ haber; ~**·ize** [~aız] *v/t.* ayrıntılarıyla yazmak.
i·tin·e|rant □ [ı'tınərənt] dolaşan, gezgin, seyyar; ~**·ra·ry** [aı'tınərərı] *n.* yol; yolcu rehberi; gezi programı.
its [ıts] *adj. (cinssiz)* onun, kendi; onunki.
it·self [ıt'self] *pron.* kendisi, kendi; *by* ~ kendi başına; kendiliğinden, kendi kendine; *in* ~ aslında, başlı başına.
i·vo·ry ['aıvərı] *n.* fildişi; fildişi rengi.
i·vy ⚘ ['aıvı] *n.* sarmaşık.

J

jab [dʒæb] **1.** *(-bb-) v/t.* dürtmek, itmek; saplamak;. **2.** *n.* dürtme; saplama; *F* ⚕ enjeksiyon, iğne.
jab·ber ['dʒæbə] *v/i.* çabuk çabuk konuşmak.
jack [dʒæk] **1.** *n.* ⊕ kriko; ⊕ kaldıraç, bocurgat; ⚡ priz; ⚓ cavadra sancağı, fors; *iskambil:* vale, bacak, oğlan; *sl.* polis, aynasız; **2.** *v/t. a.* ~ *up (araba)* kriko ile kaldırmak.
jack·al *zo.* ['dʒækɔːl] *n.* çakal.
jack|ass ['dʒækæs] *n.* erkek eşek; *fig.* eşek herif; ~**·boots** *n.* ⚔ uzun süvari çizmesi; ~**·daw** *n. zo.* küçük karga.
jack·et ['dʒækıt] *n.* ceket; ⊕ silindir ceketi, gömlek; *(patates)* kabuk; *Am.*plak zarfı; kitap zarfı.
jack|-knife ['dʒæknaıf] **1.** *(pl. -knives) n.* sustalı çakı; **2.** *v/i.* (araç) 'v' biçimini almak, ortadan kırılmak; ~ **of all trades** *n.* elinden her iş gelen kimse; ~**·pot** *n. poker:* ortada biriken para, pot; *hit the* ~ *F* büyük ikramiyeyi kazanmak; *fig.* turnayı gözünden vurmak.
jade [dʒeıd] *n.* yeşim; yeşim yeşili renk.
jag [dʒæg] *n.* sivri uç, diş; ~**·ged** □ ['dʒægıd] sivri uçlu, diş diş, çentikli.
jag·u·ar *zo.* ['dʒægjʊə] *n.* jaguar.
jail [dʒeıl] **1.** *n.* hapishane, cezaevi; **2.** *v/t.* hapsetmek, içeri atmak; ~**·bird** *F* ['dʒeılbɜːd] *n.* hapishane gediklisi, mahkûm; ip kaçkını; ~**·er** [~ə] *n.* gardiyan; ~**·house** *n. Am.* hapishane, cezaevi.
jam[1] [dʒæm] *n.* reçel, marmelat.

jam² [~] **1.** *n.* sıkışma; ⊕ tutukluk, kilitlenme; kalabalık, izdiham; *radyo:* parazit; zor durum, çıkmaz; *traffic ~* trafik sıkışıklığı; *be in a ~ F* zor durumda olmak, hapı yutmak; **2.** *(-mm-) v/t. & v/i.* sıkış(tır)mak; tık(ıştır)mak; *(yol v.b.)* tıkamak; ⊕ tutukluk yapmak, kenetlenmek; *~ the breakes on, ~ on the brakes* zınk diye fren yapmak.

jamb [dʒæm] *n.* kapı *ya da* pencere pervazı.

jam·bo·ree [dʒæmbə'riː] *n.* izci toplantısı; eğlenti, cümbüş, âlem.

jan·gle ['dʒæŋgl] *v/i.* ahenksiz ses çıkarmak; ağız kavgası etmek.

jan·i·tor ['dʒænɪtə] *n.* kapıcı, odacı, hademe.

Jan·u·a·ry ['dʒænjʊərɪ] *n.* ocak ayı.

Jap·a·nese [dʒæpə'niːz] **1.** *adj.* Japonya'ya özgü; **2.** *n.* Japon; *ling.* Japonca; *the ~ pl.* Japon halkı, Japonlar.

jar¹ [dʒɑː] *n.* kavanoz; çömlek, küp.

jar² [~] **1.** *(-rr-) v/t. & v/i.* sars(ıl)mak, titre(t)mek; *(fikir v.b.)* çatışmak; *(renk)* gitmemek, sırıtmak; *(kulak)* tırmalamak; *(sinirine)* dokunmak; **2.** *n.* sarsıntı; gıcırtı; geçimsizlik, kavga.

jar·gon ['dʒɑːgən] *n.* anlaşılmaz dil; teknik dil, meslek argosu.

jaun·dice ⚕ ['dʒɔːndɪs] *n.* sarılık; **~d** *adj.* ⚕ sarılıklı; *fig.* önyargılı, kıskanç.

jaunt [dʒɔːnt] **1.** *n.* gezinti; **2.** *v/i.* gezinti yapmak, gezinmek; **jaun·ty** □ ['dʒɔːntɪ] *(-ier, -iest)* neşeli, canlı; şık, gösterişli.

jav·e·lin ['dʒævlɪn] *n. spor:* cirit; *~ (throw[ing]), throwing the ~* cirit atma; *~ thrower* ciritçi.

jaw [dʒɔː] *n. anat.* çene; *~s pl.* ağız; dar geçit, boğaz; ⊕ sap, çene; **~-bone** *anat.* ['dʒɔːbəʊn] *n.* çene kemiği.

jay *zo.* [dʒeɪ] *n.* alakarga; **~·walk** ['dʒeɪwɔːk] *v/i.* trafik işaretlerine aldırmadan caddeyi geçmek; **~·walk·er** *n.* caddeyi trafik işaretlerine aldırmadan geçen kimse.

jazz ♪ [dʒæz] *n.* caz.

jeal·ous □ ['dʒeləs] kıskanç, kıskanan *(of -i);* titiz; **~·y** [~sɪ] *n.* kıskançlık; çekememezlik.

jeans [dʒiːnz] *n. pl.* cin, blucin.

jeep *TM* [dʒiːp] *n.* cip.

jeer [dʒɪə] **1.** *n.* alay; **2.** *v/i.* alay etmek, eğlenmek, dalga geçmek *(at ile).*

jel·lied ['dʒelɪd] *adj.* pelteli; jelatinli.

jel·ly ['dʒelɪ] **1.** *n.* pelte; jelatin; **2.** *v/t. & v/i.* pelteleş(tir)mek; **~ ba·by** *n. Brt.* jöle bebek; **~ bean** *n.* fasulye biçiminde jöle şeker; **~·fish** *n. zo.* denizanası.

jeop·ar|dize ['dʒepədaɪz] *v/t.* tehlikeye atmak; **~·dy** [~ɪ] *n.* tehlike.

jerk [dʒɜːk] **1.** *n.* ani çekiş *ya da* itiş; sarsıntı, silkinme; ⚕ büzülme, gerilme, burkulma; **2.** *v/t.* birden çekmek *ya da* itmek; atmak, fırlatmak; *v/i.* sarsıla sarsıla gitmek; **~·y** □ ['dʒɜːkɪ] *(-ier, -iest)* sarsıntılı; düzensiz, kesik kesik *(konuşma).*

jer·sey ['dʒɜːzɪ] *n.* kazak.

jest [dʒest] **1.** *n.* alay, şaka; **2.** *v/i.* şaka etmek, alaylı konuşmak; **~·er** ['dʒestə] *n.* şakacı; maskara, soytarı.

jet [dʒet] **1.** *n.* fışkırma, püskürme; fıskiye; ⊕ meme; = *~ engine, ~ plane;* **2.** *(-tt-) v/t. & v/i.* fışkır(t)mak, püskür(t)mek; ✈ jet ile seyahat etmek; **~ en·gine** *n.* ⊕ jet motoru; **~ lag** *n.* saat farkı sersemliği; **~ plane** *n.* jet uçağı; **~-pro·pelled** ['dʒetprəpeld] *adj.* tepkili; **~ pro·pul·sion** *n.* ⊕ tepkili çalıştırma, jetli sürüş; **~ set** *n.* jet sosyete; **~ set·ter** *n.* jet sos-

yeteden bir kimse.
jet·ty ⚓ ['dʒetı] *n.* dalgakıran, mendirek; iskele, rıhtım.
Jew [dʒuː] *n.* Yahudi; *attr.* Yahudi ...
jew·el ['dʒuːəl] *n.* mücevher, değerli taş; **~·ler,** *Am.* **~.er** [~ə] *n.* kuyumcu; **~·lery,** *Am.* **~.ry** [~lrı] *n.* kuyumculuk; mücevherat.
Jew|ess ['dʒuːıs] *n.* Yahudi kadın; **~·ish** [~ıʃ] *adj.* Yahudilere özgü, Yahudi ...
jib ⚓ [dʒıb] *n.* flok yelkeni.
jif·fy *F* ['dʒıfı]: *in a ~* hemencecik, göz açıp kapayıncaya kadar.
jig·saw ['dʒıgsɔː] *n.* makineli oyma testeresi; = **~ puz·zle** *n.* tahta parçalarından oluşan bilmece.
jilt [dʒılt] *v/t. (sevgilisini)* terketmek, yüzüstü bırakmak, reddetmek.
jin·gle ['dʒıŋgl] **1.** *n.* şıngırtı, şıkırtı, tıngırtı; vezinsiz şiir; *advertising ~* melodili reklam sloganı; **2.** *v/t. & v/i.* şıngırda(t)mak, şıkırda(t)mak.
jit·ters *F* ['dʒıtəz] *n. pl.: the ~* aşırı sinirlilik, heyhey.
job [dʒɒb] *n.* iş, görev, vazife, memuriyet; *econ.* götürü iş; dalavere, hileli iş; *by the ~* götürü usulü; *out of ~* işsiz, boşta; **~·ber** *Brt.* ['dʒɒbə] *n.* borsa simsarı; **~-hop·ping** *Am.* [~hɒpıŋ] *n.* sürekli iş değiştirme; **~ hunt·er** *n.* iş arayan kimse; **~ hunt·ing:** *be ~* iş aramak; **~·less** [~lıs] *adj.* işsiz, boşta; **~ work** *n.* götürü iş.
jock·ey ['dʒɒkı] *n.* jokey, cokey.
joc·u·lar □ ['dʒɒkjʊlə] şaka yollu, şakalı; şakacı.
jog [dʒɒg] **1.** *n.* dürtme, hafifçe sarsma; *spor:* tırıs yürüyüş; **2.** *(-gg-) v/t.* hafifçe sarsmak, dürtmek; *(bellek)* canlandırmak, tazelemek; *v/i. mst. ~ along, ~ on* ağır ağır gezinmek; *spor:* yavaş koşmak; **~·ging** ['dʒɒgıŋ] *n. spor:* yavaş yavaş koşma.
join [dʒɔın] **1.** *v/t. & v/i.* birleş(tir)mek, bitiş(tir)mek, kavuş(tur)mak; *-e* katılmak; üye olmak, *-e* girmek; *~ hands* el ele tutuşmak; *fig.* el ele vermek, birlik olmak; *~ in -e* katılmak; *-e* eşlik etmek; *~ up* askere yazılmak, orduya katılmak; **2.** *n.* birleşme, bitişme; katılma; ek yeri.
join·er ['dʒɔınə] *n.* marangoz, doğramacı; **~.y** *esp. Brt.* [~ərı] *n.* marangozluk; doğrama işi.
joint [dʒɔınt] **1.** *n.* ek; ek yeri; *anat.* eklem; ⊕ conta; ⚘ boğum, düğüm; *Brt.* et parçası; *sl.* batakhane; *sl.* esrarlı sigara; *out of ~* çıkık; *fig.* çığrından çıkmış; **2.** □ ortak, birleşik; *~ heir* ortak vâris; *~ stock econ.* ana sermaye; **2.** *v/t.* bitiştirmek, birleştirmek, eklemek; *(et)* parçalamak; **~·ed** ['dʒɔıntıd] *adj.* eklemli; birleştirilmiş; **~-stock** *adj. econ.* anonim ...; *~ company Brt.* anonim şirket.
joke [dʒəʊk] **1.** *n.* şaka; fıkra; *practical ~* eşek şakası; **2.** *vb.* şaka etmek; dalga geçmek, takılmak; **jok·er** ['dʒəʊkə] *n.* şakacı kimse; *iskambil:* joker.
jol·ly ['dʒɒlı] **1.** *(-ier, -iest) adj.* neşeli, şen; mutlu; güzel, hoş; **2.** *adv. Brt. F* çok, son derece; *~ good* çok iyi.
jolt [dʒəʊlt] **1.** *v/t. & v/i.* sars(ıl)mak; *fig.* şaşkına çevirmek; **2.** *n.* sarsıntı; *fig.* sürpriz, şok.
jos·tle ['dʒɒsl] **1.** *v/t.* itip kakmak; dürtüklemek; **2.** *n.* itip kakma, iteleme.
jot [dʒɒt] **1.** *n. not a ~* zerresi yok; **2.** *(-tt-): ~ down* yazıvermek, not etmek.
jour·nal ['dʒɜːnl] *n.* gazete, dergi; günlük, hatıra defteri; gündem; *econ.* yevmiye defteri; ⚓ seyir defteri; **~·is·m** ['dʒɜːnəlızəm] *n.* ga-

zetecilik; ~·**ist** [~ıst] *n.* gazeteci.
jour·ney ['dʒɜ:nı] **1.** *n.* seyahat, gezi; **2.** *v/i.* seyahat etmek; ~·**man** *(pl. -men) n.* ustabaşı.
jo·vi·al □ ['dʒəʊvjəl] neşeli, şen, güler yüzlü.
joy [dʒɔı] *n.* neşe, sevinç, keyif; *for ~* sevincinden; ~·**ful** □ ['dʒɔıfʊl] neşeli, sevinçli; sevindirici; ~·**less** □ [~lıs] neşesiz, keyifsiz, kederli; ~·**stick** *n.* ✈ manevra kolu.
jub·i·lant ['dʒu:bılənt] *adj.* çok sevinçli, sevincinden uçan.
ju·bi·lee ['dʒu:bıli:] *n.* ellinci yıldönümü; jübile.
judge [dʒʌdʒ] **1.** *n.* ⚖ hâkim, yargıç; hakem; bilirkişi; **2.** *v/i.* yargıçlık yapmak; *v/t.* ⚖ yargılamak; karara bağlamak; eleştirmek, kınamak; ⚖ hüküm vermek.
judg(e)·ment ['dʒʌdʒmənt] *n.* ⚖ yargılama; yargı, hüküm, karar; fikir, düşünce, kanı; *pass ~ on* ⚖ *-de* karara varmak; ♀ *Day, Day of* ♀ *eccl.* kıyamet günü.
ju·di·cial □ [dʒu:'dıʃl] ⚖ adli, türel, hukuksal; yargıçlarla ilgili.
ju·di·cia·ry ⚖ [dʒu:'dıʃıərı] *n.* yargıçlar; adliye.
ju·di·cious □ [dʒu:'dıʃəs] akıllı, aklı başında; sağgörülü.
jug [dʒʌg] *n.* testi, sürahi; çömlek.
jug·gle ['dʒʌgl] *vb.* hokkabazlık yapmak; *fig. (hesap)* üzerinde oynamak, değiştirmek; ~**r** [~ə] *n.* hokkabaz; hileci.
juice [dʒu:s] *n.* sebze, meyve *ya da* et suyu; özsu; *sl. mot.* benzin; **juic·y** □ ['dʒu:sı] *(-ier, -iest)* sulu, özlü; *F* ilgi çekici.
juke·box ['dʒu:kbɒks] *n.* para ile çalışan müzik dolabı.
Ju·ly [dʒu:'laı] *n.* temmuz.
jum·ble ['dʒʌmbl] **1.** *n.* karmakarışık şey, karmaşa; **2.** *v/t. & v.i. a. ~ together, ~ up* karmakarışık etmek *ya da* olmak; ~ **sale** *n. Brt.* yardım için kullanılmış eşya satışı.
jum·bo ['dʒʌmbəʊ] *adj. a. ~-sized* büyük boy ...
jump [dʒʌmp] **1.** *n.* atlama, sıçrama, zıplama; ~*s pl.* sinirlilik, heyhey; *high (long) ~ spor:* yüksek (uzun) atlama; *get the ~ on F -den* önce davranmak, baskın çıkmak; **2.** *v/t. & v/i.* atla(t)mak, sıçra(t)mak, zıpla(t)mak; üzerinden atlamak; irkilmek, hoplamak; *(fiyat)* fırlamak; *~ at the chance* çıkan fırsatı hemen kabul etmek; *~ the lights* kırmızı ışıkta geçmek; *~ the queue Brt.* haksız yere elde etmek, başkasının sırasını kapmak; *~ to conclusions* hemen karara varmak; ~·**er** ['dʒʌmpə] *n.* atlayan; *Brt.* kazak; *Am.* süveter; ~·**ing jack** *n.* kukla; ~·**y** [~ı] *(-ier, -iest) adj.* sinirli, heyheyleri üstünde.
junc|tion ['dʒʌŋkʃn] *n.* birleşme, bitişme; kavşak; 🚃 makas; ~·**ture** [~ktʃə]: *at this ~* bu bunalımlı zamanda.
June [dʒu:n] *n.* haziran.
jun·gle ['dʒʌŋgl] *n.* orman, cengel.
ju·ni·or ['dʒu:njə] **1.** *adj.* küçük, genç; kıdemsiz, ast; *spor:* genç...; **2.** *n.* küçük, genç kimse; *F* oğul, zade; *Am. univ.* üçüncü sınıf öğrencisi.
junk[1] ⚓ [dʒʌŋk] *n.* Çin yelkenlisi.
junk[2] *F* [~] *n.* eski püskü eşya, döküntü; çerçöp; hurda; *sl.* eroin; *~ food* abur cubur yiyecek; ~·**ie,** ~·**y** *sl.* ['dʒʌŋkı] *n.* eroinman; ~·**yard** *n.* hurdalık.
jur·is·dic·tion ['dʒʊərıs'dıkʃn] *n.* yargı hakkı; yargı, kaza; kaza dairesi.
ju·ris·pru·dence ['dʒʊərıs'pru:dəns] *n.* hukuk.
ju·ror ⚖ ['dʒʊərə] *n.* jüri üyesi.
ju·ry ['dʒʊərı] *n.* ⚖ jüri, yargıcılar kurulu; ~·**man** *(pl. -men) n.* ⚖ jüri üyesi; ~·**wom·an** *(pl. -wom-*

en) n. ⚖ kadın jüri üyesi.

just [dʒʌst] **1.** □ dürüst, doğru; adaletli, âdil; yerinde, haklı; **2.** *adv.* sadece, yalnız; tam tamına, tam; az önce, demin; hemen, şimdi; ancak, güçlükle, darı darına; ~ *now* hemen şimdi.

jus·tice ['dʒʌstıs] *n.* adalet, hak; dürüstlük, doğruluk; yargıç; ⚖ yargı hakkı; ♀ *of the Peace* sulh yargıcı; *court of* ~ sulh mahkemesi.

jus·ti|fi·ca·tion [dʒʌstıfı'keıʃn] *n.* haklı gösterme;haklı neden, gerekçe; ~**·fy** ['dʒʌstıfaı] *v/t.* haklı göstermek, haklı çıkarmak; temize çıkarmak, aklamak.

just·ly ['dʒʌstlı] *adv.* haklı olarak.

jut [dʒʌt] *(-tt-):* ~ *out* ileri çıkmak, çıkıntı yapmak.

ju·ve·nile ['dʒu:vənaıl] **1.** *adj.* genç; gençlere özgü; çocuklar için, çocuk ...; ~ *court* çocuk mahkemesi; ~ *delinquency* çocuğun suç işlemesi; ~ *delinquent* çocuk suçlu; **2.** *n.* genç, çocuk.

K

kan·ga·roo *zo.* [kæŋgə'ru:] *(pl. -roos) n.* kanguru.

keel ⚓ [ki:l] **1.** *n.* gemi omurgası; **2.** *v/i.* ~ *over* alabora olmak.

keen □ [ki:n] keskin, sivri; şiddetli, sert *(soğuk v.b.);* zeki; doymak bilmez *(iştah);* ~ *on F -e* meraklı, düşkün; *be* ~ *on hunting* avcılığa meraklı olmak; ~**·ness** ['ki:nnıs] *n.* keskinlik; şiddet; düşkünlük, merak.

keep [ki:p] **1.** *n.* geçim; kale, hisar; bakım; *for* ~*s F* temelli olarak; **2.** *(kept) v/t.* tutmak; saklamak, atmamak; *(sır)* söylememek, tutmak, saklamak; *(söz)* yerine getirmek, tutmak; *(yasa v.b.)* uymak; korumak *(from -den); (aile)* geçindirmek, bakmak; yönetmek, işletmek; ~ *s.o. company b-ne* eşlik etmek; ~ *company with ile* arkadaşlık etmek; ~ *one's head* soğukkanlılığını korumak; ~ *early hours* erken kalkmak; ~ *one's temper* soğukkanlılığını korumak, *k-ne* hâkim olmak; ~ *time (saat)* doğru gitmek; tempo tutmak; ~ *s.o. waiting b-ni* bekletmek; ~ *away* uzak tutmak; ~ *s.th. from s.o. bşi b-den* saklamak; ~ *in* içerde tutmak, alıkoymak; ~ *on -e* devam etmek; *(giysi)* çıkarmamak; ~ *up (fiyat)* yüksek tutmak; devam ettirmek, sürdürmek; yataktan kaldırmak; *(ev, araba v.b.)* bakımını sağlamak; ~ *it up* devam etmek, sürdürmek; *v/i.* oturmak, yaşamak; devam etmek, sürüp gitmek; durmak, kalmak; ~ *doing s.th. bşi* yapadurmak; ~ *going* gidedurmak; ~ *away* uzak durmak; ~ *from doing s.th. bşi* yapmaktan *k-ni* alıkoymak; ~ *off* uzak durmak, yaklaşmamak; ~ *on* devam etmek; ~ *on talking* konuşmaya devam etmek, konuşadurmak; ~ *to -e* bağlı kalmak; *-e* saklamak; ~ *up* devam etmek, sürmek; ~ *up with -e* yetişmek; ~ *up with the Joneses* komşularıyla rekabet etmek, sidik yarışı yapmak.

keep|er ['ki:pə] *n.* bakıcı; bekçi; gardiyan; ~**·ing** [~ıŋ] *n.* koruma, himaye; geçim; bakım; uyum; *be in (out of) ~ with -e* uygun ol(ma)mak, uygun düş(me)mek; **~·sake** [~seık] *n.* hatıra, andaç, anmalık.

keg [keg] *n.* varil, fıçı.

ken·nel ['kenl] *n.* köpek kulübesi; *~s pl.* köpek bakımevi.

kept [kept] *pret. & p.p. of keep 2.*

kerb [kɜːb], **~·stone** ['kɜːbstəʊn] *n.* kaldırım taşı.

ker·chief ['kɜːtʃıf] *n.* başörtüsü, eşarp; fular, boyun atkısı; mendil.

ker·nel ['kɜːnl] *n.* çekirdek *(a. fig.).*

ket·tle ['ketl] *n.* çaydanlık; tencere; güğüm; kazan; **~·drum** *n.* ♪ davul; dümbelek.

key [kiː] **1.** *n.* anahtar *(a.* ♪ *); fig.* çözüm yolu; cevap, çözüm, cevap anahtarı; *fig.* kilit nokta; *(piyano, daktilo v.b.)* tuş; *attr.* anahtar ...; **2.** *v/t.* uydurmak, ayarlamak, uygun duruma getirmek *(to -e); ~ed up* heyecanlı, sinirli; **~·board** ['kiːbɔːd] *n.* klavye; **~·hole** *n.* anahtar deliği; **~ man** *(pl. -men) n.* kilit adam; **~ mon·ey** *n. Brt.* hava parası, anahtar parası; **~·note** *n.* ♪ ana nota; *fig.* temel, ilke, anafikir; **~ ring** *n.* anahtarlık; **~·stone** *n. arch.* anahtar taşı, kilit taşı; *fig.* temel prensip, esas; **~·word** *n.* sözlükte sayfa başına gelen sözcük.

kick [kık] **1.** *n.* tekme; çifte; *(silah)* geri tepme; topa vurma; *F* zevk, heyecan; *F* tutku, heves, merak; *get a ~ out of s.th. bşden* zevk almak; *for ~s* zevk için; **2.** *v/t.* tekmelemek; çiftelemek, tepmek; *futbol:(gol)* atmak; *~ off (ayakkabı v.b.)* çıkarıp fırlatmak; *~ out* kovmak, kapı dışarı etmek; *~ up* neden olmak, yol açmak; *~ up a fuss ya da row F* olay çıkarmak, ortalığı birbirine katmak; *v/i.* tekme atmak; çifte atmak; *(silah)* geri tepmek; *~ off futbol:* oyuna başlamak; **~·er** ['kıkə] *n.* futbolcu; **~-off** *n. futbol:* başlama vuruşu.

kid [kıd] **1.** *n.* oğlak; oğlak eti; oğlak derisi; *F* çocuk; *~ brother F* küçük kardeş; **2.** *(-dd-) v/t.* aldatmak, kandırmak, işletmek; *~ s.o. b-ni* işletmek; *v/i. (keçi)* yavrulamak; şaka etmek, takılmak; *he is only ~ding* şaka ediyor, takılıyor; *no ~ding!* Şakayı bırak!, Hadi canım!; **~ glove** *n.* oğlak derisinden eldiven; *fig.* yumuşaklık.

kid·nap ['kıdnæp] *(-pp-, Am. a. -p-) v/t. (çocuk v.b.)* kaçırmak; **~·per,** *Am. a.* **~·er** [~ə] *n.* çocuk hırsızı; adam kaçıran kimse; **~·ping,** *Am. a.* **~·ing** [~ıŋ] *n.* çocuk hırsızlığı; adam kaçırma.

kid·ney ['kıdnı] *n. anat.* böbrek; *~ bean* ⚘ fasulye; barbunya; *~ machine* yapay böbrek aygıtı.

kill [kıl] **1.** *v/t.* öldürmek; yok etmek, mahvetmek; *parl.* veto etmek, reddetmek; *(zaman)* öldürmek; *(ağrı)* dindirmek, kesmek; *hunt.* avlamak, öldürmek; *be ~ed in an accident* kazada ölmek; *~ time* zaman öldürmek; **2.** *n.* öldürme; *hunt.* av; **~·er** ['kılə] *n.* katil, cani; **~·ing** □ [~ıŋ] öldürücü; yorucu, yıpratıcı; çok komik, gülmekten kırıp geçiren.

kiln [kıln] *n.* tuğla ocağı, fırın.

ki·lo *F* ['kiːləʊ] *(pl. -los) n.* kilo.

kil·o|gram(me) ['kıləgræm] *n.* kilogram; **~·me·tre,** *Am.* **~·me·ter** *n.* kilometre.

kilt [kılt] *n.* İskoç erkeklerinin giydiği eteklik.

kin [kın] *n.* akraba.

kind [kaınd] **1.** □ iyi kalpli, sevecen, müşfik; nazik; **2.** *n.* tür, çeşit, cins; huy, karakter; *pay in ~* eşya ile ödemek, aynıyla ödemek; *fig.* aynen karşılık vermek.

kin·der·gar·ten ['kındəgaːtn] *n.* anaokulu.

kind-heart·ed ['kaınd'haːtıd] *adj.*

iyi kalpli, sevecen.
kin·dle ['kındl] *v/t.* & *v/i.* tutuş(tur)mak, yakmak; *fig.* uyandırmak, çekmek.
kin·dling ['kındlıŋ] *n.* çalı çırpı.
kind|ly ['kaındlı] **1.** *(-ier, -iest) adj.* iyi kalpli, sevecen; **2.** *adv.* şefkatle, iyilikle; kibarca; **~·ness** [~nıs] *n.* şefkat, sevecenlik; iyilik.
kin·dred ['kındrıd] **1.** *adj.* akraba olan; aynı türden olan, benzer; ~ *spirits pl.* aynı huylara sahip kimseler; **2.** *n.* akraba; akrabalık; soy.
king [kıŋ] *n.* kral *(a. fig.); iskambil:* papaz; *satranç:* şah; **~·dom** ['kıŋdəm] *n.* krallık; *animal (mineral, vegetable)* ~ hayvanlar (mineraller, bitkiler) âlemi; **~·ly** ['kıŋlı] *(-ier, -iest) adj.* kral ile ilgili; krala yaraşır; **~-size(d)** *adj.* büyük boy.
kink [kıŋk] *n.* ip, saç *vb.* dolaşması; *fig.* kaçıklık, üşütüklük; **~·y** ['kıŋkı] *(-ier, -iest) adj. (saç)* karmakarışık, dolaşık.
ki·osk ['ki:ɒsk] *n.* kulübe, baraka; *Brt.* telefon kulübesi.
kip·per ['kıpə] *n.* tuzlanmış isli ringa balığı, çiroz.
kiss [kıs] **1.** *n.* öpücük; **2.** *v/t.* & *v/i.* öp(üş)mek.
kit [kıt] *n.* alet takımı, avadanlık; malzeme, donatı *(a.* ×, *spor);* takım çantası; *s. first-aid;* **~·bag** ['kıtbæg] *n.* asker hurcu, sırt çantası.
kitch·en ['kıtʃın] *n.* mutfak; *attr.* mutfak ...; **~·ette** [kıtʃı'net] *n.* küçük mutfak; ~ **gar·den** ['kıtʃın'gɑ:dn] *n.* sebze bahçesi.
kite [kaıt] *n.* uçurtma; *zo.* çaylak.
kit·ten ['kıtn] *n.* kedi yavrusu.
knack [næk] *n.* ustalık, hüner; beceriklilik.
knave [neıv] *n.* düzenbaz, üçkâğıtçı; *iskambil:* vale, bacak, oğlan.
knead [ni:d] *v/t.* yoğurmak; masaj yapmak, ovmak.
knee [ni:] *n.* diz; ⊕ dirsek; **~·cap** *anat.* ['ni:kæp] *n.* dizkapağı; **~-deep** *adj.* diz boyu ...; **~-joint** *n. anat.* diz eklemi; ⊕ bükümlü mafsal; **~l** [ni:l] *(knelt, Am. a. kneeled) v/i.* diz çökmek *(to -in önünde);* **~-length** *adj.* diz boyu.
knell [nel] *n.* matem çanı; kara haber.
knelt [nelt] *pret.* & *p.p. of kneel.*
knew [nju:] *pret. of know.*
knick·er|bock·ers ['nıkəbɒkəz] *n. pl.* golf pantolonu; **~s** *Brt. F* [~z] *n. pl.* dizde büzülen kadın donu.
knick-knack ['nıknæk] *n.* süs eşyası, biblo.
knife [naıf] **1.** *(pl. knives* [~vz]*) n.* bıçak; **2.** *v/t.* bıçaklamak; bıçakla kesmek; arkadan vurmak.
knight [naıt] **1.** *n.* şövalye, silahşör; *satranç:* at; **2.** *v/t. -e* şövalyelik payesi vermek; **~·hood** ['naıthʊd] *n.* şövalyelik; şövalyeler.
knit [nıt] *(-tt-; knit ya da knitted) v/t.* & *v/i.* örmek; *a.* ~ *together (kemik)* kayna(t)mak; birleş(tir)mek; ~ *one's brows* kaşlarını çatmak; **~·ting** ['nıtıŋ] *n.* örme; örgü; *attr.* örgü ...; **~·wear** *n.* örme eşya, trikotaj eşyası.
knives [naıvz] *pl. of knife 1.*
knob [nɒb] *n.* tokmak, topuz; yumru, top; tepecik.
knock [nɒk] **1.** *n.* vurma, vuruş; kapı çalınması; *mot.* vuruntu; *there is a* ~ kapı çalınıyor; **2.** *v/i.* vurmak, çalmak; çarpmak *(against, into -e);* çarpışmak; *mot.* vuruntu yapmak; ~ *about,* ~ *around F* dolaşmak, gezmek; ~ *at the door* kapıyı çalmak; ~ *off F* paydos etmek; durmak, kesmek; *v/t.* vura vura yapmak; *F* eleştirmek; ~ *about,* ~ *around* kaba davranmak, hırpalamak; ~ *down* devirmek, yere sermek; *açık artırma:* son fiyatı verene satmak; *(fiyat)* indirmek, kırmak; ⊕ sök-

mek; *(ev)* yıkmak; *(araba)* çarpmak, ezmek; *be ~ed down* araba çarpmak, ezilmek; *~ off (işi)* bırakmak; *F* çalmak, yürütmek; *F* öldürmek, temizlemek; *(fiyat)* indirmek, kırmak; *Brt. F (banka)* soymak; *~ out boks:* nakavt etmek; *fig. F* şaşırtmak; *be ~ed out of* oyun dışı kalmak; *~ over* devirmek; şaşırtmak; *be ~ed over* araba çarpmak, ezilmek; *~ up* alelacele yapmak; *Brt. F* yormak, bitkin düşürmek; **~·er** ['nɒkə] *n.* kapı tokmağı; **~-kneed** [~'ni:d] *adj.* çarpık bacaklı; **~·out** [~kaʊt] *n. boks:* nakavt.

knoll [nəʊl] *n.* tepecik, tümsek.

knot [nɒt] **1.** *n.* düğüm; boğum, budak; fiyonk; ⚓ deniz mili; grup, küme; **2.** *(-tt-) v/t. & v/i.* düğümle(n)mek; karışmak, dolaşmak, düğüm olmak; **~·ty** ['nɒtı] *(-ier, -iest) adj.* budaklı; *fig.* çözülmesi güç, karışık, çetrefil.

know [nəʊ] *(knew, known) vb.* bilmek; tanımak; seçmek, ayırmak, farketmek; haberi olmak; farkında olmak; *~ French* Fransızca bilmek; *come to ~* zamanla öğrenmek; *get to ~* bilmek, tanımak; *~ one's business, ~ the ropes, ~ a thing or two, ~ what's what F* işi bilmek, neyin ne olduğunu bilmek; *you ~* biliyorsunuz ki; **~-how** ['nəʊhaʊ] *n.* teknik ustalık; hüner, beceri; **~·ing** ☐ [~ıŋ] bilen, haberi olan; zeki, kurnaz, şeytan; **~·ing·ly** [~lı] *adv.* bile bile, bilerek, kasten; **~l·edge** ['nɒlıdʒ] *n.* bilgi; haber; bilim; *to my ~* bildiğime göre, bildiğim kadarıyla; **~n** [nəʊn] *p.p. of know;* bilinen, tanınmış; *make ~* tanıştırmak; bildirmek.

knuck·le ['nʌkl] **1.** *n.* parmağın oynak yeri, boğum; **2.** *v/i ~ down to work* işe koyulmak, işe sarılmak.

Krem·lin ['kremlın]: *the ~* Kremlin.

L

lab *F* [læb] *n.* laboratuvar.

la·bel ['leıbl] **1.** *n.* etiket; *fig.* sıfat, unvan; **2.** *(esp. Brt. -ll-, Am. -l-) v/t.* etiketlemek; *fig.* nitelendirmek, ... damgasını vurmak.

la·bor·a·to·ry [lə'bɒrətərı] *n.* laboratuvar; *~ assistant* laborant.

la·bo·ri·ous ☐ [lə'bɔ:rıəs] çalışkan; emek isteyen, yorucu, zahmetli *(iş).*

la·bo(u)r ['leıbə] **1.** *n.* iş, çalışma; emek, zahmet; işçi sınıfı; ⚕ doğum sancısı; *Labour pol.* İşçi Partisi; *hard ~* ⚖ ağır iş cezası; **2.** *adj.* iş ..., çalışma ...; **3.** *v/i.* çalışmak, çabalamak, uğraşmak; emek vermek; zorlukla ilerlemek; *~ under fig. -in* altında ezilmek; acı çekmek, *-in* kurbanı olmak; *v/t.* emekle meydana getirmek; ayrıntısına girmek; **~ed** *adj.* güç, zahmetli *(iş);* fazla özenilmiş, yapmacıklı *(biçem);* **~·er** [~rə] *n.* emekçi, işçi; rençper; **La·bour Ex·change** *n. Brt. F ya da hist.* İş ve İşçi Bulma Kurumu; **La·bour Par·ty** *n. pol.* İşçi Partisi; **la·bor u·ni·on** *n. Am. pol.* işçi sendikası.

lace [leıs] **1.** *n. (ayakkabı)* bağ, bağcık; şerit; dantela; kaytan; **2.**

v/t. ~ *up (ayakkabı v.b.)* bağlamak; *~d with brandy* konyak karıştırılmış, konyaklı *(içki).*
la·ce·rate ['læsəreıt] *v/t.* yırtmak, parçalamak, kesmek; *fig.* incitmek, yaralamak.
lack [læk] **1.** *n.* eksiklik, yokluk, gereksinim; yoksunluk; **2.** *v/t.* *-e* gereksinimi olmak, *-den* yoksun olmak, *-si* olmamak; *he ~s money* paraya gereksinimi var, parası yok; *v/i.* *be ~ing -si* eksik olmak; *he is ~ing in courage* o kim cesur olmak kim; **~-lus·tre,** *Am.* **~-lus·ter** ['læklʌstə] *adj.* donuk, mat, sönük, cansız.
la·con·ic [lə'kɒnık] *(~ally) adj.* az ve öz, özlü.
lac·quer ['lækə] **1.** *n.* laka, vernik; saç spreyi; **2.** *v/t.* verniklemek.
lad [læd] *n.* delikanlı, genç.
lad·der ['lædə] *n.* merdiven; *Brt.* çorap kaçığı; **~·proof** *adj.* kaçmaz *(çorap).*
la·den ['leıdn] *adj.* yüklü; üzgün.
la·ding ['leıdıŋ] *n.* yükleme; gemi yükü, kargo.
la·dle ['leıdl] **1.** *n.* kepçe; **2.** *v/t.* ~ *out* kepçe ile dağıtmak; *fig.* bol keseden dağıtmak.
la·dy ['leıdı] *n.* bayan, hanım; hanımefendi, leydi; ~ *doctor* kadın doktor; *Ladies('), Am. Ladies' room* bayanlar tuvaleti; **~·bird** *n. zo.* hanımböceği, gelinböceği; **~·like** *adj.* hanıma yaraşır, hanım hanımcık; **~·ship** [~ʃıp]: *her ya da your ~* hanımefendi.
lag [læg] **1.** *(-gg-) v/i.* ~ *behind* geride kalmak; oyalanmak; **2.** *n.* geride kalma; oyalanma.
la·ger ['lɑːgə] *n.* Alman birası.
la·goon [lə'guːn] *n. geogr.* denizkulağı, lagün.
laid [leıd] *pret. & p.p. of lay*[3].
lain [leın] *p.p. of lie*[2] *2.*
lair [leə] *n.* in, yatak *(a. fig.)*
la·i·ty ['leıətı] *n.* aynı meslekten olmayanlar.
lake [leık] *n.* göl.
lamb [læm] **1.** *n.* kuzu; kuzu eti; **2.** *v/i.* kuzulamak.
lame [leım] **1.** □ topal, aksak; *fig.* sudan *(bahane);* **2.** *v/t.* topal etmek, sakatlamak.
la·ment [lə'ment] **1.** *n.* ağlama, sızlama, feryat; matem; ağıt; **2.** *vb.* ağlayıp sızlamak, dövünmek; yasını tutmak; **lam·en·ta·ble** □ ['læməntəbl] acınacak, acı, içler acısı; acılı, kederli, yaslı; **lam·en·ta·tion** [læmən'teıʃn] *n.* ağlama, sızlama, feryat.
lamp [læmp] *n.* lamba; fener.
lam·poon [læm'puːn] **1.** *n.* taşlama, yergi; **2.** *v/t.* taşlamak, yermek.
lamp|post ['læmppəʊst] *n.* elektrik direği; **~·shade** *n.* abajur.
lance [lɑːns] *n.* mızrak.
land [lænd] **1.** *n.* kara; ⇣ arazi, toprak; ülke; arsa; *by ~* kara yoluyla, karadan; *~s pl.* arazi, emlak; **2.** *v/t. & v/i.* karaya çık(ar)mak, yere in(dir)mek; boşaltmak, indirmek; *F (yumruk)* atmak, indirmek; *F (ödül v.b.)* kazanmak; **~-a·gent** ['lændeıdʒənt] *n.* emlakçi; **~·ed** *adj.* arazi sahibi; araziden oluşan, taşınmaz; **~·hold·er** *n.* arazi sahibi.
land·ing ['lændıŋ] *n.* karaya çık(ar)ma; iniş; iskele; merdiven sahanlığı; **~-field** *n.* ✈ iniş pisti; **~-gear** *n.* ✈ iniş takımı; **~-stage** *n.* iskele, rıhtım.
land|la·dy ['lændleıdı] *n.* arazi sahibi kadın; mal sahibi; pansiyoncu, hancı; **~·lub·ber** ⚓ *contp.* [~dlʌbə] *n.* denizcilikten anlamayan kimse; **~·mark** *n.* sınır taşı, sınır işareti; *fig.* dönüm noktası; **~·own·er** *n.* arazi sahibi; **~·scape** ['lændskeıp] *n.* manzara; kır resmi, peyzaj; **~·slide** *n.* toprak kayması, heyelan; *pol.* ezi-

ci oy üstünlüğü; *a ~ victory pol.* ezici zafer; **~·slip** *n.* toprak kayması, heyelan.

lane [leın] *n.* dar yol, geçit; dar sokak; ⚓ rota; ✈ uçuş rotası; *mot.* şerit; *spor:* kulvar.

lan·guage ['læŋgwıdʒ] *n.* lisan, dil; *~ laboratory* dil laboratuvarı.

lan·guid □ ['læŋgwıd] gevşek, cansız, sönük; isteksiz.

lank □ [læŋk] uzun ve zayıf, boylu; düz *(saç)*; **~·y** □ ['læŋkı] *(-ier, -iest)* uzun ve zayıf, sırık gibi.

lan·tern ['læntən] *n.* fener.

lap[1] [læp] *n.* kucak; etek.

lap[2] [~] **1.** *n. spor:* tur; **2.** *(-pp-) vb. spor:* tur bindirmek; üst üste bindirmek.

lap[3] [~] *(-pp-) v/t.: ~ up* yalayarak içmek; *v/i. (dalga)* hafif hafif çarpmak *(against -e).*

la·pel [lə'pel] *n.* klapa.

lapse [læps] **1.** *n.* yanlış, hata, kusur; *(zaman)* geçme; ⚖ zamanaşımı, süreaşımı; **2.** *v/i.* düşmek, sapmak, dalmak; ⚖ zamanaşımına uğramak, hükmü kalmamak.

lar·ce·ny ⚖ ['lɑːsənı] *n.* hırsızlık.

larch ⚘ [lɑːtʃ] *n.* karaçam.

lard [lɑːd] **1.** *n.* domuz yağı; **2.** *v/t.* domuz yağı ile yağlamak; **lar·der** ['lɑːdə] *n.* kiler.

large □ [lɑːdʒ] *(~r, ~st)* geniş; büyük, kocaman, iri; bol; cömert, eli açık; *at ~* serbest, ortalıkta dolaşan; ayrıntılı olarak; genellikle; tamamen; **~·ly** ['lɑːdʒlı] *adv.* büyük ölçüde, çoğunlukla; bol bol; **~-mind·ed** *adj.* geniş görüşlü, serbest düşünüşlü; **~·ness** [~nıs] *n.* genişlik; büyüklük; bolluk.

lar·i·at *esp. Am.* ['lærıət] *n.* kement.

lark[1] *zo.* [lɑːk] *n.* tarlakuşu.

lark[2] *F* [~] *n.* şaka, muziplik; eğlenti, cümbüş.

lark·spur ⚘ ['lɑːkspɜː] *n.* hezaren çiçeği.

lar·va *zo.* ['lɑːvə] *(pl. -vae* [-viː]*) n.* tırtıl, kurtçuk.

lar·ynx *anat.* ['lærıŋks] *n.* gırtlak.

las·civ·i·ous □ [lə'sıvıəs] şehvetli.

la·ser *phys.* ['leızə] *n.* lazer; **~ beam** *n.* lazer ışını.

lash [læʃ] **1.** *n.* kamçı darbesi; kırbaç cezası; kirpik; acı söz; **2.** *v/t.* kamçılamak, kırbaçlamak; yermek, eleştirmek; kışkırtmak; *~ out* saldırmak; *fig.* çatmak, çıkışmak.

lass, ~·ie [læs, 'læsı] *n.* kız; kız arkadaş.

las·si·tude ['læsıtjuːd] *n.* yorgunluk, bitkinlik.

las·so [læ'suː] *(pl. -sos, -soes) n.* kement.

last[1] [lɑːst] **1.** *adj.* sonuncu, son; önceki, geçen; *~ but one* sondan bir önceki; *~ night* dün gece; **2.** *n.* son; *at ~* en sonunda; *to the ~* sonuna kadar; **3.** *adv.* son olarak, en son, son kez; *~ but not least* son fakat önemli.

last[2] [~] *v/i.* devam etmek, sürmek; bitmemek, yetmek; dayanmak.

last[3] [~] *n.* ayakkabı kalıbı.

last·ing □ ['lɑːstıŋ] sürekli, uzun süreli.

last·ly ['lɑːstlı] *adv.* son olarak.

latch [lætʃ] **1.** *n.* mandal, sürgü; kilit dili; **2.** *v/t. & v/i.* mandalla(n)mak; **~·key** ['lætʃkiː] *n.* kapı anahtarı.

late □ [leıt] *(~r, ~st)* geç; gecikmiş, geç kalmış; önceki, eski; ölü, merhum; yakında olmuş, yeni; *be ~* geç kalmak, gecikmek; *at (the) ~st* en geç; *as ~ as -e* kadar; *of ~* son zamanlarda; *~r on* daha sonra; **~·ly** ['leıtlı] *adv.* son zamanlarda, geçenlerde, yakında.

la·tent □ ['leıtənt] gizli, gizli kalmış.

lat·e·ral □ ['lætərəl] yanal, yan ...; yandan gelen.

lath [lɑːθ] *n.* lata, tiriz.
lathe ⊕ [leɪð] *n.* torna tezgâhı.
la·ther ['lɑːðə] **1.** *n.* sabun köpüğü; **2.** *v/t.* sabunlamak; *v/i.* köpürmek.
Lat·in ['lætɪn] **1.** *adj. ling.* Latince ...; **2.** *n. ling.* Latince.
lat·i·tude ['lætɪtjuːd] *n. geogr.* enlem; *fig.* serbestlik, hoşgörü.
lat·ter ['lætə] *adj.* sonuncusu, ikincisi; **~·ly** [~lɪ] *adv.* son zamanlarda; bu günlerde.
lat·tice ['lætɪs] *n.* kafes.
lau·da·ble □ ['lɔːdəbl] övgüye değer.
laugh [lɑːf] **1.** n. gülme, gülüş; **2.** *vb.* gülmek; ~ *at -e* gülüp alay etmek; *have the last* ~ sonunda başarmak, son gülen olmak; **~·a·ble** □ ['lɑːfəbl] gülünç, komik; **~·ter** [~tə] *n.* kahkaha, gülme.
launch [lɔːntʃ] **1.** *v/t. (gemi)* kızaktan suya indirmek; *(roket)* fırlatmak; *fig.* başlatmak; **2.** *n.* ⚓ işkampaviye; = **~·ing** ['lɔːntʃɪŋ] ⚓ kızaktan suya indirme; *(roket)* fırlatma; *fig.* başlatma; ~ *pad* fırlatma rampası; ~ *site* fırlatma yeri.
laun|de·rette [lɔːndə'ret], *esp. Am.* **~·dro·mat** ['lɔːndrəmæt] *n.* çamaşırhane; **~·dry** [~rɪ] *n.* çamaşırhane; çamaşır.
laur·el ⚘ ['lɒrəl] *n.* defne; *fig.* şöhret, ün.
lav·a·to·ry ['lævətərɪ] *n.* tuvalet; lavabo; *public* ~ umumi hela.
lav·en·der ['lævəndə] *n.* lavanta.
lav·ish ['lævɪʃ] **1.** □ savurgan, tutumsuz; bol, aşırı; **2.** *v/t.* ~ *s.th. on s.o. b-ne* aşırı *bş* göstermek.
law [lɔː] *n.* kanun, yasa; kural; hukuk; *F* polis; ~ *and order* yasa ve düzen; **~-a·bid·ing** ['lɔːəbaɪdɪŋ] *adj.* yasalara uyan; **~·court** *n.* mahkeme; **~·ful** □ [~fl] yasal, yasaya uygun; **~·less** □ [~lɪs] kanunsuz; yasaya aykırı, yolsuz; azılı *(haydut v.b.)*
lawn [lɔːn] *n.* çimen, çimenlik, çayır.
law|suit ['lɔːsjuːt] *n.* dava; **~·yer** [~jə] *n.* avukat, dava vekili.
lax □ [læks] gevşek; ihmalci, savsak; **~·a·tive** ⚕ ['læksətɪv] **1.** *adj.* ishal edici *(ilaç)*; **2.** *n.* müshil.
lay[1] [leɪ] *pret. of lie*[2] *2.*
lay[2] [~] *adj. eccl.* layik; meslekten olmayan.
lay[3] [~] *(laid) v/t. & v/i.* yat(ır)mak; koymak; yaymak, sermek; döşemek; *(masa)* kurmak, hazırlamak; yumurtlamak; *(suç)* yüklemek; *(vergi)* koymak; *(plan v.b.)* kurmak; *(tuğla)* örmek; yatıştırmak, bastırmak; ~ *in* biriktirmek, stoklamak, depo etmek; ~ *low* yere sermek; yatağa düşürmek; ~ *off econ.* geçici olarak işten çıkarmak; ~ *open* açığa vurmak, ortaya çıkarmak; ~ *out* planını çizmek; *(para)* harcamak; *F* yere sermek, devirmek; *print.* düzenlemek; ~ *up* biriktirmek, depo etmek; *be laid up* yatağa düşmek.
lay-by *Brt. mot.* ['leɪbaɪ] *n.* yol kenarındaki park yeri.
lay·er ['leɪə] *n.* tabaka, kat, katman.
lay·man ['leɪmən] *(pl. -men) n.* meslek sahibi olmayan kimse.
lay|-off *econ.* ['leɪɒf] *n.* geçici olarak işten çıkarma; **~·out** *n.* düzen, tertip; plan; *print.* mizampaj.
la·zy □ ['leɪzɪ] *(-ier, -iest)* tembel, miskin, uyuşuk, ağır, hantal.
lead[1] [led] *n.* ⚗ kurşun; ⚓ iskandil.
lead[2] [liːd] **1.** *n.* rehberlik, kılavuzluk; tasma kayışı; *thea.* başrol; *thea.* başrol oyuncusu; *spor & fig.* önde bulunma, başta olma; *iskambil:* ilk oynama hakkı; ⚡ ana tel; **2.** *(led) v/t.* yol göstermek, götürmek; yönetmek; *(yaşam)* sürmek; neden olmak, yol açmak *(to -e)*; *is-*

kambil: (oyunu) açmak; ~ *on F* ayartmak, kandırmak; *v/i. (yol)* gitmek, çıkmak; *spor:* başta olmak; ~ *off* başlamak; ~ *up to -e* getirmek, *-in* yolunu yapmak.
lead·en ['ledn] *adj.* kurşundan yapılmış, kurşun ...; *fig.* sıkıcı, ağır.
lead·er ['li:də] *n.* lider, önder; rehber; orkestra şefi; *Brt.* başmakale; **~·ship** [~ʃıp] *n.* liderlik, önderlik.
lead-free ['ledfri:] *adj.* kurşunsuz *(benzin).*
lead·ing ['li:dıŋ] *adj.* önde gelen, en önemli; yol gösteren.
leaf [li:f] **1.** *(pl. leaves* [~vz]*) n.* yaprak; *(kapı, masa)* kanat; **2.** *v/t.* ~ *through -in* yapraklarını çabuk çabuk çevirmek; **~·let** ['li:flıt] *n.* broşür; yaprakçık; **~·y** [~ı] *(-ier, -iest) adj.* yapraklı.
league [li:g] *n.* birlik, topluluk; dernek; *spor:* lig.
leak [li:k] **1.** *n.* akıntı, sızıntı *(a. fig.);* **2.** *v/t. & v/i.* sız(dır)mak; ~ *out* sız(dır)mak *(a. fig.);* **~·age** ['li:kıdʒ] *n.* sızıntı, sızma *(a. fig.);* **~·y** [~ı] *(-ier, -iest) adj.* sızıntılı, delik.
lean[1] [li:n] *(esp. Brt. leant ya da esp. Am. leaned) v/t. & v/i.* daya(n)mak, yasla(n)mak; eğilmek; eğilim göstermek; ~ *on,* ~ *upon -e* güvenmek.
lean[2] [~] **1.** *adj.* zayıf, cılız; yağsız; **2.** *n.* yağsız et.
leant *esp. Brt.* [lent] *pret. & p.p. of lean*[1].
leap [li:p] **1.** *n.* sıçrama, atlama; **2.** *(leapt ya da leaped) v/t. & v/i.* sıçra(t)mak, atla(t)mak; ~ *at fig. (fırsat v.b.)* kaçırmamak, havada kapmak; **~t** [lept] *pret. & p.p. of leap 2;* ~ **year** ['li:pjɜ:] *n.* artıkyıl.
learn [lɜ:n] *(learned ya da learnt) vb.* öğrenmek; haber almak, duymak; **~·ed** ['lɜ:nıd] *adj.* bilgili; bilgin; **~·er** [~ə] *n.* acemi; ~ *driver mot.* acemi şoför; **~·ing** [~ıŋ] *n.* öğrenme; bilgi; bilim; **~t** [lɜ:nt] *pret. & p.p. of learn.*
lease [li:s] **1.** *n.* kiralama; kira kontratı; **2.** *v/t.* kiralamak; kiraya vermek.
leash [li:ʃ] *n.* tasma kayışı.
least [li:st] **1.** *(sup. of little 1) adj.* en küçük, en az; **2.** *(sup. of little 2) adv.* en az derecede; ~ *of all* hiç, zerre kadar; **3.** *n.* en küçük şey; *at* ~ en azından, bari, hiç olmazsa; *to say the* ~ en azından.
leath·er ['leðə] **1.** *n.* deri; **2.** *adj.* deriden yapılmış, deri ...
leave [li:v] **1.** *n.* veda, ayrılma; *a.* ~ *of absence* izin; *take (one's)* ~ ayrılmak, veda etmek; **2.** *(left) v/t.* terketmek, bırakmak; *-den* ayrılmak, çıkmak; vazgeçmek; miras olarak bırakmak; *v/i.* hareket etmek, kalkmak; gitmek, yola çıkmak.
leav·en ['levn] *n.* maya.
leaves [li:vz] *pl. of leaf 1.*
leav·ings ['li:vıŋz] *n. pl.* artık; çöp.
lech·er·ous □ ['letʃərəs] şehvet düşkünü, çapkın.
lec|ture ['lektʃə] **1.** *n. univ.* ders; konferans; azarlama, azar; **2.** *v/i. univ.* ders vermek; konferans vermek; *v/t.* azarlamak, paylamak; **~·tur·er** [~rə] *n. univ.* doçent; okutman.
led [led] *pret. & p.p. of lead*[2] *2.*
ledge [ledʒ] *n.* düz çıkıntı; kaya tabakası.
led·ger *econ.* ['ledʒə] *n.* defteri kebir, ana defter.
leech [li:tʃ] *n. zo.* sülük *(a. fig.).*
leek ⚘ [li:k] *n.* pırasa.
leer [lıə] **1.** *n.* yan yan bakma; **2.** *v/i.* yan yan bakmak, yan gözle bakmak *(at -e).*
lee|ward ⚓ ['li:wəd] *adj.* boca yönündeki; **~·way** *n.* ⚓ rüzgâr altı-

na düşme; *fig.* zaman kaybı; *fig.* geri kalma.

left[1] [left] *pret. & p.p. of leave 2.*

left[2] [~] **1.** *adj.* soldaki, sol ....; **2.** *adv.* sola doğru, sola; **3.** *n.* sol taraf, sol *(a. pol., boks); on ya da to the ~* solda *ya da* sola; **~-hand** ['lefthænd] *adj.* soldaki, sol koldaki, sol ...; *~ drive mot.* soldan işleyen trafik; **~-hand·ed** □ ['left'hændıd] solak; solaklar için yapılmış.

left|-lug·gage of·fice *Brt.* 🚂 ['left'lʌgıdʒɒfıs] *n.* emanet; **~-o·vers** *n. pl.* yemek artığı; **~-wing** *adj. pol.* sol kanat, sol ...

leg [leg] *n.* bacak; mobilya ayağı; but; ⚠ pergel ayağı; *pull s.o.'s ~ b-ne* şaka yapmak, takılmak; *stretch one's ~s* yürüyüşe çıkmak.

leg·a·cy ['legəsı] *n.* miras, kalıt.

le·gal □ ['li:gl] legal, yasal; hukuksal; **~·ize** [~aız] *v/t.* yasallaştırmak, kanunlaştırmak.

le·ga·tion [lı'geıʃn] *n.* ortaelçilik; ortaelçilik binası.

le·gend ['ledʒənd] *n.* efsane, söylence; altyazı; para *v.b.* üstündeki yazı; **le·gen·da·ry** [~ərı] *adj.* efsanevi.

leg·gings ['legıŋz] *n. pl.* tozluk, getr.

le·gi·ble □ ['ledʒəbl] okunaklı.

le·gion *fig.* ['li:dʒən] *n.* kalabalık, sürü.

le·gis·la|tion [ledʒıs'leıʃn] *n.* yasama; **~·tive** *pol.* ['ledʒıslətıv] **1.** □ yasamalı; **2.** *n.* yasama meclisi; **~·tor** [~eıtə] *n.* yasa koyucu.

le·git·i·mate □ [lı'dʒıtımət] yasal; yasal olarak doğmuş.

lei·sure ['leʒə] *n.* boş zaman; *at ~* boş zamanlarda; **~·ly** [~lı] *adj.* acelesiz yapılan, rahat, yavaş.

lem·on ⚘ ['lemən] *n.* limon; limon ağacı; **~·ade** [lemə'neıd] *n.* limonata; *~* **squash** *n.* limon suyu.

lend [lend] *(lent) v/t.* ödünç vermek, borç vermek; *fig.* vermek, katmak.

length [leŋθ] *n.* uzunluk, boy; süre; *at ~* en sonunda; uzun uzadıya; *go to any ya da great ya da considerable ~s* her çareye başvurmak; **~·en** ['leŋθən] *v/t. & v/i.* uza(t)mak; **~·ways** [~weız], **~·wise** [~waız] *adv.* uzunlamasına; **~·y** □ [~ı] *(-ier, -iest)* upuzun.

le·ni·ent □ ['li:njənt] yumuşak huylu, merhametli.

lens *opt.* [lenz] *n.* mercek; objektif; göz merceği.

lent[1] [lent] *pret. & p.p. of lend.*

Lent[2] [~] *n.* büyük perhiz.

len·til ⚘ ['lentıl] *n.* mercimek.

leop·ard *zo.* ['lepəd] *n.* leopar, pars.

le·o·tard ['li:əʊtɑ:d] *n.* dansçıların giydiği sıkı giysi.

lep·ro·sy ⚕ ['leprəsı] *n.* cüzam.

les·bi·an ['lezbıən] *n. & adj.* lezbiyen, sevici.

less [les] **1.** *(comp. of little 1,2) adj. & adv.* daha az, daha küçük; **2.** *prp.* eksik, noksan.

less·en ['lesn] *v/t. & v/i.* azal(t)mak, küçül(t)mek, eksil(t)mek; *fig.* küçümsemek.

less·er ['lesə] *adj.* daha az; daha küçük.

les·son ['lesn] *n.* ders; *fig.* ibret, ders; *~s pl.* dersler, öğretim.

lest [lest] *cj.* ...mesin diye, ... korkusu ile.

let [let] *(let) v/t.* izin vermek, *-mesine* ses çıkarmamak, bırakmak; kiraya vermek; *~ alone* rahat bırakmak, dokunmamak; *~ down* hayal kırıklığına uğratmak; *(elbise)* uzatmak; *~ go* serbest bırakmak, salıvermek; *~ o.s. go k-ni* koyvermek; taşkınlık yapmak, coşmak; *~ in* içeri almak; *~ o.s. in for s.th. fig. bşi* başına sarmak;

~ *s.o. in on s.th. b-ni bşe* katmak, dahil etmek; ~ *off* serbest bırakmak; cezasını bağışlamak; ~ *out (elbise)* genişletmek; *(sır)* ağzından kaçırmak; kiraya vermek; ~ *up (yağmur)* kesilmek, dinmek.
le·thal □ ['li:θl] öldürücü.
leth·ar·gy ['leθədʒı] *n.* uyuşukluk, bitkinlik.
let·ter ['letə] **1.** *n.* mektup; *print.* harf; ~*s pl.* edebiyat, yazın; *attr.* mektup ...; **2.** *v/t.* kitap harfleriyle yazmak; ~**-box** *n.* mektup kutusu; ~**-card** *n.* katlanınca zarf olan mektup kağıdı; ~ **car·ri·er** *n. Am.* postacı; ~**ed** *adj.* okumuş, tahsilli, aydın, münevver; ~**·ing** [~rıŋ] *n.* harflerle yazma; harfler.
let·tuce ⚘ ['letıs] *n.* salata, marul.
leu·k(a)e·mia ⚕ [lju:'ki:mıə] *n.* lösemi, kan kanseri.
lev·el ['levl] **1.** *adj.* düz; yatay; eşit; dengeli, ölçülü; *my* ~ *best F* elimden gelen, tüm yapabileceğim; ~ *crossing Brt.* hemzemin geçit; **2.** *n.* düz yer, düzlük; hiza; düzey, seviye *(a. fig.)*; *sea* ~ deniz seviyesi; *on the* ~ *F* dürüst, doğru sözlü; **3.** *(esp. Brt. -ll-, Am. -l-) v/t.* düzlemek; yıkmak; eşit düzeye getirmek; ~ *at (silah) -e* doğrultmak; *(suç) -e* yüklemek; ~**-headed** *adj.* sağlıklı düşünen, mantıklı, dengeli.
le·ver ['li:və] *n.* manivela; ~**·age** [~rıdʒ] *n.* manivela gücü.
lev·y ['levı] **1.** *n. (vergi v.b.)* toplama; ⚔ zorla asker toplama; **2.** *v/t. (vergi v.b.)* toplamak; ⚔ *(asker)* zorla toplamak.
lewd □ [lju:d] şehvet düşkünü, uçkuruna gevşek; açık saçık.
li·a·bil·i·ty [laıə'bılətı] *n.* ⚖ yükümlülük; sorumluluk; *liabilities pl.* borç; *econ.* pasif.
li·a·ble ['laıəbl] *adj.* ⚖ yükümlü; sorumlu; *be* ~ *for -den* sorumlu olmak; *be* ~ *to -e* maruz olmak, *ile* karşı karşıya bulunmak.
li·ar ['laıə] *n.* yalancı.
lib *F* [lıb] *abbr. for liberation.*
li·bel ⚖ ['laıbl] **1.** *n.* iftira; onur kırıcı yayın; **2.** *(esp. Brt. -ll-, Am. -l-) v/t. -e* iftira etmek, leke sürmek, kara çalmak.
lib·e·ral ['lıbərəl] **1.** □ serbest düşünceli, geniş fikirli; *pol.* liberal, erkinci; cömert, eli açık; **2.** *n.* liberal; ~**·i·ty** [lıbə'rælətı] *n.* liberallik; cömertlik.
lib·e|rate ['lıbəreıt] *v/t.* özgür kılmak, kurtarmak; salıvermek; ~**·ra·tion** [lıbə'reıʃn] *n.* kurtarma; ~**·ra·tor** ['lıbəreıtə] *n.* kurtarıcı.
lib·er·ty ['lıbətı] *n.* özgürlük; *take liberties* küstahlık etmek, terbiyesizlik etmek; *be at* ~ özgür olmak.
li·brar·i·an [laı'breərıən] *n.* kütüphaneci; **li·bra·ry** ['laıbrərı] *n.* kütüphane, kitaplık.
lice [laıs] *pl. of louse.*
li·cence, *Am.* **-cense** ['laısəns] *n.* izin, ruhsat, lisans; ehliyet; serbestlik, çapkınlık; *license plate Am. mot.* plaka; *driving* ~ ehliyet.
li·cense, -cence [~] *v/t. -e* izin *ya da* yetki vermek; *-e* ruhsat vermek.
li·cen·tious □ [laı'senʃəs] şehvet düşkünü, ahlaksız.
li·chen ⚘, ⚕ ['laıkən] *n.* liken.
lick [lık] **1.** *n.* yalama, yalayış; **2.** *v/t.* yalamak; *F* dövmek, pataklamak; *F* yenmek, alt etmek; *v/i. (alev, dalga)* yalayıp geçmek.
lic·o·rice ['lıkərıs] = *liquorice.*
lid [lıd] *n.* kapak; gözkapağı.
lie[1] [laı] **1.** *n.* yalan; *give s.o. the* ~ *b-ni* yalancılıkla suçlamak; **2.** *v/i.* yalan söylemek.
lie[2] [~] **1.** *n.* yatış; mevki; **2.** *(lay, lain) v/i.* yatmak, uzanmak; olmak, bulunmak; ~ *behind fig.* ardında yatmak; ~ *down* yatmak,

uzanmak; *let sleeping dogs ~ fig.* uyuyan yılanın kuyruğuna basma; **~-down** *F* [laı'daʊn] *n.* yatıp uzanma, dinlenme; **~-in** ['laıın]: *have a ~ Brt. F* geç saatlere kadar yatmak.

lieu [lju:]: *in ~ of -in* yerine, bedel olarak.

lieu·ten·ant [lef'tenənt; ⚓ le'tenənt; *Am.* lu:'tenənt] *n.* teğmen; ⚓ yüzbaşı.

life [laıf] *(pl. lives* [~vz]*) n.* yaşam, ömür, hayat; yaşam tarzı; canlılık; biyografi, yaşam öyküsü; *for ~* ömür boyu *(a.* ⚖*)*; *~ imprisonment, ~ sentence* ömür boyu hapis cezası; ~ **as·sur·ance** *n.* yaşam sigortası; **~·belt** ['laıfbelt] *n.* cankurtaran kemeri; **~·boat** *n.* cankurtaran sandalı, filika; **~-guard** *n.* ⚔ hassa askeri; cankurtaran *(yüzücü)*; ~ **in·sur·ance** *n.* yaşam sigortası; **~·jack·et** *n.* cankurtaran yeleği; **~·less** □ [~lıs] cansız; ölü; sönük; **~·like** *adj.* canlı gibi görünen; **~·long** *adj.* ömür boyu süren; ~ **pre·serv·er** *Am.* [~prızɜ:və] *n.* cankurtaran yeleği *ya da* kemeri; **~·time** *n.* yaşam süresi, ömür.

lift [lıft] **1.** *n.* kaldırma, yüksel(t)me; *phys.*, ✈ kaldırma gücü; asansör; *esp. Brt.* arabasına alma; *give s.o. a ~ b-ni* arabasına almak; **2.** *v/t. & v/i.* kaldırmak, yüksel(t)mek; *(kulaklarını)* dikmek; *F* çalmak, aşırmak, yürütmek; *(sis v.b.)* dağılmak, kalkmak; *~ off (uzaygemisi v.b.)* havalanmak, kalkmak; **~-off** ['lıftɒf] *n. (uzaygemisi v.b.)* havalanma, kalkma.

lig·a·ture ['lıgətʃʊə] *n.* bağ; bağlama; ⚕ kanı durduran bağ.

light[1] [laıt] **1.** *n.* ışık *(a. fig.)*, aydınlık; ateş; bilgi kaynağı; lamba, elektrik; gün ışığı, gündüz; görüş; *can you give me a ~, please?* sigaramı yakabilir misiniz lütfen?, ateşinizi rica edebilir miyim?, *put a ~ to* tutuşturmak, ateşe vermek, yakmak; **2.** *adj.* aydınlık; açık *(renk)*; sarı *(saç)*; **3.** *(lit ya da lighted) v/t. & v/i.* tutuş(tur)mak, yakmak; aydınlatmak; neşelen(dir)mek; yanmak; *~ up* aydınlatmak; aydınlanmak.

light[2] [~] **1.** □ hafif; önemsiz; sindirimi kolay *(yemek)*; hafifmeşrep, mal *(kadın)*; *make ~ of* önemsememek, hafife almak; **2.** *adv.* az eşya ile, fazla bagajı olmadan.

light·en[1] ['laıtn] *v/t.* aydınlatmak; *v/i.* aydınlanmak; şimşek çakmak.

light·en[2] [~] *v/t. & v/i.* hafifle(t)mek; neşelen(dir)mek, sevin(dir)mek.

light·er ['laıtə] *n.* çakmak; ⚓ mavna, salapurya.

light|-head·ed ['laıthedıd] *adj.* başı dönen, sersemlemiş; sayıklayan; düşüncesiz; **~-heart·ed** □ gamsız, kaygısız, şen şakrak, neşeli; **~·house** *n.* deniz feneri, fener kulesi.

light·ing ['laıtıŋ] *n.* aydınlatma, ışıklandırma.

light|-mind·ed ['laıt'maındıd] *adj.* düşüncesiz, ciddiyetten yoksun; **~·ness** ['laıtnıs] *n.* hafiflik; parlaklık; açıklık.

light·ning ['laıtnıŋ] *n.* şimşek; yıldırım; *attr.* yıldırım ...; ~ **con·duc·tor,** *Am.* ~ **rod** *n.* ⚡ paratoner, yıldırımsavar, yıldırımkıran.

light·weight ['laıtweıt] *n. boks:* hafifsıklet.

like [laık] **1.** *adj. & prp.* gibi, benzer; eşit, aynı; *~ that* onun gibi, öyle; *feel ~* hoşlanmak, canı istemek; *what is he ~?* nasıl biri?, neye benziyor?; *that is just ~ him!* Ondan başka ne beklenir ki!; **2.** *n.* benzer, eş, tıpkı; *his ~* eşi, benzeri; *the ~* gibi, aynı; *the ~s of you* senin gibiler, senin gibi kimseler; *my ~s and dislikes* sevdiklerim ve sevmediklerim; **3.** *v/t.* sevmek, hoşlanmak, beğenmek; istemek; *how do you ~ it?* onu nasıl buluyorsun?; *I ~ that! iro.* Ne sıkıcı!, İşe bak!; *I should ~ to come* gelmek isterdim; *v/i.* arzusunda olmak; *as you ~* nasıl arzu ederseniz, siz bilirsiniz; *if you ~* arzu ederseniz, isterseniz; nasıl isterseniz; **~·li·hood** ['laıklıhʊd] *n.* olasılık; **~·ly** [~lı] **1.** *(-ier, -iest) adj.* olası; uygun; inanılır, akla yakın; *-ceğe* benzeyen, *-cek* gibi olan; **2.** *adv.* muhtemelen, belki de; *not ~! F* Ne münasebet!, Sanmam!

lik·en ['laıkən] *v/t.* benzetmek *(to -e).*

like|ness ['laıknıs] *n.* benzerlik; resim, portre; **~·wise** [~waız] *adv.* aynı biçimde, aynen, aynısı; ayrıca, bundan başka.

lik·ing ['laıkıŋ] *n.* sevme, düşkünlük, beğeni *(for -e karşı).*

li·lac ['laılək] **1.** *adj.* açık mor ...; **2.** *n.* ⚘ leylak; leylak rengi.

lil·y ⚘ ['lılı] *n.* zambak; *~ of the valley* inciçiçeği; **~-white** *adj.* bembeyaz.

limb [lım] *n.* organ; ⚘ dal.

lim·ber ['lımbə]: *~ up spor:* vücudu ısıtmak, ısınmak.

lime[1] [laım] *n.* kireç.

lime[2] ⚘ [~] *n.* ıhlamur; misket limonu.

lime·light *fig.* ['laımlaıt] *n.* ilgiyi üzerine çekme; herkesçe bilinme, dillerde dolaşma.

lim·it ['lımıt] **1.** *n. fig.* limit, sınır, uç; *within ~s* belli sınırlar içinde, belli ölçüde; *off ~s Am.* yasak bölge *(to için); that is the ~! F* Bu kadarı da fazla!, Yetti be!; *go to the ~ F* sınıra dayanmak; her şeyi göze almak; **2.** *v/t.* sınırlamak, kısıtlamak *(to -e).*

lim·i·ta·tion [lımı'teıʃn] *n.* sınırlama, kısıtlama *(a. fig.)*

lim·it|ed ['lımıtıd] *adj.* sınırlı, kısıtlı; *~ (liability) company Brt.* sınırlı sorumlu şirket; **~·less** □ [~lıs] sınırsız, sonsuz, uçsuz bucaksız.

limp [lımp] **1.** *v/i.* topallamak, aksamak; **2.** *n.* topallama; **3.** *adj.* gevşek, yumuşak; zayıf, kuvvetsiz.

lim·pid □ ['lımpıd] berrak, duru, pırıl pırıl.

line [laın] **1.** *n.* dizi, sıra, seri; yol, hat; olta; ip, sicim; satır; plan, desen; not,pusula; hiza; çığır, devir; iş, meslek; kuyruk; demiryolu hattı; ekvator çizgisi; *tel., teleph.* hat; *spor:* çizgi; *econ.* mal; *fig.* yol, yöntem; *~s pl. thea.* rol; *be in ~ for* elde etme şansı olmak; *be in ~ with ile* uyuşmak; *draw the ~* reddetmek, geri çevirmek; *hold the ~ teleph.* telefonu kapatmamak, ayrılmamak; *stand in ~ Am.* kuyrukta beklemek; **2.** *v/t.* dizmek, sıralamak; *(yüz v.b.)* kırıştırmak; *(giysi)* astarlamak; ⊕ kaplamak; *~ up* sıraya dizmek.

lin·e·a·ments ['lınıəmənts] *n. pl.* yüz hatları.

lin·e·ar ['lınıə] *adj.* çizgisel, doğrusal; uzunluk ...

lin·en ['lının] **1.** *n.* keten bezi; iç çamaşır; **2.** *adj.* ketenden yapılmış, keten ...; **~-clos·et, ~-cup·board** *n.* çamaşır dolabı.

lin·er ['laınə] *n.* transatlantik; yolcu uçağı; = *eyeliner.*

lin·ger ['lıŋgə] *v/i.* gecikmek, ayrılamamak, oyalanmak; ölüm döşeğinde yatmak; *a. ~ on (ağrı v.b.)* kolay kolay geçmemek.

lin·ge·rie ['lænʒəri:] *n.* kadın iç çamaşırı.

lin·i·ment *pharm.* ['lınımənt] *n.* liniment, merhem.

lin·ing ['laınıŋ] *n.* astarlama; astar; ⊕ iç kaplama.

link [lıŋk] **1.** *n.* zincir halkası; *fig*

bağlantı, bağ, ilişki; **2.** *v/t. & v/i.* bağla(n)mak, birleş(tir)mek; zincirlemek; ~ *up* bağla(n)mak, birleş(tir)mek.
links [lıŋks] *n. pl.* kol düğmesi; *a. golf* ~ golf sahası.
link-up ['lıŋkʌp] *n.* birleşme noktası, bağlantı noktası.
lin·seed ['lınsi:d] *n.* ⚘ ketentohumu; ~ *oil* beziryağı.
li·on *zo.* ['laıən] *n.* aslan; *fig.* ünlü kimse, şöhret; **~·ess** *zo.* [~nıs] *n.* dişi aslan.
lip [lıp] *n.* dudak; kenar, uç; *sl.* küstahlık, yüzsüzlük; **~·stick** ['lıpstık] *n.* ruj, dudak boyası.
liq·ue·fy ['lıkwıfaı] *v/t. & v/i.* sıvılaş(tır)mak.
liq·uid ['lıkwıd] **1.** *adj.* sıvı, akışkan, akıcı; berrak, parlak; **2.** *n.* sıvı.
liq·ui·date ['lıkwıdeıt] *v/t.* ortadan kaldırmak, yok etmek; öldürmek; *econ.* tasfiye etmek, kapatmak.
liq·uid|ize ['lıkwıdaız] *v/t. (meyve v.b.)* sıkmak, suyunu çıkarmak; **~·iz·er** [~ə] *n.* meyve sıkacağı, mikser.
liq·uor ['lıkə] *n. Brt.* alkollü içki; *Am.* sert içki; et suyu.
liq·uo·rice ['lıkərıs] *n.* meyanköкü.
lisp [lısp] **1.** *n.* peltek konuşma; **2.** *v/i.* peltek konuşmak.
list [lıst] **1.** *n.* liste, cetvel; **2.** *v/t. -in* listesini yapmak; listeye geçirmek.
lis·ten ['lısn] *v/i.* dinlemek, kulak vermek *(to -e);* önem vermek, dikkat etmek, kulak asmak *(to -e);* ~ *in* radyodan dinlemek *(to -i);* kulak misafiri olmak; **~·er** [~ə] *n.* dinleyici.
list·less ['lıstlıs] *adj.* halsiz, bitkin; kaygısız, kayıtsız.
lit [lıt] *pret. & p.p. of light*[1] *3.*
lit·e·ral □ ['lıtərəl] harf ile ilgili, harf ...; harfi harfine, kelimesi kelimesine; doğru, gerçek.
lit·e·ra|ry □ ['lıtərərı] edebi, yazınsal; **~·ture** [~rətʃə] *n.* edebiyat, yazın.
lithe □ [laıð] esnek, kıvrak, çevik.
lit·i·ga·tion ⚖ [lıtı'geıʃn] *n.* dava; dava etme.
lit·re, *Am.* **-ter** ['li:tə] *n.* litre.
lit·ter ['lıtə] **1.** *n.* tahtırevan; sedye; samandan hayvan yatağı; *zo.* bir batında doğan yavrular; *esp.* çerçöp, döküntü; **2.** *v/t. zo. (yavru)* doğurmak; karmakarışık etmek, saçmak, dağıtmak; *be ~ed with* üstü ... ile örtülü olmak; *v/i. zo.* yavrulamak; ~ **bas·ket,** ~ **bin** *n.* çöp kutusu.
lit·tle ['lıtl] **1.** *(less, least) adj.* küçük, ufak; önemsiz, değersiz; kısa, az, biraz; ~ *one* küçük çocuk, ufaklık; **2.** *(less, least) adv.* az miktarda, azıcık, birazcık; hemen hiç; seyrek olarak; **3.** *n.* az miktar; az zaman; *a ~* biraz; ~ *by ~* azar azar, yavaş yavaş; *not a ~* çok, bir hayli, epey.
live[1] [lıv] *v/i.* yaşamak; oturmak; ~ *to see* görecek kadar yaşamak; ~ *off -in* parasıyla geçinmek; ekmeğini *-den* çıkarmak, *-den* geçinmek; ~ *on ile* beslenmek; *ile* geçinmek; ~ *through* görüp geçirmek, görmek; ~ *up to -e* uygun biçimde yaşamak; *-e* göre davranmak; yerine getirmek; ~ *with ile* birlikte yaşamak, dost hayatı yaşamak; kabullenmek; *v/t. (yaşam)* sürmek; ~ *s.th. down bşi* unutturmak, unutturacak biçimde yaşamak.
live[2] [laıv] **1.** *adj.* canlı, diri; hayat dolu, enerjik; yanan, sönmemiş *(kömür v.b.);* patlamamış *(bomba v.b.);* ⚡ akımlı, cereyanlı *(tel); radyo, TV:* canlı *(yayın);* **2.** *adv. radyo, TV: (yayın)* canlı olarak.
live|li·hood ['laıvlıhʊd] *n.* geçinme, geçim; **~·li·ness** [~nıs] *n.*

canlılık, zindelik; parlaklık; **~·ly** [~lı] *(-ier, -iest) adj.* canlı, neşeli, şen, keyifli; hayat dolu; parlak *(renk).*
liv·er *anat.* ['lıvə] *n.* karaciğer.
liv·e·ry ['lıvərı] *n.* hizmetçi üniforması; kıyafet, kılık.
lives [laıvz] *pl. of life.*
live·stock ['laıvstɒk] *n.* çiftlik hayvanları.
liv·id □ ['lıvıd] mavimsi, morumsu; solgun *(yüz); F* çok öfkeli, tepesi atmış.
liv·ing ['lıvıŋ] **1.** □ yaşayan, canlı, sağ, diri; *the ~ image of -in* tıpkısı, hık demiş burnundan düşmüş; **2.** *n.* yaşayış; yaşama, geçinme, geçim; *eccl.* maaşlı papazlık makamı; *the ~ pl.* yaşayanlar; *standard of ~* yaşam standardı; **~ room** *n.* oturma odası.
liz·ard *zo.* ['lızəd] *n.* kertenkele.
load [ləʊd] **1.** *n.* yük *(a. fig.); ⚡* şarj; kaygı, endişe; **2.** *v/t. & v/i.* yükle(n)mek; *(silah)* doldurmak; *(küfür, hediye v.b.)* yağdırmak, boğmak *(with -e); ~ camera* makineye film koymak; **~·ing** ['ləʊdıŋ] *n.* yükleme; yük; *attr.* yükleme ...; yük ...
loaf[1] [ləʊf] *(pl. loaves* [~vz]*) n. (ekmek)* somun; *sl.* kafa, kelle, saksı.
loaf[2] [~] *v/i.* zamanını boşa geçirmek, aylaklık etmek, boşta gezmek; **~·er** ['ləʊfə] *n.* aylak, boşta gezen kimse.
loam [ləʊm] *n.* lüleci çamuru, balçık; bereketli toprak; **~·y** ['ləʊmı] *(-ier, -iest) adj.* balçık gibi.
loan [ləʊn] **1.** *n.* ödünç verme; ödünç alma, borçlanma; ödünç; *on ~* ödünç olarak; **2.** *v/t. esp. Am.* ödünç vermek.
loath □ [ləʊθ] isteksiz, gönülsüz; *be ~ to do s.th. bşi* yapmaya isteksiz olmak; **~e** [ləʊð] *v/t.* iğrenmek, tiksinmek, nefret etmek; **~·ing** ['ləʊðıŋ] *n.* iğrenme, nefret; **~·some** □ [~ðsəm] iğrenç, tiksindirici, nefret verici.
loaves [ləʊvz] *pl. of loaf*[1].
lob·by ['lɒbı] **1.** *n.* lobi, dalan, bekleme salonu; *thea., film:* fuaye; *parl.* kulis faaliyeti; *pol.* kulis yapanlar, lobi; **2.** *v/i. pol.* kulis yapmak, lobi oluşturmak.
lobe *anat.*, ⚘ [ləʊb] *n.* lop; *a. ear~* kulakmemesi.
lob·ster *zo.* ['lɒbstə] *n.* ıstakoz.
lo·cal ['ləʊkl] **1.** □ yöresel, yerel; lokal ...; *~ government* yerel yönetim; **2.** *n.* meyhane, bar; *a. ~ train* banliyö treni; *the ~ Brt. F* semt sakinleri, mahalleli; **~·i·ty** [ləʊ'kælətı] *n.* yer, yöre, mevki; semt, mahalle; **~·ize** ['ləʊkəlaız] *v/t.* yerelleştirmek, sınırlamak; yerini belirlemek.
lo·cate [ləʊ'keıt] *v/t.* yerleştirmek; tam yerini bulmak, yerini saptamak; *be ~d* yeri *-de* olmak, bulunmak; **lo·ca·tion** [~eıʃn] *n.* yer, mevki; yerini saptama; *film:* stüdyo dışındaki çekim yeri; *on ~* stüdyo dışında.
loch *Scot.* [lɒk] *n.* göl; haliç, körfez.
lock[1] [lɒk] **1.** *n.* kilit; silah çakmağı; yükseltme havuzu; ⊕ kilitlenme; **2.** *v/t. & v/i.* kilitle(n)mek; kenetle(n)mek; ⊕ bloke etmek; *~ away* kilitleyip kaldırmak; *~ in* kapıyı üzerine kilitlemek, hapsetmek, kapatmak; *~ out* dışarıda bırakmak; lokavt yapmak; *~ up* kilitleyip kaldırmak, kilit altında saklamak; hapsetmek; *(para)* yatırmak, bağlamak.
lock[2] [~] *n.* saç lülesi, bukle.
lock|er ['lɒkə] *n.* dolap; *~ room spor:* soyunma odası; **~·et** [~ıt] *n.* madalyon; **~-out** *n. ecom.* lokavt; **~·smith** *n.* çilingir; **~-up** *n.* nezarethane; *F* hapishane, dam.

lo·co *Am. sl.* ['ləʊkəʊ] *adj.* deli, kaçık.

lo·co·mo|tion [ləʊkə'məʊʃn] *n.* hareket, devinim; **~·tive** ['ləʊkəməʊtɪv] **1.** *adj.* hareket ile ilgili, hareket ...; hareket ettirici; **2.** *n.* *a.* ~ *engine* lokomotif.

lo·cust *zo.* ['ləʊkəst] *n.* çekirge.

lodge [lɒdʒ] **1.** *n.* kulübe; kapıcı evi; kır evi; mason locası; hayvan ini; **2.** *v/t.* & *v/i.* yerleş(tir)mek, barın(dır)mak; emaneten vermek; kirada oturmak; misafir etmek *ya da* olmak; *(şikâyet)* arzetmek, sunmak; **lodg·er** ['lɒdʒə] *n.* kiracı, pansiyoner; **lodg·ing** [~ɪŋ] *n.* kiralık oda; geçici konut; ~*s pl.* pansiyon.

loft [lɒft] *n.* tavan arası; güvercinlik; samanlık; kilise balkonu; **~·y** □ ['lɒftɪ] *(-ier, -iest)* çok yüksek, yüce; kibirli, tepeden bakan.

log [lɒg] *n.* kütük; ⚓ parakete; = **~-book** ['lɒgbʊk] ⚓, ✈ rota *ya da* seyir defteri; *mot.* ruhsatname; ~ **cab·in** *n.* kütüklerden yapılmış kulübe; **~·ger·head** [~əhed]: *be at* ~*s* kavgalı olmak, arası açık olmak.

lo·gic ['lɒdʒɪk] *n.* mantık, eseme; **~·al** □ [~kl] mantıksal; mantıklı, mantığa uygun.

loins [lɔɪnz] *n. pl. anat.* bel; fileto.

loi·ter ['lɔɪtə] *v/i.* aylak aylak dolaşmak, sürtmek; oyalanmak, sallanmak.

loll [lɒl] *v/i.* yayılıp oturmak, uzanmak; ~ *out (dil)* dışarı sark(ıt)mak.

lol|li·pop ['lɒlɪpɒp] *n.* lolipop, saplı şeker; ~ *man,* ~ *woman Brt.* öğrencilerin caddeden geçmeleri için trafiği durduran görevli; **~·ly** *F* ['lɒlɪ] *n.* lolipop, saplı şeker; *ice(d)* ~ saplı dondurma.

lone|li·ness ['ləʊnlɪnɪs] *n.* yalnızlık; ıssızlık; **~·ly** [~lɪ] *(-ier, -iest),* **~·some** □ [~səm] yalnız, kimsesiz; ıssız, tenha.

long¹ [lɒŋ] **1.** *n.* uzun süre, uzun zaman; *before* ~ çok geçmeden; *for* ~ uzun süre; *take* ~ uzun sürmek; **2.** *adj.* uzun; uzak *(tarih)*; *in the* ~ *run* eninde sonunda; zamanla, uzun vadede; *be* ~ uzun sürmek; **3.** *adv.* uzun zamandır, epeydir; süresince, boyunca; *as ya da so* ~ *as* kadar; -dikçe; *-mek* koşulu ile; ~ *ago* çok önce; *no* ~*er* artık ... değil; *so* ~*! F* Hoşça kal!, Görüşürüz!

long² [~] *v/i.* özlemek, can atmak *(for -e).*

long|-dis·tance ['lɒŋ'dɪstəns] *adj.* uzun mesafeli; *teleph.* şehirlerarası; ~ *call teleph.* şehirlerarası konuşma; ~ *runner spor:* uzun mesafe koşucusu.

lon·gev·i·ty [lɒn'dʒevətɪ] *n.* uzun ömürlülük.

long·hand ['lɒŋhænd] *n.* el yazısı.

long·ing ['lɒŋɪŋ] **1.** □ özlem dolu, arzulu; **2.** *n.* özlem, arzu, hasret.

lon·gi·tude *geogr.* ['lɒndʒɪtjuːd] *n.* boylam.

long| jump ['lɒŋdʒʌmp] *n. spor:* uzun atlama; **~·shore·man** [~ʃɔːmən] *(pl. -men) n.* dok işçisi; **~-sight·ed** □ [lɒŋ'saɪtɪd] uzağı iyi gören; **~-stand·ing** *adj.* çok eski, eskiden beri sürgelen; **~-term** *adj.* uzun vadeli; ~ **wave** *n.* ⚡ uzun dalga; **~-wind·ed** □ sözü uzatan, kafa ütüleyen.

loo *Brt. F* [luː] *n.* tuvalet, yüznumara.

look [lʊk] **1.** *n.* bakma, bakış, nazar; yüz ifadesi; *(good)* ~*s pl.* kişisel görünüm, güzellik; *have a* ~ *at s.th. bşe* göz atmak, bakıvermek; *I don't like the* ~ *of it* onu beğenmiyorum, gözüm tutmadı; **2.** *v/i.* bakmak *(at, on -e)*; ... gibi durmak, görünmek, benzemek; ~ *here!* Bana bak!, Baksana!; ~ *like -e* benzemek; *it* ~*s as if -ceğe* benziyor, sanki *-cek* gibi; ~ *after -e* bakmak, *ile* ilgilenmek; ~ *ahead* ileriye bakmak; *fig.* ileriye yönelik plan yapmak, ileriyi görmek; ~ *around* etrafına bakınmak; ~ *at -e* bakmak; ~ *back* geriye bakmak; *fig.* eskiyi hatırlamak, geçmişe bakmak; ~ *down* aşağıya bakmak; *fig.* hor görmek, tepeden bakmak *(on s.o. b-ne);* ~ *for* aramak; beklemek, ummak; ~ *forward to* sabırsızlıkla beklemek, iple çekmek, dört gözle beklemek; ~ *in F* uğramak *(on -e); F* televizyon seyretmek; ~ *into* araştırmak, incelemek; ~ *on -e* bakmak, seyretmek; ~ *on to -e* nazır olmak, *-e* bakmak; ~ *on,* ~ *upon as ....* gözüyle bakmak, ... olarak görmek; ~ *out* dışarı bakmak; dikkat etmek, sakınmak; seçmek, ayırmak; bakınmak, aranmak *(for -i);* ~ *over* gözden geçirmek, göz gezdirmek, incelemek; ~ *round* etrafına bakınmak; gezmek, dolaşmak; enine boyuna düşünmek; ~ *through* gözden geçirmek, incelemek; ~ *up* başını kaldırıp bakmak; iyiye gitmek, düzelmek, canlanmak; arayıp bulmak.

look·ing-glass ['lʊkɪŋglɑːs] *n.* ayna.

look-out ['lʊkaʊt] *n.* gözetleme; gözetleme yeri; gözcü; *fig. F* iş, sorun, dert; *that is my* ~ *F* o benim bileceğim iş, o benim sorunum.

loom [luːm] **1.** *n.* dokuma tezgâhı; **2.** *v/i. a.* ~ *up* karaltı gibi görünmek, olduğundan daha korkunç görünmek.

loop [luːp] **1.** *n.* ilmik, ilmek, düğüm; ✈ takla; *kompütür:* döngü; **2.** *v/t.* ilmiklemek, düğümlemek; *v/i.* ilmik olmak; ✈ takla atmak; ~**·hole** ['luːphəʊl] *n.* ✕ mazgal; *fig.* kaçamak; *a* ~ *in the law* yasada açık.

loose [luːs] **1.** □ *(~r, ~st)* gevşek, çözük; sarkık; bol, dökümlü *(giysi);* sallanan; seyrek, dağınık; hafifmeşrep, mal *(kadın); let* ~ gevşetmek, salıvermek; **2.** *n. be on the* ~ serbest olmak; **loos·en** ['luːsn] *v/t. & v/i.* çöz(ül)mek, gevşe(t)mek; ~ *up spor:* ısınmak.

loot [luːt] **1.** *v/i.* yağma etmek; **2.** *n.* yağma, ganimet.

lop [lɒp] *(-pp-) v/t.* budamak, kesmek; ~ *off* durdurmak, kaldırmak; ~**·sid·ed** □ ['lɒp'saɪdɪd] bir yana yatmış; dengesiz, oransız.

loq·ua·cious □ [ləʊ'kweɪʃəs] konuşkan, geveze, dilli, çenebaz.

lord [lɔːd] *n.* lord; sahip, efendi; mal sahibi; *the* ♀ Allah, Tanrı; *my* ~ [mɪ'lɔːd] efendim, lord hazretleri; ♀ *Mayor Brt.* belediye başkanı; *the* ♀ *'s Prayer* İsa'nın öğrettiği dua; *the* ♀ *'s Supper* Aşai Rabbani ayini; ~**·ly** ['lɔːdlɪ] *(-ier, -iest) adj.* lorda yaraşır; görkemli, haşmetli; gururlu, kibirli; ~**·ship** [~ʃɪp]: *his ya da your* ~ sayın lordum, efendim; sayın yargıç.

lore [lɔː] *n.* bilim; bilgi.

lor·ry *Brt.* ['lɒrɪ] *n.* kamyon; 🚃 furgon, dekovil vagonu.

lose [luːz] *(lost) v/t. & v/i.* kaybet(tir)mek, yitirmek; tutamamak, kaçırmak; duyamamak, anlayamamak, kaçırmak; *(saat)* geri kalmak; ~ *o.s. k-ni* kaybetmek, *k-den* geçmek; yolunu şaşırmak, kaybolmak; *k-ni* vermek, dalmak *(in -e);* **los·er** ['luːzə] *n.* kaybeden *ya da* yenik kimse.

loss [lɒs] *n.* kayıp; zarar, ziyan; *at a* ~ *econ.* zararına *(satış); be at a* ~ ne yapacağını bilememek, şaşırmak.

lost [lɒst] **1.** *pret. & p.p. of lose;* **2.** *adj.* kaybolmuş, kayıp; kaybedilmiş; harap olmuş; boşa gitmiş *(zaman);* yolunu şaşırmış, kaybolmuş; *be* ~ *in thought* düşünceye dalmak; ~ *property office* kayıp eşya bürosu.

lot [lɒt] *n.* kura, adçekme; kader, alınyazısı, yazgı; pay, hisse; piyango; *econ. (mal)* parti; *esp. Am.* arazi, arsa; *esp. Am.* park yeri; *esp. Am.* film stüdyosu; *F* çok miktar, yığın; *the ~ F* hepsi, tamamı; *a ~ of F, ~s of F* birçok, bir sürü, bir yığın; *~s and ~s of F* yığınla, sürüsüne bereket; *a bad ~ F* yaramaz herif; *cast ya da draw ~s* kura çekmek, adçekmek.

loth □ [ləʊθ] = *loath.*

lo·tion ['ləʊʃn] *n.* losyon.

lot·te·ry ['lɒtərı] *n.* piyango.

loud [laʊd] **1.** □ yüksek *(ses);* gürültülü, patırtılı; göz alıcı, parlak, çiğ *(renk);* **2.** *adv.* yüksek sesle, bağıra bağıra; **~·speak·er** ['laʊd'spi:kə] *n.* hoparlör.

lounge ['laʊndʒ] **1.** *v/i.* tembelce uzanmak, yayılıp oturmak; aylak aylak dolaşmak; **2.** *n.* dinlenme salonu; bekleme salonu; şezlong; divan, kanepe; **~ suit** *n.* gündelik kıyafet.

louse *zo.* [laʊs] *(pl. lice* [laıs]*) n.* bit; **lou·sy** ['laʊzı] *(-ier, -iest) adj.* bitli; *F* iğrenç, berbat, pis.

lout [laʊt] *n.* kaba adam, hödük, eşek.

lov·a·ble □ ['lʌvəbl] sevimli, hoş, cana yakın, cici.

love [lʌv] **1.** *n.* sevgi *(of, for, to, towards -e karşı);* aşk, sevda; *Brt.* sevgili; *tenis:* sıfır; *be in ~ with s.o. b-ne* âşık olmak; *fall in ~ with s.o. b-ne* âşık olmak, gönül vermek, vurulmak; *make ~* sevişmek; *give my ~ to her* ona selamımı söyle; *send one's ~ to -e* selam göndermek; *~ from (mektupta) -den* sevgiler; **2.** *vb.* sevmek, âşık olmak; tapmak; çok hoşlanmak, bayılmak; **~ af·fair** *n.* aşk macerası; **~·ly** ['lʌvlı] *(-ier, -iest) adj.* hoş, sevimli, cana yakın, güzel; eğlenceli; **lov·er** [~ə] *n.* âşık, sevgili; düşkün, meraklı.

lov·ing □ ['lʌvıŋ] seven; sevgi dolu, sevgi ifade eden.

low[1] [ləʊ] **1.** *adj.* aşağı, alçak, basık; sığ; yavaş, alçak *(ses);* kısa, bodur; alçak, aşağılık, rezil; kaba, terbiyesiz; ucuz, düşük; güçsüz, zayıf, bitkin; dekolte *(giysi);* neşesiz, üzgün; **2.** *adv.* alçak sesle; alçaktan; ucuza; **3.** *n. meteor.* alçak basınç alanı; alçak nokta, alçak düzey; düşük fiyat.

low[2] [~] *v/i.* böğürmek.

low·brow *F* ['ləʊbraʊ] **1.** *n.* kültürsüz kimse, basit adam; **2.** *adj.* kültürsüz, basit.

low·er ['ləʊə] **1.** *adj.* daha aşağı, daha alçak; **2.** *v/t. & v/i.* in(dir)mek, alçal(t)mak, düş(ür)mek, azal(t)mak, eksil(t)mek; zayıflatmak; *(gurur)* kırmak; *(güneş)* batmak; *~ o.s.* küçük düşmek, rezil olmak, alçalmak.

low|land ['ləʊlənd] *n. mst. ~s pl.* düz arazi, ova; **~·li·ness** [~lınıs] *n.* alçak gönüllülük; **~·ly** [~lı] *(-ier, -iest) adj.* ikinci derecede olan, aşağı; alçak gönüllü; **~-necked** *adj.* açık yakalı, dekolte *(elbise);* **~-pitched** *adj.* ♪ pes sesli; **~-pres·sure** *adj. meteor.* alçak basınçlı, alçak basınç ... *(a.* ⊕ *);* **~-rise** *adj.* asansörsüz ve alçak *(bina);* **~-spir·it·ed** *adj.* üzgün, neşesiz, keyfi kaçık, süngüsü düşük.

loy·al □ ['lɔıəl] sadık, vefalı; **~·ty** [~tı] *n.* sadakat, vefa, bağlılık.

loz·enge ['lɒzındʒ] *n.* eşkenar dörtgen; pastil.

lu·bri|cant ['lu:brıkənt] *n.* yağlayıcı madde; **~·cate** [~keıt] *v/t.* yağlamak; **~·ca·tion** [lu:brı'keıʃn] *n.* yağlama.

lu·cid □ ['lu:sıd] kolay anlaşılır; açık; parlak; duru, berrak.

luck [lʌk] *n.* şans, talih, baht; uğur; *bad ~, hard ~* şanssızlık;

uğursuzluk; aksilik; *good* ~ şans, talih, uğur; *good* ~! İyi şanslar!; *be in (out of)* ~ şanslı (şanssız) olmak, şansı yaver git(me)mek; **~·i·ly** ['lʌkılı] *adv.* bereket versin ki, Allahtan, iyi ki; **~·y** □ [~ı] *(-ier, -iest)* şanslı, talihli; uğurlu; *be* ~ şanslı olmak.

lu·cra·tive □ ['lu:krətıv] kârlı, kazançlı.

lu·di·crous □ ['lu:dıkrəs] gülünç, komik; saçma.

lug [lʌg] *(-gg-) v/t.* çekmek, sürüklemek.

lug·gage *esp. Brt.* ['lʌgıdʒ] *n.* bagaj; ~ **car·ri·er** *n.* hamal, portbagaj; ~ **rack** *n.* bagaj filesi; üst bagaj; ~ **van** *n. esp. Brt.* eşya vagonu, furgon.

luke·warm ['lu:kwɔ:m] *adj.* ılık; *fig.* kayıtsız, ilgisiz.

lull [lʌl] **1.** *v/t.* & *v/i.* yatış(tır)mak, din(dir)mek; *mst.* ~ *to sleep* ninni ile uyutmak; **2.** *n.* geçici durgunluk *(a. econ.)*, ara.

lul·la·by ['lʌləbaı] *n.* ninni.

lum·ba·go ⚕ [lʌm'beıgəʊ] *n.* lumbago, bel ağrısı.

lum·ber ['lʌmbə] **1.** *n. esp. Am.* kereste; *esp. Brt.* gereksiz eşya, ıvır zıvır; **2.** *v/t.* ~ *s.o. with s.th. Brt. F b-ne bş* yüklemek, *b-ne bş* vererek zorda bırakmak; *v/i.* ağaç kesmek, kereste kesmek; hantal hantal yürümek; **~·jack, ~·man** *(pl. -men) n. esp. Am.* ağaç kesen kimse, keresteci; ~ **mill** *n.* bıçkıhane, hızarhane; ~ **room** *n.* sandık odası; **~·yard** *n.* kereste deposu.

lu·mi|na·ry ['lu:mınərı] *n.* ışık veren cisim; *fig.* aydın kimse; **~·nous** □ [~əs] parlak, ışık veren; *fig.* anlaşılır, açık.

lump [lʌmp] **1.** *n.* topak, yumru, şiş; küme, öbek; toptan şey, yığın; *in the* ~ toptan; ~ *sugar* kesmeşeker; ~ *sum* toptan ödenen para; **2.** *v/t.* & *v/i.* yığ(ıl)mak; bir araya toplamak; hantal hantal dolaşmak; **~·y** □ [~ı] *(-ier, -iest)* yumrulu, topaklı, topak topak; ağır, hantal; çırpıntılı *(su)*.

lu·na·cy ['lu:nəsı] *n.* delilik, cinnet.

lu·nar ['lu:nə] *adj.* ay ile ilgili, ay ...; ~ *module* ay modülü.

lu·na·tic ['lu:nətık] **1.** *adj.* deli ...; delice; saçma sapan; **2.** *n.* deli, akıl hastası.

lunch [lʌntʃ], *(teklifli dil)* **luncheon** ['lʌntʃən] **1.** *n.* öğle yemeği; **2.** *v/t.* & *v/i.* öğle yemeği ye(dir)mek; ~ **hour,** ~ **time** *n.* yemek vakti.

lung *anat.* [lʌŋ] *n.* akciğerlerin her biri; *the ~s pl.* akciğer.

lunge [lʌndʒ] **1.** *n. eskrim:* hamle; **2.** *v/i. eskrim:* hamle yapmak *(at -e)*; saldırmak *(at -e)*.

lurch [lɜ:tʃ] **1.** *v/i.* yalpalamak, sendelemek; **2.** *n. leave in the* ~ yüzüstü bırakmak, ortada bırakmak.

lure [ljuə] **1.** *n.* yem; *fig.* tuzak; **2.** *v/t.* cezbetmek, çekmek, ayartmak.

lu·rid □ ['ljʊərıd] parlak, pırıl pırıl; *fig.* korkunç, dehşetli.

lurk [lɜ:k] *v/i.* gizlenmek; *(tehlike)* kol gezmek; ~ *about,* ~ *around* gizli gizli dolaşmak.

lus·cious □ ['lʌʃəs] çok tatlı, bal gibi; çekici, güzel, enfes *(kız)*; olgun *(meyve)*.

lush [lʌʃ] *adj.* bereketli, bol, verimli; taze ve sulu, özlü.

lust [lʌst] **1.** *n.* şehvet; *fig.* hırs, arzu; **2.** *v/t.* ~ *after,* ~ *for* şehvetle arzu etmek, çok istemek.

lus|tre, *Am.* **-ter** ['lʌstə] *n.* cila; parlaklık; görkem, şaşaa; **~·trous** □ [~rəs] cilalı; parlak, pırıl pırıl.

lust·y □ ['lʌstı] *(-ier, -iest)* dinç, gürbüz, güçlü; şehvetli; *fig.* canlı.

lute ♪ [lu:t] *n.* ut, kopuz.

Lu·ther·an ['lu:θərən] *adj.* Martin Luther'e özgü.
lux·ate ⚕ ['lʌkseɪt] *v/t.* eklemden çıkarmak, burkmak.
lux·u|ri·ant □ [lʌg'zjʊərɪənt] bol, bereketli; süslü, şatafatlı; **~·ri·ate** [~ɪeɪt] *v/i.* büyük zevk almak *(in -den)*, tadını çıkarmak *(in -in)*; **~·ri·ous** □ [~ɪəs] lüks, konforlu; pahalı; **~·ry** ['lʌkʃərɪ] *n.* lüks, konfor; *attr.* lüks ...
lye [laɪ] *n.* kül suyu, boğada suyu.
ly·ing ['laɪɪŋ] **1.** *p.pr. of lie*[1] *2 & lie*[2] *2;* **2.** *adj.* yalan, uydurma, asılsız; **~-in** [~'ɪn] *n.* loğusalık.
lymph ⚕ [lɪmf] *n.* lenfa, akkan.
lynch [lɪntʃ] *v/t.* linç etmek; **~ law** ['lɪntʃlɔ:] *n.* linç kanunu.
lynx *zo.* [lɪŋks] *n.* vaşak, karakulak.
lyr|ic ['lɪrɪk] **1.** *adj.* lirik; **2.** *n.* lirik şiir; *~s pl.* güfte; **~·i·cal** □ [~kl] lirik; heyecanlı, coşmuş.

M

ma *F* [mɑ:] *n.* anne.
ma'am [mæm] *n.* hanımefendi, efendim; *F* [məm] *n.* madam, bayan.
mac *Brt. F* [mæk] = *mackintosh.*
ma·cad·am [mə'kædəm] *n.* makadam, şose.
mac·a·ro·ni [mækə'rəʊnɪ] *n.* makarna.
mac·a·roon [mækə'ru:n] *n.* bademli kurabiye.
mach·i·na·tion [mækɪ'neɪʃn] *n.* entrika çevirme; *~s pl.* entrika, dolap, dümen, dalavere.
ma·chine [mə'ʃi:n] **1.** *n.* makine; motorlu araç; mekanizma *(a. fig.)*; **2.** *v/t.* makine ile yapmak; makine ile biçim vermek; **~-made** *adj.* makine yapımı, makineyle yapılmış.
ma·chin|e·ry [mə'ʃi:nərɪ] *n.* makineler; mekanizma *(a. fig.)*; **~·ist** [~ɪst] *n.* makinist; makine yapımcısı.
mack *Brt. F* [mæk] = *mackintosh.*
mack·e·rel *zo.* ['mækrəl] *n.* uskumru.
mack·in·tosh *esp. Brt.* ['mækɪntɒʃ] *n.* yağmurluk.
mac·ro- ['mækrəʊ] *prefix* makro..., büyük ...
mad □ [mæd] deli, çılgın; kuduz; *F* çok düşkün, deli, hasta; *fig.* öfkeden kudurmuş, çılgına dönmüş; *go ~, Am. get ~* çılgına dönmek; *drive s.o. ~ b-ni* deli etmek, çileden çıkarmak, çılgına çevirmek; *like ~* deli gibi.
mad·am ['mædəm] *n.* madam, bayan, hanımefendi.
mad|cap ['mædkæp] **1.** *adj.* ele avuca sığmaz, delişmen; zıpır; delice*(düşünce v.b.)*; **2.** *n.* delişmen kimse; **~·den** [~n] *v/t. & v/i.* çıldır(t)mak; öfkelen(dir)mek; **~·den·ing** □ [~ɪŋ] çıldırtıcı; can sıkıcı, sinirlendirici.
made [meɪd] *pret. & p.p. of make 1; ~ of gold* altından yapılmış.
mad|house ['mædhaʊs] *n.* akıl hastanesi, tımarhane; **~·ly** [~lɪ] *adv.* deli gibi, çılgınca; *F* çok epey; **~·man** *(pl. -men) n.* deli; **~·ness** [~nɪs] *n.* delilik, çılgınık; delice davranış; **~·wom·an** *(pl. -women) n.* deli kadın.

mag·a·zine [mægə'ziːn] *n.* magazin, dergi, mecmua; cephanelik; şarjör; depo, ambar.
mag·got *zo.* ['mægət] *n.* kurt, kurtçuk.
Ma·gi ['meɪdʒaɪ] *pl.: the (three) ~* gördükleri yıldız aracılığıyla Hz. İsa'yı ziyarete gelen üç yıldız falcısı.
ma·gic ['mædʒɪk] **1.** *(~ally) a.* **~·al** □ [~l] sihirli, büyülü; **2.** *n.* sihirbazlık, büyücülük; *fig.* sihir, büyü; **ma·gi·cian** [mə'dʒɪʃn] *n.* sihirbaz, büyücü.
ma·gis|tra·cy ['mædʒɪstrəsɪ] *n.* yargıçlık; yargıçlar; **~·trate** [~eɪt] *n.* sulh yargıcı.
mag|na·nim·i·ty [mægnə'nɪmətɪ] *n.* yüce gönüllülük; **~·nan·i·mous** □ [mæg'nænɪməs] yüce gönüllü.
mag·net ['mægnɪt] *n.* mıknatıs; **~·ic** [mæg'netɪk] *(~ally) adj.* mıknatıslı, manyetik.
mag·nif|i·cence [mæg'nɪfɪsns] *n.* görkem, ihtişam, debdebe; **~·i·cent** [~t] *adj.* görkemli, mükemmel, ihtişamlı.
mag·ni|fy ['mægnɪfaɪ] *v/t.* büyütmek *(a. fig.); ~ing glass* büyüteç; **~·tude** [~tjuːd] *n.* büyüklük; önem.
mag·pie *zo.* ['mægpaɪ] *n.* saksağan.
ma·hog·a·ny [mə'hɒgənɪ] *n.* maun ağacı; kırmızımsı kahverengi.
maid [meɪd] *n. lit.* kız; kız oğlan kız, bakire; hizmetçi kız; *old ~* gençliği geçmiş kız, kız kurusu; *~ of all work* her işe bakan hizmetçi kız; *~ of honour* nedime; *esp. Am.* küçük kek.
maid·en ['meɪdn] **1.** = *maid;* **2.** *adj.* evlenmemiş; el değmemiş, bakir; *fig.* ilk; *~ name* kızlık adı, evli kadının bekârlık soyadı; **~-head** *n.* kızlık, erdenlik; himen, kızlık zarı; **~·hood** *lit.* [~hʊd] *n.* kızlık, erdenlik; kızlık çağı; **~·ly** [~lɪ] *adj.* genç kız gibi; mahçup.
mail[1] [meɪl] *n.* zırh.
mail[2] [~] **1.** *n.* posta; posta arabası; posta treni; *by ~* posta ile; **2.** *v/t. esp. Am.* posta ile göndermek, postaya vermek; **~·a·ble** *Am.* ['meɪləbl] *adj.* posta ile gönderilebilir; **~-bag** *n.* posta torbası; *Am.* postacı çantası; **~·box** *n. Am.* posta kutusu; **~ car·ri·er** *Am.*, **~·man** *(pl. -men) n.* postacı; **~-or·der** *n.* posta ile sipariş; **~-or·der firm,** *esp. Am.* **~-or·der house** *n.* posta ile sipariş alan mağaza.
maim [meɪm] *v/t.* sakatlamak, sakat etmek.
main [meɪn] **1.** *adj.* asıl, ana, temel, esas, başlıca; *by ~ force* var gücüyle, kuvvetle; *~ road* anayol; **2.** *n. mst.* **~s** *pl.* ana boru; ⚡ şebeke; *in the ~* çoğunlukla; **~·land** [~lənd] *n.* ana toprak, kara; **~·ly** [~lɪ] *adv.* başlıca, esasen, çoğu; **~·spring** *n.* ana yay, büyük zemberek; *fig.* baş etken, asıl neden; **~·stay** *n.* ⚓ grandi ana istralyası; *fig.* başlıca dayanak, direk; ♀ **Street** *n. Am.* ana cadde; taşra gelenekleri; ♀ **Street·er** *n. Am.* taşralı kimse.
main·tain [meɪn'teɪn] *v/t.* devam ettirmek, sürdürmek; korumak, tutmak; bakmak, geçindirmek; ⊕ bakımını sağlamak; iddia etmek.
main·te·nance ['meɪntənəns] *n.* devam, sürdürme; koruma; geçim; nafaka; ⊕ bakım.
maize *esp. Brt.* ⚘ [meɪz] *n.* mısır.
ma·jes|tic [mə'dʒestɪk] *(~ally) adj.* görkemli, heybetli, muhteşem; **~.ty** ['mædʒəstɪ] *n.* görkem, heybet, haşmet.
ma·jor ['meɪdʒə] **1.** *adj.* daha büyük, daha önemli; *fig.* başlıca, esas, ana; ⚖ ergin, reşit; *C ~* ♪ do majör; *~ key* ♪ majör perdesi; *~ league Am. beysbol:* en bü-

yük iki ligden biri; ~ *road* anayol; **2.** *n.* × binbaşı; ⚖ ergin, reşit; *Am. univ.* ana ders; ♪ majör; **~-gen·e·ral** *n.* × tümgeneral; **~·i·ty** [mə'dʒɒrətı] *n.* çoğunluk; ⚖ erginlik, reşitlik; × binbaşılık.

make [meık] **1.** *(made) v/t.* yapmak, etmek; yaratmak; inşa etmek; sağlamak; elde etmek, kazanmak; *(şiir)* yazmak; *(yatak v.b.)* hazırlamak, düzeltmek; yerine getirmek; atamak; *(fiyat)* koymak; *(devre)* kapatmak; zorlamak, yaptırmak; varmak, ulaşmak; içine almak; yakalamak, yetişmek; anlamak, kavramak; göstermek; *(yol)* katetmek, almak; ~ *s.th. do,* ~ *do with s.th. bşle* yetinmek, idare etmek; *do you* ~ *one of us?* bize katılır mısınız?; *what do you* ~ *of it?* ondan ne anlıyorsunuz?; ~ *friends with ile* arkadaş olmak; ~ *good (zararı)* ödemek; yerine getirmek; başarılı olmak; ~ *haste.* acele etmek; ~ *way* ilerlemek; *v/i.* davranmak, hareket etmek; yola koyulmak; *(met)* yükselmek, kabarmak; ~ *away with (para v.b.)* çalmak, yürütmek; öldürmek; ~ *for -e* gitmek, *-in* yolunu tutmak; *-e* saldırmak; ~ *into -e* dönüştürmek, *-e* durumuna getirmek; ~ *off* tüymek, kaçmak, sıvışmak; ~ *out (çek v.b.)* yazmak; anlamak, çıkarmak; ayırt etmek, seçmek; ayartmak, tavlamak; *(liste v.b.)* yapmak; ~ *over* biçimini değiştirmek, *-e* dönüştürmek; ~ *up* barışmak; makyaj yapmak, boyanmak; yapmak, hazırlamak; oluşturmak, kurmak; *(bahane)* uydurmak; ~ *up one's mind* karar vermek; *be made up of -den* yapılmış olmak; ~ *up (for)* telafi etmek, tamamlamak; **2.** *n.* biçim, yapı; marka, model, tip, çeşit; imal, yapım; **~-be·lieve** ['meıkbıli:v] *n.* yalandan yapma, yapmacık, taklit; **~r** [~ə] *n.*yapımcı; fabrikatör; ♀ Yaradan, Allah; **~·shift 1.** *n.* geçici çare; **2.** *adj.* geçici, eğreti; **~-up** *n. typ.* mizanpaj; makyaj; yaradılış, huy; bileşim.

mak·ing ['meıkıŋ] *n.* yapma, etme; yapım; başarı nedeni; *this will be the* ~ *of him* bu, başarısının nedeni olacak; *he has the* ~*s of* ...mek için gerekli nitelikleri vardır.

mal- [mæl] *s. bad(ly).*

mal·ad·just|ed [mælə'dʒʌstıd] *adj.* çevreye uyamayan, uyumsuz; **~·ment** [~mənt] *n.* çevreye uyamama, uyumsuzluk.

mal·ad·min·i·stra·tion ['mælədmınıs'treıʃn] *n.* kötü yönetim *(a. pol.).*

mal·a·dy ['mælədı] *n.* hastalık.

mal·con·tent ['mælkəntent] **1.** *adj.* memnun olmayan, hoşnutsuz; **2.** *n.* hoşnutsuz kimse.

male [meıl] *n. & adj.* erkek *(a. zo.).*

mal·e·dic·tion [mælı'dıkʃn] *n.* lanet, beddua.

mal·e·fac·tor ['mælıfæktə] *n.* kötülük eden kimse; suçlu.

ma·lev·o|lence [mə'levələns] *n.* kötü niyet; **~·lent** □ [~t] kötü niyetli, hain.

mal·for·ma·tion [mælfɔ:'meıʃn] *n.* sakatlık, kusurlu oluşum; biçimsizlik.

mal·ice ['mælıs] *n.* kötü niyet; kötülük, kin, garaz.

ma·li·cious □ [mə'lıʃəs] kötü niyetli, hain, kinci; **~·ness** [~nıs] *n.* kötü niyetlilik, hainlik.

ma·lign [mə'laın] **1.** □ kötü, zararlı; ⚕ habis, kötücül; **2.** *v/t.* yermek, kötülemek, iftira etmek, dil uzatmak; **ma·lig·nant** □ [mə'lıgnənt] kötü yürekli, kötü niyetli; ⚕ habis, kötücül; **ma·lig·ni·ty** [~ətı] *n.* kötü yüreklilik, kötücülük; ⚕ habislik, kötücüllük.

mall *Am.* [mɔ:l, mæl] *n.* gezinti yo-

lu.
mal·le·a·ble ['mælıəbl] *adj.* dövülgen *(maden); fig.* yumuşak başlı, uysal.
mal·let ['mælıt] *n.* tokmak, çekiç; *kriket, polo:* sopa.
mal·nu·tri·tion ['mælnju:'trıʃn] *n.* kötü *ya da* yetersiz beslenme; gıdasızlık.
mal·o·dor·ous □ [mæl'əʊdərəs] pis kokulu, leş gibi kokan.
mal·prac·tice ['mæl'præktıs] *n.* ⚖ yolsuzluk, görevi kötüye kullanma; ⚕ yanlış tedavi.
malt [mɔ:lt] *n.* malt, biralık arpa.
mal·treat [mæl'tri:t] *v/t.* *-e* kötü davranmak, eziyet etmek.
ma·ma, mam·ma [mə'mɑ:] *n.* anne.
mam·mal *zo.* ['mæml] *n.* memeli hayvan.
mam·moth ['mæməθ] **1.** *n. zo.* mamut; **2.** *adj.* muazzam, dev gibi.
mam·my *F* ['mæmı] *n.* anne; *Am. contp.* zenci sütnine, Arap dadı.
man [mæn] **1.** [*sonek durumunda:* -mən] *(pl.* *men* [men; *sonek durumunda:* -mən]*) n.* erkek, adam; insan, kimse, kişi; insanoğlu; uşak; erkek işçi; koca; satranç *ya da* dama taşı; ⚔ er, asker; *the ~ in (Am. a. on) the street* sıradan kimse, sokaktaki adamı; **2.** *adj.* erkek gibi; erkek ...; **3.** *(-nn-) v/t.* ⚔, ⚓ adamla donatmak; *~ o.s.* cesaretlenmek.
man·age ['mænıdʒ] *v/t.* yönetmek, idare etmek; kullanmak; becermek; çekip çevirmek *(ticarethane v.b.)*; terbiye etmek *(hayvan)*; *F* bir yolunu bulup yapmak, çaresine bakmak; *~ to inf.* *-meği* becermek, -ebilmek; *v/i.* geçinmek; işini uydurmak, işin içinden sıyrılmak; müdür olmak; **~·a·ble** □ [~əbl] idare edilebilir; kullanışlı; **~·ment** [~mənt] *n. econ.* idare, yönetim; *econ.* yönetim kurulu; *~ studies* işletme ekonomisi; *labo(u)r and ~* işçi ve yönetim.
man·ag·er ['mænıdʒə] *n.* müdür, direktör; *econ.* idareci, yönetici; *thea.* menejer; *thea.* rejisör; *spor:* antrenör, çalıştırıcı; *be a good ~* iyi bir yönetici olmak; **~·ess** [mænıdʒə'res] *n.* müdire; *econ.* kadın yönetici, kadın idareci.
man·a·ge·ri·al *econ.* [mænə'dʒıərıəl] *adj.* yönetimsel, idari; *~ position* yönetici mevkii; *~ staff* yönetim kadrosu.
man·ag·ing *econ.* ['mænıdʒıŋ] *adj.* yöneten ...; idari, yönetimsel.
man|date ['mændeıt] *n.* emir, ferman; ⚖ manda; **~·da·to·ry** [~ətərı] *adj.* emir türünden; zorunlu, gerekli, aranan.
mane [meın] *n.* yele.
ma·neu·ver [mə'nu:və] = *manoeuvre.*
man·ful □ ['mænfl] erkekçe, mert.
mange *vet.* [meındʒ] *n.* uyuz hastalığı.
manger ['meındʒə] *n.* yemlik.
man·gle ['mæŋgl] **1.** *n.* çamaşır mengenesi; ütü cenderesi; **2.** *v/t.* çamaşır mengenesinde sıkmak, cendereden geçirmek; *fig.* ezmek, parçalamak.
mang·y □ ['meındʒı] *(-ier, -iest) vet.* uyuz; *fig.* iğrenç, pis, tiksinti veren.
man·hood ['mænhʊd] *n.* erkeklik; cesaret, yiğitlik; erkekler.
ma·ni·a ['meınjə] *n.* delilik, cinnet; *fig.* merak, tutku, düşkünlük *(for -e)*; **~c** ['meınıæk] *n.* deli, manyak; *fig.* meraklı, düşkün, hasta.
man·i·cure ['mænıkjʊə] **1.** *n.* manikür; **2.** *v/t.* *-e* manikür yapmak.
man·i|fest ['mænıfest] **1.** □ belli, açık, anlaşılır, ortada; **2.** *v/t.* açıkça göstermek, belirtmek, ortaya koymak; işaret etmek; **3.** *n.* ⚓

manifesto, gümrük beyannamesi; **~·fes·ta·tion** [mænıfe'steıʃn] *n.* açıkça gösterme, ortaya koyma; belirti, kanıt; gösteri; **~·fes·to** [mænı'festəʊ] *(pl. -tos, -toes) n.* beyanname, bildiri; *pol.* parti programı.
man·i·fold ['mænıfəʊld] **1.** □ birçok, türlü türlü, çeşitli; **2.** *v/t.* teksir etmek, çoğaltmak.
ma·nip·u|late [mə'nıpjʊleıt] *v/t.* becermek; beceriyle kullanmak, idare etmek; el ile idare etmek; hile karıştırmak; **~·la·tion** [mənıpjʊ'leıʃn] *n.* beceriyle kullanma; el ile idare etme; hile, dalavere.
man|jack [mæn'dʒæk]: *every ~* herkes; **~·kind** ,[mæn'kaınd] *n.* insanlık; ['mænkaınd] erkekler; **~·ly** ['mænlı] *(-ier, -iest) adj.* erkek gibi; erkekçe; yiğit, mert.
man·ner ['mænə] *n.* tarz, biçim, usul, yol; tavır, davranış; çeşit, tür, cins; *~s pl.* terbiye, görgü; örf, töre; *in a ~* bir bakıma, bir anlamda; **~ed** *adj.* özentili, yapmacıklı, yapma tavırlı; ... tavırlı; **~·ly** [~lı] *adj.* terbiyeli, görgülü, nazik.
ma·noeu·vre, *Am.* **ma·neu·ver** [mə'nu:və] **1.** *n.* manevra; *fig.* hile, oyun, dolap; **2.** *vb.* manevra yapmak; *fig.* dolap çevirmek.
man-of-war ['mænəv'wɔ:] *(pl. men-of-war) n.* savaş gemisi.
man·or *Brt.* ['mænə] *n. hist.* derebeyi tımarı; malikâne, yurtluk; *sl.* polis bölgesi; *lord of the ~* derebeyi; = **~-house** *n.* şato, malikâne konağı.
man·pow·er ['mænpaʊə] *n.* insan gücü, el emeği; işgücü; işçi sayısı, personel.
man·ser·vant ['mænsɜ:vənt] *(pl. menservants) n.* erkek hizmetçi, uşak.
man·sion ['mænʃn] *n.* konak.
man·slaugh·ter ⚖ ['mænslɔ:tə] *n.* kasıtsız adam öldürme.
man·tel|piece ['mæntlpi:s], **~·shelf** *(pl. -shelves) n.* şömine rafı.
man·tle ['mæntl] **1.** *n.* ⊕ lüks gömleği; pelerin, harmani; *fig.* örtü, perde; *a ~ of snow* kardan bir örtü; **2.** *v/t.* üstünü örtmek; *fig.* gizlemek, örtbas etmek; *v/i. (yüz v.b.)* kızarmak.
man·u·al ['mænjʊəl] **1.** □ el ile ilgili; elle yapılan; elle çalıştırılan; **2.** *n.* el kitabı; *(org)* klavye.
man·u·fac|ture [mænjʊ'fæktʃə] **1.** *n.* imal, yapım; mamul, yapılmış şey; **2.** *v/t.* imal etmek, yapmak; *(bahane v.b.)* uydurmak; **~·tur·er** [~rə] *n.* yapımcı, fabrikatör; **~·tur·ing** [~ıŋ] *n.* imalat; *attr.* imalat ...
ma·nure [mə'njʊə] **1.** *n.* gübre; **2.** *v/t.* gübrelemek.
man·u·script ['mænjʊskrıpt] *n.* el yazması; müsvedde.
man·y ['menı] **1.** *(more, most) adj.* çok, birçok; *~ (a)* sayıca çok; *~ times* çok kez, birçok kereler; *as ~* aynı derecede çok; *be one too ~ for s.o. b-den* çok üstün olmak, *b-ni* cebinden çıkarmak; **2.** *n.* çokluk; çoğunluk; *a good ~, a great ~* birçok, çok sayıda, hayli.
map [mæp] **1.** *n.* harita; **2.** *(-pp-) v/t. -in* haritasını yapmak; kaydetmek, geçirmek; *~ out fig.* planlamak, düzenlemek.
ma·ple ♣ ['meıpl] *n.* akçaağaç.
mar [mɑ:] *(-rr-) v/t.* bozmak, mahvetmek.
ma·raud [mə'rɔ:d] *vb.* çapulculuk etmek, yağma etmek.
mar·ble ['mɑ:bl] **1.** *n.* mermer; bilye, misket; **2.** *v/t.* ebrulamak, harelemek.
March[1] [mɑ:tʃ] *n.* mart.
march[2] [~] **1.** *n.* yürüyüş; marş; *fig.* ilerleme, gelişme; *the ~ of events* olayların seyri, olayların

gelişmesi; **2.** *v/t. & v/i.* yürü(t)-mek; *fig.* ilerlemek.

mar·chio·ness ['mɑːʃənɪs] *n.* markiz.

mare [meə] *n. zo.* kısrak; ~*'s nest fig.* umulduğu gibi çıkmayan buluş.

mar·ga·rine [mɑːdʒə'riːn], *Brt. F* **marge** [mɑːdʒ] *n.* margarin.

mar·gin ['mɑːdʒɪn] *n.* sınır, kenar *(a. fig.)*; marj; *by a narrow ~ fig.* kıl payı; **~·al** □ [~l] kenarda olan; marjinal; *~ note* derkenar, çıkma.

ma·ri·na [mə'riːnə] *n.* yat limanı.

ma·rine [mə'riːn] *n.* denizcilik, bahriye; ⚓, ⚔ deniz kuvvetleri; donanma; *paint:* deniz tablosu; *attr.* deniz ile ilgili, deniz ...; denizcilikle ilgili, denizcilik ...; **mar·i·ner** ['mærɪnə] *n.* denizci, gemici.

mar·i·tal □ ['mærɪtl] evlilikle ilgili; *~ status* ⚖ medeni hal.

mar·i·time ['mærɪtaɪm] *adj.* deniz *ya da* denizcilikle ilgili, deniz ..., denizcilik ...; denize yakın.

mark[1] [mɑːk] *n.* Alman parası, mark.

mark[2] [~] **1.** *n.* belirti, iz, eser; *(a. fig.)* işaret, nişan, çizgi; leke, çizik, benek, nokta; yara izi; marka; *econ.* etiket, damga; hedef, nişan; *fig.* norm, standart; *okul:* not, numara; *spor:* başlama çizgisi; *a man of ~* önemli kimse; ünlü adam; *be up to the ~* istenilen düzeyde olmak; *be wide of the ~ fig.* konu dışı olmak; doğruluktan uzak olmak, yanlış olmak; *hit the ~ fig.* amacına ulaşmak, turnayı gözünden vurmak; *miss the ~* hedefe isabet ettirememek, karavana atmak, ıskalamak; *fig.* amacına ulaşamamak; **2.** *v/t.* işaretlemek, işaret koymak; damgalamak; numara vermek, not atmak; açıkça göstermek, belirtmek; dikkat etmek, hesaba katmak; *econ.* etiketlemek, markalamak; *econ. (fiyat)* etiketlere yazmak; *spor:* marke etmek; *~ my words* sözlerime dikkat edin, bana kulak verin; *to mark the occasion* anmak için; *~ time* yerinde saymak *(a. fig.)*; *~ down* not etmek, kaydetmek, yazmak; *econ. (fiyat)* indirmek; *~ off* sınırlarını çizmek, ayırmak; *(listeye)* geçirmek; *~ out* sınırlarını çizmek, işaretlemek; seçip ayırmak; *~ up econ. (fiyat)* yükseltmek, artırmak, zam yapmak; *v/i.* iz yapmak; *spor:* markaj yapmak; **~ed** □ işaretli; belirgin, göze çarpan; şüpheli, mimli.

mar·ket ['mɑːkɪt] **1.** *n.* çarşı, pazar; *Am.* dükkân, mağaza; *econ.* piyasa; *econ.* istek, talep, rağbet *(for -e)*; alışveriş, ticaret; *in the ~* piyasada; satın almaya hazır; *be on the ~* piyasaya çıkarılmak, satışa sunulmak; *play the ~* borsada alışveriş yaparak para kazanmak, spekülasyon yapmak; **2.** *v/t.* satışa çıkarmak; pazarlamak; *v/i. esp. Am. go ~ing* alışveriş yapmak; **~·a·ble** □ [~əbl] satılabilir, sürümlü; *~* **gar·den** *n. Brt.* bostan, bahçe; **~·ing** [~ɪŋ] *n. econ.* pazarlama.

marks·man ['mɑːksmən] *(pl. -men) n.* nişancı, atıcı.

mar·ma·lade ['mɑːməleɪd] *n.* marmelat, *esp.* portakal marmeladı.

mar·mot *zo.* ['mɑːmət] *n.* marmot, dağsıçanı.

ma·roon [mə'ruːn] **1.** *adj.* kestane renginde olan; **2.** *v/t.* ıssız bir kıyıya çıkarıp bırakmak; **3.** *n.* kestanefişeği.

mar·quee [mɑː'kiː] *n.* büyük çadır, otağ.

mar·quis ['mɑːkwɪs] *n.* marki.

mar·riage ['mærɪdʒ] *n.* evlilik; evlenme; nikâh, evlenme töreni;

civil ~ medeni nikâh; **mar·ria·gea·ble** [~dʒəbl] *adj.* evlenme çağına gelmiş, gelinlik; ~ **ar·ti·cles** *n. pl.* evlenme sözleşmesi; ~ **cer·tif·i·cate,** ~ **lines** *n. pl. esp. Brt.* F evlenme cüzdanı *ya da* kâğıdı; ~ **por·tion** *n.* çeyiz, drahoma.
mar·ried ['mærıd] *adj.* evli; evlilikle ilgili; ~ *couple* evli çift, karı koca; ~*life* evlilik yaşamı.
mar·row ['mærəʊ] *n. anat.* ilik; *fig.* öz, esas; *(vegetable)* ~ *Brt.* ⚘ sakızkabağı.
mar·ry ['mærı] *v/t. & v/i.* evlen(dir)mek; *eccl.* nikâh kıymak; birleş(tir)mek; *get married to ile* evlenmek.
marsh [mɑːʃ] *n.* bataklık.
mar·shal ['mɑːʃl] **1.** *n.* ⨯ mareşal; *hist.* saray nazırı; protokol sorumlusu; *Am.* polis müdürü; *US* ~ *Am.* icra memuru; **2.** *(esp. Brt. -ll-, Am. -l-) v/t.* sıraya koymak, dizmek, sıralamak; yer göstermek; 🚂 manevra yaptırmak.
marsh·y ['mɑːʃı] *(-ier, -iest) adj.* bataklık ...
mart [mɑːt] *n.* pazar, çarşı; pazar yeri.
mar·ten *zo.* ['mɑːtın] *n.* ağaçsansarı.
mar·tial □ ['mɑːʃl] savaş ile ilgili; askeri; savaşçı, savaşkan; ~ *law* ⨯ sıkıyönetim; *(state of)* ~ *law* ⨯ sıkıyönetim durumu.
mar·tyr ['mɑːtə] **1.** *n.* şehit; **2.** *v/t.* şehit etmek.
mar·vel ['mɑːvl] **1.** *n.* şaşılacak şey, mucize, harika; **2.** *(esp. Brt. -ll-, Am. -l-) vb.* hayret etmek, şaşmak; ~**·(l)ous** □ ['mɑːvələs] harika, olağanüstü, inanılır gibi değil.
mar·zi·pan [mɑːzı'pæn] *n.* badem ezmesi; badem kurabiyesi.
mas·ca·ra [mæ'skɑːrə] *n.* maskara, rimel, kirpik boyası.
mas·cot ['mæskət] *n.* maskot, uğur sayılan şey *ya da* kimse.
mas·cu·line ['mæskjʊlın] *adj.* erkekle ilgili, eril; erkeklere özgü, erkeksi.
mash [mæʃ] **1.** *n.* lapa; ezme; püre; **2.** *v/t.* ezmek; püre yapmak; ~*ed potatoes pl.* patates püresi.
mask [mɑːsk] **1.** *n.* maske *(a. fig.)* **2.** *vb.* maske takmak; *fig.* gizlemek, maskelemek; ~**ed** *adj.* maskeli; ~ *ball* maskeli balo.
ma·son ['meısn] *n.* duvarcı, taşçı; *mst* ♀ farmason, mason; ~**·ry** [~rı] *n.* duvarcılık; masonluk.
masque *thea. hist.* [mɑːsk] *n.* maskeli oyun.
mas·que·rade [mæskə'reıd] **1.** *n.* maskeli balo; *fig.* gerçeği gizleme, ... gibi görünme; **2.** *v/i. fig.* ... gibi görünmek, ... kılığına girmek.
mass [mæs] **1.** *n. eccl. a.* ♀ kudas, liturya; yığın, küme; kütle; büyük çoğunluk; *the* ~*es pl.* halk kitleleri; ~ *media pl.* kitle iletişim; ~ *meeting* halka açık toplantı; **2.** *v/t. & v/i.* biraraya topla(n)mak, yığ(ıl)mak.
mas·sa·cre ['mæsəkə] **1.** *n.* katliam, kırım, topluca öldürme; **2.** *v/t.* katletmek, kırıp geçirmek.
mas·sage ['mæsɑːʒ] **1.** *n.* masaj; **2.** *v/t. -e* masaj yapmak.
mas·sif ['mæsiːf] *n.* dağ kitlesi.
mas·sive ['mæsıv] *adj.* masif, som; ağır, kalın, iri, kocaman; *fig.* büyük, esaslı, etkin.
mast ⚓ [mɑːst] *n.* gemi direği.
mas·ter ['mɑːstə] **1.** *n.* efendi *(a. fig.)*; sahip; patron, işveren; erkek öğretmen; üstat, usta; kaptan, süvari; master derecesi, yüksek lisans; *univ.* rektör; ♀ *of Arts (abbr. MA)* Edebiyat Fakültesi Master Derecesi; ~ *of ceremonies esp. Am.* teşrifatçı, protokol görevlisi; **2.** *adj.* esas, asıl, temel, baş; *fig.* ileri gelen, usta; **3.** *v/t.* yenmek, hakkından gelmek; iyice bilmek,

uzmanlaşmak; **~-build·er** *n.* kalfa; mimar; **~·ful** □ [~fl] buyurucu, buyurgan; ustaca; **~-key** *n.* maymuncuk; **~·ly** [~lı] *adj.* ustaca, hünerli, mükemmel; **~·piece** *n.* şaheser, başyapıt; **~·ship** [~ʃıp] *n.* ustalık, üstatlık; *esp. Brt.* öğretmenlik, müdürlük; **~·y** [~rı] *n.* hüküm, hakimiyet, egemenlik; üstünlük; üstatlık, ustalık.

mas·ti·cate ['mæstıkeıt] *v/t.* çiğnemek.

mas·tur·bate ['mæstəbeıt] *v/i.* mastürbasyon yapmak, elle tatmin olmak.

mat [mæt] **1.** *n.* hasır; minder; paspas; **2.** *(-tt-) v/t. & v/i.* hasır döşemek; keçeleş(tir)mek; *fig.* birbirine dolaşmak, düğümlenmek; **3.** *adj.* mat, donuk.

match¹ [mætʃ] *n.* kibrit.

match² [~] **1.** *n.* maç, karşılaşma, oyun; evlenme; eş, benzer, denk, akran; *be a ~ for -e* denk olmak, *-in* ayarında olmak; *find ya da meet one's ~* dişine göre birini bulmak; **2.** *v/t. & v/i.* birbirine uy(dur)mak; boy ölçüş(tür)mek; evlen(dir)mek; *be well ~ed* uygun olmak; denk olmak; *gloves to ~* uygun eldivenler.

match·box ['mætʃbɒks] *n.* kibrit kutusu; *~ car TM* oyuncak araba.

match|less □ ['mætʃlıs] eşsiz, emsalsiz, rakipsiz; **~·mak·er** *n.* çöpçatan.

mate¹ [meıt] *s. checkmate.*

mate² [~] **1.** *n.* arkadaş, dost; karı *ya da* koca, eş; yardımcı, muavin; yamak; ⚓ ikinci kaptan; **2.** *v/t. & v/i.* evlen(dir)mek; çiftleş(tir)mek; eşlemek.

ma·te·ri·al [mə'tıərıəl] **1.** □ maddi, özdeksel; bedensel; esaslı, önemli; **2.** *n.* materyal, gereç, malzeme; madde, özdek; kumaş, dokuma; *writing ~s pl.* yazı gereçleri.

ma·ter|nal □ [mə'tɜːnl] ana ile ilgili, ana ...; anaya özgü; ana tarafından; **~·ni·ty** [~ətı] **1.** *n.* analık, annelik; **2.** *adj.* hamilelikle ilgili, hamile ...; *~ hospital* doğumevi; *~ ward* doğum koğuşu.

math *Am. F* [mæθ] *n.* matematik.

math·e|ma·ti·cian [mæθəmə'tıʃn] *n.* matematikçi; **~·mat·ics** [~'mætıks] *n. mst. sg.* matematik.

maths *Brt. F* [mæθs] *n.* matematik.

mat·i·née *thea.*, ♪ ['mætıneı] *n.* matine, gündüz gösterisi.

ma·tric·u·late [mə'trıkjʊleıt] *v/t. & v/i.* üniversiteye aday olarak kaydetmek *ya da* kaydolmak.

mat·ri·mo|ni·al □ [mætrı'məʊnjəl] evlilikle ilgili, evlilik ...; **~·ny** ['mætrımənı] *n.* evlilik; evlenme.

ma·trix ⊕ ['meıtrıks] *(pl. -trices* [-trısiːz], *-trixes) n.* matris, baskı kalıbı.

ma·tron ['meıtrən] *n.* evli kadın; ana kadın; amir kadın; *Brt.* başhemşire.

mat·ter ['mætə] **1.** *n.* madde, özdek, cisim; mesele, sorun, iş; konu, içerik; neden; önem; ⚕ cerahat, irin; *printed ~* ✉ matbua, basma; *what's the ~ (with you)?* neyin var?, ne oldu?; *no ~* önemli değil, zararı yok; *no ~ who* kim olursa olsun, her kimse; *a ~ of course* doğal bir şey; *for that ~, for the ~ of that* ona gelince, o konuda; *a ~ of fact* işin doğrusu, işin aslı; **2.** *v/i.* önemli olmak, önem taşımak; *it doesn't ~* önemi yok; **~-of-fact** *adj.* gerçekçi, gerçek.

mat·tress ['mætrıs] *n.* döşek, yatak, şilte.

ma·ture [mə'tjʊə] **1.** *(~r, ~st)* □ olgunlaşmış; reşit, ergin; *econ.* vadesi gelmiş; *fig.* olgun; **2.** *v/t. & v/i.* olgunlaş(tır)mak; erginleş-

mek; *econ.* vadesi gelmek;
ma·tu·ri·ty [~rətı] *n.* olgunluk, erginlik; *econ.* vade.
maud·lin □ ['mɔːdlın] aşırı duygusal.
maul [mɔːl] *v/t.* hırpalamak, berelemek, yaralamak; *fig.* yerden yere vurmak.
Maun·dy Thurs·day *eccl.* ['mɔːndı'θɜːzdı] *n.* Paskalya'dan önceki Perşembe günü.
mauve [məʊv] **1.** *n.* leylak rengi; **2.** *adj.* leylak renginde olan.
maw *zo.* [mɔː] *n.* hayvan ağzı; *esp.* kursak, mide.
mawk·ish □ ['mɔːkıʃ] tiksindirici; aşırı dokunaklı.
max·i ['mæksı] **1.** *n.* maksi giysi; **2.** *adj.* maksi, uzun.
max·im ['mæksım] *n.* özdeyiş, atasözü.
max·i·mum ['mæksıməm] **1.** *(pl.* *-ma* [-mə], *-mums) n.* maksimum derece, en büyük derece; **2.** *adj.* maksimum, en büyük.
May¹ [meı] *n.* mayıs.
may² [~] *(pret. might) v/aux.* olası olmak, -ebilmek; *he ~ come or he ~ not* gelebilir de gelmeyebilir de.
may·be ['meıbiː] *adv.* belki, olabilir.
may|-bee·tle *zo.* ['meıbiːtl], **~-bug** *n. zo.* mayısböceği.
May Day ['meıdeı] *n.* 1 Mayıs günü.
mayor [meə] *n.* belediye başkanı.
may·pole ['meıpəʊl] *n.* bahar bayramında etrafında dans edilen süslü direk.
maze [meız] *n.* labirent; *fig.* şaşkınlık, hayret; *in a ~* = **~d** [meızd] *adj.* şaşkın, hayretler içinde.
me [miː, mı] *pron.* beni; bana; *F* ben.
mead¹ [miːd] *n.* bal likörü.
mead² *poet.* [~] = *meadow.*
mead·ow ['medəʊ] *n.* çayır, çimenlik, otlak.
mea·gre, *Am.* **-ger** □ ['miːgə] zayıf, sıska, kuru, çelimsiz; *fig.* yetersiz, kıt, yavan.
meal [miːl] *n.* yemek.
mean¹ □ [miːn] adi, bayağı, alçak, aşağılık; zavallı, acınacak; yırtık pırtık, lime lime olmuş; cimri, eli sıkı.
mean² [~] **1.** *adj.* orta ...; ortalama ...; **2.** *n.* orta; ortalama; *~s pl.* olanak, çare, yol; araç, vasıta; para, servet, gelir, mali durum; *by all ~s* elbette, kuşkusuz; ne yapıp yapıp; *by no ~s* hiç bir suretle, asla, katiyen; *by ~s of -in* vasıtasıyla, *-in* sayesinde, *-in* yardımıyla.
mean³ [~] *(meant) vb.* demek istemek, kastetmek; ... anlamına gelmek, demek; niyet etmek, düşünmek, kurmak; *-in* belirtisi olmak; *~ well (ill)* niyeti iyi (kötü) olmak.
mean·ing ['miːnıŋ] **1.** □ anlamlı; **2.** *n.* anlam; niyet, maksat, fikir, kasıt; **~·ful** □ [~fl] anlamlı; **~·less** [~lıs] *adj.* anlamsız, boş; önemsiz.
meant [ment] *pret. & p.p. of mean*³.
mean|time ['miːntaım] **1.** *adv.* bu arada; **2.** *n. in the ~* bu arada; **~·while** = *meantime 1.*
mea·sles ⚕ ['miːzlz] *n. sg.* kızamık.
mea·su·ra·ble □ ['meʒərəbl] ölçülebilir.
mea·sure ['meʒə] **1.** *n.* ölçü; ölçü birimi; ölçme aygıtı; oran, derece, ölçü; önlem, tedbir; ♪ usul, ölçü; *fig.* kriter, ölçüt; *~ of capacity* yük sınırı; *beyond ~* haddinden fazla, son derece; *in a great ~* büyük ölçüde; *made to ~* ısmarlama yapılmış; *take ~s* önlem almak; **2.** *vb.* ölçmek; ölçüsünü almak; boyu ... kadar olmak; denemek; ayarlamak, düzenlemek; ~

up to -*e* denk olmak, -*e* uymak; **~d** *adj.* ölçülü; hesaplı, ılımlı, ölçülü; düzenli; **~·less** □ [~lıs] ölçüsüz, sınırsız; **~·ment** [~mənt] *n.* ölçme, ölçüm; ölçü.

meat [mi:t] *n.* et; *fig.* büyük zevk; *cold* ~ soğuk yiyecek; **~·y** ['mi:tı] *(-ier, -iest) adj.* etli; *fig.* özlü, değerli fikirlerle dolu.

me·chan|ic [mı'kænık] *n.* makinist, makine ustası; tamirci; **~·i·cal** □ [~kl] mekanik; makine ile ilgili, makine ...; **~·ics** *n. phys. mst sg.* mekanik.

mech·a|nis·m ['mekənızəm] *n.* mekanizma; **~·nize** [~aız] *v/t.* makineleştirmek; ⨯ motorize etmek; *~d* ⨯ motorize ...

med·al ['medl] *n.* madalya; nişan; **~·(l)ist** [~ıst] *n. spor:* madalya kazanan kimse.

med·dle ['medl] *v/i.* karışmak, burnunu sokmak *(with, in -e)*; **~·some** [~səm] *adj.* herşeye burnunu sokan, başkasının işine karışan.

me·di·a ['mi:djə] *n. pl.* kitle iletişim araçları *(gazete, televizyon, radyo).*

med·i·ae·val □ [medı'i:vl] = *medieval.*

me·di·al □ ['mi:djəl] orta; ortada olan.

me·di·an ['mi:djn] *adj.* orta ...; ortadan geçen.

me·di|ate ['mi:dıeıt] *vb.* arabuluculuk etmek, aracı olmak, araya girmek; **~·a·tion** [mi:dı'eıʃn] *n.* arabuluculuk, aracılık; **~·a·tor** ['mi:dıeıtə] *n.* arabulucu, aracı.

med·i·cal □ ['medıkl] tıpla ilgili, tıbbi; ~ *certificate* doktor raporu; ~ *man F* doktor.

med·i·cate ['medıkeıt] *v/t.* ilaçla tedavi etmek; içine ilaç katmak; *~d bath* ilaç banyosu, ilaçlı banyo.

me·di·ci·nal □ [me'dısınl] tıbbi; iyileştirici, tedavi edici, şifalı.

medi·cine ['medsın] *n.* ilaç; tıp.

med·i·e·val □ [medı'i:vl] ortaçağ ile ilgili, ortaçağa özgü.

me·di·o·cre [mi:dı'əʊkə] *adj.* şöyle böyle, orta.

med·i|tate ['medıteıt] *v/i.* düşünceye dalmak; düşünüp taşınmak; *v/t.* tasarlamak, planlamak, kurmak, düşünmek; **~·ta·tion** [medı'teıʃn] *n.* düşünceye dalma, düşünüp taşınma; **~·ta·tive** □ ['medıtətıv] düşünceye dalmış, düşünceli.

Med·i·ter·ra·ne·an [medıtə'reınjən] *adj.* Akdeniz ile ilgili, Akdeniz ...

me·di·um ['mi:djəm] **1.** *(pl. -dia* [-djə], *-diums) n.* orta, orta durum; çevre, ortam; araç, vasıta; medyum; **2.** *adj.* orta ...

med·ley ['medlı] *n.* karışıklık, karışım; ♪ potpuri.

meek □ [mi:k] yumuşak huylu, uysal; alçak gönüllü; **~·ness** ['mi:knıs] *n.* uysallık; alçak gönüllülük.

meer·schaum ['mıəʃəm] *n.* lületaşı, eskişehirtaşı.

meet [mi:t] *(met) v/t.* rastlamak, rast gelmek; karşılamak; tanışmak; ödemek; *(gereksinime)* cevap vermek; *(felakete)* çatmak, uğramak; *v/i.* buluşmak, görüşmek; kavuşmak, bitişmek; toplanmak; *spor:* karşılaşmak, karşı karşıya gelmek; ~ *with ile* karşılaşmak; *ile* görüşmek; -*e* çatmak, -*e* uğramak; **~·ing** ['mi:tıŋ] *n.* karşılaşma; buluşma; toplantı; miting.

mel·an·chol·y ['melənkəlı] **1.** *n.* melankoli, karasevda; **2.** *adj.* melankolik, karasevdalı; hüzünlü, içi kararmış.

me·li·o·rate ['mi:ljəreıt] *v/t. & v/i.* iyileş(tir)mek, düzel(t)mek.

mel·low ['meləʊ] **1.** □ olgun, olmuş; yıllanmış *(şarap)*; tatlı, hoş *(renk, ses)*; *fig.* görmüş geçirmiş; **2.** *v/t. & v/i.* olgunlaş(tır)mak; yu-

muşa(t)mak.
me·lo·di·ous □ [mɪ'ləʊdjəs] melodik, ahenkli, kulağa hoş gelen.
mel·o|dra·mat·ic [meləʊdrə'mætɪk] *adj.* melodrama uygun; aşırı duygusal, acıklı; **~·dy** ['melədɪ] *n.* melodi, ezgi.
mel·on ⚘ ['melən] *n.* kavun.
melt [melt] *v/t. & v/i.* eri(t)mek; ergi(t)mek; *fig.* yumuşa(t)mak.
mem·ber ['membə] *n.* üye; organ; milletvekili; **♀** *of Parliament parl.* milletvekili; **~·ship** [~ʃɪp] *n.* üyelik; üye sayısı, üyeler; **~** *card* üyelik kartı.
mem·brane ['membreɪn] *n.* zar.
me·men·to [mɪ'mentəʊ] *(pl. -toes, -tos) n.* hatıra, anmalık, andaç, yadigâr.
mem·o ['meməʊ] *(pl. -os) = memorandum.*
mem·oir ['memwɑː] *n.* yaşam öyküsü; inceleme yazısı; **~***s pl.* hatırat, anılar.
mem·o·ra·ble □ ['memərəbl] anmağa değer, unutulmaz.
mem·o·ran·dum [memə'rændəm] *(pl. -da* [-də], *-dums) n.* not; *pol.* memorandum, muhtıra, diplomatik nota; ⚖ layiha.
me·mo·ri·al [mɪ'mɔːrɪəl] *n.* anıt; muhtıra, önerge; dilekçe; *attr.* hatırlatıcı ...
mem·o·rize ['meməraɪz] *v/t.* ezberlemek, bellemek.
mem·o·ry ['memərɪ] *n.* hatıra, anı; hafıza, bellek; hatır; *kompütür:* hafıza; *commit to* **~** ezberlemek, bellemek; *in* **~** *of -in* anısına.
men [men] *pl. of man 1;* takım, ekip; tayfa.
men·ace ['menəs] **1.** *v/t.* tehdit etmek, gözünü korkutmak; **2.** *n.* tehdit; tehlike.
mend [mend] **1.** *v/t. & v/i.* tamir etmek, onarmak; düzel(t)mek, iyileş(tir)mek; **~** *one's ways* davranışlarına dikkat etmek, gidişini düzeltmek; **2.** *n.* tamir, onarım; yama; düzel(t)me; *on the* **~** iyileşmekte, düzelmekte.
men·da·cious □ [men'deɪʃəs] uydurma, asılsız, yalan; yalancı, yalana şerbetli.
men·di·cant ['mendɪkənt] **1.** *adj.* dilenen, dilencilik eden, sadaka ile geçinen; **2.** *n.* dilenci.
me·ni·al ['miːnjəl] **1.** hizmetçilere yakışır; adi, bayağı; **2.** *n. contp.* uşak, hizmetçi.
men·in·gi·tis ⚕ [menɪn'dʒaɪtɪs] *n.* menenjit, beyin zarı yangısı.
men·stru·ate *physiol.* ['menstrʊeɪt] *v/i. (kadın)* âdet görmek, aybaşı olmak.
men·tal □ ['mentl] akıl ile ilgili, akılsal, zihinsel; *esp. Brt. F* deli, kaçık, üşütük; **~** *arithmetic* akıldan yapılmış hesap; **~** *handicap* zihinsel özür; **~** *home,* **~** *hospital* akıl hastanesi; **~***ly handicapped* akıl hastası, zihinsel özürlü; **~·i·ty** [men'tælətɪ] *n.* zihniyet, düşünüş biçimi.
men·tion ['menʃn] **1.** *n.* adını anma, söyleme; **2.** *v/t.* anmak, söylemek, *-den* söz etmek; *don't* **~** *it!* Bir şey değil!, Estağfurullah!
men·u ['menjuː] *n.* mönü, yemek listesi.
mer·can·tile ['mɜːkəntaɪl] *adj.* ticari, tecimsel, ticaret ...
mer·ce·na·ry ['mɜːsɪnərɪ] **1.** *adj.* para ile çalışan, paralı, ücretli; çıkarını düşünen, para canlısı; **2.** *n.* ✕ paralı asker.
mer·cer ['mɜːsə] *n.* kumaş satıcısı, kumaşçı.
mer·chan·dise ['mɜːtʃəndaɪz] *n.* ticaret eşyası, mal.
mer·chant ['mɜːtʃənt] **1.** *n.* tüccar, tacir; *esp. Am.* perakendeci, satıcı; **2.** *adj.* ticaretle ilgili, ticari, ticaret ...; **~·man** *(pl. -men) n.* ticaret gemisi.
mer·ci|ful □ ['mɜːsɪfl] merhametli,

insaflı, sevecen; ~·**less** □ [~lıs] merhametsiz, acımasız, insafsız, amansız.
mer·cu·ry ['mɜːkjʊrı] *n.* cıva.
mer·cy ['mɜːsı] *n.* merhamet, acıma, insaf, aman; af, lütuf; *be at the ~ of s.o. b-nin* insafına kalmış olmak, *b-nin* elinde olmak.
mere □ [mıə] *(~r, ~st)* yalnız, ancak, sırf; saf, katışıksız; ~·**ly** ['mıəlı] *adv.* yalnızca, sadece.
mer·e·tri·cious □ [merı'trıʃəs] gösterişli, cicili bicili, cacaflı; tumturaklı *(anlatım v.b.).*
merge [mɜːdʒ] *v/t. & v/i.* birleş(tir)mek *(a. econ.),* kaynaş(tır)mak *(in -e);* **merg·er** ['mɜːdʒə] *n.* birleşme; *econ.* füzyon.
me·rid·i·an [mə'rıdıən] *n. geogr.* meridyen; *fig.* doruk, zirve.
mer|it ['merıt] **1.** *n.* değer; erdem, fazilet; *~s pl.* ⚖ gerçek değer; **2.** *v/t.* hak etmek, layık olmak; ~·**i·to·ri·ous** □ [merı'tɔːrıəs] övülmeye değer; değerli.
mer·maid ['mɜːmeıd] *n.* denizkızı.
mer·ri·ment ['merımənt] *n.* eğlence, şenlik; neşe, keyif.
mer·ry □ ['merı] *(-ier, -iest)* neşeli, şen, keyifli; neşe verici, eğlenceli; *make ~* eğlenmek, âlem yapmak; ~ **an·drew** *n.* soytarı, palyaço, maskara; ~**-go-round** *n.* atlıkarınca; ~**-mak·ing** [~meıkıŋ] *n.* eğlence, âlem, cümbüş.
mesh [meʃ] **1.** *n.* ağ gözü, file ilmiği; *fig. oft. ~es pl.* tuzak; *be in ~* ⊕ birbirine geçmek; **2.** *vb.* ağ ile yakalamak; birbirine geçmek.
mess[1] [mes] **1.** *n.* karmakarışıklık, dağınıklık, düzensizlik; kirlilik, pislik; *F* karışık durum, kaos; *F* sıkıntı, darlık; *make a ~ of* yüzüne gözüne bulaştırmak, berbat etmek; altüst etmek; **2.** *v/t.* yüzüne gözüne bulaştırmak, berbat etmek; altüst etmek, karıştırmak; *v/i. ~ about, ~ around F* tembellik etmek; plansız programsız iş yapmak.
mess[2] [~] *n.* yemek, karavana; subay gazinosu.
mes·sage ['mesıdʒ] *n.* mesaj, haber, ileti *(to -e).*
mes·sen·ger ['mesındʒə] *n.* haberci, ulak; kurye.
mess·y □ ['mesı] *(-ier, -iest)* karmakarışık, dağınık; kirli, pis.
met [met] *pret. & p.p. of meet.*
met·al ['metl] **1.** *n.* maden, metal; *Brt.* çakıl, kırma taş, balast; **2.** *(esp. Brt. -ll-, Am. -l-) v/t. (yol)* çakılla kaplamak, çakıl döşemek; **me·tal·lic** [mı'tælık] *(~ally) adj.* metalik, madensel; ~·**lur·gy** [me'tælədʒı] *n.* metalurji, metalbilim.
met·a·mor·phose [metə'mɔːfəʊz] *v/t. & v/i.* başkalaş(tır)mak, değiş(tir)mek.
met·a·phor ['metəfə] *n.* mecaz.
me·te·or ['miːtjə] *n.* meteor, akanyıldız.
me·te·o·rol·o·gy [miːtjə'rɒlədʒı] *n.* meteoroloji, havabilgisi.
me·ter ⊕ ['miːtə] *n.* sayaç, saat, ölçü aleti.
meth·od ['meθəd] *n.* metot, yöntem; düzen, tertip, sistem; **me·thod·ic** [mı'θɒdık] *(~ally),* **me·thod·i·cal** □ [~kl] metotlu, yöntemli; düzenli, sistemli.
me·tic·u·lous □ [mı'tıkjʊləs] titiz, kılı kırk yaran.
me·tre, *Am.* **-ter** ['miːtə] *n.* metre; ölçü, vezin.
met·ric ['metrık] *(~ally) adj.* metre sistemini kullanan, metrik; *~ system* metrik sistem, metre sistemi.
me·trop·o·lis [mı'trɒpəlıs] *n.* metropol, anakent; **met·ro·pol·i·tan** [metrə'pɒlıtən] *adj.* metropoliten, anakente ilişkin.
met·tle ['metl] *n.* cesaret, yürek, şevk, çaba, gayret; *be on one's ~* elinden geleni yapmaya hazır olmak.

mews *Brt.* [mjuːz] *n.* ahırlar sokağı, sıra ahırlar; dar sokak.
Mex·i·can ['meksıkən] **1.** *adj.* Meksika'ya özgü; **2.** *n.* Meksikalı.
mi·aow [miː'aʊ] *v/i.* miyavlamak.
mice [maıs] *pl. of mouse.*
Mich·ael·mas ['mıklməs] *n.* 29 Eylül'de kutlanan St.Mişel festivali.
mi·cro- ['maıkrəʊ] *prefix* mikro ..., küçük ...
mi·cro|phone ['maıkrəfəʊn] *n.* mikrofon; **~·pro·ces·sor** *n.* mikroişleyici; **~·scope** *n.* mikroskop.
mid [mıd] *adj.* orta; ortasında olan; *in ~-air* havada; **~·day** ['mıddeı] **1.** *n.* öğle vakti; **2.** *adj.* öğle ...
mid·dle ['mıdl] **1.** *n.* orta yer, orta; bel; **2.** *adj.* orta ...; ortadaki, ortada bulunan; **~-aged** *adj.* orta yaşlı; **♀ Ag·es** *n. pl.* ortaçağ; **~-class** *adj.* orta tabaka ile ilgili; **~ class(-es** *pl.***)** *n.* orta tabaka, *F* orta direk; **~·man** *(pl. -men) n.* komisyoncu, aracı; **~ name** *n.* göbek adı; **~-sized** *adj.* orta boy ..., orta boylu; **~ weight** *n. boks:* ortasıklet, ortaağırlık.
mid·dling ['mıdlıŋ] *adj.* orta; ne iyi ne kötü, şöyle böyle.
midge *zo.* ['mıdʒ] *n.* tatarcık;
midg·et ['mıdʒıt] *n.* cüce.
mid|land ['mıdlənd] *adj.* ülkenin iç bölgelerinde bulunan; **~·most** *adj.* en ortadaki, tam ortadaki; **~·night** *n.* gece yarısı; **~·riff** *anat.* ['mıdrıf] *n.* diyafram; **~·ship·man** *(pl. -men) n.* Deniz Harp Okulu öğrencisi; *Am.* deniz asteğmeni; **~st** [mıdst] *n.* orta, merkez; *in the ~ of -in* ortasında; **~·sum·mer** *n. ast.* yaz ortası; yaz dönümü; **~·way 1.** *adj.* yarı yolda olan; **2.** *adv.* yarı yolda; **~·wife** *(pl. -wives) n.* ebe; **~·wif·e·ry** [~wıfərı] *n.* ebelik; **~·win·ter** *n. ast.* kış ortası, karakış; *in ~* kış ortasında, karakışta.
mien *lit.* [miːn] *n.* surat, çehre; tavır, eda.
might [maıt] **1.** *n.* güç, kuvvet, kudret; *with ~ and main* olanca gücüyle, elden geldiğince; **2.** *pret. of may²*; **~·y** □ ['maıtı] *(-ier, -iest)* güçlü, kuvvetli, kudretli.
mi·grate [maı'greıt] *v/i.* göç etmek *(a. zo.)*; **mi·gra·tion** [~ʃn] *n.* göç; **mi·gra·to·ry** ['maıgrətərı] *adj.* göçle ilgili; *zo.* göçmen.
mike *F* [maık] *n.* mikrofon.
mil·age ['maılıdʒ] = *mileage.*
mild □ [maıld] yumuşak başlı, uysal, ılımlı; hafif; ılıman *(hava).*
mil·dew ⚘ ['mıldjuː] *n.* mildiyu; küf.
mild·ness ['maıldnıs] *n.* yumuşak başlılık, uysallık; ılımlılık; hafiflik.
mile [maıl] *n.* mil *(1,609 km).*
mile·age ['maılıdʒ] *n.* mil hesabıyla uzaklık; *a. ~ allowance* mil başına ödenen ücret.
mile·stone ['maılstəʊn] *n.* kilometre taşı; *fig.* dönüm noktası.
mil·i|tant □ ['mılıtənt] militan; kavgacı; **~·ta·ry** [~ərı] **1.** □ askeri, askerlikle ilgili, askere özgü; harp ...; *♀ Government* askeri hükümet; **2.** *n.* asker, ordu.
mi·li·tia [mı'lıʃə] *n.* milis, halk gücü.
milk [mılk] **1.** *n.* süt; *it's no use crying over spilt ~* olan oldu, iş işten geçti, üzülmek için çok geç; **2.** *v/t.* sağmak; *v/i. (koyun, inek v.b.)* süt vermek; **~·maid** ['mılkmeıd] *n.* sütçü kız, süt sağan kız; **~·man** *(pl. -men) n.* sütçü; **~ pow·der** *n.* süttozu; **~ shake** *n* dondurmalı süt; **~·sop** *n.* muhallebi çocuğu, hanım evladı, çıtkırıldım; **~·y** [~kı] *(-ier, -iest) adj.* sütlü; süt gibi; süt ...; *♀ Way ast.* Samanyolu, gökyolu, hacılar yolu.

mill[1] [mıl] **1.** *n.* değirmen; el değirmeni; fabrika, yapımevi; **2.** *vb.* öğütmek, çekmek; ⊕ frezelemek; *(para)* kenarını diş diş yapmak.
mill[2] *Am.* [~] *n.* doların binde biri.
mil·le·pede *zo.* ['mılıpi:d] *n.* kırkayak.
mill·er ['mılə] *n.* değirmenci.
mil·let ['mılıt] *n.* darı.
mil·li|ner ['mılınə] *n.* kadın şapkacısı; **~·ne·ry** [~rı] *n.* kadın şapkacılığı; kadın şapkaları.
mil·lion ['mılјən] *n.* milyon; **~·aire** [mılјə'neə] *n.* milyoner; **~th** ['mılјənθ] **1.** *adj.* milyonuncu; **2.** *n.* milyonda bir.
mil·li·pede *zo.* ['mılıpi:d] = *millepede.*
mill|-pond ['mılpɒnd] *n.* değirmen havuzu; **~·stone** *n.* değirmentaşı.
milt [mılt] *n.* balık menisi.
mim·ic ['mımık] **1.** *adj.* taklit eden, taklitçi; sözde, yalandan ...; **2.** *n.* taklitçi kimse; **3.** *(-ck-) v/t.* taklit etmek, kopya etmek; taklidini yapmak; **~·ry** [~rı] *n.* taklitçilik; *zo.* benzeme.
mince [mıns] **1.** *v/t.* doğramak, kıymak; *he does not ~ matters* dobra dobra konuşur, sözünü sakınmaz; *v/i.* kırıtmak; yapmacık nezaketle konuşmak; **2.** *n. a. ~d meat* kıyma; **~·meat** ['mınsmi:t] *n.* tatlı ve etli börek dolgusu; **~ pie** *n.* tatlı ve et dolgulu börek; **minc·er** [~ə] *n.* kıyma makinesi.
mind [maınd] **1.** *n.* akıl; zihin, hatıra; dikkat, özen; zekâ, kafa; düşünce, fikir, kanı; maksat, niyet; *to my ~* benim düşünceme göre, kanımca; *out of one's ~, not in one's right ~* deli, kaçık, aklı başında olmayan; *change one's ~* fikrini değiştirmek; *bear ya da keep s.th. in ~ bşi* akılda tutmak; *have (half) a ~ to -meği* oldukça istemek, niyet etmek; *have s.th. on one's ~* zihni hep *bşle* meşgul olmak, aklına takılmak; *make up one's ~* kararını vermek; *s. presence;* **2.** *vb.* dikkat etmek, bakmak; *ile* meşgul olmak; kulak vermek; itaat etmek, saymak; aldırış etmek, aldırmak, önemsemek; endişe duymak, kaygılanmak; *~!* Dikkat!; *never ~!* Zararı yok!, Önemi yok!; *~ the step!* Basamağa dikkat!, Önüne bak!; *I don't ~ (it)* bence sakıncası yok, aldırmam; *do you ~ if I smoke?* sigara içmemde sakınca var mı?; *would you ~ taking off your hat?* lütfen şapkanızı çıkarır mısınız?; *~ your own business!* Kendi işine bak!; **~·ful** □ ['maındfl] dikkatli, dikkat eden *(of -e);* **~·less** □ [~lıs] aldırış etmeyen *(of -e);* akılsızca yapılan, aptalca.
mine[1] [maın] *pron.* benimki.
mine[2] [~] **1.** *n.* maden ocağı; ✕ mayın; *fig.* maden, kaynak, hazine; **2.** *vb.* ⚒ *(maden)* çıkarmak; ✕ mayın döşemek; kazmak; **min·er** ['maınə] *n.* madenci, maden işçisi.
min·e·ral ['mınərəl] **1.** *n.* mineral; *~s pl. Brt.* madensuyu; **2.** *adj.* mineral ...; madensel.
min·gle ['mıŋgl] *v/t. & v/i.* karış(tır)mak, kat(ıl)mak *(with -e).*
min·i ['mını] **1.** *n.* mini giysi; mini etek; **2.** *adj.* mini ..., küçük.
min·i- ['mını] *prefix* mini ..., küçük ...
min·i·a·ture ['mınјətʃə] **1.** *n.* minyatür; **2.** *adj.* küçücük, ufacık, minyatür ...; *~ camera* 35 mm'lik *ya da* daha dar film kullanılan fotoğraf makinesi.
min·i|mize ['mınımaız] *v/t.* azaltmak, en aza indirgemek; *fig.* küçümsemek, önemsememek; **~·mum** [~əm] **1.** *(pl. -ma* [-mə], *-mums) n.* en az miktar, en düşük derece; **2.** *adj.* minimum, en küçük, en az.
min·ing ['maınıŋ] *n.* madencilik;

attr. madencilik ..., maden ...
min·i·on *contp.* ['mɪnjən] *n.* yardakçı, köle, uydu.
min·i·skirt ['mɪnɪskɜːt] *n.* mini etek.
min·is·ter ['mɪnɪstə] **1.** *n.* bakan; papaz; ortaelçi; **2.** *vb.* yardım etmek, hizmet sunmak, bakmak *(to -e).*
min·is·try ['mɪnɪstrɪ] *n.* bakanlık; papazlık; hizmet, görev, yardım.
mink *zo.* [mɪŋk] *n.* vizon, mink.
mi·nor ['maɪnə] **1.** *adj.* daha küçük, daha az; *fig. a.* önemsiz, ikinci derecede olan, küçük; ⚖ ergin olmayan, yaşı küçük; *A* ~ ♪ minör; ~ *key* ♪ minör anahtarı; ~ *league Am. beysbol:* ikinci lig; **2.** *n.* ⚖ ergin olmayan kimse; *Am. univ.* ikinci branş, yardımcı dal; ♪ minör; **~·i·ty** [maɪ'nɒrətɪ] *n.* azınlık; ⚖ ergin olmama, yaşı tutmama.
min·ster ['mɪnstə] *n.* büyük kilise.
min·strel ['mɪnstrəl] *n.* saz şairi, halk ozanı, âşık.
mint[1] [mɪnt] **1.** *n.* darphane; çok miktar, yığın; *a* ~ *of money* bir sürü para, dünya kadar para; **2.** *v/t. (para)* basmak; *(sözcük v.b.)* uydurmak, yaratmak.
mint[2] ⚘ [~] *n.* nane.
min·u·et ♪ [mɪnjʊ'et] *n.* menuet, bir dans türü.
mi·nus ['maɪnəs] **1.** *prp.* eksi; *F -si* eksik, -sız; **2.** *adj.* eksi ...; negatif, sıfırdan aşağı olan.
min·ute[1] ['mɪnɪt] *n.* dakika; an; *in a* ~ hemencecik, hemen şimdi; *just a* ~ bir dakika; *~s pl.* tutanak.
mi·nute[2] □ [maɪ'njuːt] küçücük, minnacık; azıcık; çok ince, dakik; **~·ness** [~nɪs] *n.* küçücüklük; azıcıklık.
mir·a·cle ['mɪrəkl] *n.* mucize, tansık; **mi·rac·u·lous** □ [mɪ'rækjʊləs] mucize türünden, şaşılacak, harika.
mi·rage ['mɪrɑːʒ] *n.* serap, ılgım, yalgın, pusarık.
mire ['maɪə] **1.** *n.* çamur, batak; pislik, kir; **2.** *v/t. & v/i.* çamura sapla(n)mak; çamurlamak.
mir·ror ['mɪrə] **1.** *n.* ayna; **2.** *v/t.* yansıtmak *(a. fig.)*
mirth [mɜːθ] *n.* neşe, sevinç, şenlik; **~·ful** □ ['mɜːθfl] neşeli, şen; **~·less** □ [~lɪs] neşesiz.
mir·y ['maɪərɪ] *(-ier, -iest) adj.* çamurlu; pis, kirli.
mis- [mɪs] *prefix* kötü ..., yanlış ...; -sızlık.
mis·ad·ven·ture ['mɪsəd'ventʃə] *n.* aksilik, terslik, talihsizlik; kaza, bela.
mis·an|thrope ['mɪzənθrəʊp], **~·thro·pist** [mɪ'zænθrəpɪst] *n.* insanlardan kaçan kimse.
mis·ap·ply ['mɪsə'plaɪ] *v/t.* yanlış uygulamak, yerinde kullanmamak.
mis·ap·pre·hend ['mɪsæprɪ'hend] *v/t.* yanlış anlamak.
mis·ap·pro·pri·ate ['mɪsə'prəʊprɪeɪt] *v/t.* haksız kullanmak, zimmetine geçirmek.
mis·be·have ['mɪsbɪ'heɪv] *v/i.* yaramazlık etmek, terbiyesizlik yapmak.
mis·cal·cu·late [mɪs'kælkjʊleɪt] *v/t.* yanlış hesaplamak.
mis·car|riage [mɪs'kærɪdʒ] *n.* boşa gitme, suya düşme, başarısızlık; *(mektup, mal v.b.)* yerine varmama, yolda kaybolma; ⚕ çocuk düşürme; ~ *of justice* adli hata; **~·ry** [~ɪ] *v/i.* boşa çıkmak, suya düşmek; *(mektup v.b.)* yerine varmamak, yolda kaybolmak; ⚕ çocuk düşürmek.
mis·cel·la|ne·ous □ [mɪsɪ'leɪnjəs] çeşitli, türlü türlü, karışık; **~·ny** [mɪ'selənɪ] *n.* derleme.
mis·chief ['mɪstʃɪf] *n.* kötülük, fesat; zarar, ziyan; yaramazlık,

haylazlık, afacanlık; ~**-mak·er** *n.* arabozucu, fitneci.

mis·chie·vous □ ['mıstʃıvəs] zararlı; yaramaz, haylaz, afacan.

mis·con·ceive ['mıskən'si:v] *vb.* yanlış anlamak.

mis·con·duct 1. [mıs'kɒndʌkt] *n.* kötü davranış, uygunsuz hareket; zina; kötü yönetim; **2.** ['mıskən'dʌkt] *v/t.* kötü yönetmek; ~ *o.s.* kötü davranmak; zina yapmak.

mis·con·strue ['mıskən'stru:] *v/t.* yanlış yorumlamak, yanlış anlamak.

mis·deed ['mısdi:d] *n.* kötülük, kabahat, günah.

mis·de·mea·no(u)r ⚖ ['mısdı'mi:nə] *n.* hafif suç; kötü davranış.

mis·di·rect ['mısdı'rekt] *v/t. (mektup v.b.)* adresini yanlış yazmak; yanıltmak.

mis·do·ing ['mısdu:ıŋ] *mst* ~*s pl.* = *misdeed.*

mise en scène *thea.* ['mi:zɑ:n'seın] *n.* mizansen.

mi·ser ['maızə] *n.* cimri kimse.

mis·e·ra·ble □ ['mızərəbl] mutsuz, dertli, perişan; acınacak, hazin; kötü, berbat; yoksul, sefil.

mi·ser·ly ['maızəlı] *adj.* cimri, pinti, *F* eli sıkı.

mis·e·ry ['mızərı] *n.* yoksulluk, sefalet; mutsuzluk, perişanlık; acı, ıstırap.

mis·fire ['mıs'faıə] *v/i. (silah)* ateş almamak; *mot.* çalışmamak, işlememek.

mis·fit ['mısfıt] *n.* uygunsuzluk; iyi oturmayan giysi; yerinin adamı olmayan kimse.

mis·for·tune [mıs'fɔ:tʃən] *n.* talihsizlik, aksilik, terslik; bela, felaket, kaza.

mis·giv·ing ['mıs'gıvıŋ] *n.* endişe, kuşku, korku, şüphe.

mis·guide ['mıs'gaıd] *v/t.* yanlış yola saptırmak, baştan çıkarmak.

mis·hap ['mıshæp] *n.* talihsizlik, aksilik, terslik; kaza, felaket.

mis·in·form ['mısın'fɔ:m] *v/t.* yanlış bilgi *ya da* haber vermek.

mis·in·ter·pret ['mısın'tɜ:prıt] *v/t.* yanlış yorumlamak, yanlış anlam vermek.

mis·lay [mıs'leı] *(-laid) v/t.* yanlış yere koymak, kaybetmek.

mis·lead [mıs'li:d] *(-led) v/t.* yanlış yoldan götürmek; aldatmak, baştan çıkarmak; yanıltmak, yanlış bilgi vermek.

mis·man·age ['mıs'mænıdʒ] *v/t.* kötü yönetmek, yanlış yönetmek.

mis·place ['mıs'pleıs] *v/t.* yanlış yere koymak.

mis·print 1. [mıs'prınt] *v/t.* yanlış basmak; **2.** ['mısprınt] *n.* baskı hatası.

mis·read ['mıs'ri:d] *(-read* [-red]*)* *v/t.* yanlış okumak; yanlış yorumlamak.

mis·rep·re·sent ['mısreprı'zent] *v/t.* kötü temsil etmek; yanlış betimlemek.

miss[1] [mıs] *n.* bayan.

miss[2] [~] **1.** *n.* başarısızlık; hedefe vuramama, karavana, ıska; **2.** *v/t.* vuramamak, isabet ettirememek, ıskalamak; yetişememek, kaçırmak; özlemek, göreceği gelmek; *v/i.* eksik olmak; kurtulmak.

mis·shap·en ['mıs'ʃeıpən] *adj.* biçimsiz, deforme olmuş.

mis·sile ['mısaıl, *Am.* 'mısəl] **1.** *n.* atılan şey; ✕ füze; **2.** *adj.* ✕ füze ...

miss·ing ['mısıŋ] *adj.* olmayan, eksik; ✕ kayıp; *be* ~ yokluğu hissedilmek, onsuz yapılamamak.

mis·sion ['mıʃn] *n. pol.* özel görev; *eccl., pol.* misyon, heyet; ✕ uçuş; misyoner heyeti; *pol.* sefarethane, elçilik; ~**·a·ry** ['mıʃənrı] **1.** *n.* misyoner; **2.** *adj.* dinsel görevle ilgili; misyonerlerle ilgili.

mis·sive ['mısıv] *n.* uzun mektup.

mis·spell ['mɪs'spel] *(-spelt ya da -spelled) v/t.* yanlış hecelemek *ya da* yazmak.

mis·spend ['mɪs'spend] *(-spent) v/t.* boş yere harcamak, saçıp savurmak *(para);* boşa geçirmek *(zaman).*

mist [mɪst] **1.** *n.* sis, duman, pus; **2.** *v/t. & v/i.* sis ile kapla(n)mak, sis basmak; buğulan(dır)mak.

mis|take [mɪ'steɪk] **1.** *(-took, -taken) v/t.* yanlış anlamak, kazı koz anlamak; benzetmek *(for -e);* **2.** *n.* yanılma, yanlışlık; hata, yanlış; **~·tak·en** □ [~ən] yanlış; yanılmış; *be* ~ yanılmak, yanılgıya düşmek.

mis·ter ['mɪstə] *n.* bay, bey *(abbr.* **Mr.***).*

mis·tle·toe ⚘ ['mɪsltəʊ] *n.* öksеotu.

mis·tress ['mɪstrɪs] *n.* ev sahibesi, evin hanımı; metres, kapatma, dost; *esp. Brt.* kadın öğretmen.

mis·trust ['mɪs'trʌst] **1.** *v/t. -e* güvenmemek, *-den* kuşku duymak; **2.** *n.* güvensizlik, kuşku; **~·ful** □ [~fl] güvensiz, kuşkulu.

mist·y □ ['mɪstɪ] *(-ier, -iest)* sisli, puslu, dumanlı; *fig.* bulanık, karanlık.

mis·un·der·stand ['mɪsʌndə'stænd] *(-stood) v/t.* yanlış anlamak, ters anlamak, kazı koz anlamak; **~·ing** [~ɪŋ] *n.* yanlış anlama.

mis|us·age [mɪs'ju:zɪdʒ] *n.* yanlış kullanılış; kötü davranma; **~·use 1.** ['mɪs'ju:z] *v/t.* yanlış kullanmak; kötü davranmak; hor kullanmak; **2.** [~s] *n.* yanlış kullanma; kötü davranış.

mite [maɪt] *n. zo.* kene, peynirkurdu; küçücük çocuk; *fig.* azıcık şey.

mit·i·gate ['mɪtɪgeɪt] *v/t.* yatıştırmak, dindirmek, hafifletmek.

mi·tre, *Am.* **-ter** ['maɪtə] *n.* piskoposluk tacı.

mitt [mɪt] *n. beysbol:* eldiven; *sl.* boks eldiveni; = *mitten.*

mit·ten ['mɪtn] *n.* parmaksız eldiven, kolçak.

mix [mɪks] *v/t. & v/i.* karış(tır)mak; karmak; katmak; kaynaş(tır)mak, bağdaş(tır)mak *(with ile);* **~ed** karışık, karma; **~ed school** *esp. Brt.* karma okul; **~ up** karış(tır)mak; *be* **~ed up with** *ile* ilişkisi olmak; **~·ture** ['mɪkstʃə] *n.* karış(tır)ma; karışım.

moan [məʊn] **1.** *n.* inilti; *(rüzgâr)* uğultu; **2.** *v/i.* inlemek; sızlanmak; *(rüzgâr)* uğuldamak.

moat [məʊt] *n.* kale hendeği.

mob [mɒb] **1.** *n.* ayaktakımı, avam; kalabalık; gangster çetesi; **2.** *(-bb-) vb.* saldırmak; doluşmak, üşüşmek.

mo·bile ['məʊbaɪl] *adj.* oynak, hareketli, devingen, yer değiştirebilen; ✕ seyyar *(ordu);* **~ home** *esp. Am.* karavan.

mo·bil·i|za·tion ✕ [məʊbɪlaɪ'zeɪʃn] *n.* seferberlik; **~ze** ✕ ['məʊbɪlaɪz] *v/t.* silah altına almak.

moc·ca·sin ['mɒkəsɪn] *n.* mokasen *(ayakkabı).*

mock [mɒk] **1.** *n.* dalga geçme, alay; **2.** *adj.* sahte, taklit, yalandan yapılan; **3.** *vb.* dalga geçmek, alay etmek, eğlenmek *(at ile);* taklidini yapmak; karşı koymak; **~·e·ry** ['mɒkərɪ] *n.* dalga geçme, alay; taklit; alaya alınan şey; **~·ing-bird** *zo.* [~ɪŋbɜ:d] *n.* alaycı kuş.

mode [məʊd] *n.* tarz, yol, biçim, üslup, biçem; *gr.* kip.

mod·el ['mɒdl] **1.** *n.* model, örnek; kalıp, biçim; manken; *male* ~ erkek manken; **2.** *adj.* model ..., örnek ...; örnek alınacak; **3.** *(esp. Brt. -ll-, Am. -l-) v/t. -in* modelini yapmak; kalıbını çıkarmak; *fig.* örnek almak; *v/i.* mankenlik *ya da*

modellik yapmak.
mod·e|rate 1. □ ['mɒdərət] ılımlı, ölçülü; orta; usa uygun, akıllıca; 2. [~reɪt] *v/t. & v/i.* hafifle(t)mek, azal(t)mak, yumuşa(t)mak; başkanlık etmek; **~·ra·tion** [mɒdə'reɪʃn] *n.* ılımlılık, ölçülülük; hafifletme, azaltma.
mod·ern ['mɒdən] *adj.* modern, yeni, çağdaş, çağcıl; **~·ize** [~aɪz] *v/t. & v/i.* modernleş(tir)mek, yenileş(tir)mek, çağdaşlaş(tır)mak.
mod|est □ ['mɒdɪst] alçak gönüllü; gösterişsiz, sade; ılımlı; **~·es·ty** [~ɪ] *n.* alçak gönüllülük; sadelik; ılımlılık.
mod·i|fi·ca·tion [mɒdɪfɪ'keɪʃn] *n.* değiştirme; değişiklik; **~·fy** ['mɒdɪfaɪ] *v/t.* değiştirmek; azaltmak, hafifletmek; *gr.* nitelemek.
mods *Brt.* [mɒdz] *n. pl.* Oxford Üniversitesi'nde edebiyat fakültesi diploması için ilk genel sınav.
mod·u·late ['mɒdjʊleɪt] *v/t.* ayarlamak; *(ses)* tatlılaştırmak, yumuşatmak.
mod·ule ['mɒdjuːl] *n.* ölçü birimi; ⊕ çap; ⊕ modül; *radyo:* kapsül.
moi·e·ty ['mɔɪətɪ] *n.* yarım, yarı; küçük parça, kısım.
moist [mɔɪst] *adj.* nemli, rutubetli; ıslak; *(göz)* yaşlı; **~·en** ['mɔɪsn] *v/t.* ıslatmak; *v/i.* ıslanmak; *(göz)* yaşarmak; **mois·ture** [~stʃə] *n.* nem, rutubet; ıslaklık.
mo·lar ['məʊlə] *n.* azıdişi.
mo·las·ses [mə'læsɪz] *n. sg.* melas, şeker pekmezi; *Am.* şurup.
mole[1] *zo.* [məʊl] *n.* köstebek.
mole[2] [~] *n.* ben, leke.
mole[3] [~] *n.* dalgakıran, mendirek.
mol·e·cule ['mɒlɪkjuːl] *n.* molekül, özdek.
mole·hill ['məʊlhɪl] *n.* köstebek tepesi; *make a mountain out of a ~* pireyi deve yapmak.
mo·lest [mə'lest] *v/t.* rahatsız etmek, tedirgin etmek; *(kızlara)* laf atmak, sarkıntılık etmek.
mol·li·fy ['mɒlɪfaɪ] *v/t.* yatıştırmak, yumuşatmak.
mol·ly·cod·dle ['mɒlɪkɒdl] 1. *n.* muhallebi çocuğu, hanım evladı, anasının kuzusu; 2. *v/t.* üstüne titremek, nazlı büyütmek.
mol·ten ['məʊltən] *adj.* erimiş; dökme ...
mom *Am. F* [mɒm] *n.* anne.
mo·ment ['məʊmənt] *n.* an; önem; = *momentum;* **mo·men·ta·ry** □ [~ərɪ] bir anlık, geçici, kısa, ani; her an olan; **mo·men·tous** □ [mə'mentəs] çok önemli, ciddi; **mo·men·tum** *phys.* [~əm] *(pl. -ta* [-tə], *-tums) n.* moment.
mon|arch ['mɒnək] *n.* hükümdar, kral; **~·ar·chy** [~ɪ] *n.* monarşi, tekerklik.
mon·as·tery ['mɒnəstrɪ] *n.* manastır.
Mon·day ['mʌndɪ] *n.* pazartesi.
mon·e·ta·ry *econ.* ['mʌnɪtərɪ] *adj.* parayla ilgili, parasal, para ...
mon·ey ['mʌnɪ] *n.* para; *ready ~* nakit para, peşin para; **~-box** *n.* kumbara; **~-chang·er** [~tʃeɪndʒə] *n.* sarraf; *Am.* otomatik para makinesi; **~ or·der** *n.* para havalesi.
mon·ger ['mʌŋgə] *n.* satıcı.
mon·grel ['mʌŋgrəl] *n.* melez köpek, bitki *ya da* insan; *attr.* melez ...
mon·i·tor ['mɒnɪtə] *n.* ⊕, *TV:* monitör; *okul:* sınıf başkanı.
monk [mʌŋk] *n.* keşiş, rahip.
mon·key ['mʌŋkɪ] 1. *n. zo.* maymun; ⊕ şahmerdan başı; *put s.o.'s ~ up F b-nin* tepesini attırmak, *b-ni* kızdırmak; *~ business F* düzenbazlık, oyun; 2. *v/i. ~ about, ~ around F* oynamak; *~ (about ya da around) with F ile* oynamak, kurcalamak, ellemek; ~-

wrench *n.* ⊕ İngiliz anahtarı; *throw a ~ into s.th. Am. bşe* engel olmak, çomak sokmak.
monk·ish ['mʌŋkɪʃ] *adj.* keşiş gibi.
mon·o *F* ['mɒnəʊ] *(pl. -os) n. radyo v.b.:* mono ses; mono aygıt; *attr.* mono ...
mon·o- ['mɒnəʊ] *prefix* mono ..., tek ..., bir ...
mon·o·cle ['mɒnəkl] *n.* monokl, tek gözlük.
mo·nog·a·my [mɒ'nɒgəmɪ] *n.* monogami, tekeşlilik.
mon·o|logue, *Am. a.* **~·log** ['mɒnəlɒg] *n.* monolog.
mo·nop·o|list [mə'nɒpəlɪst] *n.* tekelci; **~·lize** [~aɪz] *v/t.* tekeline almak; *(a. fig.);* **~·ly** [~ɪ] *n.* monopol, tekel.
mo·not·o|nous ☐ [mə'nɒtənəs] monoton, tekdüze, sıkıcı; **~·ny** [~ɪ] *n.* monotonluk, tekdüzelik.
mon·soon [mɒn'suːn] *n.* muson.
mon·ster ['mɒnstə] *n.* canavar, dev *(a. fig.); attr.* koskocaman, dev gibi.
mon|stros·i·ty [mɒn'strɒsətɪ] *n.* canavarlık; anormal yaratık; çirkin şey; **~·strous** ☐ ['mɒnstrəs] canavar gibi; anormal; koskocaman; ürkünç, korkunç; inanılmaz.
month [mʌnθ] *n.* ay; *this day ~* önümüzdeki ay bugün; **~·ly** ['mʌnθlɪ] **1.** *adj.* ayda bir olan, aylık; **2.** *n.* aylık dergi.
mon·u·ment ['mɒnjʊmənt] *n.* anıt, abide; eser, yapıt; **~·al** ☐ [mɒnjʊ'mentl] anıtsal; koskocaman, muazzam.
moo [muː] *v/i.* böğürmek.
mood [muːd] *n.* ruhsal durum, ruh durumu; *~s pl.* huysuzluk, aksilik; **~·y** ☐ ['muːdɪ] *(-ier, -iest)* dargın, küskün; huysuz, ters, aksi; umutsuz, karamsar.
moon [muːn] **1.** *n.* ay; *once in a blue ~ F* kırk yılda bir; **2.** *v/i. ~ about, ~ around F* dalgın dalgın gezinmek; **~·light** ['muːnlaɪt] *n.* mehtap; **~·lit** *adj.* mehtaplı; **~·struck** *adj.* aysar, çılgın, deli; **~ walk** *n.* ayda yürüyüş.
Moor[1] [mʊə] *n.* Faslı.
moor[2] [~] *n.* kır, avlak.
moor[3] ⚓ [~] *v/t. & v/i.* palamarla bağla(n)mak; **~·ings** ⚓ ['mʊərɪŋz] *n. pl.* palamar takımı; gemi bağlama yeri.
moose *zo.* [muːs] *n.* mus, Kuzey Amerika geyiği.
mop [mɒp] **1.** *n.* saplı tahta bezi, paspas; dağınık saç; **2.** *(-pp-) v/t.* paspas yapmak, paspaslamak.
mope [məʊp] *v/i.* üzgün olmak, canı sıkkın olmak.
mo·ped *Brt. mot.* ['məʊped] *n.* moped, motorlu bisiklet.
mor·al ['mɒrəl] **1.** ☐ ahlaki; ahlaklı, dürüst; manevi, tinsel; **2.** *n.* ahlak dersi; *~s pl.* ahlak; **morale** [mɒ'rɑːl] *n. esp.* ✕ moral, yürek gücü; **mo·ral·i·ty** [mə'rælətɪ] *n.* ahlak, ahlaklılık; erdem; **mor·al·ize** ['mɒrəlaɪz] *vb.* ahlak dersi vermek; ahlak yönünden değerlendirmek.
mo·rass [mə'ræs] *n.* bataklık; engel, güçlük.
mor·bid ☐ ['mɔːbɪd] hastalıklı; bozuk, çarpık *(fikir).*
more [mɔː] *adj. & adv.* daha çok; daha; *no ~* artık ... değil; *no ~ than -den* daha çok değil; *once ~* bir kez daha; *(all) the ~, so much the ~* haydi haydi.
mo·rel ✿ [mɒ'rel] *n.* siyah mantar.
more·o·ver [mɔː'rəʊvə] *adv.* bundan başka, ayrıca, üstelik.
morgue [mɔːg] *n. Am.* morg; *F* bir gazetenin eski sayıları.
morn·ing ['mɔːnɪŋ] *n.* sabah; *good ~!* Günaydın!, İyi sabahlar!; *in the ~* sabahleyin; *tomorrow ~* yarın sabah; **~ dress** *n.* resmi sabah kıyafeti.

mo·ron ['mɔːrɔn] *n.* doğuştan geri zekâlı kimse; *contp.* kuş beyinli kimse.
mo·rose □ [mə'rəʊs] somurtkan, suratsız, asık suratlı.
mor|phi·a ['mɔːfjə], **~·phine** ['mɔːfiːn] *n.* morfin.
mor·sel ['mɔːsl] *n.* lokma; parça.
mor·tal ['mɔːtl] **1.** □ ölümlü, gelip geçici, kalımsız; öldürücü; ölene dek süren; **2.** *n.* insan, insanoğlu; **~·i·ty** [mɔː'tæləti] *n.* ölümlülük, gelip geçicilik; ölüm oranı; ölü sayısı, can kaybı.
mor·tar ['mɔːtə] *n.* havan; ⨯ havan topu.
mort|gage ['mɔːgɪdʒ] **1.** *n.* ipotek; **2.** *v/t.* ipotek etmek, rehine koymak; **~·gag·ee** [mɔːgə'dʒiː] *n.* ipotekli alacak sahibi; **~·gag·er** ['mɔːgɪdʒə], **~·ga·gor** [mɔːgə'dʒɔː] *n.* ipotek yapan borçlu.
mor·tice ⊕ ['mɔːtɪs] = *mortise*.
mor·ti·cian *Am.* [mɔː'tɪʃn] *n.* cenaze kaldırıcısı.
mor·ti|fi·ca·tion [mɔːtɪfɪ'keɪʃn] *n.* küçük düşme, rezil olma; ⚕ kangren; **~·fy** ['mɔːtɪfaɪ] *v/t.* küçük düşürmek, rezil etmek, yerin dibine geçirmek.
mor·tise ⊕ ['mɔːtɪs] *n.* zıvana, yuva.
mor·tu·a·ry ['mɔːtjʊərɪ] *n.* morg.
mo·sa·ic [mə'zeɪɪk] *n.* mozaik.
mosque [mɒsk] *n.* cami.
mos·qui·to *zo.* [mə'skiːtəʊ] *(pl. -toes)* *n.* sivrisinek.
moss ⚘ [mɒs] *n.* yosun; **~·y** ⚘ ['mɒsɪ] *(-ier, -iest)* *adj.* yosunlu; yosun gibi, yosunumsu.
most [məʊst] **1.** □ en çok, en fazla; *~ people pl.* çoğu kimse; **2.** *adv.* en; son derece, pek; *the ~ important point* en önemli nokta; **3.** *n.* en çok miktar; çoğunluk, çokluk; *at (the) ~* en çok, olsa olsa; *make the ~ of -den* sonuna kadar yararlanmak; **~·ly** ['məʊstlɪ] *adv.* çoğu kez, çoğunlukla.
mo·tel [məʊ'tel] *n.* motel.
moth *zo.* [mɒθ] *n.* güve; pervane; **~-eat·en** ['mɒθiːtn] *adj.* güve yemiş.
moth·er ['mʌðə] **1.** *n.* anne, ana; **2.** *v/t.* annelik etmek, bakmak; **~ coun·try** *n.* anavatan, anayurt; **~·hood** [~hʊd] *n.* annelik, analık; **~-in-law** [~rɪnlɔː] *(pl. mothers-in-law)* *n.* kayınvalide, kaynana; **~·ly** [~lɪ] *adj.* ana gibi; anaya yakışır; **~-of-pearl** [~rəv'pɜːl] *n.* sedef; **~ tongue** *n.* anadili.
mo·tif [məʊ'tiːf] *n.* motif, örge; anakonu.
mo·tion ['məʊʃn] **1.** *n.* hareket, devinim *(a.* ⊕ *); parl.* önerge, teklif; ⚕ dışkılama; *oft ~s pl.* vücut hareketi; **2.** *v/i.* elle işaret etmek; **~·less** [~lɪs] *adj.* hareketsiz; **~ pic·ture** *n.* sinema filmi.
mo·ti|vate ['məʊtɪveɪt] *v/t.* harekete getirmek, sevketmek; *-e* neden olmak; **~·va·tion** [məʊtɪ'veɪʃn] *n.* sevketme; neden, dürtü.
mo·tive ['məʊtɪv] **1.** *n.* güdü, dürtü, neden; **2.** *adj.* hareket ettirici, devindirici; güdüsel; **3.** *v/t.* harekete getirmek.
mot·ley ['mɒtlɪ] *adj.* alacalı, renk renk.
mo·tor ['məʊtə] **1.** *n.* motor; otomobil; ⚕ adale, kas; *fig.* hareket ettirici güç; **2.** *adj.* motorlu, motorla işleyen; hareket ettirici; **3.** *v/i.* otomobille gezmek *ya da* gitmek; **~ bi·cy·cle** *n.* motosiklet; *Am.* moped; **~·bike** *n. F* motosiklet; *Am.* moped; **~·boat** *n.* deniz motoru, motorbot; **~ bus** *n.* otobüs; **~·cade** [~keɪd] *n.* araba korteji, konvoy; **~ car** *n.* otomobil; **~ coach** *n.* otobüs; **~ cy·cle** *n.* motosiklet; **~-cy·clist** *n.* motosiklet sürücüsü; **~·ing** [~rɪŋ] *n.* otomobilcilik; otomobil kullanma;

school of ~ şoförlük okulu; **~·ist** [~rıst] *n.* sürücü, otomobil kullanan kimse; **~·ize** [~raız] *v/t.* motorla donatmak, motorize etmek; ~ **launch** *n.* motorbot, gezinti motoru; **~·way** *n. Brt.* karayolu, otoyol, otoban.

mot·tled ['mɒtld] *adj.* benekli; alacalı.

mo(u)ld [məʊld] **1.** *n.* ↓ gübreli toprak, bahçıvan toprağı; ⊕ döküm kalıbı; *fig.* yapı, karakter; **2.** *v/t.* kalıba dökmek; biçim vermek *(on, upon -e).*

mo(u)l·der ['məʊldə] *v/i.* çürümek, çürüyüp gitmek.

mo(u)ld·ing *arch.* ['məʊldıŋ] *n.* tiriz, silme, korniş, pervaz.

mo(u)ld·y ['məʊldı] *(-ier, -iest) adj.* küflü, küflenmiş; küf kokulu.

mo(u)lt [məʊlt] *v/i.* tüy dökmek.

mound [maʊnd] *n.* tepecik, tümsek; höyük.

mount [maʊnt] **1.** *n.* dağ, tepe; binek hayvanı; **2.** *v/t. & v/i.* ata bin(dir)mek; tırmanmak, çıkmak; binmek; takmak, oturtmak; çerçeveye geçirmek; monte etmek, kurmak; *~ed police* atlı polis.

moun·tain ['maʊntın] **1.** *n.* dağ; *~s pl.* dağ silsilesi; **2.** *adj.* dağlara özgü, dağ ...; **~·eer** [maʊntı'nıə] *n.* dağlı; dağcı; **~·eer·ing** [~rıŋ] *n.* dağcılık; **~·ous** ['maʊntınəs] *adj.* dağlık; dağ gibi.

moun·te·bank ['maʊntıbæŋk] *n.* şarlatan kimse.

mourn [mɔːn] *vb.* yas tutmak, ölümüne ağlamak; **~·er** ['mɔːnə] *n.* yaslı kimse; **~·ful** □ [~fl] yaslı; kederli, üzgün; acıklı; **~.ing** [~ıŋ] *n.* yas; ağlayıp sızlanma; *attr.* yas ...

mouse [maʊs] *(pl. mice* [maıs]*) n.* fare, sıçan.

mous·tache [mə'stɑːʃ], *Am.* **mus·tache** ['mʌstæʃ] *n.* bıyık.

mouth [maʊθ] *(pl. mouths* [maʊðz]*) n.* ağız; haliç, boğaz; giriş yeri; **~·ful** ['maʊθful] *n.* ağız dolusu; lokma; **~-or·gan** *n.* ağız mızıkası, armonika; **~·piece** *n.* ağızlık; *fig.* sözcü.

mo·va·ble □ ['muːvəbl] taşınır; kımıldayabilir.

move [muːv] **1.** *v/t. & v/i.* hareket et(tir)mek, kımılda(t)mak, oyna(t)mak; nakletmek, taşı(n)mak; duygulandırmak, etkilemek, dokunmak; teklif etmek, önermek; ⚕ *(bağırsak)* işle(t)mek; *satranç:* taş sürmek; ~ *away* taşınmak; ~ *down (öğrenciyi)* daha alt bir sınıfa yerleştirmek; ~ *for s.th. bş* için öneride bulunmak; ~ *in* eve taşınmak; kontrolü ele almak; üzerine yürümek *(on -in);* ~ *on* ilerlemek, yürümek; gitmek; değiştirmek; ~ *out* evden çıkmak, taşınmak; ~ *up (öğrenciyi)* daha yüksek bir sınıfa yerleştirmek; ~ *house Brt.* taşınmak, evi taşımak; ~ *heaven and earth* her çareye başvurmak; **2.** *n.* hareket, kımıldama; göç; taşınma; *satranç:* taş sürme, hamle; *fig.* tedbir; *on the* ~ hareket halinde, ilerlemekte; *get a ~ on!* Çabuk ol!, Acele et!; *make a* ~ kıpırdamak; *fig.* harekete geçmek; **~·a·ble** ['muːvəbl] = *movable;* **~·ment** [~mənt] *n.* hareket; ♪ tempo, ritim; ♪ ölçü, usul; ⊕ mekanizma; ⚕ bağırsakların işlemesi.

mov·ie *esp. Am. F* ['muːvı] *n.* film; *~s pl.* sinema.

mov·ing □ ['muːvıŋ] hareketli, oynar; hareket ettirici; *fig.* dokunaklı, duygulandırıcı; ~ *staircase* yürüyen merdiven.

mow [məʊ] *(~ed, ~n ya da ~ed) v/t.* biçmek; **~·er** ['məʊə] *n.* biçen kimse, orakçı; ekin biçme makinesi, *esp.* çim biçme makinesi; **~·ing-ma·chine** [~ıŋməʃiːn] *n.* ekin biçme makinesi; **~n** [məʊn] *p.p. of mow.*

much [mʌtʃ] **1.** *(more, most) adj.* çok, epey; **2.** *adv.* çokca, hayli; büyük bir farkla, kat kat; ~ *as I would like* sevmeme karşın, çok isterdim ama; *I thought as* ~ bunu bekliyordum, aklıma gelmedi de değil; **3.** *n.* çok miktarda şey; önemli şey; *make* ~ *of -e* çok önem vermek, üzerinde önemle durmak; *I am not* ~ *of a dancer F* iyi bir dansöz değilimdir, ben kim dansöz olmak kim.

muck [mʌk] *n.* gübre; *F* pislik *(a. fig.)*; ~**·rake** ['mʌkreɪk] **1.** *n.* gübre yabası; **2.** *vb.* karanlık olayları ortaya çıkarmak.

mu·cus ['mjuːkəs] *n.* sümük.

mud [mʌd] *n.* çamur *(a. fig.)*.

mud·dle ['mʌdl] **1.** *v/t.* bulandırmak; *a.* ~ *up,* ~ *together* birbirine karıştırmak, karman çorman etmek; *F* yüzüne gözüne bulaştırmak; *v/i.* kafası karışmak; ~ *through F* işin içinden başarıyla sıyrılmak; **2.** *n.* karışıklık, dağınıklık; şaşkınlık, sersemlik.

mud|dy □ ['mʌdɪ] *(-ier, -iest)* çamurlu; kirli, bulanık; karmaşık, karışık; ~**·guard** *n.* çamurluk.

muff [mʌf] *n.* manşon, el kürkü.

muf·fin ['mʌfɪn] *n.* yassı pide.

muf·fle ['mʌfl] *v/t. oft.* ~ *up* sarıp sarmalamak, sarmak; *(ses)* boğmak; ~**r** [~ə] *n.* fular, boyun atkısı; *Am. mot.* susturucu.

mug[1] [mʌg] *n.* maşrapa; *sl.* surat, yüz.

mug[2] *F* [~] *(-gg-) v/t.* saldırıp soymak; ~**·ger** *F* ['mʌgə] *n.* soyguncu, eşkiya; ~**·ging** *F* [~ɪŋ] *n.* saldırıp soyma, eşkiyalık.

mug·gy ['mʌgɪ] *adj.* bunaltıcı, sıkıntılı, kapalı *(hava)*.

mug·wump *Am. iro.* ['mʌgwʌmp] *n.* kendini beğenmiş kimse; *pol.* bağımsız üye.

mu·lat·to [mjuː'lætəʊ] *(pl. -tos, Am. -toes) n.* beyaz ile zenci melezi kimse.

mul·ber·ry ⚘ ['mʌlbərɪ] *n.* dut; dut ağacı.

mule [mjuːl] *n. zo.* katır; *F* katır gibi inatçı kimse; arkalıksız terlik, şıpıdık; **mu·le·teer** [mjuːlɪ'tɪə] *n.* katırcı.

mull[1] [mʌl] *n.* ince muslin kumaş.

mull[2] [~]: ~ *over* uzun uzadıya düşünmek, düşünüp taşınmak.

mulled [mʌld]: ~ *claret,* ~ *wine* şekerli ve baharatlı sıcak şarap.

mul·li·gan *Am. F* ['mʌlɪgən] *n.* türlü yemeği, güveç.

mul·li·on *arch.* ['mʌljən] *n.* pencere tirizi.

mul·ti- ['mʌltɪ] *prefix* çok ...

mul·ti|far·i·ous □ [mʌltɪ'feərɪəs] çeşitli, çeşit çeşit, türlü türlü; ~**·form** ['mʌltɪfɔːm] *adj.* çok biçimli; ~**·lat·e·ral** [mʌltɪ'lætərəl] *adj.* çok kenarlı; *pol.* çok taraflı, çok yanlı; ~**·ple** ['mʌltɪpl] **1.** *adj.* birçok, çok yönlü; katmerli; **2.** *n.* ⚠ katsayı; ~**·pli·ca·tion** [mʌltɪplɪ'keɪʃn] *n.* çoğal(t)ma; ⚠ çarpma, çarpım; ~ *table* çarpım tablosu; ~**·pli·ci·ty** [~'plɪsətɪ] *n.* çokluk, fazlalık; çeşitlilik; ~**·ply** ['mʌltɪplaɪ] *v/t. & v/i.* çoğal(t)mak, art(ır)mak; *biol.* üremek; ⚠ çarpmak *(by ile)*; ~**·tude** [~tjuːd] *n.* çokluk; kalabalık, halk yığını; ~**·tu·di·nous** [mʌltɪ'tjuːdɪnəs] *adj.* çok, pek çok.

mum[1] [mʌm] **1.** *adj.* sessiz; **2.** *int.* Sus!

mum[2] *Brt. F* [~] *n.* anne.

mum·ble ['mʌmbl] *v/t. & v/i.* mırılda(n)mak, ağzında gevelemek; kemirmek.

mum·mer·y *contp.* ['mʌmərɪ] *n.* maskeli gösteri; anlamsız ayin.

mum·mi·fy ['mʌmɪfaɪ] *v/t.* mumyalamak.

mum·my[1] ['mʌmɪ] *n.* mumya.

mum·my[2] *Brt. F* [~] *n.* anne, an-

neciğim.
mumps ⚕ [mʌmps] *n. sg.* kabakulak.
munch [mʌntʃ] *v/t.* katır kutur yemek, şapır şupur yemek.
mun·dane □ [mʌn'deɪn] dünya ile ilgili, dünyevi.
mu·ni·ci·pal □ [mjuː'nɪsɪpl] belediye ile ilgili, belediye ...; kent ile ilgili, kent ...; **~·i·ty** [mjuːnɪsɪ'pælətɪ] *n.* belediye.
mu·nif·i|cence [mjuː'nɪfɪsns] *n.* cömertlik, eli açıklık; **~·cent** [~t] *adj.* cömert, eli açık.
mu·ni·tions ✕ [mjuː'nɪʃnz] *n. pl.* cephane.
mu·ral ['mjʊərəl] **1.** *n.* fresk, duvar resmi; **2.** *adj.* duvar ile ilgili, duvar ...; duvara asılan.
mur·der ['mɜːdə] **1.** *n.* cinayet, adam öldürme; **2.** *v/t.* öldürmek, katletmek *(a. fig.); fig. F* berbat etmek, rezil etmek; **~·er** [~rə] *n.* cani, katil; **~·ess** [~rɪs] *n.* kadın katil; **~·ous** □ [~rəs] öldürücü, kanlı.
murk·y □ ['mɜːkɪ] *(-ier, -iest)* karanlık; yoğun *(sis);* utanç verici, utanılacak.
mur·mur ['mɜːmə] **1.** *n.* mırıldanma, mırıltı; uğultu; **2.** *vb.* mırılda(n)mak, homurdanmak, söylenmek; uğuldamak.
mur·rain ['mʌrɪn] *n.* bulaşıcı bir hayvan hastalığı.
mus|cle ['mʌsl] *n.* adale, kas; **~·cle-bound:** *be ~* kasları tutulmuş olmak; **~·cu·lar** ['mʌskjʊlə] *adj.* kas ile ilgili; adeleli, kaslı, güçlü.
Muse[1] [mjuːz] *n.* Müzlerden biri.
muse[2] [~] *v/i.* düşünceye dalmak, dalıp gitmek.
mu·se·um [mjuː'zɪəm] *n.* müze.
mush [mʌʃ] *n.* lapa, pelte; *Am.* mısır unu lapası.
mush·room ['mʌʃrʊm] **1.** *n.* ✿ mantar; **2.** *v/i.* mantar gibi türemek; *~ up* göklere yükselmek.
mu·sic ['mjuːzɪk] *n.* müzik; makam; nota; *set to ~* bestelemek; **~·al** [~əl] **1.** *n.* müzikal; **2.** □ müzikle ilgili, müzikal, müzik ...; kulağa hoş gelen, tatlı; *~ box esp. Brt.* müzik kutusu; **~ box** *esp. Am.* müzik kutusu; **~-hall** *n. Brt.* müzikhol; **mu·si·cian** [mjuː'zɪʃn] *n.* müzisyen, müzikçi; çalgıcı; **~-stand** *n.* nota sehpası; **~-stool** *n.* piyano taburesi.
musk [mʌsk] *n.* misk; misk kokusu; **~-deer** *zo.* ['mʌsk'dɪə] *n.* misk geyiği.
mus·ket ✕ *hist.* ['mʌskɪt] *n.* eski bir tüfek, alaybozan.
musk-rat ['mʌskræt] *n. zo.* miskfaresi.
mus·lin ['mʌzlɪn] *n.* muslin.
mus·quash ['mʌskwɒʃ] *n. zo.* miskfaresi kürkü.
muss *Am. F* [mʌs] *n.* karışıklık, arapsaçı.
mus·sel ['mʌsl] *n.* midye.
must[1] [mʌst] **1.** *v/aux.* zorunda olmak, -meli, -malı; *I ~ not (F mustn't) talk during lessons* derslerde konuşmamalıyım; **2.** *n.* zorunluluk, şart.
must[2] [~] *n.* şıra.
must[3] [~] *n.* küf; küf kokusu.
mus·tache *Am.* ['mʌstæʃ] = *moustache.*
mus·ta·chi·o [mə'stɑːʃɪəʊ] *(pl. -os) n. mst. ~s pl.* bıyık.
mus·tard ['mʌstəd] *n.* hardal.
mus·ter ['mʌstə] **1.** *n.* ✕ içtima; *pass ~ fig.* yeterli olmak, kabul edilmek; **2.** *v/t. & v/i.* ✕ topla(n)mak, içtima yapmak; *a. ~ up (cesaret)* toplamak.
must·y ['mʌstɪ] *(-ier, -iest) adj.* küflü, küf kokulu.
mu·ta|ble □ ['mjuːtəbl] değişebilir; *fig.* kararsız, dönek; **~·tion** [mjuː'teɪʃn] *n.* değişme, dönüşme; *biol.* mutasyon, değişinim.

mute [mjuːt] **1.** □ dilsiz; sessiz, suskun; **2.** *n.* dilsiz kimse; **3.** *v/t.* sesini kısmak.
mu·ti·late ['mjuːtıleıt] *v/t.* kötürüm etmek, sakatlamak.
mu·ti|neer [mjuːtı'nıə] *n.* isyancı, asi; **~·nous** □ ['mjuːtınəs] isyankâr, asi, başkaldırıcı; **~·ny** [~ı] **1.** *n.* isyan, başkaldırma, ayaklanma; **2.** *v/i.* isyan etmek, ayaklanmak, başkaldırmak.
mut·ter ['mʌtə] **1.** *n.* mırıltı; **2.** *v/i.* mırıldanmak, homurdanmak.
mut·ton ['mʌtn] *n.* koyun eti; *leg of* ~ koyun budu; ~ **chop** *n.* koyun pirzolası.
mu·tu·al □ ['mjuːtʃʊəl] karşılıklı, iki taraflı; ortak ...
muz·zle ['mʌzl] **1.** *n. zo.* hayvan burnu; burunsalık; top *ya da* tüfek ağzı; **2.** *v/t. -e* burunsalık takmak; *fig.* susturmak.
my [maı] *pron.* benim.
myrrh ⚘ [mɜː] *n.* mürrüsafi, mür.
myr·tle ⚘ ['mɜːtl] *n.* mersin.
my·self [maı'self] *pron.* ben, kendim, bizzat; *by* ~ kendi kendime, yalnız başıma.
mys·te|ri·ous □ [mı'stıərıəs] esrarengiz, esrarlı, gizemli; **~·ry** ['mıstərı] *n.* gizem, sır, esrar.
mys|tic ['mıstık] **1.** *a.* **~·tic·al** □ [~kl] mistik, gizemsel; **2.** *n.* mistik, gizemci; **~·ti·fy** [~faı] *v/t.* şaşırtmak, hayretler içinde bırakmak.
myth [mıθ] *n.* mit, mitos, efsane, halk öyküsü.

N

nab *F* [næb] *(-bb-) v/t.* yakalamak, enselemek, tutuklamak; kapmak.
na·cre ['neıkə] *n.* sedef.
na·dir ['neıdıə] *n. ast.* ayakucu; *fig.* en düşük nokta.
nag [næg] **1.** *n. F* yaşlı at; **2.** *(-gg-) v/i.* dırdır etmek, söylenip durmak; ~ *at* başının etini yemek; *v/i.* hiç rahat vermemek.
nail [neıl] **1.** *n.* tırnak *(a. zo.)*; ⊕ çivi, mıh; **2.** *v/t.* çivilemek, mıhlamak *(to -e)*; yakalamak, tutmak; ~ **e·nam·el,** ~ **pol·ish** *n. Am.* tırnak cilası, oje; ~ **scis·sors** *n. pl.* tırnak makası; ~ **var·nish** *n. Brt.* tırnak cilası, oje.
na·ï·ve □ [nɑː'iːv], **na·ive** □ [neıv] saf, bön; toy.
na·ked □ ['neıkıd] çıplak; *fig.* yalın, açık; salt *(gerçek)*; **~·ness** [~nıs] *n.* çıplaklık; *fig.* yalınlık.
name [neım] **1.** *n.* ad, isim; şöhret, ün; *by the ~ of ... ...* adında; *what's your ~?* adınız ne?; *call s.o. ~s b-ne* sövüp saymak, *b-ni* kalaylamak; **2.** *v/t. -e* ad koymak; atamak, seçmek; saptamak; **~.less** □ ['neımlıs] adsız, isimsiz; **~·ly** [~lı] *adv.* yani, şöyle ki; **~·plate** *n.* tabela; **~·sake** [~seık] *n.* adaş.
nan·ny ['nænı] *n.* dadı; **~-goat** *n. zo.* dişi keçi.
nap[1] [næp] *n.* tüy, hav.
nap[2] [~] **1.** *n.* kısa uyku, şekerleme, kestirme; *have ya da take a ~ = 2;* **2.** *(-pp-) v/i.* kestirmek, uyuklamak, şekerleme yapmak.
nape [neıp] *n. mst. ~ of the neck* ense.
nap|kin ['næpkın] *n.* peçete; *Brt.* kundak bezi; **~·py** *Brt. F* [~ı] *n.*

kundak bezi.
nar·co·sis ⚕ [nɑː'kəʊsɪs] *(pl. -ses* [-siːz]*)* *n.* narkoz.
nar·cot·ic [nɑː'kɒtɪk] **1.** *(~ally) adj.* narkotik, uyuşturucu; *~ addiction* uyuşturucu düşkünlüğü; *~ drug* uyuşturucu ilaç; **2.** *n.* uyuşturucu ilaç; *~s squad* narkotik ekibi.
nar|rate [nə'reɪt] *v/t.* anlatmak; **~·ra·tion** [~ʃn] *n.* anlatma; öykü; **~·ra·tive** ['nærətɪv] **1.** □ öykü biçiminde olan, öykülü; **2.** *n.* öykü; **~·ra·tor** [nə'reɪtə] *n.* öykücü, anlatıcı.
nar·row ['nærəʊ] **1.** *adj.* dar, ensiz; sınırlı, kısıtlı; darlık içinde olan; cimri, sıkı; dar görüşlü; **2.** *n.* *~s pl.* dar boğaz; **3.** *v/t. & v/i.* daral(t)mak; sınırlamak; *(göz)* kısmak; **~-chest·ed** *adj.* dar göğüslü; **~-mind·ed** □ dar görüşlü; **~·ness** [~nɪs] *n.* darlık *(a. fig.).*
na·sal □ [neɪzl] burunla ilgili, burun ...; genzel, genizsi *(ses).*
nas·ty □ ['nɑːstɪ] *(-ier, -iest)* kirli, pis; kötü, berbat; açık saçık, ayıp; mide bulandırıcı, iğrenç.
na·tal ['neɪtl] *adj.* doğumla ilgili, doğum ... .
na·tion ['neɪʃn] *n.* ulus, millet.
na·tion·al ['næʃənl] **1.** □ ulusal, milli; **2.** *n.* vatandaş, yurttaş, uyruk; **~·i·ty** [næʃə'nælətɪ] *n.* ulusallık, milliyet; uyrukluk; **~·ize** ['næʃnəlaɪz] *v/t.* ulusallaştırmak; devletleştirmek.
na·tion-wide ['neɪʃnwaɪd] *adj.* ulus çapında, ülke çapında.
na·tive ['neɪtɪv] **1.** □ doğuştan olan; doğal; yerli; Allah vergisi *(yetenek); ~ language* anadili; **2.** *n.* yerli; **~-born** *adj.* doğma büyüme, yerli.
Na·tiv·i·ty *eccl.* [nə'tɪvətɪ] *n.* İsa Peygamber'in doğuşu.
nat·u·ral □ ['nætʃrəl] doğal; doğuştan olan; evlilikdışı *(çocuk); ~ science* doğa bilgisi; **~·ist** [~ɪst] *n.* doğabilimci; *phls.* doğacı, natürist; **~·ize** [~aɪz] *v/t.* vatandaşlığa kabul etmek; kabul etmek, benimsemek; **~·ness** [~nɪs] *n.* doğallık.
na·ture ['neɪtʃə] *n.* doğa; *~ reserve* doğal rezerv; *~ trail* doğa içinde gezinmeyi amaçlayan bir tür oyunda takibedilen yol.
-na·tured ['neɪtʃəd] *adj.* ... huylu.
naught [nɔːt] *n.* sıfır, hiç; *set at ~* önemsememek, hiçe saymak.
naugh·ty □ ['nɔːtɪ] *(-ier, -iest)* yaramaz, haylaz; açık saçık.
nau·se|a ['nɔːsjə] *n.* mide bulantısı; iğrenme; **~·ate** ['nɔːsɪeɪt]: *~ s.o.* *b-nin* midesini bulandırmak; *be ~d* midesi bulanmak; **~·at·ing** [~ɪŋ] *adj.* nefret verici, iğrenç; **~·ous** □ ['nɔːsjəs] mide bulandırıcı, iğrenç.
nau·ti·cal ['nɔːtɪkl] *adj.* gemicilik *ya da* denizcilikle ilgili, deniz ...
na·val ⚔ ['neɪvl] *adj.* savaş gemileriyle ilgili, deniz ...; *~ base* deniz üssü.
nave[1] *arch.* [neɪv] *n.* kilisede halkın oturduğu orta kısım.
nave[2] [~] *n.* tekerlek poyrası.
na·vel ['neɪvl] *n. anat.* göbek; *fig.* merkez.
nav·i|ga·ble □ ['nævɪgəbl] gidiş gelişe elverişli; dümen kullanılabilir *(gemi);* **~·gate** [~eɪt] *v/i.* gemi ile gezmek, seyretmek; *v/t. (gemi, uçak)* kullanmak; **~·ga·tion** [nævɪ'geɪʃən] *n.* deniz yolculuğu, sefer; denizcilik; gemicilik; **~·ga·tor** ['nævɪgeɪtə] *n.* ⚓ denizci, gemici, dümenci; ⚓ seyir subayı; ✈ kaptan pilot.
na·vy ['neɪvɪ] *n.* donanma, deniz kuvvetleri.
nay [neɪ] *n.* ret; *parl.* ret oyu; *the ~s have it* reddedildi.
near [nɪə] **1.** *adj. & adv.* yakın; samimi, içlidışlı; cimri; yakında; he-

men hemen, az daha, neredeyse; ~ *at hand* yakınında, el altında; **2.** *prp.* *-in* yakınında, *-e* bitişik; **3.** *v/i.* yaklaşmak; **~·by** ['nıəbaı] *adj. & adv.* yakın(da); **~·ly** [~lı] *adv.* hemen hemen, az kalsın, neredeyse; **~·ness** [~nıs] *n.* yakınlık; **~·side** *n. mot.* solda bulunan, sol ...; ~ *door* sol kapı; **~-sighted** *adj.* miyop.

neat □ [ni:t] temiz, düzenli, derli toplu; zarif, biçimli, nefis; *esp. Brt.* sek *(viski v.b.)*; **~·ness** ['ni:tnıs] *n.* temizlik, düzgünlük; zariflik.

neb·u·lous □ ['nebjʊləs] bulutlu, dumanlı; belirsiz, bulanık.

ne·ces|sa·ry ['nesəsərı] **1.** □ gerekli, lüzumlu, lazım; zorunlu; kaçınılmaz; **2.** *n. mst.* *necessaries pl.* gereksinim, gerekli şeyler; **~·si·tate** [nı'sesıteıt] *v/t.* gerektirmek, zorunlu kılmak; **~·si·ty** [~ətı] *n.* zorunluluk; gereksinim.

neck [nek] **1.** *n.* boyun; şişe boğazı; elbise yakası; *geogr.* boğaz, kıstak, dil; ~ *and* ~ başa baş, at başı beraber; ~ *or nothing* herşeyi göze alarak, ya hep ya hiç; **2.** *v/i.* *F* kucaklaşıp öpüşmek, sevişmek; **~·band** ['nekbænd] *n.* dik elbise yakası; **~·er·chief** ['nekətʃıf] *n.* boyun atkısı; **~·ing** *F* [~ıŋ] *n.* kucaklaşıp öpüşme, sevişme; **~·lace** ['neklıs], **~·let** [~lıt] *n.* kolye, gerdanlık; **~·line** *n.* boyunla göğüsün kesiştiği çizgi; **~·tie** *n. Am.* kravat, boyunbağı.

nec·ro·man·cy ['nekrəʊmænsı] *n.* ruh çağırma.

née, *Am. a.* **nee** [neı] *adv.* kızlık soyadıyla.

need [ni:d] **1.** *n.* gereksinim, gereksinme; yoksulluk; *be ya da stand in* ~ *of* *-e* gereksinim duymak; **2.** *v/t.* *-e* gereksinimi olmak, muhtaç olmak; gerektirmek, istemek; **~·ful** ['ni:dfl] *adj.* gerekli, lazım.

nee·dle ['ni:dl] **1.** *n.* iğne; ibre; örgü şişi; tığ; **2.** *v/t.* iğne ile dikmek; *fig. F* kızdırmak, sataşmak.

need·less □ ['ni:dlıs] gereksiz.

nee·dle|wom·an ['ni:dlwʊmən] *(pl. -women) n.* dikişçi kadın; **~·work** *n.* iğne işi; işleme.

need·y □ ['ni:dı] *(-ier, -iest)* yoksul, fakir.

ne·far·i·ous □ [nı'feərıəs] kötü, şeytansı, çirkin.

ne·gate [nı'geıt] *v/t.* reddetmek, inkâr etmek; **ne·ga·tion** [~ʃn] *n.* ret, inkâr; yokluk; **neg·a·tive** ['negətıv] **1.** □ olumsuz; negatif, eksi; **2.** *n.* olumsuz yanıt; *phot.* negatif; *answer in the* ~ olumsuz yanıt vermek; **3.** *v/t.* olumsuz yanıt vermek; reddetmek; çürütmek.

ne·glect [nı'glekt] **1.** *n.* ihmal, boşlama, savsaklama; **2.** *v/t.* ihmal etmek, boşlamak, savsaklamak; **~·ful** □ [~fl] ihmalci, savsak.

neg·li|gence ['neglıdʒəns] *n.* dikkatsizlik, kayıtsızlık, ihmal; **~·gent** □ [~t] kayıtsız, ihmalci, savsak.

neg·li·gi·ble ['neglıdʒəbl] *adj.* önemsemeye değmez, az.

ne·go·ti|ate [nı'gəʊʃıeıt] *v/t.* görüşmek; *(çek)* ciro etmek; *(senet)* kırdırmak; *(engel)* geçmek, aşmak; **~·a·tion** [nıgəʊʃı'eıʃn] *n.* görüşme; *(çek)* ciro etme; *(senet)* kırdırma; **~·a·tor** [nı'gəʊʃıeıtə] *n.* görüşmeci, delege; arabulucu.

Ne·gress ['ni:grıs] *n.* zenci kadın; **Ne·gro** [~əʊ] *(pl. -groes) n.* zenci.

neigh [neı] **1.** *n.* kişneme; **2.** *v/i.* kişnemek.

neigh·bo(u)r ['neıbə] *n.* komşu; **~·hood** [~hʊd] *n.* komşuluk; komşular; semt, mahalle; **~·ing** [~rıŋ] *adj.* komşu ...; bitişik ...; **~·ly** [~lı] *adj.* dostça, komşuya yakışır; **~·ship** [~ʃıp] *n.* komşuluk.

nei·ther ['naɪðə, *Am.* 'niːðə] **1.** *adj. & pron.* hiçbiri, hiçbir; **2.** *cj.* ne ... ne; ~ ... *nor* ... ne ... ne de ...

ne·on ⚗ ['niːən] *n.* neon; ~ *lamp* neon lambası; ~ *sign* ışıklı tabela, ışıklı reklam.

neph·ew ['nevjuː] *n.* erkek yeğen.

nerve [nɜːv] **1.** *n.* sinir; cesaret; yüzsüzlük, arsızlık; *lose one's* ~ cesaretini kaybetmek; *get on s.o.'s ~s* *b-nin* sinirine dokunmak; *you've got a ~!* F Kendine çok güveniyorsun!, İyi cesaret doğrusu!; **2.** *v/t.* *-e* cesaret vermek; **~·less** □ ['nɜːvlɪs] güçsüz, zayıf; cesaretsiz.

ner·vous □ ['nɜːvəs] sinirli; sinirsel; ürkek, çekingen; **~·ness** [~nɪs] *n.* sinirlilik; ürkeklik.

nest [nest] **1.** *n.* yuva *(a. fig.)*; **2.** *v/i.* yuva yapmak.

nes·tle ['nesl] *vb.* barındırmak; yaslamak *(to, against -e)*; bağrına basmak; *a.* ~ *down* rahatça yerleşmek, kurulmak, gömülmek.

net[1] [net] **1.** *n.* ağ; file; tuzak; **2.** *(-tt-) v/t.* ağ ile tutmak; ağ ile örtmek.

net[2] [~] **1.** *adj.* net, kesintisiz; **2.** *(-tt-) v/t.* kazanmak, kâr etmek.

neth·er ['neðə] *adj.* aşağı, alt ...

net·tle ['netl] **1.** *n.* ⚘ ısırgan; **2.** *v/t.* kızdırmak.

net·work ['netwɜːk] *n.* ağ; şebeke *(a. radyo)*.

neu·ro·sis ⚕ [njʊə'rəʊsɪs] *(pl. -ses* [-siːz]*) n.* nevroz, sinirce.

neu·ter ['njuːtə] **1.** *adj.* cinsiyetsiz, cinsliksiz, eşeysiz; *gr.* geçissiz *(eylem)*; **2.** *n.* cinsiyetsiz hayvan *ya da* bitki; *gr.* cinssiz sözcük.

neu·tral ['njuːtrəl] **1.** *adj.* tarafsız, yansız; nötr; ~ *gear mot.* boş vites; **2.** *n.* tarafsız kimse *ya da* ülke; *mot.* boş vites; **~·i·ty** [njuː'trælətɪ] *n.* tarafsızlık; **~·ize** ['njuːtrəlaɪz] *v/t.* etkisiz duruma getirmek; tarafsız kılmak.

neu·tron *phys.* ['njuːtrɒn] *n.* nötron; ~ **bomb** *n.* ✕ nötron bombası.

nev·er ['nevə] *adv.* asla, hiçbir zaman; **~·more** [~'mɔː] *adv.* bir daha hiç, asla; **~·the·less** [nevəðə'les] *adv.* bununla birlikte, yine de.

new [njuː] *adj.* yeni; taze; acemi; **~·born** ['njuːbɔːn] *adj.* yeni doğmuş; **~·com·er** [~kʌmə] *n.* yeni gelmiş kimse; **~·ly** ['njuːlɪ] *adv.* geçenlerde, yeni; yeni bir biçimde.

news [njuːz] *n. mst. sg.* haber; **~·a·gent** ['njuːzeɪdʒənt] *n.* gazeteci; **~·boy** *n.* gazeteci çocuk; **~·cast** *n. radyo, TV:* haber yayını; **~·cast·er** *n. radyo, TV:* haber spikeri; **~·deal·er** *n. Am.* gazeteci; **~·mon·ger** *n.* dedikoducu; **~·pa·per** [~speɪpə] *n.* gazete; *attr.* gazete ...; **~·print** [~zprɪnt] *n.* gazete kâğıdı; **~·reel** *n. film:* aktüalite filmi; **~·room** *n.* haber alma ve derleme bürosu; **~·stand** *n.* gazete tezgâhı.

new year ['njuː'jɜː] *n.* yılbaşı; *New Year's Day* yılbaşı günü; *New Year's Eve* yılbaşı arifesi.

next [nekst] **1.** *adj.* bir sonraki; en yakın; bitişik; ertesi, gelecek; *(the)* ~ *day* ertesi gün; ~ *to* *-e* bitişik; *fig.* hemen hemen; ~ *but one* bir önceki, ikinci; ~ *door to fig.* hemen hemen, neredeyse; **2.** *adv.* ondan sonra, daha sonra; **3.** *n.* bir sonraki şey; **~-door** *adj.* bitişik; ~ **of kin** *n.* en yakın akraba.

nib·ble ['nɪbl] *v/t.* kemirmek; *v/i.* ~ *at* dişlemek; *fig.* iyice düşünmek.

nice □ [naɪs] *(~r, ~st)* hoş, güzel, sevimli; kibar, nazik, ince; titiz; cazip; **~·ly** ['naɪslɪ] *adv.* güzel biçimde, güzelce, iyi; **ni·ce·ty** [~ətɪ] *n.* incelik, titizlik; doğru-

luk, kesinlik.
niche [nɪtʃ] *n.* duvarda oyuk, girinti.
nick [nɪk] **1.** *n.* çentik, kertik; *in the ~ of time* tam zamanında; **2.** *v/t.* çentmek; *Brt. sl.* yakalamak, enselemek.
nick·el ['nɪkl] **1.** *n. min.* nikel; *Am.* beş sent; **2.** *v/t.* nikel ile kaplamak.
nick-nack ['nɪknæk] = *knick-knack.*
nick·name ['nɪkneɪm] **1.** *n.* takma ad, lakap; **2.** *v/t. -e* lakap takmak.
niece [ni:s] *n.* kız yeğen.
nif·ty *F* ['nɪftɪ] *(-ier, -iest) adj.* hoş, güzel, alımlı; şık.
nig·gard ['nɪgəd] *n.* cimri kimse; **~·ly** [~lɪ] *adj.* cimri, eli sıkı.
night [naɪt] *n.* gece; akşam; *at ~, by ~, in the ~* geceleyin; **~·cap** ['naɪtkæp] *n.* yatarken giyilen bere, takke; **~·club** *n.* gece kulübü; **~-dress** *n.* gecelik; **~·fall** *n.* akşam vakti; **~·gown** *esp. Am.*, **~·ie** *F* [~ɪ] = *nightdress;* **nigh·tin·gale** *zo.* [~ɪŋgeɪl] *n.* bülbül; **~·ly** [~lɪ] *adv.* geceleyin; her gece; **~·mare** *n.* kâbus, karabasan; **~ school** *n.* gece okulu; **~·shirt** *n.* erkek geceliği; **~·y** *F* [~ɪ] = *nightie.*
nil [nɪl] *n. esp. spor:* sıfır; hiç.
nim·ble □ ['nɪmbl] *(~r, ~st)* çevik, atik, tez; zeki.
nine [naɪn] *n. & adj.* dokuz; *~ to five* saat beşe dokuz var; *a ~-to-five job* sabah 9'dan akşam 5'e kadar çalışılan iş; **~·pin** ['naɪnpɪn] *n.* kuka; *~s sg.* dokuz kuka oyunu; **~·teen** ['naɪn'ti:n] *n. & adj.* on dokuz; **~·teenth** [~θ] *adj.* on dokuzuncu; **~·ti·eth** ['naɪntɪɪθ] *adj.* doksanıncı; **~.ty** ['naɪntɪ] *n. & adj.* doksan.
nin·ny *F* ['nɪnɪ] *n.* ahmak, alık, salak.
ninth [naɪnθ] **1.** *adj.* dokuzuncu; **2.** *n.* dokuzda bir; **~·ly** ['naɪnθlɪ] *adv.* dokuzuncu olarak.
nip [nɪp] **1.** *n.* çimdik; ayaz; yudum; ⊕ büküm; **2.** *(-pp-) v/t.* çimdiklemek, kıstırmak; *(soğuk)* sızlatmak; *sl.* aşırmak, yürütmek; *~ in the bud* dal budak salmadan önlemek, bastırmak.
nip·per ['nɪpə] *n. zo.* ıstakoz kıskacı; *(a pair of) ~s pl.* kıskaç, pense.
nip·ple ['nɪpl] *n.* meme ucu.
ni·tre, *Am.* **-ter** ⚗ ['naɪtə] *n.* güherçile.
ni·tro·gen ⚗ ['naɪtrədʒən] *n.* nitrojen, azot.
no [nəʊ] **1.** *adj.* hiç; *at ~ time* hiçbir zaman; *in ~ time* derhal, çarçabuk; **2.** *adv.* hayır, yok, olmaz, değil; **3.** *(pl. noes) n.* yok yanıtı; ret; aleyhte oy.
no·bil·i·ty [nəʊ'bɪlətɪ] *n.* soyluluk *(a. fig.).*
no·ble ['nəʊbl] **1.** *(~r, ~st)* □ soylu; yüce gönüllü; görkemli, ulu; **2.** *n.* soylu kimse, asilzade; **~·man** *(pl. -men) n.* soylu kimse, asilzade; **~-mind·ed** *adj.* asil fikirli.
no·bod·y ['nəʊbədɪ] *pron.* hiç kimse.
noc·tur·nal [nɒk'tɜ:nl] *adj.* gece ile ilgili, gece ...
nod [nɒd] **1.** *(-dd-) vb.* başını sallamak, başını sallayarak onaylamak; *~ off* uyuklamak; *~ding acquaintance* az tanıma; yalnızca selamlaşılan kimse; **2.** *n.* baş sallama.
node [nəʊd] *n.* boğum, düğüm *(a.* ⚘, ⩘, *ast.);* ⚕ yumru, şiş.
noise [nɔɪz] **1.** *n.* gürültü, ses, patırtı; *big ~ contp.* kodaman; **2.** *v/t. ~ abroad (about, around)* etrafa yaymak, söylemek; **~·less** □ ['nɔɪzlɪs] gürültüsüz, sessiz.
noi·some ['nɔɪsəm] *adj.* iğrenç, berbat; zararlı.
nois·y □ ['nɔɪzɪ] *(-ier, -iest)* gürültülü; gürültücü, yaygaracı.

nom·i|nal □ ['nɒmɪnl] itibari, saymaca; sözde, adı var kendisi yok; çok düşük *(fiyat);* nominal; ~ *value econ.* nominal değer; **~·nate** [~eɪt] *v/t.* aday göstermek; atamak; **~·na·tion** [nɒmɪ'neɪʃn] *n.* aday gösterme; atama; **~·nee** [~'niː] *n.* aday.
nom·i·na·tive *gr.* ['nɒmɪnətɪv] *n. a.* ~ *case* nominatif, yalın durum.
non- [nɒn] *prefix* -siz, -sız, -sızlık, olmayan.
no·nage ['nəʊnɪdʒ] *n.* ergin olmama, çocukluk.
non-al·co·hol·ic ['nɒnælkə'hɒlɪk] *adj.* alkolsüz.
non·a·ligned *pol.* [nɒnə'laɪnd] *adj.* müttefik olmayan.
nonce [nɒns]: *for the* ~ şimdilik.
non-com·mis·sioned ['nɒnkə'mɪʃnd] *adj.* resmen görevli olmayan; ~ *officer* ✕ assubay.
non-com·mit·tal ['nɒnkə'mɪtl] *adj.* tarafsız, yansız.
non-con·duc·tor *esp.* ⚡ ['nɒnkəndʌktə] *n.* yalıtkan madde.
non·con·form·ist ['nɒnkən'fɔːmɪst] *n.* topluma uymayan kimse; ♀ *Brt. eccl.* Anglikan kilisesine bağlı olmayan kimse.
non·de·sript ['nɒndɪskrɪpt] *adj.* kolay tanımlanamaz, sıradan, ne olduğu belirsiz.
none [nʌn] **1.** *pron.* hiçbiri; hiç kimse; **2.** *adv.* hiçbir biçimde, hiç; ~ *the less* yine de, bununla birlikte.
non·en·ti·ty [nɒ'nentətɪ] *n.* önemsiz kimse; *fig.* hiçlik, yokluk.
non-ex·ist·ence ['nɒnɪg'zɪstəns] *n.* varolmama, yokluk.
non-fic·tion ['nɒn'fɪkʃn] *n.* kurgusal olmayan düzyazı.
non-par·ty ['nɒn'pɑːtɪ] *adj.* partisiz.
non-per·form·ance ⚖ ['nɒnpə'fɔːməns] *n.* yerine getirmeme, yapmama.
non·plus ['nɒn'plʌs] **1.** *n.* şaşkınlık, hayret; **2.** *(-ss-) v/t.* şaşırtmak.
non-pol·lut·ing ['nɒnpə'luːtɪŋ] *adj.* çevreyi kirletmeyen.
non-res·i·dent ['nɒn'rezɪdənt] *adj.* görevli olduğu yerde oturmayan.
non|sense ['nɒnsəns] *n.* saçma, zırva; **~·sen·si·cal** □ [nɒn'sensɪkl] saçma, anlamsız, abuk sabuk, ipe sapa gelmez.
non-skid ['nɒn'skɪd] *adj.* kaymaz *(lastik).*
non-smok·er ['nɒn'sməʊkə] *n.* sigara içmeyen kimse; 🚃 sigara içilmeyen kompartıman.
non-stop ['nɒn'stɒp] *adj.* *(uçak, tren v.b.)* aktarmasız, direkt; aralıksız.
non-u·ni·on ['nɒn'juːnjən] *adj.* sendikaya bağlı olmayan, sendikasız.
non-vi·o·lence ['nɒn'vaɪələns] *n.* pasif direniş.
noo·dle ['nuːdl] *n.* şehriye, erişte.
nook [nʊk] *n.* bucak, köşe, kuytu yer.
noon [nuːn] *n.* öğle; *at (high)* ~ öğlende; **~·day** ['nuːndeɪ], **~·tide, ~·time** *Am.* = *noon.*
noose [nuːs] **1.** *n.* ilmik; **2.** *v/t.* ilmiklemek.
nope *F* [nəʊp] *int.* Olmaz!, Hayır!, Yok!
nor [nɔː] *cj.* ne de, ne.
norm [nɔːm] *n.* norm, düzgü; ortalama; **nor·mal** □ ['nɔːml] normal, düzgülü; **nor·mal·ize** [~əlaɪz] *v/t. & v/i.* normalleş(tir)mek.
north [nɔːθ] **1.** *n.* kuzey; **2.** *adj.* kuzeyden gelen *ya da* esen, kuzey ...; **~-east** ['nɔːθ'iːst] **1.** *n.* kuzeydoğu; **2.** *adj. a.* **~-east·err** [~ən] kuzeydoğu ile ilgili, kuzeydoğu ...; **nor·ther·ly** ['nɔːðəlɪ], **nor·thern** [~ən] *adj.* kuzey ile il-

gili, kuzey ...; kuzeyden esen; **~·ward(s)** ['nɔːθwəd(z)] *adv.* kuzeye doğru; **~-west** ['nɔːθ'west] **1.** *n.* kuzeybatı; **2.** *adj.* *a.* **~-west·ern** [~ən] kuzeybatı ile ilgili, kuzeybatı ...

Nor·we·gian [nɔː'wiːdʒən] **1.** *adj.* Norveç'e özgü; **2.** *n.* Norveçli; *ling.* Norveççe.

nose [nəʊz] **1.** *n.* burun; koklama duyusu; uç, burun; **2.** *v/t.* burunla itmek; ~ *one's way* dikkatle ilerlemek; *v/i.* koklamak; **~·bleed** ['nəʊzbliːd] *n.* burun kanaması; *have a ~* burnu kanamak; **~-cone** *n.* uzayroketinin huni biçimli ön kısmı; **~·dive** *n.* ✈ pike; **~·gay** [~geı] *n.* çiçek demeti.

nos·ey ['nəʊzı] = *nosy.*

nos·tal·gia [nɒ'stældʒıə] *n.* özlem; vatan özlemi.

nos·tril ['nɒstrəl] *n.* burun deliği.

nos·y *F* ['nəʊzı] *(-ier, -iest) adj.* meraklı, başkasının işine burnunu sokan.

not [nɒt] *adv.* değil, yok; ~ *a* hiç, hiçbir.

no·ta·ble ['nəʊtəbl] **1.** □ dikkate değer; tanınmış; **2.** *n.* tanınmış kimse.

no·ta·ry ['nəʊtərı] *n. mst.* ~ *public* noter.

no·ta·tion [nəʊ'teıʃn] *n.* not etme, kayıt; sembollerle gösterme yöntemi.

notch [nɒtʃ] **1.** *n.* çentik, kertik; *Am. geol.* dar dağ geçidi; **2.** *v/t.* çentmek, kertmek.

note [nəʊt] **1.** *n.* not, pusula; *okul:* not, numara; *print.* not; *esp. Brt.* banknot; *pol.,* ♪ nota; ♪ ses; *fig.* şan, şöhret, saygınlık; senet; önem verme, dikkat; iz, eser, belirti; *take ~s* not almak; **2.** *v/t.* dikkat etmek, önem vermek; *-den* söz etmek, anmak; *a.* ~ *down* not etmek, kaydetmek; **~·book** ['nəʊtbʊk] *n.* defter; **not·ed** *adj.* ünlü, tanınmış *(for ile);* **~·pa·per** *n.* mektup kâğıdı; **~·wor·thy** *adj.* dikkate değer, önemli.

noth·ing ['nʌθıŋ] **1.** *adv.* hiçbir biçimde, asla; **2.** *n.* hiçbir şey; hiçlik, yokluk; ~ *but -den* başka bir şey değil, sırf; *for ~* boş yere, boşuna; parasız, bedava; *good for ~* hayırsız, hiçbir işe yaramaz; *come to ~* boşa gitmek, suya düşmek; *to say ~ of* üstelik, bir de, ... şöyle dursun; *there is ~ like ...den* iyisi yoktur, *...nin* üstüne yoktur.

no·tice ['nəʊtıs] **1.** *n.* ilan, duyuru; bildiri, ihbar; ihbarname; dikkat, önemseme; *at short ~* kısa ihbar süreli; *give ~ that* önceden bildirmek; *give (a week's) ~* (bir hafta) önceden bildirmek; *take ~ of* dikkate almak, aldırmak; *without ~* haber *ya da* süre vermeden; **2.** *v/t.* *-e* dikkat etmek; farketmek, farkına varmak; saygı göstermek; **~·a·ble** □ [~əbl] farkedilir, belli, apaçık; ~ **board** *n. Brt.* ilan tahtası.

no·ti|fi·ca·tion [nəʊtıfı'keıʃn] *n.* bildirme, haber; bildiri; **~·fy** ['nəʊtıfaı] *v/t.* bildirmek, haber vermek.

no·tion ['nəʊʃn] *n.* kanı, görüş; bilgi, fikir, düşünce; *~s pl. Am.* tuhafiye.

no·to·ri·ous □ [nəʊ'tɔːrıəs] adı kötüye çıkmış, dillere düşmüş.

not·with·stand·ing ['nɒtwıθ'stændıŋ] *prp.* *-e* karşın.

nought [nɔːt] *n.* sıfır; *poet.* hiç.

noun *gr.* [naʊn] *n.* isim, ad.

nour·ish ['nʌrıʃ] *v/t.* beslemek *(a. fig.); fig.* desteklemek; **~·ing** [~ıŋ] *adj.* besleyici; **~·ment** [~mənt] *n.* besle(n)me; gıda, yiyecek.

nov·el ['nɒvl] **1.** *adj.* yeni; alışılmamış, tuhaf; **2.** *n.* roman; **~·ist** [~ıst] *n.* romancı; **no·vel·la**

[nəʊ'velə] *(pl. -las, -le* [-liː]*)* *n.* kısa öykü; ~**·ty** ['nɒvltı] *n.* yenilik.

No·vem·ber [nəʊ'vembə] *n.* kasım.

nov·ice ['nɒvıs] *n.* acemi, toy *(at -de); eccl.* rahip *ya da* rahibe çömezi.

now [naʊ] **1.** *adv.* şimdi, şu anda; *just* ~ demin, hemen şimdi; ~ *and again ya da then* bazen, zaman zaman; **2.** *cj. a.* ~ *that* madem ki, artık.

now·a·days ['naʊədeız] *adv.* bugünlerde, günümüzde.

no·where ['nəʊweə] *adv.* hiçbir yer(d)e.

nox·ious □ ['nɒkʃəs] zararlı.

noz·zle ⊕ ['nɒzl] *n.* ağızlık, meme.

nu·ance [njuː'ɑːns] *n.* nüans, ayırtı.

nub [nʌb] *n.* yumru, topak; *the* ~ *fig.* öz, püf noktası *(of -in).*

nu·cle·ar ['njuːklıə] *adj.* nükleer, çekirdeksel; ~**-free** *adj.* nükleer olmayan; ~**-pow·ered** *adj.* nükleer güçle çalışan; ~ **pow·er sta·tion** *n.* nükleer santral; ~ **re·ac·tor** *n.* atom reaktörü; ~ **war·head** *n.* ⚔ nükleer harp başlığı; ~ **weap·ons** *n. pl.* nükleer silahlar; ~ **waste** *n.* nükleer artık.

nu·cle·us ['njuːklıəs] *(pl. -clei* [-klıaı]*)* *n.* çekirdek, öz.

nude [njuːd] **1.** *adj.* çıplak; **2.** *n. paint.* çıplak vücut resmi, nü.

nudge [nʌdʒ] **1.** *v/t.* dirsekle dürtmek; **2.** *n.* dürtme.

nug·get ['nʌgıt] *n.* (*esp.* altın) külçe.

nui·sance ['njuːsns] *n.* sıkıntı veren kimse *ya da* şey, baş belası, dert; *what a* ~*!* Tüh be!, İşe bak!, Hay Allah!; *be a* ~ *to s.o. b-nin* başına bela olmak, sıkıntı vermek; *make a* ~ *of o.s.* sıkıntı vermek, baş belası olmak.

nuke *Am. sl.* [njuːk] *n.* nükleer silah.

null [nʌl] **1.** *adj.* geçersiz, hükümsüz; değersiz, önemsiz; ~ *and void* hükümsüz, geçersiz; **2.** *n.* ⊕, 𝒜 sıfır; **nul·li·fy** ['nʌlıfaı] *v/t.* geçersiz kılmak, iptal etmek; **nul·li·ty** [~ətı] *n.* geçersizlik; iptal; hiçlik.

numb [nʌm] **1.** *adj.* uyuşuk, uyuşmuş *(with -den);* **2.** *v/t.* uyuşturmak; ~*ed* uyuşmuş.

num·ber ['nʌmbə] **1.** *n.* 𝒜 rakam; sayı, numara; miktar; *(dergi v.b.)* sayı; *without* ~ sayısız; *in* ~ sayıca; **2.** *v/t.* numaralamak; saymak; dahil etmek, katmak; ~**·less** [~lıs] *adj.* sayısız; ~**·plate** *n. esp. Brt. mot.* plaka.

nu·me|ral ['njuːmərəl] **1.** *adj.* sayısal, sayı ...; **2.** *n.* 𝒜 rakam; *ling.* sayı; ~**·rous** □ [~əs] pek çok, dünya kadar.

nun [nʌn] *n.* rahibe; ~**·ne·ry** ['nʌnərı] *n.* rahibe manastırı.

nup·tial ['nʌpʃl] **1.** *adj.* evlenme *ya da* düğünle ilgili; gerdek ...; **2.** *n.* ~*s pl.* düğün, nikâh.

nurse [nɜːs] **1.** *n.* hemşire, hastabakıcı; *a. dry-*~ dadı; *a. wet-*~ sütnine; *at* ~ bakılmakta; *put out to* ~ emzirmek; bakmak; **2.** *v/t.* emzirmek; *(çocuğa, hastaya)* bakmak; beslemek; ~**·ling** ['nɜːslıŋ] *n.* süt çocuğu; ~**·maid** *n.* dadı; **nur·se·ry** [~sərı] *n.* çocuk odası; çocuk yuvası, kreş; ↓ fidanlık; ~ *rhymes pl.* çocuk şarkıları *ya da* şiirleri; ~ *school* anaokulu; ~ *slope kayak:* acemiler için yamaç.

nurs·ing ['nɜːsıŋ] *n.* hemşirelik; bakım; ~ **bot·tle** *n.* biberon; ~ **home** *n. Brt.* bakımevi.

nurs·ling ['nɜːslıŋ] = *nurseling.*

nur·ture ['nɜːtʃə] **1.** *n.* büyütme, terbiye; eğitim; **2.** *v/t.* büyütmek, yetiştirmek; eğitmek.

nut [nʌt] *n.* ⚘ kuruyemiş; ⊕ somun; *sl.* kafadan çatlak kimse, kaçık; *be* ~*s* *sl.* kafadan çatlak olmak; ~**·crack·er** ['nʌtkrækə] *n. mst.* ~*s pl.* fındıkkıran, fındık kıracağı; ~**·meg** ⚘ ['nʌtmeg] *n.* küçük hindistancevizi ağacı.

nu·tri·ment ['njuːtrɪmənt] *n.* gıda, besin, yemek.

nu·tri|tion [njuː'trɪʃn] *n.* besle(n)me; gıda, yiyecek, besin; ~**·tious** □ [~ʃəs], ~**·tive** □ ['njuːtrɪtɪv] besleyici.

nut|shell ['nʌtʃel] *n.* kuruyemiş kabuğu; *in a* ~ kısaca, özet olarak; ~**·ty** ['nʌtɪ] *(-ier, -iest) adj.* kuruyemiş tadında olan; *sl.* kaçık, çatlak.

ny·lon ['naɪlɒn] *n.* naylon; ~*s pl.* naylon çorap.

nymph [nɪmf] *n.* peri.

O

o [əʊ] **1.** *int.* O!, Ya!; **2.** *n. teleph.* sıfır.

oaf [əʊf] *n.* budala kimse.

oak ⚘ [əʊk] *n.* meşe.

oar [ɔː] **1.** *n.* kürek; **2.** *v/i.* kürek çekmek; ~**·s·man** ['ɔːzmən] *(pl. -men) n.* kürekçi.

o·a·sis [əʊ'eɪsɪs] *(pl. -ses* [-siːz]*) n.* vaha.

oat [əʊt] *n. mst.* ~*s pl.* ⚘ yulaf; *feel one's* ~*s F k-ni* zinde hissetmek; *Am. k-ni* bir şey sanmak; *sow one's wild* ~*s* gençliğinde çapkınca bir yaşam sürmek.

oath [əʊθ] *(pl. oaths* [əʊðz]*) n.* yemin, ant; *be on* ~ yeminli olmak; *take (make, swear) an* ~ yemin etmek, ant içmek.

oat·meal ['əʊtmiːl] *n.* yulaf unu.

ob·du·rate □ ['ɒbdjʊrət] inatçı, boyun eğmez.

o·be·di|ence [ə'biːdjəns] *n.* itaat, söz dinleme; ~**·ent** □ [~t] itaatli, söz dinler.

o·bei·sance [əʊ'beɪsəns] *n.* saygıyla eğilme; saygı; *do (make, pay)* ~ *to s.o. b-ne* saygı göstermek.

o·bese [əʊ'biːs] *adj.* çok şişman, şişko; **o·bes·i·ty** [~ətɪ] *n.* şişmanlık, şişkoluk.

o·bey [ə'beɪ] *vb.* itaat etmek, söz dinlemek; *(yasa v.b'ne)* uymak.

o·bit·u·a·ry [ə'bɪtjʊərɪ] *n.* ölüm ilanı; *attr.* ölüm ...

ob·ject 1. ['ɒbdʒɪkt] *n.* şey, cisim, eşya, nesne *(a. gr.)*; amaç, gaye, maksat; hedef; **2.** [əb'dʒekt] *vb.* itiraz etmek, karşı gelmek *(to -e)*.

ob·jec|tion [əb'dʒekʃn] *n.* itiraz; sakınca; ~**·tio·na·ble** □ [~əbl] hoş karşılanmaz, çirkin; sakıncalı.

ob·jec·tive [əb'dʒektɪv] **1.** □ objektif, nesnel; tarafsız, yansız; **2.** *n.* amaç, gaye; hedef; *opt., phot.* objektif.

ob·li·ga·tion [ɒblɪ'geɪʃn] *n.* zorunluluk; yükümlülük; *econ.* senet, tahvil; *be under an* ~ *to s.o. b-ne* minnet borcu olmak; *be under* ~ *to inf.* *-mek* zorunda olmak; **ob·lig·a·to·ry** □ [ə'blɪgətərɪ] zorunlu, gerekli.

o·blige [ə'blaɪdʒ] *v/t.* zorunda bırakmak, zorlamak; minnettar bırakmak; ~ *s.o. b-ne* iyilikte bulunmak, lütfetmek; *much* ~*d* çok minnettar; **o·blig·ing** □ [~ɪŋ] yardımsever, nazik.

o·blique □ [ə'bliːk] eğri, eğik; dolaylı.

o·blit·er·ate [ə'blɪtəreɪt] *v/t.* silmek, yok etmek *(a. fig.).*
o·bliv·i|on [ə'blɪvɪən] *n.* unut(ul)ma; **~·ous** □ [~əs]: *be ~ of s.th. bşi* unutmak; *be ~ to s.th. bşi* önemsememek.
ob·long ['ɒblɒŋ] *adj.* dikdörtgen biçiminde, boyu eninden fazla.
ob·nox·ious □ [əb'nɒkʃəs] iğrenç, uygunsuz, çirkin.
ob·scene □ [əb'siːn] açık saçık, ayıp; ağza alınmaz *(söz).*
ob·scure [əb'skjʊə] **1.** □ karanlık, loş; *fig.* anlaşılmaz, çapraşık; belirsiz; **2.** *v/t.* karartmak; gizlemek, saklamak; **ob·scu·ri·ty** [~rətɪ] *n.* karanlık; *fig.* çapraşıklık; belirsizlik.
ob·se·quies ['ɒbsɪkwɪz] *n. pl.* cenaze töreni.
ob·se·qui·ous □ [əb'siːkwɪəs] dalkavukluk eden, yaltakçı *(to -e).*
ob·ser|va·ble □ [əb'zɜːvəbl] farkedilir, göze çarpan; **~·vance** [~ns] *n.* uyma; âdet, örf; tören; **~·vant** □ [~t] dikkatli; itaatli, uyan; **~·va·tion** [ɒbzə'veɪʃn] *n.* inceleme; gözetleme; gözlem; *attr.* gözetleme ...; inceleme ...; **~·va·to·ry** [əb'zɜːvətrɪ] *n.* observatuar, gözlemevi.
ob·serve [əb'zɜːv] *v/t.* dikkat etmek, gözlemek; incelemek; gözlemlemek; *(kural)* uymak; kutlamak; *v/i.* gözlem yapmak.
ob·sess [əb'ses] *vb.* kafasına takılmak, hiç aklından çıkmamak; *~ed by ya da with -e* kafayı takmış, *ile* aklını bozmuş; **ob·ses·sion** [~eʃn] *n.* kafaya takılan düşünce, saplantı; **ob·ses·sive** □ *psych.* [~sɪv] saplantıyla ilgili; saplantı gibi.
ob·so·lete ['ɒbsəliːt] *adj.* artık kullanılmayan, eskimiş; modası geçmiş.
ob·sta·cle ['ɒbstəkl] *n.* engel.
ob·sti|na·cy ['ɒbstɪnəsɪ] *n.* inatçılık, direngenlik; **~·nate** □ [~t] inatçı, direngen, dik başlı.
ob·struct [əb'strʌkt] *v/t.* tıkamak, kapamak; engel olmak, engellemek; **ob·struc·tion** [~kʃn] *n.* engelleme; engel; **ob·struc·tive** □ [~ktɪv] engelleyici.
ob·tain [əb'teɪn] *v/t.* elde etmek, sağlamak, edinmek, almak; kazanmak; **ob·tai·na·ble** *econ.* [~əbl] *adj.* elde edilebilir, satın alınabilir.
ob·trude [əb'truːd] *v/t.* zorla kabul ettirmek *(on -e);* **ob·tru·sive** □ [~sɪv] sıkıntı veren, yılışık.
ob·tuse □ [əb'tjuːs] kesmez, kör, küt; *fig.* kalın kafalı.
ob·vi·ate ['ɒbvɪeɪt] *v/t.* önlemek, önüne geçmek, gidermek.
ob·vi·ous □ ['ɒbvɪəs] apaçık, belli, gün gibi ortada.
oc·ca·sion [ə'keɪʒn] **1.** *n.* fırsat, vesile; durum, vaziyet; neden; gerek, lüzum; *on the ~ of ...* dolayısıyla, ... nedeniyle; **2.** *v/t. -e* neden olmak; **~·al** □ [~l] ara sıra olan, seyrek.
Oc·ci|dent ['ɒksɪdənt] *n.* batı yarıküresi, batı; **♀·den·tal** □ [ɒksɪ'dentl] batı ile ilgili, batı ...
oc·cu|pant ['ɒkjʊpənt] *n. esp.* ⚖ bir evde oturan kimse; kiracı; **~·pa·tion** [ɒkjʊ'peɪʃn] *n.* bir yerde oturma, kullanım; meslek, iş, sanat; ⚔ işgal; **~·py** ['ɒkjʊpaɪ] *v/t. -de* oturmak; *(zaman)* almak, tutmak; ⚔ işgal etmek, ele geçirmek; meşgul etmek.
oc·cur [ə'kɜː] *(-rr-) v/i.* olmak, meydana gelmek; var olmak, bulunmak; *it ~red to me* aklıma geldi; **~·rence** [ə'kʌrəns] *n.* meydana gelme, olma; olay.
o·cean ['əʊʃn] *n.* okyanus.
o'clock [ə'klɒk] *adv.* saate göre; *(at) five ~* saat beş(te).
Oc·to·ber [ɒk'təʊbə] *n.* ekim ayı.
oc·u|lar □ ['ɒkjʊlə] gözle ilgili,

göz ...; **~·list** [~ıst] *n.* göz doktoru.

odd □ [ɒd] garip, tuhaf, acayip; tek *(sayı); (eldiven, çorap v.b.)* tek; küsur; ara sıra olan, düzensiz, seyrek; **~·i·ty** ['ɒdətı] *n.* gariplik, tuhaflık; **~s** [ɒdz] *n. oft. sg.* eşitsizlik, oransızlık; üstünlük, avantaj; olasılık, şans; avans sayı; *be at ~ with s.o. b-le* arası açık olmak; *the ~ are that* olasıdır ki; *~ and ends* ufak tefek şeyler, ötebери.

ode [əʊd] *n.* gazel; kaside.

o·di·ous □ ['əʊdjəs] iğrenç, nefret verici, çirkin.

o·do(u)r ['əʊdə] *n.* koku; şöhret.

of [ɒv, əv] *prp.* -(n)in *(the works ~ Dickens* Dickens'ın yapıtları*)*; -den *(die ~* -den ölmek; *afraid ~* -den korkan; *proud ~* -den gurur duyan; *ashamed ~* -den utanan*)*; -li *(a man ~ honour* şerefli bir adam*)*; hakkında, ile ilgili *(speak ~ s.th.* bş hakkında konuşmak*)*; *nimble ~ foot* ayağına çabuk; *the city ~ London* Londra kenti; *your letter ~* ... ... tarihli mektubunuz; *five minutes ~ twelve Am.* on ikiye beş var.

off [ɒf] **1.** *adv.* uzakta, ileride, ötede; uzağa, ileriye, öteye; *be ~* gitmek, yola çıkmak; deli olmak; *~ and on* ara sıra; *well (badly) ~* para durumu iyi (kötü) **2.** *prp.* -den, -dan; -den uzak; ⚓ açıklarında; *be ~ duty* izinli olmak; *be ~ smoking* sigarayı bırakmak; **3.** *adj.* sağdaki; *(su, elektrik)* kesik; kötü, şanssız; boş, serbest; öteki, öbür; *econ.* durgun, cansız, ölü *(sezon v.b.)*; **4.** *int.* Defol!, Çek arabanı!

of|fal ['ɒfl] *n.* çerçöp, süprüntü; *~s pl. esp. Brt.* sakatat.

of·fence, *Am.* **-fense** [ə'fens] *n.* gücendirme, hatır kırma, hakaret; saldırı, tecavüz; ⚖ suç, kabahat, kusur.

of·fend [ə'fend] *v/t.* gücendirmek, darıltmak, kırmak; *v/i.* suç işlemek *(against -e karşı)*; **~·er** [~ə] *n.* suçlu *(a.* ⚖*)*; *first ~* ⚖ ilk kez suç işlemiş kimse.

of·fen·sive [ə'fensıv] **1.** □ iğrenç, çirkin, pis; saldırmaya yarayan, saldırı ...; **2.** *n.* saldırı, hücum.

of·fer ['ɒfə] **1.** *n.* teklif, öneri; *~ of marriage* evlenme teklifi; **2.** *v/t.* teklif etmek, önermek; *(fiyat)* vermek; sunmak; göstermek; *v/i.* meydana çıkmak, görünmek; **~·ing** [~rıŋ] *n. eccl.* kurban, adak; teklif; sunma.

off·hand ['ɒf'hænd] *adj.* düşünmeden yapılmış, rasgele yapılmış; ters, kaba *(davranış, söz)*.

of·fice ['ɒfıs] *n.* ofis, büro, işyeri, daire; iş, memuriyet; görev; *eccl.* ayin; *~ hours pl.* çalışma saatleri; **of·fi·cer** [~ə] *n.* memur, görevli; polis memuru; ⚔ subay.

of·fi·cial [ə'fıʃl] **1.** □ resmi; memuriyetle ilgili; **2.** *n.* memur.

of·fi·ci·ate [ə'fıʃıeıt] *v/i.* görev yapmak, resmi bir görevi yerine getirmek.

of·fi·cious □ [ə'fıʃəs] işgüzar, gereksiz yere işe karışan.

off|-li·cence *Brt.* ['ɒflaısəns] *n.* içki satılan dükkân; **~·print** *n.* ayrı baskı; **~·set** *v/t.* denkleştirmek; ofset basmak; **~·shoot** *n.* ⚘ dal, filiz, sürgün; **~·side** ['ɒf'saıd] **1.** *n. spor:* ofsayt; *mot.* sağ taraf; *~ door* sağ kapı; **2.** *adj. spor:* ofsayta düşmüş olan; **~·spring** ['ɒfsprıŋ] *n.* döl, evlat; *fig.* sonuç, ürün.

of·ten ['ɒfn] *adv.* çoğu kez, sık sık.

o·gle ['əʊgl]: *~ (at) -e* göz süzerek bakmak.

o·gre ['əʊgə] *n.* dev, canavar.

oh [əʊ] *int.* Ya!, Öyle mi?

oil [ɔıl] **1.** *n.* yağ; petrol; yağlıboya; **2.** *v/t.* yağlamak; *fig.* yağ çekmek, pohpohlamak; **~·cloth**

['ɔılklɒθ] *n.* muşamba; ~ **rig** *n.* petrol çıkarma aygıtı; ~**·skin** *n.* muşamba; ~*s pl.* muşamba giysi; ~**·y** □ ['ɔılı] *(-ier, -iest)* yağlı; *fig.* dalkavuk, yağcı, yaltakçı.

oint·ment ['ɔıntmənt] *n.* merhem.

O·K·, o·kay *F* ['əʊ'keı] **1.** *adj.* doğru; iyi; geçer; **2.** *int.* Peki!, Tamam!, Oldu!; **3.** *v/t.* onaylamak, kabul etmek.

old [əʊld] *(~er, ~est, a. elder, eldest) adj.* ihtiyar, yaşlı; eski, köhne; deneyimli; ~ *age* yaşlılık; ~ *people's home* yaşlılar yurdu; ~**-age** ['əʊld'eıdʒ] *adj.* yaşlılık ...; ~**-fash·ioned** ['əʊld'fæʃnd] *adj.* modası geçmiş, demode; ♀ **Glo·ry** *n.* A.B.D. bayrağı; ~**·ish** ['əʊldıʃ] *adj.* oldukça yaşlı.

ol·fac·to·ry *anat.* [ɒl'fæktərı] *adj.* koklama ile ilgili, koklama ...

ol·ive ['ɒlıv] *n.* ⚘ zeytin; zeytin ağacı.

O·lym·pic Games [ə'lımpık'geımz] *n. pl.* Olimpiyat Oyunları; *Summer (Winter)* ~ *pl.* Yaz (Kış) Olimpiyatları.

om·i·nous □ ['ɒmınəs] uğursuz.

o·mis·sion [əʊ'mıʃn] *n.* yapmama, atlama; ihmal.

o·mit [ə'mıt] *(-tt-) v/t.* bırakmak, atlamak, geçmek; ihmal etmek.

om·nip·o|tence [ɒm'nıpətəns] *n.* her şeye gücü yetme; ~**·tent** □ [~t] her şeye gücü yeten.

om·nis·ci·ent □ [ɒm'nısıənt] her şeyi bilen.

on [ɒn] **1.** *prp.* üstün(d)e, üzerin(d)e *(~ the wall* duvarın üstünde*)*; -de, -da *(~ the Thames* Thames'de; ~ *a committee* komitede; ~ *the "Daily Mail"* "Daily Mail"de; ~ *the street Am.* caddede*)*; esnasında, sürecinde *(~ Sunday* pazar günü; ~ *the 1st of April* 1 nisanda*)*; hakkında, konusunda *(talk ~ a subject* bir konu hakkında konuşmak*)*; -e doğru *(march ~ London* Londra'ya doğru yürümek*)*; kenarında *(a house ~ the main road* anayolun kenarında bir ev*)*; ile *(live ~ s.th. bşle* geçinmek*)*; *get ~ a train esp. Am.* trene binmek; ~ *hearing it* onu duyması üzerine, onu duyunca; **2.** *adv.* ileriye; ileride; aralıksız, durmadan; *(giysi)* üzerinde, giyilmiş durumda *(have a coat ~* üzerinde bir palto olmak, bir palto giymiş olmak; *keep one's hat ~* şapkası başında olmak*)*; *and so ~* vesaire, ve benzerleri; ~ *and ~* durmadan, sürekli; ~ *to* ... -(y)e; *be ~ (ışık)* açık olmak; *thea., film:* oynuyor olmak, oynamak.

once [wʌns] **1.** *adv.* bir defa, bir kez; eskiden, bir zamanlar; *at ~* derhal, hemen; aynı anda; *all at ~* aniden, birden; *for ~* bu seferlik, bir defalık; ~ *(and) for all* ilk ve son olarak; ~ *again,* ~ *more* bir kez daha, tekrar; ~ *in a while* ara sıra, bazen; **2.** *cj. a.* ~ *that* -ir -irmez.

one [wʌn] *adj. & pron.* bir, tek; biri, birisi; herhangi bir; ~*'s* birinin, insanın; ~ *day* bir gün, günün birinde; ~ *Smith* Smith diye biri; ~ *another* birbirine, birbirini; ~ *by* ~, ~ *after another,* ~ *after the other* birer birer, arka arkaya; *be at ~ with s.o. b-le* uyuşmak, barışmak; *I for ~* bana kalırsa; *the little ~s pl.* küçük çocuklar.

o·ner·ous □ ['ɒnərəs] ağır, külfetli, sıkıntılı.

one|self [wʌn'self] *pron.* kendisi, bizzat; kendi kendini; ~**-sid·ed** □ ['wʌn'saıdıd] tek taraflı; ~**-way** ['wʌnweı]: ~ *street* tek yönlü cadde; ~ *ticket Am.* gidiş bileti.

on·ion ⚘ ['ʌnjən] *n.* soğan.

on·look·er ['ɒnlʊkə] *n.* seyirci.

on·ly ['əʊnlı] **1.** *adj.* tek, biricik; **2.** *adv.* sadece, yalnızca, ancak; daha; ~ *yesterday* daha dün; **3.** *cj.* ~ *(that)* ne var ki, ne çare ki.

on·rush ['ɒnrʌʃ] *n.* üşüşme, saldırma.

on·set ['ɒnset], **on·slaught** ['ɒnslɔːt] *n.* başlangıç; saldırı, hücum; ⚕ ilk belirtiler.

on·ward ['ɒnwəd] **1.** *adj.* ileri giden, ilerleyen; **2.** *adv.* *a.* ~*s* ileri doğru, ileri.

ooze [uːz] **1.** *n.* sızma; sızıntı; **2.** *v/t.* & *v/i.* sız(dır)mak; ~ *away* *fig.* kaybolmak, yok olmak.

o·paque □ [əʊ'peɪk] *(~r, ~st)* ışık geçirmez, donuk.

o·pen ['əʊpən] **1.** □ açık; üstü açık; herkesçe bilinen, ortada olan; açmış *(çiçek)*; çözümlenmemiş *(sorun)*; kapanmamış *(hesap)*; **2.** *n.* *in the ~ (air)* açık havada; *come out into the ~ fig.* açığa çıkmak; **3.** *v/t.* & *v/i.* aç(ıl)mak; başla(t)mak; sermek, yaymak; *fig.* açığa vurmak; ~ *into (kapı v.b.) -e* açılmak; ~ *on to -e* açılmak; ~ *out* yaymak, sermek; açılmak; **~-air** ['əʊpən'eə] *adj.* açık havada yapılan, açık hava ...; **~-armed** ['əʊpən'ɑːmd] *adj.* samimi, candan, içten; **~·er** ['əʊpnə] *n.* açacak; **~-eyed** ['əʊpən'aɪd] *adj.* uyanık, açıkgöz; şaşkın, afallamış; **~-hand·ed** ['əʊpən'hændɪd] *adj.* eli açık, cömert; **~-heart·ed** ['əʊpənhɑːtɪd] *adj.* açık kalpli, samimi; **~·ing** ['əʊpnɪŋ] *n.* açıklık, delik, ağız; başlangıç; aç(ıl)ma; fırsat; *attr.* ilk ...; **~-mind·ed** *fig.* ['əʊpən'maɪndɪd] *adj.* açık fikirli.

op·e·ra ['ɒpərə] *n.* opera; **~-glass(·es** *pl.***)** *n.* opera dürbünü.

op·e|rate ['ɒpəreɪt] *v/t.* & *v/i.* işle(t)mek, çalış(tır)mak *(a.* ⊕*)*; etkilemek; ✕ tatbikat yapmak; ⚕ ameliyat etmek *(on ya da upon s.o. b-ni)*; *operating room Am.*, *operating-theatre Brt* ameliyathane; **~·ra·tion** [ɒpə'reɪʃn] *n.* işle(t)me, çalışma *(a.* ⊕*)*; iş, çalışma; etki; ✕ harekât; ⚕ ameliyat, operasyon; *be in ~* yürürlükte olmak; *come into ~* ⚖ yürürlüğe girmek; **~·ra·tive** ['ɒpərətɪv] **1.** □ işleyen, çalışan, faal; etkili; yürürlükte olan; ⚕ ameliyatla ilgili; **2.** *n.* usta işçi; **~·ra·tor** [~eɪtə] *n.* ⊕ operatör, teknisyen; santral memuru.

o·pin·ion [ə'pɪnjən] *n.* fikir, düşünce, kanı; *in my ~* bence, kanımca.

op·po·nent [ə'pəʊnənt] *n.* düşman, rakip.

op·por|tune □ ['ɒpətjuːn] elverişli, uygun; tam zamanında yapılan; **~·tu·ni·ty** [ɒpə'tjuːnətɪ] *n.* fırsat.

op·pose [ə'pəʊz] *v/t.* karşı çıkmak; engel olmak, karşı koymak, direnmek; **op·posed** *adj.* karşı; zıt, aksi; *be ~ to -e* karşı olmak; **op·po·site** ['ɒpəzɪt] **1.** □ karşı, karşıki; zıt, ters, karşıt; **2.** *prp.* & *adv.* karşı karşıya; karşılıklı; karşısında; **3.** *n.* zıt şey *ya da* kimse; **op·po·si·tion** [ɒpə'zɪʃn] *n.* karşıtlık, zıtlık; karşı çıkma; *pol.* muhalefet; *econ.* rekabet.

op·press [ə'pres] *v/t.* sıkıntı vermek, bunaltmak; sıkıştırmak, baskı yapmak; eziyet etmek; **op·pres·sion** [~ʃn] *n.* sıkıntı; baskı, zulüm; **op·pres·sive** □ [~sɪv] ezici, ağır; sıkıcı, bunaltıcı *(hava)*.

op·tic ['ɒptɪk] *adj.* optik, görmeyle ilgili, göz ...; = **op·ti·cal** □ [~l] görmeyle ilgili; **op·ti·cian** [ɒp'tɪʃn] *n.* gözlükçü.

op·ti·mis·m ['ɒptɪmɪzəm] *n.* iyimserlik.

op·tion ['ɒpʃn] *n.* seçme; seçme hakkı; seçenek; *econ.* satma *ya da* satın alma hakkı; **~·al** □ [~l] isteğe bağlı olan, seçmeli.

op·u·lence ['ɒpjʊləns] *n.* servet, zenginlik; bolluk.

or [ɔː] *cj.* veya, ya da; ~ *else* yoksa.

o·rac·u·lar □ [ɒ'rækjʊlə] kehanetle ilgili; gizli anlamlı.
o·ral □ ['ɔːrəl] ağızdan söylenen, sözlü; ağızla ilgili, oral, ağız ...; ağızdan alınan.
or·ange ['ɒrɪndʒ] **1.** *n.* ⚘ portakal; portakal rengi, turuncu; **2.** *adj.* portakal renginde olan, turuncu ...; **~·ade** ['ɒrɪndʒ'eɪd] *n.* portakal şurubu.
o·ra·tion [ɔː'reɪʃn] *n.* nutuk, söylev; **or·a·tor** ['ɒrətə] *n.* hatip, konuşmacı; **or·a·to·ry** [~rɪ] *n.* hatiplik; *eccl.* küçük tapınak.
orb [ɔːb] *n.* küre; gökcismi; *poet.* göz.
or·bit ['ɔːbɪt] **1.** *n.* yörünge; *get ya da put into ~* yörüngeye otur(t)mak; **2.** *v/t. & v/i.* yörüngesinde dön(dür)mek; *-in* etrafında dön(dür)mek.
or·chard ['ɔːtʃəd] *n.* meyve bahçesi.
or·ches·tra ['ɔːkɪstrə] *n.* ♪ orkestra; *Am. thea.* parter.
or·chid ⚘ ['ɔːkɪd] *n.* orkide.
or·dain [ɔː'deɪn] *v/t. (papaz)* atamak; *(Tanrı)* takdir etmek, nasip etmek.
or·deal *fig.* [ɔː'diːl] *n.* sıkıntı, çile.
or·der ['ɔːdə] **1.** *n.* düzen, tertip; sıra, dizi; yol, usul, yöntem; emir, buyruk; *econ.* ısmarlama, sipariş; sınıf, tabaka; *eccl.* mezhep, tarikat; şeref rütbesi, nişan; mimari tarz, biçem; cins, tür; *take (holy) ~s* papaz olmak; *in ~ to inf. -mek* için; *in ~ that -sin* diye; *out of ~* bozuk, arızalı; *make to ~* ısmarlama yapmak; **2.** *v/t.* emretmek, buyurmak; *econ.* ısmarlamak, sipariş etmek; düzenlemek, düzene koymak; **~·ly** ['ɔːdəlɪ] **1.** *adj.* düzenli, derli toplu; *fig.* uslu, uysal; **2.** *n.* ⨯ emir eri; hastane hademesi.
or·di·nal ['ɔːdɪnl] **1.** *adj.* sıra gösteren, sıra...; **2.** *n. a. ~ number* △ sıra sayısı.
or·di·nance ['ɔːdɪnəns] *n.* emir; kural; yasa; yönetmelik.
or·di·nary □ ['ɔːdnrɪ] alışılmış, olağan, her zamanki; sıradan, alelade.
ord·nance ⨯ ['ɔːdnəns] *n.* savaş gereçleri; ordonat.
ore [ɔː] *n.* maden cevheri, maden filizi.
or·gan ['ɔːgən] *n.* ♪ org; organ; **~-grind·er** [~graɪndə] *n.* laternacı; **~·ic** [ɔː'gænɪk] *(~ally) adj.* organik, örgensel; **~·ism** ['ɔːgənɪzəm] *n.* organizma; oluşum; **~·i·za·tion** [ɔːgənaɪ'zeɪʃn] *n.* organizasyon, düzenleme; örgüt; kuruluş, bünye; **~·ize** ['ɔːgənaɪz] *v/t.* organize etmek, düzenlemek; örgütlemek; **~·iz·er** [~ə] *n.* organizatör, düzenleyici.
o·ri|ent ['ɔːrɪənt] **1.** *n.* ♀ Doğu ülkeleri, Doğu; doğu; **2.** *v/t.* doğuya yöneltmek; yönlendirmek; **~·en·tal** [ɔːrɪ'entl] **1.** □ doğuya özgü, doğu ...; **2.** *n.* ♀ Doğulu kimse; **~·en·tate** ['ɔːrɪənteɪt] *v/t.* yönlendirmek, alıştırmak, yol göstermek.
or·i·fice ['ɒrɪfɪs] *n.* delik, ağız.
or·i·gin ['ɒrɪdʒɪn] *n.* köken, kaynak; başlangıç; esas, asıl neden.
o·rig·i·nal [ə'rɪdʒənl] **1.** □ orijinal, özgün, yeni; ilk, asıl; yaratıcı; **2.** *n.* orijinal, asıl kopya; **~·i·ty** [ərɪdʒə'nælətɪ] *n.* orijinallik, özgünlük; **~·ly** [ə'rɪdʒnəlɪ] *adv.* aslında; özgün biçimde.
o·rig·i|nate [ə'rɪdʒneɪt] *v/t. & v/i.* meydana getirmek, çık(ar)mak; meydana gelmek, kaynaklanmak, başla(t)mak; **~·na·tor** [~ə] *n.* yaratıcı kimse.
or·na|ment **1.** ['ɔːnəmənt] *n.* süs; süsle(n)me; *fig.* şeref kaynağı; **2.** [~ment] *v/t.* süslemek; **~·men·tal** □ [ɔːnə'mentl] süs olarak kullanılan; süsleyici.

or·nate □ [ɔː'neɪt] çok süslü, gösterişli; dili süslü *(yazı).*
or·phan ['ɔːfn] **1.** *n.* öksüz *ya da* yetim kimse; **2.** *adj. a.* ~*ed* öksüz, yetim; ~**·age** [~ɪdʒ] *n.* yetimhane, öksüzler yurdu.
or·tho·dox □ ['ɔːθədɒks] ortodoks; dinsel inançlarına bağlı; geleneksel, göreneksel.
os·cil·late ['ɒsɪleɪt] *v/i.* sallanmak, salınmak; *fig.* tereddüt etmek, bocalamak.
o·si·er ⚘ ['əʊʒə] *n.* sepetçisöğüdü, sorkun.
os·prey *zo.* ['ɒsprɪ] *n.* balık kartalı.
os·ten·si·ble □ [ɒ'stensəbl] görünüşteki, görünen, sözde.
os·ten·ta|tion [ɒstən'teɪʃn] *n.* gösteriş, caka, fiyaka; ~**·tious** □ [~ʃəs] gösterişli, fiyakalı.
os·tra·cize ['ɒstrəsaɪz] *v/t.* toplum dışına itmek.
os·trich *zo.* ['ɒstrɪtʃ] *n.* devekuşu.
oth·er ['ʌðə] *adj. & pron.* başka, öbür, diğer; başkası, diğeri, öbürü; *the ~ day* geçen gün; *the ~ morning* geçen sabah; *every ~ day* gün aşırı; ~**·wise** [~waɪz] *adv.* başka türlü; aksi taktirde, yoksa.
ot·ter ['ɒtə] *n. zo.* susamuru.
ought [ɔːt] *v/aux. (olumsuz: ~ not, oughtn't)* -meli, -malı; *you ~ to have done it* onu yapmalıydın, yapman gerekirdi.
ounce [aʊns] *n.* ons *(=28,35 g).*
our ['aʊə] *adj.* bizim; ~**s** ['aʊəz] *pron.* bizimki; ~**·selves** [aʊə'selvz] *pron.* kendimiz, biz.
oust [aʊst] *v/t.* dışarı atmak, çıkarmak, kovmak, defetmek.
out [aʊt] **1.** *adv.* dışarı, dışarıda; dışarıya; dışında; bağırarak, yüksek sesle; sonuna dek; tamamen, adamakıllı; *spor:* autta, çizgi dışında; *~ and about (hasta)* ayağa kalkmış, iyileşmiş; *way ~* çıkış yolu; *~ of* -si olmayan, -siz, -sız; -den dolayı; -den yapılmış; den *(in nine cases ~ of ten* on durumdan dokuzunda*); be ~ of s.th. bşi* kalmamak, bitmek; **2.** *n.* dışarısı; mazeret; *the ~s pl. parl.* muhalefet; **3.** *adj. econ.* zararda olan; **4.** *int.* Dışarı!, Defol!
out|bal·ance ['aʊt'bæləns] *v/t. -den* fazla gelmek, ağır çekmek; ~**·bid** [aʊt'bɪd] *(-dd-; -bid) v/t. (fiyat)* artırmak; ~**·board** ['aʊtbɔːd] *adj.* dıştan motorlu, takma motorlu; ~**·break** ['aʊtbreɪk] *n.* patlak verme, patlama; salgın; ayaklanma; ~**·build·ing** ['aʊtbɪldɪŋ] *n.* ek bina; ~**·burst** ['aʊtbɜːst] *n.* patlak verme, patlama; *fig. (kahkaha)* tufan; ~**·cast** ['aʊtkɑːst] **1.** *adj.* toplumdan atılmış; **2.** *n.* toplumdan atılmış kimse; ~**·come** ['aʊtkʌm] *n.* sonuç, akıbet; ~**·cry** ['aʊtkraɪ] *n.* bağırma, çığlık, feryat; protesto; ~**·dat·ed** ['aʊt'deɪtɪd] *adj.* modası geçmiş; ~**·dis·tance** [aʊt'dɪstəns] *v/t.* geçmek, geride bırakmak; ~**·do** [aʊt'duː] *(-did, -done) v/t. -den* üstün olmak, geçmek; ~**·door** ['aʊtdɔː] *adj.* açık havada yapılan, açık hava ...; ~**·doors** [aʊt'dɔːz] *adv.* dışarıda, açık havada.
out·er ['aʊtə] *adj.* dış ..., dışarıdaki; ~**·most** [~məʊst] *adj.* en dıştaki.
out|fit ['aʊtfɪt] *n.* araç gereç, donatı, takım; *F* grup, ekip; *Am.* ✕ birlik; ~**·fit·ter** *Brt.* [~ə] *n.* giyim eşyası satıcısı; ~**·go·ing** ['aʊtgəʊɪŋ] **1.** *adj.* giden, ayrılan, kalkan; **2.** *n.* gidiş, kalkış; *~s pl.* masraf, gider, harcama; ~**·grow** ['aʊt'grəʊ] *(-grew, -grown) v/t. -den* daha çabuk büyümek; *(giysi)* dar gelmek, içine sığmamak; ~**·house** ['aʊthaʊs] *n.* ek bina; *Am.* dışarıda olan tuvalet.
out·ing ['aʊtɪŋ] *n.* gezinti, gezi.

out|last ['aʊt'lɑːst] *v/t.* *-den* daha fazla dayanmak; **~·law** ['aʊtlɔː] *n.* kanun kaçağı; **~·lay** ['aʊtleɪ] *n.* masraf, gider, harcama; **~·let** ['aʊtlet] *n.* çıkış yeri, ağız, delik; *econ.* pazar; *Am.* ⚡ priz, fiş; *fig.* açılma fırsatı; **~·line** ['aʊtlaɪn] **1.** *n.* taslak, plan, kroki; **2.** *v/t.* *-in* taslağını çizmek; **~·live** ['aʊt'lɪv] *v/t.* *-den* fazla yaşamak; **~·look** ['aʊtlʊk] *n.* görünüş *(a. fig.)*; manzara; görüş açısı; **~·ly·ing** ['aʊtlaɪɪŋ] *adj.* uzakta bulunan, uzak ...; **~·match** ['aʊt'mætʃ] *v/t.* üstün gelmek, geçmek; **~·num·ber** [aʊt'nʌmbə] *v/t.* sayıca üstün gelmek; **~-pa·tient** ['aʊtpeɪʃnt] *n.* ayakta tedavi gören hasta; **~·post** ['aʊtpəʊst] *n.* ileri karakol; **~·pour·ing** ['aʊtpɔːrɪŋ] *n.* içini dökme, duygularını açığa vurma; **~·put** ['aʊtpʊt] *n.* verim, randıman *(a. econ.,* ⊕*)*; ⚡ çıkış gücü; *kompütür:* çıkış; **~·rage** ['aʊtreɪdʒ] **1.** *n.* zorbalık, tecüvüz; hakaret; rezalet; **2.** *v/t.* hakaret etmek; hiçe saymak; ırzına geçmek; **~·ra·geous** □ [aʊt'reɪdʒəs] insafsız, zalim; çok çirkin, iğrenç; **~·reach** ['aʊt'riːtʃ] *v/t.* geçmek, aşmak, *-den* fazla gelmek; **~·right** **1.** ['aʊtraɪt] *adj.* tam, bütün; açık, kesin; **2.** [aʊt'raɪt] *adv.* açıkça, açık açık; tamamen; **~·run** [aʊt'rʌn] *(-nn-; -ran, -run)* *v/t.* *-den* daha hızlı koşmak; *fig.* aşmak; **~·set** ['aʊtset] *n.* başlangıç; **~·shine** ['aʊt'ʃaɪn] *(-shone)* *v/t.* *-den* daha çok parlamak; *fig.* gölgede bırakmak; **~·side** [aʊt'saɪd] **1.** *n.* dış taraf; dış görünüş; *spor:* açık; *at the (very)* ~ en fazla, olsa olsa, taş çatlasa; *attr.:* ~ *left (right)* *spor:* solaçık (sağaçık); **2.** *adj.* dış ...; en fazla, en yüksek; **3.** *adv.* dışarıda, dışarıya; açık havada; dıştan; **4.** *prp.* *-in* dışında; **~·sid·er** [~ə] *n.* bir grubun dışında olan kimse, yabancı; **~·size** ['aʊtsaɪz] *n.* büyük boy; **~·skirts** ['aʊtskɜːts] *n. pl.* dış mahalle, varoş; *(dağ)* etek; **~·smart** *F* ['aʊt'smɑːt] *v/t.* kurnazlıkla yenmek; **~·spo·ken** [aʊt'spəʊkən] *adj.* açık sözlü, sözünü sakınmaz; **~·spread** ['aʊt'spred] *adj.* yayılmış, açılmış, açık; **~·stand·ing** ['aʊt'stændɪŋ] *adj.* göze çarpan, seçkin; çıkıntılı, fırlak, kepçe *(kulak)*; kalmış *(borç)*; **~·stretched** ['aʊtstretʃt] = *outspread;* **~·strip** ['aʊt'strɪp] *(-pp-)* *v/t.* *(yarışta)* geçmek; *fig.* *-den* üstün çıkmak.

out·ward ['aʊtwəd] **1.** *adj.* dış ...; **2.** *adv.* *mst.* ~*s* dışa doğru; **~·ly** [~lɪ] *adv.* dışa doğru; görünüşte, dıştan.

out|weigh ['aʊt'weɪ] *v/t.* *-den* daha ağır gelmek; *fig.* daha ağır basmak; **~·wit** [aʊt'wɪt] *(-tt)* *v/t.* kurnazca davranıp atlatmak; **~·worn** ['aʊtwɔːn] *adj.* çok eskimiş; *fig.* modası geçmiş.

o·val ['əʊvl] **1.** □ oval; **2.** *n.* oval şey.

ov·en ['ʌvn] *n.* fırın.

o·ver ['əʊvə] **1.** *adv.* yukarıda; tamamen, baştan başa; yine, tekrar; karşı taraf(t)a; bitmiş, sona ermiş; *(all)* ~ *again* bir daha, tekrar; ~ *against* *-in* karşısın(d)a; *all* ~ her tarafında, büsbütün; ~ *and* ~ *again* tekrer tekrar, defalarca; **2.** *prp.* *-in* üzerin(d)e; *-in* öbür tarafına; ~ *and above* *-den* başka, *-den* fazla olarak.

o·ver|act ['əʊvər'ækt] *v/t.* *(rol)* abartmalı biçimde oynamak; **~·all** ['əʊvərɔːl] **1.** *n. Brt.* önlük, gömlek; ~*s pl.* iş elbisesi, tulum; **2.** *adj.* kapsamlı, ayrıntılı; baştan başa olan; **~·awe** ['əʊvər'ɔː] *v/t.* çok korkutmak; **~·bal·ance** [əʊvə'bæləns] **1.** *n.* fazla ağırlık; **2.**

v/t. dengesini bozmak, devirmek; *fig.* ağır basmak; **~·bear·ing** □ [əʊvə'beərıŋ] buyurucu, amirlik taslayan, küstah; **~·board** ⚓ ['əʊvəbɔːd] *adv.* gemiden denize; **~·cast** ['əʊvəkɑːst] *adj.* bulutlu, kapalı *(hava)*; **~·charge** [əʊvə'tʃɑːdʒ] **1.** *v/t.* ⚡, ⊕ aşırı yüklemek; fazla fiyat istemek, kazıklamak; **2.** *n.* aşırı yük; fazla fiyat; **~·coat** ['əʊvəkəʊt] *n.* palto; **~·come** ['əʊvə'kʌm] *(-came, -come) v/t.* yenmek, üstesinden gelmek, hakkından gelmek; **~·crowd** [əʊvə'kraʊd] *v/t.* fazla kalabalık etmek; **~·do** [əʊvə'duː] *(-did, -done) v/t.* abartmak; abartarak oynamak *(rol)*; fazla pişirmek; çok yormak; **~·draw** ['əʊvə'drɔː] *(-drew, -drawn) vb. econ. (hesaptan)* fazla para çekmek; *fig.* abartmak; **~·dress** [əʊvə'dres] *v/i.* aşırı şık giyinmek; *v/t.* aşırı şık giydirmek; **~·due** [əʊvə'djuː] *adj.* gecikmiş, rötarlı; vadesi geçmiş; **~·eat** [əʊvər'iːt] *(-ate, -eaten)*: *a.* ~ *o.s.* tıka basa yemek; **~·flow 1.** ['əʊvə'fləʊ] *vb.* su basmak, taşmak; **2.** ['əʊvəfləʊ] *n.* taşma, sel; ⊕ oluk; **~·grow** [əʊvə'grəʊ] *(-grew, -grown) v/t. -den* daha çok büyümek; *v/i.* hızla büyümek; **~·grown** [~n] *adj.* yaşına göre fazla büyümüş, azman; **~·hang 1.** [əʊvə'hæŋ] *(-hung) v/t. (tehlike v.b.)* tehdit etmek; *v/i.* üzerine sarkmak; **2.** ['əʊvəhæŋ] *n.* çıkıntı; **~·haul** ['əʊvə'hɔːl] *v/t.* elden geçirmek, bakımını yapmak; **~·head 1.** [əʊvə'hed] *adv.* yukarıda, tepede, üstte; **2.** ['əʊvəhed] *adj.* havadan geçen, havai; *econ.* genel *(gider)*; **3.** *n. mst. Brt.* ~*s pl. econ.* genel giderler; **~·hear** [əʊvə'hıə] *(-heard) v/t.* kulak misafiri olmak; **~·joyed** [əʊvə'dʒɔıd] *adj.* çok sevinmiş *(at -e)*; **~·kill** ['əʊvəkıl] *n.* ✕ gereğinden fazla silah; *fig.* aşırılık, fazlalık; **~·lap** [əʊvə'læp] *(-pp-) v/t. & v/i.* üst üste bin(dir)mek; aynı zamana rastlamak, çatışmak; **~·lay** [əʊvə'leı] *(-laid) v/t.* kaplamak; **~·leaf** ['əʊvə'liːf] *adv.* sayfanın öbür tarafında; **~·load** [əʊvə'ləʊd] *v/t.* aşırı yüklemek *ya da* doldurmak; **~·look** [əʊvə'lʊk] *v/t.* gözden kaçırmak; *fig.* göz yummak; ~*ing the sea* denize bakan, denize nazır; **~·much** ['əʊvə'mʌtʃ] *adv.* gereğinden fazla; **~·night** [əʊvə'naıt] **1.** *adv.* geceleyin; bir gecede; *stay* ~ geceyi geçirmek; **2.** *adj.* bir gece süren; **~·pass** *esp. Am.* ['əʊvəpɑːs] *n.* üstgeçit; **~·pay** [əʊvə'peı] *(-paid) v/t.* fazla ödemek; **~·peo·pled** ['əʊvə'piːpld] *adj.* aşırı kalabalık; **~·plus** ['əʊvəplʌs] *n.* fazlalık; **~·pow·er** ['əʊvə'paʊə] *v/t.* zararsız duruma getirmek, boyun eğdirmek; **~·rate** ['əʊvə'reıt] *v/t.* çok önemsemek; **~·reach** ['əʊvə'riːtʃ] *v/t.* aldatmak, dolandırmak; ~ *o.s.* boyundan büyük işlere kalkışıp başaramamak; **~·ride** *fig.* [əʊvə'raıd] *(-rode, -ridden) v/t.* önem vermemek, hiçe saymak; **~·rule** [əʊvə'ruːl] *v/t.* etkisi altına almak; ⚖ geçersiz kılmak, bozmak; **~·run** [əʊvə'rʌn] *(-nn-; -ran, -run) v/t.* geçmek, aşmak; ✕ istila etmek, kaplamak; *be* ~ *with ile* dolu olmak, kayna(ş)mak; **~·sea(s)** ['əʊvə'siː(z)] *adj. & adv.* denizaşırı; **~·see** [əʊvə'siː] *(-saw, -seen) v/t.* yönetmek, denetlemek; **~·seer** ['əʊvəsıə] *n.* ustabaşı; yönetici, denetçi; **~·shad·ow** ['əʊvə'ʃædəʊ] *v/t.* gölgelemek, gölge düşürmek *(a. fig.)*; **~·sight** ['əʊvəsaıt] *n.* kusur, yanlış; gözetim, bakım; **~·sleep** [əʊvə'sliːp] *(-slept) v/i.* uyuyup kalmak; **~·state** [əʊvə'steıt] *v/t.* abartmak, büyütmek; **~·state·ment** [~mənt] *n.* abart-

ma, abartı; ~·**strain** **1.** [əʊvə'streɪn] *v/t.* fazla yormak; ~ *o.s.* çok zorlanmak, bir tarafını incitmek; **2.** ['əʊvəstreɪn] *n.* fazla yorma.
o·vert □ ['əʊvɜːt] açık, belli, ortada olan.
o·ver|take ['əʊvə'teɪk] *(-took, -taken) v/t.* yetişmek, yakalamak; geçmek, sollamak; ~·**tax** ['əʊvə'tæks] *v/t.* *-e* ağır vergi koymak; *fig.* *-e* aşırı yüklenmek; ~·**throw** **1.** ['əʊvə'θrəʊ] *(-threw, -thrown) v/t.* düşürmek, devirmek, yıkmak *(a. fig.)*; **2.** ['əʊvəθrəʊ] *n.* devirme, yık(ıl)ma; ~·**time** *econ.* ['əʊvətaɪm] *n.* fazla mesai; *be on* ~, *do* ~ fazla mesai yapmak.
o·ver·ture ['əʊvətjʊə] *n.* ♪ uvertür; *mst.* ~*s pl.* teklif, öneri.
o·ver|turn ['əʊvə'tɜːn] *v/t.* devirmek *(a. fig.)*; *v/i.* devrilmek; ~·**weight** ['əʊvəweɪt] *n.* fazla ağırlık; ~·**whelm** ['əʊvə'welm] *v/t.* yenmek, alt etmek, ezmek; *fig.* garketmek, boğmak; ~·**work** ['əʊvə'wɜːk] **1.** *n.* fazla çalışma; **2.** *v/t.* & *v/i.* fazla çalış(tır)mak; ~·**wrought** ['əʊvə'rɔːt] *adj.* çok heyecanlı, fazla gergin; sinirleri bozuk.
owe [əʊ] *vb.* borcu olmak, borçlu olmak; *(kin v.b.)* beslemek.
ow·ing ['əʊɪŋ]: *be* ~ borç olarak kalmak; ~ *to* *-den* dolayı, ... yüzünden; *-in* sayesinde.
owl *zo.* [aʊl] *n.* baykuş.
own [əʊn] **1.** *adj.* kendinin, kendisine özgü, kendi ...; öz *(kardeş)*; **2.** *my* ~ kendi malım, benim; *a house of one's* ~ *b-nin* kendi evi; *hold one's* ~ dayanmak, yerini korumak, karşı koymak; **3.** *v/t.* sahip olmak, ...si olmak; kabul etmek, tanımak.
own·er ['əʊnə] *n.* sahip, mal sahibi; ~·**ship** ['əʊnəʃɪp] *n.* sahiplik.
ox *zo.* [ɒks] *(pl. oxen* ['ɒksn]*)* *n.* öküz.
ox·i·da·tion ⚗ [ɒksɪ'deɪʃn] *n.* oksidasyon, oksitlenme; **ox·ide** ⚗ ['ɒksaɪd] *n.* oksit; **ox·i·dize** ⚗ ['ɒksɪdaɪz] *v/t.* & *v/i.* oksitle(n)mek.
ox·y·gen ⚗ ['ɒksɪdʒən] *n.* oksijen.
oy·ster *zo.* ['ɔɪstə] *n.* istiridye.
o·zone ⚗ ['əʊzəʊn] *n.* ozon.

P

pace [peɪs] **1.** *n.* adım; yürüyüş, gidiş; **2.** *v/t.* adımlamak; *(sürat)* ayarlamak; *v/i.* yürümek, gezinmek; *(at)* rahvan gitmek; ~ *up and down* bir aşağı bir yukarı yürümek.
pa·cif·ic [pə'sɪfɪk] *(~ally) adj.* barışsever, barışçı.
pac·i|fi·ca·tion [pæsɪfɪ'keɪʃn] *n.* barış(tır)ma, uzlaş(tır)ma; ~·**fi·er** *Am.* ['pæsɪfaɪə] *n.* emzik; ~·**fy** [~aɪ] *v/t.* yatıştırmak, sakinleştirmek; barıştırmak.
pack [pæk] **1.** *n.* bohça, çıkın; sürü; balya, denk; *Am.* *(sigara)* paket; ⚕ kompres, buz torbası; *a.* ~ *of cards* iskambil destesi; *a* ~ *of lies* bir sürü yalan; **2.** *v/t.* bohçalamak, denk etmek; *econ.* ambalajlamak; paketlemek; ⊕ kalafatlamak; *Am.* *F* *(silah)* taşımak; *oft.* ~ *up* *(bavul)* hazırlamak, topla-

mak; *mst.* ~ *off* göndermek, yollamak; *v/i.* birleşmek, sıkışmak; *oft.* ~ *up (makine)* durmak; *send s.o.* ~*ing F b-ni* sepetlemek, pılıyı pırtıyı toplatıp defetmek; **~·age** ['pækıdʒ] *n.* paket; bohça; ambalaj; ~ *tour* grup turu, paket tur; **~·er** [~ə] *n.* ambalajcı, paketçi; *Am.* konserve fabrikasında çalışan kimse; **~·et** [~ıt] *n.* paket; çıkın, bohça, deste; *a.* ~*-boat* ⚓ posta gemisi; **~·ing** [~ıŋ] *n.* paketleme, ambalaj; **~·thread** *n.* sicim, kınnap.

pact [pækt] *n.* pakt, antlaşma.

pad [pæd] **1.** *n.* yastık; kâğıt destesi; sumen, altlık; *spor:* tekmelik; *a. ink-*~ ıstampa; **2.** *(-dd-) v/t.* içini doldurmak; *(konuşma, yazı v.b.)* şişirmek; **~·ding** ['pædıŋ] *n.* kıtık; vatka.

pad·dle ['pædl] **1.** *n.* tokaç; ⚓ kısa kürek, pala; **2.** *v/t.* kısa kürekle yürütmek; **~-wheel** *n.* ⚓ geminin yan çarkı.

pad·dock ['pædək] *n.* çayırlık, otlak; *spor:* pist.

pad·lock ['pædlɒk] *n.* asma kilit.

pa·gan ['peıgən] **1.** *adj.* putperestlerle ilgili; **2.** *n.* putperest.

page[1] [peıdʒ] **1.** *n.* sayfa; **2.** *v/t.* numaralamak.

page[2] [~] **1.** *n.* otel garsonu; **2.** *v/t. (otelde)* ismini bağırarak aramak.

pag·eant ['pædʒənt] *n.* parlak gösteri.

paid [peıd] *pret. & p.p. of pay 2.*

pail [peıl] *n.* kova.

pain [peın] **1.** *n.* ağrı, sızı; acı ~*s pl.* özen, emek; *on ya da under* ~ *of death* yoksa cezası ölümdür; *be in (great)* ~ her yanı ağrımak; *take* ~s zahmete girmek, özen göstermek; **2.** *v/t.* canını yakmak, acıtmak; üzmek; **~·ful** □ ['peınfl] ağrılı; zahmetli, yorucu; acıklı, üzücü; **~·less** □ [~lıs] ağrısız, acısız; **~s·tak·ing** □ [~zteıkıŋ] *adj.* özenen, emek veren.

paint [peınt] **1.** *n.* boya; allık; **2.** *v/t.* boyamak; tasvir etmek, betimlemek; **~·box** ['peıntbɒks] *n.* boya kutusu; **~·brush** *n.* boya fırçası; **~·er** [~ə] *n.* boyacı; ressam; **~·ing** [~ıŋ] *n.* yağlıboya resim, tablo; ressamlık.

pair [peə] **1.** *n.* çift; *a* ~ *of ...* bir çift ...; *a* ~ *of scissors* bir makas; **2.** *vb.* eşleştirmek; çift olmak; ~ *off* eşleş(tir)mek, bir çift oluşturmak.

pa·ja·ma(s) *Am.* [pə'dʒɑːmə(z)] = *pyjama(s).*

pal [pæl] *n.* arkadaş, dost.

pal·ace ['pælıs] *n.* saray; palas.

pal·a·ta·ble □ ['pælətəbl] lezzetli; *fig.* hoşa giden, hoş.

pal·ate ['pælıt] *n. anat.* damak; *fig.* ağız tadı, damak zevki.

pale[1] [peıl] *n.* kazık; *fig.* sınır, limit.

pale[2] [~] **1.** □ *(~r, ~st)* solgun, soluk; açık, uçuk *(renk);* ~ *ale* beyaz bira; **2.** *v/t. & v/i.* sarar(t)mak, sol(dur)mak; *fig.* sönük kalmak; **~·ness** ['peılnıs] *n.* solgunluk, solukluk.

pal·ings ['peılıŋz] *n. pl.* çit, parmaklık.

pal·i·sade [pælı'seıd] *n.* kazıklardan yapılmış çit; ~*s pl. Am.* bir sıra uçurum kayalar.

pal·let ['pælıt] *n.* ressam paleti.

pal·li|ate ['pælıeıt] *v/t.* ⚕ geçici olarak dindirmek, hafifletmek; *fig.* önemsizmiş gibi göstermek; **~·a·tive** ⚕ [~ətıv] *n.* geçici olarak dindiren şey.

pal|lid □ ['pælıd] solgun, soluk; **~·lid·ness** [~nıs], **~·lor** [~ə] *n.* solgunluk.

palm [pɑːm] **1.** *n.* avuç içi, aya; ⚘ hurma ağacı; **2.** *v/t.* avcunda saklamak; ~ *s.th. off on ya da upon s.o. b-ne bşi* hile ile satmak, yutturmak; **~-tree** ⚘ ['pɑːmtriː] *n.* hurma ağacı.

pal·pa·ble ☐ ['pælpəbl] elle dokunulabilir; *fig.* belli, açık, ortada.

pal·pi|tate ⚕ ['pælpɪteɪt] *v/i.* *(kalp)* atmak, çarpmak; **~·ta·tion** ⚕ [pælpɪ'teɪʃn] *n.* yürek çarpıntısı.

pal·sy ['pɔːlzɪ] **1.** *n.* ⚕ inme, felç; *fig.* kuvvetsizlik; **2.** *v/t. fig.* felce uğratmak.

pal·ter ['pɔːltə] *v/t.* ciddiye almamak *(with s.o. b-ni).*

pal·try ☐ ['pɔːltrɪ] *(-ier, -iest)* önemsiz, değersiz.

pam·per ['pæmpə] *v/t.* nazlı büyütmek, şımartmak, yüz vermek.

pam·phlet ['pæmflɪt] *n.* broşür, kitapçık.

pan [pæn] *n.* tava; terazi gözü, kefe.

pan- [~] *prefix* bütün ..., tüm ..., her ...

pan·a·ce·a [pænə'sɪə] *n.* her derde deva ilaç.

pan·cake ['pænkeɪk] *n.* gözleme, börek.

pan·da *zo.* ['pændə] *n.* panda; **~ car** *n. Brt.* polis otosu, devriye arabası; **~ cross·ing** *n. Brt.* yaya geçidi.

pan·de·mo·ni·um *fig.* [pændɪ'məʊnjəm] *n.* kargaşa, curcuna, kıyamet.

pan·der ['pændə] **1.** *vb.* kötülüğe özendirmek; pezevenklik etmek; **2.** *n.* pezevenk.

pane [peɪn] *n.* pencere camı.

pan·e·gyr·ic [pænɪ'dʒɪrɪk] *n.* övme, övgü; kaside.

pan·el ['pænl] **1.** *n. arch.* panel, kaplama tahtası; kapı aynası; ⚡, ⊕ levha, pano; panel, tartışma; ⚖ jüri listesi; **2.** *(esp. Brt. -ll-, Am. -l-) v/t.* lambri ile kaplamak.

pang [pæŋ] *n.* sancı; *fig.* acı, ıstırap.

pan·han·dle ['pænhændl] **1.** *n.* tava sapı; *Am.* ileri uzanan kara parçası; **2.** *v/i. Am. F* dilenmek, avuç açmak.

pan·ic ['pænɪk] **1.** *adj.* yersiz, nedensiz *(korku);* **2.** *n.* panik, büyük korku, ürkü; **3.** *(-ck-) v/i.* paniğe kapılmak.

pan·sy ⚘ ['pænzɪ] *n.* alacameneksşe.

pant [pænt] *v/i.* nefes nefese kalmak, solumak.

pan·ther *zo.* ['pænθə] *n.* panter, pars; *Am.* puma, Yenidünya aslanı.

pan·ties ['pæntɪz] *n. pl.* kadın külotu; çocuk şortu.

pan·ti·hose *esp. Am.* ['pæntɪhəʊz] *n.* külotlu çorap.

pan·try ['pæntrɪ] *n.* kiler.

pants [pænts] *n. pl. esp. Am.* pantolon; *esp. Brt.* don, külot.

pap [pæp] *n.* sulu yemek, lapa.

pa·pa [pə'pɑː] *n.* baba.

pa·pal ☐ ['peɪpl] Papa *ya da* Papalıkla ilgili.

pa·per ['peɪpə] **1.** *n.* kâğıt; gazete; sınav kâğıdı; duvar kâğıdı; **~s** *pl.* evrak; **2.** *v/t.* kâğıtlamak, kâğıtla kaplamak; **~·back** *n.* kâğıt kapaklı kitap; **~-bag** *n.* kesekâğıdı; **~-clip** *n.* ataş, kâğıt maşası; **~-hang·er** *n.* duvar kâğıtçısı; **~-mill** *n.* kâğıt fabrikası; **~·weight** *n.* prespapye.

pap·py ['pæpɪ] *(-ier, -iest) adj.* sulu, yumuşak; lapa gibi.

par [pɑː] *n. econ.* parite; eşitlik; *at ~* başabaş; *be on a ~ with ile* aynı düzeyde olmak.

par·a·ble ['pærəbl] *n.* ders alınacak öykü, mesel.

par·a|chute ['pærəʃuːt] *n.* paraşüt; **~·chut·ist** [~ɪst] *n.* paraşütçü.

pa·rade [pə'reɪd] **1.** *n.* ⚔ geçit töreni, alay; gösteriş; gezinti yeri; *make a ~ of fig.* gösteriş yapmak, sergilemek; **2.** *vb.* ⚔ geçit töreni yapmak, alay halinde yürümek;

gösteriş olsun diye sergilemek; ~-**ground** *n.* ⨯ tören alanı, talim alanı.

par·a·dise ['pærədaɪs] *n.* cennet.

par·a·gon ['pærəgən] *n.* örnek, simge, sembol.

par·a·graph ['pærəgrɑːf] *n. print.* paragraf.

par·al·lel ['pærəlel] **1.** *adj.* paralel, koşut; benzer, aynı; **2.** *n.* ⩓ paralel çizgi; *fig.* benzerlik, aynılık; *without (a)* ~ eşsiz, eşi görülmemiş; **3.** *(-l-, Brt. a. -ll-) vb. -e* paralel olmak; *-e* benzemek, aynı olmak.

par·a·lyse, *Am.* **-lyze** ['pærəlaɪz] *v/t.* ⚕ felç etmek, kötürüm etmek; *fig.* felce uğratmak; **pa·ral·y·sis** ⚕ [pə'rælɪsɪs] *(pl. -ses* [-siːz]*) n.* felç, inme.

par·a·mount ['pærəmaʊnt] *adj.* üstün, başlıca, en önemli, yüce.

par·a·pet ['pærəpɪt] *n.* ⨯ siper; korkuluk, parmaklık.

par·a·pher·na·li·a [pærəfə'neɪljə] *n. pl.* öteberi; kişisel eşyalar; takım, donatı.

par·a·site ['pærəsaɪt] *n.* parazit, asalak *(a. fig.).*

par·a·sol ['pærəsɒl] *n.* güneş şemsiyesi.

par·a·troop|er ⨯ ['pærətruːpə] *n.* paraşütçü; **~s** ⨯ [~s] *n. pl.* paraşütçü kıtası.

par·boil ['pɑːbɔɪl] *v/t.* yarı kaynatmak.

par·cel ['pɑːsl] **1.** *n.* paket, koli; parsel; **2.** *(esp. Brt. -ll-, Am. -l-) v/t.* ~ *out* hisselere ayırmak, pay etmek.

parch [pɑːtʃ] *v/t.* yakmak, kavurmak.

parch·ment ['pɑːtʃmənt] *n.* parşömen, tirşe.

pard *Am. sl.* [pɑːd] *n.* ahbap, dost, arkadaş.

par·don ['pɑːdn] **1.** *n.* bağışlama, af *(a.* ⚖*);* **2.** *v/t.* bağışlamak, affetmek *(a.* ⚖*);* ~? efendim?; ~ *me!* Affedersiniz!; **~·a·ble** □ [~əbl] affedilebilir, bağışlanabilir.

pare [peə] *v/t.* yontmak; kabuğunu soymak; *(tırnak)* kesmek.

par·ent ['peərənt] *n.* ana *ya da* baba; ~*s pl.* ebeveyn, ana ve baba; ~ *-teacher meeting okul:* veli-öğretmen toplantısı; **~·age** [~ɪdʒ] *n.* analık *ya da* babalık; soy, kuşak; **pa·ren·tal** [pə'rentl] *adj.* ana *ya da* baba ile ilgili.

pa·ren·the·sis [pə'renθɪsɪs] *(pl. -ses* [-siːz]*) n.* parantez, ayraç; *print.* parantez imi.

par·ing ['peərɪŋ] *n.* kabuğunu soyma; ~*s pl.* kırpıntı.

par·ish ['pærɪʃ] **1.** *n.* cemaat; bir papazın ruhani bölgesi; bucak; **2.** *adj.* kilise ...; papaz ...; **pa·rish·io·ner** [pərɪʃənə] *n.* kilise cemiyeti üyesi.

par·i·ty ['pærətɪ] *n.* başabaş olma, eşitlik; *econ.* parite.

park [pɑːk] **1.** *n.* park; ulusal park; *Am.* oyun alanı; *the* ~ *Brt. F* futbol sahası; *mst. car-*~ otopark, park yeri; **2.** *v/t. mot.* park etmek.

par·ka ['pɑːkə] *n.* parka.

park·ing *mot.* ['pɑːkɪŋ] *n.* park etme; *no* ~ park yapılmaz; ~ **disc** *n.* park saati kadranı; ~ **fee** *n.* park ücreti; ~ **lot** *n. Am.* otopark, park yeri; ~ **me·ter** *n.* park saati; ~ **tick·et** *n.* park bileti.

par·lance ['pɑːləns] *n.* deyiş, dil, deyim.

par·ley ['pɑːlɪ] **1.** *n. esp.* ⨯ barış görüşmesi; **2.** *v/i. esp.* ⨯ barış görüşmesi yapmak.

par·lia|ment ['pɑːləmənt] *n.* parlamento; **~·men·tar·i·an** [pɑːləmen'teərɪən] *n.* parlamenter, parlamento üyesi; **~·men·ta·ry** □ [pɑːlə'mentərɪ] parlamentoyla ilgili.

par·lo(u)r ['pɑːlə] *n.* salon; *beauty*

~ *Am.* güzellik salonu; ~ *car Am.* 🚃 lüks vagon; ~·**maid** *n.* sofra hizmetçisi.
pa·ro·chi·al □ [pə'rəʊkjəl] cemaatle ilgili, cemaat ...; *fig.* dar, sınırlı.
pa·role [pə'rəʊl] **1.** *n.* ⚔ parola; ⚖ şartlı tahliye; ⚖ şeref sözü; *he is out on* ~ ⚖ şartlı tahliye edildi; **2.** *v/t.* ~ *s.o.* ⚖ *b-ni* şartlı tahliye etmek.
par·quet ['pɑːkeɪ] *n.* parke; *Am. thea.* orkestra ile parter arasındaki kısım.
par·rot ['pærət] **1.** *n. zo.* papağan (*a. fig.*); **2.** *v/t.* papağan gibi tekrarlamak.
par·ry ['pærɪ] *v/t.* savuşturmak.
par·si·mo·ni·ous □ [pɑːsɪ'məʊnjəs] aşırı tutumlu, cimri.
pars·ley ⚘ ['pɑːslɪ] *n.* maydanoz.
par·son ['pɑːsn] *n.* papaz; ~·**age** [~ɪdʒ] *n.* papaz evi.
part [pɑːt] **1.** *n.* parça, bölüm, kısım; pay, hisse; *thea., fig.* rol; görev; katkı; *Am.* saç ayrımı; *a man of (many)* ~*s* çok yönlü bir adam; *take* ~ *in s.th. bşe* katılmak; *take s.th. in bad (good)* ~ *bşi* kötü (iyi) yönünden almak; *for my* ~ bana kalırsa, bence; *for the most* ~ çoğunlukla; *in* ~ kısmen; *on the* ~ *of -in* tarafından; *on my* ~ benim tarafımdan; **2.** *adj.* kısmi, bölümsel; **3.** *adv.* kısmen; **4.** *v/t.* ayırmak; kesmek, yarmak; *(saç)* tarakla ayırmak; ~ *company* ayrılmak *(with ile)*; *v/i.* ayrılmak *(with ile)*.
par·take [pɑː'teɪk] *(-took, -taken) v/i.* katılmak; ~ *of* ... niteliğinde olmak, *-i* andırmak.
par|tial □ ['pɑːʃl] kısmi, bölümsel; taraf tutan; düşkün *(to -e)*; ~·**ti·al·i·ty** [pɑːʃɪ'ælətɪ] *n.* taraf tutma; düşkünlük *(for -e)*.
par·tic·i|pant [pɑː'tɪsɪpənt] *n.* katılan kimse, iştirakçi; ~·**pate** [~eɪt] *v/i.* katılmak *(in -e)*; ~·**pa·tion** [pɑːtɪsɪ'peɪʃn] *n.* katılma.
par·ti·ci·ple *gr.* ['pɑːtɪsɪpl] *n.* ortaç, partisip, sıfat-fiil.
par·ti·cle ['pɑːtɪkl] *n.* tanecik; *gr.* takı, ek.
par·tic·u·lar [pə'tɪkjʊlə] **1.** □ belirli; özel; özgü; kişisel; ayrıntılı; titiz, meraklı; **2.** *n.* madde, husus; ~*s pl.* ayrıntılar, özellikler; *in* ~ özellikle; ~·**i·ty** [pətɪkjʊ'lærətɪ] *n.* özellik; titizlik; ~·**ly** [pə'tɪkjʊləlɪ] *adv.* özellikle.
part·ing ['pɑːtɪŋ] **1.** *n.* ayrılma; veda; saçı ayırma çizgisi; ~ *of the ways esp. fig.* iki şıktan birini seçme; **2.** *adj.* ayrılırken yapılan, veda ...
par·ti·san [pɑːtɪ'zæn] *n.* partizan, taraftar; ⚔ gerillacı; *attr.* partizan ...
par·ti·tion [pɑː'tɪʃn] **1.** *n.* bölünme; taksim; duvar, bölme; **2.** *v/t.* ~ *off* ayırmak, bölmek.
part·ly ['pɑːtlɪ] *adv.* kısmen, kimi yönden.
part·ner ['pɑːtnə] **1.** *n.* ortak; partner, dans arkadaşı, dam, kavalye; eş; **2.** *v/t. & v/i.* ortak etmek *ya da* olmak; ~·**ship** [~ʃɪp] *n.* partnerlik; *econ.* ortaklık.
part-own·er ['pɑːtəʊnə] *n.* hissedar.
par·tridge *zo.* ['pɑːtrɪdʒ] *n.* keklik.
part-time ['pɑːt'taɪm] **1.** *adj.* yarım günlük; **2.** *adv.* yarım gün olarak.
par·ty ['pɑːtɪ] *n.* parti, eğlence; grup, ekip, takım; *pol.* parti; ⚔ birlik; *co.* kişi, kimse; ~ **line** *n. pol.* parti siyaseti; ~ **pol·i·tics** *n. sg. ya da pl.* parti politikası.
pass [pɑːs] **1.** *n.* geçme, geçiş; paso, şebeke; ⚔ giriş-çıkış izni; *Brt. univ.* sınavda geçme; *spor:* pas; *iskambil:* pas; boğaz, geçit; durum, hal; el çabukluğu; *F* kur, flört;

free ~ parasız giriş kartı; **2.** *v/i.* geçmek; ileri gitmek, ilerlemek; gitmek, ayrılmak; dönüşmek; karar vermek, hüküm vermek; miras kalmak; olmak, meydana gelmek; *spor:* pas vermek, paslaşmak; *parl.* kabul edilmek; *iskambil:* pas demek; ~ *away* ölmek, vefat etmek; ~ *by* yanından geçmek; ~ *for ya da as* ... gözüyle bakılmak, ... diye kabul edilmek; ~ *off (fırtına, yağmur v.b.)* dinmek, geçmek; ~ *out F* bayılmak; *v/t.* geçmek, aşmak; geçirmek, atlatmak; *(hak)* devretmek; *(para)* piyasaya sürmek; vermek, uzatmak; dolaştırmak, gezdirmek; *(fikir, karar v.b.)* bildirmek, söylemek, açıklamak; dışarı atmak, boşaltmak; *spor: (topa)* vurmak; **~·a·ble** □ ['pɑːsəbl] *(yol)* geçit verir, geçilebilir; kabul edilir, geçerli.

pas·sage ['pæsɪdʒ] *n.* geçme, gitme; yol; geçit, boğaz; yolculuk; koridor, dehliz; pasaj; geçiş hakkı; geçiş ücreti; *parl.* tasarının kabul edilip kanunlaşması; ♪ geçiş; *bird of* ~ göçmen kuş.

pass·book *econ.* ['pɑːsbʊk] *n.* hesap cüzdanı.

pas·sen·ger ['pæsɪndʒı] *n.* yolcu.

pass·er-by ['pɑːsə'baı] *(pl. passers-by) n.* yoldan gelip geçen kimse.

pas·sion ['pæʃn] *n.* hırs, tutku, ihtiras; cinsel istek, şehvet; hiddet, öfke; ♀ *eccl.* Hz.İsa'nın çarmıha gerilmesinde çektiği acı; ♀ *Week eccl.* paskalyadan bir önceki hafta; **~·ate** □ [~ət] heyecanlı, ateşli, tutkulu, ihtiraslı; hiddetli, öfkeli.

pas·sive □ ['pæsıv] pasif, eylemsiz, edilgin; *gr.* edilgen.

pass·port ['pɑːspɔːt] *n.* pasaport.

pass·word ['pɑːswɜːd] *n.* parola.

past [pɑːst] **1.** *adj.* geçmiş, geçen, bitmiş, olmuş; *gr.* geçmiş zaman ...; *for some time* ~ bir süreden beri; ~ *tense gr.* geçmiş zaman; **2.** *adv.* yanından *ya da* önünden geçerek; **3.** *prp.* *-den* daha ileride, *-den* sonra; *-in* ötesinde; *half* ~ *two* iki buçuk; ~ *endurance* tahammül edilmez, dayanılmaz; ~ *hope* ümitsiz; **4.** *n.* geçmiş, mazi; bir kimsenin geçmişi; *gr.* geçmiş zaman kipi.

paste [peıst] **1.** *n.* macun; çiriş, kola; hamur; lapa, ezme; **2.** *v/t.* yapıştırmak; **~·board** ['peıstbɔːd] *n.* mukavva; *attr.* mukavva ...

pas·tel [pæ'stel] *n.* pastel kalemi; pastel resim.

pas·teur·ize ['pæstəraız] *v/t.* pastörize etmek.

pas·time ['pɑːstaım] *n.* eğlence, oyun, uğraşı.

pas·tor ['pɑːstə] *n.* papaz; **~·al** □ [~rəl] pastoral, çobanlama ...; *eccl.* papazlıkla ilgili.

pas·try ['peıstrı] *n.* hamur işi; pasta; **~·cook** *n.* pastacı.

pas·ture ['pɑːstʃə] **1.** *n.* çayır, otlak, mera; **2.** *v/t. & v/i.* çayırda otla(t)mak.

pat [pæt] **1.** *n.* hafifçe vurma; *(tereyağ)* küçük kalıp; **2.** *(-tt-) v/t. -e* hafifçe vurmak; **3.** *adv.* hemen, anında, tam zamanında.

patch [pætʃ] **1.** *n.* yama; benek, ben, leke; arazi parçası; ⚕ yakı; *in* ~*es* kısmen; **2.** *v/t.* yamamak; **~·work** ['pætʃwɜːk] *n.* yama işi; *contp.* uydurma iş, şişirme iş.

pate *F* [peıt]: *bald* ~ kel kafa.

pa·tent ['peıtənt, *Am.* 'pætənt] **1.** *adj.* belli, açık, ortada; patentli; ~ *agent, Am.* ~ *attorney* patent işleri uzmanı; *letters* ~ ['pætənt] *pl.* patent; ~ *leather* güderi; **2.** *n.* patent; patentli mal; **3.** *v/t.* *-in* patentini almak; **~·ee** [peıtən'tiː] *n.* patent sahibi.

pa·ter|nal □ [pə'tɜːnl] baba ile ilgili, baba ...; baba tarafından olan; **~·ni·ty** [~ətı] *n.* babalık.

path [pɑːθ] *(pl. paths* [pɑːðz]*) n.* patika, keçiyolu.

pa·thet·ic [pə'θetɪk] *(~ally) adj.* acıklı, dokunaklı, etkileyici.

pa·thos ['peɪθɒs] *n.* acıma *ya da* sempati uyandırma gücü.

pa·tience ['peɪʃns] *n.* sabır, dayanç; *Brt.* tek başına oynanan iskambil oyunu; **pa·tient** [~t] **1.** □ sabırlı; **2.** *n.* hasta.

pat·i·o ['pætɪəʊ] *(pl. -os) n.* avlu, teras, veranda.

pat·ri·mo·ny ['pætrɪmənɪ] *n.* babadan kalan miras.

pat·ri·ot ['pætrɪət] *n.* vatansever kimse; **~·ic** [pætrɪ'ɒtɪk] *(~ally) adj.* vatansever, yurtsever.

pa·trol [pə'trəʊl] **1.** *n.* ⨯ devriye, karakol; devriye gezme; *on ~* devriye gezen; **2.** *(-ll-) v/i.* devriye gezmek; **~ car** *n.* devriye arabası; **~·man** [~mæn] *(pl. -men) n. Am.* devriye polis.

pa·tron ['peɪtrən] *n.* patron, efendi; veli; devamlı müşteri; *~ saint eccl.* koruyucu aziz, evliya; **pat·ron·age** ['pætrənɪdʒ] *n.* koruma; atama yetkisi; müşteriler; iş, ticaret; **pat·ron·ize** [~aɪz] *v/t.* korumak, kanatları altına almak; *-in* müşterisi olmak, *-den* alışveriş etmek.

pat·ter ['pætə] *v/t.* hızlı hızlı söylemek; *v/i.* hızlı hızlı konuşmak.

pat·tern ['pætən] **1.** *n.* model, örnek *(a. fig.)*; kalıp, patron; mostra; resim, desen, süs; **2.** *v/t.* örnek almak *(after, on s.o. b-ni)*.

paunch ['pɔːntʃ] *n.* göbek.

pau·per ['pɔːpə] *n.* fakir, yoksul.

pause [pɔːz] **1.** *n.* durma, ara, mola, tenefüs; **2.** *v/i.* durmak, duraklamak; tereddüt etmek.

pave [peɪv] *v/t. -e* kaldırım döşemek; *~ the way for fig. -in* yolunu açmak; **~·ment** ['peɪvmənt] *n. Brt.* kaldırım; *Am.* şose, yol.

paw [pɔː] **1.** *n.* pençe; **2.** *vb. F* ellemek, kabaca ellemek; *~ (the ground)* yeri eşelemek.

pawn [pɔːn] **1.** *n. satranç:* piyon, piyade, paytak; *fig.* maşa, kukla, alet; rehin; *in ya da at ~* rehinde; **2.** *v/t.* rehine koymak; **~·bro·ker** ['pɔːnbrəʊkə] *n.* rehinci, tefeci; **~·shop** *n.* rehinci dükkânı.

pay [peɪ] **1.** *n.* ödeme; ücret, maaş; bedel, karşılık; **2.** *(paid) v/t.* ödemek; yararı olmak; *(kâr)* getirmek; karşılığını vermek; *(kur)* yapmak; *~ attention ya da heed to -e* dikkat etmek; *~ down, ~ cash* peşin ödemek; *~ in (para)* banka hesabına yatırmak; *~ into (hesaba)* yatırmak; *~ off (borç)* ödemek, kapatmak, temizlemek; ücretini verip kovmak; *v/i.* borcunu ödemek; masrafına *ya da* çabasına değmek; *~ for -in* cezasını çekmek; *-in* parasını vermek; **~·a·ble** ['peɪəbl] *adj.* ödenebilir; ödenmesi gereken; **~-day** *n.* maaş günü, ay başı; **~·ee** [peɪ'iː] *n.* alacaklı; **~ en·ve·lope** *n. Am.* maaş zarfı; **~·ing** ['peɪɪŋ] *adj.* kârlı, kazançlı; **~·mas·ter** *n.* mutemet; **~·ment** [~mənt] *n.* ödeme; ücret, maaş; karşılık, ödül *ya da* ceza; **~ pack·et** *n. Brt.* maaş zarfı; **~ phone** *n. Brt.* umumi telefon; **~·roll** *n.* maaş bordrosu; **~ slip** *n.* ücret bordrosu; **~ sta·tion** *Am.*, **~ tel·e·phone** *n.* umumi telefon.

pea ⚘ [piː] *n.* bezelye.

peace [piːs] *n.* barış; huzur; güvenlik; *at ~* barış halinde; huzur içinde; **~·a·ble** □ ['piːsəbl] barışsever; sakin; **~·ful** □ [~fl] barışsever; sakin, uysal; **~·mak·er** *n.* arabulucu, barıştırıcı kimse.

peach ⚘ [piːtʃ] *n.* şeftali.

pea|cock *zo.* ['piːkɒk] *n.* tavus; **~·hen** *n. zo.* dişi tavus.

peak [piːk] *n.* tepe, doruk; kasket siperi; *attr.* doruk ...; *~ hours pl.*

(trafik) sıkışık saatler; **~ed** [~t] *adj.* zayıf, kemikleri sayılan; tepeli; siperli *(kasket).*
peal [piːl] **1.** *n.* gürültü; çan sesi; *~s of laughter* kahkaha tufanı; **2.** *v/t. & v/i. (çan)* çal(ın)mak.
pea·nut ⚘ ['piːnʌt] *n.* yerfıstığı.
pear ⚘ [peə] *n.* armut.
pearl [pɜːl] **1.** *n.* inci *(a. fig.); attr.* inci ...; **2.** *v/i.* inci avlamak; **~·y** ['pɜːlı] *(-ier, -iest) adj.* inci gibi; incilerle süslenmiş.
peas·ant ['peznt] *n.* köylü, rençper; *attr.* köylü ...; **~·ry** [~rı] *n.* köylü sınıfı, köylüler.
peat [piːt] *n.* turba.
peb·ble ['pebl] *n.* çakıl taşı.
peck [pek] **1.** *n.* hacim ölçüsü birimi *(= 9,087 litre); fig.* çok miktar, yığın, sürü; **2.** *vb.* gagalamak *(at -i);* gaga ile toplamak.
pe·cu·li·ar □ [pı'kjuːljə] özel; özgü; garip, acayip, tuhaf; **~·i·ty** [pıkjuːlı'ærətı] *n.* özellik; gariplik, tuhaflık.
pe·cu·ni·a·ry [pı'kjuːnjərı] *adj.* parayla ilgili, parasal, para ...
ped·a|gog·ics [pedə'gɒdʒıks] *n. mst. sg.* pedagoji, eğitbilim; **~·gogue,** *Am. a.* **~·gog** ['pedəgɒg] *n.* pedagog, eğitimci; *F* işgüzar öğretmen.
ped·al ['pedl] **1.** *n.* pedal; *attr.* ayak ...; **2.** *(esp. Brt. -ll-, Am. -l-) v/t.* pedalla işletmek.
pe·dan·tic [pı'dæntık] *(~ally) adj.* ukala, bilgiçlik taslayan.
ped·dle ['pedl] *v/i.* seyyar satıcılık yapmak; *~ drugs* uyuşturucu ilaç satmak; **~r** [~lə] *n. Am. = pedlar;* uyuşturucu ilaç satıcısı.
ped·es·tal ['pedıstl] *n.* heykel *v.b.* kaidesi, taban, ayaklık, duraç; *fig.* temel, esas.
pe·des·tri·an [pı'destrıən] **1.** *adj.* yürüme ile ilgili; *fig.* sıkıcı, yavan, ağır; **2.** *n.* yaya; ~ **cross·ing** *n.* yaya geçidi; ~ **pre·cinct** *n.* yalnızca yayalara özgü yol, yaya yolu.
ped·i·gree ['pedıgriː] *n.* soy; soyağacı, hayatağacı.
ped·lar ['pedlər] *n.* seyyar satıcı.
peek [piːk] **1.** *v/i.* gizlice bakmak, dikizlemek; **2.** *n.* gizlice bakma, dikiz.
peel [piːl] **1.** *n.* kabuk; **2.** *v/t. & v/i. (kabuk)* soy(ul)mak; derisini yüzmek; ~ *off (elbise)* çıkarmak.
peep [piːp] **1.** *n.* gizlice bakma, dikiz; **2.** *v/i.* gizlice bakmak, gözetlemek, dikizlemek, röntgencilik etmek; *a. ~ out* yavaş yavaş ortaya çıkmak; **~-hole** ['piːphəʊl] *n.* gözetleme deliği.
peer [pıə] **1.** *v/i.* dikkatle bakmak *(at -e);* **2.** *n.* eş, akran, emsal; *Brt.* asılzade; **~·less** □ ['pıəlıs] eşsiz, emsalsiz.
peev·ish □ ['piːvıʃ] titiz, huysuz, hırçın.
peg [peg] **1.** *n.* ağaç çivi; askı, kanca; küçük kazık; ♪ akort anahtarı; *Brt.* mandal; *fig.* bahane, neden; *take s.o. down a ~ (or two) F b-ni* küçük düşürmek; **2.** *(-gg-) v/t.* ağaç çiviyle mıhlamak; *(çamaşır)* asmak; *(fiyat, ücret)* saptamak; *mst ~ out* kazıklar çakarak işaretlemek; *~ away, ~ along F* azimle çalışmak *(at -de);* **~·top** ['pegtɒp] *n.* topaç.
pel·i·can *zo.* ['pelıkən] *n.* pelikan, kaşıkçıkuşu.
pel·let ['pelıt] *n.* küçük topak; saçma tanesi; hap.
pell-mell ['pel'mel] *adv.* paldır küldür, palas pandıras, apar topar; allak bullak.
pelt [pelt] **1.** *n.* deri, post, kürk; **2.** *v/t.* atmak, fırlatmak; *v/i. a. ~ down (yağmur)* boşanmak.
pel·vis *anat.* ['pelvıs] *(pl. -vises, -ves* [-viːz]*) n.* pelvis, leğen.
pen [pen] **1.** *n.* dolmakalem; tükenmezkalem; tüy kalem; ağıl,

kümes; **2.** *(-nn-) v/t.* mürekkepli kalemle yazmak; ~ *in*, ~ *up* ağıla kapatmak.
pe·nal □ ['piːnl] ceza ile ilgili, ceza ...; ~ *code* ceza yasası; ~ *servitude* ağır hapis cezası; **~·ize** [~əlaɪz] *v/t.* cezalandırmak; **pen·al·ty** ['penltɪ] *n.* ceza; *futbol:* penaltı; ~ *area futbol:* ceza sahası; ~ *goal futbol:* penaltıdan atılan gol, penaltı golü; ~ *kick futbol:* penaltı atışı.
pen·ance ['penəns] *n.* ceza; pişmanlık.
pence [pens] *pl. of penny.*
pen·cil ['pensl] **1.** *n.* kurşunkalem; **2.** *(esp. Brt. -ll-, Am. -l-) v/t.* kurşunkalemle yazmak *ya da* çizmek; **~·sharp·en·er** *n.* kalemtıraş.
pen|dant, ~·dent ['pendənt] *n.* asılı şey; pandantif; flama.
pend·ing ['pendɪŋ] **1.** *adj.* ⚖ karara bağlanmamış, askıda; **2.** *prp.* esnasında, sırasında.
pen·du·lum ['pendjʊləm] *n.* sarkaç, rakkas.
pen·e|tra·ble □ ['penɪtrəbl] delinebilir, nüfuz edilebilir; **~·trate** [~eɪt] *vb.* içine girmek, işlemek; delip geçmek; içeriye sızmak; anlamak, kavramak; **~·trat·ing** □ [~ɪŋ] içe işleyen, delip geçen; keskin; **~·tra·tion** [penɪ'treɪʃn] *n.* içine işleme, nüfuz etme; sokulma, sızma; anlayış, kavrama; **~·tra·tive** □ ['penɪtrətɪv] *s. penetrating.*
pen-friend ['penfrend] *n.* mektup arkadaşı, kalem arkadaşı.
pen·guin *zo.* ['peŋgwɪn] *n.* penguen.
pen·hold·er ['penhəʊldə] *n.* kalem sapı.
pe·nin·su·la [pə'nɪnsjʊlə] *n.* yarımada.
pe·nis *anat.* ['piːnɪs] *n.* penis, erkeklik organı.
pen·i|tence ['penɪtəns] *n.* pişmanlık, tövbe; **~·tent** [~t] **1.** □ pişman, tövbekâr; **2.** *n.* pişman kimse; **~.ten·tia·ry** *Am.* [penɪ'tenʃərɪ] *n.* hapishane, cezaevi.
pen|knife ['pennaɪf] *(pl. -knives) n.* çakı; **~-name** *n.* yazarın takma adı.
pen·nant ⚓ ['penənt] *n.* flama, flandra.
pen·ni·less □ ['penɪlɪs] meteliksiz, cebi delik.
pen·ny ['penɪ] *(pl. -nies, coll. pence* [pens]*) n. a. new* ~ *Brt.* peni; *Am.* sent; *fig.* azıcık para; **~-we·ight** *n.* eczacı tartısı *(= 1,5 g).*
pen·sion ['penʃn] **1.** *n.* emekli aylığı; pansiyon; **2.** *v/t. oft.* ~ *off -e* emekli aylığı bağlamak; **~·er** [~ə] *n.* emekli; pansiyoner.
pen·sive □ ['pensɪv] düşünceli, dalgın.
pen·tath|lete [pen'tæθliːt] *n. spor:* pentatloncu; **~·lon** [~ɒn] *n. spor:* pentatlon.
Pen·te·cost ['pentɪkɒst] *n.* Hıristiyanların Hamsin yortusu.
pent·house ['penthaʊs] *n.* çatı katı, çekme kat.
pent-up ['pent'ʌp] *adj.* bastırılmış *(duygu).*
pe·nu·ri·ous □ [pɪ'njʊərɪəs] fakir; cimri; az, kıt; **pen·u·ry** ['penjʊrɪ] *n.* fakirlik; eksiklik.
peo·ple ['piːpl] **1.** *n.* halk, ahali, insanlar; akrabalar; **2.** *v/t.* insanla doldurmak.
pep *F* [pep] **1.** *n.* kuvvet, enerji; azim; ~ *pill* amfetaminli hap; **2.** *(-pp-) v/t. mst.* ~ *up* canlandırmak.
pep·per ['pepə] **1.** *n.* biber; **2.** *v/t.* biberlemek; **~·mint** *n.* ⚘ nane; **~·y** [~rɪ] *adj.* biberli; *fig.* geçimsiz.
per [pɜː] *prp.* vasıtasıyla, eliyle; tarafından; herbiri için, başına.
per·am·bu·la·tor *esp. Brt.* ['p-

ræmbjʊleɪtə] = *pram*.
per·ceive [pə'siːv] *v/t.* anlamak, kavramak, algılamak; farketmek, görmek.
per cent, *Am.* **per·cent** [pə'sent] *n.* yüzde.
per·cen·tage [pə'sentɪdʒ] *n.* oran; yüzde oranı; pay, hisse, yüzdelik.
per·cep|ti·ble □ [pə'septəbl] anlaşılabilir, agılanabilir; **~·tion** [~pʃn] *n.* anlama, algı, seziş.
perch [pɜːtʃ] **1.** *n. zo.* perki, tatlı su levreği; uzunluk ölçüsü *(= 5,029 m);* tünek; **2.** *vb.* tünemek, konmak; oturmak.
per·co|late ['pɜːkəleɪt] *v/t. & v/i.* süz(ül)mek, sız(dır)mak, filtreden geçirmek *(kahve v.b.);* **~·la·tor** [~ə] *n.* süzgeçli kahve ibriği.
per·cus·sion [pə'kʌʃn] *n.* vurma, çarpma; ⚕ perküsyon; ♪ *coll.* vurmalı çalgılar; ~ *instrument* ♪ vurmalı çalgı.
per·e·gri·na·tion [perɪgrɪ'neɪʃn] *n.* yolculuk.
pe·remp·to·ry □ [pə'remptərɪ] kesin, mutlak; otoriter, buyurucu.
pe·ren·ni·al □ [pə'renjəl] bir yıllık; sürekli, uzun süreli; ⚘ iki yıldan fazla yaşayan *(bitki).*
per|fect 1. ['pɜːfɪkt] □ kusursuz, mükemmel, eksiksiz, tam; **2.** [~] *n. a.* ~ *tense gr.* geçmiş zaman; **3.** [pə'fekt] *v/t.* mükemmelleştirmek; tamamlamak; **~·fec·tion** [~kʃn] *n.* kusursuzluk, mükemmellik; *fig.* doruk.
per|fid·i·ous □ [pə'fɪdɪəs] hain, kalleş, vefasız *(to -e karşı);* **~·fi·dy** ['pɜːfɪdɪ] *n.* hainlik, kalleşlik, vefasızlık.
per·fo·rate ['pɜːfəreɪt] *v/t.* delmek.
per·force [pə'fɔːs] *adv.* ister istemez, zorunlu olarak.
per·form [pə'fɔːm] *v/t.* yapmak, yerine getirmek; *thea. (oyun)* sunmak, oynamak; ♪ çalmak; **~·ance** [~əns] *n.* yapma, yerine getirme; *thea.* gösteri, oyun, temsil; ♪ çalma; **~·er** [~ə] *n.* oyuncu; müzisyen.
per·fume 1. ['pɜːfjuːm] *n.* parfüm, güzel koku; **2.** [pə'fjuːm] *v/t.* -*e* parfüm sürmek.
per·func·to·ry □ [pə'fʌŋktərɪ] yarım yamalak yapılan, baştan savma.
per·haps [pə'hæps, præps] *adv.* belki, olasılıkla.
per·il ['perəl] **1.** *n.* tehlike, risk; **2.** *v/t.* tehlikeye atmak; **~·ous** □ [~əs] tehlikeli, riskli.
pe·rim·e·ter [pə'rɪmɪtə] *n.* △ çevre.
pe·ri·od ['pɪərɪəd] *n.* devir, çağ, dönem; süre; *gr. esp. Am.* nokta; *gr.* tam cümle; *physiol.* aybaşı, âdet; **~·ic** [pɪərɪ'ɒdɪk] *adj.* periyodik, süreli; **~·i·cal** [~ɪkl] **1.** □ periyodik, süreli; **2.** *n.* periyodik, süreli yayın, dergi, mecmua.
per·ish ['perɪʃ] *vb.* ölmek; bozulmak, çürümek; yok olmak, soyu tükenmek; **~·a·ble** □ [~əbl] kolay bozulan *(yiyecek);* **~·ing** □ [~ɪŋ] *esp. Brt. F* çok üşüyen; *F* çok soğuk *(hava).*
per|jure ['pɜːdʒə]: ~ *o.s.* yalan yere yemin etmek; **~·ju·ry** [~rɪ] *n.* yalan yere yemin; *commit* ~ yalan yere yemin etmek.
perk [pɜːk]: ~ *up v/t. & v/i.* neşelen(dir)mek, canlan(dır)mak; başını kaldırmak.
perk·y □ ['pɜːkɪ] *(-ier, -iest)* canlı, neşeli, hoppa; şımarık, yüzsüz.
perm *F* [pɜːm] **1.** *n.* perma, permanant; **2.** *v/t.* perma yapmak.
per·ma|nence ['pɜːmənəns] *n.* süreklilik, devam; **~·nent** □ [~t] sürekli, devamlı; ~ *wave* perma, permanant.
per·me|a·ble □ ['pɜːmjəbl] geçirgen, geçirimli; **~·ate** [~ɪeɪt] *vb.* içinden geçmek, nüfuz etmek, sız-

mak *(into -e, through -den).*

per·mis|si·ble □ [pə'mısəbl] izin verilebilir, hoş görülebilir; **~·sion** [~ʃn] *n.* izin; ruhsat; **~·sive** □ [~sıv] izin veren; hoşgörülü, serbest; ~ *society* serbest fikirli toplum.

per·mit 1. [pə'mıt] *(-tt-) vb.* izin vermek; fırsat vermek, olanak tanımak, bırakmak; kabul etmek; **2.** ['pɜːmıt] *n.* izin; izin kâğıdı, ruhsat, permi.

per·ni·cious □ [pə'nıʃəs] zararlı, tehlikeli; ⚕ öldürücü.

per·pen·dic·u·lar □ [pɜːpən'dıkjʊlə] dik, dikey.

per·pe·trate ['pɜːpıtreıt] *v/t. (suç v.b.)* işlemek; *(şaka)* yapmak.

per·pet·u|al □ [pə'petʃʊəl] sürekli, aralıksız; kalıcı; **~·ate** [~eıt] *v/t.* sürekli kılmak, sonsuzlaştırmak, ölümsüzleştirmek.

per·plex [pə'pleks] *v/t.* şaşırtmak, *(zihin)* allak bullak etmek; **~·i·ty** [~ətı] *n.* şaşkınlık; karışıklık.

per·se|cute ['pɜːsıkjuːt] *v/t.* işkence etmek, zulmetmek; **~·cu·tion** [pɜːsı'kjuːʃn] *n.* işkence, zulüm, eziyet; **~·cu·tor** ['pɜːsıkjuːtə] *n.* zalim, gaddar.

per·se·ver|ance [pɜːsı'vıərəns] *n.* azim, sebat, direşme; **~e** [pɜːsı'vıə] *v/i.* sebat etmek, direşmek, azimle devam etmek.

per|sist [pə'sıst] *v/i.* ısrar etmek, ayak diremek, üstelemek, inat etmek *(in -de)*; **~·sis·tence, ~·sis·ten·cy** [~əns, ~sı] *n.* ısrar, inat; sebat, direşme; **~·sis·tent** □ [~ənt] ısrarlı, inatçı; sürekli.

per·son ['pɜːsn] *n.* kimse, kişi, şahıs *(a. gr.,* ⚖*)*; **~·age** [~ıdʒ] *n.* önemli kişi, zat, şahsiyet; **~·al** □ [~l] kişisel; özel; bedensel; ~ *data pl.* kişisel bilgi; **~·al·ity** [pɜːsə'nælətı] *n.* kişilik; önemli kişi, zat; *personalities pl.* kaba sözler; **~·i·fy** [pɜː'sɒnıfaı] *v/t.* kişilik vermek, kişileştirmek; **~·nel** [pɜːsə'nel] *n.* personel, kadro; ⚔ erler, erat; ⚓, ✈ tayfa, mürettebat; ~ *department* personel dairesi; ~ *manager,* ~ *officer* personel müdürü.

per·spec·tive [pə'spektıv] *n.* perspektif; görüş açısı.

per·spic·u·ous □ [pə'spıkjʊəs] açık, anlaşılır.

per|spi·ra·tion [pɜːspə'reıʃn] *n.* ter; terleme; **~·spire** [pə'spaıə] *v/i.* terlemek.

per|suade [pə'sweıd] *v/t.* ikna etmek, razı etmek, kandırmak; **~·sua·sion** [~ʒn] *n.* ikna; inanç; mezhep; **~·sua·sive** □ [~sıv] ikna edici, inandırıcı, kandırıcı.

pert □ [pɜːt] sırnaşık, yılışık, yüzsüz.

per·tain [pɜː'teın] *v/i.* ilgili olmak, ait olmak *(to -e)*; uygun olmak.

per·ti·na·cious □ [pɜːtı'neıʃəs] azimli, kararlı, direşken.

per·ti·nent □ ['pɜːtınənt] ilgili; uygun, uyumlu, yerinde.

per·turb [pə'tɜːb] *v/t.* canını sıkmak, rahatsız etmek; altüst etmek.

pe·rus|al [pə'ruːzl] *n.* dikkatle okuma; **~e** [~z] *v/t.* dikkatle okumak; incelemek.

per·vade [pə'veıd] *v/t.* istila etmek, yayılmak, kaplamak, sarmak, bürümek.

per|verse □ [pə'vɜːs] *psych.* sapık; ters, aksi, zıt; **~·ver·sion** [~ʃn] *n.* baştan çıkarma, ayartma; *psych.* cinsel sapıklık; **~·ver·si·ty** [~ətı] *n. psych.* cinsel sapıklık; yoldan çıkma.

per·vert 1. [pə'vɜːt] *v/t.* ayartmak, baştan çıkarmak; *(anlam)* saptırmak; **2.** *psych.* ['pɜːvɜːt] *n.* cinsel sapık.

pes·si·mis·m ['pesımızəm] *n.* kötümserlik, karamsarlık.

pest [pest] *n.* baş belası, sıkıntı veren kimse *ya da* şey; *zo.* veba.

pes·ter ['pestə]. *v/t.* sıkıntı vermek, sıkmak, başını ağrıtmak.

pes·ti|lent □ ['pestılənt], **~·lential** □ [pestı'lenʃl] tehlikeli, öldürücü; *mst. co.* baş belası, rahatsız edici.

pet[1] [pet] **1.** *n.* ev hayvanı; sevgili, gözde; **2.** *adj.* evcil ...; çok sevilen, gözde ...; *~ dog* ev köpeği; *~ name* takma ad; *~ shop* ev hayvanları satan dükkân; **3.** *(-tt-) v/t.* okşamak, sevmek; *F* sevişip koklaşmak.

pet[2] [~]: *in a ~* kızgın, öfkeli.

pet·al ⚘ ['petl] *n.* petal, çiçek yaprağı.

pe·ti·tion [pı'tıʃn] **1.** *n.* dilekçe; rica, dilek; **2.** *vb.* dilekçe vermek; rica etmek, ricada bulunmak *(for için)*.

pet·ri·fy ['petrıfaı] *v/t. & v/i.* taşlaş(tır)mak.

pet·rol ['petrəl] *n.* benzin; *(~) pump* benzin pompası; *~ station* benzin istasyonu.

pe·tro·le·um ⚗ [pı'trəʊljəm] *n.* petrol; *~ refinery* petrol rafinerisi.

pet·ti·coat ['petıkəʊt] *n.* jüpon, iç etekliği.

pet·ting *F* ['petıŋ] *n.* okşama, sevme.

pet·tish □ ['petıʃ] hırçın, huysuz.

pet·ty □ ['petı] *(-ier, -iest)* küçük; önemsiz; adi; *~ cash* küçük kasa; *~ larceny* ⚖ adi hırsızlık.

pet·u·lant □ ['petjʊlənt] hırçın, huysuz.

pew [pju:] *n.* oturacak yer, sıra.

pew·ter ['pju:tə] *n.* kalay ve kurşun alaşımı.

phan·tom ['fæntəm] *n.* hayal; hayalet; görüntü, aldanış.

phar·ma·cy ['fɑ:məsı] *n.* eczane; eczacılık.

phase [feız] *n.* safha, evre; faz.

pheas·ant *zo.* ['feznt] *n.* sülün.

phe·nom·e·non [fı'nɒmınən] *(pl. -na* [-ə]*) n.* fenomen, olay, olgu.

phi·al ['faıəl] *n.* küçük şişe.

phi·lan·thro·pist [fı'lænθrəpıst] *n.* hayırsever, yardımsever.

phi·lol·o|gist [fı'lɒlədʒıst] *n.* filolog, filoloji bilgini; **~·gy** [~ı] *n.* filoloji.

phi·los·o|pher [fı'lɒsəfə] *n.* filozof, felsefeci; **~·phize** [~aız] *v/i.* filozofça konuşmak *ya da* düşünmek; **~·phy** [~ı] *n.* felsefe.

phlegm [flem] *n.* balgam; kayıtsızlık.

phone *F* [fəʊn] = *telephone.*

pho·net·ics [fə'netıks] *n. sg.* fonetik, sesbilgisi.

pho·n(e)y *sl.* ['fəʊnı] **1.** *n.* düzenbaz; **2.** *(-ier, -iest) adj.* sahte, düzme, yapmacık.

phos·pho·rus ⚗ ['fɒsfərəs] *n.* fosfor.

pho·to *F* ['fəʊtəʊ] *(pl. -tos) n.* fotoğraf, foto.

pho·to- [~] *prefix* foto...; **~·cop·i·er** *n.* fotokopi makinesi; **~·cop·y 1.** *n.* fotokopi; **2.** *v/t.* fotokopisini çekmek.

pho|to·graph ['fəʊtəgrɑ:f] **1.** *n.* fotoğraf; **2.** *v/t.* fotoğrafını çekmek; **~·tog·ra·pher** [fə'tɒgrəfə] *n.* fotoğrafçı; **~·tog·ra·phy** [~ı] *n.* fotoğrafçılık.

phras·al ['freızl]: *~ verb* iki sözcüklü eylem; **phrase** [freız] **1.** *n.* tabir, deyim; ibare; *~ book* dil rehberi; **2.** *v/t.* sözcüklerle anlatmak.

phys|i·cal □ ['fızıkl] fiziksel; bedensel; *~ education, ~ training* beden eğitimi; *~ handicap* bedensel özür; *~ly handicapped* bedensel özürlü; **phy·si·cian** [fı'zıʃn] *n.* doktor; **~·i·cist** ['fızısıst] *n.* fizikçi; **~·ics** [~ıks] *n. sg.* fizik.

phy·sique [fı'zi:k] *n.* fizik yapısı, bünye, beden.

pi·an·o ['pjænəʊ] *(pl. -os) n.* piya-

no.
pi·az·za [pɪ'ætsə] *n.* kent meydanı, pazar yeri; *Am.* taraça, veranda.
pick [pɪk] **1.** *n.* seçme; kazma; kürdan; *take your* ~ seçin, seçiminizi yapın; **2.** *vb.* delmek, kazmak; *(meyve, çiçek)* toplamak, koparmak; seçmek; çalmak, aşırmak; gagalamak; didiklemek; *Am.* ♪ parmakla çalmak; ~ *one's nose* burnunu karıştırmak; ~ *one's teeth* kürdanla dişlerini temizlemek; ~ *s.o.'s pocket b-nin* cebinden yürütmek, *b-ni* çarpmak; *have a bone to* ~ *with s.o. b-le* paylaşılacak kozu olmak; ~ *out* seçmek; ayırt etmek, görmek; ~ *up* eğilip yerden almak; kaldırmak; *(dil)* kulaktan öğrenmek; rasgele bulmak; iyileşmek; tanışmak; beraberinde götürmek, arabasına almak; *a.* ~ *up speed mot.* hızlanmak; **~-a-back** ['pɪkəbæk] *adv.* omuzda, sırtta; **~·axe,** *Am.* **~·ax** *n.* kazma.
pick·et ['pɪkɪt] **1.** *n.* kazık; grev gözcüsü; ⚔ ileri karakol; ~ *line* grev gözcüleri grubu; **2.** *vb.* kazıklarla etrafını çevirmek; nöbetçi dikmek; kazığa bağlamak.
pick·ings ['pɪkɪŋz] *n. pl.* aşırma mallar; avanta.
pick·le ['pɪkl] **1.** *n.* salamura, tuzlu su; *mst* ~*s pl.* turşu; *F* zor durum; **2.** *v/t.* turşusunu kurmak; ~*d herring* salamura ringa balığı.
pick|lock ['pɪklɒk] *n.* maymuncuk; hırsız; **~·pock·et** *n.* yankesici; **~·up** *n.* pikap kolu; kamyonet, pikap; gelişme, düzelme; *F* sokakta tanışılan kadın.
pic·nic ['pɪknɪk] **1.** *n.* piknik; **2.** *(-ck-) v/i.* piknik yapmak.
pic·to·ri·al [pɪk'tɔːrɪəl] **1.** □ resimlerle ilgili; resimli; **2.** *n.* resimli dergi.
pic·ture ['pɪktʃə] **1.** *n.* resim, tablo; film; tanımlama; *-in* tıpatıp benzeri, kopya; *attr.* resim ...; ~*s pl. esp. Brt.* sinema; *put s.o. in the* ~ *b-ni* haberdar etmek; **2.** *v/t.* resmini yapmak; *fig.* hayal etmek, canlandırmak; *fig.* tanımlamak; **~ post·card** *n.* resimli kartpostal;
pic·tur·esque [pɪktʃə'resk] *adj.* pitoresk, resme elverişli.
pie [paɪ] *n.* börek, turta.
pie·bald ['paɪbɔːld] *adj.* alaca, benekli.
piece [piːs] **1.** *n.* parça, bölüm, kısım; piyes, oyun; eser, yapıt; *satranç, dama:* taş; örnek; *by the* ~ parça başına; *a* ~ *of advice* bir öğüt; *a* ~ *of news* bir haber; *of a* ~ aynı, tıpkısı; *give s.o. a* ~ *of one's mind b-ne* hakkında düşündüklerini söylemek, azarlamak; *take to* ~*s* parçalara ayırmak, sökmek; **2.** *v/t.* ~ *together* biraraya getirmek, birleştirmek; **~·meal** ['piːsmiːl] *adv.* parça parça; **~·work** *n.* parça başı iş; *do* ~ parça başı iş yapmak.
pier [pɪə] *n.* iskele, rıhtım; destek, payanda.
pierce [pɪəs] *vb.* delmek; delip geçmek; nüfuz etmek, geçmek, işlemek; yarmak.
pi·e·ty ['paɪətɪ] *n.* dindarlık.
pig [pɪg] *n. zo.* domuz; *esp. Am.* pis herif; *sl. contp.* polis, aynasız.
pi·geon ['pɪdʒɪn] *n.* güvercin; **~·hole 1.** *n. (masa v.b.'nde)* göz; **2.** *v/t.* göze yerleştirmek.
pig|head·ed ['pɪg'hedɪd] *adj.* inatçı, aksi; **~-i·ron** ['pɪgaɪən] *n.* pik demiri; **~·skin** *n.* domuz derisi; **~·sty** *n.* domuz ağılı; **~·tail** *n.* saç örgüsü.
pike [paɪk] *n.* ⚔ *hist.* mızrak, kargı; anayol; paralı yol; *zo.* turnabalığı.
pile [paɪl] **1.** *n.* yığın, küme; *F* çok para; ⚡ pil; tüy, hav; ~*s pl.* ⚕ hemoroid; *(atomic)* ~ atom reaktörü; **2.** *v/t.* & *v/i.* *oft* ~ *up,* ~ *on*

yığ(ıl)mak, birik(tir)mek; doluşmak, üşüşmek.

pil·fer ['pılfə] *v/t.* çalmak, *F* aşırmak, yürütmek.

pil·grim ['pılgrım] *n.* hacı; **~·age** [~ıdʒ] *n.* hacılık.

pill [pıl] *n.* hap; *the* ~ doğum kontrol hapı.

pil·lage ['pılıdʒ] **1.** *n.* yağma, talan; **2.** *v/t.* yağmalamak.

pil·lar ['pılə] *n.* direk, sütun; destek; **~-box** *n. Brt.* posta kutusu.

pil·li·on *mot.* ['pıljən] *n.* motosiklet arkalığı.

pil·lo·ry ['pılərı] **1.** *n.* teşhir direği; **2.** *v/t.* teşhir direğine bağlamak; *fig.* elaleme rezil etmek.

pil·low ['pıləʊ] *n.* yastık; **~·case, ~·slip** *n.* yastık yüzü.

pi·lot ['paılət] **1.** *n.* ✈ pilot; ⚓ kılavuz; *fig.* rehber; **2.** *adj.* pilot ..., deneme ...; ~ *film* deneme filmi; ~ *scheme* deneme projesi; **3.** *v/t.* -*e* kılavuzluk etmek; *(uçak)* kullanmak.

pimp [pımp] **1.** *n.* pezevenk; **2.** *v/i.* pezevenklik etmek.

pim·ple ['pımpl] *n.* sivilce.

pin [pın] **1.** *n.* topluiğne; broş, iğne; ⊕ mil; ♪ akort anahtarı; *(clothes)* ~ *esp. Am.* çamaşır mandalı; *(drawing-)* ~ *Brt.* raptiye, pünez; **2.** *(-nn-) v/t.* iğnelemek, tutturmak, iliştirmek; kıpırdayamaz hale sokmak, sıkıştırmak.

pin·a·fore ['pınəfɔː] *n.* çocuk önlüğü, göğüslük.

pin·cers ['pınsəz] *n. pl.* (*a pair of* bir) kerpeten, kıskaç.

pinch [pıntʃ] **1.** *n.* çimdik, tutam; *fig.* sıkıntı, darlık; **2.** *v/t.* çimdiklemek; kıstırmak, sıkıştırmak; *F* çalmak, aşırmak; *v/i.* *(ayakkabı)* vurmak, sıkmak; *a.* ~ *and scrape* dişinden tırnağından artırmak.

pin·cush·ion ['pınkʊʃn] *n.* iğnelik, iğnedenlik.

pine [paın] **1.** *n.* ♣ çam; **2.** *v/i.* zayıflamak, erimek; özlemek *(for -i)*; **~·ap·ple** ♣ ['paınæpl] *n.* ananas; **~-cone** *n.* ♣ çam kozalağı.

pin·ion ['pınjən] **1.** *n. zo.* kanat; *zo.* kanat tüyü; ⊕ pinyon, dişli çark; **2.** *v/t.* uçmasın diye ucunu kesmek *(kanat)*.

pink [pıŋk] **1.** *n.* ♣ karanfil; pembe renk; *be in the* ~ *(of condition ya da health)* sapasağlam olmak, turp gibi olmak; **2.** *adj.* pembe.

pin-mon·ey ['pınmʌnı] *n.* kadının çalışarak kazandığı para, harçlık.

pin·na·cle ['pınəkl] *n. arch.* sivri tepeli kule; *fig.* doruk.

pint [paınt] *n.* galonun sekizde biri *(= 0,57 ya da Am. 0,47 litre)*; *Brt. F* yarım litre bira.

pi·o·neer [paıə'nıə] **1.** *n.* öncü; ⚔ istihkâm eri; **2.** *vb.* yol açmak, önayak olmak.

pi·ous □ ['paıəs] dindar.

pip [pıp] *n. vet.* kurbağacık; *F* can sıkıntısı, efkâr; meyve çekirdeği; ⚔ *Brt. F* yıldız işareti

pipe [paıp] **1.** *n.* boru; çubuk; pipo; düdük, kaval *(a.* ♪ *)*; ♪ gayda; 470 litrelik şarap fıçısı; **2.** *vb.* düdük çalmak; borularla iletmek; **~·line** ['paıplaın] *n.* boru hattı; **~r** [~ə] *n.* kavalcı; gaydacı.

pip·ing ['paıpıŋ] **1.** *adj.* tiz, cırlak, ince *(ses)*; ~ *hot* çok sıcak, buram buram; dumanı üstünde; **2.** *n.* borular; şerit biçiminde süs; kaval çalma.

pi·quant □ ['piːkənt] keskin, acı; iştah açıcı.

pique [piːk] **1.** *n.* incinme, darılma, güceniklik; **2.** *v/t.* gücendirmek; ~ *o.s. on ile* övünmek.

pi·ra·cy ['paıərəsı] *n.* korsanlık; **pi·rate** [~ət] *n.* korsan; korsan gemisi; ~ *radio station* korsan radyo istasyonu.

piss *V* [pıs] *vb.* işemek; ~ *off!* Defol!, Siktir!

pis·tol ['pıstl] *n.* tabanca.

pis·ton ⊕ ['pıstən] *n.* piston; ~-**rod** *n.* piston kolu; ~-**stroke** *n.* piston siası.

pit [pıt] **1.** *n.* çukur; ⚒ maden ocağı; *anat.* koltuk altı; ↓ meyve çekirdeği; ⚕ çopur; pilot kabini; *thea. Brt.* parter; *a. orchestra* ~ *thea.* orkestra yeri; *Am. borsa:* bölüm; **2.** *(-tt-) vb.* ↓ çekirdeklerini çıkarmak; çukura yerleştirmek.

pitch [pıtʃ] **1.** *n. min.* zift; *Brt.* işportacı tezgâhı; ♪ perde; atış; eğim, meyil; *esp. Brt. spor:* saha; ⚓ baş kıç vurma; **2.** *v/t.* atmak, fırlatmak; *(çadır)* kurmak; ♪ tam perdesini vermek; ~ *too high fig.* sesini yükseltmek; *v/i.* ⚔ ordugâh kurmak; ⚓ baş kıç vurmak; ~ *into F -e* saldırmak; *-e* girişmek; ~-**black** ['pıtʃ'blæk], ~-**dark** *adj.* simsiyah, zifiri karanlık.

pitch·er ['pıtʃə] *n.* testi; sürahi, ibrik; *beysbol:* atıcı.

pitch·fork ['pıtʃfɔːk] *n.* tırmık, diren.

pit·e·ous □ ['pıtıəs] acınacak, yürekler acısı.

pit·fall ['pıtfɔːl] *n.* tuzak; *fig.* gizli tehlike.

pith [pıθ] *n.* ilik; *fig.* öz; *fig.* güç, enerji; ~·**y** □ ['pıθı] *(-ier -iest)* özlü; anlamlı.

pit·i|a·ble □ ['pıtıəbl] acınacak; değersiz; ~·**ful** □ [~fl] acınacak; şefkatli; *contp.* değersiz; ~·**less** □ [~lıs] acımasız, merhametsiz.

pit·tance ['pıtəns] *n.* çok az ücret.

pit·y ['pıtı] **1.** *n.* acıma *(on -e); it is a* ~ yazık, vah vah, tüh; **2.** *v/t.* acımak.

piv·ot ['pıvət] **1.** *n.* ⊕ mil, eksen; *fig.* önemli kimse *ya da* şey; **2.** *v/t.* bağlı olmak, üzerinde dönmek *(on, upon -in).*

piz·za ['piːtsə] *n.* pizza.

pla·ca·ble □ ['plækəbl] kolay yatışır, uysal.

plac·ard ['plækɑːd] **1.** *n.* afiş, poster; pankart; **2.** *v/t. -e* afiş yapıştırmak.

place [pleıs] **1.** *n.* yer; meydan, alan; koltuk; ev, konut; iş, memuriyet; görev; semt, bölge; ~ *of delivery econ.* teslim yeri; *give* ~ *to -e* yer vermek; *in* ~ *of -in* yerine; *out of* ~ yersiz, yakışıksız; **2.** *vb.* yerleştirmek, koymak; atamak; *(para)* yatırmak; *(sipariş)* vermek; *be* ~*d spor:* ilk üçe girmek; *I can't* ~ *him fig.* kim olduğunu çıkaramadım; ~-**name** ['pleısneım] *n.* yer ismi.

plac·id □ ['plæsıd] uysal, sakin, yumuşak.

pla·gia|rism ['pleıdʒjərızəm] *n.* aşırma, yapıt hırsızlığı; ~·**rize** [~raız] *vb. (başkasının yapıtından)* aşırmalar yapmak.

plague [pleıg] **1.** *n.* veba; baş belası, dert; **2.** *v/t.* başına dert olmak, bezdirmek.

plaice *zo.* [pleıs] *n.* pisibalığı.

plaid [plæd] *n.* ekose desen; ekose kumaş.

plain [pleın] **1.** □ düz, engebesiz; sade, süssüz, basit; anlaşılır, açık, belli, net; yavan *(yiyecek);* alımsız, çirkin; **2.** *adv.* açıkça; **3.** *n.* ova; *the Great* ♀*s pl. Am.* çayırlık; ~ **choc·olate** *n.* acı çikolata, bitter; ~-**clothes man** ['pleın'kləʊðzmən] *(pl. -men) n.* sivil polis; ~ **deal·ing** *n.* dürüstlük; ~**s·man** *(pl. -men) n. Am.* çayırlıkta yaşayan kimse.

plain|tiff ⚖ ['pleıntıf] *n.* davacı; ~·**tive** □ [~v] kederli, ağlamaklı, yakınan.

plait [plæt, *Am.* pleıt] **1.** *n.* saç örgüsü; **2.** *v/t. (saç)* örmek.

plan [plæn] **1.** *n.* plan; niyet, düşünce; **2.** *(-nn-) v/t.* planını çizmek; tasarlamak, planlamak.

plane [pleın] **1.** *adj.* düz, dümdüz; **2.** *n.* yüzey; düzlem; seviye, düzey; ✈ uçak; ⊕ planya, rende; *fig.* derece, kademe, evre; *by* ~ uçakla; **3.** *vb.* ⊕ rendelemek; ✈ uçmak, havada süzülmek.

plan·et *ast.* ['plænıt] *n.* gezegen.

plank [plæŋk] **1.** *n.* kalas; *pol.* parti programı ana maddesi; **2.** *v/t.* tahta ile kaplamak; ~ *down F* gürültüyle yere bırakmak; *(para)* derhal ödemek.

plant [plɑːnt] **1.** *n.* ⚘ bitki, ot; ⊕ makine, aygıt; fabrika, atelye; **2.** *vb.* dikmek, ekmek; kurmak; *fig.* *(fikir)* aşılamak; **plan·ta·tion** [plæn'teıʃn] *n.* plantasyon, geniş tarla; fidanlık; **~.er** ['plɑːntə] *n.* çiftlik sahibi; ⚘ ekici, tarımcı.

plaque [plɑːk] *n.* levha, plaket; ⚕ diş taşı, diş kiri.

plash [plæʃ] *vb.* su sıçratmak.

plas·ter ['plɑːstə] **1.** *n.* ⚕ yakı; plaster; *arch.* sıva; *a.* ~ *of Paris* alçı *(a.* ⚕*)*; **2.** *v/t.* sıvamak; ⚕ *-e* yakı yapıştırmak; ~ **cast** *n.* alçı *(a.* ⚕ *)*.

plas·tic ['plæstık] **1.** *(~ally) adj.* plastik ...; biçim verilebilen ...; **2.** *n. oft.* **~s** *sg.* plastik.

plate [pleıt] **1.** *n.* tabak; levha; plaka; kupa, şilt; *beysbol:* kale işareti olan levha; ⊕ maden baskı kalıbı; takma diş, protez; **2.** *v/t.* madenle kaplamak.

plat·form ['plætfɔːm] *n.* sahanlık; kürsü; podyum; *geol.* plato, yayla; 🚂 peron; ⊕ platform; *pol.* parti programı; *esp. Am. pol.* çalışma programı.

plat·i·num *min.* ['plætınəm] *n.* platin.

plat·i·tude *fig.* ['plætıtjuːd] *n.* adilik, bayağılık; yavan söz.

pla·toon ⚔ [plə'tuːn] *n.* müfreze, takım.

plat·ter *Am.* ['plætə] *n.* servis tabağı.

plau·dit ['plɔːdıt] *n.* alkış, tezahürat.

plau·si·ble □ ['plɔːzəbl] akla yatkın, makul.

play [pleı] **1.** *n.* oyun, eğlence; *thea.* piyes, oyun; şaka; ⊕ işleme; *fig.* hareket serbestliği; **2.** *v/t. & v/i.* oyna(t)mak; eğlenmek; ♪ çalmak; ⊕ işletmek; *thea.* oynamak, temsil etmek; ~ *back (kayıt)* yeniden göstermek *ya da* dinlemek, tekrarlamak; ~ *off fig.* birbirine düşürmek; ~ *on,* ~ *upon fig. -den* yararlanmak, fırsatı ganimet bilmek; *~ed out fig.* bitkin; modası geçmiş; işe yaramaz; **~-back** ['pleıbæk] *n.* pleybek; **~·bill** *n.* tiyatro afişi; *Am.* oyun programı; **~·boy** *n.* zevk ve eğlenceye düşkün kimse, sefa pezevengi; **~·er** [~ə] *n.* oyuncu; aktör; çalgıcı; kumarbaz; **~·fel·low** *n.* oyun arkadaşı; **~·ful** □ [~fl] şen, şakacı, oyunbaz; **~·girl** *n.* zevk ve eğlenceye düşkün kız; **~·go·er** [~gəʊə] *n.* tiyatro meraklısı; **~-ground** *n.* oyun alanı; **~·house** *n. thea.* tiyatro; bebeklerin içinde oynadıkları küçük ev; **~·mate** = *playfellow;* **~·thing** *n.* oyuncak; **~·wright** *n.* oyun yazarı.

plea [pliː] *n.* ⚖ savunma; dava; rica, yalvarma; bahane, özür; *on the* ~ *of ya da that* ... bahanesiyle.

plead [pliːd] *(~ed, esp. Scot., Am. pled) v/i.* ⚖ dava açmak; ~ *for* yalvarmak; savunmak; ~ *(not) guilty* suçlu olduğunu kabul et(me)mek; *v/t.* iddia etmek, ileri sürmek; suçlamak; ⚖ savunmak; **~·ing** ⚖ ['pliːdıŋ] *n.* dava açma.

pleas·ant □ ['pleznt] hoş, güzel, tatlı, cana yakın; **~·ry** [~rı] *n.* şaka; neşe, hoşbeş.

please [pliːz] *v/t.* memnun etmek, hoşnut etmek, sevindirmek; *(yes,)* ~ evet lütfen, oh teşekkür ederim; ~ *come in!* Lütfen girin!; ~ *yourself* nasıl isterseniz; **~d** *adj.* memnun, hoşnut; *be* ~ *at -den* memnun olmak; *be ~ to do s.th.* *bşi* seve seve yapmak; *~ to meet you!* Tanıştığımıza memnun oldum!; *be ~ with -den* memnun olmak.

pleas·ing □ ['pli:zıŋ] hoş, sevimli, hoşa giden.

plea·sure ['pleʒə] *n.* zevk, keyif, sevinç, memnuniyet; *attr.* zevk veren; *at ~* istenildiği kadar, arzuya göre; **~-boat** *n.* gezinti vapuru; **~-ground** *n.* lunapark.

pleat [pli:t] **1.** *n.* pli, plise; **2.** *v/t.* pli yapmak.

pled [pled] *pret. & p.p. of plead.*

pledge [pledʒ] **1.** *n.* söz, yemin, ant; rehin; güvence; **2.** *v/t.* rehine koymak; güvence olarak vermek; *he ~d himself* söz verdi, vaat etti.

ple·na·ry ['pli:nərı] *adj.* sınırsız, tam *(yetki v.b.)*; tüm üyelerin katıldığı *(toplantı)*.

plen·i·po·ten·tia·ry [plenıpə'tenʃərı] *n.* tam yetkili elçi.

plen·ti·ful □ ['plentıfl] bol, bereketli, verimli.

plen·ty ['plentı] **1.** *n.* bolluk, çokluk; *~ of* bol, çok; **2.** *adj.* F bol, bereketli.

pli·a·ble □ ['plaıəbl] esnek, bükülebilir; *fig.* uysal.

pli·ers ['plaıəz] *n. pl.* (*a pair of* bir) pense, kerpeten, kıskaç.

plight [plaıt] *n.* durum, hal; çıkmaz.

plim·soll *Brt.* ['plımsəl] *n.* tenis ayakkabısı.

plod [plɒd] *(-dd-) v/i. a. ~ along, ~ on* zorlukla yürümek, ağır ağır yürümek; *~ away* gayretle çalışmak *(at -de)*.

plop [plɒp] *(-pp-) v/i.* "cup" diye düşmek.

plot [plɒt] **1.** *n.* arsa, parsel; entrika, gizli plan, dolap; romanın konusu; **2.** *(-tt-) v/t.* planını çizmek; haritasını çıkarmak; *v/i.* gizli plan yapmak, komplo kurmak *(aganist -e)*.

plough, *Am.* **plow** [plaʊ] **1.** *n.* saban, pulluk; **2.** *v/t.* sabanla sürmek; **~·share** ['plaʊʃeə] *n.* saban demiri *ya da* kulağı.

pluck [plʌk] **1.** *n.* koparma, yolma; *fig.* cesaret, yiğitlik; **2.** *v/t.* koparmak, yolmak; çekmek; ♪ parmakla çalmak; *~ up courage* cesaretini toplamak; **~·y** F □ ['plʌkı] *(-ier, -iest)* cesur, yürekli.

plug [plʌg] **1.** *n.* tapa, tıkaç, tampon; ⚡ fiş; yangın musluğu; *mot.* buji; tütün parçası; *radyo, TV:* F reklam; **2.** *(-gg-) v/t. (diş)* doldurmak; F *radyo, TV:* reklamını yapmak; *a. ~ up* tıkamak; *~ in* ⚡ prize sokmak.

plum [plʌm] *n.* ⚘ erik; *fig.* en güzel lokma, kıyak şey.

plum·age ['plu:mıdʒ] *n.* kuşun tüyleri.

plumb [plʌm] **1.** *adj.* dikey, düşey; **2.** *n.* çekül, şakül; **3.** *vb.* iskandil etmek, şaküllemek; *fig.* araştırmak, kökenine inmek; **~·er** ['plʌmə] *n.* lehimci, muslukçu, tesisatçı; **~·ing** [~ıŋ] *n.* su tetisatı; muslukçuluk.

plume [plu:m] **1.** *n.* kuş tüyü, sorguç; **2.** *v/t.* tüylerle süslemek; *~ o.s. on ile* övünmek.

plum·met ['plʌmıt] *n.* çekül.

plump [plʌmp] **1.** *adj.* tombul, dolgun; semiz *(hayvan)*; **2.** *v/t. & v/i. a. ~ down* "küt" diye düş(ür)mek; **3.** *n.* ani düşüş; **4.** *adv.* F birden, pat diye.

plum pud·ding ['plʌm'pʊdıŋ] *n.* baharatlı Noel pudingi.

plun·der ['plʌndə] **1.** *n.* yağma; **2.** *v/t.* yağmalamak, yağma etmek.

plunge [plʌndʒ] **1.** *n.* dalış, dalma; tehlikeli girişim; *take the ~ fig.* tehlikeli bir işe girişmek; **2.** *v/t. & v/i.* dal(dır)mak, batırmak *(into -e)*; sokmak; saplamak; at(ıl)mak; ⚓ baş kıç vurmak.

plu·per·fect *gr.* ['plu:'pɜ:fɪkt] *n. a.* ~ *tense* -mişli geçmişin hikâyesi.

plu·ral *gr.* ['plʊərəl] *n.* çoğul; **~·i·ty** [plʊə'rælətɪ] *n.* çokluk; çoğunluk.

plus [plʌs] **1.** *prp.* fazlasıyla; ayrıca, ve; **2.** *adj.* fazla; pozitif; **3.** *n.* artı işareti.

plush [plʌʃ] *n.* pelüş.

ply [plaɪ] **1.** *n.* kat, katmer, tabaka; *fig.* eğilim; *three-~* üç bükümlü; **2.** *v/t.* işletmek, kullanmak; *fig. (yiyecek, içki)* durmadan vermek; *v/i. (otobüs, gemi v.b.)* gidip gelmek, işlemek *(between arasında)*; **~·wood** ['plaɪwʊd] *n.* kontrplak.

pneu·mat·ic [nju:'mætɪk] *(~ally) adj.* hava basıncıyla çalışan, havalı; ~ *(tyre)* ⊕ balon lastik, otomobil lastiği.

pneu·mo·ni·a ⚕ [nju:'məʊnjə] *n.* zatürree, batar.

poach[1] [pəʊtʃ] *v/i.* kaçak avlanmak.

poach[2] [~] *v/t.* sıcak suda haşlamak; *~ed eggs pl.* sıcak suya kırılıp pişirilmiş yumurtalar.

poach·er ['pəʊtʃə] *n.* kaçak avlanan kimse.

pock ⚕ [pɒk] *n.* çiçek hastalığı kabarcığı.

pock·et ['pɒkɪt] **1.** *n.* cep; ✈ = *air pocket*; **2.** *v/t.* cebe koymak; *fig.* cebine indirmek, iç etmek; *Am. pol.* veto etmek; **3.** *adj.* cebe sığan, cep ...; **~-book** *n.* cep defteri; *Am.* cüzdan; *Am.* el çantası; ~ **cal·cu·la·tor** *n.* cep hesap makinesi; **~-knife** *(pl. -knives) n.* çakı.

pod ⚘ [pɒd] *n.* kabuk, zarf.

po·em ['pəʊɪm] *n.* şiir.

po·et ['pəʊɪt] *n.* şair; **~·ess** [~ɪs] *n.* kadın şair; **~·ic** [pəʊ'etɪk] *(~ally)*, **~·i·cal** □ [~kl] şiirle ilgili, şiir ...; **~·ics** [~ks] *n. sg.* vezin tekniği; **~·ry** ['pəʊɪtrɪ] *n.* şiir sanatı; *coll.* şiirler.

poi·gnan|cy ['pɔɪnənsɪ] *n.* keskinlik, acılık; **~t** [~t] *adj.* keskin, acı; *fig.* etkili; *fig.* dokunaklı.

point [pɔɪnt] **1.** *n.* nokta *(a. gr.,* △, *phys.); geogr.* uç, burun; sayı, puan; derece; ⚓ pusula kertesi; ana fikir, sadet, asıl konu; neden; özellik; *fig.* etki; *~s pl. Brt.* 🚂 makas; *~ of view* bakış açısı; *the ~ is that* ... mesele şu ki...; *make a ~ of s.th. bşe* özen göstermek; *there is no ~ in doing* ... yapmanın bir anlamı yok; *in ~ of* ... bakımından; *to the ~* isabetli, uygun; *off ya da beside the ~* konu dışı; *on the ~ of ger. -mek* üzere; *beat s.o. on ~s boks: b-ni* sayı ile yenmek; *win ya da lose on ~s* sayı ile kazanmak *ya da* kaybetmek; *winner on ~s* sayı ile galip gelen kimse; **2.** *v/t.* ucunu sivriltmek; *~ at -e* doğrultmak, *-e* çevirmek; *~ out* işaret etmek, göstermek; *fig.* dikkati çekmek, belirtmek; *v/i. ~ at -e* işaret etmek, *-i* göstermek; *~ to* göstermek, *-e* işaret etmek; **~·ed** □ ['pɔɪntɪd] sivri uçlu; *fig.* anlamlı; **~·er** [~ə] *n.* işaret değneği; ibre, gösterge; *zo.* zağar; **~·less** [~lɪs] *adj.* uçsuz; anlamsız; amaçsız.

poise [pɔɪz] **1.** *n.* denge; duruş, hal; **2.** *v/t. & v/i.* dengele(n)mek; havada tutmak *ya da* durmak.

poi·son ['pɔɪzn] **1.** *n.* zehir; **2.** *v/t.* zehirlemek; **~·ous** □ [~əs] zehirli; *fig.* fesat ...

poke [pəʊk] **1.** *n.* itme, dürtme; *F* yumruk; **2.** *v/t.* dürtmek; *(yumruk)* atmak; *~ fun at ile* alay etmek, dalga geçmek; *~ one's nose into everything F* herşeye burnunu sokmak; *v/i.* aylak aylak dolaşmak.

pok·er ['pəʊkə] *n.* ocak demiri.

pok·y ['pəʊkɪ] *(-ier, -iest) adj.* küçük; sıkıcı, kasvetli.

po·lar ['pəʊlə] *adj.* kutupsal, kutup ...; ~ *bear zo.* kutupayısı.
Pole[1] [pəʊl] *n.* Polonyalı.
pole[2] [~] *n.* kutup; kazık, sırık; *spor:* direk.
pole·cat *zo.* ['pəʊlkæt] *n.* kokarca; *Am.* sansar.
po·lem|ic [pə'lemɪk], *a.* **~·i·cal** □ [~kl] tartışmalı.
pole-star ['pəʊlstɑː] *n. ast.* Kutupyıldızı, Demirkazık; *fig.* önder.
pole-vault ['pəʊlvɔːlt] **1.** *n. spor:* sırıkla yüksek atlama; **2.** *v/i.* sırıkla yüksek atlamak; **~·er** [~ə] *n.* sırıkla yüksek atlamacı; **~·ing** [~ɪŋ] *n.* sırıkla yüksek atlama.
po·lice [pə'liːs] **1.** *n.* polis; **2.** *v/t.* polis kuvvetiyle sağlamak; **~·man** *(pl. -men) n.* polis; **~·of·fi·cer** *n.* polis memuru; ~ **sta·tion** *n.* karakol; **~·wom·an** *(pl. -women) n.* kadın polis.
pol·i·cy ['pɒləsɪ] *n.* politika, siyaset; poliçe; *Am.* bir tür lotarya.
po·li·o ⚕ ['pəʊlɪəʊ] *n.* çocuk felci.
Pol·ish[1] ['pəʊlɪʃ] **1.** *adj.* Polonya'ya özgü; **2.** *n. ling.* Lehçe.
pol·ish[2] ['pɒlɪʃ] **1.** *n.* cila; ayakkabı boyası; *fig.* incelik, kibarlık; **2.** *v/t. & v/i.* cilala(n)mak; *(ayakkabı)* boyamak; *fig.* terbiye etmek.
po·lite □ [pə'laɪt] *(~r, ~st)* kibar, nazik; **~·ness** [~nɪs] *n.* kibarlık, nezaket.
pol·i|tic □ ['pɒlɪtɪk] politik, siyasal; tedbirli, sağgörülü; **po·lit·i·cal** □ [pə'lɪtɪkl] politik, siyasal; devletle ilgili; **~·ti·cian** [pɒlɪ'tɪʃn] *n.* politikacı; **~·tics** ['pɒlɪtɪks] *n. oft. sg.* politika, siyaset.
pol·ka ['pɒlkə] *n.* polka dansı; ~ **dot** *n. (kumaşta)* puan, benek.
poll [pəʊl] **1.** *n.* seçim; oy verme; oy sayısı; seçim bürosu; **2.** *v/t.* kesmek, kırpmak; *(oy)* toplamak; *v/i.* oy vermek.
pol·len ⚘ ['pɒlən] *n.* çiçek tozu.
poll·ing ['pəʊlɪŋ] *n.* oy verme; ~ *booth* oy verme hücresi; ~ *district* seçim bölgesi; ~ *place Am.*, ~ *station esp. Brt.* oy verme yeri.
poll-tax ['pəʊltæks] *n.* kişi başına düşen vergi; oy kullanma vergisi.
pol|lut·ant [pə'luːtənt] *n.* kirletici madde; **~·lute** [~t] *v/t.* kirletmek, pisletmek; *eccl.* kutsallığını bozmak; **~·lu·tion** [~ʃn] *n.* kirletme; kirlilik.
po·lo ['pəʊləʊ] *n. spor:* polo, çevgen; **~-neck** *n.* balıkçı yaka.
pol|yp *zo.*, ⚕ ['pɒlɪp], **~·y·pus** ⚕ [~əs] *(pl. -pi* [-paɪ], *-puses) n.* polip.
pom·mel ['pʌml] **1.** *n.* eyer kaşı; **2.** *(esp. Brt. -ll-, Am. -l-) = pummel.*
pomp [pɒmp] *n.* gösteriş, görkem.
pom·pous □ ['pɒmpəs] gösterişli, görkemli; kendini beğenmiş, gururlu.
pond [pɒnd] *n.* havuz; gölcük.
pon·der ['pɒndə] *vb.* uzun uzun düşünmek, düşünüp taşınmak; **~·a·ble** [~rəbl] *adj.* ölçülebilir, tartılabilir; **~·ous** □ [~rəs] ağır, hantal, iri.
pon·tiff ['pɒntɪf] *n.* papa; piskopos.
pon·toon [pɒn'tuːn] *n.* duba, tombaz; **~·bridge** *n.* tombaz köprü.
po·ny *zo.* ['pəʊnɪ] *n.* midilli.
poo·dle *zo.* ['puːdl] *n.* kaniş köpeği.
pool [puːl] **1.** *n.* havuz; su birikintisi; gölcük; *iskambil:* ortaya konulan para; *econ.* tüccarlar birliği; *mst* **~s** *pl.* toto; *~room Am.* bilarda salonu; **2.** *v/t. econ.* birlik kurmak; *(para v.b.)* birleştirmek, ortaklaşa toplamak.
poop ⚓ [puːp] *n.* pupa; *a.* ~ *deck* kıç güverte.
poor □ [pʊə] fakir, yoksul; zavallı; kötü; verimsiz, kısır; **~·ly** ['pʊəlɪ] **1.** *adj.* hasta, rahatsız; **2.** *adv.* kötü biçimde, fena; **~·ness** [~nɪs] *n.* fakirlik.

pop¹ [pɒp] **1.** *n.* patlama sesi; *F* gazoz; **2.** *(-pp-) v/t. & v/i.* patla(t)mak; ateş etmek; *Am. (mısır)* patlatmak; ~ *in* uğramak.

pop² [~] **1.** *n. a.* ~ *music* pop müziği; pop şarkısı; **2.** *adj.* sevilen, tutulan; pop ...; ~ *concert* pop konseri; ~ *singer* pop şarkıcısı; ~ *song* pop şarkısı.

pop³ *Am. F* [~] *n.* baba; yaşlı adam, amca.

pop·corn ['pɒpkɔːn] *n.* patlamış mısır.

pope [pəʊp] *n. mst.* ♀ papa.

pop-eyed *F* ['pɒpaɪd] *adj.* patlak gözlü.

pop·lar ⚘ ['pɒplə] *n.* kavak.

pop·py ⚘ ['pɒpɪ] *n.* gelincik; haşhaş; ~**·cock** *n. F* boş laf, saçma.

pop·u|lace ['pɒpjʊləs] *n.* halk, kitle; *contp.* ayaktakımı; ~**·lar** □ [~ə] popüler, herkesçe sevilen; halk ile ilgili; genel, yaygın; ~**·lar·i·ty** [pɒpjʊ'lærətɪ] *n.* popülerlik, herkesçe sevilme.

pop·u|late ['pɒpjʊleɪt] *v/t.* nüfuslandırmak, şeneltmek; *mst. pass.* yaşamak, oturmak; ~**·la·tion** [pɒpjʊ'leɪʃn] *n.* nüfus; ~**·lous** □ ['pɒpjʊləs] yoğun nüfuslu, kalabalık.

porce·lain ['pɔːslɪn] *n.* porselen.

porch [pɔːtʃ] *n.* sundurma; *Am.* veranda, taraça.

por·cu·pine *zo.* ['pɔːkjʊpaɪn] *n.* oklukirpi.

pore [pɔː] **1.** *n.* gözenek; **2.** *v/i.* ~ *over -e* dikkatle bakmak, incelemek.

pork [pɔːk] *n.* domuz eti; ~**·y** *F* ['pɔːkɪ] **1.** *(-ier, -iest) adj.* yağlı, semiz; şişko; **2.** *n. Am.* = *porcupine.*

porn *F* [pɔːn] = *porno.*

por|no *F* ['pɔːnəʊ] **1.** *(pl. -nos) n.* porno film, açık saçık film; **2.** *adj.* porno ...; açık saçık ...; ~**·nog·ra·phy** [pɔː'nɒgrəfɪ] *n.* pornografi, edebe aykırılık.

po·rous □ ['pɔːrəs] gözenekli.

por·poise *zo.* ['pɔːpəs] *n.* yunusbalığı.

por·ridge ['pɒrɪdʒ] *n.* yulaf lapası.

port¹ [pɔːt] *n.* liman; liman kenti.

port² [~] *n.* ⚓ lombar.

port³ ⚓, ✈ [~] *n.* gemi *ya da* uçağın sol yanı, iskele.

port⁴ [~] *n.* porto şarabı.

por·ta·ble ['pɔːtəbl] *adj.* taşınabilir, portatif.

por·tal ['pɔːtl] *n.* büyük kapı.

por|tent ['pɔːtent] *n.* kehanet; belirti, işaret; mucize; ~**·ten·tous** □ [pɔː'tentəs] uğursuz; olağanüstü, şaşılacak.

por·ter ['pɔːtə] *n.* kapıcı; bekçi, hademe; *esp. Brt.* hamal, taşıyıcı; *Am.* 🚃 yataklı vagon görevlisi; siyah bira.

port·hole ⚓, ✈ ['pɔːthəʊl] *n.* lombar.

por·tion ['pɔːʃn] **1.** *n.* kısım, bölüm; pay; porsiyon; *fig.* kader; **2.** *v/t.* ~ *out* bölüştürmek *(among arasında).*

port·ly ['pɔːtlɪ] *(-ier, -iest) adj.* iriyarı, yapılı, heybetli.

por·trait ['pɔːtrɪt] *n.* portre.

por·tray [pɔː'treɪ] *v/t. -in* resmini yapmak; tanımlamak, betimlemek; ~**·al** [~əl] *n.* resmetme; tanımlama.

pose [pəʊz] **1.** *n.* poz, duruş; tavır; yapmacık tavır, numara; **2.** *v/t. & v/i.* yerleş(tir)mek; poz vermek; *(soru)* ortaya atmak; *(sorun)* yaratmak; ~ *as* kendine ... süsü vermek, taslamak.

posh *F* [pɒʃ] *adj.* şık, modaya uygun.

po·si·tion [pə'zɪʃn] *n.* durum, vaziyet; yer, mevki; konum; tavır, hal; iş, görev, memuriyet; ⚔ mevzi; *fig.* toplumsal durum, pozisyon.

pos·i·tive ['pɒzətɪv] **1.** □ pozitif,

olumlu; kesin, mutlak; gerçek; yapıcı; emin; **2.** *n. phot.* pozitif resim.

pos|sess [pə'zes] *v/t.* sahip olmak, ...si olmak; *(zihin)* kurcalamak; *fig.* *-e* egemen olmak; ~ *o.s. of -i* ele geçirmek; **~·sessed** *adj.* deli, çılgın; **~·ses·sion** [~ʃn] *n.* sahip olma, sahiplik, iyelik; cinnet, delilik; sömürge, koloni; *fig.* egemenlik; **~·ses·sive** *gr.* [~sıv] **1.** □ iyelik gösteren, iyelik ...; ~ *case* genitif, tamlayan durumu, -in hali; **2.** *n.* iyelik sözcüğü; tamlayan durumu; **~·ses·sor** [~sə] *n.* mal sahibi.

pos·si|bil·i·ty [pɒsə'bılətı] *n.* olanak; olasılık; **~·ble** ['pɒsəbl] *adj.* olası; akla yatkın; **~·bly** [~lı] *adv.* olabilir, belki; *if I ~ can* olurda ...bilirsem.

post [pəʊst] **1.** *n.* direk, kazık; polis noktası, karakol; iş, görev; *esp. Brt.* posta; ~ *exchange Am.* kantin, ordu pazarı; **2.** *v/t.* yerleştirmek; görevlendirmek; *esp. Brt.* *(mektup)* postalamak, atmak; ~ *up* bildirmek, bilgi vermek.

post- [pəʊst] *prefix -den* sonra.

post·age ['pəʊstıdʒ] *n.* posta ücreti; ~ **stamp** *n.* posta pulu.

post·al ['pəʊstl] **1.** □ posta ile ilgili, posta ...; ~ *order Brt.* posta havalesi; **2.** *n. a.* ~ **card** *Am.* kartpostal.

post|-bag *esp. Brt.* ['pəʊstbæg] *n.* posta çantası; **~-box** *n. esp. Brt.* posta kutusu; **~·card** *n.* kartpostal; *a. picture* ~ resimli kartpostal; **~·code** *n. Brt.* posta kodu.

post·er ['pəʊstə] *n.* poster, afiş.

pos·te·ri·or [pɒ'stıərıə] **1.** □ sonra gelen, sonraki *(to -den)*; **2.** *n. oft.* *~s pl.* kaba etler, kıç.

pos·ter·i·ty [pɒ'sterətı] *n.* gelecek kuşaklar; döl, soy.

post-free *esp. Brt.* ['pəʊst'fri:] *adj.* posta ücretine tabi olmayan.

post-grad·u·ate ['pəʊst'grædjʊət] **1.** *adj.* üniversite sonrası öğrenimle ilgili; **2.** *n.* üniversite mezunu, doktora öğrencisi.

post-haste ['pəʊst'heıst] *adv.* büyük bir telaşla, apar topar.

post·hu·mous □ ['pɒstjʊməs] ölümden sonra olan; yazarın ölümünden sonra yayımlanan.

post|man *esp. Brt.* ['pəʊstmən] *(pl. -men) n.* postacı; **~·mark 1.** *n.* posta damgası; **2.** *v/t.* damgalamak; **~-mas·ter** *n.* postane müdürü; ~ **of·fice** *n.* postane; **~·of·fice box** *n.* posta kutusu; **~-paid** *adj.* posta ücreti ödenmiş.

post·pone [pəʊs'pəʊn] *v/t.* ertelemek; **~·ment** [~mənt] *n.* erteleme.

post·script ['pəʊsskrıpt] *n.* dipnot.

pos·ture ['pɒstʃə] **1.** *n.* poz, duruş; durum, gidişat; davranış, tutum; **2.** *v/t. v/i.* poz ver(dir)mek; tavır takınmak.

post-war ['pəʊst'wɔ:] *adj.* savaş sonrası ...

po·sy ['pəʊzı] *n.* çiçek demeti.

pot [pɒt] **1.** *n.* kavanoz, çömlek, kap; saksı; *F spor:* gümüş kupa; *sl.* haşiş; **2.** *(-tt-) v/t.* saksıya dikmek; avlamak.

po·ta·to [pə'teıtəʊ] *(pl. -toes) n.* patates; *s. chip 1, crisp 3.*

pot-bel·ly ['pɒtbelı] *n.* göbek.

po·ten|cy ['pəʊtənsı] *n.* güç, kuvvet; *physiol.* cinsel güç; **~t** [~t] *adj.* güçlü, kudretli; *physiol.* cinsel iktidarı olan; **~·tial** [pə'tenʃl] **1.** *adj.* kuvvetli; olası; **2.** *n.* potansiyel; olasılık; güç.

poth·er ['pɒðə] *n.* dert, sıkıntı.

pot-herb ['pɒthɜ:b] *n.* yemeğe çeşni veren yeşillik.

po·tion ['pəʊʃn] *n.* ilaç dozu.

pot·ter[1] ['pɒtə]: ~ *about* oyalanmak.

pot·ter[2] [~] *n.* çömlekçi; **~·y** [~rı] *n.* çömlekçilik; çanak çöm-

lek.
pouch [paʊtʃ] *n.* torba, kese *(a. zo.); anat.* göz altındaki şişlik.
poul·ter·er ['pəʊltərə] *n.* tavukçu.
poul·tice ⚕ ['pəʊltıs] *n.* yara lapası.
poul·try ['pəʊltrı] *n.* kümes hayvanları.
pounce [paʊns] **1.** *n.* saldırma, atılma; **2.** *v/i.* atılmak *(on, upon üzerine).*
pound[1] [paʊnd] *n.* libre; ~ *(sterling)* pound, sterlin *(abbr. £ = 100 pens).*
pound[2] [~] *n.* ağıl; cezaevi.
pound[3] [~] *v/t.* dövmek, vurmak; yumruklamak; *v/i. (kalp)* küt küt atmak.
-pound·er ['paʊndə] *n.* ... librelik bir şey.
pour [pɔ:] *v/t. & v/i.* dök(ül)mek, ak(ıt)mak; *(çay v.b.)* koymak; akın etmek, üşüşmek; ~ *out fig.* içini dökmek.
pout [paʊt] **1.** *n.* somurtma, surat asma; **2.** *v/t. (dudaklarını)* sarkıtmak; *v/i.* somurtmak, surat asmak.
pov·er·ty ['pɒvətı] *n.* fakirlik; yetersizlik, eksiklik.
pow·der ['paʊdə] **1.** *n.* toz; pudra; barut; **2.** *v/t.* toz haline getirmek; pudralamak; **~-box** *n.* pudralık, pudriyer; **~-room** *n.* kadınlar tuvaleti.
pow·er ['paʊə] **1.** *n.* kuvvet, güç; yetki; etki; nüfuz; ⚖ vekâlet; ⩓ üs; *in* ~ iktidarda; **2.** *v/t.* ⊕ mekanik güçle çalıştırmak; *rocket-~ed* roketle işleyen; **~-cur·rent** *n.* ⚡ yüksek gerilimli akım; **~-cut** *n.* ⚡ cereyan kesilmesi; **~·ful** □ [~fl] güçlü, kuvvetli; nüfuzlu; etkili; **~·less** □ [~lıs] güçsüz; beceriksiz; **~-plant** = *power-station;* ~ **pol·i·tics** *n. oft. sg.* kuvvet politikası; **~-sta·tion** *n.* elektrik santralı.
pow·wow *Am. F* [paʊwaʊ] *n.* toplantı.
prac·ti|ca·ble □ ['præktıkəbl] yapılabilir; elverişli, kullanışlı; **~·cal** □ [~l] pratik; elverişli, kullanışlı; gerçekçi; ~ *joke* eşek şakası; **~·cal·ly** [~lı] *adv.* hemen hemen; gerçekte.
prac·tice, *Am. a.* **-tise** ['præktıs] **1.** *n.* uygulama; alışkanlık, âdet; idman, egzersiz; *it is common* ~ yaygın bir alışkanlıktır; *put into* ~ uygulamaya koymak; **2.** *Am.* = *practise.*
prac·tise, *Am. a.* **-tice** [~] *v/t.* yapmak, etmek, uygulamak; eğitmek; *v/i.* pratik yapmak; idman yapmak; ~ *on,* ~ *upon -de* pratik yapmak, egzersiz yapmak; **~d** *adj.* deneyimli *(in -de).*
prac·ti·tion·er [præk'tıʃnə]: *general* ~ pratisyen doktor; *legal* ~ avukat.
prai·rie ['preərı] *n.* büyük çayırlık, bozkır; ~ **schoo·ner** *n. Am.* üstü kapalı at arabası.
praise [preız] **1.** *n.* övgü; **2.** *v/t.* övmek; **~·wor·thy** ['preızwɜ:ðı] *adj.* övgüye değer.
pram *esp. Brt. F* [præm] *n.* çocuk arabası.
prance [prɑ:ns] *v/i. (at)* fırlamak; zıp zıp zıplamak; *v/t. (at)* zıplatıp oynatmak.
prank [præŋk] *n.* eşek şakası; oyun, muziplik.
prate [preıt] **1.** *n.* gevezelik; **2.** *v/i.* gevezelik etmek.
prat·tle ['prætl] **1.** *n.* gevezelik, boş laf; **2.** *v/i.* gevezelik etmek, çene çalmak.
prawn *zo.* [prɔ:n] *n.* büyük karides.
pray [preı] *v/i.* dua etmek; namaz kılmak; rica etmek, yalvarmak.
prayer [preə] *n.* dua; ibadet, namaz; *oft.* **~s** *pl.* rica, yalvarma; *the Lord's* ♀ Hıristiyanların dua-

sı; ~**-book** ['preəbʊk] *n.* dua kitabı.
pre- [pri:; prı] *prefix* önce, ön.
preach [pri:tʃ] *vb.* vaız vermek; öğütlemek, salık vermek; ~**·er** ['pri:tʃə] *n.* vaiz.
pre·am·ble [pri:'æmbl] *n.* önsöz, başlangıç, giriş.
pre·car·i·ous □ [prı'keərıəs] kararsız, şüpheli; güvenilmez; tehlikeli.
pre·cau·tion [prı'kɔ:ʃn] *n.* önlem, tedbir; ~**·a·ry** [~ʃnərı] *adj.* önlem niteliğinde olan.
pre|cede [pri:'si:d] *vb.* *-den* önce gelmek, *-den* önde olmak; ~**·ce·dence,** ~**·ce·dency** [~əns, ~sı] *n.* önce gelme, öncelik; kıdem; ~**·ce·dent** ['presıdənt] *n.* örnek.
pre·cept ['pri:sept] *n.* emir, buyruk; ilke; yönerge.
pre·cinct ['pri:sıŋkt] *n.* bölge, yöre; *Am.* seçim bölgesi; *Am.* polis bölgesi; ~*s pl.* çevre, havali; *pedestrian* ~ yaya yolu.
pre·cious ['preʃəs] **1.** □ değerli, pahalı; aziz; *F* kötü, rezil; **2.** *adv.* *F* çok, pek.
pre·ci·pice ['presıpıs] *n.* uçurum; dik kaya.
pre·cip·i|tate 1. [prı'sıpıteıt] *v/t. & v/i.* *-den* aşağı at(ıl)mak, düş(ür)mek; ⚗ çökel(t)mek; *fig.* hızlandırmak; **2.** □ [~tət] aceleci; düşüncesiz; **3.** ⚗ [~] *n.* çökelti; ~**·ta·tion** [prısıpı'teıʃn] *n.* ⚗ çökelme; *meteor.* yağış; *fig.* acelecilik, telaş; ~**·tous** □ [prı'sıpıtəs] dik, sarp; aceleci, atılgan.
pré·cis ['preısi:] *(pl.* *-cis* [-si:z]*)* *n.* özet.
pre|cise □ [prı'saıs] kesin, tam, doğru; ~**·ci·sion** [~'sıʒn] *n.* kesinlik, doğruluk; açıkık.
pre·clude [prı'klu:d] *v/t.* önlemek, meydan vermemek.
pre·co·cious □ [prı'kəʊʃəs] erken gelişmiş, *F* büyümüş de küçülmüş.
pre·con|ceived ['pri:kən'si:vd] *adj.* önyargılı; ~**·cep·tion** [~'sepʃn] *n.* önyargı.
pre·cur·sor [pri:'kɜ:sə] *n.* haberci, müjdeci.
pred·a·to·ry ['predətərı] *adj.* çapulcu, yağmacı ...
pre·de·ces·sor ['pri:dısesə] *n.* selef, öncel.
pre·des·ti·nate [pri:'destıneıt] *v/t.* kaderini önceden belirlemek, alnına yazmak.
pre·de·ter·mine ['pri:dı'tɜ:mın] *v/t.* önceden belirlemek; önceden kararlaştırmak.
pre·dic·a·ment [prı'dıkəmənt] *n.* tatsız durum, çıkmaz.
pred·i·cate 1. ['predıkeıt] *v/t.* doğrulamak; belirtmek;dayandırmak *(on -e)*; **2.** *gr.* [~kət] *n.* yüklem.
pre|dict]prı'dıkt] *v/t.* önceden bildirmek, kehanette bulunmak; ~**·dic·tion** [~kʃn] *n.* önceden bildirme, kehanet.
pre·di·lec·tion [pri:dı'lekʃn] *n.* yeğleme, tercih.
pre·dis|pose ['pri:dı'spəʊz] *v/t.* önceden hazırlamak *(to -e)*; yatkınlaştırmak; ~**·po·si·tion** [~pə'zıʃn]: ~ *to -e* yatkınlık; *esp.* ⚕ *-e* eğilim.
pre·dom·i|nance [prı'dɒmınəns] *n.* üstünlük, ağır basma; ~**·nant** □ [~t] üstün, ağır basan; ~**·nate** [~eıt] *v/i.* üstün olmak, ağır basmak.
pre-em·i·nent □ [pri:'emınənt] üstün, seçkin.
pre-emp|tion [pri:'empʃn] *n.* başkalarından önce satın alma hakkı; ~**·tive** [~tıv] *adj.* önceden satın almaya hakkı olan; ✕ kendi ülkesini korumak için önce davranan.
pre-ex·ist ['pri:ıg'zıst] *v/i.* daha önce var olmak.
pre·fab *F* ['pri:fæb] *n.* prefabrik yapı.

pre·fab·ri·cate ['priː'fæbrɪkeɪt] *v/t.* parçalarını önceden hazırlamak.
pref·ace ['prefɪs] **1.** *n.* önsöz; **2.** *v/t. -in* önsözünü yazmak.
pre·fect ['priːfekt] *n.* eski Roma'da vali; *Brt. okul:* sınıf başkanı.
pre·fer [prɪ'fɜː] *(-rr-) v/t.* tercih etmek, yeğlemek; atamak; ⚖ sunmak, arzetmek, ileri sürmek.
pref·e|ra·ble □ ['prefərəbl] tercih edilir *(to -e)*, daha iyi *(to -den)*; **~·ra·bly** [~lɪ] *adv.* tercihen; **~.rence** [~əns] *n.* tercih, yeğleme; öncelik; **~·ren·tial** □ [prefə'renʃl] tercihli, ayrıcalıklı; tercih hakkı olan.
pre·fer·ment [prɪ'fɜːmənt] *n.* terfi, yükselme.
pre·fix ['priːfɪks] *n.* önek.
preg·nan|cy ['pregnənsɪ] *n.* hamilelik, gebelik; *fig.* dolgunluk; **~t** □ [~t] hamile, gebe; *fig.* dolu, yüklü; *fig.* anlamlı.
pre·judge ['priː'dʒʌdʒ] *v/t.* önceden hüküm vermek.
prej·u|dice ['predʒʊdɪs] **1.** *n.* önyargı; haksız hüküm; taraf tutma, kayırma; **2.** *v/t.* haksız hüküm verdirmek *(in favour of -in lehine; against -e karşı)*; **~d** taraf tutan; zarar görmüş; **~·di·cial** □ [predʒʊ'dɪʃl] önyargılı; zararlı.
pre·lim·i·na·ry [prɪ'lɪmɪnərɪ] **1.** □ ilk, ön, hazırlayıcı; **2.** *n.* ön sınav, yeterlik sınavı.
prel·ude ['preljuːd] *n.* prelüd, peşrev; giriş, başlangıç.
pre·ma·ture □ [premə'tjʊə] prematüre, erken doğmuş *(bebek)*; *fig.* zamansız, mevsimsiz.
pre·med·i|tate [priː'medɪteɪt] *v/t.* önceden tasarlamak; **~d** önceden tasarlanmış; **~·ta·tion** [priːmedɪ'teɪʃn] *n.* önceden tasarlama, kasıt.
prem·i·er ['premjə] **1.** *adj.* baştaki, ilk; **2.** *n.* başbakan.
prem·is·es ['premɪsɪz] *n. pl.* arazi, emlak, ev ve eklentileri; lokal.
pre·mi·um ['priːmjəm] *n.* prim; ödül; ikramiye; *econ.* acyo, prim; *at a* ~ fazla fiyatla; *fig.* aranılan, rağbette, tutulan.
pre·mo·ni·tion [priːmə'nɪʃn] *n.* önsezi; uyarma.
pre·oc·cu|pied [priː'ɒkjʊpaɪd] *adj.* zihni meşgul, dalgın; **~·py** [~aɪ] *v/t. (zihni)* meşgul etmek, kurcalamak; başkasından önce ele geçirmek.
prep *F* [prep] = *preparation, preparatory school.*
prep·a·ra·tion [prepə'reɪʃn] *n.* hazırlama; hazırlık; hazır ilaç;
pre·par·a·to·ry □ [prɪ'pærətərɪ] hazırlayıcı, hazırlık ...; ~ *(school)* özel hazırlık okulu.
pre·pare [prɪ'peə] *v/t. & v/i.* hazırla(n)mak; donatmak; düzenlemek; **~d** □ hazırlıklı, hazır.
pre·pay ['priː'peɪ] *(-paid) v/t.* peşin ödemek.
pre·pon·de|rance [prɪ'pɒndərəns] *n.* çoğunluk, üstünlük; **~·rant** [~t] *adj.* ağır basan, baskın, üstün; **~·rate** [~reɪt] *v/i.* ağır basmak, baskın çıkmak, üstün gelmek.
prep·o·si·tion *gr.* [prepə'zɪʃn] *n.* edat, ilgeç.
pre·pos·sess [priːpə'zes] *v/t.* gönlünü çelmek, etkilemek; *(zihni)* meşgul etmek; **~·ing** □ [~ɪŋ] çekici, alımlı, hoş.
pre·pos·ter·ous [prɪ'pɒstərəs] *adj.* akıl almaz, inanılmaz, saçma.
pre·req·ui·site ['priː'rekwɪzɪt] *n.* önceden gerekli olan şey.
pre·rog·a·tive [prɪ'rɒgətɪv] *n.* ayrıcalık, yetki.
pres·age ['presɪdʒ] **1.** *n.* önsezi; belirti; **2.** *v/t.* önceden bildirmek; önceden sezmek.
pre·scribe [prɪ'skraɪb] *vb.* emretmek; ⚕ ilaç vermek; reçete yazmak.

pre·scrip·tion [prɪ'skrɪpʃn] *n.* emir; ℞ reçete.
pres·ence ['prezns] *n.* hazır bulunma, huzur, varlık; ~ *of mind* soğukkanlılık.
pres·ent[1] ['preznt] **1.** □ bulunan, hazır, mevcut; şimdiki, şu anki; ~ *tense gr.* şimdiki zaman; **2.** *n. gr.* şimdiki zaman; hediye, armağan; *at* ~ şu anda, şimdi; *for the* ~ şimdilik.
pre·sent[2] [prɪ'zent] *v/t.* sunmak; *thea., film:* göstermek; tanıtmak; *(silah)* doğrultmak.
pre·sen·ta·tion [prezən'teɪʃn] *n.* sunma; tanıtma; armağan, hediye; *thea., film:* temsil, oyun; gösterme.
pres·ent-day [preznt'deɪ] *adj.* şimdiki, günümüz ...
pre·sen·ti·ment [prɪ'zentɪmənt] *n.* önsezi, içe doğma.
pres·ent·ly ['prezntlɪ] *adv.* birazdan, yakında; *Am.* şu anda.
pres·er·va·tion [prezə'veɪʃn] *n.* sakla(n)ma, koru(n)ma; **pre·ser·va·tive** [prɪ'zɜːvətɪv] **1.** *adj.* saklayan, koruyan, koruyucu; **2.** *n.* koruyucu madde.
pre·serve [prɪ'zɜːv] **1.** *v/t.* korumak; saklamak, esirgemek; konservesini yapmak; sürdürmek; **2.** *n. hunt.* avlanma bölgesi; *fig.* alan, saha; *mst.* ~*s pl.* reçel.
pre·side [prɪ'zaɪd] *v/i.* başkanlık etmek *(at, over -e).*
pres·i|den·cy ['prezɪdənsɪ] *n.* başkanlık; ~**·dent** [~t] *n.* başkan; rektör; *Am. econ.* müdür.
press [pres] **1.** *n.* sık(ıştır)ma, baskı *(a. fig.);* basın; matbaa, basımevi; pres, cendere, mengene; kalabalık, izdiham; elbise dolabı; *a. printing-*~ matbaa makinesi; **2.** *v/t.* sık(ıştır)mak; basmak; sıkıp suyunu çıkarmak; ütülemek; ısrar etmek, üstelemek; zorla kabul ettirmek *(on -e); be* ~*ed for time* zamanı dar olmak, sıkışmak; *v/i.* kitle halinde ilerlemek; üşüşmek; koşuşturmak; ~ *for* ısrarla istemek, ... *için* sıkıştırmak; ~ *on -e* zorla kabul ettirmek; ~ **a·gen·cy** *n.* basın sözcülüğü; ~ **a·gent** *n.* basın sözcüsü; ~**-but·ton** ⚡ ['presbʌtn] *n.* elektrik düğmesi; ~**·ing** □ [~ɪŋ] acele, ivedi; sıkboğaz eden; ~**-stud** *n. Brt.* çıtçıt; **pres·sure** [~ʃə] *n.* basınç; baskı *(a. fig.).*
pres·tige [pre'stiːʒ] *n.* prestij, saygınlık.
pre·su|ma·ble □ [prɪ'zjuːməbl] tahmin olunur, varsayılır; ~**me** [~'zjuːm] *v/t.* tahmin etmek, sanmak; varsaymak, farzetmek; *v/i.* haddini bilmemek; ~ *on,* ~ *upon* kötüye kullanmak.
pre·sump|tion [prɪ'zʌmpʃn] *n.* tahmin, varsayım; küstahlık, cüret; ~**·tive** □ [~tɪv] olası; varsayılı; ~**·tu·ous** □ [~tjʊəs] kendine çok güvenen; haddini bilmez, küstah.
pre·sup|pose ['priːsə'pəʊz] *v/t.* önceden varsaymak; koşul olarak gerektirmek; ~**·po·si·tion** ['priːsʌpə'zɪʃn] *n.* önceden varsayma; tahmin.
pre·tence, *Am.* **-tense** [prɪ'tens] *n.* yalandan yapma, numara; bahane, hile.
pre·tend [prɪ'tend] *vb.* yalandan yapmak, ... numarası yapmak; *k-ne* ... süsü vermek, taslamak; iddia etmek; ~**·ed** □ yapmacık, sahte, sözde.
pre·ten·sion [prɪ'tenʃn] *n.* iddia, sav; hak iddiası; gösteriş.
pre·ter·it(e) *gr.* ['pretərɪt] *n.* geçmiş zaman kipi.
pre·text ['priːtekst] *n.* bahane, sudan neden, kulp.
pret·ty ['prɪtɪ] **1.** □ *(-ier, -iest)* güzel, hoş; iyi; **2.** *adv.* oldukça, çok, epey.

pre·vail [prı'veıl] *vb.* üstün gelmek, baskın çıkmak; egemen olmak, hüküm sürmek, yaygın olmak; ~ *on ya da upon s.o. to do s.th. b-ni bş* yapmaya ikna etmek; **~·ing** □ [~ıŋ] üstün gelen, galip; hüküm süren, egemen; geçerli, yaygın.

prev·a·lent □ ['prevələnt] yaygın, olagelen, hüküm süren.

pre·var·i·cate [prı'værıkeıt] *v/i.* kaçamaklı söz söylemek, boğuntuya getirmek.

pre|vent [prı'vent] *v/t.* engellemek, önlemek, alıkoymak, meydan vermemek; **~·ven·tion** [~ʃn] *n.* engelleme, önleme; **~·ven·tive** □ [~tıv] *esp.* ⚕ önleyici, koruyucu.

pre·view ['pri:vju:] *n. film:* gelecek program.

pre·vi·ous □ ['pri:vjəs] önceki, eski, sabık; ~ *to -den* önce; ~ *knowledge* ön bilgi; **~·ly** [~lı] *adv.* önceden, önce.

pre-war ['pri:'wɔ:] *adj.* savaş öncesi ...

prey [preı] **1.** *n.* av; *fig.* yem; *beast of* ~ yırtıcı hayvan; *bird of* ~ yırtıcı kuş; *be ya da fall a* ~ *to -e* av olmak; *fig. -in* kurbanı olmak; **2.** *vb.* ~ *on,* ~ *upon zo. ile* beslenmek; *fig.* sıkıntı vermek, içine dert olmak; *fig. -in* sırtından geçinmek; *fig.* yağma etmek, soymak.

price [praıs] **1.** *n.* fiyat, eder; karşılık, bedel; **2.** *v/t. -e* fiyat koymak, paha biçmek; *-in* fiyatını sormak; *fig.* değer biçmek; **~·less** ['praıslıs] *adj.* paha biçilmez; gülünç, komik, yaman.

prick [prık] **1.** *n.* iğne, diken; *V* penis, kamış; *~s of conscience* vicdan azabı; **2.** *v/t. (iğne, diken)* sokmak, batmak; *fig.* azap vermek; *a.* ~ *out (fide)* toprağa dikmek; ~ *up one's ears* kulaklarını dikmek; *v/i.* batma acısı duymak; **~·le** ['prıkl] *n.* sivri uç; diken; karıncalanma; **~·ly** [~lı] *(-ier, -iest) adj.* dikenli; çabuk öfkelenen, huysuz.

pride [praıd] **1.** *n.* gurur, kibir; övünme; küme, sürü; *take (a)* ~ *in -den* gurur duymak, *ile* iftihar etmek; **2.** *vb.* ~ *o.s. on ya da upon ile* övünmek, iftihar etmek.

priest [pri:st] *n.* papaz, rahip.

prig [prıg] *n.* kendini beğenmiş kimse, ukala.

prim □ [prım] *(-mm-)* fazla resmi, biçimci, formaliteci.

pri·ma|cy ['praıməsı] *n.* öncelik, üstünlük; **~·ri·ly** [~rəlı] *adv.* öncelikle; aslında; **~·ry** [~rı] **1.** □ ilk, birinci, asıl; başlıca, ana, temel; **2.** *n. a.* ~ *election Am. pol.* parti aday seçimi; **~·ry school** *n. Brt.* ilkokul.

prime [praım] **1.** □ birinci, ilk; başlıca, asıl; en iyi, seçme; ~ *cost econ.* maliyet; ~ *minister* başbakan; ~ *number* ⩓ asal sayı; ~ *time TV:* ana yayın saati, **2.** *n. fig.* en iyi devir; gençlik çağı, bahar; **3.** *v/t.* hazırlamak; ne söyleyeceğini öğretmek; *(tulumbaya)* su koymak; *paint.* astar vurmak.

prim·er ['praımə] *n.* ilk okuma kitabı.

pri·m(a)e·val [praı'mi:vl] *adj.* eski çağlarla ilgili, çok eski; ilkel.

prim·i·tive □ ['prımıtıv] ilkel; basit, kaba.

prim·rose ⚘ ['prımrəʊz] *n.* çuhaçiçeği.

prince [prıns] *n.* prens; **prin·cess** [prın'ses, *attr.* 'prınses] *n.* prenses.

prin·ci·pal ['prınsəpl] **1.** □ en önemli, belli başlı, başlıca, temel; **2.** *n.* yönetici, başkan, müdür; okul müdürü; şef, patron; ⚖ müvekkil; *econ.* sermaye, anapara; **~i·ty** [prınsı'pælətı] *n.* prenslik.

prin·ci·ple ['prınsəpl] *n.* prensip, ilke; kural; *on* ~ prensip olarak.

print [prınt] **1.** *n. print.* bası; basılmış yazı; damga, kalıp; ayak *ya*

da parmak izi; basma kumaş, emprime; *phot.* negatiften yapılmış resim; *esp. Am.* gazete, dergi; *in* ~ basılı; *out of* ~ baskısı tükenmiş; **2.** *v/t.* basmak, yayımlamak; *fig.* nakşetmek *(on -e)*; ~ *(off ya da out) phot.* negatiften çıkarmak *(resim)*; ~*-out kompütür:* yazılı bilgi; ~*ed matter* ✉ matbua, basma; ~**·er** ['prıntə] *n.* basımcı; *kompütür:* yazıcı.
print·ing ['prıntıŋ] *n.* matbaacılık; *phot.* basma, bası; ~**-ink** *n.* matbaa mürekkebi; ~**-of·fice** *n.* matbaa, basımevi; ~**-press** *n.* matbaa makinesi.
pri·or ['praıə] **1.** *adj.* önceki, sabık; kıdemli; **2.** *adv.* ~ *to -den* önce; **3.** *n. eccl.* başrahip; ~**·i·ty** [praı'ɒrıtı] *n.* öncelik, kıdem; *mot.* yol hakkı.
prise *esp. Brt.* [praız] = *prize*[2].
pris·m ['prızəm] *n.* prizma.
pris·on ['prızn] *n.* hapishane, cezaevi; ~**·er** [~ə] *n.* tutuklu, mahkûm, hükümlü; *take s.o.* ~ *b-ni* esir almak.
priv·a·cy ['prıvəsı] *n.* gizlilik; kişisel dokunulmazlık; yalnız kalma, yalnızlık.
pri·vate ['praıvıt] **1.** □ özel, kişisel; gizli; gözden uzak, yalnız; ~ *parts pl.* edep yerleri; **2.** *n.* ✕ er, asker; *in* ~ gizlice, özel olarak.
pri·va·tion [praı'veıʃn] *n.* yoksunluk, sıkıntı.
priv·i·lege ['prıvılıdʒ] *n.* ayrıcalık; özel izin; ~**d** *adj.* ayrıcalıklı.
priv·y □ ['prıvı] *(-ier, -iest):* ~ *to -den* haberi olan, *-e* sır ortağı olan; ♀ *Council Brt.* kralın danışma meclisi; ♀ *Councillor* kralın danışma meclisi üyesi; ♀ *Seal* resmi devlet mührü.
prize[1] [praız] **1.** *n.* ödül; ikramiye; ganimet; **2.** *adj.* ödüle layık; ödül kazanan; ~*-winner* ödül kazanan kimse; **3.** *v/t. -e* değer vermek; paha biçmek.
prize[2], *esp. Brt.* **prise** [praız] *v/t.* kaldıraçla açmak; ~ *open* zorla açmak.
pro[1] [prəʊ] *prp.* için.
pro[2] *F* [~] *n. spor:* profesyonel oyuncu.
pro- [prəʊ] *prefix* lehinde, taraftarı; *-in* yerine geçen.
prob·a|bil·i·ty [prɒbə'bılətı] *n.* olasılık; ~**·ble** □ ['prɒbəbl] olası, muhtemel, mümkün.
pro·ba·tion [prə'beıʃn] *n.* deneme süresi; ⚖ gözaltında tutma koşuluyla salıverme; ~ *officer* suçluyu gözaltında tutan memur.
probe [prəʊb] **1.** *n.* ⚕, ⊕ mil, sonda; *fig.* araştırma; *lunar* ~ ay araştırması; **2.** *v/t.* sonda ile yoklamak; derinlemesine araştırmak.
prob·lem ['prɒbləm] *n.* sorun; ♤ problem; ~**·at·ic** [prɒblə'mætık] *(~ally)*, ~**·at·i·cal** □ [~kl] belli olmayan, şüpheli.
pro·ce·dure [prə'siːdʒə] *n.* yöntem, işlem, yol, prosedür.
pro·ceed [prə'siːd] *v/i.* ilerlemek *(a. fig.)*; devam etmek; girişmek, başlamak, girişimde bulunmak; *Brt. univ.* doktor unvanını kazanmak; ~ *from -den* doğmak, *-den* ileri gelmek; ~ *to -e* başlamak, *-e* geçmek; ~**·ing** [~ıŋ] *n.* işlem, yöntem; ~*s pl.* ⚖ yargılama yöntemleri; tutanak, zabıt; ~**s** ['prəʊsiːdz] *n. pl.* gelir, kazanç, edinti.
pro|cess ['prəʊses] **1.** *n.* yöntem, işlem, yol, metot; gidiş, gelişme, ilerleme; süreç; *in* ~ yapılmakta; *in* ~ *of construction* inşa halinde; **2.** *v/t.* ⊕ işlemek; ⚖ dava açmak; ~**·ces·sion** [prə'seʃn] *n.* tören alayı; geçit töreni; ~**·ces·sor** ['prəʊsesə] *n.* ⊕ işleyici.
pro·claim [prə'kleım] *v/t.* ilan etmek; açığa vurmak.
proc·la·ma·tion [prɒklə'meıʃn] *n.*

ilan; bildiri.
pro·cliv·i·ty *fig.* [prə'klıvətı] *n.* eğilim, meyil.
pro·cras·ti·nate [prəʊ'kræstıneıt] *vb.* ağırdan almak, sürüncemede bırakmak.
pro·cre·ate ['prəʊkrıeıt] *vb.* döllemek; doğurmak.
pro·cu·ra·tor ⚖ ['prɒkjʊəreıtə] *n.* vekil.
pro·cure [prə'kjʊə] *v/t.* sağlamak, edinmek, kazanmak; *v/i.* pezevenklik etmek.
prod [prɒd] **1.** *n.* dürtme, dürtüş; üvendire; *fig.* hatırlatıcı şey; **2.** (-dd-) *v/t.* dürtmek; *fig.* teşvik etmek.
prod·i·gal ['prɒdıgl] **1.** □ savurgan; bol; the ~ son mirasyedi kimse; **2.** *n.* savurgan kimse.
pro·di·gious □ [prə'dıdʒəs] olağanüstü, şaşılacak; kocaman, muazzam; **prod·i·gy** ['prɒdıdʒı] *n.* olağanüstü şey *ya da* kimse; child *ya da* infant ~ harika çocuk.
prod·uce[1] ['prɒdju:s] *n.* ürün; ⊖ randıman.
pro|duce[2] [prə'dju:s] *v/t.* üretmek, yapmak; doğurmak; yetiştirmek; *(faiz)* getirmek; ⩓ *(doğru)* uzatmak; *(film)* yapmak, *fig.* *-e* neden olmak, yol açmak; **~·duc·er** [~ə] *n.* üretici; *film, TV:* yapımcı; *thea., radyo: Brt.* rejisör, sahneye koyan.
prod·uct ['prɒdʌkt] *n.* ürün; sonuç.
pro·duc|tion [prə'dʌkʃn] *n.* üretim; yapım; ürün; eser, yapıt; *thea. etc.* sahneye koyma; **~·tive** □ [~tıv] verimli, bereketli; kazançlı; yaratıcı; **~·tive·ness** [~nıs], **~·tiv·i·ty** [prɒdʌk'tıvətı] *n.* verimlilik.
prof F [prɒf] *n.* profesör.
pro|fa·na·tion [prɒfə'neıʃn] *n.* kutsal şeylere saygısızlık; **~·fane** [prə'feın] **1.** □ kutsal şeylere saygısızlık eden; layik; puta tapan, dinsiz; **2.** *vb.* kutsal şeylere saygısızlık etmek; **~·fan·i·ty** [~'fænətı] *n.* kutsal şeylere saygısızlık; ağız bozukluğu, küfür.
pro|fess [prə'fes] *vb.* itiraf etmek; iddia etmek; *(meslek)* icra etmek, -lik yapmak; **~·fessed** □ iddia edilen; itiraf edilmiş; sözde; **~·fes·sion** [~ʃn] *n.* meslek, iş, sanat; itiraf; iddia; **~·fes·sion·al** [~nl] **1.** □ mesleki, meslekle ilgili; profesyonel; ~ man üniversite mezunu; **2.** *n.* uzman; *spor:* profesyonel sporcu; **~·fes·sor** [~sə] *n.* profesör; *Am.* üniversite hocası.
prof·fer ['prɒfə] **1.** *v/t.* teklif etmek, önermek; **2.** *n.* teklif, öneri.
pro·fi·cien|cy [prə'fıʃənsı] *n.* ustalık, yeterlik; **~t** [~t] □ usta, yeterli, becerikli.
pro·file ['prəʊfaıl] *n.* profil, yandan görünüş.
prof|it ['prɒfıt] **1.** *n.* kâr, kazanç, edinti; yarar, çıkar; **2.** *v/t.* *-e* kazanç sağlamak; *v/i.* ~ from *ya da* by *-den* yararlanmak; **~·i·ta·ble** □ [~əbl] kârlı, kazançlı; yararlı; **~·i·teer** [prɒfı'tıə] **1.** *v/i.* vurgunculuk yapmak; **2.** *n.* vurguncu; **~·it-shar·ing** ['prɒfıtʃeərıŋ] *n.* kârı bölüşme.
prof·li·gate ['prɒflıgət] *adj.* ahlaksız; savurgan; hovarda, uçarı.
pro·found □ [prə'faʊnd] derin, engin; adamakıllı, esaslı.
pro|fuse □ [prə'fju:s] çok, bol; savurgan; verimli; **~·fu·sion** *fig.* [~ʒn] *n.* savurganlık, aşırılık.
pro·gen·i·tor [prəʊ'dʒenıtə] *n.* ata, dede; **prog·e·ny** ['prɒdʒənı] *n.* soy, torunlar; *zo.* yavrular.
prog·no·sis ⚕ [prɒg'nəʊsıs] *(pl.* -ses [~si:z]*)* *n.* prognoz, tahmin.
prog·nos·ti·ca·tion [prəgnɒstı'keıʃn] *n.* kehanet; belirti, işaret.
pro·gram ['prəʊgræm] **1.** *n.* *kompütür:* program; *Am.* = *Brt.* programme 1; **2.** (-mm-) *v/t.* *kompü-*

tür: programlamak; *Am.* = *Brt. programme 2;* **~·er** [~ə] = *programmer*.

pro|gramme, *Am.* **-gram** ['prəʊgræm] **1.** *n.* program; *radyo, TV: a.* yayın; **2.** *v/t.* programlamak; planlamak; **~·gram·mer** [~ə] *n. kompütür:* programcı.

pro|gress 1. ['prəʊgres] *n.* gelişme, kalkınma, ilerleme *(a.* ✕ *); iyileşme; in ~* yapılmakta; sürmekte; **2.** [prə'gres] *v/i.* gelişmek, kalkınmak, ilerlemek; iyileşmek; **~·gres·sion** [~ʃn] *n.* ilerleme; devam; ⩓ dizi; **~·gres·sive** [~sıv] **1.** ☐ ilerleyen; kalkınan, gelişen; **2.** *n. pol.* ilerici kimse.

pro|hib·it [prə'hıbıt] *v/t.* yasaklamak, menetmek; **~·hi·bi·tion** [prəʊhı'bıʃn] *n.* yasak; içki yasağı; **~·hi·bi·tion·ist** [~ʃənıst] *n.* içki yasağı yanlısı; **~·hib·i·tive** ☐ [prə'hıbıtıv] yasaklayıcı; engelleyici; aşırı, fahiş *(fiyat)*.

proj·ect[1] ['prɒdʒekt] *n.* proje, plan, tasarı.

pro|ject[2] [prə'dʒekt] *v/t.* tasarlamak, düşünmek; *(film)* perdede göstermek; planını çizmek; fırlatmak, atmak; *v/i.* çıkıntı oluşturmak; **~·jec·tile** [~aıl] *n.* mermi, top güllesi; **~·jec·tion** [~kʃn] *n.* fırlatma, atma; çıkıntı; ⩓ izdüşüm; *phot.* projeksiyon, gösterim; **~·jec·tor** *opt.* [~tə] *n.* projektör, gösterici.

pro·le·tar·i·an [prəʊlı'teərıən] **1.** *adj.* emekçi sınıfından olan; **2.** *n.* proleter, emekçi.

pro·lif·ic [prə'lıfık] *(~ally) adj.* doğurgan; bereketli, verimli.

pro·logue, *Am. a.* **-log** ['prəʊlɒg] *n.* prolog, öndeyiş.

pro·long [prə'lɒŋ] *v/t.* uzatmak, sürdürmek.

prom·e·nade [prɒmə'nɑːd] **1.** *n.* gezme; gezinti yeri; **2.** *v/i.* gezinmek.

prom·i·nent ☐ ['prɒmınənt] çıkıntılı, çıkık; önemli; *fig.* seçkin, ileri gelen.

pro·miş·cu·ous ☐ [prə'mıskjʊəs] karmakarışık, dağınık; farksız; önüne çıkanla sevişen, uçkuru gevşek.

prom|ise ['prɒmıs] **1.** *n.* söz, vaat; *fig.* umut verici şey; **2.** *vb.* söz vermek; *-in* belirtisi olmak; **~·is·ing** ☐ [~ıŋ] umut verici, geleceği parlak; **~·is·so·ry** [~ərı] *adj.* vaat içeren; *~ note econ.* emre yazılı senet.

prom·on·to·ry ['prɒməntrı] *n. geogr.* burun.

pro|mote [prə'məʊt] *v/t.* ilerletmek; terfi ettirmek, *-e* yükseltmek; *Am. okul:* sınıf geçirmek; *parl.* desteklemek; *econ.* kurmak; *econ.* reklamını yaparak tanıtmak; **~·mot·er** [~ə] *n.* teşvikçi; girişim sahibi, kurucu; *spor:* organizatör; **~·mo·tion** [~əʊʃn] *n.* terfi, yüksel(t)me; rütbe, mevki; *econ.* kurma; *econ.* reklam.

prompt [prɒmpt] **1.** ☐ acele, çabuk, seri; dakik; **2.** *vb.* sevketmek, harekete getirmek; *thea.* suflörlük yapmak; **~·er** ['prɒmptə] *n. thea.* suflör; **~·ness** [~nıs] *n.* sürat, çabukluk.

prom·ul·gate ['prɒməlgeıt] *v/t.* resmen ilan etmek, duyurmak; yaymak.

prone ☐ [prəʊn] *(~r, ~st)* yüzükoyun yatmış; eğilimli; *be ~ to fig. -e* eğilimi olmak.

prong [prɒŋ] *n.* çatal dişi; sivri uç.

pro·noun *gr.* ['prəʊnaʊn] *n.* zamir, adıl.

pro·nounce [prə'naʊns] *v/t.* telaffuz etmek, söylemek; resmen bildirmek, ilan etmek.

pron·to *F* ['prɒntəʊ] *adv.* hemen, derhal.

pro·nun·ci·a·tion [prənʌnsı'eıʃn] *n.* telaffuz, söyleyiş, söyleniş.

proof [pru:f] **1.** *n.* delil, kanıt; tecrübe, deneme; *print.* prova; *print., phot.* ayar; **2.** *adj.* dayanıklı, dirençli; *(kurşun, ses v.b.)* geçirmez; **~-read** ['pru:fri:d] *(-read* [-red]*)* *vb.* provaları okuyup düzeltmek; **~-read·er** *n.* düzeltmen.

prop [prɒp] **1.** *n.* destek *(a. fig.)*; **2.** *(-pp-)* *v/t. a.* ~ *up* desteklemek; dayamak, yaslamak *(against -e).*

prop·a|gate ['prɒpəgeɪt] *v/t. & v/i.* üre(t)mek,çoğal(t)mak; **~·ga·tion** [prɒpə'geɪʃn] *n.* üreme, yavrulama; yay(ıl)ma.

pro·pel [prə'pel] *(-ll-)* *v/t.* sevketmek, itmek; **~·ler** [~ə] *n.* pervane; **~·ling pen·cil** [~ɪŋ'pensl] *n.* sürgülü kurşunkalem.

pro·pen·si·ty *fig.* [prə'pensətɪ] *n.* doğal eğilim.

prop·er □ ['prɒpə] uygun, yakışır; özgü, özel; saygıdeğer; doğru, gerçek; *esp. Brt. F* adamakıllı, tam, temiz; ~ *name* özel ad; **~·ty** [~tɪ] *n.* mal; mülk, arazi; sahiplik, iyelik; özellik.

proph·e|cy ['prɒfɪsɪ] *n.* kâhinlik, kehanet; tahmin; **~·sy** [~aɪ] *vb.* kehanette bulunmak; önceden tahmin etmek.

proph·et ['prɒfɪt] *n.* peygamber; kâhin.

pro·pi|ti·ate [prə'pɪʃɪeɪt] *v/t.* sakinleştirmek, yatıştırmak; gönlünü almak; **~·tious** □ [~ʃəs] uygun, elverişli; bağışlayıcı; hayırlı.

pro·por·tion [prə'pɔ:ʃn] **1.** *n.* oran, orantı; hisse, pay; ~*s pl.* boyutlar; **2.** *v/t.* oranlamak; **~·al** □ [~l] orantılı; = **~·ate** □ [~nət] uygun, orantılı *(to -e).*

pro·pos|al [prə'pəʊzl] *n.* teklif, öneri; evlenme teklifi; **~e** [~z] *v/t.* teklif etmek, önermek; niyet etmek; ~ *s.o.'s health b-nin* şerefine kadeh kaldırmak; *v/i.* evlenme teklif etmek *(to -e)*; **prop·o·si·tion** [prɒpə'zɪʃn] *n.* mesele, sorun; *econ.* teklif, öneri.

pro·pound [prə'paʊnd] *v/t.* ortaya atmak, ileri sürmek, önermek.

pro·pri·e|ta·ry [prə'praɪətərɪ] *adj.* sicilli, markalı; sahipli, özel; *econ.* patentli, tescilli *(mal)*; **~·tor** [~ə] *n.* mal sahibi; **~·ty** [~ɪ] *n.* uygunluk, yerindelik; *the proprieties pl.* görgü kuralları, adap.

pro·pul·sion ⊕ [prə'pʌlʃn] *n.* itici güç.

pro·rate *Am.* [prəʊ'reɪt] *v/t.* eşit olarak dağıtmak.

pro·sa·ic *fig.* [prəʊ'zeɪɪk] *(~ally)* *adj.* sıkıcı, bayağı, yavan.

prose [prəʊz] *n.* nesir, düzyazı.

pros·e|cute ['prɒsɪkju:t] *vb.* yürütmek, sürdürmek, *-e* devam etmek; ⚖ kovuşturmak; **~·cu·tion** [prɒsɪ'kju:ʃn] *n.* sürdürme, devam; ⚖ kovuşturma; ⚖ davacı; **~·cu·tor** ⚖ ['prɒsɪkju:tə] *n.* davacı; *public* ~ savcı.

pros·pect 1. ['prɒspekt] *n.* manzara, görünüş *(a. fig.)*; olasılık; umut; *econ.* olası müşteri; **2.** [prə'spekt]: ~ *for* ⚒ araştırmak, aramak.

pro·spec·tive □ [prə'spektɪv] umulan, beklenen; olası.

pro·spec·tus [prə'spektəs] *(pl. -tuses)* *n.* prospektus, tanıtmalık, tarife.

pros·per ['prɒspə] *v/i.* başarılı olmak; gelişmek, büyümek; zenginleşmek; *v/t.* başarısına yardımcı olmak; **~·i·ty** [prɒ'sperətɪ] *n.* başarı; refah, gönenç; *econ.* gelişme; **~·ous** □ ['prɒspərəs] başarılı; refah içinde, zengin.

pros·ti·tute ['prɒstɪtju:t] *n.* fahişe, orospu; *male* ~ erkek fahişe, oğlan.

pros|trate 1. ['prɒstreɪt] *adj.* yüzükoyun yatmış; bitkin, takati kalmamış; **2.** [prɒ'streɪt] *v/t.* yıkmak, devirmek; *fig.* sarsmak; **~·tra·tion** [~ʃn] *n.* yere kapanma; bitkinlik,

takatsizlik.
pros·y *fig.* ['prəʊzı] *(-ier, -iest) adj.* sıkıcı, yavan, ağır.
pro·tag·o·nist [prəʊ'tægənıst] *n. thea.* başrol oyuncusu, kahraman; *fig.* öncü.
pro|tect [prə'tekt] *v/t.* korumak; **~·tec·tion** [~kʃn] *n.* koruma; *econ.* yerli malları koruma; **~·tec·tive** [~tıv] *adj.* koruyucu; ~ *duty* koruyucu gümrük resmi; **~·tec·tor** [~ə] *n.* koruyucu; **~·tec·tor·ate** [~ərət] *n.* başka devletin korumasındaki küçük devlet.
pro·test 1. ['prəʊtest] *n.* protesto; **2.** [prə'test] *v/i.* protesto etmek, karşı çıkmak *(against -e); v/t. Am.* iddia etmek.
Prot·es·tant ['prɒtıstənt] **1.** *adj.* Protestanlarla ilgili; **2.** *n.* Protestan.
prot·es·ta·tion [prɒte'steıʃn] *n.* protesto, karşı çıkma *(against -e).*
pro·to·col ['prəʊtəkɒl] **1.** *n.* protokol; tutanak; **2.** *(-ll-) vb.* protokol yapmak.
pro·to·type ['prəʊtətaıp] *n.* prototip, ilk tip, ilk örnek.
pro·tract [prə'trækt] *v/t.* uzatmak.
pro|trude [prə'tru:d] *v/t. & v/i.* dışarı çık(ar)mak, çıkıntı yapmak, pırtlamak; **~·tru·sion** [~ʒn] *n.* çıkıntı.
pro·tu·ber·ance [prə'tju:bərəns] *n.* çıkıntı, şiş, yumru; tümsek.
proud □ [praʊd] gururlu, gurur duyan *(of -den).*
prove [pru:v] *(proved, proved ya da esp. Am. proven) v/t.* ispatlamak, kanıtlamak; denemek, sınamak; *v/i.* olmak, çıkmak; **prov·en** ['pru:vən] **1.** *Am. p.p. of prove;* **2.** *adj.* kanıtlanmış; sınanmış.
prov·e·nance ['prɒvənəns] *n.* kaynak, köken.
prov·erb ['prɒvɜ:b] *n.* atasözü.
pro·vide [prə'vaıd] *v/t.* sağlamak, bulmak; donatmak; ⚖ şart koşmak; *v/i.* hazırlıklı bulunmak; **~d** *(that)...* koşuluyla, yeter ki.
prov·i|dence ['prɒvıdəns] *n.* sağgörü; Allahın takdiri; **~·dent** □ [~t] sağgörülü, tedbirli; tutumlu; **~·den·tial** □ [prɒvı'denʃl] Allahtan gelen; talihli.
pro·vid·er [prə'vaıdə] *n.* aile geçindiren kimse; *econ.* sağlayan kimse.
prov·ince ['prɒvıns] *n.* il, vilayet; *fig.* taşra; *fig.* yetki alanı; **pro·vin·cial** [prə'vınʃl] **1.** □ vilayetle ilgili; taşralı; kaba, görgüsüz; **2.** *n.* taşralı kimse.
pro·vi·sion [pro'vıʒn] *n.* hazırlık, tedarik; ⚖ hüküm, madde, şart; **~s** *pl.* erzak; **~·al** □ [~l] geçici.
pro·vi·so [prə'vaızəʊ] *(pl. -sos, Am. a. -soes) n.* koşul, şart, kayıt.
prov·o·ca·tion [prɒvə'keıʃn] *n.* kızdırma; kışkırtma; **pro·voc·a·tive** [prə'vɒkətıv] *adj.* kışkırtıcı.
pro·voke [prə'vəʊk] *v/t.* kızdırmak; kışkırtmak; *-e* neden olmak.
prov·ost ['prɒvəst] *n.* rektör; *Scot.* belediye başkanı; ✕ [prə'vəʊ]: ~ *marshal* inzibat amiri, adli subay.
prow ⚓ [praʊ] *n.* pruva.
prow·ess ['praʊıs] *n.* yiğitlik, cesaret.
prowl [praʊl] **1.** *v/i. a.* ~ *about,* ~ *around* sinsi sinsi dolaşmak; *v/t.* kolaçan etmek; **2.** *n.* sinsi sinsi dolaşma; ~ **car** *Am.* ['praʊlkɑ:] *n.* polis devriye arabası.
prox·im·i·ty [prɒk'sımətı] *n.* yakınlık.
prox·y ['prɒksı] *n.* vekil; vekillik; vekâletname; *by* ~ vekâleten.
prude [pru:d] *n.* erdemlilik taslayan kimse; *be a* ~ erdemlilik taslamak.
pru|dence ['pru:dns] *n.* sağgörü; tedbir; akıl, sağduyu; **~·dent** □ [~t] tedbirli, sağgörülü; tutumlu.
prud|er·y ['pru:dərı] *n.* aşırı erdem

taslama; ~·**ish** □ [~ıʃ] aşırı erdem taslayan.
prune [pruːn] **1.** *n.* kuru erik, çir; **2.** *v/t.* budamak; *a.* ~ *away*, ~ *off* fazla kısımları atmak, kısaltmak.
pru·ri·ent □ ['prʊərıənt] şehvetli; şehvet düşkünü.
pry[1] [praı] *vb.* merakla bakmak, gözetlemek; ~ *about* etrafı kolaçan etmek; ~ *into* -*e* burnunu sokmak.
pry[2] [~] = *prize*[2].
psalm [sɑːm] *n.* ilahi.
pseu·do- ['sjuːdəʊ] *prefix* sahte ..., takma ...
pseu·do·nym ['sjuːdənım] *n.* takma ad.
psy·chi·a|trist [saı'kaıətrıst] *n.* psikiyatr; ~·**try** [~ı] *n.* psikiyatri.
psy|chic ['saıkık] *(~ally)*, ~·**chi·cal** □ [~kl] ruhsal; zihinsel.
psy|cho·log·i·cal □ [saıkə'lɒdʒıkl] psikolojik, ruhbilimsel; ~·**chol·o·gist** [saı'kɒlədʒıst] *n.* psikolog, ruhbilimci; ~·**chol·o·gy** [~ı] *n.* psikoloji, ruhbilim.
pub *Brt.* *F* [pʌb] *n.* birahane, meyhane.
pu·ber·ty ['pjuːbətı] *n.* ergenlik çağı.
pu·bic *anat.* ['pjuːbık] *adj.* kasık kemiğiyle ilgili; ~ *bone* kasık kemiği; ~ *hair* etek kılları.
pub·lic ['pʌblık] **1.** □ halk ile ilgili; genel; herkese özgü; devletle ilgili; ~ *spirit* yardımseverlik; **2.** *n.* halk, ahali, kamu.
pub·li·can *esp.* *Brt.* ['pʌblıkən] *n.* birahaneci, meyhaneci.
pub·li·ca·tion [pʌblı'keıʃn] *n.* yayımlama, yayım; yayın; *monthly* ~ aylık dergi.
pub·lic| con·ve·ni·ence *Brt.* ['pʌblık kən'viːnjəns] *n.* umumi hela; ~ **health** *n.* kamu sağlığı; ~ **hol·i·day** *n.* resmi tatil günü; ~ **house** *Brt.* *s. pub.*
pub·lic·i·ty [pʌb'lısətı] *n.* alenilik, açıklık; şöhret; tanıtma, reklam.
pub·lic| li·bra·ry ['pʌblık 'laıbrərı] *n.* halk kütüphanesi; ~ **re·la·tions** *n. pl.* halkla ilişkiler; ~ **school** *n.* *Brt.* özel okul; *Am.* parasız resmi okul.
pub·lish ['pʌblıʃ] *v/t.* yayımlamak; *(kitap v.b.)* bastırmak; ilan etmek; açığa vurmak; *~ing house* yayınevi; ~·**er** [~ə] *n.* yayımcı.
puck·er ['pʌkə] **1.** *n.* kırışık, buruşukluk; **2.** *v/t.* & *v/i.* *a.* ~ *up* kırış(tır)mak, buruş(tur)mak; *(dudak)* büzmek.
pud·ding ['pʊdıŋ] *n.* puding, muhallebi; *black* ~ kan, yulaf ezmesi *v.b.* ile doldurulmuş domuz bağırsağı; *white* ~ bir tür İngiliz pudingi.
pud·dle ['pʌdl] *n.* su birikintisi, gölcük.
pu·er·ile ['pjʊəraıl] *adj.* çocuksu, çocukça.
puff [pʌf] **1.** *n.* üfleme, püf; soluk; pufböreği; pudra ponponu; saç lülesi; **2.** *v/t.* şişirmek; abartarak övmek; ~ *out*, ~ *up* üfleyerek söndürmek; *~ed eyes* şişmiş gözler; *~ed sleeve* büzgülü kol; *v/i.* üflemek; solumak; ~ **pas·try** ['pʌf 'peıstrı] *n.* püfböreği; ~·**y** [~ı] *(-ier, -iest)* *adj.* şişkin, kabarık; abartmalı; nefesi kesilmiş; püfür püfür esen.
pug *zo.* [pʌg] *n.* *a.* *~-dog* buldoğa benzer bir köpek.
pug·na·cious □ [pʌg'neıʃəs] kavgacı, hırçın.
pug-nose ['pʌgnəʊz] *n.* basık burun.
puke *sl.* [pjuːk] *v/t.* & *v/i.* kus(tur)mak.
pull [pʊl] **1.** *n.* çekme, çekiş; yudum, fırt; *print.* prova; sap, tutamaç; *fig.* gayret; **2.** *v/t.* çekmek;

koparmak, yolmak; sürüklemek; *(kürek)* çekmek; *(diş, silah)* çekmek; ~ *about* çekiştirmek; ~ *ahead of -in* önüne geçmek, sollamak; ~ *away* kurtulmak; *(otobüs v.b.)* hareket etmek, kalkmak; geçmek, daha hızlı gitmek *(from -den)*; ~ *down* yıkmak, indirmek; ~ *in (otomobil)* kenara çekip durmak; *(tren)* istasyona girmek; ~ *off F* başarmak; ~ *out* çekip çıkarmak; sökmek, yolmak; *(tren)* hareket etmek, kalkmak; ~ *over (araç)* kenara yanaş(tır)mak; ~ *round (hasta)* iyileş(tir)mek; ~ *through* iyileş(tir)mek; kurtarmak; ~ *o.s. together k-ne* gelmek, *k-ni* toparlamak; ~ *up (araç)* dur(dur)mak; *(kök v.b.)* sökmek; ~ *up with*, ~ *up to -e* yetişmek.

pul·ley ⊕ ['pʊlı] *n.* makara; kasnak.

pull|-in *Brt.* ['pʊlın] *n.* mola yeri, yol kenarı; ~**·o·ver** *n.* kazak; ~**-up** *Brt.* = *pull-in.*

pulp [pʌlp] *n.* meyve eti; ⊕ kâğıt hamuru; ~ *magazine* ucuz dergi, avam dergisi.

pul·pit ['pʊlpıt] *n.* kürsü, mimber.

pulp·y □ ['pʌlpı] *(-ier, -iest)* etli, özlü; hamur gibi.

pul·sate [pʌl'seıt] *v/i. (nabız, kalp)* atmak, çarpmak; **pulse** [pʌls] *n.* nabız; nabız atışı.

pul·ver·ize ['pʌlvəraız] *v/t.* toz haline getirmek, ezmek; *v/i.* toz haline gelmek.

pum·mel ['pʌml] *(esp. Brt. -ll-, Am. -l-) v/t.* yumruklamak, dövmek.

pump [pʌmp] **1.** *n.* pompa, tulumba; **2.** *v/t.* pompalamak; *F* ağzını aramak; ~ *up (lastik)* şişirmek; ~ **at·tend·ant** *n.* benzin pompacısı.

pump·kin ⚘ ['pʌmpkın] *n.* helvacıkabağı.

pun [pʌn] **1.** *n.* sözcük oyunu, cinas; **2.** *(-nn-) v/i.* sözcük oyunu yapmak.

Punch[1] [pʌntʃ] *n.* kukla; ~*-and-Judy show* Karagöz-Hacivat'a benzer bir kukla oyunu.

punch[2] [~] **1.** *n.* zımba, delgi; matkap; yumruk, muşta; **2.** *v/t.* zımbalamak; zımba ile açmak *(delik)*; ıstampa ile basmak; yumruklamak; *Am. (sığır)* gütmek; ~*(ed) card* delikli kart; ~*(ed) tape* delikli şerit.

punc·til·i·ous □ [pʌŋk'tılıəs] resmiyet düşkünü, titiz.

punc·tu·al □ [pʌŋktjʊəl] dakik; ~**·i·ty** [pʌŋktjʊ'ælətı] *n.* dakiklik.

punc·tu|ate *gr.* ['pʌŋktjʊeıt] *v/t.* noktalamak; ~**·a·tion** *gr.* [pʌŋktjʊ'eıʃn] *n.* noktalama; ~ *mark* noktalama imi.

punc·ture ['pʌŋktʃə] **1.** *n.* delik; lastik patlaması; patlak; **2.** *v/t. & v/i.* patla(t)mak; *mot.* lastiği patlamak.

pun·gen|cy ['pʌndʒənsı] *n.* keskinlik, acılık; ~**t** [~t] *adj.* keskin, acı; iğneleyici *(söz).*

pun·ish ['pʌnıʃ] *v/t.* cezalandırmak; ~**·a·ble** □ [~əbl] cezalandırılabilir; ~**·ment** [~mənt] *n.* cezalandırma; ceza.

punk [pʌŋk] *n. sl.* serseri, it, kopuk; ~ *rock(er)* ♪ "punk rock" (hayranı).

pu·ny □ ['pjuːnı] *(-ier, -iest)* çelimsiz, zayıf; önemsiz, küçük.

pup *zo.* [pʌp] *n.* hayvan yavrusu.

pu·pa *zo.* ['pjuːpə] *(pl. -pae* [-piː], *-pas) n.* krizalit.

pu·pil ['pjuːpl] *n. anat.* gözbebeği; öğrenci.

pup·pet ['pʌpıt] *n.* kukla *(a. fig.)*; ~**-show** *n.* kukla oyunu.

pup·py ['pʌpı] *n. zo.* köpek yavrusu; *fig.* züppe genç.

pur|chase ['pɜːtʃəs] **1.** *n.* satın alma, alım; sıkı tutma, kavrama; ⊕ makara; *make* ~*s* alışveriş yapmak; **2.** *v/t.* satın almak; ⊕ kaldıraçla kaldırmak *ya da* çekmek;

~·**chas·er** [~ə] *n.* müşteri, alıcı.
pure □ [pjʊə] *(~r, ~st)* saf, som; kusursuz, lekesiz; ~**-bred** ['pjʊəbred] *adj.* safkan.
pur·ga|tive ⚕ ['pɜːgətɪv] *n. & adj.* müshil; ~**·to·ry** [~ərɪ] *n. eccl.* Araf.
purge [pɜːdʒ] **1.** *n.* ⚕ müshil; *pol.* tasfiye; **2.** *v/t. mst fig.* temizlemek, arındırmak; *pol.* tasfiye etmek; ⚕ ishal vermek.
pu·ri·fy ['pjʊərɪfaɪ] *v/t.* temizlemek; arıtmak.
pu·ri·tan ['pjʊərɪtən] *(hist.* ♀ *)* **1.** *n.* Püriten; **2.** *adj.* sofu.
pu·ri·ty ['pjʊərətɪ] *n.* temizlik, saflık *(a. fig.).*
purl [pɜːl] *v/i.* çağıldayarak akmak.
pur·lieus ['pɜːljuːz] *n. pl.* dış mahalleler, çevre.
pur·loin [pɜː'lɔɪn] *v/t.* çalmak, aşırmak.
pur·ple ['pɜːpl] **1.** *adj.* mor; **2.** *n.* mor renk; **3.** *v/t.* mor renge boyamak.
pur·port ['pɜːpət] **1.** *n.* anlam, kavram; **2.** *v/t.* ... anlamında olmak, göstermek.
pur·pose ['pɜːpəs] **1.** *n.* niyet, amaç, maksat; karar; *for the ~ of ger.* -*mek* amacıyla; *on ~* kasten, mahsus, bile bile; *to the ~* isabetli, yerinde; *to no ~* boş yere, boşuna; **2.** *v/t.* niyetlenmek, tasarlamak; ~**·ful** □ [~fl] maksatlı; önemli; anlamlı; ~**·less** □ [~lɪs] maksatsız, amaçsız; anlamsız; ~**·ly** [~lɪ] *adv.* bile bile, muhsus, kasıtlı olarak.
purr [pɜː] *v/i. (kedi)* mırlamak; *(motor)* hırıldamak.
purse [pɜːs] **1.** *n.* para kesesi; *Am.* el çantası; fon; hazine; *boks:* torba; *~ snatcher Am.* kapkaççı; **2.** *v/t. ~ (up) one's lips* dudaklarını büzmek.
pur·su|ance [pə'sjuːəns]: *in (the) ~ of* ... yaparken, ... yerine getirirken; ~**·ant** □ [~t]: *~ to -e* göre, *-e* uygun olarak, ... doğrultusunda.
pur|sue [pə'sjuː] *vb.* izlemek, kovalamak, peşine düşmek; sürdürmek; *(amaç)* gütmek; *(talihsizlik v.b.)* peşini bırakmamak; ~**·su·er** [~ə] *n.* izleyen kimse; ~**·suit** [~t] *n.* izleme, kovalama; *mst. ~s pl.* iş, uğraş.
pur·vey [pə'veɪ] *v/t.* sağlamak, temin etmek; ~**·or** [~ə] *n.* sağlayan kimse.
pus [pʌs] *n.* irin.
push [pʊʃ] **1.** *n.* itme, itiş; girişkenlik; atak, hücum; *F* gayret, çaba, güç; **2.** *v/t.* itmek, dürtmek; yürütmek, sürmek; saldırmak; *(düğme v.b.'ne)* basmak; *a. ~ through* zorla kabul ettirmek; *F* yasadışı yoldan satmak *(uyuşturucu); ~ s.th. on s.o. b-ne bşi* zorla kabul ettirmek; *~ one's way* ite kaka ilerlemek; *~ along, ~ on, ~ forward* gitmek, ayrılmak; ~**-but·ton** ⊕ ['pʊʃbʌtn] *n.* pusbuton, elektrik düğmesi; ~**-chair** *n. Brt.* portatif bebek arabası; ~**·er** *F* [~ə] *n.* uyuşturucu satıcısı; ~**·o·ver** *n.* kolay iş, çocuk oyuncağı; *be a ~ for ... için* çocuk oyuncağı olmak.
pu·sil·lan·i·mous □ [pjuːsɪ'lænɪməs] korkak, ürkek, çekingen, pısırık.
puss [pʊs] *n.* kedi; *fig.* kız; **pus·sy** ['pʊsɪ] *n. a. ~-cat* kedi; **pus·sy·foot** *v/i. F* fikrini açığa vurmamak.
put [pʊt] *(-tt-; put) v/t.* koymak, yerleştirmek; sokmak, takmak; öne sürmek, söylemek; oya koymak; uyarlamak; *~ to school* okula göndermek; *~ s.o. to work b-ni* çalıştırmak; *~ about (dedikodu)* yaymak; ⚓ *(geminin başını)* çevirmek; *~ across* başarıyla yap-

mak; yutturmak; ~ *back (saat)* geri almak; *fig.* sekte vurmak; ~ *by (para)* bir kenara ayırmak, biriktirmek; ~ *down* yerleştirmek; *(ayaklanma v.b.)* bastırmak; susturmak; yazmak, kaydetmek; ✈ indirmek; ~ *forth* çıkarmak, yayımlamak; *(tomurcuk)* sürmek; ~ *forward (saat)* ileri almak; ileri sürmek, ortaya atmak; ~ *o.s. forward* adaylığını koymak; ~ *in* başvurmak; sokmak; yerleştirmek; sunmak, arz etmek; *(yumruk)* vurmak; *(vakit)* geçirmek; ~ *off* ertelemek; *(giysi)* çıkarmak; engellemek; vazgeçirmek, caydırmak; *fig. (korku, şüphe v.b.)* üstünden atmak; ~ *on (giysi)* giymek; *(şapka, gözlük)* takmak; *(saat)* ileri almak; *(tavır)* takınmak; ~ *on airs* hava atmak, caka satmak; ~ *on weight* kilo almak, şişmanlamak; ~ *out (ışık, ateş)* söndürmek; *(para)* faize vermek; üretmek; kovmak; *(haber)* yayınlamak; sinirlendirmek; ~ *right* düzeltmek; ~ *through teleph.* bağlamak *(to -e)*; ~ *together* birleştirmek, monte etmek; *(fikir v.b.)* kafasında toplamak; ~ *up* kaldırmak; *(bayrak v.b.)* çekmek; *(çadır)* kurmak; *(ilan)* asmak; artırmak, yükseltmek; ortaya koymak; *(para)* temin etmek, sağlamak; *(saç)* toplamak; misafir etmek; *v/i.* ~ *up at -de* konaklamak, gecelemek; ~ *up for -e* adaylığını koymak; ~ *up with -e* katlanmak, dayanmak, çekmek.

pu·tre·fy ['pju:trıfaı] *v/t. & v/i.* çürü(t)mek, kork(ut)mak; bozulmak.

pu·trid □ ['pju:trıd] çürük, kokmuş, bozuk; *sl.* iğrenç; **~·i·ty** [pju:'trıdətı] *n.* çürüklük; çürük şey.

put·ty ['pʌtı] **1.** *n.* camcı macunu; **2.** *vb.* macunlamak.

put-you-up *Brt.* F ['pʊtju:ʌp] *n.* çek-yat, divan.

puz·zle ['pʌzl] **1.** *n.* bilmece, bulmaca; mesele, sorun; şaşkınlık, hayret; **2.** *v/t. & v/i.* şaşır(t)mak, hayrete düş(ür)mek; ~ *out* kafa yorarak çözmek; **~-head·ed** *adj.* şaşırmış, kafası bulanık.

pyg·my ['pıgmı] *n.* pigme; cüce; *attr.* cüce ..., bodur ...

py·ja·ma *Brt.* [pə'dʒɑ:mə] *adj.* pijamayla ilgili, pijama ...; **~s** *Brt.* [~əz] *n. pl.* pijama.

py·lon ['paılən] *n.* pilon, çelik direk.

pyr·a·mid ['pırəmıd] *n.* piramit.

pyre ['paıə] *n.* odun yığını.

Py·thag·o·re·an [paıθægə'rıən] **1.** *adj.* Pitagor ile ilgili; **2.** *n.* Pitagor yanlısı.

py·thon *zo.* ['paıθn] *n.* piton yılanı.

pyx *eccl.* [pıks] *n.* kutsal ekmeğin konduğu kutu.

Q

quack[1] [kwæk] **1.** *n.* ördek sesi; **2.** *v/i.* vakvaklamak, vaklamak.

quack[2] [~] **1.** *n.* şarlatan; *a.* ~ *doctor* yalancı doktor, doktor taslağı; **2.** *adj.* şarlatan ...; **3.** *v/i.* şarlatanlık etmek; **~·er·y** ['kwækərı] *n.* şarlatanlık.

quad·ran|gle ['kwɒdræŋgl] *n.* dörtgen; *(okul v.b.)* bahçe, avlu; **~·gu·lar** □ [kwɒ'dræŋgjʊlə]

dörtgen biçiminde olan.
quad·ren·nial □ [kwɒ'dreniəl] dört yılda bir olan; dört yıl süren.
quad·ru|ped ['kwɒdrʊped] *n.* dört ayaklı hayvan; **~·ple** [~pl] **1.** □ dört kısımlı; dört kişilik; **2.** *v/t. & v/i.* dört misli art(ır)mak; **~·plets** [~plıts] *n. pl.* dördüz.
quag·mire ['kwægmaıə] *n.* bataklık.
quail[1] *zo.* [kweıl] *n.* bıldırcın.
quail[2] [~] *v/i.* ürkmek, yılmak, sinmek.
quaint □ [kweınt] garip, tuhaf, antika.
quake [kweık] **1.** *v/i.* sallanmak, sarsılmak *(with, for -den);* **2.** *n.* F sarsıntı, deprem.
Quak·er ['kweıkə] *n.* Kuveykır mezhebi üyesi.
qual·i|fi·ca·tion [kwɒlıfı'keıʃn] *n.* nitelik, özellik; kayıt, şart; *gr.* niteleme; **~·fy** ['kwɒlıfaı] *v/t. & v/i.* hak kazan(dır)mak, ehliyetli kılmak; kısıtlamak, sınırlamak; tanımlamak; *gr.* nitelemek; **~·ty** [~ətı] *n.* özellik, nitelik; üstünlük; *econ.* kalite.
qualm [kwɑːm] *n.* vicdan azabı, pişmanlık; *oft.* *~s pl.* huzursuzluk, kuşku, tereddüt.
quan·da·ry ['kwɒndərı] *n.* şüphe, tereddüt; güç durum, ikilem.
quan·ti·ty ['kwɒntətı] *n.* nicelik; miktar.
quan·tum ['kwɒntəm] *(pl. -ta* [-tə]*) n.* miktar, tutar; pay, hisse; *phys.* kuantum.
quar·an·tine ['kwɒrəntiːn] **1.** *n.* karantina; **2.** *v/t.* karantinaya almak.
quar·rel ['kwɒrəl] **1.** *n.* tartışma, kavga; **2.** *(esp. Brt. -ll-, Am. -l-) v/i.* tartışmak, kavga etmek; **~·some** □ [~səm] kavgacı, huysuz.
quar·ry ['kwɒrı] **1.** *n.* taşocağı; *hunt.* av; *fig.* zengin kaynak, maden; **2.** *vb.* taşocağından çıkarmak.
quart [kwɔːt] *n.* kuart *(= 1,136 l).*
quar·ter ['kwɔːtə] **1.** *n.* çeyrek; çeyrek saat; üç aylık süre; *Am.* 25 sent; ⨯ hayatını bağışlama, aman; yön, taraf; bölge, semt, mahalle, yaka; *~s pl.* ⨯ kışla, ordugâh, konak; *a ~ (of an hour)* bir çeyrek saat; *a ~ to (Am. of) ya da a ~ past (Am. after) saat:* çeyrek kala *ya da* geçe; *at close ~s* yan yana, çok yakından; göğüs göğüse; *from official ~s* resmi makamdan; **2.** *v/t.* dörte ayırmak; parçalara ayırmak; ⨯ *(asker)* yerleştirmek; **~·back** *n. Amerikan futbolu:* oyunu yöneten oyuncu; **~-day** *n.* üç aylık ödeme günü; **~-deck** *n.* ⚓ kıç güvertesi; **~-fi·nal** *n. spor:* çeyrek final karşılaşması; *~s pl.* çeyrek final; **~·ly** [~lı] **1.** *adj.* üç aylık; **2.** *n.* üç ayda bir çıkan dergi; **~·mas·ter** *n.* ⨯ levazım subayı.
quar·tet(te) ♪ [kwɔː'tet] *n.* kuartet.
quar·to ['kwɔːtəʊ] *(pl. -tos) n.* dört yapraklık forma.
quartz *min.* [kwɔːts] *n.* kuvars; *~ clock, ~ watch* kuvars saat.
qua·si ['kweızaı] *prefix.* sözde, sözümona, güya, sanki.
qua·ver ['kweıvə] **1.** *n.* titreme; ♪ sesi titretme, tril; **2.** *vb. (ses)* titremek; ♪ *(şarkı v.b.)* titrek sesle söylemek.
quay [kiː] *n.* rıhtım, iskele.
quea·sy □ ['kwiːzı] *(-ier, -iest)* mide bulandırıcı; midesi bulanmış; *I feel ~* midem bulanıyor.
queen [kwiːn] *n.* kraliçe *(a. zo.); satranç:* vezir; *iskambil:* kız; *sl.* ibne; *~ bee* arı beyi, ana arı; **~·like** ['kwiːnlaık], **~·ly** [~lı] *adj.* kraliçe gibi; kraliçeye yaraşır.
queer [kwıə] *adj.* tuhaf, acayip, alışılmamış; F homoseksüel.

quench [kwentʃ] *v/t. (susuzluk v.b.)* gidermek; *(ateş v.b.)* söndürmek; *(ayaklanma v.b.)* bastırmak; *(çelik)* su vermek.
quer·u·lous □ ['kwerʊləs] şikayetçi, yakınan, titiz, aksi.
que·ry ['kwɪərɪ] **1.** *n.* soru; kuşku; **2.** *v/t.* sormak; kuşkulanmak.
quest [kwest] **1.** *n.* arama, araştırma; **2.** *vb.* aramak, araştırmak *(for -i).*
ques·tion ['kwestʃən] **1.** *n.* soru; sorun, konu; kuşku, şüphe; öneri, teklif; *beyond (all)* ~ elbette, kuşkusuz; *in* ~ söz konusu; *call in* ~ şüphe etmek; *that is out of the* ~ söz konusu olamaz, olanak yok; **2.** *v/t. -e* soru sormak; ⚖ sorguya çekmek; *-den* kuşku duymak; **~·a·ble** □ [~əbl] kuşkulu; kesin olmayan; **~·er** [~ə] *n.* soru soran kimse; ~ **mark** *n.* soru imi **~·mas·ter** *n. Brt. (TV ya da radyo programlarında)* soru soran kimse; **~·naire** [kwestɪə'neə] *n.* anket, sormaca.
queue [kjuː] **1.** *n.* kuyruk, sıra; **2.** *v/i. mst.* ~ *up* kuyruğa girmek; kuyruk olmak.
quib·ble ['kwɪbl] **1.** *n.* kaçamaklı yanıt, yanıltmaca; **2.** *v/i.* kaçamaklı yanıt vermek; ~ *with s.o. about ya da over s.th. b-le bş* hakkında tartışmak.
quick [kwɪk] **1.** *adj.* çabuk, hızlı, seri; anlayışlı, zeki; işlek, faal; *be* ~*!* Çabuk ol!; **2.** *n.* tırnak altındaki hassas et; *cut s.o. to the* ~ *b-ni* can evinden vurmak; **~·en** ['kwɪkən] *v/t. & v/i.* çabuklaş(tır)mak; canlan(dır)mak; **~-freeze** *(-froze, -frozen) v/t. (yiyecek)* çabucak dondurmak; **~·ie** *F* [~ɪ] *n.* çabucak yapılan şey; **~·ly** [~lɪ] *adv.* çabukça, hızlı hızlı; **~·ness** [~nɪs] *n.* çabukluk, sürat, hız; **~·sand** *n.* bataklık kumu; **~·set hedge** *n. esp. Brt.* köklü bitkilerden oluşan çit; **~·sil·ver** *n.* cıva; **~-wit·ted** *adj.* zeki, kavrayışlı, hazırcevap.
quid[1] [kwɪd] *n.* ağızda çiğnenen tütün parçası.
quid[2] *Brt. sl.* [~] *(pl.* ~*) n.* bir sterlin.
qui·es|cence [kwaɪ'esns] *n.* sakinlik, sessizlik, hareketsizlik; **~·cent** □ [~t] sakin, sessiz, hareketsiz; *fig.* uyuşuk.
qui·et ['kwaɪət] **1.** □ sessiz, sakin; hareketsiz, durgun; uslu *(çocuk)*; *be* ~*!* Sessiz olun!, Susun!; **2.** *n.* sessizlik; huzur; *on the* ~ gizlice, çaktırmadan; **3.** *esp. Am.* = **~·en** *esp. Brt.* [~tn] *v/t. & v/i.* sus(tur)mak, sakinleş(tir)mek *(a.* ~ *down)*; **~·ness** [~nɪs], **qui·e·tude** ['kwaɪɪtjuːd] *n.* sessizlik, sakinlik; huzur.
quill [kwɪl] *n. a.* ~*-feather zo.* büyük tüy; *a.* ~*-pen* tüy kalem; *zo.* kirpi oku.
quilt [kwɪlt] **1.** *n.* yorgan; **2.** *vb.* yorgan gibi dikmek.
quince ⚘ [kwɪns] *n.* ayva.
quin·ine [kwɪ'niːn, *Am.* 'kwaɪnaɪn] *n.* kinin.
quin·quen·ni·al □ [kwɪŋ'kwenɪəl] beş yılda bir olan; beş yıllık.
quin·sy ⚕ ['kwɪnzɪ] *n.* anjin.
quin·tal ['kwɪntl] *n.* kental, 100 kilo.
quin·tes·sence [kwɪn'tesns] *n.* öz, cevher; asıl nokta.
quin·tu|ple ['kwɪntjʊpl] **1.** □ beş misli, beş kat; **2.** *v/t. & v/i.* beş kat art(ır)mak; **~·plets** [~lɪts] *n. pl.* beşiz.
quip [kwɪp] **1.** *n.* alaylı şaka, iğneli söz; **2.** *(-pp-) v/i.* iğneli söz söylemek.
quirk [kwɜːk] *n.* acayiplik, tuhaflık; garip davranış; *arch.* kabartmalı süslemede girinti.
quit [kwɪt] **1.** *(-tt-; Brt.* ~*ted ya da* ~*, Am. mst.* ~*) v/t.* bırakmak, ter-

ketmek; *(evden)* çıkmak; *(işten)* ayrılmak; *v/i.* durmak, kesilmek, dinmek; gitmek; *give notice to* ~ *(işten, evden)* çıkmasını bildirmek; **2.** *pred. adj.* serbest, kurtulmuş *(of -den).*

quite [kwaıt] *adv.* tamamen, büsbütün; hayli, epey, pek; ~ *nice* pek güzel, çok iyi; ~ *(so)!* Ya öyle!, Gerçekten öyle!; ~ *the thing* *F* moda olmuş, modaya uygun; *she's ~ a beauty* gerçekten güzel bir kız, değişik bir güzelliği var.

quits *pred. adj.* [kwıts]: *be ~ with s.o.* *b-le* başabaş olmak; *b-le* fit olmak.

quit·ter *F* ['kwıtə] *n.* bir işi yarım bırakan kimse.

quiv·er[1] ['kwıvə] *v/t. & v/i.* titre(t)mek.

quiv·er[2] [~] *n.* ok kılıfı, sadak.

quiz [kwız] **1.** *(pl. quizzes) n.* alay, eğlence; test, kısa sınav; **2.** *(-zz-)* *v/t.* alay etmek; sorguya çekmek; sınavdan geçirmek; ~**·mas·ter** *esp. Am.* ['kwızmɑːstə] *n.* soru soran kimse; ~**·zi·cal** □ [~ıkl] şakaci, alaycı; tuhaf, gülünç.

quoit [kɔıt] *n.* oyunda atılan çember, halka; ~*s sg.* halka oyunu.

quo·rum ['kwɔːrəm] *n.* yetersayı, çoğunluk.

quo·ta ['kwəʊtə] *n.* hisse, pay; kota; kontenjan.

quo·ta·tion [kwəʊ'teıʃn] *n.* aktarma; aktarılan söz, alıntı; *econ.* piyasa rayici, fiyat; ~ **marks** *n. pl.* tırnak imi.

quote [kwəʊt] *vb.* aktarmak, alıntı yapmak; tırnak içine almak; *econ.* *(fiyat)* vermek.

quoth [kwəʊθ]: ~ *I* dedim.

quo·tid·i·an [kwɒ'tıdıən] *adj.* her gün olan, günlük.

quo·tient ⚠ ['kwəʊʃnt] *n.* bölüm.

R

rab·bi ['ræbaı] *n.* haham.

rab·bit ['ræbıt] *n.* tavşan.

rab·ble ['ræbl] *n.* ayaktakımı; ~**·rous·er** [~ə] *n.* demagog, halkavcısı; ~**·rous·ing** □ [~ıŋ] demagojik, halkın duygularını kamçılayan.

rab·id □ ['ræbıd] kudurmuş *(hayvan); fig.* öfkeden kudurmuş.

ra·bies *vet.* ['reıbiːz] *n.* kuduz.

rac·coon *zo.* [rə'kuːn] *n.* rakun.

race[1] [reıs] *n.* ırk, soy; tür, cins; familya, aile.

race[2] [~] **1.** *n.* yarış, koşu; yaşam süresi; akıntı; ~*s pl.* at yarışı; **2.** *v/t. & v/i.* yarış(tır)mak; koşturmak; ⊕ çok hızlı işle(t)mek; ~**·course** ['reıskɔːs] *n.* yarış pisti, parkur; ~**·horse** *n.* yarış atı;

rac·er ['reısə] *n.* yarış atı; yarış kayığı; yarış otomobili; yarışçı, koşucu.

ra·cial □ ['reıʃl] ırksal, ırk ...

rac·ing ['reısıŋ] *n.* yarış; yarışçılık; *attr.* yarış ...

rack [ræk] **1.** *n.* parmaklık; raf; portmanto, askılık; yemlik; *go to ~ and ruin* harabeye dönmek; mahvolmak; **2.** *v/t.* yormak; işkence etmek; acı vermek; ~ *one's brains* kafa yormak *ya da* patlatmak.

rack·et ['rækıt] **1.** *n.* raket; gürültü, şamata; *F* dolandırıcılık; **2.**

v/i. gürültü etmek, şamata yapmak.
rack·e·teer [rækə'tıə] *n.*şantajcı, haraççı; ~**·ing** [~ıərıŋ] *n.* şantajcılık, haraç kesme.
ra·coon *Brt. zo.* [rə'ku:n] = *raccoon.*
rac·y □ ['reısı] *(-ier, -iest)* canlı, dinç, zinde; baharlı, çeşnili; açık saçık.
ra·dar ['reıdɑ:] *n.* radar.
ra·di|ance ['reıdjəns] *n.* parlaklık, aydınlık; ~**·ant** □ [~t] parlak, parlayan; ışık saçan; *fig.* muhteşem, şaşaalı.
ra·di|ate ['reıdıeıt] *v/i.* ışın yaymak; *v/t.* yaymak, saçmak; ~**·a·tion** [reıdı'eıʃn] *n.* yayılma, radyasyon, ışınım; ~**·a·tor** ['reıdıeıtə] *n.* radyatör *(a. mot.)*
rad·i·cal ['rædıkl] **1.** □ ⚘, ⩓ kök ile ilgili; esaslı, köklü; *pol.* radikal; **2.** *n. pol.* radikal kimse, köktenci; ⩓ kök; ⚗ anamadde, eleman.
ra·di·o ['reıdıəʊ] **1.** *(pl. -os) n.* radyo; telsiz telefon *ya da* telgraf; ~ *play* radyo oyunu ~ *set* radyo; *by* ~ radyo ile, radyodan; *on the* ~ radyoda; **2.** *vb.* radyo ile yayımlamak; ~**·ac·tive** *adj.* radyoaktif, ışınetkin; ~ *waste* radyoaktif kalıntı; ~**·ac·tiv·i·ty** *n.* radyoaktivite; ~**·ther·a·py** *n.* radyoterapi, röntgen ile tedavi.
rad·ish ⚘ ['rædıʃ] *n.* turp; *(red)* ~ kırmızıturp.
ra·di·us ['reıdjəs] *(pl. -dii* [-dıaı], *-uses) n.* yarıçap.
raf·fle['ræfl] **1.** *n.* piyango, çekiliş; **2.** *vb.* piyango çekmek.
raft [rɑ:ft] **1.** *n.* sal; **2.** *v/t.* salla taşımak; ~**·er** ⊕ ['rɑ:ftə] *n.* kiriş; ~**s·man** *(pl. -men) n.* salcı.
rag[1] [ræg] *n.* bez parçası, paçavra; *in* ~*s* eski püskü, yırtık pırtık; ~*-and-bone man esp. Brt.* paçavracı, eskici.
rag[2] *sl.* [~] **1.** *n.* kaba şaka, muziplik; gürültü, şamata; **2.** *(-gg-) vb.* kızdırmak, takılmak; muziplik yapmak; etrafı gürültüye boğmak.
rag·a·muf·fin ['rægəmʌfın] *n.* üstü başı perişan sokak çocuğu.
rage [reıdʒ] **1.** *n.* öfke, hiddet; hırs, düşkünlük *(for -e); heyecan,* coşkunluk; *it is (all) the* ~ çok rağbet görüyor, moda oldu; **2.** *v/i.* öfkelenmek, kudurmak.
rag·ged □ ['rægıd] pürüzlü, pütürlü; yırtık pırtık, lime lime; dağınık *(saç).*
raid [reıd] **1.** *n.* akın, baskın; polis baskını; **2.** *vb.* baskın yapmak; akın etmek; yağma etmek.
rail[1] [reıl] *v/i.* küfretmek.
rail[2] [~] **1.** *n.* parmaklık, tırabzan; ⚓ küpeşte; 🚂 ray; demiryolu; *by* ~ demiryolu ile, trenle; *off the* ~*s fig.* raydan çıkmış; *run off (leave, jump) the* ~*s* raydan çıkmak; **2.** *v/t. a.* ~ *in,* ~ *off* parmaklıkla çevirmek.
rail·ing ['reılıŋ] *n. a.* ~*s pl.* parmaklık, korkuluk, tırabzan.
rail·ler·y ['reılərı] *n.* alay, şaka.
rail·road *Am.* ['reılrəʊd] *n.* demiryolu.
rail·way *esp. Brt.* ['reılweı] *n.* demiryolu; ~**·man** *(pl. -men) n.* demiryolu işçisi.
rain [reın] **1.** *n.* yağmur; ~*s pl.* yağış; *the* ~*s pl.* yağmur mevsimi; ~ *or shine* ne olursa olsun, her halde; **2.** *v/i.* yağmur yağmak; *it never* ~*s but it pours* aksilikler üst üste gelir; ~**·bow** ['reınbəʊ] *n.* gökkuşağı; ~**·coat** *n.* yağmurluk; ~**·fall** *n.* yağış miktarı; sağanak; ~**-proof 1.** *adj.* su *ya da* yağmur geçirmez; **2.** *n.* yağmurluk; ~**·y** □ ['reını] *(-ier, -iest)* yağmurlu; *a* ~ *day fig.* kara gün.
raise [reız] *v/t.* oft ~ *up* kaldırmak; artırmak, çoğaltmak; inşa

etmek, dikmek; ödünç almak *(para);* ayağa kaldırmak; büyütmek, yetiştirmek; *(ses)* yükseltmek; neden olmak, yol açmak; *(kuşatma)* kaldırmak.

rai·sin ['reızın] *n.* kuru üzüm.

rake [reık] **1.** *n.* tırmık; **2.** *v/t.* tırmıklamak, taramak; *fig.* karıştırmak, deşmek; *v/i.* ~ *about* aranıp durmak; **~-off** *F* ['reıkɒf] *n.* yolsuz kazanç, anafor.

rak·ish □ ['reıkıʃ] şık, zarif, modaya uygun.

ral·ly ['rælı] **1.** *n.* toplama; toplantı, miting; *(hasta)* iyileşme, toparlanma; *mot.* ralli; **2.** *v/i.* toplanmak; iyileşmek, toparlanmak.

ram [ræm] **1.** *n. zo.* koç; ♀ *ast.* Koç takımyıldızı; ⊕ şahmerdan; ⚓ mahmuz; **2.** *(-mm-) v/t.* vurmak, çakmak; toslamak; ⚓ mahmuzlamak; ~ *s.th. down s.o.'s throat fig. bşi b-ne* zorla kabul ettirmek.

ram|ble ['ræmbl] **1.** *n.* gezinme, gezinti; **2.** *v/i.* boş gezinmek; konuyu dağıtmak; **~·bler** [~ə] *n.* dolaşan kimse; *a.* ~ *rose* ⚘ çardak gülü; **~·bling** [~ıŋ] *adj.* dolaşan, avare; değişken, kararsız.

ram·i·fy ['ræmıfaı] *v/i.* çatallaşmak, dallanıp budaklanmak.

ramp [ræmp] *n.* dolandırıcılık, kazık atma.

ram·pant □ ['ræmpənt] şahlanmış; *fig.* başıboş kalmış, azgın.

ram·part ['ræmpɑːt] *n.* kale duvarı, sur, siper.

ram·shack·le ['ræmʃækl] *adj.* yıkılmaya yüz tutan, harap; cılız, sıska.

ran [ræn] *pret. of run 1.*

ranch [rɑːntʃ, *Am.* ræntʃ] *n.* büyük çiftlik; **~·er** ['rɑːntʃə, *Am.* 'ræntʃə] *n.* çiftlik sahibi; kovboy.

ran·cid □ ['rænsıd] acımış, ekşimiş, kokmuş.

ran·co(u)r ['ræŋkə] *n.* kin, garaz.

ran·dom ['rændəm] **1.** *n. at* ~ rasgele, gelişigüzel; **2.** *adj.* rasgele yapılan, gelişigüzel.

rang [ræŋ] *pret. of ring[1] 2.*

range [reındʒ] **1.** *n.* sıra, dizi, seri; menzil, erim; alan, saha; *econ.* seçme mal, koleksiyon; mutfak ocağı; hareket serbestliği; atış meydanı, poligon; *at close* ~ yakın mesafede; *within* ~ *of vision* görüş alanı içinde; *a wide* ~ *of ...* geniş ölçüde ...; **2.** *v/t.* & *v/i.* diz(il)mek, sıralamak; gezmek, dolaşmak; sınıflandırmak; uzanmak, yetişmek; ~ *from ... to ...*, ~ *between ... and ... ...* arasında değişmek; **rang·er** ['reındʒə] *n.* orman bekçisi, korucu; komando.

rank [ræŋk] **1.** *n.* sıra, dizi, saf; ✕ rütbe; aşama, mevki, derece; **~s** *pl., the* ~ *and file* erler, erat; *fig.* aşağı tabaka, halk tabakası; **2.** *v/t.* & *v/i.* sırala(n)mak, diz(il)mek; say(ıl)mak; rütbece üstün olmak *(above -den);* ~ *as ...* sayılmak; **3.** *adj.* verimli, bereketli; gür, bol; acımış, kokmuş.

ran·kle *fig.* ['ræŋkl] *v/i.* için için yemek, yüreğine dert olmak.

ran·sack ['rænsæk] *v/t.* araştırmak, altını üstüne getirmek; yağma etmek.

ran·som ['rænsəm] **1.** *n.* fidye, kurtulmalık; **2.** *v/t.* fidye ile kurtarmak.

rant [rænt] **1.** *n.* ağız kalabalığı; **2.** *vb.* ağız kalabalığı yapmak.

rap[1] [ræp] **1.** *n.* hafif vuruş; **2.** *(-pp-) v/t.* hafifçe vurmak, çarpmak.

rap[2] *fig.* [~] *n.* mangır, metelik.

ra·pa|cious □ [rə'peıʃəs] açgözlü, doymak bilmez; yırtıcı; **~·ci·ty** [rə'pæsətı] *n.* açgözlülük; yırtıcılık.

rape[1] [reıp] **1.** *n.* ırza geçme; zorla kaçırma; **2.** *v/t.* ırzına geçmek; *(kız)* kaçırmak.

rape² ⚘ [~] *n.* kolza.
rap·id ['ræpɪd] **1.** □ hızlı, çabuk, tez, süratli; **2.** *n.* ~*s pl.* ivinti yeri; **ra·pid·i·ty** [rə'pɪdətɪ] *n.* sürat, hız.
rap·proche·ment *pol.* [ræ'prɒʃmɑ̃ːŋ] *n.* uzlaşma.
rapt □ [ræpt] dalgın, dalmış; hayran; **rap·ture** ['ræptʃə] *n.* kendinden geçme; *go into* ~*s* kendinden geçmek, sevinçten deliye dönmek.
rare □ [reə] *(~r, ~st)* seyrek, nadir, az bulunur; *phys.* yoğun olmayan *(hava); F* olağanüstü, nefis.
rare·bit ['reəbɪt]: *Welsh* ~ kızarmış ekmeğe sürülen peynir.
rar·e·fy ['reərɪfaɪ] *v/t. & v/i.* seyrekleş(tir)mek.
rar·i·ty ['reərətɪ] *n.* seyreklik, nadirlik.
ras·cal ['rɑːskəl] *n.* çapkın, serseri, alçak herif, teres; *co.* kerata, yaramaz; ~**·ly** [~ɪ] *adj.* alçak, hain.
rash¹ □ [ræʃ] aceleci, sabırsız, düşüncesiz.
rash² ⚕ [~] *n.* isilik.
rash·er ['ræʃə] *n.* ince jambon *v.b.* dilimi.
rasp [rɑːsp] **1.** *n.* raspa, kaba törpü; **2.** *v/t.* törpülemek, rendelemek.
rasp·ber·ry ⚘ ['rɑːzbərɪ] *n.* ahududu.
rat [ræt] *n. zo.* sıçan; *pol.* karşı tarafa geçen milletvekili; *smell a* ~ bir hile sezmek, kuşkulanmak; ~*s! sl.* Saçma!, Boş laf!
rate [reɪt] **1.** *n.* oran; hız, sürat; fiyat, ücret; rayiç; sınıf, çeşit, derece; belediye vergisi; *at any* ~ her nasılsa, her halde; ~ *of exchange* döviz kuru; ~ *of interest* faiz oranı; **2.** *vb.* değer biçmek; vergi koymak; ~ *among* ... arasında sayılmak, ... gözü ile bakılmak.
ra·ther ['rɑːðə] *adv.* oldukça, bir hayli, epeyce; daha doğrusu; ~*! F* Hem de nasıl!, Sorulur mu!; *I had ya da would* ~ *(not) go* git-me(me)yi yeğlerim, git(me)sem daha iyi.
rat·i·fy *pol.* ['rætɪfaɪ] *v/t.* onaylamak.
rat·ing ['reɪtɪŋ] *n.* değerlendirme, takdir; vergi oranı; ⚓ deniz eri, tayfa; ⚓ hizmet derecesi.
ra·ti·o A ['reɪʃɪəʊ] *(pl. -os) n.* oran.
ra·tion ['ræʃn] **1.** *n.* pay, hisse; **2.** *v/t.* karneye bağlamak.
ra·tion·al □ ['ræʃənl] aklı başında, mantıklı, akıl sahibi; ~**·i·ty** [ræʃə'nælətɪ] *n.* akıl, aklıselim; ~**·ize** ['ræʃnəlaɪz] *v/t.* mantıklı kılmak.
rat race ['rætreɪs] *n.* anlamsız mücadele, hengâme.
rat·tle ['rætl] **1.** *n.* takırtı, çıtırtı; gevezelik, boş laf; çıngırak; **2.** *v/t. & v/i.* takırda(t)mak; gevezelik etmek; ~ *off* çabucak okumak; ~**-brain,** ~**-pate** *n.* geveze kimse, çalçene; ~**·snake** *n. zo.* çıngıraklıyılan; ~**·trap** *n. fig.* külüstür araba.
rat·tling ['rætlɪŋ] **1.** *adj.* tıkırdayan; *F* vızır vızır işleyen, canlı; **2.** *adv. F* son derece, çok; ~ *good* son derece iyi.
rau·cous □ ['rɔːkəs] boğuk, kısık.
rav·age ['rævɪdʒ] **1.** *n.* harap etme; **2.** *v/t.* harap etmek, yakıp yıkmak.
rave [reɪv] *v/i.* küplere binmek, kudurmak; *fig.* bayılmak *(about, of -e).*
rav·el ['rævl] *(esp. Brt. -ll-, Am. -l-) v/t.* dolaştırmak, karıştırmak; ~ *(out)* sökmek, ayırmak; *v/i. a.* ~ *out* açılmak, çözülmek.
ra·ven *zo.* ['reɪvn] *n.* kuzgun.
rav·e·nous □ ['rævənəs] obur, pisboğaz, doymak bilmez.
ra·vine [rə'viːn] *n.* dağ geçidi, boğaz.

rav·ings ['reıvıŋz] *n. pl.* deli saçması sözler.
rav·ish ['rævıʃ] *v/t.* çok sevindirmek, coşturmak, kendinden geçirmek; **~·ing** □ [~ıŋ] alımlı, büyüleyici, aklını başından alan; **~·ment** [~mənt] *n.* kendinden geçme; ırza tecüvüz.
raw □ [rɔː] pişmemiş, çiğ; işlenmemiş, ham; soğuk ve rutubetli *(hava);* acemi, toy; **~·boned** ['rɔːbəʊnd] *adj.* zayıf, çelimsiz; **~ hide** *n.* ham deri.
ray [reı] *n.* ışın; *fig.* iz, eser.
ray·on ['reıɒn] *n.* yapay ipek.
raze [reız] *v/t.* *(ev v.b.)* temelinden yıkmak; ~ *s.th. to the ground bşi* yerle bir etmek.
ra·zor ['reızə] *n.* ustura; traş makinesi; **~-blade** *n.* jilet; **~-edge** *n. fig.* kritik durum; *be on a ~* kritik durumda olmak.
re- [riː] *prefix* yeniden, tekrar; geriye.
reach [riːtʃ] **1.** *n.* uzanma, yetişme; menzil, erim; *beyond ~, out of ~* erişilmez, yetişilmez; *within easy ~* kolay erişilebilir; **2.** *v/i.* varmak, ulaşmak, gelmek; erişmek, uzanmak; *v/t.* elini uzatıp almak; elden ele geçirmek, uzatmak; *a. ~ out (elini, kolunu)* uzatmak.
re·act [rı'ækt] *vb.* tepki göstermek *(to -e);* karşılık vermek; etki etmek *(on, upon -e).*
re·ac·tion [rı'ækʃn] *n.* tepki; ⚗ reaksiyon, tepkime; *pol.* gericilik; **~·a·ry** [~nərı] *n. & adj.* gerici.
re·ac·tor *phys.* [rı'æktə] *n.* reaktör.
read 1. [riːd] *(read* [red]*) vb.* okumak; yorumlamak; *(termometre)* göstermek; çözmek; *~ to s.o. b-ne* okumak; *~ medicine* tıpta okumak; **2.** [red] *pret. & p.p. of 1;*
rea·da·ble □ ['riːdəbl] okunaklı; okumaya değer; **read·er** [~ə] *n.* okuyucu, okur; *print.* düzeltmen; *univ.* okutman; okuma kitabı.
read·i|ly ['redılı] *adv.* gönüllü olarak, seve sev; kolayca; **~·ness** [~nıs] *n.* hazır olma; isteklilik; kolaylık.
read·ing ['riːdıŋ] *n.* oku(n)ma *(a. parl.); (termometre)* kaydedilen ölçüm; okuma biçimi; yorum; *attr.* okuma ...
re·ad·just ['riːə'dʒʌst] *v/t.* yeniden düzenlemek; ⊕ yeniden ayarlamak; **~·ment** [~mənt] *n.* yeniden düzenleme; ⊕ yeniden ayarlama.
read·y □ ['redı] *(-ier, -iest)* hazır; istekli, gönüllü, razı; elde bulunan, hazır; seri, çabuk; *econ.* nakit *(para); ~ for use* kullanıma hazır; *get ~* hazırla(n)mak; *~ cash, ~ money* nakit para, hazır para; **~-made** *adj.* hazır, konfeksiyon ...
re·a·gent ⚗ [riː'eıdʒənt] *n.* miyar.
real □ [rıəl] gerçek, asıl; samimi, içten; **~ estate** *n.* taşınmaz mal, mülk.
re·a·lis|m ['rıəlızəm] *n.* realizm, gerçekçilik; **~t** [~ıst] *n.* realist, gerçekçi; **~·tic** [rıə'lıstık] *(~ally) adj.* gerçekçi; gerçeğe uygun.
re·al·i·ty [rı'ælətı] *n.* realite, gerçeklik.
re·a·li|za·tion [rıəlaı'zeıʃn] *n.* gerçekleştirme; farketme, anlama; *econ.* paraya çevirme; **~ze** ['rıəlaız] *v/t.* farkına varmak, anlamak; gerçekleştirmek; *econ.* paraya çevirmek.
real·ly ['rıəlı] *adv.* gerçekten; *~!* Gerçekten mi!, Öyle mi!
realm [relm] *n.* krallık; ülke, diyar.
real|tor *Am.* ['rıəltə] *n.* emlakçi; **~·ty** ⚖ [~ı] *n.* taşınmaz mal, mülk.
reap [riːp] *vb.* biçmek, oraklamak; *fig.* semeresini almak; **~·er** ['riːpə] *n.* orakçı; biçerdöver.
re·ap·pear ['riːə'pıə] *v/i.* yeniden

ortaya çıkmak.
rear [rıə] **1.** *v/t.* yetiştirmek, büyütmek; *v/i.* yükselmek, şahlanmak; **2.** *n.* arka, geri; *mot.*, ⚓ kıç; ⚔ artçı; *at (Am. in) the* ~ *of -in* arkasında; **3.** *adj.* arkadaki, arka ..., geri ...; ~ *wheel drive* arkadan itiş; ~**-ad·mi·ral** ⚓ ['rıə'ædmərəl] *n.* tuğamiral; ~**·guard** *n.* ⚔ artçı; ~**-lamp,** ~**-light** *n. mot.* arka lamba, kuyruk lambası.
re·arm ⚔ ['riː'ɑːm] *v/t. & v/i.* yeniden silahlan(dır)mak; **re·ar·ma·ment** ⚔ [~məmənt] *n.* yeniden silahlan(dır)ma.
rear|most ['rıəməʊst] *adj.* en arkadaki; ~**-view mir·ror** *n. mot.* dikiz aynası; ~**·ward** [~wəd] **1.** *adj.* arkadaki; **2.** *adv. a.* ~*s* arkaya doğru.
rea·son ['riːzn] **1.** *n.* neden, sebep; akıl, sağduyu; insaf, hak; *by* ~ *of ...* nedeniyle, *-den* dolayı; *for this* ~ bu nedenle; *listen to* ~ laf anlamak, söz dinlemek; *it stands to* ~ *that* belli bir şey ki, apaçıktır ki; **2.** *v/i.* mantıklı olmak; tartışmak, görüşmek; *v/t.* sonuç çıkarmak *(from -den); a.* ~ *out* düşünmek, usa vurmak; ~ *away* konuşarak bir sonuca varmak, nedenlerini bulmak; ~ *s.o. into (out of) s.th. b-ne bşi* nedenlerini anlatarak yaptırmak (vazgeçirmek); **rea·so·na·ble** □ [~əbl] mantıklı, akla yatkın.
re·as·sure ['riːəʃʊə] *v/t.* yeniden güven vermek.
re·bate ['riːbeıt] *n. econ.* indirim, iskonto.
reb·el[1] ['rebl] **1.** *n.* isyancı, asi; **2.** *adj.* ayaklanan, baş kaldıran.
re·bel[2] [rı'bel] *v/i.* isyan etmek, ayaklanmak; ~**·lion** [~ljən] *n.* isyan, ayaklanma; ~**·lious** [~ljəs] = *rebel*[1] *2.*
re·birth ['riː'bɜːθ] *n.* yeniden doğma.
re·bound [rı'baʊnd] **1.** *v/i.* geri sekmek; **2.** [*mst.* 'riːbaʊnd] *n.* geri sekme; *spor:* ribaunt.
re·buff [rı'bʌf] **1.** *n.* ret; ters cevap, tersleme; **2.** *v/t.* reddetmek; terslemek.
re·build ['riː'bıld] *(-built) v/t.* yeniden yapmak.
re·buke [rı'bjuːk] **1.** *n.* azar, paylama; **2.** *v/t.* azarlamak, paylamak.
re·but [rı'bʌt] *(-tt-) v/t.* boşa çıkarmak, çürütmek *(iddia v.b.).*
re·call [rı'kɔːl] **1.** *n.* geri çağırma; hatırlama, anımsama; *beyond* ~, *past* ~ geri alınamaz, dönülemez; hatırlanamaz; **2.** *v/t.* geri çağırmak; hatırlatmak, anımsatmak; geri almak, iptal etmek; *econ. (sermaye)* geri çekmek.
re·ca·pit·u·late [riːkə'pıtjʊleıt] *v/t.* özetlemek.
re·cap·ture ['riː'kæptʃə] *v/t.* yeniden ele geçirmek, geri almak *(a.* ⚔ *); fig.* hatırlamak.
re·cast ['rı'kɑːst] *(-cast) v/t.* ⊕ yeniden dökmek; yeni bir biçime sokmak; *thea. (oyuncuları)* değiştirmek.
re·cede [rı'siːd] *v/i.* geri çekilmek; *receding* basık, içeri kaçık *(alın, çene).*
re·ceipt [rı'siːt] **1.** *n.* alındı, makbuz; reçete; ~*s pl.* gelir; **2.** *v/t.* makbuz vermek.
re·cei·va·ble [rı'siːvəbl] *adj.* alınabilir; *econ.* tahsil edilebilir, toplanabilir; **re·ceive** [~v] *v/t.* almak; kabul etmek, misafir etmek; içine almak, taşımak; **re·ceived** *adj.* teslim alınmış; **re·ceiv·er** [~ə] *n.* alıcı; *teleph.* ahize; *official* ~ ⚖ iflas masası görevlisi.
re·cent □ ['riːsnt] yakında olmuş, yeni, son; ~ *events pl.* son günlerde olmuş olaylar, aktüalite; ~**·ly** [~lı] *adv.* son zamanlarda, geçenlerde, şu yakınlarda.
re·cep·ta·cle [rı'septəkl] *n.* kap;

depo.
re·cep·tion [rı'sepʃn] *n.* kabul; kabul töreni; *radyo, TV:* yayını alma; *otel:* resepsiyon; ~ **desk** *n. otel:* resepsiyon; ~**·ist** [~ıst] *n.* resepsiyon memuru; ~ **room** *n.* kabul odası.
re·cep·tive □ [rı'septıv] çabuk kavrayan, kavrayışı güçlü.
re·cess [rı'ses] *n.* paydos, ara, *Am. a.* tenefüs; *esp. parl.* tatil; girinti, boşluk; ~*es pl. fig.* iç taraf, gizli bölüm; **re·ces·sion** [~ʃn] *n.* geri çekilme, gerileme; *econ.* durgunluk.
re·ci·pe ['resıpı] *n.* yemek tarifi; reçete.
re·cip·i·ent [rı'sıpıənt] *n.* alıcı, alan kimse.
re·cip·ro|cal [rı'sıprəkl] *adj.* karşılıklı; ~**·cate** [~eıt] *v/i.* misillemede bulunmak, karşılık vermek; ⊕ ileri geri çalışmak; *v/t.* karşılıklı alıp vermek; *-in* karşılığını vermek; ~**·ci·ty** [resı'prɒsətı] *n.* karşılıklı durum, karşılıklık.
re·cit·al [rı'saıtl] *n.* ezberden okuma; anlatma; ♪ resital; **re·ci·ta·tion** [resı'teıʃn] *n.* ezberden okuma; ezberlenecek parça; **re·cite** [rı'saıt] *v/t.* ezberden okumak; anlatmak, sayıp dökmek.
reck·less □ ['reklıs] kayıtsız, umursamaz, aldırmaz, düşüncesiz.
reck·on ['rekən] *v/t.* hesaplamak, saymak; *a.* ~ *for,* ~ *as* ... gözüyle bakmak, ... olarak görmek; ~ *up* hesaplamak; *v/i.* sayı saymak; ~ *on,* ~ *upon -e* güvenmek, *-e* bel bağlamak; ~**·ing** ['reknıŋ] *n.* hesap; hesaplama; *be out in one's* ~ hesabında yanılmak.
re·claim [rı'kleım] *v/t.* geri istemek; iyileştirmek, yoluna koymak, elverişli duruma getirmek; ⊕ temizlemek.
re·cline [rı'klaın] *vb.* arkaya dayanmak, yaslanmak; uzanmak, yatmak; ~*d* uzanmış, yatmış.
re·cluse [rı'klu:s] *n.* dünyadan elini eteğini çekmiş kimse.
rec·og·ni|tion [rekəg'nıʃn] *n.* tanı(n)ma; kabul, onama; ~**ze** ['rekəgnaız] *v/t.* tanımak; kabul etmek, onaylamak; farkına varmak, görmek.
re·coil 1. [rı'kɔıl] *v/i.* geri çekilmek; *(silah)* geri tepmek; **2.** ['ri:kɔıl] *n.* geri çekilme; *(silah)* geri tepme.
rec·ol·lect[1] [rekə'lekt] *v/t.* hatırlamak.
re-col·lect[2] ['ri:kə'lekt] *v/t.* yeniden toplamak; ~ *o.s. k-ni* toplamak.
rec·ol·lec·tion [rekə'lekʃn] *n.* hatırlama; hatıra, anı.
rec·om|mend [rekə'mend] *v/t.* tavsiye etmek, salık vermek; öğütlemek; ~**·men·da·tion** [rekəmen'deıʃn] *n.* tavsiye, salık verme; tavsiye mektubu.
rec·om·pense ['rekəmpens] **1.** *n.* ödül; karşılık; ceza; tazminat; **2.** *v/t.* ödüllendirmek; cezalandırmak; tazminat vermek.
rec·on|cile ['rekənsaıl] *v/t.* barıştırmak, uzlaştırmak; bağdaştırmak; ~**·cil·i·a·tion** [rekənsılı'eıʃn] *n.* barış(tır)ma, uzlaştırma.
re·con·di·tion ['ri:kən'dıʃn] *v/t.* onarıp yenilemek; ⊕ rektifiye etmek.
re·con|nais·sance [rı'kɒnısəns] *n.* ✕ keşif; *fig.* kavrama, anlayış; ~**·noi·tre,** *Am.* ~**·noi·ter** [rekə'nɔıtə] *vb.* ✕ keşif yapmak, incelemek.
re·con·sid·er ['ri:kən'sıdə] *v/t.* tekrar düşünmek.
re·con·sti·tute ['ri:'kɒnstıtju:t] *v/t.* yeniden kurmak *ya da* oluşturmak.
re·con|struct ['ri:kən'strʌkt] *v/t.* yeniden yapmak; ~**·struc·tion**

[~kʃn] *n.* yeniden yapma.
re·con·vert ['riːkən'vɜːt] *v/t.* yeniden düzenlemek.
rec·ord[1] ['rekɔːd] *n.* kayıt, not; ⚖ tutanak; belge; sicil, dosya; liste, cetvel; plak; *spor:* rekor; *place on* ~ kaydetmek; ~ *office* arşiv; *off the* ~ resmi olmayan.
re·cord[2] [rɪ'kɔːd] *v/t.* kaydetmek, yazmak, not etmek; banda almak; **~·er** [~ə] *n.* sicil memuru, kayıt memuru; yargıç; teyp; ♪ blokflüt; **~·ing** [~ɪŋ] *n. radyo, TV:* kayıt; bant; ~ **play·er** ['rekɔːd-] *n.* pikap.
re·count [rɪ'kaʊnt] *v/t.* anlatmak.
re·coup [rɪ'kuːp] *v/t.* zararını ödemek, karşılamak.
re·course [rɪ'kɔːs] *n.* başvuru; *have* ~ *to -e* başvurmak.
re·cov·er [rɪ'kʌvə] *v/t.* yeniden ele geçirmek, geri almak; yeniden bulmak; telafi etmek, karşılamak; *be ~ed* eski sağlığına kavuşmak; *v/i.* iyileşmek; kendine gelmek; **~·y** [~rɪ] *n.* geri alma; iyileşme; *past* ~ umutsuz, çaresiz.
re·cre|ate ['rekrɪeɪt] *v/t.* eğlendirmek, dinlendirmek; *v/i. a.* ~ *o.s.* eğlenmek, dinlenmek; **~·a·tion** [rekrɪ'eɪʃn] *n.* eğlence, dinlenme.
re·crim·i·na·tion [rɪkrɪmɪ'neɪʃn] *n.* birbirini suçlama.
re·cruit [rɪ'kruːt] **1.** *n.* acemi er; *fig.* acemi, deneyimsiz kimse; **2.** *v/t. & v/i.* iyileş(tir)mek; ✕ asker toplamak, silah altına çağırmak.
rec·tan·gle A ['rektæŋgl] *n.* dikdörtgen.
rec·ti|fy ['rektɪfaɪ] *v/t.* düzeltmek, doğrultmak; ⚡ doğru akıma çevirmek; **~·tude** [~tjuːd] *n.* doğruluk, dürüstük.
rec|tor ['rektə] *n.* papaz; rektör; **~·to·ry** [~rɪ] *n.* papaz konutu.
re·cum·bent □ [rɪ'kʌmbənt] yatan, uzanmış; yaslanan.
re·cu·pe·rate [rɪ'kjuːpəreɪt] *v/i.* iyileşmek.
re·cur [rɪ'kɜː] *(-rr-) v/i.* tekrar dönmek *(to -e); (olay v.b.)* tekrar olmak, tekrarlamak; **~·rence** [rɪ'kʌrəns] *n.* tekrar olma, yinelenme; **~·rent** □ [~nt] tekrar olan, yinelenen.
re·cy|cle [riː'saɪkl] *v/t. (kullanılmış maddeyi)* yeniden işlemek, değerlendirmek; **~·cling** [~ɪŋ] *n.* yeniden işleme.
red [red] **1.** *adj.* kırmızı, al; ~ *heat (metal)* tav; ~ *tape* bürokrasi, kırtasiyecilik; **2.** *n.* kırmızı renk; *esp. pol.* kızıl, komünist; *be in the* ~ borç içinde olmak.
red|breast *zo.* ['redbrest] *n. a. robin* ~ kızılgerdan; **~·cap** *n.* askeri polis, inzibat; *Am.* bagaj hamalı; **~·den** ['redn] *v/t. & v/i.* kırmızılaş(tır)mak, kızıllaş(tır)mak; **~·dish** [~ɪʃ] *adj.* kırmızımsı, kırmızımtırak.
re·dec·o·rate ['riː'dekəreɪt] *v/t.* yeniden dekore etmek.
re·deem [rɪ'diːm] *v/t.* fidye vererek kurtarmak; rehinden kurtarmak; *(günahını)* bağışlatmak; paraya çevirmek; **♀·er** *eccl.* [~ə] *n.* Hazreti İsa.
re·demp·tion [rɪ'dempʃn] *n.* rehinden kurtarma; kurtarma; kurtulma.
re·de·vel·op [riːdɪ'veləp] *v/t.* yeniden inşa etmek.
red|-hand·ed ['red'hændɪd]: *catch s.o.* ~ *b-ni* suçüstü yakalamak; **~·head** *n.* kızıl saçlı kimse; **~-head·ed** *adj.* kızıl saçlı; **~-hot** *adj.* kızgın; *fig.* öfkesi burnunda; ♀ **In·di·an** *n.* Kızılderili; **~-let·ter day** *n.* yortu günü; *fig.* önemli gün; **~·ness** [~nɪs] *n.* kırmızılık, kızıllık; **~-nosed** *adj.* kızarmış burunlu.
red·o·lent ['redələnt] *adj.* güzel kokulu.
re·dou·ble ['riː'dʌbl] *v/t. & v/i.* bü-

yük ölçüde art(ır)mak.
re·dress [rı'dres] **1.** *n.* düzeltme, çare; ⚖ tazminat; **2.** *v/t.* düzeltmek; telafi etmek.
red-tap·ism ['red'teıpızəm] *n.* bürokrasi, kırtasiyecilik.
re·duce [rı'dju:s] *v/t.* azaltmak, indirmek; küçültmek; *(fiyat)* düşürmek, kırmak; zorunda bırakmak, *-e* düşürmek; fethetmek; A, ⚗ indirgemek; ⚕ *(çıkık kol v.b.)* yerine oturtmak; ~ *to writing* yaz(dır)mak, kaleme almak; **re·duc·tion** [rı'dʌkʃn] *n.* azal(t)ma, indirme; indirim, iskonto; küçültülmüş şey; ⚕ çıkık kol *v.b.*'ni yerine oturtma.
re·dun·dant □ [rı'dʌndənt] gereğinden fazla; fazla sözle anlatılmış, ağdalı.
reed [ri:d] *n.* ⚘ kamış, saz; kamış düdük.
re-ed·u·ca·tion ['ri:edjʊ'keıʃn] *n.* yeniden eğitme.
reef [ri:f] *n.* resif, kayalık; ⚓ camadan.
ree·fer ['ri:fə] *n.* denizci ceketi; *sl.* esrarlı sigara.
reek [ri:k] **1.** *n.* duman, sis; pis koku; **2.** *v/i.* tütmek; pis kokmak.
reel [ri:l] **1.** *n.* makara, bobin; film makarası; çıkrık; **2.** *v/t.* ~ *(up)* makaraya sarmak; *v/i.* sendelemek; başı dönmek.
re-e·lect ['ri:ı'lekt] *v/t.* yeniden seçmek.
re-en·ter [ri:'entə] *vb.* yeniden girmek *ya da* katılmak.
re-es·tab·lish ['ri:ı'stæblıʃ] *v/t.* yeniden kurmak.
ref *F* [ref] = *referee.*
re·fer [rı'fɜ:]: ~ *to -e* göndermek, *-e* havale etmek; *-e* başvurmak, *-e* bakmak; *-e* atfetmek, *-e* bağlamak; *-den* söz etmek, anmak; *-e* ilişkin olmak, *-e* ait olmak.
ref·er·ee [refə'ri:] *n.* hakem; *boks:* ring hakemi.
ref·er·ence ['refrəns] *n.* referans; gönderme, havale etme; başvurma; ilgi, ilişki; ima; *in ya da with* ~ *to -e* ilişkin olarak, *ile* ilgili olarak; *-e* gelince; *-e* göre; ~ *book* başvuru kitabı; ~ *library* araştırma için başvurulan kütüphane; ~ *number* dosya *ya da* evrak numarası; *make* ~ *to -den* söz etmek; *-e* başvurmak, *-e* bakmak.
ref·e·ren·dum [refə'rendəm] *n.* referandum, halkoylaması.
re·fill 1. ['ri:fıl] *n.* yedek; yedek kalem içi; **2.** ['ri:'fıl] *v/t.* yeniden doldurmak.
re·fine [rı'faın] *v/t.* arıtmak; inceltmek, kabalığını gidermek; geliştirmek; ~ *on,* ~ *upon* geliştirmek; ~**d** *adj.* arıtılmış; kibar, zarif; ~**·ment** [~mənt] *n.* arıtma; kibarlık, incelik; geliştirme; **re·fin·e·ry** [~ərı] *n.* ⊕ rafineri, arıtımevi; *metall.* dökümhane.
re·fit ⚓ ['ri:'fıt] *(-tt-) v/t. (gemi)* yeniden donatmak; *v/i.* yeniden donatılıp sefere hazır olmak.
re·flect [rı'flekt] *v/t.* & *v/i.* yansı(t)mak, akset(tir)mek *(a. fig.)*; ~ *on,* ~ *upon* iyice düşünmek, ölçüp biçmek; *fig. -e* leke sürmek; **re·flec·tion** [~kʃn] *n.* yansıma, aksetme; yankı; düşünce, fikir; *fig.* leke; **re·flec·tive** □ [~tıv] yansıtan; yansıyan; düşünceli.
re·flex ['ri:fleks] **1.** *adj.* yansımalı; tepkeli; refleks ...; **2.** *n.* refleks, tepke, yansı *(a. physiol.)*.
re·flex·ive □ *gr.* [rı'fleksıv] dönüşlü.
re·for·est ['ri:'fɒrıst] *v/t.* ağaçlandırmak.
re·form[1] [rı'fɔ:m] **1.** *n.* reform, düzeltme, iyileştirme; **2.** *v/t.* & *v/i.* düzel(t)mek, iyileş(tir)mek.
re-form[2] ['ri:fɔ:m] *v/t.* yeniden kurmak; ⚔ yeniden sıraya dizmek.
ref·or·ma·tion [refə'meıʃn] *n.* dü-

zel(t)me, iyileş(tir)me; *eccl.* ♀ Reformasyon, dinsel devrim; **re·for·ma·to·ry** [rı'fɔːmətərı] **1.** *adj.* düzeltici, iyileştirici; **2.** *n.* ıslahevi; **re·form·er** [~ə] *n.* reformcu.

re·fract [rı'frækt] *v/t.* *(ışın)* kırmak; **re·frac·tion** [~kʃn] *n.* kırılma; **re·frac·to·ry** □ [~ktərı] inatçı, dik başlı; ⚕ tedavisi güç; ⊕ ısıya dayanıklı.

re·frain [rı'freın] **1.** *v/i.* çekinmek, sakınmak *(from -den)*; vazgeçmek *(from -den)*; **2.** *n.* ♪ nakarat.

re·fresh [rı'freʃ] *v/t.* & *v/i.* canlan(dır)mak, dinçleş(tir)mek; serinle(t)mek; yenilemek, tazelemek; ~ *o.s.* dinlenmek; ferahlamak; **~·ment** [~mənt] *n.* canlan(dır)ma; meşrubat.

re·fri·ge|rate [rı'frıdʒəreıt] *v/t.* soğutmak; **~·ra·tor** [~ə] *n.* buzdolabı; ~ *van, Am.* ~ *car* 🚃 frigorifik vagon, soğutucu vagon.

re·fu·el ['riː'fjʊəl] *v/i.* yeniden yakıt almak.

ref|uge ['refjuːdʒ] *n.* sığınık, barınak; çare; **~·u·gee** [refjʊ'dʒiː] *n.* mülteci, sığınık; ~ *camp* mülteci kampı.

re·fund 1. [riː'fʌnd] *v/t.* *(para)* geri ödemek; **2.** ['riːfʌnd] *n.* geri ödeme; geri ödenen para.

re·fur·bish ['riː'fɜːbıʃ] *v/t.* yeniden cilalamak; *fig.* *(bilgi)* tazelemek.

re·fus·al [rı'fjuːzl] *n.* ret, kabul etmeme, geri çevirme; ret hakkı.

re·fuse[1] [rı'fjuːz] *v/t.* reddetmek, kabul etmemek, geri çevirmek; ~ *to do s.th.* *bş* yapmayı reddetmek; *v/i.* *(at)* ürkmek.

ref·use[2] ['refjuːs] *n.* süprüntü, çöp, döküntü.

re·fute [rı'fjuːt] *v/t.* yalanlamak, çürütmek.

re·gain [rı'geın] *v/t.* yeniden ele geçirmek *ya da* kazanmak.

re·gal □ ['riːgl] kral ile ilgili; şahane.

re·gale [rı'geıl] *v/t.* ağırlamak; eğlendirmek; ~ *o.s. on -in* tadını çıkarmak; ağız tadıyla yemek.

re·gard [rı'gɑːd] **1.** *n.* bakış, nazar; saygı; dikkat, önem; ilişki; *with* ~ *to -e* ilişkin olarak; *-e* gelince; ~*s pl.* selam; *kind* ~*s* saygılar; **2.** *vb.* dikkatle bakmak; göz önünde tutmak, hesaba katmak; saygı göstermek; aldırmak, dikkat etmek; ~ *s.o. as b-ni* ... gözüyle bakmak; *as* ~*s ile* ilişkin olarak; *-e* gelince; **~·ing** [~ıŋ] *prp.* ilişkin, hakkında, *ile* ilgili; *-e* gelince; **~·less** □ [~lıs]: ~ *of -e* aldırmayarak, *-e* bakmayarak.

re·gen·e·rate [rı'dʒenəreıt] *v/t.* & *v/i.* yeniden hayat vermek, canlandırmak; iyileş(tir)mek; yeniden oluş(tur)mak.

re·gent ['riːdʒənt] *n.* kral naibi; *Prince* ♀ naip prens.

re·gi·ment ✕ ['redʒımənt] **1.** *n.* alay; **2.** [~ment] *vb.* alay oluşturmak; **~·als** ✕ [redʒı'mentlz] *n. pl.* askeri üniforma.

re·gion ['riːdʒən] *n.* bölge, yöre; *fig.* alan, çevre; **~·al** □ [~l] bölgesel, yöresel.

re·gis·ter ['redʒıstə] **1.** *n.* sicil; kayıt; kütük; liste, katalog, fihrist; ⊕ supap, valf; ♪ ses perdesi; *cash* ~ otomatik yazar kasa; **2.** *v/t.* kaydetmek; sicile geçirmek; *(termometre v.b.)* göstermek, kaydetmek; *(mektup)* taahhütlü göndermek; *v/i.* kaydolmak, yazılmak; ~*ed letter* taahhütlü mektup.

re·gis|trar [redʒı'strɑː] *n.* sicil memuru; nüfus memuru; kayıt memuru; **~·tra·tion** [~eıʃn] *n.* kayıt, tescil; *mot.* ruhsat; ~ *fee* kayıt ücreti; **~·try** ['redʒıstrı] *n.* kayıt, tescil; sicil dairesi; ~ *office* evlendirme memurluğu.

re·gress ['riːgres], **re·gres·sion**

[rı'greʃn] *n.* geri dönüş, eskiye dönme.

re·gret [rı'gret] **1.** *n.* üzüntü, acı; pişmanlık; **2.** *(-tt-) vb.* üzülmek, kederlenmek; pişman olmak; özlemini çekmek; **~·ful** □ [~fl] üzüntülü, kederli; pişman; **~·ta·ble** □ [~əbl] üzücü, acınacak.

reg·u·lar □ ['regjʊlə] düzgün; düzenli, kurallı; her zamanki; devamlı, gedikli *(müşteri); F* tam, su katılmadık; × muvazzaf; **~·i·ty** [regjʊ'lærətı] *n.* düzen; düzgünlük; kurala uygunluk.

reg·u|late ['regjʊleıt] *v/t.* düzenlemek; yoluna koymak; ayarlamak; **~·la·tion** [regjʊ'leıʃn] **1.** *n.* düzen; kural, hüküm; **~s** *pl.* tüzük; **2.** *adj.* tüzüğe uygun.

re·hash *fig.* ['riː'hæʃ] **1.** *v/t. (bir konuyu)* yeniden gündeme getirmek, tekrar açmak; **2.** *n.* bir konuyu tekrar açma.

re·hears|al [rı'hɜːsl] *n. thea.,* ♪ prova; tekrarlama; **~e** [rı'hɜːs] *vb. thea.* prova yapmak; tekrarlamak.

reign [reın] **1.** *n.* hükümdarlık, saltanat; *a. fig.* egemenlik, nüfuz; **2.** *v/i.* hüküm sürmek.

re·im·burse ['riːım'bɜːs] *v/t. (parasını)* geri ödemek; *(masraf)* kapatmak.

rein [reın] **1.** *n.* dizgin; yönetim; **2.** *v/t.* gem vurmak, frenlemek.

rein·deer *zo.* ['reındıə] *n.* rengeyiği.

re·in·force ['riːın'fɔːs] *v/t.* kuvvetlendirmek; sağlamlaştırmak, pekiştirmek, desteklemek; **~·ment** [~mənt] *n.* kuvvetlendirme; sağlamlaştırma.

re·in·state ['riːın'steıt] *v/t.* eski görevine iade etmek; eski durumuna getirmek.

re·in·sure ['riːın'ʃʊə] *v/t.* yeniden sigorta etmek.

re·it·e·rate [riː'ıtəreıt] *v/t.* tekrarlamak.

re·ject [rı'dʒekt] *v/t.* reddetmek, kabul etmemek, geri çevirmek; **re·jec·tion** [~kʃn] *n.* ret, geri çevirme.

re·joice [rı'dʒɔıs] *v/t. & v/i.* sevin(dir)mek, neşelen(dir)mek; **re·joic·ing** [~ıŋ] **1.** □ sevinçli; sevindiren; **2.** *n.* sevinç, neşe; **~s** *pl.* şenlik, eğlence.

re·join ['riː'dʒɔın] *v/t. & v/i.* birleş(tir)mek, kavuş(tur)mak; [rı'dʒɔın] cevap vermek, yanıtlamak.

re·ju·ve·nate [rı'dʒuːvıneıt] *v/t. & v/i.* gençleş(tir)mek.

re·kin·dle ['riː'kındl] *v/t. & v/i.* yeniden tutuş(tur)mak.

re·lapse [rı'læps] **1.** *n.* eski duruma dönme; **2.** *v/i. (hastalık)* yeniden başlamak, depreşmek; tekrar kötü yola düşmek.

re·late [rı'leıt] *v/t.* anlatmak; aralarında bağlantı kurmak; *v/i.* ilgili olmak *(to ile)*; **re·lat·ed** *adj.* ilgili, ait *(to -e)*.

re·la·tion [rı'leıʃn] *n.* ilişki; ilgi; oran; akrabalık; akraba; **~s** *pl.* ilişkiler; *in ~ to -e* ilişkin; *-e* göre; *-e* oranla; **~·ship** [~ʃıp] *n.* ilişki, ilgi; akrabalık.

rel·a·tive ['relətıv] **1.** □ bağıntılı, göreli; bağlı, ait, ilişkin *(to -e)*; *gr.* ilgi ...; **2.** *n. gr.* ilgi zamiri *ya da* adılı; akraba.

re·lax [rı'læks] *v/t. & v/i.* gevşe(t)mek; yumuşa(t)mak, hafifle(t)mek; dinlen(dir)mek; **~·a·tion** [riːlæk'seıʃn] *n.* gevşe(t)me; yumuşa(t)ma; dinlenme.

re·lay[1] **1.** ['riːleı] *n.* menzil atı; vardiya, posta; ⚡ röle; *radyo:* naklen yayın; *spor:* bayrak koşusu; **2.** [riː'leı] *v/t. radyo:* yayınlamak.

re-lay[2] ['riː'leı] *v/t. (kablo, halı v.b.)* yeniden döşemek *ya da* sermek.

re·lay race ['ri:leɪreɪs] *n. spor:* bayrak koşusu.
re·lease [rɪ'li:s] **1.** *n.* kurtarma, salıverme; *film: ofl. first* ~ ilk temsil, vizyona sokma; ⊕, *phot.* deklanşör; **2.** *v/t.* affetmek, kurtarmak; salıvermek, bırakmak; *film:* gösterilmesine izin vermek; ⊕ harekete geçirmek.
rel·e·gate ['relɪgeɪt] *v/t.* sürgüne göndermek; havale etmek *(to -e).*
re·lent [rɪ'lent] *v/i.* acıyıp merhamete gelmek, yumuşamak; **~·less** □ [~lɪs] acımasız, amansız.
rel·e·vant □ ['reləvənt] ilgili, konu ile ilgili.
re·li·a|bil·i·ty [rɪlaɪə'bɪlətɪ] *n.* güvenilirlik; **~·ble** □ [rɪ'laɪəbl] güvenilir, emin, sağlam.
re·li·ance [rɪ'laɪəns] *n.* güven, inan, emniyet.
rel·ic ['relɪk] *n.* kalıntı, artık; kutsal emanet; hatıra, anmalık.
re·lief [rɪ'li:f] *n.* iç rahatlaması, ferahlama; avuntu; yardım, imdat; × nöbet değişimi; × takviye kuvvetleri; *arch.* rölyef, kabartma.
re·lieve [rɪ'li:v] *v/t.* sıkıntısını hafifletmek, ferahlatmak; avutmak; yardım etmek; × nöbet değiştirmek; ~ *o.s. ya da nature* tuvaletini yapmak, dışarı çıkmak.
re·li|gion [rɪ'lɪdʒən] *n.* din; **~·gious** □ [~əs] dinsel, din ...; dindar.
re·lin·quish [rɪ'lɪŋkwɪʃ] *v/t.* terketmek, bırakmak; vazgeçmek.
rel·ish ['relɪʃ] **1.** *n.* tat, çeşni, lezzet; *fig.* tadımlık, mostra, örnek; zevk, haz; *with great* ~ büyük bir iştahla; *fig.* büyük bir zevkle; **2.** *vb.* çeşni katmak; *-den* hoşlanmak, zevk almak.
re·luc|tance [rɪ'lʌktəns] *n.* isteksizlik; *esp. phys.* manyetik direnç; **~·tant** □ [~t] isteksiz, gönülsüz, nazlanan.
re·ly [rɪ'laɪ]: ~ *on,* ~ *upon -e* güvenmek, *-e* bel bağlamak.
re·main [rɪ'meɪn] **1.** *v/i.* kalmak; arta kalmak; **2.** *n.* **~s** *pl.* kalıntı; artık, posa; *a. mortal* **~s** cenaze; **~·der** [~də] *n.* arta kalan, kalıntı; bakiye; artık.
re·mand ⚖ [rɪ'mɑ:nd] **1.** *v/t.* ~ *s.o. (in custody) b-ni* cezaevine iade etmek; **2.** *n. a.* ~ *in custody* cezaevine iade etme; *prisoner on* ~ tutuklu; ~ *home centre Brt. (çocuklar için)* tutukevi.
re·mark [rɪ'mɑ:k] **1.** *n.* söz; dikkat etme; uyarı; **2.** *v/t.* farketmek; söylemek, demek; *v/i.* düşüncesini söylemek *(on, upon -de);* **re·mar·ka·ble** □ [~əbl] dikkate değer; olağanüstü.
rem·e·dy ['remədɪ] **1.** *n.* çare, çıkar yol; ilaç; **2.** *v/t.* tedavi etmek; çaresini bulmak; düzeltmek.
re·mem|ber [rɪ'membə] *v/t.* hatırlamak, anımsamak; aklında tutmak; anmak; ~ *me to her* ona benden selam söyle; **~·brance** [~rəns] *n.* hatırlama; hatıra, andaç; **~s** *pl.* selam.
re·mind [rɪ'maɪnd] *v/t.* hatırlatmak, anımsatmak *(of -i);* **~·er** [~ə] *n.* hatırlatıcı şey.
rem·i·nis|cence [remɪ'nɪsns] *n.* hatırlama, anımsama; hatıra; **~·cent** □ [~t] hatırlatan, anımsatan, andıran.
re·miss □ [rɪ'mɪs] üşengeç, miskin, tembel; **re·mis·sion** [~ɪʃn] *n.* bağışlama, af; hafifle(t)me, azal(t)ma.
re·mit [rɪ'mɪt] *(-tt-) v/t. & v/i.* bağışlamak, affetmek; *(borç)* silmek; havale etmek, göndermek; azal(t)mak, hafifle(t)mek; **~·tance** *econ.* [~əns] *n.* para havalesi.
rem·nant ['remnənt] *n.* kalıntı, artık; bakiye; kumaş parçası.
re·mod·el ['ri:'mɒdl] *v/t.* biçimini değiştirmek.

re·mon·strance [rɪ'mɒnstrəns] *n.* itiraz, protesto; sitem; **rem·on·strate** ['remənstreɪt] *vb* protesto etmek, itirazda bulunmak; söylenmek, çıkışmak *(about hakkında; with s.o. b-ne).*

re·morse [rɪ'mɔːs] *n.* vicdan azabı, pişmanlık; *without* ~ acımasız, vicdansız; **~·less** □ [~lɪs] acımasız, vicdansız, amansız.

re·mote □ [rɪ'məʊt] *(~r, ~st)* uzak; sapa, ücra; az, zayıf *(olasılık v.b.);* ~ *control* ⊕uzaktan kontrol; **~·ness** [~nɪs] *n.* uzaklık.

re·mov|al [rɪ'muːvl] *n.* kaldır(ıl)ma; taşınma, nakil; işten kovma, yol verme; ~ *van* nakliye kamyonu; **~e** [~uːv] **1.** *v/t.* kaldırmak; ortadan kaldırmak, yok etmek; temizlemek, çıkarmak, gidermek; *v/i.* taşınmak; **2.** *n.* uzaklaş(tır)ma; taşınma; *fig.* derece, kademe; **~·er** [~ə] *n.* nakliyeci.

re·mu·ne|rate [rɪ'mjuːnəreɪt] *v/t.* ödüllendirmek; hakkını vermek; **~·ra·tive** □ [~rətɪv] kârlı, kazançlı.

Re·nais·sance [rə'neɪsəns] *n.* Rönesans.

re·nas|cence [rɪ'næsns] *n.* yeniden doğma, canlanma; Rönesans; **~·cent** [~nt] *adj.* yeniden doğan, canlanan.

ren·der ['rendə] *v/t.* yapmak, etmek, vermek, sunmak, kılmak; geri vermek; teslim etmek; tercüme etmek, çevirmek; anlatmak, açıklamak; *(ürün)* vermek; ♪ çalmak; *thea. (rol)* oynamak; *econ. (hesap)* görmek; *(yağ)* eritmek; **~·ing** [~ərɪŋ] *n.* ödeme; tercüme, çeviri; yorum; ♪ çalma.

ren·di·tion [ren'dɪʃn] *n.* geri verme, iade; çeviri; yorum; temsil.

ren·e·gade ['renɪgeɪd] *n.* dininden dönen kimse, dönme.

re·new [rɪ'njuː] *v/t.* yenilemek; canlandırmak, gençleştirmek; *(pasaport v.b.)* süresini uzatmak; **~·al** [~əl] *n.* yenile(n)me; süresini uzatma.

re·nounce [rɪ'naʊns] *v/t.* terketmek; vazgeçmek, bırakmak; reddetmek, tanımamak.

ren·o·vate ['renəʊveɪt] *v/t.* yenilemek; tazelemek.

re·nown [rɪ'naʊn] *n.* şöhret, ün; **re·nowned** *adj.* ünlü, tanınmış.

rent[1] [rent] *n.* yırtık; yarık, çatlak.

rent[2] [~] **1.** *n.* kira; **2.** *v/t.* kiralamak; kiraya vermek; **~·al** ['rentl] *n.* kira bedeli.

re·nun·ci·a·tion [rɪnʌnsɪ'eɪʃn] *n.* vazgeçme; el etek çekme.

re·pair [rɪ'peə] **1.** *n.* tamir, onarma; **~s** *pl.* onarım; ~ *shop* tamirci dükkânı; *in good* ~ iyi durumda; *out of* ~ yıkılmaya yüz tutan; **2.** *v/t.* tamir etmek, onarmak; düzeltmek, gidermek.

rep·a·ra·tion [repə'reɪʃn] *n.* onarma, onarım; özür dileme; **~s** *pl. pol.* tazminat.

rep·ar·tee [repɑː'tiː] *n.* hazırcevaplık; hazır cevap.

re·past *lit.* [rɪ'pɑːst] *n.* yemek.

re·pay [riː'peɪ] *(-paid) v/t.* geri ödemek; karşılığını vermek; zararını ödemek; **~·ment** [~mənt] *n.* geri ödeme; karşılık.

re·peal [rɪ'piːl] **1.** *n.* iptal, yürürlükten kaldırma; **2.** *v/t. (yasa)* yürürlükten kaldırmak, iptal etmek.

re·peat [rɪ'piːt] **1.** *v/t. & v/i.* tekrarla(n)mak, yinele(n)mek; ezberden okumak; **2.** *n.* tekrarla(n)ma; ♪ tekrar; *oft.* ~ *order econ.* yeniden sipariş verme.

re·pel [rɪ'pel] *(-ll-) v/t.* defetmek, püskürtmek; reddetmek; *fig.* tiksindirmek; **~·lent** [~ənt] *adj.* uzaklaştırıcı; *fig.* tiksindirici, itici.

re·pent [rɪ'pent] *vb.* pişman olmak; tövbe etmek; **re·pent·ance** [~əns] *n.* pişmanlık; tövbe;

re·pen·tant [~t] *adj.* pişman; tövbeli.
re·per·cus·sion [riːpə'kʌʃn] *n.* geri tepme; *mst.* ~*s pl.* ters tepki, yankı.
rep·er·to·ry ['repətərı] *n. thea.* repertuar; *fig.* zengin kaynak.
rep·e·ti·tion [repı'tıʃn] *n.* tekrarla(n)ma, tekrar; ezberden okuma.
re·place [rı'pleıs] *v/t.* eski yerine koymak; yenisiyle değiştirmek; yerine geçmek; *-in* yerini almak; *-in* yerini tutmak; **~·ment** [~mənt] *n.* yerine koyma; vekil; yedek.
re·plant ['riː'plɑːnt] *v/t.* etrafına dikmek *(ağaç v.b.).*
re·plen·ish [rı'plenıʃ] *v/t.* tekrar doldurmak; **~·ment** [~mənt] *n.* tekrar doldurma, ikmal.
re·plete [rı'pliːt] *adj.* dolu, dolmuş *(with ile);* tıka basa doymuş.
rep·li·ca ['replıkə] *n. paint.* kopya.
re·ply [rı'plaı] **1.** *vb.* yanıtlamak, cevap vermek *(to -e);* **2.** *n.* yanıt, cevap; karşılık; *in ~ to your letter* mektubunuza yanıt olarak; *~-paid envelope* pullu zarf.
re·port [rı'pɔːt] **1.** *n.* rapor; haber; bilgi; bildiri; söylenti; şöhret, ün; *(school) ~* karne; **2.** *v/t.* bildirmek, haber vermek; anlatmak; *it is ~ed that* ...diği söyleniyor; *~ed speech gr.* dolaylı anlatım; **~·er** [~ə] *n.* muhabir; raportör.
re·pose [rı'pəʊz] **1.** *n.* huzur, rahat; **2.** *v/t. & v/i.* yat(ır)mak, dinlen(dir)mek; uyumak; dayanmak, yaslanmak *(on -e); ~ trust, etc. in -e* güvenmek.
re·pos·i·to·ry [rı'pɒzıtərı] *n.* kutu, kap; ambar, depo; *fig.* sırdaş.
rep·re·hend [reprı'hend] *v/t.*azarlamak, paylamak.
rep·re|sent [reprı'zent] *v/t.* temsil etmek; göstermek, betimlemek; belirtmek, açıklamak; *thea. (rol)* oynamak, canlandırmak; ifade etmek, anlatmak; **~·sen·ta·tion** [reprızen'teıʃn] *n.* temsil edilme; *thea.* oyun, temsil; vekillik; **~·sen·ta·tive** [reprı'zentətıv] **1.** □ temsil eden; tipik, örnek ...; *a. parl.* temsili; **2.** *n.* temsilci; vekil; *parl.* milletvekili; *House of* ♀*s Am. parl.* Temsilciler Meclisi.
re·press [rı'pres] *v/t.* baskı altında tutmak; *psych.* içine atmak, bastırmak; **re·pres·sion** [~ʃn] *n.* baskı altında tukma; *psych.* baskı.
re·prieve [rı'priːv] **1.** *n.* erteleme; geciktirme; *fig.* ferahlama, rahat bir nefes alma; **2.** *v/t.* ertelemek; *fig.* ferahlatmak, içine su serpmek.
rep·ri·mand ['reprımɑːnd] **1.** *n.* azar, paylama; **2.** *v/t.* azarlamak, paylamak.
re·print 1. [riː'prınt] *v/t.* yeniden basmak; **2.** ['riːprınt] *n.* yeni baskı.
re·pri·sal [rı'praızl] *n.* misilleme, karşılık.
re·proach [rı'prəʊtʃ] **1.** *n.* azarlama, paylama; kınama, sitem; ayıp, rezalet, yüzkarası; **2.** *v/t.* ayıplamak *(s.o. with s.th. b-ni bşden dolayı);* azarlamak, paylamak; kınamak; **~·ful** □ [~fl] sitem dolu, ayıplayan; utanılacak, yüz kızartıcı.
rep·ro·bate ['reprəbeıt] **1.** *adj.* ahlaksız, serseri; **2.** *n.* ahlaksız kimse; **2.** *v/t.* ayıplamak, uygun görmemek, onaylamamak.
re·pro·cess [riː'prəʊses] *v/t.* yeniden işlemek; **~·ing plant** *n. (pamuk v.b.)* yeniden işleme fabrikası.
re·pro|duce [riːprə'djuːs] *v/t. & v/i.* üre(t)mek, çoğal(t)mak; yeniden oluşturmak; taklit etmek, kopyasını yapmak; **~·duc·tion** [~'dʌkʃn] *n.* üreme, çoğalma; reprodüksiyon, kopya, taklit; **~·duc·tive** [~tıv] *adj.* üreyen, üretken.

re·proof [rı'pru:f] *n.* azar, paylama.
re·prove [rı'pru:v] *v/t.* azarlamak; ayıplamak.
rep·tile *zo.* ['reptaıl] *n.* sürüngen.
re·pub|lic [rı'pʌblık] *n.* cumhuriyet; **~·li·can** [~ən] **1.** *adj.* cumhuriyetle ilgili; **2.** *n.* cumhuriyetçi.
re·pu·di·ate [rı'pju:dıeıt] *v/t.* reddetmek, tanımamak, kabul etmemek.
re·pug|nance [rı'pʌgnəns] *n.* tiksinme, nefret; **~·nant** □ [~t] tiksindirici, iğrenç, çirkin.
re·pulse [rı'pʌls] **1.** *n.* ⨯ püskürtme; ret, geri çevirme; **2.** *v/t.* ⨯ püskürtmek; reddetmek, geri çevirmek; **re·pul·sion** *n.* tiksinme, nefret; *phys.* iteleme; **re·pul·sive** □ [~ıv] tiksindirici, iğrenç, itici *(a. phys.).*
rep·u·ta|ble □ ['repjʊtəbl] saygıdeğer, saygın; tanınmış, namlı; **~·tion** [repjʊ'teıʃn] *n.* ün, şöhret, nam; **re·pute** [rı'pju:t] **1.** *n.* ün, şöhret; **2.** *v/t.* ... gözüyle bakmak, saymak; *be ~d (to be)* ... olduğu sanılmak; **re·put·ed** *adj.* ünlü, namlı; sözde, güya.
re·quest [rı'kwest] **1.** *n.* rica, dilek, istek; *econ.* talep, istem; *by ~, on ~* istek üzerine; *in (great) ~* çok rağbette; *~ stop* ihtiyari *ya da* seçmeli durak; **2.** *v/t.* rica etmek, dilemek, istemek.
re·quire [rı'kwaıə] *v/t.* gerektirmek, istemek; talep etmek; *-e* gereksinimi olmak; *if ~d* gerekirse; **~d** *adj.* gerekli, lüzumlu; **~·ment** [~mənt] *n.* gereksinim, lüzum; istek, talep; *~s pl.* gerek.
req·ui|site ['rekwızıt] **1.** *adj.* gerekli; **2.** *n.* gerekli şey; malzeme; *toilet ~s pl.* tuvalet malzemesi; **~·si·tion** [rekwı'zıʃn] **1.** *n.* istek, talep; ⨯ el koyma; **2.** *v/t.* istemek; ⨯ el koymak.
re·quite [rı'kwaıt] *v/t.* karşılığını vermek.
re·sale ['ri:seıl] *n.* yeniden satış; *~ price* yeniden satış fiyatı.
re·scind [rı'sınd] *v/t.* iptal etmek, feshetmek; *(yasa)* yürürlükten kaldırmak; **re·scis·sion** [rı'sıʒn] *n.* iptal; yürürlükten kaldırma.
res·cue ['reskju:] **1.** *n.* kurtarma; kurtulma, kurtuluş; **2.** *v/t.* kurtarmak.
re·search [rı'sɜ:tʃ] **1.** *n.* araştırma, inceleme; **2.** *v/t.* araştırmak, incelemek; *v/i.* araştırma yapmak; **~·er** [~ə] *n.* araştırmacı.
re·sem|blance [rı'zembləns] *n.* benzeme, benzerlik *(to -e)*; **~·ble** [rı'zembl] *v/t.* *-e* benzemek, andırmak.
re·sent [rı'zent] *v/t.* içerlemek, gücenmek, darılmak, *-den* alınmak; **~·ful** □ [~fl] gücenik, dargın, içerlemiş; **~·ment** [~mənt] *n.* içerleme, gücenme, darılma.
res·er·va·tion [rezə'veıʃn] *n.* rezervasyon, yer ayırtma; ⚖ ihtiraz kaydı; koşul, şart, kayıt; *central ~ Brt. mot.* orta şerit.
re·serve [rı'zɜ:v] **1.** *n.* rezerv, saklanmış şey, yedek; *econ.* fon, karşılık; *spor:* yedek oyuncu; ⨯ ihtiyat; **2.** *v/t.* saklamak, ayırmak; *(hakkını)* saklı tutmak; *(yer)* ayırtmak; ertelemek; **~d** □ *fig.* ağzı sıkı.
res·er·voir ['rezəvwɑ:] *n.* su haznesi, su deposu; *fig.* hazne.
re·side [rı'zaıd] *v/i.* oturmak; *~ in fig. (güç, hak v.b.) -e* ait olmak, *-de* bulunmak.
res·i|dence ['rezıdəns] *n.* oturma; ev, konut, mesken; *~ permit* oturma izni; **~·dent** [~t] **1.** *adj.* oturan, sakin; **2.** *n.* bir yerde oturan kimse; *(sömürgede)* genel vali; **~·den·tial** [rezı'denʃl] *adj.* oturmaya ayrılmış; *~ area* meskûn *ya da* şenelmiş bölge.
re·sid·u·al [rı'zıdjʊəl] *adj.* artan,

kalan, artık ...; **res·i·due** ['rezıdju:] *n.* artık, kalıntı; tortu.
re·sign [rı'zaın] *v/t.* bırakmak, terketmek; vazgeçmek; ~ *o.s. to -e* razı olmak, *-e* boyun eğmek; *ile* yetinmek; *v/i.* istifa etmek, çekilmek; **res·ig·na·tion** [rezıg'neıʃn] *n.* istifa, çekilme; boyun eğme; **~ed** □ kaderine boyun eğmiş, işi oluruna bırakmış.
re·sil·i|ence [rı'zılıəns] *n.* esneklik; *fig.* zorlukları yenme gücü; **~·ent** [~t] *adj.* esnek; *fig. k-ni* çabuk toparlayan, güçlükleri yenebilen.
res·in ['rezın] **1.** *n.* reçine; **2.** *v/t.* reçinelemek.
re·sist [rı'zıst] *v/t.* karşı koymak, direnmek, göğüs germek; dayanmak; **~·ance** [~əns] *n.* karşı koyma, direnme; ⚡, *phys.* rezistans, direnç; ⚕ dayanma gücü; *line of least* ~ en kolay yol; **re·sis·tant** [~nt] *adj.* karşı koyan, direnen; dirençli.
res·o|lute □ ['rezəlu:t] kararlı, azimli; **~·lu·tion** [rezə'lu:ʃn] *n.* kararlılık, azim; karar; çözüm, açıklama; *pol.* önerge, teklif.
re·solve [rı'zɒlv] **1.** *v/t. (sorun v.b.)* çözmek, halletmek; kararlaştırmak; *-e* dönüştürmek; *(kuşku)* ortadan kaldırmak; *v/i.* ~ *o.s.* ayrışmak; karar vermek; ~ *on,* ~ *upon -e* karar vermek; **2.** *n.* karar; azim; **~d** □ kararlı, azimli.
res·o|nance ['rezənəns] *n.* rezonans, seselim; yankılama; **~·nant** □ [~t] yankılanan, çınlayan.
re·sort [rı'zɔ:t] **1.** *n.* dinlenme yeri, mesire; uğrak; çare; *health* ~ kaplıca; *seaside* ~ plaj; *summer* ~ sayfiye, yazlık; **2.** *v/t.* ~ *to -e* başvurmak, çareyi *-de* aramak; *-e* sık sık gitmek.
re·sound [rı'zaʊnd] *v/i.* yankılanmak, çınlamak.
re·source [rı'sɔ:s] *n.* çare; olanak; doğal kaynak, zenginlik; beceriklilik, iş bilme; **~s** *pl.* doğal kaynaklar, zenginlikler; mali olanaklar; **~·ful** □ [~fl] becerikli, hünerli, iş bilen.
re·spect [rı'spekt] **1.** *n.* saygı, hürmet; ilgi, alaka, bakım; oran; *with* ~ *to ile* ilgili olarak; *-e* göre; *-e* gelince; *in this* ~ bu konuda; bu bakımdan; **~s** *pl.* selamlar, saygılar; *give my* ~*s to -e* selam söyleyin; **2.** *v/t.* *-e* saygı göstermek; *-e* uymak; *as* ~*s* ... ... ile ilgili olarak; **re·spec·ta·ble** □ [~əbl] saygıdeğer; saygın; namuslu; epeyce, hayli; **~·ful** □ [~fl] saygılı; *yours* ~*ly* saygılarımla; **~·ing** [~ıŋ] *prp.* *-e* ilişkin.
re·spect·ive □ [rı'spektıv] her biri kendi; *we went to our* ~ *places* her birimiz kendi evimize gittik; **~·ly** [~lı] *adv.* sırasıyla.
res·pi·ra|tion [respə'reıʃn] *n.* soluma, solunum; **~·tor** ⚕ ['respəreıtə] *n.* solunum aygıtı.
re·spire [rı'spaıə] *v/i.* nefes almak, solumak.
re·spite ['respaıt] *n.* erteleme, tecil; ara, paydos; *without (a)* ~ aralıksız, durup dinlenmeden.
re·splen·dent □ [rı'splendənt] parlak, göz kamaştırıcı, görkemli.
re·spond [rı'spɒnd] *v/i.* cevap vermek, yanıt vermek; ~ *to -e* tepki göstermek.
re·sponse [rı'spɒns] *n.* cevap, yanıt; *fig.* tepki; *meet with little* ~ az bir karşılık görmek, ilgisizlik görmek.
re·spon·si|bil·i·ty [rıspɒnsə'bılətı] *n.* sorumluluk; *on one's own* ~ kendi sorumluluğunda; *sense of* ~ sorumluluk duygusu; *take (accept, assume) the* ~ *for* ... sorumluluğunu üzerine almak; **~·ble** □ [rı'spɒnsəbl] sorumlu; güvenilir.
rest¹ [rest] **1.** *n.* dinlenme; huzur, rahat; uyku; ⊕ işlemezlik; daya-

nak, destek; *have ya da take a* ~ dinlenmek; *be at* ~ çalışmamak, işlememek; ölmüş olmak; **2.** *v/t. & v/i.* dinlen(dir)mek; uyumak; rahat etmek; dayamak, yaslamak, koymak *(on -e);* ~ *on,* ~ *upon (gözlerini) -e* dikmek; *fig. -e* bağlı olmak, *-e* dayanmak; ~ *with fig. -in* elinde olmak, *-e* kalmak.

rest[2] [~]: *the* ~ geriye kalan, artan; ötekiler; *and all the* ~ *of it* ve kalanı; *for the* ~ belirtilenin dışında.

res·tau·rant ['restərɔ̃:ŋ, ~rɒnt] *n.* restoran, lokanta.

rest·ful ['restfl] *adj.* rahat, sakin, huzurlu; huzur verici, dinlendirici.

rest·ing-place ['restɪŋpleɪs] *n.* konak yeri, dinlenme yeri; mezar.

res·ti·tu·tion [restɪ'tju:ʃn] *n.* sahibine geri verme; zararı ödeme.

res·tive □ ['restɪv] rahat durmaz, huzursuz; inatçı.

rest·less □ ['restlɪs] yerinde durmaz, kıpır kıpır; huzursuz; uykusuz *(gece);* ~**·ness** [~nɪs] *n.* huzursuzluk; yerinde duramama.

res·to·ra|tion [restə'reɪʃn] *n.* restorasyon, onarım, yenileme; geri verme, iade; eski görevine iade etme; ~**·tive** [rɪ'stɒrətɪv] **1.** *adj.* güçlendiren; ayıltıcı; **2.** *n.* kuvvet ilacı.

re·store [rɪ'stɔ:] *v/t.* restore etmek, onarmak, yenilemek; iade etmek, geri vermek; yeniden canlandırmak; ~ *s.o. (to health) b-ni* sağlığına kavuşturmak, iyileştirmek.

re·strain [rɪ'streɪn] *v/t.* alıkoymak *(from -den);* tutmak, zaptetmek; sınırlamak; ~**t** [~t] *n.* kendini tutma; baskı; çekinme, sıkılma; sınırlama.

re·strict [rɪ'strɪkt] *v/t.* sınırlamak, kısıtlamak; **re·stric·tion** [~kʃn] *n.* sınırlama, kısıtlama; koşul, kayıt; *without* ~*s* sınırsız.

rest room *Am.* ['restru:m] *n.* tuvalet, hela.

re·sult [rɪ'zʌlt] **1.** *n.* sonuç; semere, ürün; **2.** *v/i.* ileri gelmek, doğmak, çıkmak *(from -den);* ~ *in ile* sonuçlanmak, sonu *-e* varmak.

re·sume [rɪ'zju:m] *vb.* yeniden başlamak, kaldığı yerden devam etmek; geri almak; **re·sump·tion** [rɪ'zʌmpʃn] *n.* yeniden başlama; geri alma.

re·sur·rec·tion [rezə'rekʃn] *n.* yeniden canlanma; ♀ *eccl.* İsa'nın dirilişi.

re·sus·ci·tate [rɪ'sʌsɪteɪt] *v/t. & v/i.* yeniden canlan(dır)mak; *fig.* hortlatmak.

re·tail 1. ['ri:teɪl] *n.* perakende satış; *by* ~, *adv.* ~ perakende; **2.** [~] *adj.* perakende ...; **3.** [ri:'teɪl] *v/t. & v/i.* perakende sat(ıl)mak; ~**·er** [~ə] *n.* perakendeci.

re·tain [rɪ'teɪn] *v/t.* alıkoymak, tutmak; elinden kaçırmamak; hatırında tutmak; *(avukat)* ücretle tutmak.

re·tal·i|ate [rɪ'tælɪeɪt] *v/t.* dengiyle karşılamak, misillemek; *v/i.* öç olmak; ~**·a·tion** [rɪtælɪ'eɪʃn] *n.* misilleme; kısas; öç.

re·tard [rɪ'tɑ:d] *v/t.* geciktirmek, sürüncemede bırakmak; *(mentally)* ~*ed psych.* geri zekâlı.

retch [retʃ] *v/i.* öğürmek.

re·tell [ri:'tel] *(-told) v/t.* yeniden anlatmak.

re·ten·tion [rɪ'tenʃn] *n.* alıkoyma, tutma; hatırda tutma.

re·think [ri:'θɪŋk] *(-thought) vb.* yeniden düşünmek.

re·ti·cent ['retɪsənt] *adj.* ağzı sıkı, sır saklayan; sesi çıkmaz.

ret·i·nue ['retɪnju:] *n.* maiyet.

re·tire [rɪ'taɪə] *v/t. & v/i.* geri çekilmek; bir köşeye çekilmek; emekliye ayırmak; emekli olmak; ~**d** □ emekli; bir köşeye çekilmiş, dünyadan elini eteğini çekmiş; ~

pay emekli maaşı; **~·ment** [~mənt] *n.* emeklilik; geri çekilme; bir köşeye çekilme; **re·tir·ing** [~rıŋ] *adj.* çekingen, utangaç; ~ *pension* emekli maaşı.

re·tort [rı'tɔːt] **1.** *n.* sert cevap, ters yanıt; karşılık; **2.** *vb.* sert cevap vermek; karşılık vermek.

re·touch ['riː'tʌtʃ] *v/t.* gözden geçirmek, düzeltmek; *phot.* rötuş yapmak.

re·trace [rı'treıs] *v/t.* izini takip ederek kaynağına gitmek; ~ *one's steps* geldiği yoldan geri dönmek.

re·tract [rı'trækt] *v/t. & v/i.* geri çek(il)mek; *(sözünü)* geri almak; caymak, sözünden dönmek; ✈ *(tekerlekleri)* içeri çekmek.

re·train [riː'treın] *v/t.* yeniden eğitmek, başka bir meslek için eğitmek.

re·tread 1. [riː'tred] *v/t. (lastik tekerlek)* dışını kaplamak; **2.** ['riːtred] *n.* kaplanmış lastik tekerlek.

re·treat [rı'triːt] **1.** *n.* geri çek(il)me; bir köşeye çekilme; kafa dinleyecek yer; *sound the* ~ ⚔ geri çekilme borusu çalmak; **2.** *v/i.* geri çekilmek.

ret·ri·bu·tion [retrı'bjuːʃn] *n.* misilleme; ceza, günahların bedeli.

re·trieve [rı'triːv] *v/t.* yeniden ele geçirmek, yeniden edinmek; düzeltmek; *hunt.* bulup getirmek.

ret·ro- ['retrəʊ] *prefix* geriye ..., arkaya ...; **~·ac·tive** □ ⚖ [retrəʊ'æktıv] önceyi kapsayan, geriye dönük *(yasa)*; **~·grade** ['retrəʊgreıd] *adj.* geri giden, gerileyen; giderek kötüleşen; **~·spect** [~spekt] *n.* geçmişe bakış; **~·spec·tive** □ [retrəʊ'spektıv] geçmişle ilgili; geçmişi hatırlayan; ⚖ geriye dönük *(yasa)*.

re·try ⚖ ['riː'traı] *v/t.* yeniden yargılamak.

re·turn [rı'tɜːn] **1.** *n.* geri dönüş; geri verme, iade; cevap, karşılık; ✈ dönüş bileti; *econ.* resmi rapor; *parl.* seçim; *spor:* rövans maçı; ⚕ yeniden başlama; *attr.* dönüş ...; **~s** *pl. econ.* kazanç, kâr, gelir; *many happy ~s of the day* nice yıllara; *in ~ for -in* karşılığında, *-e* karşılık; *by ~ (of post), by ~ mail Am.* ilk posta ile; ~ *match spor:* rövanş maçı; ~ *ticket Brt.* gidiş dönüş bileti; **2.** *v/i.* geri dönmek, dönüp gelmek; eski durumuna dönmek; *v/t.* geri vermek, iade etmek; geri göndermek; karşılık vermek; *(kâr)* getirmek; *parl.* seçmek; *tenis v.b.: (topa)* geri vurmak; ~ *a verdict of guilty* ⚖ suçlu olduğuna karar vermek.

re·u·ni·fi·ca·tion *pol.* ['riːjuːnıfı'keıʃn] *n.* yeniden birleşme, uzlaşma.

re·u·nion ['riː'juːnjən] *n.* yeniden birleşme, bir araya gelme.

re·val·ue *econ.* [riː'væljuː] *v/t.* yeniden değerlendirmek.

re·veal [rı'viːl] *v/t.* açığa vurmak; göstermek, belli etmek; **~·ing** [~ıŋ] *adj.* anlamlı.

rev·el ['revl] *(esp. Brt. -ll-, Am. -l-) v/i.* eğlenmek, cümbüş yapmak; ~ *in -den* zevk almak.

rev·e·la·tion [revə'leıʃn] *n.* açığa vurma.

rev·el·ry ['revlrı] *n.* eğlenti, cümbüş.

re·venge [rı'vendʒ] **1.** *n.* öç, intikam; *esp. spor:* rövanş; *in ~ for -den* öç almak için; **2.** *v/t.* öç almak; **~·ful** □ [~fl] kinci, kin tutan; **re·veng·er** [~ə] *n.* öç alan kimse.

rev·e·nue *econ.* ['revənjuː] *n.* gelir; devletin yıllık gelirleri.

re·ver·be·rate *phys.* [rı'vɜːbəreıt] *v/t. & v/i.* akset(tir)mek, yankıla(n)mak.

re·vere [rı'vıə] *v/t.* saygı göstermek, ululamak.

rev·e|rence ['revərəns] **1.** *n.* derin saygı; reverans; **2.** *v/t.* saygı göstermek; **~·rend** [~d] **1.** *adj.* saygıdeğer; **2.** *n.* muhterem *(papaz lakabı).*
rev·e|rent □ ['revərənt], **~·rential** □ [revə'renʃl] saygılı; saygıdan ileri gelen.
rev·er·ie ['revərı] *n.* dalgınlık; düş, hayal.
re·vers|al [rı'vɜːsl] *n.* tersine çevirme, evirtim; **~e** [~ɜːs] **1.** *n.* arka yüz, arka; aksilik; geri tepme; *mot.* geri vites; **2.** □ ters, aksi; arka ...; *in ~ order* aksi düzende; *~ gear mot.* geri vites; *~ side (kumaşta)* arka yüz; **3.** *vb.* ters çevirmek; tersine dönmek; ⚖ iptal etmek; *(araba)* geri gitmek; **~·i·ble** □ [~əbl] tersine çevrilebilir; tersi de kullanılabilir *(ceket v.b.).*
re·vert [rı'vɜːt] *vb.* yeniden dönmek *(to -e);* çevirmek *(bakış);* ⚖ mülk sahibine geçmek.
re·view [rı'vjuː] **1.** *n.* gözden geçirme, tetkik, inceleme; ⚔ geçit töreni; eleştiri; dergi, mecmua; *pass s.th. in ~ bşi* gözden geçirmek; **2.** *v/t.* yeniden incelemek, gözden geçirmek; ⚔ teftiş etmek; *(kitap v.b.)* eleştirmek; *fig. (geçmişi)* zihninden geçirmek; **~·er** [~ə] *n.* eleştirmen.
re·vise [rı'vaız] *v/t.* okuyup düzeltmek, elden geçirmek; değiştirmek; *Brt. (ders)* yeniden çalışmak; **re·vi·sion** [rı'vıʒn] *n.* okuyup düzeltme; yeniden gözden geçirme, inceleme, revizyon; *Brt. (ders)* yeniden çalışma.
re·viv·al [rı'vaıvl] *n.* yeniden canlan(dır)ma, diril(t)me; *fig.* uyanma, uyanış; **re·vive** [~aıv] *v/t. & v/i.* yeniden canlan(dır)mak; yenilemek; yeniden oyna(t)mak; yeniden ilgi görmek.
re·voke [rı'vəʊk] *v/t.* geri almak; iptal etmek.
re·volt [rı'vəʊlt] **1.** *n.* isyan, ayaklanma; **2.** *v/i.* isyan etmek, ayaklanmak *(against -e karşı); v/t. fig.* tiksindirmek; **~·ing** □ [~ıŋ] tiksindirici.
rev·o·lu·tion [revə'luːʃn] *n.* ⊕ devir, dönme; *fig.* devrim *(a. pol.);* **~·ar·y** [~ərı] *n. & adj.* devrimci; **~·ize** *fig.* [~ʃnaız] *v/t. -de* devrim yapmak, kökünden değiştirmek.
re·volve [rı'vɒlv] *v/t. & v/i.* dön(dür)mek *(about, round etrafında); ~ around fig.* düşünüp taşınmak, evirip çevirmek; **re·volv·ing** [~ıŋ] *adj.* dönen, döner ...
re·vue *thea.* [rı'vjuː] *n.* revü, kabare.
re·vul·sion *fig.* [rı'vʌlʃn] *n.* nefret, tiksinme.
re·ward [rı'wɔːd] **1.** *n.* ödül; karşılık; **2.** *v/t.* ödüllendirmek; **~·ing** □ [~ıŋ] yapmaya değer.
re·write ['riː'raıt] *(-wrote, -written) v/t.* yeniden yazmak, başka biçimde yazmak.
rhap·so·dy ['ræpsədı] *n.* ♪ rapsodi; *fig.* coşkunluk, heyecan.
rhe·to·ric ['retərık] *n.* iyi konuşma yeteneği; *fig. contp.* abartmalı dil *ya da* yazı.
rheu·ma·tism ⚕ ['ruːmətızəm] *n.* romatizma.
rhu·barb ⚘ ['ruːbɑːb] *n.* ravent.
rhyme [raım] **1.** *n.* kafiye, uyak; *without ~ or reason* anlamsız, ipe sapa gelmez; **2.** *vb.* kafiyeli yazmak.
rhyth|m ['rıðəm] *n.* ritim, ahenk, uyum; **~·mic** [~mık] *(~ally),* **~·mi·cal** □ [~mıkl] ritmik, ahenkli.
rib [rıb] **1.** *n. anat.* kaburga, eğe; **2.** *(-bb-) v/t. F* alaya almak, takılmak.
rib·ald ['rıbəld] *adj.* ağzı bozuk, kaba; açık saçık.
rib·bon ['rıbən] *n.* şerit, kurdele,

bant; daktilo şeridi; ~*s pl.* bez parçası, paçavra.
rib cage *anat.* ['rıbkeıdʒ] *n.* göğüs kafesi.
rice [raıs] *n.* ⚘ pirinç; pilav.
rich [rıtʃ] **1.** □ zengin; bol, fazla; değerli; verimli, bereketli; gür, tok *(ses);* yağlı, ağır *(yemek);* koyu, canlı *(renk);* **2.** *n. the* ~ *pl.* zenginler; **~·es** [~rıtʃız] *n. pl.* zenginlik, servet.
rick ↓ [rık] *n.* kuru ot yığını, tınaz.
rick·ets ⚕ ['rıkıts] *n. sg. ya da pl.* raşitizm; **rick·et·y** [~ı] *adj.* ⚕ raşitik; çürük, köhne *(mobilya).*
rid [rıd] *(-dd-; rid) v/t.* kurtarmak *(of -den); get ~ of* başından atmak, savmak, defetmek.
rid·dance *F* ['rıdəns]: *Good ~!* Hele şükür kurtulduk!, Oh be!
rid·den ['rıdn] **1.** *p.p. of ride 2;* **2.** *adj. (böcek)* sarmış, bürümüş.
rid·dle¹ ['rıdl] *n.* bilmece, bulmaca.
rid·dle² [~] **1.** *n.* kalbur; **2.** *v/t.* kalburdan geçirmek, elemek.
ride [raıd] **1.** *n.* atla gezinti; binme, biniş; gezinti yolu; **2.** *(rode, ridden) v/i.* binmek *(on a bircycle bisiklete; in, Am. on a bus otobüse);* ata binmek; *v/t. (at, bisiklet v.b.)* sürmek; **rid·er** ['raıdə] *n.* atlı, binici.
ridge [rıdʒ] *n.* sırt, bayır; *arch.* çatı sırtı; ↓ tarla kenarı.
rid·i·cule ['rıdıkjuːl] **1.** *n.* alay, eğlenme; **2.** *v/t.* alay etmek, eğlenmek; **ri·dic·u·lous** □ [rı'dıkjʊləs] gülünç, alay edilecek, saçma.
rid·ing ['raıdıŋ] *n.* biniş; binicilik; *attr.* binek ...
riff-raff ['rıfræf] *n.* ayak takımı, avam.
ri·fle¹ ['raıfl] *n.* tüfek.
ri·fle² [~] *v/t.* yağma etmek, soyup soğana çevirmek.
rift [rıft] *n.* yarık, çatlak.
rig¹ [rıg] *(-gg-) v/t. -e* hile karıştırmak.
rig² [~] **1.** *n.* ⚓ arma, donanım; ⊕ takım, donatım; *F* kılık, giysi; **2.** *(-gg-) v/t.* donatmak; *~ up F* yapıvermek, uyduruvermek; **~·ging** ⚓ ['rıgıŋ] *n.* donanım.
right [raıt] **1.** □ doğru; haklı; dürüst, insaflı; hatasız; uygun; *all ~!* Peki!, Hay hay!; *that's all ~!* Rica ederim!, Bir şey değil!; *I am perfectly all ~* turp gibiyim, sağlığım yerinde; *that's ~!* Doğru!; *be ~* haklı olmak; doğru olmak; *put ~, set ~* düzeltmek, yoluna koymak; onarmak; **2.** *adv.* sağa doğru, sağa; doğru olarak; uygun biçimde; *~ away* derhal, hemen; *~ on* doğruca; *turn ~* sağa dönmek; **3.** *n.* sağ taraf; *pol.* sağ kanat; *boks:* sağ; *by ~ of* ... yüzünden, ... nedeniyle; *on ya da to the ~* sağ taraf(t)a; **4.** *v/t.* düzeltmek; ayarlamak; **~-down** ['raıtdaʊn] *adj.* uygun; tam, sapına kadar; **~-eous** □ ['raıtʃəs] dürüst, adil, namuslu; **~·ful** □ [~fl] haklı; yasal; gerçek; **~-hand** *adj.* sağdaki; sağ elle yapılan; *~ drive* sağdan direksiyon; **~-hand·ed** *adj.* sağ elini kullanan; **~·ly** [~lı] *adv.* doğru olarak; haklı olarak; **~ of way** *n.* geçiş hakkı *(a. mot.);* **~-wing** *adj. pol.* sağ kanat ...
rig·id □ ['rıdʒıd] bükülmez, sert, kaskatı; *fig.* boyun eğmez, katı; **~·i·ty** [rı'dʒıdətı] *n.* bükülmezlik, sertlik.
rig·ma·role ['rıgmərəʊl] *n.* boş laf, gevezelik.
rig·or·ous □ ['rıgərəs] sert, şiddetli.
rig·o(u)r ['rıgə] *n.* sertlik, şiddet.
rile *F* [raıl] *v/t.* kızdırmak.
rim [rım] *n.* kenar; jant; çerçeve; **~·less** ['rımlıs] *adj.* çerçevesiz *(gözlük);* **~med** *adj.* çerçeveli.
rime *lit.* [raım] *n.* kafiye, uyak.

rind [raınd] *n.* kabuk; dış yüzey.

ring[1] [rıŋ] **1.** *n.* zil sesi, çan sesi, çınlama; zil çalma; telefon etme; *give s.o. a ~ b-ne* telefon etmek; **2.** *(rang, rung) v/t. & v/i.* çal(ın)mak; çınla(t)mak; *esp. Brt. telep.* telefon etmek; *~ the bell* zili çalmak; *esp. Brt. teleph.: ~ back* yeniden telefon etmek, tekrar aramak; *~ off* telefonu kapatmak; *~ s.o. up b-ne* telefon etmek.

ring[2] [~] **1.** *n.* halka, çember; yüzük; *boks:* ring; şebeke, çete, grup; **2.** *v/t.* daire içine almak; *~* **bind·er** ['rıŋbaındə] *n.* telli defter; **~·lead·er** *n.* çete başı, elebaşı; **~·let** [~lıt] *n.* saç lülesi; **~·mas·ter** *n.* sirk müdürü; **~ road** *n. Brt.* çevreyolu; **~·side:** *at the ~ boks:* ring kenarında; *~ seat* ring kenarındaki koltuk; olaya yakın yer.

rink [rıŋk] *n.* paten sahası; buz pisti.

rinse [rıns] *v/t. oft. ~ out* çalkalamak, durulamak.

ri·ot ['raıət] **1.** *n.* kargaşalık, gürültü; ayaklanma, isyan; eğlenti, cümbüş; *run ~* azmak, azıtmak; **2.** *v/i.* kargaşalık yaratmak; azmak, azıtmak, kudurmak; ayaklanmak; **~·er** [~ə] *n.* asi, ayaklanan kimse, gösterici; **~·ous** □ [~əs] gürültülü; gürültücü, kargaşalık çıkaran.

rip [rıp] **1.** *n.* yırtık, yarık; **2.** *(-pp-) v/t. & v/i.* yırt(ıl)mak, yar(ıl)mak; sök(ül)mek.

ripe □ [raıp] olgun *(a. fig.)*, olmuş; **rip·en** ['raıpən] *v/t. & v/i.* olgunlaş(tır)mak; **~·ness** [~nıs] *n.* olgunluk.

rip·ple ['rıpl] **1.** *n.* dalgacık; **2.** *v/t. & v/i.* hafifçe dalgalan(dır)mak; çağıldamak, şırıldamak.

rise [raız] **1.** *n.* artış, yükseliş; yükselme; *(güneş)* doğuş; bayır, tepe, yokuş; *fig.* kaynak; *give ~ to -e* neden olmak, yol açmak; **2.** *(rose, risen) v/i.* yukarı çıkmak; yükselmek, artmak; ayağa kalkmak; *(güneş)* doğmak; *(nehir)* doğmak, çıkmak; kaynaklanmak; ortaya çıkmak, görünmek; ayaklanmak, baş kaldırmak; *~ to the occasion* zoru başarabileceğini göstermek; **ris·en** ['rızn] *p.p. of rise 2;* **ris·er** ['raızə]: *early ~* sabah erken kalkan kimse.

ris·ing ['raızıŋ] *n.* yükselme; *ast.* doğuş; artma, çoğalma; ayaklanma, isyan.

risk [rısk] **1.** *n.* tehlike, risk, riziko *(a. econ.); be at ~* tehlikede olmak; *run the ~ of doing s.th. bş* yapmak riskini göze almak; *run ya da take a ~* riske girmek; **2.** *v/t.* tehlikeye atmak, riske sokmak; **~·y** □ ['rıskı] *(-ier, -iest)* riskli, tehlikeli.

rite [raıt] *n.* ayin; tören; **rit·u·al** ['rıtʃʊəl] **1.** □ törensel; ayin ...; **2.** *n.* ayin.

ri·val ['raıvl] **1.** *n.* rakip; **2.** *adj.* rekabet eden, rakip ...; **3.** *(esp. Brt. -ll-, Am. -l-) v/t. ile* rekabet etmek, çekişmek; **~·ry** [~rı] *n.* rekabet, çekişme.

riv·er ['rıvə] *n.* nehir, ırmak; *fig.* sel; **~·side 1.** *n.* nehir kıyısı; **2.** *adj.* nehir kıyısında bulunan.

riv·et ['rıvıt] **1.** *n.* ⊕ perçin; **2.** *v/t.* ⊕ perçinlemek; *fig. (ilgi)* çekmek; *fig.* gözünü dikmek.

riv·u·let ['rıvjʊlıt] *n.* dere, çay.

road [rəʊd] *n.* yol, cadde; *on the ~* yolda; *thea.* turnede; **~ ac·ci·dent** *n.* trafik kazası; **~·block** ['rəʊdblɒk] *n.* barikat; **~ safe·ty** *n.* yol güvenliği; **~·side 1.** *n.* yol kenarı; **2.** *adj.* yol kenarında bulunan; **~·way** *n.* yol, asfalt; **~ works** *n. pl.* yolda çalışma; **~·wor·thy** *adj. mot.* yola çıkmaya elverişli, yola hazır *(araç)*.

roam [rəʊm] *vb.* gezinmek, dolaş-

mak, sürtmek.
roar [rɔː] **1.** *v/i.* gürlemek; gümbürdemek; *(aslan)* kükremek; **2.** *n.* gürleme; gümbürdeme,; kükreme.
roast [rəʊst] **1.** *n.* kızartma; kebap; **2.** *v/t.* kızartmak; kavurmak; **3.** *adj.* kızartılmış; ~ *beef* rozbif, kızartılmış sığır eti.
rob [rɒb] *(-bb-) v/t.* soymak; çalmak; **~·ber** ['rɒbə] *n.* soyguncu; hırsız; **~·ber·y** [~rı] *n.* soygun; ~ *with violence* ⚖ şiddet kullanarak yapılan soygun.
robe [rəʊb] *n.* rop, cüppe; kaftan; urba; sabahlık.
rob·in *zo.* ['rɒbın] *n.* kızılgerdan kuşu.
ro·bot ['rəʊbɒt] *n.* robot.
ro·bust □ [rə'bʌst] dinç, sağlam, dayanıklı, gürbüz.
rock [rɒk] **1.** *n.* kaya; kayalık; taş; *Brt.* naneli çubuk şekeri; *on the ~s* buzlu *(viski v.b.);* meteliksiz, eli darda; ~ *crystal* necef taşı; **2.** *v/t. & v/i.* salla(n)mak, sars(ıl)mak *(a. fig.).*
rock·er ['rɒkə] *n.* kavisli beşik *v.b.* ayağı; *Am.* salıncaklı koltuk; *off one's ~ sl.* kafadan çatlak, tahtası noksan.
rock·et ['rɒkıt] *n.* roket, füze; *attr.* roket ...; **~-pro·pelled** *adj.* roket tahrikli; **~·ry** [~rı] *n.* roket kullanma tekniği.
rock·ing|-chair ['rɒkıŋtʃeə] *n.* salıncaklı koltuk; **~-horse** *n.* salıncaklı oyuncak at.
rock·y ['rɒkı] *(-ier, -iest) adj.* kayalık; kaya gibi.
rod [rɒd] *n.* çubuk, değnek; ⊕ rot.
rode [rəʊd] *pret. of ride 2.*
ro·dent *zo.* ['rəʊdənt] *n.* kemirgen hayvan.
ro·de·o [rəʊ'deıəʊ] *(pl. -os) n.* rodeo.
roe[1] *zo.* [rəʊ] *n.* karaca.
roe[2] *zo.* [~] *n. a. hard ~* balık yumurtası; *a. soft ~* balık menisi.
rogue [rəʊg] *n.* dolandırıcı, düzenbaz, hergele, it; çapkın, kerata; **ro·guish** □ ['rəʊgıʃ] düzenbaz, namussuz; çapkın; yaramaz.
role, rôle *thea.* [rəʊl] *n.* rol *(a. fig.).*
roll [rəʊl] **1.** *n.* yuvarla(n)ma; rulo, top; sicil, kayıt, liste; merdane; tomar; ⚓ yalpa; **2.** *v/t. & v/i.* yuvarla(n)mak; sar(ıl)mak; silindirle düzlemek; *(gözlerini)* devirmek; *(gök)* gürlemek; dalgalanmak; ⚓ yalpa vurmak; ~ *up* sarmak, dürmek; birikmek, yığılmak; *mot.* araba ile gelmek; **~-call** ['rəʊlkɔːl] *n.* yoklama *(a.* ✕ *).*
roll·er ['rəʊlə] *n.* silindir; merdane; ⚓ büyük dalga; bigudi; **~ coast·er** *n. (lunaparklarda)* keskin viraj ve iniş çıkışları olan tren; **~ skate** *n.* tekerlekli paten; **~-skate** *v/i.* tekerlekli patenle kaymak; **~-skat·ing** *n.* tekerlekli paten; **~ tow·el** *n.* bir makaraya asılarak kullanılan uçları dikili havlu.
rol·lick·ing ['rɒlıkıŋ] *adj.* gürültülü, şamatalı.
roll·ing ['rəʊlıŋ] *adj.* yuvarlanan; inişli yokuşlu *(arazi);* ~ *mill* ⊕ haddehane; ~ *pin* oklava.
roll-neck ['rəʊlnek] **1.** *n.* yuvarlak yaka; **2.** *adj.* yuvarlak yakalı; **~ed** [~t] *adj.* yuvarlak yakalı.
Ro·man ['rəʊmən] **1.** *adj.* Roma'ya *ya da* Romalılara özgü; **2.** *n.* Romalı.
ro·mance[1] [rəʊ'mæns] *n.* macera; aşk macerası; macera romanı; romantiklik.
Ro·mance[2] *ling.* [~] *n. a. ~ languages* Latince kökenli diller.
Ro·ma·ni·an [ruː'meınjən] **1.** *adj.* Romen; **2.** *n.* Romanyalı, Romen; *ling.* Romence.
ro·man|tic [rə'mæntık] **1.** *(~ally) adj.* romantik; roman gibi; **2.** *n.*

romantik kimse; ~·ti·cis·m [~sızəm] *n.* romantizm.

romp [rɒmp] **1.** *n.* sıçrayıp oynama; haşarı çocuk; **2.** *v/i. a.* ~ *about,* ~ *around* sıçrayıp oynamak, boğuşmak, kudurmak; ~·**ers** ['rɒmpəz] *n. pl.* çocuk tulumu.

roof [ruːf] **1.** *n.* dam, çatı *(a. fig.)*; ~ *of the mouth anat.* damak; **2.** *v/t.* çatı ile örtmek; ~ *in,* ~ *over* çatı ile kapatmak; ~·**ing** ['ruːfıŋ] **1.** *n.* çatı malzemesi; **2.** *adj.* çatı ...; ~ *felt* tavan keçesi; ~ **rack** *n. esp. Brt. mot.* üst bagaj.

rook [rʊk] **1.** *n. satranç:* kale; *zo.* ekinkargası; **2.** *v/t.* dolandırmak, kazıklamak.

room [ruːm] **1.** *n.* oda; yer; *fig.* neden; ~*s pl.* apartman dairesi; pansiyon; **2.** *vb. Am.* oturmak, kalmak; ~·**er** ['ruːmə] *n. esp. Am.* pansiyoner; ~·**ing-house** [~ıŋhaʊs] *n.* pansiyon; ~·**mate** *n.* oda arkadaşı; ~·**y** □ [~ı] *(-ier, -iest)* geniş, ferah.

roost [ruːst] **1.** *n.* tünek; **2.** *v/i.* tünemek; ~·**er** *esp. Am. zo.* ['ruːstə] *n.* horoz.

root [ruːt] **1.** *n.* kök; **2.** *v/t. & v/i.* kökleş(tir)mek, kök salmak; ~ *about,* ~ *around* eşelemek, aramak *(among arasında)*; ~ *out* kökünü kazımak, yok etmek; ~ *up* kökünden sökmek; ~·**ed** ['ruːtıd] *adj.* köklü; kökleşmiş; *deeply* ~ *fig.* sabit *(fikir)*; *stand* ~ *to the spot* çakılıp kalmak.

rope [rəʊp] **1.** *n.* halat; ip; idam, ipe çekme; *be at the end of one's* ~ çaresiz kalmak; *know the* ~*s* bir işin yolunu yordamını bilmek; **2.** *v/t.* iple bağlamak; ~ *off* iple çevirmek; ~ **lad·der** *n.* ip merdiven; ~ **tow** *n.* teleski; ~·**way** ['rəʊpweı] *n.* asma hat, teleferik.

ro·sa·ry *eccl.* ['rəʊzərı] *n.* tespih.

rose[1] [rəʊz] *n.* ⚘ gül; gül rengi; hortum süzgeci.

rose[2] [~] *pret. of rise 2.*

ros·trum ['rɒstrəm] *(pl. -tra* [-trə], *-trums) n.* kürsü.

ros·y □ ['rəʊzı] *(-ier, -iest)* gül gibi; kırmızı, al.

rot [rɒt] **1.** *n.* çürüme; çürük; *Brt. F* saçma, zırva; **2.** *(-tt-) v/t. & v/i.* çürü(t)mek.

ro·ta·ry ['rəʊtərı] *adj.* dönen, döner ...; **ro·tate** [rəʊ'teıt] *v/t. & v/i.* dön(dür)mek; sırayla çalış(tır)mak; ↓ her yıl değişik ekin yetiştirmek; **ro·ta·tion** [~ʃn] *n.* dönme, dönüş; devir; rotasyon.

ro·tor *esp.* ✈ ['rəʊtə] *n.* helikopter pervanesi.

rot·ten □ ['rɒtn] çürük, bozuk; kokmuş, cılk *(yumurta)*; *feel* ~ *sl.* keyfi olmamak; kendini turşu gibi hissetmek.

ro·tund □ [rəʊ'tʌnd] yuvarlak; tombul; dolgun *(ses)*.

rough [rʌf] **1.** □ pürüzlü; engebeli, inişli yokuşlu *(yol)*; kaba, sert; çetin, zor *(yaşam)*; fırtınalı *(hava)*; dalgalı *(deniz)*; ~ *copy* taslak; ~ *draft* müsvedde, taslak; **2.** *adv.* sıkıntı içinde; kabaca, sertçe; **3.** *n.* engebeli arazi; külhanbeyi, kabadayı; **4.** *v/t.* hırpalamak, dövmek; bozmak; ~ *it F* sefalet çekmek, sürünmek; ~·**age** ['rʌfıdʒ] *n.* selülozu bol yiyecek; ~·**cast 1.** *n.* ⊕ kaba sıva; **2.** *adj.* bitmemiş, eksik; **3.** *(-cast) v/t.* ⊕ kaba sıva vurmak; ~·**en** [~n] *v/t. & v/i.* pürüzlen(dir)mek; kabar(t)mak; ~·**neck** *n. Am. F* kabadayı, külhanbeyi; ~·**ness** [~nıs] *n.* kabalık, sertlik; ~·**shod:** *ride* ~ *over* adam yerine koymamak, önemsememek.

round [raʊnd] **1.** □ yuvarlak; toparlak, top ...; tombul; yuvarlak *(sayı)*; okkalı *(küfür)*; bütün, tam; *a* ~ *dozen* tam bir düzine; *in* ~ *figures (sayı)* yuvarlak olarak; **2.**

adv. etraf(t)a, civarında; *ask s.o.* ~ *b-ni* davet etmek, çağırmak; ~ *about* bu civarda, buralarda; *all the year* ~ tüm yıl boyunca; *the other way* ~ aksine, tam tersine; **3.** *prp.* *-in* etrafın(d)a; **4.** *n.* daire, yuvarlak; devir, sefer, posta; sıra; ⚕ vizite; ♪ kanon; *boks:* raunt, ravnt; *100* ~*s* ⚔ 100 el atış; **5.** *v/t.* & *v/i.* yuvarlaklaş(tır)mak; etrafını dolaşmak, dönmek; ~ *off* *(sayı)* yuvarlak yapmak; *fig.* bitirmek, tamamlamak; ~ *up* *(sayı)* yuvarlak yapmak; toplamak; *(suçlu)* yakalamak; ~**·a·bout** ['raʊndəbaʊt] **1.** *adj.* ~ *away ya da route* dolambaçlı yol; *in a* ~ *way fig.* dolaylı yoldan; **2.** *n. Brt.* atlıkarınca; *Brt.* döner kavşak, döner ada; ~**·ish** [~ɪʃ] *adj.* yuvarlakça; ~ **trip** *n.* gidiş dönüş, tur; ✈ dönüş uçuşu; ~**-trip:** ~ *ticket Am.* gidiş dönüş bileti; ~**-up** *n.* bir araya toplama; suçluların toplanması.

rouse [raʊz] *v/t.* & *v/i.* uyan(dır)mak; canlandırmak; kışkırtmak; ~ *o.s.* tüm gücünü toplamak, canlanmak.

route [ruːt, ⚔ *a.* raʊt] *n.* yol; rota; ⚔ yürüyüş yolu.

rou·tine [ruː'tiːn] **1.** *n.* âdet, usul; iş programı; **2.** *adj.* her zamanki, alışılmış.

rove [rəʊv] *vb.* dolaşmak, gezinmek.

row¹ [rəʊ] *n.* sıra, dizi, saf.

row² *F* [raʊ] **1.** *n.* patırtı, gürültü, kargaşa; kavga, hır; **2.** *v/i.* tartışmak, kavga etmek.

row³ [rəʊ] **1.** *n.* kürek çekme; sandal gezintisi; **2.** *v/i.* kürek çekmek; ~**·boat** *Am.* ['rəʊbəʊt] *n.* sandal, kayık; ~**·er** [~ə] *n.* kürekçi, kayıkçı; ~**·ing boat** *Brt.* [~ɪŋbəʊt] *n.* kayık, sandal.

roy·al □ ['rɔɪəl] kral *ya da* krallıkla ilgili; ~**·ty** [~tɪ] *n.* krallık, hükümdarlık; *coll.* kraliyet ailesi; kitap yazarına verilen pay.

rub [rʌb] **1.** *n.* *give s.th. a good* ~ *bşi* iyice ovmak; **2.** *(-bb-) v/t.* & *v/i.* ov(ala)mak; sür(t)mek; ovuşturmak; sürtünmek *(against, on -e)*; ~ *down* kurula(n)mak; zımparalayarak düzeltmek; ~ *in* *(krem v.b.)* ovarak yedirmek; ~ *it in fig. F* tekrar tekrar söylemek, başına vurmak; ~ *off* çık(ar)mak, sil(in)mek; ~ *out Brt.* sil(in)mek; ~ *up* ovarak cilalamak, silip parlatmak; ~ *s.o. up the wrong way* *b-nin* canını sıkmak, sinirlendirmek.

rub·ber ['rʌbə] *n.* lastik, kauçuk; silgi; ~*s pl. Am.* şoson, galoş; *Brt.* lastik ayakkabı; ~ **band** *n.* lastik bant; ~ **cheque,** *Am.* ~ **check** *n.* karşılıksız *ya da* sahte çek, naylon çek; ~**·neck** *Am. F* **1.** *n.* meraklı; turist; **2.** *v/i.* merakla bakmak, dönüp dönüp bakmak; ~**·y** [~rɪ] *adj.* lastik gibi.

rub·bish ['rʌbɪʃ] *n.* çöp, süprüntü; *fig.* boş laf, saçma; ~ **bin** *n. Brt.* çöp kutusu; ~ **chute** *n.* çöp bacası.

rub·ble ['rʌbl] *n.* moloz.

ru·by ['ruːbɪ] *n.* yakut.

ruck·sack ['rʌksæk] *n.* sırt çantası.

rud·der ['rʌdə] *n.* ⚓, ✈ dümen.

rud·dy □ ['rʌdɪ] *(-ier, -iest)* kırmızı, al; al yanaklı.

rude □ [ruːd] *(~r, ~st)* kaba, terbiyesiz; edepsiz; sert, şiddetli; kaba saba; ilkel.

ru·di|men·ta·ry [ruːdɪ'mentərɪ] *adj.* gelişmemiş; temel; ~**·ments** ['ruːdɪmənts] *n. pl.* temel bilgiler, esaslar.

rue·ful □ ['ruːfl] pişman; acıklı.

ruff [rʌf] *n.* kırmalı yaka.

ruf·fi·an ['rʌfjən] *n.* kabadayı, zorba, kavgacı.

ruf·fle ['rʌfl] **1.** *n.* farbala, fırfır; **2.** *v/t.* & *v/i.* *(saç, tüy)* kabartmak; buruşturmak; büzgü yapmak; *fig.*

rahatsız etmek, huzurunu kaçırmak.
rug [rʌg] *n.* halı, kilim; seccade; örtü.
rug·ged □ ['rʌgɪd] engebeli, pürüzlü; düzensiz; kaba; kırışık; *fig.* sert, haşin.
ru·in ['rʊɪn] **1.** *n.* yıkım, yıkılma; iflas, batkı; *mst.* ~*s pl.* yıkıntı, kalıntı, harabe; **2.** *v/t.* yıkmak, harap etmek; mahvetmek, altüst etmek; bozmak; ~**·ous** □ [~əs] yıkıcı; yıkık, harap.
rule [ru:l] **1.** *n.* kural; kanun, hüküm; âdet, usul; yönetim, idare, hükümet, saltanat; *as a* ~ genellikle; *work to* ~ kurallara uygun çalışmak; ~*s pl.* tüzük, yönetmelik; ~*(s) of the road* trafik kuralları; **2.** *v/t.* yönetmek; *-e* hükmetmek; egemen olmak; ~ *out* çıkarmak, silmek; *v/i.* hüküm sürmek; **rul·er** ['ru:lə] *n.* hükümdar; cetvel.
rum [rʌm] *n.* rom; *Am.* içki.
rum·ble ['rʌmbl] *v/i.* *(gök)* gümbürdemek, gürlemek; *(mide)* guruldamak.
ru·mi|nant *zo.* ['ru:mɪnənt] **1.** *adj.* gevişgetiren; **2.** *n.* gevişgetiren hayvan; ~**·nate** [~eɪt] *v/i. zo.* geviş getirmek; *fig.* derin derin düşünmek *(about, over üzerinde).*
rum·mage ['rʌmɪdʒ] **1.** *n.* adamakıllı arama; ~ *sale Am.* fakirlerin yararına yapılan eşya satışı; **2.** *vb. a.* ~ *about* didik didik aramak, karıştırmak.
ru·mo(u)r ['ru:mə] **1.** *n.* söylenti; dedikodu; **2.** *v/t.* *(dedikodu)* çıkarmak; *it is* ~*ed* söylentiye göre, ... olduğu söylentisi dolaşıyor.
rump [rʌmp] *n.* but; popo, kıç.
rum·ple ['rʌmpl] *v/t.* buruşturmak; karmakarışık etmek, bozmak.
run [rʌn] **1.** *(-nn-; ran, run) v/i.* koşmak; *(nehir)* akmak, dökülmek; gitmek, uzanmak; kaçmak, tüymek; ⊕ işlemek, çalışmak; *(tren, otobüs)* gidip gelmek, işlemek; *(çorap)* kaçmak; yarışmak; *(yağ)* erimek; irin akıtmak; yönelmek; *(piyes)* oynanmak; ⚖ geçerli olmak, yürürlükte olmak; *econ.* *(fiyat v.b.)* değişmek; *esp. Am. pol.* adaylığını koymak *(for -e);* ~ *across s.o.* *b-ne* rastlamak; ~ *after* peşinden koşmak; ~ *along F* Çekin gidin!; ~ *away* kaçmak; ~ *away with* çalmak, aşırmak; âşığıyla kaçmak; ~ *down (saat)* durmak; *fig.* kuvvetten düşmek; ~ *dry* kurumak; ~ *into -e* girmek; *ile* karşılaşmak, *-e* çatmak; *-e* akmak, dökülmek; ~ *low* azalmak; ~ *off with* = ~ *away with;* ~ *out (süre)* bitmek; tükenmek; ~ *out of petrol* benzin bitmek; ~ *over* bir koşu gitmek; taşmak; ~ *short* bitmek; ~ *short of petrol* benzin bitmek; ~ *through* akmak; *(haber v.b.)* dolaşmak; ~ *up to -e* ulaşmak; *-e* yaklaşmak; *v/t.* sürmek, kullanmak; yarıştırmak; aday göstermek; *(davar)* gütmek; *(abluka)* yarmak; işletmek, çalıştırmak; yönetmek; *(petrol)* arıtmak; ~ *down* arayıp bulmak; *fig.* yermek, kötülemek; ~ *errands* haber götürmek; ~ *s.o. home F b-ni* eve götürmek; ~ *in (motor)* alıştırmak, açmak; *F* hapsetmek, içeri atmak; ~ *over* ezmek, çiğnemek; ~ *s.o. through b-ne* kılıç saplamak; ~ *up (fiyat v.b.)* yükseltmek; *(bayrak)* çekmek; **2.** *n.* koşma, koşuş; gezi, gezinti; yol, rota; akış, seyir; *econ.* talep, istem, rağbet; *Am.* dere, çay; *Am.* çorap kaçığı; *spor:* koşu; *thea., film:* gösterim süresi; *have a* ~ *of 20 nights thea.* 20 gece oynamak; *in the long* ~ eninde sonunda, dönüp dolaşıp; *in the short* ~ kısa vadede; *on the* ~ kaçmakta; koşuşturmakta.

run|a·bout *F mot.* ['rʌnəbaʊt] *n.* küçük araba; **~·a·way** *n.* kaçak.
rung[1] [rʌŋ] *p.p. of ring*[1] *2.*
rung[2] [~] *n.* merdiven basamağı; *fig.* kademe.
run|let ['rʌnlıt] *n.* dere, çay; **~·nel** [~l] *n.* dere, çay; su oluğu.
run·ner ['rʌnə] *n.* koşucu, atlet; haberci, ulak; kaçakçı; masa örtüsü; yol halısı, yolluk; ⚘ yan filiz; ~ **bean** *n. Brt.* ⚘ çalıfasulyesi; **~-up** [~r'ʌp] *(pl. runners-up) n. spor:* ikinci gelen yarışmacı *ya da* takım.
run·ning ['rʌnıŋ] **1.** *adj.* koşan; akar *(su)*; peş peşe gelen; *two days* ~ peş peşe iki gün; **2.** *n.* koşu, koşma; **~-board** *n. mot.* marşpiye, basamak.
run·way ✈ ['rʌnweı] *n.* pist.
rup·ture ['rʌptʃə] **1.** *n.* kopya, kır(ıl)ma; kesilme; **2.** *v/t. & v/i.* kop(ar)mak, kır(ıl)mak.
ru·ral □ ['rʊərəl] köyle ilgili, kırsal; tarımsal.
ruse [ru:z] *n.* hile, oyun, tuzak.
rush[1] ⚘ [rʌʃ] *n.* saz, hasırotu.
rush[2] [~] **1.** *n.* hamle, saldırma, hücum; koşuşturma, telaş; üşüşme; *econ.* talep, istem; **2.** *v/t. & v/i.* koş(tur)mak, acele et(tir)mek; saldırmak, atılmak; aceleyle yapmak; ~ *at -e* saldırmak; ~ *in* hızla girmek, içeri dalmak; ~ **hour** ['rʌʃaʊə] *n.* kalabalık saat, sıkışık saat; **~·hour traf·fic** *n.* sıkışık saatte oluşan trafik.
Rus·sian ['rʌʃn] **1.** *adj.* Rusya'ya özgü; **2.** *n.* Rus; *ling.* Rusça.
rust [rʌst] **1.** *n.* pas; pas rengi; **2.** *v/t. & v/i.* paslan(dır)mak.
rus·tic ['rʌstık] **1.** *(~ally) adj.* köyle ilgili, kırsal; *fig.* kaba, yontulmamış; **2.** *n.* kaba adam.
rus·tle ['rʌsl] **1.** *v/t. & v/i.* hışırda(t)mak; *Am. (davar)* çalmak; **2.** *n.* hışırtı.
rust|less ['rʌstlıs] *adj.* paslanmaz; **~·y** □ [~ı] *(-ier, -iest)* paslı; *fig.* körelmiş, paslanmış.
rut[1] [rʌt] *n.* tekerlek izi; *esp. fig.* alışkı.
rut[2] *zo.* [~] *n.* kösnüme, cinsel azgınlık.
ruth·less □ ['ru:θlıs] acımasız, insafsız.
rut|ted ['rʌtıd], **~·ty** [~ı] *(-ier, -iest). adj.* tekerlek izleriyle dolu *(yol).*
rye ⚘ [raı] *n.* çavdar.

S

sa·ble ['seıbl] *n. zo.* samur; samur kürkü.
sab·o·tage ['sæbətɑ:ʒ] **1.** *n.* sabotaj, baltalama **2.** *v/t.* sabote etmek, baltalamak.
sa·bre, *Am. mst.* **-ber** ['seıbə] *n.* süvari kılıcı.
sack [sæk] **1.** *n.* çuval, torba; *Am.* kesekâğıdı; yağma, çapul; *get the ~ F* kovulmak, sepetlenmek; *give s.o. the ~ F b-ni* kovmak, sepetlemek; **2.** *v/t.* çuvala koymak; *F* kovmak, sepetlemek; *F* yağma etmek; **~·cloth** ['sækklɑθ], **~·ing** [~ıŋ] *n.* çuval bezi, çul.
sac·ra·ment *eccl.* ['sækrəmənt] *n.* kutsal ayin.
sa·cred □ ['seıkrıd] kutsal; dinsel.
sac·ri·fice ['sækrıfaıs] **1.** *n.* kurban; özveri; *at a ~ econ.* zararına;

2. *vb.* kurban etmek; feda etmek; *econ.* zararına satmak.
sac·ri|lege ['sækrılıdʒ] *n.* kutsal şeylere saygısızlık; **~·le·gious** □ [sækrı'lıdʒəs] kutsal şeylere saygısız.
sad □ [sæd] üzgün, kederli; üzücü, acıklı; donuk *(renk).*
sad·den ['sædn] *v/t. & v/i.* kederlen(dir)mek, üz(ül)mek.
sad·dle ['sædl] **1.** *n.* eyer; **2.** *v/t.* eyerlemek; *fig.* *(iş v.b.)* sırtına yüklemek, başına sarmak; **~r** [~ə] *n.* saraç.
sa·dis·m ['seıdızəm] *n.* sadizm, elezerlik.
sad·ness ['sædnıs] *n.* üzüntü, keder.
safe [seıf] **1.** □ *(~r, ~st)* emin, güvenilir, emniyetli, sağlam; tehlikesiz; **2.** *n.* kasa; teldolap; **~ con·duct** *n.* geçiş izni; **~·guard** ['seıfgɑːd] **1.** *n.* koruma; koruyucu şey *(against -e karşı);* **2.** *v/t.* korumak *(against -e karşı).*
safe·ty ['seıftı] *n.* güvenlik, emniyet; **~-belt** *n.* emniyet kemeri; **~ is·land** *n. Am.* trafik adası, refüj; **~-lock** *n.* emniyet kilidi; **~-pin** *n.* çengelliiğne; **~ ra·zor** *n.* traş makinesi.
saf·fron ['sæfrən] *n.* ⚘ safran.
sag [sæg] *(-gg-) v/i.* eğilmek, sarkmak; ⊕ bel vermek; batmak; *(fiyat)* düşmek.
sa·ga|cious □ [sə'geıʃəs] sağgörülü, akıllı, keskin görüşlü; **~·ci·ty** [sə'gæsətı] *n.* sağgörü, akıllılık.
sage[1] [seıdʒ] **1.** □ *(~r, ~st)* akıllı; ağırbaşlı; **2.** *n.* bilge.
sage[2] ⚘ [~] *n.* adaçayı.
said [sed] *pret. & p.p. of* say 1.
sail [seıl] **1.** *n.* yelken; yelkenli; deniz yolculuğu; *set ~* yelken açmak; **2.** *v/i.* yelkenliyle *ya da* gemiyle gitmek; gemi yolculuğuna çıkmak; süzülmek; *v/t.* ⚓ *(yelkenli)* yönetmek, kullanmak; **~·boat** *Am.* ['seılbəʊt] *n.* yelkenli gemi; **~·er** [~ə] *n.* yelkenli gemi; **~·ing-boat** *Brt.* [~ıŋbəʊt] *n.* yelkenli gemi; **~·ing-ship** [~ıŋʃıp], **~·ing-ves·sel** [~ıŋvesl] *n.* yelkenli gemi; **~·or** [~ə] *n.* gemici, denizci; *be a good (bad) ~* deniz tut(ma)mak; **~·plane** *n.* planör.
saint [seınt] **1.** *n.* aziz, ermiş, evliya; **2.** *v/t.* azizler aşamasına çıkarmak; **~·ly** ['seıntlı] *adj.* azizlere yakışır; aziz gibi, mübarek.
saith *poet.* [seθ] *3. sg. pres. of* say 1.
sake [seık]: *for the ~ of -in* uğruna, *-in* aşkına; *-in* hatırı için; *for my ~* hatırım için; *for God's ~* Allah aşkına.
sa·la·ble ['seıləbl] = *saleable.*
sal·ad ['sæləd] *n.* salata.
sal·a·ried ['sælərıd] *adj.* maaşlı; *~ employee* maaşlı işçi, ücretli, aylıkçı.
sal·a·ry ['sælərı] *n.* maaş, aylık; **~ earn·er** [~ɜːnə] *n.* aylıkçı, maaşlı kimse.
sale [seıl] *n.* satış; indirimli satış, ucuzluk; talep, istem; *for ~* satılık; *be on ~* satışa çıkmak.
sale·a·ble *esp. Brt.* ['seıləbl] *adj.* satılabilir.
sales|clerk *Am.* ['seılzklɑːk] *n.* tezgâhtar; **~·man** [~mən] *(pl. -men) n.* satıcı; tezgâhtar; **~·wom·an** *(pl. -women) n.* satıcı kadın; kadın tezgâhtar.
sa·li·ent □ ['seıljənt] çıkıntılı; *fig.* göze çarpan, belirgin, dikkati çeken.
sa·line ['seılaın] *adj.* tuzlu; tuz gibi.
sa·li·va [sə'laıvə] *n.* salya, tükürük.
sal·low ['sæləʊ] *adj.* soluk yüzlü, benzi sararmış.
sal·ly ['sælı]: *~ forth, ~ out* dışarı çıkmak, yola koyulmak.
salm·on *zo.* ['sæmən] *n.* som balığı.

sa·loon [sə'lu:n] *n.* büyük salon; *(gemide)* birinci mevki salon; *Am.* meyhane; ~ *(car) Brt. mot.* büyük otomobil, limuzin.

salt [sɔ:lt] **1.** *n.* tuz; *fig.* lezzet, tat tuz; **2.** *adj.* tuzlu; tuzlanmış; **3.** *v/t.* tuzlamak, salamura yapmak; **~·cel·lar** ['sɔ:ltselə] *n.* tuzluk; **~·pe·tre,** *Am.* **~·pe·ter** [~pi:tə] *n.* güherçile; **~-wa·ter** *adj.* tuzlu su ...; **~·y** [~ı] *(-ier, -iest) adj.* tuzlu.

sa·lu·bri·ous □ [sə'lu:brıəs], **sal·u·ta·ry** □ ['sæljʊtərı] sağlığa yararlı, sağlam.

sal·u·ta·tion [sælju:'teıʃn] *n.* selamlama; selam.

sa·lute [sə'lu:t] **1.** *n.* selam; × selamlama; **2.** *v/t.* selamlamak *(a.* × *).*

sal·vage ['sælvıdʒ] **1.** *n.* kurtarma; kurtarılan mal; **2.** *v/t.* kurtarmak.

sal·va·tion [sæl'veıʃn] *n.* kurtuluş; kurtar(ıl)ma; ♀ *Army* Selamet Ordusu.

salve[1] [sælv] *v/t.* kurtarmak.

salve[2] [~] **1.** *n.* merhem, pomat; *fig.* teselli; **2.** *v/t. fig.* teselli etmek, acısına merhem olmak.

same [seım]: *the* ~ aynı, tıpkı; eşit; *all the* ~ yine de, bununla birlikte; *it is all the* ~ *to me* benim için hava hoş, bence hepsi bir.

sam·ple ['sɑ:mpl] **1.** *n.* örnek; mostra; model; **2.** *v/t.* örnek olarak denemek.

san·a·to·ri·um [sænə'tɔ:rıəm] *(pl. -ums, -a* [-ə]*) n.* sanatoryum.

sanc|ti·fy ['sæŋktıfaı] *v/t.* kutsamak; kutsallaştırmak; **~·ti·mo·ni·ous** □ [sæŋktı'məʊnjəs] yalancı sofu; **~·tion** ['sæŋkʃn] **1.** *n.* onay; yaptırma gücü, yaptırım; **2.** *v/t.* uygun bulmak, onaylamak; **~·ti·ty** [~tətı] *n.* kutsallık; **~·tu·a·ry** [~jʊərı] *n.* kutsal yer; tapınak; sığınak; *seek* ~ *with* sığınacak yer aramak.

sand [sænd] **1.** *n.* kum; **~s** *pl.* kumsal; kumluk; **2.** *v/t.* kumla örtmek.

san·dal ['sændl] *n.* çarık, sandal.

sand|-glass ['sændglɑ:s] *n.* kum saati; **~-hill** *n.* kum tepesi, kumul; **~·pip·er** *n. zo.* kumçulluğu.

sand·wich ['sænwıdʒ] **1.** *n.* sandviç; **2.** *v/t. a.* ~ *in fig.* araya sıkıştırmak.

sand·y ['sændı] *(-ier, -iest) adj.* kumlu; kum ...; saman sarısı *(saç).*

sane [seın] *(~r, ~st) adj.* akla uygun, mantıklı; ⚖ aklı başında.

sang [sæŋ] *pret. of sing.*

san|gui·na·ry □ ['sæŋgwınərı] kana susamış, kan dökücü; kanlı; **~·guine** □ [~wın] neşeli, sıcak kanlı; iyimser; kan gibi kırmızı *(cilt).*

san·i·tar·i·um *Am.* [sænı'teərıəm] *(pl. -ums, -a* [-ə]*)* = *sanatorium.*

san·i·ta·ry □ ['sænıtərı] sağlıkla ilgili; sağlıklı, temiz; ~ *napkin Am.,* ~ *towel* âdet bezi.

san·i·ta·tion [sænı'teıʃn] *n.* sağlık önlemleri, sağlık işleri.

san·i·ty ['sænətı] *n.* akıl sağlığı, aklı başında olma *(a.* ⚖*).*

sank [sæŋk] *pret. of. sink 1.*

San·ta Claus ['sæntə'klɔ:z] *n.* Noel Baba.

sap [sæp] **1.** *n.* özsu; *fig.* canlılık, dirilik; **2.** *(-pp-) v/t.* altını kazmak; *fig. (gücünü)* azaltmak; **~·less** ['sæplıs] *adj.* kuvvetsiz, gücü tükenmiş; **~·ling** [~ıŋ] *n.* fidan.

sap·phire ['sæfaıə] *n.* safir, gökyakut.

sap·py ['sæpı] *(-ier, -iest) adj.* özlü; *fig.* dinç.

sar·cas·m ['sɑ:kæzəm] *n.* dokunaklı alay, iğneli söz, ince alay.

sar·dine *zo.* [sɑ:'di:n] *n.* sardalye, ateşbalığı.

sash [sæʃ] *n.* pencere çerçevesi; **~-win·dow** ['sæʃwındəʊ] *n.* sürme pencere.
sat [sæt] *pret. & p.p. of sit.*
Sa·tan ['seıtən] *n.* Şeytan.
satch·el ['sætʃəl] *n.* okul çantası.
sate [seıt] *v/t.* doyurmak.
sa·teen [sæ'tiːn] *n.* saten benzeri pamuklu kumaş.
sat·el·lite ['sætəlaıt] *n.* uydu; *a. ~ state* uydu devlet.
sa·ti·ate ['seıʃıeıt] *v/t.* doyurmak.
sat·in ['sætın] *n.* saten, atlas.
sat|ire ['sætaıə] *n.* yergi, taşlama; **~·ir·ist** [~ərıst] *n.* yergici, taşlamacı; **~·ir·ize** [~raız] *v/t.* yermek, taşlamak.
sat·is·fac|tion [sætıs'fækʃn] *n.* hoşnutluk, memnuniyet; tatmin; **~·to·ry** □ [~'fæktərı] memnun edici, tatmin edici, doyurucu.
sat·is·fy ['sætısfaı] *v/t.* memnun etmek, hoşnut etmek; tatmin etmek, doyurmak; inandırmak; *be satisfied with -den* memnun olmak.
sat·u·rate ⚗, *fig.* ['sætʃəreıt] *v/t.* doyurmak.
Sat·ur·day ['sætədı] *n.* cumartesi.
sat·ur·nine □ ['sætənaın] asık suratlı, yüzü gülmez, soğuk.
sauce [sɔːs] **1.** *n.* sos, salça; *Am.* komposto; *fig.* tat, lezzet; *F* yüzsüzlük; *none of your ~!* Yüzsüzlüğün gereği yok!; **2.** *vb. F* yüzsüzlük etmek; **~-boat** ['sɔːsbəʊt] *n.* salçalık; **~·pan** *n.* saplı tencere.
sau·cer ['sɔːsə] *n.* fincan tabağı.
sauc·y □ ['sɔːsı] *(-ier, -iest)* yüzsüz, arsız, sırnaşık, sulu; *F* işveli, şuh.
saun·ter ['sɔːntə] **1.** *n.* aylak aylak dolaşma; **2.** *v/i.* aylak aylak dolaşmak.
saus·age ['sɒsıdʒ] *n.* salam, sucuk; *a. small ~* sosis.
sav|age ['sævıdʒ] **1.** □ vahşi, yabanıl; acımasız; **2.** *n.* vahşi kimse; barbar; **~·ag·e·ry** [~ərı] *n.* vahşilik, yabanıllık; barbarlık.
sav·ant ['sævənt] *n.* bilgin, âlim.
save [seıv] **1.** *v/t.* kurtarmak; korumak; *(para)* biriktirmek; idareli kullanmak; saklamak, ayırmak; **2.** *rhet. prp. & cj. -den* başka; *~ for* hariç; *~ that* yalnız, ancak.
sav·er ['seıvə] *n.* kurtarıcı; *it is a time-~* zaman kazandıran bir aygıttır.
sav·ing ['seıvıŋ] **1.** □ tutumlu, idareli; **2.** *n.* kurtarma; *~s pl.* birikim, artırım, tasarruf.
sav·ings| ac·count ['seıvıŋzə'kaʊnt] *n.* tasarruf hesabı; **~ bank** *n.* tasarruf bankası; **~ de·pos·it** *n.* tasarruf, artırım.
sa·vio(u)r ['seıvjə] *n.* kurtarıcı; *the* ♀ *eccl.* Hazreti İsa.
sa·vo(u)r ['seıvə] **1.** *n.* tat, lezzet, çeşni; *fig.* tat tuz; *fig.* iz, eser; **2.** *v/i.* tadı olmak; kokmak; *v/t.* tadına bakmak; *fig.* tadını çıkarmak; **~·y** [~rı] lezzetli, tadı tuzu yerinde.
saw[1] [sɔː] *pret. of see*[1].
saw[2] [~] *n.* atasözü, özdeyiş.
saw[3] [~] **1.** *(~ed ya da ~n, ~ed) v/t.* testere ile kesmek, bıçkılamak; **2.** *n.* testere, bıçkı, hızar; **~·dust** ['sɔːdʌst] *n.* testere talaşı, bıçkı tozu; **~·mill** *n.* hızarhane; **~n** [sɔːn] *p.p. of saw*[3] *1.*
Sax·on ['sæksn] **1.** *adj.* Saksonya'ya özgü; *ling. oft.* Cermen ...; **2.** *n.* Saksonyalı.
say [seı] **1.** *(said) v/t.* söylemek, demek; *~ grace* sofra duası etmek; *what do you ~ to ...?, oft. what ~ you to...?* ...e ne dersin?; *it ~s (mektup v.b.)* ... diyor; *it ~s here* burada diyor ki; *that is to ~* yani, demek ki; *(and) that's ~ing s.th.* az bile dedin; *you don't ~ (so)!* Yok canım!, Deme!; *I ~* Bana bak!, Hey!; *he is said to be...*

... olduğu söyleniyor; *no sooner said than done* demesiyle yapması bir oldu; **2.** *n.* söz; söz sırası; *let him have his* ~ bırak diyeceğini desin; *have a ya da some (no)* ~ *in s.th. bşde* söz sahibi ol(ma)mak; **~·ing** ['seııŋ] *n.* söz, laf; atasözü, özdeyiş; *it goes without* ~ hiç kuşku yok ki; *as the* ~ *goes* dedikleri gibi.

scab [skæb] *n.* ⚕, ⚘ kabuk; *vet.* uyuz; *sl.* grev bozan işçi.

scab·bard ['skæbəd] *n. (kılıç v.b.)* kın.

scaf·fold ['skæfəld] *n.* yapı iskelesi; darağacı; **~·ing** [~ıŋ] *n.* yapı iskelesi kerestesi.

scald [skɔːld] **1.** *n.* haşlama; kaynar sudan ileri gelen yara; **2.** *v/t.* *(kaynar su)* haşlamak, yakmak; *(süt)* kaynatmak; *~ing hot* yakıcı sıcak *(hava);* kaynar *(su).*

scale[1] [skeıl] **1.** *n.* balık pulu; ⚕ diş pası, kefeki, pesek; **2.** *v/t.* pullarını ayıklamak; ⊕ *(kefeki)* kazıyıp temizlemek; ⚕ *(diş pası)* temizlemek.

scale[2] [~] **1.** *n.* terazi gözü, kefe; *(a pair of) ~s pl.* terazi; **2.** *v/t.* tartmak.

scale[3] [~] **1.** *n.* ölçek; dereceli cetvel; ♪ gam, ıskala; *fig.* ölçü; **2.** *v/t.* tırmanmak, çıkmak; ~ *up (down)* belli oranda yükseltmek (azaltmak).

scal·lop ['skɒləp] **1.** *n. zo.* tarak; fisto; **2.** *v/t.* tavada pişirmek.

scalp [skælp] **1.** *n.* kafatası derisi; **2.** *v/t.* *-in* kafatası derisini yüzmek.

scal·y ['skeılı] *(-ier, -iest) adj.* pullarla kaplı, pul pul olan.

scamp [skæmp] **1.** *n.* yaramaz, haylaz; **2.** *v/t.* baştan savma yapmak, şişirmek.

scam·per ['skæmpə] **1.** *v/i. a.* ~ *about,* ~ *around* koşuşturmak; **2.** *n.* acele kaçış, tüyme.

scan [skæn] *(-nn-) v/t.* incelemek, gözden geçirmek; göz gezdirmek, göz atmak; *kompütür, radyo, TV:* taramak.

scan·dal ['skændl] *n.* skandal, rezalet; dedikodu, iftira; **~·ize** [~dəlaız]: *be ~d at s.th. bşi* sakıncalı bulmak, hoş görmemek; **~·ous** □ [~əs] rezil, ayıp, utanılacak.

Scan·di·na·vi·an [skændı'neıvjən] **1.** *adj.* İskandinavya'ya özgü; **2.** *n.* İskandinavyalı; *ling.* İskandinav dili.

scant □ [skænt] kıt, az, eksik; **~·y** □ ['skæntı] *(-ier, -iest)* az, eksik, kıt, yetersiz, dar.

-scape [skeıp] *suffix* ... manzaralı.

scape|goat ['skeıpgəʊt] *n. fig.* şamar oğlanı, abalı; **~·grace** [~greıs] *n.* hayırsız kimse, yaramaz.

scar [skɑː] **1.** *n.* yara izi; *fig.* namus lekesi; yalçın kaya; **2.** *(-rr-)* *v/t. -de* yara izi bırakmak; ~ *over* *(yara v.b.)* iz bırakmak.

scarce [skeəs] *(~r, ~st) adj.* seyrek, nadir, az bulunur; kıt; **~·ly** ['skeəslı] *adv.* hemen hiç; güçlükle; **scar·ci·ty** [~ətı] *n.* azlık, kıtlık, eksiklik.

scare [skeə] **1.** *v/t.* korkutmak; ~ *away,* ~ *off* korkutup kaçırmak; *be ~d (of s.th.) (bşden)* korkmak, ürkmek; **2.** *n.* ani korku, panik; **~·crow** ['skeəkrəʊ] *n.* bostan korkuluğu *(a. fig.).*

scarf [skɑːf] *(pl. scarfs* [~fs], *scarves* [~vz]*) n.* boyun atkısı, eşarp, kaşkol; fular; şal.

scar·let ['skɑːlət] **1.** *n.* kırmızı renk; **2.** *adj.* kırmızı, al; ~ *fever* ⚕ kızıl hastalığı; ~ *runner* ⚘ çalıfasulyesi.

scarred [skɑːd] *adj.* yara izi olan.

scarves [skɑːvz] *pl. of.* *scarf.*

scath·ing *fig.* ['skeıðıŋ] *adj.* sert, kırıcı.

scat·ter ['skætə] *v/t.* & *v/i.* saç(ıl)mak, dağılmak; dağıtmak, serpmek; ~·**brain** *n.* F zihni darmadağınık kimse; ~**ed** *adj.* dağınık, seyrek.
sce·na·ri·o [sı'nɑːrıəʊ] *(pl. -os) n. film:* senaryo.
scene [siːn] *n.* sahne; olay yeri; ~*s pl.* kulis; **sce·ne·ry** ['siːnərı] *n.* doğal manzara; *thea.* dekor.
scent [sent] **1.** *n.* güzel koku; *esp. Brt.* parfüm; *hunt.* iz kokusu, iz; koku alma duyusu; **2.** *v/t. -in* kokusunu almak; *esp. Brt. -e* parfüm sürmek; ~·**less** ['sentlıs] *adj.* kokusuz.
scep|tic, *Am.* **skep-** ['skeptık] *n.* şüpheci kimse; ~·**ti·cal,** *Am.* **skep-** □ [~l] şüpheci, kuşkulu.
scep·tre, *Am.* **-ter** ['septə] *n.* hükümdarlık asası.
sched·ule ['ʃedjuːl, *Am.* 'skedʒuːl] **1.** *n.* liste, program; cetvel; envanter; *esp. Am.* tarife; *be ahead of ~* planlanan zamandan önce olmak; *be behind ~* planlanan zamandan sonra olmak; *be on ~* planlanan zamanda olmak; **2.** *v/t. -in* listesini yapmak; programını yapmak, kararlaştırmak; ~**d** *adj.* programlı, tarifeli; *~ flight* ✈ tarifeli sefer.
scheme [skiːm] **1.** *n.* plan, proje, tasarı; entrika; **2.** *v/t.* planlamak, tasarlamak; *v/i.* plan yapmak; entrika çevirmek.
schol·ar ['skɒlə] *n.* bilgin, âlim; *univ.* burslu öğrenci; öğrenci; ~·**ly** [~lı] *adj.* bilgince ...; çok bilgili; ~·**ship** [~ʃıp] *n.* bilginlik; *univ.* burs.
school [skuːl] **1.** *n.* okul; *univ.* fakülte, yüksekokul; *zo.* oğul, küme, sürü; *at ~* okulda; **2.** *v/t.* eğitmek, öğretmek, okutmak; ~·**boy** ['skuːlbɔı] *n.* erkek öğrenci; ~·**chil·dren** *n. pl.* okul çocukları; ~·**fel·low** *n.* okul arkadaşı; ~·**girl** *n.* kız öğrenci; ~·**ing** [~ıŋ] *n.* eğitim, öğretim; ~·**mas·ter** *n.* erkek öğretmen; ~·**mate** *n.* okul arkadaşı; ~·**mis·tress** *n.* kadın öğretmen; ~·**teach·er** *n.* öğretmen.
schoo·ner ['skuːnə] *n.* ⚓ uskuna; *Am.* büyük bira bardağı; *Brt.* büyük şarap bardağı; *Am.* = *prairie schooner.*
sci·ence ['saıəns] *n.* bilim; fen, teknik; *a. natural ~* doğa bilimleri; ~ **fic·tion** *n.* bilimkurgu.
sci·en·tif·ic [saıən'tıfık] *(~ally) adj.* bilimsel; sistematik.
sci·en·tist ['saıəntıst] *n.* bilim adamı.
scin·til·late ['sıntıleıt] *v/i.* parıldamak, ışıldamak.
sci·on ['saıən] *n.* aşılanacak filiz.
scis·sors ['sızəz] *n. pl. (a pair of ~* bir) makas.
scoff [skɒf] **1.** *n.* alay; küçümseme; **2.** *v/i.* alay etmek.
scold [skəʊld] **1.** *n.* hırçın kadın; **2.** *v/t.* azarlamak, paylamak.
scol·lop ['skɒləp] = *scallop.*
scone [skɒn] *n.* küçük francala.
scoop [skuːp] **1.** *n.* kepçe, kürek; ⚕ spatül; F vurgun; *gazete:* F *(haber)* atlatma; **2.** *vb.* kepçeyle boşaltmak; *gazete: (haber)* atlatmak; *~ up* kaldırmak, almak.
scoot·er ['skuːtə] *n.* küçük motosiklet; çocuk kızağı.
scope [skəʊp] *n.* saha, alan; faaliyet alanı; konu; olanak, fırsat.
scorch [skɔːtʃ] *v/t.* kavurmak, yakmak; *v/i.* F küplere binmek, kudurmak.
score [skɔː] **1.** *n.* çentik, kertik; hesap, masraf, fatura; 20 sayısı; *spor:* skor, sayı, puan; neden, vesile; hınç; ♪ partisyon; *~s of* pek çok; *four ~* seksen; *run up a ~* borçlanmak; *on the ~ of -den* dolayı, ... nedeniyle; **2.** *vb.* çentmek; *(puan)* saymak; *spor: (sayı)* yap-

mak, *(gol)* atmak; ♪ orkestralamak; *Am. F* eleştirmek.

scorn [skɔːn] **1.** *n.* küçümseme, hor görme; **2.** *v/t.* küçümsemek, hor görmek; **~·ful** □ ['skɔːnfl] küçümseyen, hor gören.

scor·pi·on *zo.* ['skɔːpjən] *n.* akrep.

Scot [skɒt] *n.* İskoçyalı.

Scotch [skɒtʃ] **1.** *adj.* İskoçya'ya özgü; **2.** *n. ling.* İskoçya lehçesi; İskoçya viskisi; *the ~* İskoçya halkı, İskoçyalılar; **~·man** ['skɒtʃmən], **~·wom·an** = *Scotsman, Scotswoman.*

scot-free ['skɒt'friː] *adj.* sağ salim; cezasız.

Scots [skɒts] = *Scotch; the ~ pl.* İskoçya halkı; **~·man** ['skɒtsmən] *(pl. -men) n.* İskoçyalı; **~·wom·an** *(pl. -women) n.* İskoçyalı kadın.

Scot·tish ['skɒtɪʃ] *adj.* İskoçya halkı *ya da* diliyle ilgili.

scoun·drel ['skaʊndrəl] *n.* alçak herif, hergele, teres.

scour[1] ['skaʊə] *v/t.* ovarak temizlemek.

scour[2] [~] *v/i.* koşuşturmak; *v/t.* köşe bucak aramak.

scourge [skɜːdʒ] **1.** *n.* kırbaç, kamçı; *fig.* bela, felaket; **2.** *v/t.* kırbaçlamak, kamçılamak.

scout [skaʊt] **1.** *n. esp.* ⚔ keşif eri, casus, gözcü, öncü; ⚓ keşif gemisi; ✈ keşif uçağı; *(boy) ~* erkek izci; *(girl) ~ Am.* kız izci; *talent ~* genç aktör, şarkıcı *vb.* arayan kimse; **2.** *vb.* keşfetmek, taramak; *esp.* ⚔ gözetlemek; *~ about, ~ around* aramaya çıkmak *(for -i).*

scowl [skaʊl] **1.** *n.* kaş çatma; **2.** *vb.* kaşlarını çatmak, surat asmak.

scrab·ble ['skræbl] *vb.* kazımak, sıyırmak; karalamak, çiziktirmek.

scrag *fig.* [skræg] *n.* çok zayıf kimse, iskelet.

scram·ble ['skræmbl] **1.** *vb. -e* tırmanmak; çekişmek, kapışmak *(for için); ~d eggs pl.* karıştırılıp yağda pişirilmiş yumurtalar; **2.** *n.* tırmanış; *fig.* mücadele, kapışma.

scrap [skræp] **1.** *n.* parça, döküntü, hurda, kırpıntı; kupür; *~s pl.* artık; **2.** *(-pp-) vb.* hurdaya çıkarmak, atmak; parçalamak; **~-book** ['skræpbʊk] *n.* koleksiyon defteri, albüm.

scrape [skreɪp] **1.** *n.* kazıma; sürtme; sıyrık; *fig.* dert, sıkıntı, varta; **2.** *v/t.* kazımak; tırmalamak, sıyırmak; *(ayak)* sürtmek.

scrap|-heap ['skræphiːp] *n.* hurda yığını; **~-i·ron, ~-met·al** *n.* hurda demir; **~-pa·per** *n.* karalama kâğıdı; kırpıntı kâğıt.

scratch [skrætʃ] **1.** *n.* çizik, sıyrık, tırmık; gıcırtı, cızırtı; *spor:* başlama çizgisi; **2.** *adj.* gelişigüzel, rasgele; *spor:* avanssız, handikapsız; **3.** *v/t. & v/i.* kaşı(n)mak; tırmalamak; cızırdamak; *spor:* yarıştan çekilmek; *~ out, ~ through, ~ off* karalamak, çizmek, silmek; **~ pad** *n. Am.* notblok; **~ pa·per** *n. Am.* karalama kâğıdı.

scrawl [skrɔːl] **1.** *v/t.* kargacık burgacık yazmak, karalamak; **2.** *n.* kargacık burgacık yazı.

scraw·ny ['skrɔːnɪ] *(-ier, -iest) adj.* zayıf, cılız, kemikleri sayılan.

scream [skriːm] **1.** *n.* feryat, çığlık; *he is a ~ F* ömür adamdır, çok komiktir; **2.** *v/i.* feryat etmek, haykırmak.

screech [skriːtʃ] = *scream;* **~-owl** *zo.* ['skriːtʃaʊl] *n.* cüce baykuş.

screen [skriːn] **1.** *n.* paravana, bölme; perde, örtü; *film:* beyaz perde, ekran, sinema; kalbur, elek; *radar, TV, kompütür:* ekran; *fig.* maske; **2.** *v/t.* gizlemek, korumak *(from -den);* kalburdan geçirmek, elemek; ⚔ kamufle etmek, örtmek; *(film)* perdeye yansıtmak; filme almak; *fig.* elekten geçirmek, yoklamak; ~**-play** ['skri:npleı] *n.* senaryo.

screw [skru:] **1.** *n.* vida; pervane; **2.** *v/t.* vidalamak; *V* seks yapmak, atlamak; ~ *up* bozmak, berbat etmek; ~ *up one's courage* cesaretini toplamak; ~**·ball** *Am. sl.* ['skru:bɔ:l] *n.* deli, kaçık, çatlak; ~**·driv·er** *n.* tornavida; ~**-jack** *n.* kriko.

scrib·ble ['skrıbl] **1.** *n.* karalama, çiziktirme; **2.** *v/i.* karalamak, çiziktirmek.

scrimp [skrımp], ~**·y** ['skrımpı] *(-ier, -iest)* = *skimp(y).*

script [skrıpt] *n.* el yazısı; yazı; *print.* el yazısı gibi harf; *film, TV:* senaryo.

Scrip·ture ['skrıptʃə]: *(Holy)* ~, *The (Holy)* ~*s pl.* Kutsal Kitap.

scroll [skrəʊl] *n. (kâğıt)* tomar; liste, cetvel; *arch.* sarmal kıvrım.

scro·tum *anat.* ['skrəʊtəm] *(pl. -ta* [-tə], *-tums) n.* haya torbası, safen.

scrub[1] [skrʌb] *n.* çalılık, fundalık; *contp.* cüce, bacaksız; *Am. spor:* B takımı.

scrub[2] [~] **1.** *n.* ovarak temizleme; **2.** *(-bb-) v/t.* fırçalayarak temizlemek, ovmak.

scru|ple ['skru:pl] **1.** *n.* şüphe, tereddüt, kararsızlık; **2.** *vb.* tereddüt etmek; ~**·pu·lous** □ [~jʊləs] dikkatli, titiz; dürüst.

scru·ti|nize ['skru:tınaız] *v/t.* incelemek; ~**·ny** [~ı] *n.* inceleme.

scud [skʌd] **1.** *n.* sürüklenme; **2.** *(-dd-) v/i.* sürüklenmek, hızla gitmek.

scuff [skʌf] *v/i.* ayaklarını sürümek.

scuf·fle ['skʌfl] **1.** *n.* dövüşme, boğuşma; **2.** *v/i.* itişip kakışmak, boğuşmak.

scull [skʌl] **1.** *n.* ⚓ boyna küreği; **2.** *v/i.* kürek çekmek, boyna etmek.

scul·le·ry ['skʌlərı] *n.* bulaşık odası.

sculp|tor ['skʌlptə] *n.* heykeltıraş, yontucu; ~**·tress** [~trıs] *n.* kadın heykeltıraş; ~**·ture** [~tʃə] **1.** *n.* heykel; heykeltıraşlık, yontuculuk; **2.** *v/t. -in* heykelini yapmak; oymak.

scum [skʌm] *n.* kir tabakası; pis köpük; *the* ~ *of the earth fig.* ayaktakımı.

scurf [skɜ:f] *n.* kepek.

scur·ri·lous □ ['skʌrıləs] iğrenç, pis, kaba; küfürlü.

scur·ry ['skʌrı] *v/i.* acele etmek, koşmak.

scur·vy[1] ⚕ ['skɜ:vı] *n.* iskorbüt.

scur·vy[2] □ [~] *(-ier, -iest)* adi, alçak, iğrenç.

scut·tle ['skʌtl] **1.** *n.* kömür kovası; **2.** *v/i.* acele etmek; kaçmak.

scythe ↓ [saıð] *n.* tırpan.

sea [si:] *n.* deniz, derya *(a. fig.)*; büyük dalga; *at* ~ denizde; *(all) at* ~ *fig.* şaşkın, çaresiz; *by* ~ gemi ile, deniz yoluyla; ~**·board** ['si:bɔ:d] *n.* kıyı şeridi, sahil; ~**·coast** *n.* deniz kıyısı, sahil; ~**·far·ing** ['si:feərıŋ] *adj.* denizcilikle uğraşan; ~**·food** *n.* yenebilen deniz ürünü; ~**·go·ing** *adj.* ⚓ açık denizde gidebilen; ~**-gull** *n. zo.* martı.

seal[1] [si:l] **1.** *n.* mühür, damga; ⊕ conta; *fig.* onay; **2.** *v/t.* mühürlemek, damgalamak; *fig.* onaylamak; ~ *off fig.* tıkamak, kapatmak; ~ *up* sıkıca kapatmak.

seal[2] *zo.* [~] *n.* fok, ayıbalığı.

sea-lev·el ['si:levl] *n.* deniz düzeyi.

seal·ing-wax ['si:lıŋwæks] *n.* mühür mumu.

seam [si:m] **1.** *n.* dikiş yeri; ⚓ armuz; *geol.* tabaka, damar, yatak; **2.** *v/t.* ~ *together* birbirine dikmek; ~*ed with -den* kırışmış, yara

izleri olan *(yüz).*
sea·man ['siːmən] *(pl. -men) n.* denizci, gemici.
seam·stress ['semstrıs] *n.* dikişçi kadın.
sea|plane ['siːpleın] *n.* deniz uçağı; **~·port** *n.* liman; liman kenti; **~ pow·er** *n.* deniz gücü, donanma.
sear [sıə] *v/t.* kurutmak; yakmak, dağlamak; ⚕ koterize etmek; *fig.* katılaştırmak, körletmek.
search [sɜːtʃ] **1.** *n.* araştırma, arama; yoklama; ⚖ arama tarama *(for -i); in ~ of* aramakta, peşinde; **2.** *v/t.* aramak, araştırmak; ⚕ sondalamak; *~me! F* Ne bileyim ben!; *v/i.* arama tarama yapmak *(for için); ~ into* içyüzünü araştırmak; **~·ing** □ ['sɜːtʃıŋ] araştırıcı; keskin, içe işleyen *(rüzgâr v.b.);* **~·light** *n.* projektör; **~·par·ty** *n.* *bşi* aramaya çıkmış kimseler; **~-war·rant** *n.* ⚖ arama emri.
sea|-shore ['siːʃɔː] *n.* sahil; **~·sick** *adj.* deniz tutmuş; **~·side:** *at the ~* deniz kıyısında; *go to the ~* deniz kıyısına gitmek; *~ place, ~ resort* plaj.
sea·son ['siːzn] **1.** *n.* mevsim; sezon, dönem; zaman; *Brt. F = season-ticket; cherries are now in ~* şimdi kirazın tam mevsimidir; *out of ~* mevsimsiz, zamansız; *fig.* yersiz; *with the compliments of the ~* yeni yılda, bayramda *v.b.* en iyi dileklerimle; **2.** *v/t. & v/i.* çeşnilendirmek; yumuşatmak; alış(tır)mak *(to -e);* **sea·so·na·ble** □ [~əbl] zamanında olan; uygun; **~·al** □ [~ənl] mevsimlik; mevsime uygun; **~·ing** [~ıŋ] *n.* yemeğe çeşni veren şey, baharat; **~-tick·et** *n.* 🚃 abonman kartı; *thea.* abone bileti.
seat [siːt] **1.** *n.* oturacak yer, iskemle, sandalye, tabure; konak, yalı, çiftlik; yer, merkez; *thea.* koltuk; insan *ya da* pantolon kıçı; *pol.* koltuk, mevki; *s. take 1;* **2.** *v/t.* oturtmak; yerleştirmek; *~ed* oturmuş, yerleşmiş; *be ~ed* oturmak; *be ~ed!* Oturun!; *remain ~ed* oturup kalmak; **~-belt** ✈, *mot.* ['siːtbelt] *n.* emniyet kemeri.
sea|-ur·chin *zo.* ['siːɜːtʃın] *n.* denizkestanesi; **~·ward** ['siːwəd] **1.** *adj.* denize doğru giden; **2.** *adv. a. ~s* denize doğru; **~·weed** *n.* ⚘ yosun; **~·wor·thy** *adj.* denize elverişli *ya da* dayanıklı.
se·cede [sı'siːd] *v/i.* ayrılmak, çekilmek *(from -den).*
se·ces·sion [sı'seʃn] *n.* ayrılma, çekilme; **~·ist** [~ıst] *n.* ayrılma yanlısı.
se·clude [sı'kluːd] *v/t.* ayrı tutmak, ayırmak; **se·clud·ed** *adj.* sapa, kuytu, tenha; dünyadan el çekmiş; **se·clu·sion** [~ʒn] *n.* dünyadan el çekme, köşeye çekilme.
sec·ond ['sekənd] **1.** □ ikinci; *~ to none* hepsinden iyi, aşağı kalmayan; *on ~ thought* iyice düşündükten sonra; **2.** *n.* ikinci kimse *ya da* şey; yardımcı; saniye; *~s pl.* ikinci kalite mal; **3.** *v/t.* yardım etmek; desteklemek; **~·a·ry** □ [~ərı] ikincil, ikinci derecede olan; ast ...; *~ education* orta öğretim; *~ modern (school) Brt.* öğrencileri üniversiteye hazırlamayan ortaokul; *~ school* ortaokul; **~·hand** *adj.* kullanılmış, elden düşme; **~·ly** [~lı] *adv.* ikinci olarak; **~·rate** *adj.* ikinci derecede olan.
se·cre|cy ['siːkrısı] *n.* gizlilik; sır saklama; **~t** [~t] **1.** □ gizli, saklı; **2.** *n.* sır; *in ~* gizlice; *be in the ~* sırra ortak olmak; *keep s.th. a ~ from s.o. b-den bşi* saklamak.
sec·re·ta·ry ['sekrətrı] *n.* sekreter, yazman; ♀ *of State Brt.* Devlet Bakanı; *Brt.* Bakan; *Am.* Dışişleri Bakanı.
se·crete [sı'kriːt] *v/t.* gizlemek,

saklamak; *biol.* salgılamak; **se·cre·tion** [~ʃn] *n.* gizleme; *biol.*, ⚕ salgı; **se·cre·tive** [~tıv] *adj.* ağzı sıkı, kapalı kutu.

se·cret·ly ['si:krıtlı] *adv.* gizlice.

sec·tion ['sekʃn] *n.* ⚕ operasyon; kesme, kesiş; ⩓ kesit; kısım, parça; şube, dal, kol; ⚖ paragraf; *print.* kesim, makta.

sec·u·lar □ ['sekjʊlə] layik; dünyasal.

se·cure [sı'kjʊə] **1.** □ güvenli, sağlam, emin; **2.** *v/t.* sağlamak, elde etmek; sağlama bağlamak; **se·cu·ri·ty** [~rətı] *n.* güvenlik; güvence; rehin, kefalet; *securities pl.* taşınır kıymetler; ~ *check* güvenlik kontrolü.

se·dan [sı'dæn] *n. Am. mot.* büyük otomobil, limuzin; ~*(-chair)* sedye; tahtırevan.

se·date □ [sı'deıt] ağırbaşlı, sakin, ciddi.

sed·a·tive *mst.* ⚕ ['sedətıv] **1.** *adj.* yatıştırıcı, rahatlatıcı; **2.** *n.* yatıştırıcı ilaç.

sed·en·ta·ry □ ['sedntrı] bir yere yerleşmiş, yerleşik; evden dışarı çıkmayan, oturmaya alışmış.

sed·i·ment ['sedımənt] *n.* tortu, posa; *geol.* çöküntü.

se·di|tion [sı'dıʃn] *n.* ayaklanma, isyan; kargaşalık; **~·tious** □ [~əs] isyana teşvik eden, kışkırtıcı, fitneci.

se·duce [sı'dju:s] *v/t.* baştan çıkarmak, ayartmak; **se·duc·er** [~ə] *n.* baştan çıkaran kimse; **se·duc·tion** [sı'dʌkʃn] *n.* baştan çıkarma, ayartma; **se·duc·tive** □ [~tıv] baştan çıkaran, ayartıcı.

sed·u·lous □ ['sedjʊləs] çalışkan, gayretli, faal.

see[1] [si:] *(saw, seen) v/i.* görmek; bakmak; *I ~!* Anlıyorum!; ~ *about* meşgul olmak, ilgilenmek, icabına bakmak; *I'll ~ about it* icabına bakarım, ben ilgilenirim; ~ *into* araştırmak, *-e* bakmak; ~ *through (para v.b.)* yetmek, idare etmek; ~ *to ile* ilgilenmek, *-e* bakmak; *v/t.* anlamak, kavramak; ziyaret etmek; ~ *s.o. home b-ni* evine bırakmak; ~ *you!* Görüşürüz!, Hoşça kal!; ~ *off* yolcu etmek, uğurlamak, geçirmek *(at -de)*; ~ *out* kapıya kadar geçirmek; bitirmek; ~ *through* sonuna kadar götürmek; *live to see* yaşayıp görmek.

see[2] [~] *n.* piskoposluk.

seed [si:d] **1.** *n.* tohum; meyve çekirdeği; *coll.* sperma, meni; *mst.* ~*s pl. fig.* kaynak; *go ya da run to* ~ *fig.* tohuma kaçmak; **2.** *v/t.* çekirdeğini çıkarmak; *v/i.* tohum ekmek; **~·less** ['si:dlıs] *adj.* çekirdeksiz *(meyve)*; **~·ling** ⇣ [~ıŋ] *n.* fide; **~·y** □ *F* [~ı] *(-ier, -iest)* yırtık pırtık, eski püskü; keyifsiz.

seek [si:k] *(sought) v/t.* aramak; araştırmak; çok arzu etmek.

seem [si:m] *v/i.* görünmek, benzemek; gibi gelmek; **~·ing** □ ['si:mıŋ] görünüşte, güya; **~·ly** [~lı] *(-ier, -iest) adj.* yakışık alır, uygun.

seen [si:n] *p.p. of see*[1].

seep [si:p] *v/i.* sızıntı yapmak, sızmak.

seer ['si:ə] *n.* seyirci; peygamber; kâhin.

see-saw ['si:sɔ:] **1.** *n.* tahterevalli; iniş çıkış; **2.** *v/i.* inip çıkmak; *fig.* kararsız olmak, duraksamak.

seethe [si:ð] *v/t. & v/i.* kayna(t)mak, haşla(n)mak; *fig.* öfkelenmek, köpürmek.

seg·ment ['segmənt] *n.* parça, kısım.

seg·re|gate ['segrıgeıt] *vb.* ayırmak; bir bütünden ayrılmak; **~·ga·tion** [segrı'geıʃn] *n.* fark gözetme, ayrım; ırk ayrımı.

seize [si:z] *v/t.* yakalamak, tutmak, kavramak; ele geçirmek; ⚖ haczetmek, el koymak; *fig.* anlamak, kavramak.

sei·zure ['si:ʒə] *n.* yakalama, tutma; ⚖ haciz, el koyma; ⚕ inme, felç.

sel·dom ['seldəm] *adv.* seyrek, nadiren.

se·lect [sı'lekt] **1.** *v/t.* seçmek, ayırmak, seçip almak; **2.** *adj.* seçkin; **se·lec·tion** [~kʃn] *n.* seçme, ayırma; seçme parçalar; **~·man** *(pl. -men) n.* belediye meclisi üyesi.

self [self] **1.** (*pl. selves* [selvz]) *n.* kişi, kendi; kişilik, karakter; **2.** *pron.* kendisi, bizzat; *econ. ya da F* = *myself, etc.*; **~-as·sured** ['selfə'ʃʊəd] *adj.* kendine güvenen; **~-cen·t(e)red** *adj.* kendini düşünen, bencil; **~-col·o(u)red** *adj.* düz renkli *(esp.* ⚘*)*; **~-com·mand** *n.* kendini tutma, nefsini yenme; **~-con·ceit** *n.* kendini beğenmişlik; **~-con·ceit·ed** *adj.* kendini beğenmiş, kibirli; **~-con·fi·dence** *n.* kendine güven; **~-con·fi·dent** □ kendine güvenen; **~-con·scious** □ utangaç, sıkılgan; ne yaptığını bilen; **~-con·tained** *adj.* kendine yeten; *fig.* az konuşur; **~** *flat Brt.* müstakil daire; **~-con·trol** *n.* kendine hâkim olma; **~-de·fence,** *Am.* **~-de·fense** *n.* kendini savunma; *in* **~** kendini korumak için; **~-de·ni·al** *n.* özveri; **~-de·ter·min·a·tion** *n. esp. pol.* hür irade; *(toplum)* kendi geleceğini saptama; **~-em·ployed** *adj.* serbest çalışan; **~-ev·i·dent** *adj.* belli, açık; **~-gov·ern·ment** *n. pol.* özerklik, kendi kendini yönetme; **~-help** *n.* kendi gereksinimini kendi karşılama, kendine yetme; **~-in·dul·gent** *adj.* keyfine düşkün, tembel; **~-in·struc·tion** *n.* kendi kendine öğrenme, öğretmensiz öğrenim; **~-in·terest** *n.* kişisel çıkar, bencillik; **~·ish** □ [~ʃ] bencil, egoist; **~-made** *adj.* kendini yetiştirmiş; **~** *man* kendini yetiştirmiş kimse; **~-pit·y** *n.* kendine acıma; **~-pos·ses·sion** *n.* kendine hâkim olma, soğukkanlılık; **~-re·li·ant** [~rı'laıənt] *adj.* kendine güvenen; **~-re·spect** *n.* onur; özsaygı; **~-right·eous** □ kendini beğenmiş; **~-serv·ice** **1.** *adj.* selfservis ...; **2.** *n.* selfservis; **~-willed** *adj.* inatçı, dik başlı.

sell [sel] *(sold) v/t. & v/i.* sat(ıl)mak; *(fikir)* kabul ettirmek, benimsetmek; **~** *off,* **~** *out econ.* hepsini satmak, elden çıkarmak; **~·er** ['selə] *n.* satıcı; *good* - *econ.* çok satılan mal.

selves [selvz] *pl. of self 1.*

sem·blance ['sembləns] *n.* benzerlik; dış görünüş.

se·men *biol.* ['si:men] *n.* sperma, meni, bel.

sem·i- ['semı] *prefix* yarı ..., yarım ...; **~·co·lon** *n.* noktalı virgül; **~-de·tached (house)** *n.* ortak duvarlı iki daireyi içeren ev; **~·fi·nal** *n. spor:* yarı final; **~s** *pl.* yarı finaller.

sem·i·nar·y ['semınərı] *n.* seminer; *fig.* okul.

semp·stress ['sempstrıs] *n.* dikişçi kadın.

sen·ate ['senıt] *n.* senato.

sen·a·tor ['senətə] *n.* senatör.

send [send] *(sent) v/t.* göndermek, yollamak; fırlatmak, atmak; etmek; **~** *s.o. mad b-ni* deli etmek; **~** *for* çağırmak, getirtmek; **~** *forth (ışık, koku v.b.)* yaymak, çıkarmak, salmak; **~** *in* göndermek, sunmak; **~** *up fig. (fiyat v.b.)* yükseltmek; **~** *word to s.o. b-ne* haber yollamak; **~·er** ['sendə] *n.* gönderen; verici.

se·nile ['si:naıl] *adj.* ihtiyarlıkla ilgili; bunak; **se·nil·i·ty** [sı'nılətı] *n.* ihtiyarlık; bunaklık.

se·ni·or ['si:njə] **1.** *adj.* yaşça büyük; kıdemli; son sınıfla ilgili; üst

...; ~ *citizens pl.* yaşlı kimseler, yaşlılar; ~ *partner econ.* patron, baş; **2.** *n.* yaşça büyük kimse; son sınıf öğrencisi; kıdemli kimse; *he is my ~ by a year* benden bir yaş büyük; **~·i·ty** [siːnɪ'ɒrətɪ] *n.* yaşça büyüklük; kıdemlilik.

sen·sa·tion [sen'seɪʃn] *n.* duygu, his; heyecan, merak; sansasyon; **~·al** □ [~l] duygusal; sansasyonel, heyecan verici.

sense [sens] **1.** *n.* duyu, his; duyarlık; akıl, zekâ, anlayış; anlam; düşünce, kanı; *in (out of) one's ~s* aklı başında (aklı başından gitmiş, deli); *bring s.o. to his ya da her ~s b-nin* aklını başına getirmek; *make ~* anlamı olmak, bir şey ifade etmek; *talk ~* akıllıca konuşmak; **2.** *v/t.* hissetmek, duymak; anlamak.

sense·less □ ['senslɪs] kendinden geçmiş, baygın; duygusuz; anlamsız, saçma; **~·ness** [~nɪs] *n.* baygınlık; duygusuzluk; anlamsızlık.

sen·si·bil·i·ty [sensɪ'bɪlətɪ] *n.* duyarlık; ayırt etme yetisi; *phys.* hassasiyet; *sensibilities pl.* anlayış.

sen·si·ble □ ['sensəbl] aklı başında, mantıklı; hissedilir; duyarlı; *be ~ of s.th. bşi* sezmek, farkına varmak.

sen·si|tive □ ['sensɪtɪv] duyarlı *(to -e)*; duygulu, içli; alıngan; **~·tive·ness** [~nɪs], **~·tiv·i·ty** [sensɪ'tɪvətɪ] *n.* duyarlık; alınganlık.

sen·sor ⊕ ['sensə] *n.* alıcı aygıt.

sen·su·al □ ['sensjʊəl] şehvete düşkün, şehvetli.

sen·su·ous □ ['sensjʊəs] hislerle ilgili, duyusal.

sent [sent] *pret. & p.p. of send.*

sen·tence ['sentəns] **1.** *n.* ⚖ yargı, hüküm, karar; *gr.* cümle, tümce; *serve one's ~* cezasını hapiste doldurmak; **2.** *v/t.* mahkûm etmek.

sen·ten·tious □ [sen'tenʃəs] kısa ve özlü, anlamlı; anlamlı sözlerle dolu.

sen·tient □ ['senʃnt] hisseden, sezgili.

sen·ti|ment ['sentɪmənt] *n.* duygu, his; düşünce, fikir, kanı; = *sentimentality;* **~·ment·al** □ [sentɪ'mentl] duygusal, hisli; **~·men·tal·i·ty** [sentɪmen'tælətɪ] *n.* aşırı duygusallık, içlilik.

sen|ti·nel ✕ ['sentɪnl], **~·try** ✕ [~rɪ] *n.* nöbetçi, gözcü.

sep·a|ra·ble □ ['sepərəbl] ayrılabilir; **~·rate 1.** □ ['seprət] ayrı, ayrılmış; **2.** ['sepəreɪt] *v/t.* ayirmak; bölmek; *v/i.* ayrılmak; **~·ra·tion** [sepə'reɪʃn] *n.* ayırma; ayrılma.

sep·sis ⚕ ['sepsɪs] *(pl. -ses* [-siːz]*) n.* septisemi.

Sep·tem·ber [sep'tembə] *n.* eylül.

sep·tic ⚕ ['septɪk] *(~ally) adj.* bulaşık, mikroplu.

se·pul·chral □ [sɪ'pʌlkrəl] mezarla ilgili; *fig.* kasvetli, hüzünlü.

sep·ul·chre, *Am.* **-cher** ['sepəlkə] *n.* mezar, kabir.

se·quel ['siːkwəl] *n. bşin* devamı, arka; son, sonuç; *a four-~ program(me)* dört dizilik bir program.

se·quence ['siːkwəns] *n.* art arda gelme, sürüp gitme, ardıllık; *film:* sahne; *~ of tenses gr.* zaman uyumu; **se·quent** [~t] *adj.* art arda gelen, ardıl.

se·ques·trate ⚖ [sɪ'kwestreɪt] *v/t.* el koymak, haczetmek.

ser·e·nade ♪ [serə'neɪd] **1.** *n.* serenat; **2.** *v/i.* seranat yapmak.

se·rene □ [sɪ'riːn] açık, belli; sakin, durgun; **se·ren·i·ty** [sɪ'renətɪ] *n.* sakinlik, durgunluk.

ser·geant ['sɑːdʒənt] *n.* ✕ çavuş; komiser yardımcısı.

se·ri·al ['sɪərɪəl] **1.** □ seri halinde olan, seri ..., dizi ...; **2.** *n.* dizi; yazı dizisi.

se·ries ['sɪəriːz] *(pl. -ries) n.* dizi,

sıra; seri.

se·ri·ous □ ['sɪərɪəs] ciddi, ağırbaşlı; önemli; tehlikeli, ağır; *be* ~ ciddiye almak *(about -i)*; **~·ness** [~nɪs] *n.* ciddiyet, ağırbaşlılık.

ser·mon ['sɜːmən] *n. eccl.* vaaz, dinsel konuşma; *iro.* sıkıcı öğüt.

ser|pent *zo.* ['sɜːpənt] *n.* yılan; **~·pen·tine** [~aɪn] *adj.* yılan gibi kıvrılan, dolambaçlı.

se·rum ['sɪərəm] *(pl. -rums, -ra* [-rə]*) n.* serum.

ser·vant ['sɜːvənt] *n. a. domestic* ~ hizmetçi, uşak; *civil* ~ *s. civil; public* ~ devlet memuru.

serve [sɜːv] **1.** *v/t. -e* hizmet etmek; yardım etmek; sofraya koymak, servis yapmak; *-e* yaramak; sağlamak, vermek; ⚖ *(ceza)* çekmek; *(it)* ~*s him right* bunu hak etti, oh olsun; ~ *out* dağıtmak; *v/i.* hizmette bulunmak *(a.* ⚔ *)*; işini görmek; amaca uymak, işe yaramak; *tenis, voleybol:* servis atmak; ~ *at table (garson)* masaya bakmak; **2.** *n. tenis v.b.:* servis.

ser|vice ['sɜːvɪs] **1.** *n.* hizmet *(a.* ⚔ *)*; görev, iş; hizmetçilik; *econ.* müşteriye hizmet; askerlik; yardım, fayda; ibadet, ayin; *tenis, voleybol:* servis; *be at s.o.'s* ~ *b-nin* hizmetinde olmak; **2.** *v/t.* ⊕ bakımını yapmak, bakmak; **~·vi·cea·ble** □ [~əbl] işe yarar, yararlı; dayanıklı; ~ **ar·e·a** *n. Brt.* servis yapılan yer; ~ **charge** *n.* servis ücreti, garsoniye; ~ **sta·tion** *n.* benzin istasyonu.

ser|vile □ ['sɜːvaɪl] kölelere özgü; köle gibi, aşağılık; **~·vil·i·ty** [sɜː'vɪlətɪ] *n.* kölelik.

serv·ing ['sɜːvɪŋ] *n.* porsiyon, tabak.

ser·vi·tude ['sɜːvɪtjuːd] *n.* kölelik, uşaklık.

ses·sion ['seʃn] *n.* oturum, celse; toplantı; dönem; *be in* ~ ⚖ *parl.* toplantı halinde olmak.

set [set] **1.** *(-tt-; set) v/t.* koymak, yerleştirmek; *(bitki)* dikmek; *(saat)* kurmak; düzeltmek; *(bıçak)* bilemek; *(zaman)* kararlaştırmak; pıhtılaştırmak; ⚕ *(çıkık)* yerine oturtmak; kuluçkaya yatırmak; *print.* dizmek; ♪ bestelemek; ~ *s.o. laughing b-ni* güldürmek; ~ *an example* örnek vermek; ~ *one's hopes on* umudunu *-e* bağlamak; ~ *the table* sofrayı kurmak; ~ *one's teeth* dişini sıkmak, azmetmek; ~ *at ease* yatıştırmak, rahatlatmak; ~ *s.o.'s mind at rest b-ni* rahatlatmak, huzura kavuşturmak; ~ *great (little) store by -e* çok (az) değer vermek; ~ *aside* bir kenara koymak; ⚖ feshetmek; ~ *forth* göstermek, bildirmek; ~ *off* belirtmek; hesaba katmak; ~ *up* kurmak, dikmek; yoluna koymak; girişmek; *v/i. (güneş v.b.)* batmak; ⚕ pıhtılaşmak; *hunt.* av grubunu yönetmek; *(elbise)* oturmak; ~ *about doing s.th. bş* yapmaya koyulmak; ~ *about s.o. F b-nin* üzerine atılmak; ~ *forth* yola koyulmak; ~ *in (kış v.b.)* başlamak, bastırmak; ~ *off* yola koyulmak; ~ *on* üzerine saldırmak; ~ *out* yola çıkmak; ~ *to -e* başlamak, girişmek *(to do -meğe)*; ~ *up (işe)* başlamak, atılmak; ~ *up as* ... olarak hayata atılmak; kendine ... süsü vermek; **2.** *adj.* sabit, değişmez, hareketsiz; belirli; düzenli; ~ *fair barometre:* sürekli açık hava; ~ *phrase* klişe ifade, beylik deyim; ~ *speech* klişe konuşma; **3.** *n.* sıra, dizi, seri; sofra takımı; *radyo, TV:* alıcı; koleksiyon, takım, set; ↓ fide, fidan; *tenis:* set; *(elbise)* kesim, biçim; *poet.* batma; *thea., film:* set; *(güneş)* batma, gurup; *hunt.* ferma; *contp.* klik; *fig.* eğilim, istek, heves; *have a shampoo and* ~ saçını yıkatıp mizampli yaptırmak; **~-back** *fig.*

['setbæk] *n.* terslik, aksilik.
set·tee [se'tiː] *n.* kanepe.
set the·o·ry ⩓ ['set'θıərı] *n.* dizi teorisi.
set·ting ['setıŋ] *n.* koyma, yerleştirme; çerçeve, yuva; *thea.* sahne, dekor; ♪ beste; ⊕ ayar; *(güneş)* batma, gurup; *fig.* çevre, ortam.
set·tle ['setl] **1.** *n.* tahta kanepe, sıra; **2.** *v/t.* kararlaştırmak; yerleştirmek; düzeltmek; çözmek, halletmek; bitirmek, sona erdirmek; *econ. (hesap)* ödemek; yatıştırmak, rahatlatmak; yerine getirmek; ~ *o.s.* oturmak, yerleşmek; ~ *one's affairs* işlerini halletmek; *that* ~*s it F* demek oluyor ki, tamam işte; *v/i.* konmak, tünemek; dibe çökmek, batmak; *a.* ~ *down* oturmak, yerleşmek; *(öfke v.b.)* yatışmak, geçmek; *a.* ~ *down fig.* sakin bir yaşam sürmek; *(hava)* durulmak; ~ *down to -e* girişmek, *-e* sarılmak; ~ *in* yerleşmek; *(kış)* bastırmak; ~ *on*, ~ *upon -de* karar vermek; ~**d** *adj.* sabit; sürekli; kesin; sakin, durgun *(rüzgâr)*; ~**·ment** [~mənt] *n.* yerleş(tir)me, oturma; anlaşma, uzlaşma; yeni sömürge; hesap görme; halletme; ⚖ ferağ, gelir bağlama; ~**r** [~ə] *n.* yeni göçmen.
sev·en ['sevn] **1.** *adj.* yedi; **2.** *n.* yedi sayısı; ~**·teen** [~'tiːn] *n. & adj.* on yedi; ~**·teenth** [~θ] *adj.* onyedinci; ~**th** ['sevnθ] **1.** □ yedinci; **2.** *n.* yedide bir; ~**th·ly** [~lı] *adv.* yedinci olarak; ~**·ti·eth** [~tııθ] *adj.* yetmişinci; ~**·ty** [~tı] **1.** *adj.* yetmiş; **2.** *n.* yetmiş sayısı.
sev·er ['sevə] *v/t. & v/i.* ayırmak; ayrılmak; kop(ar)mak; *fig. (ilişki)* son vermek, bozmak.
sev·e·ral □ ['sevrəl] birçok, birkaç; çeşitli, bazı; ayrı, başka; ~**·ly** [~ı] *adv.* ayrı ayrı; teker teker.
sev·er·ance ['sevərəns] *n.* ayrılma, ayrılık; *fig. (ilişki)* kopma.
se·vere □ [sı'vıə] *(~r, ~st)* sert, şiddetli, haşin; sert *(hava)*; acı, sert *(eleştiri)*; şiddetli *(ağrı)*; **se·ver·i·ty** [sı'verətı] *n.* sertlik, şiddet.
sew [səʊ] *(sewed, sewn ya da sewed) vb.* dikiş dikmek; dikmek.
sew·age ['sjuːıdʒ] *n.* pis su, lağım suyu.
sew·er[1] ['səʊə] *n.* dikişçi.
sew·er[2] [sjʊə] *n.* lağım; ~**·age** ['sjʊərıdʒ] *n.* kanalizasyon.
sew|ing ['səʊıŋ] *n.* dikiş; *attr.* dikiş ...; ~**n** [səʊn] *p.p.* of *sew*.
sex [seks] *n.* seks, cinsiyet, cinsellik; cinsel ilişki.
sex·ton ['sekstən] *n.* zangoç.
sex|u·al □ ['seksjʊəl] cinsel; ~ *intercourse* cinsel ilişki; ~**·y** *F* [~ı] *(-ier, -iest) adj.* seksi, cinsel çekiciliği olan.
shab·by □ ['ʃæbı] *(-ier, -iest)* kılıksız, yırtık pırtık, sefil; alçak, adi.
shack [ʃæk] *n.* baraka, kulübe.
shack·le ['ʃækl] **1.** *n.* zincir, pranga, boyunduruk *(fig. mst. pl.)*; **2.** *v/t.* zincire vurmak.
shade [ʃeıd] **1.** *n.* gölge; karanlık; gölgelik yer; abajur; şapka siperi; *fig.* nüans, ayırtı; *fig. F* himaye, koruma; **2.** *vb.* gölgelendirmek; korumak; *paint.* resme gölge vermek; ~ *off* yavaş yavaş değişmek *(into -e)*.
shad·ow ['ʃædəʊ] **1.** *n.* gölge *(a. fig.)*; hayal, karaltı; iz, eser; koruma, himaye; **2.** *v/t.* gölgelemek, karartmak; örtmek, gizlemek; gölge gibi izlemek; ~**·y** [~ı] *(-ier, -iest) adj.* gölgeli, karanlık; şüpheli; belirsiz, hayal meyal.
shad·y □ ['ʃeıdı] *(-ier, -iest)* gölgeli, karanlık; *F* şüpheli, namussuz.
shaft [ʃɑːft] *n.* sap, kol; destek, payanda, sütun; *poet.* aydınlık, parıltı; ⊕ şaft; ⚒ kuyu.

shag·gy ['ʃægı] *(-ier, -iest) adj.* kaba tüylü, kabarık.
shake [ʃeık] **1.** *(shook, shaken) v/t. & v/i.* salla(n)mak, sars(ıl)mak, titre(t)mek; ♪ sesini titretmek; ~ *down* sarsarak düşürmek; alışmak; para sızdırmak; ~ *hands* el sıkışmak, tokalaşmak; ~ *off* silkip atmak; *-den* yakasını kurtarmak; ~ *up* çalkalamak; *fig.* allak bullak etmek, sarsmak; **2.** *n.* sarsıntı, titreme; ♪ sesi titretme; deprem; **~·down** ['ʃeıkdaʊn] **1.** *n.* yer yatağı; *Am. F* para sızdırma, şantaj; *Am. F* deneme, tecrübe; **2.** *adj.: ~ flight* ✈ deneme uçuşu; ~ *voyage* ⚓ deneme seferi; **shak·en** [~ən] **1.** *p.p. of shake 1;* **2.** *adj.* sarsılmış; etkilenmiş.
shak·y ☐ ['ʃeıkı] *(-ier, -iest)* titrek, sarsak; sallanan; *fig.* şüpheli, sallantıda.
shall [ʃæl] *(pret. should; olumsuz: ~ not, shan't) v/aux.* -ecek; *I ~ go* gideceğim.
shal·low ['ʃæləʊ] **1.** ☐ sığ; *fig.* üstünkörü; **2.** *n.* sığ yer, sığlık; **3.** *v/t. & v/i.* sığlaş(tır)mak.
sham [ʃæm] **1.** *adj.* sahte, yapma, taklit, yapay; **2.** *n.* yalan, taklit; hileci, dolandırıcı; **3.** *(-mm-) vb.* yalandan yapmak, numara yapmak; ~ *ill(ness)* hasta numarası yapmak.
sham·ble ['ʃæmbl] *v/i.* ayaklarını sürüyerek yürümek; **~s** *n. sg. fig.* karmakarışık yer, savaş alanı.
shame [ʃeım] **1.** *n.* ayıp, rezalet; utanç; *for ~!, ~ on you!* Ayıp!, Utan!; *put to ~* utandırmak; **2.** *v/t.* utandırmak; gölgede bırakmak; **~·faced** ☐ ['ʃeımfeıst] utangaç, sıkılgan; **~·ful** ☐ [~fl] utanç verici, ayıp, yüz kızartıcı; **~·less** ☐ [~lıs] utanmaz, arsız.
sham·poo [ʃæm'puː] **1.** *n.* şampuan; saçı şampuanla yıkama; *s. set 3;* **2.** *v/t.* şampuanla yıkamak, şampuanlamak.
sham·rock ⚘ ['ʃæmrɒk] *n.* yonca.
shank [ʃæŋk] *n.* baldır, incik; ⚘ sap; ⚓ demir bedeni.
shan·ty ['ʃæntı] *n.* kulübe, baraka, gecekondu.
shape [ʃeıp] **1.** *n.* biçim, şekil; kalıp; hal, durum; **2.** *v/t.* biçim vermek, biçimlendirmek; uydurmak, ayarlamak *(to -e göre); v/i. a. ~ up* gelişmek, ortaya çıkmak; **~d** [~t] *adj.* biçimli; ... biçimindeki; **~·less** ['ʃeıplıs] *adj.* biçimsiz; **~·ly** [~lı] *(-ier, -iest) adj.* biçimli, endamlı.
share [ʃeə] **1.** *n.* pay, hisse; *econ.* hisse senedi; ⚒ itibari değeri olmayan madencilik hisse senedi; ⬇ saban demiri; *have a ~ in -e* katılmak; *go ~s* paylaşmak, bölüşmek; **2.** *v/t.* paylaşmak; *v/i.* katılmak *(in -e);* **~·crop·per** ['ʃeəkrɒpə] *n.* ortakçı, tarla kiracısı; **~·hold·er** *n. econ.* hissedar.
shark [ʃɑːk] *n. zo.* köpekbalığı; dolandırıcı; *Am. sl.* bir işin ehli, uzman.
sharp [ʃɑːp] **1.** ☐ keskin *(a. fig.);* sivri; şiddetli *(ağrı);* belirgin; çıkıntılı; dokunaklı, iğneleyici *(söz);* tiz *(ses);* ♪ diyez; *C ~* ♪ do diyez; **2.** *adv.* dakikası dakikasına, tam; ♪ diyez olarak, tiz sesle; *at eight o'clock ~* tam saat sekizde; *look ~! F* Çabuk ol!, Acele et!; **3.** *n.* ♪ diyez nota; *F* dolandırıcı, hileci; **~·en** ['ʃɑːpən] *v/t.* bilemek, keskinleştirmek; sivriltmek; şiddetlendirmek; **~·en·er** [~nə] *n.* kalemtıraş; **~·er** [~ə] *n.* dolandırıcı, hileci; **~-eyed** [~'aıd] *adj.* keskin gözlü; *fig. a.* keskin görüşlü; **~·ness** [~nıs] *n.* keskinlik *(a. fig.);* şiddet; **~·shoot·er** *n.* keskin nişancı; **~-sight·ed** [~'saıtıd] *adj.* keskin gözlü; *fig. a.* keskin görüşlü; **~-wit·ted** [~'wıtıd] *adj.* zeki, şeytan gibi.

shat·ter ['ʃætə] *v/t. & v/i.* kır(ıl)mak, parçala(n)mak; *(umut)* kırmak, yıkmak; *(sinir)* bozmak.
shave [ʃeıv] **1.** *(shaved, shaved ya da shaven) v/t.* tıraş etmek; rendelemek; sıyırıp geçmek; *v/i.* tıraş olmak; **2.** *n.* tıraş; rende; *have ya da get a* ~ tıraş olmak; *have a close ya da narrow* ~ kıl payı kurtulmak, dar kurtulmak; *that was a close* ~ kıl payı kurtulduk; **shav·en** ['ʃeıvn] *p.p. of shave 1;* **shav·ing** [~ıŋ] **1.** *n.* tıraş; ~*s pl.* talaş, yonga; **2.** *adj.* tıraş ..., berber ...
shawl [ʃɔːl] *n.* şal, atkı.
she [ʃiː] **1.** *pron. (dişil)* o; **2.** *n.* kadın; *zo.* dişi; **3.** *adj.* dişi ...; ~*-dog* dişi köpek; ~*-goat* dişi keçi.
sheaf [ʃiːf] *(pl. sheaves) n.* ↓ demet, deste, bağlam.
shear [ʃıə] **1.** *(sheared, shorn ya da sheared) v/t.* kırpmak, kırkmak, makaslamak; **2.** *n. (a pair of)* ~*s pl.* büyük makas.
sheath [ʃiːθ] *(pl. sheaths* [~ðz]*) n.* kın, kılıf; mahfaza, zarf; ~**e** [ʃiːð] *v/t.* kınına sokmak; gizlemek; *esp.* ⊕ kaplamak.
sheaves [ʃiːvz] *pl. of sheaf.*
she·bang *esp. Am. sl.* [ʃə'bæng]: *the whole* ~ hepsi, tümü.
shed[1] [ʃed] *(-dd-; shed) v/t.* dökmek, *(kan)* akıtmak; yaymak, saçmak; *(kıl, deri)* dökmek.
shed[2] [~] *n.* baraka, kulübe; sundurma; ahır.
sheen [ʃiːn] *n.* parlaklık, parıltı.
sheep [ʃiːp] *(pl. sheep) n. zo.* koyun; koyun derisi; ~**-dog** *zo.* ['ʃiːpdɒg] *n.* çoban köpeği; ~**-fold** *n.* koyun ağılı; ~**·ish** □ [~ıʃ] sıkılgan, utangaç; koyun gibi; ~**·man** *(pl. -men) Am.,* ~**-mas·ter** *Brt. n.* koyun yetiştiricisi; ~**·skin** *n.* koyun postu, pösteki; *Am. F* diploma.
sheer [ʃıə] *adj.* saf, katışıksız; bütün, tam; sarp, dik.
sheet [ʃiːt] *n.* yatak çarşafı; yaprak, tabaka; ⊕ levha; ⚓ ıskota; *the rain came down in* ~*s* bardaktan boşanırcasına yağmur yağdı; ~ **i·ron** *n.* ⊕ saç; ~ **light·ning** *n.* çakınca ortalığı aydınlatan şimşek.
shelf [ʃelf] *(pl. shelves) n.* raf; *geol.* şelf; *on the* ~ *fig.* rafa kaldırılmış, bir kenara atılmış.
shell [ʃel] **1.** *n.* kabuk *(a.* ♆*); zo.* kaplumbağa kabuğu, bağa; *arch. a.* bina iskeleti; ⚔ top mermisi; *Am.* mermi kovanı; **2.** *v/t. -in* kabuğunu soymak; ⚔ bombardıman etmek; ~**-fire** ['ʃelfaıə] *n.* top ateşi; ~**·fish** *n. zo.* kabuklu hayvan; ~ *pl.* kabuklular; ~**-proof** *adj.* mermi *ya da* bomba işlemez.
shel·ter ['ʃeltə] **1.** *n.* barınak, sığınak; siper, örtü; koru(n)ma; *take* ~ sığınmak, barınmak; *bus* ~ kapalı otobüs durağı; **2.** *v/t. & v/i.* barın(dır)mak, koru(n)mak, saklamak; sığınmak.
shelve [ʃelv] *v/t.* rafa koymak; *fig.* rafa kaldırmak; *fig.* ertelemek; *v/i. (toprak)* meyletmek.
shelves [ʃelvz] *pl. of shelf.*
she·nan·i·gans *F* [ʃı'nænıgəns] *n. pl.* kurnazlık, açıkgözlük; maskaralık.
shep·herd ['ʃepəd] **1.** *n.* çoban; **2.** *v/t. (sürü)* otlatmak, gütmek; götürmek.
sher·iff *Am.* ['ʃerıf] *n.* şerif.
shield [ʃiːld] **1.** *n.* kalkan *(a. fig.);* siper, koruyucu şey; **2.** *v/t.* korumak *(from -den).*
shift [ʃıft] **1.** *n.* değiş(tir)me; değişiklik; taşınma; vardiya, posta; çare, tedbir; *work in* ~*s* vardiyalı çalışmak, nöbetleşe çalışmak; *make* ~ çaresini bulmak; işin içinden sıyrılmak; **2.** *v/t. & v/i.* değiş(tir)mek; yerini değiştirmek;

(rüzgâr) dönmek; *esp. Am. mot.* vites değiştirmek *(into, to -e)*; ~ *from one foot to the other* ağırlığı bir ayağından diğerine geçirmek; ~ *gear(s) esp. Am. mot.* vites değiştirmek; ~ *in one's chair* sandalyesinde kıpırdanıp durmak; ~ *for o.s.* başının çaresine bakmak; **~·less** □ ['ʃɪftlɪs] beceriksiz, tembel, uyuşuk; **~·y** □ [~ɪ] *(-ier, -iest) fig.* kurnaz, hileci, aldatıcı.

shil·ling ['ʃɪlɪŋ] *n.* şilin.

shin [ʃɪn] **1.** *n. a.* ~*-bone* incik kemiği; **2.** *(-nn-) vb.* ~ *up* tırmanmak, çıkmak.

shine [ʃaɪn] **1.** *n.* parlaklık; cila; **2.** *(shone) v/i.* parlamak; parıldamak, ışıldamak; *fig.* üstün olmak; *v/t.* *(shined)* parlatmak; *(ayakkabı)* boyamak.

shin·gle ['ʃɪŋgl] *n.* çatı padavrası, ince tahta; *Am. F* tabela, levha; ~*s sg.* ⚕ zona.

shin·y ['ʃaɪnɪ] *(-ier, -iest) adj.* parlak; açık, berrak.

ship [ʃɪp] **1.** *n.* gemi; *F* uçak; **2.** *(-pp-) v/t.* ⚓ gemiye yüklemek; ⚓ gemiyle yollamak; *econ.* göndermek, sevketmek; *v/i.* ⚓ gemiye binmek; **~·board** ⚓ ['ʃɪpbɔːd]: *on* ~ gemide; **~·ment** [~mənt] *n.* gemiye yükleme; yüklenen eşya, gönderilen mal, yük; **~·own·er** *n.* armatör; **~·ping** [~ɪŋ] *n.* gemiye yükleme; gemicilik; deniz nakliyatı; *coll.* filo; *attr.* gemi ..., denizcilik ...; **~·wreck** *n.* deniz kazası; gemi enkazı; **~·wrecked 1.** *be* ~ deniz kazası geçirmek; *(umut)* yıkılmak; **2.** *adj.* deniz kazası geçirmiş, kazazede; *fig. a.* yıkık *(umut)*; **~·yard** *n.* tersane.

shire ['ʃaɪə, *bileşik sözcüklerde:* ... ʃə] *n.* kontluk.

shirk [ʃɜːk] *vb. (görev v.b.'nden)* kaçmak, kaytarmak, yan çizmek; **~·er** ['ʃɜːkə] *n.* görevden kaçan, kaytarıcı, dalgacı.

shirt [ʃɜːt] *n.* gömlek; *a.* ~ *blouse* gömlek biçiminde bluz; **~-sleeve** ['ʃɜːtsliːv] **1.** *n.* gömlek kolu; **2.** *adj.* ceketsiz; **~·waist** *n. Am.* gömlek biçiminde bluz.

shit *V* [ʃɪt] **1.** *n.* bok; sıçma; **2.** *(-tt-; shit) v/i.* sıçmak.

shiv·er ['ʃɪvə] **1.** *n.* küçük parça, kıymık; titreme; **2.** *v/t. & v/i.* parçala(n)mak; titremek, ürpermek; **~·y** [~rɪ] *adj.* titrek; soğuk *(hava)*.

shoal [ʃəʊl] **1.** *n.* kalabalık; sürü; sığ yer, sığlık, resif; **2.** *vb. (balık)* sürü oluşturmak.

shock [ʃɒk] **1.** *n.* ↓ ekin yığını, dokurcun; sars(ıl)ma, sarsıntı, darbe; çarpışma; elektrik çarpması; ⚕ şok; **2.** *v/t.* sarsmak; *fig.* çok şaşırtmak; dehşet *ya da* nefret uyandırmak; ~ **ab·sorb·er** *n.* ⊕ amortisör, yumuşatmalık; **~·ing** □ ['ʃɒkɪŋ] şok etkisi yapan, korkunç, iğrenç; şaşılacak; *F* berbat.

shod [ʃɒd] *pret. & p.p. of shoe 2.*

shod·dy ['ʃɒdɪ] **1.** *n.* kumaş tiftiği; *fig.* kalitesiz şey; **2.** *(-ier, -iest) adj.* adi, bayağı, kalitesiz.

shoe [ʃuː] **1.** *n.* ayakkabı; nal; **2.** *(shod) v/t.* ayakkabı giydirmek; nallamak; **~·black** ['ʃuːblæk] *n.* ayakkabı boyacısı; **~·horn** *n.* ayakkabı çekeceği, kerata; **~-lace** *n.* ayakkabı bağı; **~·mak·er** *n.* ayakkabıcı; **~·shine** *n. esp. Am.* ayakkabı boyama; ~ *boy Am.* ayakkabı boyacısı; **~-string** *n.* ayakkabı bağı.

shone [ʃɒn, *Am.* ʃəʊn] *pret. & p.p. of shine 2.*

shook [ʃʊk] *pret. of shake 1.*

shoot [ʃuːt] **1.** *n.* atış, atım; av partisi; ⚘ filiz, sürgün; **2.** *(shot) v/t.* atmak, fırlatmak; ateşlemek; vurmak, öldürmek; *(resim)* çekmek; ⚕ enjekte etmek; ~ *up sl. (eroin v.b.)* damardan almak; *v/i.* ateş etmek; *(organ)* zonklamak, sancımak; ⚘ filizlenmek, sürmek; film çekmek; ~ *ahead of* hızla geçmek, geride bırakmak; ~**·er** ['ʃuːtə] *n.* nişancı, atıcı, vurucu.

shoot·ing ['ʃuːtıŋ] **1.** *n.* atış; avcılık; filme alma, çekim; **2.** *adj.* zonklayan *(organ);* ~**-gal·le·ry** *n.* atış poligonu; ~**-range** *n.* atış poligonu; ~ **star** *n.* göktaşı, akanyıldız.

shop [ʃɒp] **1.** *n.* dükkân, mağaza; atelye; *talk* ~ iş konuşmak; **2.** *(-pp-) v/i. mst. go ~ping* alışverişe çıkmak; ~ **as·sis·tant** *Brt.* ['ʃɒpəsıstənt] *n.* tezgâhtar; ~**·keep·er** *n.* dükkâncı, mağaza sahibi; ~**-lift·er** [~lıftə] *n.* dükkân hırsızı; ~**-lift·ing** [~ıŋ] *n.* dükkân hırsızlığı; ~**·per** [~ə] *n.* alıcı, müşteri; ~**·ping** [~ıŋ] **1.** *n.* alışveriş; *do one's* ~ alışveriş yapmak; **2.** *adj.* alışveriş ...; ~ *bag Am.* alışveriş çantası, pazar çantası; ~ *centre (Am. center)* alışveriş merkezi; ~ *street* mağazalar caddesi; ~**-stew·ard** [~'stjʊəd] *n.* işçi temsilcisi; ~**·walk·er** *Brt.* [~wɔːkə] *n.* mağazalarda müşterilere yardımcı olan görevli; ~**-win·dow** *n.* vitrin.

shore [ʃɔː] **1.** *n.* sahil, kıyı; *on* ~ karada; **2.** *v/t.* ~ *up -e* destek vurmak.

shorn [ʃɔːn] *p.p. of shear 1.*

short [ʃɔːt] **1.** □ kısa; kısa boylu, bodur; az *(zaman);* yetersiz, eksik; ters *(yanıt);* gevrek *(çörek v.b.); in* ~ kısacası, sözün kısası; ~ *of -si* eksik; **2.** *adv.* aniden, birden; ~ *of -den* aşağı; *come ya da fall* ~ *of -e* erişememek; yetmemek; *cut* ~ kısa kesmek; *stop* ~ aniden durmak; *stop* ~ *of -e* ara vermek; *s. run 1;* ~**·age** ['ʃɔːtıdʒ] *n.* yokluk, kıtlık, sıkıntı; ~**·com·ing** [~'kʌmıŋ] *n.* kusur; eksik, noksan; ~ **cut** *n.* kestirme yol; *take a* ~ kestirmeden gitmek; ~**-dat·ed** *adj. econ.* kısa vadeli; ~**-dis·tance** *adj.* kısa mesafe ...; ~**·en** ['ʃɔːtn] *v/t. & v/i.* kısal(t)mak; ~**·en·ing** [~ıŋ] *n.* yağ; ~**·hand** ['ʃɔːthænd] *n.* stenografi, steno; ~ *typist* stenograf, steno; ~**·ly** [~lı] *adv.* kısaca, sözün kısası; birazdan, az sonra; ~**·ness** [~nıs] *n.* kısalık; eksiklik; ~**s** *n. pl. (a. pair of ~s)* şort; *esp. Am.* külot; ~**-sight·ed** □ ['ʃɔːt'saıtıd] miyop; *fig.* sağgörüsüz; ~**-term** *econ.* ['ʃɔːttɜːm] *adj.* kısa vadeli; ~ **wave** *n.* ⚡ kısa dalga; ~**-wind·ed** □ ['ʃɔːt'wındıd] nefes darlığı olan, tıknefes.

shot [ʃɒt] **1.** *pret. & p.p. of shoot 2;* **2.** *n.* atış, atım; gülle, top; menzil, erim; girişim; *a. small* ~ av saçması; nişancı, avcı; *futbol:* şut; *spor:* atış, vuruş; *phot., film:* resim, film; ⚕ *F* şırınga, iğne; *F* tahmin; *have a* ~ *at* bir kez denemek, şansını denemek; *not by a long* ~ *F* hiç, katiyen; *big* ~ *F* kodaman; ~**·gun** ['ʃɒtgʌn] *n.* av tüfeği, çifte; ~ *marriage ya da wedding F* zorla yapılan evlilik; ~ **put** *n. spor:* gülle atma; ~**-put·ter** [~pʊtə] *n. spor:* gülle atıcısı.

should [ʃʊd, ʃəd] *pret. of shall.*

shoul·der ['ʃəʊldə] **1.** *n.* omuz; *fig.* sırt; dağ yamacı; *Am.* banket; **2.** *v/t.* omuzlamak, omuz vurmak; *fig. (sorumluluk)* yüklenmek; ~**-blade** *n. anat.* kürekkemiği; ~**-strap** *n. (giysilerde)* omuz askısı; ⚔ apolet.

shout [ʃaʊt] **1.** *n.* bağırma, çığlık; **2.** *v/i.* bağırmak, haykırmak; seslenmek.

shove [ʃʌv] **1.** *n.* itme, kakma; **2.** *v/t.* itmek, dürtmek, itip kakmak.

shov·el ['ʃʌvl] **1.** *n.* kürek; faraş; **2.** *(esp. Brt. -ll-, Am.-l-) v/t.* kürekle atmak, kürelemek.

show [ʃəʊ] **1.** *(showed, shown ya da showed) v/t.* göstermek; sergilemek; açıklamak, öğretmek, anlatmak; kanıtlamak; *(duygu)* belli etmek, göstermek; *(iyilik v.b.)* yapmak, etmek; ~ *in* içeri almak, buyur etmek; ~ *off* göstermek, ortaya koymak; ~ *out* kapıya kadar geçirmek, uğurlamak; ~ *round* gezdirmek; ~ *up* gün ışığına çıkarmak, ortaya koymak, maskesini düşürmek; *v/i. a.* ~ *up* çıkagelmek, görünmek; ~ *off* gösteriş yapmak, hava atmak; ~ *up F* ortaya çıkmak, belli olmak; **2.** *n.* gösterme; görünüş; sergi; *F* temsil, oyun, şov; iş, girişim; *on* ~ sergilenmekte; ~**·biz** *F* ['ʃəʊbız], ~ **busi·ness** *n.* tiyatroculuk; ~**-case** *n.* vitrin; ~**-down** *n. iskambil:* eldeki kâğıtları açma; *fig.* fikrini açıkça söyleme.

show·er ['ʃaʊə] **1.** *n.* sağanak; duş; *fig. (küfür v.b.)* yağmur; **2.** *v/t. & v/i.* sağanak halinde yağ(dır)mak; duş yapmak; *fig.* ... yağmuruna tutmak, yağdırmak; ~ *down* aşağı dökülmek; ~**·y** [~rı] *(-ier, -iest) adj.* yağmurlu.

show|-jump·er ['ʃəʊdʒʌmpə] *n. spor:* binici; ~**-jump·ing** [~ıŋ] *n. spor:* binicilik; ~**n** [~n] *p.p. of show 1;* ~**·room** *n.* sergi salonu; ~**-win·dow** *n.* vitrin; ~**·y** □ [~ı] *(-ier, -iest)* gösterişli, göz alıcı.

shrank [ʃræŋk] *pret. of shrink.*

shred [ʃred] **1.** *n.* parça, dilim; *fig.* azıcık şey, bir parça; **2.** *(-dd-) v/t.* parçalamak, küçük küçük doğramak.

shrew [ʃruː] *n.* şirret kadın, cadaloz.

shrewd □ [ʃruːd] kurnaz, açıkgöz, cin gibi.

shriek [ʃriːk] **1.** *n.* acı feryat, çığlık; **2.** *v/i.* çığlık koparmak, çığlığı basmak.

shrill [ʃrıl] **1.** □ tiz, keskin, kulak tırmalayan; **2.** *vb.* acı sesle bağırmak.

shrimp [ʃrımp] *n. zo.* karides; *fig. contp.* bodur, cüce, bücür.

shrine [ʃraın] *n.* türbe.

shrink [ʃrıŋk] *(shrank, shrunk) v/t. & v/i.* büz(ül)mek, daral(t)mak, çekmek; korkmak, kaçınmak *(from -den);* ~**·age** ['ʃrıŋkıdʒ] *n.* çekme payı; fire; *fig.* değerden düşme.

shriv·el ['ʃrıvl] *(esp. Brt. -ll-, Am. -l-) v/i.* büzülmek, buruşmak, pörsümek.

shroud [ʃraʊd] **1.** *n.* kefen; *fig.* örtü; **2.** *v/t.* kefenlemek; *fig.* örtmek, gizlemek.

Shrove|tide ['ʃrəʊvtaıd] *n. (Hıristiyanlıkta)* etkesimi, apukurya; ~ **Tues·day** *n.* büyük perhizin arife günü.

shrub [ʃrʌb] *n.* çalı, funda; ~**·be·ry** ['ʃrʌbərı] *n.* çalılık, fundalık.

shrug [ʃrʌg] **1.** *(-gg-) v/i.* omuz silkmek; **2.** *n.* omuz silkme.

shrunk [ʃrʌŋk] *p.p. of shrink;* ~**·en** ['ʃrʌŋkən] *adj.* daralmış, çekmiş.

shuck *esp. Am.* [ʃʌk] **1.** *n.* kabuk; ~*s! F* Allah Allah!; Hadi be!; **2.** *v/t.* kabuğunu soymak.

shud·der ['ʃʌdə] **1.** *v/i.* titremek, ürpermek; **2.** *n.* titreme, ürperti.

shuf·fle ['ʃʌfl] **1.** *vb. (oyun kâğıdı)* karıştırmak, karmak; karman çorman etmek; ayaklarını sürümek; kaçamaklı yanıt vermek; ~ *off (yılan)* deri değiştirmek; *fig. (sorumluluk)* üstünden atmak, yüklemek *(on, upon -e);* **2.** *n. (oyun kâğıdı)* karıştırma, karma; ayak sürüme; *fig.* hile.

shun [ʃʌn] *(-nn-) v/t.* sakınmak, kaçınmak.

shunt [ʃʌnt] **1.** *n.* 🚂 manevra; 🚂 makas; ⚡ paralel devre; **2.** *vb.* 🚂 makas değiştirmek, ma-

nevra yapmak; ⚡ paralel bağlamak; *fig.* başından atmak.
shut [ʃʌt] *(-tt-; shut) v/t.* kapa(t)mak; *v/i.* kapanmak; ~ *down (işyeri)* kapatmak; ~ *off* kapatmak, kesmek; ~ *up* kapamak; susturmak; ~ *up!* F Kapa çeneni!; ~**·ter** ['ʃʌtə] *n.* kepenk; panjur; *phot.* objektif kapağı; ~ *speed phot.* poz süresi.
shut·tle ['ʃʌtl] **1.** *n.* ⊕ mekik; *s. space* ~; **2.** *v/i.* 🚃 gidip gelmek, mekik dokumak; ~**·cock** *n. spor:* ucu tüylü raket topu; ~ **di·plo·ma·cy** *n. pol.* seyahati gerektiren diplomatik görüşme, mekik diplomasisi; ~ **ser·vice** *n.* otobüs, tren *vb.* seferi.
shy [ʃaı] **1.** □ *(~er ya da shier, ~est ya da shiest)* ürkek, korkak, çekingen, utangaç; **2.** *v/i.* ürkmek *(at -den);* ~ *away from fig. -den* vazgeçmek, kaçınmak; ~**·ness** ['ʃaınıs] *n.* ürkeklik, çekingenlik.
Si·be·ri·an [saı'bıərıən] *n. & adj.* Sibiryalı.
sick [sık] *adj.* hasta; midesi bulanmış; *fig.* bıkmış, bezmiş *(of -den); be* ~ kusmak, çıkarmak; *be* ~ *of s.th. bşden* bıkmak; *fall* ~ hastalanmak; *I feel* ~ midem bulanıyor; *go* ~, *report* ~ *k-ni* hasta diye bildirmek; ~**-ben·e·fit** *Brt.* ['sıkbenıfıt] *n.* hastalık parası; ~**·en** [~ən] *v/i.* hastalanmak; ~ *at -den* tiksinmek; *v/t.* hasta etmek; bıktırmak.
sick·le ['sıkl] *n.* orak.
sick|-leave ['sıkli:v] *n.* hastalık izni; *be on* ~ hastalandığı için izinli olmak; ~**·ly** [~lı] *(-ier, -iest) adj.* hastalıklı; zayıf bünyeli; solgun; tiksindirici, mide bulandırıcı; ~**·ness** [~nıs] *n.* hastalık; bulantı; kusma.
side [saıd] **1.** *n.* kenar, yan; taraf; ~ *by* ~ yan yana; *take* ~*s with -in* tarafını tutmak; **2.** *adj.* yan ...; ikinci derecede ...; **3.** *vb.* tarafını tutmak *(with -in);* ~**·board** ['saıdbɔ:d] *n.* büfe; ~**-car** *n. mot.* motosiklet sepeti; **sid·ed** *adj.* ... taraflı; ~**-dish** *n.* garnitür; ~**·long 1.** *adv.* yanlamasına; yandan; **2.** *adj.* yan ...; ~**-road,** ~**-street** *n.* yan yol, yan cadde; ~**-stroke** *n. spor:* yan kulaç; ~**-track 1.** *n.* 🚃 yan hat; **2.** *v/t.* 🚃 yan yola geçirmek; *fig.* geriye bıraktırmak; ~**·walk** *n. Am.* yaya kaldırımı; ~**·ward(s)** [~wəd(z)], ~**·ways** *adv.* yana doğru, yanlamasına, yan yan.
sid·ing 🚃 ['saıdıŋ] *n.* yan hat.
si·dle ['saıdl]: ~ *up to s.o. b-ne* sokulmak.
siege [si:dʒ] *n.* kuşatma; *lay* ~ *to* kuşatmak; *fig.* ikna etmeye çalışmak.
sieve [sıv] **1.** *n.* kalbur, elek; **2.** *v/t.* elemek.
sift [sıft] *v/t.* elemek; *fig.* incelemek.
sigh [saı] **1.** *n.* iç çekme; **2.** *v/i.* iç çekmek; can atmak *(for -e).*
sight [saıt] **1.** *n.* görme, görüş; manzara, görünüş; nişangâh; *fig.* bakış, nazar; ~*s pl.* gezip görülecek yerler; *at* ~, *on* ~ görür görmez, görülünce; *at* ~ *econ.* ibrazında, gösterilince; *at the* ~ *of -i* görünce, karşısında; *at first* ~ ilk görüşte, bir bakışta; *catch* ~ *of* gözüne ilişmek; *know by* ~ yüzünden tanımak, göz aşinalığı olmak; *lose* ~ *of* gözden kaybetmek; *(with)in* ~ göz önünde, gözle görünür; **2.** *vb.* görmek; nişan almak; ~**·ed** ['saıtıd] *adj.* ... görüşlü; ~**·ly** [~lı] *(-ier, -iest) adj.* güzel, yüzüne bakılır; ~**·see** *(-saw, -seen): go* ~*ing* görülmeye değer yerleri gezmek; ~**·see·ing** [~ıŋ] *n.* görülmeye değer yerleri gezme; ~ *tour* görülmeye değer yerlere yapılan tur;

~·**se·er** [~ə] *n.* turist.
sign [saın] **1.** *n.* işaret; belirti, iz; levha, tabela; *in ~ of -in* işareti olarak; **2.** *v/t. -e* işaret etmek; imzalamak.
sig·nal ['sıgnl] **1.** *n.* işaret, sinyal *(a. fig.)* **2.** *adj.* dikkate değer, göze çarpan; **3.** *(esp. Brt. -ll-, Am. -l-) vb.* işaretle bildirmek, işaret etmek; ~·**ize** [~nəlaız] *v/t.* işaretle bildirmek.
sig·na|to·ry ['sıgnətərı] **1.** *n.* imza sahibi; **2.** *adj.* imzalayan; *~ powers pl. pol.* anlaşma imzalayan devletler; ~·**ture** [~tʃə] *n.* imza; *~ tune radyo, TV:* tanıtma müziği, jenerik müziği.
sign|board ['saınbɔːd] *n.* tabela, afiş; ~·**er** [~ə] *n.* imza sahibi.
sig·net ['sıgnıt] *n.* mühür, damga.
sig·nif·i|cance [sıg'nıfıkəns] *n.* anlam; önem; ~·**cant** □ [~t] anlamlı; önemli; ~·**ca·tion** [sıgnıfı'keıʃn] *n.* anlam.
sig·ni·fy ['sıgnıfaı] *vb.* belirtmek, bildirmek; anlamı olmak, demek olmak; önemi olmak.
sign·post ['saınpəʊst] *n.* yol levhası, işaret direği.
si·lence ['saıləns] **1.** *n.* sessizlik; susma; *~!* Sus!; *put ya da reduce to ~* = **2.** *v/t.* susturmak; **si·lenc·er** [~ə] *n.* ⊖, *mot.* susturucu.
si·lent □ ['saılənt] sessiz, sakin; suskun; *~ partner Am. econ.* işlere karışmayan ortak.
silk [sılk] *n.* ipek; *attr.* ipekli, ipek ...; ~·**en** ['sılkən] *adj.* ipekli; ~-**stock·ing** *n. Am.* - kibar, soylu, aristokrat; ~·**worm** *n. zo.* ipekböceği; ~·**y** □ [~ı] *(-ier, -iest)* ipek gibi; yumuşacık.
sill [sıl] *n.* eşik.
sil·ly □ ['sılı] *(-ier, -iest)* ahmak, budala, aptal, bön.
silt [sılt] **1.** *n.* çamur, balçık; **2.** *v/t. & v/i. mst. ~ up* çamurla dol(dur)mak.
sil·ver ['sılvə] **1.** *n.* gümüş; **2.** *adj.* gümüşten, gümüş ...; **3.** *v/t.* gümüş kaplamak; ~ **plate,** ~·**ware** *n.* gümüş kaplama; gümüş eşya; ~·**y** [~rı] *adj.* gümüş gibi; *fig.* tatlı ve berrak *(ses).*
sim·i·lar □ ['sımılə] benzer; ~·**i·ty** [sımı'lærətı] *n.* benzerlik.
sim·i·le ['sımılı] *n.* benzetme, teşbih.
si·mil·i·tude [sı'mılıtjuːd] *n.* benzerlik, benzeşme; benzetme, teşbih.
sim·mer ['sımə] *v/t. & v/i.* yavaş yavaş kayna(t)mak; *fig.* galeyana getirmek; *~ down* sakinleşmek, yatışmak.
sim·per ['sımpə] **1.** *n.* aptalca sırıtma; **2.** *v/i.* aptal aptal sırıtmak.
sim·ple □ ['sımpl] *(~r, ~st)* basit; sade, gösterişsiz, yalın; yapmacıksız; alçak gönüllü; ~-**heart·ed,** ~-**mind·ed** *adj.* temiz kalpli, saf; ~·**ton** [~tən] *n.* ahmak, budala.
sim·pli|ci·ty [sım'plısətı] *n.* kolaylık; basitlik; sadelik, yalınlık; saflık; ~·**fi·ca·tion** [sımplıfı'keıʃn] *n.* basitleş(tir)me; ~·**fy** ['sımplıfaı] *v/t.* basitleştirmek, kolaylaştırmak.
sim·ply ['sımplı] *adv.* sadece, yalnız, ancak; tamamen, sırf.
sim·u·late ['sımjʊleıt] *v/t.* yalandan yapmak, ... gibi görünmek; ⚔, ⊕ taklidini yapmak.
sim·ul·ta·ne·ous □ [sıml'teınjəs] aynı zamanda olan, eşzamanlı.
sin [sın] **1.** *n.* günah; suç, kabahat; **2.** *(-nn-) v/i.* günah işlemek.
since [sıns] **1.** *prp. -den* beri; **2.** *adv.* o zamandan beri; **3.** *cj.* madem ki, *-diği* için.
sin·cere □ [sın'sıə] samimi, içten; *Yours ~ly (mektupta)* saygılarımla; **sin·cer·i·ty** [~'serətı] *n.* samimiyet, içtenlik.
sin·ew *anat.* ['sınjuː] *n.* kiriş, veter;

~·y [~juːɪ] *adj.* kiriş gibi; *fig.* güçlü, kuvvetli.
sin·ful □ ['sɪnfl] günahkâr.
sing [sɪŋ] *(sang, sung) v/i.* şarkı söylemek; ötmek, şakımak; ~ *to s.o. b-ne* şarkı okumak.
singe [sɪndʒ] *v/t.* yakmak, alazlamak.
sing·er ['sɪŋə] *n.* şarkıcı, okuyucu.
sing·ing ['sɪŋɪŋ] *n.* şarkı söyleme; şakıma; ~ *bird* ötücü kuş.
sin·gle ['sɪŋgl] **1.** □ tek, bir; yalnız; bekâr; tek kişilik; *bookkeeping by ~ entry* tek taraflı defter tutma; *in ~ file* tek sıra olarak; **2.** *n. Brt.* tek kişilik oda; ✈ gidiş bileti; *Brt.* bir pound, *Am.* bir dolar; ~*s sg., pl. tenis:* tekler; **3.** *v/t.* ~ *out* seçmek, ayırmak; **~-breasted** *adj.* tek sıra düğmeli *(ceket v.b.)*; **~-en·gined** *adj.* ✈ tek motorlu; **~-hand·ed** *adj.* tek başına, yalnız; **~-heart·ed** □, **~-mind·ed** □ samimi, içten, temiz kalpli.
sin·glet *Brt.*['sɪŋglɪt] *n.* fanila, kolsuz tişört.
sin·gle-track 🚃 ['sɪŋgltræk] *adj.* tek yönlü; *F fig.* tek açıdan değerlendiren.
sin·gu·lar ['sɪŋgjʊlə] **1.** □ yalnız, tek, ayrı; eşsiz; tuhaf, garip; *gr.* tekil; **2.** *n. a.* ~ *number gr.* tekil sözcük; **~·i·ty** [sɪŋgjʊ'lærətɪ] *n.* özellik; tuhaflık; eşsizlik.
sin·is·ter □ ['sɪnɪstə] uğursuz; kötülük saçan; kötü, fesat.
sink [sɪŋk] **1.** *(sank, sunk) v/t. & v/i.* bat(ır)mak; ağır ağır inmek; çökmek, çukurlaşmak; *(uykuya)* dalmak; *(hasta)* ölüme yaklaşmak; *(para)* yatırmak; **2.** *n.* lağım; bulaşık taşı, lavabo; **~·ing** ['sɪŋkɪŋ] *n.* düşüş, batış; ⚕ halsizlik, bitkinlik; *econ.* amorti etme; ~*-fund* amortisman sandığı.
sin·less □ ['sɪnlɪs] *n.* günahsız.
sin·ner ['sɪnə] *n.* günahkâr.
sin·u·ous □ ['sɪnjʊəs] dolambaçlı, dolaşık.
sip [sɪp] **1.** *n.* yudum; yudumlama; **2.** *(-pp-) v/t.* yudumlamak; *v/i.* yudum yudum içmek *(at -den)*.
sir [sɜː] *n.* bay, efendi; efendim; ♀ [sə] sör *(asalet unvanı)*.
sire ['saɪə] *n. mst. poet.* baba, peder; *zo.* bir hayvanın babası.
si·ren ['saɪərən] *n.* siren, canavar düdüğü.
sir·loin ['sɜːlɔɪn] *n.* sığır filetosu.
sis·sy *F* ['sɪsɪ] *n.* muhallebi çocuğu, çıtkırıldım, hanım evladı.
sis·ter ['sɪstə] *n.* kız kardeş; hastabakıcı, hemşire; **~·hood** [~hʊd] *n.* kız kardeşlik; **~-in-law** [~rɪnlɔː] *(pl. sisters-in-law) n.* görümce, baldız, elti, yenge; **~·ly** [~lɪ] *adj.* kız kardeşe yakışır.
sit [sɪt] *(-tt-; sat) v/t. & v/i.* otur(t)mak; konmak, tünemek; *(meclis)* toplanmak; binmek; *fig.* durmak, bulunmak; ~ *down* oturmak; ~ *in* katılmak; ~ *in for -e* girmek, *-e* katılmak; ~ *up* dik oturmak; uyumamak, yatmamak.
site [saɪt] *n.* yer, mevki, alan.
sit-in ['sɪtɪn] *n.* oturma grevi.
sit·ting ['sɪtɪŋ] *n.* oturma; oturum, celse; ~ **room** *n.* oturma odası.
sit·u|at·ed ['sɪtjʊeɪtɪd] *adj.* yerleşmiş, bulunan; *be* ~ bulunmak; **~·a·tion** [sɪtjʊ'eɪʃn] *n.* yer, konum; durum, hal; iş, memuriyet.
six [sɪks] *n. & adj.* altı; **~·teen** ['sɪks'tiːn] *n. & adj.* on altı; **~·teenth** [~θ] *adj.* on altıncı; **~th** [sɪksθ] **1.** *adj.* altıncı; **2.** *n.* altıda bir; **~th·ly** ['sɪksθlɪ] *adv.* altıncı olarak; **~·ti·eth** [~tɪɪθ] *adj.* altmışıncı; **~·ty** [~tɪ] *n. & adj.* altmış.
size [saɪz] **1.** *n.* boy; büyüklük; hacim, oylum; boyut, ölçü; *(ayakkabı v.b.)* numara; *(elbise)* beden; **2.** *v/t.* büyüklüğüne göre ayırmak; ~ *up F* değerlendirmek, tartmak; **~d** *adj.* ... boyunda, ... büyüklü-

büyüklüğünde.
siz(e)·a·ble □ ['saızəbl] oldukça büyük, büyücek.
siz·zle ['sızl] *v/i.* cızırdamak; hışırdamak; *sizzling (hot)* bunaltıcı sıcak.
skate [skeıt] **1.** *n.* paten; **2.** *v/i.* patenle kaymak; **~·board** ['skeıtbɔːd] **1.** *n.* tekerlekli paten; **2.** *v/i.* tekerlekli patenle kaymak; **skat·er** [~ə] *n.* patenci; **skat·ing** [~ıŋ] *n.* patenle kayma, patinaj.
ske·dad·dle *F* [skı'dædl] *v/i.* tüymek, tabanları yağlamak.
skein [skeın] *n.* yumak, çile; kangal.
skel·e·ton ['skelıtn] *n.* iskelet; çatı, kafes; *attr.* iskelet ...; ⚔ kadro ...; ~ *key* maymuncuk.
skep|tic ['skeptık], **~·ti·cal** [~l] *Am.* = *sceptic(al).*
sketch [sketʃ] **1.** *n.* taslak, kroki; *thea.* skeç; **2.** *v/t.* taslağını çizmek.
ski [skiː] **1.** *(pl. skis, ski) n.* ski, kayak; *attr.* kayak ...; **2.** *v/i.* kayak yapmak.
skid [skıd] **1.** *n.* takoz; ✈ kayma kızağı; *mot.* patinaj, kayma; ~ *mark mot.* patinaj izi; **2.** *(-dd-) v/i. mot.* patinaj yapmak; kaymak.
skid·doo *Am. sl.* [skı'duː] *v/i.* tüymek, sıvışmak.
ski|er ['skiːə] *n.* kayakçı; **~·ing** [~ıŋ] *n.* kayak yapma, kayakçılık.
skil·ful □ ['skılfl] becerikli, marifetli, hünerli.
skill [skıl] *n.* beceri, hüner, ustalık; **~ed** *adj.* usta, vasıflı, kalifiye; ~ *worker* vasıflı *ya da* kalifiye işçi.
skill·ful *Am.* □ ['skılfl] = *skilful.*
skim [skım] **1.** *(-mm-) vb.* köpüğünü *ya da* kaymağını almak; sıyırmak, sıyırıp geçmek; *(taş)* sektirmek; ~ *through* göz gezdirmek, sayfalarını karıştırmak; **2.** *n.* ~ *milk* kaymağı alınmış süt.
skimp [skımp] *vb.* cimrilik etmek; kıt vermek, hesaplı davranmak *(on -de)*; **~·y** □ ['skımpı] *(-ier, -iest)* kıt, az, eksik; üstünkörü.
skin [skın] **1.** *n.* deri, cilt; post, pösteki; kabuk; **2.** *(-nn-) v/t.* derisini yüzmek; kabuğunu soymak; *v/i. a.* ~ *over (yara v.b.)* kabuk bağlamak, kapanmak; **~·deep** ['skın'diːp] *adj.* yüzeysel; ~ **div·ing** *n.* aletsiz dalış; **~·flint** *n.* cimri kimse; **~·ny** [~ı] *(-ier, -iest) adj.* zayıf, kuru, sıska, çelimsiz; **~·ny-dip** *v/i. F* çırılçıplak yüzmek.
skip [skıp] **1.** *n.* atlama, zıplama; sekme; **2.** *(-pp-) v/i.* atlamak, sıçramak; sekmek; ip atlamak; *v/t.* okumadan geçmek, atlamak.
skip·per ['skıpə] *n.* ⚓, ✈, *spor:* kaptan.
skir·mish ['skɜːmıʃ] **1.** *n.* ⚔, *fig.* çatışma; **2.** *v/i.* çatışmak, çarpışmak.
skirt [skɜːt] **1.** *n.* etek; *oft.* ~*s pl.* kenar mahalle, varoş; **2.** *v/t. -in* kenarından geçmek; **~·ing-board** *Brt.* ['skɜːtıŋbɔːd] *n.* süpürgelik.
skit [skıt] *n.* dokunaklı söz, iğneleme; yergi; **~·tish** □ ['skıtıʃ] cilveli, oynak; ürkek *(at).*
skit·tle ['skıtl] *n.* dokuz kuka oyunu; *play (at)* ~*s* dokuz kuka oynamak; **~-al·ley** *n.* dokuz kuka oyunu alanı.
skulk [skʌlk] *v/i.* gizlenmek; işten kaytarmak.
skull [skʌl] *n.* kafatası.
skul(l)·dug·ge·ry *F* [skʌl'dʌgərı] *n.* dalavere, hile.
skunk *zo.* [skʌŋk] *n.* kokarca.
sky [skaı] *n. oft. skies pl.* gökyüzü, gök, sema; **~·jack** *F* ['skaıdʒæk] *v/t. (uçak)* kaçırmak; **~·jack·er** *F* [~ə] *n.* hava korsanı; **~·lab** *n. Am.* uzay laboratuvarı; **~·lark** **1.** *n. zo.* tarlakuşu; **2.** *v/i. F* eğlenmek, cümbüş yapmak; **~·light** *n.*

dam penceresi; ~**·line** *n.* ufuk çizgisi; siluet; ~**-rock·et** *v/i.* F *(fiyat)* birden artmak, fırlamak; ~**·scrap·er** *n.* gökdelen; ~**·ward(s)** [~wəd(z)] *adv.* göğe doğru.

slab [slæb] *n.* kalın dilim.

slack [slæk] **1.** □ gevşek; ağır, yavaş; tembel, miskin; *econ.* kesat, durgun; **2.** *n.* ⚓ halat boşu; *econ.* durgun dönem; ~**·en** ['slækən] *v/t. & v/i.* gevşe(t)mek; yavaşla(t)mak; hafiflemek, durulmak; ~**s** *n. pl.* bol pantolon.

slag [slæg] *n.* cüruf, dışık.

slain [sleɪn] *p.p. of* slay.

slake [sleɪk] *v/t. (susuzluk, hasret)* gidermek; *(kireç)* söndürmek.

slam [slæm] **1.** *n.* çarparak kapa(n)ma; **2.** *(-mm-) v/t. (kapı)* çarparak kapamak, çarpmak, vurmak; şiddetle eleştirmek, çatmak.

slan·der ['slɑːndə] **1.** *n.* iftira; **2.** *v/t.* iftira etmek, karalamak; ~**·ous** □ [~rəs] iftira niteliğinde, karalayıcı.

slang [slæŋ] **1.** *n.* argo; **2.** *vb.* argo konuşmak.

slant [slɑːnt] **1.** *n.* eğim, meyil; görüş; **2.** *v/t. & v/i.* eğ(il)mek, meyilli olmak; ~**·ing** □ ['slɑːntɪŋ] eğri; ~**·wise** [~waɪz] *adv.* eğri olarak, verev olarak.

slap [slæp] **1.** *n.* tokat, şamar; **2.** *(-pp-) v/t.* tokatlamak; gelişigüzel yapmak; ~**·jack** *Am.* ['slæpdʒæk] *n.* gözleme; ~**·stick** *n.* güldürü; *a.* ~ *commedy thea.* kaba komedi, hareketli komedi.

slash [slæʃ] **1.** *n.* uzun yara, kesik; kamçı vuruşu; yırtmaç; **2.** *v/t.* kesmek, biçmek; kamçılamak; *fig.* şiddetle eleştirmek.

slate [sleɪt] **1.** *n.* kayağantaş, arduvaz; taş tahta; *esp. Am. pol.* aday listesi; **2.** *v/t.* arduvazla kaplamak; *Brt.* F şiddetle eleştirmek; *Am.* F bir göreve seçmek; ~**-pen·cil** ['sleɪt'pensl] *n.* taş kalem.

slat·tern ['slætən] *n.* pasaklı kadın.

slaugh·ter ['slɔːtə] **1.** *n.* hayvan kesme, kesim; *fig.* katliam; **2.** *v/t.* kesmek; *fig.* katletmek; ~**·house** *n.* mezbaha, kesimevi.

Slav [slɑːv] **1.** *n.* İslav; İslav dili; **2.** *adj.* İslav diliyle ilgili.

slave [sleɪv] **1.** *n.* köle, esir *(a. fig.)*; **2.** *v/i.* köle gibi çalışmak.

slav·er ['slævə] **1.** *n.* salya; **2.** *v/i.* salyası akmak.

sla·ve·ry ['sleɪvərɪ] *n.* kölelik, esirlik; **slav·ish** □ [~ɪʃ] köle gibi; köleye yakışır.

slay *rhet.* [sleɪ] *(slew, slain) v/t.* öldürmek, katletmek.

sled [sled] **1.** = *sledge*[1] *1*; **2.** *(-dd-)* = *sledge*[1] *2*.

sledge[1] [sledʒ] **1.** *n.* kızak; **2.** *v/i.* kızağa binmek.

sledge[2] [~] *n. a.* ~*-hammer* balyoz.

sleek [sliːk] **1.** □ ipek gibi parlak *(saç v.b.)*; kaypak tavırlı; **2.** *v/t.* düzeltmek.

sleep [sliːp] **1.** *(slept) v/i.* uyumak; ~ *(up)on ya da over* kararı ertesi güne bırakmak; ~ *with s.o. b-le* cinsel ilişkide bulunmak, *b-le* yatmak; *v/t. -e* yatacak yer sağlamak; ~ *away* uyuyarak geçirmek; **2.** *n.* uyku; *get ya da go to* ~ uyumak, uykuya dalmak; *put to* ~ uyutmak, yatırmak; ~**·er** ['sliːpə] *n.* uyuyan kimse; 🚃 yataklı vagon; 🚃 travers; ~**·ing** [~ɪŋ] *adj.* uyuyan, uykuda olan; uyku ...; **2-ing Beau·ty** *n.* Uyuyan Güzel; ~**-ing-car(·riage)** *n.* 🚃 yataklı vagon; ~**·ing part·ner** *n. Brt. econ* iş yönetimine karışmayan ortak; ~**-less** □ [~lɪs] uykusuz; ~**-walk·er** *n.* uyurgezer; ~**·y** □ [~ɪ] *(-ier, -iest)* uykulu; hareketsiz, sakin.

sleet [sli:t] **1.** *n.* sulusepken kar; **2.** *v/i. it was ~ing* sulusepken kar yağıyordu.
sleeve [sli:v] *n.* elbise kolu; ⊕ rakor, bilezik; *Brt.* kitap kabı; **~-link** ['sli:vlıŋk] *n.* kol düğmesi.
sleigh [sleı] **1.** *n.* kızak; **2.** *v/i.* kızakla gitmek.
sleight [slaıt]: *~ of hand* el çabukluğu, hokkabazlık.
slen·der □ ['slendə] ince, narin; zayıf *(umut); fig.* az, kıt, yetersiz.
slept [slept] *pret. & p.p. of sleep 1.*
sleuth [slu:θ] *n. a. ~-hound* bir av köpeği; *fig.* dedektif.
slew [slu:] *pret. of slay.*
slice [slaıs] **1.** *n.* dilim; hisse, pay; **2.** *v/t.* dilimlemek, dilmek.
slick [slık] **1.** □ düz, parlak; kaygan; *F* yapmacık kibar, yüze gülücü; **2.** *adv.* ustalıkla, kurnazca; **3.** *n.* kaliteli mecmua; **~·er** *Am. F* ['slıkə] *n.* yağmurluk; hileci kimse.
slid [slıd] *pret. & p.p. of slide 1.*
slide [slaıd] **1.** *(slid) v/t. & v/i.* kay(dır)mak; sessizce kaybolmak, savuşmak; *~ into fig. (kötü yola)* düşmek; *let things ~ fig.* işleri oluruna bırakmak; **2.** *n.* kayma; ⊕ sürgü, sürme; *phot.* slayt; *Brt.* saç tokası; *a. land~* toprak kayması; **~-rule** ['slaıdru:l] *n.* sürgülü hesap cetveli.
slid·ing □ ['slaıdıŋ] kayan, sürme ...
slight [slaıt] **1.** □ ince, narin; önemsiz, hafif; az, zayıf *(umut v.b.);* sudan *(bahane);* **2.** *n.* saygısızlık, küçümseme; **3.** *v/t.* önemsememek, hiçe saymak, küçümsemek.
slim [slım] **1.** □ ince, zayıf, narin; *fig.* az, kıt; **2.** *(-mm-) v/i.* incelmek, zayıflamak.
slime [slaım] *n.* sümük; balçık; **slim·y** ['slaımı] *(-ier, -iest) adj.* sümüksü; balçıklı, çamurlu; *fig.* pis, iğrenç.
sling [slıŋ] **1.** *n.* sapan; kayış; bocurgat; ⚕ askı; **2.** *(slung) v/t.* sapanla atmak; askıyla kaldırmak; *a. ~ up* kaldırıp asmak.
slink [slıŋk] *(slunk) v/i.* sinsi sinsi yürümek.
slip [slıp] **1.** *(-pp-) v/t. & v/i.* kay(dır)mak; kaç(ır)mak; ayağı kaymak; *(dil)* sürçmek; hata etmek, yanılmak; *~ away* sıvışmak; *(zaman)* geçip gitmek; *~ in (laf)* arasına girmek; *~ into -e* sıkıştırmak, *-e* tutuşturmak; sokuvermek; *~ off (on) (giysi)* çıkarmak (giymek); *~ up* yanlışlık yapmak; *have ~ped s.o.'s memory ya da mind b-nin* aklından çıkmak, unutup gitmek; **2.** *n.* kayma; hata, yanlışlık; sürçme; jüpon; kadın külodu; yastık kılıfı; *a ~ of a boy (girl)* ince bir çocuk (kız); *~ of the tongue* dil sürçmesi; *give s.o. the ~ b-ni* atlatmak, elinden kurtulmak; **~ped disc** ⚕ [slıpt'dısk] *n.* disk kayması; **~·per** ['slıpə] *n.* terlik; **~·per·y** □ [~rı] *(-ier, -iest)* kaygan; *fig.* kaypak; **~-road** *n. Brt.* yan yol; **~·shod** [~ʃɒd] *adj.* pasaklı, özensiz; baştan savma, yarımyamalak.
slit [slıt] **1.** *n.* yarık, kesik; yırtmaç; **2.** *(-tt-; slit) v/t.* yarmak.
slith·er ['slıðə] *v/i.* kaymak; kayarak gitmek.
sliv·er ['slıvə] *n.* parça, kıymık.
slob·ber ['slɒbə] **1.** *n.* salya; **2.** *v/i.* salyası akmak.
slo·gan ['sləʊgən] *n.* slogan, parola.
sloop ⚓ [slu:p] *n.* şalopa.
slop [slɒp] **1.** *n.* sulu çamur, pis su; *~s pl.* bulaşık suyu; **2.** *(-pp-) v/t.* dökmek; *v/i. ~ over* dökülmek.
slope [sləʊp] **1.** *n.* bayır, yokuş, iniş; **2.** *v/t. & v/i.* meyillen(dir)mek; ⊕ meyilli kesmek;

eğ(il)mek.
slop·py □ ['slɒpɪ] *(-ier, -iest)* çamurlu, balçıklı; kirli, pasaklı; sulu, çorba gibi.
slot [slɒt] *n.* yarık, delik; yiv, oluk.
sloth [sləʊθ] *n.* tembellik, miskinlik; *zo.* yakalı tembel hayvan.
slot-ma·chine ['slɒtməʃi:n] *n.* otomatik oyun makinesi.
slouch [slaʊtʃ] **1.** *v/i.* sarkmak; omuzları düşük yürümek; **2.** *n.* yorgun yürüyüş; sarkma; ~ *hat* sarkık kenarlı şapka.
slough[1] [slaʊ] *n.* bataklık.
slough[2] [slʌf] *v/i.* derisi soyulmak, pul pul olmak.
slov·en ['slʌvn] *n.* pasaklı kimse, şapşal adam; **~·ly** [~lı] *adj.* pasaklı, hırpani, şapşal.
slow [sləʊ] **1.** □ yavaş, ağır; geri kalmış *(saat);* hantal, üşengeç; can sıkıcı, ağır; *be ~ (saat)* geri kalmak; **2.** *adv.* yavaş yavaş, ağır ağır; **3.** ~ *down,* ~ *up v/t.* yavaşlatmak; *v/i.* yavaşlamak; **~·coach** ['sləʊkəʊtʃ] *n.* ağır kimse; **~-down (strike)** *n. Am. econ.* işi yavaşlatma grevi; **~ mo·tion** *n. phot.* ağır çekim; **~·poke** *Am.* = *slowcoach;* **~-worm** *n. zo.* köryılan.
sludge [slʌdʒ] *n.* sulu çamur, balçık.
slug [slʌg] **1.** *n. zo.* sümüklüböcek; işlenmemiş metal; *esp. Am.* kurşun, mermi; *Am.* jeton; **2.** *(-gg-) v/t. Am. F* sertçe vurmak.
slug|gard ['slʌgəd] *n.* tembel kimse; **~·gish** □ [~ıʃ] tembel, uyuşuk; *econ.* durgun, cansız.
sluice ⊕ [slu:s] *n.* bent kapağı, savak.
slums [slʌmz] *n. pl.* kenar mahalle, gecekondu bölgesi, teneke mahallesi.
slum·ber ['slʌmbə] **1.** *n. mst.* ~*s pl.* uyku, uyuklama; **2.** *v/i.* uyumak, uyuklamak.
slump [slʌmp] **1.** *v/i.* yığılmak, çökmek; *econ. (fiyat)* düşmek; **2.** *n. econ.* fiyat düşmesi; durgunluk, ekonomik bunalım.
slung [slʌŋ] *pret. & p.p. of sling 2.*
slunk [slʌŋk] *pret. & p.p. of slink.*
slur [slɜ:] **1.** *(-rr-) v/t.* heceleri karıştırarak kötü söylemek; ♪ bağlama işareti koymak; **2.** *n.* leke, ayıp; eleştiri; ♪ bağ işareti.
slush [slʌʃ] *n.* erimiş kar; sulu çamur; değersiz eser.
slut [slʌt] *n.* pasaklı kadın.
sly □ [slaı] *(~er, ~est)* kurnaz, şeytan gibi; sinsi; *on the ~* gizlice, sezdirmeden.
smack [smæk] **1.** *n.* tat, lezzet; *fig.* az miktar, zerre; şapırtı; *(kırbaç)* şaklayış; şamar, tokat; **2.** *vb.* çeşnisi olmak; tokatlamak, şaplatmak; şapır şupur öpmek; ~ *one's lips* dudaklarını şapırdatmak.
small [smɔ:l] **1.** *adj.* küçük, ufak; az, önemsiz; *feel ~* utanmak, küçük düşmek; *look ~* rezil olmak; *the ~ hours* gece yarısından sonraki saatler; *in a ~ way* alçak gönüllülükle; **2.** *n.* ~ *of the back anat.* kuyruksokumu; ~*s pl. Brt. F (mendil v.b. gibi)* ufak tefek çamaşır; *wash one's ~s* ufak tefek çamaşırını yıkamak; ~ **arms** ['smɔ:lɑ:mz] *n. pl. (tabanca gibi)* el silahları; ~ **change** *n.* bozuk para, bozukluk; **~·ish** [~ıʃ] *adj.* ufakça, küçükçe; **~·pox** ⚕ [~pɒks] *n.* çiçek hastalığı; ~ **talk** *n.* havadan sudan konuşma, hoşbeş; **~-time** *adj. F* önemsiz.
smart [smɑ:t] **1.** □ keskin, şiddetli; çabuk, çevik; şık, zarif; yakışıklı, gösterişli; zeki, kurnaz; ~ *aleck F* ukala dümbeleği; **2.** *n.* ağrı, sızı; **3.** *v/i.* ağrımak, sızlamak; **~·ness** ['smɑ:tnıs] *n.* şıklık; açıkgözlük; şiddet.
smash [smæʃ] **1.** *v/t. & v/i.* ez(il)mek, parçala(n)mak; kır(ıl)-

mak; *fig.* mahvetmek, ezmek; *fig.* mahvolmak; **2.** *n.* şangırtı ile kırılma; şangırtı; çarpışma, kaza; mahvolma, iflas *(a. econ.); tenis v.b.:* küt inme; *a.* ~ *hit F* liste başı eser; **~·ing** *esp. Brt. F* ['smæʃıŋ] *adj.* çok güzel, harika; **~-up** *n.* büyük kaza; çöküş.
smat·ter·ing ['smætərıŋ] *n.* çat pat bilgi, az buçuk bilme.
smear [smıə] **1.** *v/t.* sürmek, bulaştırmak; *fig.* şerefini lekelemek, karalamak; **2.** *n.* leke; iftira.
smell [smel] **1.** *n.* koku; pis koku; koklama duygusu; **2.** *(smelt ya da smelled) v/t.* koklamak; *v/i.* kokmak; kokuşmak; **~·y** ['smelı] *(-ier, -iest) adj.* pis kokan.
smelt[1] [smelt] *pret. & p.p. of smell* 2.
smelt[2] *metall.* [~] *v/t.* eritmek.
smile [smaıl] **1.** *n.* gülümseme; **2.** *v/i.* gülümsemek; ~ *at -e* gülümsemek.
smirch [smɜːtʃ] *v/t.* kirletmek, lekelemek.
smirk [smɜːk] *v/i.* sırıtmak.
smith [smıθ] *n.* demirci, nalbant.
smith·e·reens ['smıðə'riːnz] *n. pl.* küçük parçalar.
smith·y ['smıðı] *n.* demirhane; nalbant dükkânı.
smit·ten ['smıtn] *adj.* çarpılmış; *fig.* etkilenmiş, şaşkın; *humor.* âşık, vurgun, abayı yakmış *(with -e).*
smock [smɒk] *n.* iş gömleği, önlük.
smog [smɒg] *n.* dumanlı sis.
smoke [sməʊk] **1.** *n.* duman; *have a* ~ sigara içmek; **2.** *v/i.* tütmek; *v/t.* tütsülemek; *(sigara)* içmek; **~-dried** ['sməʊkdraıd] *adj.* tütsülenmiş; **smok·er** [~ə] *n.* sigara içen kimse; 🚃 *F* sigara içilebilen vagon; **~-stack** *n.* 🚃, ⚓ baca.
smok·ing ['sməʊkıŋ] *n.* sigara içme; *attr.* sigara içilebilen; **~-com·part·ment** *n.* 🚃 sigara içilebilen vagon.
smok·y □ ['sməʊkı] *(-ier, -iest)* dumanlı, tüten.
smooth [smuːð] **1.** □ düz, düzgün, pürüzsüz; *fig.* engelsiz; sakin, yumuşak; tatlı dilli; akıcı, kaygan; **2.** *v/t.* düzeltmek; yatıştırmak; *fig.* kolaylaştırmak; ~ *away fig. (sıkıntı v.b.)* ortadan kaldırmak; ~ *down* düzlenmek; ~ *out* düzeltmek, düzlemek; **~·ness** ['smuːðnıs] *n.* düzgünlük, düzlük.
smoth·er ['smʌðə] *v/t. & v/i.* boğ(ul)mak.
smo(u)l·der ['sməʊldə] *v/i.* için için yanmak.
smudge [smʌdʒ] **1.** *v/t. & v/i.* bulaş(tır)mak, pisle(n)mek, kirletmek; kirlenmek; **2.** *n.* leke, kir.
smug [smʌg] *(-gg-) adj.* kendini beğenmiş; şıklık meraklısı.
smug·gle ['smʌgl] *vb. (mal)* kaçırmak, kaçakçılık yapmak; **~r** [~ə] *n.* kaçakçı.
smut [smʌt] **1.** *n.* is, kurum; *fig.* açık saçık söz; **2.** *(-tt-) v/t.* kirletmek; **~·ty** □ ['smʌtı] *(-ier, -iest)* isli, kirli; açık saçık.
snack [snæk] *n.* hafif yemek; çerez; *have a* ~ hafif bir yemek yemek; **~-bar** ['snækbɑː] *n.* hafif yemek yenen lokanta *v.b.* yer.
snaf·fle ['snæfl] *n. a.* ~ *bit* gem ağızlığı.
snag [snæg] *n.* kırık dal; *esp. Am. (nehirde)* ağaç gövdesi; *fig.* beklenmedik güçlük.
snail *zo.* [sneıl] *n.* salyangoz.
snake *zo.* [sneık] *n.* yılan.
snap [snæp] **1.** *n.* aniden kopma, kırılma; çatırtı; kopça, çıtçıt; ağzıyla kapma, ısırma; *F phot.* şipşak resim, enstantane; *fig. F* güç, gayret, enerji; *cold* ~ soğuk dalgası; **2.** *(-pp-) v/i.* kopmak, kırılmak; *(kilit)* birden kapanmak; ~ *at s.o. b-ni* terslemek, *b-ne* ters cevap vermek; ~ *to it!, Am. a.* ~ *it up! sl.*

Acele et!; ~ *out of it! sl.* Kendine gel !; *v/t.* kırmak; şaklatmak; *(parmak)* çıtırdatmak; *phot.* şipşak resmini çekmek; ~ *one's fingers* parmaklarını çıtırdatmak; ~ *one's fingers at fig.* umursamamak, hiçe saymak; ~ *out* birden söyleyivermek; ~ *up* kapmak, almak; **~-fas·ten·er** ['snæpfɑːsnə] *n.* çıtçıt; **~·pish** □ [~ɪʃ] huysuz, kavgacı, aksi; **~·py** [~ɪ] *(-ier, -iest) adj.* huysuz, kavgacı; *F* canlı, çevik; *F* şık; *make it ~!, Brt. a. look ~! F* Elini çabuk tut!, Sallanma!; **~·shot** *n.* enstantane fotoğraf, şipşak.

snare [sneə] **1.** *n.* tuzak *(a. fig.)*, kapan; **2.** *v/t.* tuzağa düşürmek *(a. fig.)*.

snarl [snɑːl] **1.** *v/i.* hırlamak; homurdanmak; **2.** *n.* hırlama; *fig.* homurdanma.

snatch [snætʃ] **1.** *n.* kapma, kapış; kısa zaman, an; **2.** *v/t.* kapmak, kavramak; ~ *at* elde etmeye çalışmak, yakalamaya uğraşmak.

sneak [sniːk] **1.** *v/i.* sinsice dolaşmak, gizlice sokulmak; *Brt. sl.* ispiyonculuk etmek; *v/t. sl.* çalmak, aşırmak; **2.** *n. F* sinsi kimse; *Brt. sl.* ispiyoncu; **~·ers** *esp. Am.* ['sniːkəz] *n. pl.* lastik ayakkabı, tenis ayakkabısı.

sneer [snɪə] **1.** *n.* alay; hakaret; **2.** *v/i.* alay etmek, gülmek, küçümsemek.

sneeze [sniːz] **1.** *v/i.* hapşırmak, aksırmak; **2.** *n.* hapşırma, aksırık.

snick·er ['snɪkə] *v/i. esp. Am.* kıs kıs gülmek; *esp. Brt. (at)* kişnemek.

sniff [snɪf] *vb.* burnuna çekmek; koklamak; *fig.* küçümsemek, burun kıvırmak.

snig·ger *esp. Brt.* ['snɪgə] *v/i.* kıs kıs gülmek.

snip [snɪp] **1.** *n.* kesme, biçme; kesilmiş parça; **2.** *(-pp-) v/t.* makasla kesmek.

snipe [snaɪp] **1.** *n. zo.* çulluk; **2.** *v/i.* pusudan ateş etmek; **snip·er** ['snaɪpə] *n.* pusuya yatan nişancı.

sniv·el ['snɪvl] *(esp. Brt. -ll-, Am. -l-) v/i.* burnu akmak; burnunu çekmek.

snob [snɒb] *n.* züppe kimse; **~·bish** □ ['snɒbɪʃ] züppe.

snoop *F* [snuːp] **1.** *v/i.* ~ *about,* ~ *around F fig.* merakla bakınmak, dolanıp durmak; **2.** *n.* dedektif; casus.

snooze *F* [snuːz] **1.** *n.* uyuklama, şekerleme; **2.** *v/i.* şekerleme yapmak, kestirmek.

snore [snɔː] **1.** *v/i.* horlamak; **2.** *n.* horlama, horultu.

snort [snɔːt] *v/i.* burnundan solumak, horuldamak.

snout [snaʊt] *n.* hayvan burnu; hortum başlığı.

snow [snəʊ] **1.** *n.* kar; *sl.* kokain; **2.** *v/i.* kar yağmak; *~ed in ya da up* kardan kapanmış; *be ~ed under fig. (işten)* başını kaldıramamak; **~-bound** ['snəʊbaʊnd] *adj.* kardan mahzur kalmış; **~-capped, ~·clad, ~·cov·ered** *adj.* karla kaplı, karlı; **~-drift** *n.* kar yığıntısı; **~·drop** *n.* ⚘ kardelen; **~-white** *adj.* kar gibi, bembeyaz; ♀ **White** *n.* Pamuk Prenses; **~·y** □ [~ɪ] *(-ier, -iest)* karlı; kar gibi, bembeyaz.

snub [snʌb] **1.** *(-bb-) v/t.* küçümsemek, hor davranmak, terslemek; **2.** *n.* küçümseme; **~-nosed** ['snʌbnəʊzd] *adj.* kısa ve kalkık burunlu.

snuff [snʌf] **1.** *n.* fitilin yanık ucu; enfiye; *take ~* enfiye çekmek; **2.** *vb.* fitilin yanık ucunu kesmek; enfiye çekmek.

snuf·fle ['snʌfl] *v/i.* burnunu çekmek; burnundan konuşmak.

snug □ [snʌg] *(-gg-)* rahat, konforlu; kuytu; iyi oturmuş *(giysi)*;

~·**gle** ['snʌgl] *v/i.* sokulmak *(up to s.o. b-ne).*

so [səʊ] *adv.* böyle, öyle; bu derece, bu kadar; çok, pek; bu yüzden, onun için; dahi, de, da; *I hope* ~ umarım öyledir, inşallah; *I think* ~ sanırım öyle; *are you tired? —~ I am* yorgun musun?— ya öyle; *you are tired, ~ am I* yorgunsun, ben de; ~ *far* şimdiye dek.

soak [səʊk] *v/t.* ıslatmak, sırılsıklam etmek; ~ *in* emmek, içine çekmek; ~ *up* emmek; *(yumruk v.b.)* almak; *v/i.* ıslanmak.

soap [səʊp] **1.** *n.* sabun; *soft* ~ arapsabunu; *fig.* yağcılık; **2.** *v/t.* sabunlamak; ~**-box** ['səʊpbɒks] *n.* sabunluk; söylev verenlerin üstüne çıktıkları sandık; ~**·y** □ [~ı] *(-ier, -iest)* sabunlu; *fig. F* yağcı, dalkavuk.

soar [sɔː] *v/i.* yükselmek; *(fiyat)* artmak, fırlamak; ✈ havada süzülmek.

sob [sɒb] **1.** *n.* hıçkırık; **2.** *(-bb-) v/i.* hıçkıra hıçkıra ağlamak.

so·ber ['səʊbə] **1.** □ ayık; akla yakın; **2.** *v/t. & v/i.* ayıl(t)mak; ~ *down,* ~ *up* aklını başına getirmek; **so·bri·e·ty** [səʊ'braıətı] *n.* ayıklık; ciddiyet.

so-called ['səʊ'kɔːld] *adj.* ... diye anılan, güya, sözde.

soc·cer ['sɒkə] *n.* futbol.

so·cia·ble ['səʊʃəbl] **1.** □ sokulgan, girgin; sempatik; **2.** *n.* sohbet toplantısı.

so·cial ['səʊʃl] **1.** □ toplumsal, sosyal; girgin, sokulgan; **2.** *n.* sohbet toplantısı; ~ **in·sur·ance** *n.* sosyal sigorta.

so·cial|is·m ['səʊʃəlızəm] *n.* sosyalizm, toplumculuk; ~**·ist** [~ıst] **1.** *n.* sosyalist, toplumcu; **2.** = ~**·is·tic** [səʊʃə'lıstık] *(~ally) adj.* sosyalizmle ilgili; toplumcu, sosyalist; ~**·ize** ['səʊʃəlaız] *v/t.* kamulaştırmak; sosyalleştirmek.

so·cial| sci·ence ['səʊʃl'saıəns] *n.* sosyal bilim; ~ **se·cu·ri·ty** *n.* sosyal sigorta; *be on* ~ sosyal sigortalı olmak; ~ **serv·ices** *n. pl.* sosyal hizmetler; ~ **work** *n.* sosyal görev; ~ **work·er** *n.* sosyal görevli.

so·ci·e·ty [sə'saıətı] *n.* toplum; topluluk; dernek, kulüp; ortaklık, şirket.

so·ci·ol·o·gy [səʊsı'ɒlədʒı] *n.* sosyoloji, toplumbilim.

sock [sɒk] *n.* kısa çorap, şoset.

sock·et ['sɒkıt] *n. anat.* eklem oyuğu; ⚡ duy, priz; ⊕ oyuk, yuva; *anat. (göz)* çukur.

sod [sɒd] *n.* çim.

so·da ['səʊdə] *n.* ⚗ soda; ~**-fountain** *n. Am.* büfe, büvet.

sod·den ['sɒdn] *adj.* sırılsıklam.

soft [sɒft] **1.** □ yumuşak; tatlı *(ses)*; ılık, tatlı *(iklim)*; yumuşak başlı, uysal; zayıf, gevşek; kolay, rahat *(iş)*; *a.* ~ *in the head F* akılsız, aklı kıt; alkolsüz *(içki)*; **2.** *adv.* yavaşça; ~**·en** ['sɒfn] *v/t. & v/i.* yumuşa(t)mak *(a. fig.)*; yatış(tır)mak; *(ses)* kısmak; ~**-head·ed** *adj.* bunak, budala; ~**-heart·ed** *adj.* yumuşak kalpli; ~**-land** *vb.* yumuşak iniş yapmak; ~ **land·ing** *n.* yumuşak iniş; ~**·ware** *n. kompütür:* yazılım; ~**·y** *F* [~ı] *n.* ahmak, sünepe, avanak.

sog·gy ['sɒgı] *(-ier, -iest) adj.* sırılsıklam.

soil [sɔıl] **1.** *n.* toprak; arazi; ülke; kir, leke; **2.** *v/t. & v/i.* lekele(n)mek, kirletmek; kirlenmek.

soj·ourn ['sɒdʒɜːn] **1.** *n.* geçici olarak oturma; **2.** *v/i.* geçici olarak oturmak, kalmak.

sol·ace ['sɒləs] **1.** *n.* avuntu; **2.** *v/t.* avutmak.

so·lar ['səʊlə] *adj.* güneşle ilgili, güneş ...

sold [səʊld] *pret. & p.p. of sell.*

sol·der ⊕ ['sɒldə] **1.** *n.* lehim; **2.** *v/t.* lehimlemek.
sol·dier ['səʊldʒə] *n.* asker; **~·like, ~·ly** [~lı] *adj.* asker gibi, askerce; **~·y** [~rı] *n.* askerler.
sole[1] □ [səʊl] tek, yalnız, biricik; ~ *agent* tek temsilci.
sole[2] [~] **1.** *n.* pençe, taban; **2.** *v/t.* -*e* pençe vurmak.
sole[3] *zo.* [~] *n.* dilbalığı.
sol|emn □ ['sɒləm] resmi; kutsal; ciddi, ağırbaşlı; **so·lem·ni·ty** [sə'lemnətı] *n.* tantanalı tören; ciddiyet; **~·em·nize** ['sɒləmnaız] *v/t.* törenle kutlamak; *(nikâh)* kıymak.
so·li·cit [sə'lısıt] *vb.* istemek, rica etmek; *(fahişe)* ayartmaya çalışmak, asılmak.
so·lic·i|ta·tion [səlısı'teıʃn] *n.* istek, rica; **~·tor** [sə'lısıtə] *n. Brt.* ⚖ dava vekili; *Am.* acente, reklamcı; **~·tous** □ [~əs] endişeli, meraklı *(about, for* için*)*; ~ *of* -*e* istekli; ~ *to do* ... yapmaya arzulu; **~·tude** [~juːd] *n.* endişe, kaygı; ilgi, dikkat.
sol·id ['sɒlıd] **1.** □ katı; sağlam, dayanıklı; som, yekpare; A cisimsel; güvenilir, emin; yoğun, koyu; *a ~ hour* tam bir saat; **2.** *n.* katı madde; *geom.* üç boyutluluk; *~s pl.* katı yiyecek; **sol·i·dar·i·ty** [sɒlı'dærətı] *n.* dayanışma.
so·lid·i|fy [sə'lıdıfaı] *v/t. & v/i.* katılaş(tır)mak, sertleş(tir)mek; **~·ty** [~tı] *n.* katılık; sağlamlık, dayanıklılık.
so·lil·o·quy [sə'lıləkwı] *n.* kendi kendine konuşma; *esp. thea.* monolog.
sol·i·taire [sɒlı'teə] *n.* mücevherde tek taş; *Am.* tek kişilik iskambil oyunu.
sol·i|ta·ry □ ['sɒlıtərı] tek, yalnız; ıssız; **~·tude** [~juːd] *n.* yalnızlık; ıssızlık.
so·lo ['səʊləʊ] *(pl. -los) n.* solo; ✈ tek başına uçuş; **~·ist** ♪ [~ıst] *n.* solist.
sol·u·ble ['sɒljʊbl] *adj.* eriyebilir, çözünür; *fig.* çözülebilir; **so·lu·tion** [sə'luːʃn] *n.* erime, çözünme; eriyik; çare, çözüm.
solve [sɒlv] *v/t.* çözmek, halletmek; **sol·vent** ['sɒlvənt] **1.** *adj.* ⚗ eritici, çözücü; *econ.* ödeme gücü olan; **2.** *n.* ⚗ eritici sıvı, eritken.
som·bre, *Am.* **-ber** □ ['sɒmbə] loş, karanlık; *fig.* kasvetli.
some [sʌm, səm] *pron. & adj.* bazı, kimi; biraz, birkaç; hayli, birçok, epey; bazısı, kimisi; ~ *20 miles* yaklaşık 20 mil; *to ~ extent* bir dereceye kadar; **~·bod·y** ['sʌmbədı] *pron.* biri, birisi; **~·day** *adv.* bir gün; **~·how** *adv.* bir yolunu bulup; ~ *or other* her nasıl olursa olsun; **~·one** *pron.* biri, birisi; **~·place** *Am.* = *somewhere.*
som·er·sault ['sʌməsɔːlt] **1.** *n.* perende, takla; *turn a ~* = **2.** *v/i.* takla atmak.
some|thing ['sʌmθıŋ] *pron.* bir şey; ~ *like* ... gibi bir şey; **~·time** **1.** *adv.* günün birinde; **2.** *adj.* eski; **~·times** *adv.* bazen, ara sıra; **~·what** *adv.* bir dereceye kadar; **~·where** *adv.* bir yer(d)e.
son [sʌn] *n.* erkek evlat, oğul.
sonde [sɒnd] *n.* sondaj balonu.
song [sɒŋ] *n.* şarkı, türkü; şiir, destan; *for a ~* çok ucuza, yok pahasına; **~·bird** ['sɒŋbɜːd] *n.* ötücü kuş; **~·ster** [~stə] *n.* şarkıcı; ötücü kuş; **~·stress** [~rıs] *n.* şantöz.
son·ic ['sɒnık] *adj.* sesle ilgili; ~ **boom,** *Brt. a.* ~ **bang** *n.* ses duvarını aşan bir uçağın çıkardığı patlama sesi.
son-in-law ['sʌnınlɔː] *(pl. sons-in-law) n.* damat.
son·net ['sɒnıt] *n.* sone.
so·nor·ous □ [sə'nɔːrəs] tınlayan, yankılı, sesli.
soon [suːn] *adv.* birazdan, biraz sonra; yakında; çabuk, hemen; *as*

ya da so ~ as ...ir ...irmez; **~·er** ['suːnə] *adv.* daha önce, daha erken; *~ or later* er ya da geç; *the ~ the better* ne kadar önce olursa o kadar iyi; *no ~ ... than* ...ir ...irmez; *no ~ said than done* demesiyle yapması bir oldu.

soot [sʊt] **1.** *n.* is, kurum; **2.** *v/t.* ise bulaştırmak.

soothe [suːð] *v/t.* yatıştırmak, sakinleştirmek; *(ağrı)* dindirmek; **sooth·ing** □ ['suːðɪŋ] yatıştırıcı; ağrı dindirici; **sooth·say·er** ['suːθseɪə] *n.* falcı.

soot·y □ ['sʊtɪ] *(-ier, -iest)* isli, kurumlu.

sop [sɒp] **1.** *n.* tirit, lokma; rüşvet; **2.** *(-pp-) v/t.* ıslatarak yumuşatmak, banmak.

so·phis·ti·cat·ed [sə'fɪstɪkeɪtɪd] *adj.* hayatı bilen, pişmiş, kaşarlanmış; entelektüel, kültürlü; ⊕ karışık, komplike; **soph·ist·ry** ['sɒfɪstrɪ] *n.* safsata; safsatacılık.

soph·o·more *Am.* ['sɒfəmɔː] *n.* ikinci sınıf öğrencisi.

sop·o·rif·ic [sɒpə'rɪfɪk] **1.** *(~ally) adj.* uyutucu; **2.** *n.* uyutucu ilaç.

sor·cer|er ['sɔːsərə] *n.* büyücü, sihirbaz; **~·ess** [~ɪs] *n.* büyücü kadın, cadı; **~·y** [~̆ɪ] *n.* büyü, sihir; büyücülük.

sor·did □ ['sɔːdɪd] adi, bayağı, alçak, aşağılık; pis, kirli; cimri, pinti.

sore [sɔː] **1.** □ *(~r, ~st)* acıyan, ağrılı; kırgın, küskün; şiddetli, sert; *a ~ throat* boğaz ağrısı; **2.** *n.* yara; **~·head** *Am. F* ['sɔːhed] *n.* huysuz *ya da* aksi kimse.

sor·rel ['sɒrəl] **1.** *adj.* doru *(at);* **2.** *n. zo.* doru at; ⚘ kuzukulağı.

sor·row ['sɒrəʊ] **1.** *n.* keder, acı, tasa, üzüntü; **2.** *v/i.* üzülmek, kederlenmek; **~·ful** □ [~fl] kederli, acılı, dertli; üzücü.

sor·ry □ ['sɒrɪ] *(-ier, -iest)* üzgün; pişman; *be ~ about s.th.* *bşe* üzülmek, *bş* için üzgün olmak; *I am (so) ~!* (Çok) Üzgünüm!, Kusura bakma!; *~!* Affedersiniz!, Pardon!; *I am ~ for him* ona acıyorum; *we are ~ to say* üzülerek söylüyoruz ki.

sort [sɔːt] **1.** *n.* tür, çeşit; *what ~ of* ne tür; *of a ~, of ~s F* sıradan, Allahlık; *~ of F* bir dereceye kadar; âdeta, sanki; *out of ~s F* rahatsız, keyifsiz; neşesiz; **2.** *v/t.* sınıflandırmak; *~ out* seçip ayırmak, ayıklamak; *fig. (bir konuyu)* halletmek.

sot [sɒt] *n.* ayyaş.

sough [saʊ] **1.** *n.* vızıltı, uğultu; **2.** *v/i. (esp. rüzgâr)* uğuldamak.

sought [sɔːt] *pret. & p.p. of* seek.

soul [səʊl] *n.* can, ruh *(a. fig.);* öz, esas; ♪ zenci müziğinin uyandırdığı duygu.

sound [saʊnd] **1.** □ sağlam; derin, deliksiz *(uyku); econ.* emin, güvenilir; ⚖ yasal; **2.** *n.* ses; gürültü; izlenim, etki, anlam; ⚕ sonda; balık solungacı; **3.** *v/t.* ⚕ sondalamak; ⚓ iskandil etmek; **~ bar·ri·er** *n.* ses duvarı; **~·film** ['saʊndfɪlm] *n.* sesli film; **~·ing** ⚓ [~ɪŋ] *n.* iskandil etme; *~s pl.* iskandil edilen suyun derinliği; **~·less** □ [~lɪs] sessiz; **~·ness** [~nɪs] *n.* sağlamlık; doğruluk; **~ pol·lu·tion** *n.* sesin rahatsız etmesi; **~-proof** *adj.* ses geçirmez; **~track** *n. film:* ses yolu; **~-wave** *n.* ses dalgası.

soup [suːp] **1.** *n.* çorba; **2.** *v/t.* *~ up F (motor)* gücünü artırmak, takviye etmek.

sour ['saʊə] **1.** □ ekşi; *fig.* yüzü gülmez, asık suratlı; **2.** *v/t. & v/i.* ekşi(t)mek; *(süt)* kesilmek; *fig.* surat asmak.

source [sɔːs] *n.* kaynak, memba; köken.

sour|ish □ ['saʊərɪʃ] ekşice, mayhoş; **~·ness** [~nɪs] *n.* ekşilik; *fig.*

somurtkanlık.
souse [saʊs] *v/t.* batırmak, banmak, daldırmak; *(balık v.b.)* salamura yapmak.
south [saʊθ] **1.** *n.* güney; **2.** *adj.* güneyde olan, güney ...; **~-east** ['saʊθ'iːst] **1.** *n.* güneydoğu; **2.** *adj.* güneydoğu ...; **~-east·er** *n.* keşişleme, akçayel; **~-east·ern** *adj.* güneydoğu ile ilgili.
south·er|ly ['sʌðəlı], **~n** [~n] *adj.* güneyle ilgili, güney ...; **~n·most** *adj.* en güneyde olan.
south·ward(s) ['saʊθwəd(z)] *adv.* güneye doğru.
south|-west ['saʊθ'west] **1.** *n.* güneybatı; **2.** *adj.* güneybatı ...; güneyden esen; **~-west·er** [~ə] *n.* lodos; ⚓ muşamba başlık; **~-west·er·ly, ~-west·ern** *adj.* güneybatıda olan, güneybatı ...
sou·ve·nir [suːvə'nıə] *n.* hatıra, andaç.
sove·reign ['sɒvrın] **1.** □ yüce, en yüksek; egemen; bağımsız; etkili *(ilaç);* **2.** *n.* hükümdar; eski altın İngiliz lirası; **~·ty** [~əntı] *n.* hükümranlık, egemenlik; bağımsızlık.
So·vi·et ['səʊvıət] *n.* Sovyet; *attr.* Sovyet ...
sow[1] [saʊ] *n. zo.* dişi domuz; ⊕ erimiş maden oluğu; ⊕ maden külçesi.
sow[2] [səʊ] *(sowed, sown ya da sowed) v/t. (tohum)* ekmek; yaymak; **~·n** [~n] *p.p. of sow*[2].
spa [spɑː] *n.* kaplıca, içmeler.
space [speıs] **1.** *n.* uzay; alan, saha; süre; aralık, boşluk; **2.** *v/t. mst.* ~ *out print.* aralıklı dizmek; **~ age** *n.* uzay çağı; **~ cap·sule** ['speıskæpsjuːl] *n.* uzay kapsülü; **~·craft** *n.* uzaygemisi; **~ flight** *n.* uzay uçuşu; **~·lab** *n.* uzay laboratuvarı; **~·port** *n.* roket alanı; **~ probe** *n.* uzaydan bilgi gönderen uydu; **~ re·search** *n.* uzay araştırması; **~·ship** *n.* uzaygemisi; **~ shut·tle** *n.* uzay mekiği; **~ sta·tion** *n.* uzay istasyonu; **~·suit** *n.* uzay giysisi; **~ walk** *n.* uzayda yürüyüş; **~·wom·an** *(pl. -women) n.* kadın astronot.
spa·cious □ ['speıʃəs] geniş, ferah; engin.
spade [speıd] *n.* bahçıvan beli; *iskambil:* maça; *king of ~s pl.* maça papazı; *call a ~ a ~* dobra dobra konuşmak, kadıya körsün demek.
span [spæn] **1.** *n.* karış; *arch.* köprü ayakları arasındaki açıklık; **2.** *(-nn-) v/t.* karışlamak.
span·gle ['spæŋgl] **1.** *n.* pul; **2.** *vb.* pullarla süslemek; *fig.* pırıldamak.
Span·iard ['spænjəd] **1.** *adj.* İspanyol; **2.** *n. ling.* İspanyolca; *the ~ pl. coll.* İspanyol halkı.
spank *F* [spæŋk] **1.** *v/t. -in* kıçına şaplak vurmak, dizine yatırıp dövmek; **2.** *n.* şaplak; **~·ing** ['spæŋkıŋ] **1.** □ şiddetli, kuvvetli *(rüzgâr);* hızlı koşan; **2.** *adv.* ~ *clean* tertemiz; ~ *new* yepyeni; **3.** *n. F* temiz bir dayak.
span·ner ⊕ ['spænə] *n.* somun anahtarı.
spar [spɑː] **1.** *n.* ⚓ seren, direk; ✈ kanat ana kirişi; **2.** *(-rr-) v/i. boks:* antrenman maçı yapmak; *fig.* ağız kavgası yapmak.
spare [speə] **1.** □ az, yetersiz, kıt; boş *(zaman);* zayıf, sıska; yedek; ~ *part* yedek parça; ~ *room* misafir yatak odası; ~ *time ya da hours* boş zaman; **2.** *n.* ⊕ yedek parça; **3.** *v/t.* esirgemek; canını bağışlamak; *-den* kurtarmak; idareli kullanmak.
spar·ing □ ['speərıŋ] tutumlu; az kullanan.
spark [spɑːk] **1.** *n.* kıvılcım; **2.** *v/i.* kıvılcım saçmak; **~·ing-plug** *Brt. mot.* ['spɑːkıŋplʌg] *n.* buji.
spar|kle ['spɑːkl] **1.** *n.* kıvılcım; parıltı; **2.** *v/i.* parıldamak; *(şarap)*

köpürmek; **~·kling** □ [~ıŋ] parıldayan *(a. fig.)*; ~ *wine* köpüklü şarap.

spark-plug *Am. mot.* ['spɑːkplʌg] *n.* buji.

spar·row *zo.* ['spærəʊ] *n.* serçe; **~-hawk** *n. zo.* atmaca.

sparse □ [spɑːs] seyrek.

spas·m ['spæzəm] *n.* ⚕ spazm; **spas·mod·ic** [spæz'mɒdık] *(~ally) adj.* ⚕ spazm türünden; *fig.* düzensiz, süreksiz.

spas·tic ⚕ ['spæstık] **1.** *(~ally) adj.* ıspazmozlu; **2.** *n.* ıspazmozlu felci olan kimse.

spat [spæt] *pret. & p.p. of spit*[2] *2.*

spa·tial □ ['speıʃl] uzaysal.

spat·ter ['spætə] *v/t.* sıçratmak.

spawn [spɔːn] **1.** *n. zo.* balık yumurtası; *fig. contp.* sonuç; **2.** *vb. zo. (balık v.b.)* yumurta dökmek; *fig.* meydana getirmek.

speak [spiːk] *(spoke, spoken) v/i.* konuşmak *(to ile; about hakkında)*; konuşma yapmak; ~ *out*, ~ *up* açıkça söylemek; ~ *to s.o. b-le* konuşmak; *v/t.* söylemek, ifade etmek; **~·er** ['spiːkə] *n.* konuşmacı, sözcü; hoparlör; Ջ *parl.* meclis başkanı; *Mr.* Ջ*!* Sayın Başkan!

spear [spıə] **1.** *n.* mızrak, kargı; **2.** *v/t.* mızrakla vurmak; saplamak.

spe·cial ['speʃl] **1.** □ özel; olağanüstü; **2.** *n.* özel şey; yardımcı polis; özel baskı; *radyo, TV:* özel program; *Am. (lokantada)* spesiyal yemek; *Am. econ.* indirimli fiyat; *on* ~ *Am. econ.* indirimli fiyata; **~·ist** [~əlıst] *n.* uzman; ⚕ uzman hekim; **spe·ci·al·i·ty** [speʃı'ælətı] *n.* özellik; uzmanlık; **~·ize** ['speʃəlaız] *vb.* uzmanlaşmak; **~·ty** *esp. Am.* [~tı] = *speciality.*

spe·cies ['spiːʃiːz] *(pl. -cies) n.* tür, çeşit.

spe|cif·ic [spı'sıfık] *(~ally) adj.* kendine özgü; özel; kesin, açık; **~·ci·fy** ['spesıfaı] *v/t.* belirtmek; **~·ci·men** [~mın] *n.* örnek.

spe·cious □ ['spiːʃəs] aldatıcı, yanıltıcı, sahte.

speck [spek] *n.* benek, nokta; leke; **~·le** ['spekl] *n.* nokta, benek; çil; **~·led** *adj.* benekli; çilli.

spec·ta·cle ['spektəkl] *n.* manzara, görünüş; *(a pair of)* ~*s pl.* gözlük.

spec·tac·u·lar [spek'tækjʊlə] **1.** □ görülmeye değer, göz alıcı, olağanüstü; **2.** *n.* hayret verici manzara.

spec·ta·tor [spek'teıtə] *n.* seyirci.

spec|tral □ ['spektrəl] hayalet gibi; **~·tre,** *Am.* **~·ter** [~ə] *n.* hayalet.

spec·u|late ['spekjʊleıt] *vb.* kuramsal olarak düşünmek; *econ.* spekülasyon yapmak; **~·la·tion** [spekjʊ'leıʃn] *n.* kuram; *econ.* spekülasyon, vurgunculuk; **~·la·tive** □ ['spekjʊlətıv] spekülatif, kurgusal; kuramsal; *econ.* spekülasyonla ilgili; **~·la·tor** [~eıtə] *n. econ.* spekülatör, vurguncu.

sped [sped] *pret. & p.p. of speed 2.*

speech [spiːtʃ] *n.* konuşma; nutuk, söylev; dil, lisan; *make a* ~ konuşma yapmak; **~-day** *Brt.* ['spiːtʃdeı] *n. okul:* diploma ve ödül dağıtım günü; **~·less** □ [~lıs] dili tutulmuş; sözle anlatılamaz.

speed [spiːd] **1.** *n.* hız, sürat, çabukluk; ⊕ devir sayısı; *mot.* vites; *phot.* ışığa duyarlılık; *sl.* amfetamin; **2.** *(sped) v/i.* hızla gitmek, çabuk gitmek; ~ *up (pret. & p.p. speeded)* hızlanmak; *v/t.* hızlandırmak; ~ *up (pret. & p.p. speeded)* hızlandırmak; **~·boat** ['spiːdbəʊt] *n.* sürat motoru; **~·ing** *mot.* [~ıŋ] *n.* hız sınırını aşma, süratli gitme; ~ **lim·it** *n.* hız sınırı, azami sürat; **~·o** *F mot.* [~əʊ] *(pl. -os) n.* kilometre saati, takometre, hızölçer; **~·om·e·ter** *mot.* [spı'dɒmıtə] *n.* kilometre saati, takometre, hızölçer; **~-up** ['spiːdʌp] *n.* hızlanma; *econ.* randıman artırma; **~·way** *n. spor:* sürat yolu; *Am. mot.* yarış pisti; *Am. spor: mot.* motosiklet yarışı; **~·y** □ [~ı] *(-ier, -iest)* hızlı, çabuk.

spell [spel] **1.** *n.* nöbet; süre; dönem, devre; büyü, sihir; *fig.* tılsım; *a ~ of fine weather* havanın güzel olduğu dönem; *hot ~* sıcak dalgası; **2.** *vb. ~ s.o. at s.th. b-le* nöbet değiştirmek; *(spelt ya da Am. spelled)* büyülemek; hecelemek; ifade etmek; **~·bound** ['spelbaʊnd] *adj.* büyülenmiş; **~·er** [~ə]: *be a good ya da bad ~* doğru *ya da* yanlış yazmak; **~·ing** [~ɪŋ] *n.* imlâ, yazım; **~·ing-book** *n.* yazım kılavuzu.

spelt [spelt] *pret. & p.p. of spell 2.*

spend [spend] *(spent) v/t. (para, çaba)* harcamak; *(zaman)* geçirmek; tüketmek; *(gücünü, hızını)* kaybetmek; *~ o.s. k-ni* tüketmek, yırtınmak; **~·thrift** ['spendθrɪft] *n.* savurgan kimse.

spent [spent] **1.** *pret. & p.p. of spend;* **2.** *adj.* yorgun, bitkin.

sperm [spɜːm] *n.* sperma, bel, ersuyu.

sphere [sfɪə] *n.* yerküre, küre, yuvarlak; alan; sınıf, tabaka; *fig.* çevre; **spher·i·cal** □ ['sferɪkl] küresel.

spice [spaɪs] **1.** *n.* baharat; *fig.* tat, çeşni; **2.** *v/t. -e* baharat koymak.

spick and span ['spɪkən'spæn] *adj.* tertemiz, pırıl pırıl; yepyeni, gıcır gıcır.

spic·y □ ['spaɪsɪ] *(-ier, -iest)* baharatlı; *fig.* açık saçık.

spi·der *zo.* ['spaɪdə] *n.* örümcek.

spig·ot ['spɪgət] *n.* tıpa, tıkaç, musluk.

spike [spaɪk] **1.** *n.* uçlu demir; sivri uçlu şey; ⚘ başak; *spor:* kabara; *~s pl. mot.* ekser; **2.** *v/t.* çiviyle tutturmak; çiviyle delmek; **~ heel** *n.* sivri topuk.

spill [spɪl] **1.** *(spilt ya da spilled) v/t. & v/i.* dök(ül)mek, saç(ıl)mak; *(kan)* akıtmak; *(at)* üstünden atmak; *sl. (sır v.b.)* açığa vurmak, söylemek; *s. milk 1;* **2.** *n. (at v.b.'nden)* düşme.

spilt [spɪlt] *pret. & p.p. of spill 1.*

spin [spɪn] **1.** *(-nn-; spun) v/t. & v/i.* dön(dür)mek; eğirmek, bükmek; *fig. (hikâye)* uydurmak; ✈ dikine düşmek, vril yapmak; *~ along* hızlı gitmek; *~ s.th. out bşi* uzatmak; **2.** *n.* fırıl fırıl dönme; gezinti; ✈ dikine düşüş; *go for a ~* gezintiye çıkmak.

spin·ach ⚘ ['spɪnɪdʒ] *n.* ıspanak.

spin·al *anat.* ['spaɪnl] *adj.* belkemiği ile ilgili; *~ column* belkemiği; *~ cord, ~ marrow* omurilik.

spin·dle ['spɪndl] *n.* iğ; mil.

spin|-dri·er ['spɪndraɪə] *n.* santrifüjlü çamaşır kurutma makinesi; **~-dry** *v/t. (çamaşır)* makinede kurutmak; **~-dry·er** = *spin-drier.*

spine [spaɪn] *n. anat.* omurga, belkemiği; ⚘, *zo.* ok, diken.

spin·ning|-mill ['spɪnɪŋmɪl] *n.* iplikhane; **~-top** *n.* topaç; **~-wheel** *n.* çıkrık.

spin·ster ['spɪnstə] *n.* ⚖ evlenmemiş kız, yaşı geçmiş kız.

spin·y ⚘, *zo.* ['spaɪnɪ] *(-ier, -iest) adj.* dikenli.

spi·ral ['spaɪərəl] **1.** □ spiral, sarmal; *~ staircase* döner merdiven; **2.** *n.* helezon.

spire ['spaɪə] *n.* tepe.

spir·it ['spɪrɪt] **1.** *n.* ruh, can; peri, cin; canlılık, şevk; insan, kimse; ⚗ ispirto; *~s pl.* alkollü içkiler; *high (low) ~s pl.* keyif (keder); **2.** *vb. ~ away ya da off* gizlice götürmek, ortadan yok etmek; **~·ed** □ [~ɪd] canlı, ateşli, faal; **~·less** □ [~lɪs] ruhsuz, cansız; üzgün, neşesiz; cesaretsiz.

spir·i·tu·al ['spɪrɪtjʊəl] **1.** □ ruhani; manevi, tinsel; kutsal, dinsel; **2.** *n.* ♪ *Am.* zencilere özgü ilahi; **~·is·m** [~ızəm] *n.* spiritualizm, tinselcilik.

spirt [spɜːt] = *spurt²*.

spit¹ [spıt] **1.** *n.* kebap şişi; *geogr.* dil; **2.** *(-tt-) v/t.* şişlemek, saplamak.

spit² [~] **1.** *n.* tükürük; *F* tıpatıp benzeme; **2.** *(-tt-; spat ya da spit) v/i.* tükürmek; *(kedi)* tıslamak; *(yağmur)* çiselemek; *v/t. a.* ~ *out* söylemek, haykırmak.

spite [spaıt] **1.** *n.* kin, garez; *in ~ of -e* karşın; **2.** *v/t.* üzmek, inadına yapmak; **~·ful** □ ['spaıtfl] kinci.

spit·fire ['spıtfaıə] *n.* ateş püskü-ren kimse.

spit·tle ['spıtl] *n.* tükürük, salya.

spit·toon [spı'tuːn] *n.* tükürük hokkası.

splash [splæʃ] **1.** *n.* sıçrayan çamur, zifos; şıpırtı; leke; **2.** *v/t.* & *v/i.* *(su, çamur)* sıçra(t)mak; etrafa sıçratarak suya dalmak; ~ *down* *(uzaygemisi)* denize inmek; **~-down** *n.* *(uzaygemisi)* denize inme.

splay [spleı] **1.** *n.* yayvanlık; **2.** *v/t.* & *v/i.* yayvanlaş(tır)mak, dışa doğru meyletmek; **~-foot** ['spleıfʊt] *n.* düztaban.

spleen [spliːn] *n. anat.* dalak; huysuzluk, terslik.

splen|did □ ['splendıd] görkemli, muhteşem, gösterişli; *F* mükemmel; **~·do(u)r** [~ə] *n.* görkem; parlaklık.

splice [splaıs] *v/t.* uçlarını birbirine eklemek; *(film)* yapıştırarak eklemek.

splint ⚕ [splınt] **1.** *n.* kırık tahtası, cebire, süyek; **2.** *vb.* cebireyle kırık bağlamak.

splin·ter ['splıntə] **1.** *n.* kıymık; **2.** *v/t.* & *v/i.* parçala(n)mak, yar(ıl)mak; ~ *off* ayrılmak, kopmak.

split [splıt] **1.** *n.* yarık, çatlak; *fig.* bölünme, ayrılık; **2.** *adj.* yarılmış, yarık; **3.** *(-tt-; split) v/t.* & *v/i.* yar(ıl)mak, çatla(t)mak, kır(ıl)mak; dağıtmak, bölüşmek; ~ *hairs* kılı kırk yarmak; ~ *one's sides laughing ya da with laughter* gülmekten kasıkları çatlamak; **~·ting** ['splıtıŋ] *adj.* şiddetli *(baş ağrısı).*

splut·ter ['splʌtə] *vb.* cızırdamak; *(motor)* gürültü yapmak.

spoil [spɔıl] **1.** *n. mst.* **~s** *pl.* ganimet, yağma, çapul; *fig.* hasılat; **2.** *(spoilt ya da spoiled) v/t.* & *v/i.* boz(ul)mak, mahvetmek; *(çocuk)* şımartmak, yüz vermek; **~·er** *mot.* ['spɔılə] *n.* korumalık; **~·sport** *n.* oyunbozan, mızıkçı; **~t** [~t] *pret.* & *p.p. of spoil 2.*

spoke¹ [spəʊk] *n.* tekerlek parmağı.

spoke² [~] *pret. of speak;* **spok·en** ['spəʊkən] **1.** *p.p. of speak;* **2.** *adj.* ... konuşan; **~s·man** [~smən] *(pl. -men) n.* sözcü; **~s·wom·an** *(pl. -women) n.* kadın sözcü.

sponge [spʌndʒ] **1.** *n.* sünger; *F fig.* asalak, parazit; *Brt.* = *sponge-cake;* **2.** *v/t.* süngerle silmek; ~ *off* süngerle temizlemek; ~ *up* emmek; *v/i. F fig.* otlakçılık etmek; **~-cake** ['spʌndʒkeık] *n.* pandispanya; **spong·er** *F fig.* [~ə] *n.* asalak, otlakçı, beleşçi; **spong·y** [~ı] *(-ier, -iest) adj.* sünger gibi, gözenekli.

spon·sor ['spɒnsə] **1.** *n.* vaftiz babası; kefil; hami, koruyucu; **2.** *v/t.* *-e* kefil olmak; korumak; desteklemek; *radyo, TV:* program giderlerini karşılamak; **~·ship** [~ʃıp] *n.* kefalet, kefillik; destek.

spon·ta·ne|i·ty [spɒntə'neıətı] *n.* kendiliğinden olma; **~·ous** □ [spɒn'teınjəs] spontane, kendiliğinden olan.

spook [spuːk] *n.* hayalet, hortlak; **~·y** ['spuːkı] *(-ier, -iest) adj.* hayalet gibi.
spool [spuːl] *n.* makara, bobin; *a. ~ of thread Am.* bir makara iplik.
spoon [spuːn] **1.** *n.* kaşık; **2.** *v/t.* kaşıklamak; **~·ful** ['spuːnfʊl] *n.* kaşık dolusu.
spo·rad·ic [spə'rædık] *(~ally) adj.* seyrek, tek tük.
spore ⚘ [spɔː] *n.* spor.
sport [spɔːt] **1.** *n.* spor; oyun, eğlence; şaka, alay; *F* iyi bir kimse; *~s pl.* spor; *Brt. okul:* spor bayramı; **2.** *v/i.* eğlenmek, oynamak; *v/t. F* övünmek; **spor·tive** □ ['spɔːtıv] oynamayı seven; neşeli; **~s** [~s] *adj.* spor ...; **~s·man** *(pl. -men) n.* sporcu; **~s·wom·an** *(pl. -women) n.* kadın sporcu.
spot [spɒt] **1.** *n.* nokta, benek, leke *(a.* ⚕*);* kusur, ayıp; mevki, yer; ⚕ sivilce; *radyo, TV:* reklam spotu; *Brt. F* az miktar, azıcık şey; *a ~ of* birazcık; *on the ~* derhal, hemen; yerinde; **2.** *adj. econ.* peşin; **3.** *(-tt-) v/t. & v/i.* lekele(n)mek, beneklemek; ayırt etmek, seçmek; **~·less** □ ['spɒtlıs] lekesiz, temiz; **~·light** *n. thea.* spot, projektör; **~·ter** [~ə] *n.* ✕ gözcü; **~·ty** [~ı] *(-ier, -iest) adj.* lekeli, benekli, noktalı.
spouse [spaʊz] *n.* koca *ya da* karı, eş.
spout [spaʊt] **1.** *n.* ağız; emzik, meme; oluk ağzı; **2.** *v/t. & v/i.* fışkır(t)mak.
sprain ⚕ [spreın] **1.** *n.* burkulma; **2.** *v/t.* burkmak.
sprang [spræŋ] *pret. of spring 2.*
sprat *zo.* [spræt] *n.* çaçabalığı.
sprawl [sprɔːl] *v/i.* yayılıp oturmak *ya da* uzanmak; ⚘ yayılmak.
spray [spreı] **1.** *n.* serpinti; çise, çisinti; püskürgeç; = *sprayer;* **2.** *v/t.* toz halinde serpmek, püskürtmek; *(saç)* spreylemek; **~·er** ['spreıə] *n.* sprey.
spread [spred] **1.** *(spread) v/t. & v/i. a. ~ out* yay(ıl)mak, genişle(t)mek; sermek, açmak; *(söylenti, hastalık v.b.)* yaymak; *(yağ)* sürmek; *(kanat)* açmak; *~ the table* sofrayı kurmak; **2.** *n.* yayılma; genişlik; kanatların yayılımı; örtü; *F* ziyafet.
spree *F* [spriː]: *go (out) on a ~* âlem yapmak; *go on a buying (shopping, spending) ~* eldeki tüm parayı alışverişe yatırmak *ya da* harcamak.
sprig ⚘ [sprıg] *n.* sürgün, filiz.
spright·ly ['spraıtlı] *(-ier, -iest) adj.* neşeli, şen, canlı.
spring [sprıng] **1.** *n.* ilkbahar, bahar; sıçrama, fırlama; ⊕ yay, zemberek; esneklik; pınar, kaynak; *fig.* köken; **2.** *(sprang ya da Am. sprung, sprung) v/t. & v/i.* fırla(t)mak, sıçra(t)mak; çıkmak, doğmak; çıkıvermek, türemek; çatla(t)mak; ⚘ çimlenmek; *~ a leak* ⚓ su almak; *~ a surprise on s.o. b-ne* sürpriz yapmak; *~ up* ayağa fırlamak; baş göstermek; **~·board** ['sprıŋbɔːd] *n.* tramplen; **~ tide** *n.* şiddetli met hareketi; **~·tide** *poet.*, **~·time** *n.* ilkbahar; **~·y** □ [~ı] *(-ier, -iest)* esnek.
sprin|kle ['sprıŋkl] *vb.* serpmek, ekmek; sulamak; *(yağmur)* çiselemek; **~·kler** [~ə] *n.* püskürgeç; emzikli kova; **~·kling** [~ıŋ] *n.* serpinti, çise; *a ~ of fig.* azıcık, az buçuk.
sprint [sprınt] *spor:* **1.** *v/i.* süratle koşmak; **2.** *n.* sürat koşusu; **~·er** ['sprıntə] *n. spor:* sürat koşucusu.
sprite [spraıt] *n.* hayalet; peri.
sprout [spraʊt] **1.** *v/i.* filizlenmek, çimlenmek; tomurcuklanmak; **2.** *n.* ⚘ filiz, tomurcuk; *(Brussels) ~s pl.* ⚘ brüksellahanası, frenklahanası.
spruce[1] □ [spruːs] şık, zarif; temiz.

spruce[2] ⚘ [~] *n. a.* ~ *fir* alaçam, ladin.
sprung [sprʌŋ] *pret. & p.p. of spring 2.*
spry [spraı] *adj.* çevik, canlı.
spun [spʌn] *pret. & p.p. of spin 1.*
spur [spɜː] **1.** *n.* mahmuz *(a. zo.);* ⚘ mahmuz biçiminde çıkıntı; *fig.* güdü; *on the ~ of the moment* anında, derhal; **2.** *(-rr-) v/t.* mahmuzlamak; *oft.* ~ *on fig.* teşvik etmek.
spu·ri·ous □ ['spjʊərıəs] sahte, taklit, yapma.
spurn [spɜːn] *v/t.* hakaretle reddetmek, hiçe saymak.
spurt[1] [spɜːt] **1.** *v/i.* ani hamle yapmak; *spor:* finişe kalkmak; **2.** *n.* ani hamle; *spor:* finişe kalkma.
spurt[2] [~] **1.** *v/t. & v/i. (su)* fışkır(t)mak; **2.** *n.* fışkırma.
sput·ter ['spʌtə] = *splutter.*
spy [spaı] **1.** *n.* casus, ajan; **2.** *vb.* gözetlemek; casusluk etmek; ~ *on,* ~ *upon* gözetlemek; **~·glass** ['spaıglɑːs] *n.* küçük dürbün; **~·hole** *n.* gözetleme deliği.
squab·ble ['skwɒbl] **1.** *n.* ağız kavgası, atışma; **2.** *v/i.* atışmak, dalaşmak.
squad [skwɒd] *n.* takım, ekip; ⚔ manga; ~ *car Am.* devriye arabası; **~·ron** ['skwɒdrən] *n.* ⚔ süvari bölüğü; ✈ uçak filosu; ⚓ filo.
squal·id □ ['skwɒlıd] pis, bakımsız, perişan.
squall [skwɔːl] **1.** *n. meteor.* bora; ~*s pl.* bağrışma; **2.** *v/i.* yaygara koparmak, bağrışmak.
squal·or ['skwɒlə] *n.* pislik, kir, bakımsızlık.
squan·der ['skwɒndə] *v/t.* çarçur etmek, saçıp savurmak.
square [skweə] **1.** □ kare biçiminde, kare ...; dik açılı; kesirsiz, tam; dürüst, insaflı, doğru; kesin, açık; *F* doyurucu *(yemek);* **2.** *n.* kare, dördül; gönye; meydan, alan; *sl.* eski kafalı kimse; **3.** *v/t.* dört köşeli yapmak; ⩓ *-in* karesini almak; halletmek, düzeltmek; *econ.* ödemek; *v/i.* uymak, bağdaşmak *(with ile);* **~-built** ['skweə'bılt] *adj.* iri yapılı, kaba saba; ~ **dance** *n. esp. Am.* dört çiftle yapılan bir dans; ~ **mile** *n.* mil kare; **~-toed** *adj. fig.* eskiye düşkün, tutucu.
squash[1] [skwɒʃ] **1.** *n.* ezme; *Brt.* meyve suyu; *spor:* duvar tenisi; **2.** *v/t.* ezmek; *(isyan)* bastırmak; *F* susturmak, haddini bildirmek.
squash[2] ⚘ [~] *n.* kabak.
squat [skwɒt] **1.** *(-tt-) v/i.* çömelmek; boş topraklara yerleşmek; ~ *down* çömelip oturmak; **2.** *adj.* bodur, bücür; çok alçak *(bina);* **~·ter** ['skwɒtə] *n.* sahipsiz bir araziye yerleşen kimse, gecekonducu; *(Avustralya'da)* koyun yetiştiricisi.
squawk [skwɔːk] **1.** *v/i.* cıyaklamak; **2.** *n.* cıyaklama.
squeak [skwiːk] *v/i.* cırlamak; gıcırdamak.
squeal [skwiːl] *v/i.* domuz gibi bağırmak; çığlık atmak; *sl.* ele vermek.
squeam·ish □ ['skwiːmıʃ] güç beğenir, titiz; alıngan; midesi hemen bulanan.
squeeze [skwiːz] **1.** *v/t.* sıkmak; sıkıştırmak; tıkıştırmak; zorla koparmak, sızdırmak; **2.** *n.* sıkma; el sıkma; kalabalık; **squeez·er** ['skwiːzə] *n.* sıkacak, pres.
squelch *fig.* [skweltʃ] *v/t.* susturmak; bastırmak.
squid *zo.* [skwıd] *n.* mürekkepbalığı.
squint [skwınt] *v/i.* şaşı bakmak; yan bakmak.
squire ['skwaıə] *n.* asılzade; köy ağası; kavalye.
squirm *F* [skwɜːm] *v/i.* kıpır kıpır kıpırdanmak.

squir·rel *zo.* ['skwırəl, *Am.* 'skwɜːrəl] *n.* sincap.
squirt [skwɜːt] **1.** *n.* fışkır(t)ma; *F* kendini beğenmiş genç; **2.** *v/t.* & *v/i.* fışkır(t)mak.
stab [stæb] **1.** *n.* bıçaklama; bıçak yarası; **2.** *(-bb-) v/t.* bıçaklamak; *(hançer v.b.)* saplamak.
sta·bil|i·ty [stə'bılətı] *n.* denge; sağlamlık; istikrar, kararlılık; **~·ize** ['steıbəlaız] *v/t.* dengelemek; sağlamlaştırmak.
sta·ble[1] □ ['steıbl] sağlam, dayanıklı; sürekli.
sta·ble[2] [~] **1.** *n.* ahır; **2.** *v/t.* ahıra koymak.
stack [stæk] **1.** *n.* ↓ ot yığını, tınaz; tüfek çatısı; *F* küme, yığın; *~s pl.* kütüphanede kitap deposu; **2.** *v/t. a. ~ up* yığmak.
sta·di·um ['steıdjəm] *(pl. -diums, -dia* [-djə]*) n. spor:* stadyum.
staff [stɑːf] **1.** *n.* değnek, sopa, asa; *(bayrak)* direk, gönder; ✕ kurmay; *(pl. staves* [steıvz]*)* ♪ porte; personel, kadro; **2.** *vb.* kadro sağlamak; ~ **mem·ber** *n.* iş arkadaşı; ~ **room** *n.* öğretmenler odası.
stag *zo.* [stæg] *n.* erkek geyik.
stage [steıdʒ] **1.** *n. thea.* sahne; tiyatro; meydan, saha; *fig.* aşama; konak; ⊕ yapı iskelesi; **2.** *v/t.* sahneye koymak; **~·coach** *hist.* ['steıdʒkəʊtʃ] *n.* posta arabası; **~·craft** *n.* sahneye koyma sanatı; ~ **de·sign** *n.* sahne dekoru; ~ **de·sign·er** *n.* sahne dekorcusu; ~ **di·rec·tion** *n.* senaryo; ~ **fright** *n.* sahne heyecanı; ~ **man·ag·er** *n.* rejisör; ~ **prop·er·ties** *n. pl.* sahne dekoru.
stag·ger ['stægə] **1.** *v/i.* sendelemek, sallanmak; *fig.* tereddüt etmek; *v/t.* şaşırtmak; sersemletmek; *fig.* tereddüte düşürmek; **2.** *n.* sendeleme.
stag|nant □ ['stægnənt] durgun *(su); econ.* kesat, durgun; **~·nate** [stæg'neıt] *v/i.* durgunlaşmak.
staid □ [steıd] ciddi, aklı başında, ağırbaşlı.
stain [steın] **1.** *n.* leke *(a. fig.),* benek; boya; **2.** *v/t.* & *v/i.* leke-le(n)mek, kirletmek; kirlenmek; *~ed glass* renkli cam; **~·less** □ ['steinlıs] lekesiz; paslanmaz *(çelik); esp. fig.* tertemiz.
stair [steə] *n.* merdiven basamağı; *~s pl.* basamak; **~·case** ['steəkeıs], **~·way** *n.* merdiven.
stake [steık] **1.** *n.* kazık, direk; kumarda ortaya konan para; *fig.* menfaat, çıkar; *~s pl. at yarışı:* ödül; *pull up ~s esp. Am. fig. F* başka yere taşınmak; *be at ~ fig.* tehlikede olmak; **2.** *v/t.* tehlikeye sokmak; *~ off, ~ out* sınırını kazıkla işaretlemek.
stale □ [steıl] *(~r, ~st)* bayat; çok yinelenmiş, bayat *(haber, espri); fig.* bitkin.
stalk[1] ⚘ [stɔːk] *n.* sap.
stalk[2] [~] *v/i. hunt.* sezdirmeden ava yaklaşmak; *oft. ~ along* çalımlı çalımlı yürümek; *v/t.* sinsice izlemek.
stall[1] [stɔːl] **1.** *n.* ahır; ahır bölmesi; tezgâh, sergi; soyunma kabini; *~s pl. Brt. thea.* koltuk; **2.** *v/t.* & *v/i.* ahıra kapamak; *(motor)* dur(dur)mak, stop et(tir)mek.
stall[2] [~] *vb.* oyalamak, estek köstek etmek; *a. ~ for time* zaman kazanmaya çalışmak.
stal·li·on *zo.* ['stæljən] *n.* aygır.
stal·wart □ ['stɔːlwət] sağlam, yapılı; cesur, gözü pek; *esp. pol.* güvenilir.
stam·i·na ['stæmınə] *n.* dayanıklılık, güç, dayanma gücü.
stam·mer ['stæmə] **1.** *v/i.* kekelemek; **2.** *n.* kekemelik.
stamp [stæmp] **1.** *n.* pul, posta pulu; damga; ıstampa; zımba; *fig.* iz, eser; *fig.* nitelik, karakter; **2.** *v/t.*

-*e* pul yapıştırmak; damgalamak; zımbalamak; tepinmek; ~ *out* yok etmek, kökünü kurutmak.
stam·pede [stæm'pi:d] **1.** *n.* panik, bozgun; **2.** *v/t.* & *v/i.* panik halinde kaç(ır)mak.
stanch [stɑ:ntʃ] *s. staunch*[1,2]
stand [stænd] **1.** *(stood) v/i.* ayakta durmak; durmak, bulunmak; kalmak; *mst.* ~ *still* kımıldamamak; *v/t.* karşı koymak, dayanmak; tahammül etmek, katlanmak; *F* ısmarlamak; ~ *a round F* herkese içki ısmarlamak; ~ *about* aylak aylak durmak; ~ *aside* bir kenara çekilmek; ~ *back* geri çekilmek; ~ *by* yanında durmak, hazır beklemek; *fig.* uzaktan seyretmek; ~ *for* aday olmak; desteklemek; anlamına gelmek; *F* tahammül etmek; ~ *in* yerine geçmek *(for s.o. b-nin)*; ~ *in for film: -in* dublörlüğünü yapmak; ~. *off* uzak durmak; geçici olarak işten çıkarmak; ~ *on* ısrar etmek; ~ *out* göze çarpmak; karşı koymak, dayanmak *(against -e)*; ~ *over* başında durmak, durup bakmak; ertelenmek; ~ *to* ısrar etmek; ⨯ tüfek asmak; ~ *up* ayağa kalkmak; ~ *up for* savunmak; ~ *up to -e* karşı koymak; ~ *upon* = ~ *on;* **2.** *n.* durma, duruş; durak; direnme; tezgâh, sergi, stand; destek, sehpa, ayak; tribün; *esp. Am.* tanık kürsüsü; *make a ~ against -e* karşı koymak.
stan·dard ['stændəd] **1.** *n.* sancak, flama, bayrak; ölçü; standart; düzey, seviye; para ayarı; **2.** *adj.* standart, tekbiçim; normal; **~·ize** [~aız] *v/t.* tek tipe indirmek, ayarlamak.
stand|-by ['stændbaı] **1.** *(pl. -bys) n.* yardım, destek; yedek; **2.** *adj.* yedek ...; **~-in** *n. film:* dublör.
stand·ing ['stændıŋ] **1.** *adj.* ayakta duran; sürekli, değişmez; *econ.* daimi; **2.** *n.* durum; mevki, saygınlık; süreklilik; *of long ~* uzun süreli, eski; ~ **or·der** *n. econ.* içtüzük; **~-room** *n.* ayakta duracak yer.
stand|-off·ish ['stænd'ɒfıʃ] *adj.* ilgisiz, soğuk, sokulmaz; **~·point** *n.* görüş, bakım; **~·still** *n.* durma, duraklama; *be at a ~* yerinden kımıldamamak; **~-up** *adj.* kalkık, dik *(yaka)*; ~ *collar* dik yaka.
stank [stæŋk] *pret. of stink 2.*
stan·za ['stænzə] *n.* şiir kıtası.
sta·ple[1] ['steıpl] *n.* başlıca ürün; başlıca konu, esas; *attr.* temel ..., esas ...
sta·ple[2] [~] **1.** *n.* tel raptiye, zımba; **2.** *v/t.* zımbalamak; **~r** [~ə] *n.* zımba.
star [stɑ:] **1.** *n.* yıldız *(a. thea., film, spor)*; yıldız işareti; *The ♀s and Stripes pl.* A.B.D. bayrağı; **2.** *(-rr-) v/t.* yıldızla işaretlemek; *v/i.* başrolde oynamak; *a film ~ring* ... başrolünü ...'nin oynadığı bir film.
star·board ⚓ ['stɑ:bəd] *n.* sancak.
starch [stɑ:tʃ] **1.** *n.* nişasta; kola; *fig.* katılık; **2.** *v/t.* kolalamak.
stare [steə] **1.** *n.* sabit bakış; **2.** *v/i.* gözünü dikip bakmak *(at -e)*.
stark [stɑ:k] **1.** □ sert, katı; bütün, tam; sade; **2.** *adv.* tamamen.
star·light ['stɑ:laıt] *n.* yıldız ışığı.
star·ling *zo.* ['stɑ:lıŋ] *n.* sığırcık.
star·lit ['stɑ:lıt] *adj.* yıldızlarla aydınlanmış.
star|ry ['stɑ:rı] *(-ier, -iest) adj.* yıldızlı; **~·ry-eyed** *adj. F* hayran hayran bakan; **~-span·gled** [~spæŋgld] *adj.* yıldızlarla süslü; *The ♀ Banner* A.B.D. bayrağı.
start [stɑ:t] **1.** *n.* başlama; başlangıç; irkilme, sıçrama; ✈ hareket; *spor:* start, çıkış; *fig.* avans, avantaj; *get the ~ of s.o. b-den* önce başlamak; **2.** *v/t.* & *v/i.* baş-

la(t)mak; *(tren, uçak v.b.)* hareket etmek, kalkmak; yola çıkmak; ürküp sıçramak, irkilmek; ⊕ çalıştırmak, işletmek; *spor:* başlatmak; **~·er** ['stɑːtə] *n. spor:* çıkış işareti veren kimse; *mot.* marş; **~s** *pl. F* ordörv, meze.

start|le ['stɑːtl] *v/t.* ürkütmek, korkutmak; **~·ling** [~ɪn] *adj.* ürkütücü; şaşırtıcı.

starv|a·tion [stɑː'veɪʃn] *n.* açlık; açlıktan ölme; *attr.* açlık ...; **~e** [stɑːv] *v/t. & v/i.* açlıktan öl(dür)mek; *fig.* özlemini çekmek.

state [steɪt] **1.** *n.* hal, durum; görkem; eyalet; *mst.* ♀ *pol.* devlet; *attr.* devlet ...; *lie in ~ (cenaze)* üstü açık tabutta yatmak; **2.** *v/t.* bildirmek, söylemek, dile getirmek; saptamak, belirlemek; ♀ **De·part·ment** *n. Am. pol.* Dışişleri Bakanlığı; **~·ly** ['steɪtlɪ] *(-ier, -iest) adj.* görkemli, heybetli; **~·ment** [~mənt] *n.* ifade, söz, beyan; demeç; *esp. econ.* rapor; *~ of account* hesap raporu; **~·room** *n.* tören odası; ⚓ özel kamara; **~·side, ♀·side** *Am.* **1.** *adj.* A.B.D.'ye özgü, A.B.D. ...; **2.** *adv.* A.B.D.'ye doğru; **~s·man** *pol.* [~smən] *(pl. -men) n.* devlet adamı.

stat·ic ['stætɪk] *(~ally) adj.* statik, duruk.

sta·tion ['steɪʃn] **1.** *n.* istasyon; durak; yer, mevki; sosyal mevki; makam, rütbe; ⚓, ⚔ karakol; **2.** *v/t.* yerleştirmek, dikmek *(nöbetçi v.b.)*; **~·a·ry** □ [~ərɪ] sabit, değişmez, hareketsiz; **~·er** [~ə] *n.* kırtasiyeci; *~'s (shop)* kırtasiye dükkânı; **~·er·y** [~rɪ] *n.* kırtasiye, yazı malzemesi; **~-mas·ter** *n.* 🚂 istasyon müdürü; **~ wag·on** *n. Am. mot.* steyşın.

sta·tis·tics [stə'tɪstɪks] *n. pl. ya da sg.* istatistik, sayımlama; sayımbilim.

stat|u·a·ry ['stætjʊərɪ] *n.* heykeltıraşlık, yontuculuk; heykeller; **~·ue** [~uː] *n.* heykel, yontu.

stat·ure ['stætʃə] *n.* boy bos, endam.

sta·tus ['steɪtəs] *n.* hal, durum; medeni durum; sosyal durum.

stat·ute ['stætjuːt] *n.* kanun, yasa; tüzük, statü.

staunch[1] [stɔːntʃ] *v/t. (kanı)* durdurmak.

staunch[2] □ [~] güvenilir, sadık.

stave [steɪv] **1.** *n.* fıçı tahtası; değnek; **2.** *(staved ya da stove) v/t. & v/i. mst. ~ in* kır(ıl)mak, çök(ert)mek; *~ off* savmak, defetmek.

stay [steɪ] **1.** *n.* ⊕ destek; ⚖ erteleme; kalma, durma; **~s** *pl.* korse; **2.** *v/t. & v/i.* dur(dur)mak; kalmak *(with s.o. b-le)*; ertelemek; devam etmek, dayanmak; *(açlık)* bastırmak; *~ away (from) -den* uzak durmak; *~ up* yatmamak.

stead [sted]: *in his ~* onun yerine; **~·fast** □ ['stedfəst] sabit, sarsılmaz; metin, sebatlı, sabırlı.

stead·y ['stedɪ] **1.** □ *(-ier, -iest)* devamlı, sürekli; sallanmaz, sabit; şaşmaz, dönmez; **2.** *adv.: go ~ with s.o. F b-le* çıkmak, flört etmek; **3.** *v/t. & v/i.* sağlamlaş(tır)mak; yatış(tır)mak; sabitleştirmek; **4.** *n. F* flört, sevgili.

steak [steɪk] *n.* biftek.

steal [stiːl] *(stole, stolen) v/t.* çalmak, aşırmak; *v/i.* gizlice hareket etmek; *~ away* sıvışmak, tüymek.

stealth [stelθ]: *by ~* gizlice; **~·y** □ ['stelθɪ] *(-ier, -iest)* gizli, hırsızlama; sinsi.

steam [stiːm] **1.** *n.* istim, buhar; buğu; *attr.* buharlı, buhar ...; **2.** *v/i.* buhar salıvermek; istimle gitmek; *~ up (cam)* buğulanmak; *v/t.* buharda pişirmek; **~·er** ⚓ ['stiːmə] *n.* vapur; **~·y** □ [~ɪ]

(-ier, -iest) buharlı; buğulu *(cam)*.
steel [stiːl] **1.** *n.* çelik; **2.** *adj.* çelik gibi; çelik ...; **3.** *v/t. fig.* sertleştirmek, katılaştırmak; **~·work·er** ['stiːlwɜːkə] *n.* çelik fabrikası işçisi; **~·works** *n. sg.* çelik fabrikası.
steep [stiːp] **1.** □ dik, sarp, yalçın; *F* fahiş *(fiyat)*; **2.** *v/t.* ıslatmak, suda bırakmak; *(çay)* demlemek; *be ~ed in s.th. fig. bşe* dalmış olmak.
stee·ple ['stiːpl] *n.* çan kulesi; **~·chase** *n.* engelli koşu.
steer[1] *zo.* [stɪə] *n.* öküz yavrusu.
steer[2] [~] *v/t.* dümenle idare etmek; **~·age** ⚓ ['stɪərɪdʒ] *n.* dümen kullanma; ara güverte; **~·ing col·umn** *mot.* [~ɪŋkɒləm] *n.* direksiyon mili; **~·ing wheel** *n.* ⚓ dümen dolabı; *mot. a.* direksiyon.
stem [stem] **1.** *n.* ağaç gövdesi; sap; sözcük kökü; **2.** *(-mm-) vb.* doğmak, çıkmak, ileri gelmek *(from -den)*; *(kan)* durdurmak.
stench [stentʃ] *n.* pis koku.
sten·cil ['stensl] *n.* stensil, mumlu kâğıt; *print.* matris.
ste·nog·ra|pher [ste'nɒgrəfə] *n.* stenograf, steno; **~·phy** *n.* stenografi.
step [step] **1.** *n.* adım; basamak; ayak sesi; ayak izi; *fig.* kademe, derece; *(a pair of) ~s pl.* taş merdiven; *mind the ~!* Basamağa dikkat!; *take ~s fig.* önlem almak; **2.** *(-pp-) v/i.* adım atmak; yürümek, gitmek; *~ out* hızlı yürümek; *v/t. ~ off, ~ out* adımlamak; *~ up* hızlandırmak, artırmak.
step- [~] *prefix* üvey ...; **~·fa·ther** ['stepfɑːðə] *n.* üvey baba; **~·moth·er** *n.* üvey ana.
steppe [step] *n.* step, bozkır.
step·ping-stone *fig.* ['stepɪŋstəʊn] *n.* atlama taşı, basamak.
ster·e·o ['sterɪəʊ] *(pl. -os) n.* stereo; stereo teyp; *attr.* stereo ...
ster|ile ['steraɪl] *adj.* steril, mikroptan arınmış; verimsiz, kısır; **ste·ril·i·ty** [ste'rɪlətɪ] *n.* verimsizlik, kısırlık; **~·il·ize** ['sterəlaɪz] *v/t.* sterilize etmek, mikroptan arındırmak.
ster·ling ['stɜːlɪŋ] **1.** *adj.* gerçek, hakiki; **2.** *n. econ.* sterlin, İngiliz lirası.
stern [stɜːn] **1.** □ sert, haşin; acımasız, amansız; **2.** *n.* ⚓ kıç; **~·ness** ['stɜːnnɪs] *n.* sertlik, haşinlik.
stew [stjuː] **1.** *v/t. & v/i.* hafif ateşte kayna(t)mak; **2.** *n.* yahni; heyecan, telaş; *be in a ~* telaşlı olmak.
stew·ard [stjʊəd] *n.* kâhya, vekilharç; ⚓ kamarot; ✈ erkek hostes; **~·ess** ['stjʊədɪs] *n.* ⚓ kadın kamarot; ✈ hostes.
stick [stɪk] **1.** *n.* değnek, sopa, çubuk; baston; sap; *~s pl.* küçük odun; **2.** *(stuck) v/t. & v/i.* sapla(n)mak; yapış(tır)mak; koymak; sokmak; takmak; *~ at nothing* hiçbir şeyden çekinmemek; *~ out* dışarı çıkarmak, uzatmak; ucu dışarı çıkmak; *~ it out F* dayanmak, katlanmak; *~ to -e* devam etmek, *-den* ayrılmamak; *(sözünü)* tutmak; **~·er** ['stɪkə] *n.* etiket, çıkartma; **~·ing plas·ter** [~ɪŋplɑːstə] *n.* yara bandı.
stick·y □ ['stɪkɪ] *(-ier, -iest)* yapışkan; güç, berbat; aksi, huysuz.
stiff [stɪf] **1.** □ katı, sert; eğilmez, bükülmez; tutulmuş *(kas)*; sert *(içki)*; *be bored ~ F* sıkıntıdan patlamak; *keep a ~ upper lip* cesaretini yitirmemek; **2.** *n. sl.* ceset; **~·en** ['stɪfn] *v/t. & v/i.* katılaş(tır)mak, sertleş(tir)mek; **~-necked** [~'nekt] *adj.* dik başlı, inatçı.
sti·fle ['staɪfl] *v/t. & v/i.* boğ(ul)mak; *fig. (isyan v.b.)* bastırmak.
stile [staɪl] *n.* çit *ya da* duvar basa-

mağı.
sti·let·to [stı'letəʊ] *(pl. -tos, -toes) n.* küçük hançer; ~ **heel** *n.* ince uzun demir topuk.
still [stıl] **1.** □ durgun, hareketsiz; sessiz, sakin; **2.** *adv.* hâlâ; yine, her şeye karşın; **3.** *cj.* yine de, ama; **4.** *v/t.* yatıştırmak, sakinleştirmek; **5.** *n.* imbik, damıtıcı; ~**·born** ['stılbɔːn] *adj.* ölü doğmuş; ~ **life** *(pl. still lifes ya da lives) n. paint.* natürmort; ~**·ness** [~nıs] *n.* durgunluk; sessizlik.
stilt [stılt] *n.* cambaz ayaklığı; ~**·ed** □ ['stıltıd] tumturaklı.
stim·u|lant ['stımjʊlənt] **1.** *adj.* ⚕ uyarıcı; **2.** *n.* ⚕ uyarıcı ilaç; teşvik, dürtü; ~**·late** [~eıt] *v/t.* ⚕ uyarmak; *fig.* gayrete getirmek, özendirmek; ~**·la·tion** [stımjʊ'leıʃn] *n.* ⚕ uyarma, uyarım; teşvik, dürtü; ~**·lus** ['stımjʊləs] *(pl. -li* [-liː]*) n.* ⚕ uyarıcı; dürtü.
sting [stıŋ] **1.** *n. (arı v.b.)* iğne; sokma, ısırma; **2.** *(stung) v/t. & v/i. (arı, akrep)* sokmak; ısırmak; *fig.* acı(t)mak, sızla(t)mak.
stin|gi·ness ['stındʒınıs] *n.* cimrilik; ~**·gy** □ [~ı] *(-ier, -iest)* cimri; az, kıt.
stink [stıŋk] **1.** *n.* pis koku; **2.** *(stank ya da stunk, stunk) v/i.* pis kokmak.
stint [stınt] **1.** *n.* sınır, limit, had; görev, vazife; **2.** *vb.* yeterince vermemek, kısmak, esirgemek.
stip·u|late ['stıpjʊleıt] *vb. a.* ~ *for* şart koşmak; kararlaştırmak; ~**·la·tion** [stıpjʊ'leıʃn] *n.* şart koyma; şart, kayıt.
stir [stɜː] **1.** *n.* karıştırma; hareket, telaş, heyecan; **2.** *(-rr-) v/t. & v/i.* kımılda(t)mak; karıştırmak; *(ilgi)* uyandırmak; *fig.* heyecanlan(dır)mak; ~ *up* karıştırmak; kışkırtmak.
stir·rup ['stırəp] *n.* üzengi.
stitch [stıtʃ] **1.** *n.* dikiş; ilmik; sancı, ağrı; **2.** *vb.* dikmek; dikiş dikmek.
stock [stɒk] **1.** *n.* ağaç gövdesi, kütük; sap, kabza, dipçik; nesil, soy; *econ.* stok, mevcut mal; *a. live* ~ çiftlik hayvanları; *econ.* sermaye; *econ.* hisse senedi; ~*s pl. econ.* taşınır mallar; *in (out of)* ~ *econ.* elde mevcut (olmayan); *take* ~ *econ.* mal sayımı yapmak; *take* ~ *of fig.* değerlendirme yapmak, tartmak; **2.** *adj.* stok ...; standart ...; *fig.* basmakalıp, beylik; **3.** *vb. econ.* stok etmek; depo etmek, saklamak.
stock·ade [stɒ'keıd] *n.* şarampol.
stock|breed·er ['stɒkbriːdə] *n.* büyükbaş hayvan yetiştiricisi; ~**·brok·er** *n. econ.* borsacı; ~ **ex·change** *n. econ.* borsa; ~ **farm·er** *n.* büyükbaş hayvan yetiştiricisi; ~**·hold·er** *n. esp. Am. econ.* hissedar.
stock·ing ['stɒkıŋ] *n.* çorap.
stock|job·ber *econ.* ['stɒkdʒɒbə] *n.* borsacı; *Am.* borsa spekülatörü; ~ **mar·ket** *n. econ.* borsa; ~**-still** *adv.* hiç kımıldamadan; ~**-tak·ing** *n. econ.* stok sayımı, envanter yapma; ~**·y** [~ı] *(-ier, -iest) adj.* bodur, tıknaz.
stok·er ['stəʊkə] *n.* ateşçi.
stole [stəʊl] *pret. of steal 1;* **sto·len** ['stəʊlən] *p.p. of steal 1.*
stol·id □ ['stɒlıd] vurdumduymaz, kayıtsız.
stom·ach ['stʌmək] **1.** *n.* mide; karın; *fig.* istek, heves; **2.** *v/t. fig.* katlanmak, sineye çekmek; ~**-ache** *n.* mide ağrısı; ~ **up·set** *n.* mide bozukluğu.
stone [stəʊn] **1.** *n.* taş; meyve çekirdeği; mücevher; *(pl. stone) Brt.* bir ağırlık ölçüsü *(= 14 lb. = 6,35 kg)*; **2.** *adj.* taştan yapılmış, taş ...; **3.** *vb.* taşlamak; çekirdeklerini çıkarmak; ~**-blind** ['stəʊn'blaınd] *adj.* kör mü kör; ~**-dead** *adj.* öl-

müş gitmiş; ~**-deaf** *adj.* duvar gibi sağır; ~**·ma·son** *n.* taşçı, duvarcı; ~**·ware** [~weə] *n.* taşlı topraktan çanak çömlek.

ston·y □ ['stəʊnı] *(-ier, -iest)* taşlı; *fig.* taş gibi, katı.

stood [stʊd] *pret. & p.p. of stand 1.*

stool [stu:l] *n.* tabure; ⚕ büyük aptes; ~**-pigeon** ['stu:lpıdʒın] *n.* çığırtkan güvercin; polis muhbiri, gammaz.

stoop [stu:p] **1.** *v/t. & v/i.* eğ(il)mek; *fig.* alçalmak, tenezzül etmek; **2.** *n.* eğilme; kambur duruş.

stop [stɒp] **1.** *(-pp-) v/t. & v/i.* dur(dur)mak, kes(il)mek; önlemek, engellemek; tıkamak; *(diş)* doldurmak; ~ *dead* aniden durmak; ~ *off F* mola vermek; ~ *over* mola vermek; ~ *short* aniden durmak; ~ *up* tıkamak; **2.** *n.* dur(dur)ma; mola; 🚂 istasyon; durak; ⚓ iskele; *phot.* diyafram; *mst. full* ~ *gr.* nokta; ~**·gap** ['stɒpgæp] *n.* geçici önlem; ~**·light** *n. mot.* stop lambası; ~**·o·ver** *n. esp. Am.* mola, konaklama; ✈ ara iniş; ~**·page** [~ıdʒ] *n.* dur(dur)ma; tıka(n)ma, kes(il)me; stopaj; *(trafik)* tıkanıklık; maaştan kesinti; ~**·per** [~ə] *n.* tıkaç, tapa; ~**·ping** ⚕ [~ıŋ] *n.* dolgu; ~ **sign** *n. mot.* durma işareti; ~**·watch** *n.* kronometre, süreölçer.

stor·age ['stɔ:rıdʒ] *n.* depolama; depo, ambar; ardiye ücreti; *kompütür:* bellek; *attr.* depo ...; *kompütür:* bellek ...

store [stɔ:] **1.** *n.* stok, depo mevcudu; *Brt.* ambar, depo; *esp. Am.* dükkân, mağaza; *fig.* bolluk; *in* ~ elde, hazırda; olması beklenen, yakın; **2.** *v/t.* depo etmek, ambara koymak; saklamak; *a.* ~ *up,* ~ *away* yerleştirmek, koymak; doldurmak; ⚡, *kompütür:* depolamak; ~**·house** ['stɔ:haʊs] *n.* depo, ambar; *fig.* hazine; ~**·keep·er** *n.* ambar memuru; *esp. Am.* mağazacı.

sto·rey, *esp. Am.* **-ry** ['stɔ:rı] *n.* bina katı.

-sto·reyed, *esp. Am.* **-sto·ried** ['stɔ:rıd] *adj.* ... katlı.

stork *zo.* [stɔ:k] *n.* leylek.

storm [stɔ:m] **1.** *n.* fırtına; *(alkış v.b.)* tufan; öfke; **2.** *vb.* kıyameti koparmak; ~**·y** □ ['stɔ:mı] *(-ier, -iest)* fırtınalı.

sto·ry[1] ['stɔ:rı] *n.* hikâye, öykü; *thea. etc.* aksiyon, öykü, gelişim; *F* palavra, martaval; *short* ~ kısa öykü.

sto·ry[2] *esp. Am.* [~] = *storey.*

stout □ [staʊt] sağlam, sağlıklı, gürbüz; şişman, göbekli; cesur, yiğit.

stove[1] [stəʊv] *n.* soba; fırın, ocak.

stove[2] [~] *pret. & p.p. of stave 2.*

stow [stəʊ] *v/t.* istiflemek, yerleştirmek; saklamak; ~ *away* kaçak yolculuk etmek; ~**·a·way** ⚓, ✈ ['stəʊəweı] *n.* kaçak yolcu.

strad·dle ['strædl] *vb.* ata biner gibi oturmak, apışmak.

strag|gle ['strægl] *vb.* sürüden *ya da* gruptan ayrılmak; dağınık olmak; ⚘ orada burada türemek; ~**·gly** [~ı] *(-ier, -iest) adj.* ⚘ orada burada türeyen; dağınık *(saç).*

straight [streıt] **1.** □ düz, dümdüz; doğru; derli toplu, düzgün; dürüst, namuslu; saf *(içki); put* ~ düzeltmek, yoluna koymak; **2.** *adv.* doğruca, dümdüz, dosdoğru; doğrudan doğruya; *a.* ~ *out* açıkça, açık açık; ~ *away* derhal, hemen; ~**·en** ['streıtn] *v/t. & v/i.* düzel(t)mek, doğrul(t)mak; ~ *out* düzeltmek, yoluna koymak; ~ *up* doğrulmak, kalkmak; ~**·for·ward** □ [~'fɔ:wəd] dürüst, doğru sözlü; kolay anlaşılır, açık.

strain [streın] **1.** *n. biol.* soy, ırk,

kan; zorlama, baskı; ⊕ gerginlik, ger(il)me; ⚕ burkulma; *fig.* tarz, ifade, hava; *mst.* ~*s pl.* ♪ melodi, makam; **2.** *v/t. & v/i.* ger(il)mek, zorla(n)mak; süz(ül)mek; ⚕ burkmak, incitmek; *(halat v.b.)* çekmek, asılmak *(at -e)*; *(gerçeği)* saptırmak; ~**ed** [~d] *adj.* saptırılmış; sinirli; yorgun; ~·**er** ['streınə] *n.* süzgeç, filtre; elek.

strait [streıt] *n.* *(özel adlarda* ♀*s pl.)* *geogr.* boğaz; ~*s pl.* sıkıntı, darlık; ~·**ened** ['streıtnd]: *in* ~ *circumstances* darlık içinde, eli darda; ~·**jack·et** *n.* deli gömleği.

strand [strænd] **1.** *n.* halat bükümü; *(saç)* iplik, tel; *poet.* sahil, kıyı; **2.** *v/t. & v/i.* ⚓ karaya otur(t)mak; *fig.* zor durumda kalmak.

strange □ [streındʒ] *(~r, ~st)* garip, tuhaf, acayip; yabancı; **strang·er** ['streındʒə] *n.* yabancı; bir yerin yabancısı.

stran·gle ['stræŋgl] *v/t. & v/i.* boğ(ul)mak.

strap [stræp] **1.** *n.* kayış; şerit, bant; **2.** *(-pp-)* *v/t.* kayışla bağlamak; kayışla dövmek.

strat·a·gem ['strætədʒəm] *n.* savaş hilesi.

stra·te·gic [strə'ti:dʒık] *(~ally)* *adj.* stratejik, **strat·e·gy** ['strætıdʒı] *n.* strateji.

stra·tum *geol.* ['strɑ:təm] *(pl. -ta* [-tə]*)* *n.* katman, tabaka; *fig.* toplumsal sınıf.

straw [strɔ:] **1.** *n.* saman; kamış; **2.** *adj.* saman ..., hasır ...; ~·**berry** ⚘ ['strɔ:bərı] *n.* çilek.

stray [streı] **1.** *v/i.* yolunu kaybetmek; başıboş dolaşmak; doğru yoldan sapmak; **2.** *adj.* kaybolmuş; dağınık, tek tük; serseri *(kurşun)*; **3.** *n.* kaybolmuş hayvan; başıboş kimse.

streak [stri:k] **1.** *n.* çizgi, çubuk, yol; *fig.* damar, eser, iz; *fig.* şans; ~ *of lightning* yıldırım; **2.** *vb.* çizgilerle süslemek; yıldırım gibi gitmek.

stream [stri:m] **1.** *n.* akarsu, çay, dere; akıntı; yağmur, sel; **2.** *v/i.* akmak; *(saç, bayrak)* dalgalanmak; ~·**er** ['stri:mə] *n.* flama, fors.

street [stri:t] *n.* cadde, sokak; *attr.* sokak ...; *in (Am. on) the* ~ caddede, sokakta; ~·**car** *Am.* ['stri:tkɑ:] *n.* tramvay.

strength [streŋθ] *n.* güç, kuvvet; *on the* ~ *of -e* dayanarak, *-e* güvenerek; ~·**en** ['streŋθən] *v/t. & v/i.* güçlen(dir)mek; *fig.* desteklemek.

stren·u·ous □ ['strenjʊəs] gayretli, faal, çalışkan; yorucu, ağır.

stress [stres] **1.** *n.* baskı, tazyik; vurgu, aksan; *fig.* önem; *psych.* stres, gerginlik; **2.** *v/t.* üzerinde durmak, vurgulamak, belirtmek.

stretch [stretʃ] **1.** *v/t. & v/i.* ger(il)mek, uza(t)mak; sermek, yaymak; *fig.* abartmak; ~ *out (elini)* uzatmak; **2.** *n.* ger(il)me; gerinme; abartma; süre; saha, yüzey; ~·**er** ['stretʃə] *n.* sedye.

strew [stru:] *(strewed, strewn ya da strewed)* *v/t.* saçmak, yaymak, dağıtmak; ~**n** [~n] *p.p. of strew.*

strick·en ['strıkən] *adj.* tutulmuş, yakalanmış, uğramış.

strict [strıkt] *adj.* sert, hoşgörüsüz; sıkı; katı *(kural)*; tam, harfi harfine; ~*ly speaking* doğrusunu söylemek gerekirse; ~·**ness** ['strıktnıs] *n.* sertlik; sıkılık.

strid·den ['strıdn] *p.p. of stride 1.*

stride [straıd] **1.** *(strode, stridden)* *v/i. a.* ~ *out* uzun adımlarla yürümek; *v/t.* tek adımda geçmek; **2.** *n.* uzun adım.

strife [straıf] *n.* çekişme, mücadele, kavga.

strike [straık] **1.** *n.* *econ.* grev, işbırakımı; vurma, vuruş; *(maden, petrol v.b.)* bulma; ✕ hava saldırısı; *be on* ~ grevde olmak; *go on* ~

grev yapmak; *a lucky ~* beklenmedik şans; **2.** *(struck) v/t.* vurmak, çarpmak; *(kibrit)* çakmak; *(bayrak, yelken)* indirmek; *(saat, nota)* çalmak; rastlamak, bulmak; *~ off, ~ out -den* çıkarmak, silmek; *~ up* ♪ çalmaya *ya da* söylemeye başlamak; *(dostluk)* kurmak; *v/i.* çarpmak; ⚓ mezestre etmek; *econ.* grev yapmak; *~ home fig.* etkilemek, etkili olmak; **strik·er** *econ.* ['straıkə] *n.* grevci, işbırakımcı; **strik·ing** □ [~ıŋ] göze çarpan, çarpıcı; şaşırtıcı.

string [strıŋ] **1.** *n.* sicim, ip; kordon, bağ, şerit; dizi, sıra; ⚘ lif; ♪ tel; *~s pl.* ♪ telli çalgılar; *pull ~s fig.* torpil yaptırmak; *no ~s attached* şartsız, kayıtsız; **2.** *(strung) v/t.* ipliğe dizmek; ♪ *(çalgıya)* tel takmak; kılçıklarını ayıklamak; *be strung up* çok heyecanlı, sinirli *ya da* endişeli olmak; **~ band** ♪ ['strıŋ'bænd] *n.* telli sazlar orkestrası.

strin·gent □ ['strındʒənt] sert, katı *(kural);* para sıkıntısı çeken.

string·y ['strıŋı] *(-ier, -iest) adj.* lifli, tel tel olan; kılçıklı.

strip [strıp] **1.** *(-pp-) v/t. & v/i.* soy(un)mak; *a. ~ off (giysi)* çıkarmak; *a. ~ down* ⊕ sökmek; *fig.* soyup soğana çevirmek; **2.** *n.* şerit.

stripe [straıp] *n.* çizgi, çubuk, yol, şerit; ✕ sırma.

strip·ling ['strıplıŋ] *n.* delikanlı.

strive [straıv] *(strove, striven) vb.* uğraşmak, çabalamak, çalışmak *(for için);* **striv·en** ['strıvn] *p.p. of strive.*

strode [strəʊd] *pret. of stride 1.*

stroke [strəʊk] **1.** *n.* vuruş, çarpma; ⚕ inme, felç; yüzme tarzı; kulaç; *~ of (good) luck* beklenmedik şans; **2.** *v/t.* okşamak; sıvazlamak.

stroll [strəʊl] **1.** *v/i.* gezinmek, dolaşmak; **2.** *n.* gezinti, dolaşma; **~·er** ['strəʊlə] *n.* gezinen kimse; *Am.* portatif çocuk arabası.

strong □ [strɒŋ] güçlü, kuvvetli; sağlam; şiddetli; sert *(içki);* koyu, demli *(çay);* **~-box** ['strɒŋbɒks] *n.* çelik kasa; **~·hold** *n.* kale; *fig.* merkez; **~-mind·ed** *adj.* iradesi güçlü, azimli; **~-room** *n.* hazine odası.

strove [strəʊv] *pret. of strive.*

struck [strʌk] *pret. & p.p. of strike 2.*

struc·ture ['strʌktʃə] *n.* yapı, bünye; bina; kuruluş biçimi, çatı.

strug·gle ['strʌgl] **1.** *v/i.* çabalamak, uğraşmak; mücadele etmek; çırpınmak; **2.** *n.* çaba, gayret; mücadele, savaş.

strum [strʌm] *(-mm-) v/t. (müzik aleti)* tıngırdatmak.

strung [strʌŋ] *pret. & p.p. of string 2.*

strut [strʌt] **1.** *(-tt-) v/i.* şişinerek yürümek; *v/t.* ⊕ desteklemek; **2.** *n.* şişinerek yürüme, çalım; ⊕ destek.

stub [stʌb] **1.** *n.* kütük; izmarit; koçan; **2.** *(-bb-) vb.* ayağını bir yere çarpmak; *~ out (sigara)* söndürmek.

stub·ble ['stʌbl] *n.* ekin anızı; uzamış sakal.

stub·born □ ['stʌbən] inatçı, dik başlı, aksi; azimli.

stuck [stʌk] *pret. & p.p. of stick 2;* **~-up** *F* ['stʌk'up] *adj.* burnu havada.

stud[1] [stʌd] **1.** *n.* çivi; yaka düğmesi; **2.** *(-dd-) v/t.* çivilerle süslemek; saçmak, serpmek.

stud[2] [~] *n.* hara; *a. ~-horse* aygır; *~-book* yarış atlarının soy defteri; *~-farm* hara; *~-mare* damızlık kısrak.

stu·dent ['stjuːdnt] *n.* öğrenci.

stud·ied □ ['stʌdıd] yapmacık, sahte; kasıtlı.

imdat; **2.** *v/t.* yardım etmek, imdadına yetişmek.
suc·cu·lent □ [ˈsʌkjʊlənt] sulu, özlü; lezzetli.
suc·cumb [səˈkʌm] *v/i.* dayanamamak, yenilmek.
such [sʌtʃ] *adj.* öyle, böyle, bunun gibi; bu kadar, o kadar; ~ *a man* böyle bir adam; ~ *as* gibi.
suck [sʌk] **1.** *vb.* emmek; meme emmek; **2.** *n.* emme, emiş; **~·er** [ˈsʌkə] *n.* emen, emici; ⚘ fışkın; *F* enayi, keriz; **~·le** [~l] *vb.* emzirmek, meme vermek; **~·ling** [~lıŋ] *n.* memede çocuk, süt çocuğu.
suc·tion [ˈsʌkʃn] *n.* emme; *attr.* emici, emme ...
sud·den □ [ˈsʌdn] ani, beklenmedik; *(all) of a* ~ aniden, ansızın.
suds [sʌdz] *n. pl.* sabun köpüğü; **~·y** [ˈsʌdzı] *(-ier, -iest) adj.* köpüklü, sabunlu.
sue [sjuː] *v/t.* dava etmek; talep etmek, dilemek; *v/i.* dava açmak *(for için).*
suede, suéde [sweıd] *n.* süet.
su·et [ˈsjʊıt] *n.* içyağı.
suf·fer [ˈsʌfə] *v/i.* acı çekmek *(from -den); v/t.* katlanmak, dayanmak; **~·ance** [~rəns] *n.* göz yumma, hoşgörü; **~·er** [~ə] *n.* acı çeken kimse; hasta; kurban; **~·ing** [~ıŋ] *n.* acı, ıstırap; çile.
suf·fice [səˈfaıs] *v/i.* yeterli olmak, yetmek; ~ *it to say* şu kadarını söyleyeyim ki.
suf·fi·cien|cy [səˈfıʃnsı] *n.* yeterlik; yeterli miktar; **~t** [~t] *adj.* yeterli; *be* ~ yeterli olmak, yetmek.
suf·fix [ˈsʌfıks] *n.* sonek.
suf·fo·cate [ˈsʌfəkeıt] *v/t. & v/i.* boğ(ul)mak.
suf·frage [ˈsʌfrıdʒ] *n.* oy; oy kullanma hakkı.
suf·fuse [səˈfjuːz] *v/t.* üzerine yayılmak, kaplamak, doldurmak.
sug·ar [ˈʃʊgə] **1.** *n.* şeker; **2.** *v/t. -e* şeker katmak; **~-ba·sin,** *esp. Am.* ~ **bowl** *n.* şekerlik; **~-cane** *n.* ⚘ şekerkamışı; **~-coat** *v/t.* şekerle kaplamak; *fig.* ballandırmak; **~·y** [~rı] *adj.* şekerli; şeker tadında; *fig.* yüze gülücü.
sug|gest [səˈdʒest, *Am. a.* səgˈdʒest] *v/t.* önermek; ileri sürmek, ortaya koymak; sezdirmek, anıştırmak; **~·ges·tion** [~tʃən] *n.* öneri, teklif; fikir; anıştırma, ima; **~·ges·tive** □ [~tıv] imalı, anlamlı, fikir verici; açık saçık; *be ~ of s.th. bşi* ima etmek, anıştırmak.
su·i·cide [ˈsjʊısaıd] **1.** *n.* intihar; *commit* ~ intihar etmek; **2.** *v/i. Am.* intihar etmek, canına kıymak.
suit [sjuːt] **1.** *n.* takım; takım elbise; dilek, istek; evlenme teklifi; *iskambil:* takım; ⚖ dava; *follow* ~ *fig.* aynı şeyi yapmak, taklit etmek; **2.** *v/t. & v/i.* uy(dur)mak; yaraşmak, yakışmak; işine gelmek; ~ *oneself* istediğini yapmak; ~ *yourself* istediğini yap; ~ *s.th. to bşi -e* uydurmak; *be ~ed* uygun olmak *(for, to -e);* **sui·ta·ble** □ [ˈsjuːtəbl] uygun, elverişli *(for, to -e);* **~·case** *n.* bavul.
suite [swiːt] *n.* maiyet; takım; oda takımı; ♪ süit.
sui·tor [ˈsjuːtə] *n.* evlenmeye talip kimse: ⚖ davacı.
sul·fur, *etc. Am.* [ˈsʌlfə] *s. sulphur, etc.*
sulk [sʌlk] *v/i.* somurtmak, surat asmak; **~·i·ness** [ˈsʌlkınıs], **~s** *n. pl.* somurtkanlık; **~·y** [~ı] **1.** □ *(-ier, -iest)* somurtkan, asık suratlı; **2.** *n. spor:* hafif atlı araba.
sul·len □ [ˈsʌlən] somurtkan, asık suratlı; kapanık, kasvetli, iç karartıcı.
sul·ly *mst. fig.* [ˈsʌlı] *v/t.* kirletmek, lekelemek.
sul|phur ⚗ [ˈsʌlfə] *n.* kükürt;

~·**phu·ric** ⚗ [sʌl'fjʊərɪk] *adj.* kükürtlü.
sul·tri·ness ['sʌltrɪnɪs] *n.* *(hava)* boğuculuk, bunaltıcılık.
sul·try □ ['sʌltrɪ] *(-ier, -iest)* *(hava)* boğucu, bunaltıcı; *fig.* cinsel arzu uyandıran.
sum [sʌm] **1.** *n.* toplam, tutar; miktar; problem; *fig.* özet; *do ~s* hesap yapmak; **2.** *(-mm-)* *v/t.* ~ *up* özetlemek; hüküm vermek; yekûnunu toplamak.
sum|mar·ize ['sʌməraɪz] *v/t.* özetlemek; ~·**ma·ry** [~ɪ] **1.** □ özetlenmiş, kısa; seri; ⚖ acele; **2.** *n.* özet.
sum·mer ['sʌmə] *n.* yaz; ~ *school* yaz okulu; ~·**ly** [~lɪ], ~·**y** [~rɪ] *adj.* yaz ile ilgili; yazlık ...
sum·mit ['sʌmɪt] *n.* zirve, doruk *(a. fig.)*.
sum·mon ['sʌmən] *v/t.* çağır(t)mak, emirle getirtmek; ⚖ celp etmek; ~ *up* *(güç, cesaret)* toplamak; ~**s** *n.* çağırma, davet; ⚖ celp, celpname.
sump·tu·ous □ ['sʌmptjʊəs] görkemli, muhteşem; çok lüks.
sun [sʌn] **1.** *n.* güneş; *attr.* güneş ...; **2.** *(-nn-)* *v/t.* güneşlendirmek; ~ *(o.s.)* güneşlenmek; ~·**bath** ['sʌnbɑːθ] *n.* güneş banyosu; ~·**beam** *n.* güneş ışını; ~·**burn** *n.* güneş yanığı.
sun·dae ['sʌndeɪ] *n.* peşmelba.
Sun·day ['sʌndɪ] *n.* pazar günü; *on ~* pazar günü; *on ~s* pazar günleri, pazarları.
sun|di·al ['sʌndaɪəl] *n.* güneş saati; ~·**down** = *sunset.*
sun|dries ['sʌndrɪz] *n. pl.* ufak tefek şeyler; ~·**dry** [~ɪ] *adj.* çeşitli, türlü türlü.
sung [sʌŋ] *p.p.* of *sing.*
sun·glass·es ['sʌnglɑːsɪz] *n. pl.* *(a pair of* bir) güneş gözlüğü.
sunk [sʌŋk] *pret.* & *p.p.* of *sink 1.*
sunk·en ['sʌŋkən] *adj.* batmış, batık; *fig.* çukur, çökük *(yanak).*
sun|ny □ ['sʌnɪ] *(-ier, -iest)* güneşli; ~·**rise** *n.* güneş doğması; ~·**set** *n.* güneş batması, gurup; ~·**shade** *n.* güneş şemsiyesi, parasol; ~·**shine** *n.* güneş ışığı; ~·**stroke** *n.* ⚕ güneş çarpması; ~·**tan** *n.* güneş yanığı.
su·per *F* ['suːpə] *adj.* süper, üstün kaliteli.
su·per- ['sjuːpə] *prefix* aşırı, fazla; üstün, üzerinde; ~·**a·bun·dant** □ [~rə'bʌndənt] çok bol, bol bol; ~·**an·nu·ate** [sjuːpə'rænjʊeɪt] *v/t.* emekliye ayırmak; ~*d* emekli; modası geçmiş.
su·perb □ [sjuː'pɜːb] görkemli, enfes, mükemmel.
su·per|charg·er *mot.* ['sjuːpətʃɑːdʒə] *n.* kompresör; ~·**cil·i·ous** □ [~'sɪlɪəs] kibirli, gururlu; ~·**fi·cial** □ [~'fɪʃl] üstünkörü, yüzeysel; ~·**fine** [~'faɪn] *adj.* çok ince; çok güzel; ~·**flu·i·ty** [~'flʊətɪ] *n.* bolluk, çokluk, fazlalık; ~·**flu·ous** □ [sjuː'pɜːflʊəs] gereksiz, fazla; ~·**heat** ⊕ ['sjuːpə'hiːt] *v/t.* fazla ısıtmak; ~·**hu·man** □ [~'hjuːmən] insanüstü; ~·**im·pose** [~rɪm'pəʊz] *v/t.* üzerine koymak; ~·**in·tend** [~rɪn'tend] *v/t.* kontrol etmek, denetlemek; ~·**in·tend·ent** [~ənt] **1.** *n.* müfettiş, denetçi; müdür; *Brt.* komiser; *Am.* polis şefi; *Am.* kâhya, vekilharç; **2.** *adj.* yönetimsel.
su·pe·ri·or [sjuː'pɪərɪə] **1.** □ daha yüksek, üstün; üst; kibirli, üstünlük taslayan; daha iyi, daha üstün *(to -den)*; **2.** *n.* üst, amir; *mst. Father* ♀ *eccl.* başrahip; *mst. Lady* ♀, *Mother* ♀ *eccl.* başrahibe; ~·**i·ty** [sjuːpɪərɪ'ɒrətɪ] *n.* üstünlük.
su·per·la·tive [sjuː'pɜːlətɪv] **1.** □ en yüksek; eşsiz; **2.** *n. a. ~ degree gr.* enüstünlük derecesi.
su·per|mar·ket ['sjuːpəmɑːkɪt] *n.* süpermarket; ~·**nat·u·ral** □

[~'nætʃrəl] doğaüstü; **~·nu·me·ra·ry** [~'nju:mərərı] **1.** *adj.* fazla; **2.** *n.* fazla şey *ya da* kimse; *thea., film:* figüran; **~·scrip·tion** [~'skrıpʃn] *n.* başlık; yazıt; **~·sede** [~'si:d] *v/t.* yerine geçmek, *-in* yerini almak; **~·son·ic** *phys.* [~'sɒnık] *adj.* süpersonik, sesten hızlı; **~·sti·tion** [~'stıʃn] *n.* batıl itikat, boş inanç; **~·sti·tious** □ [~əs] boş inançlı; **~·vene** [~'vi:n] *v/i.* ansızın gelmek *ya da* olmak; **~·vise** [~vaız] *v/t.* denetlemek; yönetmek; **~·vi·sion** [~'vıʒn] *n.* denetim; yönetim; **~·vi·sor** [~vaızə] *n.* denetçi, müfettiş; danışman.

sup·per ['sʌpə] *n.* akşam yemeği; *the (Lord's)* ♀ Kudas.

sup·plant [sə'plɑ:nt] *v/t.* ayağını kaydırıp yerine geçmek.

sup·ple ['sʌpl] **1.** □ *(~r, ~st)* esnek, yumuşak; uysal; **2.** *v/t.* yumuşatmak.

sup·ple|ment **1.** ['sʌplımənt] *n.* ek, ilave; **2.** [~ment] *v/t.* eklemek, tamamlamak; **~·men·tal** □ [sʌplı'mentl], **~·men·ta·ry** [~ərı] ek ..., ilave ...; katma.

sup·pli·ant ['sʌplıənt] **1.** □ yalvaran, rica eden; **2.** *n.* yalvaran kimse.

sup·pli|cate ['sʌplıkeıt] *vb.* yalvarmak, yakarmak, rica etmek; **~·ca·tion** [sʌplı'keıʃn] *n.* yalvarma, rica.

sup·pli·er [sə'plaıə] *n.* mal sağlayan kimse; *a.* *~s pl.* mal sağlayan firma.

sup·ply [sə'plaı] **1.** *v/t.* vermek, sağlamak; *(gereksinimi)* karşılamak, gidermek; **2.** *n.* sağlama, tedarik; *econ.* stok, mevcut; *mst.* *supplies pl. econ.* erzak, gereçler; *parl.* ödenek; *~ and demand econ.* arz ve talep, sunu ve istem.

sup·port [sə'pɔ:t] **1.** *n.* destek, yardım, arka; ⊕ payanda, dayak, destek; **2.** *v/t.* desteklemek; *(aile)* geçindirmek, bakmak; savunmak; **~·er** [~ə] *n.* yardımcı; *spor:* taraftar.

sup·pose [sə'pəʊz] *v/t.* farzetmek, varsaymak; *he is ~d to do* yapması bekleniyor; *~ we go* gitsek nasıl olur?, gitsek mi?; *what is that ~d to mean?* ne anlama geliyor ki?; *I ~ so* sanırım öyle.

sup|posed □ [sə'pəʊzd] sözde, sözümona; **~·pos·ed·ly** [~ıdlı] *adv.* güya, sanki.

sup·po·si·tion [sʌpə'zıʃn] *n.* farz, tahmin; varsayım.

sup|press [sə'pres] *v/t.* bastırmak; zaptetmek; **~·pres·sion** [~ʃn] *n.* bastırma; tutma, zapt.

sup·pu·rate ⚕ ['sʌpjʊəreıt] *v/i.* irinlenmek.

su·prem|a·cy [sjʊ'preməsı] *n.* üstünlük; egemenlik; **~e** □ [sju:'pri:m] en üstün; en yüksek, yüce; en son.

sur·charge **1.** [sɜ:'tʃɑ:dʒ] *v/t.* fazla yüklemek, fazla doldurmak; **2.** ['sɜ:tʃɑ:dʒ] *n.* fazla yük; sürşarj.

sure [ʃʊə] **1.** *(~r, ~st): ~ (of) -den* emin; güvenilir; kesin, su götürmez; *make ~ that -den* emin olmak, sağlama bağlamak; **2.** *adv. Am. F* elbette; *it ~ was cold Am. F* elbette hava soğuktu; *~!* Elbette!; *~ enough* elbette; **~·ly** ['ʃʊəlı] *adv.* elbette, kuşkusuz; sağ salim; **sur·e·ty** [~tı] *n.* güvenlik; güvence.

surf [sɜ:f] **1.** *n.* çatlayan dalgalar; **2.** *v/i. spor:* sörf yapmak.

sur·face ['sɜ:fıs] **1.** *n.* yüzey, yüz; dış görünüş; ✈ kanat; **2.** *v/i.* ⚓ *(denizaltı)* su yüzüne çıkmak.

surf|board ['sɜ:fbɔ:d] *n.* sörf tahtası; **~·boat** *n.* sörf kayığı.

sur·feit ['sɜ:fıt] **1.** *n.* aşırı yiyip içme; şişkinlik; **2.** *v/t. & v/i.* çatlayacak derecede ye(dir)mek.

surf|er ['sɜ:fə] *n. spor:* sörfçü;

~·ing [~ıŋ], **~-rid·ing** [~raıdıŋ] *n. spor:* sörfçülük.

surge [sɜːdʒ] **1.** *n.* büyük dalga; **2.** *vb.* dalgalar halinde yürümek; *a.* ~ *up (duygu)* kabarmak, depreşmek.

sur|geon ['sɜːdʒən] *n.* cerrah, operatör; **~·ge·ry** [~rı] *n.* cerrahlık, operatörlük; *Brt.* muayenehane; ~ *hours pl. Brt.* hasta kabul saatleri.

sur·gi·cal □ ['sɜːdʒıkl] cerrahi.

sur·ly □ ['sɜːlı] *(-ier, -iest)* somurtkan, asık suratlı; hırçın.

sur·mise 1. ['sɜːmaız] *n.* zan, tahmin; kuşku; **2.** [sɜː'maız] *vb.* sanmak; kuşku duymak.

sur·mount [sɜː'maʊnt] *v/t.* yenmek, üstesinden gelmek.

sur·name ['sɜːneım] *n.* soyadı.

sur·pass *fig.* [sə'pɑːs] *v/t.* üstün olmak, baskın çıkmak; **~·ing** [~ıŋ] *adj.* üstün, eşsiz.

sur·plus ['sɜːpləs] **1.** *n.* artık, fazla; **2.** *adj.* fazla ..., artık ...

sur·prise [sə'praız] **1.** *n.* sürpriz, hayret; ⨯ baskın; **2.** *v/t.* şaşırtmak; ⨯ baskın yapmak.

sur·ren·der [sə'rendə] **1.** *n.* teslim; bırakma, terk; vazgeçme; **2.** *v/t.* teslim etmek; vazgeçmek; *v/i.* teslim olmak *(to -e)*; kapılmak *(to -e)*.

sur·ro·gate ['sʌrəgıt] *n.* vekil; ~ *mother* başkasının yerine doğum yapan kadın.

sur·round [sə'raʊnd] *v/t.* etrafını çevirmek; ⨯ kuşatmak; **~·ing** [~ıŋ] *adj.* çevreleyen, çevre ...; **~·ings** *n. pl.* etraf, çevre.

sur·tax ['sɜːtæks] *n.* ek vergi.

sur·vey 1. [sə'veı] *v/t.* incelemek, gözden geçirmek; haritasını çıkarmak, ölçmek; **2.** ['sɜːveı] *n.* gözden geçirme, inceleme; genel bakış; ölçme; **~·or** [sə'veıə] *n.* arazi ölçüm memuru.

sur|viv·al [sə'vaıvl] *n.* hayatta kalma, sağ kurtulma; ~ *kit* acil durumda kullanılacak yiyecek; **~·vive** [~aıv] *vb. -den* fazla yaşamak; hayatta kalmak; *(kazadan)* sağ kurtulmak; **~·vi·vor** [~ə] *n.* sağ kurtulan kimse.

sus·cep·ti·ble □ [sə'septəbl] hassas *(to -e karşı)*; şıpsevdi; *be* ~ *of -e* elverişli olmak, kaldırmak.

sus·pect 1. [sə'spekt] *v/t. -den* kuşkulanmak; ihtimal vermek, tahmin etmek; **2.** ['sʌspekt] *n.* sanık; **3.** [~] = **~·ed** [sə'spektıd] *adj.* kuşkulu.

sus·pend [sə'spend] *v/t.* asmak; geçici olarak durdurmak; geçici olarak kovmak; ⚖ ertelemek; *spor:* geçici olarak takımdan çıkarmak; **~·ed** [~ıd] *adj.* asılı; ⚖ ertelenmiş; **~·er** [~ə] *n. Brt.* çorap askısı, jartiyer; *(a. a pair of)* **~s** *pl. Am.* pantolon askısı.

sus|pense [sə'spens] *n.* askıda kalma; kararsızlık; merak; **~·pen·sion** [~ʃn] *n.* asma; erteleme; geçici tatil, durdurma; *spor:* geçici olarak takımdan çıkarma; ~ *bridge* asma köprü; ~ *railroad, esp. Brt.* ~ *railway* asma demiryolu, havai hat.

sus·pi|cion [sə'spıʃn] *n.* kuşku; *fig.* iz, belirti; **~·cious** □ [~əs] kuşkucu; kuşkulu.

sus·tain [sə'steın] *v/t.* taşımak, tutmak, çekmek; sürdürmek; *(aile)* geçindirmek; katlanmak, çekmek; ⚖ kabul etmek, onaylamak.

sus·te·nance ['sʌstınəns] *n.* gıda, yiyecek, içecek.

swab [swɒb] **1.** *n.* tahta bezi, paspas; ⚕ ilaçlı bez, tampon; **2.** *(-bb-) v/t.* ~ *up* silmek, paspaslamak.

swad|dle ['swɒdl] *v/t. (bebek)* kundaklamak; **~·dling-clothes** [~ıŋkləʊðz] *n. pl.* kundak bezi.

swag·ger ['swægə] *v/i.* caka satmak, kurularak yürümek; horozlanmak.

swal·low[1] *zo.* ['swɒləʊ] *n.* kırlangıç.

swal·low[2] [~] **1.** *n.* yutma, yutuş; yudum; **2.** *v/t.* yutmak; *F* inanmak, kanmak, yutmak; *v/i.* yutkunmak.

swam [swæm] *pret. of swim 1.*

swamp [swɒmp] **1.** *n.* bataklık; **2.** *vb.* batırmak; *(su)* basmak; *fig.* gark etmek, boğmak; **~·y** ['swɒmpı] *(-ier, -iest) adj.* bataklık ...

swan *zo.* [swɒn] *n.* kuğu.

swank *F* [swæŋk] **1.** *n.* caka, fiyaka, gösteriş; **2.** *v/i.* caka satmak; **~·y** □ ['swæŋkı] *(-ier, -iest)* çalımlı, gösterişli.

swap *F* [swɒp] **1.** *n.* değiş tokuş; **2.** *(-pp-) v/t.* değiş tokuş etmek.

swarm [swɔːm] **1.** *n.* arı kümesi, oğul; sürü; **2.** *v/i.* toplanmak; kaynaşmak *(with ile)*.

swar·thy □ ['swɔːðı] *(-ier, -iest)* esmer.

swash [swɒʃ] *v/t. & v/i.* çalkala(n)mak.

swat [swɒt] *(-tt-) v/t.* vurup ezmek.

sway [sweı] **1.** *n.* sallanma, dalgalanma; etki, nüfuz; **2.** *v/t. & v/i.* salla(n)mak; etkilemek; *(kalça)* kıvırmak.

swear [sweə] *(swore, sworn) v/i.* yemin etmek; küfretmek; *~ s.o. in b-ni* yeminle göreve başlatmak.

sweat [swet] **1.** *n.* ter; terleme; angarya; *by the ~ of one's brow* alnının teriyle; *in a ~, F all of a ~* endişe içinde, etekleri tutuşmuş; **2.** *(sweated, Am. mst. sweat) v/t. & v/i.* terle(t)mek; çok sıkı çalış(tır)mak; *econ.* düşük ücretle çalıştırmak; **~·er** ['swetə] *n.* süveter, kazak; *econ.* işçileri sömüren patron; **~·shirt** *n.* tişört; **~ suit** *n. spor. esp. Am.* eşofman; **~·y** □ [~ı] *(-ier, -iest)* terlemiş, terli; ağır *(iş)*.

Swede [swiːd] *n.* İsveçli.

Swed·ish ['swiːdıʃ] **1.** *adj.* İsveç'e özgü; **2.** *n. ling.* İsveççe.

sweep [swiːp] **1.** *(swept) v/t.* süpürmek; *(baca)* temizlemek; *v/i.* geçip gitmek; uzayıp gitmek; **2.** *n.* süpürme; temizleme; ezici zafer; saha, alan; kavis, dirsek; *esp. Brt.* baca temizleyicisi; *make a clean ~* tam bir temizlik yapmak; *spor:* tamamen kazanmak; **~·er** ['swiːpə] *n.* çöpçü; **~·ing** □ [~ıŋ] geniş; ezici, tam; **~·ings** *n. pl.* süprüntü.

sweet [swiːt] **1.** □ tatlı, şekerli; sevimli, şirin; hoş kokulu; verimli *(toprak)*; *have a ~ tooth* tatlı şeylere bayılmak; **2.** *n. Brt.* tatlılık; bonbon, şekerleme; *Brt.* tatlı; **~·en** ['swiːtn] *v/t. & v/i.* tatlılaş(tır)mak; **~·heart** *n.* sevgili; **~·ish** [~ıʃ] *adj.* tatlımsı; **~·meat** *n.* şekerleme, bonbon; **~·ness** [~nıs] *n.* tatlılık; sevimlilik; **~ pea** *n.* ⚘ kokulu bezelye çiçeği; **~-shop** *n. Brt.* şekerci dükkânı.

swell [swel] **1.** *(swelled, swollen ya da swelled) v/t. & v/i.* şiş(ir)mek, kabar(t)mak; art(ır)mak; **2.** *adj. Am. F* birinci sınıf, çok iyi; **3.** *n.* şişme; şiş; ⚓ ölü dalga; **~·ing** ['swelıŋ] *n.* kabarma, şişlik.

swel·ter ['sweltə] *v/i.* sıcaktan bunalmak.

swept [swept] *pret. & p.p. of sweep 1.*

swerve [swɜːv] **1.** *v/i.* yoldan sapmak; *mot.* direksiyon kırmak; **2.** *n. mot.* direksiyon kırma; yoldan sapma.

swift □ [swıft] hızlı, çabuk, süratli; **~·ness** ['swıftnıs] *n.* hız, çabukluk.

swill [swıl] **1.** *n.* sulu domuz yemi; suyla çalkalama; **2.** *v/t.* suyla çalkalamak, sudan geçirmek; *v/i. F* kafayı çekmek.

swim [swım] **1.** *(-mm-; swam,*

swum) v/i. yüzmek; dönmek; *my head ~s* başım dönüyor; **2.** *n.* yüzme; *go for a ~* yüzmeye gitmek; *have ya da take a ~* yüzmek; *be in the ~* olup bitenden haberi olmak; **~·mer** ['swımə] *n.* yüzücü; **~·ming** [~ıŋ] **1.** *n.* yüzme; yüzücülük; **2.** *adj.* yüzme ...; *~-bath(s pl.) Brt. esp.* kapalı yüzme havuzu; *~-pool* yüzme havuzu; *(a pair of) ~-trunks pl.* mayo; **~-suit** *n.* mayo.

swin·dle ['swındl] **1.** *v/t.* dolandırmak; **2.** *n.* dolandırıcılık.

swine [swaın] *n.* domuz.

swing [swıŋ] **1.** *(swung) v/t. & v/i.* salla(n)mak; salıncakta sallanmak; dönmek; salınarak yürümek; *F* asılmak, darağacını boylamak; **2.** *n.* salla(n)ma; salıncak; *in full ~* en civcivli anında, en hareketli anında; **~-door** ['swıŋdɔː] *n.* döner kapı.

swin·ish □ ['swaınıʃ] domuz gibi, kaba.

swipe [swaıp] **1.** *v/t.* hızla vurmak *(at -e); F* çalmak, aşırmak; **2.** *n.* kuvvetli darbe.

swirl [swɜːl] **1.** *v/i.* girdap gibi dönmek; **2.** *n.* girdap, anafor.

Swiss [swıs] **1.** *adj.* İsviçre'ye özgü; **2.** *n.* İsviçreli; *the ~ pl.* İsviçre halkı.

switch [swıtʃ] **1.** *n.* ince dal; *Am.* 🚂 makas; ⚡ elektrik düğmesi; şalter, anahtar; **2.** *vb.* sopayla vurmak; *esp. Am.* 🚂 makastan geçirmek; ⚡ elektrik düğmesini çevirmek; *fig.* değiş tokuş etmek; *~ off* ⚡ elektrik düğmesini kapatmak; *~ on* ⚡ elektrik düğmesini açmak; **~·board** ⚡ ['swıtʃbɔːd] *n.* elektrik dağıtma tablosu; telefon santralı.

swiv·el ['swıvl] **1.** *n.* ⊕ fırdöndü; *attr.* döner ...; **2.** *(esp. Brt. -ll-, Am. -l-) v/t. & v/i.* eksen etrafında dön(dür)mek.

swol·len ['swəʊlən] *p.p. of swell 1.*

swoon [swuːn] **1.** *n.* bayılma; **2.** *v/i.* bayılmak.

swoop [swuːp] **1.** *v/i. ~ down on ya da upon -in* üzerine atılmak, *-e* çullanmak; **2.** *n.* üzerine atılma, çullanma.

swop *F* [swɒp] = *swap.*

sword [sɔːd] *n.* kılıç; **~s·man** ['sɔːdzmən] *(pl. -men) n.* kılıcı ustaca kullanan kimse.

swore [swɔː] *pret. of swear.*

sworn [swɔːn] *p.p. of swear.*

swum [swʌm] *p.p. of swim 1.*

swung [swʌŋ] *pret. & p.p. of swing 1.*

syc·a·more ⚘ ['sıkəmɔː] *n.* firavuninciri; *Am.* çınar.

syl·la·ble ['sıləbl] *n.* hece, seslem.

syl·la·bus ['sıləbəs] *(pl. -buses, -bi* [-baı]*) n.* özet; *esp.* öğretim izlencesi.

sym·bol ['sımbl] *n.* sembol, simge; **~·ic** [sım'bɒlık], **~·i·cal** □ [~kl] sembolik, simgesel; **~·is·m** ['sımbəlızəm] *n.* sembolizm, simgecilik; **~·ize** [~aız] *v/t.* simgelemek, *-in* simgesi olmak.

sym|met·ric [sı'metrık], **~·met·ri·cal** □ [~kl] simetrik, bakışımlı; **~·me·try** ['sımıtrı] *n.* simetri, bakışım.

sym·pa|thet·ic [sımpə'θetık] *(~ally) adj.* sempatik, cana yakın, sıcakkanlı, sevimli; başkalarının duygularını paylaşan; *~ strike* dayanışma grevi; **~·thize** ['sımpəθaız] *v/i.* başkalarının duygularını paylaşmak, yakınlık duymak; **~·thy** [~ı] *n.* sempati, cana yakınlık; duygudaşlık; acıma.

sym·pho·ny ♪ ['sımfənı] *n.* senfoni.

symp·tom ['sımptəm] *n.* belirti, işaret.

syn·chro|nize ['sıŋkrənaız] *v/t. & v/i.* aynı zamana uy(dur)mak; *(saatlerin)* ayarlarını birbirine uydur-

mak; *film, TV:* eşlemek; **~·nous** □ [~əs] senkron, eşzaman.
syn·di·cate ['sındıkət] *n.* sendika.
syn·o·nym ['sınənım] *n.* sinonim, eşanlamlı sözcük; **sy·non·y·mous** □ [sı'nɒnıməs] eşanlamlı, anlamdaş.
sy·nop·sis [sı'nɒpsıs] *(pl. -ses* [-si:z]*) n.* özet.
syn·tax *gr.* ['sıntæks] *n.* sentaks, sözdizimi.
syn|the·sis ['sınθəsıs] *(pl. -ses* [-si:z]*) n.* sentez, bireşim; **~·thet·ic** [sın'θetık], **~·thet·i·cal** □ [~kl] sentetik, bireşimli.
sy·ringe ['sırınd ʒ] **1.** *n.* şırınga; **2.** *v/t.* şırınga etmek.
syr·up ['sırəp] *n.* şurup.
sys|tem ['sıstəm] *n.* sistem, düzen; yol, yöntem; *physiol.* organizma; **~·te·mat·ic** [sıstı'mætık] *(~ally) adj.* sistematik, sistemli, dizgesel.

T

ta *Brt. F* [ta:] *int.* teşekkür ederim, sağol.
tab [tæb] *n.* askı, brit; kayış, şerit; etiket; *F* hesap.
ta·ble ['teıbl] **1.** *n.* masa; sofra; yemek; sofrada oturanlar; tablo, cetvel, çizelge; tarife; = *tableland; at ~* sofrada; *turn the ~s on s.o.* durumu *b-nin* aleyhine çevirmek; **2.** *v/t.* masaya koymak; listeye geçirmek; ertelemek; **~-cloth** *n.* masa örtüsü; **~·land** *n.* plato, yayla; **~-lin·en** *n.* masa örtüsü takımı; **~-mat** *n.* tencere altlığı; **~·spoon** *n.* yemek kaşığı.
tab·let ['tæblıt] *n.* levha; yazıt; kâğıt destesi, bloknot; hap, tablet.
table|top ['teıbltɒp] *n.* masa örtüsü; **~·ware** *n.* sofra takımı.
ta·boo [tə'bu:] **1.** *adj.* tabu, yasak; **2.** *n.* tabu şey; **3.** *v/t.* yasaklamak.
tab·u|lar □ ['tæbjʊlə] çizelge halinde olan; **~·late** [~eıt] *v/t.* çizelge haline koymak.
ta·cit □ ['tæsıt] söylenmeden anlaşılan, sözsüz; **ta·ci·turn** □ [~ɜ:n] az konuşur, ağzı var dili yok.
tack [tæk] **1.** *n.* küçük çivi, pünez; ⚓ kuntura; ⚓ yelken durumuna göre gidilen yol; *fig.* yol, gidiş; **2.** *v/t.* çivilemek, çakmak *(to -e); v/i.* ⚓ orsa etmek.
tack·le ['tækl] **1.** *n.* takım, donanım; ⚓ halat takımı; ⊕ palanga; *futbol:* topu rakipten alma; **2.** *v/t.* yakalamak, tutmak; uğraşmak, üstesinden gelmek; *v/i. futbol:* topu rakipten almak.
tack·y ['tækı] *(-ier, -iest) adj* yapışkan; *Am. F* kılıksız.
tact [tækt] *n.* nezaket, incelik; **~·ful** □ ['tæktfl] nazik, ince.
tac·tics ['tæktıks] *n. pl. ya da sg.* taktik.
tact·less □ ['tæktlıs] patavatsız, düşüncesiz.
tad·pole *zo.* ['tædpəʊl] *n.* iribaş.
taf·fe·ta ['tæfıtə] *n.* tafta.
taf·fy *Am.* ['tæfı] = *toffee; F* dalkavukluk, yağcılık.
tag [tæg] **1.** *n.* etiket; meşhur söz; sarkık uç; "elim sende" oyunu; *a. question ~* soru takısı; **2.** *(-gg-) v/t.* etiketlemek, etiket yapıştırmak *(to, on to -e); ~ along F* peşisıra gitmek, arkasına takılmak; *~ along behind s.o. b-nin* arkasından gitmek, peşine takılmak.

tail [teıl] **1.** *n.* kuyruk; son, uç; kıç; ~*s pl.* paranın resimsiz tarafı, yazı; *F* frak; *turn* ~ gerisin geriye kaçmak; ~*s up* keyfi yerinde, keyfi keka; **2.** *v/t.* ~ *after s.o.* *b-ni* izlemek, peşine düşmek; ~ *s.o. F b-nin* peşini bırakmamak; ~ *away,* ~ *off* azalmak; ~**·back** *mot.* ['teılbæk] *n.* araç konvoyu; ~**·coat** [~'kəʊt] *n.* frak; ~**·light** *mot. etc.* [~laıt] *n.* stop lambası, kuyruk lambası.

tai·lor ['teılə] **1.** *n.* terzi; **2.** *v/t. (elbise)* dikmek; ~**-made** *adj.* terzi elinden çıkmış, iyi dikilmiş.

taint [teınt] **1.** *n.* leke; ayıp, kusur; çürüme, bozulma; **2.** *v/t.* & *v/i.* boz(ul)mak; lekelemek; ⚕ bulaştırmak.

take [teık] **1.** *(took, taken) v/t.* almak; tutmak, yakalamak; esir etmek; ✕ zaptetmek, almak; *(ödül)* kazanmak; kullanmak; yararlanmak; çalmak, aşırmak; götürmek; tuzağa düşürmek; *fig.* hoşuna gitmek, çekmek, sarmak; *phot. (resim)* çekmek; kiralamak; *(çay v.b.)* içmek; yemek; kabul etmek; *(kazanç)* getirmek; *(sorumluluk v.b.)* üstlenmek, yüklenmek; seçmek; anlamak, kavramak; *I* ~ *it that* sanıyorum ki; ~ *it or leave it F* ister al ister alma; ~*n all in all* genel olarak, tamamen; *be* ~*n* ele geçirmek; *be* ~*n ill ya da F bad* hastalanmak; *be* ~*n with -den* hoşlanmak, etkilenmek; ~ *breath* nefes almak; ~ *comfort* avunmak; ~ *compassion on -e* acımak; ~ *counsel* danışmak; ~ *a drive* araba ile gezmek; ~ *fire* ateş almak, tutuşmak; ~ *in hand* ele almak; avucunun içine almak; ~ *hold of* tutmak, yakalamak; ~ *a look* bakıvermek, göz atmak *(at -e); can I* ~ *a message?* notunuzu alabilir miyim?; ~ *to pieces* sökmek, parçalara ayırmak; ~ *pity on -e* acımak; ~ *place* meydana gelmek, olmak; ~ *a risk* riske girmek; ~ *a seat* oturmak; ~ *a walk* yürüyüşe çıkmak; ~ *my word for it* bana inanın, sizi temin ederim ki; ~ *along* beraberinde götürmek; ~ *apart* sökmek; ~ *around* gezdirmek, dolaştırmak; ~ *away* alıp götürmek; ... *to* ~ *away Brt. (yemek)* paketlenip eve götürülen; ~ *down* yazmak, not etmek; sökmek; indirmek; ~ *from* azaltmak; ⚠ çıkarmak; ~ *in* içeri almak; *(elbise)* daraltmak; *(yelken)* sarmak; kapsamak; *F* aldatmak, faka bastırmak; *be* ~*n in* aldatılmak, faka basmak; ~ *in lodgers* eve almak, konuk etmek; ~ *off (elbise)* çıkarmak; *(tren, uçak v.b.)* seferden kaldırmak; *(fiyat)* indirmek; taklidini yapmak; ~ *on* üstlenmek, yüklenmek; işe almak, tutmak; ~ *out* çıkarmak; *(diş)* çekmek; ~ *over* devralmak, *-in* yönetimini ele almak; ~ *up* kaldırmak; *(yolcu)* almak; *(sıvı)* emmek; *(yer, zaman)* tutmak, almak; *v/i.* ⚕ *(hastalığa)* yakalanmak; yola çıkmak, gitmek; *F* büyüleyici olmak; ~ *after -e* benzemek; ~ *off* yola çıkmak; ✈ havalanmak, kalkmak; ~ *on* moda olmak, tutmak; ~ *over* yönetimi ele almak; ~ *to -e* başlamak; *-den* hoşlanmak; ~ *to doing s.th. bş* yapmaya başlamak; ~ *up with ile* arkadaş olmak; **2.** *n.* alma, alış; tutma, tutuş; *hunt.* bir seferlik av miktarı; *film:* çekim; ~**·a·way** ['teıkəweı] **1.** *adj. (yemek)* paketlenip eve götürülebilen; **2.** *n.* hazır yemek dükkânı; ~**-in** *F* [~ın] *n.* aldatmaca, yutturmaca; **tak·en** [~ən] *p.p. of take 1;* ~**-off** [~ɒf] *n.* ✈ havalanma, kalkış; *F* taklit, karikatür.

tak·ing ['teıkıŋ] **1.** □ *F* büyüleyici, çekici; **2.** *n.* alma, alış; ✕ ele ge-

çirme; *F* heyecan, telaş; *~s pl. econ.* kazanç, gelir.
tale [teıl] *n.* masal, hikâye, öykü; dedikodu; yalan, martaval; *tell ~s* dedikodu etmek; *it tells its own ~* kendi kendini açıklıyor, başka söze gerek yok; **~·bear·er** ['teılbeərə] *n.* dedikoducu kimse.
tal·ent ['tælənt] *n.* yetenek; **~·ed** *adj.* yetenekli.
talk [tɔːk] **1.** *n.* konuşma; söz, laf; görüşme; boş laf; dedikodu; **2.** *vb.* konuşmak; söylemek; görüşmek; dedikodu etmek; *~ to s.o. b-ni* azarlamak, paylamak; **~·a·tive** □ ['tɔːkətıv] konuşkan, çenesi düşük, geveze; **~·er** [~ə] *n.* konuşmacı; geveze kimse; **~ show** *n. TV:* ünlülerin katıldığı sohbet programı; **~-show host** *n. TV:* böyle bir programın hazırlayıcısı.
tall [tɔːl] *adj.* uzun boylu; yüksek; *F* abartmalı; *that's a ~ order F* yerine getirilmesi güç bir istek.
tal·low ['tæləʊ] *n.* donyağı.
tal·ly ['tælı] **1.** *n. econ.* hesap; çetele; karşılık, denk; etiket, fiş; *spor:* sayı; **2.** *v/t. & v/i.* uy(dur)mak; hesap etmek, saymak.
tal·on ['tælən] *n.* pençe.
tame [teım] **1.** □ *(~r, ~st)* evcil, ehli; uysal, yumuşak başlı; tatsız, yavan; **2.** *v/t.* evcilleştirmek.
tam·per ['tæmpə]: *~ with* karıştırmak, kurcalamak; üzerinde oynamak, kalem oynatmak.
tam·pon ⚕ ['tæmpən] *n.* tampon.
tan [tæn] **1.** *n.* güneş yanığı; **2.** *adj.* açık kahverengi; **3.** *(-nn-) v/t. & v/i.* esmerleş(tir)mek; *(deri)* tabaklamak.
tang [tæŋ] *n.* ağızda kalan tat; koku; madeni ses, tangırtı, çıngırtı.
tan·gent ['tændʒənt] *n.* △ tanjant; *fly ya da go off at a ~ F* daldan dala konmak.
tan·ge·rine ⚘ [tændʒə'riːn] *n.* mandalina.
tan·gi·ble □ ['tændʒəbl] dokunulabilir, elle tutulur; gerçek, somut.
tan·gle ['tæŋgl] **1.** *n.* karışıklık; *fig.* arapsaçı; düğüm; **2.** *v/t. & v/i.* karış(tır)mak, dolaş(tır)mak, arapsaçına çevirmek.
tank [tæŋk] **1.** *n. mot.* depo; ⚔ tank; havuz; sarnıç; **2.** *v/t. ~ (up)* benzin almak, depoyu doldurmak.
tank·ard ['tæŋkəd] *n.* maşrapa.
tank·er ['tæŋkə] *n.* ⚓, *mot.* tanker; ✈ yakıt ikmal uçağı.
tan|ner ['tænə] *n.* sepici, tabak; **~·ne·ry** [~rı] *n.* tabakhane.
tan·ta·lize ['tæntəlaız] *v/t.* gösterip vermemek, boşuna ümit vermek.
tan·ta·mount ['tæntəmaʊnt] *adj.* aynı, eşit *(to -e).*
tan·trum ['tæntrəm] *n.* öfke nöbeti.
tap [tæp] **1.** *n.* musluk; tapa, tıkaç; hafif vuruş; *on ~* fıçı *(birası); ~s pl. Am.* ⚔ yat borusu; **2.** *(-pp-) v/t. -e* hafifçe vurmak; akıtmak; *(para, bilgi)* sızdırmak, koparmak; *teleph.* gizlice dinlemek; **~-dance** ['tæpdɑːns] *n.* step dansı, ayakları yere vurarak yapılan bir dans.
tape [teıp] **1.** *n.* şerit, bant, kurdele; metre şeridi; *spor:* varış ipi; *tel.* kâğıt şerit; *kompütür:* şerit; teyp *ya da* video bantı; *s. red tape;* **2.** *v/t. (ses)* kaydetmek, banda almak; bantlamak, kurdele ile bağlamak; **~ cas·sette** *n.* kaset; **~ deck** *n.* kasetçalar; **~ li·bra·ry** *n.* bant arşivi; **~ meas·ure** *n.* mezura, metre şeridi.
ta·per ['teıpə] **1.** *n.* ince mum; **2.** *adj.* gittikçe incelen, sivri uçlu; **3.** *v/t. & v/i. oft. ~ off* gittikçe incel(t)mek, sivril(t)mek.
tape|-re·cord ['teıprıkɔːd] *v/t. (ses)* banda almak, kaydetmek; **~ re·cord·er** *n.* teyp; **~ re·cord·ing** *n.* teybe alma, kayıt.
ta·pes·try ['tæpıstrı] *n.* goblen, re-

simli duvar örtüsü.
tape·worm *zo.* ['teıpwɜːm] *n.* bağırsak kurdu, şerit, tenya.
tap·room ['tæprʊm] *n.* meyhane, bar.
tar [tɑː] **1.** *n.* katran; **2.** *(-rr-) v/t.* katranlamak.
tar·dy □ ['tɑːdı] *(-ier, -iest)* yavaş, ağır; *Am.* geç kalmış, gecikmiş.
tare *econ.* [teə] *n.* dara.
tar·get ['tɑːgıt] *n.* hedef *(a.* ⨯ *); fig.* eleştiriye hedef olan kimse; *fig.* amaç, gaye; ~ *area* ⨯ hedef bölgesi; ~ *group econ.* hedef grubu; ~ *language ling.* hedef alınan dil; ~ *practice* atış talimi.
tar·iff ['tærıf] *n.* tarife.
tar·nish ['tɑːnıʃ] **1.** *v/t. & v/i.* ⊕ donuklaş(tır)mak, karar(t)mak; *fig. (şerefini)* lekelemek; **2.** *n.* donukluk, matlık.
tar·ry ['tɑːrı] *(-ier, -iest) adj.* katranlı.
tart [tɑːt] **1.** □ ekşi, mayhoş; *fig.* sert, ters; **2.** *n. esp. Brt.* turta; *sl.* fahişe, orospu.
tar·tan ['tɑːtn] *n.* kareli ve yünlü İskoç kumaşı.
task [tɑːsk] **1.** *n.* görev, iş; ödev; *take to ~* azarlamak, paylamak; **2.** *v/t.* görevlendirmek; yüklemek; ~ **force** *n.* ⚓, ⨯ geçici işbirliği.
tas·sel ['tæsl] *n.* püskül.
taste [teıst] **1.** *n.* tat, lezzet, çeşni; tatma; azıcık miktar, tadımlık; zevk, beğeni *(for -e karşı)*; **2.** *v/t.* tatmak, tadına bakmak; *v/i.* tadı olmak; **~·ful** □ ['teıstfl] lezzetli; *fig.* zevkli, zarif; **~·less** □ [~lıs] lezzetsiz, tatsız; *fig.* zevksiz, yavan.
tast·y □ ['teıstı] *(-ier, -iest)* lezzetli, tatlı.
ta-ta *F* ['tæ'tɑː] *int.* hoşça kal; güle güle.
tat·ter ['tætə] *n.* paçavra.
tat·tle ['tætl] **1.** *v/i.* gevezelik etmek, boşboğazlık etmek; **2.** *n.* boşboğazlık.
tat·too [tə'tuː] **1.** *(pl. -toos) n.* ⨯ koğuş borusu; dövme; **2.** *vb.* -e dövme yapmak; tıkır tıkır vurmak.
taught [tɔːt] *pret. & p.p. of teach.*
taunt [tɔːnt] **1.** *n.* alay; iğneli söz; **2.** *v/t.* alaya almak.
taut □ [tɔːt] gergin, sıkı.
tav·ern ['tævn] *n.* taverna; han.
taw·dry □ ['tɔːdrı] *(-ier, -iest)* ucuz ve gösterişli, zevksiz, bayağı.
taw·ny ['tɔːnı] *(-ier, -iest) adj.* sarımsı kahverengi, esmer.
tax [tæks] **1.** *n.* vergi; *fig.* yük, külfet *(on, upon -e)*; **2.** *vb.* vergi koymak, vergilendirmek; ⚖ mahkeme giderini saptamak; *fig. -e* yük olmak; ~ *s.o. with s.th. b-ni bşle* suçlamak; **~·a·tion** [tæk'seıʃn] *n.* vergilendirme; vergi; *esp.* ⚖ mahkeme gideri.
tax·i *F* ['tæksı] **1.** *n. a. ~-cab* taksi; **2.** *(~ing, taxying) v/i.* taksiyle gitmek; ✈ taksilemek, yerde ilerlemek; ~ **driv·er** *n.* taksi şoförü; ~ **rank,** *esp. Am.* ~ **stand** *n.* taksi durağı.
tax|pay·er ['tækspeıə] *n.* vergi mükellefi; ~ **re·turn** *n.* vergi beyanı.
tea [tiː] *n.* çay; *s. high tea;* **~·bag** ['tiːbæg] *n.* poşet çay.
teach [tiːtʃ] *(taught) v/t.* öğretmek; ders vermek, okutmak; **~·a·ble** ['tiːtʃəbl] *adj.* çabuk öğrenen; **~·er** [~ə] *n.* öğretmen; **~-in** [~ın] *n.* tartışma.
tea|-co·sy ['tiːkəʊzı] *n.* çaydanlık külahı; **~·cup** *n.* çay fincanı; *storm in a ~ fig.* bir bardak suda fırtına; **~·ket·tle** *n.* çaydanlık.
team [tiːm] *n.* ekip, grup; tim; *spor:* takım; **~·ster** *Am.* ['tiːmstə] *n.* kamyon sürücüsü; **~·work** *n.* ekip çalışması.
tea·pot ['tiːpot] *n.* demlik.
tear[1] [teə] **1.** *(tore, torn) v/t. & v/i.* yırt(ıl)mak, kop(ar)mak, yar(ıl)-

mak; **2.** *n.* yırtık.
tear² [tıə] *n.* gözyaşı; *in ~s* ağlayan, gözleri yaşlı; **~·ful** □ ['tıəfl] ağlayan, gözleri yaşlı.
tea·room ['ti:rʊm] *n.* kafeterya.
tease [ti:z] *v/t.* rahat vermemek, kızdırmak; sataşmak, takılmak.
teat [ti:t] *n. zo., anat.* meme ucu.
tech·ni·cal □ ['teknıkl] teknik ...; bilimsel; *fig.* resmi; **~·i·ty** [teknı'kælətı] *n.* teknik ayrıntı.
tech·ni·cian [tek'nıʃn] *n.* teknisyen, tekniker.
tech·nique [tek'ni:k] *n.* teknik, yöntem, yol.
tech·nol·o·gy [tek'nɒlədʒı] *n.* teknoloji, uygulayımbilim.
ted·dy| bear ['tedıbeə] *n.* oyuncak ayı; ♀ **boy** *n.* asi genç.
te·di·ous □ ['ti:djəs] usandırıcı, sıkıcı.
teem [ti:m] *v/i.* dolu olmak, kaynaşmak *(with ile); (yağmur)* boşanmak.
teen|-age(d) ['ti:neıdʒ(d)] *adj.* gençlerle ilgili, genç ...; **~·ag·er** [~ə] *n.* genç, yeniyetme.
teens [ti:nz] *n. pl.* 13-19 arasındaki yaş, gençlik, yeniyetmelik; *be in one's ~* 13-19 yaşları arasında olmak, genç olmak.
tee·ny¹ *F* ['ti:nı] *n.* genç, yeniyetme; *~-bopper F* son moda ve pop müziğe düşkün genç kız.
tee·ny² *F* [~], *a.* **~-wee·ny** *F* [~'wi:nı] *(-ier, -iest) adj.* küçücük, mini mini.
tee shirt ['ti:ʃɜ:t] = *T-shirt.*
teeth [ti:θ] *pl. of tooth;* **~e** [ti:ð] *v/i.* diş çıkarmak.
tee·to·tal·(l)er [ti:'təʊtlə] *n.* içki içmeyen kimse, yeşilaycı.
tel·e·cast ['telıkɑ:st] **1.** *n.* televizyon yayını; **2.** *(-cast) v/t.* televizyonla yayınlamak.
tel·e·course ['telıkɔ:s] *n.* televizyonla öğretim.
tel·e·gram ['telıgræm] *n.* telgraf.
tel·e·graph ['telıgrɑ:f] **1.** *n.* telgraf; **2.** *v/i.* telgraf çekmek; **~·ic** [telı'græfık] *(~ally) adj.* telgrafla ilgili, telgraf ...
te·leg·ra·phy [tı'legrəfı] *n.* telgrafçılık.
tel·e·phone ['telıfəʊn] **1.** *n.* telefon; **2.** *v/t. -e* telefon etmek; **~ booth, ~ box** *n. Brt.* telefon kulübesi; **tel·e·phon·ic** [telı'fɒnık] *(~ally) adj.* telefonla ilgili, telefon ...; **~ ki·osk** *Brt.* = *telephone booth;* **te·leph·o·ny** [tı'lefənı] *n.* telefonculuk.
tel·e·pho·to lens *phot.* ['telı'fəʊtəʊ'lenz] *n.* teleobjektif.
tel·e·print·er ['telıprıntə] *n.* teleks.
tel·e·scope ['telıskəʊp] **1.** *n.* teleskop, ırakgörür; **2.** *v/t. & v/i.* iç içe geç(ir)mek.
tel·e·type·writ·er *Am.* [telı'taıpraıtə] *n.* teleks.
tel·e·vise ['telıvaız] *v/t.* televizyonla yayınlamak.
tel·e·vi·sion ['telıvıʒn] *n.* televizyon, uzagörüm; *on ~* televizyonda; *watch ~* televizyon seyretmek; *a. ~ set* televizyon alıcısı.
tel·ex ['teleks] **1.** *n.* teleks, uzyazım; **2.** *v/i.* teleks çekmek.
tell [tel] *(told) v/t.* anlatmak; söylemek, demek; bildirmek; *~ s.o. to do s.th. b-ne bş* yapmasını söylemek; *~ off* seçip ayırmak; *F* azarlamak; *v/i.* etkisini göstermek, etkili olmak; *~ on s.o. b-ni* gammazlamak, ispiyon etmek; *you never can ~* hiç belli olmaz; **~·er** *esp. Am.* ['telə] *n.* veznedar; **~·ing** □ [~ıŋ] etkili; **~·tale** ['telteıl] **1.** *n.* gammaz kimse, ispiyoncu; **2.** *adj. fig. (kabahat v.b.'ni)* belli eden, açığa vuran.
tel·ly *Brt. F* ['telı] *n.* televizyon, beyaz cam.
te·mer·i·ty [tı'merətı] *n.* delice cesaret, gözü peklik.
tem·per ['tempə] **1.** *v/t.* yumuşat-

mak, hafifletmek; ⊕ *(çelik)* su vermek, tavlamak; **2.** *n.* ⊕ tav; kıvam; huy, tabiat; öfke, terslik; *keep one's* ~ kendini tutmak, öfkesini frenlemek; *lose one's* ~ kendini kaybetmek, tepesi atmak.
tem·pe|ra·ment ['tempərəmənt] *n.* huy, yaradılış; **~·ra·men·tal** □ [tempərə'mentl] çabuk kızan, öfkesi burnunda; saati saatine uymayan; **~·rance** ['tempərəns] *n.* ölçülü olma, ılımlılık; içkiden kaçınma; **~·rate** □ [~rət] ölçülü, ılımlı; ılıman, ılık; **~·ra·ture** [~prətʃə] *n.* sıcaklık; ⚕ ateş.
tem|pest ['tempıst] *n.* fırtına, bora; **~·pes·tu·ous** □ [tem'pestjəs] fırtınalı; şiddetli.
tem·ple ['templ] *n.* tapınak; *anat.* şakak.
tem·po|ral □ ['tempərəl] geçici, süreksiz; **~·ra·ry** □ [~ərı] geçici, süreksiz, kalımsız; **~·rize** [~raız] *v/i.* zamana uymak.
tempt [tempt] *v/t.* baştan çıkarmak, ayartmak, kandırmak; cezbetmek, özendirmek; **temp·ta·tion** [temp'teıʃn] *n.* baştan çıkarma, ayartma; günaha girme, şeytana uyma; **~·ing** □ ['temptıŋ] cezbedici, çekici.
ten [ten] *n.* & *adj.* on.
ten·a·ble ['tenəbl] *adj.* savunulabilir; elde tutulabilen.
te·na|cious □ [tı'neıʃəs] yapışkan; kuvvetli *(bellek); be ~ of s.th.* *bşden* vazgeçmemek, *bşi* tutturmak; **~·ci·ty** [tı'næsətı] *n.* yapışkanlık; vazgeçmeme, tutturma.
ten·ant ['tenənt] *n.* kiracı.
tend [tend] *v/i.* eğilim göstermek, meyletmek, yönelmek *(to -e); v/t.* bakmak, göz kulak olmak; ⊕ kullanmak; **ten·den·cy** ['tendənsı] *n.* eğilim, meyil; doğal yetenek.
ten·der ['tendə] **1.** □ yumuşak, körpe, gevrek; kolay incinir, duyarlı; sevecen, şefkatli; nazik; **2.** *n.* teklif; *econ.* ihale; 🚂, ⚓ tender, kömür vagonu; *legal* ~ geçerli para; **3.** *v/t.* teklif etmek, sunmak; **~·foot** *(pl. -foots, -feet)* *n. Am. F* acemi; muhallebi çocuğu; **~·loin** *n.* fileto; **~·ness** [~nıs] *n.* şefkat.
ten·don *anat.* ['tendən] *n.* tendon, kiriş.
ten·dril ⚘ ['tendrıl] *n.* asma filizi, asma bıyığı.
ten·e·ment ['tenımənt] *n.* ev, konut; *a.* ~ *house* çok kiracılı ucuz apartman.
ten·nis ['tenıs] *n.* tenis; ~ **court** *n.* tenis kortu.
ten·or ['tenə] *n.* genel gidiş, akış; eğilim; ♪ tenor.
tense [tens] **1.** *n. gr.* zaman; **2.** □ *(~r, ~st)* gerili, gergin *(a. fig.);* sinirli; **ten·sion** ['tenʃn] *n.* ger(il)me; gerginlik.
tent [tent] **1.** *n.* çadır; **2.** *v/i.* çadır kurmak, kamp kurmak.
ten·ta·cle *zo.* ['tentəkl] *n.* dokunaç.
ten·ta·tive □ ['tentətıv] deneme niteliğinde olan, deneme ...; *~ly* deneme türünden.
ten·ter·hooks *fig.* ['tentəhʊks]: *be on ~* endişe içinde olmak, diken üstünde olmak.
tenth [tenθ] **1.** *adj.* onuncu; **2.** *n.* ondalık; **~·ly** ['tenθlı] *adv.* onuncu olarak.
ten·u·ous □ ['tenjʊəs] ince, narin; *fig.* seyrek, az, hafif.
ten·ure ['tenjʊə] *n.* kullanım süresi; ~ *of office* görev süresi.
tep·id □ ['tepıd] ılık.
term [tɜːm] **1.** *n.* süre; dönem, devre; vade; sömestr, yarıyıl; deyim, ifade; ⚖ toplantı devresi; *~s* *pl.* koşullar; kişisel ilişkiler; *be on good (bad) ~s with ile* arası iyi (kötü) olmak; *they are not on speaking ~s* birbirleriyle konuşmazlar, araları bozuktur; *come*

to ~*s* anlaşmak, uzlaşmak; **2.** *v/t.* adlandırmak, demek.
ter·mi|nal ['tɜːmɪnl] **1.** □ uçta bulunan, uç, son ...; ⚕ ölümcül, ölüm ...; ~*ly* ölümcül derecede; **2.** *n.* uç, son; ⚡ kutup; 🚃 *etc.* terminal; *kompütür:* terminal; ~**·nate** [~neɪt] *v/t. & v/i.* bit(ir)mek, sona er(dir)mek; ~**·na·tion** [tɜːmɪ'neɪʃn] *n.* son, bit(ir)me; sonuç; *gr.* sonek.
ter·mi·nus ['tɜːmɪnəs] (*pl.* *-ni* [-naɪ], *-nuses*) *n.* uç, sınır, son; son istasyon.
ter·race ['terəs] *n.* teras, taraça; set; sıra evler; ~**d** *adj.* teraslı ...; ~**d house** *Brt.* = ~ **house** *n. Brt.* sıra ev.
ter·res·tri·al □ [tɪ'restrɪəl] karasal; dünyasal; *esp. zo.*, ⚘ karada yaşayan, kara ...
ter·ri·ble □ ['terəbl] korkunç, dehşetli; aşırı; berbat.
ter·rif·ic *F* [tə'rɪfɪk] (~*ally*) *adj.* korkunç; müthiş, son derece; muazzam, olağanüstü.
ter·ri·fy ['terɪfaɪ] *v/t.* korkutmak.
ter·ri·to|ri·al □ [terɪ'tɔːrɪəl] kara ile ilgili, kara ...; ~**·ry** ['terɪtərɪ] *n.* toprak, arazi; bölge; ülke.
ter·ror ['terə] *n.* terör, yıldırma; korku, dehşet; ~**·is·m** [~rɪzm] *n.* terörizm; ~**·ist** [~rɪst] *n.* terörist; ~**·ize** [~raɪz] *v/t.* yıldırmak, korkutmak.
terse □ [tɜːs] (~*r*, ~*st*) kısa, özlü.
test [test] **1.** *n.* test, sınav; deneme, sınama; deney; ölçü, ayar; ⚗ analiz, çözümleme; **2.** *v/t.* denemek, sınamak, prova etmek; **3.** *adj.* test ...; deneme ...
tes·ta·ment ['testəmənt] *n.* ahit; *last will and* ~ ⚖ vasiyet.
tes·ti·cle *anat.* ['testɪkl] *n.* testis, erbezi, taşak.
tes·ti·fy ['testɪfaɪ] *v/t.* kanıtlamak; *-in* belirtisi olmak, açığa vurmak.
tes·ti·mo|ni·al [testɪ'məʊnjəl] *n.* bonservis; takdirname; ~**·ny** ['testɪmənɪ] *n.* ⚖ tanıklık; ifade.
test tube ['testtjuːb] **1.** *n.* ⚗ deney tüpü; **2.** *adj.* ⚕ tüp ...; ~ *baby* tüp bebek.
tes·ty □ ['testɪ] (*-ier, -iest*) hırçın, huysuz, ters.
teth·er ['teðə] **1.** *n.* hayvanı bağlama ipi; *fig.* sınır, had; *at the end of one's* ~ *fig.* artık dayanamayacak durumda, güç *ya da* sabrının son haddinde; **2.** *v/t.* iple bağlamak.
text [tekst] *n.* tekst, metin; konu; ~**·book** ['tekstbʊk] *n.* ders kitabı.
tex·tile ['tekstaɪl] **1.** *adj.* dokumacılıkla ilgili, dokuma ..., tekstil ...; **2.** *n.* ~*s pl.* mensucat.
tex·ture ['tekstʃə] *n.* dokuma, dokunuş; yapı, bünye.
than [ðæn, ðən] *cj.* -den, -dan, -e göre.
thank [θæŋk] **1.** *v/t.* *-e* teşekkür etmek; *-e* şükretmek; ~ *you* teşekkür ederim; *no,* ~ *you* hayır, teşekkür ederim; *(yes,)* ~ *you* evet, teşekkür ederim; **2.** *n.* ~*s pl.* teşekkür; şükran; ~*s!* Teşekkürler!, Sağol!; *no,* ~*s* hayır, sağol; ~*s to -in* sayesinde; ~**·ful** □ ['θæŋkfl] minnettar, memnun; ~**·less** □ [~lɪs] nankör; ~**s·giv·ing** [~sgɪvɪŋ] *n. esp.* şükran duası; ♀ *(Day) Am.* şükran yortusu.
that [ðæt, ðət] **1.** (*pl.* **those** [ðəʊz]) *pron. & adj.* şu, o; **2.** *adv.* *F* o kadar; ~ *much* şu kadar, o kadar; **3.** (*pl.* *that*) *relative pron.* ki o, -diği, -dığı; **4.** *cj.* ki; -diğini, -dığını.
thatch [θætʃ] **1.** *n.* dam örtüsü olarak kullanılan saman *ya da* saz; **2.** *v/t. (dam v.b.)* sazla kaplamak.
thaw [θɔː] **1.** *n.* erime, çözülme; **2.** *v/t. & v/i.* eri(t)mek.
the [ðiː; *seslilerle:* ðɪ; *sessizlerle:* ðə] **1.** *determiner, definite article (belirtme edadı)* bu, şu, o **2.** *adv.* ~ ... ~

... ne kadar ... o kadar ...; *s. sooner.*

the·a·tre, *Am.* **-ter** ['θıətə] *n.* tiyatro; *fig.* olay yeri, sahne; **the·at·ri·cal** □ [θı'ætrıkl] tiyatro ile ilgili; *fig.* yapmacık.

thee *İncil ya da poet.* [ðiː] *pron.* seni, sana.

theft [θeft] *n.* hırsızlık.

their [ðeə] *adj.* onların; **~s** [~z] *pron.* onların; onlarınki.

them [ðem, ðəm] *pron.* onları, onlara.

theme [θiːm] *n.* konu, tema.

them·selves [ðəm'selvz] *pron.* kendileri, kendilerini, kendilerine.

then [ðen] **1.** *adv.* o zaman; sonra, daha sonra; demek, demek ki; öyleyse, şu halde; *by* ~ o zamana dek; *every now and* ~ bazen, arada bir; *there and* ~ derhal, hemen; *now* ~ şu halde, **2.** *attr. adj.* o zamanın ...

thence *lit.* [ðens] *adv.* oradan; o zamandan; bu yüzden.

the·o·lo·gian [θıə'ləʊdʒjən] *n.* teolog, tanrıbilimci; **the·ol·o·gy** [θı'ɒlədʒı] *n.* teoloji, tanrıbilim.

the·o|ret·ic [θıə'retık] *(~ally),* **~·ret·i·cal** □ [~kl] teorik, kuramsal; **~·ry** ['θıərı] *n.* teori, kuram.

ther·a|peu·tic [θerə'pjuːtık] **1.** *(~ally) adj.* terapi ile ilgili; **2.** *n.* *~s mst. sg.* terapi; **~·py** ['θerəpı] *n.* terapi, tedavi, iyileştirme, sağaltım.

there [ðeə] *adv.* orada; oraya; *int.* İşte!; ~ *is, pl.* ~ *are* vardır; **~·a·bout(s)** ['ðeərəbaʊt(s)] *adv.* oralarda, o civarda; o sıralarda; **~·aft·er** [ðeər'ɑːftə] *adv.* ondan sonra; **~·by** ['ðeə'baı] *adv.* o suretle; **~·fore** ['ðeəfɔː] *adv.* bu nedenle, onun için, bu yüzden; **~·up·on** [ðeərə'pɒn] *adv.* onun üzerin(d)e; bu nedenle; **~·with** [ðeə'wıð] *adv.* onunla, bununla.

ther·mal ['θɜːml] **1.** □ termal ...; *phys.* ısı ile ilgili, ısı ...; **2.** *n.* yükselen sıcak hava kitlesi.

ther·mom·e·ter [θə'mɒmıtə] *n.* termometre, sıcaklıkölçer.

these [ðiːz] *pl. of this.*

the·sis ['θiːsıs] *(pl. -ses* [-siːz]*) n.* tez; sav, iddia.

they [ðeı] *pron.* onlar.

thick [θık] **1.** □ kalın; sık *(saç);* yoğun *(sis);* sisli, dumanlı *(hava);* koyu *(çorba v.b.);* boğuk *(ses); F* kalın kafalı; ~ *with ile* dolu; *that's a bit ~! sl.* Bu kadarı da fazla!; **2.** *n.* en kalabalık yer; *fig.* en civcivli an; *in the ~ of -in* en civcivli anında; **~·en** ['θıkən] *v/t. & v/i.* kalınlaş(tır)mak; koyulaş(tır)mak; yoğunlaş(tır)mak; **~·et** [~ıt] *n.* çalılık, ağaçlık; **~-head·ed** *adj.* kalın kafalı; **~·ness** [~nıs] *n.* kalınlık; sıklık; koyuluk; yoğunluk; **~·set** *adj.* sık dikilmiş *(bitkiler);* tıknaz; **~-skinned** *adj. fig.* vurdumduymaz, duygusuz.

thief [θiːf] *(pl. thieves* [θiːvz]*) n.* hırsız; **thieve** [θiːv] *v/i.* hırsızlık yapmak; *v/t.* çalmak.

thigh *anat.* [θaı] *n.* uyluk.

thim·ble ['θımbl] *n.* yüksük.

thin [θın] **1.** □ *(-nn-)* ince; zayıf, cılız; seyrek; sulu *(çorba v.b.);* soğuk *(espri); fig.* sudan *(bahane);* **2.** *(-nn-) v/t. & v/i.* incel(t)mek; zayıfla(t)mak; seyrekleş(tir)mek.

thine *İncil ya da poet.* [ðaın] *pron.* senin; seninki.

thing [θıŋ] *n.* şey, nesne; konu; madde; yaratık; olay; *~s pl.* eşya; olaylar; *the* ~ moda olan şey; doğru şey.

think [θıŋk] *(thought) v/i.* düşünmek *(of -i);* düşünüp taşınmak; hatırlamak; ~ *of* ciddi olarak düşünmek; ... hakkında düşünmek; hatırlamak; *v/t. -i* düşünmek; sanmak; tasarlamak; addetmek, say-

mak; ummak; ~ *s.th. over* *bş* üzerinde düşünmek.
third [θɜːd] **1.** □ üçüncü; **2.** *n.* üçte bir kısım; **~·ly** ['θɜːdlı] *adv.* üçüncü olarak; **~-rate** [~'reıt] *adj.* kalitesiz, adi.
thirst [θɜːst] *n.* susuzluk; **~·y** □ ['θɜːstı] *(-ier, -iest)* susamış; kurak *(arazi)*; *be* ~ susamak.
thir|teen ['θɜː'tiːn] *n. & adj.* on üç; **~·teenth** [~iːnθ] *adj.* on üçüncü; **~·tieth** ['θɜːtııθ] *adj.* otuzuncu; **~·ty** ['θɜːtı] *n. & adj.* otuz.
this [ðıs] *(pl. these* [ðiːz]*) adj. & pron.* bu; ~ *morning* bu sabah; ~ *is John speaking teleph.* ben John.
this·tle ⚘ ['θısl] *n.* devedikeni.
thong [θɒŋ] *n.* sırım.
thorn [θɔːn] *n.* diken; **~·y** ['θɔːnı] *(-ier, -iest) adj.* dikenli; *fig.* güçlüklerle dolu, sıkıntılı.
thor·ough □ ['θʌrə] tam, bütün; su katılmadık, yaman; dikkatli, titiz; **~·bred** *n.* safkan hayvan; *attr.* safkan ...; **~·fare** *n.* işlek cadde; *no ~!* Girilmez!; **~·go·ing** *adj.* tam, adamakıllı, yaman.
those [ðəʊz] *pl. of that 1.*
thou *İncil ya da poet.* [ðau] *pron.* sen.
though [ðəʊ] *cj.* *-e* karşın, *-diği* halde; *as ~* *-miş* gibi, sanki, güya.
thought [θɔːt] **1.** *pret. & p.p. of think*; **2.** *n.* düşünme; düşünce, fikir, görüş, kanı; *on second ~s* yeniden düşününce; **~·ful** □ ['θɔːtfl] düşünceli, dalgın; saygılı; dikkatli; **~·less** □ [~lıs] düşüncesiz, saygısız; dikkatsiz; bencil.
thou·sand ['θaʊzənd] *n. & adj.* bin; **~th** [~ntθ] **1.** *adj.* bininci; **2.** *n.* binde bir kısım.
thrash [θræʃ] *v/t.* dövmek, dayak atmak; *spor:* yenmek; ~ *about,* ~ *around* çırpınmak, çırpınıp durmak; ~ *out fig.* görüşüp karara bağlamak; **~·ing** ['θræʃıŋ] *n.* dayak; yenilgi, bozgun.
thread [θred] **1.** *n.* iplik; lif, tel; *fig.* silsile; ⊕ yiv; **2.** *v/t.* iplik geçirmek; ipliğe dizmek; *fig.* yol bulup geçmek; **~-bare** ['θredbeə] *adj.* eskimiş, yıpranmış; *fig.* bayatlamış *(espri)*.
threat [θret] *n.* tehdit, gözdağı; **~·en** ['θretn] *v/t.* tehdit etmek, gözdağı vermek, korkutmak; **~·en·ing** [~nıŋ] *adj.* tehdit edici.
three [θriː] *n. & adj.* üç; **~·fold** ['θriːfəʊld] *adv.* üç misli, üç katı; **~·pence** ['θrepəns] *n.* üç peni; **~·score** ['θriː'skɔː] *n. & adj.* altmış.
thresh ↓ [θreʃ] *v/t.* *(harman)* dövmek; **~·er** ['θreʃə] *n.* harmancı; harman dövme makinesi; **~·ing** [~ıŋ] *n.* harman dövme; **~·ing-ma·chine** *n.* harman dövme makinesi.
thresh·old ['θreʃhəʊld] *n.* eşik.
threw [θruː] *pret. of throw 1.*
thrice *lit.* [θraıs] *adv.* üç kez.
thrift [θrıft] *n.* tutum, ekonomi, idare; **~·less** □ ['θrıftlıs] savurgan; **~·y** □ [~ı] *(-ier, -iest)* tutumlu, idareli; *poet.* gelişen.
thrill [θrıl] **1.** *v/t. & v/i.* heyecanlan(dır)mak; titremek; **2.** *n.* heyecan; titreme; **~·er** ['θrılə] *n.* heyecanlı kitap, oyun *ya da* film; **~·ing** [~ıŋ] *adj.* heyecanlı, heyecan verici.
thrive [θraıv] *(thrived ya da throve, thrived ya da thriven) v/i.* gelişmek, iyiye gitmek; *fig.* refaha ermek, büyümek; **~n** ['θrıvn] *p.p. of thrive.*
throat [θrəʊt] *n.* boğaz; gırtlak; *clear one's ~* hafifçe öksürmek, "öhö öhö" demek.
throb [θrɒb] **1.** *(-bb-) v/i.* *(kalp, nabız)* atmak, çarpmak; *(baş)* zonklamak; titremek; **2.** *n.* nabız atması; kalp çarpıntısı.
throm·bo·sis ⚕ [θrɒm'bəʊsıs] *(pl. -ses* [-siːz]*) n.* tromboz.

throne [θrəʊn] *n.* taht.
throng [θrɒŋ] **1.** *n.* kalabalık, izdiham; **2.** *vb.* ağzına kadar doldurmak; üşüşmek, akın etmek.
thros·tle *zo.* ['θrɒsl] *n.* ardıçkuşu.
throt·tle ['θrɒtl] **1.** *v/t.* boğmak; ~ *back,* ~ *down mot.* ⊕ gaz kesmek; **2.** *n. a.* ~*-valve mot.* ⊕ gaz kesme supabı, kelebek.
through [θruː] **1.** *prp.* içinden, arasından, -den geçerek, -den; ... yüzünden; vasıtasıyla, sayesinde; *Am.* başından sonuna kadar; *Monday* ~ *Friday Am.* pazartesinden cumaya kadar; **2.** *adj.* direkt *(yol);* aktarmasız, ekspres *(tren);* ~ *car Am.,* ~ *carriage,* ~ *coach Brt.* 🚃 aktarmasız vagon; ~ *flight* ✈ direkt uçuş; ~ *travel(l)er* transit yolcu; ~**·out** [θruː'aʊt] **1.** *prp. -in* her yanında; süresince, boyunca; **2.** *adv.* baştan başa; ~**·put** *n. econ. kompütür:* toplam üretim.
throve [θrəʊ] *pret. of thrive.*
throw [θrəʊ] **1.** *(threw, thrown) v/t.* atmak, fırlatmak; *(at)* üstünden atmak; *Am.* yere düşürmek, devirmek; ⊕ *(ipek)* büküp ibrişim yapmak; ~ *over fig.* terketmek, yüzüstü bırakmak; vazgeçmek; ~ *up* havaya atmak; *(işini)* bırakmak; *fig. (büyük adam)* yetiştirmek; **2.** *n.* atma, atış; ~**·a·way** ['θrəʊəweı] **1.** *n.* el ilanı; **2.** *adj.* kullandıktan sonra atılan; ~**n** [θrəʊn] *p.p. of throw 1.*
thru *Am.* [θruː] = *through.*
thrum [θrʌm] *(-mm-) v/t. (çalgı)* tıngırdatmak.
thrush *zo.* [θrʌʃ] *n.* ardıçkuşu.
thrust [θrʌst] **1.** *n.* itiş, kakış, dürtüş; ⊕ itme kuvveti; **2.** *(thrust) v/t.* itmek, dürtmek; saplamak, batırmak; ~ *o.s. into -e* davetsiz girmek; ~ *upon s.o. b-ne* zorla kabul ettirmek.
thud [θʌd] **1.** *(-dd-) v/i.* güm diye ses çıkarmak; **2.** *n.* gümbürtü.
thug [θʌg] *n.* haydut, eşkiya, cani.
thumb [θʌm] **1.** *n.* başparmak; **2.** *vb.* ~ *a lift ya da ride* otostop yapmak; ~ *through a book* kitaba şöyle bir göz atmak; *well-~ed* sayfaları aşınmış *(kitap);* ~**·tack** *Am.* ['θʌmtæk] *n.* raptiye.
thump [θʌmp] **1.** *n.* yumruk; yumruk sesi; **2.** *v/t.* güm güm vurmak, yumruklamak; *v/i. (kalp)* küt küt atmak.
thun·der ['θʌndə] **1.** *n.* gök gürlemesi; **2.** *v/i.* gürlemek, gümbürdemek; ~**·bolt** *n.* yıldırım; ~**·clap** *n.* gök gürlemesi; ~**·ous** □ [~rəs] gürleyen; ~**·storm** *n.* gök gürültülü yağmur fırtınası; ~**·struck** *adj. fig.* afallamış, yıldırımla vurulmuşa dönmüş.
Thurs·day ['θɜːzdı] *n.* perşembe.
thus [ðʌs] *adv.* böylece; bu nedenle.
thwart [θwɔːt] **1.** *v/t. (işini v.b.)* bozmak, engellemek; **2.** *n.* kürekçinin oturduğu tahta, oturak.
thy *poet.* [ðaı] *adj.* senin.
tick[1] *zo.* [tık] *n.* kene.
tick[2] [~] **1.** *n.* tıkırtı; saatin tik tak sesi; kontrol işareti (√); **2.** *v/i.* tıkırdamak; *(saat)* tik tak etmek; *v/t.* işaretle kontrol etmek; ~ *off* işaret koymak.
tick[3] [~] *n. (yastık v.b.)* kılıf.
tick·er tape ['tıkəteıp] *n.* renkli kağıt şerit; ~ *parade esp. Am. (bu tür şeritlerin renklendirdiği)* görkemli karşılama tören geçidi.
tick·et ['tıkıt] **1.** *n.* bilet; etiket; makbuz; *mot.* para cezası; *esp. Am. pol.* aday listesi; **2.** *v/t.* etiketlemek; ~**-can·cel(l)ing machine** *n.* bilet iptal makinesi; ~ **col·lec·tor** *n.* 🚃 biletçi; **(au·to·mat·ic)** ~ **ma·chine** *n.* otomatik bilet makinesi; ~ **of·fice** *n.* 🚃, *thea.* gişe.
tick|le ['tıkl] *v/t. & v/i.* gıdıkla(n)-

mak; *fig.* eğlendirmek; **~·lish** □ [~ɪʃ] gıdıklanır; *fig.* tehlikeli, nazik *(durum v.b.).*
tid·al ['taɪdl]: ~ *wave* met dalgası.
tid·bit *Am.* ['tɪdbɪt] = *titbit.*
tide [taɪd] **1.** *n.* gelgit; akıntı, cereyan; zaman; mevsim; *fig.* gidiş, akış, eğilim; *high* ~ cezir; *low* ~ met; **2.** *vb.* ~ *over fig. (krizi)* atlatmak; *(kışı)* çıkarmak.
ti·dy ['taɪdɪ] **1.** □ *(-ier, -iest)* düzenli, derli toplu, tertipli; üstü başı temiz; *F* oldukça çok, epey *(para);* **2.** *n.* kap; **3.** *v/t. a.* ~ *up* derleyip toplamak, düzeltmek, çekidüzen vermek.
tie [taɪ] **1.** *n.* bağ, düğüm; kravat, boyunbağı; *fig.* ilişki, bağ; *spor:* beraberlik; *parl.* oy eşitliği; *Am.* 🚂 travers; **2.** *v/t.* bağlamak, düğümlemek; *v/i. spor:* berabere kalmak; ~ *down fig.* bağlamak *(to -e);* ~ *in with ile* yakın ilgisi olmak; ~ *up (para)* bağlamak; arasında bağlantı kurmak; *(trafik)* durdurmak, tıkamak; **~-in** *econ.* ['taɪɪn] *n.* bağlantı, ilişki.
tier [tɪə] *n.* sıra, dizi.
tie-up ['taɪʌp] *n.* bağ, bağlantı; *econ.* ortaklık; *esp. Am.* işin durması.
ti·ger *zo.* ['taɪgə] *n.* kaplan.
tight [taɪt] **1.** □ sıkı; dar; gergin; *(su v.b.)* sızdırmaz, geçirmez; sık; kesat; *F* cimri, eli sıkı; *F* sarhoş; *be in a* ~ *corner ya da place ya da F spot fig.* güç durumda olmak, kuyruğu sıkışmak; **2.** *adv.* sıkıca, sımsıkı; *hold* ~ sıkıca tutmak; **~·en** ['taɪtn] *v/t. & v/i.* şıkış(tır)mak; ger(ginleş)mek; *a.* ~ *up fig.* sertleş(tir)mek; **~-fist·ed** *adj.* cimri, eli sıkı; **~·ness** [~nɪs] *n.* sıkılık, gerginlik; su *v.b.* geçirmezlik; eli sıkılık; **~s** [taɪts] *n. pl.* dar cambaz pantolonu; *esp. Brt.* külotlu çorap.
ti·gress *zo.* ['taɪgrɪs] *n.* dişi kaplan.
tile [taɪl] **1.** *n.* kiremit; fayans; çini; **2.** *v/t. -e* kiremit kaplamak.
till[1] [tɪl] *n.* para çekmecesi, kasa.
till[2] [~] **1.** *prp. -e* kadar; **2.** *cj. -inceye* kadar.
till[3] ⚓ [~] *v/t. (toprağı)* işlemek; **~·age** ['tɪlɪdʒ] *n.* toprağı işleme, tarım, çiftçilik.
tilt [tɪlt] **1.** *n.* eğiklik, eğrilik; eğim; **2.** *v/t. & v/i.* eğ(il)mek.
tim·ber ['tɪmbə] **1.** *n.* kereste; kerestelik orman; ⚓ gemi kaburgası; **2.** *v/t.* kereste ile kaplamak.
time [taɪm] **1.** *n.* zaman, vakit; süre; devir, çağ; an, esna; saat; ♪ tempo; *~s pl.* kere, kez, defa; ~ *is up* zaman doldu; *for the* ~ *being* şimdilik; *have a good* ~ iyi vakit geçirmek, eğlenmek; *what's the* ~?, *what* ~ *is it?* saat kaç?; ~ *and again* tekrar tekrar, defalarca; *all the* ~ boyuna, hep; *at a* ~ aynı zamanda, aynı anda; *at any* ~, *at all* ~*s* ne zaman olursa; *at the same* ~ aynı zamanda; *in* ~ zamanında; *in no* ~ bir an evvel; *on* ~ tam zamanında; **2.** *v/t.* ayarlamak; uydurmak; ölçmek; *spor: -e* saat tutmak; ~ **card** *n.* fabrika çalışma kartı; ~ **clock** *n.* memurların geliş gidişlerini kaydeden saat; **~-hon·o(u)red** ['taɪmɒnəd] *adj.* eski, yerleşmiş *(gelenek);* **~·ly** [~lɪ] *(-ier, -iest) adj.* yerinde olan, uygun; vakitli; **~·piece** *n.* saat; kronometre; ~ **sheet** *n.* fabrika çalışma kartı; ~ **sig·nal** *n. radyo, TV:* saat ayarı; **~·ta·ble** *n.* tarife; ders programı.
tim|id □ ['tɪmɪd], **~·or·ous** □ [~ərəs] utangaç, sıkılgan, çekingen, ürkek.
tin [tɪn] **1.** *n.* teneke; kalay; *esp. Brt.* konserve kutusu; **2.** *(-nn-) v/t.* kalaylamak; *esp. Brt.* teneke kutulara koymak.
tinc·ture ['tɪŋktʃə] **1.** *n.* boya; hafif renk; *fig.* sahte tavır; **2.** *v/t.* ha-

fifçe boyamak.
tin·foil ['tın'fɔıl] *n.* kalay yaprağı, stanyol.
tinge [tındʒ] **1.** *n.* boya; hafif renk; *fig.* az miktar, nebze; iz; **2.** *v/t.* hafifçe boyamak; *fig.* hafifçe etkilemek.
tin·gle ['tıŋgl] *v/i.* sızlamak; karıncalanmak; *(kulak)* çınlamak.
tink·er ['tıŋkə] *vb.* acemice onarmak. *(at -i).*
tin·kle ['tıŋkl] *v/t. & v/i.* çıngırda(t)mak, çınla(t)mak.
tin| o·pen·er *esp. Brt.* ['tınəʊpnə] *n.* konserve açacağı; ~ **plate** *n.* demir levha, saç.
tin·sel ['tınsl] *n.* gelin teli; *fig.* aldatıcı parlaklık.
tint [tınt] **1.** *n.* hafif renk; renk tonu; **2.** *v/t.* hafifçe boyamak.
ti·ny □ ['taını] *(-ier, -iest)* küçücük, minicik, ufak tefek.
tip [tıp] **1.** *n.* uç, burun; ağızlık; bahşiş; tavsiye; tiyo; *Brt.* çöplük; **2.** *(-pp-) v/t. & v/i.* eğ(il)mek; devirmek; devrilmek; dökmek, boşaltmak; hafifçe vurmak; bahşiş vermek; *a.* ~ *off* tiyo vermek.
tip·sy □ ['tıpsı] *(-ier, -iest)* çakırkeyf.
tip·toe ['tıptəʊ] **1.** *v/i.* ayaklarının ucuna basa basa yürümek; **2.** *n. on* ~ ayaklarının ucuna basa basa.
tire[1] *Am.* ['taıə] = *tyre.*
tire[2] [~] *v/t. & v/i.* yor(ul)mak; bık(tır)mak; **~d** □ yorgun; bıkmış, usanmış; **~·less** □ ['taıəlıs] yorulmak bilmez; bitmez tükenmez; **~·some** □ [~səm] yorucu; sıkıcı.
tis·sue ['tıʃuː] *n.* doku; kâğıt mendil; ince kumaş; = ~ **pa·per** *n.* ince kâğıt, ipek kâğıt.
tit[1] [tıt] = *teat.*
tit[2] *zo.* [~] *n.* baştankara.
tit·bit *esp. Brt.* ['tıtbıt] *n.* lezzetli lokma.
tit·il·late ['tıtıleıt] *v/t.* gıdıklamak, gıcıklamak.
ti·tle ['taıtl] *n.* başlık, ad; unvan; hak; ⚖ senet, tapu; **~d** *adj.* asil, asılzade.
tit·mouse *zo.* ['tıtmaʊs] *(pl. -mice) n.* baştankara.
tit·ter ['tıtə] **1.** *v/i.* kıkır kıkır gülmek; **2.** *n.* kıkırdama.
tit·tle ['tıtl]: *not one ya da a ~ of it* azıcık bile değil; **~-tat·tle** [~tætl] *n.* dedikodu.
to [tuː, tʊ, tə] **1.** *prp.* -e, -a, -ye, -ya; *-e* kadar; -mek, -mak; *-e* göre; *-e* karşı; *-mek* için; *a quarter ~ one* bire çeyrek var; *from Monday ~ Friday Brt.* pazartesiden cumaya kadar; ~ *me* bana; *I weep ~ think of it* onu düşününçe ağlarım; *here's ~ you!* Şerefine!, Sağlığına!; **2.** *adv.* istenilen duruma; *pull ~ (kapı)* kapatmak; *come ~* kendine gelmek; ~ *and fro* öteye beriye, öne arkaya.
toad *zo.* [təʊd] *n.* karakurbağası; **~·stool** ⚘ ['təʊdstuːl] *n.* zehirli mantar; **~·y** [~ı] **1.** *n.* dalkavuk, yağcı; **2.** *v/i. fig.* dalkavukluk etmek, yağ çekmek.
toast [təʊst] **1.** *n.* kızartılmış ekmek; sağlığına kadeh kaldırma; **2.** *v/t. (ekmek v.b.)* kızartmak; *fig.* ısıtmak; *-in* sağlığına içmek.
to·bac·co [tə'bækəʊ] *(pl. -cos) n.* tütün; **~·nist** [~ənıst] *n.* tütüncü.
to·bog·gan [tə'bɒgən] **1.** *n.* kızak; **2.** *v/i.* kızakla kaymak.
to·day [tə'deı] *adv.* bugün.
tod·dle ['tɒdl] *v/i.* tıpış tıpış yürümek; *F* gitmek.
tod·dy ['tɒdı] *n.* sıcak suyla karıştırılmış içki.
to-do *F* [tə'duː] *n.* gürültü, patırtı, kıyamet.
toe [təʊ] **1.** *n. anat.* ayak parmağı; *(çorap, ayakkabı)* uç, burun; **2.** *v/t.* ayak parmaklarıyla vurmak.

tof|fee, *a.* **~·fy** ['tɒfɪ] *n.* bonbon, şekerleme.
to·geth·er [tə'geðə] *adv.* birlikte, beraberce; ara vermeden, aralıksız.
toil [tɔɪl] **1.** *n.* emek, zahmet, didinme; **2.** *v/i.* zahmet çekmek, didinmek.
toi·let ['tɔɪlɪt] *n.* tuvalet; **~-pa·per** *n.* tuvalet kâğıdı.
toils *fig.* [tɔɪlz] *n. pl.* tuzak, ağ.
to·ken ['təʊkən] *n.* belirti, işaret, iz; sembol, simge; hatıra, andaç; jeton; *as a ~, in ~ of -in* belirtisi olarak.
told [təʊld] *pret. & p.p. of tell.*
tol·e|ra·ble □ ['tɒlərəbl] hoşgörülebilir, katlanılır, çekilir; **~·rance** [~ns] *n.* tolerans, hoşgörü; **~·rant** □ [~t] toleranslı, hoşgörülü, sabırlı *(of -e karşı)*; **~·rate** [~eɪt] *v/t.* hoş görmek; katlanmak, dayanmak; **~·ra·tion** [tɒlə'reɪʃn] *n.* hoşgörü.
toll [təʊl] **1.** *n.* geçiş ücreti; giriş ücreti; şehirlerarası telefon ücreti; *fig.* haraç; *the ~ of the road* trafik kazalarında ölen *ya da* yaralananlar; **2.** *v/t. & v/i. (çan v.b.)* çalmak; **~·bar** ['təʊlbɑː], **~·gate** *n.* paralı yol *ya da* köprü girişi.
to·ma·to ⚘ [tə'mɑːtəʊ, *Am.* tə'meɪtəʊ] *(pl. -toes) n.* domates.
tomb [tuːm] *n.* mezar, kabir; türbe.
tom·boy ['tɒmbɔɪ] *n. F* erkek tavırlı kız, erkek Fatma.
tomb·stone ['tuːmstəʊn] *n.* mezar taşı.
tom-cat *zo.* ['tɒm'kæt] *n.* erkek kedi.
tom·fool·e·ry [tɒm'fuːlərɪ] *n.* aptallık; aptalca davranış.
to·mor·row [tə'mɒrəʊ] *n. & adv.* yarın.
ton [tʌn] *n.* ton.
tone [təʊn] **1.** *n.* ses; ses perdesi; renk tonu; ♪ ton; **2.** *v/t. -e* belli bir özellik vermek; *~ down* tonunu hafifletmek, yumuşatmak.
tongs [tɒŋz] *n. pl. (a pair of ~* bir*)* maşa.
tongue [tʌŋ] *n. anat.* dil; lisan, dil; konuşma tarzı; *hold one's ~* çenesini tutmak, susmak; **~-tied** *fig.* ['tʌŋtaɪd] *adj.* dili tutulmuş.
ton·ic ['tɒnɪk] **1.** *(~ally) adj.* ses ile ilgili; kuvvet verici; **2.** *n.* ♪ ana nota; kuvvet ilacı, tonik.
to·night [tə'naɪt] *n. & adv.* bu gece; bu akşam.
ton·nage ⚓ ['tʌnɪdʒ] *n.* tonaj.
ton·sil *anat.* ['tɒnsl] *n.* bademcik; **~·li·tis** ⚕ [tɒnsɪ'laɪtɪs] *n.* bademcik yangısı.
too [tuː] *adv.* dahi, de, da, üstelik; çok, pek, fazla.
took [tʊk] *pret. of take 1.*
tool [tuːl] *n.* alet *(a.fig.)*; **~-bag** ['tuːlbæg] *n.* takım çantası; **~-box** *n.* takım kutusu; **~-kit** *n.* takım çantası.
toot [tuːt] **1.** *v/t. (korna v.b.)* çalmak; **2.** *n.* düdük sesi.
tooth [tuːθ] *(pl. teeth* [tiːθ]*) n.* diş; **~·ache** ['tuːθeɪk] *n.* diş ağrısı; **~·brush** *n.* diş fırçası; **~·less** □ [~lɪs] dişsiz; **~·paste** *n.* diş macunu; **~·pick** *n.* kürdan.
top[1] [tɒp] **1.** *n.* tepe, üst; doruk; *fig.* en yüksek nokta; *mot.* kaput; *at the ~ of one's voice* avazı çıktığı kadar, bar bar; *on ~* tepede, üstte; *on ~ of -in* tepesinde; üstelik, bir de; **2.** *adj.* en yüksek ..., en üst ...; birinci sınıf; **3.** *(-pp-) v/t. -in* tepesine çıkmak; aşmak, geçmek; *-in* tepesinde olmak; *~ up* doldurmak; *~ s.o. up b-ne* içki koymak, bardağını doldurmak.
top[2] [~] *n.* topaç.
top| boots ['tɒp'buːts] *n. pl.* uzun çizme; *~* **hat** *n.* silindir şapka.
top·ic ['tɒpɪk] *n.* konu, mesele; **~·al** □ [~l] güncel, aktüel.
top|less ['tɒplɪs] *adj.* üstsüz;

~·**most** *adj.* en üstteki, en tepedeki.
top·ple ['tɒpl]: *mst.* ~ *down,* ~ *over* düş(ür)mek, yık(ıl)mak; devirmek; devrilmek.
top·sy-tur·vy □ ['tɒpsı'tɜːvı] altüst, karmakarışık.
torch [tɔːtʃ] *n.* meşale; *a. electric* ~ *esp. Brt.* cep feneri; ~·**light** ['tɔːtʃlaıt] *n.* meşale ışığı; ~ *procession* fener alayı.
tore [tɔː] *pret. of tear¹ 1.*
tor·ment 1. ['tɔːment] *n.* işkence, eziyet, azap, dert; **2.** [tɔː'ment] *v/t.* işkence etmek, eziyet etmek; canından bezdirmek.
torn [tɔːn] *p.p. of tear¹ 1.*
tor·na·do [tɔː'neıdəʊ] *(pl. -does, -dos) n.* kasırga, hortum.
tor·pe·do [tɔː'piːdəʊ] *(pl. -does)* **1.** *n.* torpil; **2.** *v/t.* ⚓ torpillemek; *fig.* baltalamak.
tor·pid □ ['tɔːpıd] uyuşuk, cansız gibi; tembel; ~·**i·ty** [tɔː'pıdətı], ~·**ness** [~nıs], **tor·por** [~ə] *n.* uyuşukluk, cansızlık.
tor|rent ['tɒrənt] *n.* sel *(a. fig.);* ~·**ren·tial** [tə'renʃl]: ~ *rain(s)* sel gibi yağmur.
tor·toise *zo.* ['tɔːtəs] *n.* kaplumbağa.
tor·tu·ous □ ['tɔːtjʊəs] dolambaçlı, kıvrıntılı, eğri büğrü.
tor·ture ['tɔːtʃə] **1.** *n.* işkence; eziyet, azap; **2.** *v/t. -e* işkence etmek.
toss [tɒs] **1.** *n.* atma, fırlatma; yazı tura atma; **2.** *v/t.* atmak, fırlatmak; *a.* ~ *about* çalkalamak; ~ *off (içki)* bir dikişte içmek, yuvarlamak; *(iş)* yapıvermek; *a.* ~ *up* yazı tura atmak *(for için).*
tot *F* [tɒt] *n.* yavrucak, bızdık.
to·tal ['təʊtl] **1.** □ bütün, tam, tüm; **2.** *n.* toplam, yekûn, tutar; **3.** *(esp. Brt. -ll-, Am. -l-) v/t.* toplamını bulmak, toplamak; ~·**i·tar·i·an** [təʊtælı'teərıən] *adj.* totaliter, bütüncül; ~·**i·ty** [təʊ'tælətı] *n.* bütünlük, tümlük.
tot·ter ['tɒtə] *v/i.* sendelemek, yalpalamak.
touch [tʌtʃ] **1.** *v/t.* dokunmak, ellemek, el sürmek; değmek; *fig.* içine dokunmak, etkilemek; ♪ çalmak; *a bit ~ed fig.* kafadan çatlak, bir tahtası eksik; ~ *at* ⚓ *-e* uğramak; ~ *down* ✈ inmek, iniş yapmak; ~ *up* rötuş yapmak; **2.** *n.* dokunma, elleme, dokunuş; değme, temas; rötuş; üslup; ♪ tuşlayış; ~-**-and-go** ['tʌtʃən'gəʊ] *n.* şüpheli durum; *it is* ~ belli değil, şüpheli; ~·**ing** □ [~ıŋ] acıklı, dokunaklı; ~·**stone** *n.* denektaşı; ~·**y** □ [~ı] *(-ier, -iest)* alıngan.
tough □ [tʌf] sert; dayanıklı; zor, çetin; belalı, azılı; *fig.* inatçı, dik kafalı; ~·**en** ['tʌfn] *v/t. & v/i.* sertleş(tir)mek, katılaş(tır)mak; ~·**ness** [~nıs] *n.* sertlik, dayanıklılık; güçlük.
tour [tʊə] **1.** *n.* tur, gezi; devir; *thea.* turne *(a. spor); s. conduct 2;* **2.** *vb.* gezmek, dolaşmak; ~·**ist** ['tʊərıst] *n.* turist; ~ *agency,* ~ *bureau,* ~ *office* seyahat acentesi; ~ *season* turizm sezonu.
tour·na·ment ['tʊənəmənt] *n.* turnuva.
tou·sle ['taʊzl] *v/t. (saçı)* karıştırmak.
tow [təʊ] **1.** *n.* yedekte çek(il)me; *take in* ~ yedekte çekmek, yedeğe almak; **2.** *v/t.* yedekte çekmek.
to·ward(s) [tə'wɔːd(z)] *prp. -e* doğru; *-e* karşı; amacıyla, için.
tow·el ['taʊəl] **1.** *n.* havlu; **2.** *(esp. Brt. -ll-, Am. -l-) v/t.* havlu ile kurulamak *ya da* silmek.
tow·er ['taʊə] **1.** *n.* kule; *fig.* dayanak, destek; *a.* ~ *block* yüksek iş hanı *ya da* apartman; **2.** *v/i.* yükselmek; ~·**ing** □ ['taʊərıŋ] çok yüksek, yüce.
town [taʊn] *n.* kasaba; kent, şehir; *attr.* kasaba ...; kent ...; ~ **cen·tre,**

Am. ~ **cen·ter** *n.* kent merkezi; ~ **clerk** *n. Brt.* kasaba sicil memuru; ~ **coun·cil** *n. Brt.* belediye meclisi; ~ **coun·ci(l)·lor** *n. Brt.* belediye meclisi üyesi; ~ **hall** *n.* belediye binası; ~**s·folk** ['taʊnzfəʊk] *n. pl.* kent halkı; ~**·ship** *n.* kaza, ilçe; ~**s·man** *(pl. -men) n.* kentli, şehirli, hemşeri; ~**s·peo·ple** *pl.* = *townsfolk;* ~**s·wom·an** *(pl. -women) n.* kentli kadın.

tox|ic ['tɒksɪk] *(~ally) adj.* zehirli, zehirleyici; ~**·in** [~ɪn] *n.* toksin, zehir.

toy [tɔɪ] **1.** *n.* oyuncak; ~*s pl.* süs eşyası, cici bici; **2.** *adj.* küçük, minyatür ...; **3.** *v/i.* oynamak.

trace [treɪs] **1.** *n.* iz *(a. fig.);* azıcık şey, zerre; **2.** *v/t.* izlemek; kopya etmek; çizmek, taslağını yapmak.

trac·ing ['treɪsɪŋ] *n.* kopya.

track [træk] **1.** *n.* iz; 🚃 ray, hat; dümen suyu; patika, keçiyolu; *kompütür:* iz; *spor:* pist; ~*-and-field spor:* atletizm ...; ~ *events pl. spor:* atletizm karşılaşmaları; ~ *suit* eşofman; **2.** *v/t.* izini aramak, izlemek; ~ *down,* ~ *out* izleyerek bulmak; ~*ing station uzaygemisi:* yer istasyonu.

tract [trækt] *n.* saha, bölge, mıntıka.

trac·ta·ble □ ['træktəbl] yumuşak başlı, uysal.

trac|tion ['trækʃn] *n.* çek(il)me; ~ *engine* yük çekme makinesi; ~**·tor** ⊕ [~tə] *n.* traktör.

trade [treɪd] **1.** *n.* ticaret; iş, meslek, sanat; esnaf; değiş tokuş, takas; **2.** *v/i.* ticaret yapmak; *v/t.* takas etmek; ~ *on* kötüye kullanmak, *-den* yararlanmak; ~ **mark** *n.* ticari marka; ~ **price** *n.* ticari fiyat; **trad·er** ['treɪdə] *n.* tüccar; ~**s·man** [~zmən] *(pl. -men) n.* esnaf, dükkâncı; ~**(s) un·i·on** *n.* sendika; ~**(s) un·i·on·ist** *n.* sendikacı; ~ **wind** *n.* alize rüzgârı.

tra·di·tion [trə'dɪʃn] *n.* gelenek, anane; ~**·al** □ [~l] geleneksel.

traf·fic ['træfɪk] **1.** *n.* trafik, gidiş-geliş; iş, alışveriş; **2.** *(-ck-) v/i.* ticaret yapmak.

traf·fi·ca·tor *Brt. mot.* ['træfɪkeɪtə] *n.* sinyal.

traf·fic| cir·cle *Am.* ['træfɪk'sɜːkl] *n.* tek yönlü döner kavşak; ~ **jam** *n.* trafik sıkışıklığı; ~ **light(s** *pl.*) *n.* trafik ışıkları; ~ **sign** *n.* trafik işareti; ~ **sig·nal** = *traffic light(s);* ~ **war·den** *n. Brt.* kâhya.

tra|ge·dy ['trædʒɪdɪ] *n.* trajedi, ağlatı; ~**·gic** [~ɪk] *(~ally),* **trag·i·cal** □ [~kl] trajik, çok acıklı, feci.

trail [treɪl] **1.** *n.* kuyruk; iz; patika, keçiyolu; **2.** *v/t. & v/i.* peşinden sürükle(n)mek; izlemek, peşine düşmek; ⚘ yerde sürünmek; ~**·er** ['treɪlə] *n.* ⚘ sürüngen bitki; *mot.* treyler; *Am. mot.* römork, karavan; *film, TV:* fragman, tanıtma filmi.

train [treɪn] **1.** *n.* tren; kervan, kafile; maiyet; silsile, dizi, zincir; yerde sürünen elbise kuyruğu; **2.** *v/t. & v/i.* eğitmek, yetiştirmek; talim et(tir)mek; *spor:* antrenman yap(tır)mak; ~**·ee** [treɪ'niː] *n.* stajyer; aday; ~**·er** ['treɪnə] *n.* eğitici; *spor:* antrenör, çalıştırıcı; ~**·ing** [~ɪŋ] *n.* talim; *esp. spor:* antrenman, idman.

trait [treɪt] *n.* özellik.

trai·tor ['treɪtə] *n.* vatan haini.

tram(·car) *Brt.* ['træm(kɑː)] *n.* tramvay.

tramp [træmp] **1.** *n.* serseri, avare; avare dolaşma; uçkuru gevşek kadın, sürtük; **2.** *v/i.* avare dolaşmak; yayan gitmek, taban tepmek; **tram·ple** ['træmpl] *v/t.* ayakla çiğnemek, ezmek.

trance [trɑːns] *n.* kendinden geçme.

tran·quil □ ['træŋkwıl] sakin, sessiz; rahat, huzurlu; **~·(l)i·ty** [træŋ'kwılətı] *n.* sakinlik, huzur; **~·(l)ize** ['træŋkwılaız] *v/t.* & *v/i.* sakinleş(tir)mek, yatış(tır)mak; **~·(l)iz·er** [~aızə] *n.* yatıştırıcı ilaç.

trans- [trænz] *prefix* ötesinde, öte, aşırı.

trans|act [træn'zækt] *v/t.* (*iş*) yapıp bitirmek, görmek; **~·ac·tion** [~kʃn] *n.* iş görme; işlem, muamele.

trans·al·pine ['trænz'ælpaın] *adj.* Alplerin ötesinde yaşayan.

trans·at·lan·tic ['trænzət'læntık] *adj.* Atlas Okyanusunu aşan.

tran|scend [træn'send] *v/t.* geçmek, aşmak; *-den* üstün olmak; **~·scen·dence, ~·scen·den·cy** [~əns, ~sı] *n.* üstünlük; *phls.* deneyüstlülük.

tran·scribe [træn'skraıb] *v/t.* kopya etmek, suretini çıkarmak.

tran|script ['trænskrıpt], **~·scrip·tion** [træn'skrıpʃn] *n.* kopya etme; *radyo:* banta alma, kayıt.

trans·fer 1. [træns'fɜː] *(-rr-) v/t.* nakletmek, geçirmek; devretmek; havale etmek; *spor:* transfer etmek *(to -e)*; *v/i. spor:* transfer olmak; 🚃 aktarma yapmak; **2.** ['trænsfɜː] *n.* nakil, geçirme; devir; *econ.* havale; *spor:* transfer; *Am.* 🚃 aktarma bileti; **~·a·ble** [træns'fɜːrəbl] *adj.* nakledilebilir; devredilebilir.

trans·fig·ure [træns'fıgə] *v/t.* biçimini değiştirmek, başkalaştırmak.

trans·fix [træns'fıks] *v/t.* olduğu yerde mıhlamak; delip geçmek; **~ed** *adj. fig.* donakalmış *(with -den)*.

trans|form [træns'fɔːm] *v/t.* biçimini değiştirmek; dönüştürmek; **~·for·ma·tion** [trænsfə'meıʃn] *n.* biçimini değiştirme; dönüş(tür)me.

trans|fuse ⚕ [træns'fjuːz] *v/t.* *(kan)* nakletmek; **~·fu·sion** ⚕ [~ʒn] *n.* kan nakli.

trans|gress [træns'gres] *v/t.* *(yasa v.b.)* karşı gelmek, çiğnemek, bozmak; *v/i.* günah işlemek; **~·gres·sion** [~ʃn] *n.* karşı gelme, çiğneme; günah; **~·gres·sor** [~sə] *n.* karşı gelen kimse; günahkâr.

tran·sient ['trænzıənt] **1.** □ = *transitory;* **2.** *n. Am.* kısa süre kalan konuk.

tran·sis·tor [træn'sıstə] *n.* transistor.

tran·sit ['trænsıt] *n.* geçme, geçiş, transit; *econ.* taşı(n)ma, nakil.

tran·si·tion [træn'sıʒn] *n.* geçiş.

tran·si·tive □ *gr.* ['trænsıtıv] geçişli *(eylem)*.

tran·si·to·ry □ ['trænsıtərı] geçici, süreksiz, kalımsız.

trans|late [træns'leıt] *v/t.* tercüme etmek, çevirmek; *fig.* dönüştürmek; **~·la·tion** [~ʃn] *n.* tercüme, çeviri; **~·la·tor** [~ə] *n.* tercüman, çevirmen.

trans·lu·cent □ [trænz'luːsnt] yarı şeffaf, yarı saydam.

trans·mi·gra·tion ['trænzmaı'greıʃn] *n.* göç.

trans·mis·sion [trænz'mıʃn] *n.* gönderme, iletme; geç(ir)mek; *biol.* kalıtım; *phys.* iletme, taşıma; *mot.* vites; *radyo, TV:* yayın.

trans·mit [trænz'mıt] *(-tt-) v/t.* geçirmek; *radyo, TV:* yayımlamak; *biol.* kalıtımla geçirmek; *phys.* *(ısı v.b.)* iletmek; **~·ter** [~ə] *n.* verici istasyonu; *tel. etc.* nakledici alet.

trans·mute [trænz'mjuːt] *v/t.* biçimini değiştirmek, dönüştürmek.

trans·par·ent □ [træns'pærənt] şeffaf, saydam; *fig.* açık, berrak.

tran·spire [træn'spaıə] *v/i.* terlemek; *fig.* duyulmak, sızmak.

trans|plant [træns'plɑːnt] *v/t.* başka yere dikmek; ⚕ *(organ)* nakletmek; **~·plan·ta·tion** [ˈtrænsplɑːnˈteɪʃn] *n.* başka yere dikme; ⚕ transplantasyon, organ nakli, organaktarım.

trans|port 1. [trænsˈpɔːt] *v/t.* götürmek, taşımak; *fig.* coşturmak, çılgına çevirmek; **2.** [ˈtrænspɔːt] *n.* götürme, taşıma, nakil; taşımacılık, ulaştırma; coşku; taşkınlık; *in a ~ of rage* öfkeden kudurmuş; *be in ~s of* coşku içinde olmak; **~·por·ta·tion** [trænspɔːˈteɪʃn] *n.* taşıma; taşımacılık; taşıma aracı, taşıt; ulaştırma, ulaşım.

trans·pose [trænsˈpəʊz] *v/t.* yerini *ya da* sırasını değiştirmek; ♪ perdesini değiştirmek.

trans·verse □ [ˈtrænzvɜːs] enine olan, çaprazlama ...

trap [træp] **1.** *n.* tuzak *(a. fig.)*, kapan; ⊕ mandal; *sl.* ağız, gaga; *keep one's ~ shut sl.* çenesini tutmak, gagasını kapamak; *set a ~ for s.o. b-ne* tuzak kurmak; **2.** *(-pp-) v/t.* kapanla yakalamak, tuzağa düşürmek *(a. fig.)*; **~·door** [ˈtræpdɔː] *n.* kapak biçiminde kapı; *thea.* sahne kapısı.

tra·peze [trəˈpiːz] *n.* trapez.

trap·per [ˈtræpə] *n.* tuzakçı, avcı.

trap·pings *fig.* [ˈtræpɪŋz] *n. pl.* süs.

trash [træʃ] *n. esp. Am.* çerçöp, süprüntü; pılı pırtı; *F* boş laf, saçma; ayaktakımı, avam; **~ can** *n. Am.* çöp kutusu; **~·y** □ [ˈtræʃɪ] *(-ier, -iest)* adi, değersiz, beş para etmez.

trav·el [ˈtrævl] **1.** *(esp. Brt. -ll-, Am. -l-) v/i.* seyahat etmek, yolculuk etmek; *v/t.* gezmek, dolaşmak; **2.** *n.* seyahat, yolculuk; ⊕ işleme; *~s pl.* gezi, seyahat; **~ a·gen·cy, ~ bu·reau** *n.* seyahat acentesi; **~·(l)er** [~ə] *n.* yolcu, seyyah; *~'s cheque (Am. check)* seyahat çeki.

tra·verse [ˈtrævəs] *v/t. & v/i.* karşıdan karşıya geç(ir)mek; aşmak, katetmek.

trav·es·ty [ˈtrævɪstɪ] **1.** *n.* gülünç taklit, alay, karikatür; **2.** *v/t.* taklit etmek, alaya almak.

trawl ⚓ [trɔːl] **1.** *n.* tarak ağı, sürtme ağı; **2.** *v/t.* tarak ağı ile avlamak; **~·er** ⚓ [ˈtrɔːlə] *n.* tarak ağlı balıkçı.

tray [treɪ] *n.* tepsi; tabla.

treach·er|ous □ [ˈtretʃərəs] hain; güvenilmez, kalleş; tehlikeli; **~·y** [~ɪ] *n.* hainlik, ihanet *(to -e)*.

trea·cle [ˈtriːkl] *n.* şeker pekmezi.

tread [tred] **1.** *(trod, trodden ya da trod) v/b.* ayakla basmak, çiğnemek, üstüne basmak; yürümek; **2.** *n.* ayak basışı; yürüyüş; ⊕ sürtünme yüzeyi; *mot.* lastik tırtılı; **trea·dle** [ˈtreɪdl] *n.* pedal, ayaklık; **~·mill** *n.* ayak değirmeni; *fig.* sıkıcı iş.

trea|son [ˈtriːzn] *n.* ihanet, hainlik; **~·so·na·ble** □ [~əbl] ihanet türünden.

treas|ure [ˈtreʒə] **1.** *n.* hazine *(a. fig.)*; define; *~ trove* define, gömü; **2.** *v/t.* çok değer vermek, üzerine titremek; *~ up* biriktirmek; **~·ur·er** [~rə] *n.* haznedar, veznedar, kasadar.

treas·ur·y [ˈtreʒərɪ] *n.* hazine; ♀ Maliye Bakanlığı; ♀ **Bench** *n. Brt. parl.* Avam Kamarası'nda bakanların oturduğu sıra; ♀ **De·part·ment** *n. Am.* Maliye Bakanlığı.

treat [triːt] **1.** *v/t.* davranmak, muamele etmek; *(konu)* ele almak; tedavi etmek; *~ s.o. to s.th. b-ne bş* ısmarlamak; *v/i. ~ of -den* söz etmek, işlemek; *~ with* görüşmek; **2.** *n.* zevk; ısmarlama, ikram; *school ~* okul eğlencesi; *it is my ~* ben ısmarlıyorum, bu benden.

trea·tise [ˈtriːtɪz] *n.* bilimsel inceleme, tez.

treat·ment ['triːtmənt] *n.* davranış, muamele; tedavi, sağaltım.
treat·y ['triːtı] *n.* antlaşma.
tre·ble ['trebl] **1.** □ üç misli ...; ♪ tiz; **2.** *n.* ♪ soprano; **3.** *v/t.* & *v/i.* üç misli art(ır)mak.
tree [triː] *n.* ağaç.
tre·foil ⚘ ['trefɔıl] *n.* yonca.
trel·lis ['trelıs] **1.** *n.* ↓ kafes, çardak; **2.** *v/t.* birbirine geçirmek; ↓ dallarını kafese sarmak.
trem·ble ['trembl] *v/i.* titremek.
tre·men·dous □ [trı'mendəs] kocaman, muazzam, heybetli; *F* müthiş, görkemli.
trem·or ['tremə] *n.* titreme; sarsıntı; ürperme.
trem·u·lous □ ['tremjʊləs] titrek; ürkek, ödlek.
trench [trentʃ] **1.** *n.* hendek, çukur; ⨯ siper; **2.** *v/t.* hendekle çevirmek; *v/i.* ⨯ siper kazmak.
tren·chant □ ['trentʃənt] kuvvetli, etkili; sert, dokunaklı *(dil v.b.).*
trend [trend] **1.** *n.* yön; *fig.* eğilim; **2.** *v/i.* yönelmek; eğilim göstermek; **~·y** *esp. Brt. F* ['trendı] *(-ier, -iest)* son moda.
trep·i·da·tion [trepı'deıʃn] *n.* korku, dehşet; heyecan, endişe.
tres·pass ['trespəs] **1.** *n.* ⚖ başkasının arazisine izinsiz girme, tecavüz; günah; suç; **2.** *v/i.* ~ *(up)on* kötüye kullanmak; *no ~ing* girmek yasaktır; **~·er** ⚖ [~ə] *n.* başkasının arazisine izinsiz giren kimse.
tres·tle ['tresl] *n.* ayaklık, sehpa.
tri·al ['traıəl] **1.** *n.* deneme, tecrübe, prova; ⚖ duruşma, yargılama; *fig.* baş belası, dert; *on ~* deneme için; ⚖ yargılanmakta; *give s.th. ya da s.o. a ~ bşi ya da b-ni* denemek; *be on ~* ⚖ yargılanmak; *put s.o. on ~* ⚖ *b-ni* yargılamak; **2.** *adj.* deneme ...
tri·an|gle ['traıæŋgl] *n.* üçgen; **~·gu·lar** □ [traı'æŋgjʊlə] üçgen biçiminde; üçlü.
tribe [traıb] *n.* kabile, aşiret, oymak; *contp.* grup; ⚘, *zo.* sınıf, takım.
tri·bu·nal ⚖ [traı'bjuːnl] *n.* mahkeme; yargıç kürsüsü; **trib·une** ['trıbjuːn] *n.* kürsü; halkın korucusu.
trib|u·ta·ry ['trıbjʊtərı] **1.** □ haraç veren; *fig.* bağımlı; *geogr.* bir ırmağa karışan; **2.** *n.* ırmak ayağı; **~·ute** [~juːt] *n.* haraç, vergi; *fig.* övme; hediye.
trice [traıs]: *in a ~* bir anda, bir çırpıda.
trick [trık] **1.** *n.* hile, oyun, dolap, dümen; muziplik; marifet, hüner; *play a ~ on s.o. b-ne* oyun oynamak; **2.** *v/t.* aldatmak, kandırmak; **~·e·ry** ['trıkərı] *n.* hile; hilekârlık.
trick·le ['trıkl] *v/t.* & *v/i.* damla(t)mak.
trick|ster ['trıkstə] *n.* düzenbaz, üçkâğıtçı; **~·y** □ [~ı] *(-ier, -iest)* hileci; kurnaz; *F* beceri isteyen *(iş v.b.).*
tri·cy·cle ['traısıkl] *n.* üç tekerlekli bisiklet.
tri·dent ['traıdənt] *n.* üç çatallı mızrak.
tri|fle ['traıfl] **1.** *n.* önemsiz şey, ıvır zıvır; az para; *a ~* biraz, azıcık; **2.** *v/i.* oynamak; oyalanmak; *v/t. ~ away (para, zaman)* boşa harcamak, çarçur etmek; **~·fling** □ [~ıŋ] önemsiz, değersiz, ufak tefek; saçma, anlamsız.
trig·ger ['trıgə] *n.* tetik; *phot.* deklanşör.
trill [trıl] **1.** *n.* ses titremesi; "r" sesinin titretilerek söylenmesi; **2.** *vb.* "r" sesini titreterek söylemek.
tril·lion ['trıljən] *n. Brt.* trilyon; *Am.* bilyon.
trim [trım] **1.** □ *(-mm-)* biçimli, şık; düzenli, derli toplu; **2.** *n.* düzen, tertip; durum, hal; *in good*

~ iyi durumda, formda; **3.** *(-mm-) v/t.* düzeltmek, çekidüzen vermek; süslemek; kesmek, kırkmak, budamak; ✈, ⚓ dengelemek; **~·ming** ['trımıŋ]: **~s** *pl.* kırpıntı; garnitür.
Trin·i·ty *eccl.* ['trınıtı] *n.* teslis.
trin·ket ['trıŋkıt] *n.* değersiz süs, biblo.
trip [trıp] **1.** *n.* gezi, gezinti; *fig.* hata, yanlış; sürçme; *F* uyuşturucu madde etkisi, keyif hali; **2.** *(-pp-) v/i. (dil)* sürçmek; tökezlenmek; *fig.* hata yapmak, yanılmak; *v/t. a.* ~ *up* çelme takmak, düşürmek.
tri·par·tite ['traı'pɑːtaıt] *adj.* üçlü.
tripe [traıp] *n.* işkembe.
trip|le □ ['trıpl] üç misli, üç kat; ~ *jump spor:* üç adım atlama; **~·lets** [~ıts] *n. pl.* üçüzler.
trip·li·cate 1. ['trıplıkıt] *adj.* üç misli, üç kat; **2.** [~keıt] *v/t.* üç misli artırmak.
tri·pod ['traıpɒd] *n.* üç ayaklı sehpa *(a. phot.)*.
trip·per *esp. Brt.* ['trıpə] *n.* gezen kimse, gezenti.
trite □ [traıt] basmakalıp, bayat, eski.
tri|umph ['traıəmf] **1.** *n.* zafer, utku, yengi; **2.** *vb.* yenmek, zafer kazanmak; **~·um·phal** [traı'ʌmfl] *adj.* zaferle ilgili, zafer ...; **~·um·phant** □ [~ənt] galip, utkulu.
triv·i·al □ ['trıvıəl] önemsiz, ufak tefek; bayağı, sıradan; anlamsız, saçma.
trod [trɒd] *pret. & p.p. of tread 1;* **~·den** ['trɒdn] *p.p. of tread 1.*
trol·l(e)y ['trɒlı] *n. Brt.* el arabası, yük arabası; *Brt.* 🚂 drezin; *Brt.* tekerlekli servis masası; *Am.* tramvay; **~·bus** *n.* troleybüs.
trol·lop ['trɒləp] *n. F* pasaklı kadın; orospu, sürtük.
trom·bone ♪ [trɒm'bəʊn] *n.* trombon.
troop [truːp] **1.** *n.* topluluk, grup; sürü, küme; **~s** *pl.* ⚔ askerler, askeri kuvvetler; **2.** *v/t. & v/i.* bir araya topla(n)mak; ~ *away,* ~ *off F* yürümek, gitmek; ~ *the colours Brt.* ⚔ bayrak töreni yapmak; **~·er** ⚔ ['truːpə] *n.* süvari eri.
tro·phy ['trəʊfı] *n.* ganimet; hatıra; ödül, kupa.
trop|ic ['trɒpık] **1.** *n.* tropika, dönence; **~s** *pl.* tropikal kuşak; **2.** *(~ally),* **~·i·cal** □ [~kl] tropikal.
trot [trɒt] **1.** *n.* tırıs; koşuş; **2.** *(-tt-) v/i.* tırıs gitmek; koşmak.
trou·ble ['trʌbl] **1.** *n.* sıkıntı, zahmet, üzüntü, ıstırap; dert, keder; rahatsızlık, hastalık; endişe; *ask ya da look for* ~ bela aramak, kaşınmak; *take (the)* ~ zahmet etmek; **2.** *v/t. & v/i.* rahatsız etmek, tedirgin etmek; üz(ül)mek, sıkmak, başını ağrıtmak; zahmet vermek; *don't* ~ *yourself* zahmet etmeyin; *what's the ~?* ne var?, ne oluyor?; **~·mak·er** *n.* ortalık karıştırıcı, fitneci; **~·some** □ [~səm] baş belası, can sıkıcı; zahmetli, sıkıntılı, belalı.
trough [trɒf] *n.* tekne, yalak.
trounce [traʊns] *v/t.* dövmek, pataklamak.
troupe *thea.* [truːp] *n.* trup, oyuncu topluluğu.
trou·ser ['traʊzə]: *(a pair of)* **~s** *pl.* pantolon; *attr.* pantolon ...; ~ **suit** *n.* pantolon ve ceketten oluşan kadın giysisi.
trous·seau ['truːsəʊ] *n.* çeyiz.
trout *zo.* [traʊt] *n.* alabalık.
trow·el ['traʊəl] *n.* mala.
tru·ant ['truːənt] *n.* okul kaçağı; *play* ~ dersi asmak, okulu kırmak.
truce ⚔ [truːs] *n.* ateşkes, mütareke.
truck [trʌk] **1.** *n.* 🚂 yük vagonu;

esp. Am. kamyon; el arabası; *Am.* sebze; **2.** *v/t.* takas etmek; **~·er** *Am.* ['trʌkə] *n.* kamyon şoförü; **~ farm** *n. Am.* sebze bahçesi, bostan.

truc·u·lent □ ['trʌkjʊlənt] kavgacı, saldırgan, vahşi, gaddar.

trudge [trʌdʒ] *v/i.* yorgun argın yürümek.

true □ [tru:] *(~r, ~st)* doğru, gerçek; hakiki, som; sadık, vefalı *(dost)*; aslına uygun, tam *(kopya v.b.)*; *(it is)* ~ doğrudur; *come* ~ gerçekleşmek; ~ *to nature* gerçeğe uygun.

tru·ly ['tru:lı] *adv.* doğru olarak; gerçekten; samimiyetle, içtenlikle; *Yours* ~ saygılarımla.

trump [trʌmp] **1.** *n.* koz; **2.** *v/i.* koz oynamak; ~ *up (bahane, yalan)* uydurmak.

trum·pet ['trʌmpıt] **1.** *n.* ♪ boru, borazan; **2.** *vb.* boru çalmak; *fig.* duyurmak, yaymak.

trun·cheon ['trʌntʃən] *n.* sopa; cop.

trun·dle ['trʌndl] *v/t. (çember v.b.)* çevirmek, yuvarlamak.

trunk [trʌŋk] *n.* bavul; gövde, beden; fil hortumu; ağaç gövdesi; *Am. mot.* bagaj; **~-call** *Brt. teleph.* ['trʌŋkkɔ:l] *n.* şehirlerarası telefon; **~-line** *n.* 🚂 ana hat; *teleph.* şehirlerarası telefon hattı; **~s** [trʌŋks] *n. pl.* mayo; *spor:* şort; *esp. Brt.* külot.

truss [trʌs] **1.** *n.* saman demeti; ⚕ kasık bağı; *arch.* kiriş, destek; **2.** *v/t.* sımsıkı bağlamak; *arch.* kirişle desteklemek.

trust [trʌst] **1.** *n.* güven; emanet; sorumluluk; ⚖ mutemetlik; ⚖ vakıf, tesis; *econ.* kredi; *econ.* tröst; ~ *company econ.* tröst şirketi; *in* ~ gözetiminde; emaneten; **2.** *v/t.* güvenmek; emanet etmek *(s.o. with s.th., s.th. to s.o. bşi b-ne)*; inanmak; *v/i.* güveni olmak *(in, to -e)*; **~·ee** ⚖ [trʌs'ti:] *n.* mütevelli; mutemet; yediemin; **~·ful** □ ['trʌstfl], **~·ing** □ [~ıŋ] güvenen, hemen inanan; **~·wor·thy** □ [~wɜ:ðı] güvenilir.

truth [tru:θ] *(pl.* ~*s* [tru:ðz, tru:θs]*) n.* gerçek, doğru; doğruluk; dürüstlük; **~·ful** □ ['tru:θfl] doğru sözlü, doğrucu; doğru.

try [traı] **1.** *v/t.* denemek; sınamak; kalkışmak, girişmek; ⚖ yargılamak; yormak; *(sabır)* taşırmak; *v/i.* uğraşmak, çalışmak; ~ *on (giysi)* prova etmek; ~ *out* denemek; **2.** *n.* deneme; çalışma, uğraşma; **~·ing** □ ['traııŋ] yorucu, zahmetli; bıktırıcı.

tsar *hist.* [zɑ:] *n.* çar.

T-shirt ['ti:ʃɜ:t] *n.* tişört.

tub [tʌb] *n.* tekne, leğen; *Brt. F* küvet; *Brt. F* banyo.

tube [tju:b] *n.* tüp, boru; *mot.* iç lastik, şamyel; metro, tünel; *the* ~ *Am. F* televizyon; **~·less** ['tju:blıs] *adj.* şamyelsiz, iç lastiksiz.

tu·ber ⚘ ['tju:bə] *n.* yumru kök.

tu·ber·cu·lo·sis ⚕ [tju:bɜ:kjʊ'ləʊsıs] *n.* tüberküloz, verem.

tu·bu·lar □ ['tju:bjʊlə] boru biçiminde; borulu.

tuck [tʌk] **1.** *n. (giysi)* pli, kırma; **2.** *v/t.* katlamak; sokmak; tık(ıştır)mak; sıkıştırmak; ~ *away* saklamak, gizlemek; ~ *in,* ~ *up* içeri sokmak, katlamak; ~ *s.o. up in bed b-ni* sarıp sarmalamak; ~ *up* sarmak, örtmek; *(kollarını)* sıvamak.

Tues·day ['tju:zdı] *n.* salı.

tuft [tʌft] *n.* küme, öbek; sorguç; püskül.

tug [tʌg] **1.** *n.* kuvvetli çekiş; *a.* ~*boat* ⚓ römorkör; *fig.* güçlük; **2.** *(-gg-) v/t.* kuvvetle çekmek, asılmak; ⚓ römorkörle çekmek; ~ **of war** *n.* halat çekme oyunu.

tu·i·tion [tju:'ıʃn] *n.* öğretim; okul

taksidi.
tu·lip ⚘ ['tjuːlɪp] *n.* lale.
tum·ble ['tʌmbl] **1.** *v/t. & v/i.* düş(ür)mek, yık(ıl)mak, yuvarla(n)mak; karıştırmak, bozmak; **2.** *n.* düşüş; karışıklık; ~**·down** *adj.* yıkılacak gibi, köhne; ~**r** [~ə] *n.* bardak; *zo.* taklakçı güvercin.
tu·mid □ ['tjuːmɪd] şişkin, kabarık, şişmiş.
tum·my *F* ['tʌmɪ] *n.* mide, karın.
tu·mo(u)r ⚕ ['tjuːmə] *n.* tümör, ur.
tu·mult ['tjuːmʌlt] *n.* kargaşalık, gürültü; isyan; ayaklanma; **tu·mul·tu·ous** □ [tjuː'mʌltjʊəs] gürültülü, kargaşalı.
tun [tʌn] *n.* varil, fıçı.
tu·na *zo.* ['tuːnə] *n.* tonbalığı, orkinos.
tune [tjuːn] **1.** *n.* melodi, nağme, hava; ♪ akort; *fig.* ahenk, uyum; *in* ~ akortlu; *out of* ~ akortsuz; **2.** *v/t.* ♪ akort etmek; ~ *in radyo v.b.:* dalgayı ayarlamak; ~ *up* ♪ akort etmek; *(motor)* ayar etmek; ~**·ful** □ ['tjuːnfl] ahenkli, hoş sesli; ~**·less** □ [~lɪs] ahenksiz; müziksiz, sessiz.
tun·er ['tjuːnə] *n. radyo, TV:* tüner.
tun·nel ['tʌnl] **1.** *n.* tünel; ⚒ galeri; **2.** *(esp. Brt. -ll-, Am. -l-) vb.* tünel açmak.
tun·ny *zo.* ['tʌnɪ] *n.* tonbalığı, orkinos.
tur·bid □ ['tɜːbɪd] koyu, yoğun; çamurlu, bulanık; *fig.* karmakarışık.
tur·bine ⊕ ['tɜːbaɪn] *n.* türbin.
tur·bot *zo.* ['tɜːbət] *n.* kalkan balığı.
tur·bu·lent □ ['tɜːbjʊlənt] çalkantılı, dalgalı; kavgacı, hır çıkaran; sert, şiddetli.
tu·reen [tə'riːn] *n.* büyük çorba kâsesi.
turf [tɜːf] **1.** *(pl. ~s, turves) n.* çimenlik, çim; kesek; *the* ~ hipodrom; at yarışçılığı; **2.** *v/t.* çimlendirmek.
tur·gid □ ['tɜːdʒɪd] şişmiş, şişkin.
Turk [tɜːk] *n.* Türk.
tur·key ['tɜːkɪ] *n. zo.* hindi; *talk* ~ *esp. Am. F* açık açık konuşmak.
Turk·ish ['tɜːkɪʃ] **1.** *adj.* Türkiye'ye özgü, Türk ...; **2.** *n. ling.* Türkçe.
tur·moil ['tɜːmɔɪl] *n.* gürültü, karışıklık, kargaşa.
turn [tɜːn] **1.** *v/t.* döndürmek, çevirmek; altüst etmek, bozmak; ekşitmek; burkmak; dönüştürmek *(into -e);* caydırmak *(from -den);* ⊕ torna etmek; ~ *a corner* krizi *ya da* tehlikeyi atlatmak; ~ *loose* serbest bırakmak; ~ *s.o. sick b-ni* hasta etmek; ~ *sour (süt)* ekşitmek, kesmek; *s. somersault;* ~ *s.o. against b-ni -e* karşı kışkırtmak, düşman etmek; ~ *aside* yana çevirmek; ~ *away* geri çevirmek, döndürmek; ~ *down* reddetmek, geri çevirmek; kıvırmak bükmek; *(radyo, gaz v.b.)* kısmak; ~ *in esp. Am.* geri vermek, iade etmek; ~ *off (gaz)* kesmek; *(su, radyo)* kapatmak; *(ışık)* söndürmek; ~ *on (radyo, su, ışık, gaz)* açmak; *-e* bağlı olmak; *F* etkilemek, heyecanlandırmak; ~ *out econ.* üretmek, yapmak; *(cep, çekmece)* boşaltmak; = *turn off;* ~ *over econ.* alıp satmak; çevirmek, devirmek; teslim etmek *(to -e);* ~ *up* yukarı çevirmek, kıvırmak, sıvamak; *(gaz, ışık, radyo)* açmak; ortaya çıkarmak; *v/i.* dönmek; sapmak, yönelmek *(to -e);* değişmek, dönüşmek *(into -e); mot.* viraj almak; sersemlemek, başı dönmek; ~ *(sour) (süt)* ekşimek, bozulmak, kesilmek; ~ *about* diğer tarafa dönmek; ⚔ geriye dönmek; ~ *aside,* ~ *away* başka tarafa dönmek; ~ *back* geri dönmek; ~ *in F* yatmak; ~ *off* sapmak; ~ *out*

meydana çıkmak, olmak; ~ *over* devrilmek; alabora olmak; ~ *to -e* başlamak, koyulmak; *-e* başvurmak; ~ *up fig.* çıkagelmek, görünmek; **2.** *n.* dönme, dönüş, devir; viraj, dönemeç; kıvrım, dirsek; yetenek; sıra; değişiklik, değişim; nöbet; ⚕ kriz, nöbet; ~ *(of mind)* düşünce tarzı, zihniyet; *at every* ~ her keresinde; *by* ~*s* nöbetleşe, sıra ile; *in* ~ sıra ile, arka arkaya; *it is my* ~ sıra bende; *take* ~*s* sıra ile yapmak, nöbetleşe yapmak; *does it serve your* ~*?* o işinizi görür mü?; ~**·coat** ['tɜːnkəʊt] *n.* dönek adam; ~**·er** [~ə] *n.* tornacı.
turn·ing ['tɜːnɪŋ] *n.* ⊕ torna; dönme, dönüş; dönemeç; ~**-point** *n. fig.* dönüm noktası.
tur·nip ⚘ ['tɜːnɪp] *n.* şalgam.
turn|out ['tɜːnaʊt] *n.* toplantı mevcudu, katılanlar; giysi, kılık kıyafet, giyiniş; *econ.* ürün, üretim; ~**·o·ver** ['tɜːnəʊvə] *n. econ.* sermaye devri, ciro; meyveli turta; ~**·pike** *n. a.* ~ *road Am.* paralı yol; ~**·stile** *n.* turnike; ~**·ta·ble** *n.* 🚂 döner levha; pikap platosu; ~**-up** *n. Brt.* duble paça.
tur·pen·tine ⚗ ['tɜːpəntaɪn] *n.* terebentin.
tur·pi·tude ['tɜːpɪtjuːd] *n.* kötücülük, alçaklık.
tur·ret ['tʌrɪt] *n.* küçük kule; ⚔, ⚓ taret.
tur·tle *zo.* ['tɜːtl] *n.* kaplumbağa; ~**-dove** *n. zo.* kumru; ~**-neck** *n.* balıkçı yaka; *a.* ~ *sweater* balıkçı yaka süveter.
tusk [tʌsk] *n.* fildişi; azıdişi.
tus·sle ['tʌsl] **1.** *n.* kavga, çekişme; **2.** *v/i.* uğraşmak, kavga etmek.
tus·sock ['tʌsək] *n.* ot öbeği, çalı demeti.
tut *int.* [tʌt] Yetti be!, Kes sesini!
tu·te·lage ['tjuːtɪlɪdʒ] *n.* ⚖ vasilik, vesayet.
tu·tor ['tjuːtə] **1.** *n.* özel öğretmen; *Brt. univ.* öğretmen, hoca; *Am. univ.* asistan öğretmen; **2.** *v/t. -e* özel ders vermek; **tu·to·ri·al** [tjuː'tɔːrɪəl] **1.** *n. Brt. univ.* özel ders; **2.** *adj.* özel öğretmen *ya da* vasi ile ilgili.
tux·e·do *Am.* [tʌk'siːdəʊ] *(pl. -dos, -does) n.* smokin.
TV *F* ['tiːviː] **1.** *n.* televizyon, TV; *on* ~ televizyonda; **2.** *adj.* televizyon ...
twang [twæŋ] **1.** *n.* tıngırtı; *mst. nasal* ~ genzel ses; **2.** *v/t. & v/i.* tıngırda(t)mak; genizden konuşmak.
tweak [twiːk] *v/t.* çimdikleyip çekmek, bükmek.
tweet [twiːt] *v/i.* cıvıldamak.
tweez·ers ['twiːzəz] *n. pl. (a pair of* ~ bir) cımbız.
twelfth [twelfθ] **1.** *adj.* on ikinci; **2.** *n.* on ikide bir; ♀**-night** ['twelfθnaɪt] *n.* Noelden on iki gün sonraki gece.
twelve [twelv] *n. & adj.* on iki.
twen|ti·eth ['twentɪɪθ] *adj.* yirminci; ~**·ty** [~ɪ] *n. & adj.* yirmi.
twice [twaɪs] *adv.* iki kere, iki kez.
twid·dle ['twɪdl] *v/t.* döndürmek, döndürüp durmak; *v/i.* oynayıp durmak *(with ile).*
twig [twɪg] *n.* ince dal, sürgün.
twi·light ['twaɪlaɪt] *n.* alaca karanlık; *fig.* karanlık devre, çöküş.
twin [twɪn] **1.** *adj.* çift ...; **2.** *n.* ikiz; ~*s pl.* ikizler; *attr.* çift ...; ~*-bedded room* iki yataklı oda; ~ *brother* ikiz kardeş; ~*-engined* ✈ çift motorlu; ~*-jet* ✈ çift jetli; ~*-lens reflex camera phot.* çift mercekli refleksli fotoğraf makinesi; ~ *sister* ikiz kardeş; ~ *towns* birbirine benzer kasabalar; ~ *track* çift hatlı.
twine [twaɪn] **1.** *n.* sicim; sarma, bükme; **2.** *v/t. & v/i.* sar(ıl)mak, dola(n)mak.

twinge [twındʒ] *n.* sancı.
twin·kle ['twıŋkl] **1.** *v/i.* pırıldamak, parlamak; göz kırpıştırmak; **2.** *n.* parıltı; göz kırpıştırma.
twirl [twɜːl] **1.** *n.* dönüş; kıvrım; **2.** *v/t. & v/i.* fırıl fırıl dön(dür)mek.
twist [twıst] **1.** *n.* bük(ül)me, burk(ul)ma; sicim, ibrişim; dönme, dönüş; düğüm; ♪ tvist dansı; *fig.* eğilim; *fig.* ters anlam verme, çarpıtma; **2.** *v/t. & v/i.* bük(ül)mek, bur(ul)mak, sar(ıl)mak; dolamak; döndürmek; ters anlam vermek, çarpıtmak; ♪ tvist dansı yapmak.
twit *fig.* [twıt] *(-tt-) v/t.* takılmak, sataşmak.
twitch [twıtʃ] **1.** *v/t. & v/i.* seğir(t)mek; birden çekmek; **2.** *n.* seğirtme; birden çekiş.
twit·ter ['twıtə] **1.** *v/i.* cıvıldamak; **2.** *n.* cıvıltı; *in a ~, all of a ~* heyecan içinde.
two [tuː] *n. & adj.* iki; *in ~s* ikişer ikişer; *in ~* iki parçaya, ikiye; *put ~ and ~ together* bağdaştırarak sonuç çıkarmak; **~-bit** *Am. F* ['tuːbıt] *adj.* 25 sentlik ...; *fig.* ucuz, adi; **~-cy·cle** *adj. Am.* ⊕ iki zamanlı; **~-edged** ['tuː'edʒd] *adj.* iki yüzü de keskin *(kılıç v.b.)*; **~·fold** ['tuːfəʊld] *adj. & adv.* iki misli, iki kat; **~·pence** *Brt.* ['tʌpəns] *n.* iki peni; **~·pen·ny** *Brt.* ['tʌpənı] *adj.* iki penilik ...; **~-piece** ['tuːpiːs] **1.** *adj.* iki parçalı; **2.** *n. a. ~ dress* döpiyes; *a. ~ swimming-costume* bikini; **~-seat·er** *mot.*, ✈ ['tuː'siːtə] *n.* iki kişilik araba *ya da* uçak; **~-stroke** *esp. Brt.* ⊕ ['tuːstrəʊk] *adj.* iki zamanlı ...; **~-way** *adj.* çift taraflı; *~ adapter* ⚡ çiftli adaptör; *~ traffic* iki yönlü trafik.
ty·coon *Am. F* [taı'kuːn] *n.* zengin iş adamı, kral; *oil ~* petrol kralı.
type [taıp] **1.** *n.* tip, çeşit, cins, tür; sınıf, kategori; örnek; *print.* matbaa harfi; *print.* hurufat; *true to ~* tipine uygun; *set in ~ print.* dizmek; **2.** *v/t.* daktilo etmek; *v/i.* daktilo yazmak; **~·writ·er** ['taıpraıtə] *n.* daktilo; *~ ribbon* daktilo şeridi.
ty·phoid ⚕ ['taıfɔıd] **1.** *adj.* tifoya benzer; *~ fever* = **2.** *n.* tifo.
ty·phoon [taı'fuːn] *n.* tayfun.
ty·phus ⚕ ['taıfəs] *n.* tifüs.
typ·i|cal □ ['tıpıkl] tipik; simgesel, sembolik; **~·fy** [~faı] *v/t. -in* simgesi olmak, simgelemek.
typ·ist ['taıpıst] *n.* daktilograf, daktilo.
ty·ran|nic [tı'rænık] *(~ally)*, **~·ni·cal** □ [~kl] zalim, gaddar.
tyr·an|nize ['tırənaız] *vb.* eziyet etmek, zulmetmek; **~·ny** [~ı] *n.* zulüm, gaddarlık, zorbalık.
ty·rant ['taıərənt] *n.* zalim, zorba.
tyre *Brt.* ['taıə] *n.* lastik.
Tyr·o·lese [tırə'liːz] **1.** *n.* Tirollü; **2.** *adj.* Tirol'e özgü.
tzar *hist.* [zɑː] *n.* çar.

U

u·biq·ui·tous □ [juː'bıkwıtəs] aynı anda her yerde hazır ve nazır.
ud·der ['ʌdə] *n.* inek memesi.
ug·ly □ ['ʌglı] *(-ier, -iest)* çirkin; kötü, tatsız; iğrenç; huysuz, ters.
ul·cer ⚕ ['ʌlsə] *n.* ülser; **~·ate** ⚕

['reɪt] *v/t.* & *v/i.* ülsere dönüş(tür)mek; **~·ous** ⚕ [~rəs] *adj.* ülserli.

ul·te·ri·or □ [ʌl'tɪərɪə] öte yandaki, ötedeki; gizli.

ul·ti·mate □ ['ʌltɪmət] son; esas, temel; en yüksek; **~·ly** [~lɪ] *adv.* eninde sonunda.

ul·ti·ma·tum [ʌltɪ'meɪtəm] *(pl. -tums, -ta* [-tə]*) n.* ültimatom.

ul·tra ['ʌltrə] *adj.* aşırı, son derece; **~·fash·ion·a·ble** [~'fæʃənəbl] *adj.* son derece modaya uygun; **~·mod·ern** *adj.* son derece modern.

um·bil·i·cal cord *anat.* [ʌm'bɪlɪkl kɔːd] *n.* göbek kordonu.

um·brel·la [ʌm'brelə] *n.* şemsiye; ✕, ✈ koruyucu avcı uçakları; *fig.* koruma.

um·pire ['ʌmpaɪə] **1.** *n.* hakem; **2.** *v/t. (maç v.b.)* yönetmek.

un- [ʌn] *prefix* -siz, -sız.

un·a·bashed ['ʌnə'bæʃt] *adj.* utanmaz, yüzsüz, arsız.

un·a·bat·ed ['ʌnə'beɪtɪd] *adj.* dinmemiş, kesilmemiş *(rüzgâr v.b.).*

un·a·ble ['ʌn'eɪbɪl] *adj.* yapamaz, beceriksiz, elinden gelmez.

un·ac·com·mo·dat·ing ['ʌnə'kɒmədeɪtɪŋ] *adj.* rahatına düşkün.

un·ac·coun·ta·ble □ ['ʌŋə'kaʊntəbl] anlaşılmaz, garip, esrarlı.

un·ac·cus·tomed ['ʌnə'kʌstəmd] *adj.* alışılmamış; alışkın olmayan *(to -e).*

un·ac·quaint·ed ['ʌnə'kweɪntɪd]: *be ~ with s.th. bşi* bilmemek.

un·ad·vised □ ['ʌnəd'vaɪzd] danışmamış; düşüncesiz.

un·af·fect·ed □ ['ʌnə'fektɪd] etkilenmemiş; yapmacıksız, doğal, içten.

un·aid·ed ['ʌn'eɪdɪd] *adj.* yardımsız, yardım görmemiş.

un·al·ter·a·ble □ [ʌn'ɔːltərəbl] değişmez; değiştirilemez; **un·al·tered** ['ʌn'ɔːltəd] *adj.* değiştirilmemiş.

u·na·nim·i·ty [juːnə'nɪmətɪ] *n.* oybirliği; **u·nan·i·mous** □ [juː'nænɪməs] aynı fikirde.

un·an·swe·ra·ble □ [ʌn'ɑːnsərəbl] cevaplandırılamaz; **un·an·swered** ['ʌn'ɑːnsəd] *adj.* cevapsız; karşılıksız *(aşk).*

un·ap·proa·cha·ble □ ['ʌnə'prəʊtʃəbl] yaklaşılmaz; eşsiz.

un·apt □ [ʌn'æpt] uygunsuz.

un·a·shamed □ ['ʌnə'ʃeɪmd] utanmaz, yüzsüz.

un·asked ['ʌn'ɑːskt] *adj.* sorulmamış; davetsiz.

un·as·sist·ed □ ['ʌnə'sɪstɪd] yardımsız.

un·as·sum·ing □ ['ʌnə'sjuːmɪŋ] alçakgönülü, gösterişi sevmez.

un·at·tached ['ʌnə'tætʃt] *adj.* bağımsız, serbest; bekâr.

un·at·trac·tive □ ['ʌnə'træktɪv] cazibesiz, sevimsiz.

un·au·thor·ized ['ʌn'ɔːθəraɪzd] *adj.* yetkisiz.

un·a·vai·la·ble □ ['ʌnə'veɪləbl] mevcut olmayan; işe yaramaz; **un·a·vail·ing** [~ɪŋ] *adj.* boşuna, yararsız.

un·a·void·a·ble □ [ʌnə'vɔɪdəbl] kaçınılmaz, çaresiz.

un·a·ware ['ʌnə'weə]: *be ~ of -in* farkında olmamak, *-den* habersiz olmak; **~s** [~z] *adv.* ansızın, habersiz; farkında olmadan.

un·backed ['ʌn'bækt] *adj.* üzerine bahse girilmemiş; arkasız.

un·bal·anced ['ʌn'bælənst] *adj.* dengesiz; *of ~ mind* akli dengesi bozuk.

un·bear·a·ble □ [ʌn'beərəbl] dayanılmaz, çekilmez.

un·beat·en ['ʌn'biːtn] *adj.* kırılmamış *(rekor);* yenilmemiş *(takım);* ayak basılmamış.

un·be·com·ing □ ['ʌnbɪ'kʌmɪŋ] uygunsuz, yakışmaz.

un·be·known(st) ['ʌnbɪ'nəʊn(st)] *adj.* meçhul; haberi olmadan *(to -in).*
un·be·lief *eccl.* ['ʌnbɪ'liːf] *n.* imansızlık, inançsızlık.
un·be·lie·va·ble □ ['ʌnbɪ'liːvəbl] inanılmaz; **un·be·liev·ing** □ ['ʌnbɪ'liːvɪŋ] imansız; şüpheci.
un·bend ['ʌn'bend] *(-bent) v/t. & v/i.* gevşe(t)mek; doğrul(t)mak, düzel(t)mek; dinlen(dir)mek; **~·ing** □ [~ɪŋ] eğilmez; *fig.* kararından dönmez.
un·bi·as(s)ed □ ['ʌn'baɪəst] tarafsız, yansız.
un·bid(·den) ['ʌn'bɪd(n)] *adj.* davetsiz; kendiliğinden gelen.
un·bind ['ʌn'baɪnd] *(-bound) v/t.* çözmek; salıvermek.
un·blush·ing □ ['ʌn'blʌʃɪŋ] utanmaz, yüzsüz.
un·born ['ʌn'bɔːn] *adj.* henüz doğmamış; gelecek, müstakbel.
un·bos·om [ʌn'bʊzəm] *v/t.* açığa vurmak, ortaya dökmek.
un·bound·ed □ ['ʌn'baʊndɪd] sınırsız; *fig.* ölçüsüz.
un·bri·dled *fig.* [ʌn'braɪdld] *adj.* önüne geçilmez *(hırs v.b.); ~ tongue* küstah konuşma.
un·bro·ken □ ['ʌn'brəʊkən] kırılmamış *(rekor v.b.);* sürekli, aralıksız; ehlileştirilmemiş *(at).*
un·bur·den [ʌn'bɜːdn]: *~ o.s. (to s.o.) b-ne* içini dökmek.
un·but·ton ['ʌn'bʌtn] *v/t. -in* düğmelerini çözmek.
un·called-for [ʌn'kɔːldfɔː] *adj.* gereksiz, yersiz.
un·can·ny □ [ʌn'kænɪ] *(-ier, -iest)* esrarengiz; tekin olmayan.
un·cared-for ['ʌn'keədfɔː] *adj.* bakımsız.
un·ceas·ing □ [ʌn'siːsɪŋ] sürekli, aralıksız; sonsuz.
un·ce·re·mo·ni·ous □ ['ʌnserɪ'məʊnjəs] resmi olmayan; teklifsiz; kaba.
un·cer·tain □ [ʌn'sɜːtn] şüpheli; kararsız, belirsiz; güvenilmez; **~·ty** [~tɪ] *n.* şüphe, tereddüt.
un·chal·lenged ['ʌn'tʃæləndʒd] *adj.* itiraz kabul etmez, tartışılmaz.
un·change·a·ble □ ['ʌn'tʃeɪndʒəbl] değişmez; **un·changed** ['ʌn'tʃeɪndʒd] *adj.* değişmemiş, eskisi gibi; **un·chang·ing** □ ['ʌn'tʃeɪndʒɪŋ] değişmez.
un·char·i·ta·ble □ ['ʌn'tʃærɪtəbl] acımasız, katı, sert.
un·checked ['ʌn'tʃekt] *adj.* kontrolsüz, başıboş, önü alınmamış.
un·civ·il □ ['ʌn'sɪvl] kaba; **un·civ·i·lized** [~vəlaɪzd] *adj.* medeniyetsiz.
un·claimed ['ʌn'kleɪmd] *adj.* sahibi çıkmamış, sahipsiz.
un·clasp ['ʌn'klɑːsp] *v/t. (toka v.b.)* açmak; *(sıkılan eli)* bırakmak.
un·cle ['ʌŋkl] *n.* amca; dayı; enişte.
un·clean □ ['ʌn'kliːn] pis, kirli.
un·close ['ʌn'kləʊz] *v/t. & v/i.* aç(ıl)mak; açığa vurmak.
un·come·ly ['ʌn'kʌmlɪ] *(-ier, -iest) adj.* yakışık almaz, uygunsuz, yersiz.
un·com·for·ta·ble □ [ʌn'kʌmfətəbl] rahatsız; rahatsız edici.
un·com·mon □ [ʌn'kɒmən] nadir, seyrek; olağanüstü, görülmedik.
un·com·mu·ni·ca·tive □ ['ʌnkə'mjuːnɪkətɪv] az konuşur, ağzı sıkı.
un·com·plain·ing □ ['ʌnkəm'pleɪnɪŋ] şikâyet etmeyen, sabırlı.
un·com·pro·mis·ing □ [ʌn'kɒmprəmaɪzɪŋ] uzlaşmaz, uyuşmaz.
un·con·cern ['ʌnkən'sɜːn] *n.* ilgisizlik, kayıtsızlık; **~ed** □ ilgisiz, kayıtsız; duygusuz *(with -e karşı).*
un·con·di·tion·al □ ['ʌnkən'dɪʃənl] kayıtsız şartsız.
un·con·firmed ['ʌnkən'fɜːmd] *adj.* doğrulanmamış; *eccl.* kiliseye ka-

bul edilmemiş.
un·con·nect·ed □ ['ʌnkə'nektɪd] birbirini tutmaz, ilgisiz.
un·con·quer·a·ble □ ['ʌn'kɒŋkərəbl] zaptedilemez; **un·con·quered** ['ʌn'kɒŋkəd] *adj.* zaptedilmemiş.
un·con·scio·na·ble □ [ʌn'kɒnʃnəbl] mantıksız; vicdansız; *F* fahiş *(fiyat).*
un·con·scious¹ □ [ʌn'kɒnʃəs] bilinçsiz; ⚕ baygın; **~·ness** ⚕ [~nɪs] *n.* baygınlık.
un·con·sti·tu·tion·al □ ['ʌnkɒnstɪ'tjuːʃənl] anayasaya aykırı.
un·con·trol·la·ble □ ['ʌnkən'trəʊləbl] önlenemez, tutulamaz; **un·con·trolled** □ ['ʌnkən'trəʊld] kontrolsüz, başıboş; dizginsiz.
un·con·ven·tion·al □ ['ʌnkən'venʃənl] göreneklere uymayan; garip.
un·con·vinced ['ʌnkən'vɪnst] *adj.* emin olmayan, ikna olmamış; **un·con·vinc·ing** [~ɪŋ] *adj.* inandırıcı olmayan.
un·cork ['ʌn'kɔːk] *v/t.* *-in* tapasını çıkarmak.
un·count|a·ble ['ʌn'kaʊntəbl] *adj.* sayılamayan; **~·ed** *adj.* sayılmamış; sayısız.
un·coup·le ['ʌn'kʌpl] *v/t.* çözmek, ayırmak.
un·couth □ [ʌn'kuːθ] kaba, kültürsüz.
un·cov·er [ʌn'kʌvə] *v/t.* *-in* örtüsünü kaldırmak, açmak; ortaya çıkarmak.
unc|tion ['ʌŋkʃn] *n.* yağ; yağ sürme; *fig.* yalancı nezaket; **~·tu·ous** □ [~tjʊəs] yağlı; *fig.* aşırı tatlı dilli.
un·cul·ti·vat·ed ['ʌn'kʌltɪveɪtɪd], **un·cul·tured** [~tʃəd] *adj.* kültürsüz, yontulmamış.
un·dam·aged ['ʌn'dæmɪdʒd] *adj.* zarar görmemiş, sağlam.
un·daunt·ed □ ['ʌn'dɔːntɪd] gözü pek, korkusuz.
un·de·ceive ['ʌndɪ'siːv] *v/t.* *fig.* gözünü açmak, uyandırmak.
un·de·cid·ed □ ['ʌndɪ'saɪdɪd] kararsız; sallantıda, askıda.
un·de·fined □ ['ʌndɪ'faɪnd] tanımlanmamış; belirsiz.
un·de·mon·stra·tive □ ['ʌndɪ'mɒnstrətɪv] ağzı sıkı; duygularını belli etmeyen.
un·de·ni·a·ble □ ['ʌndɪ'naɪəbl] inkâr olunamaz.
un·der ['ʌndə] **1.** *adv.* aşağıda, altta; boyun eğmiş durumda; **2.** *prp.* *-in* altın(d)a; *-den* eksik; **3.** *adj.* aşağıdaki, alt ...; yardımcı, ikinci, iç ...; **~·bid** [ʌndə'bɪd] *(-dd-; -bid)* *v/t.* *-den* daha düşük fiyat vermek; **~·brush** ['ʌndəbrʌʃ] *n.* çalılık; **~·car·riage** ['ʌndəkærɪdʒ] *n.* ✈ iniş takımı; *mot.* şasi; **~·clothes** ['ʌndəkləʊðz] *pl.*, **~·cloth·ing** [~ðɪŋ] *n.* iç çamaşır; **~·cut** [ʌndə'kʌt] *(-tt-; -cut)* *v/t.* *(fiyat)* kırmak; **~·dog** ['ʌndədɒg] *n.* ezilen kimse, biçare; **~·done** [ʌndə'dʌn] *adj.* iyi pişirilmemiş, az pişmiş; **~·es·ti·mate** [ʌndər'estɪmeɪt] *v/t.* küçümsemek; **~·fed** [ʌndə'fed] *adj.* gıdasız; **~·go** [ʌndə'gəʊ] *(-went, -gone)* *v/t.* *(zorluk v.b.)* çekmek, katlanmak, uğramak; *(testten)* geçmek; **~·grad·u·ate** [ʌndə'grædjʊət] *n.* üniversite öğrencisi; **~·ground** ['ʌndəgraʊnd] **1.** *adj.* yeraltı ...; gizli; **2.** *n.* *esp.* *Brt.* metro; **~·growth** ['ʌndəgrəʊθ] *n.* çalılık; **~·hand** [ʌndə'hænd] *adj.* & *adv.* el altından, gizlice; sinsi sinsi; **~·lie** ['ʌndə'laɪ] *(-lay, -lain)* *vb.* *-in* altında olmak; **~·line** [ʌndə'laɪn] *v/t.* *-in* altını çizmek *(a. fig.)*; **~·ling** *contp.* ['ʌndəlɪŋ] *n.* ast; **~·mine** [ʌndə'maɪn] *v/t.* *-in* altını kazmak; *fig.* *(otorite v.b.)* zayıflatmak, sarsmak; **~·most** ['ʌndə-

məʊst] *adj.* en alttaki; **~·neath** ['ʌndə'ni:θ] *prp.* & *adv.* *-in* altın(d)a; **~·pass** ['ʌndəpɑ:s] *n.* alt geçit; **~·pin** [ʌndə'pın] *(-nn-) v/t.* ⊕ *-in* altını beslemek, desteklemek *(a. fig.)*; **~·plot** ['ʌndəplɒt] *n.* yan aksiyon; **~·priv·i·leged** [ʌndə'prıvılıdʒd] *adj.* temel sosyal haklardan yoksun; **~·rate** ['ʌndə'reıt] *v/t.* küçümsemek; **~-·sec·re·ta·ry** ['ʌndə'sekrətərı] *n.* müsteşar; **~·sell** *econ.* [ʌndə'sel] *(-sold) v/t.* fiyat kırarak satmak, *-den* daha ucuza satmak; **~·shirt** *Am.* ['ʌndəʃɜ:t] *n.* fanila; **~-·signed** ['ʌndəsaınd]: *the ~* aşağıda imzası bulunan, imza sahibi; **~·size(d)** [ʌndə'saız(d)] *adj.* normalden küçük; **~·skirt** ['ʌndəskɜ:t] *n.* jüpon, iç etekliği; **~·staffed** ['ʌndə'stɑ:ft] *adj.* personeli az olan; **~·stand** [ʌndə'stænd] *(-stood) v/t.* anlamak, kavramak; öğrenmek, haberi olmak; tahmin etmek; *make o.s. understood* derdini anlatabilmek; *an understood thing* anlaşılmış şey; **~·stand·a·ble** [~əbl] *adj.* anlaşılır; **~·stand·ing** [~ıŋ] *n.* anlayış, kavrama; açıklama, yorum; duygudaşlık, sempati; **~·state** [ʌndə'steıt] *v/t.* olduğundan az göstermek, küçültmek; **~·statement** [~mənt] *n.* olduğundan az gösterme, küçültme; **~·take** [ʌndə'teık] *(-took, -taken) v/t.* üzerine almak, üstlenmek; başlamak, girişmek; **~·tak·er** ['ʌndəteıkə] *n.* cenaze kaldırıcısı; **~·tak·ing** [ʌndə'teıkıŋ] *n.* girişim; üzerine alma, taahhüt; iş; garanti; **~·tone** ['ʌndətəʊn] *n.* fısıltı; *fig.* gizli duygu *ya da* anlam; **~·val·ue** [ʌndə'vælju:] *v/t.* az değer vermek; küçümsemek; **~·wear** ['ʌndəweə] *n.* iç çamaşır; **~·wood** ['ʌndəwʊd] *n.* çalılık.

un·de·served □ ['ʌndı'zɜ:vd] hak edimemiş, haksız; **un·de·serv·ing** □ [~ıŋ] hak etmeyen.

un·de·signed □ ['ʌndı'zaınd] kasıtsız; önceden tasarlanmamış.

un·de·si·ra·ble ['ʌndı'zaıərəbl] **1.** □ hoşa gitmeyen, istenmeyen; **2.** *n.* istenmeyen kimse.

un·de·vel·oped [ʌndı'veləpt] *adj.* gelişmemiş; işlenmemiş *(toprak).*

un·de·vi·at·ing □ ['ʌn'di:vıeıtıŋ] yolunu şaşmayan.

un·dies *F* ['ʌndız] *n. pl.* kadın iç çamaşırı.

un·dig·ni·fied □ [ʌn'dıgnıfaıd] onursuz; beceriksiz, sakar.

un·dis·ci·plined [ʌn'dısıplınd] *adj.* disiplinsiz; ele avuca sığmaz.

un·dis·guised □ ['ʌndıs'gaızd] kılığını değiştirmemiş; *fig.* yapmacıksız, içten.

un·dis·put·ed □ ['ʌndı'spju:tıd] karşı gelinmeyen, tartışılmaz.

un·do ['ʌn'du:] *(-did, -done) v/t.* çözmek, açmak, sökmek; felakete sürüklemek, mahvetmek; **~·ing** [~ıŋ] *n.* çözme, açma; felaket, yıkım; **un·done** ['ʌn'dʌn] *adj.* çözük, açık; bitirilmemiş; mahvolmuş, perişan, hapı yutmuş.

un·doubt·ed □ [ʌn'daʊtıd] şüphesiz, kesin.

un·dreamed [ʌn'dri:md], **un·dreamt** [ʌn'dremt]: *~-of* akla hayale gelmez.

un·dress ['ʌn'dres] *v/t.* & *v/i.* soy(un)mak; **~ed** *adj.* çıplak.

un·due □ ['ʌn'dju:] yakışık almaz, uygunsuz; *econ.* vadesi gelmemiş.

un·du|late ['ʌndjʊleıt] *v/t.* & *v/i.* dalgalan(dır)mak; dalga dalga olmak; **~·la·tion** [ʌndjʊ'leıʃn] *n.* dalgalanma; dalga.

un·du·ti·ful □ ['ʌn'dju:tıfl] itaatsiz, saygısız; görevine bağlı olmayan.

un·earth ['ʌn'ɜ:θ] *v/t.* eşeleyip çıkarmak; *fig.* ortaya çıkarmak;

~·**ly** [ʌn'ɜːθlɪ] *adj.* doğaüstü; esrarengiz; uygunsuz; *at an ~ hour F* uygunsuz bir saatte.
un·eas|i·ness [ʌn'iːzɪnɪs] *n.* huzursuzluk, rahatsızlık; endişe; ~·**y** □ [ʌn'iːzɪ] *(-ier, -iest)* huzursuz, rahatsız; endişeli; rahatsız edici.
un·ed·u·cat·ed ['ʌn'edjʊkeɪtɪd] *adj.* okumamış, cahil.
un·e·mo·tion·al □ ['ʌnɪ'məʊʃənl] duygusuz.
un·em|ployed ['ʌnɪm'plɔɪd] **1.** *adj.* işsiz, boşta; kullanılmayan; **2.** *n. the ~ pl.* işsizler; ~·**ploy·ment** [~mənt] *n.* işsizlik.
un·end·ing □ [ʌn'endɪŋ] bitmez tükenmez, sonsuz.
un·en·dur·a·ble □ ['ʌnɪn'djʊərəbl] dayanılmaz, çekilmez.
un·en·gaged ['ʌnɪn'geɪdʒd] *adj.* serbest.
un·e·qual □ ['ʌn'iːkwəl] eşit olmayan; yetersiz *(to -e)*; ~**(l)ed** *adj.* eşi bulunmaz, eşsiz.
un·er·ring □ ['ʌn'ɜːrɪŋ] şaşmaz, tam isabetli.
un·es·sen·tial ['ʌnɪ'senʃl] *adj.* gereksiz, önemsiz.
un·e·ven □ ['ʌn'iːvn] engebeli, inişli çıkışlı; düzensiz; tek *(sayı)*.
un·e·vent·ful □ ['ʌnɪ'ventfl] olaysız, sakin.
un·ex·am·pled ['ʌnɪg'zɑːmpld] *adj.* eşi görülmemiş, eşsiz.
un·ex·cep·tio·na·ble □ ['ʌnɪk'sepʃnəbl] karşı çıkılmaz, itiraz kabul etmez; kusursuz.
un·ex·pec·ted □ ['ʌnɪk'spektɪd] beklenmedik, umulmadık.
un·ex·plained ['ʌnɪk'spleɪnd] *adj.* açıklanmamış, anlaşılmaz.
un·fad·ing [ʌn'feɪdɪŋ] *adj.* solmaz.
un·fail·ing □ [ʌn'feɪlɪŋ] bitmez tükenmez, sonu gelmez; *fig.* sadık, vefalı.
un·fair □ ['ʌn'feə] haksız, adaletsiz; hileli.
un·faith·ful □ ['ʌn'feɪθfl] sadakatsiz, vefasız; güvenilmez.
un·fa·mil·i·ar ['ʌnfə'mɪljə] *adj.* iyi bilmeyen, yabancı *(with -e)*; alışılmamış.
un·fas·ten ['ʌn'fɑːsn] *v/t.* açmak, çözmek, gevşetmek; ~**ed** *adj.* çözük, açık.
un·fath·o·ma·ble □ [ʌn'fæðəməbl] dibine ulaşılamaz.
un·fa·vo(u)·ra·ble □ ['ʌn'feɪvərəbl] elverişsiz; ters, aksi.
un·feel·ing □ [ʌn'fiːlɪŋ] duygusuz.
un·fil·i·al □ ['ʌn'fɪljəl] evlada yakışmaz, saygısız.
un·fin·ished ['ʌn'fɪnɪʃt] *adj.* bitmemiş.
un·fit ['ʌn'fɪt] **1.** □ uygunsuz; yetersiz; *spor:* formsuz; **2.** *(-tt-) v/t.* kuvvetten düşürmek.
un·fix ['ʌn'fɪks] *v/t.* çözmek, açmak.
un·fledged ['ʌnfledʒd] *adj.* tüyleri bitmemiş, uçamayan *(kuş)*; *fig.* acemi çaylak.
un·flinch·ing □ [ʌn'flɪntʃɪŋ] korkusuz, cesur, yiğit.
un·fold ['ʌn'fəʊld] *v/t. & v/i.* aç(ıl)mak; yaymak; gözler önüne sermek.
un·forced ['ʌn'fɔːst] *adj.* doğal.
un·fore·seen ['ʌnfɔː'siːn] *adj.* beklenmedik, umulmadık.
un·for·get·ta·ble □ ['ʌnfə'getəbl] unutulmaz.
un·for·giv·ing ['ʌnfə'gɪvɪŋ] *adj.* affetmez, acımasız.
un·for·got·ten ['ʌnfə'gɒtn] *adj.* unutulmamış.
un·for·tu·nate [ʌn'fɔːtʃnət] **1.** □ şanssız; **2.** *n.* şanssız kimse; ~·**ly** [~lɪ] *adv.* ne yazık ki, maalesef.
un·found·ed □ ['ʌn'faʊndɪd] asılsız, boş.
un·friend·ly ['ʌn'frendlɪ] *(-ier, -iest) adj.* dostça olmayan, düşmanca.
un·furl ['ʌn'fɜːl] *v/t.* açmak, yaymak, sermek.

un·fur·nished ['ʌn'fɜːnɪʃt] *adj.* mobilyasız.
un·gain·ly [ʌn'geɪnlɪ] *adj.* hantal, biçimsiz; sakar; kaba.
un·gen·er·ous □ ['ʌn'dʒenərəs] cimri, eli sıkı.
un·god·ly □ ['ʌn'gɒdlɪ] Allahsız, dinsiz; *F* uygunsuz; *at an ~ hour F* uygunsuz bir saatte.
un·gov·er·na·ble □ ['ʌn'gʌvənəbl] yönetilemez, asi.
un·grace·ful □ ['ʌn'greɪsfl] kaba, inceliksiz; beceriksiz.
un·gra·cious □ ['ʌn'greɪʃəs] kaba, nezaketsiz; hoşa gitmeyen.
un·grate·ful □ [ʌn'greɪtfl] nankör; tatsız *(iş)*.
un·guard·ed □ ['ʌn'gɑːdɪd] koruyucusuz; dikkatsiz.
un·guent *pharm.* ['ʌŋgwənt] *n.* merhem, yağ.
un·ham·pered [ʌn'hæmpəd] *adj.* engellenmemiş, serbest.
un·hand·some □ [ʌn'hænsəm] çirkin; yakışıksız, uygunsuz.
un·han·dy □ ['ʌn'hændɪ] *(-ier, -iest)* kullanışsız, elverişsiz; eli işe yakışmaz, sakar.
un·hap·py □ [ʌn'hæpɪ] *(-ier, -iest)* mutsuz; şanssız.
un·harmed ['ʌn'hɑːmd] *adj.* zarar görmemiş, sağ salim.
un·health·y □ [ʌn'helθɪ] *(-ier, -iest)* sağlığı bozuk; sağlığa zararlı.
un·heard-of [ʌn'hɜːdɒv] *adj.* eşi görülmemiş, duyulmamış.
un·heed|ed □ ['ʌn'hiːdɪd] önemsenmeyen; **~·ing** [~ɪŋ] *adj.* önemsemeyen, aldırışsız.
un·hes·i·tat·ing □ [ʌn'hezɪteɪtɪŋ] tereddüt etmeyen.
un·ho·ly ['ʌn'həʊlɪ] *(-ier, -iest) adj.* kutsal olmayan, dine aykırı; *F s. ungodly.*
un·hook ['ʌn'hʊk] *v/t.* *-in* çengellerini çıkarmak.
un·hoped-for [ʌn'həʊptfɔː] *adj.* beklenmedik, umulmadık.
un·hurt ['ʌn'hɜːt] *adj.* zarar görmemiş, incinmemiş, sağlam.
u·ni- ['juːnɪ] *prefix* bir ..., tek ...
u·ni·corn ['juːnɪkɔːn] *n.* tek boynuzlu at.
u·ni·fi·ca·tion [juːnɪfɪ'keɪʃn] *n.* birleş(tir)me.
u·ni·form ['juːnɪfɔːm] **1.** □ aynı, değişmez; düzenli; tekdüzen; **2.** *n.* üniforma; **3.** *v/t.* üniforma giydirmek; **~·i·ty** [juːnɪ'fɔːmətɪ] *n.* aynılık, değişmezlik; tekdüzenlik.
u·ni·fy ['juːnɪfaɪ] *v/t.* birleştirmek.
u·ni·lat·e·ral □ ['juːnɪ'lætərəl] tek yanlı.
un·i·ma·gi·na|ble □ [ʌnɪ'mædʒɪnəbl] düşünülemez, akıl almaz; **~·tive** □ ['ʌnɪ'mædʒɪnətɪv] hayal gücü dar.
un·im·por·tant □ ['ʌnɪm'pɔːtənt] önemsiz.
un·im·proved ['ʌnɪm'pruːvd] *adj.* geliştirilmemiş; sürülmemiş *(toprak)*.
un·in·formed ['ʌnɪn'fɔːmd] *adj.* haberdar edilmemiş.
un·in·hab|i·ta·ble ['ʌnɪn'hæbɪtəbl] *adj.* oturulamaz, yaşanılmaz; **~·it·ed** [~tɪd] *adj.* ıssız, boş.
un·in·jured ['ʌn'ɪndʒəd] *adj.* yaralanmamış, incinmemiş.
un·in·tel·li·gi·ble □ ['ʌnɪn'telɪdʒəbl] anlaşılmaz.
un·in·ten·tion·al □ ['ʌnɪn'tenʃənl] istemeyerek yapılan, kasıtsız.
un·in·te·rest·ing □ ['ʌn'ɪntrɪstɪŋ] ilginç olmayan.
un·in·ter·rupt·ed □ ['ʌnɪntə'rʌptɪd] aralıksız, sürekli, kesintisiz.
u·ni·on ['juːnjən] *n.* birleş(tir)me; evlilik; *pol.* birlik; sendika; darülaceze, düşkünlerevi; **~·ist** [~ɪst] *n.* sendikacı; **♀ Jack** *n.* İngiliz bayrağı; **~ suit** *n. Am.* kombinezon.
u·nique □ [juː'niːk] biricik, tek; eşsiz.
u·ni·son ♪ *& fig.* ['juːnɪzn] *n.* birlik, ahenk, uyum.

u·nit ['ju:nɪt] *n.* birlik; ⚠, ⊕ birim, ünite.
u·nite [ju:'naɪt] *v/t. & v/i.* birleş(tir)mek; **u·nit·ed** *adj.* birleşmiş, birleşik; **u·ni·ty** ['ju:nətɪ] *n.* birlik; bütünlük; dayanışma.
u·ni·ver·sal □ [ju:nɪ'vɜ:sl] genel; evrensel; **~·i·ty** ['ju:nɪvɜ:'sælətɪ] *n.* genellik; evrensellik.
u·ni·verse ['ju:nɪvɜ:s] *n.* evren.
u·ni·ver·si·ty [ju:nɪ'vɜ:sətɪ] *n.* üniversite; ~ *graduate* üniversite mezunu.
un·just □ ['ʌn'dʒʌst] haksız, adaletsiz; **un·jus·ti·fi·a·ble** □ [ʌn'dʒʌstɪfaɪəbl] gereksiz, yersiz.
un·kempt ['ʌn'kempt] *adj.* taranmamış, dağınık *(saç);* derbeder.
un·kind □ [ʌn'kaɪnd] zalim, insafsız, sert; kırıcı.
un·know·ing □ ['ʌn'nəʊɪŋ] habersiz; **un·known** [~n] **1.** *adj.* bilinmeyen, meçhul, yabancı; ~ *to me* haberim olmadan; **2.** *n.* meçhul kimse.
un·lace ['ʌn'leɪs] *v/t. -in* bağlarını çözmek.
un·latch ['ʌn'lætʃ] *v/t. -in* mandalını açmak.
un·law·ful □ ['ʌn'lɔ:fl] kanunsuz, yasadışı, yolsuz.
un·lead·ed ['ʌnledɪd] *adj.* kurşunsuz.
un·learn ['ʌn'lɜ:n] *(-ed ya da -learnt) v/t. (öğrendiğini)* unutmak.
un·less [ən'les] *cj.* -medikçe, -mezse.
un·like ['ʌn'laɪk] **1.** □ farklı; **2.** *prp.* benzemeyerek; *-den* farklı olarak, *-in* aksine; **~·ly** [ʌn'laɪklɪ] *adj.* olası olmayan, olasısız.
un·lim·it·ed [ʌn'lɪmɪtɪd] *adj.* sınırsız, sayısız.
un·load ['ʌn'ləʊd] *v/t. -den* kurtarmak, rahatlatmak; *(derdini)* dökmek; ⚓ *(yük)* boşaltmak.
un·lock ['ʌn'lɒk] *v/t. -in* kilidini açmak; **~ed** *adj.* açık.
un·looked-for [ʌn'lʊktfɔ:] *adj.* beklenmedik, umulmadık.
un·loose, un·loos·en ['ʌn'lu:s, ʌn'lu:sn] *v/t.* çözmek; salıvermek.
un·love·ly ['ʌn'lʌvlɪ] *adj.* sevimsiz; **un·lov·ing** □ [~ɪŋ] duygusuz, sevgisiz.
un·luck·y □ [ʌn'lʌkɪ] *(-ier, -iest)* şanssız; uğursuz; *be* ~ şansı olmamak.
un·make ['ʌn'meɪk] *(-made) v/t.* bozmak; parçalamak, harap etmek.
un·man ['ʌn'mæn] *(-nn-) v/t.* cesaretini kırmak; kısırlaştırmak; **~ned** insansız *(uzay gemisi).*
un·man·age·a·ble □ [ʌn'mænɪdʒəbl] idaresi güç.
un·mar·ried ['ʌn'mærɪd] *adj.* evlenmemiş, bekâr.
un·mask ['ʌn'mɑ:sk] *v/t.* maskesini çıkarmak; *fig.* maskesini düşürmek.
un·matched ['ʌn'mætʃt] *adj.* eşsiz, eşi bulunmaz.
un·mean·ing □ [ʌn'mi:nɪŋ] anlamsız.
un·mea·sured [ʌn'meʒəd] *adj.* sonsuz, sınırsız.
un·mer·it·ed ['ʌn'merɪtɪd] *adj.* haksız.
un·mind·ful □ [ʌn'maɪndfl]: *be* ~ *of -e* aldırmamak, unutmak.
un·mis·ta·ka·ble □ ['ʌnmɪ'steɪkəbl] açık, belli.
un·mit·i·gat·ed [ʌn'mɪtɪgeɪtɪd] *adj.* tam; *an* ~ *scoundrel* tam bir alçak.
un·mo·lest·ed ['ʌnmə'lestɪd] *adj.* rahatsız edilmemiş.
un·mount·ed ['ʌn'maʊntɪd] *adj.* atsız; monte edilmemiş; oturtulmamış.
un·moved ['ʌn'mu:vd] *adj.* duygusuz; istifini bozmamış, soğukkanlı.
un·named ['ʌn'neɪmd] *adj.* isimsiz,

adsız.
un·nat·u·ral □ [ʌn'nætʃrəl] doğal olmayan, anormal; yapmacık.
un·ne·ces·sa·ry □ [ʌn'nesəsərı] gereksiz; faydasız.
un·neigh·bo(u)r·ly ['ʌn'neıbəlı] *adj.* komşuya yakışmaz.
un·nerve ['ʌn'nɜːv] *v/t.* sinirini bozmak, cesaretini kırmak.
un·no·ticed ['ʌn'nəʊtıst] *adj.* gözden kaçmış.
un·ob·jec·tio·na·ble □ ['ʌnəb'dʒekʃnəbl] itiraz edilemez, kusursuz.
un·ob·serv·ant □ ['ʌnəb'zɜːvənt] dikkatsiz; **un·ob·served** □ [~d] gözden kaçmış.
un·ob·tai·na·ble ['ʌnəb'teınəbl] *adj.* elde edilemez, bulunamaz.
un·ob·tru·sive □ ['ʌnəb'truːsıv] göze çarpmaz; alçakgönüllü.
un·oc·cu·pied ['ʌn'ɒkjʊpaıd] *adj.* boş; işsiz, boşta.
un·of·fend·ing ['ʌnə'fendıŋ] *adj.* zararsız, karıncavı ezmez.
un·of·fi·cial □ ['ʌnə'fıʃl] resmi olmayan.
un·op·posed ['ʌnə'pəʊzd] *adj.* karşı çıkılmamış; rakipsiz.
un·os·ten·ta·tious □ ['ʌnɒstən'teıʃəs] gösterişsiz, sade.
un·owned ['ʌn'əʊnd] *adj.* sahipsiz.
un·pack ['ʌn'pæk] *v/t. (bavul v.b.)* açmak, boşaltmak.
un·paid ['ʌn'peıd] *adj.* ödenmemiş.
un·par·al·leled [ʌn'pærəleld] *adj.* eşsiz, eşi bulunmaz.
un·par·don·a·ble □ [ʌn'pɑːdnəbl] affedilemez.
un·per·ceived □ ['ʌnpə'siːvd] kavranılmamış.
un·per·turbed ['ʌnpə'tɜːbd] *adj.* sakin, soğukkanlı.
un·pick [ʌn'pık] *v/t.* sökmek.
un·placed [ʌn'pleıst]: *be ~ spor:* ilk üçe girememek.
un·pleas·ant □ [ʌn'pleznt] hoşa gitmeyen, tatsız; **~·ness** [~nıs] *n.* hoşa gitmeme, tatsızlık.
un·pol·ished ['ʌn'pɒlıʃt] *adj.* cilasız; *fig.* kaba, terbiyesiz.
un·pol·lut·ed ['ʌnpə'luːtıd] *adj.* kirletilmemiş.
un·pop·u·lar □ ['ʌn'pɒpjʊlə] popüler olmayan, tutulmayan; **~·i·ty** ['ʌnpɒpjʊ'lærətı] *n.* popüler olmama, tutulmama.
un·prac|ti·cal □ ['ʌn'præktıkl] pratik olmayan, kullanışsız; **~·tised,** *Am.* **~·ticed** [ʌn'præktıst] *adj.* acemi, deneyimsiz.
un·pre·ce·dent·ed □ [ʌn'presıdəntıd] eşi görülmemiş, eşsiz.
un·prej·u·diced □ [ʌn'predʒʊdıst] önyargısız, yansız.
un·pre·med·i·tat·ed □ ['ʌnprı'medıteıtıd] kasıtsız; önceden tasarlanmamış.
un·pre·pared □ ['ʌnprı'peəd] hazırlıksız.
un·pre·ten·tious □ ['ʌnprı'tenʃəs] alçakgönüllü, kendi halinde.
un·prin·ci·pled [ʌn'prınsəpld] *adj.* karaktersiz, ahlaksız.
un·prof·i·ta·ble □ [ʌn'prɒfıtəbl] kârsız, kazançsız.
un·proved, un·prov·en ['ʌn'pruːvd, 'ʌn'pruːvn] *adj.* kanıtlanmamış.
un·pro·vid·ed ['ʌnprə'vaıdıd]: *~ with -den* yoksun; *~ for -si* karşılanmamış.
un·pro·voked □ ['ʌnprə'vəʊkt] kışkırtılmamış.
un·qual·i·fied ['ʌn'kwɒlıfaıd] *adj.* vasıfsız, ehliyetsiz; şartsız; tam, kesin.
un·ques|tio·na·ble □ [ʌn'kwestʃənəbl] şüphe götürmez, kesin; **~·tion·ing** □ [~ıŋ] kayıtsız şartsız.
un·quote ['ʌn'kwəʊt]: *~!* Tırnak işaretini kapat!
un·rav·el [ʌn'rævl] *(esp. Brt. -ll-, Am. -l-) v/t. & v/i.* sök(ül)mek, çöz(ül)mek.

un·re·al □ ['ʌn'rıəl] gerçek dışı, hayali, asılsız; **un·re·a·lis·tic** ['ʌnrıə'lıstık] *(~ally) adj.* gerçekçi olmayan.
un·rea·so·na·ble □ [ʌn'ri:znəbl] akıllıca olmayan, mantıksız.
un·rec·og·niz·a·ble □ ['ʌn'rekəgnaızəbl] tanınmaz.
un·re·deemed □ ['ʌnrı'di:md] rehinden kurtarılmamış; yerine getirilmemiş, tutulmamış *(söz).*
un·re·fined ['ʌnrı'faınd] *adj.* arıtılmamış; *fig.* kaba.
un·re·flect·ing □ ['ʌnrı'flektıŋ] yansımasız.
un·re·gard·ed ['ʌnrı'gɑ:dıd] *adj.* önemsenmemiş.
un·re·lat·ed ['ʌnrı'leıtıd] *adj.* ilgisiz *(to -e karşı).*
un·re·lent·ing □ ['ʌnrı'lentıŋ] acımasız, amansız; gevşemez.
un·rel·i·a·ble □ ['ʌnrı'laıəbl] güvenilmez.
un·re·lieved □ ['ʌnrı'li:vd] hafiflememiş, dinmemiş.
un·re·mit·ting □ [ʌnrı'mıtıŋ] sürekli, aralıksız.
un·re·quit·ed □ ['ʌnrı'kwaıtıd]: ~ *love* karşılıksız aşk.
un·re·served □ ['ʌnrı'zɜ:vd] sınırlanmamış; açıksözlü, çekinmeyen.
un·re·sist·ing □ ['ʌnrı'zıstıŋ] karşı koymayan, dirençsiz.
un·re·spon·sive □ ['ʌnrı'spɒnsıv] tepki göstermeyen *(to -e).*
un·rest ['ʌn'rest] *n.* rahatsızlık, *pol. a.* huzursuzluk, kargaşa.
un·re·strained □ ['ʌnrı'streınd] frenlenmemiş, serbest.
un·re·strict·ed □ ['ʌnrı'strıktıd] sınırsız, kısıtsız.
un·right·eous □ ['ʌn'raıtʃəs] haksız, adaletsiz.
un·ripe ['ʌn'raıp] *adj.* ham, olmamış.
un·ri·val(l)ed [ʌn'raıvld] *adj.* rakipsiz; eşsiz.
un·roll ['ʌn'rəʊl] *v/t. & v/i.* aç(ıl)mak, yay(ıl)mak.
un·ruf·fled ['ʌn'rʌfld] *adj.* buruşuksuz; *fig.* sakin, soğukkanlı.
un·ru·ly [ʌn'ru:lı] *(-ier, -iest) adj.* azılı; ele avuca sığmaz.
un·safe □ ['ʌn'seıf] emniyetsiz, güvensiz, tehlikeli.
un·said [ʌn'sed] *adj.* söylenmemiş, sözü edilmemiş.
un·sal(e)·a·ble ['ʌn'seıləbl] *adj.* satılamaz.
un·san·i·tar·y ['ʌn'sænıtərı] *adj.* sağlıkla ilgili olmayan.
un·sat·is|fac·to·ry □ ['ʌnsætıs'fæktərı] yetersiz, tatmin etmeyen; **~·fied** ['ʌn'sætısfaıd] *adj.* giderilmemiş; memnun kalmamış; **~·fy·ing** □ [~ıŋ] = *unsatisfactory.*
un·sa·vo(u)r·y □ ['ʌn'seıvərı] tatsız, yavan; *fig.* kötü, rezil.
un·say ['ʌn'seı] *(-said) v/t. (sözünü)* geri almak.
un·scathed ['ʌn'skeıðd] *adj.* yaralanmamış.
un·schooled ['ʌn'sku:ld] *adj.* okumamış, cahil; doğal.
un·screw ['ʌn'skru:] *v/t.* vidalarını sökmek; çevirerek açmak.
un·scru·pu·lous □ [ʌn'skru:pjʊləs] vicdansız.
un·sea·soned ['ʌn'si:znd] *adj.* çeşnisiz, baharatsız *(yemek); fig.* olgunlaşmamış.
un·seat ['ʌn'si:t] *v/t. (at)* binicisini düşürmek; görevden almak.
un·see·ing □ [ʌn'si:ıŋ] *fig.* kör; *with ~ eyes* kör gibi, önüne bakmadan.
un·seem·ly [ʌn'si:mlı] *adj.* yakışık almaz, uygunsuz.
un·self·ish □ ['ʌn'selfıʃ] bencil olmayan, özverili; **~·ness** [~nıs] *n.* bencil olmama, özveri.
un·set·tle ['ʌn'setl] *v/t. & v/i.* yerinden çık(ar)mak; huzurunu kaçırmak; düzenini bozmak; **~·d** *adj.* kararlaştırılmamış; dönek

(hava).
un·shak·en ['ʌn'ʃeıkən] *adj.* sarsılmaz, metin; sabit.
un·shaved, un·shav·en ['ʌn'ʃeıvd, ~n] *adj.* tıraşı uzamış.
un·ship ['ʌn'ʃıp] *v/t.* gemiden indirmek, boşaltmak.
un·shrink|a·ble ['ʌn'ʃrıŋkəbl] *adj.* çekmez, büzülmez; **~·ing** □ [ʌn'ʃrıŋkıŋ] çekmeyen; sarsılmaz.
un·sight·ly [ʌn'saıtlı] *adj.* çirkin, göz zevkini bozan.
un·skil(l)·ful □ ['ʌn'skılfl] beceriksiz; **un·skilled** *adj.* deneyimsiz, acemi.
un·so·cia·ble □ [ʌn'səʊʃəbl] çekingen; **un·so·cial** [~l] *adj.* başkalarına sokulmaz, yabani; *work ~ hours Brt.* normal çalışma saatleri dışında çalışmak.
un·sol·der ['ʌn'sɒldə] *v/t.* *-in* lehimini çıkarmak.
un·so·lic·it·ed ['ʌnsə'lısıtıd] *adj.* istenilmemiş; davetsiz; *~ goods econ.* talep edilmemiş mallar.
un·solv·a·ble ['ʌn'sɒlvəbl] *adj.* ⚗ çözünmez; *fig.* çözülemez, halledilemez; **un·solved** [~d] *adj.* çözülmemiş.
un·so·phis·ti·cat·ed ['ʌnsə'fıstıkeıtıd] *adj.* saf, bön, acemi; basit, sade.
un·sound □ ['ʌn'saʊnd] çürük, derme çatma; hafif *(uyku)*; *of ~ mind* ⚖ şuuru bozuk.
un·spar·ing □ [ʌn'speərıŋ] esirgemeyen; bol, çok.
un·spea·ka·ble □ [ʌn'spi:kəbl] sözcüklerle anlatılamaz, tarife sığmaz.
un·spoiled, un·spoilt ['ʌn'spɔıld, ~t] *adj.* bozulmamış; şımarmamış *(çocuk).*
un·spo·ken ['ʌn'spəʊkən] *adj.* söylenmemiş, kapalı; *~-of* değinilmemiş.
un·stead·y □ ['ʌn'stedı] *(-ier, -iest)* sallanan, oynak; titrek; *fig.* değişken, kararsız.
un·strained ['ʌn'streınd] *adj.* süzülmemiş; *fig.* doğal.
un·strap ['ʌn'stræp] *(-pp-) v/t.* *-in* kayışını çıkarmak.
un·stressed *ling.* ['ʌn'strest] *adj.* vurgusuz.
un·strung ['ʌn'strʌŋ] *adj.* ♪ telleri gevşek; *fig.* sinirleri bozuk.
un·stuck ['ʌn'stʌk]: *come ~* açılmak; *fig. (plan v.b.)* suya düşmek.
un·stud·ied ['ʌn'stʌdıd] *adj.* doğal; çalışılmamış.
un·suc·cess·ful □ ['ʌnsək'sesfl] başarısız.
un·suit·a·ble □ ['ʌn'sju:təbl] uygunsuz, yakışıksız.
un·sure ['ʌn'ʃʊə] *(~r, ~st) adj.* emin olmayan.
un·sur·passed ['ʌnsə'pɑ:st] *adj.* eşsiz, üstün.
un·sus·pect|ed □ ['ʌnsə'spektıd] kuşkulanılmayan; **~·ing** □ [~ıŋ] kuşkulanmayan.
un·sus·pi·cious □ ['ʌnsə'spıʃəs] kuşkucu olmayan, kalbi temiz.
un·swerv·ing □ [ʌn'swɜ:vıŋ] değişmez, sapmaz, şaşmaz.
un·tan·gle ['ʌn'tæŋgl] *v/t.* açmak, çözmek.
un·tapped ['ʌn'tæpt] *adj.* kullanılmayan.
un·teach·a·ble ['ʌn'ti:tʃəb] *adj.* söz dinlemez; öğretilemez.
un·ten·a·ble ['ʌn'tenəbl] *adj.* savunulamaz *(teori v.b.).*
un·ten·ant·ed ['ʌn'tenəntıd] *adj.* kiracısız, boş.
un·thank·ful □ ['ʌn'θæŋkfl] nankör.
un·think|a·ble [ʌn'θıŋkəbl] *adj.* düşünülemez, akla gelmez; **~·ing** □ ['ʌn'θıŋkıŋ] düşüncesiz.
un·thought ['ʌn'θɔ:t] *adj.* düşünülmemiş; *~-of* akla hayale gelmedik.
un·ti·dy □ [ʌn'taıdı] *(-ier, -iest)* dağınık, düzensiz.

un·tie ['ʌn'taɪ] *v/t.* & *v/i.* çöz(ül)mek, aç(ıl)mak.
un·til [ən'tɪl] *prp.* & *cj.* -e kadar, -e değin, -e dek; *not* ~ *-den* önce değil.
un·time·ly [ʌn'taɪmlɪ] *adj.* zamansız; mevsimsiz; uygunsuz, yersiz.
un·tir·ing □ [ʌn'taɪərɪŋ] yorulmak bilmez.
un·to ['ʌntʊ] = *to.*
un·told ['ʌn'təʊld] *adj.* anlatılmamış; sayısız, hesapsız.
un·touched ['ʌn'tʌtʃt] *adj.* dokunulmamış; *fig.* etkilenmemiş.
un·trou·bled ['ʌn'trʌbld] *adj.* sıkıntısız, dertsiz.
un·true □ ['ʌn'tru:] yalan, uydurma; yanlış.
un·trust·wor·thy ['ʌn'trʌstwɜ:ðɪ] *adj.* güvenilmez.
un·truth·ful □ ['ʌn'tru:θfl] asılsız, uydurma; yalancı.
un·used[1] ['ʌn'ju:zd] *adj.* kullanılmamış.
un·used[2] ['ʌn'ju:st] *adj.* alışık olmayan *(to -e).*
un·u·su·al □ [ʌn'ju:ʒʊəl] görülmedik, nadir, ender; alışılmamış, yadırganan.
un·ut·ter·a·ble □ [ʌn'ʌtərəbl] ağza alınmaz, söylenmez.
un·var·nished *fig.* ['ʌn'vɑ:nɪʃt] *adj.* sade, süssüz.
un·var·y·ing □ [ʌn'veərɪɪŋ] değişmez.
un·veil [ʌn'veɪl] *v/t. -in* örtüsünü açmak; ortaya çıkarmak.
un·versed ['ʌn'vɜ:st] *adj.* deneyimsiz, acemi *(in -de).*
un·want·ed ['ʌn'wɒntɪd] *adj.* istenmeyen.
un·war·rant·ed [ʌn'wɒrəntɪd] *adj.* haksız, özürsüz.
un·wel·come [ʌn'welkəm] *adj.* hoş karşılanmayan.
un·well [ʌn'wel]: *she is ya da feels* ~ kendini iyi hissetmiyor, rahatsız.
un·whole·some ['ʌn'həʊlsəm] *adj.* sağlığa zararlı; *fig.* ahlak bozucu, zararlı.
un·wield·y □ [ʌn'wi:ldɪ] hantal, kaba, kocaman.
un·will·ing □ ['ʌn'wɪlɪŋ] isteksiz, gönülsüz; *be* ~ *to do* yapmaya istekli olmamak, isteksizce yapmak.
un·wind ['ʌn'waɪnd] *(-wound) v/t.* & *v/i.* aç(ıl)mak, çöz(ül)mek; *F* rahatlatmak.
un·wise □ ['ʌn'waɪz] akılsız; akılsızca.
un·wit·ting □ [ʌn'wɪtɪŋ] farkında olmayan, habersiz.
un·wor·thy □ [ʌn'wɜ:ðɪ] değmez; *he is* ~ *of it* ona layık değildir.
un·wrap ['ʌn'ræp] *v/t.* & *v/i.* aç(ıl)mak, çöz(ül)mek.
un·writ·ten ['ʌnrɪtn]: ~ *law* örf ve âdet hukuku.
un·yield·ing □ [ʌn'ji:ldɪŋ] boyun eğmez, direngen.
un·zip [ʌn'zɪp] *(-pp-) v/t. -in* fermuarını açmak.
up [ʌp] **1.** *adv.* yukarı, yukarıda, yukarıya; havaya; kuzeye; ~ *to -e* kadar; **2.** *adj.* yükselmiş; yataktan kalkmış; ayakta; hazır, yapılmış; haberdar; ~ *and about* hastalıktan kurtulmuş, ayağa kalkmış; *it is* ~ *to him* ona kalmış, ona bağlı; *what are you* ~ *to?* ne halt karıştırıyorsun?; *what's* ~ *?* ne oluyor?; **3.** *prp. -den* yukarıda, *-den* yukarıya; ~ *(the) country* ülkenin içine doğru; **4.** *(-pp-) v/t.* & *v/i.* *(fiyat v.b.)* yüksel(t)mek, art(ır)mak; ayağa kalkmak; **5.** *n. the* ~*s and downs* iyi ve kötü günler, inişler ve çıkışlar.
up-and-com·ing ['ʌpən'kʌmɪŋ] *adj.* ümit verici; başarı vadeden.
up·bring·ing ['ʌpbrɪŋɪŋ] *n.* yetiş(tir)me, terbiye.
up·com·ing *Am.* ['ʌpkʌmɪŋ] *adj.* olması yakın.
up·coun·try ['ʌp'kʌntrɪ] *adj.* sahil-

den uzak, iç kesimdeki.
up·date [ʌp'deɪt] *v/t.* modernleştirmek, güncelleştirmek.
up·end [ʌp'end] *v/t.* dikine oturtmak; yıkmak, devirmek.
up·grade [ʌp'greɪd] *v/t.* terfi ettirmek, yükseltmek.
up·heav·al *fig.* [ʌp'hiːvl] *n.* karışıklık, kargaşa.
up·hill ['ʌp'hɪl] *adj.* yokuş yukarı giden; *fig.* güç, çetin.
up·hold [ʌp'həʊld] *(-held) v/t.* kaldırmak; desteklemek; ⚖ onaylamak.
up|hol·ster [ʌp'həʊlstə] *v/t. (koltuk v.b.)* kaplamak; *(oda)* döşemek; **~·hol·ster·er** [~rə] *n.* döşemeci; **~·hol·ster·y** [~ɪ] *n.* döşemecilik; mefruşat.
up·keep ['ʌpkiːp] *n.* bakım; bakım masrafı.
up·land ['ʌplənd] *n. mst.* **~s** *pl.* yüksek arazi, yayla.
up·lift *fig.* [ʌp'lɪft] *v/t.* yüceltmek.
up·on [ə'pɒn] = *on; once ~ a time there was ...* bir zamanlar ... vardı.
up·per ['ʌpə] *adj.* yukarıdaki, üst ...; **~·most 1.** *adj.* en üstteki; başlıca; **2.** *adv.* en üstte.
up·raise [ʌp'reɪz] *v/t.* yukarı kaldırmak.
up·right ['ʌpraɪt] **1.** □ dik, dikey; *fig.* dürüst; **2.** *n.* direk.
up·ris·ing ['ʌpraɪzɪŋ] *n.* ayaklanma, isyan.
up·roar ['ʌprɔː] *n.* şamata, gürültü; **~·i·ous** □ [ʌp'rɔːrɪəs] gürültülü, curcunalı.
up·root [ʌp'ruːt] *v/t.* kökünden sökmek.
up·set [ʌp'set] *(-set) v/t.* devirmek; altüst etmek; *(mideyi)* bozmak; *fig.* üzmek, perişan etmek, *v/i.* devrilmek; *be ~* altüst olmak, bozulmak.
up·shot ['ʌpʃɒt] *n.* sonuç, son.
up·side down ['ʌpsaɪd'daʊn] *adv.* tepetaklak, tepesi üstü, altüst.
up·stairs ['ʌp'steəz] *adv.* üst kat(t)a, yukarıda.
up·start ['ʌpstɑːt] *n.* sonradan görme kimse, türedi.
up·state *Am.* ['ʌpsteɪt] *n.* taşra.
up·stream ['ʌp'striːm] *adv.* akıntıya karşı.
up·tight *F* ['ʌptaɪt] *adj.* sinirli, endişeli.
up-to-date ['ʌptə'deɪt] *adj.* modern, güncel, çağdaş.
up·town *Am.* ['ʌp'taʊn] *adv.* kent merkezinin dışında, yerleşim bölgesinde.
up·turn ['ʌptɜːn] *n.* iyiye gitme, düzelme.
up·ward(s) ['ʌpwəd(z)] *adv.* yukarı doğru, yukarı.
u·ra·ni·um ⚗ [jʊə'reɪnjəm] *n.* uranyum.
ur·ban ['ɜːbən] *adj.* kent ile ilgili, kent ...; **~e** □ [ɜː'beɪn] görgülü, nazik, ince.
ur·chin ['ɜːtʃɪn] *n.* afacan.
urge [ɜːdʒ] **1.** *v/t.* ısrar etmek; sıkıştırmak, zorlamak; *oft. ~ on* ileri sürmek, sevketmek; **2.** *n.* dürtü; zorlama; **ur·gen·cy** ['ɜːdʒənsɪ] *n.* acele, ivedilik; ısrar; **ur·gent** □ [~t] acil, ivedi; ısrar eden.
u·ri|nal ['jʊərɪnl] *n.* idrar kabı, sürgü, ördek; pisuar; **~·nate** [~eɪt] *v/i.* işemek; **u·rine** [~ɪn] *n.* idrar, sidik.
urn [ɜːn] *n.* kap; semaver.
us [ʌs, əs] *pron.* bizi, bize; *all of ~* hepimiz; *both of ~* her ikimiz.
us·age ['juːzɪdʒ] *n.* kullanım; işlem; usul, görenek.
use 1. [juːs] *n.* kullanma, kullanım; yarar, işe yarama; alışıklık, âdet; *(of) no ~* faydasız, boşuna; *have no ~ for* artık gereksinimi olmamak; *Am. F -den* hiç hoşlanmamak; **2.** [juːz] *v/t.* kullanmak; *-den* yararlanmak; tüketmek, bitirmek; davranmak; *~ up* kullanıp bitir-

mek; *I ~d to do* eskiden yapardım; **~d** [ju:zd] *adj.* kullanılmış; [ju:st] alışık, alışkın *(to -e)*; **~·ful** □ ['ju:sfl] yararlı, faydalı; **~·less** □ ['ju:slıs] yararsız, faydasız.
ush·er ['ʌʃə] **1.** *n.* teşrifatçı; mübaşir; *thea. etc.* yer gösterici; **2.** *v/t. mst.* ~ *in* haber vermek, bildirmek; **~·ette** ['ʌʃə'ret] *n.* yer gösterici kadın.
u·su·al □ ['ju:ʒʊəl] her zamanki, olağan, alışılagelmiş.
u·sur·er ['ju:ʒərə] *n.* tefeci.
u·surp [ju:'zɜ:p] *v/t.* zorla almak, el koymak; **~·er** [~ə] *n.* zorla el koyan kimse.
u·su·ry ['ju:ʒʊrı] *n.* tefecilik.
u·ten·sil [ju:'tensl] *n.* kap; alet.
u·te·rus *anat.* ['ju:tərəs] *(pl. -ri* [-raı]*) n.* rahim, dölyatağı.
u·til·i·ty [ju:'tılətı] **1.** *n.* yarar, fayda, işe yararlık; *utilities pl.* kamu kuruluşları; **2.** *adj.* kullanışlı
u·ti|li·za·tion [ju:tılaı'zeıʃn] *n.* kullanım, yararlanma; **~·lize** ['ju:tılaız] *v/t.* kullanmak, yararlanmak.
ut·most ['ʌtməʊst] *adj.* en uzak, en son; en büyük.
U·to·pi·an [ju:'təʊpjən] **1.** *adj.* ütopik, ülküsel, hayali; **2.** *n.* ütopist, ütopyacı.
ut·ter ['ʌtə] **1.** □ *fig.* sapına kadar, su katılmadık; **2.** *v/t.* söylemek; anlatmak, dile getirmek; *(çığlık v.b.)* atmak; *(sahte para v.b.)* piyasaya sürmek; **~·ance** ['ʌtərəns] *n.* söz söyleme; ifade; konuşma biçimi; **~·most** ['ʌtəməʊst] *adj.* en çok; en son.
U-turn ['ju:tɜ:n] *n. mot.* U dönüşü; *fig.* geriye dönüş.
u·vu·la *anat.* ['ju:vjʊlə] *(pl. -lae* [-li:], *-las) n.* küçükdil.

V

va|can·cy ['veıkənsı] *n.* boşluk; boş yer; açık kadro; *(otel v.b.'nde)* boş oda; **~·cant** □ [~t] boş; açık *(iş)*; dalgın, boş *(bakış)*; ifadesiz; ahmak, bön.
va·cate [və'keıt, *Am.* 'veıkeıt] *v/t.* boşaltmak; terketmek; feshetmek;
va·ca·tion [və'keıʃn, *Am.* veı'keıʃn] **1.** *n. esp. Am.* tatil; *univ.* sömestr tatili; ⚖ adli tatil; *be on ~ esp. Am.* tatilde olmak; *take a ~ esp. Am.* tatil yapmak; **2.** *v/i.* tatil yapmak, tatilini geçirmek; **va·ca·tion·ist** *esp. Am.* [~ʃənıst] *n.* tatil yapan kimse.
vac|cin·ate ['væksıneıt] *v/t.* aşılamak; **~·cin·a·tion** [væksı'neıʃn] *n.* aşılama; aşı; **~·cine** ⚕ ['væksi:n] *n.* aşı.
vac·il·late *mst. fig.* ['væsıleıt] *v/i.* tereddüt etmek, bocalamak.
vac·u·ous □ *fig.* ['vækjʊəs] anlamsız, boş.
vac·u·um ['vækjʊəm] **1.** *(pl. -uums, -ua* [-jʊə]*) n. phys.* vakum, boşluk; *~ bottle* termos; *~ cleaner* elektrik süpürgesi; *~ flask* termos; *~-packed* vakumlanmış *(yiyecek)*; **2.** *v/t.* elektrik süpürgesiyle temizlemek; *v/i.* elektrik süpürgesi kullanmak.
vag·a·bond ['vægəbɒnd] *n.* serseri, avare.
va·ga·ry ['veıgərı] *n.* kapris, garip davranış.
va·gi|na *anat.* [və'dʒaınə] *n.* vaji-

na, dölyolu; ~·**nal** *anat.* [~nl] *adj.* vajinal, vajina ...
va·grant ['veıgrənt] *n. & adj.* serseri, avare, yersiz yurtsuz.
vague □ [veıg] *(~r, ~st)* belirsiz, şüpheli, bulanık.
vain □ [veın] nafile, boş; kibirli, kendini beğenmiş; *in ~* boşuna, boş yere.
vale [veıl] *n. poet.* vadi, dere.
val·e·dic·tion [vælı'dıkʃn] *n.* veda.
val·en·tine ['væləntaın] *n.* 14 Şubat Valentine gününde seçilen sevgili.
va·le·ri·an ⚘ [və'lıərıən] *n.* kediotu.
val·et ['vælıt] *n.* uşak; oda hizmetçisi.
val·e·tu·di·nar·i·an [vælıtju:dı'neərıən] **1.** *adj.* sağlığı bozuk; sağlığına çok düşkün; **2.** *n.* hasta kimse; sağlığına çok düşkün kimse.
val·i·ant □ ['væljənt] yiğit, cesur.
val|id □ ['vælıd] geçerli; doğru, sağlam; yasal; *be ~* geçerli olmak; *become ~* geçerli duruma gelmek; ~·**i·date** ⚖ [~eıt] *v/t.* geçerli kılmak; onaylamak; ~·**id·i·ty** [və'lıdətı] *n.* geçerlik; ⚖ yürürlük; doğruluk, sağlamlık.
va·lise [və'li:z] *n.* valiz.
val·ley ['vælı] *n.* vadi.
val·o(u)r ['vælə] *n.* yiğitlik, cesaret.
val·u·a·ble ['væljuəbl] **1.** □ değerli; **2.** *n.* ~*s pl.* mücevherat.
val·u·a·tion [væljʊ'eıʃn] *n.* değer biçme; değer.
val·ue ['vælju:] **1.** *n.* değer, kıymet; önem; gerçek anlam; *mst.* ~*s pl. fig.* kültürel *v.b.* değerler; *at ~ econ.* piyasa fiyatına göre değerlendirilmiş; *give (get) good ~ for money econ.* paranın tam karşılığını vermek (almak); **2.** *v/t.* değer biçmek; *fig.* değer vermek; ~-**-ad·ded tax** *n. econ. (abbr. VAT)* katma değer vergisi; ~**d** *adj.* değerli; ~·**less** [~jʊlıs] *adj.* değersiz.
valve [vælv] *n.* ⊕ valf, supap; *Brt.* ⚡ radyo lambası.
vam·pire ['væmpaıə] *n.* vampir.
van[1] [væn] *n.* arkası kapalı minibüs; karavan; *esp. Brt.* 🚃 furgon.
van[2] ⚔ [~] = *vanguard.*
van·dal·ize ['vændəlaız] *v/t. (sanat eserlerini v.b.)* yakıp yıkmak, kırıp dökmek.
vane [veın] *n.* rüzgârgülü; fırıldak; ⊕ pervane kanadı.
van·guard ⚔ ['vængɑ:d] *n.* öncü kolu.
va·nil·la [və'nılə] *n.* vanilya.
van·ish ['vænıʃ] *v/i.* gözden kaybolmak, yok olmak, uçup gitmek.
van·i·ty ['vænətı] *n.* kendini beğenmişlik; nafilelik; *~ bag, ~ case* makyaj çantası.
van·quish ['væŋkwıʃ] *v/t.* yenmek, hakkından gelmek.
van·tage ['vɑ:ntıdʒ] *n. tenis:* avantaj; ~-**ground** *n.* avantajlı alan.
vap·id □ ['væpıd] tatsız; sıkıcı, yavan.
va·por·ize ['veıpəraız] *v/t. & v/i.* buharlaş(tır)mak.
va·po(u)r ['veıpə] *n.* buhar, bugu; *~ trail* ✈ uçağın saldığı duman.
var·i|a·ble ['veərıəbl] **1.** □ değişken; kararsız, dönek; **2.** *n.* değişken şey; ~·**ance** [~ns]: *be at ~ with -e* ters düşmek; *ile* araları bozuk olmak; ~·**ant** [~nt] **1.** *adj.* farklı, değişik; **2.** *n.* değişik biçim; ~·**a·tion** [veərı'eıʃn] *n.* değişme; değişiklik, değişim.
var·i·cose veins ⚕ ['værıkəʊs veınz] *n. pl.* varisli damarlar.
var·ied □ ['veərıd] çeşitli, farklı, değişik.
va·ri·e·ty [və'raıətı] *n.* değişiklik, farklılık; *econ.* çeşit; *for a ~ of reasons* çeşitli nedenlerden dolayı; *~ show* varyete; *~ theatre*

varyete tiyatrosu.
var·i·ous □ ['veərıəs] değişik, farklı, çeşit çeşit, türlü.
var·mint ['vɑːmınt] *n. zo.* zararlı böcek; *F* hergele, alçak.
var·nish ['vɑːnıʃ] **1.** *n.* cila, vernik; *fig.* dış güzellik; **2.** *v/t.* cilalamak, verniklemek; *fig.* içyüzünü gizlemek.
var·si·ty ['vɑːsətı] *n. Brt. F* üniversite; *a.* ~ team *Am.* üniversite takımı.
var·y ['veərı] *v/t.* & *v/i.* değiş(tir)mek; farklı olmak *(from -den)*; ~**·ing** □ [~ıŋ] değişen.
vase [vɑːz, *Am.* veıs, veız] *n.* vazo.
vast □ [vɑːst] engin, geniş; pek çok, hesapsız.
vat [væt] *n.* fıçı, tekne.
vau·de·ville *Am.* ['vəʊdəvıl] *n.* vodvil, varyete.
vault[1] [vɔːlt] **1.** *n.* tonos, kemer; mahzen; yeraltı mezarı; *(banka)* kasa dairesi; **2.** *v/t.* üstünü kemerle çevirmek.
vault[2] [~] **1.** *n. esp. spor:* atlama, atlayış; **2.** *vb.* atlamak, sıçramak; ~**·ing-horse** ['vɔːltıŋhɔːs] *n. jimnastik:* atlama beygiri, kasa; ~**·ing-pole** *n.* yüksek atlama sırığı.
've *abbr.* [v] = have.
veal [viːl] *n.* dana eti; ~ chop dana pirzola; ~ cutlet dana kotlet; roast ~ dana rostosu.
veer [vıə] *v/t.* & *v/i.* dön(dür)mek; *mot. a.* sapmak.
vege·ta·ble ['vedʒtəbl] **1.** *adj.* bitkisel, bitki ...; **2.** *n.* bitki; *mst.* ~s *pl.* sebze.
veg·e|tar·i·an [vedʒı'teərıən] *n.* & *adj.* vejetaryen, etyemez; ~**·tate** *fig.* ['vedʒıteıt] *v/i.* ot gibi yaşamak; ~**·ta·tive** □ [~tətıv] bitkisel; hareketsiz.
ve·he|mence ['viːıməns] *n.* şiddet, hiddet, ateşlilik; ~**·ment** □ [~t] şiddetli, hiddetli, ateşli.
ve·hi·cle ['viːıkl] *n.* taşıt, araç, vasıta *(a. fig.)*.
veil[1] [veıl] **1.** *n.* örtü, peçe, yaşmak; perde, örtü; **2.** *v/t.* örtmek; *fig.* gizlemek, maskelemek.
vein [veın] *n. anat.* damar; *fig.* huy, mizaç.
ve·loc·i·pede *Am.* [vı'lɒsıpiːd] *n.* velespit, üç tekerlekli çocuk bisikleti.
ve·loc·i·ty ⊕ [vı'lɒsətı] *n.* hız, sürat.
vel·vet ['velvıt] **1.** *n.* kadife; **2.** *adj.* kadife ...; kadife gibi; ~**·y** [~ı] *adj.* kadife gibi, yumuşacık.
ve·nal ['viːnl] *adj.* rüşvet alan, para yiyen, yiyici.
vend [vend] *v/t.* satmak; ~**·er** ['vendə] *n.* satıcı; ~**·ing-·ma·chine** ['vendıŋməʃiːn] *n.* parayla çalışan satış makinesi; ~**·or** [~ɔː] *n. esp.* ⚖ satıcı.
ve·neer [və'nıə] **1.** *n.* kaplama tahtası; *fig.* gösteriş; **2.** *v/t.* tahtayla kaplamak.
ven·e|ra·ble □ ['venərəbl] saygıdeğer, muhterem; ~**·rate** [~eıt] *v/t.* -e saygı göstermek; ~**·ra·tion** [venə'reıʃn] *n.* saygı.
ve·ne·re·al [vı'nıərıəl] *adj.* zührevi; ~ disease ⚕ zührevi hastalık.
Ve·ne·tian [vı'niːʃn] **1.** *adj.* Venedik'e özgü; ♀ blind jaluzi; **2.** *n.* Venedikli.
ven·geance ['vendʒəns] *n.* öç, intikam; with a ~ *F* son derece, alabildiğine.
ve·ni·al □ ['viːnjəl] affedilir, önemsiz.
ven·i·son ['venızn] *n.* geyik *ya da* karaca eti.
ven·om ['venəm] *n.* yılan *vb.* zehiri; *fig.* kin, zehir; ~**·ous** □ [~əs] zehirli *(a. fig.)*.
ve·nous ['viːnəs] *adj.* toplardamarla ilgili.
vent [vent] **1.** *n.* delik, ağız; yırtmaç; give ~ to = **2.** *v/t. fig.* gös-

termek, ifade etmek; *(öfkesini)* çıkarmak *(on s.o. b-den).*
ven·ti|late ['ventıleıt] *v/t.* havalandırmak; *fig.* açıkça tartışmak; **~·la·tion** [ventı'leıʃn] *n.* havalandırma; *fig.* açıkça tartışma; **~·la·tor** ['ventıleıtə] *n.* vantilatör.
ven·tril·o·quist [ven'trıləkwıst] *n.* vantrlok.
ven·ture ['ventʃə] **1.** *n.* tehlikeli iş, risk; şans işi; *at a ~* rasgele; **2.** *v/t.* tehlikeye atmak; göze almak.
ve·ra·cious □ [və'reıʃəs] doğru sözlü; doğru, gerçek.
verb *gr.* [vɜːb] *n.* fiil, eylem; **~·al** □ ['vɜːbl] sözlü; kelimesi kelimesine; **ver·bi·age** ['vɜːbııdʒ] *n.* laf kalabalığı; **ver·bose** □ [vɜː'bəʊs] ağzı kalabalık.
ver·dant □ ['vɜːdənt] yeşil, taze; *fig.* toy.
ver·dict ['vɜːdıkt] *n.* ⚖ jüri kararı; *fig.* fikir, kanı; *bring in ya da return a ~ of guilty* suçlu olduğu kararına varmak.
ver·di·gris ['vɜːdıgrıs] *n.* bakır pası, zencar.
ver·dure ['vɜːdʒə] *n.* yeşillik, çimen.
verge [vɜːdʒ] **1.** *n.* kenar, sınır, eşik; *on the ~ of -in* eşiğinde, *-e* kıl kalmış; *on the ~ of despair (tears)* çaresizliğin eşiğinde (ağlamak üzere); **2.** *v/i.* *~ (up)on -e* yaklaşmak, *-e* varmak.
ver·i·fy ['verıfaı] *v/t.* doğrulamak, gerçeklemek.
ver·i·si·mil·i·tude [verısı'mılıtjuːd] *n.* gerçeğe benzeme.
ver·i·ta·ble □ ['verıtəbl] gerçek.
ver·mi·cel·li [vɜːmı'selı] *n.* tel şehriye.
ver·mic·u·lar [vɜː'mıkjʊlə] *adj.* solucana benzer.
ver·mi·form ap·pen·dix *anat.* ['vɜːmıfɔːm ə'pendıks] *n.* körbağırsak.
ver·mil·i·on [və'mıljən] **1.** *n.* zincifre; **2.** *adj.* zincifre kırmızısı, al.
ver·min ['vɜːmın] *n.* haşarat; *fig.* ayaktakımı; **~·ous** [~əs] *adj.* haşaratlı.
ver·nac·u·lar [və'nækjʊlə] **1.** □ bölgesel; anadiliyle ilgili; **2.** *n.* anadili; mesleki deyimler, argo.
ver·sa·tile □ ['vɜːsətaıl] elinden her iş gelen, çok yönlü; çok kullanımlı.
verse [vɜːs] *n.* dize, mısra; kıta, beyit; şiir; **~d** [~t] *adj.* bilgili; *be (well) ~ in -de* çok bilgisi olmak.
ver·si·fy ['vɜːsıfaı] *v/t.* şiir haline koymak; *v/i.* şiir yazmak.
ver·sion ['vɜːʃn] *n.* çeviri, tercüme; yorum; değişik biçim.
ver·sus ['vɜːsəs] *prp.* ⚖, *spor: -e* karşı.
ver·te|bra *anat.* ['vɜːtıbrə] *(pl. -brae* [-riː]*) n.* omur, vertebra; **~·brate** *zo.* [~rət] *n.* omurgalı hayvan.
ver·ti·cal □ ['vɜːtıkl] dikey, düşey.
ver·tig·i·nous □ [vɜː'tıdʒınəs] baş döndürücü.
ver·ti·go ['vɜːtıgəʊ] *(pl. -gos) n.* baş dönmesi.
verve [vɜːv] *n.* şevk, heves.
ver·y ['verı] **1.** *adv.* çok, pek, gayet; gerçekten; *the ~ best* en iyisi; **2.** *adj.* aynı; tam; bile, hatta; belirli; *the ~ same* tıpatıp; *in the ~ act* suçüstü; *the ~ thing* biçilmiş kaftan; *the ~ thought* düşüncesi bile.
ves·i·cle ['vesıkl] *n.* kabarcık, kist.
ves·sel ['vesl] *n.* kap, tas, leğen; *anat.*, ⚘ damar; ⚓ gemi, tekne.
vest [vest] *n. Brt.* fanila; *Am.* yelek.
ves·ti·bule ['vestıbjuːl] *n. anat.* giriş boşluğu; *Am.* 🚃 vagonlar arasındaki kapalı geçit; *~ train Am.* 🚃 vagonlarından birbirine geçilebilen tren.
ves·tige *fig.* ['vestıdʒ] *n.* iz, eser, işaret.

vest·ment ['vestmənt] *n.* resmi elbise; papaz cüppesi.
ves·try *eccl.* ['vestrı] *n.* giyinme odası; kilise cemaat kurulu.
vet *F* [vet] **1.** *n.* veteriner; *Am.* ⨯ kıdemli asker; **2.** *(-tt-) v/t. co.* baştan aşağı incelemek.
vet·e·ran ['vetərən] **1.** *adj.* kıdemli; **2.** *n.* kıdemli asker; emektar.
vet·e·ri·nar·i·an *Am.* [vetərı'neərıən] *n.* veteriner.
vet·e·ri·na·ry ['vetərınərı] **1.** *adj.* veterinerlikle ilgili; **2.** *n. a.* ~ *surgeon Brt.* veteriner.
ve·to ['vi:təʊ] **1.** *(pl. -toes) n.* veto; **2.** *v/t.* veto etmek.
vex [veks] *v/t.* kızdırmak, canını sıkmak; **~·a·tion** [vek'seıʃn] *n.* kızma, sinirlenme; sıkıntı; **~·a·tious** [~ʃəs] *adj.* can sıkıcı, sinirlendirici.
vi·a ['vaıə] *prp.* yolu ile, *-den* geçerek, üzerinden.
vi·a·duct ['vaıədʌkt] *n.* viyadük, köprü.
vi·al ['vaıəl] *n.* küçük şişe.
vi·brate [vaı'breıt] *v/t. & v/i.* titre(t)mek; **vi·bra·tion** [~ʃn] *n.* titreşim, titreme.
vic·ar *eccl.* ['vıkə] *n.* papaz; **~·age** [~rıdʒ] *n.* papaz evi.
vice[1] [vaıs] *n.* ahlaksızlık, ayıp; kusur, eksik; ~ *squad* ahlak zabıtası.
vice[2] *Brt.* ⊕ [~] *n.* mengene.
vi·ce[3] ['vaısı] *prp. -in* yerine.
vice[4] *F* [vaıs] *n.* muavin, vekil; *attr.* yardımcı ..., muavin ...; **~·roy** ['vaısrɔı] *n.* genel vali.
vi·ce ver·sa ['vaısı'vɜ:sə] *adv.* tersine, ve aksi; karşılıklı olarak.
vi·cin·i·ty [vı'sınətı] *n.* yakınlık; çevre, civar, yöre.
vi·cious □ ['vıʃəs] ahlakı bozuk; kötü, pis *(huy)*; kusurlu, bozuk; sert, şiddetli.
vi·cis·si·tude [vı'sısıtju:d] *n.* değişiklik; ~*s pl.* değişmeler, inişler çıkışlar.
vic·tim ['vıktım] *n.* kurban; **~·ize** [~aız] *v/t.* cezalandırmak.
vic|tor ['vıktə] *n.* galip,fatih; **♀·to·ri·an** *hist.* [vık'tɔ:rıən] *adj.* Kraliçe Viktorya devriyle ilgili; **~·to·ri·ous** □ [~ıəs] galip, yenmiş, utkulu; **~·to·ry** ['vıktərı] *n.* zafer, yengi, utku.
vict·ual ['vıtl] **1.** *(esp. Brt. -ll-, Am. -l-) vb.* erzak sağlamak; **2.** *n. mst.* ~*s pl.* yiyecek, erzak; **~·(l)er** [~ə] *n.* erzakçı.
vid·e·o ['vıdıəʊ] **1.** *(pl. -os) n.* video; *kompütür:* ekran; *Am.* televizyon; **2.** *adj.* video ...; *Am.* televizyon ...; ~ **cas·sette** *n.* video kaseti; ~ **disc** *n.* video diski; ~ **game** *n.* video oyunu; **~·phone** *n.* televizyonlu telefon; **~·tape 1.** *n.* video bantı; **2.** *v/t.* videoya kaydetmek; **~·tape re·cord·er** *n.* videoteyp.
vie [vaı] *v/i.* yarışmak, çekişmek *(with ile; for için).*
Vi·en·nese [vıə'ni:z] **1.** *n.* Viyanalı; **2.** *adj.* Viyana'ya özgü.
view [vju:] **1.** *n.* bakış; görme, görüş; görünüm, manzara; *fig.* görüş, fikir, düşünce; niyet, amaç; *in* ~ görünürde, ortada; *in* ~ *of -in* karşısında; ... göz önüne alındığında; *on* ~ sergilenmekte; *with a* ~ *to inf. ya da of ger.* ... amacıyla; *have (keep) in* ~ gözden kaybetmemek; **2.** *v/t.* bakmak, görmek; incelemek, yoklamak; düşünmek; **~·er** ['vju:ə] *n.* seyirci; **~·find·er** *phot.* [~faındə] *n.* vizör; **~·less** [~lıs] *adj.* fikirsiz; *poet.* görünmez; **~·point** *n.* görüş noktası.
vig|il ['vıdʒıl] *n.* uyumama, uyanık kalma; gece nöbet tutma; **~·i·lance** [~əns] *n.* uyumama, uyanıklık; **~·i·lant** □ [~t] uyanık, tetikte, tedbirli.

vig|or·ous ☐ ['vɪgərəs] dinç, kuvvetli, etkin; **~·o(u)r** ['vɪgə] *n.* dinçlik, kuvvet; gayret, enerji.
Vi·king ['vaɪkɪŋ] *n. & adj.* Viking.
vile ☐ [vaɪl] kötü, çirkin, rezil; iğrenç, pis, berbat.
vil|lage ['vɪlɪdʒ] *n.* köy; ~ *green* köy merası; **~·lag·er** [~ə] *n.* köylü.
vil·lain ['vɪlən] *n.* alçak adam; **~·ous** ☐ [~əs] alçak, rezil; *F* berbat; **~·y** [~ɪ] *n.* rezalet, kötülük, alçaklık.
vim *F* [vɪm] *n.* gayret, enerji.
vin·di|cate ['vɪndɪkeɪt] *v/t.* haklı çıkarmak, temize çıkarmak; kanıtlamak; **~·ca·tion** [vɪndɪ'keɪʃn] *n.* haklı çıkarma.
vin·dic·tive ☐ [vɪn'dɪktɪv] kinci.
vine ⚘ [vaɪn] *n.* asma.
vin·e·gar ['vɪnɪgə] *n.* sirke.
vine|-grow·ing ['vaɪngrəʊɪŋ] *n.* bağcılık; **~·yard** ['vɪnjəd] *n.* üzüm bağı.
vin|tage ['vɪntɪdʒ] **1.** *n.* bağbozumu; **2.** *adj.* kaliteli; eski; ~ *car mot.* eski model araba; **~·tag·er** [~ə] *n.* üzüm toplayan kimse.
vi·o·la ♪ [vɪ'əʊlə] *n.* viyola.
vi·o|late ['vaɪəleɪt] *v/t. (anlaşma v.b.)* bozmak, çiğnemek, karşı gelmek; *(sözünü)* tutmamak; ırzına geçmek; **~·la·tion** [vaɪə'leɪʃn] *n.* bozma, ihlal; tecavüz.
vi·o|lence ['vaɪələns] *n.* şiddet, sertlik; zorbalık; **~·lent** ☐ [~t] şiddetli, sert, zorlu.
vi·o·let ⚘ ['vaɪələt] *n.* menekşe.
vi·o·lin ♪ [vaɪə'lɪn] *n.* keman.
VIP *F* ['viːaɪ'piː] *n.* çok önemli kimse, kodaman.
vi·per *zo.* ['vaɪpə] *n.* engerek.
vi·ra·go [vɪ'rɑːgəʊ] *(pl. -gos, -goes) n.* şirret kadın, eli maşalı kadın.
vir·gin ['vɜːdʒɪn] **1.** *n.* bakire, kız; **2.** *adj. a.* **~·al** ☐ [~l] bakire ile ilgili, bakire...; **~·i·ty** [və'dʒɪnətɪ] *n.* bakirelik, kızlık.
vir·ile ['vɪraɪl] *adj.* erkekçe; güçlü; **vi·ril·i·ty** [vɪ'rɪlətɪ] *n.* erkeklik; *physiol.* cinsel güç, iktidar.
vir·tu·al ☐ ['vɜːtʃʊəl] gerçek, asıl; **~·ly** [~ɪ] *adv.* hemen hemen, neredeyse; aslında.
vir|tue ['vɜːtʃuː] *n.* erdem, fazilet; *in ya da by ~ of -den* dolayı, ... sayesinde; *make a ~ of necessity* zorunlu bir durumdan erdem payı çıkarmak; **~·tu·os·i·ty** [vɜːtjʊ'ɒsətɪ] *n.* virtüözlük, büyük ustalık; **~·tu·ous** ☐ ['vɜːtʃʊəs] erdemli; namuslu.
vir·u·lent ☐ ['vɪrʊlənt] ⚕ çabuk ilerleyen *(hastalık); fig.* kötücül.
vi·rus ⚕ ['vaɪərəs] *n.* virüs; *fig.* zehir.
vi·sa ['viːzə] *n.* vize; **~ed, ~'d** [~d] *adj.* vizeli.
vis·cose ['vɪskəʊs] *n.* viskoz; ~ *silk* selüloz ipeği.
vis·count ['vaɪkaʊnt] *n.* vikont; **~·ess** [~ɪs] *n.* vikontes.
vis·cous ☐ ['vɪskəs] yapışkan.
vise *Am.* ⊕ [vaɪs] *n.* mengene.
vis·i|bil·i·ty [vɪzɪ'bɪlətɪ] *n.* görünürlük; görüş uzaklığı; **~·ble** ☐ ['vɪzəbl] görülebilir, görünür; *fig.* belli, gözle görülür.
vi·sion ['vɪʒn] *n.* görme, görüş; önsezi; *fig.* hayal, kuruntu; **~·a·ry** [~ərɪ] **1.** *adj.* hayali; **2.** *n.* hayalperest kimse.
vis|it ['vɪzɪt] **1.** *v/t.* ziyaret etmek, görmeğe gitmek; *fig.* başına gelmek, *-e* uğramak; ~ *s.th. on s.o. eccl. bşden* dolayı *b-ni* cezalandırmak; *v/i.* ziyarette bulunmak; *Am.* sohbet etmek *(with ile);* **2.** *n.* ziyaret; misafirlik; *(doktor)* vizite; **~·i·ta·tion** [vɪzɪ'teɪʃn] *n.* ziyaret; resmi ziyaret; *fig.* bela, felaket; **~·it·or** ['vɪzɪtə] *n.* ziyaretçi, misafir, konuk; turist.
vi·sor ['vaɪzə] *n.* şapka siperi; *mot.* güneşlik.

vis·ta ['vɪstə] *n.* manzara.
vis·u·al □ ['vɪzjʊəl] görmekle ilgili, görsel; görülebilir; ~ *aids pl. okul:* görsel gereçler; ~ *display unit kompütür:* görüntü birimi; ~ *instruction okul:* görsel eğitim; ~**·ize** [~aɪz] *v/t.* hayalinde canlandırmak, gözünün önüne getirmek.
vi·tal ['vaɪtl] **1.** □ hayati, yaşamsal; yaşam için gerekli; öldürücü, amansız; ~ *parts pl.* = **2.** *n.* ~*s pl. (kalp, beyin gibi)* yaşam için gerekli organlar; ~**·i·ty** [vaɪ'tælətɪ] *n.* yaşama gücü; canlılık, dirilik; dayanma gücü; ~**·ize** ['vaɪtəlaɪz] *v/t.* canlandırmak, güç vermek.
vit·a·min ['vɪtəmɪn] *n.* vitamin; ~ *deficiency* vitamin eksikliği.
vi·ti·ate ['vɪʃɪeɪt] *v/t.* kirletmek, bozmak.
vit·re·ous □ ['vɪtrɪəs] camdan yapılma, cam ...; cam gibi.
vi·va·cious □ [vɪ'veɪʃəs] canlı, hayat dolu, şen; **vi·vac·i·ty** [vɪ'væsətɪ] *n.* canlılık, neşe.
viv·id □ ['vɪvɪd] canlı, berrak; parlak; açık, belli; hayat dolu.
vix·en ['vɪksn] *n.* dişi tilki; cadaloz kadın.
V-neck ['vi:nek] *n.* V yaka; **V-necked** [~t] *adj.* V yakalı.
vo·cab·u·la·ry [və'kæbjʊlərɪ] *n.* vokabüler, sözcük hazinesi, söz varlığı.
vo·cal □ ['vəʊkl] sesle ilgili, ses ...; konuşkan; ♪ vokal ...; *ling.* ünlü, sesli; ~**·ist** [~əlɪst] *n.* şarkıcı, vokalist; ~**·ize** [~aɪz] *v/t.* seslendirmek; söylemek; *ling.* sesli harf haline getirmek.
vo·ca·tion [vəʊ'keɪʃn] *n.* meslek, iş; yetenek; ~**·al** □ [~ənl] mesleki; ~ *adviser* öğrencinin meslek seçimine yardımcı olan danışman; ~ *education* meslek eğitimi; ~ *guidance* meslek seçiminde öğrenciye yol gösterme; ~ *school Am.* meslek okulu, sanat okulu; ~ *training* meslek eğitimi.
vo·cif·er|ate [və'sɪfəreɪt] *v/i.* bağırıp çağırmak; ~**·ous** □ [~əs] gürültülü; bağırıp çağıran.
vogue [vəʊg] *n.* moda; *be in* ~ moda olmak.
voice [vɔɪs] **1.** *n.* ses; *active (passive)* ~ *gr.* etken (edilgen) çatı; *give* ~ *to* ifade etmek; **2.** *v/t.* ifade etmek, söylemek *(a. ling.).*
void [vɔɪd] **1.** *adj.* boş, ıssız; yararsız; ⚖ hükümsüz; ~ *of -den* yoksun, -sız; **2.** *n.* boşluk *(a. fig.).*
vol·a·tile ['vɒlətaɪl] *adj.* ⚗ uçucu; *fig.* havai, gelgeç.
vol·ca·no [vɒl'keɪnəʊ] *(pl. -noes, -nos) n.* volkan, yanardağ.
vo·li·tion [və'lɪʃn] *n.* irade; *of one's own* ~ kendi iradesiyle.
vol·ley ['vɒlɪ] **1.** *n.* yaylım ateş; *fig.* yağmur, tufan; *futbol:* vole; **2.** *v/t. mst.* ~ *out (topa)* vole vurmak; *fig. (soru v.b.)* yağmuruna tutmak; ~**-ball** *n. spor:* voleybol.
volt ⚡ [vəʊlt] *n.* volt; ~**·age** ⚡ ['vəʊltɪdʒ] *n.* voltaj; ~**·me·ter** *n.* ⚡ voltmetre.
vol·u|bil·i·ty [vɒljʊ'bɪlətɪ] *n.* konuşkanlık; ~**·ble** □ ['vɒljʊbl] konuşkan, dilli.
vol·ume ['vɒlju:m] *n.* cilt; miktar; hacim, oylum; *fig.* yığın; ⚡ ses şiddeti; **vo·lu·mi·nous** □ [və'lju:mɪnəs] hacimli, büyük; ciltler doldurur; verimli *(yazar).*
vol·un|ta·ry □ ['vɒləntərɪ] gönüllü; istemli; ~**·teer** [vɒlən'tɪə] **1.** *n.* gönüllü; **2.** *v/i.* gönüllü asker olmak; *v/t.* kendiliğinden teklif etmek.
vo·lup·tu|a·ry [və'lʌptjʊərɪ] *n.* şehvet düşkünü; ~**·ous** □ [~əs] şehvetli; zevk düşkünü.
vom·it ['vɒmɪt] **1.** *v/t. & v/i.* kus(tur)mak; *(lav)* püskürtmek; **2.** *n.* kusma; kusmuk.
vo·ra·cious □ [və'reɪʃəs] açgözlü,

obur, doymak bilmez; **vo·rac·i·ty** [vɒ'ræsətı] *n.* açgözlülük, oburluk.

vor·tex ['vɔːteks] *(pl. -texes, -tices* [-tısiːz]*) n.* girdap *(mst. fig.).*

vote [vəʊt] **1.** *n.* oy; oy hakkı; ~ *of no condifence* güvensizlik oyu; *take a* ~ *on s.th. bşe* oy vermek; **2.** *v/t.* oylamak, oylayıp seçmek; *v/i.* oy vermek; ~ *for -in* lehinde oy vermek; **vot·er** ['vəʊtə] *n.* seçmen.

vot·ing ['vəʊtıŋ] *n.* oy verme, oylama; *attr.* oy ...; **~-pa·per** *n.* oy pusulası.

vouch [vaʊtʃ]: ~ *for -e* kefil olmak; **~·er** ['vaʊtʃə] *n.* kefil; senet, makbuz; belge; fiş; **~·safe** [vaʊtʃ'seıf] *vb.* lütfedip vermek *ya da* yapmak.

vow [vaʊ] **1.** *n.* yemin, ant; adak; *take a* ~, *make a* ~ ant içmek; **2.** *v/t.* yemin etmek, ant içmek.

vow·el *ling.* ['vaʊəl] *n.* vokal, ünlü, sesli harf.

voy|age ['vɔııdʒ] **1.** *n.* deniz yolculuğu; **2.** *v/i. lit.* deniz yolculuğu yapmak; **~·ag·er** ['vɔıədʒə] *n.* yolcu.

vul·gar □ ['vʌlgə] kaba, adi, terbiyesiz; halka özgü; ~ *tongue* halk dili; **~·i·ty** [vʌl'gærətı] *n.* kabalık, adilik.

vul·ne·ra·ble □ ['vʌlnərəbl] yaralanabilir; ⚔, *spor:* saldırıya açık, savunmasız; *fig.* kolay incinir.

vul·pine ['vʌlpaın] *adj.* tilki ile ilgili; tilki gibi, kurnaz.

vul·ture *zo.* ['vʌltʃə] *n.* akbaba.

vy·ing ['vaııŋ] *adj.* rekabet eden.

W

wad [wɒd] **1.** *n.* tıkaç, tapa; deste, tomar; bir tomar para; **2.** *(-dd-) v/t.* pamukla beslemek; tıkamak; **~·ding** ['wɒdıŋ] *n.* tıkaç, tampon; pamuk vatkası.

wad·dle ['wɒdl] **1.** *v/i.* badi badi yürümek, paytak paytak yürümek; **2.** *n.* badi badi yürüyüş.

wade [weıd] *v/i.* su *ya da* çamurda yürümek; ~ *through fig. F* gayret edip bitirmek; *v/t.* yürüyerek geçmek.

wa·fer ['weıfə] *n.* ince bisküvi, gofret; *eccl.* mayasız ekmek.

waf·fle[1] ['wɒfl] *n.* bir tür gözleme.

waf·fle[2] *Brt. F* [~] *v/i.* saçmalamak.

waft [wɑːft] **1.** *v/t.* sürüklemek; **2.** *n.* hafif koku, esinti.

wag [wæg] **1.** *(-gg-) v/t. & v/i.* salla(n)mak; **2.** *n.* salla(n)ma; şakacı kimse.

wage[1] [weıdʒ] *v/t. (savaş v.b.)* açmak *(on, against -e).*

wage[2] [~] *n. mst.* **~s** *pl.* ücret, haftalık; **~-earn·er** *econ.* ['weıdʒɜːnə] *n.* ücretli, haftalıkçı; **~ freeze** *n. econ.* ücretlerin dondurulması.

wa·ger ['weıdʒə] **1.** *n.* bahis; **2.** *v/i.* bahis tutuşmak.

wag·gish □ ['wægıʃ] şakacı, muzip.

wag·gle ['wægl] *v/t. & v/i.* salla(n)mak.

wag·(g)on ['wægən] *n.* yük arabası; *Brt.* 🚃 yük vagonu; **~·er** [~nə] *n.* arabacı.

wag·tail *zo.* ['wægteıl] *n.* kuyruksallayan.

waif *lit.* [weıf] *n.* kimsesiz çocuk.
wail [weıl] **1.** *n.* çığlık, feryat; **2.** *vb.* feryat etmek; *(rüzgâr)* uğuldamak.
wain·scot ['weınskət] *n.* tahta kaplama, lambri.
waist [weıst] *n.* bel *(a.* ⚓*)*; bluz; **~·coat** ['weıskəʊt] *n.* yelek; **~-line** ['weıstlaın] *n.* elbise beli.
wait [weıt] **1.** *v/t.* & *v/i.* bekle(t)mek; *a.* ~ *at (Am. on) table* hizmet etmek, servis yapmak; ~ *on,* ~ *upon -e* hizmet etmek; **2.** *n.* bekleme; pusu; *lie in* ~ *for s.o. b-i* için pusuya yatmak; **~·er** ['weıtə] *n.* garson; *~, the bill (Am. check), please!* Garson, hesap lütfen!
wait·ing ['weıtıŋ] *n.* bekleme; *in* ~ eşlik eden; **~-room** *n.* bekleme salonu.
wait·ress ['weıtrıs] *n.* kadın garson; *~, the bill (Am. check), please!* Garson hanım, hesap lütfen!
waive [weıv] *v/t. -den* vazgeçmek.
wake [weık] **1.** *n.* ⚓ dümen suyu; *fig.* iz, eser; *in the* ~ *of -in* peşi sıra; *fig. -in* sonucu olarak; **2.** *(woke ya da waked, woken ya da waked) v/t.* & *v/i. a.* ~ *up* uyan(dır)mak; *fig.* canlandırmak; **~·ful** ☐ ['weıkfl] uyanık; uykusuz; **wak·en** [~ən] = *wake* 2.
wale [weıl] *n.* iz, bere.
walk [wɔːk] **1.** *v/t.* & *v/i.* yürü(t)mek, gez(dir)mek; yürüyerek gitmek; yürüyüşe çıkmak; davranmak, hareket etmek; yürüyerek eşlik etmek; ~ *out econ.* grev yapmak; ~ *out on F* terketmek; **2.** *n.* yürüme, yürüyüş; kaldırım; ~ *of life* sosyal durum, hayat yolu; **~·er** ['wɔːkə] *n.* yaya; *spor:* yürüyücü; *be a good* ~ ayağına sıkı olmak.
walk·ie-talk·ie ['wɔːkı'tɔːkı] *n.* portatif telsiz telefon.
walk·ing ['wɔːkıŋ] *n.* yürüme; *attr.* yürüme ..., yürüyüş ...; ~ **papers** *n. pl. Am. F* işten kovulma kâğıdı; **~-stick** *n.* baston; **~-tour** *n.* gezinti.
walk|-out *econ.* ['wɔːkaʊt] *n.* grev, işbırakımı; **~-over** *n.* kolay yengi; **~-up** *n. Am.* asansörsüz bina.
wall [wɔːl] **1.** *n.* duvar; sur; **2.** *v/t. a.* ~ *in* duvarla çevirmek; ~ *up* duvarla kapatmak.
wal·let ['wɒlıt] *n.* cüzdan.
wall·flow·er *fig.* ['wɔːlflaʊə] *n.* damsız olduğu için dans edemeyen kimse, sap.
wal·lop *F* ['wɒləp] *v/t.* eşek sudan gelinceye kadar dövmek.
wal·low ['wɒləʊ] *v/i.* çamurda yuvarlanmak.
wall|-pa·per ['wɔːlpeıpə] **1.** *n.* duvar kâğıdı; **2.** *v/t.* duvar kâğıdı kaplamak; **~-sock·et** *n.* ⚡ duvar prizi; **~-to-~:** ~ *carpet* duvardan duvara halı; ~ *carpeting* duvardan duvara halı döşeme.
wal·nut ⚘ ['wɔːlnʌt] *n.* ceviz.
wal·rus *zo.* ['wɔːlrəs] *n.* mors.
waltz [wɔːls] **1.** *n.* vals; **2.** *v/i.* vals yapmak.
wan ☐ [wɒn] *(-nn-)* solgun, beti benzi atmış.
wand [wɒnd] *n.* değnek, çubuk; asa.
wan·der ['wɒndə] *v/i.* dolaşmak, gezmek; başıboş dolaşmak; *fig.* ayrılmak *(from -den).*
wane [weın] **1.** *v/i. (ay)* küçülmek; *fig.* azalmak, zayıflamak; **2.** *n.* azalma.
wan·gle *F* ['wæŋgl] *v/t.* dalavereyle elde etmek, sızdırmak, koparmak.
want [wɒnt] **1.** *n.* yokluk, azlık, kıtlık; gereksinme; yoksulluk; **2.** *vb.* istemek, arzulamak; gerekmek; eksik olmak; *-den* yoksun olmak; *he ~s for nothing* hiçbir şeye gereksinimi yok, her şeyi var; *it ~s s.th. bş* gerektiriyor; *he*

~*s energy* enerjiye gereksinmesi var; ~*ed* aranan, istenen; **~-ad** *F* ['wɒntæd] *n.* küçük ilan; **~·ing** [~ɪŋ]: *be* ~ yoksun olmak *(in -den).*

wan·ton ['wɒntən] **1.** □ zevk düşkünü; ahlaksız; nedensiz; **2.** *n.* ahlaksız kadın, aşüfte.

war [wɔː] **1.** *n.* savaş; *attr.* savaş ...; *make ya da wage* ~ savaş açmak *(on, against -e);* **2.** *(-rr-) v/i.* savaşmak.

war·ble ['wɔːbl] *v/i.* ötmek, şakımak.

ward [wɔːd] **1.** *n.* bölge, mıntıka; koğuş; ⚖ vesayet, vasilik; *in* ~ ⚖ vesayet altında; **2.** *v/t.* ~ *off* savuşturmak, geçiştirmek; **war·den** ['wɔːdn] *n.* bekçi, koruyucu; *univ.* rektör; *Am.* müdür; **~·er** ['wɔːdə] *n. Brt.* gardiyan.

war·drobe ['wɔːdrəʊb] *n.* gardırop; ~ *trunk* gardırop bavul.

ware [weə] *n.* mal, eşya.

ware·house 1. ['weəhaʊs] *n.* ambar, depo, antrepo; mağaza; **2.** [~z] *v/t.* ambarda saklamak.

war|fare ['wɔːfeə] *n.* savaş; **~head** *n.* ✕ *(füzede)* harp başlığı.

war·i·ness ['weərɪnɪs] *n.* uyanıklık, tedbir.

war·like ['wɔːlaɪk] *adj.* savaşçı; savaşla ilgili, askeri.

warm [wɔːm] **1.** □ sıcak, ılık; sıcak tutan; *fig.* candan, sıcak; **2.** *n.* ısınma; **3.** *v/t. a.* ~ *up* ısıtmak; *v/i. a.* ~ *up* ısınmak; **~th** [~θ] *n.* sıcaklık, ılıklık.

warn [wɔːn] *v/t.* uyarmak *(of, against -e karşı);* tembihlemek; öğütlemek; **~·ing** ['wɔːnɪŋ] *n.* uyarı; tembih; *attr.* uyarı ...

warp [wɔːp] *v/t. & v/i.* eğril(t)mek, yamul(t)mak; *fig.* saptırmak *(from -den).*

war|rant ['wɒrənt] **1.** *n.* yetki, hak; ruhsat; garanti, teminat; ⚖ arama emri; ~ *of arrest* ⚖ tutuklama yazısı; **2.** *v/t.* temin etmek, garanti etmek; ruhsat vermek; yetki vermek; **~·ran·ty** *econ.* [~tɪ]: *it's still under* ~ hâlâ garantilidir, hâlâ garantisi vardır.

war·ri·or ['wɒrɪə] *n.* savaşçı.

wart [wɔːt] *n.* siğil.

war·y □ ['weərɪ] *(-ier, -iest)* uyanık, açıkgöz, tedbirli.

was [wɒz, wəz] *pret. of* **be.**

wash [wɒʃ] **1.** *v/t. & v/i.* yıka(n)mak; ıslatmak; *(dalga)* yalamak; *(kumaş)* yıkanmaya gelmek; ~ *up* elini yüzünü yıkamak; *Brt.* bulaşıkları yıkamak; **2.** *n.* yıka(n)ma; çamaşır; dalga sesi, çırpıntı; *mouth*~ gargara; **3.** *adj.* yıkanabilir; **~·a·ble** ['wɒʃəbl] *adj.* yıkanabilir; **~-and-wear** *adj.* ütü istemeyen; **~-ba·sin** *n.* lavabo; **~-cloth** *n. Am.* sabun bezi, havlu; **~·er** ['wɒʃə] *n.* yıkayıcı; yıkama makinesi; = *dishwasher;* ⊕ rondela, pul; **~·er·wom·an** *(pl. -women) n.* çamaşırcı kadın; **~·ing** ['wɒʃɪŋ] *n.* yıka(n)ma; ~*s pl.* çamaşır; *attr.* çamaşır ...; **~·ing ma·chine** *n.* çamaşır makinesi; **~·ing pow·der** *n.* çamaşır tozu; **~·ing-up** *n. Brt.* bulaşık yıkama; **~·rag** *n. Am.* sabun bezi, havlu; **~·y** ['wɒʃɪ] *(-ier, -iest) adj.* sulu.

wasp *zo.* [wɒsp] *n.* yabanarısı.

wast·age ['weɪstɪdʒ] *n.* israf, savurganlık.

waste [weɪst] **1.** *adj.* boş, ıssız; çorak, kıraç; işe yaramaz, artık; *lay* ~ harabeye çevirmek; **2.** *n.* israf, savurganlık, çarçur; süprüntü, artık; **3.** *v/t.* israf etmek, çarçur etmek; harap etmek; aşındırmak; *v/i.* heba olmak; **~·ful** □ ['weɪstfl] savurgan; ~ **paper** *n.* işe yaramaz kâğıt; kullanılmış kâğıt; **~-pa·per bas·ket** [weɪst'peɪpəbɑːskɪt] *n.* kâğıt sepeti; ~ **pipe** ['weɪstpaɪp] *n.* künk.

watch [wɒtʃ] **1.** *n.* gözetleme; nöbet; nöbetçi; cep *ya da* kol saati; **2.** *v/i.* dikkat etmek; ~ *for* beklemek, gözlemek; ~ *out (for)* -e bakmak, aramak; ~ *out!* Dikkat et!; *v/t.* seyretmek; gözetlemek; **~·dog** ['wɒtʃdɒg] *n.* bekçi köpeği; *fig.* yasadışı hareketlere karşı tetikte olan kimse; **~·ful** □ [~fl] dikkatli, tetikte, uyanık; **~·mak·er** *n.* saatçi; **~·man** [~mən] *(pl. -men) n.* bekçi; **~·word** *n.* parola.

wa·ter ['wɔːtə] **1.** *n.* su; *drink the ~s* kaplıcalarda şifalı su içmek; **2.** *v/t.* & *v/i.* sulamak; sulan(dır)mak; suvar(ıl)mak; *(göz)* yaşarmak; ~ **clos·et** *n.* tuvalet, hela; **~-col·o(u)r** *n.* suluboya; suluboya resim; **~·course** *n.* dere, çay; kanal; nehir yatağı; **~·cress** *n.* ⚘ suteresi; **~·fall** *n.* çağlayan, şelale; **~·front** *n.* sahil arsası; liman bölgesi; ~ **ga(u)ge** *n.* ⊕ derinlik göstergesi; **~·hole** *n.* suvarma yeri.

wa·ter·ing ['wɔːtərɪŋ] *n.* sulama; **~-can** *n.* sulama ibriği, emzikli kova; **~-place** *n.* içmeler; kaplıca; plaj; suvarma yeri; **~-pot** *n.* sulama ibriği, emzikli kova.

wa·ter| lev·el ['wɔːtəlevl] *n.* su düzeyi; ⊕ tesviye ruhu; **~·logged** [~lɒgd] *adj.* ⚓ içi su dolmuş *(gemi)*; ~ **main** *n.* ⊕ yeraltı su borusu; **~·mark** *n.* filigran; **~·mel·on** *n.* ⚘ karpuz; ~ **pol·lu·tion** *n.* su kirliliği; ~ **po·lo** *n. spor:* sutopu; **~·proof 1.** *adj.* sugeçirmez; **2.** *n.* yağmurluk; **3.** *v/t.* sugeçirmez hale koymak; **~·shed** *n. geogr.* havza; *fig.* sınır; **~·side** *n.* sahil, kıyı; ~ **ski·ing** *n. spor:* su kayağı; **~·tight** *adj.* sugeçirmez; *fig.* su götürmez; **~·way** *n.* suyolu, kanal; **~·works** *n. oft. sg.* su dağıtım tesisatı; *turn on the ~ fig. F* gözyaşı dökmek, ağlamak; **~·y** [~rı] *adj.* sulu; su gibi; zayıf, sudan *(bahane)*.

watt ⚡ [wɒt] *n.* vat.

wave [weıv] **1.** *n.* dalga *(a. phys.)*; dalgalanma; el sallama; **2.** *v/t.* & *v/i.* dalgalan(dır)mak; salla(n)mak; el sallamak *(at ya da to s.o. b-ne)*; harelemek; ~ *s.o. aside b-ni* bir kenara itmek; **~·length** ['weıvleŋθ] *n. phys.* dalga boyu, dalga uzunluğu; *fig.* karakter, yapı.

wa·ver ['weıvə] *v/i.* tereddüt etmek, bocalamak, duraksamak.

wav·y □ ['weıvı] *(-ier, -iest)* dalgalı, dalga dalga.

wax[1] [wæks] **1.** *n.* balmumu; kulak kiri; **2.** *v/t.* mumlamak.

wax[2] [~] *v/i. (ay)* büyümek.

wax|en *fig.* ['wæksən] *adj.* beti benzi atmış, solgun; **~·works** *n. sg.* balmumu heykeller müzesi; **~·y** □ [~ı] *(-ier, -iest)* mumlu; mum gibi.

way [weı] **1.** *n.* yol; yön, taraf, yan; rota; tarz, biçim, şekil; *fig.* durum, hal, gidiş; ~ *in* giriş; ~ *out* çıkış; *fig.* çıkar yol; *right of* ~ ⚖ irtifak hakkı; *esp. mot.* yol hakkı; *this* ~ bu taraftan; *by the* ~ aklıma gelmişken, sırası gelmişken; *by* ~ *of* ... yolu ile, ... üzerinden; *on the ~, on one's* ~ yol üstünde, yolunda; *out of the* ~ alışılmışın dışında; sapa; *under* ~ devam etmekte, ilerlemekte; *give* ~ geri çekilmek; kopmak; çökmek; *mot.* yol vermek; *have one's* ~ muradına ermek; *lead the* ~ yol göstermek; **2.** *adv.* yakın; **~·bill** ['weıbıl] *n.* manifesto, irsaliye; **~·far·er** *lit.* [~feərə] *n.* yaya yolcu; **~·lay** [weı'leı] *(-laid) v/t.* yolunu kesmek, pusuda beklemek; **~-out** *adj. F* son derece iyi *ya da* modern; **~·side** ['weısaıd] **1.** *n.* yol kenarı; **2.** *adj.* yol kenarındaki; ~ **sta·tion** *n. Am.* ara istasyon; ~ **train** *n. Am.* her istas-

yona uğrayan tren, dilenci postası; ~·**ward** □ [~wɔd] inatçı, aksi, ters.
we [wiː, wı] *pron.* biz.
weak □ [wiːk] zayıf, kuvvetsiz; dayanıksız; sulu, yavan *(çorba v.b.)*; ~·**en** ['wiːkɔn] *v/t. & v/i.* zayıfla(t)mak; ~·**ling** [~lıŋ] *n.* zayıf kimse *ya da* hayvan; ~·**ly** [~lı] *(-ier, -iest) adj.* hastalıklı; ~-**mind·ed** [wiːk'maındıd] *adj.* zayıf iradeli; ~·**ness** ['wiːknıs] *n.* zayıflık; zaaf; hata, kusur.
weal [wiːl] *n.* iz, bere.
wealth [welθ] *n.* servet, zenginlik; *econ.* varlık, para, mal; *fig.* bolluk; ~·**y** □ ['welθı] *(-ier, -iest)* zengin, varlıklı.
wean [wiːn] *v/t.* sütten *ya da* memeden kesmek; ~ *s.o. from s.th.* *b-ni bşden* vazgeçirmek.
weap·on ['wepɔn] *n.* sılah.
wear [weɔ] **1.** *(wore, worn) v/t. & v/i.* giymek; *(gözlük)* takmak; taşımak; *a.* ~ *away,* ~ *down,* ~ *off,* ~ *out* *(elbise)* eski(t)mek; aşın(dır)mak; *a.* ~ *out* çok yormak, canını çıkarmak; ~ *off fig.* *(ağrı)* yavaş yavaş geçmek; ~ *on* *(zaman)* yavaş geçmek; **2.** *n.* giysi, elbise; aşınma, yıpranma; dayanıklılık; *for hard* ~ çok dayanıklı; *the worse for* ~ kötü durumda; ~ **and tear** *n.* aşınma, yıpranma; ~·**er** ['weɔrɔ] *n.* giyen; takan; taşıyan.
wear|i·ness ['wıɔrınıs] *n.* yorgunluk, bezginlik; ~·**i·some** □ [~sɔm] yorucu, bıktırıcı, usandırıcı; ~·**y** ['wıɔrı] **1.** □ *(-ier, -iest)* yorgun, bitkin; sıkıcı, usandırıcı; **2.** *v/t. & v/i.* yor(ul)mak; bık(tır)mak, usan(dır)mak.
wea·sel *zo.* ['wiːzl] *n.* gelincik, samur.
weath·er ['weðɔ] **1.** *n.* hava; **2.** *v/t.* havalandırmak; ⚓ *-in* rüzgâr yönünden geçmek; *fig.* *(güçlük v.b.)* atlatmak, savuşturmak; *v/i.* aşınmak; solmak; ~-**beat·en** *adj.* fırtına yemiş; ~ **bu·reau** *n.* meteoroloji bürosu; ~ **chart** *n.* hava haritası; ~ **fore·cast** *n.* hava raporu; ~-**worn** *adj.* hava etkisiyle bozulmuş.
weave [wiːv] *(wove, woven) v/t.* dokumak; örmek; *fig.* yapmak, kurmak; **weav·er** ['wiːvɔ] *n.* dokumacı.
web [web] *n.* ağ; örümcek ağı; dokuma; *zo.* zar, perde; ~·**bing** ['webıŋ] *n.* kalın dokuma kayış.
wed [wed] *(-dd-; wedded ya da wed) vb.* evlenmek; *fig.* bağlanmak, birleşmek *(to -e)*; ~·**ding** ['wedıŋ] **1.** *n.* düğün, nikâh; **2.** *adj.* evlilik ..., nikâh ...; ~ *ring* nikâh yüzüğü.
wedge [wedʒ] **1.** *n.* kama, takoz, kıskı; **2.** *v/t.* kama ile sıkıştırmak.
wed·lock ['wedlɒk]: *born out of* ~ evlilikdışı doğmuş.
Wednes·day ['wenzdı] *n.* çarşamba.
wee [wiː] *adj.* küçücük, minnacık; *a* ~ *bit* oldukça.
weed [wiːd] **1.** *n.* yabani ot, zararlı ot; **2.** *v/t.* *-in* zararlı otlarını temizlemek; ~ *out fig.* ayıklamak, temizlemek; ~-**kill·er** ['wiːdkılɔ] *n.* yabani otları öldürmekte kullanılan madde; ~**s** [wiːdz] *n. pl. mst. widow's* ~ matem elbisesi; ~·**y** ['wiːdı] *(-ier, -iest) adj.* yabani otlarla dolu; *F* çelimsiz, çiroz gibi.
week [wiːk] *n.* hafta; *this day* ~ haftaya bugün; ~·**day** ['wiːkdeı] *n.* hafta günü, sair gün; ~·**end** [wiːk'end] *n.* hafta sonu; ~·**end·er** [~ɔ] *n.* hafta sonunu geçiren kimse; ~·**ly** ['wiːklı] **1.** *adj.* haftalık; **2.** *n. a.* ~ *paper* haftalık gazete *ya da* dergi.
weep [wiːp] *(wept) v/i.* ağlamak, gözyaşı dökmek; ~·**ing** ['wiːpıŋ]: ~ *willow* ✿ salkımsöğüt; ~·**y** *F*

[~ı] *(-ier, -iest) adj.* sulu gözlü; acıklı *(film v.b.).*
weigh [weı] *v/t.* tartmak; *fig.* ölçüp biçmek; ~ *anchor* ⚓ demir almak; ~*ed down* bunalmış; *v/i.* ... ağırlığında olmak; *fig.* önem taşımak; ~ *on*, ~ *upon -e* ağır gelmek, üzmek.
weight [weıt] **1.** *n.* ağırlık, sıklet; *fig.* yük, sıkıntı; *fig.* önem, etki, nüfuz; *put on* ~, *gain* ~ kilo almak, şişmanlamak; *lose* ~ zayıflamak, kilo vermek; **2.** *v/t.* ağırlaştırmak; **~·less** ['weıtlıs] *adj.* ağırlıksız, hafif; **~·less·ness** [~nıs] *n.* ağırlıksızlık, hafiflik; **~ lift·ing** [~lıftıŋ] *n. spor:* ağırlık kaldırma, halter; **~·y** □ [~ı] *(-ier, -iest)* ağır; yüklü; etkili.
weir [wıə] *n.* su seddi, bent.
weird □ [wıəd] anlaşılmaz, esrarengiz; *F* garip.
wel·come ['welkəm] **1.** *adj.* hoş karşılanan; hoşa giden; *you are ~ to inf.* kuşkusuz ...ebilirsiniz; *(you are) ~!* Bir şey değil!, Rica ederim!; **2.** *n.* hoş karşılama; **3.** *v/t.* hoş karşılamak *(a. fig.).*
weld ⊕ [weld] *v/t. & v/i.* kayna(t)mak, kaynak yapmak.
wel·fare ['welfeə] *n.* refah, gönenç; ~ **state** *n. pol.* refah devleti; ~ **work** *n.* sosyal yardım; ~ **work·er** *n.* sosyal yardım uzmanı.
well[1] [wel] **1.** *n.* kuyu; memba, pınar; ⊕ boru; **2.** *v/i.* kaynamak, fışkırmak.
well[2] [~] **1.** *(better, best) adj.* iyi, güzel; sağlıklı; uygun, yerinde; elverişli; *be* ~, *feel* ~ kendini iyi hissetmek, iyi olmak; *be ~ off* hali vakti yerinde olmak, zengin olmak; **2.** *int.* İyi!; Şey!; Peki!; Neyse!; **~-bal·anced** [wel'bælənst] *adj.* dengeli; **~-be·ing** *n.* refah, gönenç; **~-born** *adj.* iyi aileden gelmiş; **~-bred** *adj.* terbiyeli, kibar; **~-de·fined** *adj.* belirgin; **~-done** *adj.* iyi pişmiş; **~-in·ten·tioned** [~ın'tenʃnd] *adj.* iyi niyetli; **~-known** *adj.* tanınmış, ünlü; **~-man·nered** *adj.* terbiyeli; **~-nigh** ['welnaı] *adv.* hemen hemen; **~-off** [wel'ɒf] *adj.* zengin, hali vakti yerinde; **~-read** *adj.* çok okumuş; **~-timed** *adj.* uygun, zamanlı; **~-to-do** *adj.* zengin, hali vakti yerinde; **~-worn** *adj.* eskimiş; *fig.* bayatlamış.
Welsh [welʃ] **1.** *adj.* Gal eyaletine özgü; **2.** *n. ling.* Gal dili; *the ~ pl.* Galliler; ~ **rab·bit,** ~ **rare·bit** *n.* kızarmış ekmeğe sürülen peynir.
welt [welt] *n.* kösele şerit.
wel·ter ['weltə] *n.* kargaşa, karışıklık.
wench [wentʃ] *n.* genç kadın, kız.
went [went] *pret. of go 1.*
wept [wept] *pret. & p.p. of weep.*
were [wɜː, wə] *pret. of be.*
west [west] **1.** *n.* batı; *the* ♀ A.B.D.'nin batı eyaletleri; *pol.* Batı; **2.** *adj.* batıdaki, batı ...; **3.** *adv.* batıya doğru; **~·er·ly** ['westəlı] *adj.* batıdaki, batı ...; **~·ern** [~ən] **1.** *adj.* batıyla ilgili, batı ...; **2.** *n.* kovboy filmi; **~·ward(s)** [~wəd(z)] *adv.* batıya doğru.
wet [wet] **1.** *adj.* ıslak, yaş; yağmurlu; **2.** *n.* yağmur; yağmurlu hava; ıslaklık; **3.** *(-tt-; wet ya da wetted) v/t.* ıslatmak.
weth·er *zo.* ['weðə] *n.* iğdiş koç.
wet-nurse ['wetnɜːs] *n.* sütnine.
whack [wæk] *n.* şaklama, pat, küt; *F* hisse, pay; **~ed** [~t] *adj.* çok yorgun, turşu gibi; **~·ing** ['wækıŋ] **1.** *adj. F* koskocaman; kuyruklu *(yalan);* **2.** *n.* dayak.
whale *zo.* [weıl] *n.* balina; **~·bone** ['weılbəʊn] *n. (giyside)* balina; ~ **oil** *n.* balina yağı.
whal|er ['weılə] *n.* balina avcısı; **~·ing** [~ıŋ] *n.* balina avı.
wharf [wɔːf] *(pl. wharfs, wharves*

[~vz]) *n.* iskele, rıhtım.
what [wɒt] **1.** *pron.* ne; -diği şey; *know ~'s ~* neyin ne olduğunu bilmek; *~ about ...? -den* ne haber?, ya...?; *-e* ne dersin?; *~ for?* ne için?, ne amaçla?; *~ of it?, so ~?* bana ne?, ne olmuş yani?; *~ next?* başka?; *iro.* Daha neler!, Yok canım!; *~ a blessing!* Ne iyi!, Çok şükür!; *~ with ..., ~ with ...* ... ve ... yüzünden; **2.** *int.* Ne!, Vay!; **~·(so·)ev·er** [wɒt(səʊ)'evə] *pron.* her ne.
wheat ⚘ [wi:t] *n.* buğday.
whee·dle ['wi:dl] *v/t.* tatlı sözlerle kandırmak; *~ s.th. out of s.o.* *b-den bşi* kandırıp almak.
wheel [wi:l] **1.** *n.* tekerlek; devεran, dönme; *esp. Am. F* bisiklet; ✕ çark; *mot.* direksiyon; **2.** *v/t. & v/i.* dön(dür)mek; ✕ çark etmek; **~·bar·row** ['wi:lbærəʊ] *n.* el arabası; **~·chair** *n.* tekerlekli sandalye; **~ed** *adj.* tekerlekli.
-wheel·er ['wi:lə] *adj.* ... tekerlekli.
wheeze [wi:z] *v/i.* hırıltıyla solumak.
whelp [welp] **1.** *n. zo.* yırtıcı hayvan yavrusu; *F* terbiyesiz genç; **2.** *v/i.* yavrulamak.
when [wen] **1.** *adv.* ne zaman?; **2.** *cj.* -diği zaman, -ince; -iken; -diği halde.
whence [wens] *adv.* nereden.
when·(so·)ev·er [wen(səʊ)'evə] *adv.* her ne zaman.
where [weə] **1.** *adv.* nerede?; nereye?; **2.** *cj.* -diği yer(d)e; *~ ... from?* nereden?; *~ ... to?* nereye?; **~·a·bouts 1.** [weərə'baʊts] *adv.* nereler(d)e; **2.** ['weərəbaʊts] *n.* bulunulan yer; **~·as** [weər'æz] *cj.* halbuki, oysa; **~·at** [~r'æt] *adv.* neye; **~·by** [weə'baı] *adv.* vasıtasıyla, ki bununla; **~·fore** ['weəfɔ:] *adv.* niçin, neden; **~·in** [weər'ın] *adv.* nerede, neyin için(d)e; **~·of** [~r'ɒv] *adv.* ki bundan, -den; **~·u·pon** [~rə'pɒn] *adv. & cj.* bunun üzerine; **wher·ev·er** [~r'evə] *adv. & cj.* her nereye; her nerede; **~·with·al** ['weəwıðɔ:l] *n.* araçlar, gereçler; para.
whet [wet] *(-tt-) v/t.* bilemek; *fig.* tahrik etmek, uyandırmak.
wheth·er ['weðə] *cj.* -ıp -ıpmadığını, -mi acaba; *~ or no* olsa da olmasa da.
whet·stone ['wetstəʊn] *n.* bileğitaşı.
whey [weı] *n.* kesilmiş sütün suyu.
which [wıtʃ] **1.** *adj.* hangisi; **2.** *pron.* hangisini; ki o, -en, -an, -diği; **~·ev·er** [~'evə] *pron.* her hangisi.
whiff [wıf] **1.** *n.* esinti, püf; hafif koku; *F* küçük puro; *have a few ~s* bir iki nefes çekmek; **2.** *v/t. (duman)* ağızdan çıkarmak; *v/i. F* kötü kokmak.
while [waıl] **1.** *n.* zaman, süre; *for a ~* bir süre; **2.** *v/t. mst. ~ away (zaman)* geçirmek; **3.** *cj. a.* **whilst** [waılst] iken; -diği halde; süresince.
whim [wım] *n.* geçici heves, kapris.
whim·per ['wımpə] **1.** *v/i.* ağlamak, sızlanmak; **2.** *n.* sızlanma.
whim|si·cal □ ['wımzıkl] tuhaf, acayip, saçma; garip fikirli, kaprisli; **~·sy** ['wımzı] *n.* geçici heves, kapris.
whine [waın] *v/i.* sızlanmak, zırıldamak, mızmızlanmak.
whin·ny ['wını] *v/i.* kişnemek.
whip [wıp] **1.** *(-pp-) v/t.* kamçılamak; dövmek; çalkamak, çırpmak *(yumurta)*; *~ped cream* kremşanti; *~ped eggs pl.* çırpılmış yumurta; *v/i.* fırlamak; **2.** *n.* kırbaç, kamçı.
whip·ping ['wıpıŋ] *n.* kamçılama; dayak; **~-top** *n.* topaç.
whip·poor·will *zo.* ['wıppuəwıl] *n.* çobanaldatan.

whirl [wɜːl] **1.** *v/t. & v/i.* fırıl fırıl dön(dür)mek; *(baş)* dönmek; **2.** *n.* fırıl fırıl dön(dür)me; baş dönmesi; **~·pool** ['wɜːlpuːl] *n.* girdap, burgaç; **~·wind** [~wınd] *n.* kasırga, hortum.

whir(r) [wɜː] *(-rr-) v/i.* vızlamak, pırlamak.

whisk [wısk] **1.** *n.* tüy süpürge; yumurta teli; **2.** *v/t. & v/i.* çalkamak; fırla(t)mak; çırpmak *(yumurta)*; ~ *away* ortadan kaldırmak; **whis·ker** ['wıskə] *n.* hayvan bıyığı; ~*s pl.* favori.

whis·k(e)y ['wıskı] *n.* viski.

whis·per ['wıspə] **1.** *v/i.* fısıldamak; hışırdamak; **2.** *n.* fısıltı; söylenti; hışırtı; *in a ~, in ~s* fısıltı halinde, fısıldayarak.

whis·tle ['wısl] **1.** *v/i.* ıslık çalmak; düdük çalmak; **2.** *n.* ıslık; düdük; ~ **stop** *n. Am.* 🚂 işaret verildiğinde trenin durduğu istasyon; *pol.* seçim gezisi.

Whit [wıt] *n.* pantekot yortusunun pazar günü.

white [waıt] **1.** *(~r, ~st) adj.* beyaz, ak; solgun; lekesiz; yazısız, boş; **2.** *n.* beyaz renk; *(yumurta, göz)* ak; **~-col·lar** [waıt'kɒlə] *adj.* büroda çalışan, büro ...; masa başı ...; ~ *worker* masa başı elemanı;~ **heat** *n.* akkor; ~ **lie** *n.* zararsız yalan; **whit·en** ['waıtn] *v/t. & v/i.* beyazla(t)mak, ağar(t)mak; **~·ness** [~nıs] *n.* beyazlık; saflık; **~·wash 1.** *n.* badana; **2.** *v/t.* badana etmek; *fig.* örtbas etmek.

whit·ish ['waıtıʃ] *adj.* beyazımsı, beyazımtırak.

Whit·sun ['wıtsn] *adj.* pantekot yortusuyla ilgili; **~·tide** *n.* pantekot yortusu.

whit·tle ['wıtl] *v/t.* yontmak; ~ *away* eksiltmek, azaltmak.

whiz(z) [wız] *(-zz-) v/i.* vızıldamak.

who [huː, hʊ] **1.** *pron.* kim?; **2.** *cj.* ki o, -en, -an.

who·dun(n)·it *F* [huː'dʌnıt] *n.* dedektif romanı.

who·ev·er [huː'evə] *pron.* her kim, kim olursa olsun.

whole [həʊl] **1.** □ bütün, tüm, tam; **2.** *n.* bütün; toplam; *the ~ of London* Londra'nın tümü; *on the ~* genellikle; çoğunlukla; **~-hearted** □ [həʊl'hɑːtıd] samimi, içten; **~·meal** ['həʊlmiːl]: ~ *bread* kepekli buğday ekmeği; **~sale 1.** *n. econ.* toptan satış; **2.** *adj. econ.* toptan ...; *fig.* çok sayıda; ~ *dealer* = **~·sal·er** [~ə] *n. econ.* toptancı; **~·some** □ [~səm] sağlığa yararlı; sağlıklı; ~ **wheat** *n. esp. Am.* = *wholemeal.*

whol·ly ['həʊllı] *adv.* tamamen, büsbütün, sırf.

whom [huːm, hʊm] *acc. of who.*

whoop [huːp] **1.** *n.* bağırma, çığlık; ⚕ boğmaca öksürüğü sesi; **2.** *v/i.* bağırmak, *a.* ~ *with joy* sevinçten haykırmak; ~ *it up F* çılgınlar gibi eğlenmek; **~·ee** *F* ['wʊpiː]: *make ~* şamata yapmak; **~·ing-cough** ⚕ ['huːpıŋkɒf] *n.* boğmaca öksürüğü.

whore [hɔː] *n.* fahişe, orospu.

whose [huːz] *gen. sg. & pl. of who.*

why [waı] **1.** *adv.* niçin?, neden?; ~ *so?* neden böyle?; **2.** *int.* Demek öyle!, Bak sen!

wick [wık] *n.* fitil.

wick·ed □ ['wıkıd] kötü, hayırsız, günahkâr; kinci, hain; tehlikeli; **~·ness** [~nıs] *n.* kötülük.

wick·er ['wıkə] *adj.* hasır ...; ~ *basket* hasır sepet; ~ *bottle* dışı hasır şişe; ~ *chair* hasır koltuk; ~ *work* sepet işi; hasır işi.

wick·et ['wıkıt] *n.* küçük kapı; *kriket:* kale.

wide [waıd] **1.** □ geniş; engin, açık; bol; *3 feet ~* üç fit eninde; **2.** *adv.* tamamen, iyice, adamakıllı; ardına kadar; uzağa; ~ *awake*

tamamen uyanık; **wid·en** ['waıdn] *v/t.* & *v/i.* genişle(t)mek, bollaş(tır)mak; **~-o·pen** ['waıd'əʊpən] *adj.* ardına kadar açık; *Am.* yasa yönünden gevşek *(kent)*; **~·spread** *adj.* alabildiğine açılmış; yaygın, genel.
wid·ow ['wıdəʊ] *n.* dul kadın; *attr.* dul ...; **~ed** *adj.* dul kalmış; **~·er** [~ə] *n.* dul erkek.
width [wıdθ] *n.* genişlik, en.
wield [wi:ld] *v/t.* kullanmak.
wife [waıf] *(pl. wives* [~vz]*)* *n.* karı, eş, hanım.
wig [wıg] *n.* peruka.
wild [waıld] **1.** □ vahşi, yabanıl, yabani; şiddetli; hiddetli, öfkeli; ~ *about -e* delice hayran, ... için deli divane; **2.** *adv.* : *run* ~ başıboş kalmak; *talk* ~ saçma sapan konuşmak; **3.** *n. a.* ~*s pl.* vahşi yerler; **~·cat** ['waıldkæt] **1.** *n. zo.* vaşak; *econ. Am.* petrol kuyusu; **2.** *adj.* yasadışı; *econ. Am.* rizikolu, çürük *(iş)*; **wil·der·ness** ['wıldənıs] *n.* çöl, sahra, kır; **~·fire** ['waıldfaıə]: *like* ~ yıldırım gibi, çabucak; **~·life** *n. coll.* vahşi yaşam.
wile [waıl] *n.* ~*s pl.* oyun, hile, dolap.
will [wıl] **1.** *n.* arzu, istek; irade; keyif; vasiyetname; *of one's own free* ~ kendi isteğiyle; **2.** *v/aux. (pret. would; olumsuz:* ~ *not, won't)* -ecek, -acak; *he* ~ *come* gelecek; **3.** *v/t.* arzu etmek; buyurmak, emretmek; ⚖ vasiyetle bırakmak.
wil(l)·ful □ ['wılfl] inatçı; *esp.* ⚖ kasıtlı.
will·ing □ ['wılıŋ] istekli, gönüllü, hazır; razı.
will-o'-the-wisp ['wılәðә'wısp] *n.* bataklık yakamozu.
wil·low ⚘ ['wıləʊ] *n.* söğüt; **~·y** *fig.* [~ı] *adj.* narin, zarif.
will·pow·er ['wılpaʊə] *n.* irade gücü.
wil·ly-nil·ly ['wılı'nılı] *adv.* ister istemez.
wilt [wılt] *v/t.* & *v/i.* sol(dur)mak.
wi·ly □ ['waılı] *(-ier, -iest)* düzenbaz, kurnaz.
win [wın] **1.** *(-nn-; won) v/t.* kazanmak; yenmek; elde etmek, edinmek; ikna etmek *(to do yapmaya)*; ~ *s.o. over ya da round b-ni* ikna etmek, kandırmak; *v/i.* haklı çıkmak; **2.** *n. spor:* galibiyet, yengi.
wince [wıns] *v/i.* birden ürkmek.
winch [wıntʃ] *n.* vinç.
wind[1] [wınd] **1.** *n.* rüzgâr; nefes, soluk; ⚕ osuruk; *the* ~ *sg. ya da pl.* ♪ nefesli çalgılar, üflemeli çalgılar; **2.** *v/t. hunt.* koklayarak bulmak; nefesini kesmek.
wind[2] [waınd] *(wound) v/t.* & *v/i.* sar(ıl)mak; dola(ş)mak, çevirmek; döndürmek; eğrilmek, bükülmek; ~ *up (saat)* kurmak; *(konuşma v.b.)* bitirmek, bağlamak *(by saying ... ... diyerek)*.
wind|bag *F* ['wındbæg] *n.* geveze, çenesi düşük kimse; **~·fall** *n.* beklenmedik şans, düşeş, devlet kuşu.
wind·ing ['waındıŋ] **1.** *n.* dön(dür)me; dolambaç; dönemeç; **2.** *adj.* dolambaçlı; sarmal; ~ *stairs pl.* döner merdiven; ~ **sheet** *n.* kefen.
wind-in·stru·ment ♪ ['wındınstrʊmənt] *n.* nefesli çalgı, üflemeli çalgı.
wind·lass ⊕ ['wındləs] *n.* bocurgat, ırgat.
wind·mill ['wındmıl] *n.* yeldeğirmeni.
win·dow ['wındəʊ] *n.* pencere; vitrin; **~-dress·ing** *n.* vitrin dekorasyonu; *fig.* göz boyama; ~ **shade** *n. Am.* güneşlik; ~ **shopping** *n.* vitrin gezme; *go* ~ vitrin gezmek.
wind|pipe *anat.* ['wındpaıp] *n.* ne-

fes borusu; **~·screen,** *Am.* **~-shield** *n. mot.* ön cam; ~ *wiper* silecek; **~·surf·ing** *n. spor:* rüzgâr sörfü.

wind·y □ ['wındı] *(-ier, -iest)* rüzgârlı; *fig.* geveze, ağzı kalabalık.

wine [waın] *n.* şarap; **~·press** ['waınpres] *n.* üzüm cenderesi.

wing [wıŋ] **1.** *n.* kanat *(a.* ✕, *arch., spor, pol.); Brt. mot.* çamurluk; ✈, ✕ kol; *~s pl. thea.* kulis; *take ~* uçup gitmek, kanatlanmak; *on the ~* uçmakta; **2.** *v/t. & v/i.* uç(ur)mak; kanatlanmak; *fig.* yaralamak.

wink [wıŋk] **1.** *n.* göz kırpma; an; *not get a ~ of sleep* hiç uyumamak, gözünü kırpmamak; *s. forty;* **2.** *v/i.* göz kırpmak; gözle işaret vermek; pırıldamak; ~ *at -e* göz kıpmak; *fig.* görmezlikten gelmek.

win|ner ['wınə] *n.* kazanan; galip; **~·ning** ['wınıŋ] **1.** □ kazanan; **2.** *n. ~s pl.* kazanç.

win|ter ['wıntə] **1.** *n.* kış; **2.** *v/i.* kışı geçirmek; **~·ter sports** *n. pl.* kış sporları; **~·try** [~rı] *adj.* kış gibi; *fig.* buz gibi.

wipe [waıp] *v/t.* silmek; ~ *out* silip temizlemek; *fig.* yok etmek, ortadan kaldırmak; ~ *up* silmek; kurulamak; **wip·er** *mot.* ['waıpə] *n.* silecek.

wire ['waıə] **1.** *n.* tel *(a.* ⚡*); F* telgraf; *pull the ~s fig.* torpil patlatmak; **2.** *v/t.* telle bağlamak; *v/i.* telgraf çekmek; **~·drawn** *adj.* kılı kırk yaran; **~·less** [~lıs] **1.** □ telsiz; **2.** *n. Brt.* radyo; *on the ~* radyoda; **3.** *v/t.* telsizle göndermek; ~ **net·ting** [waıə'netıŋ] *n.* tel örgü; **~·tap** ['waıətæp] *(-pp-) v/i.* telefonları gizlice dinlemek.

wir·y □ ['waıərı] *(-ier, -iest)* tel gibi; sırım gibi.

wis·dom ['wızdəm] *n.* akıl; bilgelik; ~ *tooth* akıldişi, yirmi yaş dişi.

wise[1] □ [waız] *(~r, ~st)* akıllı; tedbirli; akıllıca, mantıklı; ~ *guy F* ukala dümbeleği.

wise[2] [~] *n.* usul, tarz.

wise·crack *F* ['waızkræk] **1.** *n.* espri; **2.** *v/i.* espri yapmak.

wish [wıʃ] **1.** *v/t.* istemek, arzu etmek, dilemek; ~ *for -e* can atmak; ~ *s.o. well (ill) b-ne* iyi şans dile(me)mek; **2.** *n.* istek, arzu, dilek; **~·ful** □ ['wıʃfl] arzulu, istekli; ~ *thinking* hüsnükuruntu.

wish·y-wash·y ['wıʃı'wɒʃı] *adj. (çorba, çay v.b.)* sulu, açık; *fig.* boş *(fikir).*

wisp [wısp] *n.* tutam; demet, deste.

wist·ful □ ['wıstfl] arzulu, istekli.

wit[1] [wıt] *n.* akıl; *a. ~s pl.* zekâ, anlayış; nükte; *be at one's ~'s ya da ~s' end* apışıp kalmak; *keep one's ~s about one* paniğe kapılmamak, tetikte olmak.

wit[2] [~]: *to ~ esp.* ⚖ yani, demek ki.

witch [wıtʃ] *n.* büyücü kadın; **~·craft** ['wıtʃkrɑːft], **~·e·ry** [~ərı] *n.* büyücülük; büyü; **~-hunt** *n. pol.* düzene baş kaldıranları sindirme avı.

with [wıð] *prp.* ile; -den; *-e* karşı; *-e* karşın; ~ *it F* zamane, modern.

with·draw [wıð'drɔː] *(-drew, -drawn) v/t. & v/i.* geri çek(il)mek; geri almak; *(para)* çekmek; *spor:* çekilmek; **~·al** [~əl] *n.* geri alma; *esp.* ✕ geri çekilme; *econ. (para)* çekme; *spor:* çekilme.

with·er ['wıðə] *v/t. & v/i.* kuru(t)mak, sol(dur)mak; çürü(t)mek.

with·hold [wıð'həʊld] *(-held) v/t.* alıkoymak, tutmak; ~ *s.th. from s.o. b-den bşi* esirgemek.

with|in [wı'ðın] **1.** *adv.* içeride, içeriye; **2.** *prp. -in* içinde; ~ *doors* evde; ~ *call* çağrılabilecek uzaklıkta; **~·out** [wı'ðaʊt] **1.** *adv.* dışarıda; **2.** *prp.* -sız, -meden, -meksizin.

with·stand [wɪð'stænd] *(-stood)* *v/t.* *-e* karşı koymak, direnmek; *-e* dayanmak.

wit·ness ['wɪtnɪs] **1.** *n.* tanık, şahit; *bear ~ to -e* tanıklık etmek; **2.** *v/t.* *-e* tanık olmak; *-e* sahne olmak; **~ box,** *Am.* **~ stand** *n.* tanık kürsüsü.

wit|ti·cis·m ['wɪtɪsɪzəm] *n.* espri, şaka; **~·ty** □ [~ɪ] *(-ier, -iest)* esprili, nükteli; nükteci; hazırcevap.

wives [waɪvz] *pl. of wife.*

wiz·ard ['wɪzəd] *n.* büyücü, sihirbaz.

wiz·en(ed) ['wɪzn(d)] *adj.* pörsümüş, pörsük.

wob·ble ['wɒbl] *v/t. & v/i.* salla(n)mak; bocalamak.

woe [wəʊ] *n.* keder, dert; *~ is me!* Vah başıma gelenler!; **~·be·gone** ['wəʊbɪgɒn] *adj.* kederli, üzgün; **~·ful** □ ['wəʊfl] kederli, hüzünlü; üzücü.

woke [wəʊk] *pret. & p.p. of wake 2;* **wok·en** ['wəʊkən] *p.p. of wake 2.*

wold [wəʊld] *n.* yayla, bozkır.

wolf [wʊlf] **1.** *(pl. wolves* [~vz]*)* *n.* *zo.* kurt; **2.** *v/t. a. ~ down* aç kurt gibi yemek, silip süpürmek; **~·ish** □ ['wʊlfɪʃ] kurt gibi; doymak bilmez.

wom·an ['wʊmən] **1.** *(pl. women* ['wɪmɪn]*)* *n.* kadın; *F* karı, eş; *F* metres; **2.** *adj.* kadın ...; *~ doctor* kadın doktor; *~ student* bayan öğrenci; **~·hood** [~hʊd] *n.* kadınlık; kadınlar; **~·ish** □ [~ɪʃ] kadın gibi, kadınsı; **~·kind** [~'kaɪnd] *n.* kadınlar; **~·like** [~laɪk] *adj.* kadın gibi; **~·ly** [~lɪ] *adj.* kadına yakışır; kadın gibi.

womb [wu:m] *n.* rahim, dölyatağı; *fig.* başlangıç, köken.

wom·en ['wɪmɪn] *n. pl. of woman; ♀'s Liberation (Movement), F ♀'s Lib* [lɪb] Kadın Özgürlükleri Hareketi; **~·folk, ~·kind** *n.* kadınlar, kadın kısmı; *F* kadın akrabalar.

won [wʌn] *pret. & p.p. of win 1.*

won·der ['wʌndə] **1.** *n.* mucize, harika; şaşkınlık, hayret; *work ~s* harikalar yaratmak; **2.** *vb.* şaşmak, hayret etmek; hayran olmak; merak etmek; *I ~ if you could help me* acaba bana yardım edebilir misiniz?; **~·ful** □ [~fl] harika, şahane, şaşılacak; **~·ing** □ [~rɪŋ] şaşkın, şaşırmış.

wont [wəʊnt] **1.** *adj.* alışmış; *be ~ to do s.th.* *bş* yapmayı alışkanlık edinmek; **2.** *n.* alışkanlık, âdet; *as was his ~* hep yaptığı gibi.

won't [~] = *will not.*

wont·ed ['wəʊntɪd] *adj.* alışılmış, her zamanki.

woo [wu:] *v/t.* *-e* kur yapmak.

wood [wʊd] *n.* odun; tahta, kereste; *oft. ~s pl.* orman, koru; = *woodwind; touch ~!* Nazar değmesin!, Şeytan kulağına kurşun!; *he cannot see the ~ for the trees* işin aslını göremez; **~·cut** ['wʊdkʌt] *n.* tahta basma kalıbı; **~·cut·ter** *n.* baltacı, oduncu; **~·ed** [~ɪd] *adj.* ağaçlı; **~·en** □ [~n] tahtadan yapılmış, tahta ...; *fig.* sert, odun gibi; **~·man** [~mən] *(pl. -men)* *n.* orman adamı; oduncu, baltacı; **~·peck·er** *zo.* [~pekə] *n.* ağaçkakan; **~s·man** [~zmən] *(pl. -men)* *n.* = *woodman;* **~·wind** ♪ [~wɪnd] *n.* tahta üflemeli çalgı; *the ~ sg. ya da pl.* tahta üflemeli çalgılar; **~·work** *n.* doğrama; doğramacılık; **~·y** [~ɪ] *(-ier, -iest)* *adj.* ormanlık ..., ağaçlık ...; ağaçsıl.

wool [wʊl] *n.* yün; **~·gath·er·ing** ['wʊlgæðərɪŋ] *n.* aklı başka yerde olma, dalgınlık; **~·(l)en** ['wʊlən] **1.** *adj.* yünlü, yün ...; **2.** *n.* *~s pl.* yünlü giysiler; **~·ly** [~wʊlɪ] **1.** *(-ier, -iest)* *adj.* yünlü; yün gibi; belirsiz *(fikir);* **2.** *n.* *woollies pl. F*

yünlü giysiler.
word [wɜːd] **1.** *n.* sözcük, kelime; söz; haber, bilgi; × parola; *fig.* ağız kavgası; *have a ~ with ile* iki çift laf etmek; **2.** *v/t.* ifade etmek, söylemek; **~·ing** ['wɜːdɪŋ] *n.* yazılış tarzı, üslup; **~ or·der** *n. gr.* sözcük sırası; **~ pro·cess·ing** *n. kompütür:* sözcük işlem; **~ pro·ces·sor** *n. kompütür:* sözcük işleyici; **~-split·ting** *n.* bilgicilik.
word·y □ ['wɜːdɪ] *(-ier, -iest)* çok sözcüklü; sözü çok uzatan.
wore [wɔː] *pret. of wear 1.*
work [wɜːk] **1.** *n.* iş, çalışma; emek; görev; *attr.* iş ...; *~s pl.* ⊕ mekanizma; × istihkâm; *~s sg.* fabrika, tesis; *~ of art* sanat eseri; *at ~* iş başında, işte; *be in ~* işi olmak; *be out of ~* işsiz olmak; *set to ~, set ya da go about one's ~* işe koyulmak; *~s council* yönetim kurulu; **2.** *v/t. & v/i.* çalış(tır)mak; ⊕ işle(t)mek; halletmek, çözmek; *fig.* başarıyla sonuçlanmak, para etmek; *~ one's way k-ne* yol açmak; *~ off* çık(ar)mak; bitirmek; çalışarak ödemek *(borç); ~ out* hesaplamak; halletmek, çözmek; sonuçlanmak; idman yapmak; *~ up* geliş(tir)mek, ilerle(t)mek; heyecanlandırmak, kamçılamak; *~ o.s. up* heyecanlanmak.
wor·ka·ble □ ['wɜːkəbl] işlenebilir; pratik, elverişli.
work|a·day ['wɜːkədeɪ] *adj.* sıradan, alelade; **~·bench** *n.* ⊕ tezgâh; **~·book** *n. okul:* alıştırma kitabı; **~·day** *n.* işgünü; *on ~s* işgünlerinde, hafta içi; **~·er** [~ə] *n.* işçi.
work·ing ['wɜːkɪŋ] **1.** *n.* *~s pl.* çalışma, işleme; **2.** *adj.* çalışan; işleyen; iş ...; **~-class** *adj.* işçi sınıfı ...; **~ day** *n.* işgünü; **~ hours** *n. pl.* iş saatleri.
work·man ['wɜːkmən] *(pl. -men)* *n.* işçi; **~·like** [~laɪk] *adj.* işçi gibi; işçiye yakışır; **~·ship** [~ʃɪp] *n.* işçilik; ustalık.
work|out ['wɜːkaʊt] *n. F spor:* idman, antrenman; **~·shop** *n.* atelye; **~-shy** *adj.* işten kaçan, tembel; **~-to-rule** *n. econ.* kurallara bağlı çalışma; **~·wom·an** *(pl. -women) n.* kadın işçi.
world [wɜːld] *n.* dünya; *a ~ of* dünya kadar, pek çok; *bring (come) into the ~* dünyaya getirmek (gelmek), doğ(ur)mak; *think the ~ of -e* hayran olmak; **~-class** *adj.* dünyanın en iyileri arasında olan *(sporcu v.b.);* 2 **Cup** *n.* Dünya Kupası.
world·ly ['wɜːldlɪ] *(-ier, -iest) adj.* dünyevi, maddi; **~-wise** *adj.* görmüş geçirmiş, pişkin.
world| pow·er *pol.* ['wɜːldpaʊə] *n.* önemli devlet; **~·wide** *adj.* dünya çapında.
worm [wɜːm] **1.** *n zo.* kurt, solucan; **2.** *v/t.* ustalıkla almak *(out of -den); ~ o.s.* sokulmak; *fig.* girmek *(into -e);* **~-eat·en** ['wɜːmiːtn] *adj.* kurt yemiş; *fig.* eski, demode.
worn [wɔːn] *p.p. of wear 1;* **~-out** ['wɔːn'aʊt] *adj.* çok yorgun, bitkin, turşu gibi; eskimiş, aşınmış.
wor·ried □ ['wʌrɪd] üzgün, endişeli.
wor·ry ['wʌrɪ] **1.** *v/t. & v/i.* Üz(ül)mek, Endişelen(dir)mek; canını sıkmak; merak etmek, kaygılanmak; *don't ~!* Üzülme!, Endişelenme!; **2.** *n.* üzüntü, endişe, kaygı.
worse [wɜːs] *(comp. of bad) adj.* daha kötü, beter; *~ luck!* Ne yazık ki!, Maalesef!; **wors·en** ['wɜːsn] *v/t. & v/i.* kötüleş(tir)mek.
wor·ship ['wɜːʃɪp] **1.** *n.* tapınma, ibadet; hayranlık, tapma; **2.** *(esp. Brt. -pp-, Am. -p-) v/t.* tapmak; *v/i.* ibadet etmek; **~·(p)er** [~ə]

n. tapan kimse, ibadet eden kimse.
worst [wɜːst] **1.** *(sup. of bad) adj.* en kötü; **2.** *(sup. of badly) adv.* en kötü biçimde; **3.** *n.* en kötü şey *ya da* durum; *at (the) ~* en kötü olasılıkla.
wor·sted ['wʊstɪd] *n.* yün iplik.
worth [wɜːθ] **1.** *adj.* değer, layık; ... değerinde; *~ reading* okumaya değer; **2.** *n.* değer, kıymet; **~·less** □ ['wɜːθlɪs] değersiz; beş para etmez; **~-while** [~'waɪl] *adj.* zahmete değer; **~·y** □ ['wɜːðɪ] *(-ier, -iest)* değerli; layık; uygun, yaraşır.
would [wʊd] *pret. of will 2; I ~ like* istiyorum; **~-be** ['wʊdbiː] *adj.* sözde, güya, sözümona.
wound[1] [wuːnd] **1.** *n.* yara; *fig.* gönül yarası; **2.** *v/t.* yaralamak; *fig.* gönlünü kırmak.
wound[2] [waʊnd] *pret. & p.p. of wind*[2]
wove [wəʊv] *pret. of weave;* **wov·en** ['wəʊvn] *p.p. of weave.*
wow *F* [waʊ] *int.* Hayret!, Deme!
wran·gle ['ræŋgl] **1.** *v/i.* kavga etmek, dalaşmak; tartışmak; **2.** *n.* kavga; tartışma.
wrap [ræp] **1.** *(-pp-) v/t. & v/i. oft. ~ up* sar(ıl)mak, paketlemek; ört(ün)mek; bürü(n)mek; *fig. (iş)* bitirmek, bağlamak; *be ~ped up in -e* sarılmak; *-de* saklı olmak; **2.** *n.* örtü; atkı; giysi; **~·per** ['ræpə] *n.* sargı; sabahlık; *a. postal ~* kitap kabı; **~·ping** [~ɪŋ] *n.* ambalaj; sargı; *~-paper* ambalaj kâğıdı.
wrath *lit.* [rɔːθ] *n.* öfke, gazap.
wreak *lit.* [riːk] *v/t. (öfke v.b.)* almak, çıkarmak *(on, upon -den).*
wreath [riːθ] *(pl. wreaths* [~ðz]*) n.* çelenk; **~e** [riːð] *v/t. & v/i.* sar(ıl)mak; çelenklerle süslemek; *(yılan)* çöreklenmek.
wreck [rek] **1.** *n.* gemi enkazı; *fig.* yıkıntı, enkaz, harabe; **2.** *v/t.* kazaya uğratmak; yıkmak, altüst etmek; *be ~ed* ⚓ kazaya uğramak; **~·age** ['rekɪdʒ] *n.* enkaz, yıkıntı; **~ed** [rekt] *adj.* kazaya uğramış; **~·er** ['rekə] *n.* ⚓ enkaz temizleyici, yıkıcı; *Am. mot.* kurtarıcı, çekici; **~·ing** [~ɪŋ] *n. esp. hist.* enkaz hırsızlığı; *~ company Am.* eski binaları yıkan şirket; *~ service Am. mot.* kurtarma servisi.
wren *zo.* [ren] *n.* çalıkuşu.
wrench [rentʃ] **1.** *v/t.* zorla almak *(from s.o. b-den);* ⚕ burkmak; *(anlam)* çarpıtmak; *~ open* çekip açmak; **2.** *n.* bük(ül)me; ⚕ burk(ul)ma; *fig.* ayrılış acısı; ⊕ İngiliz anahtarı.
wrest [rest] *v/t.* zorla almak; *~ s.th. from s.o. b-den bşi* zorla almak.
wres|tle ['resl] *v/i.* güreşmek; **~·tler** [~ə] *n. esp. spor:* güreşçi, pehlivan; **~·tling** [~ɪŋ] *n. esp. spor:* güreş.
wretch [retʃ] *n.* biçare, zavallı; alçak adam.
wretch·ed □ ['retʃɪd] alçak; bitkin, perişan.
wrig·gle ['rɪgl] *v/t. & v/i.* kımılda(t)mak; kıvrılmak; *~ out of s.th. bşden* yakayı kurtarmak, sıyrılıp çıkmak.
-wright [raɪt] *n.* ... yapımcısı; ... işçisi; ... yazarı.
wring [rɪŋ] *(wrung) v/t.* burup sıkmak; burmak, bükmek, sıkmak; *~ s.o.'s hearth b-nin* yüreğine işlemek.
wrin·kle ['rɪŋkl] **1.** *n.* kırışık, buruşuk; **2.** *v/t. & v/i.* kırış(tır)mak, buruş(tur)mak.
wrist [rɪst] *n.* bilek; *~watch* bilek saati, kol saati; **~·band** ['rɪstbænd] *n.* kol ağzı, manşet.
writ [rɪt] *n.* yazı; mahkeme emri; *Holy* ♀ İncil.
write [raɪt] *(wrote, written) v/t.*

yazmak; ~ *down* not etmek, yazmak; **writ·er** ['raɪtə] *n.* yazar.
writhe [raɪð] *v/i.* kıvranmak.
writ·ing ['raɪtɪŋ] *n.* yazı; el yazısı; yazı yazma; yazarlık; *attr.* yazı ...; *in* ~ yazılı; **~-case** *n.* sumen; ~ **desk** *n.* yazı masası; ~ **pad** *n.* sumen; ~ **pa·per** *n.* yazı kâğıdı.
writ·ten ['rɪtn] **1.** *p.p. of write;* **2.** *adj.* yazılı.
wrong [rɒŋ] **1.** □ yanlış, hatalı; haksız; uygunsuz; bozuk; *be* ~ yanılmak; yanlış olmak; bozuk olmak; *(saat)* yanlış gitmek; *go* ~ yanılmak; *be on the* ~ *side of sixty* altmış yaşını geçmiş olmak; **2.** *n.* hata, kusur; haksızlık; *be in the* ~ hatalı olmak; **3.** *v/t.* *-e* haksızlık etmek; **~·do·er** ['rɒŋdʊə] *n.* haksızlık eden kimse; günahkâr; **~·ful** □ [~fl] haksız; yasadışı.
wrote [rəʊt] *pret. of write.*
wrought i·ron [rɔːt'aɪən] *n.* dövme demir; **~-i·ron** ['rɔːt'aɪən] *adj.* dövme demirden yapılmış.
wrung [rʌŋ] *pret. & p.p. of wring.*
wry □ [raɪ] *(-ier, -iest)* eğri, çarpık.

X

X-mas *F* ['krɪsməs] = *Christmas.*
X-ray [eks'reɪ] **1.** *n.* *~s pl.* röntgen ışını; röntgen filmi; **2.** *adj.* röntgen ...; **3.** *v/t.* röntgenini çekmek, röntgen ışınlarıyla tedavi etmek.
xy·lo·phone ♪ ['zaɪləfəʊn] *n.* ksilofon.

Y

yacht ⚓ [jɒt] **1.** *n.* yat; **2.** *v/i.* yat ile gezmek; **~-club** ['jɒtklʌb] *n.* yat kulübü; **~·ing** [~ɪŋ] *n.* yatçılık; *attr.* yat ...
Yan·kee *F* ['jæŋkɪ] *n.* Kuzey Amerikalı.
yap [jæp] *(-pp-)* *v/i.* havlamak; *F* gevezelik etmek.
yard [jɑːd] *n.* yarda *(= 0,914 m);* ⚓ seren; avlu; *Am.* bahçe; ~ **meas·ure** ['jɑːdmeʒə], **~·stick** *n.* bir yardalık ölçü çubuğu.
yarn [jɑːn] *n.* iplik; *F* gemici masalı; *F* hikâye, maval.
yawl ⚓ [jɔːl] *n.* filika.
yawn [jɔːn] **1.** *v/i.* esnemek; **2.** *n.* esneme.
yea *F* [jeɪ] *adv.* evet.
year [jɜː, jɪə] *n.* yıl, sene; **~·ly** ['jɜːlɪ] *adj.* yıllık.
yearn [jɜːn] *v/i.* çok istemek, can atmak *(for -e);* **~·ing** ['jɜːnɪŋ] **1.** *n.* arzu, özlem; **2.** □ arzulu, özlemli.
yeast [jiːst] *n.* maya.
yell [jel] **1.** *v/i.* acı acı bağırmak,

haykırmak; **2.** *n.* çığlık, haykırma.
yel·low ['jeləʊ] **1.** *adj.* sarı; *F* ödlek; heyecan yaratan *(gazete)*; **2.** *n.* sarı renk; **3.** *v/t.* & *v/i.* sarar(t)mak; **~·ed** *adj.* sararmış; **~ fe·ver** *n.* ⚕ sarıhumma; **~·ish** [~ɪʃ] *adj.* sarımsı, sarımtırak; **~ pag·es** *n. pl. teleph.* işyerlerinin telefonlarını içeren rehber.
yelp [jelp] **1.** *v/i.* kesik kesik havlamak; **2.** *n.* kesik kesik havlama.
yeo·man ['jəʊmən] *(pl. -men) n.* toprak sahibi.
yep *F* [jep] *adv.* evet.
yes [jes] **1.** *adv.* evet; **2.** *n.* olumlu yanıt.
yes·ter·day ['jestədɪ] *adv.* dün.
yet [jet] **1.** *adv.* henüz, daha, hâlâ; bile; yine; *as ~* şimdiye dek; *not ~* henüz değil; **2.** *cj.* ancak; yine de.
yew ⚘ [juː] *n.* porsukağacı.
yield [jiːld] **1.** *v/t.* vermek; *(kâr)* getirmek; sağlamak; *v/i.* ↓ ürün vermek; boyun eğmek; çökmek; **2.** *n.* ürün; kazanç, gelir; **~·ing** □ eğrilebilir, yumuşak; *fig.* uysal.
yip·pee *F* [jɪ'piː] *int.* Hurra!
yo·del ['jəʊdl] **1.** *n.* pesten tize ani geçişlerle söylenen şarkı; **2.** *(esp. Brt. -ll-, Am. -l-) vb.* böyle şarkı söylemek.
yo·gurt, yo·gh(o)urt ['jɒgət] *n.* yoğurt.
yoke [jəʊk] **1.** *n.* boyunduruk *(a. fig.)*; omuz sırığı; bağ; **2.** *vb.* boyunduruğa koşmak; *fig.* evlendirmek *(to ile)*.
yolk [jəʊk] *n.* yumurta sarısı.
yon [jɒn], **~·der** *lit.* ['jɒndə] *adj.* ötedeki, şuradaki.
yore [jɔː]: *of ~* eskiden.
you [juː, jʊ] *pron.* sen; siz; sana, seni.
young [jʌŋ] **1.** □ genç; taze, körpe; toy; **2.** *n.* yavru; *the ~* gençler; gençlik; *with ~* hamile, gebe; **~·ster** ['jʌŋstə] *n.* delikanlı; çocuk.
your [jɔː] *adj.* senin, sizin; **~s** [jɔːz] *pron.* seninki, sizinki; *2, Bill (mektupta)* arkadaşın, Bill; **~·self** [jɔː'self] *(pl. yourselves* [~vz]*) pron.* kendin, kendiniz; *by ~* kendi kendinize, yalnız başınıza.
youth [juːθ] *(pl. ~s* [~ðz]*) n.* genç; gençlik; *~ hostel* gençlik yurdu, hostel; **~·ful** □ ['juːθfl] genç, dinç, taze.
Yu·go·slav [juːgəʊ'slɑːv] *n.* & *adj.* Yugoslav.
yule·tide *esp. poet.* ['juːltaɪd] *n.* Noel.

Z

zeal [ziːl] *n.* gayret, şevk; **~·ot** ['zelət] *n.* gayretli kimse; **~·ous** □ ['zeləs] gayretli, şevkli *(for -e)*.
zeb·ra *zo.* ['ziːbrə] *n.* zebra; **~ cross·ing** ['zebrə-] *n.* çizgili yaya geçidi.
zen·ith ['zenɪθ] *n.* başucu; *fig.* doruk.
ze·ro ['zɪərəʊ] **1.** *(pl. -ros, -roes) n.* sıfır; **2.** *adj.* sıfır ...; *~ (economic) growth* ekonomik gelişme olmaması; *~ option pol.* seçme hakkı olmaması; *have ~ interest in s.th. F* bşe hiç ilgi duymamak.
zest [zest] **1.** *n.* tat, lezzet, çeşni; *fig.* zevk, haz; **2.** *vb.* çeşni vermek.

zig·zag ['zɪgzæg] **1.** *n.* zikzak yol; *attr.* zigzag ..., dolambaçlı, yılankavi; **2.** *v/i* zikzak yapmak.

zinc [zɪŋk] **1.** *n. min.* çinko, tutya; **2.** *v/t.* çinko kaplamak, galvanizlemek.

zip [zɪp] **1.** *n.* vızıltı; *F* gayret, enerji; = *zip-fastener*; **2.** *vb.*: ~ *s.th open bşin* fermuarını açmak; ~ *s.th up bşin* fermuarını kapamak; *(kurşun)* vızıldayarak geçmek; ~ **code** *n. Am.* posta bölgesi kodu; ~**-fas·ten·er** *n. esp. Brt.* ['zɪpfæːsnə], ~**·per** *Am.* [~ə] *n.* fermuar.

zo·di·ac *ast.* ['zəʊdɪæk] *n.* zodyak; burçlar kuşağı.

zone [zəʊn] *n.* kuşak; *fig.* bölge, mıntıka, yöre.

zoo [zuː] *(pl.* ~*s) n.* hayvanat bahçesi.

zo·o·log·i·cal □ [zəʊə'lɒlədʒɪ] *n.* zooloji, hayvanbilim.

zoom [zuːm] **1.** *v/i.* vınlamak; ✈ dikine yükselmek, alçaktan hızla uçmak; *F (fiyat)* fırlamak; *(araba)* rüzgâr gibi gitmek; ~ *in on s.th. phot. bşe* zum yapmak, optik kaydırma yapmak; ~ *past F* önünden ok gibi geçmek; **2.** *n.* vınlama; ✈ dikine yükselme; dikine yükselen uçağın çıkardığı güçlü ses.

PART II
TURKISH–ENGLISH POCKET DICTIONARY

A

-a *(dative suffix)* to, towards.

aba coarse woolen material; aba; *-yı yakmak* to fall desperately in love *(-e with)*, to be gone (*-e on*).

abajur lampshade.

abaküs abacus.

abandone *sports:* concession; ~ *etmek* to concede defeat.

abanmak to lean forward, to push.

abanoz ebony; ~ *gibi fig.* very hard, tough.

abartı exaggeration, overstatement.

abartmak to exaggerate, to overstate, to magnify.

abazan *sl.* **1.** hungry, craving; **2.** starved for sex, randy, horny.

ABD (*abbr. for Amerika Birleşik Devletleri*) U.S.A.

abece alphabet, alphabet book.

abes 1. useless, trifle; **2.** nonsense, absurdity; *-le uğraşmak* to fool around.

abıhayat, *-tı* [—..—] **1.** water of life; **2.** elixer.

abi (*F for ağabey*) older brother.

abide monument, memorial, edifice.

abla [x.] **1.** older sister; **2.** *F* Miss!

ablak round, chubby *(face);* ~ *yüzlü* chubby-faced.

abluka [.x.] blockade; *-ya almak* to blockade; *-yı kaldırmak* to raise the blockade; *-yı yarmak* to run the blockade.

abone 1. subscriber; **2.** subscription; **3.** subscription fee; ~ *olmak* to subscribe *(-e to); -yi kesmek* to cancel a subscription.

abonman 1. subscription; **2.** season ticket *or* pass.

abraş speckled, dappled, piebald *(horse).*

abstre abstract; ~ *sayı* abstract number.

abuk sabuk incoherent, nonsensical; ~ *konuşmak* to talk nonsense.

abur cubur 1. all sorts of food, snack; **2.** haphazard, confused, incoherent *(speech);* ~ *yemek* to eat greedily.

acaba I wonder (if); ~ *gitsem mi?* I wonder if I should go.

acar 1. clever, cunning; **2.** fearless, bold.

acayip strange, curious, queer, peculiar.

acele 1. hurry, haste; **2.** urgent; **3.** hurriedly, hastily; ~ *etmek* to hasten, to hurry; to be in a hurry; ~ *ile* in a hurry, hastily.

aceleci hustler, impatient person.

Acem a Persian; ~ *mübalağası* excessive exaggeration.

Acemce Persian (language).

acemi untrained, inexperienced, raw, green; ~ *çaylak F* tyro, clumsy person; ~ *er* ✕ raw recruit.

acemilik inexperience, lack of experience; ~ *çekmek* to suffer from inexperience.

acente 1. agent, representative; **2.** agency.

acı 1. bitter, acrid; **2.** hot, peppery; **3.** sharp *(taste, smell);* **4.** painful; **5.** pitiful, pitiable; **6.** ache, pain; **7.** hurtful, biting *(words);* ~ *çekmek* to suffer, to feel pain; ~ *kahve* coffee made without sugar; ~ *soğuk* bitter cold; ~ *söylemek* to tell the painful truth bluntly; ~ *su* brackish water; *-sını çıkarmak* **1.** to recover, to make up; **2.** to get revenge.

acıbadem bitter almond; ~ *kurabiyesi* almond cooky.

acıklı touching, sad, moving, tragic.

acıkmak to feel hungry; *karnım acıktı* I'm hungry.

acıkmış hungry.

acılı **1.** spicy, having a bitter taste; **2.** grieved, mourning.

acılık bitterness, spiciness.

acımak **1.** to hurt, to ache; **2.** to feel sorry for, to take pity on; **3.** to become bitter, to turn rancid *(butter etc.).*

acımasız cruel, merciless, pitiless.

acımış rancid.

acınacak pitiable, heart-rending; miserable.

acındırmak to arouse compassion for.

acınmak to be pitied; to become sorry for, to feel pity for.

acısız **1.** painless; **2.** without pepper, not hot.

acıtmak **1.** to hurt, to cause pain; **2.** to make bitter.

acil urgent, pressing, immediate, emergency.

âciz incapable, weak, impotent, unable, helpless.

acun *ast.* cosmos, universe.

acuze [ū] hag; shrew, vixen.

aç, *-çı* **1.** hungry; **2.** destitute; **3.** greedy; ~ *bırakmak* to starve *(a person),* to let s.o. go hungry; ~ *durmak* to do without food; ~ *kalmak* **1.** to go hungry; **2.** *fig.* to be poor; ~ *karnına* on an empty stomach; ~ *kurt gibi fig.* like a hungry wolf; ~ *susuz* without food and water; *acından ölmek* to starve to death.

açacak **1.** opener; **2.** key; **3.** pencil sharpener.

açalya ⚘ azalea.

açar **1.** key; **2.** appetizer.

açgözlü greedy, covetous, avaricious.

açı △ angle.

açık **1.** open; **2.** uncovered; naked, bare; **3.** unoccupied, empty *(space);* **4.** clear, easy to understand; **5.** not secret, in the open; **6.** light *(colour);* **7.** clear, cloudless, fine *(weather);* **8.** obscene; **9.** blank; **10.** frank(ly), open(ly); **11.** open for business; **12.** deficit, shortage; ~ ~ openly, frankly; ~ *alınlı fig.* with clear conscience; ~ *artırma* auction; ~ *bono a. fig.* blank check; ~ *ciro* blank endorsement; ~ *deniz* high seas; ~ *durmak* to stand aside, not to interfere; ~ *elli* open-handed, generous; ~ *fikirli* broad-minded, open-minded; ~ *hava* open air, the outdoors; fresh air; ~ *hava tiyatrosu (sineması)* open air theatre (cinema); ~ *kalpli* open-hearted, candid; ~ *konuşmak* to talk frankly; ~ *kredi* open credit, blank credit; ~ *oturum* panel discussion; ~ *oy* open vote; ~ *saçık* **1.** immodestly dressed; **2.** indecent, obscene; ~ *seçik* distinct, clear, obvious; ~ *teşekkür* public acknowledgement, public thanks; ~ *yürekle* without deception; ~ *yürekli* sincere, open-hearted; **(açığa):** ~ *çıkarmak* **1.** to remove (*or* fire) from a government office; **2.** to bring out into the open; ~ *vurmak* to reveal, to disclose; to become apparent; **(açıkta):** **1.** in the open air, outdoors; **2.** offshore; **3.** unemployed; ~ *kalmak* to be without home *or* employment; ~ *yatmak* to camp out; **(açıktan):** **1.** from a distance; **2.** additional, extra; **3.** without having worked for it; ~ *açığa* openly, frankly, publicly.

açıkça [.x.] frankly, openly, clearly; *-sı* in short, frankly speaking.
açıkgöz(lü) clever, sharp, cunning, smart.
açıklama **1.** explanation, statement; **2.** announcement.
açıklamak **1.** to explain; **2.** to announce, to make public.
açıklayıcı explanatory.
açıklık open space; interval.
açıksözlü frank, outspoken.
açılır kapanır collapsible, folding; ~ *köprü* drawbridge.
açılış **1.** opening; inauguration; ~ *töreni* opening ceremony.
açılmak **1.** *pass of açmak;* **2.** to open, to open up; **3.** to become clear, to improve *(of the weather etc.);* **4.** to open out *(-e into);* **5.** to confide *(-e in);* **6.** to cheer up; **7.** to cast off, to set sail.
açımlamak to comment in detail.
açısal angular.
açış opening, inauguration.
açkı **1.** burnishing; **2.** awl, punch; **3.** key.
açlık **1.** hunger; **2.** starvation, famine; ~ *grevi* hunger strike.
açmak **1.** to open; **2.** to draw aside, to lift *(a covering etc.);* **3.** to unfold; **4.** to unlock; **5.** to turn on *(switch, light, radio etc.);* **6.** to begin, to open *(a meeting etc.);* **7.** to make lighter *(colour);* **8.** to suit, to go well with; **9.** to whet, to sharpen *(one's appetite);* **10.** to open *(flower);* **11.** to clear up *(weather).*
açmaz dilemma, impasse.
ad, *-dı* **1.** name; **2.** reputation, fame; ~ *vermek* to name, to give a name *(-e to);* ~ *takmak* to nickname, to give a nickname *(-e to);* **(adı):** ~ *belirsiz* unknown, obscure; ~ *çıkmak* to become notorious; ~ *geçen* above mentioned, the aforesaid.
ada **1.** island; **2.** city block.
adacık islet.
adaçayı, *-nı* **1.** ⚘ garden sage; **2.** tea from sage leaves.
adak **1.** vow; **2.** votive offering.
adale *anat.* muscle.
adaleli muscular.
adalet, *-ti* [.—.] **1.** justice; **2.** the courts; **3.** equity; ♀ *Bakanı* Minister of Justice; ♀ *Bakanlığı* Ministery of Justice.
adaletli just, fair.
adaletsiz unjust, unfair.
adaletsizlik injustice.
adalı islander.
adam **1.** man, human being; **2.** person, individual; **3.** manservant, employee, worker; **4.** a brave *or* good person; ~ *başına* per person, each; ~ *etmek* to raise well; ~ *gibi* manly, like a man; ~ *öldürme* ⚖ homicide, manslaughter; *~dan saymak* not to disregard.
adamak **1.** to devote, to vow; **2.** to dedicate o.s. *(-e to).*
adamakıllı thoroughly, fully.
adamsendecilik indifference, callousness.
adap, *-bı* **1.** regular customs; **2.** customary procedure.
adaptasyon adaptation.
adapte adapted *(novel or play);* ~ *etmek* to adapt.
adaş namesake.
adatavşanı, *-nı* European rabbit, cony.
aday candidate; ~ *adayı* candidate for nomination.
adaylık candidacy.
adçekmek to draw lots.
addetmek [x..] to count, to deem, to esteem.
adem **1.** non-existence, nothingness; **2.** lack, absence.
Âdem *pr. n.* Adam.
âdemelması, -nı Adam's apple.
âdemoğlu, -nu man, mankind, human being.
adese lens.

adet 1. number; **2.** unit.
âdet 1. custom, practice; **2.** habit; **3.** menstrual period; ~ *bezi* hygenic pad; ~ *edinmek* to form a habit *(-i of);* ~ *görmek* to menstruate; ~ *üzere* according to custom; *-ten kesilmek* to reach menopause.
âdeta 1. nearly, almost; **2.** in fact, simply.
adıl *gr.* pronoun.
adım 1. step; **2.** pace; **3.** *fig.* step; ~ ~ step by step; ~ *atmak fig.* to begin, to make progress; ~ *başında* at every step.
adımlamak 1. to pace; **2.** to measure by pacing.
adi [— —] **1.** customary, usual, everyday; **2.** ordinary, common; **3.** vulgar, base, low; ~ *mektup* ordinary letter.
adilik vulgarity, commonness, baseness.
âdil just, fair.
adlandırmak 1. to name, to call; **2.** to rate, to classify.
adlı named, with the name of.
adli judicial, legal; ~ *tıp* forensic medicine; ~ *yıl* court year.
adliye 1. (administration of) justice; court system; **2.** courthouse; ~ *sarayı* courthouse.
adres address; ~ *rehberi* address book, directory.
Adriyatik (Denizi) *pr. n.* Adriatic (Sea).
aerodinamik 1. aerodynamics; **2.** aerodynamic.
af 1. forgiveness, pardon; **2.** amnesty; **3.** exemption; ~ *dilemek* to apologize, to beg pardon.
afacan handful (child), rascal, urchin.
afallamak, afallaşmak to be bewildered, to be amazed.
aferin [a] [x..] Bravo!, Well done!
afet, *-ti* **1.** disaster, calamity, catastrophe; **2.** *F* woman of bewitching beauty.
affetmek [x..] **1.** to pardon, to excuse, to forgive; **2.** to exempt *(-den from); affedersiniz!* I beg your pardon!, Excuse me!
Afgan *pr. n.* Afghan.
Afganistan *pr. n.* Afghanistan.
Afganlı *pr. n.* Afghani.
afili swaggering, showy.
afiş poster, placard, bill.
afiyet, *-ti* [a] good health, well-being; ~ *olsun!* I hope you enjoy it!, Good appetite!
aforoz excommunication; ~ *etmek* to excommunicate.
Afrika *pr. n.* Africa.
Afrikalı *pr. n.* African.
afsun [u] spell, charm, incantation.
afsuncu spellmaster, charmer, sorcerer.
afsunlu charmed, enchanted, bewitched.
aftos *sl.* sweetheart, mistress.
afyon opium.
afyonkeş opium addict.
agrandisman *phot.* enlargement.
ağ. 1. net *(a. fig);* **2.** network; **3.** *(spider's)* web; ~ *atmak* to cast a net.
ağa 1. lord, master; **2.** local big landowner, aga, agha; **3.** Mister.
ağabey older brother.
ağaç, *-cı* **1.** tree; **2.** wood, timber; **3.** wooden; ~ *kabuğu* bark; ~ *kaplama* wooden wainscoting; ~ *kurdu* wood borer; ~ *olmak sl.* to stand and wait a long time.
ağaçbiti, *-ni zo.* termite.
ağaççileği, *-ni* ⚘ raspberry.
ağaçkakan *zo.* woodpecker.
ağaçkavunu, *-nu* ⚘ citron.
ağaçlandırmak to afforest.
ağaçlı having trees, wooded.
ağaçlık wooded, forested.
ağalık 1. being an aga; **2.** generosity, nobility.
ağarmak 1. to get bleached, to

whiten; **2.** to turn white *(hair, sky).*
ağda 1. semisolid lemon or grape syrup; **2.** epilating wax.
ağı poison, venom.
ağıl 1. sheepfold; **2.** halo.
ağılamak to poison.
ağır 1. heavy, weighty; **2.** difficult, heavy *(work);* **3.** serious, grave *(sickness);* **4.** rich, heavy *(food);* **5.** slow; ~ ~ slowly; ~ *basmak* **1.** to weigh heavily; **2.** to have a strong influence; ~ *ceza* ⚖ major punishment; ~ *davranmak* to move slowly; ~ *gelmek* **1.** to offend, to hurt; **2.** to be difficult to digest; ~ *iş* hard work; ~ *işitmek* *(a. fig.)* to be hard of hearing; ~ *makineli tüfek* × heavy machine gun; ~ *sanayi* heavy industry; ~ *sıklet boxing:* heavy weight; ~ *yaralı* seriously wounded.
ağırayak pregnant, with child.
ağırbaşlı serious-minded, sedate, sober.
ağırkanlı slow, inactive, sluggish.
ağırlamak to treat *(a guest)* well, to show hospitality.
ağırlaşmak 1. to get heavy; **2.** to become more serious *(illness);* **3.** to slow down; **4.** to spoil *(food).*
ağırlık 1. weight, heaviness; **2.** difficulty; **3.** slowness; **4.** gravity; **5.** severity *(of a disease);* **6.** *fig.* nightmare; ~ *basmak* to get sleepy.
ağırsamak 1. to treat coldly; **2.** to neglect, to do slowly.
ağıt lament, mourning; ~ *yakmak* to lament for the dead.
ağız, *-ğzı* **1.** mouth; **2.** opening; entrance; **3.** edge, blade *(of a knife etc.);* **4.** accent; dialect, manner of speaking; ~ *ağıza dolu* completely full; ~ *aramak* (*or yoklamak*) to sound out; ~ *armonikası* harmonica; ~ *dalaşı* quarrel; ~ *değiştirmek* to change one's tune; ~ *dolusu* mouthful; ~ *şakası* joke; ~ *tadı fig.* enjoyment, pleasure, harmony; **(ağza):** ~ *alınmaz.* **2.** unteatable; **2.** unspeakable, very vulgar; ~ *almak* to mention; **(ağzı):** ~ *açık* **1.** open; **2.** startled; ~ *bozuk* foul-mouthed; ~ *gevşek* chatterbox; indiscreet; ~ *sıkı* untalkative, secretive; ~ *var dili yok* close mouthed; **(ağzında):** ~ *bakla ıslanmaz* he can't keep a secret; ~ *gevelemek* to beat around the bush; **(ağzından):** ~ *baklayı çıkarmak* to let the cat out of the bag; **(ağzını):** ~ *açmak* **1.** to begin to speak; **2.** to swear; ~ *aramak (or yoklamak)* to collect opinions; ~ *bozmak* to start to swear; ~ *havaya açmak* to be left empty-handed; ~ *tutmak* to hold one's tongue; **(ağzının):** ~ *içine bakmak* to listen eagerly *(-in to);* ~ *suyu akmak* to crave, to long for; ~ *tadını bilmek* to be a gourmet; ~ *tadını bozmak* to spoil the enjoyment *(-in of).*
ağızbirliği, *-ni* agreement on what is to be said; ~ *etmek* to have agreed.
ağızlık 1. cigarette holder; **2.** mouthpiece *(of a pipe etc.).*
ağlamak 1. to weep, to cry; **2.** to complain, to whine; *ağlamayan çocuğa meme vermezler pro.* the squeaking wheel gets the grease.
ağlamaklı tearful, ready to cry.
ağlaşmak to cry continuously.
ağrı 1. ache, pain; **2.** travail.
Ağrı Dağı, *-nı pr. n.* Mount Ararat.
ağrılı aching, painful.
ağrımak to ache, to hurt.
ağrısız painless, without pain.
ağtabaka retina.
ağustos August.
ağustosböceği, *-ni zo.* cicada.
ağzıpek discreet.

ah 1. Ah!, Oh!, Alas!; **2.** sigh, groan; ~ *almak* to be cursed for one's cruelty; ~ *çekmek* to sigh.
ahali [.—.] inhabitants, population, the people.
ahbap, *-bı* acquaintance, friend; ~ *olmak* to strike up a friendship *(ile with)*.
ahbaplık acquaintance, friendship.
ahçı cook; ~ *kadın* female cook; ~ *yamağı* kitchen boy.
ahdetmek [x..] to promise solemnly, to take an oath *(-e on)*.
ahenk, *-gi* [ā] **1.** ♪ harmony; **2.** accord, concord; **3.** musical gathering *(of oriental music)*.
ahenkli [ā] **1.** ♪ in tune, harmonious; **2.** in accord, in order.
ahenksiz [ā] **1.** ♪ out of tune; **2.** inharmonious, discordant.
aheste slow; calm.
ahım şahım *F* beautiful, bright.
ahır stable, shed; ~ *gibi* filthy and confused *(place)*.
ahit, *-hdi* **1.** vow, resolution; **2.** agreement, pact; contract.
ahize receiver.
ahlak, *-kı* **1.** morals; **2.** *phls.* ethics; **3.** character; ~ *bozukluğu* moral corruption.
ahlakçı 1. moralist; **2.** teacher of ethics.
ahlaki [ī] moral, ethical.
ahlaklı of good conduct, decent.
ahlaksız 1. immoral; amoral; **2.** unethical.
ahlamak to sigh, to moan.
ahlat, *-tı* ⚘ wild pear.
ahmak fool, idiot; ~ *ıslatan F* fine drizzle.
ahret, *-ti* the hereafter, the next world, the future life.
ahretlik 1. adopted girl; **2.** otherworldly.
ahşap, *-bı* **1.** wooden; **2.** made of timber.
ahtapot, *-tu* **1.** *zo.* octopus; **2.** ⚕ polyp.
ahu [— —] *zo.* gazelle.
ahududu, *-nu* ⚘ raspberry.
ahval, *-li* [.—] **1.** conditions, circumstances; **2.** affairs, events.
aidat, *-tı* subscription, membership fee; allowance.
aile 1. family; **2.** *F* wife; ~ *bahçesi* tea garden; ~ *doktoru* family doctor; ~ *ocağı* home, the family hearth; ~ *reisi* head of the family.
ailevi [—..—] regarding the family, domestic.
ait concerning, relating to; belonging to.
ajan 1. (political) agent; **2.** (commercial) agent, representative.
ajanda date book, engagement calendar.
ajans 1. press agency; **2.** press release; **3.** branch office *(of a bank)*; ~ *bülteni* news bulletin.
ajur openwork, hemstitch.
ak, *-kı* **1.** white; **2.** clear, unspotted; ~ *akçe kara gün içindir pro.* save for a rainy day; *akla karayı seçmek* to have a very hard time.
akabinde immediately after.
akademi academy.
akademik academic.
akamet, *-ti* [.—.] failure; *-e uğramak* to fail.
akanyıldız *ast.* meteor.
akar[1] [.—] rental property.
akar[2] flowing, fluid.
akarsu 1. stream, river; **2.** running water.
akaryakıt, *-tı* fuel oil.
akasya [.x.] ⚘ acacia.
akbaba *zo.* vulture.
akbasma ⚕ cataract.
akciğer lung(s).
akça off-white, whitish; pale, faded; ~ *pakça* pretty fair *or* attractive *(woman)*.
akçaağaç, *-cı* ⚕ maple.
akçakavak ⚘ white poplar.
akçe 1. money; **2.** *hist.* a small sil-

ver coin.

Akdeniz *pr. n.* the Mediterranean.

akdetmek [x ..] **1.** to make *(an agreement, a contract),* to conclude; **2.** to hold *(a meeting etc.).*

akıbet, *-ti* **1.** end, outcome; **2.** destiny, fate.

akıcı 1. fluid, liquid; **2.** fluent.

akıl, *-klı* **1.** reason, intelligence; mind; **2.** memory; **3.** advice; ~ *almak* to get opinions; ~ *almaz* unbelievable; ~ *danışmak* to consult; ~ *etmek* to think of; ~ *fikir* complete attention; ~ *hastalıkları* mental disorders; ~ *hocası* advisor, master; ~ *öğretmek* to give good advice; ~ *satmak iro.* to give useless advice; ~ *sormak* to inquire, to consult; ~ *yaşta değil baştadır pro.* intelligence does not depend on age; ~ *zayıflığı* mental deficiency; **(akla):** ~ *hayale sığmayan* unthinkable; ~ *yakın* reasonable, plausible; **(aklı):** ~ *başına gelmek* to come to one's senses; ~ *başından gitmek* to be overwhelmed; ~ *ermek* to understand, to grasp; ~ *kesmek* to decide, to judge; ~ *yatmak* to be convinced *(-e of);* to find reasonable; **(aklına):** ~ *gelmek* to come to one's mind; ~ *getirmek* to call to mind; to recollect; ~ *koymak* to make up one's mind, to be determined; **(aklını):** ~ *başına almak (or toplamak)* to come to one's senses; ~ *çelmek* to mislead.

akılcılık *phls.* rationalism.

akıldışı, *-nı* irrational.

akıldişi, *-ni* wisdom tooth.

akıllanmak to become wiser by bitter experience.

akıllı 1. intelligent, reasonable, wise; **2.** clever; ~ *davranmak* to act wisely.

akılsız stupid, unreasonable, foolish.

akılsızlık foolishness.

akım 1. current; **2.** trend, movement.

akın 1. rush, torrential flow; **2.** raid; **3.** rush *(of fish);* ~ ~ wave after wave, surging; ~ *etmek* **1.** to surge into, to rush into; **2.** to attack.

akıncı 1. raider; **2.** *sports:* forward.

akıntı 1. current, flow; **2.** stream; **3.** ⚕ flux; *-ya kapılmak* to get caught in a current; *-ya kürek çekmek fig.* to waste one's efforts.

akış flow, course, current.

akışkan fluid.

akide [ī] **1.** religious faith, creed; **2.** *(şekeri)* sugar candy.

akis, *-ksi* **1.** reflection; **2.** echo; **3.** *log.* conversion.

akit, *-kdi* **1.** compact, treaty, contract, agreement; **2.** marriage agreement.

akkor ⚒, *phys.* incandescent.

aklamak to clear one's hono(u)r.

aklen [x.] rational.

aklınca as he sees it, he thinks that...

aklıselim [ī] common sense.

akli [ī] mental, rational.

akliye 1. mental illnesses; **2.** *phls.* rationalism.

akmak 1. to flow; **2.** to leak; **3.** to run *(faucet, water).*

akordeon 1. accordion; **2.** accordion pleats.

akort, *-du* tune; *akordu bozuk* out of tune.

akortçu (piano) tuner.

akortlamak *(or akort etmek)* to tune *(a musical instrument).*

akraba 1. relative(s); **2.** related.

akrabalık kinship, relationship.

akran [.—] equal, peer, match.

akreditif *econ.* letter of credit.

akrep, *-bi* **1.** *zo.* scorpion; **2.** hour hand.

akrobasi acrobatics.

akrobat, *-tı* acrobat.

akrobatlık acrobatics.
akropol, *-lü* acropolis.
aksak 1. lame, limping; **2.** going wrong, not well ordered.
aksaklık 1. lameness, limp; **2.** defect, trouble.
aksamak 1. to limp; to be lame; **2.** *fig.* to run wrong, to develop a hitch.
aksan accent, stress.
akseptans *econ.* acceptance.
aksesuar 1. accessory; **2.** stage prop.
aksetmek [x..] **1.** to be reflected; **2.** to echo.
aksırık sneeze.
aksırmak to sneeze.
aksi 1. opposite, contrary; **2.** adverse, unlucky; **3.** peevish, cross; ~ *takdirde* otherwise; ~ *tesadüf* **1.** mischance; **2.** unluckily.
aksilik 1. misfortune; **2.** crossness, obstinacy; ~ *etmek* to be obstinate; to raise difficulties.
aksine 1. on the contrary; **2.** contrary to.
aksiseda [...—] echo, reflection.
aksiyom axiom.
aksiyon 1. share, stock; **2.** activity, business.
aksiyoner shareholder.
aksu *s. akbasma.*
aksülamel reaction.
akşam 1. evening; **2.** in the evening; ~ *gazetesi* evening paper; ~ *olmak* to become evening; ~ *yemeği* dinner, supper; *-dan kalmış* having a hangover.
akşamcı 1. one who drinks every evening, tippler; **2.** night-worker; **3.** night-student.
akşamgüneşi, *-ni* setting sun.
akşamlamak 1. to stay until evening; **2.** to spend the evening in a place.
akşamleyin in the evening.
akşın albino.
aktar seller of herbs and spices.
aktarma 1. transfer, turnover; **2.** transshipment; **3.** quotation; ~ *bileti* transfer ticket; ~ *yapmak* to change *(trains etc.).*
aktarmak 1. to transfer, to move; **2.** to transship; **3.** to quote; **4.** to translate; **5.** to retile *(a roof);* **6.** ⚕ to transplant.
aktarmalı connecting *(bus, train).*
aktif 1. active; **2.** *econ.* assets.
aktör actor.
aktris actress.
aktüalite 1. current events; **2.** *(film)* newsreel.
aktüel current, modern, contemporary.
akustik acoustic(s).
akü, akümülatör storage battery.
akvaryum aquarium.
akyuvar *biol.* white blood corpuscle.
al 1. scarlet, crimson, vermilion, red; **2.** bay *(horse);* **3.** rouge; ~ *basmak* ⚕ to get puerperal fever.
ala 1. colo(u)rful; speckled; **2.** light brown.
âlâ first rate, excellent, very good.
alabalık *zo.* trout.
alabildiğine 1. to the utmost; **2.** at full speed.
alabora ⚓ capsizing, overturn; ~ *olmak* to capsize, to turn over.
alaca of various colours, motley; speckled.
alacak 1. ⚖ claim, demand; **2.** credit.
alacaklı creditor; ~ *taraf* credit side.
alacalı *s. ala;* ~ *bulacalı* of mixed colours, loud.
alafranga [..x.] **1.** European style; **2.** in the European way.
alafrangalaşmak to adopt Western ways.
alagarson boyish bob.
alaka 1. interest; **2.** connection, tie, relationship; ~ *duymak* to be interested *(-e in);* ~ *göstermek* to

take an interest *(-e in)*; ~ *uyandırmak* to arouse interest; *-sını kesmek* to break off relations *(ile with)*.
alakadar [.—.—] **1.** concerned, involved; **2.** interested; ~ *olmak* to be interested *(ile in)*.
alakalı **1.** related; **2.** interested; concerned; **3.** associated.
alakasızlık indifference; lack of interest.
alamet, *-ti* **1.** sign, mark, symbol; **2.** monstrous, enormous.
alan **1.** plain, space; **2.** ⩓ area; **3.** (public) square; **4.** *phls.* field, sphere.
alan talan *F* in utter confusion; ~ *etmek* to mess up.
alantopu, *-nu* tennis.
alarm alarm, warning.
alaşağı etmek **1.** to pull down; **2.** to overthrow.
alaşım alloy.
alaturka [..x.] **1.** Turkish style; **2.** in the Turkish style.
alavere [..x.] **1.** complete confusion; **2.** passing something from hand to hand; ~ *dalavere* dirty tricks.
alay[1] **1.** × regiment, squadron; **2.** procession; parade; **3.** large quantity, all of *(a group)*; ~ ~ row upon row, in large crowds.
alay[2] mockery, ridicule, teasing; ~ *etmek* to make fun *(ile of)*.
alaycı **1.** mocking, sarcastic; **2.** mocker.
alaylı mocking.
alaz flame.
alazlanmak to be singed.
albastı ⚕ puerperal-fever.
albay **1.** × colonel; **2.** ⚓ captain.
albeni charm, attractiveness.
albüm album.
albümin albumin.
alçak **1.** low; **2.** mean, vile, low, base.
alçakça **1.** rather low; **2.** [.x.] shamefully, viciously.
alçakgönüllü humble, modest.
alçaklık **1.** lowness; **2.** shamefulness, vileness.
alçalmak **1.** to become low; **2.** to descend; **3.** to degrade oneself.
alçı plaster of Paris; *-ya koymak* to put in a plaster cast.
aldaç trick, ruse.
aldanmak **1.** to be deceived; **2.** to be mistaken.
aldatıcı deceptive; misleading.
aldatılmak to be deceived.
aldatmaca deception, trick.
aldatmak to deceive, to dupe, to cheat.
aldırış attention, care; ~ *etmemek* not to mind, not to pay any attention *(-e to)*.
aldırmak to mind, to take notice *(-e of)*, to pay attention *(-e to)*.
aldırmaz indifferent.
aldırmazlık indifference.
alelacele hastily, in a big hurry.
alelade ordinary, usual.
alem **1.** flag, banner; **2.** metal device on top of a minaret or a mosque dome.
âlem **1.** world, universe; **2.** realm; **3.** state, condition; **4.** field, sphere; **5.** the world of people, the public; **6.** revel, orgy; ~ *yapmak* to have a wild party.
alenen [x..] openly, publicly.
aleni [ı] open, public.
alerji ⚕ allergy.
alerjik ⚕ allergic.
alet, *-ti* [a] **1.** tool, instrument; **2.** apparatus, machine; **3.** *fig.* tool, means, agent; ~ *olmak* to be a tool *(-e to)*; to lend oneself *(-e to)*.
alev flame; ~ *almak* to catch fire.
alevlenmek to flare, to blaze up.
alevli flaming, in flames.
aleyh against; *-inde, -ine* against him; *-inde bulunmak* to talk against, to backbite, to run down.
aleyhtar opponent.

aleyhtarlık opposition.
alfabe 1. alphabet; **2.** primer.
alfabetik alphabetical; ~ *sıra* alphabetical order.
algı perception; sensation.
algılama perception, comprehension.
algılamak to perceive, to comprehend.
alıcı 1. buyer, customer; **2.** ⊕ receiver; ~ *verici* ⊕ two-way radio.
alık clumsy, stupid, dumb; ~ ~ stupidly.
alıkoymak 1. to hold someone in a place; **2.** to detain, to prevent *(-den from)*.
alım 1. taking; **2.** purchase, buying; **3.** charm; ~ *satım* business, trade, purchase and sale.
alımlı charming, attractive.
alın, *-lnı* forehead, brow; ~ *çatmak* to frown; ~ *teri fig.* effort, work; ~ *teri dökmek fig.* to toil, to sweat (over); ~ *teri ile kazanmak* to turn an honest penny.
alındı receipt.
alındılı registered *(mail)*.
alıngan touchy, choleric.
alınganlık touchiness.
alınmak to take offence *(-e, -den at)*.
alıntı quotation; ~ *yapmak* to quote.
alınyazısı, *-nı fig.* destiny, one's fate.
alırlık *phls.* receptivity.
alışık accustomed *(-e to)*, used *(-e to)*.
alışılmış ordinary, usual.
alışkanlık 1. habit; **2.** force of habit; **3.** familiarity.
alışkı habit, practice, usage.
alışkın *s. alışık*.
alışmak 1. to get used *(-e to)*; to get accustomed *(-e to)*; to become familiar *(-e with)*; **2.** to accustom oneself *(-e to)*; **3.** to come to fit.
alıştırma 1. exercise; **2.** training.
alıştırmak 1. to accustom *(-e to)*; to familiarize; **2.** to tame; to train.
alışveriş 1. shopping, business, trade, buying and selling; **2.** *fig.* dealings, relations; ~ *yapmak* **1.** to shop; **2.** to do business *(ile with)*.
âli high, exalted, sublime.
âlicenap, *-bı* noble-hearted, magnanimous.
âlim 1. scholar; **2.** wise, learned.
alimallah! By God!
alize trade wind.
alkali ⚗ alkali.
alkım *meteor.* rainbow.
alkış applause, clapping; ~ *tutmak* **1.** to clap *(-e for)*; **2.** to cheer.
alkışlamak to clap *(-i for)*, to acclaim, to applaud.
alkol, *-lü* alcohol.
alkolik alcoholic.
alkolizm alcoholism.
alkollü 1. alcoholic, spirituous, intoxicating; **2.** drunk.
alkolsüz non-alcoholic, soft *(drink)*.
Allah [.—] God; ~ *acısın!* May God have pity on him!; ~ *aşkına!* For heaven's sake!; ~ *bağışlasın!* God bless him!; ~ *belasını versin!* Damn him!; ~ *canını alsın!* God damn you!; ~ *esirgesin!* God forbid!; ~ *kavuştursun!* May God unite you again!; ~ *korusun!* God forbid!; ~ *rahatlık versin!* Good night!; ~ *rahmet eylesin!* May God have mercy on him; **(Allaha):** ~*ısmarladık!* Good-bye!; ~ *şükür!* Thank God!; **(Allahın):** ~ *belası* nuisance, pest; ~ *cezası* damn, damned; ~ *günü* every darn day.
Allahsız 1. atheist; **2.** merciless.
allak bullak confused; ~ *etmek* **1.** to make a mess *(-i of)*; **2.** *fig.* to confuse.
allı pullu spangled, showily

dressed.

allık 1. redness; **2.** rouge.

almaç *teleph.* receiver.

almak, *(-ır)* **1.** to take; **2.** to get, to obtain; **3.** to buy; **4.** to receive; to accept; **5.** to hold, to contain, to take; **6.** to capture, to conquer; **7.** to take in, to shorten *(a dress)*; **8.** to have, to take *(a bath)*; **9.** to last, to take; *alıp satmak* to trade; ~ *vermek* to exchange, to trade.

Alman German.

almanak almanac.

Almanca [.x.] German, the German language.

Almanya [.x.] *pr. n.* Germany.

almaşık 1. in turn; **2.** alternating.

alo! [x.] *(phone)* Hello!

Alp Dağları, Alpler *pr. n.* the Alps.

alşimi alchemy.

alt, *-tı* **1.** bottom, underside, lower part, beneath; **2.** lower, inferior; **3.** *(altına, altında)* under, beneath, below; ~ *alta* one under the other; ~ *alta üst üste* rough and tumble; ~ *etmek* to beat, to overwhelm; ~ *yazı* footnote; *-ını çizmek* to underline *(a. fig.)*

altbilinç *psych.* the subconscious.

altçene the lower jaw.

altderi *anat.* corium, derma.

alternatif 1. alternative; **2.** alternate.

alternatör generator, alternator.

altgeçit underpass.

altı six; *-da bir* one sixth.

altıgen ⩓ hexagon.

altın 1. gold; **2.** gold coin; **3.** golden; ~ *kaplama* **1.** gold-plating; **2.** gold-plated; ~ *sarısı* golden blond; ~ *yumurtlayan tavuk* person with a generous income.

altıncı sixth.

altız sextuplet.

altlık 1. support, base; **2.** pad, coaster.

altmış sixty.

altulaşım underground transportation.

altüst, *-tü* topsy-turvy, upside down; ~ *etmek* **1.** to turn topsy-turvy, to mess up, to upset; **2.** to damage, to ruin.

altyapı 1. substructure; **2.** infrastructure.

altyazı subtitle.

alüminyum aluminium, *Am.* aluminum.

alyans wedding ring.

alyuvar *anat.* erythrocyte, red blood cell.

am *sl.* cunt, pussy.

ama [x.] but, still, yet, however, on the other hand.

âmâ blind.

amaç aim, intent, goal, purpose, target, object; *amacına ulaşmak* to attain one's object.

amaçlamak to aim *(-i at)*, to intend.

amade [— —.] ready, prepared *(-e for)*.

aman [. —] **1.** pardon, mercy; **2.** Oh!, Mercy!, Help!; **3.** please; for goodness sake; ~ *dilemek* to ask for mercy; ~ *vermek* to grant one his life.

amansız 1. merciless; **2.** cruel.

amatör amateur.

ambalaj 1. packing; **2.** package; ~ *kâğıdı* wrapping paper; ~ *yapmak* to pack, to wrap up.

ambale olmak to be overwhelmed and confused.

ambar 1. granary; **2.** warehouse, storehouse, magazine; **3.** express company; **4.** hold *(of a ship)*; ~ *memuru* storekeeper, warehouse official.

ambarcı 1. trucker, express agent; **2.** *s. ambar memuru.*

ambargo [. x .] embargo; ~ *koymak* to impose an embargo *(-e on)*.

amber 1. ambergris; **2.** scent, per-

fume, fragrance.
ambulans ambulance.
amca [x .] (paternal) uncle; ~ *kızı* girl cousin; ~ *oğlu* male cousin.
amcazade cousin.
amel 1. act, action, deed; **2.** diarrhea.
amele worker, workman.
amelebaşı, *-nı* foreman.
ameliyat, *-tı* ⚕ surgical operation; ~ *etmek* ⚕ to operate *(-i on)*; ~ *olmak* to have an operation.
ameliyathane [....—.] operating room.
Amerika *pr. n.* America; ~ *Birleşik Devletleri* the United States of America, U.S.A.
Amerikalı 1. American; **2.** an American.
Amerikan American.
amerikanbezi, *-ni* unbleached muslin.
amfi, amfiteatr amphitheatre, lecture room.
amigo cheerleader.
âmin [ā] amen.
amir 1. commander; **2.** superior, chief.
amiral, *-li* admiral.
amme 1. the public; **2.** public, general; ~ *davası* ⚖ public prosecution; ~ *hizmeti* public service.
amonyak ⚗ ammonia (water).
amorti *lottery:* the smallest prize; ~ *etmek* to amortize, to redeem, to pay off.
amortisman amortization.
amortisör ⊕ shock absorber.
amper ⚡ ampere.
ampermetre, amperölçer ⚡ ammeter.
ampirik empirical.
amplifikatör ⊕ amplifier.
ampul, *-lü* **1.** ⚡ electric bulb; **2.** ⚕ ampule.
amut, *-du* [ū] perpendicular; *amuda kalkmak* to do a hand stand.
amyant, *-tı* asbestos.
an [ā] moment, instant.
ana 1. mother; **2.** principle, fundamental, main, basic; ~ *baba* parents; ~ *fikir* central theme; ~ *kucağı fig.* mother's bosom; ~ *sermaye* original capital; *-dan doğma* **1.** stark naked; **2.** from birth, congenital; *-sının gözü sl.* sly, cunning, tricky.
anaç 1. matured *(animal)*; **2.** fruit-bearing, mature *(tree)*.
anadil parent language.
anadili mother tongue, native language.
Anadolu *pr. n.* Anatolia.
anaerki matriarchy.
anafor 1. countercurrent, eddy; **2.** *sl.* illicit gain, windfall; *-a konmak sl.* to get something for nothing.
anaforcu *sl.* **1.** freeloader, sponger; **2.** opportunist, cheater.
anahtar 1. key; **2.** spanner, *Am.* wrench; **3.** ⚡ switch; ~ *deliği* keyhole.
anahtarcı locksmith.
anahtarlık key ring (*or* holder).
anakara continent.
analık 1. maternity, motherhood; **2.** stepmother, adoptive mother; ~ *etmek (b-ne)* to be a mother to *s.o.*
analiz analysis.
anamal capital.
anamalcı 1. capitalist; **2.** capitalistic.
anamalcılık capitalism.
ananas pineapple.
anane tradition.
ananevi [ī] traditional.
anaokulu kindergarten, nursery school.
anapara capital.
anarşi anarchy.
anarşist, *-ti* anarchist.
anarşizm anarchism.
anason anise.

anatomi anatomy.
anavatan *s. anayurt.*
anayasa constitution.
anayasal constitutional.
anayol main road.
anayön cardinal point (*of the compass*).
anayurt, *-du* mother country, homeland.
ancak [x.] **1.** only, merely; **2.** hardly, just; **3.** but, however, on the other hand; **4.** only, not until.
ançüez anchovy.
andaç souvenir, gift.
andavallı *sl.* imbecile, fool, idiot.
andırmak **1.** to resemble; **2.** to bring to mind.
anekdot, *-tu* anecdote.
anestezi ⚕ anesthesia.
angaje etmek to engage, to employ.
angajman engagement, undertaking.
angarya **1.** forced labo(u)r; **2.** angary; **3.** drudgery
Anglikan *pr. n.* Anglican.
Anglosakson *pr. n.* Anglo-Saxon.
anı memory
anık apt *(-e to)*, ready *(-e to)*, inclined *(-e to)*.
anımsamak to remember, to recall.
anırmak to bray.
anıt, *-tı* monument.
anıtkabir, *-bri* **1.** mausoleum; **2.** ♀ *pr. n.* tomb of Atatürk in Ankara.
anıtsal monumental.
ani [ı] **1.** sudden, unexpected; **2.** suddenly.
aniden suddenly, all of a sudden.
anjin angina.
anket, *-ti* poll, public survey.
anlak *psych.* intelligence.
anlam meaning, sense; *-ına gelmek* to mean.
anlamak **1.** to understand, to comprehend; **2.** to find out; **3.** to have knowledge of; **4.** to deduce, to realize.
anlambilim semantics.
anlamdaş **1.** synonymous; **2.** synonym.
anlamlı meaningful, expressive.
anlamsız meaningless.
anlaşılmaz incomprehensible, unintelligible.
anlaşma **1.** agreement; **2.** pact, treaty; *-ya varmak* to come to an agreement.
anlaşmak **1.** to understand each other; **2.** to come to an agreement.
anlaşmazlık disagreement, conflict, incompatibility.
anlatı narration.
anlatım expression, exposition.
anlatmak **1.** to explain; **2.** to narrate, to tell; **3.** to describe.
anlayış **1.** understanding; **2.** intelligence; **3.** sympathy; *~ göstermek* to be tolerant *(-e towards)*.
anlayışlı **1.** understanding; **2.** intelligent.
anlayışsız **1.** insensitive; **2.** lacking in understanding.
anma **1.** remembrance; **2.** commemoration; *~ töreni* commemorative ceremony.
anmak **1.** to call to mind, to remember, to think *(-i of)*; **2.** to mention.
anne [x.] mother; *-ler günü* Mother's Day.
anneanne grandmother, mother's mother.
anonim **1.** anonymous; **2.** incorporated; *~ şirket* joint-stock company.
anormal abnormal.
anot ⚗ anode.
ansımak to remember.
ansızın suddenly, all of a sudden.
ansiklopedi encyclopedia.
ant, *-dı* oath, vow; *~ içmek* to take an oath, to swear; *andını*

bozmak to break one's oath.
antarktik Antarctic.
anten aerial, antenna.
antepfıstığı, *-nı* pistachio.
antibiyotik antibiotic.
antidemokratik antidemocratic.
antifiriz ⊕ antifreeze.
antik ancient.
antika [.x.] **1.** antique; **2.** hemstitch; **3.** *coll.* queer, funny, eccentric.
antikacı antique-dealer.
antipati antipathy.
antiseptik ⚕ antiseptic.
antlaşma pact, treaty.
antlaşmak to come to a solemn agreement.
antoloji anthology.
antrakt intermission, interval.
antre entrance, doorway.
antrenman *sports:* training, exercise.
antrenör *sports:* trainer, coach.
antrepo bonded warehouse.
antropoloji anthropology.
anus [x.] *anat.* anus.
apaçık [x..] clear, evident.
apandis *anat.* appendix.
apandisit, *-ti anat.* appendicitis.
apansız [x..], **apansızın** [.x..] suddenly, all of a sudden, out of the blue.
apartman apartment house; ~ *dairesi* flat, apartment.
apar topar headlong, halter-skelter.
apayrı [x,..] completely different, as different as chalk and cheese.
aperitif apéritif, appetizer.
apış crotch.
apışmak **1.** to founder *(animal);* **2.** to be completely bewildered.
aplik, *-ği* wall lamp.
apolet, *-ti* epaulet.
apre **1.** size, finish; **2.** sizing.
apse ⚕ abscess.
aptal stupid, fool, simpleton.
aptalca **1.** stupid *(act.);* **2.** stupidly.
aptallık stupidity, foolishness.
aptes **1.** ritual ablution; **2.** feces; ~ *almak* to perform an ablution; ~ *bozmak* to go to the toilet.
apteshane [.. — .] toilet, water closet, W.C.
ar[1] are (100 m²).
ar[2] [ā] shame; ~ *etmek* to be ashamed.
ara **1.** distance; **2.** interval; gap; **3.** relation; **4.** break *(in a game);* interlude; **5.** intermediate, intermediary; **6.** *arasına, arasında* between; among; ~ *bulmak* to reconcile, to mediate; ~ *seçimi* by-election; ~ *sıra* sometimes, now and then, from time to time; ~ *vermek* to pause, to make a break, to stop; **(arada):** between; among; ~ *bir* from time to time, seldom; **(aradan):** ~ *çıkarmak* to remove; ~ *çıkmak* not to interfere; **(araya):** ~ *girmek* to meddle, to interfere; ~ *koymak (b-ni)* to ask *s.o.* to mediate.
araba **1.** car, automobile; **2.** cart, carriage; **3.** cartload, wagonload; ~ *vapuru* car ferry, ferry-boat.
arabacı **1.** driver; coachman; **2.** cartwright.
arabesk arabesque.
Arabistan *pr. n.* Arabia.
arabozucu mischief-maker.
arabulucu mediator, go-between.
aracı **1.** go-between, mediator; **2.** middleman.
araç **1.** means; **2.** tool, implement; **3.** vehicle.
araçlı indirect.
araçsız direct.
araklamak *sl.* to pilfer, to walk off *(-i with).*
aralamak **1.** to leave ajar *(door);* **2.** to open out, to space; **3.** to separate.
aralık **1.** space, opening, gap; **2.** time, moment; **3.** ajar *(door);* **4.** corridor; passageway; **5.** Decem-

ber; ~ *etmek* to leave ajar.
aralıksız 1. continuous; **2.** continuously.
arama search; ~ *tarama* body search; police search; ~ *yapmak* to search.
aramak 1. to look *(-i for),* to hunt *(-i for);* to seek; **2.** to search; **3.** to long *(-i for),* to miss; **4.** to ask *(-i for),* to demand; **5.** to visit, to drop in on.
aranjman ♪ arrangement.
Arap, *-bı* **1.** Arab; **2.** Arabian.
Arapça the Arabic language, Arabic.
arapsabunu, *-nu* soft soap.
arapsaçı, *-nı* **1.** fuzzy hair; **2.** *fig.* tangled affair, mess.
arasöz disgression.
araştırıcı 1. researcher, investigator; **2.** inquisitive, curious.
araştırma research, investigation.
araştırmacı researcher.
araştırmak 1. to research, to investigate; **2.** to search.
arayıcı 1. seeker; searcher; **2.** customs inspector; **3.** *ast.* finder.
araz symptoms.
arazi [. — —] land; estate(s); ~ *arabası* jeep, land-rover; ~ *sahibi* landowner.
arbede uproar, riot, tumult.
ardıç, *-cı* ✿ juniper.
ardıl 1. consecutive; **2.** successor.
ardınca behind, following, shortly afterwards.
ardışık A consecutive.
ardiye 1. warehouse; **2.** storage rent.
arena arena.
argaç, *-cı* woof, weft.
argın tired, weak, feeble.
argo [x.] **1.** slang, cant; **2.** argot, jargon.
arı[1] *zo.* bee; ~ *beyi* queen bee; ~ *gibi* busy as a bee; ~ *kovanı* beehive.
arı[2] clean; pure; ~ *su* pure water.
arıcı beekeeper, apiarist.
arıcılık beekeeping, apiculture.
arık lean, thin.
arıkil kaolin.
arınmak to be purified.
arısütü, *-nü* royal jelly.
arıtımevi refinery.
arıtmak 1. to refine; **2.** to clean, to purify.
arıza 1. defect, failure, breakdown; **2.** unevennes, roughness; ~ *yapmak* to break down.
arızalanmak to break down, to go out of order.
arızalı out of order, defective.
arızi accidental, casual.
ari free *(-den of).*
arif wise, sagacious.
arife eve.
aristokrasi aristocracy.
aristokrat, *-tı* aristocrat.
aritmetik 1. arithmetic; **2.** arithmetical.
Arjantin *pr. n.* Argentina.
Arjantinli an Argentine, Argentinean.
ark, *-kı* irrigation trench, canal.
arka 1. the back; **2.** back part, rear, reverse; **3.** *fig.* backer, supporter; **4.** sequel; **5.** *arkasına, arkasında* behind; ~ *çantası* knapsack; ~ *çıkmak (b-ne)* to back *s.o.* up; ~ *kapı* back door; ~ *plan* background; ~ *sokak* back street; ~ *üstü yatmak* to lie on one's back; *-da kalmak* to stay behind; *-dan söylemek* to backbite; **(arkası):** ~ *kesilmek* to run out; ~ *var* to be continued.
arkadaş friend, companion; ~ *olmak* to become friends.
arkadaşlık friendship; ~ *etmek* **1.** to accompany; **2.** to be a friend *(ile of).*
arkalık 1. sleeveless jacket; **2.** back *(of a chair);* **3.** porter's back pad.
arkeolog archeologist.

arkeoloji archeology.
arktik arctic.
arlanmak to feel ashamed.
arma [x.] **1.** coat of arms, armorial bearings; **2.** ⚓ rigging.
armağan gift, present; ~ *etmek* to present *(-e to).*
armatör shipowner.
armonik(a) 1. harmonica, mouth organ; **2.** accordion.
armonyum harmonium.
armut, *-du* pear.
Arnavut, *-du* Albanian.
Arnavutça Albanian (language).
arnavutkaldırımı rough cobblestone pavement.
Arnavutluk *pr. n.* Albania.
arozöz watering truck, sprinkler.
arpa ✿ barley; ~ *boyu* a very short distance.
arpacık 1. ⚕ sty; **2.** foresight *(of a gun).*
arpalık 1. barley field; **2.** barley bin; **3.** *fig.* sinecure.
arsa building site, vacant lot.
arsenik ⚗ arsenic.
arsıulusal international.
arsız 1. impudent, insolent, saucy, cheeky; **2.** vigorous *(plant).*
arsızlık impudence, insolence; ~ *etmek* to behave shamelessly.
arş[1] **:** ~*!* ⚔ March!
arş[2] trolley pole.
arşın ell, yard.
arşınlamak 1. to measure by the yard; **2.** to stride through.
arşiv archives.
art, *-dı* **1.** back, behind, rear; back part; **2.** the space behind; ~ *arda* one after another; ~ *düşünce* hidden intent; *ardı arkası gelmeyen* endless, never-ending; *ardı sıra* **1.** (along) behind; **2.** immediately after.
artağan exceptionally fruitful.
artakalmak to be left over.
artan remaining, left over.
artçı ⚔ rear guard.
artezyen artesian well.
artı △ plus.
artık 1. left (over), remaining; **2.** remnant, residue; **3.** redundant, extra; **4.** now, well then; **5.** finally; from now on; **6.** any more, any longer.
artıkgün *ast.* leap(-year) day.
artıkyıl *ast.* leap year.
artırma 1. auction; **2.** saving, economizing.
artırmak 1. to increase, to augment; **2.** to save, to economize *(money).*
artış increase, augmentation.
artist, *-ti* actor, actress.
artistik artistic.
artmak 1. to increase, to go up *(price);* **2.** to be left over.
arya [x.] ♪ aria.
arz[1] the earth.
arz[2] presentation, demonstration; ~ *etmek* **1.** to present; **2.** to show; **3.** to offer; ~ *ve talep* supply and demand.
arzu [u] wish; desire, longing; ~ *etmek* to wish *(-i for),* to want; to desire; to long *(-i for).*
arzuhal, *-li* [. . —] petition.
arzuhalci writer of petitions.
arzulamak to desire, to wish *(-i for),* to long *(-i for).*
as *cards:* ace.
asa scepter, staff.
asabi nervous, irritable, on edge.
asabileşmek to get nervous.
asabiye 1. nervous diseases; **2.** neurology.
asabiyeci nerve specialist, neurologist.
asabiyet, *-ti* nervousness, irritability.
asal basic, fundamental; ~ *sayı* △ prime number.
asalak ✿, *zo.* parasite.
asalet, *-ti* [. — .] nobility, nobleness.
asaleten [. — . .] acting as princi-

pal.
asansör lift, *Am.* elevator.
asap, *-bı anat.* nerves; *asabı bozulmak* to get nervous.
asayiş [— —.] public order, public security.
asbaşkan vice-president, deputy chief.
asbest, *-ti geol.* asbestos.
aselbent storax.
asetilen ⚗ acetylene.
aseton acetone.
asfalt, *-tı* asphalt.
asgari [ī] minimum, least; ~ *ücret* minimum wage.
asık sulky; ~ *suratlı* (*or yüzlü*) sulky, sullen.
asıl 1. (the) original; **2.** origin; **3.** truth, reality; **4.** actual, true; real; **5.** main; **6.** essentially; ~ *sayılar* cardinal numbers.
asılı hanging, suspended.
asılmak 1. to be hanged; **2.** to insist; **3.** to pull hard.
asılsız unfounded, groundless (*news, rumour*).
asıntı delay.
asır, *-srı* **1.** century; **2.** era, age, time, period, epoch.
asi [ī] **1.** rebellious, refractory; **2.** rebel.
asil 1. noble, aristocratic; **2.** permanent (*official*).
asillik nobility, blue blood.
asilzade [..—.] nobleman, aristocrat, peer.
asistan 1. asistant; **2.** asistant doctor.
asistanlık assistantship.
asit, *-di* ⚗ acid.
asker soldier; soldiers; troops, army; ~ *kaçağı* deserter; ~ *olmak* to join the army; *-e çağırmak* to draft, to call up.
askeri military; ~ *bando* military band; ~ *bölge* military zone; ~ *lise* cadets school; ~ *öğrenci* cadet; ~ *zabıta* military police.
askerlik military service; ~ *şubesi* local draft office; ~ *yoklaması* roll call.
askı 1. hook, hanger; **2.** braces, *Am.* suspenders; **3.** coat rack; **4.** ⚕ sling; *-da bırakmak* to leave in doubt.
asla [x —] never, by no means.
aslan 1. *zo.* lion; **2.** *fig.* brave man; ~ *payı* the lion's share; ~ *yürekli fig.* lion-hearthed; *-ım!* My lad!
aslanağzı, *-nı* ⚘ snapdragon.
aslen originally, fundamentally, essentially.
asli [ī] fundamental; essential, original, principal.
asma[1] ⚘ **1.** vine; **2.** grapevine.
asma[2] **1.** suspension; **2.** suspended, hanging; ~ *kat* mezzanine; ~ *kilit* padlock; ~ *köprü* suspension bridge.
asmak, *(-ar)* **1.** to hang up (*-e on*), to suspend; **2.** to hang (*a person*); **3.** *sl.* to neglect; **4.** *sl.* to skip (*school*).
aspiratör exhaust fan.
aspirin aspirin.
asri modern, up-to-date.
asrileşmek to be modernized.
assubay × noncommissioned officer.
ast, *-tı* **1.** under, sub; **2.** subordinate.
astar 1. lining; **2.** priming, undercoat.
astarlamak 1. to line (*a garment*); **2.** to prime.
asteğmen × second lieutenant.
astım ⚕ asthma.
astigmat ⚕ astigmatic.
astragan astrakhan.
astronomi astronomy.
astronot astronaut.
asude [ū] calm, quite, tranquil.
Asya *pr. n.* Asia.
Asyalı *pr. n.* Asiatic.
aş cooked food.
aşağı 1. bottom, the lower part; **2**

lower; **3.** down, downstairs; **4.** inferior, low; ~ *görmek* to look down *(-i on),* to despise; ~ *kalmak* to fall short *(-den of);* ~ *yukarı* more or less, about; *-da* below; downstairs; *-ya* down, downwards, downstairs.
aşağılamak to run down, to denigrate, to degrade.
aşağılık 1. coarse, vulgar; **2.** vulgarity; ~ *duygusu (or kompleksi)* inferiority complex.
aşama rank, degree.
aşçı *s. ahçı.*
aşevi, *-ni* small restaurant.
aşı 1. vaccine; **2.** vaccination, inoculation; **3.** graft, scion; ~ *olmak* to be inoculated.
aşıboyası, *-nı* red ocher.
âşık 1. in love *(-e with);* **2.** lover; **3.** bard, troubadour; ~ *olmak* to fall in love *(-e with).*
aşılamak 1. to inoculate, to vaccinate; **2.** to bud, to graft; **3.** *fig.* to inculcate, to inoculate *(ideas) (-e in).*
aşınma 1. corrosion; **2.** wear and tear; **3.** erosion.
aşınmak 1. to wear away, to be corroded, to be eroded; **2.** to depreciate.
aşırı 1. extreme, excessive; **2.** beyond, over; ~ *derecede* excessively; ~ *gitmek* to go beyond bounds.
aşırılık excessiveness.
aşırmak 1. to pass over *(a place);* **2.** *F* to swipe, to steal.
aşikâr [ā] clear, evident, manifest, open.
aşina [ā, ā] **1.** familiar, well-known; **2.** acquaintance.
aşinalık acquaintance, intimacy.
aşiret, *-ti* [ī] tribe.
aşk, *-kı* love, passion; ~ *etmek* to land *(a blow);* *-a gelmek* to go into a rapture.
aşkın more than, over, beyond.
aşkolsun! 1. Bravo!, Well done!; **2.** Shame on you!
aşmak, *(-ar)* **1.** to pass (over), to go (beyond); **2.** to exceed, to surpass.
aşna fişne *sl.* secret love affair.
at, *-tı zo.* horse; ~ *hırsızı* rustler; ~ *yarışı* horse race; *-a binmek* to ride a horse.
ata 1. father; **2.** ancestor.
ataç ancestral.
ataerki, *-ni* patriarchy.
atak rash, audacious, reckless.
atamak to appoint *(-e to).*
atanmak to be appointed *(-e to).*
atardamar *anat.* artery.
atasözü, *-nü* proverb.
ataşe attaché.
Atatürk *pr. n. founder and first president of the Turkish Republic.*
Atatürkçü *pr. n.* Kemalist.
Atatürkçülük *pr. n.* Kemalism.
atelye 1. workshop; **2.** studio.
ateş 1. fire; **2.** fever, temperature; **3.** vivacity, exuberance; **4.** gunfire; ~ *açmak* ⨯ to open fire *(-e on);* ~ *almak* to catch fire; ~ *etmek* ⨯ to fire *(-e on);* to shoot *(-e at);* ~ *pahasına* very expensive; ~ *püskürmek fig.* to spit fire *(-e at);* *-e körükle gitmek fig.* to add fuel to the flames; *-e vermek* **1.** to set fire *(-i to);* **2.** to panic, to upset; *-i çıkmak (or yükselmek)* to run a temperature.
ateşböceği, *-ni zo.* firefly.
ateşkes cease-fire, armistice, truce.
ateşleme ⚡ ignition.
ateşlemek to set fire *(-i to),* to ignite.
ateşlenmek to run a temperature.
ateşli 1. ⚕ feverish; **2.** *fig.* fiery; **3.** *fig.* fervent, vivacious; ~ *silah* firearm.
ateşperest, *-ti* fire-worshiper.
atfen [x .] based *(-e on),* referring *(-e to).*
atfetmek [x ..] **1.** to attribute *(-e*

to); 2. to direct, to turn *(-e to) (one's glance).*
atıcı 1. sharpshooter, marksman; **2.** braggart.
atıl 1. lazy; **2.** idle; **3.** *phys.* inert.
atılgan 1. dashing, bold; **2.** enterprising.
atılım advance, progress.
atılmak 1. *pass. of atmak;* **2.** to attack, to go *(-e at);* **3.** to begin, to go *(-e into).*
atım range *(of a gun).*
atışmak 1. to quarrel *(ile with);* **2.** to try to make up *(-e with).*
atıştırmak 1. to bolt *(food);* **2.** to drizzle, to spit *(rain, snow).*
ati the future.
atik alert, agile.
Atina *pr. n.* Athens.
atkestanesi, *-ni* [..—..] ⚘ horse chestnut.
atkı 1. shawl, stole; **2.** weft, woof; **3.** shoe strap; **4.** pitchfork.
atlama jump.
atlamak 1. to jump; **2.** to jump down *(-den from);* **3.** to skip, to miss, to leave out; **4.** to be misled, to be mistaken *(-de in).*
atlambaç leapfrog.
Atlantik *pr. n.* Atlantic.
atlas 1. atlas, map book; **2.** satin.
atlatmak 1. to make s.o. jump; **2.** to have a narrow escape, to overcome *(illness, danger);* **3.** to put off.
atlet, *-ti* **1.** athlete; **2.** *(a. ~ fanilası)* undershirt.
atletik athletic.
atletizm athletics, track and field events.
atlı rider, horseman; *~ araba* horse cart.
atlıkarınca merry-go-round, carousel.
atmaca *zo.* sparrow hawk.
atmak, *(-ar)* **1.** to throw; **2.** to drop; **3.** to fire *(a gun, a shot),* to discharge, to shoot; **4.** to postpone; **5.** to impute *(-e to);* **6.** *F* to lie, to fib; **7.** to pulsate, to beat *(heart, artery);* **8.** to send, to post *(letter); atıp tutmak* **1.** to run down; **2.** to talk big.
atmasyon *sl.* **1.** lie; **2.** false, made up.
atmosfer atmosphere.
atom atom; *~ bombası* atomic bomb, A-bomb; *~ enerjisi* atomic energy.
atsineği, *-ni zo.* horsefly.
av 1. hunt(ing), chase; **2.** game, prey, catch *(fish); ~ köpeği* hunting dog, hound; *-a çıkmak* to go hunting.
avadanlık set of tools.
aval *sl.* half-witted, stupid.
aval aval *sl.* stupidly.
avam [.—] the common people, the lower classes; *♀ Kamarası pr n.* the House of Commons.
avanak *sl.* gullible, simpleton.
avans advance; *~ almak* to get an advance; *~ vermek* to advance money.
avanta [.x.] *sl.* illicit profit.
avantacı *sl.* freeloader, sponger.
avantaj advantage, profit, gain.
avare vagabond, good-for-nothing.
avarya [.x.] ⚓ average.
avaz [.—] shout, cry; *~ ~ bağırmak* to shout at the top of one's voice.
avcı hunter, huntsman; *~ uçağı* fighter.
avcılık hunting, huntsmanship.
avdet, *-ti* return; *~ etmek* to return.
avene helpers, accomplices, gang.
avize [ī] chandelier.
avlak hunting ground.
avlamak 1. to hunt, to shoot; **2.** *fig.* to dupe, to deceive.
avlu court(yard).
Avrasya *pr. n.* Eurasia.
avrat, *tı sl. or P* **1.** woman; **2.** wife.
Avrupa [.x.] *pr. n.* Europe.
Avrupalı European.

avuç, *-cu* **1.** the hollow of the hand; **2.** handful; ~ *açmak* to beg, to cadge; ~ ~ by the handful, lavishly; ~ *dolusu* plenty of, a lot of; ~ *içi kadar* very small, skimpy; *avucunu yalamak* to be left empty-handed, to whistle for it.

avuçlamak to grasp, to grip.

avukat, *-tı* lawyer, advocate, solicitor, barrister.

avunç consolation, comfort.

avunmak 1. to be consoled *(ile with);* **2.** to be preoccupied *(ile with).*

avuntu consolation.

avurt, *-du* cheek, pouch.

Avustralya [..x.] *pr. n.* Australia.

Avustralyalı [..x..] **1.** Australian; **2.** an Australian.

Avusturya [..x.] *pr. n.* Austria.

Avusturyalı [..x..] **1.** Austrian; **2.** an Austrian.

avutmak 1. to soothe, to distract; **2.** to comfort, to console.

ay 1. moon; **2.** crescent; **3.** month; ~ *çöreği* croissant; ~ *dede* the moon; ~ *ışığı* moonlight; ~ *tutulması* lunar eclipse; *-da yılda bir* once in a blue moon; *-dan aya* monthly; *-ın on dördü gibi* very beautiful *(woman).*

aya the palm of the hand.

ayak 1. foot; **2.** leg; **3.** base, footing; **4.** outlet *(of a lake);* **5.** step, stair; **6.** foot *(measure);* ~ *atmak* to go for the first time; ~ ~ *üstüne atmak* to cross one's legs; ~ *basmak* to arrive *(-e at, in),* to enter; ~ *bileği* ankle; ~ *diremek* to put one's foot down; ~ *parmakları* toes; ~ *sesi* footstep; ~ *uydurmak* **1.** to fall in step, to keep in step *(-e with);* **2.** *fig.* to keep pace *(-e with);* ~ *üstü* in haste; *ayağa kalkmak* **1.** to stand up, to rise to one's feet; **2.** to recover; **(ayağına):** ~ *çabuk* swift of foot; ~ *çağırmak* to call into one's presence; ~ *gitmek* to visit personally; **(ayağını):** ~ *denk almak* to watch one's step; ~ *kaydırmak* to cut the ground from under someone's feet; *ayakta durmak* to stand; *ayakta tedavi* ⚕ ambulatory treatment; *ayakta uyumak* to be dead on one's feet.

ayakaltı, *-nı* much frequented (place).

ayakkabı, *-yı* shoe; footwear.

ayakkabıcı 1. shoemaker; **2.** shoe-dealer.

ayaklanma rebellion, mutiny, revolt.

ayaklanmak 1. to rebel, to revolt; **2.** to begin to walk *(child).*

ayaklık 1. pedal; **2.** stilts.

ayaktakımı, *-nı* rabble, mob.

ayaktaş companion, friend.

ayaktopu, *-nu* soccer, football.

ayakucu, *-nu* **1.** foot *(of a bed);* **2** tiptoe.

ayakyolu, *-nu* toilet, water closet, W.C.

ayar 1. standard; **2.** accuracy; **3.** adjustment; **4.** karats *(gold, silver);* ~ *etmek* to adjust, to regulate, to set; *-ı bozuk* out of order.

ayarlamak 1. to adjust, to regulate; **2.** to assay, to test.

ayarlı 1. regulated *(clock);* **2.** of standard fineness.

ayartmak to lead astray, to entice.

ayaz dry cold air, nip in the air.

aybaşı, *-nı* menstruation; ~ *olmak* to menstruate.

ayça new moon.

ayçiçeği, *-ni* ✿ sunflower; ~ *yağı* vegetable oil.

aydın 1. well lighted; **2.** intellectual, enlightened (person).

aydınlatıcı 1. illuminating; **2.** informative.

aydınlatmak 1. to illuminate; **2.** to clarify.

aydınlık 1. light, daylight; **2.**

bright; **3.** clear, brilliant; **4.** luminousness; **5.** light shaft.
ayet, *-ti* [—.] verse of the Koran.
aygın: ~ *baygın* **1.** languid; **2.** languidly.
aygır stallion.
aygıt, *-tı* tool; apparatus, instrument.
ayı *zo.* bear; ~ *gibi* bearish.
ayıbalığı, *-nı zo.* seal.
ayık 1. sober; **2.** *fig.* wide-awake.
ayıklamak 1. to clean off; to sort; **2.** to shell *(peas, beans).*
ayılmak 1. to sober up; **2.** to come to.
ayıltmak to sober up.
ayıp, *-bı* **1.** shame, disgrace; **2.** shameful, disgraceful; **3.** fault, defect.
ayıplamak to blame, to malign, to vilify, to find fault with.
ayıpsız free from defects.
ayırım discrimination; ~ *yapmak* to discriminate.
ayırmak 1. to separate, to part; **2.** to select, to pick; **3.** to distinguish *(-den from);* **4.** to set apart; **5.** to reserve *(-e for).*
ayırt etmek to distinguish, to discern *(-den from).*
ayırtı nuance, shade.
ayin [ī] **1.** rite; **2.** ceremony.
aykırı 1. contrary; **2.** contrary *(-e to),* against, not in accordance with.
aykırılık difference, disagreement.
aylak idle, unemployed.
aylık 1. monthly; **2.** monthly pay; **3.** ... months old *(baby);* **4.** lasting ... months; ~ *almak* to be on salary.
aylıkçı salaried employee.
aymak to come to.
aymaz unaware, heedless.
ayna mirror, looking glass; ~ *gibi* mirror-like, smooth and bright.
aynasız 1. *sl.* unpleasant; **2.** *sl.* policeman, pig, cop.
aynen [x.] exactly, textually.
aynı the same, identical; ~ *şekilde* in the same way.
aynılık sameness, identity.
aynıyla as it is.
ayniyat, *-tı* goods, property, belongings.
ayol [x.] Well! Hey!, You!
ayraç *gr.* bracket, parenthesis.
ayran 1. *a drink made of yogurt and water;* **2.** buttermilk.
ayrı 1. different, distinct; **2.** separate, apart; ~ ~ **1.** individual; **2.** one by one; ~ *koymak* to put aside; ~ *tutmak* to make a distinction.
ayrıbasım offprint, reprint.
ayrıca [x..] besides, also, moreover, in addition, furthermore.
ayrıcalı 1. privileged; **2.** exceptional.
ayrıcalık privilege.
ayrık 1. separated, wide apart; **2.** exceptional.
ayrıksı different, eccentric.
ayrılık 1. separateness; **2.** remoteness, separation; **3.** difference.
ayrılmak 1. to part, to separate from one another; **2.** to leave, to depart *(-den from).*
ayrım 1. differentiation; **2.** section, part, chapter.
ayrıntı detail; *-lar* details.
ayrıntılı detailed, in details.
ayrışmak ⚗ to be decomposed.
ayrıt, *-tı* △ edge.
aysar moonstruck.
aysberk, *-ki* iceberg.
ayva ⚘ quince.
ayyaş drunkard, sot.
az 1. small *(amount),* little; **2.** few; **3.** seldom, rarely; **4.** less *(-den than);* ~ ~ little by little; ~ *çok* more or less; ~ *daha* almost, nearly; ~ *gelmek* to be insufficient; ~ *görmek* to find insufficient; ~ *kaldı (or kalsın)* almost, nearly.

aza [— —] **1.** member; **2.** *anat.* limbs.
azade [— — .] **1.** free; **2.** released *(-den from).*
azalmak to lessen, to diminish, to be reduced.
azaltmak to lessen, to reduce, to lower, to diminish.
azamet, *-ti* **1.** greatness, grandeur; **2.** conceit, arrogance.
azametli 1. grand, great, august; **2.** arrogant.
azami [ı] maximum, greatest; ~ *hız* top speed.
azap, *-bı* [. —] pain, torment, torture; ~ *çekmek* to suffer torments; ~ *vermek* to torment.
azar reprimand, scolding; ~ *işitmek* to be scolded.
azar azar little by little.
azarlamak to scold, to reprimand, to rebuke.
azat, *-dı* [— —] emancipation, setting free; ~ *etmek* to set free; to dismiss *(from school).*
azdırmak 1. to inflame, to irritate; **2.** to excite sexually; **3.** to spoil *(a child);* **4.** to lead astray.
azgelişmiş underdeveloped.
azgın 1. wild, furious; ferocious; **2.** naughty, mischievous *(child);* **3.** oversexed.
azgınlık 1. wildness, fierceness; **2.** naughtiness *(in a child).*
azı *a. -dişi* molar tooth.
azıcık just a little bit.
azıdişi, *-ni s. azı.*
azık 1. provisions; **2.** food.
azılı ferocious, wild.
azımsamak to consider too little.
azınlık minority.
azıtmak to get wild, to get out of control.
azil, *-zli* dismissal, discharge.
azim, *-zmi* determination, resolution.
aziz [ı] **1.** dear, beloved; **2.** holy; saint.
azizlik 1. sainthood; **2.** *fig.* practical joke, trick; ~ *etmek* to play a trick *(-e on).*
azletmek [x..] to dismiss from office, to fire.
azma hybrid, half-breed.
azmak 1. to get wild; **2.** to get rough *(sea);* **3.** to be on heat, to rut; **4.** to get inflamed *(wound).*
azman 1. overgrown, enormous; **2.** hybrid.
azmetmek [x..] to resolve *(-e upon),* to decide firmly.
azot, *-tu* ⚗ nitrogen.
Azrail [. — —] *isl. myth.* Azrael.

B

baba 1. father; **2.** elderly man; **3.** ⚓ bollard; bitt; **4.** newel post; *-sının oğlu* like father like son.
babaanne father's mother, grandmother.
babacan good-natured, fatherly *(man).*
babafingo ⚓ topgallant.
babalık 1. fatherhood; **2.** stepfather, adoptive father; ~ *etmek* to act as a father *(-e to).*
babayani [..—.] unpretentious, free and easy.
babayiğit, *-di* **1.** brave, virile; **2.** brave lad, strong fellow.
Babıâli [—.—.] **1.** *pr. n. hist.* the

Sublime Porte; **2.** the publishers' section of İstanbul.
baca 1. chimney; flue; ⚓ funnel; **2.** skylight, smoke hole; **3.** (mine) shaft.
bacak 1. leg; shank; **2.** *cards:* jack, knave; ~ *kadar* tiny, shorty, knee-high.
bacaksız *iro.* urchin, brat.
bacanak brother-in-law *(husband of one's wife's sister).*
bacı 1. negro nurse; **2.** *F* (elder) sister.
badana whitewash, color wash; ~ *etmek* to whitewash.
badanacı whitewasher.
badanalamak *s. badana etmek.*
badem [ā] almond; ~ *ezmesi* almond paste; ~ *şekeri* sugared almonds.
bademcik [ā] *anat.* tonsil.
bademyağı [ā] almond oil.
badi *zo.* duck; ~ ~ *yürümek* to waddle.
bagaj 1. luggage, baggage; **2.** *mot.* trunk; *-a vermek* to check *(baggage).*
bağ¹ vineyard; ~ *bozmak* to harvest grapes.
bağ² 1. tie, cord, string, lace; bandage; **2.** ⚓ knot; **3.** bunch; bundle; **4.** connection, link, bond; **5.** impediment, restraint; **6.** *gr.* conjunction.
bağa tortoise shell.
bağbozumu, *-nu* **1.** vintage; **2.** autumn.
bağcılık viniculture.
bağdaş: ~ *kurmak* to sit cross-legged.
bağdaşmak to suit, to agree, to get along *(ile with).*
Bağdat, *-dı pr. n.* Baghdad.
bağıl *phys.* relative.
bağım dependence.
bağımlı dependent *(-e on).*
bağımlılık dependence.
bağımsız independent.
bağımsızlık independence.
bağıntı relation(ship) *(-e to).*
bağır, *-ğrı* breast, bosom; **(bağrı):** ~ *açık* with one's shirt opened; ~ *yanık fig.* heartsick; *-na basmak* **1.** to embrace, to hug; **2.** to protect, to sponsor.
bağırmak to shout, to cry out, to yell.
bağırsak intestine, bowel, gut.
bağırtı outcry, shout, yell.
bağış grant, donation, gift.
bağışık immune.
bağışıklamak to immunize.
bağışlamak 1. to donate; **2.** to forgive, to pardon; **3.** to spare *(life).*
bağlaç *gr.* conjunction.
bağlama 1. *folk instrument with three double strings and a long neck;* **2.** tied, bound; **3.** ⊕ coupling; **4.** *arch.* crossbar; ~ *limanı* home port.
bağlamak 1. to tie, to fasten, to bind; to connect; **2.** to bandage; **3.** to conclude *(speech etc.);* **4.** to invest *(capital);* **5.** to form *(skin, crust).*
bağlantı 1. tie, connection; **2.** liaison.
bağlaşık allied.
bağlayıcı 1. connective, connecting, tying; **2.** binding, in force.
bağnaz fanatical, bigoted.
bağnazlık fanaticism, bigotry.
bahane [.—.] pretext, excuse; ~ *etmek* to use as an excuse.
bahar¹ 1. spring; **2.** flowers, blossoms.
bahar² spice.
baharat, *-tı* [. — —] spices.
baharlı spiced, spicy.
bahçe garden, park.
bahçecilik horticulture, gardening.
bahçıvan gardener; ~ *kovası* watering can.
bahis, *-hsi* **1.** subject, topic; **2.** bet,

wager; ~ *açmak* to bring up *(a subject);* ~ *konusu* subject of discussion; ~ *tutuşmak* to bet, to wager; *bahsi geçen* aforementioned; *bahsi müşterek* pools.

bahriye navy.

bahriyeli sailor; naval officer.

bahsetmek [x..] to discuss, to talk about, to mention.

bahşetmek [x..] to give, to bestow, to grant.

bahşiş tip, baksheesh; ~ *vermek* to tip.

baht, *-tı* luck, fortune.

bahtiyar [..—] lucky, fortunate; happy.

bahtsız unfortunate, unlucky.

bakalit, *-ti* Bakelite.

bakan minister, state secretary; *-lar kurulu* cabinet, council of ministers.

bakanlık ministry.

bakarkör *fig.* inattentive, absent-minded.

bakıcı 1. attendant, guard; nurse; **2.** fortuneteller.

bakım 1. care, attention, upkeep; **2.** point of view, viewpoint; *bu -dan* from this point of view.

bakımevi dispensary.

bakımlı well-cared for, well-kept.

bakımsız neglected, unkempt, disorderly.

bakınmak to look around.

bakır 1. copper; **2.** of copper, copper ...

bakırcı coppersmith.

bakış glance, look; view.

bakışık symmetrical.

bakışım symmetry.

bakışımlı symmetric.

bakışımsız asymmetric.

baki [— —] **1.** everlasting; **2.** remaining, surplus.

bakir [ā] virgin, untouched.

bakire [ā] virgin, maiden.

bakiye 1. remainder; **2.** *econ.* arrears, balance.

bakkal grocer; ~ *dükkânı* grocery.

bakkaliye 1. groceries; **2.** grocery shop.

bakla broad bean, horsebean; *-yı ağızdan çıkarmak fig.* to let the cat out of the bag.

baklava *sweet pastry made of flake pastry, nuts, and honey.*

bakmak, *(-ar)* **1.** to look *(-e at),* to pay attention *(-e to),* to consider; **2.** to face *(-e towards);* **3.** to look into, to examine; **4.** to take care *(-e of),* to look after, to see to; **5.** to be in charge of; *bakakalmak* to stand in astonishment; *bakalım!* Let's see!

bakraç, *-cı* copper bucket.

bakteri bacterium.

bakteriyoloji bacteriology.

bal, *-lı* honey; ~ *gibi* **1.** like honey, very sweet; **2.** very well, easily.

balans balance; ~ *ayarı mot.* wheel balance.

balarısı, *-nı zo.* (honey) bee.

balata *mot.* brake lining.

balayı honeymoon.

balçık wet clay, mud.

baldır *anat.* calf; back of the shank.

baldıran ⚘ poison hemlock.

baldırıçıplak rowdy, rough, ruffian.

baldız sister-in-law *(sister of the wife).*

bale ballet.

balerin ballerina.

balet, *-ti* ballet.

balgam mucus, phlegm.

balık fish; ~ *ağı* fishing net; ~ *avlamak* to fish; ~ *oltası* fishing line; ~ *pazarı* fish market; ~ *pulu* fish scale; ~ *yumurtası* fish roe.

balıkadam skin diver.

balıkçı 1. fisherman, fisher; **2.** fishmonger.

balıkçıl *zo.* heron, egret.

balıkçılık fishery, fishing.

balıketi, *-ni* **balıketinde, balıketli** plump, matronly.
balıklama headlong, headfirst.
balıkyağı, *-nı* **1.** fish oil; **2.** cod-liver oil.
balina [.x.] **1.** whale; **2.** whalebone.
balistik ballistics.
balkabağı, *-nı* ⚘ winter squash.
Balkanlar the Balkans.
balkon balcony.
ballandırmak *fig.* to praise extravagantly, to sugar-coat.
ballı honeyed, containing honey.
ballıbaba ⚘ dead nettle.
balmumu, *-nu* **1.** wax, beeswax; **2.** sealing wax.
balo [x.] ball, dance.
balon balloon; ~ *uçurmak fig.* to fly a kite.
balözü, *-nü* nectar.
balta axe, *Am.* ax, hatchet; *-yı taşa vurmak fig.* to put one's foot in it.
baltalamak *fig.* to sabotage, to torpedo, to block.
Baltık the Baltic; ~ *Denizi* the Baltic Sea.
balya [x.] bale; ~ *yapmak* to bale.
balyoz sledge hammer; ~ *gibi* very heavy.
bambaşka [x ..] quite different.
bambu ⚘ bamboo.
bamya [x.] ⚘ gumbo, okra.
bana (to) me; ~ *bak(sana)!* Look here!, Hey!; ~ *gelince* as to me, for me; ~ *kalırsa* as far as I am concerned.
bando [x.] ♪ band.
bandrol, *-lü* revenue stamp.
bangır bangır at the top of one's voice; ~ *bağırmak* to shout loudly, to bawl.
bank bench.
banka [x.] bank; ~ *cüzdanı* passbook, bankbook; ~ *hesabı* bank account; ~ *memuru* bank clerk; ~ *şubesi* branch bank.
bankacı 1. banker; **2.** bank employee.
bankacılık banking.
banker banker; stockbroker.
banket, *-ti* hard shoulder *(of a road).*
banknot, *-tu* banknote, paper money.
banliyö suburb; ~ *treni* suburban train, commuter's train.
banmak to dip *(-e into).*
bant, *-dı* **1.** tape; **2.** ribbon; **3.** *radio:* wave-band.
banyo [x.] **1.** bath; **2.** bathroom; **3.** bathtub; **4.** spa; ~ *yapmak* to take a bath; to bathe.
bar bar; night club.
baraj 1. dam; **2.** *football:* wall.
baraka [.x.] hut, shed.
barbar 1. barbarian; **2.** barbarous.
barbunya [.x.] **1.** *zo.* red mullet; **2.** ⚘ a kind of bean.
bardak cup, glass, goblet.
barem graduated pay scale; ~ *kanunu* law regulating official salaries.
barfiks *sports:* horizontal bar.
barınak shelter.
barındırmak to shelter.
barınmak 1. to take shelter in; **2.** to get along.
barış peace; reconciliation.
barışçı peace-loving.
barışmak to make peace *(ile with).*
barışsever pacifistic, peace-loving.
barıştırmak to reconcile.
bari [ā] at least, for once.
barikat, *-tı* barricade.
bariz prominent; clear, obvious.
baro [x.] bar, the body of lawyers.
barometre barometer.
barut, *-du (or -tu)* gunpowder.
baryum barium.
bas ♪ bass.
basamak 1. step, stair; rung; **2.** step, level, degree; **3.** column *(of figures).*
basbayağı [x...] **1.** ordinary; **2.** simply, just.

bası printing, impression.
basıcı printer.
basık 1. low *(ceiling);* **2.** flat; **3.** compressed, pressed down.
basılı printed.
basım printing, impression.
basımcı printer.
basımevi, *-ni* printing house, press.
basın press, newspapers; ~ *toplantısı* press conference.
basınç, *-cı* pressure.
basiret, *-ti* prudence, understanding, insight; caution.
basiretsiz imprudent.
basit, *-ti* simple, plain, elementary.
basitleştirmek to simplify.
basketbol, *-lü* basketball.
baskı 1. press; **2.** constraint, oppression; **3.** printing; **4.** edition; **5.** hem; **6.** circulation *(of a newspaper);* ~ *altında* under pressure; ~ *yapmak* to put pressure *(-e on).*
baskın 1. raid, sudden attack; **2.** unexpected visit; **3.** overpowering, superior; ~ *yapmak* to raid, to swoop down *(-e on).*
baskül weighing machine, scales.
basma 1. printed; **2.** print, printed cloth, calico; **3.** printed matter.
basmak, *(-ar)* **1.** to tread *(-e on),* to stand *(-e on);* **2.** to press *(-e on),* to weigh down; **3.** to enter *(upon a year or age);* **4.** to impress, to stamp; to print; to coin; **5.** to raid, to surprise; **6.** to crowd in.
basmakalıp, *-bı* **1.** stereotyped; **2.** conventional.
bastıbacak shortlegged, bandy-legged.
bastırmak 1. to have printed, to publish; **2.** to suppress, to crush, to extinguish; to appease *(hunger);* **3.** to hem; **4.** to surpass; **5.** ⚓ to splice.
baston (walking) stick, cane.
basur [— —] ⚕ piles, hemorrhoids.
baş 1. head; **2.** chief, head, leader; **3.** beginning, initial; **4.** summit, top; **5.** main, chief, principal; **6.** ⚓ prow, bow; ~ *ağrısı* **1.** headache; **2.** *fig.* trouble, nuisance; ~ *aşağı* **1.** headfirst, headlong; **2.** upside down; ~ *-a* face to face, privately; ~ *belası* nuisance, trouble-maker; ~ *edememek* *(b-le)* to be unable to cope with *s.o.;* ~ *göstermek* to appear, to arise; to break out *(revolt etc.);* ~ *kaldırmak* to rebel *(-e against);* ~ *sallamak* to nod; ~ *taraf* beginning; ~ *üstüne!* With pleasure!; **(başı):** ~ *açık* bareheaded; ~ *bağlı* married; *başınız sağ olsun!* May your life be spared!; **(başına):** ~ *bela kesilmek* to pester, to annoy; ~ *buyruk* independent; ~ *dikilmek* to stand over *s.o.;* ~ *hal gelmek* to get into hot water; ~ *kakmak* to rub it in; **(başından):** ~ *atmak* to get rid *(-i of);* ~ *geçmek* to happen to, to go through; ~ *savmak* to turn away, to get rid *(-i of);* **(başını):** ~ *dik tutmak* to hold one's head high; ~ *ezmek fig.* to crush; ~ *gözünü yarmak* **1.** to handle roughly; **2.** to murder *(language etc.);* ~ *sallamak* to nod; ~ *taşa vurmak* to repent greatly; **(baştan): 1.** from the beginning; **2.** again, once more; ~ *aşağı* from top to bottom, from end to end; ~ *atmak* to get rid *(-i of);* ~ *çıkarmak* to lead astray, to corrupt.
başabaş with the ends just meeting.
başak ear *(of grain),* spike.
başaklanmak to ear, to come into ear.
başarı success; ~ *göstermek* to show success.
başarılı successful.
başarısız unsuccessful.
başarısızlık failure.

başarmak to succeed *(-i in),* to accomplish, to achieve.
başasistan chief intern *(in a hospital).*
başat dominant.
başbakan prime minister, premier; ~ *yardımcısı* deputy prime minister.
başbakanlık prime ministry, premiership.
başbuğ commander in chief.
başçavuş × sergeant-major.
başhekim head doctor *(in a hospital).*
başıboş 1. untied, free; **2.** untamed; **3.** neglected *(child);* ~ *kalmak* to run wild.
başıbozuk irregular; disorderly.
başka 1. other, another, different *(from);* **2.** except, apart *(-den from),* other *(-den than);* ~ ~**1.** different; **2.** separately; *-ları* others; *-sı* another, someone else.
başkaca besides, otherwise, further.
başkalaşım metamorphism.
başkalaşmak 1. to change, to grow different; **2.** to metamorphose.
başkan president; chief; chairman.
başkanlık presidency; chairmanship; ~ *etmek* to preside.
başkent capital.
başkomutan commander in chief.
başkonsolos consul general.
başkonsolosluk consulate general.
başlamak to begin, to start, to commence.
başlangıç, *-cı* **1.** beginning, start; **2.** preface, foreword; ~ *noktası* starting point.
başlıbaşına in itself; independently, on one's own.
başlıca main, principal, chief.
başlık 1. cap, headgear; helmet; bridal headdress; **2.** capital *(of a column);* **3.** title, headline, heading; **4.** war head *(of a torpedo);* **5.** caption *(of a page);* **6.** money paid by the bridegroom to the bride's family; **7.** hood.
başmakale [..—.] editorial.
başmüfettiş chief inspector.
başoyuncu star, featured actor *or* actress.
başöğretmen (school) principal.
başörtü(sü) head scarf.
başparmak 1. thumb; **2.** big toe.
başpehlivan wrestling champion.
başpiskopos archbishop.
başrol lead, leading role.
başsağlığı condolence; ~ *dilemek* to offer one's condolences.
başsavcı attorney general.
başşehir, *-hri* capital.
baştankara *zo.* great titmouse
başucu, *-nu* **1.** head end *(of a bed);* **2.** *ast.* zenith; *-nda* at the bedside, close to.
başvurmak to apply *(-e to),* to consult.
başvuru application, request.
başyazar editor, editorial writer.
başyazı editorial.
batak 1. swamp, marsh; **2.** marshy, swampy; **3.** floundering, unstable, unsound.
batakhane [..—.] **1.** gambling den; **2.** den of thieves
bataklık bog, marsh, swamp, fen, moor.
batarya [.x.] ⚡, × battery.
bateri drums.
baterist drummer.
batı 1. west; **2.** western.
batık 1. sunk(en); **2.** submerged.
batıl false, vain, useless; superstitious; ~ *inanç* superstition.
batılı western(er), occidental.
batılılaşmak to westernize.
batırmak 1. to sink, to submerge; **2.** to plunge, to dip; **3.** to stick *(-e into);* **4.** to lose *(capital);* **5.** to speak ill *(of),* to run down.
batkı bankruptcy.
batkın 1. bankrupt; **2.** hollow,

deep.

batmak, *(-ar)* **1.** to sink *(-e into)*; **2.** to set *(sun etc.)*; **3.** to be lost sight *(of)*; **4.** to go bankrupt; **5.** to hurt, to prick, to sting; **6.** to be lost *(money)*.

battal 1. large and clumsy; oversize; **2.** useless, worthless; void.

battaniye [.—..] blanket.

bavul suitcase, trunk.

bay 1. gentleman; sir; **2.** ♀ Mr.

bayağı 1. ordinary, common, plain; **2.** vulgar, mean; **3.** quite, simply.

bayağıkesir common fraction.

bayağılaşmak to become vulgar.

bayan 1. lady; madam; **2.** ♀ Mrs., Miss, Ms.

bayat, *-tı* stale, not fresh, old; trite.

bayatlamak to get stale.

baygın 1. fainted; unconscious; **2.** faint, languid.

baygınlık faintness; ~ *geçirmek* to feel faint.

bayılmak 1. to faint, to swoon; **2.** to like greatly, to be enraptured *(by)*.

bayıltmak 1. to make faint; **2.** ⚕ to anesthetize.

bayındır prosperous, developed, cultivated.

bayındırlık prosperity, development; public works; ♀ *Bakanlığı* Ministry of Public Works.

bayır 1. slope; ascent; **2.** hill.

bayi, *-ii* **1.** vendor, supplier, seller; **2.** wholesale distributor of newspapers.

baykuş *zo.* owl.

bayrak flag, standard; ~ *çekmek* to hoist the flag; *-ları yarıya indirmek* to fly the flag at half-mast.

bayraktar standard bearer.

bayram religous festival; national holiday; festival, festivity; ~ *tatili* festive holiday; *-dan -a fig.* once in a blue moon.

bayramlaşmak to exchange greetings at a holiday.

bayramlık 1. fit for a festival; **2.** holiday present; **3.** one's best dress.

baytar veterinarian.

baz ⚗ base.

bazan, bazen [x.] sometimes, now and then.

bazı 1. some, certain; some of; **2.** sometimes.

bazuka [.x.] ✕ bazooka.

be! *F* Hi!, Hey!, I say!

bebe *P* baby.

bebek 1. baby; **2.** doll; ~ *beklemek* to be pregnant.

becelleşmek to argue, to quarrel.

beceri skill, cleverness.

becerikli skillful, adroit.

beceriksiz clumsy, incapable.

becermek 1. to do skillfully, to carry out successfully; **2.** *iro.* to make a mess *(of)*.

bedava [x..] gratis, free, for nothing; *-dan ucuz* dirt-cheap.

bedavacı *F* freeloader, sponger.

bedbaht, *-tı* unfortunate, unhappy; miserable.

bedbin [ı] pessimistic.

bedbinlik pessimism.

beddua curse, malediction; ~ *etmek* to curse, to put a curse *(-e on)*.

bedel 1. equivalent *(-e of)*; **2.** price, value; **3.** substitute *(-e for)*.

bedelsiz free, without charge.

beden 1. body; **2.** trunk; **3.** size; ~ *eğitimi* physical education.

bedeni bodily, physical.

bedesten covered bazaar.

bedevi [ı] Bedouin.

begonya ✿ begonia.

beğence commendatory preface.

beğeni affinity, taste, gusto.

beğenmek 1. to like, to admire; to approve *(-i of)*; **2.** to choose.

beher to each, for each, per.

bej beige.

bek, *-ki soccer:* back.
bekâr **1.** unmarried; bachelor, single; **2.** grass widower.
bekâret, *-ti* virginity, maidenhood.
bekârlık bachelorhood, celibacy.
bekçi (night) watchman; guard; lookout; ~ *köpeği* watchdog.
bekleme waiting; ~ *odası (or salonu)* waiting room.
beklemek **1.** to wait *(-i for),* to await, to look *(-i for);* **2.** to watch *(-i over),* to guard.
beklenmedik unexpected.
bekleyiş waiting.
bel[1] **1.** waist; **2.** loins; the small of the back; **3.** mountain pass; **4.** sperm, come; ~ *bağlamak* to rely *(-e on),* to trust; ~ *vermek* to bulge, to sag; *-i gelmek* to have a discharge of sperm, to come; *-ini doğrultmak* to recover.
bel[2] spade; digging fork.
bela trouble, misfortune, calamity, evil; ~ *aramak* to trail one's coat; ~ *çıkarmak* to stir up trouble; *-sını* bulmak to get one's deserts; *-sını çekmek* to suffer for; *-ya çatmak* to run into trouble.
belagat, *-ti* **1.** eloquence; **2.** rhetoric.
belalı **1.** troublesome, calamitous; **2.** quarrelsome; **3.** bully, pimp.
Belçika *pr. n.* Belgium.
Belçikalı Belgian.
belde city, town.
belediye municipality; ~ *başkanı* mayor.
belermek to stare *(eyes),* to be wide open.
beleş *sl.* gratis, for nothing; *-e konmak* to get on the gravy train; *-ten* for nothing.
beleşçi *sl.* sponger, freeloader.
belge document; certificate.
belgelemek to document; to confirm, to prove.
belgeli **1.** confirmed, proved; **2.** dismissed *(from school).*
belgesel documentary.
belgin clear, precise.
belgisiz *gr.* indefinite; ~ *adıl* indefinite pronoun.
belgit, *-ti* **1.** evidence; **2.** receipt.
belirgin clear, evident.
belirlemek to determine, to fix.
belirli determined, definite, specific.
belirmek **1.** to appear; **2.** to become evident.
belirsiz **1.** indefinite, undetermined, unknown, uncertain; **2.** imperceptable.
belirteç *gr.* adverb.
belirten *gr.* modifier.
belirti sign; symptom.
belirtik explicit.
belirtmek **1.** to state, to make clear; **2.** to determine.
belit, *-ti* axiom.
belkemiği, *-ni* **1.** backbone, spine; **2.** *fig.* pillar, fundamental part.
belki [x.] perhaps, maybe.
bellek memory.
bellemek **1.** to commit to memory, to learn by heart; **2.** to spade.
belleten learned journal.
belletici tutor.
belli **1.** evident, clear, obvious; **2.** certain, definite; ~ *başlı* **1.** clear, definite; **2.** eminent; main, chief; ~ *belirsiz* hardly visible; ~ *etmek* **1.** to make clear; **2.** to show.
belsoğukluğu, *-nu* ⚕ gonorrhea.
bembeyaz [x..] snow-white, pure white.
bemol, *-lü* ♪ flat.
ben[1] I; me.
ben[2] mole, beauty spot.
bence [x.] in my opinion, as to me.
bencil selfish, egoistic.
bencillik egotism; ~ *etmek* to be selfish.
bende slave; servant; *-niz* your humble servant.
benek spot, speck.
benekli spotted, speckled.

bengi eternal.
bengisu water of life.
benim[1] [.x] my; mine; ~ *için* for me.
benim[2] [x.] I am, it is I.
benimki mine.
benimsemek to make one's own; to identify oneself with, to adopt.
beniz, *-nzi* colo(u)r of the face; *benzi atmak* to grow pale.
benli spotted, freckled.
benlik 1. egotism; **2.** personality, ego; **3.** conceit.
bent, *-di* **1.** dam, dike, weir, aqueduct; **2.** paragraph; article; **3.** stanza.
benzemek to resemble, to look like, to be like, to seem like.
benzer similar, like; resembling.
benzerlik similarity, resemblance.
benzeşmek to resemble each other.
benzetmek 1. to compare *(-e with)*; **2.** to mistake *(-e for)*, to mix up *(-e with)*.
benzeti simile, metaphor.
benzeyiş resemblance.
benzin petrol, *Am.* gasoline; benzine; ~ *deposu* petrol tank; ~ *istasyonu* petrol station, filling station; ~ *motoru* gasoline engine.
beraat, *-tı* acquittal; ~ *etmek* to be acquitted.
beraber [ā] **1.** together; **2.** equal; level, abreast, in a line; *-e kalmak* to draw, to tie; *-inde* together, along with.
beraberce together.
beraberlik [ā] **1.** draw, tie; **2.** unity, cooperation.
berat, *-tı* patent, warrant.
berbat, *-tı* **1.** ruined, spoilt; **2.** filthy, dreadful, disgusting; ~ *etmek* to ruin, to spoil.
berber barber; hairdresser.
berduş vagabond.
bere[1] beret.
bere[2] bruise; dent.
bereket, *-ti* **1.** abundance, plenty; fruitfulness; **2.** blessing; **3.** fortunately; ~ *versin!* Fortunately!
bereketli fertile; fruitful; abundant.
bereketsiz infertile; unfruitful; not blessed.
berelemek to bruise, to cause bruises *(-i on)*.
berhava blown up; ~ *etmek* to blow up.
beri 1. here; near; this side of; **2.** *(-den)* since; *-de* on this side.
beriki the nearest, the nearer one; this one.
berk hard, firm, strong, tight.
berkitmek to strengthen.
berrak, *-kı or -ğı* clear, limpid, transparent.
bertaraf aside, out of the way; ~ *etmek* to put aside, to do away *(with)*.
berzah *geogr.* isthmus.
besbelli [x..] *emph. of* **belli**.
besi 1. nourishing, nutrition; **2.** fattening; *-ye çekmek* to fatten *(an animal)*.
besici fattener.
besili fat(ted); well-fed, plump.
besin nutriment, nourishment, food.
besisuyu, *-nu* sap.
besleme girl servant *(brought up in a house from childhood)*.
beslemek 1. to feed, to nourish; **2.** to fatten *(animal)*; **3.** to support, to maintain, to keep; **4.** ⊕ to prop, to shim up.
besleyici nutritious, nourishing.
beste musical composition, tune, melody.
besteci, bestekâr composer.
bestelemek to compose, to set to music.
beş five; ~ *aşağı* ~ *yukarı* close bargaining; ~ *para etmez* worthless; ~ *parasız* broke, penniless; *-te bir* one fifth.

beşer[1] five each, five apiece.
beşer[2] man, mankind.
beşeriyet, *-ti* mankind, humanity.
beşgen ⩓ pentagon.
beşik cradle *(a. fig.).*
beşinci fifth.
beşiz quintuplets.
beştaş jackstones, jacks.
bet, *-ti* face; ~ *beniz* colo(u)r of the face; *-i benzi atmak* to go pale from fear.
beter worse.
betim description.
betimlemek to describe.
beton concrete.
betonarme reinforced concrete.
betonyer cement mixer.
bevliye urology.
bevliyeci urologist.
bey 1. gentleman, sir; Mr., bey *(used after the first name);* **2.** husband; **3.** chief, ruler.
beyan declaration, expression; ~ *etmek* to declare, to announce, to express.
beyanname [ā, ā] declaration, written statement; *econ.* manifest.
beyaz 1. white; **2.** fair-skinned; ♀ *Saray pr. n.* the White House.
beyazlatmak to whiten, to bleach.
beyazlık whiteness.
beyazperde 1. movie screen; **2.** the cinema.
beyazpeynir white cheese.
beyefendi sir; Mr. *(after name).*
beyerki, *-ni* aristocracy.
beygir horse, packhorse, cart horse.
beygirgücü, *-nü* horsepower.
beyhude [ū] in vain; useless, vain; ~ *yere* in vain, uselessly.
beyin, *-yni* **1.** brain; **2.** mind; brains, intelligence; ~ *kanaması* ⚕ cerebral hemorrhage; ~ *sarsıntısı* ⚕ concussion of the brain; ~ *sektesi* ⚕ cerebral apoplexy; ~ *yıkamak* to brainwash; *beyninden vurulmuşa dönmek* to be greatly upset.
beyincik *anat.* cerebellum.
beyinsiz *fig.* brainless, stupid.
beyit, *-yti* verse, couplet, distich.
beylik 1. commonplace, conventional; **2.** principality, region ruled over by a ruler.
beynelmilel international.
beysbol baseball.
beyzi [ī] oval, elliptical.
bez[1] cloth, duster; dustcloth; diaper.
bez[2] *anat.* gland.
bezdirmek to sicken, to weary, to disgust.
beze *anat.* gland.
bezek ornament; decoration.
bezelye [.x.] ⚘ pea(s).
bezemek to adorn, to deck, to embellish.
bezen ornament, embellishment.
bezenmek 1. to decorate o.s.; **2.** to be ornamented.
bezgin disgusted; depressed.
bezginlik weariness.
bezik bezique.
beziryağı, *-nı* linseed oil.
bezmek *(bşden)* to get tired of *s.th.*, to become sick of *s.th.*
bıcılgan infected *(sore).*
bıçak knife; ~ *ağzı* the sharp edge of a knife; ~ *çekmek* to draw a knife *(-e on);* ~ *kemiğe dayanmak fig.* to reach the limit.
bıçaklamak to stab, to knife.
bıçkı two-handed saw.
bıçkıcı sawyer.
bıçkın *F* rascal, rowdy.
bıkkın bored, tired, disgusted.
bıkkınlık disgust, boredom.
bıkmak *(bşden)* to tire of *s.th.*, to get bored with *s.th.*
bıktırıcı disgusting, boring, annoying.
bıldırcın *zo.* quail.
bıngıl bıngıl well nourished, fat.
bırakmak, *(-ır)* **1.** to leave; to quit; to abandon; **2.** to let, to al-

low; **3.** to put down; **4.** to postpone; **5.** to give up *(habit)*; **6.** to grow *(beard)*; **7.** to let off, to let go; **8.** to assign *(-e to)*, to bequeath; **9.** to entrust, to confide.

bıyık **1.** moustache; **2.** *zo.* whiskers; **3.** tendril; ~ *altından gülmek* to laugh up one's sleeve; ~ *bırakmak* to grow a moustache.

bızır *anat.* clitoris.

biber pepper; ~ *dolması* stuffed peppers.

biberli peppery, peppered.

biberlik pepper shaker.

biberon feeding bottle.

bibliyografi, bibliyografya bibliography.

biblo knick-knack, trinket.

biçare [ī, ā] poor, wretched.

biçerbağlar reaper, binder, harvester.

biçerdöver combine, reaper-thresher.

biçim **1.** shape, form; manner; **2.** elegant form; well-proportioned shape; **3.** *tailoring:* cut; **4.** harvest; *-e sokmak* to shape.

biçimlendirmek to shape, to put into a form.

biçimli well-shaped, trim.

biçimsel formal.

biçimsiz ill-shaped, ugly.

biçki cutting out; ~ *dikiş yurdu* tailoring school.

biçmek **1.** to cut; **2.** to cut out *(or up)*; **3.** to reap, to mow.

bidon can, drum, barrel.

biftek beefsteak, steak.

bigâne stranger *(-e to)*, detached *(-e from)*.

bigudi hair curler.

bihaber unaware *(-den of)*, ignorant *(-den of)*.

bikini bikini.

bikir, *-kri* virginity, maidenhood.

bilahara later, afterwards.

bilakis [x..] on the contrary.

bilanço [.x.] balance (sheet).

bilardo [.x.] billiards.

bildik **1.** known; **2.** acquaintance; *bildiğini okumak* to go one's own way.

bildirge **1.** report; **2.** tax report.

bildiri communiqué, announcement, notice.

bildirmek to make known *(-e to)*, to inform.

bile **1.** even; **2.** already.

bileği whetstone, grindstone, hone.

bileğitaşı whetstone.

bilek wrist; *bileğine güvenmek* to rely on one's fists.

bilemek to sharpen, to whet, to grind.

bileşen component.

bileşik **1.** composed; **2.** ⚗ compound; ~ *faiz* compound interest; ~ *kesir* compound fraction.

bileşim ⚗ composition.

bileşke resultant.

bileşmek ⚗ to be compounded *(ile with)*, to combine.

bilet, *-ti* ticket; ~ *gişesi* ticket window, box office.

biletçi ticket man, conductor, ticket collector.

bileyici knife-grinder.

bilezik **1.** bracelet; **2.** ⊕ metal ring.

bilfiil [x..] in fact, actually.

bilge learned; wise.

bilgi **1.** knowledge; **2.** information; ~ *edinmek* to be informed, to get information.

bilgiç pedant(ic).

bilgili learned; well-informed.

bilgin scholar; scientist.

bilgisayar computer.

bilgisiz ignorant; uninformed.

bilgisizlik ignorance.

bilhassa [x..] especially, particularly.

bilim science; knowledge.

bilimkurgu science fiction.

bilimsel scientific.

bilinç the conscious.

bilinçaltı, *-nı* the subconscious.
bilinçdışı, *-nı* the unconscious.
bilinçli conscious.
bilinçsiz unconscious.
bilirkişi expert.
billur crystal; cut glass.
billurcisim *anat.* lens.
billurlaş(tır)mak to crystallize.
bilmece riddle; puzzle.
bilmek, *(-ir)* **1.** to know; **2.** to consider, to deem; to suppose, to think; to believe; **3.** to appreciate, to value; **4.** to be able to *inf.; bile bile* on purpose, intentionally.
bilmezlik ignorance; *-ten gelmek* to pretend not to know.
bilmukabele [a] in return.
bilye [x.] **1.** marble; **2.** ⊕ ball.
bilyon a thousand million, *Am.* billion.
bin thousand; ~ *bir fig.* innumerable, a great many; ~ *bir gece* the Arabian Nights; ~ *dereden su getirmek* to beat around the bush; *-de bir* scarcely, once in a blue moon; *-lerce* thousands of.
bina [ā] building, edifice.
binbaşı ✕ major; commander; squadron leader.
bindirmek **1.** to load; **2.** to collide *(-e with);* to run *(-e into),* to ram; **3.** to add on.
binek saddle beast, mount *(horse);* ~ *atı* saddle horse.
biner a thousand each; ~ ~ by thousands.
binici rider, horseman.
binlik a thousand-lira note.
binmek, *(-er)* **1.** to mount, to embark, to board, to get on, to go on; **2.** to ride *(a horse, a bicycle, in a car);* **3.** to overlap; **4.** to be added *(-e to).*
bir **1.** one; a, an; **2.** unique; **3.** the same, equal; **4.** once; **5.** mere, only; **6.** united; *günün -inde* one day; ~ *ağızdan* in unison; ~ *an önce* as soon as possible; ~ *arada* all together; ~ *aralık* some time; ~ *araya gelmek* to come together; ~ *aşağı* ~ *yukarı dolaşmak* to walk up and down; ~ *avuç* a handful; ~ *bakıma* in one way, from one point of view; ~ ~ one by one; ~ *çırpıda* at one stretch, at once; ~ *çift söz* a word or two; ~ *daha* **1.** one more; **2.** once more, once again; ~ *de* also, in addition, too; ~ *deri* ~ *kemik* only skin and bones; ~ *hoş olmak* to feel embarrassed; ~ *içim su fig.* very pretty *(woman);* ~ *iki* one or two, very few; ~ *kafada* of the same opinion; ~ *kalemde* in one go; ~ *kapıya çıkmak* to come to the same thing; ~ *miktar* a little, some; ~ *o kadar* as much again; ~ *olmak* to join forces, to unite; ~ *parça* **1.** a little, a bit; **2.** one piece, a whole; ~ *şey* something; ~ *şey değil!* Not at all!, You are welcome!; ~ *tutmak* to regard as equal; ~ *türlü* **1.** in any way; **2.** somehow; **3.** just as bad; ~ *varmış* ~ *yokmuş* once upon a time; ~ *yana* aside from, apart from; ~ *yastığa baş koymak* to be husband and wife; *-e on katmak* to exaggerate too much.
bira [x.] beer; ~ *fabrikası* brewery; ~ *mayası* barm, yeast.
birader [ā] **1.** brother; **2.** fellow; Hey you!
birahane [..—.] pub, beer-house.
biraz [x.] a little, some; ~ *sonra* soon after.
birazcık [x..] a little bit.
birazdan [x..] a little later.
birbiri, *-ni* each other; ~ *ardınca* one after the other; *-ne düşürmek* to set at odds; *-ne girmek* **1.** to start quarrelling; **2.** to be stirred up.
birçok many, a lot (of).
birden **1.** suddenly; **2.** at a time,

in one lot.
birdenbire [.x..] suddenly.
birdirbir leapfrog.
birebir most effective *(remedy).*
birer one each, one apiece; ~ ~ one by one, singly.
bireşim synthesis.
birey individual.
bireycilik individualism.
bireysel individual.
biri, *-ni,* **birisi,** *-ni* **1.** one of them; **2.** someone.
biricik unique, the only.
birikim accumulation, buildup.
birikinti accumulation, deposit, heap.
birikmek to come together, to accumulate, to assemble, to collect.
biriktirmek 1. to gather, to pile up, to assemble; **2.** to save up *(money);* **3.** to collect.
birim unit.
birinci 1. the first; **2.** first-class, **3.** champion; ~ *elden econ.* at first hand; ~ *gelmek* to be best; to come in first *(in a race)*; ~ *mevki* first class *(in a train, bus),* cabin class *(on a ship).*
birincilik championship.
birkaç, *-çı* a few, some, several.
birleşik united, joint; ~ *sözcük* compound word.
birleşmek 1. to unite, to join together; **2.** to meet *(ile with);* **3.** to agree; *Birleşmiş Milletler pr. n.* United Nations.
birleştirmek to put together, to unite, to connect.
birli *cards:* ace.
birlik 1. unity, accord; **2.** sameness; equality; identity; **3.** union, association; **4.** ⚔ unit.
birlikte together, in company.
birtakım some, a certain number of.
bisiklet, *-ti* bicycle; *-e binmek* to bicycle, to ride a bicycle.
bisküvi, *-ti* biscuit, cracker.
bismillah in the name of God.
bit, *-ti* louse.
bitap, *-bı* [— —] exhausted, feeble; ~ *düşmek* to get exhausted.
bitaraf [ī] neutral, impartial.
bitek ↓ fertile.
biteviye [x...] uninterruptedly, monotonously; all of a piece.
bitey flora.
bitik exhausted, worn out; broken down.
bitim end(ing).
bitimli finite.
bitimsiz infinite.
bitirim *sl.* smart, topping.
bitirmek 1. to finish, to complete, to terminate; **2.** to accomplish; **3.** to exhaust, to use up.
bitiş end.
bitişik 1. touching, neighbo(u)ring, adjacent, joining; **2.** next door.
bitişmek to join, to grow together.
bitiştirmek to join, to unite, to attach.
bitki plant.
bitkin exhausted, dead tired.
bitkisel vegetal, vegetable.
bitli lousy, infested with lice.
bitmek[1] 1. to come to an end, to terminate; to be completed; **2.** to be used up, to be all gone; **3.** to be exhausted; **4.** to be worn out.
bitmek[2] to grow, to sprout.
bitpazarı, *-nı* flea market, rag-fair.
bityeniği, *-ni fig.* catch.
biyografi biography.
biyokimya biochemistry.
biyoloji biology.
biyopsi biopsy.
biz[1] we; ~ *-e* by ourselves, without outsiders.
biz[2] awl.
Bizans *pr. n.* Byzantium.
bizar [— —] disgusted, sick *(of);* ~ *olmak* to be disgusted *(-den of).*
bizce in our opinion.

bizim our, ours.
bizimki ours.
bizon *zo.* bison.
bizzat [x.] in person, personally.
blok 1. block; **2.** *pol.* bloc.
bloke blocked *(account);* stopped *(cheque);* ~ *etmek* to block; to stop.
bloknot, *-tu* [x.] writing pad, memorandum block.
blöf bluff; ~ *yapmak* to bluff.
blucin (blue) jeans.
bluz blouse.
boa *(yılanı) zo.* boa.
bobin bobbin, spool; coil.
boca [x.] ⚓ lee (side); ~ *etmek* to turn over, to cant over, to tilt.
bocalamak to falter, to get confused.
bocurgat, *-tı* capstan.
bodrum cellar, dungeon; ~ *katı* basement.
bodur dumpy, squat.
boğa bull; ~ *güreşi* bullfight.
boğak ⚕ angina.
boğaz 1. throat; gullet, esophagus; **2.** neck *(of a bottle etc.);* **3.** mountain pass; **4.** strait; ~ *derdine düşmek* to struggle for a living; ~ *olmak* to have a sore throat; *-ına düşkün* gourmet, gastronome; *-ına kadar* up to one's neck; *-ından geçmemek* to stick in one's throat.
Boğaziçi, *-ni pr. n.* the Bosphorus.
boğazlamak to cut the throat of, to slaughter.
boğazlı gluttonous.
boğmaca ⚕ whooping cough, pertussis.
boğmak[1] **1.** to choke, to strangle; **2.** to suffocate; **3.** to drown *(-de in);* **4.** to overwhelm *(with);* **5.** to conceal.
boğmak[2] node, joint, articulation.
boğucu suffocating.
boğuk hoarse, raucous; muffled; ~ ~ hoarsely; with a muffled sound.
boğum 1. ⚘ knot, joint, node; **2.** internode; **3.** *anat.* ganglion.
boğuntu profiteering; *-ya getirmek* to swindle money out of s.o.
boğuşmak 1. to scuffle, to fight; **2.** to quarrel.
bohça wrapping cloth; bundle.
bohçalamak to wrap up in a bundle.
bohem bohemian.
bok, *-ku sl.* **1.** dung, excrement, shit; ordure; **2.** rubbish; worthless; ~ *atmak sl.* to throw dirt *(-e on),* to blacken.
bokböceği, *-ni zo.* dungbeetle.
boks boxing; ~ *yapmak* to box.
boksör boxer.
bol 1. wide, loose, loose-fitting; **2.** ample, abundant; ~ ~ abundantly; ~ *keseden* generously.
bolca 1. rather amply; **2.** somewhat wide.
bollaşmak 1. to become wide (*or* loose); **2.** to become abundant.
bollaştırmak 1. to widen; **2.** to make abundant.
bolluk 1. wideness, looseness; **2.** abundance.
bomba [x.] bomb; ~ *gibi F* in the pink.
bombalamak to bomb.
bombardıman bombardment, bombing; ~ *etmek* to shell, to bombard; ~ *uçağı* bomber.
bomboş [x.] quite empty.
bonbon candy, bonbon.
boncuk bead; ~ *gibi* beady *(eyes);* ~ *mavisi* turquoise blue.
bone bonnet.
bonfile sirloin steak.
bono [x.] bond, bill; cheque.
bonservis letter of recommendation, written character.
bora [x.] storm, tempest, hurricane, squall.
boraks borax.
borazan 1. trumpet; **2.** trumpeter; ~ *çalmak fig.* to let everybody

know.

borç, *-cu* **1.** debt; loan; **2.** obligation, duty; **3.** debit; ~ *almak* to borrow *(money);* ~ *vermek* to lend.

borçlanmak to get into debt.

borçlu 1. debtor; **2.** indebted, under obligation *(-e to).*

borda [x.] **1.** board, broadside; **2.** beam.

bordalamak to board.

bordro [x.] payroll; list, register, roll.

bornoz [x.] bathrobe.

borsa (stock) exchange; ~ *acentesi* stockbroker.

boru 1. pipe, tube; **2.** trumpet; ~ *çalmak* to sound a trumpet; *-su ötmek fig.* to wear the trousers.

borumsu *biol.* tubiform.

boruyolu, *-nu* pipeline.

bostan 1. vegetable garden, kitchen garden; **2.** melon field; ~ *korkuluğu* **1.** scarecrow; **2.** *fig.* a mere puppet.

boş 1. empty; hollow; blank; **2.** uninhabited; **3.** vacant *(post);* **4.** free *(seat);* **5.** unoccupied; unemployed; **6.** neutral *(gear);* **7.** loose, slack *(rope);* **8.** *typ.* space; ~ *bulunmak* to be taken unawares; ~ *durmak* to be unoccupied, to idle; ~ *gezmek* to loaf, to wander about idly; ~ *kafalı* empty-headed, silly; ~ *vermek sl.* not to give a damn; ~ *yere* in vain; *-a çıkmak* to fall to the ground *(hope etc.);* *-a gitmek* to go for nothing.

boşalım discharge, release.

boşalmak 1. to be emptied, to empty itself, to run out; **2.** to become free; **3.** to unwind itself.

boşaltım *biol.* excretion.

boşaltmak 1. to empty; to pour *(out);* **2.** to evacuate; to move out *(house);* **3.** to discharge *(gun);* **4.** to unload, to discharge *(cargo, ship).*

boşamak to divorce, to repudiate *(one's wife).*

boşanmak 1. to be divorced *(-den from);* **2.** to be set at large; to break loose; **3.** to be discharged by accident; **4.** to burst forth *(tears, blood).*

boşboğaz garrulous, indiscreet.

boşboğazlık idle talk; ~ *etmek* to blab.

boşlamak *sl.* to neglect; to let alone.

boşluk 1. blank; **2.** emptiness; **3.** cavity; **4.** vacuum.

boşta 1. unemployed; **2.** *mot.* not in gear.

boşuboşuna in vain.

boşuna in vain, for nothing.

bot[1], *-tu* boat.

bot[2], *-tu* boot.

botanik botany.

boy[1] clan, tribe.

boy[2] 1. height; stature; **2.** length; **3.** size; **4.** edge *(of a road),* bank *(of a river);* ~ *almak* to grow in height; ~ ~ assorted, of various sizes; ~ *göstermek* to show o.s. off; ~ *ölçüşmek* to compete *(ile with);* *-a çekmek* to shoot up *(child);* *-dan -a* all over; *-unun ölçüsünü almak fig.* to get one's deserts.

boya 1. paint; **2.** dye; **3.** colo(u)r; **4.** make-up; ~ *vurmak* to paint; *-sı atmak* to fade.

boyacı 1. housepainter; dyer; **2.** shoeblack; **3.** dealer in paints.

boyahane [..—.] dye-house, dyer's shop.

boyalı painted; dyed; colo(u)red.

boyamak to paint, to dye, to colo(u)r.

boyanmak to use make-up.

boyarmadde ⚗ pigment.

boyasız uncolo(u)red, undyed; unpainted.

boydaş 1. of the same height; **2.** equal, peer.

boykot, *-tu* boycott; ~ *etmek* to

boycott.
boylam *ast.* longitude.
boylamak *(bir yeri)* to end up *(in).*
boylanmak to grow taller *or* longer.
boylu tall, high; ~ *boslu* tall and well-built, handsome; ~ *boyunca* **1.** at full length; **2.** from end to end.
boynuz 1. horn, antler; **2.** made of horn; ~ *taktırmak sl.* to cuckold.
boynuzlamak 1. to gore; **2.** *sl.* to cuckold.
boynuzlu 1. horned; **2.** *sl.* cuckold *(man).*
boyun, *-ynu* **1.** neck; **2.** *geogr.* pass, defile; ~ *atkısı* scarf, neckerchief; ~ *borcu* a binding duty; ~ *eğmek* to submit; to humiliate o.s.; **(boynu):** ~ *altında kalsın!* May he die!; ~ *kıldan ince fig.* ready to accept any decision; *-na sarılmak* to embrace; *-nu vurmak* to behead.
boyuna 1. lengthwise, longitudinally; **2.** (x..] incessantly, continually.
boyunbağı, *-nı* necktie.
boyunca 1. along; **2.** lengthwise; **3.** during.
boyunduruk yoke *(a. fig.);* ~ *altına almak* to put under the yoke, to enslave.
boyut, *-tu* dimension.
boz 1. grey; **2.** rough, waste, uncultivated.
boza boza *(drink made of fermented millet);* ~ *gibi* thick *(liquid).*
bozacı maker *or* seller of boza.
bozarmak to turn pale.
bozdurmak to change *(money);* to get change for.
bozgun 1. rout, defeat; **2.** routed; *-a uğramak* to be routed; *-a uğratmak* to rout, to clobber, to defeat.
bozguncu defeatest.
bozgunculuk defeatism.
bozkır steppe.
bozma 1. made out *(-den of);* **2.** abrogation; **3.** pervert, proselyte.
bozmak, *(-ar)* **1.** to spoil, to ruin, to destroy; **2.** to change *(money);* **3.** to upset *(stomach, plans etc.);* **4.** to undo; **5.** to demolish, to scrap; **6.** to disturb *(peace);* **7.** to adulterate; to taint; **8.** to break *(oath, custom),* to cancel *(agreement);* **9.** ⚖ to quash *(by cassation);* **10.** to violate; **11.** to disconcert; to humiliate; **12.** to change for the worse *(weather).*
bozuk 1. destroyed, spoilt, broken; **2.** out of order; **3.** bad, corrupt; **4.** (small) change; ~ *para* small change.
bozukdüzen unsettled conditions.
bozukluk small change, coins.
bozulmak 1. to spoil, to go bad, to go sour; **2.** to become corrupt; **3.** to break down *(car etc.);* **4.** to be humiliated, to be disconcerted.
bozum *sl.* embarrassment, humiliation; ~ *olmak sl.* to be embarrassed, to lose face.
bozuntu 1. discomfiture; **2.** *F* caricature *(of),* mere parody *(of);* **3.** scrap, refuse; *-ya vermemek* to keep up appearances.
bozuşmak to break with one another.
bozut, *-tu* disorder, sedition.
böbrek *anat.* kidney; ~ *iltihabı* nephritis.
böbürlenmek to boast, to be arrogant, to strut, to brag.
böcek 1. *zo.* insect; **2.** bug, beetle; **3.** louse; ~ *zehiri* pesticide.
böcekçil *biol.* insectivorous.
böceklenmek to become infested with vermin, to get buggy.
böğür, *-ğrü* side, flank *(of the body).*
böğürmek to bellow; to moo.
böğürtlen ⚘ blackberry.
böğürtü bellow; moo.

bölen △ divisor.
bölge region, zone, district.
bölgeci regionalist.
bölgesel regional.
bölme **1.** △ division; **2.** partition; dividing wall; **3.** compartment.
bölmek **1.** to separate; **2.** △ to divide *(-e into)*.
bölmeli partitioned.
bölü △ divided by.
bölücü separationist, plotter.
bölük **1.** × company; squadron; **2.** △ order, place; **3.** part, division, subdivision; **4.** body, group *(of men)*; ~ ~ in groups; ~ *pörçük* in bits.
bölüm **1.** section, part, division, chapter, episode; **2.** △ quotient, dividing.
bölümlemek to classify, to sort out.
bölünen △ dividend.
bölünme *biol.* division.
bölünmek to be divided *(-e into)*, to be separated.
bölünmez indivisible.
bölüntü part, section.
bölüşmek to share out, to divide up.
bön imbecile, silly, naive; ~ ~ *bakmak* to stare foolishly.
bönlük foolishness, simple-mindedness.
börek flaky pastry, pie.
börkenek *zo.* reticulum.
börülce ⚘ cowpea, black-eyed bean.
böyle so, thus, in this way; such; *bundan* ~ henceforth; ~ ~ in this way; ~ *iken* anyhow, while this is so.
böylece [x..] thus, in this way.
böylelikle [..x.] = *böylece*.
böylesi the like, this kind.
branda [x.] sailor's hammock; ~ *bezi* canvas.
branş branch, field of work.
bravo! *int.* Bravo!, Well done!
Brezilya [.x.] *pr. n.* Brazil.
briç, *-ci cards:* bridge.
brifing briefing.
briket, *-ti* briquette.
briyantin brilliantine.
brom ⚗ bromine.
bronş *anat.* bronchus.
bronşçuk *anat.* bronchiole.
bronşit, *-ti* bronchitis.
bronz bronze.
broş brooch.
broşür brochure, pamphlet.
bröve pilot's licence; testimonial, certificate.
Brüksel *pr. n.* Brussels.
brülör burner, combustion unit.
brüt gross.
bu this; ~ *arada* **1.** meanwhile; **2.** among other things; ~ *bakımdan* in this respect; ~ *defa* this time; and now; ~ *gibi* like this, such; ~ *münasebetle* in this connection; ~ *yakınlarda* recently; ~ *yüzden* for this reason; so; *-ndan başka* besides, moreover, in addition; *-ndan böyle* from now on; *-ndan dolayı (or ötürü)* because of this, therefore; *-ndan sonra (or böyle)*; **1.** henceforth; **2.** after this.
bucak **1.** corner, nook; **2.** subdistrict; ~ ~ here and there, high and low.
buçuk and a half.
budak knot *(in timber)*.
budaklanmak to become knotty; to send forth shoots; *dallanıp* ~ *fig.* to become complicated.
budaklı knotty, gnarled.
budala **1.** foolish, imbecile, fool; **2.** crazy *(about)*, mad *(about)*.
budalalık **1.** stupidity, foolishness; **2.** craze; ~ *etmek* to behave foolishly.
budun people, nation.
budunbetim ethnography.
budunbilim ethnology.
bugün [x.] today; ~ *yarın* soon, at any time; *-den* from today; *-den*

tezi yok right away; *-e* ~ don't forget that, sure enough; *-ler* these days; *-lerde* nowadays, in these days.
bugünkü [x..] of today, today's.
bugünlük [x..] for today.
buğday wheat; ~ *benizli* dark-skinned.
buğu vapo(u)r, steam, fog, mist.
buğulanmak to be steamed up, to mist over.
buğulu steamed up, fogged.
buhar steam, vapo(u)r; ~ *gemisi* steamship.
buharlaşma evaporation.
buharlaşmak to evaporate, to vapo(u)rize.
buharlı run by steam; steamy.
buhran [ā] crisis; ~ *geçirmek* to go through a crisis.
buhranlı critical, stressful.
buhur [. —] incense.
buhurluk 1. censer; **2.** incense box.
buji *mot.* spark plug.
bukağı fetter; hobble.
bukağılamak to fetter.
bukalemun *zo & fig.* chameleon.
buket, *-ti* bouquet, bunch of flowers.
bukle lock, curl of hair.
bukleli curly.
bulama *(a semisolid molasses of)* boiled grape juice.
bulamaç, *-cı* thick soup *(made with flour, butter and sugar).*
bulamak to roll *(in flour);* to besmear, to bedaub *(-e with);* to smear *(-e on).*
bulandırmak 1. to muddy, to soil; **2.** to turn *(the stomach).*
bulanık turbid; cloudy, overcast; dim.
bulanmak 1. to become cloudy; **2.** to be upset, to get confused; **3.** to be dimmed; *midesi* ~ to become nauseated.
bulantı nausea, queasiness.
bulaşıcı infectious, contagious *(disease).*
bulaşık 1. smeared, soiled; tainted; **2.** contagious *(disease);* **3.** dirty dishes; ~ *bezi* dishcloth; ~ *makinesi* dishwasher; ~ *suyu* dishwater.
bulaşıkçı dishwasher.
bulaşkan 1. sticky, adhesive; **2.** combative *(person).*
bulaşmak 1. to become dirty, to be smeared; **2.** to soil, to get sticky; **3.** to be spread by contagion *(disease);* **4.** to be involved *(-e in).*
buldok bulldog.
buldozer bulldozer.
Bulgaristan [.x..] *pr. n.* Bulgaria.
bulgu finding, discovery.
bulgur boiled and pounded wheat; ~ *pilavı* dish of boiled pounded wheat.
bulmaca crossword puzzle.
bulmak, *(-ur)* **1.** to find; **2.** to discover, to invent; **3.** to hit, to reach; **4.** to meet *(with);* **5.** to find *(fault) (-e with),* to blame *(-e on);* *bulup çıkarmak* to find out.
buluğ puberty; *-a ermek* to reach puberty.
bulunç conscience.
bulundurmak to provide, to have present, to have waiting.
bulunmak 1. to be found; **2.** to be present, to exist; **3.** to take part *(-de in),* to participate *(-de in).*
buluntu 1. a rare find; **2.** foundling.
buluş 1. invention; discovery; **2.** original thought.
buluşma meeting, rendezvous.
buluşmak to meet, to come together.
bulut, *-tu* cloud; ~ *gibi sarhoş* as drunk as a lord; *-tan nem kapmak fig.* to be very touchy.
bulutlanmak to get cloudy.
bulutlu 1. cloudy; **2.** opaque.

bulutsu *ast.* nebula.
bulvar boulevard.
bumbar **1.** sausage casing; **2.** sausage.
bunak dotard.
bunaklık dotage.
bunalım **1.** crisis; **2.** depression.
bunalmak **1.** to be suffocated *(-den with)*; **2.** to be depressed *(or* bored*)*.
bunaltıcı depressing, boring.
bunaltmak to depress, to bore.
bunama dotage.
bunamak to dote, to be in one's dotage.
bunca [x.] this much, so much; ~ *zaman* for such a long time.
bunun: ~ *için* therefore, that is why; ~ *üzerine* thereupon; *-la beraber* nevertheless.
bura this place, this spot; *-da* here; *-dan* from here, hence; *-ya* to this spot, here.
buralı native of this place.
buram buram in clouds *(smoke)*; in great quantities *(smell, sweat)*; ~ *terlemek* to sweat profusely.
burcu burcu fragrantly, smelling sweetly.
burç, *-cu* **1.** tower,; **2.** sign of the zodiac.
burçak ⚘ common vetch.
burgaç, *-cı* whirlpool.
burgu **1.** auger, gimlet, drill; **2.** corkscrew.
burgulamak to drill, to bore.
burjuva bourgeois.
burjuvazi bourgeoisie.
burkmak to sprain, to twist.
burkulmak to be sprained.
burmak **1.** to twist, to screw; **2.** to castrate; **3.** to gripe *(bowels)*.
burs scholarship, bursary; ~ *öğrencisi* scholar, bursar.
buruk acrid, astringent, puckery.
burun, *-rnu* **1.** nose; **2.** tip; **3.** *geogr.* promontory, cape, point; ~ *buruna gelmek* to run into; ~ *burmak* to turn one's nose up *(-e at)*; ~ *deliği* nostril; ~ *kıvırmak* to turn one's nose up *(-e at)*; ~ *silmek* to wipe one's nose; **(burnu):** ~ *büyük fig.* arrogant; ~ *havada fig.* nose-in-the-air; ~ *havada olmak* to be on one's high horse; ~ *kırılmak* to eat humble pie; *-na girmek* to come too close *(-in to)*; *-nda tütmek fig.* to long for; *-ndan kıl aldırmamak* to be untouchable; *-ndan solumak* to go up in the air, *-nu çekmek* to sniff; *-nu sokmak* to poke one's nose *(-e into)*; *-nu sürtmek* to eat humble pie; *-nun dibinde* under one's very nose; *-nun direği kırılmak fig.* to be suffocated by bad smell; *-nun ucunu görememek fig.* to be dead drunk.
burunsalık muzzle.
buruntu colic.
buruşmak to be puckered *(or* crumpled), to wrinkle.
buruşturmak to wrinkle, to crumple, to contort, to crease.
buruşuk wrinkled, puckered, crumpled, shrivelled.
buse [ū] kiss.
but, *-du* rump, the buttocks.
butik boutique.
buyruk order, command, decree.
buyurmak **1.** to order; **2.** to come, to enter; **3.** to take, to have; **4.** to condescend (*to inf.*).
buz **1.** ice; **2.** frozen; ~ *bağlamak* to ice up; ~ *gibi* icy, ice-cold; ~ *kesmek fig.* to freeze, to feel very cold; ~ *tutmak* to ice up, to freeze.
buzağı calf.
buzağılamak to calve.
buzdağı, *-nı* iceberg.
buzdolabı, *-nı* refrigerator, fridge, ice-box.
buzhane [ā] **1.** ice house; **2.** cold storage plant.

buzlucam frosted glass.
buzluk 1. freezing compartment; **2.** ice cube tray.
buzul glacier; ~ *çağı* ice age.
buzulkar firn.
buzultaş moraine.
bücür squat, short, dwarf.
büfe 1. sideboard; **2.** buffet.
büken flexor.
büklüm twist, curl; fold; ~ ~ curly, in curls.
bükmek 1. to bend; **2.** to twist, to curl, to contort; **3.** to fold; **4.** to spin; to twine.
bükük bent, twisted, curved.
bükülgen flexible.
bükülü bent, twisted, curled.
büküm curl, twine, twist, torsion, fold.
büküntü bend, twist, fold.
bülbül nightingale; ~ *gibi* fluently; ~ *kesilmek* to spill the beans.
bülten bulletin.
bünye structure.
büro [x.] bureau, office.
bürokrasi bureaucracy, red tape.
bürümcük raw silk gauze.
bürümek 1. to wrap, to enfold; **2.** to cover up, to fill, to infest.
bürünmek 1. to wrap o.s. up *(-e in),* to be clothed *(-e in);* **2.** to be filled *(-e with).*
büsbütün [x..] altogether, completely, wholly.
büst, *-tü* bust.
bütan butane.
bütçe budget.
bütün 1. whole, entire, complete, total; all; **2.** unbroken, undivided; **3.** altogether, wholly; ~ ~ = *büsbütün.*
bütüncül totalitarian.
bütünleme make-up examination.
bütünlemek to complete, to make up, to supplement.
bütünlemeli having a make-up examination.
büyü spell, incantation, sorcery, charm; ~ *yapmak* to cast a spell *(-e over);* to practice sorcery.
büyücek somewhat large.
büyücü sorcerer, magician, witch.
büyücülük sorcery, witchcraft.
büyük 1. big, large; **2.** great, high; **3.** important, serious; **4.** older, elder; eldest; ~ *aptes* feces; ~ *atardamar* aorta; ~ *harf* capital (letter); ♀ *Millet Meclisi pr. n.* the Grand National Assembly; ~ *ölçüde* on a large scale; ~ *söylemek* to talk big.
büyükanne grandmother.
büyükbaba grandfather.
büyükbaş cattle.
büyükelçi ambassador.
büyükelçilik embassy.
büyüklük 1. greatness, largeness; seniority; **2.** importance; **3.** size; ~ *göstermek* to show generosity; ~ *taslamak* to put on airs.
büyüksemek to overrate; to exaggerate.
büyülemek to bewitch *(a. fig.);* to fascinate.
büyültmek to enlarge.
büyülü bewitched, magic.
büyümek 1. to grow (up); **2.** to prosper; **3.** to become large.
büyüteç magnifying glass.
büyütme 1. foster child; **2.** *phot.* enlargement, blowup.
büyütmek 1. to bring up *(child),* to rear, to raise; **2.** to enlarge; **3.** to exaggerate.
büzgü smocking, shirr, gather.
büzgülü smocked, gathered.
büzme drawn together.
büzmek to gather, to constrict, to pucker.
büzük 1. contracted, constricted, puckered; **2.** *sl.* asshole, anus.
büzülmek 1. to shrink; **2.** to crouch, to cower.

C

caba [x.] **1.** gratis, free (of charge); **2.** over and above, on top of it.
cabadan for nothing, gratis.
cacık *a dish consisting of chopped cucumber, garlic and dill in yoghurt.*
cadaloz a spiteful old hag.
cadde main road, avenue, street, thoroughfare.
cadı 1. witch; wizard; **2.** hag.
cafcaf *F* **1.** pompousness, showiness; **2.** showy talk.
cafcaflı pompous, showy.
cahil [a] **1.** ignorant; **2.** uneducated; **3.** inexperienced; **4.** not knowing, ignorant *(of)*.
cahillik [a] **1.** ignorance; **2.** inexperience; ~ *etmek* to act foolishly.
caiz [a] **1.** lawful, permitted; **2.** proper, right.
caka [x.] *sl.* showing off, swagger; ~ *satmak sl.* to show off, to swagger.
cam 1. glass; **2.** of glass; **3.** window (pane); ~ *takmak* **1.** to glaze; **2.** to replace lenses.
cambaz 1. acrobat; rope dancer; **2.** horse dealer; **3.** sly, cunning, swindler.
cambazhane [..—.] circus.
camcı glazier.
camcılık glaziery.
camekân shop window; showcase.
camgöbeği, *-ni* glass-green, turquoise.
camgöz 1. *zo.* tope, shark; **2.** *fig.* greedy, stingy.
cami, *-ii, -si* mosque.
camia [—..] community, body, group.
camlamak to cover with glass.
camyünü, *-nü* fiberglass, glass wool.
can 1. soul; **2.** life; **3.** person, individual; **4.** vitality, energy, zeal; **5.** dear; ~ *acısı* acute pain; ~ *acısıyla* with fear of death; ~ *atmak* to want badly, to crave; ~ *beslemek* to feed o.s. well; ~ *çekişmek* to be in the throes of death; ~ *damarı* vital point; ~ *derdine düşmek* to struggle for one's life; ~ *dostu* dear friend; ~ *düşmanı* dreadly enemy; ~ *korkusu* fear of death; ~ *kulağıyla dinlemek* to be all ears; ~ *sıkıntısı* boredom, ennui; ~ *vermek* **1.** to die; **2.** *fig.* to desire passionately; ~ *yakmak* to violate; to torture; *-a yakın* lovable, amiable; **(canı):** ~ *çekmek* to long for; ~ *çıkmak* **1.** to die; **2.** *fig.* to get very tired; ~ *sıkılmak* **1.** to feel angry; **2.** to be bored *(-e by)*; ~ *yanmak* to feel pain, to suffer *(-den from)*; *canım!* My dear! My darling!; *canla başla* with heart and soul.
canan [— —] beloved.
canavar 1. wild beast, monster, brute; **2.** *fig.* brutish person; ~ *düdüğü* siren; ~ *ruhlu* brutal.
canavarlık savagery, ferocity.
canciğer intimate, very close *(friend)*.
candan 1. sincere, wholehearted; **2.** sincerely.
cani [— —] criminal, murderer.
cankurtaran 1. ambulance; **2.** lifesaver; ~ *kemeri* seat belt; life belt; ~ *simidi* life buoy; ~ *yeleği* life jacket.
canlandırmak 1. to refresh; **2.** to personify, to perform.

canlanmak 1. to come to life; **2.** to become active.
canlı 1. alive, living; **2.** lively, active; **3.** vigorous; **4.** living being; ~ *resim* animated film; ~ *yayın* live broadcast.
canlılık liveliness.
cansız 1. lifeless; **2.** uninteresting, dull; **3.** listless, weak.
cari [— —] **1.** flowing, running, moving; **2.** *econ.* current; **3.** valid; effective; ~ *fiyat* current price; ~ *hesap* current account.
cariye [—..] female slave, concubine.
cascavlak [x..] stark naked.
casus [ā] spy; agent.
casusluk [ā] espionage, spying.
cavalacos *sl.* worthless.
cavlak 1. naked, nude; **2.** bald(-headed).
caydırmak to dissuade *(-den from)*, to cause to renounce.
cayırdamak to creak, to rattle.
caymak to renounce *(-den from)*, to give up.
caz jazz; jazz band.
cazırdamak to crackle *(fire)*.
cazırtı crackling.
cazibe [ā] charm, attractiveness, attraction.
cazibeli [—...] charming, attractive.
cazip attractive; alluring.
cebir, -bri 1. force, compulsion; **2.** A algebra.
cebren [x.] by force.
cefa [ā] **1.** ill-treatment, cruelty; **2.** pain, suffering; ~ *çekmek* to suffer; ~ *etmek* to inflict pain *(-e on)*.
cefakâr long-suffering.
cehalet, -ti [ā] ignorance.
cehennem hell, inferno *(a. fig.)*; ~ *azabı* hellish torture.
cehennemlik fit for hell, damned.
ceket, -ti jacket, sports coat.
cellat, -dı executioner.
celp, -bi 1. ⚖ summons; **2.** ✕ call, *Am.* draft.
celpname [ā] ⚖ summons.
celse 1. session; **2.** ⚖ hearing, sitting; *-yi açmak* to open the session.
cemaat, -ti [.—.] **1.** congregation group; **2.** religious community.
cemiyet, -ti 1. society; association **2.** gathering, assembly.
cenabet, -ti [ā] *eccl.* impure.
cenaze [ā] **1.** corpse; **2.** funeral; ~ *arabası* hearse.
cendere press, screw; mangle; *-ye sokmak fig.* to give a person a hard time, to torture.
Cenevre [.x.] *pr. n.* Geneva.
cengâver [.—.] **1.** warlike; **2.** hero, warrior.
cengel jungle.
cenin [.—] f(o)etus, embryo.
cenk, -i battle, combat; war; ~ *etmek* to fight; to make war.
cenkçi warlike; warrior.
cennet, -ti paradise, heaven *(a. fig.)*; ~ *gibi* heavenly.
Cenova [x..] Genoa.
centilmen gentleman.
centilmence gentlemanlike.
cep, -bi pocket; ~ *harçlığı* pocket money; ~ *sözlüğü* pocket dictionary; *cebi delik* penniless, broke.
cephane [ā] ammunition, munitions.
cephanelik [ā] ammunition depot, arsenal.
cephe front, side *(a. fig.)*; ~ *almak* to take sides *(-e against)*.
cepkitabı, -nı pocketbook.
cerahat, -ti [.—.] matter, pus; ~ *toplamak* to suppurate.
cerahatlanmak [.—...] to suppurate.
cereyan [ā] **1.** flow; **2.** draft, air movement; **3.** ⚡ current; **4.** movement, trend; ~ *etmek* to happen.
cerrah [ā] surgeon.

cerrahi [ā] surgical; ~ *müdahale* operation.
cerrahlık surgery.
cesamet, *-ti* [ā] bulkiness, hugeness.
cesametli bulky, huge.
cesaret, *-ti* [ā] courage, daring, boldness; ~ *almak* to take heart; ~ *etmek* to venture, to dare; *-ini kırmak* to discourage.
cesaretlenmek [ā] to take courage.
cesaretli [ā] courageous, bold, daring.
ceset, *-di* corpse, body.
cesur = *cesaretli.*
cet, *-ddi* **1.** ancestor, forefather; **2.** grandfather.
cetvel 1. ruler; **2.** tabulated list, register, schedule; **3.** column.
cevaben [ā] in reply *(-e to).*
cevap, *-bı* answer, reply; ~ *vermek* to reply, to answer, to return.
cevaplandırmak to answer.
cevaplı 1. having an answer; **2.** reply paid *(telegram).*
cevher 1. jewel, gem; **2.** precious thing (*or* person); **3.** talent, ability; **4.** ore.
ceviz 1. ⚘ walnut; **2.** *(ağacı)* walnut-tree; ~ *kabuğu* walnut shell.
ceylan *zo.* gazelle, antelope.
ceza [ā] **1.** punishment, penalty; fine; **2.** retribution; ~ *almak* to be punished; to be fined; ~ *çekmek* to serve a sentence *(-den for);* ~ *kanunu* criminal code; ~ *vermek* **1.** to punish; to fine; **2.** ⚖ to pay a fine; ~ *vuruşu sports:* penalty kick; *-sını bulmak* to get one's deserts; *-sını çekmek* **1.** to do penance *(for),* to be fined *(for);* **2.** to serve a sentence.
cezaevi, *-ni* prison.
cezalandırmak [.—...] to punish.
cezalanmak [.—..] to be punished.
Cezayir *pr. n.* Algeria.
cezbetmek 1. to draw, to attract; **2.** *fig.* to charm, to fascinate.
cezir, *-zri* ebb (tide).
cezve pot *(for making Turkish coffee).*
cılız weak, thin, puny, undersized.
cılk 1. rotten *(egg);* **2.** festering, inflamed *(wound);* ~ *çıkmak* **1.** to be spoiled; **2.** *fig.* to come to naught *(affair).*
cımbız (a pair of) tweezers.
cırcır 1. creaking sound; **2.** babbler.
cırcırböceği, *-ni* cricket.
cırlak 1. screechy, shrill, chirping; **2.** *zo.* cricket.
cırlamak 1. to creak; to chirp; **2.** to babble.
cırtlak braggart, boaster.
cıva [x.] mercury; ~ *gibi fig.* very restless, quick.
cıvata [.x.] bolt; ~ *anahtarı* wrench; ~ *somunu* threaded nut.
cıvık 1. greasy, soft, sticky; **2.** *fig.* impertinent.
cıvıldamak to twitter, to chirp.
cızbız grilled meat.
cızırdamak to sizzle; to creak.
cızırtı sizzling (*or* creaking) sound.
cızlamak to hiss.
cibinlik mosquito net.
cici *baby's language:* **1.** good, pretty; **2.** toy, plaything; *-m!* My dear!
cicianne grandma.
cici bici ornaments.
cicili bicili over-ornamented, gaudy.
cicim *light carpet woven on a hand loom.*
cidden [x.] **1.** seriously; **2.** really, truly.
ciddi 1. serious, earnest; **2.** true, real; *-ye almak* to take s.th. seriously.
ciddileşmek to become serious.
ciğer 1. liver; **2.** lung(s); *-i yanmak* to feel great compassion *(-e for).*

ciğerci seller of liver and lungs.
cihan [ā] world, universe.
cihat holy war.
cihaz [ā] apparatus, equipment.
cihet, *-ti* **1.** side, direction, quarter; **2.** aspect, viewpoint; *...diği cihetle* because, since.
cila 1. shellac, lacquer, varnish; shoe polish; **2.** *fig.* varnish, whitewash; ~ *vurmak* to polish, to varnish.
cilacı finisher, varnisher.
cilalamak to polish, to varnish, to shine, to finish.
cilalı polished, varnished, shined, finished.
cildiye dermatology.
cildiyeci dermatologist.
cilt, *-di* **1.** skin; **2.** binding, cover; **3.** volume.
ciltçi bookbinder.
ciltlemek to bind *(a book).*
ciltevi, *-ni* bindery.
ciltli bound *(book).*
ciltsiz unbound.
cilve coquetry, charm; ~ *yapmak* to be flirtatious.
cilveleşmek to flirt with each other.
cilveli coquettish, flirtatious.
cimcime 1. sweet and delicious watermelon; **2.** small and sweet.
cimnastik gymnastics.
cimri miser; mean, stingy, miserly.
cimrilik stinginess.
cin[1] gin.
cin[2], *-nni* jinni, genie, demon, spirit; ~ *fikirli* clever and crafty; ~ *gibi* agile.
cinai [. — —] criminal.
cinas [ā] play on words.
cinayet, *-ti* [a] crime, murder; ~ *işlemek* to commit murder.
cingöz = *cin fikirli.*
cinnet, *-ti* insanity, madness; ~ *getirmek* to go mad.
cins 1. ⚘, *zo.* race, species, genus; **2.** sex; **3.** category, kind, type; **4.** breed *(horse);* ~ ~ of various kinds; ~ *ismi gr.* common noun.
cinsel, cinsi sexual.
cinsiyet, *-ti* **1.** sex; **2.** sexuality.
cinsliksiz asexual.
cip [ī] jeep.
ciranta [.x.] *econ.* endorser.
cirit, *-di* **1.** javelin, dart *(without head);* **2.** the game of jereed; ~ *atmak* to overrun, to run wild; ~ *oynamak fig.* to move around freely.
ciro [x.] *econ.* endorsement; ~ *etmek* to endorse.
cisim, *-smi* **1.** body; **2.** material thing, matter, object.
cisimcik 1. corpuscle; **2.** particle, atom.
civar [ā] neighbo(u)rhood, vicinity; *-ında* **1.** near; **2.** about, approximately.
civciv chick.
civcivli noisy, lively, crowded, busy.
civelek lively, coquettish, playful.
coğrafi geographical.
coğrafya [.x.] geography.
cokey [x.] jockey.
conta [x.] ⊕ joint, packing, gasket.
cop, *-pu* **1.** thick stick; **2.** truncheon, *Am.* club, *F* billy, nightstick.
coplamak to bludgeon.
coşku enthusiasm.
coşkulu enthusiastic.
coşkun 1. lively, ebullient, enthusiastic; **2.** gushing.
coşmak 1. to become enthusiastic, to boil over; **2.** to get violent *(wind);* to rise *(river);* to boil up.
cömert, *-di* liberal, generous, munificent.
cuma Friday.
cumartesi, *-ni or -yi* Saturday.
cumba [x.] bay window.
cumhurbaşkanı, *-nı* president of a republic.

cumhuriyet, *-ti* [.—..] republic.
cumhuriyetçi [.—...] republican.
cunta *pol.* junta.
curcuna [.x.] noisy confusion; *-ya çevirmek (bir yeri)* to raise an uproar *(in a place).*
curnal report of an informer.
cüce dwarf.
cücelik dwarfishness.
cücük 1. bud; young shoot; **2.** heart of an onion.
cühela *pl. of cahil,* ignorant people.
cülus accession *(to the throne);* ~ *etmek* to access *(to the throne).*
cümbür cemaat the whole kit and caboodle.
cümbüş 1. carousal, revel, merrymaking; **2.** a mandolin with a metal body; ~ *yapmak* to revel.
cümle 1. all, whole; **2.** *gr.* sentence, clause; *-miz* all of us; *-si* all of.
cümlecik *gr.* clause.
cümleten all together.
cüppe robe *(with full sleeves and long skirts);* ~ *gibi* long and loose *(garment).*
cüret, *-ti* **1.** boldness, courage; **2.** insolence; ~ *etmek* to dare, to venture.
cüretkâr 1. bold, courageous; **2.** insolent.
cüruf [ū] **1.** slag; **2.** ashes.
cürüm, *-rmü* crime, felony; ~ *işlemek* to commit a crime.
cüsse big body, large frame *(of a person).*
cüsseli big-bodied, burly.
cüz, *-z'ü* **1.** part, section; **2.** a thirtieth part of the Koran; **3.** *(book)* number, fascicle *(print work).*
cüzam [ā] ⚕ leprosy.
cüzamlı [ā] ⚕ leprous; leper.
cüzdan 1. wallet; **2.** bankbook, passbook; **3.** portfolio.
cüzi 1. insignificant, trifling, very few; **2.** partial.

Ç

çaba zeal; effort; ~ *göstermek* to work hard.
çabalamak to struggle, to strive, to do one's best.
çabucacık [x...], **çabucak** [x..] quickly.
çabuk 1. quick, agile, fast, swift; **2.** quickly, soon; ~ ~ quickly; ~ *olmak* to hurry, to make haste.
çabuklaştırmak to speed up, to expedite, to hasten.
çabukluk quickness, fastness; speed.
çaçabalığı, *-nı zo.* sprat.
çaçaron *F* chatterbox, windbag.
çadır tent; ~ *bezi* tent canvas; ~ *kurmak* to pitch a tent.
çağ 1. time; **2.** age, period; **3.** the right time *(for s.th.);* ~ *açmak* to open a period.
çağcıl modern, up-to-date.
çağdaş contemporary.
çağdışı 1. anachronistic; **2.** not of draft age.
çağıldamak to burble, to murmur, to dabble.
çağıltı the babbling, splash, murmur.
çağırış calling, call; summons.
çağırmak 1. to call; to invite *(-e to);* to summon; **2.** to shout, to call out; **3.** to sing.

çağla green almond; ~ *yeşili* almond green.
çağlamak to burble, to splash, to murmur.
çağlayan cascade, small waterfall.
çağrı 1. invitation, summons; notice; **2.** ⨯ call.
çağrılı invited *(person)*.
çağrışım *psych.* association.
çağrışmak to call out together, to shout together.
çakal 1. *zo.* jackal; **2.** *sl.* shady person, underhanded person; **3.** sly, cunning.
çakı jackknife, pocketknife; ~ *gibi* active, alert.
çakıl 1. pebble; **2.** grav el; ~ *taşı* rounded pebble.
çakılı fixed, nailed *(-e to)*.
çakım, çakın 1. lightning; **2.** spark.
çakır 1. grayish blue; **2.** = *çakırdoğan*.
çakırdoğan *zo.* goshawk.
çakırkeyf *F* half tipsy, mellow, *Am.* happy.
çakışmak 1. to fit into one another; **2.** to collide with one another.
çakıştırmak *F* to drink, to booze.
çakmak[1] **1.** flash of fire; **2.** (cigarette, pocket) lighter.
çakmak[2] **1.** to drive in s.th. with blows; to nail on; **2.** to tether to a stake; **3.** *sl.* to strike, to hit; **4.** *sl.* to cotton on, to get the notion; **5.** *sl.* to know *(-den about)*; **6.** *sl.* to fail *(an examination)*; **7.** to fire *(off)*, to discharge.
çakmaklı flintlock gun.
çakmaktaşı, *-nı* flint.
çalakalem with a swift pen; ~ *yazmak* to write in haste and without deliberation.
çalakaşık: ~ *yemek F* to tuck in.
çalar: ~ *saat* **1.** striking clock; **2.** alarm clock.
çalçene chatterbox, babbler.
çalgı 1. musical instrument; **2.** instrumental music; ~ *çalmak* to play music; ~ *takımı* band, orchestra.
çalgıcı musician, instrumentalist.
çalgılı with music.
çalı bush, shrub; ~ *çırpı* sticks and twigs.
çalıkuşu, *-nu zo.* wren.
çalılık thicket; brushwood.
çalım 1. swagger, strut, boasting; **2.** *soccer:* adroit movements; ~ *satmak* to strut, to behave arrogantly.
çalımlı pompous.
çalıntı stolen goods.
çalışkan industrious, hard-working, studious, diligent.
çalışkanlık diligence.
çalışma work; study; ♀ *Bakanlığı* Ministry of Labo(u)r; ~ *izni* working permit.
çalışmak 1. to work; **2.** to study; **3.** to try, to strive.
çalıştırıcı trainer, coach.
çalkalanmak 1. to be tossed around; **2.** to be shaked; **3.** to be choppy *(sea)*.
çalkamak 1. to rinse, to wash off; **2.** to shake; **3.** to stir up; **4.** to beat, to whip *(egg)*; **5.** to churn *(milk)*.
çalkantı 1. agitation; **2.** beaten eggs; **3.** remaining chaff.
çalmak, *(-ar)* **1.** to hit, to strike; **2.** to add; **3.** to steal, to take away *(-den from)*; **4.** to play *(a musical instrument)*; **5.** to tend to resemble; **6.** to ring, to toll, to strike; **7.** to knock *(at the door)*; *çalıp çırpmak* to steal whatever is in sight.
çalpara castanet.
çam ✿ pine; ~ *devirmek F* to blunder, to drop a brick; ~ *yarması gibi* enormous, huge *(person)*.
çamaşır 1. underwear, underclothing; **2.** laundry; ~ *asmak* to

hang out the laundry; ~ *değiş(tir)mek* to change one's underwear; ~ *dolabı* dresser; ~ *ipi* clothesline; ~ *makinesi* washing machine; ~ *sıkmak* to wring out the laundry; ~ *yıkamak* to do the laundry.

çamaşırcı washerwoman; laundryman.

çamaşırhane laundry room.

çamaşırlık 1. = *çamaşırhane;* **2.** material for underwear manufacturing.

çamçak wooden dipper.

çamfıstığı, *-nı* pine nut.

çamlık pine grove.

çamsakızı, *-nı* pine resin; ~ *çoban armağanı* small present.

çamur 1. mud, mire; **2.** muddy; **3.** mixture of clay; **4.** mortar, plaster; ~ *atmak* to sling mud *(-e* at*);* ~ *deryası* a sea of mud; *-a bulaşmak F* to be down on one's luck; *-a yatmak sl.* to default on a debt; not to keep a promise.

çamurlanmak to get muddy.

çamurlaşmak 1. to turn into mud; **2.** to become aggressive.

çamurlu muddy, miry.

çamurluk 1. muddy place; **2.** mudguard, *Am.* fender.

çan 1. bell, church bell; **2.** gong; ~ *çalmak* to ring a bell; ~ *kulesi* belfry, bell tower.

çanak 1. earthenware pot; **2.** ⚘ calyx; ~ *çömlek* pots and pans; ~ *tutmak* to ask for *(trouble);* ~ *yalayıcı F* sponger; toady.

Çanakkale Boğazı *pr. n.* the Dardanelles.

çanakyaprağı, *-nı* sepal.

çançiçeği, *-ni* ⚘ bellflower.

çangırdamak to clang, to jangle.

çangırtı clattering sound.

çanta [x.] bag; handbag; briefcase; purse; suitcase; *-da keklik fig.* in the bag, in hand.

çap, *-pı* **1.** ⊿ diameter; **2.** ⨯ caliber; **2.** size, scale, extent; **4.** plan *(showing the size and boundaries of a plot); -tan düşmek* to go downhill.

çapa [x.] **1.** hoe; **2.** ⚓ anchor; palm of an anchor; anchor sign.

çapacı hoer.

çapaçul *F* untidy, slovenly, disordered.

çapak dried rheum round the eye, crust.

çapaklanmak to become gummy *(eye).*

çapaklı crusty, rheumy.

çapalamak to hoe.

çaparı trawl, trotline.

çaparız *F* obstacle, entanglement.

çapkın womanizer, woman-chaser, casanova.

çaplamak to gauge, to measure the diameter of.

çapraşık involved, intricate, tangled.

çapraz 1. crosswise, transverse; **2.** diagonal; **3.** diagonally.

çaprazlama 1. diagonally; **2.** chiasmus.

çaprazlamak to cross obliquely, to put crosswise *(-e* to*).*

çaprazlaşmak to get tangled.

çapul looting, pillage, raid, sack; booty, spoil.

çapulcu looter, pillager, raider.

çapulculuk looting, pillage.

çar czar, tsar.

çarçabuk [x..] with lightning speed, very quickly.

çarçur squandering; ~ *etmek* to squander.

çardak arbo(u)r, pergola.

çare [ā] **1.** way, means; **2.** remedy; ~ *aramak* to look for a remedy; *-sine bakmak* to settle, to see *(to).*

çaresiz 1. helpless, poor; **2.** inevitably, of necessity; **3.** irreparable, incurable.

çaresizlik helplessness; poverty.

çarık 1. rawhide sandal; **2.** drag, skid.

çariçe czarina, tsarine.
çark, *-kı* **1.** wheel *(of a machine);* **2.** disk, plate; **3.** ⚓ paddle wheel; **4.** flywheel; ~ *etmek* **1.** ⚔ to turn; **2.** to change one's resoluteness *(a. fig.).*
çarkçı ⚓ engineer, mechanic.
çarkıfelek 1. ✿ passion flower; **2.** pinwheel; **3.** fate, destiny.
çarmıh cross *(for crucifying); çarmıha germek* to crucify.
çarnaçar [— — —] willy-nilly.
çarpan A multiplier; *-lara ayırmak* to factor.
çarpı A ...times, multiplied by; multiplication sign.
çarpık crooked, bent; slanting, deviating; ~ *bacaklı* bow-legged; ~ *çurpuk* crooked; deformed.
çarpılan A multiplicand.
çarpılmak 1. to be bent; **2.** to become paralyzed; **3.** to be offended; *cezaya* ~ to be punished.
çarpım A product; ~ *tablosu* multiplication table.
çarpıntı palpitation.
çarpışmak 1. to collide; **2.** to fight.
çarpıtmak to distort *(a face),* to wrench.
çarpmak, *(-ar)* **1.** to strike, to knock against; **2.** to throw *(at);* **3.** to strike, to paralyze, to distort *(evil spirit);* **4.** A to multiply; **5.** to affect violently *(sun, disease);* **6.** to go one's head *(wine);* **7.** to beat, to palpitate *(heart);* **8.** to slam *(a door).*
çarşaf bed sheet; ~ *gibi* calm *(sea).*
çarşamba Wednesday.
çarşı shopping district, downtown region, market quarter; ~ *hamamı* public bath; *-ya çıkmak* to go shopping.
çat, *-tı int.* crash!, bang!; ~ *kapı* there was a sudden knock at the door; ~ *pat* very little; rarely.
çatal 1. fork; **2.** pitchfork; **3.** forked; **4.** prong; **5.** *fig.* dilemma.
çatalağız, *-ğzı* delta *(river).*
çatallanmak to fork, to bifurcate.
çatana [.x.] ⚓ small steamboat.
çatı 1. roof; **2.** framework of a roof; **3.** *anat.* pubis; **4.** *gr.* voice; ~ *katı (or arası or altı)* attic, penthouse; ~ *penceresi* skylight.
çatık 1. joined; **2.** frowning, stern *(face);* **3.** stacked *(rifles);* ~ *kaşlı* beetle-browed.
çatır çatır 1. with a cracking *(or* crashing) noise; **2.** by force.
çatırdamak to crackle, to snap.
çatırtı crackling noise.
çatışmak 1. to clash, to collide *(ile with);* **2.** to be in conflict *(ideas);* **3.** to quarrel; **4.** to coincide *(ile with) (time).*
çatkı 1. stack of rifles; **2.** cloth headband.
çatkın frowning *(eyebrows).*
çatlak 1. crack, slit, crevice; **2.** chapped *(hand);* **3.** hoarse; **4.** *sl.* mad, crazy.
çatlamak 1. to crack, to split; **2.** to burst with impatience; **3.** to die from overeating.
çatmak, *(-ar)* **1.** to stack *(arms);* **2.** to fit together; **3.** to baste together; **4.** to tie; **5.** to load *(on an animal);* **6.** to inveigh *(-e against);* **7.** to collide *(-e with),* to knock *(-e aganist);* **8.** to meet *(with trouble).*
çavdar ✿ rye; ~ *ekmeği* rye bread.
çavuş 1. ✿ sergeant; **2.** guard.
çay[1] **1.** tea; **2.** tea plant; **3.** tea party, reception; ~ *demlemek* to steep *(tea).*
çay[2] brook, rivulet, stream, creek.
çaycı 1. tea merchant; **2.** keeper of a teahouse.
çaydanlık teapot, teakettle.
çayevi, *-ni* teahouse.
çayır 1. meadow; pasture; **2.** pasture grass; green fodder.

çayırlık meadowland, pasture.
çaylak 1. *zo.* kite; **2.** *fig.* green, tiro.
çehre 1. face; **2.** aspect, appearance.
çek, *-ki* cheque, *Am.* check; ~ *defteri* chequebook.
çekçek small four-wheeled handcart.
çekecek shoehorn.
çekelemek to pull gently.
çekememezlik envy, jealousy.
çeki a weight of 250 kilos.
çekici *fig.* attractive, charming.
çekicilik *fig.* attractiveness, charm.
çekiç, *-ci* hammer.
çekiçkemiği, *-ni anat.* malleus, hammer.
çekidüzen tidiness, orderliness; ~ *vermek* to tidy up, to put in order.
çekik 1. slanting *(eyes);* **2.** drawn out.
çekiliş drawing *(in a lottery).*
çekilmek 1. to withdraw, to draw back, to recede; **2.** to retreat; **3.** to resign.
çekilmez unbearable, intolerable.
çekim 1. *phys.* attraction; **2.** *gr.* inflection, conjugation; **3.** *cinema:* shot, take; **4.** *sl.* sniff *(of snuff);* ~ *eki gr.* termination.
çekimlemek 1. *gr.* to inflect, to conjugate; **2.** *phys.* to attract.
çekimser 1. abstaining; **2.** uncommitted.
çekimserlik abstention.
çekince 1. drawback; **2.** risk.
çekingen timid, hesitant, shy.
çekingenlik timidity.
çekinik *biol.* recessive.
çekinmek to beware *(-den of);* to refrain *(-den from),* to hesitate to do.
çekirdek 1. pip, seed, stone *(of a fruit);* **2.** nucleus; **3.** nuclear; **4.** kernel *(a. fig.);* ~ *kahve* coffee beans; *-ten yetişme* trained from the cradle.
çekirdeksel *phys.* nuclear.
çekirdeksiz seedless.
çekirge 1. *zo.* grasshopper, locust; **2.** cricket.
çekişmek to argue, to quarrel, to dispute; *çekişe çekişe pazarlık etmek* to haggle.
çekiştirmek 1. to pull at both ends; **2.** to run down, to backbite.
çekmece 1. drawer; till; **2.** coffer.
çekmek, *(-er)* **1.** to pull; **2.** to draw, to haul, to drag, to tug; **3.** ⚓ to tow; **4.** to draw *(knife, gun);* **5.** to pull out *(tooth);* **6.** to attract, to charm; **7.** to bear, to pay for; **8.** to endure, to bear, to put up with; **9.** to have a certain weight; **10.** to withdraw, to draw out *(money);* **11.** to build *(fence, wall);* **12.** to copy; **13.** to send *(telegram);* **14.** to photograph, to take *(photograph);* **15.** to grind *(coffee);* **16.** *(b-ne)* to resemble *s.o.;* **17.** to shrink *(cloth);* **18.** *gr.* to conjugate *(verb);* **19.** *sl.* to drink; **20.** to give *(a banquet); çekip çevirmek* to manage; *çekip çıkarmak* to pluck out; *çekip gitmek* to go away.
çekmekat, *-tı* penthouse.
Çekoslovakya *pr. n.* Czechoslovakia.
çekül plumb line.
çelebi 1. well-bred, educated; **2.** gentleman.
çelenç *sports:* challenge.
çelenk, *-gi* wreath; garland.
çelik steel; ~ *gibi* as tough as a leather.
çelikçomak tipcat.
çelim stature, form.
çelimsiz puny, misshapen, thin and ugly.
çelişik contradictory.
çelişki contradiction.
çelişmek to be in contradiction.
çelme tripping; ~ *atmak* to trip up.

çelmek 1. to divert; **2.** *(aklını or zihnini)* to pervert, to dissuade.
çelmelemek *(b-ni)* to trip *s.o.* with one's foot.
çeltik rice in the husk.
çember 1. ⩓ circle; **2.** hoop; rim; **3.** child's hoop; **4.** strap; **5.** circumference; **6.** × encirclement; ~ *çevirmek* to roll a hoop; ~ *sakal* round trimmed beard.
çemen ⚘ cumin.
çemkirmek to scold; to answer rudely.
çene 1. chin; **2.** jaw; **3.** jawbone; **4.** *fig.* garrulity, loquacity; ~ *çalmak* to chat; ~ *yarışı* gab session; *-si düşük* garrulous, very talkative; *-si kuvvetli* great talker.
çenebaz chatterer; garrulous, talkative.
çenek ⚘ valve.
çeneli *fig.* talkative, chatty.
çengel hook; ~ *takmak* to get one's claws *(-e into)*; to be a nuisance *(-e to)*.
cengelli hooked.
çengelliiğne safety pin.
çengi dancing girl.
çentik 1. notch; nick; **2.** incisure.
çentiklemek to notch.
çentmek 1. to notch; to nick; **2.** to chop up *(onions)*.
çepçevre [x..], **çepeçevre** [.x..] all around.
çerçeve 1. frame; **2.** window frame, sash; **3.** rim *(of glasses)*; **4.** shaft *(of a loom)*.
çerçevelemek to frame.
çerçi peddler.
çerez hors d'oeuvres, appetizers; snack.
çerezci seller of appetizers.
çerezlenmek 1. to eat appetizers; **2.** *fig.* to take advantage of.
çeşit, *-di* **1.** kind, sort, variety; **2.** assortment; ~ ~ assorted.
çeşitkenar *geom.* having unequal sides.
çeşitli different, various, assorted.
çeşitlilik variety, diversity.
çeşme fountain.
çeşni flavo(u)r, taste; *-sine bakmak* to taste.
çeşnilik seasoning.
çete [x.] band of rebels; ~ *savaşı* guerrilla warfare.
çeteci [x..] raider, guerrilla.
çetele [x..] tally; ~ *tutmak* to keep tally.
çetin 1. hard; **2.** perverse; ~ *ceviz fig.* hard nut to crack.
çetinleşmek to become hard.
çetrefil 1. confused, complicated; **2.** bad.
çevik nible, agile, swift.
çevirgeç *phys.* commutator.
çeviri translation.
çevirici translator.
çevirmek 1. to turn; **2.** to rotate; **3.** to translate *(-e into)*; **4.** to return, to turn down *(offer etc.)*; **5.** to manage; **6.** to surround, to enclose; **7.** to send back.
çevirmen translator.
çevre 1. surroundings; **2.** circumference; circuit; **3.** environment; **4.** circle.
çevrelemek to surround, to encircle.
çevren *ast.* horizon.
çevresel environmental.
çevri *geogr.* whirlwind, whirlpool.
çevrili bordered, surrounded.
çevrim period, cycle.
çevrinti 1. rotation, circular motion; **2.** whirlpool.
çevriyazı, *-yı gr.* transcription.
çeyiz trousseau.
çeyrek quarter, one fourth.
çıban boil; pustule; ~ *başı* **1.** head of a boil; **2.** *fig.* delicate matter.
çığ avalanche; ~ *gibi büyümek fig.* to snowball.
çığır, *-ğrı* **1.** path; track, rut; **2.** *fig.* epoch; ~ *açmak* to open a new road; *çığrından çıkmak* to go off

the rails.
çığırtkan barker, tout.
çığlık cry, scream; ~ *atmak (or koparmak)* to shriek, to scream.
çıkagelmek to appear suddenly, to turn up.
çıkar profit, interest; ~ *sağlamak* to exploit, to profit by; ~ *yol* **1.** way out; **2.** *fig.* solution to a difficulty.
çıkarcı opportunist, exploiter.
çıkarma **1.** ⩓ subtraction; **2.** ✕ landing.
çıkarmak **1.** to take out, to bring out, to push out; **2.** to extract, to remove; **3.** to publish; **4.** to omit, to strike out; **5.** ⩓ to subtract; **6.** to vomit; **7.** to take off *(garment);* **8.** to derive, to deduce.
çıkarsama *log.* inference.
çıkartı excrement.
çıkartmak *caus. of çıkarmak.*
çıkı *P* small bundle.
çıkık **1.** dislocated; **2.** projecting.
çıkıkçı bonesetter.
çıkın knotted bundle.
çıkınlamak to bundle.
çıkıntı **1.** projecting part; **2.** marginal note.
çıkış **1.** exit; **2.** ✕ sally; **3.** *races:* start.
çıkışlı graduate *(of a school).*
çıkışmak **1.** to scold, to rebuke; **2.** to be enough.
çıkma **1.** overhang; **2.** projection; promontory; **3.** marginal note.
çıkmak, *(-ar)* **1.** to go out, to come out; **2.** to move out *(of a house);* **3.** to graduate *(-den from);* **4.** to leave, to quit; **5.** to depart *(-den from);* **6.** to be subtracted *(-den from);* **7.** to break out *(war, fire etc.);* **8.** to cost, to amount *(to);* **9.** to lead *(-e to) (street);* **10.** to rise, to come out *(sun, moon);* **11.** to appear; **12.** to be published; **13.** to come on the market, to appear; **14.** to go up *(fever, prices);* **15.** to go out *(ile with),* to date.
çıkmaz **1.** blind alley; **2.** *fig.* dilemma; ~ *sokak* blind alley, dead-end street; *-a girmek* to come to an impasse.
çıkrık **1.** spinning wheel; **2.** windlass.
çılbır dish of poached eggs with yogurt.
çıldırmak **1.** to go mad; **2.** *fig.* to be wild *(için about).*
çıldırtmak to drive crazy.
çılgın mad, insane.
çılgınca madly.
çılgınlık madness, frenzy.
çınar *(ağacı)* ⚘ plane tree.
çıngar *sl.* row, quarrel; ~ *çıkarmak sl.* to kick up a row.
çıngırak small bell.
çıngıraklıyılan *zo.* rattlesnake.
çıngırdamak to jingle.
çınlamak **1.** to give out a tinkling sound; **2.** to ring *(ear).*
çıplak naked, nude; ~ *gözle* with the naked eye.
çıra [x.] pitch pine.
çırak apprentice.
çıralı resinous.
çırçıplak [x..] stark naked.
çırçır cotton gin.
çırpı chip, clipping, shaving, dry twig.
çırpınmak **1.** to flutter, to struggle; **2.** to be all in a fluster.
çırpıntılı slightly choppy *(sea).*
çırpmak, *(-ar)* **1.** to beat, to strike, to pat; **2.** to clap *(hands);* **3.** to flutter *(wings);* **4.** to trim, to clip.
çıt, *-tı* crack, cracking sound; ~ *çıkmamak* to be dead silent.
çıta [x.] lath.
çıtçıt snap fastener.
çıtırdamak to crackle.
çıtırtı crackle.
çıtkırıldım **1.** fragile, overdelicate; **2.** *fig.* dandy.
çıtlatmak *fig.* to drop a hint *(about).*

çıyan *zo.* centipede.
çiçek 1. flower, blossom; **2.** ⚕ smallpox, variola; ~ *açmak* to blossom, to bloom; ~ *aşısı* vaccination; ~ *çıkarmak* ⚕ to have smallpox; ~ *gibi* neat; ~ *tozu* pollen; ~ *yağı* sunflower oil; *çiçeği burnunda* brand new, fresh.
çiçekbozuğu, *-nu* **1.** pockmark; **2.** pock-marked.
çiçekçi florist.
çiçekçilik floriculture, floristry.
çiçeklenmek to flower, to blossom.
çiçekli flowered, in bloom.
çiçeklik 1. vase, flower stand; **2.** flower garden; **3.** flower bed; **4.** greenhouse.
çiçeksimek ⚗ to effloresce.
çift, *-ti* **1.** pair, couple; double; **2.** duplicate; **3.** even (number); ~ *camlı pencere* double-glazed window; ~ *hatlı* double-track; ~ *kanatlı* folding *(door);* ~ *koşmak* to harness to a plough *(horses etc.);* ~ *sürmek* to plough, *Am.* to plow.
çiftçi farmer, agriculturalist.
çiftçilik agriculture, farming.
çifte 1. double, paired; **2.** kick *(of a horse);* **3.** double-barrelled gun; ~ *atmak* to kick *(horse etc.).*
çifteker bicycle.
çiftelemek to kick *(animal).*
çifter çifter in pairs.
çiftleşmek 1. to become a pair; **2.** to mate.
çiftlik farm, plantation.
çiftsayı △ even number.
çiğ 1. raw, uncooked; **2.** soft, crude, fresh, green *(person);* ~ *kaçmak fig.* to be crude.
çiğdem ⚘ crocus, meadow saffron.
çiğit cotton seed.
çiğnemek 1. to chew; **2.** to run over; **3.** to trample down; **4.** *fig.* to violate *(law etc.).*
çiklet, *-ti* chewing gum.
çikolata [..x.] chocolate.
çil[1] *zo.* hazel grouse.
çil[2] 1. freckle; **2.** freckled, speckled; **3.** bright, shiny *(coin).*
çile[1] hank, skein.
çile[2] ordeal, trial, suffering; ~ *çekmek* to pass through a severe trial; *-den çıkarmak* to infuriate; *-den çıkmak* to get furious.
çilek ⚘ strawberry.
çilekeş long-suffering; sufferer.
çileli 1. suffering, enduring; **2.** full of suffering.
çilingir locksmith.
çillenmek to get freckled (*or* speckled).
çim garden grass; lawn.
çimdik pinch; ~ *atmak* to pinch.
çimdiklemek to pinch.
çimen wild grass.
çimenlik 1. grassy; **2.** meadow, lawn.
çimento [.x.] cement.
çimentolamak to cement.
çimlendirmek to grass over.
çimlenmek 1. to sprout; **2.** to be covered with grass; **3.** *co.* to get pickings.
Çin *pr. n.* China.
Çince *pr. n.* Chinese (language).
Çingene[1] [x..] *pr. n.* Gypsy; ♀ *pembesi* bright pink.
çingene[2] *fig.* miser, stingy person.
Çingenece *pr. n.* the Romany language.
çingeneleşmek to pinch pennies.
çingenelik miserliness, stinginess.
Çin Halk Cumhuriyeti *pr. n.* People's Republic of China.
çini tile, encaustic tile; porcelain, china; ~ *döşemek* to tile; ~ *mürekkebi* India ink.
çinili tiled.
çinko [x.] zinc; zinc sheet.
Çinli *pr. n.* **1.** Chinese; **2.** a Chinese.
çipil gummy, bleary, dirty *(eye);*

bleary-eyed.
çiriş paste, glue.
çirişlemek to smear with paste.
çirkef **1.** filthy water; **2.** *fig.* disgusting *(person).*
çirkin **1.** ugly; **2.** unseemly, unbecoming, shameful.
çirkinleşmek to get ugly.
çirkinlik ugliness.
çiroz **1.** salted and dried mackerel; **2.** *fig.* a bag of bones.
çiselemek to drizzle.
çisenti drizzle.
çiş urine, peepee; ~ *etmek* to urinate, to pee; *-i gelmek* to want to pee.
çişli wetted.
çit, *-ti* hedge; fence.
çitilemek to rub together *(clothes).*
çitlembik ⚘ terebinth berry; ~ *gibi* small and dark *(girl).*
çitlemek to hedge, to fence.
çivi **1.** nail; **2.** peg, pin; ~ *çakmak* to drive in nails; ~ *gibi* **1.** healthy; **2.** stiff with cold.
çivileme **1.** feet-first jump; **2.** *sports:* smash.
çivilemek to nail.
çivilenmek *fig.* to be rooted *(to a spot).*
çivili nailed.
çivit, *-di* indigo, blue dye; ~ *mavisi* indigo.
çivitlemek to blue *(laundry).*
çiviyazısı, *-nı* cuneiform writing.
çiy dew.
çiyli dewy.
çizelge chart.
çizge diagram, graph, curve.
çizgi **1.** ⩓ line; **2.** stripe; **3.** scratch, scar; **4.** dash; ~ ~ striped; ~ *hakemi sports:* linesman.
çizgili **1.** ruled, marked with lines; **2.** striped; ~ *kâğıt* ruled paper.
çizgisel linear.
çizik **1.** = *çizgi;* **2.** = *çizili.*
çiziktirmek to scrawl.
çizili **1.** ruled; **2.** scratched; **3.** drawn; **4.** cancelled.
çizme high (*or* top) boot.
çizmeci bootmaker.
çizmek, *(-er)* **1.** to draw; **2.** to sketch; **3.** to cross out; to cancel.
çoban shepherd, herdsman; ~ *köpeği* sheep dog.
Çobanyıldızı, *-nı ast.* Venus.
çocuk **1.** child, infant; **2.** childish; ~ *aldırmak* ⚕ to have an abortion; ~ *arabası* pram, *Am.* baby carriage; ~ *bahçesi* children's park; ~ *bakımevi* day nursery; ~ *bezi* nappy; *Am.* diaper; ~ *doğurmak* to give birth to a child; ~ *doktoru* pediatrician; ~ *düşürmek* ⚕ to have a miscarriage; ~ *felci* infantile paralysis; ~ *gibi* childish(ly); childlike; ~ *mahkemesi* ⚖ juvenile court; ~ *yuvası* nursery school; ~ *zammı* child allowance.
çocukbilim pedology.
çocukbilimci pedologist.
çocukça childish *(act).*
çocuklaşmak to become childish.
çocukluk **1.** childhood; **2.** childishness; folly.
çocuksu childish.
çoğalmak to increase, to multiply.
çoğaltmak to increase, to make more.
çoğu, *-nu* **1.** most (of); **2.** mostly, usually.
çoğul *gr.* plural.
çoğunluk majority.
çok **1.** many, much; **2.** often, long *(time);* **3.** too; **4.** very; ~ ~ at (the) most; ~ *fazla* far too much; ~ *geçmeden* soon, before long; ~ *gelmek* to be too much *(-e for);* ~ *görmek* **1.** to consider to be too much; **2.** to begrudge; ~ *olmak* to go too far; ~ *şükür!* Thank God!; ~ *yaşa!* Long live!
çokbilmiş cunning, sly, shrewd.
çokça a good many, somewhat

abundant.
çokevlilik polygamy.
çokgen ⩓ polygon.
çokluk 1. abundance; **2.** majority.
çolak crippled in one hand.
çoluk çocuk 1. wife and children, household, family; **2.** (pack of) children.
çomak cudgel, short stick; bat.
çomar mastiff, large watchdog.
çopur pock-marked.
çorak arid, barren.
çorap sock, stocking, hose; ~ *kaçmak* to ladder, *Am.* to run *(stocking).*
çorapçı hosier.
çorba 1. soup; **2.** *fig.* mess; ~ *gibi fig.* in a mess; ~ *kaşığı* tablespoon.
çökelek1 cheese made of curds; **2.** precipitate.
çökelti ⚗ *s. çökelek 2.*
çökmek, *(-er)* **1.** to collapse, to fall in (*or* down); to break down; to give way; **2.** to sit down (*or* kneel down) suddenly; **3.** to come down *(fog, smoke);* **4.** to cave in; **5.** to settle, to precipitate.
çökük 1. collapsed, fallen in; **2.** caved in, sunk; **3.** prostrated *(by age).*
çöküntü 1. debris; **2.** deposit, sediment; **3.** depression.
çöl desert; wilderness.
çömelmek to squat down.
çömlek earthen pot.
çömlekçi potter.
çöp, *-pü* **1.** chip, straw; **2.** rubbish, garbage, trash, litter; ~ *arabası* garbage truck; ~ *tenekesi* garbage can, dustbin.
çöpçatan go-between, matchmaker.
çöpçü garbage collector; street sweeper, dustman.
çöplenmek 1. to pick up scraps for a meal; **2.** *fig.* to get pickings.
çöplük tip, dump, rubbish heap. .
çörek 1. cookie; **2.** disc.
çöreklenmek to coil oneself up.
çöre(k)otu, *-nu* ⚘ black cumin.
çöven ⚘ soapwort.
çözgü warp.
çözme a kind of cotton sheeting.
çözmek, *(-er)* **1.** to unfasten; **2.** to unbutton; **3.** to sol ve *(problem);* **4.** to unravel, to undo *(knot);* **5.** ⚗ to dissolve.
çözücü solvent.
çözük untied, looseW; unravelled.
çözülmek 1. *pass. of çözmek;* **2.** to thaw *(ice);* **3.** to lose its unity; **4.** ⚔ to withdraw; **5.** *sl.* to run away.
çözüm solution.
çözümleme analysis.
çözümlemek to analyze.
çözümsel analytic.
çubuk 1. rod, bar; **2.** staff, wand; **3.** shoot, twig; **4.** pipe stem.
çuha broadcloth.
çukur 1. pit, hollow, hole; cavity; **2.** cesspool; **3.** dimple; **4.** *fig.* grave; *-unu kazmak (b-nin) fig.* to plot against *s.o.*
çul 1. haircloth; **2.** horsecloth; **3.** clothes.
çullanmak 1. *(b-ne)* to jump on *s.o.;* **2.** *(b-ne) fig.* to pester *s.o.,* to bother *s.o.*
çulluk *zo.* woodcock.
çulsuz *fig.* penniless, skint.
çuval sack; ~ *gibi* loose *(clothes).*
çuvaldız sack needle.
çuvallamak *sl.* to flunk.
çük penis.
çünkü [x.] because.
çürük 1. rotten, spoilt, decayed, putrid; bad *(egg);* **2.** bruise, discol-o(u)ration; **3.** carious *(tooth);* **4.** disabled *(soldier);* ~ *çarık* rotten, worn out, useless.
çürümek 1. to rot, to decay, to go bad, to putrify; **2.** to become worn out; **3.** to be bruised; **4.** to become infirm; **5.** to be refuted.

çürütmek 1. to cause to decay; **2.** to refute, to disprove *(one's argument).*
çüş Whoa!

D

da, de 1. also, too; **2.** and; **3.** but.
dadanmak 1. *(bşe)* to acquire a taste for *s.th.;* **2.** *(bir yere)* to frequent, to visit *(a place)* frequently.
dadaş *P* **1.** brother; **2.** pal, comrade; **3.** youth.
dadı nanny, nurse(maid).
dağ[1] **1.** stigma, brand; **2.** ⚕ cautery.
dağ[2] **1.** mountain; **2.** mound, heap; ~ *başı* **1.** summit, mountain top; **2.** wilds, remote place; ~ *eteği* foothills, hillside; ~ *gibi* **1.** huge; **2.** in enormous quantities; ~ *silsilesi* mountain range; *-a kaldırmak* to kidnap; *-dan gelmiş* uncouth, loutish.
dağarcık leather sack (*or* pouch).
dağcı mountaineer, alpinist.
dağcılık mountaineering, mountain climbing.
dağdağa tumult, turmoil.
dağılım 1. dissociation; **2.** dispersion.
dağılış dispersal.
dağılmak 1. to scatter; to disperse, to separate; **2.** to spread; **3.** to fall to pieces; **4.** to get untidy.
dağınık 1. scattered; **2.** untidy; disorganized.
dağınıklık untidiness; dispersion.
dağıtıcı deliverer, deliveryman; distributor.
dağıtım distribution.
dağıtımevi, *-ni* distributor.
dağıtmak 1. to scatter; **2.** to distribute; **3.** to mess up, to disorder *(room etc.);* **4.** to break into pieces; **5.** to dissolve; **6.** *(k-ni)* to go to pieces.
dağkeçisi *zo.* chamois.
dağlamak 1. to brand; to cauterize; **2.** to burn, to scorch *(sun, wind).*
dağlı mountaineer, highlander.
dağlıç a kind of stump-tailed sheep.
dağlık mountainous, hilly.
daha 1. more *(-den than),* further; and, plus; **2.** still, yet; **3.** only; *bir* ~ once more.
dahi also, too, even.
dâhi [— —] genius, man of genius.
dahil 1. inside, the interior; **2.** including; ~ *etmek* to include; to insert.
dahili internal, inner.
dahiliye [ā] **1.** home (*or* internal) affairs; **2.** internal diseases.
daima [—..] always, continually.
daimi [—.—] **1.** constant, permanent; **2.** constantly.
dair concerning, about, relating *(-e to).*
daire [ā] **1.** circle; circumference; **2.** office, department; **3.** apartment, flat.
dakik, *-ki* [ī] exact, particular, thorough, time-minded.
dakika minute; *-sı -sına* punctually, to the very minute.
daktilo [x..] **1.** typewriting; **2.** typist; **3.** *a.* ~ *makinesi* typewriter; ~ *etmek* to type.
daktilografi typewriting.
dal 1. branch, bough, twig; **2.** *fig.*

branch, subdivision; ~ *gibi* slender, graceful.

dalak spleen; milt.

dalalet, *-ti* error; heresy.

dalamak 1. to bite; **2.** to prick, to sting; to burn; to scratch.

dalaş dogfiht, fight.

dalaşmak 1. to fiht savagely *(dogs);* **2.** *fig.* to wrangle.

dalavere [..x.] *F* trick, maneuver, intrigue; ~ *çevirmek* to intrigue, to plot.

dalavereci intriguer, trickster, sharper.

daldırma layered *(branch);* layer.

daldırmak 1. to layer *(a shoot);* **2.** to plunge *(-e into).*

dalga 1. wave; corrugation, undulation; **2.** watering *(on silk);* **3.** wave *(of hair);* **4.** ⚡ wave; **5.** *sl.* distraction; ~ ~ **1.** in waves; **2.**wavy *(hair);* ~ *geçmek sl.* **1.** to woolgather; **2.** *(ble)* to make fun of *s.o.*

dalgacı 1. *F* woolgatherer; **2.** *sl.* trickster, swindler; ~ *Mahmut F* dodger.

dalgakıran breakwater.

dalgalanmak 1. to wave, to surge, to undulate; **2.** tf fluctuate *(prices);* **3.** to get rough *(sea);* **4.** to become uneven *(dye).*

dalgalı 1. rouh *(sea);* **2.** wavy *(hair);* **3.** watered *(silk).*

dalgıç, *-cı* diver.

dalgın 1. absent-minded, plunged in thouht; **2.** unconscious *(sick person).*

dalgınlık 1. absent-mindedness; **2.** lethargy.

dalkavuk toady, bootlicker, flatterer.

dallanmak 1. to branch out, to shoot out branches; **2.** to spread.

dalmak, *(-ar)* **1.** to dive, to plunge *(-e into);* **2.** to be intent *(-e on);* **3.** to be lost in thought; **4.** to become absorbed *(-e into);* **5.** to enter suddenly, to blow *(-e into);* **6.** to drop off, to doze off.

dalya dahlia.

dalyan fishing weir; ~ *gibi* well-built.

dam[1] 1. roof; **2.** roofed shed; *-dan düşer gibi* out of the blue.

dam[2] 1. lady partner; **2.** *cards:* queen.

dama [x.] game of draughts, *Am.* game of checkers.

damacana demijohn.

damak palate.

damalı chequered.

damar 1. *biol.* vein, blood-vessel; **2.** 🌿 vein; **3.** ⚒ vein, streak; lode; **4.** *fig.* streak; ~ *sertliği* ⚕ arteriosclerosis; ~ *tıkanıklığı* embolism; *-ına basmak (b-nin)* to touch *one's* sore spot.

damat, *-dı* son-in-law; bridegroom.

damga 1. stamp, mark; hallmark; brand; **2.** rubber (stamp); **3.** *fig.* stain, stigma; ~ *basmak* to stamp; ~ *pulu* revenue stamp; ~ *resmi* stamp duty; ~ *vurmak* to stamp.

damgalamak 1. to stamp; **2.** *fig.* to brand, to stigmatize.

damgalı 1. stamped, marked; **2.** *fig.* branded, stigmatized.

damıtmak to distill.

damız stable.

damızlık animal kept for breeding; stallion.

damla 1. drop; ⚕ drops; **2.** bit, very small quantity; ~ ~ drop by drop; little by little.

damlalık ⚕ dropper.

damlamak 1. to drip; **2.** *sl.* to turn up, to show up.

damlatmak 1. to put drops *(-e in);* **2.** to let drip; to distill.

damping sale; dumping.

dana calf; ~ *eti* veal.

danaburnu, *-nu zo.* mole cricket.

dangalak *F* blockhead, boor.

dangıl dungul boorish.
danışıklı sham; ~ *dövüş* **1.** sham fight; **2.** put-up job.
danışma information, inquiry; ~ *bürosu* information office.
danışmak *(bşi b-ne)* **1.** to consult *s.o.* about *s.th.;* **2.** to confer *(about),* to discuss.
danışman adviser, counselor.
Danıştay Council of State.
Danimarka [..x.] *pr. n.* Denmark.
Danimarkalı Dane; Danish.
daniska [.x.] *F* the best, the finest.
dans dance; ~ *etmek* to dance; ~ *salonu* ballroom.
dansöz dancer *(woman).*
dantel(a) lace(work).
dar 1. narrow; tight; **2.** scant; **3.** *fig.* straits, difficulty; **4.** *fig.* with difficulty, only just; ~ *açı* ⩓ acute angle; ~ *kafalı* narrow-minded; ~ *yetişmek* to cut it fine; *-da kalmak* to be in need; to be short of money.
dara [x.] tare; *-sını almak* to deduct the tare *(-ın of).*
darağacı, *-nı* gallows.
daralmak to narrow, to shrink.
darbe 1. blow, stroke; **2.** *a. hükümet -si* coup d'état.
darbımesel proverb.
darboğaz *fig.* bottle-neck.
darbuka [.x.] clay drum.
dargın angry, cross, irritated.
darı ⚘ millet; *-sı başınıza!* May your turn come next!
darılgan easily hurt, huffy.
darılmak 1. to be offended *(-e with),* to take offence *(-e at),* to get cross *(-e with);* **2.** to scold; **3.** to resent.
darlaşmak 1. to narrow; **2.** to become tight; **3.** to be limited.
darlaştırmak 1. to make narrow; **2.** to restrict.
darlatmak *s. darlaştırmak.*
darlık 1. narrowness; **2.** *fig.* poverty, need, destitution.
darmadağın in utter confusion, in a terrible mess.
darphane mint.
darülaceze [—....] poorhouse.
dava 1. lawsuit, action, case; **2.** trial; **3.** claim, allegation; complaint; **4.** thesis, proposition; matter, cause, problem, question; ~ *etmek (b-ni)* to bring a suit of law against *s.o.,* to sue for *s.o.*
davacı ⚖ plaintiff, claimant.
davalı ⚖ **1.** defendant; **2.** contested, in dispute; **3.** litigant.
davar 1. sheep *or* goat; **2.** sheep *or* goats.
davet, *-ti* [ā] **1.** invitation; **2.** party, feast; **3.** ⚖ summons; **4.** *econ.* convocation; **5.** call; ~ *etmek* **1.** to invite; to call, to summon; to convoke; **2.** to request.
davetiye [ā] **1.** invitation card; **2.** ⚖ summons, citation.
davetli invited (guest).
davlumbaz chimney hood.
davranış behavio(u)r, attitude.
davranmak 1. to behave, to act; **2.** to take action, to set about; **3.** to make *(for),* to reach *(for).*
davul drum; ~ *çalmak* **1.** to beat the drum; **2.** *fig.* to noise abroad; ~ *gibi* swollen.
davulcu drummer.
dayak 1. beating; **2.** ⊕ prop, support; ~ *atmak (b-ne)* to give *s.o.* a beating, to thrash; ~ *yemek* to get a thrashing.
dayalı 1. leaning *(-e against);* **2.** propped up; ~ *döşeli* completely furnished *(house).*
dayamak 1. to lean *(-e against);* to rest *(-e on);* to base *(-e on);* to hold *(-e against);* to draw up *(-e aganist);* **2.** to prop up, to suport; **3.** to present immediately.
dayanak support, base.
dayanıklı strong, resistant, lasting, enduring.
dayanılmaz 1. irresistable; **2.** un-

bearable.
dayanışma solidarity.
dayanışmak to act with solidarity.
dayanmak **1.** to lean *(-e against, on);* to push, to press *(-e against, on);* **2.** to rest, to be based *(-e on, upon);* **3.** to rely *(-e on, upon);* to be backed *(by);* **4.** to resist; **5.** to endure, to last; **6.** to bear, to tolerate, to put up *(-e with);* **7.** to reach, to arrive *(-e in, at),* to get *(-e to);* **8.** to drive at the door *(of);* **9.** to be drawn up *(-e against);* **10.** to set about s.th. energetically.
dayatmak to insist *(on).*
dayı maternal uncle.
dazlak bald.
debdebe splendo(u)r, pomp, display.
debelenmek **1.** to trash about, to kick about; **2.** *fig.* to struggle desperately.
debriyaj ⊕ clutch; ~ *pedalı* clutch pedal.
dede **1.** grandfather; **2.** male ancestor; **3.** old man.
dedektif detective.
dedikodu gossip, tittle-tattle; backbiting; ~ *yapmak* to gossip; to backbite.
dedikoducu gossip; backbiter.
defa time, turn; *-larca* again and again, repeatedly; *birkaç* ~ on several occasions; *çok* ~ often.
defetmek [x..] **1.** to repel, to repulse, to rebuff; **2.** to expel, to dismiss.
defile fashion show.
defin, *-fni* interment, burial.
define [ī] buried treasure; treasure.
defineci [.—..] treasure hunter.
defne [x.] ⚘ sweet bay, laurel.
defnetmek [x..] to bury, to inter.
defolmak [x..] to piss off, to clear out, to go away.
defter **1.** notebook; **2.** register, inventory; **3.** (account) book; ~ *tutmak* to keep the books; *-e geçirmek* to enter in the book; *defteri kebir econ.* ledger.
değer **1.** value, worth; **2.** price; ~ *biçmek* to evaluate.
değerbilir appreciative.
değerlendirmek **1.** to appraise, to evaluate; **2.** to estimate.
değerli **1.** valuable, precious; **2.** talented, worthy.
değğin concerning.
değil **1.** not; **2.** no; **3.** not only, let alone; **4.** not caring.
değin until, till.
değinmek to touch *(-e on)*
değirmen **1.** mill; **2.** grinder.
değirmi **1.** round, circular; **2.** square *(cloth).*
değiş exchange; ~ *tokuş etmek (bşi bşle)* to exchange *s.th.* for *s.th.*, to barter *s.th.* for *s.th.*
değişik **1.** different, changed; **2.** novel; **3.** varied; **4.** exchanged.
değişiklik **1.** difference; **2.** change, variation; ~ *olsun diye* for a change.
değişim variation.
değişken **1.** changeable; **2.** A variable.
değişmek **1.** to change, to alter, to be replaced; **2.** to substitute; **3.** to exchange, to barter *(ile for).*
değişmez unchangeable; constant, stable.
değiştirmek **1.** to change, to alter; **2.** to exchange *(ile for).*
değme contact, touch.
değmek, *(-er)* **1.** to touch; **2.** to reach, to hit; **3.** to be worth, to be worthwhile.
değnek stick, rod, cane, wand.
deha [ā] genius, sagacity.
dehliz corridor, entrance hall.
dehşet, *-ti* **1.** terror, horror, awe; **2.** marvel(l)ous; ~ *saçmak* to horrify, to terrorize.
dejenere degenerate; ~ *olmak* to degenerate.

dek until, as far as.
dekan dean *(of a faculty).*
dekatlon *sports:* decathlon.
dekolte low-necked, low-cut.
dekont, *-tu* statement of account.
dekor décor, setting; *thea.* scenery.
dekorasyon decoration.
dekoratör decorator.
delalet, *-ti* **1.** guidance; **2.** indication; ~ *etmek* **1.** to guide *(-e to);* **2.** to show, to indicate.
delege delegate, representative.
delgi drill, gimlet.
deli 1. mad, insane, crazy; **2.** lunatic, insane person; **3.** foolish, rash; ~ *etmek* to drive s.o. mad; ~ *olmak* **1.** to be crazy *(-e about);* to be nuts *(-e over);* **2.** to fly into a rage; *-ye dönmek* to throw one's hat in the air.
delice 1. madly, crazily; **2.** crazy, mad *(act.).*
delidolu inconsiderate, throughtless, reckless.
delik hole, opening, orifice; ~ *açmak* to hole, to bore; ~ *deşik* full of holes.
delikanlı youth, young man, youngster.
deliksiz without a hole; ~ *uyku fig.* sound sleep.
delil [ī] **1.** ⚖ proof, evidence; **2.** guide; **3.** indication.
delilik 1. madness, insanity; mania; **2.** folly.
delinmek 1. *pass. of delmek;* **2.** to wear through, to get a hole.
delirmek to go mad.
delmek, *(-er)* to make a hole *(in),* to pierce, to bore.
delta *geogr.* delta.
dem steeping; *-i çok* well steeped, strong *(tea).*
demeç statement; speech.
demek[1] **1.** to say *(-e to);* **2.** to tell, to mention *(-e to);* **3.** to call, to name; **4.** to mean.
demek[2], **demek ki** so, thus, therefore.
demet, *-ti* **1.** bunch, bouquet *(flowers);* **2.** sheaf *(of grain);* ~ ~ in bunches; in sheaves.
demin [x.] just now, a second ago.
demir 1. iron; **2.** anchor; **3.** irons; **4.** bar *(of a door);* ~ *gibi* strong, ironlike.
demirbaş 1. inventory, fixtures; **2.** old timer, fixture *(person);* ~ *eşya* inventory, stock.
demirci blacksmith, ironmonger, *Am.* hardware dealer; ~ *ocağı* smithy.
demirhane [ā] ironworks.
demirhindi ⚘ tamarind.
demirlemek 1. to bolt and bar *(door);* **2.** ⚓ to anchor.
demirperde *pol.* Iron Curtain.
demiryolu, *-nu* railway, railroad.
demlemek to steep, to brew *(tea).*
demli well steeped, strong *(tea).*
demlik teapot.
demode old-fashinoned, out-of-date.
demokrasi democracy.
demokrat, *-ti* democrat(ic).
demontaj ⊕ disassembly.
denden ditto mark.
denek *psych.* subject *(of an experiment).*
deneme 1. test, experiment; **2.** essay.
denemek 1. to test, to try, to experiment; to attempt; **2.** to tempt.
denet 1. control; **2.** inspection.
denetçi controller; inspector.
denetlemek to check, to control.
deney ⚗, *phys.* test, experiment.
deneyim experience.
deneykap ⚗ test tube.
deneysel experimental.
denge balance, equilibrium.
dengelemek to balance; to stabilize.
deniz 1. sea; ocean; **2.** maritime, marine, naval; **3.** waves, high sea; ~ *buzulu* ice floe; ~ *feneri* light-

house; ~ *hukuku* maritime law; ~ *subayı* naval officer; ~ *tutmak* to get seasick; ~ *üssü* naval base.
denizaltı, *-nı* **1.** submarine; **2.** submerged.
denizanası *zo.* jellyfish.
denizaşırı overseas.
denizbilim *geogr.* oceanography.
denizci seaman, sailor.
denizcilik 1. navigation; shipping; **2.** seamanship.
denizel *geogr.* marine; naval.
denizkaplumbağası, *-nı zo.* sea turtle.
denizkestanesi, *-ni zo.* sea urchin.
denizkızı, *-nı myth.* mermaid, siren.
denizsel *geogr.* maritime.
denizyıldızı, *-nı* starfish.
denk, *-gi* **1.** bale; **2.** equal, in equilibrium; **3.** suitable; **4.** A equivalent; ~ *gelmek* to be suitable, to be timely.
denklem A equation.
denklemek 1. to make up in bales; **2.** to balance.
denkleştirmek 1. to bring into balance; **2.** to put together *(money).*
densiz tactless, lacking in manners.
deplasman: ~ *maçı* away match.
depo [x.] **1.** depot; **2.** store, warehouse; ~ *etmek* to store.
depozit(o) deposit, security.
deprem earthquake.
derbeder 1. vagrant, tramp; **2.** slovenly, disorderly.
dere 1. rivulet, stream, creek; **2.** valley; ~ *tepe* up hill and down dale.
derebeyi, *-ni* **1.** feudal lord; **2.** *fig.* bully.
derece 1. degree, grade; **2.** stage, rank; **3.** *F* thermometer; ~ ~ by degrees.
dereceli graded.
dereotu, *-nu* ✤ dill.
dergi magazine, periodical, review.
derhal [x.] at once, immediately.
deri 1. skin, hide; **2.** leather.
deribilim dermatology.
derin 1. deep; **2.** profound; ~ ~ *düşünmek* to be in a brown study.
derinleşmek 1. to deepen, to get deep; **2.** to specialize *(-de in).*
derinleştirmek to deepen *(a. fig.)*
derinlik 1. depth; depths; **2.** profundity.
derkenar [ā] marginal note; postscript.
derlemek to compile, to collect, to gather; ~ *toplamak* to tidy up.
derli toplu tidy; well-coordinated.
derman [ā] **1.** strength; **2.** remedy, cure, medicine; ~ *aramak* to seek a remedy; ~ *olmak* to be a remedy *(-e for).*
dermansız [ā] exhausted, feeble, weak.
derme gathered, compiled, collected; ~ *çatma* **1.** hastily put up; **2.** odds and ends.
dermek to pick *(flowers),* to gather, to collect.
dernek association, club, society.
ders 1. lesson, class, lecture; **2.** moral; ~ *almak* **1.** to take lessons *(-den from);* **2.** to learn a lesson *(-den by);* ~ *çalışmak* to study; ~ *kitabı* textbook, schoolbook.
dershane [ā] **1.** classroom, schoolroom; **2.** specialized school.
dert, *-di* **1.** pain, suffering, disease; **2.** trouble, sorrow, grief, worries; ~ *çekmek* to suffer; ~ *ortağı* fellow sufferer; ~ *yanmak fig.* to unbosom o.s.
dertlenmek to be pained *(by),* to be sorry *(because of).*
dertleşmek to have a heart-to-heart talk *(ile with).*
dertli 1. pained; sorrowful, wretched; **2.** aggrieved, complaining.

derviş 1. dervish; **2.** *fig.* humble person.
derya [ā] sea, ocean.
desen 1. design; ornament; **2.** drawing.
desinatör stylist.
desise [ī] trick, plot, intrigue.
destan [ā] **1.** epic, legend; **2.** ballad.
deste bunch, bouquet; packet; ~ ~ in bunches; by dozens.
destek 1. support; **2.** prop; beam; ~ *vurmak* to put a prop *(-e to)*.
desteklemek 1. to support; **2.** to prop up, to shore up.
destroyer [.x.] destroyer.
deşmek 1. to lance *(boil)*; **2.** *fig.* to open up *(a painful subject)*.
deterjan detergent.
dev 1. ogre; demon, fiend; **2.** giant; gigantic; ~ *gibi* gigantic, huge.
deva [a] remedy, medicine, cure.
devalüasyon devaluation.
devam [ā] **1.** continuation; **2.** duration; **3.** frequenting; **4.** constancy; ~ *etmek* **1.** to go on; to last; to continue, to keep on; **2.** to attend, to follow *(classes)*; **3.** to extend *(-den, -e kadar from, to)*; *-ı var* to be continued.
devamlı 1. continuous, unbroken, uninterrupted; **2.** constant; regular.
devaynası, *-nı* convex (*or* magnifying) mirror.
deve *zo.* camel; ~ *yapmak co.* to embezzle; *-de kulak* a drop in the bucket.
devedikeni ⚘ thistle.
devekuşu, *-nu zo.* ostrich.
deveran [ā] circulation; ~ *etmek* to circulate.
devetabanı, *-nı* ⚘ philodendron.
devetüyü, *-nü* **1.** camel hair; **2.** camel colo(u)red.
devim *biol., phys.* movement, motion.
devingen mobile.
devinmek to move.
devir, *-vri* **1.** period, epoch, era; **2.** cycle, rotation.
devirmek 1. to overturn, to knock down; **2.** to overthrow; **3.** to tilt to one side; **4.** to drink down, to toss off.
devlet, *-ti* state; government; power; ~ *adamı* statesman; ~ *başkanı* president; ~ *hazinesi* state treasury, Exchequer; ~ *kuşu* windfall, unexpected good luck; ~ *memuru* civil servant, government official; ~ *tahvili* state bond; *-ler hukuku* the law of nations.
devletçi partisan of state control, etatist.
devletçilik state control, etatism.
devletleştirmek to nationalize.
devralmak to take over.
devre 1. period, term; **2.** session *(of Parliament)*; **3.** ⚡ circuit; **4.** *sports:* half time.
devretmek [x..] to turn over, to transfer *(-e to)*.
devrik 1. folded, turned over; **2.** inverted *(sentence)*; **3.** overthrown *(government)*.
devrim revolution; reform.
devrimci revolutionary, revolutionist.
devriye beat, patrol; ~ *arabası* patrol car; ~ *gezmek* to walk the beat, to patrol.
devşirmek 1. to collect, to pick; **2.** to fold, to roll up.
deyim idiom, phrase, expression.
dırdır grumbling; nagging; ~ *etmek* to grumble, to nag.
dırıltı 1. grumbling; **2.** squabble.
dış 1. outside, exterior; **2.** outer space; **3.** external, outer; **4.** foreign; ~ *haberler* foreign news; ~ *hat* external line; international line; ~ *lastik mot.* tyre, *Am.* tire; ~ *taraf* outside; ~ *ticaret* foreign

trade.

dışadönük *psych.* extrovert.

dışalım importation.

dışarı 1. out; the outside; **2.** outdoor; out of doors; **3.** the provinces; the country; **4.** abroad, foreign lands; ~ *gitmek* **1.** to go out; **2.** to go abroad; *-da* outside; abroad; *-dan* from the outside; from abroad; *-ya* towards the outside; abroad.

dışbükey convex.

dışişleri, *-ni pol.* foreign affairs; ♀ *Bakanlığı* Ministry of Foreign Affairs.

dışkı feces.

dışmerkezli *geom.* eccentric.

dışsatım exportation.

dibek large stone *or* wooden mortar.

Dicle *pr. n.* Tigris.

didiklemek 1. to tear to pieces; **2.** to pick into fibers and shreds.

didinmek 1. to wear o.s. out; **2.** to fret.

didişmek to scrap, to scuffle, to bicker *(ile with).*

diferansiyel *mot.* differential gear.

difteri diphtheria.

diğer other, the other; ~ *taraftan* on the other hand.

dik 1. perpendicular; **2.** upright, straight, stiff; **3.** steep; **4.** fixed, intent; ~ *açı* ⩓ right angle; ~ *başlı* obstinate, pig-headed; ~ ~ *bakmak* to stare *(-e at);* to glare *(-e at).*

dikdörtgen ⩓ rectangle.

diken 1. thorn; spine; **2.** sting.

dikenli thorny, prickly; ~ *tel* barbed wire.

dikensi spinoid, spinelike.

dikey *geom.* vertical, perpendicular.

dikili 1. sewn; **2.** planted, set; **3.** erected, set up.

dikilitaş obelisk.

dikiş 1. seam; **2.** stitch; **3.** *anat.* suture; ~ *dikmek* to sew; ~ *iğnesi* sewing needle; ~ *makinesi* sewing machine.

dikit *geol.* stalagmite.

dikiz *sl.* peeping, look; ~ *aynası* rear view mirror.

dikizlemek *sl.* to peep.

dikkat, *-ti* **1.** attention, care; **2.** Take care!, Look out!; ~ *çekmek* to call attention *(-e to);* ~ *etmek* **1.** to pay attention *(-e to);* **2.** to be careful *(-e with);* ~ *kesilmek* to be all ears.

dikkatli attentive, careful.

diklenmek, dikleşmek 1. to become steep; **2.** to get stubborn; **3.** to stand erect.

dikmek, *(-er)* **1.** to sew; to stitch; **2.** to erect, to set up; **3.** to plant; **4.** to fix *(eyes);* **5.** to drain, to drink off.

diktatör dictator.

dikte dictation; ~ *etmek* to dictate.

dil 1. tongue; **2.** language; dialect; **3.** *geogr.* promontory; **4.** ⊕ bolt *(of a lock);* ~ *dökmek* to talk s.o. round; *-e (-or -lere) düşmek* to become the subject of common talk; *-e getirmek* to express; *-i dolaşmak* to mumble; *-i uzun* impudent, insolent; *-indon düşürmemek* to keep on and on *(-i about); -ini tutmak* to hold one's tongue.

dilbalığı, *-nı zo.* sole.

dilber beautiful, beloved.

dilbilgisi, *-ni* grammar.

dilbilim linguistics.

dilek 1. wish; **2.** request, petition, demand; *-te bulunmak* to make a wish.

dilekçe petition, formal request.

dilemek 1. to wish *(for),* to desire, to long *(for);* **2.** to ask *(for),* to request.

dilenci beggar.

dilenmek to beg; to ask *(for).*

dilim 1. silice; strip; **2.** leaf *(of a*

radiator); ~ ~ in slices; in strips.
dilimlemek to slice, to cut into slices.
dillenmek 1. to begin to talk, to find one's tongue; **2.** to become overtalkative.
dillidüdük chatterbox, windbag.
dilmaç translater.
dilmek to slice.
dilsiz dumb, mute.
dimağ brain, mind.
din religion; belief, faith; creed.
dinamik dynamic(s).
dinamit, *-ti* dynamite.
dinamo dynamo.
dincierki theocracy.
dinç vigorous, robust, active.
dindar [— —] religious, pious, devout.
dindaş coreligionist.
dindirmek to stop *(pain etc.).*
dingil ⊕ axle, axletree.
dingin 1. calm; **2.** inactive *(volcano);* **3.** exhausted.
dini [— —] religious; ~ *ayin* divine service.
dinlemek 1. to listen *(-i to);* **2.** to obey, to conform *(-i to).*
dinlence 1. restful thing; **2.** vacation.
dinlendirici relaxing.
dinlendirilmiş 1. old *(wine);* **2.** fallow *(ground).*
dinlendirmek 1. to (let) rest; **2.** to leave *(a field)* fallow.
dinlenmek to rest, to relax.
dinleyici listener; *-ler* audience.
dinmek, *(-er)* to stop, to cease; to die down, to calm down.
dinsel religious.
dinsiz [—.] atheistic.
dinsizlik atheism.
dip, *-bi* **1.** bottom; foot, lowest part; **2.** the back.
dipçik butt *(of a rifle).*
dipçiklemek to club with a rifle butt.
dipdiri [x..] full of life, energetic.
dipkoçanı, *-nı* stub, counterfoil.
diploma [.—.] diploma, certificate; degree.
diplomasi diplomacy.
diplomat, *-tı* diplomat.
diplomatik diplomatic.
dipnot footnote.
direk 1. pole, post; **2.** mast; **3.** column, pillar; **4.** flagstaff.
direksiyon steering wheel.
direktif instruction, order.
direnç *phys.* resistance.
direngen stubborn, obstinate.
direnim obstinacy.
direniş 1. resistance, opposition; **2.** boycott.
direnmek 1. to insist *(-de on);* **2.** to resist; **3.** to put one's foot down.
direşken insistent, persistent.
diretmek to be insistent, to show obstinacy.
direy fauna.
dirhem drachma *(3,1 grams).*
diri 1. alive; **2.** vigorous, lively; **3.** fresh; **4.** undercooked.
diriksel animal, physiological.
diriliş revival; resurgence.
dirilmek to return to life; to be revived.
diriltmek to revive.
dirim life.
dirlik 1. peace, peaceful coexistence; **2.** comfortable living; ~ *düzenlik* harmonious social relations.
dirsek 1. elbow; **2.** bend, turn *(in a line, road or river).*
disiplin discipline.
disk, *-ki* **1.** *sports:* discus; **2.** ⊕ disk.
diskotek, *-ği* discothéque.
dispanser dispensary.
diş 1. tooth; tusk; **2.** cog *(of a wheel);* **3.** clove *(of garlic);* ~ *ağrısı* toothache; ~ *çekmek* to extract *(or* pull out) a tooth; ~ *çektirmek* to have a tooth pulled out; ~ *dol-*

durmak to fill a tooth; ~ *fırçası* toothbrush; ~ *macunu* toothpaste; *-ine göre* within one's power; *-ini tırnağına takmak* to work tooth and nail.
dişbudak ⚘ ash tree.
dişçi dentist.
dişçilik dentistry.
dişeti, *-ni* gum.
dişi female.
dişil 1. female; **2.** *gr.* feminine.
dişiorgan ⚘ pistil.
dişlek bucktoothed.
dişlemek to bite, to gnaw.
dişli 1. toothed, serrated; notched; **2.** ⊕ cogwheel, gear; **3.** *fig.* formidable.
diştacı, *-nı* crown *(of a tooth).*
ditmek, *(-er)* to card, to tease *(cotton, wool).*
divan 1. divan, sofa, couch; **2.** collected poems; **3.** *pol.* council of state.
divane [— — .] crazy, mad, insane.
divik *zo.* termite, white ant.
diyafram *anat., phys., phot.* diaphragm.
diyalektik dialectic(s).
diyalog dialogue.
diyanet, *-ti* [ā] **1.** piety, devoutness; **2.** religion; ~ *işleri* religious affairs.
diyar [ā] country, land.
diye 1. so that; lest; **2.** because; **3.** by saying; **4.** on the assumption that; **5.** named, called.
diyet[1]**,** *-ti* diet.
diyet[2]**,** *-ti* blood money.
diyez ♪ sharp.
diz knee; ~ *boyu* knee-deep; ~ *çökmek* to kneel (down); *-ini dövmek fig.* to repent bitterly.
dizanteri ⚕ dysentery.
dize line *(of poetry).*
dizge system, arrangement.
dizgi composition, typesetting.
dizgin rein, bridle; ~ *vurmak* to bridle; *-leri ele almak fig.* to take the reins.
dizginsiz *fig.* uncontrolled, unbridled.
dizi 1. string *(of beads);* **2.** line, row; **3.** series; **4.** ✕ file *(of soldiers).*
dizici, dizgici *typ.* typesetter, compositor.
dizilemek to line up, to arrange in a row.
dizili 1. strung *(beads);* **2.** *typ.* set.
diziliş arrangement.
dizim typesetting, composition.
dizin index.
dizkapağı, *-nı* kneecap.
dizlik kneepan, kneecap.
dizmek 1. to line up, to arrange in a row; to string *(beads);* **2.** *typ.* to set.
do ♪ do; C.
dobra dobra [x.x.] bluntly, frankly.
doçent, *-ti* associate professor.
doğa nature.
doğaç inspiration.
doğal natural; ~ *olarak* naturally.
doğalcılık naturalism.
doğan *zo.* falcon.
doğaötesi, *-ni* **1.** metaphysics; **2.** metaphysical.
doğaüstü, *-nü* supernatural.
doğma born; ~ *büyüme* native, born and bred *(in a place).*
doğmak, *(-ar)* **1.** to be born; **2.** *ast.* to rise *(sun, moon);* **3.** to appear, to arise.
doğrama woodwork, joinery.
doğramacı joiner, carpenter.
doğramak to cut into pieces (*or* slices); to carve, to chop to bits.
doğru 1. straight; direct; **2.** right, true; **3.** suitable, proper; **4.** honest; **5.** ⩓ line; **6.** truly, correctly; **7.** straight, directly; **8.** towards, in the direction of; **9.** That's true!; ~ *akım* ⚡ direct current; ~ *çıkmak* to prove to be right; ~ *dur-*

mak **1.** to stand straight; **2.** to keep quiet; ~ *dürüst F* properly; *-dan -ya* directly.
doğruca [x..] **1.** more or less right; **2.** directly.
doğrulamak to confirm, to corroborate.
doğrulmak 1. to straighten out; **2.** to sit up; **3.** to direct o.s. *(-e towards).*
doğrultmaç ⚡ rectifier.
doğrultmak 1. to straighten; **2.** to correct; **3.** to aim, to point *(-e at),* to direct.
doğrultu direction.
doğruluk 1. truth; honesty; **2.** straightness.
doğrusal linear.
doğrusu the truth of the matter; to be quite frank about it; *daha* ~ as a matter of fact.
doğu 1. east; **2.** eastern; **3.** ♀ the East.
doğum 1. birth; **2.** year of birth; **3.** confinement; ~ *günü* birthday; ~ *kontrolu* birth control; ~ *yapmak* to give birth to a child.
doğumevi, *-ni* maternity hospital.
doğurgan prolific, fecund.
doğurmak 1. to give birth *(to);* to foal; **2.** *fig.* to bring forth, to give birth to.
doğurtmak to assist at childbirth.
doğuş 1. birth; **2.** *ast.* rise; *-tan* innate; from birth; congenital.
dok, *-ku* ⚓ dock, wharf.
doksan ninety.
doktor doctor, physician.
doktora doctorate, doctoral degree.
doku *anat.* tissue.
dokubilim histology.
dokuma 1. woven; **2.** textile; **3.** cotton cloth.
dokumacı weaver.
dokumacılık textile industry.
dokumak to weave.
dokunaç feeler, tentacle.
dokunaklı touching, moving, biting.
dokundurmak to hint at.
dokunma touch, sense of touch.
dokunmak 1. to touch, to make contact *(-e with);* **2.** to take in one's hand; **3.** to disturb, to upset, to meddle *(-e with);* **4.** to disagree *(-e with);* to upset *(one's health);* **5.** to affect.
dokunulmazlık *pol.* immunity.
dokuz nine; ~ *doğurmak fig.* to be on pins and needles.
doküman document.
dokümanter documentary.
dolama ⚕ whitlow, felon.
dolamak 1. to wind *(-e on);* **2.** to wrap around.
dolambaç curve, bend, winding.
dolambaçlı winding, meandering.
dolandırıcı swindler, embezzler.
dolandırıcılık swindle, fraud.
dolandırmak to cheat, to swindle, to defraud.
dolanmak 1. to be wrapped *(-e around);* **2.** to be wound on *(-e to);* **3.** to hang about, to wander about.
dolap, *-bı* **1.** cupboard; **2.** water wheel; **3.** treadmill; **4.** Ferris wheel; merry-go-round; **5.** *fig.* plot, trick, intrigue; ~ *çevirmek fig.* to pull a trick, to set a trap.
dolar dollar.
dolaşık 1. intricate *(matter),* confused; **2.** roundabout.
dolaşıklık entanglement.
dolaşım *biol.* circulation.
dolaşmak 1. to wander, to walk around; **2.** to make a roundabout way; **3.** to get tangled *(hair, thread);* **4.** to wander around *(a place).*
dolay 1. environment, surroundings; **2.** outskirts.
dolayı 1. because of, due to, on account of, owing to; **2.** as, be-

cause; *bundan* ~ therefore, that's why, for that reason.

dolayısıyla [...—.] **1.** because of, on account of; **2.** consequently, so.

dolaylı 1. indirect; **2.** indirectly.

dolaysız 1. direct; **2.** directly.

doldurmak 1. to fill (up); to stuff; **2.** to complete *(period of time)*; **3.** to charge *(a battery)*; **4.** to load *(firearm)*; **5.** to fill out, to fill in *(a printed form)*.

dolgu filling, stopping; ~ *yapmak* to fill, to stop.

dolgun 1. full, filled; **2.** plump; **3.** high *(salary)*.

dolma 1. filled up, reclaimed *(land)*; **2.** stuffed *(food)*.

dolmak, *(-ar)* **1.** to become full, to fill up; **2.** to be packed *(ile with)*; **3.** to expire *(term, period)*.

dolmakalem fountain pen.

dolmuş 1. jitney, shared-taxi; full, filled.

dolu[1] 1. full, filled; **2.** abounding in, teeming *(ile with)*; **3.** loaded *(gun)*; **4.** charged *(battery)*; **5.** solid; ~ ~ in abundance.

dolu[2] hail; ~ *tanesi* hailstone; ~ *yağmak* to hail.

doludizgin at full speed, galloping.

dolunay full moon.

doluşmak to crowd *(into a place)*.

domates [.x.] ⚘ tomato.

domino dominoes *(game)*.

domuz 1. *zo.* pig, hog, swine; **2.** *fig.* obstinate; malicious; ~ *eti* pork.

domuzluk viciousness, maliciousness.

don[1] pair of drawers, underpants; *-una kaçırmak* to wet (*or* soil) one's underwear.

don[2] frost, freeze; ~ *tutmak* to freeze.

donakalmak, *(-ır)* to stand aghast *(at)*.

donanım ⚓ rigging, tackle.

donanma 1. fleet, navy; **2.** fireworks; flags and bunting.

donanmak 1. to dress up; **2.** to be decorated; **3.** to be equipped; **4.** to be illuminated.

donatı equipment.

donatım 1. equipment; **2.** ⚔ ordnance.

donatmak 1. to dress up; **2.** to ornament, to deck out, to illuminate; **3.** ⚓ to equip *(a ship)*.

dondurma ice cream.

dondurmak to freeze *(a. fig.)*.

dondurucu freezing; cold.

dondurulmuş 1. frozen; **2.** fixed.

donmak, *(-ar)* **1.** to freeze; **2.** to feel very cold, to freeze; **3.** to harden, to solidify *(concrete etc.)*.

donuk matt, dull; lifeless.

donuklaşmak to become dull, to be lifeless.

donyağı, *-nı* tallow.

doruk 1. summit, apex; **2.** *fig.* zenith.

dosdoğru [x—.] *emph. of doğru*, straight ahead; perfectly correct.

dost, *-tu* **1.** friend; comrade, confidant, intimate; **2.** friendly; **3.** lover; mistress; ~ *edinmek* **1.** to make friends *(with)*; **2.** to take a mistress; ~ *olmak* to become friends.

dostça friendly.

dostluk friendship; ~ *kurmak* to make friends *(ile with)*.

dosya [x.] **1.** file, dossier; **2.** file holder.

dosyalamak 1. to file; **2.** to open a file *(on)*.

doyasıya to one's heart's content.

doygun 1. satiated; **2.** saturated.

doygunluk 1. satiation; **2.** saturation.

doyma saturation *(a. ⚗)*.

doymak 1. to eat one's fill; **2.** *(bşe)* to be satisfied with *s.th.*; **3.** ⚗ to be saturated *(-e with)*.

doymaz greedy, insatiable.
doyum satiety, satisfaction.
doyurmak **1.** to fill up, to satisfy; **2.** ⚗ to saturate.
doyurucu **1.** satisfying, filling *(food);* **2.** *fig.* convincing.
doz ⚕ dose; *-unu kaçırmak* to overdo.
dozer bulldozer.
dökme **1.** poured; **2.** cast *(metal);* **3.** *econ.* in bulk.
dökmeci foundryman, founder.
dökmek, *(-er)* **1.** to pour (out); **2.** to spill; **3.** to scatter; **4.** to cast; **5.** to empty; **6.** to develop, to have *(spots, freckles).*
dökülmek **1.** *pass. of dökmek;* **2.** to go out in large numbers *(people);* **3.** to disintegrate; **4.** to get ragged; **5.** *sl.* to be dead tired.
döküm **1.** casting; **2.** enumeration *(of an account).*
dökümhane [ā] ⊕ foundry.
dökünmek to throw over o.s. *(water etc.).*
döküntü **1.** remains, leavings; **2.** stragglers; **3.** skin eruption.
döl **1.** young, offspring, new generation; **2.** semen, sperm; **3.** new plant, seedling; **4.** descendants; ~ *vermek* to give birth.
döllemek *biol.* to inseminate, to fertilize.
döllenme insemination, fertilization.
dölüt *biol.* fetus.
dölyatağı, *-nı anat.* womb.
döndürmek **1.** to turn round, to rotate; **2.** to fail, to flunk *(a student).*
dönek fickle, changeable.
dönem **1.** period (of time); **2.** *parl.* term; **3.** school term.
dönemeç bend, curve *(in a road).*
dönemeçli winding, curved *(road).*
dönence **1.** *ast.* tropic; **2.** turning point.
döner turning, revolving; ~ *kebap meat roasted on a revolving vertical spit;* ~ *sermaye* circulating capital.
döngel ⚘ medlar.
dönme **1.** rotation; **2.** converted to Islam; ~ *dolap* Ferris wheel, big wheel.
dönmek, *(-er)* **1.** to turn, to revolve, to spin, to rotate; **2.** to return; **3.** to turn *(-e towards);* **4.** to turn *(-e into);* to become; **5.** to change *(weather);* **6.** *(sözünden)* to break *(one's promise);* **7.** *(kararından)* to change one's mind.
dönük **1.** turned *(-e to, towards),* facing; **2.** aimed *(-e at).*
dönüm **1.** a land measure of about 920 m^2; **2.** turn; **3.** rotating, revolving; **4.** (round) trip; ~ *noktası* turning point.
dönüş return(ing).
dönüşlü *gr.* reflexive.
dönüşmek to change *(-e into),* to turn *(-e into).*
dönüşüm transformation.
dördül square.
dördüz quadruplet.
dört, *-dü* four; ~ *başı mamur fig.* in perfect condition; ~ *bucakta* everywhere; ~ *elle sarılmak (bir işe)* to stick heart and soul *(-e at);* ~ *gözle beklemek* to wait eagerly *(-i for),* to look forward *(-i to).*
dörtayak **1.** quadruped; **2.** on all fours.
dörtgen △ quadrangle.
dörtlü **1.** *cards:* four; **2.** quartet.
dörtlük **1.** quatrain; **2.** ♪ quarter note.
dörtnal gallop.
dörtnala galloping, at a gallop.
dörtyol crossroads, junction.
döş breast, bosom.
döşek mattress.
döşeli furnished.
döşem installation; electricity and plumbing.
döşeme **1.** floor(ing); **2.** furniture;

3. upholstery.
döşemek **1.** to spread, to lay down; **2.** to floor, to pave; **3.** to furnish, to upholster.
döveç wooden mortar.
döven threshing sled.
döviz **1.** foreign exchange; **2.** motto; **3.** placard.
dövme **1.** tattoo; **2.** wrought *(iron)*.
dövmek, *(-er)* **1.** to beat, to flog; **2.** to hammer, to forge *(hot metal)*; **3.** to beat *(laundry)*; **4.** to pound; **5.** to beat *(eggs)*; **6.** to shell, to bombard; **7.** to beat, to pound *(waves, rain)*.
dövünmek **1.** to beat o.s.; **2.** *fig.* to lament.
dövüş fight, brawl.
dövüşken combative, belligerent.
dövüşmek **1.** to fight, to struggle; **2.** to clash *(armed forces)*; **3.** to box.
draje **1.** sugar-coated pill; **2.** chocolate-coated nuts.
dram **1.** *thea.* drama; **2.** tragic event.
dramatik dramatic.
dua [ā] prayer; ~ *etmek* to pray.
duba [x.] pontoon, barge; ~ *gibi* paunchy, very fat.
dublaj dubbing; ~ *yapmak* to dub.
duble double *(spirits, beer)*.
dubleks duplex *(house)*.
dublör stunt man.
duçar [— —] subject *(-e to)*, afflicted *(-e with)*; ~ *olmak* to be subject *(-e to)*, to be afflicted *(-e with)*.
dudak lip; ~ *boyası* lipstick; ~ *bükmek* to curl one's lip; ~ *dudağa* lip to lip.
duhuliye [.—..] entrance fee.
dul [ū] **1.** widow; widower; **2.** widowed; ~ *kalmak* to be widowed.
duman **1.** smoke; fumes; **2.** mist, fog; **3.** *F* bad; *-a boğmak* to smoke up; *-ı üstünde fig.* very fresh, brand new.
dumanlı **1.** smoky; fumy; **2.** misty, foggy, dim.
durağan fixed, stable.
durak **1.** stop; **2.** halt, pause, break.
duraklamak to stop, to pause.
duraksamak to hesitate.
dural *phls.* static, unchanging.
durdurmak to stop, to halt.
durgu **1.** stoppage; **2.** ♪ cadence.
durgun **1.** calm, still; **2.** stagnant; **3.** subdued; ~ *su* standing water.
durgunlaşmak **1.** to get calm, to calm down; **2.** to be dull, to get stupid.
durmak, *(-ur)* **1.** to stop; **2.** to last, to endure; **3.** to stand; **4.** to be, to remain *(at a place)*; **5.** to exist; **6.** to fail to act; *Dur!* Wait!, Stop!; *durmadan or durmaksızın* continuously; *durup dururken* **1.** suddenly, out of the blue; **2.** with no reason.
duru clear, limpid.
durulamak to rinse.
durulmak **1.** to become clear; **2.** to settle down.
durum state, condition, situation, position.
duruş **1.** rest, stop; **2.** posture.
duruşma ⚖ trial, hearing *(of a case)*.
duş shower, shower bath; ~ *yapmak* to have (*or* take) a shower.
dut, *-tu* mulberry; ~ *gibi olmak sl.* to be as drunk as a lord.
duvak bridal veil, bride's veil.
duvar **1.** wall; **2.** barrier; ~ *gibi* stone-deaf; ~ *kâğıdı* wallpaper; ~ *örmek* to put up a wall; ~ *saati* wall clock.
duvarcı bricklayer; stonemason.
duy ⚡ socket.
duyar sensible, sensitive.
duyarga *zo.* antenna.
duygu **1.** feeling; **2.** emotion; **3.** sense, sensation; **4.** impression.

duygudaş sympathizer.
duygulanmak to be affected, to be touched.
duygulu sensitive.
duygun sensitive.
duygusal 1. emotional; **2.** sentimental.
duygusuz insensitive, hardhearted, callous.
duymak, *(-ar)* **1.** to hear; **2.** to get word of, to learn; **3.** to be aware of; **4.** to feel, to sense, to perceive.
duyu sense.
duyum sensation.
duyurmak to announce, *(b-ne bşi)* to let *s.o.* hear *s.th.*
duyuru announcement; notification.
düdük whistle, pipe, flute; ~ *gibi kalmak* to be left entirely alone.
düdüklü having a whistle; ~ *tencere* pressure cooker.
düello duel; ~ *etmek* to duel. ⚑
düğme 1. button; **2.** ⚡ switch; **3.** bud.
düğmelemek to button up.
düğüm 1. *a.* ⚘, *phys.* knot, bow; **2.** *fig.* knotty problem; ~ *atmak* to knot; ~ *noktası fig.* crucial (*or* vital) point; ~ *olmak* to get knotted.
düğümlemek to knot.
düğün 1. wedding feast; **2.** circumcision feast; ~ *yapmak* to hold a wedding.
dükkân shop; ~ *açmak* to open shop, to set up business.
dükkâncı shopkeeper.
dülger carpenter; builder.
dümbelek tabor, timbal.
dümdüz [x.] **1.** perfectly smooth; **2.** straight ahead.
dümen 1. rudder; **2.** *sl.* trick, humbug; **3.** *fig.* control; ~ *çevirmek F* to play tricks; ~ *kırmak* ⚓ to veer; ~ *kullanmak* to steer; ~ *yapmak sl.* to trick.
dümenci 1. helmsman, steersman; **2.** *sl.* trickster.
dün 1. yesterday; **2.** the past; ~ *akşam* last night, yesterday evening; ~ *değil evvelki gün* the day before yesterday.
dünür the father-in-law *or* mother-in-law of one's child.
dünya 1. world, earth; **2.** this life; **3.** everyone, people; ~ *evine girmek* to get married; ~ *kadar* a whole lot, a world of; *-da* never in this world; *-nın dört bucağı* the four corners of the earth; *-ya gelmek* to be born; *-ya getirmek* to give birth to; *-ya gözlerini kapamak* to die, to pass away.
dünyalık *F* worldly goods, wealth; money.
dünyevi worldly.
dürbün binoculars, field glasses.
dürmek to roll up, to fold.
dürtmek 1. to prod, to goad; **2.** *fig.* to urge on, to stimulate.
dürtü *psych.* impulse, compulsion, drive.
dürtüklemek to prod, to nudge.
dürüm roll, fold, pleat.
dürüst, *-tü* honest, straightforward.
dürüstlük honesty.
dürzü *sl.* scoundrel.
düstur [ū] **1.** norm; **2.** code of laws; **3.** principle.
düş 1. dream; **2.** hope, aspiration; ~ *görmek* to have a dream; ~ *kırıklığı* disappointment; ~ *kurmak* to daydream.
düşey △ vertical, perpendicular.
düşkün 1. addicted *(-e to),* devoted *(-e to);* **2.** wrapped up *(-e in);* **3.** down-and-out; **4.** fallen, loose *(woman).*
düşkünlük 1. poverty, decay; **2.** excessive fondness.
düşman enemy, foe; ~ *olmak* to become an enemy *(-e of).*
düşmanca in a hostile manner.
düşmanlık enmity, hostility.

düşmek, *(-er)* **1.** to fall; **2.** to drop, to go down, to decrease; **3.** to deduct; **4.** to be born dead *(fetus)*; **5.** to fall *(-e into) (doubt, trouble)*; **6.** to get *(tired, weak)*; *düşe kalka* struggling along; with difficulty; *düşüp kalkmak (b-le)* to live with *s.o.*

düşsel oneiric; imaginary.

düşük 1. fallen, drooping; **2.** low *(price, quality)*; **3.** fallen *(woman)*; **4.** ⚕ miscarriage.

düşün thought, cogitation.

düşünce 1. thought; **2.** idea, opinion, reflection, observation; **3.** anxiety, worry; *-ye dalmak* to be lost in thought.

düşüncel ideational.

düşünceli 1. thoughtful, careful; **2.** worried, depressed; **3.** pensive, lost in thought.

düşüncesiz 1. thoughtless, inconsiderate; **2.** unworried, carefree.

düşündürücü thought-provoking.

düşünmek 1. to think *(-i of)*; **2.** to consider, to think *(-i about)*; **3.** to worry *(-i about)*; *düşünüp taşınmak* to consider at length.

düşünür thinker, intellectual.

düşünüş mentality, way of thinking.

düşürmek 1. to drop; **2.** to reduce; **3.** to miscarry, to abort *(child)*; **4.** to overthrow *(government)*.

düşüş 1. fall; **2.** decrease.

düşüt, *-tü* aborted fetus.

düz 1. smooth, even; flat; **2.** straight; **3.** simple, plain; plain-colo(u)red.

düzayak 1. without stairs, on one floor; **2.** on a level with the street.

düzeç (spirit) level.

düzelmek 1. to be put in order; **2.** to improve, to get better.

düzeltme 1. correction; **2.** reform.

düzeltmek 1. to put in order; **2.** to make smooth; to straighten; **3.** to correct; **4.** to proofread.

düzeltmen proofreader.

düzen 1. order, harmony; **2.** orderliness, neatness; **3.** the social order, the system; **4.** *fig.* ruse, trick; ~ *kurmak fig.* to set a trap; *-e sokmak* to put in order.

düzenbaz trickster, cheat, humbug.

düzence discipline.

düzenek 1. plan; **2.** mechanism.

düzengeç *phys.* regulator.

düzenlemek 1. to put in order; **2.** to arrange, to hold *(a meeting)*; to prepare.

düzenli 1. tidy, orderly, in order; **2.** *fig.* systematic.

düzensiz 1. out of order, untidy; **2.** *fig.* unsystematic.

düzenteker *phys.* flywheel.

düzey 1. level; **2.** rank.

düzgü norm.

düzgüsel normative.

düzgün 1. smooth, level; **2.** orderly, in order, regular, well-arranged; **3.** correct.

düzine 1. dozen; **2.** dozens of.

düzlem ⩓ plane.

düzlemek to smooth, to level, to flatten.

düzlük 1. flatness, levelness; smoothness; **2.** level (*or* flat) place, plain.

düzme false, fake; forged.

düzmece *s. düzme.*

düzmek, *(-er)* **1.** to arrange, to compose; to prepare; **2.** to invent, to fabricate *(a story)*; **3.** to forge, to counterfeit; **4.** *sl.* to rape.

düztaban 1. flat-footed; **2.** *fig.* ill-omened.

düzyazı prose.

E

e 1. Well, All right; **2.** Then; **3.** Oh! *(surprise).*
-e *s. -a.*
ebat [ā] **1.** dimensions; **2.** size.
ebe 1. midwife; **2.** it *(in children's games).*
ebedi eternal, without end.
ebediyen [i] [..x.] eternally, for ever.
ebegümeci, *-ni* ⚘ mallow.
ebekuşağı, *-nı,* **ebemkuşağı,** *-nı* rainbow.
ebelemek to tag *(in a child's game).*
ebeveyn parents.
ebleh stupid, foolish; imbecile.
ebru 1. marbling *(of paper);* **2.** watering *(of fabrics).*
ebrulu 1. marbled; **2.** watered.
ecdat [.—] ancestors.
ece queen.
ecel death, the appointed hour of death; ~ *teri dökmek* to be in a cold sweat; *-i gelmek* to have one's fated time of death arrive.
eciş bücüş out of shape, crooked, distorted, contorted.
ecnebi 1. stranger, foreigner, alien; **2.** foreign.
ecza, *-aı* [ā] drugs, medicines, chemicals.
eczacı [ā] chemist, druggist, pharmacist.
eczane [ā] pharmacy, drugstore, chemist's shop.
eda [ā] **1.** payment; **2.** fulfillment, performance; **3.** conduct, manner, air; style; **4.** representation; ~ *etmek* **1.** to perform *(a duty);* **2.** to pay *(a debt).*
edalı [ā] **1.** having the air; **2.** charming, gracious.
edat, *-tı* [ā] *gr.* particle, preposition.
edebi literary.
edebiyat, *-tı* [ā] literature; ♀ *Fakültesi* the College of Literature and Arts.
edep, *-bi* good breeding, good manners, politeness, modesty; ~ *yeri* private parts, genitals.
edepli well-behaved, well-mannered.
edepsiz ill-mannered, rude, shameless.
eder price.
edilgen *gr.* passive.
edinç attainments.
edinmek to get, to have, to acquire, to procure.
edinti acquisition.
edip [ī] literary man, writer.
editör 1. publisher; **2.** editor.
efe village hero, swashbuckling village dandy.
efektif cash, ready money.
efendi [.x.] **1.** master; owner; **2.** Mr. *(after the first name);* **3.** *(a. -den)* gentleman.
efendim 1. Yes *(as an answer to a call);* **2.** I beg your pardon?; **3.** Sir; Ma'am.
Efes *pr. n.* Ephesus.
efkâr 1. thoughts, ideas; **2.** worry, anxiety; ~ *dağıtmak* to cheer o.s. up.
efkârlanmak *F* to become wistfully sad.
eflatun [ū] *(renkli)* lilac-colo(u)red.
efsane [ā] legend; tale, myth.
efsanevi [ā] legendary.
eften püften flimsy.
Ege *pr. n.* Aegean Sea.
egemen sovereign, dominant.
egemenlik sovereignty, domin-

ance.
egoist egoist, selfish.
egoizm egoism, selfishness.
egzama [x..] eczema.
egzersiz exercise, practice.
egzoz ⊕ exhaust; ~ *borusu* exhaust pipe.
eğe file.
eğelemek to file.
eğer [x.] if, whether.
eğik 1. ⩓ oblique; **2.** inclined, sloping down; **3.** bent down.
eğilim tendency; inclination; ~ *göstermek* to show tendency *(-e to).*
eğilmek 1. to bend; to curve; to warp; **2.** to bow (down); **3.** to incline, to lean; **4.** to get down to *(a job);* **5.** to stoop.
eğim 1. slope; **2.** ⩓ dip, grade.
eğirmek to spin.
eğirmen spindle, distaff.
eğitbilim pedagogy.
eğitici 1. pedagogue; **2.** educational, instructive.
eğitim education, training.
eğitimci educator, educationalist, pedagogue.
eğitimli educated, trained
eğitmek to educate, to train.
eğitmen educator; instructor.
eğitsel educational.
eğlek shady spot in a pasture.
eğlence amusement, enjoyment, entertainment, diversion; ~ *yeri* pleasure ground, amusement park.
eğlenceli amusing, entertaining.
eğlenmek 1. to enjoy o.s., to have a good time; to amuse o.s.; **2.** *(b--le)* to make fun of *s.o.*, to make a mock of *s.o.*
eğlenti entertainment, feast, party.
eğmeç bow.
eğmek 1. to bend, to incline, to curve; **2.** to bow.
eğrelti, eğreltiotu, *-nu* ⚘ fern, bracken.
eğreti 1. artificial, false; **2.** borrowed; **3.** provisional, temporary; ~ *oturmak* to sit on the edge of *s.th.*
eğri 1. crooked, bent, curved; **2.** oblique, slanting, askew; **3.** ⩓ curve, bent, angle; **4.** perverse, wrong; ~ *büğrü* bent and crooked; ~ *oturmak* to sit informally.
eğrilmek to become bent, to incline, to arch.
ehemmiyet, *-ti* importance, significance; ~ *vermek (bşe)* to attach importance to *s.th.*
ehemmiyetli important, significant.
ehil, *-hli* **1.** community, people; **2.** competent; *ehli olmak (bşin)* to be endowed with *s.th.*
ehli tame, domestic(ated).
ehlikeyf self-indulgent.
ehlileştirmek to tame.
ehliyet, *-ti* **1.** capacity, competence, ability; **2.** (= ~ *belgesi*) driving license.
ehliyetli 1. able, capable; competent; **2.** licensed.
ehliyetname [ā] **1.** driving license; **2.** certificate of qualification.
ejder, ejderha [ā] dragon.
ek, *-ki* **1.** supplement; appendix; **2.** *gr.* prefix, suffix, infix; **3.** joint; **4.** additional, supplementary.
ekâbir the great; important people; *F* bigwig, big shot.
ekalliyet, *-ti* minority.
ekili sown, planted *(field).*
ekim 1. sowing, planting; **2.** *(ayı)* October.
ekin 1. crops, growing grain; **2.** culture, civilization; ~ *biçmek* to reap, to harvest.
ekinoks equinox.
ekip, *-bi* team *(a. sport),* crew, company, gang.
eklem *anat.* joint, articulation.
eklemek 1. to add, to join *(-e to);*

2. to put together.
eklenti 1. *gr.* suffix; 2. anex.
ekli pieced, put together.
ekmek[1] 1. to sow; 2. to cultivate *(field);* 3. to scatter, to sprinkle; 4. *sl.* to get rid of s.o., to put s.o. off.
ekmek[2] 1. bread; 2. living, bread and butter; 3. food; ~ *kabuğu* crust of a loaf; ~ *kavgası* the struggle to earn a living; *ekmeğini kazanmak* to earn one's daily bread.
ekmekçi 1. baker; 2. bakery.
ekonomi economy.
ekonomik economic(al).
ekose plaid, tartan.
ekran screen.
eksen 1. axis; 2. axle.
ekseri [x..] 1. most; 2. mostly, usually.
ekseriya [x..—] generally, mostly, usually, often.
ekseriyet, *-ti* majority.
eksi A minus.
eksik 1. lacking; absent, missing; 2. less (than); 3. deficient, incomplete, defective, imperfect; 4. lack; ~ *gelmek* to be insufficient.
eksiklik 1. deficiency; lack; 2. shortcoming, defect.
eksiksiz 1. complete, perfect; 2. permanent.
eksilmek 1. to decrease, to lessen; 2. to disappear.
eksiltme bid, tender.
eksiltmek to diminish, to reduce.
eksper expert.
ekspres 1. express train; 2. express delivery.
ekstra [x.] extra, first quality; ~ ~ the very best.
ekşi sour, acid, tart; ~ *surat* long (*or* sullen) face.
ekşimek 1. to turn sour; 2. to ferment; 3. to be upset *(stomach);* 4. *sl.* to be disconcerted.
ekvator equator.
el[1] 1. hand; 2. handwriting; 3. power; 4. help, assistance; 5. shot *(of a firearm);* ~ *açmak* to beg *(for);* ~ *altından* under the counter, secretly; ~ *arabası* wheelbarrow; ~ *atmak (bşe)* to lay hands *(on),* to seize and carry off; ~ *bombası* hand grenade; ~ *çekmek (bşden)* to give up, to relinquish; ~ *çırpmak* to clap one's hands; ~ *değiştirmek* to change hands; ~ *değmemiş* intact; ~ *-e* hand in hand; ~ *-e vermek* to join forces; ~ *emeği* handwork; ~ *feneri* flashlight; ~ *kadar* very small; ~ *sanatları* handicrafts; ~ *sıkmak* to shake hands; ~ *şakası* horseplay, playful pushing and pulling; ~ *uzatmak (b-ne) fig.* to give *s.o.* ahand; ~ *yazısı* handwriting; ~ *yazması* manuscript; ~ *yordamıyla* by groping; *-de etmek* to get hold of, to obtain, to get; *-den çıkarmak* to sell, to dispose *(of); -den düşme* secondhand; *-den geçirmek* to review, to go over, to look through; *-den gelmek* to be able to do; *-e geçirmek* 1. to get hold *(of),* to obtain; 2. to conquer; *-e vermek (b-ni)* to inform on *s.o.,* to tell on *s.o.; -i açık* generous; *-i ağır* heavy-handed, slow; *-i bayraklı* quarrelsome, insolent; *-i çabuk* nimble-fingered, adroit; *-i dar* hard up; *-i hafif* light-handed; *-i maşalı* shrew, virago; *-i sıkı* close-fisted, stingy; *-i uzun* light-fingered, thievish; *-i yatkın* deft, handy; *-i yüzü düzgün* presentable; *-inden tutmak fig.* to help, to protect, to patronize; *-ine bakmak fig.* to depend *(-in on),* to be dependant *(-in on); -ine geçmek* to get, to earn; *-ini çabuk tutmak* to hurry up; *-inize sağlık* I enjoy my lunch *or* dinner.
el[2] 1. land, country; 2. people; 3. stranger, alien; 4. others.

ela hazel *(eyes)*.
elalem people, everybody, all the world.
elastiki elastic.
elbet [x.], **elbette** [x..] certainly, decidedly, surely.
elbirliği, *-ni* cooperation.
elbise clothes, garments; dress, suit *(of clothes)*.
elçi 1. envoy; **2.** ambassador.
elçilik embassy; legation.
eldeci possessor, holder.
eldiven glove.
elebaşı 1. ringleader, chief; **2.** captain *(in a game)*.
elek fine sieve; *-ten geçirmek* to sift *(a. fig.)*.
elektrik electricity; ~ *akımı* electric current; ~ *düğmesi* switch.
elektrikçi electrician.
elektrikli electric.
elektronik electronic(s); ~ *beyin* computer.
elem pain; affliction; sorrow, care; ~ *çekmek* to suffer.
eleman 1. element, part; **2.** staff member, personnel.
eleme elimination; ~ *sınavı* preliminary examination.
elemek 1. to sift, to sieve; **2.** *fig.* to eliminate.
elerki, *-ni* democracy.
eleştiri criticism.
eleştirici 1. critic; **2.** critical.
eleştirmek to criticize.
eleştirmen critic.
elim painful, grievous, deplorable.
elips ellipse.
elişi 1. handicraft; **2.** handmade.
elkitabı handbook, manual.
ellemek to handle, to feel with the hand.
elli fifty.
elma ⚘ apple; ~ *şekeri* candied apple.
elmacık cheekbone.
elmas 1. diamond; **2.** diamond glass cutter.
elmastıraş 1. diamond-tipped glass cutter; **2.** cut glass, cut diamond.
elti sister-in-law *(relationship between the wives of two brothers)*.
elveda, *-aı* [ā] farewell, good-bye.
elverişli suitable, handy, convenient.
elvermek to suffice, to be enough; to be suitable.
elyaf fibres, *Am.* fibers.
elzem indispensable, essential.
emanet, *-ti* [ā] **1.** a trust, deposit, anything entrusted to s.o.; **2.** left luggage office, *Am.* baggage room, checkroom; ~ *etmek* to entrust *(-e to)*.
emaneten for safekeeping.
emare sign, mark, token; indication.
emaye 1. enameled; **2.** glazed.
emek 1. work, labo(u)r; **2.** trouble, pains; ~ *vermek* to labo(u)r, to work hard; *emeği geçmek* to contribute efforts.
emekçi worker, labo(u)rer; proletarian.
emeklemek to crawl on all fours.
emekli retired; pensioner; *-ye ayrılmak* to retire.
emektar [ā] old and faithful *(worker)*; veteran.
emel longing, desire, wish, ambition; ~ *beslemek* to long *(for)*.
emici sucking.
emin [ī] **1.** safe, secure; **2.** sure, certain; firm; **3.** trustworthy; ~ *olmak* to be sure *(-den of)*.
emir, *-mri* order, command; decree; ~ *subayı* ⨯ adjutant; ~ *vermek* to order, to command.
emisyon *econ.* issue.
emlak, *-ki* real estate; ~ *komisyoncusu* estate agent; ~ *vergisi* property tax.
emme suck, suction.
emmeç aspirator.
emmek 1. to suck; **2.** to absorb.

emniyet, *-ti* **1.** security, safety; **2.** confidence, belief; **3.** safety catch; **4.** the police; ~ *etmek* **1.** to trust; **2.** to entrust; ~ *kemeri* safety belt.
emniyetli **1.** safe; **2.** reliable, trustworthy.
emperyalist *pol.* **1.** imperialist; **2.** imperialistic.
emprime printed silk fabric.
emretmek [x..] to order, to command.
emsal, *-li* [ā] **1.** similar cases; **2.** equal, peer; **3.** precedent.
emsalsiz [ā] peerless, matchless.
emzik **1.** baby's bottle; **2.** dummy, *Am.* pacifier; **3.** *P* spout.
emzirmek to nurse, to breast-feed, to suckle.
en[1] width, breadth; *-inde sonunda* in the end, at last, eventually; *-ine boyuna* **1.** husky, hefty, huge; **2.** fully, completely.
en[2] most *(superlative);* ~ *aşağı* at least; ~ *başta* at the very beginning; ~ *çok* **1.** mostly; **2.** at (the) most; **3.** at the latest; ~ *önce* first of all; ~ *sonra* finally.
enayi *sl.* sucker, idiot, fool.
enayilik foolishness.
encümen council, committee.
endam [ā] shape, figure, stature.
endamlı well-proportioned.
ender very rare; rarely.
endişe [i] **1.** anxiety, perplexity, care; **2.** worry, fear; ~ *etmek* to worry; to be anxious.
endişeli [.—..] thoughtful, anxious.
endüstri industry.
endüstrileşmek to industrialize.
enerji energy; ~ *santralı* power station.
enerjik energetic.
enfarktüs ⚕ heart attack.
enfes delightful, delicious, excellent, wonderful.
enfiye snuff; ~ *çekmek* to snuff.
enflasyon inflation.
engebe unevennes, roughness *(of the country).*
engebeli *geogr.* uneven, rough.
engel obstacle, difficulty, handicap; ~ *sınavı* second check, make-up examination.
engellemek to hinder, to block, to handicap, to hamper.
engerek *zo.* adder, viper.
engin **1.** open, wide, vast, boundless; **2.** the high sea, the open sea.
enginar ⚘ artichoke.
engizisyon the Inquisition.
enikonu quite, thoroughly.
enine [x..] in width, breadthwise.
enişte [x..] sister's *or* aunt's husband.
enkaz ruins; debris; wreck(age).
enlem latitude.
enli wide, broad.
ense back of the neck, nape; ~ *kökü* nape of the neck; ~ *yapmak* *sl.* to goof off; *-sine yapışmak* to seize, to collar.
enselemek *sl.* to nick.
enstantane snapshot.
enstitü institute.
enstrüman instrument.
entari [ā] loose robe.
entelektüel intellectual.
enteresan interesting.
enternasyonal international.
enterne etmek to intern.
entipüften *sl.* flimsy.
entrika [.x.] intrigue, trick; ~ *çevirmek* to intrigue, to scheme.
enüstünlük *gr.* superlative degree.
envanter inventory.
epey a good many, a good deal of; pretty well.
epeyce pretty well, fairly; to some extent.
epik epic(al).
er[1] early; soon; ~ *geç* sooner or later.
er[2] **1.** man, male; **2.** × private; **3.** brave man; ~ *oğlu* ~ hero, brave

man.
erat, *-tı* ⨯ privates, recruits.
erbaş ⨯ non-commissioned officer.
erdem virtue.
erdemli virtuous.
erden 1. virgin; **2.** intact, untouched.
erek aim, end, goal.
ergen 1. of marriageable age; **2.** bachelor.
ergenlik 1. bachelorhood; **2.** youthful acne.
ergime fusion.
ergimek to melt.
ergin 1. mature, ripe; **2.** adult; **3.** ⚖ major.
erginleşmek to mature.
erginlik maturity; ⚖ majority.
erguvan [ā] ⚘ Judas tree, redbud.
erguvani [..—.] purple.
erigen melting easily, dissolving.
erik ⚘ plum.
eril *gr.* masculine.
erim reach, range.
erimek 1. to melt, to dissolve; **2.** to wear out *(textiles);* **3.** to pine away.
erimez insoluble.
erin mature, adult.
erinç peace, rest.
erir soluble.
erirlik solubility.
erişim 1. arrival; **2.** communications.
erişkin adult, mature.
erişmek 1. to arrive, to reach, to attain; **2.** to mature, to reach the age of marriage.
erişte vermicelli.
eriten solvent; dissolving.
eritmek 1. to melt; to dissolve; **2.** to squander *(money).*
eriyik ⚗ solution.
erk, *-ki* power, faculty; authority.
erkân 1. great men, high officials; **2.** rules of conduct, way.
erke energy.
erkeç *zo.* he-goat, billy goat.
erkek 1. man, male; **2.** manly, courageous; ~ *berberi* barber.
erkekçe manly; manfully.
erkeklik 1. masculinity; manliness; **2.** sexual potency.
erkeksi tomboyish, mannish *(woman).*
erken early.
erkence rather early, a little early.
erkenden early.
erkin free, independent.
ermek, *(-ir)* **1.** to reach, to attain; **2.** to arrive at maturity; **3.** to reach spiritual perfection.
Ermeni Armenian.
ermiş saint, holy person.
eroin heroin.
ertelemek to postpone, to put off.
ertesi the next, the following.
erzak [ā] provisions, food.
es ♪ rest; ~ *geçmek sl.* to disregard.
esans essence, perfume.
esaret slavery; captivity.
esas 1. foundation, base, basis; **2.** fundamental, principle, essential; **3.** true state; ~ *itibarıyla* in principle, as a matter of fact.
esasen [ā] [.x.] **1.** fundamentally, essentially; **2.** anyhow.
esaslı [ā] **1.** fundamental, main; **2.** real, true; **3.** sound, concrete; ~ *bir noktaya dokunmak* to hit the mark.
esef regret; ~ *etmek* to be sorry, to feel regret *(for),* to regret.
eseme logic.
esen hearty, healthy, robust; ~ *kalınız* So long!
esenlik health, soundness.
eser 1. work (of art), written work; **2.** trace, sign.
esin inspiration.
esinlenmek to be inspired *(-den by).*
esinti breeze.
esintili breezy.

esir [ī] **1.** captive, prisoner of war; **2.** slave; ~ *almak* to take prisoner; ~ *düşmek* to be taken prisoner; ~ *ticareti* slave trade.
esirgemek 1. to protect *(-den from)*, to spare; **2.** to withhold *(-den from)*.
esirlik captivity; slavery.
eski 1. old, ancient; **2.** former, ex-; **3.** worn out, old; **4.** secondhand; ~ *kafalı* old fogy; ~ *kurt* old hand; ~ *püskü* old and tattered, castoff, junk; ~ *toprak fig.* oldtimer.
eskici 1. oldclothes man, ragman; **2.** cobbler.
eskiçağ prehistoric period.
eskiden formerly, in the past.
eskimek to wear out, to get old.
Eskimo [.x.] Eskimo.
eskitmek to wear out, to wear to pieces, to use up.
eskrim fencing.
esmek 1. to blow *(wind)*; **2.** *fig.* to come into the mind of s.o.
esmer brunette, dark complexioned.
esna [ā] moment, interval, course, time; *o -da* at that time, meanwhile; *-sında* during, while, in the course of.
esnaf [ā] **1.** trades, guilds; **2.** tradesmen, artisans.
esnek 1. elastic, flexible; **2.** ambiguous.
esneklik elasticity, flexibility.
esnemek 1. to yawn, to gape; **2.** to bend, to give *(board etc.)*; **3.** to stretch *(material)*.
espri wit, witticism, wisecrack; ~ *yapmak* to wisecrack.
esprili witty.
esrar [ā] **1.** secrets; mysteries; **2.** hashish; ~ *çekmek* to smoke hashish; ~ *tekkesi* opium den.
esrarengiz [.—.—] mysterious.
esrarkeş [ā] hashish addict; doper.
esrarlı [ā] mysterious.
esrik 1. drunk; **2.** overexcited.
esrimek 1. to go into an ecstasy; **2.** to get drunk.
estetik esthetic(s).
esvap clothes; garment; dress; suit.
eş 1. one of a pair; **2.** husband, wife; **3.** a similar thing; ~ *dost* friends and acquaintances; *-i görülmedik* peerless, unique.
eşanlamlı synonymous.
eşarp, *-bı* scarf; stole.
eşcinsel homosexual.
eşdeğer equivalence.
eşdeğerli equivalent.
eşek 1. donkey, ass; **2.** jackass, boor; ~ *başı fig.* superior without authority; ~ *şakası* practical joke, horseplay.
eşekarısı, *-nı zo.* wasp, hornet.
eşekçe(sine) coarsely.
eşelek core *(fruit)*.
eşelemek 1. to scrape, to scratch; **2.** *fig.* to stir up, to hunt *(for)*.
eşey sex.
eşeysel sexual.
eşik 1. threshold, doorstep; **2.** bridge *(of a stringed instrument)*; *eşiğini aşındırmak* to frequent constantly.
eşinmek to scratch, to paw.
eşit 1. equal, match; the same; **2.** ⩟ equals.
eşitlemek to equalize.
eşitlik equality.
eşkenar ⩟ equilateral.
eşkıya [ā] brigand, bandit; bandits; ~ *yatağı* den of robbers.
eşkin cantering.
eşlemek 1. to pair; to match; **2.** to synchronize.
eşlik 1. partnership; **2.** ♪ accompaniment; ~ *etmek* to accompany.
eşmek 1. to dig up slightly, to scratch *(the soil)*; **2.** to investigate.
eşofman 1. tracksuit, sweat suit; **2.** warming up.
eşsesli homonym.

eşsiz matchless, peerless, unique.
eşya **1.** things, objects; **2.** furniture; belongings.
eşyalı furnished.
eşzamanlı isochronal.
et, *-ti* **1.** meat; **2.** flesh; **3.** pulp *(of a fruit);* ~ *suyu* **1.** meat broth, bouillon; **2.** gravy; *-ine dolgun* plump, buxom.
etajer dresser, whatnot; shelves, bookcase.
etamin coarse muslin.
etap *sports:* lag, stage.
etçil *biol.* carnivorous.
etek **1.** skirt; **2.** foot *(of a mountain);* **3.** genital area; ~ *dolusu* plenty of; ~ *öpmek fig.* to flatter; *-leri tutuşmak* to be exceedingly alarmed; *-leri zil çalıyor* he is up in the air.
eteklik skirt.
etene placenta.
etiket, *-ti* **1.** label, ticket; **2.** etiquette.
Etiyopya *pr. n.* Ethiopia.
etken **1.** agent, factor; **2.** effective; **3.** *gr.* active.
etki effect, influence.
etkilemek to affect, to influence.
etkili efective, influential.
etkin active.
etkinci activist.
etkinlik **1.** activity; **2.** effectiveness.
etlenmek to grow fat.
etli **1.** fleshy, plump; **2.** pulpy, fleshy *(fruit);* ~ *butlu* plump, buxom; ~ *yemek* meaty dish.
etmek *(eder)* **1.** to do, to make; **2.** to be worth, to be of value; to amount to; **3.** to deprive of; *eden bulur* one pays for what one does.
etmen factor.
etnik ethnic.
etoburlar *zo.* carnivorous animals.
etol, *-lü* stole.
etraf [ā] **1.** sides; all sides; **2.** surroundings; *-ına, -ında* around; *-ta* in the neighbo(u)rhood, around; *-tan* from all around.
etraflı(ca) in detail, fully.
ettirgen *gr.* causative *(verb).*
etüt, *-dü* **1.** study, essay; **2.** ♪ preliminary study.
ev **1.** house, dwelling; **2.** home, household; **3.** *fig.* family; ~ *açmak* to set up house; ~ *bark* household; ~ *hanımı* hostess; ~ *idaresi* housekeeping; ~ *işi* housework; ~ *kadını* housewife; ~ *sahibi* **1.** host; **2.** landlord; ~ *tutmak* to rent a house; *-de kalmış fig.* on the shelf.
evcil domesticated, tame.
evcilleştirmek to domesticate, to tame.
evcimen home-lover, homebody, domestic.
evermek *P* to marry off, to give in marriage.
evet, *-ti* yes, certainly; ~ *efendimci* yes-man.
evgin urgent.
evham [ā] delusions, hallucinations, anxieties.
evirmek to change, to alter; *evire çevire* thoroughly, soundly.
evlat, *-dı* [ā] **1.** child, son, daughter; **2.** children, descendants; ~ *edinmek* to adopt *(a child).*
evlatlık **1.** adopted child; **2.** foster child.
evlendirmek to marry (off), to give in marriage.
evlenmek to marry; to get married.
evli married.
evlilik marriage.
evliya [ā] Muslim saint; ~ *gibi* saintly, gentle.
evrak, *-kı* [ā] documents, papers; ~ *çantası* briefcase.
evren **1.** universe; **2.** cosmos.
evrensel universal.
evrim evolution.
evrimsel evolutionary.

evvel first; ago; before, earlier, of old; *bundan* ~ before this, previously; ~ *zaman içinde* once upon a time.
evvela [x..] firstly, first of all, to begin with.
evvelce formerly, previously.
evvelden previously, formerly, beforehand.
evvelki **1.** the previous; **2.** *(year, month, week)* before last; ~ *gün* the day before yesterday; ~ *yıl* the year before last.
eyalet, *-ti* [ā] province; state.
eyer saddle; ~ *vurmak* to put a saddle on.
eylem **1.** action; **2.** operation; **3.** verb; *-e geçmek* to put *(a plan)* into operation.
eylemci activist.
eylemek *s. etmek.*
eylül, *-lü* September.
eytişim dialectic(s).
eyvah [ā] Alas!; *-lar olsun* Alas!, What a pity!
eyvallah [x..] **1.** Thank you!, Thanks!; **2.** Good-bye!; **3.** All right!; ~ *etmek* **1.** to comply with s.o.'s wish; **2.** to flatter.
eza [ā] annoyance, vexation; pain, torture.
ezan [ā] call to prayer.
ezber **1.** by heart; **2.** memorization.
ezberden **1.** by heart; **2.** without knowing.
ezbere **1.** by heart; **2.** superficially; ~ *iş görmek* to act without due knowledge; ~ *konuşmak* to talk without knowledge.
ezberlemek to learn by heart, to memorize.
ezeli eternal.
ezgi **1.** ♪ tune, note, melody; **2.** *fig.* style, tempo.
ezici crushing, overwhelming.
ezik **1.** crushed; **2.** bruised *(fruit);* **3.** bruise.
ezilmek **1.** to be crushed; **2.** to have a sinking feeling.
ezinç pain, torment.
eziyet, *-ti* injury, pain, torment; hurt, fatigue, suffering, ill treatment; ~ *çekmek* to suffer fatigue; ~ *etmek* to cause pain, to torment.
eziyetli fatiguing, hard, painful, tiring, vexatious.
ezme puree, paste.
ezmek, *(-er)* **1.** to crush, to bruise, to squash; **2.** to run over; **3.** to depress; **4.** to oppress; **5.** to overcome, to overwhelm *(enemy).*

F

fa ♪ fa.
faal, *-li* active, industrious.
faaliyet, *-ti* [.—..] activity, energy; ~ *göstermek* to function; *-e geçmek* to begin to operate.
faanahtarı, *-nı* ♪ bass clef.
fabrika [x..] factory, plant, works.
fabrikatör manufacturer, factory owner.
facia [—..] **1.** calamity, disaster; **2.** drama, tragedy.
fahiş excessive, exorbitant.
fahişe [ā] prostitute, whore, harlot.
fahri **1.** honorary; **2.** volunteer.
fail [ā] **1.** agent, author; **2.** perpe-

trator; **3.** *gr.* subject.
faiz [ā] interest; ~ *almak* to charge interest; ~ *işlemek* to yield interest; ~ *yürütmek* to calculate interest; *-e vermek* to lend at interest; *-le işletmek* to invest at interest.
faizci [ā] usurer, moneylender.
faizli [ā] interest-bearing, at interest.
faizsiz [ā] interest-free.
fakat, *-tı* [x.] but, only, however.
fakir [ī] poor, pauper, destitute; ~ *fukara* the poor.
fakirlik poverty.
faksimile facsimile.
fakülte faculty *(of a university).*
fal, *-lı* [ā] fortunetelling, soothsaying; ~ *açmak* to tell fortunes.
falaka [x..] bastinado; *-ya çekmek* to bastinado.
falan *F* **1.** so and so, such and such; **2.** and so on; **3.** and such like.
falcı fortuneteller.
falcılık fortunetelling.
fanatik fanatic.
fani [ī] transitory, perishable.
fanila [.x.] **1.** flannel; **2.** flannel undershirt.
fantezi 1. ♪ fantasia; **2.** fancy, de luxe; **3.** fancy, imagination.
fanus [ā] **1.** lamp glass; **2.** glass cover.
far 1. *mot.* headlight; **2.** eye-shadow.
faraş dustpan.
faraza [x..] supposing that ..., assuming ...
farazi [ī] hypothetical.
faraziye hypothesis, supposition.
farbala furbelow.
fare [ā] *zo.* mouse; brown rat; ~ *kapanı* mousetrap; ~ *zehiri* rat poison.
farfara, farfaracı windbag; braggart.
fark, *-kı* **1.** difference, distinction; **2.** discrimination; ~ *etmek* **1.** to notice, to perceive; to realize, to distinguish; **2.** to change, to differ; **3.** to matter; ~ *gözetmek* to discriminate; *-ına varmak (bşin)* to become aware of *s.th.*; *-ında olmak (bşin)* to be aware of *s.th.*
farklı different; ~ *tutmak* to discriminate, to differentiate.
farklılık difference.
farz 1. supposition, hypothesis; **2.** *eccl.* precept; ~ *etmek* to suppose, to assume.
fasa fiso [..x.] *sl.* trash, twaddle, nonsense.
fasıl, *-slı* **1.** chapter, section, division; **2.** *a concert program in the same makam.*
fasıla interval; interruption; ~ *vermek* to break, to interrupt.
fasih [ī] correct and clear *(speech)*; fluent, lucid.
fasikül fascicle, section *(of a book).*
fasulye [.x.] ⚘ bean(s); *taze* ~ string beans.
faşist fascist.
fatih conqueror.
fatura invoice; ~ *kesmek* to make out an invoice.
faul *sports:* foul.
favori 1. whiskers, sideburns; **2.** favorite.
fay fault, fracture.
fayans (wall) tile.
fayda profit, advantage, use; *-sı dokunmak* to come in handy.
faydalanmak to profit *(-den by)*, to make use *(-den of)*, to benefit *(-den from)*.
faydalı useful, profitable.
fayton phaeton.
fazilet, *-ti* [.—.] virtue, grace, goodness; merit.
fazla 1. excessive, extra; **2.** more (*than*); **3.** too much; very much; too many; **4.** a lot; ~ *gelmek* to be too much; ~ *olarak* besides, moreover; *-sıyla* abundantly, am-

ply.
fazlalaşmak to increase.
fazlalık 1. excess; **2.** superabundance; **3.** surplus.
feci, *-ii* [ī] painful; tragic; terrible.
fecir, *-cri* dawn.
feda, *-aı* [ā] sacrifice; ~ *etmek* to sacrifice.
fedai [.——] **1.** bodyguard, bouncer; **2.** patriot, one who sacrifices his life for a cause.
fedakâr [.——] self-sacrificing, devoted, loyal.
fedakârlık [.——.] self-sacrifice, devotion.
federal federal.
Federal Almanya Cumhuriyeti *pr. n.* Federal Republic of Germany.
federasyon federation.
federe federate; ~ *devlet* ⚖ federal state.
felaket, *-ti* disaster, catastrophe, calamity; *-e uğramak* to have a disaster.
felaketzede victim *(of a disaster)*.
felç, *-ci* ⚕ paralysis; *çocuk felci* infantile paralysis; *felce uğramak* to be paralysed *(a. fig.)*.
felçli paralytic, paralyzed.
felek 1. firmament, heavens; **2.** fate, destiny; **3.** the universe; *feleğin çemberinden geçmiş* gone through the mill.
fellah 1. fellah, Egyptian farmer; **2.** *F* Negro, Black.
felsefe philosophy; ~ *yapmak* to philosophize.
feminist, *-ti* feminist.
fen, *-nni* **1.** science; branch of science; **2.** technics, art, ~ *fakültesi* faculty of science.
fena 1. bad; evil; **2.** ill, sick; **3.** awful, terrible; ~ *etmek* **1.** to treat badly; **2.** to do evil; **3.** to make s.o. feel sick; ~ *halde* badly, extremely; ~ *muamele* ill-treatment; ~ *olmak* to feel bad; to feel faint; *-sına gitmek* to be exasperated.
fenalaşmak 1. to get worse, to deteriorate; **2.** to turn faint.
fenalık 1. evil, badness; injury, harm; **2.** fainting; ~ *etmek* **1.** to do evil; **2.** *(b-ne)* to harm *s.o.*; ~ *geçirmek* to feel faint; ~ *gelmek* to faint.
fener 1. lantern; streetlamp; **2.** lighthouse; ~ *alayı* torchlight procession.
fenerci lighthouse keeper.
fenni scientific, technical.
feragat, *-ti* [.—.] **1.** self-sacrifice, abnegation; **2.** ⚖ renunciation, abandonment *(of a right)*, cession, waiver; abdication; ~ *etmek* to renounce, to give up, to abandon; to abdicate *(-den from)*.
ferah 1. spacious, open, roomy; **2.** joy, pleasure; ~ ~ easily, abundantly; *-a çıkmak* to feel relieved.
ferahlamak 1. to become spacious *or* airy; to clear up; **2.** to become cheerful, to feel relieved.
ferdi 1. individual; **2.** personal; ~ *teşebbüs* individual enterprise.
feribot, *-tu* [x..] ferryboat.
ferman [ā] **1.** firman, imperial edict; **2.** command, order; ~ *dinlememek* to ignore the law.
fermejüp, *-pü* snap-fastener, press-stud.
fermuar zip fastener, zip(per).
fert, *-di* person, individual.
feryat, *-dı* [ā] **1.** cry, scream, yell; **2.** complaint; ~ *etmek* **1.** to lament, to cry out, to wail, to yell; **2.** to complain.
fes fez.
fesat, *-dı* [ā] **1.** depravity, corruption, intrigue; **2.** mischievous, intriguer; **3.** disturbance, disorder; **4.** rebellion, revolt; **5.** ⚖ plot, conspiracy; ~ *çıkarmak* to plot mischief, to conspire; ~ *kumkuması* mischief-maker, conspirator.

feshetmek [x..] **1.** to annul, to cancel, to abolish; **2.** to dissolve *(parliament).*
fesih, *-shi* **1.** abolition, cancellation, annulment; **2.** dissolution.
fesleğen ⚘ sweet basil.
festival, *-li* **1.** festival; **2.** *sl.* fiasco, utter failure.
fethetmek [x..] to conquer.
fetih, *-thi* conquest.
fettan [ā] tempting, alluring.
fetva [ā] *eccl.* decision *(on religious matter given by a mufti);* ~ *vermek* to deliver a *fetva.*
feveran [ā] flying into a temper, flaring up, rage; excitement; ~ *etmek* to boil over with anger, to flare up.
fevkalade [x.—.] **1.** extraordinary, unusual; **2.** unusually, exceptionally; **3.** wonderful, excellent; ~ *haller* exceptional circumstances.
fevri sudden; impulsive.
feylesof philosopher.
feyz **1.** abundance; prosperity; fertility; **2.** enlightment; ~ *almak* to be enlightened *(-den by),* to learn *(-den from).*
feza [ā] (outer) space.
fıçı cask, barrel; tub; ~ *birası* draught beer, *Am.* draft beer; ~ *gibi* corpulent, squat.
fıkır fıkır **1.** with a bubbling noise; **2.** coquettish.
fıkırdamak **1.** to boil up, to bubble; **2.** to giggle.
fıkra **1.** anecdote; **2.** short column *(in a newspaper);* **3.** paragraph.
fıldır fıldır rolling *(eyes).*
fındık hazelnut, filbert; ~ *kabuğunu doldurmaz* trifling, unimportant.
Fırat, *-tı pr. n.* Euphrates.
fırça brush; ~ *çekmek sl.* to dress down; ~ *gibi* hard and coarse *(hair).*
fırçalamak to brush.
fırdöndü swivel.
fırıldak **1.** weathercock; **2.** spinning-top; whirligig; **3.** windmill *(child's toy);* **4.** *fig.* trick, intrigue; ~ *çevirmek* to intrigue.
fırın **1.** oven; **2.** bakery; **3.** kiln; **4.** furnace.
fırıncı baker.
fırınlamak ⊕ to kiln-dry.
fırlak protruding, sticking out, overhanging.
fırlama *sl.* bastard.
fırlamak **1.** to fly out; to leap up; **2.** to rush; **3.** to protrude, to stick out; **4.** *fig.* to soar, to skyrocket *(price).*
fırlatmak to hurl, to shoot, to throw.
fırsat, *-tı* opportunity, chance, occasion; ~ *bulmak* to find an opportunity; ~ *düşkünü* opportunist; ~ *vermek* to give an opportunity; *-tan istifade* taking advantage of an opportunity.
fırsatçı opportunist.
fırt fırt continually, incessantly.
fırtına **1.** storm, gale, tempest; **2.** *fig.* vehemence, violence; *-ya tutulmak* to be caught in a storm.
fırtınalı stormy *(a. fig.).*
fısıldamak to whisper.
fısıltı whisper.
fıskıye fountain, water jet.
fıslamak **1.** to whisper; **2.** to tip the wink.
fıstık pistachio nut; ~ *çamı* ⚘ pine tree; ~ *gibi F* as pretty as a picture.
fıstıki [ī] pistachio green, light green.
fışırdamak to gurgle, to rustle.
fışkı horse dung; manure.
fışkın shoot, sucker.
fışkırmak **1.** to gush out, to spurt out, to squirt forth; to jet; **2.** to spring up *(plant).*
fıtık hernia, rupture; ~ *olmak* **1.** to get a hernia; **2.** *sl.* to become irritated.

fiberglas fibreglass, *Am.* fiberglass.
fidan young plant, sapling; ~ *boylu* tall and slender; ~ *gibi* slim *(girl).*
fidanlık nursery.
fide [x.] seedling plant.
fidelemek to plant out seedlings.
fidelik nursery bed.
fidye [x.] ransom.
figan [ā] wail, lamentation; ~ *etmek* to lament.
figüran *cinema:* extra; *thea.* super, walk-on.
fihrist, *-ti* **1.** table of contents; index; **2.** catalogue, list.
fiil, *-li* **1.** act, deed; **2.** *gr.* verb; ~ *çekimi gr.* conjugation.
fiilen **1.** actually, really; **2.** ⚖ in act; **3.** *pol.* de facto.
fikir, *-kri* thought, idea; opinion, mind; ~ *adamı* intellectual, savant; ~ *almak* to consult, to ask s.o.'s opinion; ~ *edinmek* to form an opinion *(about);* ~ *işçisi* white-collar worker; ~ *vermek* to give an idea *(about);* ~ *yürütmek* to opine, to put forward an idea; *fikrince* in one's opinion.
fikren [x.] as an idea, in thought.
fikstür *sports:* fixture.
fil elephant; ~ *gibi* **1.** greedy, voracious; **2.** huge, enormous.
filarmonik philharmonic.
fildişi, *-ni* ivory.
file **1.** net (*or* string) bag; **2.** netting; **3.** hair net.
filhakika [x.—.] in fact, actually, truly.
filigran watermark *(in paper).*
filika [.x.] ⚓ ship's boat.
filinta [.x.] carbine, short gun; ~ *gibi* handsome.
Filipinler *pr. n.* Philippines.
Filistin [.x.] *pr. n.* Palestine.
Filistinli [.x..] Palestinian.
filiz **1.** young shoot; tendril; bud, scion; **2.** *min.* ore.
filizi bright green.
filizlenmek to shoot, to send forth shoots, to sprout.
film **1.** film *(for a camera);* **2.** film, movie; ~ *çekmek* **1.** to film; **2.** to X-ray; ~ *çevirmek* to film, to make a movie; ~ *makinesi* movie camera; ~ *oynatmak* to show; ~ *yıldızı* film star.
filo [x.] fleet; squadron.
filoloji philology.
filozof **1.** philosopher; **2.** *fig.* philosophical.
filozofça philosophical(ly).
filtre [x.] filter; ~ *etmek* to filter.
final, *-li* **1.** *sports:* final; **2.** ♪ finale; *-e kalmak sports:* to go on to the finals.
finalist, *-ti sports:* finalist.
finans finance.
finanse etmek to finance.
finansman financing.
fincan **1.** coffee cup, tea cup; **2.** ⚡ porcelain insulator; ~ *tabağı* saucer.
fingirdek coquettish, frivolous.
fingirdemek to behave coquettishly.
fink: ~ *atmak* to flirt around; to gallivant.
Finlandiya [.x..] *pr. n.* Finland.
fino [x.] pet (*or* lap) dog.
firar [ā] running away, flight; ⚔ desertion; ~ *etmek* to run away, to flee; ⚔ to desert.
firari [.——] fugitive, runaway; ⚔ deserter.
firavun **1.** pharaoh; **2.** haughty, cruel *(person).*
fire [x.] loss, decrease, diminution; shrinkage, wastage; ~ *vermek* to suffer wastage; to diminish; to shrink.
firkete [.x.[hairpin.
firma [x.] **1.** firm, company; **2.** trade name.
firuze [ū] turquoise.
fiske **1.** flick, flip *(with the finger);*

2. pinch; **3.** pimple; ~ *vurmak* = *fiskelemek*.

fiskelemek to give a flick *(to)*, to flick.

fiskos whispering; gossip.

fistan 1. dress, petticoat, skirt; **2.** kilt.

fistül fistula.

fiş 1. (index) card; **2.** ⚡ plug; **3.** form; **4.** chip; token, counter; **5.** slip (of paper), receipt.

fişek 1. cartridge; **2.** rocket; **3.** roll of coins; **4.** fireworks; ~ *atmak* **1.** to fire a rocket; **2.** *sl.* to put the cat among the pigeons; **3.** *sl.* to have sexual relations *(-e with)*.

fişeklik cartridge belt; bandolier; ammunition pouch.

fişlemek 1. to prepare an index card *(-i on)*; **2.** *(the police)* to open a file *(-i on)*.

fit, *-ti* instigation; incitement; ~ *sokmak (or vermek)* to instigate, to incite.

fitil 1. wick; **2.** ⚕ seton, tent; **3.** ⚔ fuse; **4.** piping; ~ *(gibi)* as drunk as a lord; ~ *vermek* to infuriate, to exasperate, to incite.

fitillemek 1. to light *(the f use of ...)*; **2.** to attach a fuse *or* wick to; **3.** = *fitil vermek*.

fitlemek to instigate, to incite, to excite.

fitne instigation; mischief-making; ~ *fücur* dangerous agitator; ~ *sokmak* to set people at loggerheads.

fitneci intriguer, mischief-maker.

fitnelemek to inform *(on)*, to denounce, to peach.

fitre alms *(given at the close of Ramadan)*.

fiyaka [.x.] *sl.* showing off, swagger, ostentation; ~ *satmak* to show off, to swagger.

fiyasko fiasco, failure, washout; ~ *vermek* to end in fiasco.

fiyat, *-tı* price; ~ *biçmek* to estimate a price *(-e for)*; ~ *indirimi* reduction; ~ *kırmak* to reduce the price, to discount; ~ *vermek* to quote a price *(-e for)*.

fiyonk 1. bow tie; **2.** bowknot.

fizik 1. physics; **2.** physical; ~ *tedavisi* physiotherapy.

fizyoloji physiology.

fizyonomi physiognomy.

flama signal flag, pennant, streamer.

flaş *phot.* **1.** flash; **2.** flash bulb.

floresan fluorescent; ~ *lamba* fluorescent lamp.

floş floss silk.

flöre *fencing:* foil.

flört, *-tü* flirt; ~ *etmek* to flirt.

flüt, *-tü* flute.

flütçü flutist.

fobi [x.] phobia.

fok, *-ku* seal.

fokurdamak to boil up, to bubble.

fokur fokur boiling up, bubbling noisily.

fokurtu bubbling sound.

fol nest egg.

folklor, *-ru* [x.] folklore; folk dancing.

folluk nesting-box.

fon 1. fund, asset; **2.** *paint.* background colo(u)r; ~ *müziği* background music.

fondan fondant, a soft candy.

fonetik phonetic(s).

fonksiyon function.

form form; *-a girmek sports:* to get into shape.

forma [x.] **1.** form; **2.** folio; **3.** colo(u)rs *(of a sporting club)*; **4.** uniform; *football:* shirt.

formalite formality; red tape; ~ *düşkünü* formalist; ~ *gereği* as a matter of form.

formika formica.

formül 1. *a.* ⚗, ⚗ formula; **2.** formulary.

fors 1. flag or pennant of office; **2.** *F* power, influence; *-u olmak F* to

have influence.
forslu influential, powerful.
forvet, *-ti sports:* forward.
fosfat, *-tı* phosphate.
fosfor phosporus.
fosil fossil.
fosseptik cesspool, cesspit.
foto 1. photo; **2.** photographer; ~ *muhabiri* newspaper photographer.
fotoğraf 1. photograph; **2.** photography; ~ *çekmek* to take a photograph; ~ *makinesi* camera.
fotoğrafçı 1. photographer; **2.** photographer's studio.
fotojenik photogenic.
fotokopi photocopy, photostat (copy); ~ *makinesi* photocopier, photostat.
fotoroman photo-story.
fötr felt; ~ *şapka* felt hat.
frak, *-kı* tail coat, tails.
francala [x..] fine white bread; roll.
frank, *-gı* franc.
Fransa [x.] *pr. n.* France.
Fransız 1. French; **2.** Frenchman.
frekans frequency.
fren brake; ~ *yapmak* to brake.
frengi [x.] syphilis.
Frenk, *-gi* European.
frenkgömleği, *-ni* shirt.
frenküzümü, *-nü* red currant.
frenlemek 1. to brake; **2.** *fig.* to moderate, to check.
frigorifik frigorific, refrigerated.
frikik *football:* free kick.
fuar [.x] fair, exposition.
fuaye *thea.* foyer.
fuhuş, *-hşu* prostitution.
fukara [..—] **1.** the poor; **2.** poor, destitute, pauper.
fukaralık poverty, destitution.
fulya [x.] ⚘ jonquil.
funda [x.] ⚘ heath; ~ *toprağı* humus of heath.
fundalık scrub, brush.
furgon luggage van, freight car.
furya rush; glut.
futbol, *-lu* football, soccer; ~ *meraklısı* football fan; ~ *takımı* football team.
futbolcu footballer.
fuzuli [.——] **1.** unnecessary, needless, superfluous; **2.** unnecessarily.
füme 1. smoked *(fish, meat);* **2.** smoke-colo(u)red.
füze [x.] rocket, missile.

G

gabardin gabardine.
gacırdamak to creak.
gacır gucur with a creaking noise.
gaddar [.—] cruel, perfidious, tyrant.
gaf blunder, gaffe, faux pas; ~ *yapmak* to blunder.
gafil [ā] unaware *(-den of);* careless; ~ *avlamak* to catch unawares; ~ *bulunmak* to take no heed.
gaflet, *-ti* heedlessness, carelessness.
gaga beak, bill; ~ *burun* hook-nosed, aquiline; *-sından yakalamak fig.* to catch by the nose.
gagalamak 1. to peck; **2.** *fig.* to scorn.
gaile [ā] trouble, anxiety, worry, difficulty.

gaileli 1. troublesome; **2.** troubled, worried.
gailesiz 1. trouble-free, carefree; **2.** untroubled.
gaip, *-bi* [ā] **1.** absent, invisible; missing, lost; **2.** the invisible world; *-ten haber vermek* to foretell, to divine.
Gal *pr. n.* Wales.
gala [x.] **1.** gala, festivity; **2.** state dinner; ~ *gecesi* gala night.
galebe 1. victory; **2.** supremacy; ~ *çalmak* to conquer, to overwhelm.
galeri 1. gallery; **2.** art gallery; **3.** gallery, working drift; **4.** *thea.* gallery, balcony; **5.** showroom *(for automobiles etc.).*
galeta [.—.] bread stick, rusk; ~ *unu* fine white flour.
galeyan [..—] rage, agitation, excitement; *-a gelmek* to get worked up, to be agitated.
galiba [—.—] probably, presumably.
galibiyet, *-ti* [ā] victory, win.
galip, *-bi* [ā] **1.** victorios; **2.** victor, vanquisher; **3.** overwhelming; ~ *çıkmak* to emerge victorious *(-den from);* ~ *gelmek (b-ne)* to defeat *s.o.*
galiz [ī] filty, dirty; obscene, indecent.
galon 1. gallon; **2.** gas can.
galvanizlemek to galvanize.
gam¹ ♪ scale.
gam² grief, anxiety, worry; ~ *çekmek* to grieve; ~ *yememek* not to worry.
gambot, *-tu* gunboat.
gamlanmak to worry *(-e about),* to grow sad.
gamlı worried, sorrowful, grieved.
gamma gamma; ~ *ışınları* gamma rays.
gammaz [.—] sneak, informer, telltale.
gammazlamak to inform *(against),* to tell on, to tell tales *(about),* to denounce, to peach *(against, on).*
gammazlık tale-bearing, spying.
gamsız carefree, lighthearted, happy-go-lucky.
gamze dimple.
Gana *pr. n.* Ghana.
gangster gangster.
ganimet, *-ti* [ī] spoils, booty, loot.
ganyan the winner *(horse);* winning ticket.
gar large railway station.
garaj garage.
garanti 1. guaranty, guarantee; **2.** *F* sure, certain; without doubt; ~ *etmek* to guarantee.
garantilemek 1. to guarantee; **2.** to make sure *(-i of).*
garantili 1. guaranteed; **2.** *fig.* certain, sure.
garaz grudge, resentment, malice, animosity; ~ *bağlamak (b-ne)* to hold a grudge against *s.o.;* ~ *beslemek* to nourish a spite; ~ *olmak (b-ne)* to bear *s.o.* malice.
garazkâr rancorous, spiteful.
gardenparti [x...] garden party.
gardırop, *-bu* **1.** wardrobe; **2.** cloakroom.
gardiyan prison guard, gaoler, warden, *Am.* jailer.
gargara gargle; ~ *yapmak* to gargle.
gariban pitiable, pathetic *(person).*
garip, *-bi* [ī] **1.** strange, odd, peculiar; **2.** destitute; **3.** stranger; *garibine gitmek (b-nin)* to appear strange to *s.o.*
garipsemek 1. to find strange; **2.** to feel lonely and homesick.
garnitür garnish, garniture, trimmings *(of a dish).*
garnizon 1. garrison; **2.** garrison town.
garson waiter.
garsoniye service charge.
garsoniyer bachelor's establish-

ment.
gasıp, *-spı* usurpation, seizure by violence.
gaspetmek [x..] to usurp, to seize by force.
gâvur **1.** giaour, unbeliever, non--Moslem; **2.** *fig.* merciless, cruel; obstinate; ~ *ölüsü gibi* as heavy as lead.
gâvurluk **1.** unbelief; **2.** *fig.* cruelty; ~ *etmek* to act cruelly.
gayda [x.] bagpipe.
gaye [ā] aim, object, end, goal; ~ *edinmek (bşi)* to aim at *s.th.*; *-siyle* for the purpose of.
gayet, *-ti* [ā] very, extremely, greatly.
gayret, *-ti* **1.** zeal, ardo(u)r; **2.** energy, effort, perseverance; **3.** solicitude, protectiveness; ~ *etmek* to endeavo(u)r, to try hard; ~ *vermek* to encourage; *-e gelmek* to get into working spirit.
gayretli **1.** zealous; **2.** hard-working, persevering.
gayretsiz lacking zeal, slack, without enthusiasm.
gayrı **1.** now, well then; **2.** (not) any more, (no) longer.
gayri **1.** other *(-den than)*, besides, apart from; **2.** *(before adjectives)* un-, non-; ~ *ihtiyari* involuntarily; ~ *kabil* impossible; ~ *menkul* **1.** immovable, real *(property)*; **2.** real estate; ~ *meşru* illegitimate; unlawful; illicit *(gain)*; ~ *muntazam* **1.** irregular(ly); **2.** disorderly; ~ *resmi* unofficial; informal; ~ *safi econ.* gross.
gaz **1.** kerosene; **2.** *phys.* gas; **3.** flatus; ~ *bombası* gas bomb; ~ *lambası* kerosene lamp; ~ *ocağı* kerosene cookstove; ~ *sobası* kerosene heater; *-a basmak mot.* to step on the gas, to accelerate.
gazap, *-bı* wrath, rage; *-a gelmek* to get in a rage.
gazete [.x.] newspaper; ~ *çıkarmak* to publish a newspaper.
gazeteci **1.** journalist, newspaperman; **2.** newspaper seller, newsvendor.
gazetecilik journalism.
gazhane [.—.] gasworks.
gazi [——] ghazi, war veteran.
Gazi Atatürk.
gazino [.x.] casino, café.
gazlamak **1.** to smear with kerosene; **2.** *mot.* to accelerate.
gazlı **1.** gaseous; **2.** containing kerosene; ~ *bez* gauze.
gazoz soda pop, fizzy lemonade.
gazölçer gas meter.
gazyağı, *-nı* kerosene.
gebe pregnant, expectant; ~ *kalmak* to fall pregnant, to become pregnant *(-den by)*.
gebelik pregnancy; ~ *önleyici* contraceptive.
gebermek *contp.* to die, to croak, to kick the bucket.
gebertmek *contp.* to kill, to bump off.
gece **1.** night; **2.** at night; last night; tonight; ~ *gündüz* day and night, continuously; ~ *kuşu* **1.** bat; **2.** *fig.* nighthawk; ~ *vakti* at night; ~ *yarısı* midnight; ~ *yatısı* overnight visit; *-yi gündüze katmak* to work night and day.
gececi worker on a night shift.
gecekondu chanty, squatter's shack.
gecelemek to spend the night *(in a place)*.
geceleyin [.x..] by night.
geceli: ~ *gündüzlü* day and night, continuously.
gecelik **1.** nightdress, nightgown; **2.** pertaining to the night; **3.** fee for the night.
gecesefası, *-nı* ⚘ four-o'clock.
gecikme delay.
gecikmek to be late, to be delayed.
geciktirmek to delay, to cause to be late.

geç late, delayed; ~ *kalmak* to be late; ~ *vakit* late in the evening.
geçe past *(time); dokuzu on* ~ 10 minutes past nine.
geçeğen temporary, transitory.
geçen past, last; ~ *gün* the other day; ~ *sefer* last time; ~ *yıl* last year.
geçenlerde lately, recently.
geçer 1. current, in circulation; **2.** desired, in demand.
geçerli valid.
geçerlik validity; currency.
geçersiz invalid, null; ~ *saymak* to annul; to cancel.
geçici 1. temporary, transitory, passing; **2.** contagious; ~ *hükümet* caretaker government; ~ *olarak* temporarily.
geçim 1. livelihood, living; **2.** getting along with one another, compatibility; ~ *derdi* the struggle to make a living; ~ *düzeyi* the standard of living; ~ *masrafı* cost of living; ~ *yolu* means of subsistence.
geçimli easy to get along with.
geçimsiz unsociable, quarrelsome, fractious, difficult.
geçindirmek to support *(a person)*, to maintain.
geçinim, geçinme subsistence, getting by.
geçinmek 1. to live *(ile on)*, to subsist *(ile on)*; **2.** to get on well *(ile with)*, to get along *(ile with)*; **3.** to pretend to be; **4.** *(b-den)* to live on *(s.o.)*; *geçinip gitmek* to make ends meet.
geçirmek 1. to infect *(-e with)*; **2.** to fix, to insert, to slip on *(a cover on a book etc.)*; **3.** to pass *(time)*; **4.** to enter *(in an account)*; **5.** to undergo *(an operation)*; **6.** to get over *(a disease)*; **7.** *(b-ni)* to see *s.o.* off; **8.** to transmit *(heat etc.)*.
geçiş 1. passing, crossing; **2.** change, transfer; **3.** ♪ transposition; ~ *üstünlüğü* right of way.
geçişli *gr.* transitive.
geçişsiz *gr.* intransitive.
geçiştirmek 1. to pass over *(a matter)* lightly; **2.** to get over *(an illness)*.
geçit, *-di* **1.** mountain pass; **2.** passageway, passage; ford; **3.** *(a.* ~ *töreni)* parade; ~ *vermek* to be fordable.
geçkin 1. elderly; **2.** overripe *(fruit)*; *otuzu* ~ over thirty.
geçme 1. dovetailed; telescoped; **2.** tenon.
geçmek, *(-çer)* **1.** to pass *(-den over, along)*, to cross; **2.** to undergo, to go through; **3.** to pass by; **4.** to move *(-e to)*; **5.** *(b-den b-ne)* to spread from *s.o.* to *s.o.*; **6.** to exceed, to pass; **7.** to pass *(time)*; to come to an end *(season, period etc.)*; **8.** to pass one's class; **9.** to spoil, to go stale; **10.** *(k-den)* to faint; **11.** to omit, to skip, to leave out.
geçmiş 1. past; **2.** the past; **3.** overripe; ~ *olsun!* May you recover soon!; ~ *zaman gr.* past tense.
gedik 1. gap, breach; **2.** fault, defect; **3.** mountain pass; ~ *açmak* to make a breach *(-de in)*; ~ *kapamak* to fill the gap.
gedikli 1. breached; gapped; **2.** regular guest, constant frequenter; **3.** × regular non-commissioned officer (N.C.O.); ~ *çavuş* × sergeant; warrent officer.
geğirmek to belch, to burp.
gelecek 1. future; **2.** next, coming; ~ *sefer* next time; ~ *zaman gr.* future tense.
gelenek tradition.
geleneksel traditional.
gelgelelim but, only.
gelgit, *-ti* the tides.
gelin 1. bride; **2.** daughter-in-law; ~ *alayı* bridal procession; ~

güvey olmak (kendi k-ne) to build castles in Spain; ~ *odası* bridal chamber; ~ *olmak* to get married *(girl).*
gelincik 1. ⚘ poppy; **2.** *zo.* weasel.
gelinlik 1. wedding dress; **2.** marriageable *(girl).*
gelir income, revenue; ~ *dağılımı* income distribution; ~ *vergisi* income tax.
geliş coming, return.
gelişigüzel by chance, at random, superficial(ly).
gelişim development, progress.
gelişme 1. development; **2.** growing, maturing.
gelişmek 1. to grow up; to mature; **2.** to develop, to prosper; *-te olan ülke* developing country.
geliştirmek to develop, to improve, to advance.
gelmek, *(-ir)* **1.** to come *(-e, -den to, from);* to get; to arrive; **2.** *-e* to suit, to fit; **3.** to cost; **4.** to affect; **5.** to appear, to seem; **6.** to pretend; *gelip çatmak* to come round at last; *gelip geçici* transient, passing; *gelip gitmek* to frequent, to come and go.
gem bit *(of a bridle);* ~ *vurmak -e* **1.** to curb; to bridle; **2.** to restrain; *-i azıya almak* to take the bit between the teeth *(a. fig.).*
gemi ship, vessel, boat; ~ *kiralamak* to charter a ship; ~ *mürettebatı* crew; *-de teslim econ.* free on board, f.o.b.; *-ye binmek* to embark, to go on board.
gemici sailor, mariner; ~ *feneri* barn lantern.
gemlemek to bridle *(a. fig.).*
genç, *-ci* young, youthful; youngster; ~ *yaşında* in his youth.
gençleşmek to become youthful, to be rejuvenated.
gençleştirmek to rejuvenate.
gençlik 1. youth; **2.** the young, younger generation.
gene [x.] **1.** again; **2.** still, nevertheless; ~ *de* but still; yet again.
genel general; ~ *af* amnesty; ~ *müdür* general director; ~ *olarak* in general, generally; ~ *seçim* general election; ~ *sekreter* secretary general.
genelev brothel.
genelge circular, notice.
genelkurmay ⨯ general staff.
genelkurul general meeting.
genellemek to generalize.
genelleşme generalization.
genellikle generally, in general, usually.
general, *-li* ⨯ general.
geniş 1. wide, broad; spacious, extensive; **2.** carefree *(person);* ~ *açı* △ obtuse angle; ~ *fikirli fig.* broad-minded; ~ *ölçüde* on a large scale; ~ *zaman gr.* simple present tense.
genişlemek 1. to widen, to broaden, to expand; **2.** to ease up.
genişlik wideness, width; extensiveness.
geniz, *-nzi* nasal passages; *-den konuşmak* to speak through the nose; *-e kaçmak* to go down the wrong way *(food).*
gensoru *pol.* general questioning in parliament, interpellation.
geometri geometry.
geometrik geometric(al).
gerçek 1. real, true, genuine; **2.** reality, truth; **3.** really.
gerçekçi 1. realist; **2.** realistic.
gerçekçilik realism.
gerçekleşmek to come true, to materialize.
gerçekleştirmek to realize, to make real.
gerçeklik reality.
gerçekten really, truly; in fact.
gerçeküstü surrealistic.
gerçi [x.] although, though.
gerdan 1. neck, throat; **2.** double chin; dewlap.

gerdanlık necklace, neckband.
gerdek bridal chamber; ~ *gecesi* wedding night.
gereç material, requisite.
gereğince in accordance with.
gerek 1. necessary, needed; **2.** necessity, need; ~ ... ~ ... whether ... or ..., both ... and ...; *gereği gibi* as is due.
gerekçe reason, justification.
gerekli necessary, required, needed.
gereklilik necessity, need.
gerekmek, *(-ir)* to be necessary, to be needed, to be required.
gereksemek to need, to consider necessary, to feel the necessity *(of)*.
gereksinim necessity, need.
gereksinmek *s. gereksemek*.
gereksiz unnecessary.
gergedan *zo.* rhinoceros.
gergef embroidery frame; ~ *işlemek* to embroider with a frame.
gergi 1. curtain; **2.** stretcher.
gergin 1. tight, stretched, taut; **2.** tense; strained *(relations)*.
gerginleşmek 1. to get stretched; **2.** *fig.* to become tense.
geri 1. back, backward, toward the rear, behind; **2.** rear; **3.** slow *(clock)*; **4.** *sl.* fool; ~ *almak* **1.** to get (*or* take) back; **2.** to take back, to withdraw *(word, order)*; **3.** to back up; **4.** to put back *(clock)*; ~ *bırakmak* to postpone, to put off; ~ *çekilmek* to withdraw *(-den from)*; ~ *çevirmek* to turn down, to turn away; ~ *dönmek* to come (*or* go) back, to return; ~ *kafalı* *fig.* reactionary, fogey; ~ *kalmak* **1.** to stay behind; **2.** to be slow *(clock)*; ~ *tepmek* to recoil, to kick *(gun)*; ~ *vites mot.* reverse (gear); *-de bırakmak* to leave behind, to pass.
gerici reactionary.
gericilik reaction.
gerileme regression; retrogression.
gerilemek 1. to regress, to move backward; to retreat; **2.** to be on the wane *(sickness)*; to worsen; **3.** to be left behind.
gerilim tension.
gerilimli tense; under tension.
gerilla guerrilla.
gerilme tension.
gerinmek to stretch oneself.
gerisingeriye backwards.
germek, *(-er)* to stretch, to tighten.
getirmek to bring, to yield.
getirtmek 1. to send for; **2.** to order, to import *(-den from)*.
gevelemek 1. to chew, to mumble; **2.** *fig.* to hum and haw.
geveze talkative, chattering, chatterbox; indiscreet.
gevezelik chatter, idle talk, gossip; indiscreet talk; ~ *etmek* to chatter, to talk idly, to babble.
geviş rumination; ~ *getirmek* to ruminate.
gevrek 1. crisp, brittle, crackly; **2.** dry toast.
gevşek 1. loose, slack, lax; **2.** *fig.* soft, lax, lacking in backbone; ~ *ağızlı* indiscreet.
gevşemek 1. to loosen, to slacken; to become lax; **2.** to relax, to become calm *(nerves)*.
gevşetmek 1. to loosen, to slacken; **2.** to relax.
geyik *zo.* deer, stag, hart.
gez rear sight *(of a gun)*.
gezdirmek 1. to show around, to take through; to lead about; **2.** to sprinkle.
gezegen planet.
gezgin widely travelled; tourist, traveller.
gezi 1. excursion, outing; tour; **2.** promenade; *-ye çıkmak* to go on a trip.
gezici itinerant; ~ *esnaf* peddler; hawker.

gezinmek to go about, to wander about, to stroll.
gezinti walk, stroll, pleasure trip, outing.
gezmek, *(-er)* **1.** to stroll, to walk, to get about, to get round; **2.** to go out; **3.** to tour *(a place);* to walk around *(a place);* **4.** to travel, to visit.
gezmen tourist, traveller.
gıcık tickling sensation in the throat; ~ *olmak* to be irritated *(-e by);* ~ *tutmak* to have a tickle in the throat.
gıcırdamak to creak, to rustle, to squeak.
gıcır gıcır 1. very clean; **2.** brand new.
gıcırtı creak, squeak.
gıda [ā] food, nourishment; nutriment; ~ *maddeleri* foodstuffs.
gıdıklamak to cackle.
gıdalı nutritious, nourishing.
gıdıklamak to tickle.
gıdıklanmak to tickle, to have a tickling sensation.
gına [ā] **1.** wealth; **2.** sufficiency; ~ *gelmek* to be sick *(-den of),* to be tired *(-den of).*
gıpta envy without malice, longing; ~ *etmek (bşe)* to envy *s.th.*
gırtlak throat, larynx; ~ *gırtlağa gelmek* to be at each other's throat; *gırtlağına düşkün* greedy, gluttonous; *gırtlağına kadar borç içinde olmak* to be up to one's neck in debt.
gıyaben [ā] [.x.] **1.** in one's absence; **2.** by name; **3.** ⚖ by default; ~ *tanımak (b-ni)* to know *s.o.* by name.
gibi 1. like, similar; **2.** nearly, almost, somewhat; *-sine gelmek* to seem.
gibice somewhat like.
gideğen outlet *(of a lake).*
gider expenditure, expense.
giderayak just before leaving, at the last moment.
giderek gradually.
giderici remover.
gidermek to remove, to make disappear, to cause to cease.
gidiş 1. departure, leaving; **2.** conduct, way of life; ~ *dönüş bileti* return ticket, *Am.* round trip ticket.
gidişgeliş coming and going, round trip; traffic.
Gine *pr. n.* Guinea.
girdap, *-bı* [a] whirlpool.
girdi input.
girgin sociable, gregorious.
girift, *-ti* involved, intricate.
girinti indentation, recess.
girintili indented; ~ *çıkıntılı* wavy, toothed, zigzag.
giriş 1. entrance, entry; **2.** introduction; ~ *sınavı* entrance examination; ~ *ücreti* price of admission, entrance fee.
girişik intricate; complex.
girişim enterprise, initiative, attempt.
girişken enterprising, pushing, pushy.
girişli çıkışlı movable, sliding.
girişmek 1. to meddle, to interfere, to mix up *(-e in);* **2.** to attempt, to undertake.
Girit, *-ti pr.n.* Crete.
girmek, *(-er)* **1.** *-e* to enter, to go in, to come in; **2.** to join, to participate *(-e in);* **3.** to fit *(-e into);* **4.** to begin *(season, time); girip çıkmak* to pay a flying visit.
gişe ticket window, pay desk, cashier's desk, *thea.* box office.
gitar guitar.
gitgide [x..] gradually, as time goes on.
gitmek, *(-der)* **1.** to go *(-e to);* **2.** to lead, to go *(road);* **3.** to suit, to go well *(-e with);* **4.** to last; **5.** *(b-le)* to accompany *s.o.;* **6.** to go away, to leave; **7.** to disappear; to

die.
gittikçe [.x.] gradually, by degrees, more and more.
giydirmek to dress, to clothe.
giyecek clothes, clothing.
giyim clothing, dress, attire; ~ *kuşam* dress and finery, garments.
giyimevi, *-ni* clothing store.
giyimli dressed.
giyinmek 1. to dress o.s.; **2.** to put on *(clothes, hat, shoes); giyinip kuşanmak* to put on one's Sunday best.
giymek to put on, to wear.
giyotin guillotine.
giysi garment, clothing, dress.
giz secret.
gizem mystery.
gizemci mystic.
gizil *phys.* potential, latent.
gizleme camouflage.
gizlemek to hide, to conceal; to dissimulate *(one's feelings)*.
gizli 1. secret, confidential; **2.** hidden, concealed; ~ ~ secretly; ~ *kapaklı* clandestine, obscure; ~ *pençe* half sole; ~ *tutmak (b-şi)* to keep *s.th.* dark; *-den -ye* in the dark, in all secrecy.
gizlice secretly, in the dark.
gizlilik secrecy, stealth.
glayöl ⚘ gladiola.
glikoz glucose.
gliserin glycerine, glycerol.
goblen gobelin stitch.
gocuk sheepskin cloak.
gocunmak to take offence *(-den at)*.
gofret a waffle-like chocolate cookie, wafer.
gol, *-lü football:* goal; ~ *atmak* to score (*or* kick) a goal; ~ *yemek* to let in a goal, to concede a goal.
golf golf; ~ *pantolon* plus fours.
gonca bud.
gondol, *-lü* gondola.
goril *zo.* gorilla.
gotik Gothic.
göbek 1. navel; umbilical cord; **2.** potbelly, paunch; **3.** the middle, hearth, central part; **4.** generation; ~ *atmak* to belly dance; ~ *bağlamak* to develop a potbelly; *göbeği çatlamak fig.* to have a hard time.
göbeklenmek 1. to become paunchy; **2.** to develop a hearth *(vegetables)*.
göbekli paunchy, potbellied.
göç, *-çü* **1.** migration, emigration, immigration; **2.** transhumance; ~ *etmek* to migrate, to emigrate, to immigrate.
göçebe 1. nomad; wanderer; **2.** nomadic; wandering; migrant.
göçertmek to demolish, to knock down.
göçmek, *(-çer)* **1.** to migrate, to move *(-e to)*; **2.** to cave in, to fall down *(building)*; **3.** to pass away, to die.
göçmen immigrant, settler, refugee; ~ *kuşlar* migratory birds.
göçük *geol.* subsidence; landslide.
göğüs, *-ğsü* breast, chest; bosom; ~ *geçirmek* to sight, to groan; ~ *germek* to face, to stand up *(-e to, against)*; ~ *hastalıkları* chest diseases; ~ *kafesi* rib cage; ~ *kemiği anat.* breastbone, sternum; *göğsü kabarmak* to be proud.
göğüslü broad-chested; full-bosomed.
gök, *-ğü* **1.** sky, heavens, firmament; **2.** azure, (sky) blue; ~ *gürlemek* to thunder; *-lere çıkarmak fig.* to praise to the skies.
gökbilim *ast.* astronomy.
gökbilimci *ast.* astronomer.
gökcismi, *-ni* celestial body.
gökçe 1. heavenly, celestial; **2.** bluish, blue-green.
gökçül 1. bluish; **2.** celestial, heavenly.
gökdelen skyscraper.
gökkuşağı, *-nı* rainbow.

gökküresi, *-ni ast.* celestial sphere.
göktaşı, *-nı ast.* meteor, meteorite.
gökyüzü, *-nü* sky, firmament.
göl lake; ~ *olmak* to form a lake.
gölcük pond, small lake.
gölek pond, puddle.
gölet P pool, puddle.
gölge shadow, shade; shading; ~ *düşürmek fig.* to overshadow; ~ *etmek* **1.** to shade, to cast a shadow *(-e on)*; **2.** *fig.* to bother; ~ *gibi* shadowy; ~ *vurmak* to shade; *-de bırakmak fig.* to eclipse, to outshine; *-sinden korkmak fig.* to be afraid of one's (own) shadow.
gölgelemek **1.** to overshadow *(a. fig.)*; **2.** to shade in.
gölgeli shady, shaded, shadowy.
gölgelik **1.** shady spot; **2.** arbo(u)r, bower.
gömlek **1.** shirt; **2.** woman's slip, chemise; **3.** book jacket; **4.** smock; **5.** generation; **6.** level, degree; shade *(of colour)*; **7.** skin *(of a snake)*.
gömme built-in, sunken, set-in, inlaid, embedded; buried; ~ *banyo* sunken bathtub; ~ *dolap* built-in cupboard.
gömmek, *(-er)* to burry, to inter.
gömü buried treasure.
gömülü **1.** buried; **2.** sunk *(-e into)*; grown *(-e into)*.
gömüt tomb, grave.
gömütlük cemetery.
gönder pole, staff.
gönderen sender.
göndermek, *(-ir)* **1.** to send, to dispatch, to forward; **2.** to see off; to send away.
gönence comfort, ease.
gönenç prosperity, comfort.
gönül, *-nlü* **1.** heart; mind; **2.** inclination, willingness; ~ *almak* **1.** to please; **2.** to apologize and make up; ~ *bağı* the ties of love; ~ *bağlamak* to set one's heart *(-e on)*; ~ *eğlendirmek* to amuse o.s.; ~ *ferahlığı* contentment; ~ *hoşluğu ile* willingly; ~ *işi* love affair; ~ *kırmak* to break s.o.'s heart; ~ *vermek* to lose one's heart *(-e to)*; **(gönlü):** ~ *açık* openhearted, frank; ~ *bulunmak* **1.** to feel sick; **2.** to feel suspicious; ~ *çekmek* to desire; ~ *olmak* **1.** *(bşde)* to be in love with *s.th.*; **2.** *(bşe)* to agree to *s.th.*; ~ *tez* impatient; ~ *tok* satisfied, contented; ~ *zengin* generous; *-nce* to one's heart's content; *-nden geçirmek* to think *(-i of)*; *-nü yapmak (b-nin)* **1.** to please *s.o.*; **2.** to win *s.o.'s* assent.
gönüllü **1.** volunteer; **2.** willing; *(bşin) -sü* keen on *s.th.*
gönülsüz **1.** = *alçakgönüllü;* **2.** unwilling.
gönye [x.] square, set square.
göre according *(-e to)*, as *(-e to)*, in respect *(-e of)*, considering.
görece relative.
göreli relative.
görelik *phls.* relation.
görenek custom, usage.
görev **1.** duty, obligation; **2.** function; *-den kaçmak* to shirk.
görevlendirmek to charge, to entrust *(ile with)*.
görevli **1.** assigned, commissioned, charged; **2.** official, employee.
görgü **1.** good manners; **2.** experience; **3.** witnessing; ~ *tanığı* eyewitness.
görgülü **1.** well-mannered; **2.** experienced.
görgüsüz **1.** ill-mannered, rude; **2.** inexperienced.
görgüsüzlük **1.** unmannerliness; **2.** inexperience.
görkem splendo(u)r, pomp.
görkemli splendid, pompous.
görme sight, vision.
görmek, *(-ür)* **1.** to see; **2.** to notice; to regard, to consider; **3.** to

visit; **4.** to live through, to undergo; **5.** to perform *(duty); göreyim seni!* Let's see if you can!; *görmüş geçirmiş* experienced.

görmezlik, görmemezlik pretending not to see; *-ten gelmek (b-ni)* to cut *s.o.* dead.

görsel visual.

görsel-işitsel audio-visual.

görücü matchmaker, go-between.

görüm sight, eyesight, vision.

görümce husband's sister, sister-in-law *(of the wife).*

görünmek 1. to be seen; to appear; **2.** to seem.

görünmez invisible; unexpected; ~ *kaza* unforeseen accident.

görüntü 1. phantom, specter; **2.** image.

görüntülemek to project.

görünüm appearance, view.

görünürde in appearance; in sight.

görünüş appearance, sight, view, spectacle; aspect; *-e göre* apparently.

görünüşte apparently, on the surface.

görüş 1. sight; **2.** opinion, point of view; ~ *açısı* point of view; ~ *birliği* agreement.

görüşme 1. interview; **2.** discussion, negotiation; **3.** meeting.

görüşmek 1. to meet; to have an interview; **2.** to see *or* visit each other; **3.** to discuss.

görüştürmek to arrange a meeting *(for).*

gösterge 1. *phys.* indicator; **2.** table, chart.

gösteri 1. show, display; **2.** showing *(of a film),* performance *(of a play);* **3.** demonstration.

gösteriş 1. show, demonstration; **2.** showing off, ostentation; ~ *yapmak* to show off.

gösterişli stately, showy, imposing.

göstermek, *(-ir)* **1.** to show; to indicate; to demonstrate; **2.** to manifest, to evidence; **3.** to expose *(to light etc.);* **4.** to appear, to seem to be.

göstermelik 1. specimen, sample, showpiece; **2.** non-functional.

göt, *-tü sl.* ass, arse; *-ünü yalamak (b-nin) sl.* to lick *s.o.'s* arse.

götürmek, *(-ür)* **1.** to take (away), to carry; **2.** to accompany; **3.** to lead *(-e to).*

götürü in the lump, by contract, by the piece *or* job; ~ *çalışmak* to do piecework; ~ *iş* piecework, job work.

götürüm endurance.

götürümlü enduring, supporting.

gövde body, trunk, stem; ~ *gösterisi* public demonstration; *-ye indirmek F* to gulp down.

gövdeli husky, stout.

gövermek *P* **1.** to turn green; **2.** to turn blue.

göz 1. eye; **2.** eye *(of a needle);* **3.** drawer; cell, pore; **4.** *fig.* the evil eye; ~ *açıp kapayıncaya kadar* in the twinkling of an eye; ~ *açtırmamak* to give no respite *(-e to);* ~ *alabildiğine* as far as the eye can see; ~ *alıcı* eye-catching, dazzling; ~ *almak* to dazzle; ~ *atmak* to run an eye *(-e over),* to glance *(-e at);* ~ *bankası* eye bank; ~ *boyamak* to throw dust in s.o.'s eyes; ~ *damlası* eye drops; ~ *dikmek (bşe)* to covet *s.th.;* ~ *doktoru* oculist; ~ *etmek* to wink *(-e at);* ~ *gezdirmek* to cast an eye *(-e over);* ~ *göre göre* openly, publicly; ~ *kamaştırmak* **1.** to dazzle; **2.** *fig.* to fascinate; ~ *kararı* by rule of thumb; judgement by the eye; ~ *kırpmak* to wink *(a. fig.),* to blink; ~ *koymak* to covet; ~ *kulak olmak* to keep an eye *(-e on);* ~ *önünde* in front of one's eyes; ~ *önünde bulun-*

durmak to take into consideration *or* account; ~ *yummak fig.* to close one's eyes *(-e to)*, to turn a blind eye *(-e to)*; ~ *yuvarlağı* eyeball; *-den çıkarmak* to sacrifice; *-den düşmek* to fall into disfavo(u)r; *-den geçirmek* to scrutinize, to look over; *-den kaçmak* to be overlooked; *-den kaybolmak* to vanish from sight; *-e almak* to risk, to venture; *-e batmak* **1.** to be conspicuous; **2.** to attract attention; *-e çarpmak* to stand out, to strike one's eyes; *-e girmek* to curry favo(u)r; *-leri bağlı* blindfolded; *-ü açık* wide awake; sharp; *-ü dalmak* to stare into space; *-ü dönmek* to see red; *-ü gibi sevmek (b-ni)* to regard *s.o.* as the apple of one's eye; *-ü ısırmak (b-ni)* not to be unfamiliar to *s.o.*; *-ü kalmak (bşde)* to long for *s.th.*; *-ü olmak (bşde)* to have designs on *s.th.*; *-ü pek* bold, daring; *-ü tok* contented; *-ü tutmak* to consider fit; *-ü tutmamak (b-ni)* not to appeal to *s.o.*; *-ünde tütmek* to long for; *-üne girmek (b-nin)* to find favo(u)r in *s.o.'s* eyes; *-ünü açmak* to open a person's eyes, to undeceive; *-ünü dört açmak* to be all eyes; *-ünü kan bürümek* to see red; *-ünü kapamak* **1.** to pretend not to see; **2.** to die; *-ünü korkutmak* to daunt, to intimidate; *-ünün ucuyla bakmak* to look out of the corner of one's eye; *-ünün yaşına bakmamak fig.* to have no pity *(-in on)*.

gözakı, *-nı* the white of the eye.

gözaltı, *-nı* (house) arrest; *-na almak* **1.** to put under house arrest; **2.** to take into custody.

gözbebeği, *-ni* **1.** *anat.* pupil; **2.** *fig.* apple of the eye.

gözcü 1. watchman, sentry, scout; **2.** oculist.

gözdağı, *-nı* intimidation; ~ *vermek* to intimidate.

gözde favo(u)rite, pet.

gözdişi, *-ni* eyetooth.

göze 1. *anat.* cell; **2.** spring, source.

gözenek 1. stoma, pore; **2.** window.

gözerimi 1. horizon; **2.** eyeshot.

gözetim supervision; care.

gözetleme observation.

gözetlemek to peep *(-i at)*, to observe secretly.

gözetleyici × observer; lookout.

gözetmek, *(-ir)* **1.** to guard; to look after, to take care *(-i of)*; **2.** to consider; to observe *(law, rule)*.

gözevi, *-ni* eye-socket.

gözkapağı, *-nı* eyelid.

gözlem observation.

gözleme 1. × *or ast.* observation; **2.** pancake.

gözlemek to watch *(-i for)*, to wait *(-i for)*, to keep an eye *(-i on)*.

gözlemevi, *-ni* observatory.

gözleyici observer.

gözlük (eye)glasses, spectacles; ~ *çerçevesi* frames *or* rim for glasses; ~ *takmak* to wear glasses.

gözlükçü optician.

gözlüklü wearing glasses.

gözyaşı, *-nı* tear; ~ *dökmek* to shed tears.

gözükmek, *(-ür)* **1.** to appear; to be seen; **2.** to show o.s.

grafik 1. graphics, graph; diagram; **2.** graphic.

grafit, *-ti geol.* graphite.

gram gram(me).

gramer grammar.

gramofon phonograph.

granit, *-ti* granite.

gravür engraving.

gravürcü engraver.

gravyer (peyniri) Gruyère cheese.

grekoromen greco-roman wrestling.

grev strike; ~ *yapmak* to strike, to

go on strike.
grevci striker.
greyfrut ♧ grapefruit.
gri grey, *Am.* gray.
grip, *-bi* influenza, flu; ~ *olmak* to have influenza.
grizu firedamp, pit gas.
grogren grosgrain.
gros gross.
grup, *-bu* **1.** group; **2.** × section; ~ ~ in groups; ~ *oluşturmak* to form a group.
gruplaşmak **1.** to separate into groups; **2.** to gather into groups.
Guatemala *pr. n.* Guatemala.
guatr ⚕ goitre, *Am.* goiter.
gudde *anat.* gland.
guguk *zo.* cuckoo; *-lu saat* cuckoo clock.
gurbet, *-ti* **1.** foreign land; **2.** *F* absence from one's home; ~ *çekmek* to be homesick; *-te olmak* to be in a foreign land.
gurbetçi stranger.
gurlamak to emit a hollow rumbling sound.
guruldamak to rumble, to growl.
gurultu rumble.
gurup, *-bu* sunset, sundown.
gurur [.—] pride, vanity, conceit; ~ *duymak* to feel proud *(-den of),* to take pride *(-den in); -unu kırmak (b-nin)* to hurt the pride of *s.o.; -unu okşamak fig.* to play on s.o.'s pride.
gururlanmak to pride o.s. *(ile on),* to feel proud *(-den of),* to take pride *(in).*
gururlu arrogant, vain, conceited, haughty.
gut ⚕ gout.
gübre dung, manure, fertilizer, droppings.
gübrelemek to manure, to fertilize.
gücendirmek to offend, to hurt.
gücenik offended, hurt.
gücenmek to take offence *(-e at),* to be offended *or* hurt *(-e by).*
güç[1]**,** *-cü* **1.** strength; **2.** power; energy; **3.** force; ~ *birliği* cooperation; *gücü yetmek* to be able *(-e to),* to be strong enough.
güç[2]**,** *-cü* **1.** difficult, hard; **2.** difficulty; ~ *gelmek (b-ne)* to seem difficult to *s.o.; gücüne gitmek* to be offended, to be hurt.
güçbela with great difficulty.
güçlendirmek to strengthen.
güçlenmek to get strong.
güçleşmek to grow difficult.
güçleştirmek to render difficult, to complicate.
güçlü strong, powerful.
güçlük difficulty, pain, trouble; ~ *çekmek* to experience difficulties; ~ *çıkarmak or göstermek* to make difficulties *(-e for).*
güçsüz weak, feeble.
güçsüzlük weakness, feebleness.
güderi chamois (leather), deerskin.
güdü motive, incentive; drive, push.
güdük **1.** deficient, incomplete; **2.** docked; tailless; **3.** *F* thick-set, squat.
güdüm guidance, management, driving.
güdümlü controlled, directed; ~ *mermi* guided missile.
güfte text for music, lyrics.
güğüm copper jug with handle.
güherçile ⚗ saltpetre, *Am.* saltpeter.
gül **1.** ♧ rose; **2.** rose-shaped; ~ *gibi geçinmek* to get along very well.
güldeste anthology of poems.
güldürmek to make laugh, to amuse.
güldürü *thea.* comedy, farce.
güleç smiling, joyful, merry.
gülistan [a] rose garden.
gülkurusu, *-nu* violet-pink.
gülle **1.** cannon ball; **2.** *sports:* shot; weight; ~ *atma sports:* shot

put; ~ *gibi* as heavy as lead; ~ *yağdırmak* to shell, to bombard.
güllük rose garden; ~ *gülistanlık fig.* a bed of roses.
gülmece *F* funny story *or* novel.
gülmek, *(-er)* **1.** to laugh, to smile; **2.** *(b-ne)* to laugh at *s.o.; güle güle!* Good-bye!; *güle oynaya* merrily; *güler yüz göstermek* to behave cheerfully and hospitably *(-e towards); güler yüzlü* cheerful, merry; *gülmekten kırılmak* to be doubled up with laughter; *gülüp oynamak fig.* to have a good time.
gülsuyu, *-nu* rose water.
gülücük smile; ~ *yapmak* to smile.
gülümsemek to smile.
gülünç, *-cü* ridiculous, laughable, funny.
gülünçlü funny, comical.
gülüş laughter.
gülüşmek to laugh together.
gülyağı, *-nı* attar of roses.
güm 1. Bang!; **2.** *sl.* fishy-story; ~ *etmek* to boom, to resound; *-e gitmek sl. or F* **1.** to go for nothing; **2.** to die in vain.
gümbedek [x..] out of the blue, all of a sudden.
gümbürdemek to boom, to thunder, to reverberate.
gümbürtü boom, rumble, crash.
gümeç, *-ci* cell of a honeycomb.
gümlemek 1. to bang, to boom; **2.** *sl.* = *güme gitmek.*
gümrük 1. customs (house); **2.** duty; tariff; ~ *almak* to collect duty *(-den on);* ~ *kaçakçısı* smuggler; ~ *komisyoncusu* customs broker; ~ *kontrolü* customs inspection *or* control; ~ *memuru* customs officer; ~ *resmi* customs charges; ♀ *ve Tekel Bakanlığı* the Ministry of Customs and Monopolies; *-ten geçirmek* to clear through the customs; *-ten muaf* duty-free.
gümrükçü 1. customs officer; **2.** customs agent.
gümrüksüz duty-free.
gümüş silver; ~ *kaplama* **silver**-plated.
gümüşbalığı, *-nı zo.* sand smelt.
gümüşi [ī] (silver-) grey.
gümüşlemek to silver-plate.
gün 1. day; daytime; **2.** period; time; **3.** lady's at-home day; **4.** date; **5.** feast day; ~ *ağarması* daybreak; ~ *batımı* sunset, sundown; ~ *doğmak* to rise, to dawn *(sun);* ~ *geçtikçe* as the day goes on; ~ *görmüş* **1.** who has seen better days; **2.** experienced; ~ *tutulması* eclipse of the sun; *-den -e* from day to day; *-lerce* for days; *-lerden bir gün* once upon a time; *-ü -üne* punctually, to the very day; *-ün birinde* one day; *-ünü* ~ *etmek* to enjoy o.s. thoroughly.
günah [ā] sin; fault; guilt; ~ *çıkartmak* to confess one's sins *(to a priest);* ~ *işlemek* to commit a sin; *-a girmek s.* ~ *işlemek; -ını çekmek* to suffer for one's sins.
günahkâr 1. sinner, wrongdoer; **2.** sinful, impious, culpable.
günaşırı every other day.
günaydın! Good morning!
günbatısı, *-nı* west.
güncel current, up-to-date; ~ *olaylar* current events.
gündelik 1. daily; **2.** daily wage *or* fee; ~ *gazete* daily (paper).
gündelikçi day labo(u)rer; ~ *kadın* charwoman, *Am.* hired woman
gündem agenda; *-e almak* to put on the agenda.
gündoğ(r)usu, *-nu* **1.** ⚓ east; **2.** easterly wind.
gündönümü, *-nü* equinox.
gündüz 1. daytime; **2.** by day *or* daylight; ~ *feneri co.* Negro; ~ *gözüyle* by the light of day; *-leri* in the daytime, during the day.
gündüzcü 1. on day duty; **2.** day student.

gündüzlü 1. day (school); **2.** = *gündüzcü 2.*
gündüzün [x..] by *or* during the day.
güneş 1. sun; **2.** sunshine; ~ *açmak* to become sunny; ~ *banyosu* sun bath(ing); ~ *batması* sunset, sundown; ~ *çarpması* sunstroke; ~ *doğmak* to rise *(sun);* ~ *görmek* to let in the sun, to be light and sunny; ~ *gözlüğü* sunglasses; ~ *ışını* sunbeam, sunray; ~ *saati* sundial; ~ *sistemi* solar system; ~ *tutulması* solar eclipse; ~ *yanığı* sunburn; *-in alnında* in full sun.
güneşlenmek to sunbathe.
güneşli sunny.
güneşlik 1. sunny place; **2.** sunshade, sunblind.
güney 1. south; **2.** southern.
Güney Afrika Cumhuriyeti *pr. n.* Republic of South Africa.
güneybatı southwest.
güneydoğu southeast.
günlük[1] 1. daily; **2.** ... days old *(baby);* **3.** for ... days; **4.** diary; **5.** usual; ~ *güneşlik* sunny; ~ *kur econ.* current rate of exchange; ~ *yumurta* fresh egg.
günlük[2] incense, myrrh.
günübirlik, günübirliğine for the day.
güpegündüz [.x..] in broad daylight.
gür abundant, dense, thick; rank.
gürbüz sturdy, robust, healthy.
güreş wrestling; ~ *etmek* to wrestle.
güreşçi wrestler.
güreşmek to wrestle *(ile with).*
gürgen *(ağacı)* ⚘ hornbeam, horn beech.
gürlemek 1. to thunder; to roar; **2.** *fig.* to roar with rage.
gürleşmek to become abundant *or* dense.
güruh [ū] gang, group, band, mob.
gürüldemek to thunder.
gürül gürül with a brawling sound.
gürültü 1. noise; **2.** *fig.* brawl, row; ~ *çıkarmak* to make a row; ~ *patırtı* noise, commotion, trouble; *-ye gelmek* to be lost in the confusion of the confusion; *-ye gitmek* to be the victim of the confusion.
gütmek, *(-der)* **1.** to herd, to drive *(animal);* **2.** *fig.* to cherish, to nourish, to nurse *(aim, ambition).*
güve *zo.* clothes moth.
güveç, *-ci* **1.** earthenware cooking pot, casserole; **2.** vegetables and meat *(cooked in this pot),* hotpot.
güven trust, confidence, reliance; *-i olmak* to have confidence *(-e in); -i sarsılmak* to lose confidence *(in).*
güvence guarantee.
güvenç *s. güven.*
güvenilir trusty, trustworthy, dependable.
güvenlik 1. security, safety; **2.** confidence; ♀ *Konseyi* Security Council.
güvenmek to trust *(-e in),* to rely *(-e on).*
güvenoyu, *-nu* vote of confidence.
güvercin *zo.* pigeon, rock dove.
güverte [.x.] ⚓ deck.
güvey 1. bridegroom; **2.** son-in-law.
güya as if, as though.
güz autumn, *Am.* fall.
güzel 1. beautiful, pretty, good, nice; **2.** beauty; **3.** Fine!, Good!; **4.** good, excellent; ~ ~ calmly; ~ *sanatlar* fine arts.
güzelce 1. pretty, fair; **2.** thoroughly.
güzelleşmek to become beautiful.
güzelleştirmek to beautify.
güzellik beauty, prettiness, goodness; ~ *kraliçesi* beauty queen; ~ *salonu* beauty parlo(u)r; ~ *yarış-*

ması beauty contest.

güzellikle gently.

güzide [ı] select, distinguished, outstanding; choice.

H

ha 1. What a ...!; **2.** O yes!, I see!; **3.** Come on now!; **4.** *P* yes; ~ *deyince* at a moment's notice.

haber news, information, message, word; ~ *ajansı* news agency; ~ *almak (bşi)* to learn *s.th.*, to hear *s.th.*, to receive information; ~ *göndermek* to send a message *(-e to)*; ~ *kaynağı* news source; ~ *toplamak* to gather news; ~ *vermek* to inform, to announce; *-i olmak (bşden)* to be informed of *s.th.*, to know about *s.th.*

haberci messenger, herald, harbinger *(a.fig.)*.

haberdar [..—] informed; ~ *etmek (b-ni bşden)* to inform *s.o.* of *s.th.*; ~ *olmak* to know *(-den about)*; to find out *(-den about)*.

haberleşme communication.

haberleşmek to communicate *(ile with)*, to correspond *(ile with)*.

habersizce without warning, secretly.

Habeşistan *pr. n.* Abyssinia, Ethiopia.

hac, *-ccı* pilgrimage to Mecca; *-ca gitmek* to go on the pilgrimage to Mecca.

hacet, *-ti* [a] **1.** need, necessity; **2.** feces; urine; ~ *görmek F* to go to the toilet; ~ *kalmamak* to be no longer necassary; ~ *yok* it's not necessary.

hacı pilgrim, hadji; ~ *ağa contp.* parvenu, upstart.

hacıyatmaz tumbler, roly-poly *(toy)*.

hacim, *-cmi* volume, bulk, size.

haciz, *-czi* seizure, sequestration, distraint; ~ *kararı* warrant of distraint; ~ *koymak* to sequestrate.

haç, *-çı* the cross; ~ *çıkarmak* to cross o.s.

Haçlı Seferleri *hist.* the Crusades.

Haçlılar *pr.n. hist.* Crusaders.

had, *-ddi* **1.** limit, boundary, degree, point; **2.** A, *log.* term; *-di hesabı olmamak* to be boundless; *-di olmamak (b-nin)* not to have the right to; *-di zatında* actually, in itself; *-dini bildirmek (b-ne)* to tell *s.o.* where to get off; *-dini bilmek* to know one's place.

hademe caretaker, *Am.* janitor.

hadım eunuch; ~ *etmek* to castrate.

hadise event, incident, occurence, happening; ~ *çıkarmak* to stir up trouble.

hafız [a] **1.** hafiz; **2.** *sl.* fool, silly.

hafıza memory.

hafızlamak *sl.* to swot up, to mug up.

hafif 1. light; **2.** easy; **3.** slight; **4.** frivolous, flighty; ~ *atlatmak* to escape lightly; ~ ~ gently, slowly; ~ *müzik* light music; ~ *tertip* slightly, lightly; *-e almak* to make light *(-i of)*.

hafiflemek 1. to get lighter; **2.** to be relieved.

hafifleştirmek, hafifletmek 1. to lighten; **2.** to relieve.

hafifletici 1. extenuating; **2.** giving relief; ~ *nedenler* ⚖ extenu-

ating circumstances.
hafiflik 1. lightness; **2.** relief; **3.** *fig.* flightiness.
hafifmeşrep, *-bi* loose, flighty, frivolous.
hafifsemek to take lightly, to make light *(-i of)*.
hafifsıklet, *-ti* welterweight.
hafta week; ~ *arasında* during the week; ~ *başı* the first day of the week; ~ *sonu* weekend; *-larca* for weeks; *-ya* in a week's time, next week.
haftalık 1. weekly; **2.** weekly wage; **3.** lasting ... weeks; ~ *dergi* weekly.
haftalıkçı wage earner *(paid by the week)*.
haftaym *sports:* half time.
haham *eccl.* rabbi.
hain [ā] **1.** traitor; **2.** treacherous, traitorous.
hainlik treachery, perfidy; ~ *etmek* to act treacherously *(-e towards)*.
hak[1], *-kkı* **1.** justice; **2.** right; due, share; **3.** fairness; **4.** true, right; **5.** remuneration, fee, pay; ~ *etmek* to deserve; ~ *kazanmak* to have a right *(-e to)*; ~ *sahibi* holder of a right; ~ *vermek (b-ne)* to acknowledge *s.o.* to be right; ~ *yemek* to be unjust; *hakkı olmak* to have a right to; *hakkından gelmek* **1.** to get the better *(-in of)*; **2.** *(b-nin)* to get even with *s.o.*; *hakkını almak* to get one's due; to take one's share; *hakkını vermek* to give s.o. his due; *hakkını yemek (b-nin)* to do an injustice to *s.o.*
hak[2], *-kki* **1.** engraving, incising; **2.** erasing by scraping.
hakan [—.] khan, sultan; emperor.
hakaret, *-ti* [.—.] insult, contempt; ~ *etmek* to insult.
hakem 1. arbitrator; **2.** *sports:* referee, umpire; ~ *kararı* ⚖ arbitral award, arbitration.
hakikat, *-ti* [ī] **1.** truth, reality, fact; **2.** truly, really; *-te* in fact.
hakikaten [ī] [.x..] in truth, truly, really.
hakikatli [.—..] loyal, faithful.
hakiki 1. true, real; genuine; **2.** sincere *(friend)*.
hâkim 1. dominating, ruling; **2.** dominant, supreme; **3.** ruler; **4.** ⚖ judge; **5.** overlooking, dominating; ~ *olmak* **1.** to rule; **2.** to dominate; **3.** to overlook.
hâkimiyet, *-ti* sovereignty; rule, domination.
hâkimlik judgeship.
hakir vile, worthless, mean; ~ *görmek* to despise.
hakkâk, *-ki* engraver.
hakkaniyet, *-ti* [.—..] justice, equity, ~ *göstermek* to do justice *(-e to)*.
hakketmek [x..] to engrave, to incise *(-e on)*.
hakkında about; regarding, concerning, for.
hakkıyla properly; thoroughly; rightfully.
haklamak 1. to beat, to overcome, to suppress; **2.** *F* to eat up.
haklı 1. right, just; **2.** rightful; ~ *çıkmak* to turn out to be right.
haksız 1. unjust, wrong; **2.** unjustifiable; ~ *çıkmak* to turn out to be in the wrong; ~ *fiil* ⚖ wrong; ~ *yere* unjustly, wrongfully.
haksızlık injustice, wrongfulness; ~ *etmek* **1.** to act unjustly; **2.** to do an injustice *(-e to)*.
hal[1] 1. condition, state; **2.** circumstances; **3.** attitude, behavio(u)r; **4.** energy, strength; ~ *böyle iken* and yet, nevertheless; ~ *çaresi* remedy; *-den anlamak* to sympathize; *-e yola koymak* to put in order; *-i kalmamak* to be exhausted; *-i vakti yerinde (b-nin)* well-off, rich, wealthy.

hal², *-li* covered marketplace.
hal³, *-lli* **1.** ⚗ solution; **2.** melting.
hala [x.] paternal aunt, father's sister.
hâlâ [x—] still, yet.
halat, *-tı* rope, hawser.
halayık, *-kı* concubine, female slave.
halazade [..—.] cousin.
halbuki [.x.] whereas, however, but, nevertheless.
hale [ā] halo *(round the moon).*
halef successor; ~ *selef olmak* to succeed.
halel harm, injury, damage; ~ *getirmek* to harm, to injure, to spoil.
halen [ā] [x.] at present, now, presently.
halı carpet, rug.
haliç, *-ci* **1.** inlet, bay; **2.** ♀ *pr. n.* the Golden Horn.
halife [i] *hist.* Caliph.
halis [ā] pure, genuine.
haliyle [— —.] naturally, consequently, as a matter of fact.
halk, *-kı* **1.** people, folk, nation; **2.** populace; the common people; ~ *ağzı* vernacular; ~ *edebiyatı* folk literature; ~ *müziği* folk music; *-a dönük* popular.
halka **1.** hoop; **2.** circle; **3.** link; **4.** ring-shaped biscuit; ~ *olmak* to form a circle.
halkalı ringed, linked.
halkbilgisi, *-ni* folklore.
halkçılık populism.
halkoylaması, *-nı* referendum.
halkoyu, *-nu* public opinion.
hallaç, *-cı* wool *or* cotton fluffer.
halletmek [x..] **1.** to solve, to resolve; **2.** to settle, to complete; **3.** to dissolve.
halsiz weak, exhausted, tired out; ~ *düşmek* to be exhausted.
halsizlik weakness.
halt, *-tı* **1.** mixup; **2.** impertinence; ~ *etmek* to do s.th. rude; to say s.th. improper; ~ *karıştırmak* to make a great blunder.
halter *sports:* dumbbell, barbell.
halterci weight lifter.
ham **1.** unripe, green; **2.** raw, crude, unrefined; **3.** *fig.* unrefined *(person);* ~ *çelik* crude steel; ~ *deri* untanned leather; ~ *petrol* crude oil.
hamak hammock.
hamal porter, carrier; stevedore.
hamaliye [.—..] porter's fee, porterage.
hamam **1.** Turkish *or* public bath; **2.** bathroom; ~ *gibi* like an oven *(room);* ~ *yapmak* to have a bath.
hamamböceği, *-ni zo.* cockroach.
hamamotu, *-nu* depilatory agent.
hamamtası, *-nı* metal bowl.
hamarat, *-tı* hard-working, deft, industrious *(woman).*
hami [— —] **1.** guardian, protector; **2.** sponsor, patron.
hamile pregnant; ~ *bırakmak* to impregnate; ~ *kalmak* to become pregnant.
hamilelik pregnancy.
haminne *F* grandma.
hamlaç ⚒ blowpipe.
hamlaşmak to get out of condition, to get rusty.
hamle **1.** attack, assault; **2.** effort; dash, élan.
hamlık **1.** unripeness, immaturity, rawness, greenness; crudeness; **2** being out of shape.
hammadde raw material.
hamsi *zo.* anchovy.
hamur **1.** dough, paste, leaven; **2.** grade, quality *(of paper);* **3.** half-cooked *(bread);* **4.** paper pulp; ~ *açmak* to roll out dough; ~ *gibi* **1.** soggy, mushy; **2.** doughy, undercooked; ~ *işi* pastry.
hamurlaşmak to become doughy *or* soggy.
hamursuz unleavened (bread); ♀ *Bayramı* Passover.
hamut, *-tu* horse collar.

han[1] [ā] khan, sovereign, ruler.
han[2] [ā] **1.** inn; caravansary; **2.** large commercial building, office block; ~ *gibi* spacious.
hancı innkeeper.
hançer dagger, khanjar.
hançerlemek to stab, to knife.
hane [ā] **1.** house; **2.** household; **3.** square *(of a chessboard);* **4.** section, division; **5.** place of a digit.
hanedan [—.—] dynasty; noble family.
hangar hangar.
hangi [x.] which; ~ *biri?* which one?
hangisi which of them, which one.
hanım **1.** lady; **2.** Mrs., Ms., Miss; **3.** wife; **4.** mistress *(of a household);* ~ *evladı sl.* mother's boy, milksop; ~ *hanımcık* ladylike.
hanımböceği, *-ni zo.* ladybug.
hanımefendi **1.** lady; **2.** madam, ma'am.
hanımeli, *-yi* ⚘ honeysuckle.
hani [x.] **1.** So where is ...?; **2.** Why ... not ...; **3.** Let's suppose that ...; **4.** in fact, besides; *-dir* for ages.
hantal **1.** clumsy, coarse; **2.** huge, bulky.
hantallaşmak to become clumsy *or* coarse.
hantallık **1.** clumsiness, coarseness; **2.** bulkiness.
hap, *-pı* **1.** pill; **2.** *sl.* dope; *-ı yutmak F* to be in the soup, to be in hot waters.
hapçı *sl.* drug addict; opium addict, doper.
hapis, *-psi* **1.** imprisonment; **2.** prison; **3.** prisoner; ~ *cezası* prison sentence; ~ *yatmak* to be in prison.
hapishane [..—.] prison, gaol, *Am.* jail.
hapsetmek [x..] **1.** to imprison, to gaol; **2.** to lock up *(-e in);* **3.** to confine; **4.** *fig.* to detain.
hapşırmak to sneeze.
hara [x.] stud (farm).
harabe [.—.] **1.** ruins, remains; **2.** tumbledown house.
haraç, *-cı* **1.** tribute; **2.** protection money; **3.** tax paid by non--Moslems; ~ *yemek sl.* to sponge on another; *haraca bağlamak* to lay s.o. under tribute.
haram [.—] forbidden by religion; wrong; ~ *etmek fig.* to take the pleasure out of s.th. for s.o.; ~ *olsun!* May you get no benefit from it!
harap, *-bı* [.—] **1.** ruined, devastated; **2.** worn out, exhausted; ~ *etmek* to ruin, to destroy.
hararet, *-ti* [.—.] **1.** heat, warmth; **2.** fever; **3.** thirst; ~ *basmak* to feel very thirsty; ~ *vermek* to make thirsty.
hararetlenmek [.—...] to get warm *or* excited *or* heated.
hararetli [.—..] **1.** feverish, heated; **2.** vehement; **3.** thirsty.
haraza *sl.* quarrel, row.
harcamak **1.** to spend; to expend, to use (up); **2.** to sacrifice; to waste o.s.
harcıâlem common, ordinary.
harcırah travel allowance.
harç[1], *-cı* **1.** mortar; plaster; **2.** ingredients; **2.** trimming *(of a garment).*
harç[2], *-cı* **1.** outgo, expenditure; **2.** customs duty.
harçlık pocket money; allowance.
hardal mustard.
hare [—.] moiré, water *(of cloth).*
harekât, *-tı* ⚔ operation(s), campaign.
hareket, *-ti* **1.** movement; **2.** act, deed; behavio(u)r, conduct; **3.** departure; **4.** ♪ tempo; ~ *cetveli* 🚂 timetable; ~ *etmek* **1.** to move, to act; **2.** to behave; **3.** to set out *or* off; to depart *(-den from);* **4.** to leave *(-e for);* ~ *nok-*

tası starting point; *-e geçmek* to begin, to start.
hareketlenmek to get into motion.
hareketli 1. active, moving; **2.** animated, vivacious.
harelenmek to have a sheen.
hareli moiréd, watered, wavy.
harem women's apartments, harem.
harf, *-fi* letter *(of the alphabet).*
harfiyen word for word, to the letter.
harıl harıl continuously; with great effort.
haricen externally, outwardly.
harici [ā] **1.** external, exterior; **2.** foreign.
hariciye [ā] **1.** foreign affairs; **2.** external diseases.
hariciyeci [—....] **1.** diplomat; **2.** ⚕ specialist in external diseases.
hariç, *-ci* [ā] **1.** outside, exterior; **2.** abroad; **3.** except *(for),* excluded, apart *(from).*
harika [—..] **1.** wonder, miracle; **2.** *fig.* marvelous, extraordinary.
harikulade [—..—.] **1.** wonderful; **2.** unusual, extraordinary.
haris [ī] greedy, avaricious, ambitious.
harita map.
haritacı cartographer; surveyor.
haritacılık cartography; surveying.
harlamak 1. to burn furiously; **2.** *fig.* to flare up.
harlı burning in flames.
harman 1. threshing (floor); **2.** harvest (time); **3.** blending; **4.** blend *(tea, tobacco);* ~ *dövmek* to thresh grain; ~ *etmek* **1.** to thresh; **2.** to blend, ~ *makinesi* thresher; ~ *savurmak* to winnow grain.
harmancı 1. thresher; **2.** blender *(of tea or tobacco).*
harmanlamak to blend.
harp[1], *-pı* ♪ harp.
harp[2], *-bi* war; battle, fight; ~ *açmak* to start a war; ~ *esiri* prisoner of war; ~ *gemisi* warship; ♀ *Okulu* the Turkish Military Academy; ~ *zengini* war profiteer.
hartuç, *-cu* cartridge, shell.
has, *-ssı* [ā] **1.** peculiar *(-e to);* belonging *(-e to),* special *(-e to);* **2.** pure.
hasar [.—] damage; ~ *görmek* to suffer damage; ~ *yapmak* to cause damage.
hasat, *-dı* harvest, reaping.
haset, *-ti* **1.** envy, jealousy; **2.** *F* envious, jealous; ~ *etmek* to envy.
hâsıl resulting; produced, ~ *etmek* to produce; ~ *olmak* to result, to be produced, to be obtained *(-den from).*
hâsılat, *-tı* [—.—] **1.** products; produce; **2.** returns, revenue.
hâsılı [x..] in brief *or* short.
hasım, *-smı* **1.** opponent; **2.** enemy, adversary.
hasır rush mat; matting; ~ *altı etmek* to sweep s.th. under the carpet; ~ *koltuk* wicker chair.
hasis [ī] **1.** miserly, stingy; **2.** base, low, vile.
hasislik stinginess.
haspa *F* minx, baggage.
hasret, *-ti* longing, yearning; nostalgia, homesickness; ~ *çekmek* to long *(-e for);* ~ *kalmak* to feel the absence *(-e of),* to miss greatly.
hasretmek [x..] to devote *(-e to),* to appropriate *(-e for).*
hassas [.—] **1.** sensitive, responsive; **2.** touchy; **3.** susceptible *(-e to).*
hassasiyet, *-ti* [.—..] **1.** sensitivity, sensitiveness; **2.** touchiness.
hasta 1. sick, ill; **2.** patient; **3.** addicted *(to),* fond *(of);* ~ *düşmek*

to get sick, to fall ill; *-sı olmak (b-in) F* to be a fan of *s.th.*; *-ya bakmak* to nurse *or* look after a patient.
hastabakıcı nurse's aide.
hastalanmak to fall ill, to get sick.
hastalık 1. illness, sickness; **2.** disease; **3.** addiction; ~ *geçirmek* to have a illness, to be sick; ~ *sigortası* health insurance.
hastane [.—.] hospital.
haşarat, *-tı* [..—] vermin, insects.
haşarı out of hand, impish, naughty, mischieveous *(child).*
haşere insect.
haşhaş ⚘ opium poppy.
haşırdamak to rustle.
haşin [ī] rough, harsh, rude, bad-tempered.
haşiş hashish.
haşiye [ā] footnote, postscript.
haşlama boiled (meat).
haşlamak 1. to boil; **2.** to scald; **3.** *F* to scold, to rebuke.
haşnet, *-ti* majesty, pomp, grandeur.
haşmetli majestic, grand, pompous.
hat, *-ttı* **1.** line; stripe; **2.** contour *(of a face);* ~ *çekmek* to install a line.
hata [.—] mistake, error, fault; ~ *etmek* to make a mistake; ~ *işlemek* to do wrong; *-ya düşmek* to fall into error, to err.
hatalı [.—.] faulty, defective, erroneous.
hatır [ā] **1.** memory, mind; **2.** sake; **3.** feelings; **4.** influence, weight; ~ *gönül* personal consideration; ~ *senedi* accommodation bill; ~ *sormak* to ask after s.o.; *-a gelmek* to occur, to come to mind; *-ı için* for s.o.'s sake; *-ı kalmak* to feel hurt; *-ı sayılır* **1.** considerable; **2.** respected; *-ında kalmak* to remember; *-ında olmak* to have in mind; *-ında tutmak* to keep in mind; *-ından çıkmak* to pass out of one's mind; *-ını kırmak* to offend; *-ını saymak* to show one's respect.
hatıra 1. memory, recollection; **2.** souvenir, remembrance; ~ *defteri* diary.
hatırlamak to remember, to recollect, to recall.
hatırlatmak *(b-ne bşi)* to remind *s.o.* of *s.th.*
hatırşinas [—..—] considerate, obliging.
hatip, *-bi* **1.** public speaker, orator; **2.** *eccl.* preacher.
hatta [x—] even; moreover, besides; so much so that.
hattat, *-tı* calligrapher.
hatun [ā] **1.** lady *(after a given name);* **2.** woman; wife.
hav nap, pile *(of cloth).*
hava 1. air, atmosphere; **2.** weather; climate; wind, breeze; **3.** the sky; **4.** melody, air; **5.** ⚖ air rights; **6.** *F* nothing; ~ *açmak* to clear up; ~ *akımı* draught, *Am.* draft; ~ *akını* air raid; ~ *almak* **1.** to breathe fresh air; **2.** *sl.* to whistle for it; ~ *basıncı* atmospheric pressure; ~ *geçirmez* airtight; ~ *kaçınmak* to lose air; ~ *kapanmak* to be overcast *(sky);* ~ *kirliliği* air pollution; ~ *korsanı* hijacker; ~ *kuvvetleri* air force; ~ *raporu* weather report; ~ *tahmini* weather forecast; *-dan sudan konuşmak* to have a chitchat; *-sına uymak* to adopt o.s. *(-in to);* *-sını bulmak* to get into a good mood; *-ya uçurmak* to blow up.
havaalanı, *-nı* airport, airfield.
havacı airman, pilot, aviator.
havacılık aviation.
havacıva 1. ⚘ alkanet; **2.** *sl.* trivial, nought.
havadar airy, well-ventilated.
havadis news.

havagazı, *-nı* **1.** coal gas; **2.** *sl.* rubbish.
havai [.——] **1.** aerial; **2.** fanciful, flighty; **3.** *(a. ~ mavi)* sky-blue; ~ *fişek* skyrocket; ~ *hat* overhead railway; funicular.
havaküre atmosphere.
havalandırma ventilation.
havalanmak **1.** to be aired *or* ventilated; **2.** ✈ to take off; **3.** to become flighty.
havale [.—.] **1.** assignment, referral; **2.** money order; ~ *etmek* **1.** to assign, to transfer; **2.** to refer *(-e to)*; ~ *göndermek* to send a money order.
havaleli [.—..] top-heavy.
havalı **1.** airy, well-ventilated; breezy; **2.** eye-catching, showy.
havali [.——] vicinity, neighbo(u)rhood, environs.
havalimanı, *-nı* airport.
havan mortar; ~ *topu* ⚔ (trench) mortar, howitzer; *-da su dövmek fig.* to beat the air.
havaölçer **1.** barometer; **2.** aerometer.
havari [.——] apostle, disciple.
havayolu, *-nu* airline; ~ *ile* by air.
havlamak to bark, to bay.
havlı nappy, piled.
havlu towel.
havra [x.] synagogue.
havsala *fig.* intelligence, comprehension; *-sına sığmamak (b-nin)* to be hard for *s.o.* te believe.
havuç, *-cu* ⚘ carrot.
havuz **1.** pool; pond; **2.** dry dock.
havuzlamak ⚓ to dock *(a ship)*.
Havva [.—] *pr.n.* Eve.
havyar caviar.
haya testicle.
hayâ shame; bashfulness.
hayal **1.** image; **2.** imagination, fancy; **3.** daydream; **4.** ghost, spectre, phantom; ~ *etmek* to imagine; ~ *kırıklığı* disappointment; ~ *kurmak* to dream; ~ *peşinde koşmak* to build castles in the air *or* in Spain.
hayalet, *-ti* [.—.] ghôst, apparition, spectre, *Am.* specter.
hayali [.——] imaginary, fantastic; utopian.
hayalperest, *-ti* **1.** fanciful; **2.** daydreamer.
hayâsız shameless, impudent.
hayat, *-tı* [.—] **1.** life; living; **2.** liveliness; **3.** *P* veranda, porch; ~ *adamı* man of the world; ~ *arkadaşı* life partner; ~ *kadını* prostitute; ~ *pahalılığı* high cost of living; ~ *sigortası* life insurance; *-a atılmak* to begin to work; *-a gözlerini yummak* to depart this life, to die; *-ını kazanmak* to earn one's living; *-ını yaşamak* to lead a life of ease; *-ta olmak* to be living *or* alive.
hayati [.——] vital, pertaining to life.
haydi [x.], **hadi** **1.** Come on!; Hurry up!; **2.**All right, OK.
haydut, *-du* **1.** bandit, brigand, robber; **2.** naughty, mischievous.
haydutluk brigandage.
hayhay All right!; By all means!, Certainly!
hayır[1] [x.] no; ~ *demek* to say no.
hayır[2], *-yrı* **1.** charity, philanthropy; **2.** good, goodness; prosperity; ~ *etmek* to do good *(-e to)*; ~ *işleri* philanthropy; ~ *kurumu* charitable foundation; ~ *sahibi* benefactor; *hayrı dokunmak* to be of use *(-e to)*; *hayrını görmek* to enjoy the advantage *(in of)*.
hayırdua [...—] benediction.
hayırlı **1.** auspicious, beneficial, advantageous; **2.** good, happy *(journey)*; ~ *yolculuklar!* Have a good trip!
hayırsever charitable; philanthropist.
hayırsız good for nothing; useless.

hayız, *-yzı* menstruation, period.
haykırış shout, cry.
haykırmak to cry out, to scream, to shout.
haylaz **1.** idle, lazy; **2.** loafer, idle.
haylazlık idleness, laziness.
hayli [x.] many, much; a good deal, very.
hayran **1.** admirer, lover, fan; **2.** bewildered, perplexed; ~ *kalmak (bşe)* to admire *s.th.*, to be perplexed.
hayret, *-ti* **1.** amazement, surprise, astonishment; **2.** How surprising!; ~ *etmek* to be surprised *(-e* at*)*, to be astonished *(-e* at*)*; *-te bırakmak* to astound.
haysiyet, *-ti* self-respect, personal dignity, hono(u)r.
haysiyetli self-respecting, dignified.
hayvan **1.** animal; **2.** *fig.* beast, brute; ~ *gibi* **1.** asinine, stupid; **2.** brutally.
hayvanat, *-tı* [..—] animals; ~ *bahçesi* zoological garden, zoo.
hayvanbilim zoology.
hayvanca bestially, rudely.
hayvancılık **1.** stockbreeding; **2.** cattle-dealing.
hayvani [.——] **1.** animal-like, bestial; **2.** carnal, sensual.
hayvanlaşmak to become bestial *or* brutal, to be brutalized.
hayvansal animal ... *(product)*.
haz, *-zzı* pleasure, deligt, enjoyment; ~ *duymak* to be greatly gratified *(-den* by*)*, to be delighted.
hazcılık hedonism.
hazım, *-zmı* digestion.
hazımsızlık ⚕ indigestion.
hazır **1.** ready, prepared; **2.** ready-made *(garment)*; **3.** present; **4.** since, as, now that; ~ *bulunmak* to be present *(-de* at*)*; ~ *etmek* to prepare; ~ *giyim* ready-made clothing.
hazırcevap quick at repartee, ready-witted.
hazırlamak to prepare, to make ready.
hazırlık **1.** readiness; **2.** preparation; ~ *okulu* prep *or* preparatory school; ~ *sınıfı* preparatory year.
hazırlıklı prepared.
hazırlop, *-pu* **1.** hard-boiled *(egg)*; **2.** *fig.* effortless.
hazin [ī] sad, tragic, sorrowful, touching; pathetic.
hazine [ī] **1.** treasure *(a. fig.)*; **2.** treasury; strongroom; **3.** public treasury, exchequer; **4.** reservoir; depot.
haziran [ī] June.
hazmetmek [x..] **1.** to digest; **2.** *fig.* to stomach.
hazzetmek [x..] to like, to enjoy.
hece *gr.* syllable; ~ *vezni* syllabic meter.
hecelemek to spell out by syllables.
hedef **1.** target, mark; **2.** *fig.* aim, object, goal; ~ *almak* to aim *(-i* at*)*.
hediye present, gift; ~ *etmek* to give as a gift *(-e* to*)*.
hediyelik fit for a present.
hegemonya hegemony.
hekim [ı] doctor, physician.
hektar hectare.
hela toilet, loo, water closet, privy.
helal, *-li* canonically lawful, legitimate; ~ *etmek (bşi b-ne)* to give up *s.th.* to *s.o.*
hele [x.] **1.** above all, especially; **2.** at least; **3.** if (only); **4.** Look here!, Now then!; ~ *şükür!* Thank goodness! At last!
helezon spiral, helix; helicoid.
helikopter helicopter.
helmeli thick and soupy.
helva halva(h).
hem **1.** both ... and; **2.** and also, besides, too; **3.** even; ~ *de* and besides, moreover, and also, as

well as; ~ *suçlu* ~ *güçlü* offensive though at fault.
hemcins equal, fellow; of the same kind.
hemen [x.] **1.** right away, right now, instantly, at once; **2.** almost, nearly, about; ~ ~ almost, nearly.
hemfikir of the same opinion, like-minded.
hemşeri fellow townsman *or* countryman, fellow citizen.
hemşire [ı] **1.** nurse; **2.** sister.
hendek ditch, trench, dike, moat.
hengâme tumult, uproar.
hentbol, *-lü* handball.
henüz [x.] **1.** (only) just, a minute or so ago; **2.** *(in negative sentences)* yet.
hep, *-pi* **1.** all, the whole; **2.** always; ~ *birlikte* all together; *-imiz* all of us.
hepsi, *-ni* [x.] all of it; all of them.
hepten *F* entirely.
her every, each; ~ *an* at any moment; ~ *bakımdan* in every respect; ~ *biri* each one; ~ *derde deva* cure-all, panacea; ~ *halde* **1.** in any case, under any circumstances; **2.** for sure; ~ *ihtimale karşı* just in case; ~ *kim* whoever; ~ *nasılsa* somehow or other; ~ *ne* whatever; ~ *ne kadar* although; however much; ~ *ne pahasına olursa olsun* at any cost; ~ *nedense* somehow; ~ *şey* everything; ~ *yerde* everywhere, all around; ~ *zaman* always.
hercai [.——] *fig.* fickle, inconstant.
hercaimenekşe [.——...] ⚘ pansy.
hergele **1.** unbroken horse; **2.** *fig.* scoundrel, rake.
herhangi whichever, whatever; *(in negative sentences)* any.
herif **1.** *contp.* fellow, rascal; **2.** *P* man.
herkes [x.] everyone, everybody.
hesap, *-bı* [a] **1.** arithmetic; **2.** calculation; **3.** account; bill; **4.** expectation, plan; ~ *açmak* to open an account; ~ *bakiyesi* balance; ~ *cetveli* slide rule; ~ *cüzdanı* bankbook, passbook; ~ *çıkarmak* to make out the accounts; ~ *etmek* **1.** to calculate, to add up; **2.** to estimate, to reckon; **3.** to expect, to plan; ~ *görmek* to pay the bill; ~ *istemek* to ask for the bill; ~ *makinesi* calculator, adding machine; ~ *sormak (b-den)* to call *s.o.* to acoount; ~ *tutmak* to keep the books, to do the bookkeeping; ~ *vermek (b-ne)* to give *s.o.* an account; **(hesaba):** ~ *geçirmek* to enter in an account; ~ *katmak* to take into account *or* consideration; **(hesabı):** ~ *kapatmak* to pay one's debt; *-na gelmek (b-nin)* to fit *one's* interest; *-nı bilmek fig.* to be economical.
hesaplamak = *hesap etmek.*
hesaplaşmak **1.** to settle accounts mutually; **2.** *fig.* to settle accounts *(ile with)*, to get even *(ile with)*.
hesaplı **1.** well-calculated; **2.** economical, affordable.
hevenk, *-gi* hanging bunch of fruit.
heves strong desire, spirit, inclination, enthusiasm; ~*etmek (bşe)* to have a desire for *s.th.*; *-i kaçmak* to lose interest; *-ini almak* to satisfy one's desire.
hevesli desirous *(-e of)*, eager *(-e for)*.
hey! Hey (you)!, Look here!
heybe saddlebag.
heybet, *-ti* grandeur, majesty, awe.
heyecan [a] **1.** excitement; **2.** enthusiasm, emotion; ~ *duymak* **1.** to get excited; **2.** to be enthusiastic.
heyecanlanmak [..—..] **1.** to get excited; **2.** to be upset.

heyecanlı **1.** excited, thrilled; **2.** exciting, thrilling.
heyelan landslide.
heyet, *-ti* committee; delegation; board.
heyhat, *-tı* Alas!
heykel statue.
heykeltıraş sculptor.
heyula [.——] specter, bogy.
hezimet, *-ti* [i] rout; *-e uğramak* to get clobbered.
hıçkıra hıçkıra sobbingly.
hıçkırık **1.** hiccup; **2.** sob; ~ *tutmak* to have the hiccups.
hıçkırmak **1.** to hiccup; **2.** to sob.
hımbıl sluggish, indolent.
hıncahınç [x ..] jammed, packed, chock-a-block.
hınç, *-cı* grudge, ranco(u)r, hatred; *-ını almak* to revenge.
hınzır *F* swine.
hır *sl.* row, quarrel; ~ *çıkarmak sl.* to kick up a row.
hırçın **1.** ill-tempered, peevish; **2.** *fig.* tempestuous *(sea.).*
hırçınlaşmak to show a bad temper.
hırçınlık bad temper, peevishness, irritability.
hırdavat, *-tı* **1.** hardware; **2.** junk.
hırgür *F* squabble, row.
hırıldamak **1.** to wheeze; **2.** to snarl.
hırıltı **1.** wheeze; **2.** snarl; **3.** *fig. F* squabble, row.
Hıristiyan *pr. n.* Christian.
hırka cardigan.
hırlamak **1.** to wheeze; **2.** to snarl *(at).*
hırlaşmak **1.** to snarl at each other *(dogs);* **2.** *F* to rail at each other.
hırpalamak to ill-treat, to misuse.
hırpani *F* ragged, in tatters.
hırs **1.** greed; **2.** anger, rage, fury; *-ını alamamak* to be unable to control one's anger.
hırsız thief, burglar; robber; ~ *yatağı* den of thieves.
hırsızlık theft, burglary; robbery; ⚖ larceny; ~ *yapmak* to commit theft, to steal.
hırslanmak to get angry, to become furious.
hırslı **1.** angry; furious; **2.** *fig.* greedy, avaricious.
hısım relative, kin; ~ *akraba* kith and kin.
hısımlık kinship.
hışım, *-şmı* rage, anger, fury; *hışmına uğramak (b-nin)* to be the object of *s.o.'s* rage.
hışırdamak to rustle, to grate.
hışırtı rustle, rustling, grating.
hıyanet, *-ti* [a] **1.** treachery, perfidy, infidelity; **2.** ⚖ treason.
hıyar **1.** ⚘ cucumber; **2.** *sl.* dolt, blockhead, swine.
hız **1.** speed; **2.** momentum, impetus; **3.** velocity; ~ *almak* to get up speed; ~ *vermek (bşe)* to speed *s.th.* up.
hızlanmak to gain speed *or* momentum.
hızlı **1.** speedy, swift, quick; **2.** loud; **3.** strong *(blow);* ~ *yaşamak F* to live fast.
hibe donation, gift; ~ *etmek* to donate.
hicap, *-bı* shame, embarrassment; bashfulness; ~ *duymak* to feel ashamed.
Hicaz [ā] *pr.n.* the Hejaz.
hiciv, *-cvi* satire; lampoon.
hicran [.—] **1.** separation; **2.** sadness.
hicret [.—] **1.** emigration; **2.** *eccl.* the Hegira; ~ *etmek* to migrate.
hicri of the Hegira.
hicvetmek [x..] to satirize; to lampoon.
hicviye satirical poem; lampoon.
hiç, *-çi* **1.** never, not at all; **2.** nothing (at all); **3.** *(in negative sentences and questions)* ever; ~ *biri* none of them; ~ *bir surette* in no

way, by no means; ~ *bir şey* nothing; ~ *bir yerde* nowhere; ~ *bir zaman* never; ~ *değilse* at least; ~ *kimse* nobody, no one; ~ *olmazsa* at least; ~ *yoktan* for no reason at all; *-e saymak* to make light *(-i of)*, to disregard.
hiçlik 1. nullity, nothingness; **2.** poverty.
hiddet, *-ti* anger, rage, fury.
hiddetlenmek to get angry *or* furious.
hiddetli angry, furious, violent.
hidroelektrik hydroelectric; ~ *santralı* hydroelectric power plant.
hidrofil absorbent.
hidrojen ⚗ hydrogen.
hidrolik hydraulic(s).
hikâye 1. story, tale, narration; **2.** *F* tall story, whopper; ~ *etmek* to narrate, to tell, to relate.
hikmet, *-ti* **1.** wisdom; **2.** philosophy; **3.** inner meaning, motive.
hilaf 1. contrary, contradiction, opposite; **2.** *F* lie; *-ına* contrary *(-in to)*, in opposition *(-in to)*.
hilafet, *-ti* Caliphate.
hilafsız for sure, surely.
hilal, *-li* **1.** new moon, crescent moon; **2.** crescent.
hile [ī] **1.** trick, ruse, deceit; **2.** adulteration; ~ *yapmak* **1.** to trick, to swindle; **2.** to adulterate.
hileci [—..] **1.** deceitful, tricky; **2.** swindler, trickster, fraud.
hileli [—..] **1.** tricky; ⚖ fraudulent; **2.** adulterated, impure.
hilesiz 1. honest, upright; **2.** free of fraud; **3.** unadulterated, pure.
himaye [ā] **1.** protection; defence; **2.** patronage; **3.** protectorate; ~ *etmek* **1.** to protect; **2.** to patronize; *-sinde (b-nin)* under the protection of *s.o.*
himmet, *-ti* **1.** auspices, help, favo(u)r; **2.** effort, zeal; ~ *etmek* to help, to exert *o.s.* *(-e for)*.
hindi *zo.* turkey.
hindiba [ā] ⚘ chicory, succory.
Hindistan [ā] *pr. n.* India.
hindistancevizi, *-ni* ⚘ **1.** coconut; **2.** nutmeg (tree).
Hint, *-di* **1.** Indian; **2.** India; ~ *Okyanusu* Indian Ocean.
hintkeneviri, *-ni* ⚘ (Indian) hemp.
hintyağı, *-nı* castor oil.
hipermetrop, *-pu* farsighted.
hipodrom hippodrome.
hipopotam *zo.* hippopotamus.
hippi hippy.
his, *-ssi* **1.** sense; **2.** feeling, sensation, sentiment; *-lerine kapılmak* to be ruled by one's emotions.
hisar castle, fort, fortress.
hisli sensitive, sentimental, emotional.
hisse 1. share; part, lot; **2.** *fig.* lesson; ~ *kapmak* to draw a lesson *(-den from)*; ~ *sahibi* shareholder; ~ *senedi econ.* share.
hissedar [ā] = *hisse sahibi*.
hissetmek [x..] to feel, to sense, to perceive.
hissi emotional, sentimental; sensorial.
hissizlik 1. insensitivity; **2.** numbness.
hitabe [ā] address, speech.
hitaben [ā] addressing, speaking *(-e to)*.
hitap, *-bı* [ā] address, speech; ~ *etmek* to address, to make a speech.
Hitit, *-ti pr. n.* Hittite.
hiza [ā] line, level, standard; *-sına kadar* up to level *(-in of)*; *-ya getirmek* **1.** to line up *(people)*; to straighten; **2.** *fig. F (b-ni)* to bring *s.o.* into line.
hizip, *-zbi* clique, faction.
hizipleşmek to separate into factions.
hizmet, *-ti* **1.** service; **2.** duty; employment; ~ *etmek* to serve; *-inde bulunmak (b-nin)* to be in the

service of *s.o.; -ine girmek (b-nin)* to be in *s.o.'s* employment.
hizmetçi servant, maid; ~ *kadın* charwoman; ~ *kız* maidservant.
hizmetkâr servant.
hizmetli caretaker.
hoca [x.] **1.** *eccl.* hodja; **2.** teacher.
hodbin [i] egoistic, selfish.
hohlamak to blow one's breath *(-e upon).*
hokey *sports:* hockey.
hokka 1. inkpot, inkstand; **2.** pot, cup.
hokkabaz 1. juggler, conjurer; **2.** *fig.* shyster, cheat.
hol, *-lü* entrance hall, vestibule.
holding *econ.* holding company.
Hollanda [.x.] *pr.n.* Holland, the Netherlands.
Hollandalı *pr.n.* Dutchman.
homo *F* homo, homosexual.
homoseksüel homosexual.
homurdanmak to grumble *(-e at),* to mutter to o.s.
homurtu muttering, grumbling.
hoparlör loudspeaker.
hoplamak 1. to jump; to skip along; **2.** to jump for joy.
hoppa flighty, frivolous *(woman).*
hopurdatmak to slurp.
hor contemptible, despicable; ~ *görmek* to look down on; ~ *kullanmak* to be hard *(-i on),* to misuse.
horlamak 1. to snore; **2.** *fig.* to insult, to treat with contempt.
hormon *biol.* hormone.
horoz 1. *zo.* cock, rooster; **2.** hammer *(of a gun),* cock; **3.** bridge *(of a lock);* ~ *döğüşü* cockfight.
horozlanmak to swagger, to bluster, to strut about.
horozsiklet, *-ti sports:* featherweight.
hortlak ghost, specter.
hortlamak 1. to rise from the grave and haunt people; **2.** *fig.* to arise again *(trouble etc.).*
hortum 1. *zo.* trunk; **2.** ⊕ hose; **3.** *meteor.* whirlwind, waterspout.
horultu snore, snoring.
hostes stewardess; air hostess.
hoş 1. pleasant, nice, lovely; **2.** as far as that's concerned; **3.** fine, but ...; ~ *bulduk!* Thank you!; ~ *geldiniz!* Welcome!; ~ *görmek* to tolerate, to overlook; ~ *tutmak (b-ni)* to treat *s.o.* warmly; *-a gitmek* to be pleasing; *-una gitmek* to please, to be agreeable *(-in to).*
hoşaf stewed fruit, compote.
hoşbeş small talk, friendly chat; ~ *etmek* to chitchat.
hoşça [x.] pretty well, somewhat pleasant; ~ *kalın!* So long!, Bye!
hoşgörü tolerance.
hoşgörülü tolerant.
hoşlanmak to like, to enjoy, to be pleased *(-den with).*
hoşnut, *-du* [u] pleased, satisfied, contented *(-den with);* ~ *etmek (b--ni)* to please *s.o.;* ~ *olmak* to be pleased *(-den with).*
hoşnutluk contentment, satisfaction.
hoşsohbet, *-ti* conversable; good company.
hotoz 1. crest, tuft; **2.** bun, topknot *(of hair).*
hovarda 1. spendthrift, generous; **2.** womanizer, rake; rich lover of a prostitute.
hovardalık 1. profligacy; **2.** womanizing.
hoyrat, *-tı* rough, coarse *(person).*
hödük boorish, uncouth.
höpürdetmek to slurp, to sip noisily.
hörgüç, *-cü zo.* hump.
hörgüçlü humped.
höyük tumulus, artificial hill *or* mound.
hububat, *-tı* [.——] grain, cereals.
hudut, *-du* [.—] **1.** border, frontier; **2.** end, limit.
hudutsuz unlimited, boundless.

hukuk, *-ku* [.—] law, jurisprudence; ~ *davası* civil lawsuit; ♀ *Fakültesi* law school; ~ *mahkemesi* civil court; ~ *müşaviri* legal adviser.
hukuki [.——] legal, juridical.
hulasa 1. summary; **2.** ⚗ extract; ~ *etmek* to sum up, to summarize.
hulya [ā] daydream, fancy.
humma ⚕ fever.
hummalı ⚕ feverish *(a. fig.)*.
hunhar [.—] bloodthirsty.
hunharca [.—.] **1.** brutally; **2.** brutal, savage.
huni funnel.
hurafe [ā] superstition; silly tale.
hurç, *-cu* large leather saddlebag.
hurda 1. scrap iron *or* metal; **2.** scrap *(metal)*; ~ *fiyatına* very cheaply; *-sı çıkmış* worn-out.
hurdacı scrap dealer, junk dealer.
huri [ū] *isl.myth.* houri; ~ *gibi* very beautiful *(girl)*.
hurma ✿ date; ~ *ağacı* ✿ date palm.
hurufat, *-tı* [.——] *typ.* type(face); ~ *dökmek* to cast type.
husumet, *-ti* [.—.] hostility, enmity; ~ *beslemek* to nourish hostility *(-e towards)*.
husus [.—] **1.** subject, matter, case; **2.** particularity; relation; *bu -ta* in this matter *or* connection.
hususi [.——] **1.** special, distinctive; **2.** personal, private; **3.** reserved *(seat)*.
hususiyet, *-ti* [.—..] **1.** characteristic, pecularity; **2.** intimacy.
husye ⚕ testis, testicle.
huy 1. habit, temper, temperament; **2.** nature; ~ *edinmek* to get into the habit *(of)*; *-una suyuna gitmek* to humo(u)r, to indulge.
huylanmak 1. to be irritated, to become uneasy; **2.** to feel suspicious.
huysuz bad-tempered, obstinate.
huysuzlaşmak to become fretful *(child)*; to become peevish.
huysuzluk bad temper, petulance, obstinacy.
huzur [.—] **1.** peace of mind, comfort; ease; **2.** presence; ~ *vermek (b-ne)* **1.** to leave *s.o.* alone; **2.** to bring *s.o.* comfort; *-unda* in the presence *(-in of)*; *-unu kaçırmak* to trouble, to disturb.
huzurevi, *-ni* rest home.
huzurlu 1. peaceful; **2.** happy, untroubled.
huzursuz troubled, uneasy.
huzursuzluk uneasiness, disquiet.
hücre 1. *biol.* cell; **2.** cell, chamber, room; **3.** niche, alcove.
hücum [ū] **1.** attack, assault; charge; **2.** rush; **3.** verbal attack; ~ *etmek* **1.** to attack, to assult; **2.** to rush to *(a place)*; *-a uğramak* to be attacked.
hükmen [x.] *sports:* by the decision of a referee.
hükmetmek [x..] **1.** to rule, to govern, to dominate; **2.** to decide, to conclude; **3.** to judge, to sentence.
hüküm, *-kmü* **1.** judgement, decision; sentence, decree; **2.** jurisdiction, rule; **3.** legality, authority; **4.** influence, effect; ~ *giymek* to be sentenced; ~ *sürmek* **1.** to reign, to rule; **2.** *fig.* to prevail; *hükmü geçmek* **1.** to have authority *(-e over)*; **2.** to expire *(validity)*.
hükümdar [ā] ruler, sovereign.
hükümdarlık empire, kingdom.
hükümet, *-ti* **1.** government, administration, state; **2.** government building; ~ *darbesi pol.* coup d'état; *-i devirmek* to overthrow the government; *-i kurmak* to form a government.
hükümlü 1. sentenced, condemned; **2.** convict.

hükümranlık [ā] sovereignty.
hükümsüz invalid, null; abolished.
hüner skill, talent, ability, dexterity; ~ *göstermek* to show skill *or* proficiency *(-de in).*
hüngür hüngür sobbingly; ~ *ağlamak* to sob, to blubber.
hünnap, *-bı* ⚘ jujube.
hür free; unconstrained; independent; ~ *düşünce* free thought.
hürmet, *-ti* respect, regard; ~ *etmek* to respect, to hono(u)r.
hürmetli respectful, deferent.
hürriyet, *-ti* freedom, liberty; independence.
hüsnükuruntu *co.* wishful thinking.
hüsnüniyet, *-ti* good intention.
hüsran [.—] **1.** disappointment; **2.** loss, damage; *-a uğramak* to be disappointed.
hüviyet, *-ti* **1.** identity (card); **2.** *fig.* character, quality; ~ *cüzdanı* identity card, ID card.
hüzün, *-znü* sadness, sorrow, grief; melancholy.
hüzünlenmek to feel sad, to sadden.
hüzünlü sad, sorrowful.

I

ıhlamur 1. ⚘ linden tree; **2.** linden-flower *(tea).*
ıkınmak to grunt, to moan.
ılgım mirage.
ılgın ⚘ tamarisk.
ılıca hot spring, spa, health resort.
ılık tepid, lukewarm.
ılım moderation, temperance.
ılıman temperate, mild *(climate).*
ılımlı moderate, middle-of-the--road.
ılınmak to grow lukewarm.
ılıştırmak to make lukewarm
ırak far, distant, remote.
Irak, *-kı pr.n.* Iraq.
ırakgörür telescope.
ırgalamak 1. to shake, to rock; **2.** *sl.* to interest.
ırgat, *-tı* day-labo(u)rer, workman; ~ *gibi çalışmak fig.* to sweat blood.
ırgatlık day-labo(u)r.
ırk, *-kı* **1.** race; **2.** lineage, blood.
ırkçılık racism.
ırktaş of the same race.
ırmak river.
ırz chastity, purity, hono(u)r; ~ *düşmanı* rapist; *-ına geçmek or tecavüz etmek (b-nin)* to rape *s.o.*, to violate *s.o.*
ısı 1. heat, warm, th ermal energy; **2.** temperature; ~ *kuşak* tropical zone.
to grow warm; **2.** to warm o.s.; **3.** *fig.* to warm *(-e to).*
ısıölçer 1. thermometer; **2.** calorimeter.
ısırgan ⚘ stinging nettle.
ısırık 1. bite; **2.** a bite *or* mouthful.
ısırmak to bite.
ısıtıcı heater.
ısıtmak to warm, to heat.
ıskarmoz 1. ⚓ rib; **2.** ⚓ oarlock, thole (pin).
ıskarta [.x.] **1.** *cards:* discard; **2.** discarded; ~ *etmek or -ya çıkarmak* to discard.
ıskonto [.x.] **1.** *econ.* discount; **2.** price reduction.
ıslah [ā] **1.** improvement, correc-

tion, reformation; **2.** amendment, rectification; ~ *etmek* to improve, to better, to reform, to correct; ~ *olmaz F* incorrigible.

ıslahat, *-tı* [.——] reform; improvement, betterment; ~ *yapmak* to make reforms.

ıslahevi, *-ni* reformatory.

ıslak wet; damp.

ıslanmak to get wet, to be wetted.

ıslatmak 1. to wet; to dampen; to moisten; **2.** *sl.* to cudgel, to thrash.

ıslık whistle; hiss; ~ *çalmak* to whistle; to hiss *(snake).*

ıslıklamak to boo.

ısmarlama made-to-order, ordered, custom-made; ~ *elbise* tailor-made suit.

ısmarlamak 1. *(b-ne)* to order s.th. from *s.o.;* to have *s.o.* make s.th.; **2.** *(b-ne)* to treat *s.o.* to *(drink, food).*

ıspanak ⚘ spinach.

ıspazmoz convulsion, spasm.

ısrar [ā] insistence, persistence; ~ *etmek* to insist *(-de on),* to persist *(-de in).*

ısrarla [.—.] insistently, persistently.

ıssız desolate, lonely, uninhabited.

ıstakoz *zo.* lobster.

ıstampa [.x.] **1.** stamp; **2.** inkpad, stamp pad.

ıstavroz cross, crucifix.

ıstırap, *-bı* [ā] suffering, pain; ~ *çekmek* to suffer.

ışık 1. light; **2.** any source of light; ~ *saçmak* to shine, to give off light; ~ *tutmak* **1.** to light the way *(-e for);* **2.** *fig.* to shed light *(-e on).*

ışıklandırmak to light up, to illuminate.

ışıkölçer *phys.* photometer.

ışıldak 1. bright, sparkling; **2.** searchlight, spotlight.

ışıldamak to shine, to sparkle, to gleam, to twinkle.

ışıl ışıl sparklingly, glitteringly.

ışıltı flash, spark, glitter, twinkle.

ışıma *phys.* radiation; glowing.

ışımak to radiate light; to glow.

ışın A, *phys.* ray.

ışınlama radiation.

ışınölçer radiometer.

ıtır, *-trı* attar, essence, perfume.

ıtriyat, *-tı* [ā] perfumes, attars, perfumery.

ıvır zıvır 1. bits and pieces, bobs and trinkets; **2.** *F* nonsensical, rubbish; trifling.

ızbandut huge and terrifying man, hulk; ~ *gibi* burly, strapping *(man).*

ızgara [x..] **1.** grate, grating; **2.** grill, grid, gridiron; **3.** grilled *(fish, meat etc.);* ~ *yapmak* to grill.

İ

iade [ā] **1.** return, giving back; **2.** rejection, refusal; ~ *etmek* **1. 1.** to return, to give back *(-e to);* **2.** to reject.

iadeli [ā] reply-paid *(letter);* ~ *taahhütlü mektup* registered and reply-paid letter.

iane [ā] **1.** donation, subsidy; **2.** help, aid; ~ *toplamak* to collect contributions.

iaşe [ā] feeding, victualing; ~ *etmek* to feed, to sustain; ~ *ve ibate* room and board, board and lodging.
ibadet, *-ti* [ā] worship, prayer; ~ *etmek* to worship.
ibadethane [ā, ā] temple, sanctuary.
ibadullah [ā, ā] abundant.
ibare [ā] sentence; expression.
ibaret, *-ti* [ā] composed *(-den of)*, consisting *(-den of)*; ~ *olmak* to consist *(-den of)*, to be composed *(-den of)*.
ibibik *zo.* hoopoe.
ibik 1. *zo.* comb *(of a fowl)*; **2.** *anat.* crista.
ibikli crested *(bird)*.
iblağ 1. delivery; communication; **2.** increase, augmentation; ~ *etmek* **1.** to communicate, to transmit; to deliver; **2.** to increase *(-e to)*.
iblis[.—] **1.** Satan, the Devil; **2.** *fig.* demon, devil, imp.
ibne *sl.* fag, gay, queen, queer.
ibra [ā] acquittance; ~ *etmek* to release *(from debt)*; ~ *kâğıdı* quittance.
ibraname [ā, ā] quittance, release.
İbrani [.——] *pr. n.* Hebrew.
İbranice [.——.] [.—x.] *pr. n.* the Hebrew language.
ibraz [ā] presentation; ~ *etmek* to present *(a document)*.
ibre ⊕ needle, pointer.
ibret, *-ti* warning, lesson, admonition; ~ *almak (bşden)* to take warning from *s.th.*, to learn a lesson from *s.th.*; ~ *olmak* to be a warning *(-e to)*.
ibrik ewer, pitcher.
ibrişim silk thread.
icabet, *-ti* [ā] acceptance *(of an invitation)*, attendance *(at a gathering)*; ~ *etmek* **1.** to accept *(an invitation)*; **2.** to accede *(to a request)*.
icap, *-bı* [——] necessity, requirement, demand; ~ *etmek* to be necessary; *-ına bakmak* to do what is necessary, to see to; *-ında* if needed, at a push *or* pinch.
icar [——] rent; *-a vermek* to let, to lease.
icat, *-dı* [——] invention; ~ *etmek* **1.** to invent; **2.** to fabricate, to trump up.
icbar [ā] compulsion, coercion.
icik *F: iciğini ciciğini çıkarmak* to go over s.th. with a fine-tooth comb.
icra [ā] **1.** execution, performance; **2.** *(dairesi)* court for claims; **3.** ♪ performance; ~ *etmek* **1.** to carry out, to execute; **2.** ♪ to perform; to play; to sing; ~ *heyeti* **1.** executive board; **2.** ♪ performers; ~ *memuru* bailiff; *-ya vermek (b-ni)* to refer *s.o.* to the court bailiff, to take *s.o.* to court.
icraat, *-tı* [ā, ā] performances; operations, actions.
iç, *-çi* **1.** inside, interior; **2.** inner, internal; **3.** domestic, home; **4.** kernel, pulp; **5.** *fig.* mind, heart, will; ~ *açıcı* heartwarming, pleasant; ♀ *Anadolu* Inner Anatolia; ~ *bulantısı* nausea; ~ *çamaşırı* underwear; ~ *çekmek* **1.** to sigh; **2.** to sob; ~ *deniz* inland sea; ~ *donu* underpants; ~ *etmek F* to swipe, to pocket; ~ *geçirmek* to sigh; ~ *hat* domestic line; ~ *-e* **1.** one inside the other, nested; **2.** one opening into another *(room)*; ~ *lastik* inner tube; ~ *organlar* internal organs, viscera; ~ *pazar* domestic *or* home market; ~ *savaş* civil war; ~ *sıkıcı* dull, boring, tedious; ~ *sıkıntısı* boredom; ~ *sular* inland rivers and lakes; ~ *ticaret* domestic (*or* home) trade; **(içi):** ~ *açılmak* to feel relieved, to be cheered up; ~ *almamak* not to feel like eating; ~ *bayılmak* to feel faint with hunger, to be starv-

ing; ~ *bulanmak* to feel nauseated; ~ *geçmek* to doze; ~ *içine sığmamak* to be up in the air; ~ *içini yemek* to eat one's heart out; ~ *kalkmak* to have a feeling of nausea; ~ *kan ağlamak* to be deeply grieved, to be in great sorrow; ~ *kararmak* to be dismayed; ~ *kazınmak* to feel very hungry, to starve; ~ *paralanmak* to be greatly upset; ~ *rahat etmek* to be relieved; ~ *sıkılmak* to feel bored; ~ *sızlamak* to be very unhappy (*-e* *about*); ~ *yanmak* **1.** to be very thirsty; **2.** *fig.* to be very upset; **(içinde):** ~ *yüzmek* F to be rolling in *(money etc.)*; **(içinden):** ~ *çıkmak* to accomplish, to solve, to carry out; ~ *geçirmek* to think about, to consider; ~ *gülmek* *(b-ne)* to laugh up one's sleeve at *s.o.*; **(içine):** ~ *almak* to contain, to hold; to include; ~ *doğmak* to feel in one's bones, to have a presentiment; ~ *etmek* *(bşin) sl.* to make a hash of *s.th.*; ~ *işlemek* **1.** to cut s.o. to the quick; **2.** *(cold)* to chill s.o. to the bone; *(rain)* to soak s.o. to the skin; ~ *kapanık* introverted; **(içini):** ~ *dökmek* to unburden o.s., to unbosom o.s., to make a clean breast of; *içler acısı* heart-rending.

içbükey concave.

içderi endoderm.

içecek beverage, drink; ~ *su* drinking water.

içedoğma presentiment.

içedönük introverted.

içekapanık **1.** schizoid; **2.** autistic.

içeri, içerisi, *-ni* **1.** inside, interior; **2.** inner; **3.** in; ~ *buyurun!* Please come in!; ~ *dalmak* to barge in, to burst into; ~ *düşmek* *sl.* to go to clink; ~ *girmek* **1.** to go in, to enter; **2.** F to make a loss; **3.** F to go to clink.

içerik content(s).

içerlek **1.** *(building)* sitting back; **2.** indented *(line)*

içerlemek to resent.

içermek to contain, to include, to comprise.

içgeçit tunnel.

içgözlem introspection.

içgüdü instinct.

içgüdüsel instinctive.

içgüvey, içgüveyisi, *-ni* man who lives with his wife's parents.

içici drunkard, alcoholic.

içim **1.** sip; **2.** taste, flavo(u)r.

içimli *(cigarette etc.)* having ... taste.

için **1.** for; **2.** because; **3.** so that, in order that; **4.** in order to, so as to; **5.** about, concerning; *bunun* ~ for this reason.

içinde **1.** in, inside; **2.** within, in; **3.** under *(circumstances)*; **4.** having, full of, all; ~ *olmak* to be included.

içindekiler contents.

için için **1.** internally; **2.** secretly; ~ *ağlamak* to weep inwardly.

içirmek to make s.o. drink.

içişleri, *-ni pol.* internal *or* home affairs; ♀ *Bakanı* Minister of Internal Affairs; ♀ *Bakanlığı* Ministry of Internal Affairs.

içitim injection.

içki drink, liquor, booze; ~ *âlemi* orgy, booze-up, spree; ~ *içmek* to drink, to tipple; *-ye düşkün* addicted to drink.

içkici drunkard, tippler.

içkili **1.** intoxicated; **2.** serving alcoholic beverages.

içkulak *anat.* inner ear.

içlem *log.* comprehension, connotation, intension.

içlenmek to be affected *(-den by)*.

içli **1.** having an inside; **2.** oversensitive.

içlidışlı intimate, bosom; ~ *olmak* to be bosom friends, to be on in-

timate terms.
içme mineral spring; ~ *suyu* drinking water.
içmek, *(-çer)* **1.** to drink; **2.** to smoke; **3.** to drink, to tipple.
içmeler mineral springs.
içmimar interior decorator.
içsalgı hormone.
içsel internal, inner.
içten 1. from within; **2.** sincere, friendly; ~ *yanmalı mot.* internal-combustion.
içtenlik sincerity.
içtepi *psych.* compulsion.
içtihat [..—] opinion, conviction.
içtima, *-aı* [ā] **1.** meeting, gathering; **2.** × muster; ~ *etmek* **1.** to meet, to assemble; **2.** × to muster.
içtüzük by-laws, standing rules.
içyağı, *-nı* suet.
içyapı internal structure.
içyüz the inside story, the hidden side, true colo(u)rs.
idam [——] capital punishment, execution; ~ *cezası* death sentence; ~ *etmek* to execute, to put to death; *-a mahkûm etmek* to condemn to death.
idame [ā] continuation; ~ *etmek* to continue.
idamlık 1. capital *(crime)*; **2.** condemned to death.
idare [ā] **1.** administration, management, direction; **2.** thriftiness, economy; ~ *etmek* **1.** to manage, to administer, to control; **2.** to economize; **3.** to be enough, to suffice; **4.** *F (b-ni)* to handle *s.o.* with kid gloves; **5.** *F* to hush up, to cover up; **6.** to drive, to use *(car)*; ~ *etmez* it doesn't pay; ~ *heyeti* administrative committee; board of directors.
idareci [ā] manager, administrator.
idareli [ā] **1.** thrifty; **2.** economical; ~ *kullanmak* to economize, to husband.
idareten temporarily.
idari [.——] administrative, managerial.
iddia [ā] **1.** claim, assertion; **2.** insistence, obstinacy; **3.** bet, wager; ~ *etmek* **1.** to claim, to assert, to allege; **2.** to insist; ~ *makamı* ⚖ the public prosecutor; ~ *olunan şey* ⚖ question at issue; *-ya tutuşmak* to bet, to wager.
iddiacı obstinate, assertive.
iddialı assertive, presumptuous.
iddianame [ā, ā] ⚖ indictment.
iddiasız unassertive; unpretentious.
ideal, *-li* ideal.
idealist, *-ti* idealist.
idealizm idealism.
ideoloji ideology.
ideolojik ideological.
idil *lit.* idyl.
idiş 1. gelding; **2.** gelded, castrated.
idman [ā] work-out, training, exercise; ~ *yapmak* to work out, to train.
idrak, *-ki* [ā] perception, comprehension; ~ *etmek* to perceive, to apprehend, to comprehend.
idrakli [ā] perceptive, intelligent.
idraksiz dull-witted, unintelligent.
idrar [ā] urine; ~ *torbası* (urinary) bladder; ~ *yolu* urethra; ~ *zorluğu* dysuria.
İETT *(abbr. for İstanbul Elektrik, Tünel, Tramvay İşletmesi)* the Istanbul Electric Power, Funicular and Streetcar Board.
ifa [——] fulfil(l)ment, performance; ~ *etmek* to fulfil(l), to perform, to carry out.
ifade [ā] **1.** expression, explanation; **2.** statement; **3.** ⚖ deposition; ~ *etmek* to explain, to express; ~ *vermek* ⚖ to give evidence, to testify; *-sini almak* **1.** ⚖ to interrogate, to grill, to cross-ex-

amine; **2.** *sl.* to beat up, to wallop.

iffet, *-ti* **1.** chastity; **2.** honesty, uprightness.

iffetli **1.** chaste, virtuous; **2.** honest, upright.

iffetsiz **1.** unchaste; **2.** dishonest.

iflâh betterment, improvement; ~ *olmak* to get well; ~ *olmaz* **1.** incorrigible *(person);* **2.** hopeless *(situation); -ı kesilmek F* to be exhausted (*or* done for); *-ını kesmek F* to wear down.

iflas bankruptcy, insolvency; ~ *etmek* to go bankrupt.

ifrat, *-tı* [ā] excess, overdoing; *-a kaçmak* to overdo.

ifraz [ā] **1.** separation; **2.** ⚖ allotment; **3.** *biol.* secretion; ~ *etmek* **1.** ⚖ to allot; **2.** *biol.* to secrete.

ifrazat, *-tı biol.* secretions.

ifrit, *-ti* [.—] malicious demon; ~ *olmak* to fly off the handle.

ifşa [ā] disclosure; ~ *etmek* to disclose, to reveal.

iftar [ā] the evening meal during Ramadan; ~ *etmek* to break one's fast.

iftihar [ā] pride; ~ *etmek* to take pride *(ile in),* to be proud *(ile of).*

iftira [ā] slander, calumny; ~ *etmek* to slander, to calumniate, to blacken.

iftiracı [ā] slanderer.

iğ spindle.

iğde ⚘ oleaster, wild olive.

iğdiş **1.** gelding; **2.** castrated, gelded *(animal);* ~ *etmek* to castrate, to geld.

iğfal, *-li* [ā] rape, seduction; ~ *etmek* to rape.

iğne **1.** needle; **2.** pin; **3.** brooch; **4.** ⊕ pointer, needle; **5.** *zo.* stinger; **6.** fishhook; **7.** ⚕ injection; **8.** *fig.* pinprick; ~ *atsan yere düşmez fig.* it is packed-out; ~ *deliği* the eye of a needle; ~ *ile kuyu kazmak fig.* **1.** to do a hard job without proper means; **2.** to work on a slow and difficult task; ~ *ipliğe dönmek fig.* to become skin and bones, to be worn away to a shadow; ~ *vurmak or yapmak (b-ne)* to give *s.o.* an injection; *-den ipliğe kadar* down to the smallest detail; *-yi kendine batır, sonra çuvaldızı başkasına pro.* do as you would be done by.

iğneci person who gives injections.

iğnedenlik *s. iğnelik.*

iğnelemek **1.** to pin; **2.** *fig.* to hurt with words, to speak sarcastically.

iğneleyici biting, sarcastic *(word).*

iğneli **1.** pinned; **2.** *fig.* biting, sarcastic *(word);* ~ *fıçı fig.* hot water; ~ *fıçıda olmak* to be in hot water; ~ *söz* sarcastic remark.

iğnelik pincushion.

iğrenç, *-ci* detestable, odious, disgusting.

iğrendirmek to disgust.

iğrenmek to feel disgust, to loathe.

ihale [ā] tender, bid.

-i hali *gr.* accusative case.

ihanet, *-ti* [ā] **1.** treachery; **2.** unfaithfulness, infidelity; ~ *etmek* **1.** to betray; **2.** to be unfaithful *(-e to).*

ihbar [ā] denunciation, tip-off; ~ *etmek* to denounce, to tip off, to inform.

ihbarcı [ā] informer.

ihbarlı: ~ *konuşma teleph.* person-to-person call.

ihbarname [ā, ā] notice, notification.

ihlal, *-li* infringement, violation; ~ *etmek* to infringe, to violate, to break.

ihmal, *-li* [ā] negligence, omission; ~ *etmek* to neglect, to omit.

ihmalci, ihmalkâr [ā] negligent, neglectful.

ihracat, *-tı* [.——] exportation; ~ *yapmak* to export.

ihracatçı [ā, ā] exporter.

ihraç, *-cı* [ā] exportation; ~ *etmek* to export.

ihram [ā] **1.** garment worn by pilgrims in Mecca; **2.** Bedouin cloak.

ihsan [ā] favo(u)r, benevolence; ~ *etmek* to grant, to bestow.

ihsas [ā] **1.** hint, insinuation, indication; **2.** *phys.* perception; ~ *etmek* to insinuate, to indicate.

ihtar [ā] warning; ~ *etmek* to warn, to remind.

ihtarname [ā, ā] **1.** official warning; **2.** ⚖ = *protesto.*

ihtifal, *-li* commemorative ceremony.

ihtikâr profiteering.

ihtilaf conflict, disagreement, dispute; *-a düşmek* to conflict *(ile with),* to disagree *(ile with).*

ihtilaflı controversial.

ihtilal, *-li* revolution, rebellion, riot; ~ *yapmak* to raise a rebellion.

ihtilalci rebel, revolutionary.

ihtimal, *-li* [ā] **1.** probability; **2.** probably; ~ *vermek* to consider likely, to regard as possible; *-ki* probably.

ihtimam [ā] care, carefulness; ~ *göstermek* to take great pains *(-e over).*

ihtiram [ā] veneration, reverence; ~ *birliği* guard of hono(u)r; ~ *duruşu* standing at attention.

ihtiras [ā] ambition, greed, passion.

ihtiraslı [ā] ambitious, greedy, passionate.

ihtisas [ā] specialization, specialty; ~ *yapmak* to specialize *(-de in).*

ihtişam [ā] splendo(u)r, pomp, grandeur.

ihtişamlı [ā] splendid, magnificent, pompous.

ihtiva [ā] inclusion, containment; ~ *etmek* to include, to contain.

ihtiyaç, *-cı* [ā] **1.** need, necessity, want; **2.** poverty; ~ *duymak* to feel the need *(-e for); -ı karşılamak* to serve (*or* meet) a need; *-ı olmak* to need, to be in need of.

ihtiyar [ā] **1.** old, aged; **2.** old person.

ihtiyari [..——] optional.

ihtiyarlamak to grow *or* get old, to age.

ihtiyarlık old age, senility; ~ *sigortası* social security, old-age insurance.

ihtiyat, *-tı* [ā] **1.** precaution, caution; **2.** reserve; ~ *akçesi* reserve fund, nest egg; ~ *kaydı ile* with some doubt; under reserve.

ihtiyaten [ā] **1.** as a reserve; **2.** as a precaution.

ihtiyatlı cautious, prudent.

ihtiyatsız imprudent, incautious, rash; improvident.

ihya [ā] **1.** revitalization, resuscitation; **2.** *fig.* revival; ~ *etmek* **1.** to revitalize, to enliven; **2.** *fig.* to revive, to revivify.

ihzari [.——] preparatory.

ikamet, *-ti* [ā] residence, dwelling; ~ *etmek* to live; to reside, to dwell.

ikametgâh [ā] residence, legal domicile.

ikaz [——] warning; ~ *etmek* to warn.

iken while, whilst.

iki two; ~ *arada kalmak* to be at a loss as to whom to believe; ~ *ateş arasında kalmak* to be caught between two fires; ~ *ayağını bir pabuca sokmak F* to put in a flurry; ~ *büklüm olmak fig.* to double up; ~ *cami arasında kalmış beynamaz fig.* fallen between two stools; ~ *çift laf* a word or two; ~ *dirhem bir çekirdek F* dressed to kill, dressed up to the nines; ~ *gözü* ~ *çeşme ağlamak* to cry buckets; ~ *misli* twofold; *-de bir* frequently, all the time.

ikianlamlı ambiguous.
ikicinsli bisexual.
ikidilli bilingual.
ikidüzlemli ⩓ dihedral.
ikieşeyli bisexual.
ikilem dilemma.
ikilemek to make two, to make a pair.
ikili 1. double, dual; **2.** bilateral; **3.** *cards:* two; ~ *anlaşma* bilateral treaty.
ikilik discord, disagreement.
ikinci second.
ikincil secondary.
ikindi midafternoon.
ikişer two at a time; ~ ~ two by two, in twos.
ikiyaşayışlı *biol.* amphibian, amphibious.
ikiyüzlü *fig.* two-faced.
ikiz twins.
ikizkenar ⩓ isosceles.
ikizler *ast.* the Twins, Gemini.
iklim climate.
iklimleme: ~ *aygıtı* air conditioner.
iklimsel climatic.
ikmal, -li [ā] **1.** completion; **2.** replenishment, supplying; **3.** *(sınavı)* make-up examination.
ikna, -aı [ā] persuasion; ~ *etmek* to persuade, to convince.
ikon icon.
ikrah [ā] disgust, detestation, abhorrence; ~ *etmek* to detest, to loathe, to abhor; ~ *getirmek* to begin to detest.
ikram [ā] **1.** hono(u)r; **2.** discount; ~ *etmek* **1.** to ofter, to serve, to help s.o. to *(food, drink);* **2.** to discount.
ikramiye [ā] **1.** bonus, gratuity; **2.** prize *(in a lottery).*
ikrar [ā] avowal, declaration, confession; ~ *etmek* to confess, to declare, to attest.
ikraz [ā] loan; ~ *etmek* to lend *(money).*
iksir [.—] elixir.
iktidar [ā] **1.** power, capacity, ability; **2.** *pol.* the ruling party, government; **3.** potency, virility; ~ *partisi* the party in power; *-da olmak pol.* to be in power.
iktidarlı [ā] powerful, capable.
iktidarsız 1. weak; incompetent; **2.** impotent.
iktifa [ā] contentment; ~ *etmek* to be content *(ile with).*
iktisadi [..——] **1.** economic; **2.** economical; ~ *devlet kuruluşu* corporation in which the government is the majority stock-holder.
iktisap, -bı [ā] acquisition; ~ *etmek* to acquire.
iktisat, -dı [ā] economics, economy; ♀ *Fakültesi* the School of Economics.
iktisatçı economist.
il province.
ilaç, -cı medicine, drug; ~ *içmek* to take medicine.
ilaçlamak 1. to apply medicine; to apply insecticide; **2.** to disinfect.
ilaçlı medicated.
ilah god, deity.
ilahe goddess.
ilahi 1. [.——] hymn, psalm; **2.** [.x.] My God!
ilahiyat, -tı [ā, ā] theology, divinity.
ilahiyatçı theologian.
ilam [——] writ.
ilan [——] **1.** notice; **2.** advertisement; ~ *etmek* **1.** to declare, to announce; **2.** to advertise; ~ *vermek* to insert an advertisement *(in a newspaper); -ı aşk* declaration of love; *-ı aşk etmek* to declare one's love *(-e to).*
ilancılık advertising.
ilave 1. addition; **2.** supplement; ~ *etmek* to add *(-e to).*
ilaveten in addition, additionally.
ilçe administrative district, county, borough, township.

ile **1.** with, together with; **2.** and; **3.** by means of.
ilelebet forever.
ilenç curse, malediction.
ileri **1.** front part; **2.** forward, ahead; **3.** advanced; **4.** fast *(clock)*; ~ *almak* to put forward *(clock)*; ~ *gelenler* notables; ~ *gelmek* to result *(-den from)*; ~ *sürmek* to put forward *(idea)*; *-yi görmek fig.* to take the long view.
ilerici progressive.
ileride **1.** in the future, later on; **2.** ahead, further on.
ilerlemek **1.** to go forward, to advance, to move ahead; **2.** *(time)* to pass, to go by.
iletişim communication.
iletken **1.** *phys.* conductor; **2.** *phys.* conductive.
iletki ⚠ protractor.
iletmek **1.** to transmit, to convey; **2.** *phys.* to conduct.
ilgeç *gr.* preposition, particle.
ilgi **1.** relation, connection; **2.** interest, concern; ~ *çekici* interesting; ~ *çekmek* to draw attention, to arouse interest; ~ *duymak* to be interested *(-e in)*; ~ *göstermek* to show an interest (*-e in*); ~ *toplamak* to arouse interest, to attract attention; ~ *zamiri gr.* relative pronoun.
ilgilendirmek to interest, to concern.
ilgilenmek *(bşle)* to be interested in *s.th.*, to pay attention to *s.th.*
ilgili **1.** interested *(ile in)*; **2.** relevant, concerned; ~ *olmak* to involve, to be concerned.
ilginç interesting.
ilgisiz **1.** indifferent; **2.** irrelevant.
ilgisizlik **1.** indifference; **2.** irrelevance.
ilhak, *-kı* [ā] annexation; ~ *etmek* to annex.
ilham [ā] inspiration; ~ *almak* to be inspired *(-den by)*; ~ *vermek* to inspire.
ilik, *-ği* **1.** *anat.* bone marrow; **2.** buttonhole; ~ *gibi* **1.** delicious; **2.** *sl.* as pretty as a picture *(girl)*; *iliğine işlemek* **1.** to penetrate to one's marrow *(cold)*; **2.** to drench to the skin; **3.** to touch to the quick; *iliğine kadar ıslanmak* to be soaked to the skin, to get wet through; *iliğini kurutmak (b-nin) fig.* to wear *s.o.* out.
iliklemek to button up.
ilikli **1.** containing marrow; **2.** buttoned up.
ilim, *-lmi* science; ~ *adamı* scientist.
ilinti relevance, connection.
ilintili related, connected; relevant.
ilişik **1.** attached, enclosed; **2.** related; **3.** relation, connection; *ilişiği kalmamak* to be through (*ile with*), to have no further connection (*ile with*); *ilişiği olmak* to be related (*ile to*); to be connected (*ile with*); *ilişiğini kesmek* **1.** to sever one's connection (*ile with*); **2.** to dismiss, to discharge (*ile from*).
ilişikli related, connected.
ilişki relation, connection; ~ *kurmak* to establish relations *(ile with)*.
ilişkili related *(ile to)*.
ilişkin concerning, regarding, relating *(-e to)*.
ilişmek **1.** to graze, to touch; **2.** to disturb, to bother; **3.** to sit on the edge, to perch; **4.** to meddle *(-e with)*, to touch.
iliştirmek to attach, to fasten *(-e to)*.
ilk, *-ki* **1.** (the) first; **2.** initial; **3.** primary; ~ *fırsatta* at the first opportunity; ~ *görüşte* at first sight; ~ *göz ağrısı F* first love, old flame; ~ *yardım* first aid.
ilkah [ā] fertilization, fecundation,

insemination; ~ *etmek* to fecundate, to impregnate.
ilkbahar spring.
ilkçağ antiquity.
ilke 1. principle, tenet; **2.** element; **3.** fundamental, essential.
ilkel 1. primitive; **2.** primary.
ilkeleştirmek to adopt as a principle.
ilkelleştirmek to make primitive.
ilkellik primitiveness.
ilkin [x.] first; at first.
ilkokul primary school.
ilköğretim primary education.
ilkönce first of all.
illa [x-], **illaki** whatever happens, in all probability; ~ *ve lakin* on the other hand, nevertheless.
illallah [x.—] I'm fed up!; ~ *demek* to be fed up.
illet, *-ti* illness, disease.
ilmen scientifically speaking.
ilmi scientific.
ilmik 1. loop; **2.** noose.
ilmiklemek to loop.
iltica [ā] taking refuge; ~ *etmek* to take refuge *(-e in)*.
iltifat, *-tı* [ā] compliment; ~ *etmek* to compliment; to flatter.
iltihak, *-kı* [ā] adherence, joining; ~ *etmek* to join, to attach o.s. (*-e to*).
iltihap, *-bı* [ā] ⚕ inflammation.
iltihaplanmak [..—..] ⚕ to get inflamed, to fester.
iltihaplı ⚕ inflamed.
iltimas [ā] protection, patronage, pull; ~ *etmek* to favo(u)r.
iltimaslı favo(u)red, privileged.
im sign; symbol.
ima [——] hint, allusion, innuendo; ~ *etmek* to hint (at), to imply, to allude (to).
imaj image.
imal, *-li* [ā] manufacture; ~ *etmek* to manufacture, to produce, to make.
imalat, *-tı* [———] **1.** products; **2.** production.
imalatçı manufacturer.
imalathane [————.] workshop, factory.
imalı [——.] allusive, implicit.
imam imam; ~ *nikâhı* wedding performed by an imam; ~ *suyu* *sl.* raki.
iman [——] **1.** faith, belief; **2.** religion; ~ *sahibi* man of faith, believer; ~ *tahtası F* breastbone; *-a getirmek (b-ni)* **1.** to convert *s.o.* to Islam; **2.** *fig.* to persuade *s.o.* by force, to subdue *s.o.*; *-ı gevremek F* to wear o.s. out; *-ına kadar* up to the brim; *-ını gevretmek* to wear out.
imansız [——.] **1.** unbelieving; **2.** unbeliever.
imar [——] public works; ~ *etmek* to improve, to render prosperous; ~ *planı* zoning and construction plan; ♀ *ve İskân Bakanlığı* Ministry of Development and Housing.
imaret, *-ti* [ā] soup kitchen *(for the poor)*.
imbat, *-tı* daytime summer sea breeze.
imbik still, retort; *-ten çekmek* to distill.
imdat, *-dı* [ā] **1.** help, aid, assistance; **2.** Help!; ~ *freni* 🚃 emergency brake; ~ *kapısı* emergency exit; *-ına yetişmek (b-nin)* to come to *s.o.'s* rescue.
imece community cooperation.
imge image.
imgelem imagination.
imgelemek to imagine.
imgesel imaginary.
imha [ā] destruction; ~ *etmek* to destroy, to eradicate, to obliterate.
imik *anat.* throat.
imkân 1. possibility; **2.** opportunity, chance; ~ *dahilinde* as far as

possible; ~ *vermek* to give an opportunity, to give a chance, to make possible.

imkânsız impossible.

imla **1.** spelling, orthography; **2.** dictation; **3.** filling up; ~ *etmek* **1.** to dictate; **2.** to fill (up); ~ *yanlışı* spelling mistake.

imparator [..x.] emperor.

imparatoriçe [...x..] empress.

imparatorluk **1.** empire; **2.** emperorship.

imrendirmek to arouse s.o.'s appetite.

imrenmek **1.** to long for, to crave; **2.** to envy, to covet.

imsak, *-kı* [ā] **1.** fasting, abstinence; **2.** hour at which the daily Ramadan fast begins.

imtihan [ā] examination, test; ~ *etmek* to test, to examine; ~ *olmak* to take an examination; *-da kalmak* to fail in an examination.

imtina, *-aı* [ā] avoidance; ~ *etmek* to avoid, to refrain (*-den from*).

imtiyaz privilege; concession; ~ *sahibi* **1.** concessionaire, concessioner; **2.** licensee; ~ *vermek* to give s.o. the privilege.

imtiyazlı privileged.

imtizaç harmony, compatibility; ~ *etmek* **1.** to harmonize; **2.** to get on well together.

imza [ā] signature; ~ *atmak* to sign; ~ *sahibi* signatory.

imzalamak to sign.

imzalı signed.

imzasız unsigned.

in **1.** den, lair; **2.** cave.

inadına [x—..] out of obstinacy *or* spite.

inan **1.** belief; **2.** confidence, trust; ~ *olsun!* Take it from me!, Take my word!

inanç, *-cı* belief.

inançlı believing.

inançsız unbelieving.

inandırıcı convincing, persuasive.

inandırmak to convince, to persuade.

inanılır believable, credible.

inanılmaz unbelievable, incredible.

inanmak to believe, to trust; to have faith in (*God*).

inat, *-dı* [ā] obstinacy, stubbornness; ~ *etmek* to be obstinate; *-ı* ~ *F* as stubborn as a mule; *-ı tutmak* to have a fit of obstinacy.

inatçı obstinate, stubborn, pigheaded.

inatçılık obstinacy, stubbornness.

inatlaşmak to behave stubbornly towards each other.

ince **1.** slender, slim; **2.** thin, fine; **3.** refined, graceful; **4.** high-pitched *(voice)*; ~ *eleyip sık dokumak fig.* to split hairs; *-den -ye* meticulously.

incebağırsak small intestine.

incecik very slender, very thin.

inceleme examination, investigation; study.

incelemek to examine, to inspect, to scan.

incelik **1.** thinness, slenderness; **2.** delicacy, fineness.

incelmek to become thin.

inceltici thinner.

inceltmek to make thin.

incesaz ♪ *group of musicians who perform classical Turkish music.*

inci pearl; ~ *avı* pearl fishing; ~ *avcısı* pearl fisher (*or* diver); ~ *gibi* pearly *(teeth)*.

incik *anat.* shin; shinbone.

incik boncuk cheap jewelry.

İncil *pr. n.* the New Testament; the Gospel.

incinmek **1.** to be hurt; **2.** *fig.* to be offended.

incir ✿ fig; ~ *çekirdeğini doldurmaz fig.* trifling, insignificant.

incitici painful, offensive.

incitmek **1.** to hurt, to injure; to

strain; **2.** *fig.* to offend.
indeks index.
indi subjective, personal.
indirgemek to reduce.
indirim discount, reduction.
indirimli reduced *(price); ~ satış* sale.
indirmek **1.** to lower, to bring down; **2.** to land, to plant *(blow);* **3.** to reduce *(price).*
indükleç ⚡ inductor.
indükleme *phys.* induction.
indüklemek *phys.* to induce.
ineç, *-ci geol.* syncline.
inek **1.** *zo.* cow; **2.** *sl.* swot, *Am.* grind.
ineklemek *sl.* to swot up, *Am.* to grind.
infaz [ā] execution; *~ etmek* to execute, to carry out.
infilak, *-kı* explosion; *~ etmek* to explode, to burst.
İngiliz [x..] **1.** English; **2.** Englishman; Englishwoman; *~ anahtarı* ⊕ monkey wrench, spanner; *~ lirası* pound sterling; *♀ Uluslar Birliği* the British Commonwealth of Nations.
İngilizce English.
İngiltere [..x.] *pr.n.* **1.** England; **2.** *F* Great Britain.
-in hali *gr.* the genitive case.
inhisar [ā] **1.** restriction; **2.** monopoly; *~ etmek* to be restricted (*or* limited) *(-e to); -a almak* to monopolize.
inik lowered; flat *(tyre); ~ deniz geogr.* low tide.
inildemek to groan, to moan, to whimper.
inilti groan, moan.
inisiyatif initiative.
iniş slope, way down; *~ takımı* ✈ undercarriage.
inişli sloping downwards; *~ çıkışlı* hilly *(road).*
inkâr denial; *~ etmek* to deny.
inkılap, *-bı* revolution.
inkılapçı revolutionary.
inkişaf [ā] development.
inlemek to groan, to moan.
inme **1.** ⚕ stroke, apoplexy, paralysis; **2.** *geogr.* ebb tide; *~ inmek* ⚕ to have a stroke.
inmek, *(-er)* **1.** to descend; **2.** to get off *(a bus, plane etc.);* **3.** ✈ to land *(-e at);* **4.** to diminish, to decrease, to die down; **5.** to move down *(-e to);* **6.** to collapse *(wall etc.);* **7.** to reduce *(price);* **8.** to fall *(prices).*
inorganik ⚗ inorganic.
insaf [ā] justice, fairness; *~ etmek* **1.** to take pity *(-e on);* **2.** to have a heart; *-ına kalmış* it's up to his discretion.
insaflı [ā] just, fair.
insafsız **1.** unjust, unfair; **2.** merciless.
insan [ā] **1.** person, human being; **2.** man, person; **3.** moral, decent; *~ hakları* human rights; *~ sarrafı* a good judge of people.
insanbilim anthropology.
insanca [.—.] **1.** humanely, decently; **2.** humane *(act).*
insancıl **1.** humanistic; **2.** domestic *(animal).*
insani [.——] **1.** human; **2.** humane.
insanlık [ā] **1.** humanity; **2.** humaneness, kindness; *-tan çıkmak fig.* to become inhuman.
insanoğlu, *-nu* man, human being.
insanüstü, *-nü* [a] superhuman.
insicam [ā] consistency, coherence.
insicamlı [ā] consistent, coherent.
insicamsız [ā] inconsistent, incoherent.
insiyaki [..——] instinctive.
inşa [ā] construction; *~ etmek* to build, to construct.
inşaat, *-tı* [ā, ā] building, construction; *~ mühendisi* civil engi-

neer.
inşaatçı [ā, ā] builder, contractor.
inşallah [x.—] **1.** I hope that ...; **2.** I hope so.
integral △ integral.
İnterpol, *-lü* Interpol.
intıba, *-aı* [ā] impression; ~ *bırakmak* to make an impression (*-de* on).
intibak, *-kı* [ā] adaptation, adjustment, accommodation; ~ *etmek* to adjust o.s. (*-e* to).
intibaksız maladjusted.
intifa, *-aı* [ā] benefit, advantage, gain; ~ *hakkı* usufruct.
intihar [ā] suicide; ~ *etmek* to commit suicide.
intikal, *-li* [ā] **1.** transition; **2.** perception; ~ *etmek* **1.** to transfer; **2.** to perceive; **3.** to inherit.
intikam [ā] revenge; ~ *almak* to take revenge (*-den* on).
intisap, *-bı* [ā] joining; affiliation; ~ *etmek* to join, to become a member (*-e* of).
intişar [ā] **1.** diffusion; **2.** publication; ~ *etmek* **1.** to spread, to radiate; **2.** to be published, to come out.
intizam [ā] order, tidiness.
intizamlı [ā] tidy.
intizamsız [ā] untidy, disorderly.
intizamsızlık [ā] untidiness, disorder.
intizar [ā] **1.** curse; **2.** expectation; ~ *etmek* to curse.
inzibat, *-tı* [ā] **1.** military police; **2.** discipline.
inziva [ā] seclusion; *-ya çekilmek* to seclude o.s.
ip, *-pi* rope, string, cord; ~ *atlamak* to jump rope, to skip; ~ *cambazı* ropedancer, tightrope walker; ~ *kaçkını* bad egg, tough; ~ *merdiveni* rope ladder; *-e çekmek* to hang; *-e sapa gelmez* irrelevant, nonsensical; *-le çekmek* to look forward to.
ipek silk.
ipekböceği, *-ni zo.* silkworm.
ipekli of silk, silken.
ipince [x..] very thin.
iplememek *sl.* not to give a damn.
iplik thread; yarn.
ipliklenmek to ravel.
ipnotize hypnotized.
ipnotizma hypnotism.
ipnotizmacı hypnotizer.
ipnoz hypnosis.
ipotek mortgage.
ipotekli mortgaged.
ipsiz **1.** ropeless; **2.** *sl.* vagabond; ~ *sapsız* **1.** senseless (*words*); **2.** ne'er-do-well.
iptal, *-li* [ā] **1.** cancellation; **2.** ⚖ annulment; ~ *etmek* **1.** to cancel; **2.** ⚖ to annul.
iptidai [..——] **1.** primitive; **2.** primary.
iptila addiction.
ipucu, *-nu* clue; hint; ~ *vermek* to give a clue.
irade [ā] will, determination.
iradedışı, *-nı psych.* involuntary.
iradeli [ā] **1.** strong-willed, resolute; **2.** voluntary.
iradesiz [ā] **1.** irresolute, weak; **2.** involuntary.
İran [—.] *pr. n.* Iran.
İranlı [ī] [x..] Iranian.
irat, *-dı* [——] income, revenue; ~ *getirmek* to bring in revenue.
irdelemek to examine, to scrutinize.
irfan [ā] **1.** comprehension; **2.** knowledge.
iri large, huge, big; coarse; ~ *taneli* large-grained, large berried.
iribaş *zo.* tadpole.
irice **1.** fairly large, largish; **2.** fairly coarse.
iridyum ⚗ iridium.
irikıyım huge, burly.
irileşmek to grow large.
irili ufaklı big and little.
irilik largeness, bigness.

irin pus.
irinlenmek to suppurate, to fester.
irinli purulent.
iris [x.] *anat.* iris.
iriyarı burly, strapping, husky.
irkilmek to be startled.
irkinti puddle, pool of water.
İrlanda *pr.n.* Ireland.
İrlandalı *pr.n.* Irish.
irmik semolina; ~ *helvası* dessert made of semolina.
irs heredity, inheritance.
irsal, *-li* [ā] sending, forwarding.
irsaliye [.—..] *econ.* waybill.
irsi hereditary.
irsiyet, *-ti* heredity.
irtibat, *-tı* [ā] **1.** communications, contact; **2.** link, connection; ~ *kurmak* to get in touch *(ile with);* ~ *subayı* × liason officer.
irtica, *-aı* [ā] reaction.
irticai [..——] reactionary.
irticalen [ā] extempore.
irtifa, *-aı* [ā] altitude, elevation.
irtifak sharing, access; ~ *hakkı* ⚖ easement, right of access.
irtikâp bribery, corruption.
is soot, lampblack; *-e tutmak* to blacken with soot.
İsa [——] *pr. n.* Jesus.
isabet, *-ti* [ā] **1.** hit; **2.** happy encounter; **3.** thing done right; **4.** Well done!, Touché!; ~ *etmek* **1.** to hit; **2.** to fall to s.o.; ~ *oldu* it worked out well.
isabetli [ā] very fitting *or* appropriate.
ise if; as for; although; ~ *de* even if.
ishal, *-li* [ā] diarrh(o)ea, the runs; ~ *olmak* to have diarrh(o)ea (*or* the runs).
isilik prickly heat, heat rash; ~ *olmak* to have heat rash.
isim, *-smi* **1.** name; **2.** title; **3.** *gr.* noun; ~ *hali gr.* case *(of a noun);* ~ *koymak (or vermek)* to name, to call; ~ *takmak* to nickname; ~ *yapmak fig.* to make a name for o.s.; *ismi geçen* aforementioned, above-mentioned.
isimfiil *gr.* gerund.
iskambil card game; ~ *kâğıdı* playing card; ~ *oynamak* to play cards.
iskân settling, inhabiting; ~ *etmek* **1.** to settle, to inhabit; **2.** to house.
iskandil ⚓ sounding lead; ~ *etmek* **1.** ⚓ to sound, to fathom, to plumb; **2.** to investigate.
İskandinavya *pr. n.* Scandinavia.
iskarpela [..x.] carpenter's chisel.
iskarpin woman's shoe.
iskele **1.** quay, wharf, pier; **2.** gangplank; **3.** scaffolding; ~ *babası* ⚓ bollard; ~ *vermek* to lower the gangplank.
iskelekuşu, *-nu zo.* kingfisher, halcyon.
iskelet, *-ti* **1.** skeleton; **2.** framework.
iskemle chair; stool.
İskoç, *-çu pr. n.* Scottish.
İskoçya [.x.] *pr. n.* Scotland.
iskonto discount; ~ *yapmak* to give a discount.
iskorpit, *-ti zo.* scorpion fish.
İslam *pr. n.* **1.** Islam; **2.** Muslim.
İslamiyet, *-ti* [.—..] *pr. n.* the Islamic religion.
islemek to soot.
isli **1.** sooty; **2.** smoked.
islim steam; ~ *arkadan gelsin fig.* let's do it just any old way.
ismen [x.] by name.
ismet, *-ti* chastity, purity.
isnat, *-dı* imputation; ~ *etmek* to impute; to ascribe.
İspanya [.x.] *pr. n.* Spain.
İspanyol *pr.n.* Spanish.
İspanyolca [..x.] *pr. n.* Spanish.
ispat, *-tı* [ā] proof, evidence; ~ *etmek* to prove.
ispatlamak to prove.
ispinoz *zo.* chaffinch.
ispirto [.x.] spirits; alcohol; ~

ocağı spirit stove.
ispirtolu alcoholic, containing alcohol.
ispiyonlamak *sl.* *(b-ni)* to inform on *s.o.*, to peach on *s.o.*
israf [ā] extravagence, wastage, dissipation; ~ *etmek* to waste, to dissipate.
İsrail [.——] *pr. n.* Israel.
İstanbul *pr.n.* Istanbul; ~ *Boğazı* the Bosphorus.
istasyon station; ~ *şefi* stationmaster.
istatistik statistic(s).
istavrit, *-ti* *zo.* horse mackerel, scad.
istavroz cross, crucifix; ~ *çıkarmak* to cross o.s.
istek wish, desire; request; ~ *duymak* to want, to desire, to long (*-e for*).
isteka *billiards:* cue.
istekli desirous, willing.
isteksiz unwilling, reluctant.
istem request, demand.
istemek **1.** to want, to wish, to desire; **2.** to ask for; *ister istemez* willy-nilly, perforce.
istemli voluntary.
istemsiz involuntary.
istepne *mot.* spare tyre.
isteri ⚕ hysteria.
isterik ⚕ hysterical.
istiap, *-bı* [ā] capacity; ~ *haddi* load limit; ⚓ tonnage.
istibdat, *-dı* [ā] despotism.
istida [ā] petition.
istidat, *-dı* [.——] aptitude, endowment.
istidatlı [.——.] apt, capable, talented.
istidatsız [.——.] inept, incompetent.
istif stowage; ~ *etmek* to stow; *-ini bozmamak fig.* to keep up appearances.
istifa [.——] resignation; ~ *etmek* to resign.
istifade [ā] profit, advantage; ~ *etmek* to benefit *(-den from)*, to profit *(-den from)*.
istifadeli [ā] advantageous, profitable.
istifçi *fig.* hoarder.
istiflemek to stow.
istifrağ [ā] vomit; ~ *etmek* to vomit.
istihbarat, *-tı* [ā, ā] **1.** news, information; **2.** intelligence; ~ *bürosu* information bureau.
istihdam [ā] employment; ~ *etmek* to employ.
istihfaf [ā] contempt; ~ *etmek* to despise.
istihkak, *-kı* [ā] merit, deserts; ration.
istihkâm **1.** fortification; **2.** ⚔ engineering; ~ *subayı* engineer officer.
istihsal, *-li* production; ~ *etmek* to produce.
istihza [ā] sarcasm, ridicule, irony.
istikamet, *-ti* [ā] direction; ~ *vermek* to direct.
istikbal, *-li* [ā] the future.
istiklal, *-li* independence; ~ *marşı* the Turkish national anthem.
istikrar [ā] stability, stabilization.
istikrarlı [ā] stable, stabilized.
istikrarsız [ā] unstable; inconsistent.
istila [.——] **1.** invasion; **2.** infestation; ~ *etmek* **1.** to invade; **2.** to infest.
istilacı [.——.] **1.** invading, occupying *(army)*; **2.** invader.
istim steam.
istimbot, *-tu* steamboat.
istimlak, *-ki* confiscation; ~ *etmek* to confiscate, to expropriate.
istimna masturbation.
istinaden [ā] based *(-e on)*.
istinat, *-dı* [ā] **1.** resting on, leaning against; **2.** relying on, depending on; ~ *duvarı* retaining *(or* supporting) wall; ~ *etmek* **1.** to

rest (*-e on*), to lean (*-e against*); **2.** to rely (*or* depend) (*-e on*).

istirahat, *-ti* [..—] rest, repose; ~ *etmek* to rest, to repose.

istirham [ā] plea, petition; ~ *etmek* to plead, to petition.

istiridye [..x.] *zo.* oyster.

istismar [ā] exploitation: ~ *etmek* to exploit.

istismarcı [ā] exploiter.

istisna [ā] exception; ~ *etmek* to except, to exclude; *-lar kaideyi bozmaz* the exception proves the rule.

istisnai [..——] exceptional.

istisnasız [..—.] without exception.

istişare [ā] consultation; ~ *etmek* to consult.

istop stoppage; ~ *etmek* to stop.

İsveç, *-ci pr. n.* Sweden.

İsveççe *pr. n.* Swedish.

İsveçli *pr. n.* Swede.

İsviçre [..x.] *pr. n.* Switzerland.

İsviçreli *pr. n.* Swiss.

isyan [ā] rebellion, revolt; ~ *etmek* to rebel, to revolt.

isyancı [ā] rebel.

isyankâr rebellious.

iş 1. work, labo(u)r; **2.** employment, job; **3.** occupation, work; **4.** trade, business, commerce; **5.** affair, matter; ~ *arkadaşı* colleague, co-worker; ~ *başında* **1.** on the job; **2.** during work time; ~ *bilmek* to be skilled; ~ *bitirmek* to complete a job successfully; ~ *çıkarmak* **1.** to do a lot of work; **2.** *fig.* to cause trouble; ~ *eri* skilled worker; ~ *görmek* **1.** to work; **2.** to be of use (*or* service); ~ *güç* occupation; ~ *-ten geçti!* It is too late!; ~ *sahibi* employer; ~ *yok fig.* it is no use (*or* good); *-e girmek* to get a job; *-i başından aşkın F* up to one's ears in work; *-ten atmak F* to dismiss, to fire.

işadamı, *-nı* businessman.

işaret, *-ti* [ā] **1.** sign; **2.** mark; ~ *etmek* to point out, to indicate; ~ *fişeği* signal rocket; ~ *sıfatı gr.* demonstrative adjective; ~ *vermek* to signal, to give a signal; ~ *zamiri gr.* demonstrative pronoun.

işaretlemek to mark.

işaretparmağı, *-nı* index finger, forefinger.

işbaşı, *-nı:* ~ *yapmak* to begin work.

işbırakımcı striker.

işbırakımı, *-nı* strike.

işbıraktırımı, *-nı* lockout.

işbirliği, *-ni* cooperation.

işbirlikçi comprador.

işbölümü, *-nü* division of labo(u)r.

işbu [x.] this.

işçi worker, workman; ~ *sınıfı* working class.

işçilik workmanship.

işemek to urinate, to piss, to pee.

işgal, *-li* [ā] occupation; ~ *etmek* to occupy.

işgücü, *-nü econ.* **1.** productive power; **2.** work force.

işgüder *pol.* chargé d'affaires.

işgünü, *-nü* weekday, workday.

işgüzar [ā] officious, obtrusive.

işitmek to hear.

işitmemezlik not hearing; *-ten gelmek* to pretend not to hear, to feign deafness.

işitsel auditory.

işkembe tripe; ~ *çorbası* tripe soup; *-sini şişirmek F* to make a pig of o.s.

işkence torture, torment; ~ *etmek* to torture, to torment.

işkil suspicion, doubt.

işkillenmek to become suspicious.

işkolu, *-nu* branch of work.

işlek busy.

işlem 1. △ operation; **2.** procedure, transaction.

işleme embroidery.

işlemek 1. to work up, to proces,

to treat; **2.** to operate; **3.** to embroider; **4.** to penetrate; **5.** to cultivate *(land)*; **6.** to carry traffic *(road)*; **7.** to ply *(ship, bus etc.)*; **8.** to discuss, to treat *(subject)*; **9.** to be enforced (*or* effective) *(law)*.

işlemeli embroidered.

işlenmemiş raw, untreated.

işletme business enterprise; ~ *fakültesi* school of business administration; ~ *malzemesi* rolling stock.

işletmeci administrator, manager; business executive.

işletmecilik 1. business administration; **2.** managership.

işletmek 1. to run, to operate; **2.** *sl.* to hoodwink, to kid; to pull s.o.'s leg, to have s.o. on.

işlev function.

işlevsel functional.

işlevsiz nonfunctional.

işli embroidered; ornamented; ~ *güçlü* **1.** having business; **2.** very busy.

işporta [.x.] pedlar's push cart; ~ *malı* shoddy goods.

işportacı pedlar, peddler.

işsiz unemployed, out of work.

işsizlik unemployment; ~ *sigortası* unemployment insurance.

iştah appetite; ~ *açıcı* appetizing; ~ *açmak* to whet one's appetite; ~ *kapamak (or kesmek or tıkamak)* to spoil (*or* kill) one's appetite; *-ı kapanmak* (*or kesilmek*) to lose one's appetite; *-ım yok* I have no appetite; *-la yemek* to eat hungrily.

iştahlanmak to get pleasantly hungry.

iştahlı 1. having an appetite; **2.** *fig.* desirous.

iştahsız without appetite.

iştahsızlık lack of appetite.

işte 1. Here!, Here it is!; **2.** Look!, See!, Behold!; **3.** as you see; ~ *böyle* such is the matter.

iştigal, *-li* [ā] occupation; ~ *etmek (bşle)* to occupy o.s. with *s.th.*, to be busy with *s.th.*

iştirak, *-ki* [ā] participation; ~ *etmek* to participate *(-e in)*, to take part *(-e in)*.

iştirakçi [ā] participant.

işve coquetry.

işveli coquettish.

işveren employer.

işyeri, *-ni* place of employment.

it, *-ti* **1.** *zo.* dog, cur; **2.** *fig.* cur, swine, son of a bitch, bastard, punk; ~ *canlı* tough and strong; ~ *gibi çalışmak* to sweat blood; ~ *oğlu* ~ *sl.* cur, son of a bitch; ~ *sürüsü fig.* rabble.

itaat, *-ti* [.—.] obedience; ~ *etmek* to obey.

itaatli obedient.

itaatsiz disobedient.

italik *print.* italic.

İtalya [.x.] *pr. n.* Italy.

İtalyan *pr. n.* Italian.

İtalyanca *pr. n.* Italian.

itelemek to shove, to nudge.

itfaiye [ā] fire brigade, *Am.* fire department.

itfaiyeci [ā] fireman.

ithaf [ā] dedication; ~ *etmek* to dedicate *(-e to)*.

ithal, *-li* [ā] importation; ~ *etmek* to import; ~ *malı* imported goods.

ithalat, *-tı* [.——] importation.

ithalatçı [.——.] importer.

itham [ā] accusation; ~ *etmek* to accuse.

itibar [—.—] **1.** esteem, hono(u)r, regard; **2.** *econ.* credit; ~ *etmek* to esteem; ~ *görmek* **1.** to be respected; **2.** to be in demand; *-a almak* to consider; *-dan düşmek* to fall from esteem; *-ı olmak* **1.** to be held in esteem; **2.** to have credit.

itibaren [—.—.] [—.x.] from ... on, dating from, as from.

itibarıyla [—.——.] **1.** concerning, considering; **2.** as of ...
itibari [—.——] *econ.* nominal.
itibarlı [—.—.] esteemed, valued.
itici propulsive.
itidal, *-li* [—.—] moderation.
itikat, *-dı* [—.—] belief, faith, creed.
itilâf [—.—] entente.
itilim, itilme *psych.* repression.
itimat, *-dı* [—.—] trust, confidence; ~ *etmek* to trust, to rely *(-e on).*
itimatname [—.——.] letter of credence, credentials.
itimatsızlık [—.—..] distrust, mistrust.
itina [—.—] care, attention; ~ *etmek or göstermek* to take great care *(-e in).*
itinalı [—.—] careful, painstaking.
itinasız [—.—.] careless, inattantive, slipshod.
itiraf [—.—] confession, admission; ~ *etmek* to confess.
itiraz [—.—] **1.** objection; **2.** ⚖ protest; ~ *etmek* to object *(-e to);* ~ *götürmez* incontestable.
itişmek **1.** to push one another; **2.** to scuffle, to tussle.
itiyat, *-dı* [—.—] habit; ~ *edinmek* to get into the habit (of), to make a habit.
itlaf destruction; ~ *etmek* to destroy, to kill.
itlik *fig.* dirty trick, villainy.
itmek, *(-er)* to push, to shove.
ittifak, *-kı* [ā] **1.** alliance, agreement; **2.** accord, concord; ~ *Devletleri hist.* the Central Powers; ~ *etmek* to agree, to come to an agreement.
itüzümü, *-nü* ✿ black nightshade.
ivaz ⚖ consideration.
ivedi haste.
ivedili urgent.
ivedilik urgency.
ivme *phys.* acceleration.
ivmek to hurry.
iye possessor, owner.
iyelik possession, ownership; ~ *zamiri gr.* possessive pronoun.
iyi **1.** good; **2.** in good health, well; ~ *etmek* **1.** to heal, to cure; **2.** to do well; ~ *gelmek* **1.** *(medicine etc.)* to help, to work; **2.** to fit, to suit; ~ *gitmek* **1.** to go well; **2.** to suit; ~ *gün dostu* fair-weather friend; ~ *olmak* **1.** to be good; **2.** to recover; *-den -ye* completely, thoroughly; *-si mi* the best thing to do is ...
iyice **1.** [x..] rather well, pretty good; **2.** [.x.] completely.
iyicil well-wishing, benevolent.
iyileşmek **1.** to recover *(from illness);* **2.** to improve, to get better.
iyileştirmek **1.** to cure; **2.** to repair, to improve.
iyilik **1.** goodness; **2.** favo(u)r, kindness; ~ *etmek* to do a favo(u)r; ~ *güzellik* (*or sağlık*) everything is all right; *-le* kindly, gently.
iyilikbilir grateful, thankful.
iyiliksever kind, benevolent.
iyimser optimistic.
iyimserlik optimism.
iyon *phys.* ion.
iyot, *-du* ⚗ iodine.
iz **1.** footprint, track; **2.** *fig.* mark, trace, clue, evidence; **3.** △ trace; ~ *düşürmek* △, *phys.* to project; ~ *sürmek* to follow a trail; *-i belirsiz olmak* to leave no trace; *-inden yürümek (b-nin)* to follow in *s.o.'s* footsteps; *-ine uymak (b-nin) fig.* to tread in *s.o.'s* footsteps.
izah [——] explanation; ~ *etmek* to explain.
izahat, *-tı* [———] explanations; ~ *vermek* to give an explanation.
izale [ā] removal; ~ *etmek* to remove, to wipe out.
izam [——] exaggeration; ~ *etmek* to exaggerate.

izan [ā] understanding, intelligence; ~ *etmek* to be considerate.
izbe 1. hovel; **2.** out-of-the-way.
izci scout.
izcilik scouting.
izdiham [ā] throng, crush, crowd.
izdivaç, *-cı* [ā] marriage.
izdüşüm ⨺, *phys.* projection.
izin, *-zni* **1.** permission; **2.** leave; vacation; ~ *almak* to get permission; ~ *vermek* to give permission; *-e çıkmak* to take a vacation, to go on vacation (*or* leave); *iznini kullanmak* to take one's vacation, to use one's leave.
izinli on vacation, on leave.
izinsiz 1. without permission; **2.** *school:* kept in; **3.** detention.
İzlanda *pr.n.* **1,** Iceland; **2.** Icelandic.
İzlandalı *pr.n.* Icelander.
izlem observation.
izlemci observer.
izlemek 1. to follow, to pursue; **2.** to watch; to observe.
izlence programme.
izlenim impression.
izleyici spectator, onlooker; viewer.
izmarit, *-ti* **1.** cigarette butt *or* end; **2.** *zo.* sea bream.
izobar *geogr.* isobar.
izolasyon ⚡ insulation.
izole: ~ *bant* electric *or* friction tape; ~ *etmek* to insulate, to isolate.
izzetinefis, *-fsi* self-respect.

J

jaguar *zo.* jaguar.
jaketatay cutaway.
jaluzi Venetian blind.
jambon ham.
jandarma [.x.] gendarme, police soldier.
jant, *-tı mot.* rim.
Japon *pr. n.* Japanese.
Japonca [.x.] *pr. n.* Japanese.
Japongülü, *-nü* ⚘ camellia.
Japonya [.x.] *pr. n.* Japan.
jarse jersey.
jartiyer garter.
jelatin gelatine.
jeneratör generator.
jeofizik geophysics.
jeolog geologist.
jeoloji geology.
jest, *-ti* gesture.
jet, *-ti* jet.
jeton token, slug; ~ *düştü sl.* the penny (has) dropped, *Am.* now it is registered.
jigolo gigolo.
jilet, *-ti* razor blade, safety razor.
jimnastik gymnastics.
jimnastikçi gymnast.
jinekolog, *-gu* gynecologist.
jöle jelly, *Am.* jello.
jön 1. handsome youngster; **2.** actor playing the role of a young lover.
jönprömiye *s. jön 2.*
Jöntürk *hist.* Young Turk.
judo judo.
judocu judoka.
jurnal report of an informer; ~ *etmek* to inform on, to denounce.
jurnalcı informer, denouncer.
jübile jubilee.
jüpon underskirt, slip, petticoat.
jüri jury; ~ *üyesi* juror.

K

kaba 1. boorish, rough, rude, coarse; **2.** vulgar, common; ~ *et* buttocks; ~ *saba* rough and uneducated; *-sını almak* to rough-hew, to trim roughly.
kabaca roughly, coarsely.
kabadayı tough, bully, hooligan.
kabahat, *-ti* [.—.] fault, defect; offence, blame; ~ *bende* it is my fault.
kabahatli guilty, culpable, in the wrong.
kabak 1. ⚘ squash, pumpkin, gourd; **2.** unripe *(melon)*; **2.** hairless, bald; **4.** worn out *(tyre)*; ~ *dolması* stuffed squash; ~ *gibi* bare, naked; ~ *kafalı* bald, hairless; *fig.* stupid; ~ *tadı vermek* to lose its appeal.
kabakulak ⚕ mumps.
kabalaşmak 1. to become coarse; **2.** to act rudely.
kabalık rudeness, discourtesy, impoliteness.
kaban hooded *or* casual jacket
kabara [.x.] hobnail.
kabarcık 1. bubble; **2.** ⚕ bulla, bleb, blister.
kabare cabaret.
kabarık swollen, puffy; ~ *deniz* high tide.
kabarmak 1. to swell up; **2.** to swagger, to boast; **3.** *(sea)* to get rough; **4.** *(liquid)* to bubble up; **5.** to increase considerably; **6.** *(expenses, figures)* to increase, to swell.
kabartı swelling, bulge; blister.
kabartma 1. relief; **2.** embossed.
kabataslak roughly sketched out; in outline.
Kâbe *pr. n.* the Kaaba at Mecca.
kabız, *-bzı* ⚕ constipation; ~ *olmak* to be constipated.
kabızlık ⚕ constipation.
kabil [ā] possible, capable, feasible.
kabile tribe.
kabiliyet, *-ti* [ā] ability, talent, capability.
kabiliyetli [ā] capable, able, talented.
kabiliyetsiz [ā] incapable, untalented.
kabin 1. cabin; **2.**changing cubicle *(at a beach)*.
kabine cabinet.
kabir, *-bri* grave, tomb.
kablo [x.] ⚡ cable.
kabotaj ⚓ cabotage.
kabristan [..—] cemetery, graveyard.
kabuk, *-uğu* **1.** ⚘ bark; skin, shell, pod, husk; **2.** ⚕ *(wound)* crust, scab; ~ *bağlamak* to form a crust; *kabuğunu soymak* to peel, to skin.
kabuklanmak to form a crust.
kabuklu barky.
kabul, *-lü* [ū] **1.** acceptance, admission; **2.** All right!, Agreed!; ~ *etmek* to accept, to admit; to agree; ~ *günü* reception day, at-home; ~ *salonu* reception room.
kabullenmek to accept unwillingly.
kaburga rib; *-ları çıkmak* to be only skin and bones.
kâbus [——] nightmare.
kabza grip, grasp, hold; handle.
kabzımal middleman in fruit and vegetable.

kaç, *-çı* how many?; how much?; ~ *kez* how many times?; ~ *tane?* how many?; ~ *yaşındasın?* how old are you?; *-a?* what is the price?; *-ın kurası fig.* crafty, fox. wily fellow, old hand.

kaçak **1.** runaway, fugitive; truant *(pupil);* deserter; **2.** contraband, smuggled *(goods);* **3.** leakage, escape *(of gas).*

kaçakçı smuggler.

kaçakçılık smuggling; ~ *yapmak* to smuggle.

kaçamak **1.** neglect of duty; **2.** evasion, subterfuge; **3.** *F* having a bit on the side; ~ *yapmak* to shirk, to goldbrick *(a duty).*

kaçamaklı evasive, elusive.

kaçar how many each?; how much each?

kaçık **1.** mad, batty, crazy; **2.** ladder, *Am.* run *(in a stocking).*

kaçıncı which one? *(in a series).*

kaçınılmaz unavoidable, inevitable.

kaçınmak to avoid, to abstain *(-den from).*

kaçırmak **1.** to miss *(a vehicle, chance);* **2.** to leak *(gas etc.);* **3.** to kidnap, to abduct; to hijack; **4.** to smuggle; **5.** to go mad; **6.** to soil, to wet; **7.** to get overdrunk, **8.** to conceal, to hide.

kaçış flight, escape, desertion.

kaçışmak to flee in confusion, to disperse.

kaçkın fugitive, deserter.

kaçlı from which number? *(card);* of which year?

kaçlık **1.** at what prize?; **2.** contains how many?; **3.** how old?

kaçmak, *(-ar)* **1.** to escape, to flee, to run away, to desert; **2.** to leak; **3.** *(stocking)* to ladder, *Am.* to run; **4.** *(water, dust etc.)* to slip into, to get into; **5.** to avoid, to shirk, to get out of the way; **6.** *(rest, joy etc.) F* to go to pot.

kaçmaz runproof, non-laddering, *Am.* non-running *(stocking).*

kadana [.x.] artillery horse.

kadar **1.** as much as, as many as, as ... as; **2.** about, around; **3.** till, by, until.

kadastro [.x.] cadastre; land registery.

kadavra [.x.] cadaver, carcass, corpse.

kadeh glass, goblet; ~ *tokuşturmak* to clink glasses.

kadem foot, pace.

kademe stage, level, degree.

kademli bringing luck, lucky.

kademsiz bringing bad luck, unlucky.

kader destiny, fate.

kadercilik fatalism.

kadı cadi, kadi.

kadın woman; matron; ~ *avcısı* lady-killer; ~ *doktoru* gynecologist; ~ *oyuncusu* actress; ~ *tüccarı* pimp.

kadıncıl womanizer.

kadınlık womanhood.

kadınsı womanish; effeminate.

kadırga [.x.] galley.

kadife [ī] velvet; corduroy.

kadim [ī] old, ancient.

kadir[1], *-dri* worth, value.

kadir[2] [ā] mighty, powerful.

kadirbilir appreciative.

kadirşinas appreciative.

kadran ⊕ dial, face.

kadro [x.] staff, personnel, roll.

kadrolu on the permanent staff.

kadrosuz temporarily employed.

kafa **1.** head, skull; **2.** intelligence, mind; **3.** mentality; ~ *dengi* like-minded, kindred spirit; ~ *-ya vermek* to put their heads together; ~ *patlatmak* to rack one's brains *(-e over);* ~ *tutmak* to oppose, to be rebellious; ~ *ütülemek sl.* to talk s.o.'s head off, to talk to s.o. to death; *-sı almamak* not to be able to understand; *-sı*

dumanlı tipsy, in one's cups; *-sı kızmak* to get angry, to blow one's top; *-sına koymak* to be determined to..., to make up one's mind; *-sına sığmamak* not to be able to conceive, to find unacceptable; *-sında şimşek çakmak* to have a brainwave; *-sını kırmak fig.* to knock s.o.'s block off; *-yı çekmek sl.* to be on the booze, to get drunk.
kafadar like-minded; kindred spirit, buddy.
kafakâğıdı, *-nı F* identity card.
kafalı *fig.* intelligent, brainy.
kafasız *fig.* stupid, brainless, dull.
kafatası, *-nı anat.* skull, cranium.
kafein caffeine.
kafes 1. cage; coop, pen; **2.** lattice; *-e koymak sl.* to trick, to make a dupe of.
kafeterya cafeteria.
kâfi [—-] enough, sufficient.
kafile [ā] caravan; convoy.
kâfir [ā] unbeliever, infidel, non-Muslim.
kafiye [ā] rhyme.
kafiyeli [ā] rhyming, rhymed.
kafiyesiz [ā] unrhymed.
Kafkasya *pr. n.* Caucasus.
kaftan caftan, robe.
kâfur [——] ⚗ camphor.
kâgir built of stone *or* brick.
kağan khan, ruler.
kâğıt, *-dı* **1.** paper; **2.** letter, note, document; **3.** playing card; ~ *kaplamak* to paper; ~ *oynamak* to play cards; ~ *oyunu* game of cards; ~ *para* paper money; ~ *sepeti* waste paper basket; ~ *üzerinde kalmak* to exist on paper only *(plan etc.)*; *kâğıda dökmek* to write s.th.down.
kâğıthelvası disk-shaped wafers.
kâğıtlamak to paper.
kağnı ox-cart.
kâh sometimes, now and then, occasionally.
kahır, *-hrı* grief, great sorrow; *kahrından ölmek* to die of grief; *kahrını çekmek* to endure, to lump.
kâhin soothsayer, seer.
Kahire [ā] *pr. n.* Cairo.
kahkaha laughter, chuckle; ~ *atmak* to burst out laughing; ~ *tufanı* peals of laughter.
kahkahaçiçeği, *-ni* ⚘ morning-glory.
kahpe 1. whore, harlot; **2.** deceitful, perfidious, mean.
kahraman hero.
kahramanlık heroism.
kahretmek [x..] **1.** to overcome, to overwhelm; **2.** *fig.* to be distressed, to torture.
kahrolmak [x..] to be depressed; *kahrolsun!* Damned!, To hell with him!
kahvaltı breakfast; ~ *etmek* to have breakfast.
kahve 1. coffee; **2.** coffee-house, café; ~ *değirmeni* coffee-mill, coffee-grinder; ~ *dolabı* cylindrical coffee roaster; ~ *fincanı* coffee cup; ~ *ocağı room where coffee, tea etc. are made;* ~ *parası* tip, gratuity.
kahveci keeper of a coffee-house.
kahvehane *s. kahve* 2.
kahverengi, *-ni* brown.
kâhya 1. steward, major-domo; **2.** parking lot attendant, warden.
kaide [ā] **1.** rule, regulation; custom; **2.** base, foot, pedestal.
kâinat, *-tı* [—.—] cosmos, the universe.
kaka *(child's language)* **1.** nasty, dirty; **2.** child's excrement; ~ *yapmak (child)* to defecate, to go potty.
kakalamak to keep pushing.
kakao ⚘ cocoa; ~ *yağı* cocoa butter.
kakım *zo.* ermine, stoat.
kakma repousse work, relief work.

kakmacı inlayer.
kakmak, *(-ar)* **1.** to push, to drive in; **2.** to inlay, to encrust.
kaknem *sl.* ugly, mean.
kaktüs [ā] ⚘ cactus.
kâkül forelock, bangs, fringe.
kala: *saat ona beş* ~ at five to ten; *on gün* ~ ten days before.
kalabalık 1. crowd; **2.** crowded; overpopulated; ~ *etmek* **1.** to crowd, to take up, to occupy *(a place),* to be in the way *(object);* **2.** *F* to stand about uselessly.
kalabalıklaşmak to get crowded.
kalafat, *-tı* ⚓ caulking.
kalakalmak to be petrified, to be taken aback.
kalamar *zo.* squid.
kalan 1. remaining; **2.** A remainder.
kalas beam, plank, timber.
kalay tin; *-ı basmak sl.* to swear a blue streak.
kalaycı tinsmith, tinner.
kalaylamak 1. to tin; **2.** *sl.* to abuse, to call s.o. names.
kalaylı tinned.
kalben sincerely, wholeheartedly.
kalbur sieve, riddle; *-a çevirmek* to riddle.
kalburüstü, *-nü fig.* select, elite, the choicest.
kalça [x.] *anat.* hip.
kaldıraç lever, crowbar.
kaldırım pavement, *Am.* sidewalk; ~ *taşı* paving stone.
kaldırmak 1. to lift, to ele[illegible], to raise; **2.** to clear *(table);* **3.** [illegible] abolish, to abrogate; **4.** to wake; **5.** *F* to steal, to swipe.
kale 1. castle, fortress; **2.** *sports:* goal; **3.** *chess:* castle, rook.
kaleci goalkeeper.
kalem 1. pencil, pen; **2.** chisel; **3.** clerical office; **4.** *econ.* item, entry; ~ *açmak* to sharpen a pencil; ~ *efendisi* clerk in a government office; ~ *kaşlı* having thin and long eyebrows; ~ *sahibi* author, writer, man of letters; *-e almak* to write, to draw up, to indite.
kalemaşısı, *-nı* graft, scion.
kalemlik pencil box.
kalemtıraş pencil sharpener.
kalender unpretentious, easily satisfied.
kalenderleşmek to behave *or* live in an unconventional way.
kalenderlik 1. unconventionality; **2.** a bohemian existence.
kalevi alkaline.
kalfa [x.] **1.** assistant master; **2.** master builder.
kalıcı permanent, lasting.
kalım survival, duration.
kalımlı everlasting, permanent; immortal.
kalımsız transient, impermanent.
kalın thick, stout; ~ *kafalı* thickheaded, stupid; ~ *ses* deep voice.
kalınbağırsak *anat.* large intestine.
kalınlaşmak to thicken.
kalınlık thickness.
kalıntı 1. remnant, leftovers, leavings; **2.** ruins, debris.
kalıp, *-bı* **1.** mo(u)ld, block, pattern, last; **2.** matrix; **3.** *(cheese etc.)* bar; **4.** external appearance; model, pattern; ~ *gibi oturmak (suit, dress)* to fit like a glove; ~ *kıyafet* outer appearance.
kalıplamak to form, to block, to mo(u)ld.
kalıplaşmış stereotyped; clichéd.
kalıt, *-tı* inheritance.
kalıtçı heir, inheritor.
kalıtım 1. heritage; **2.** inheritance.
kalıtımsal hereditary.
kalıtsal hereditary.
kalibre caliber.
kalifiye qualified, skilled.
kalite quality.
kaliteli high-quality, of good quality.
kalitesiz poor-quality, shoddy.

kalkan 1. shield; **2.** *zo.* turbot.
kalkanbezi, *-ni anat.* thyroid gland.
kalker *geol.* limestone.
kalkık 1. upturned *(collar etc.)*; **2.** standing on end *(hair)*; ~ *burunlu* snub-nosed.
kalkındırmak to develop, to improve.
kalkınma development, progress, improvement; ~ *hızı* rate of economic development; ~ *planı* development plan.
kalkınmak to develop, to make progress, to advance.
kalkış 1. rise; **2.** departure.
kalkışmak to attempt, to try.
kalkmak, *(-ar)* **1.** to stand up, to rise; **2.** *(polish)* to come unglued; **3.** to get up, to get out of bed; **4.** to depart, to leave; **5.** to be abolished, to be annulled; **6.** to recover *(from an illness)*; **7.** to set about, to undertake *(to do s.th.)*; **8.** *(money)* to go out of circulation.
kalleş *F* unreliable, treacherous, backstabbing.
kalleşçe treacherously.
kalleşlik treachery.
kalmak, *(-ır)* **1.** to remain, to stay, to dwell; **2.** to be left; **3.** to fail *(a class)*; **4.** to be inherited *(-den from)*; **5.** to be incumbent on s.o., to rest with s.o.
kalori calorie.
kalorifer central heating; ~ *kazanı* boiler.
kalorimetre calorimeter.
kalp[1], *-bi* **1.** *anat.* heart; **2.** heart disease; **3.** *fig.* feeling, sense; ~ *çarpıntısı* palpitation; ~ *krizi* heart attack; ~ *yetersizliği* cardiac insufficiency; *-e doğmak* to have a presentiment; ~ *-e karşıdır* feelings are mutual; *-i kırık* broken-hearted; *-ine girmek* to win s.o.'s heart; *-ini kırmak* to break s.o.'s heart.
kalp[2] false, forged; spurious.
kalpak fur cap.
kalpazan counterfeiter, forger.
kalpsiz *fig.* heartless, pitiless, merciless.
kalsiyum calcium.
kaltak *sl.* whore, slut, hussy.
kalya stewed marrow.
kalyon galleon.
kama [x.] **1.** dagger, dirk; **2.** wedge.
kamara [x..] **1.** ⚓ cabin; **2.** ♀ House of Lords *or* Commons.
kamarot, *-tu* ⚓ steward.
kamaşmak 1. *(eyes)* to be dazzled; **2.** *(teeth)* to be set on edge.
kamaştırmak to dazzle.
kambiyo [x..] *econ.* foreign exchange; rate of exchange; ~ *kuru* foreign exchange rate.
kambiyocu foreign exchange dealer.
kambur 1. hump, hunch; **2.** humpbacked, hunchbacked; *-u çıkmak* to grow hunchbacked; *unu çıkarmak* to hunch one's back.
kamburlaşmak to become hunchbacked.
kamçı whip; ~ *çalmak (or vurmak)* to whip; ~ *şaklatmak* to crack a whip.
kamçılamak 1. to whip, to flog; **2.** *fig.* to stimulate, to whip up.
kamelya ✿ camellia.
kamer moon; ~ *yılı* lunar year.
kamera camera.
kameraman cameraman.
kameriye arbo(u)r, bower.
kamış 1. ✿ reed; **2.** bamboo; **3.** penis, prick, dick; *-ı kırmak sl.* to catch gonorrhea.
kamışlık reed bed.
kâmil perfect; mature.
kamp, *-pı* camp; ~ *kurmak* to pitch camp, to camp; ~ *yeri* campsite, campground; *-a girmek sports:* to go into camp.

kampana [.x.] bell.
kampanya [.x.] campaign.
kampçı camper.
kamping campsite, campground.
kamu the public; ∽ *sektörü* the public sector; ∽ *yararı* the public interest.
kamuflaj camouflage.
kamufle etmek to camouflage.
kamulaştırma nationalization.
kamulaştırmak to nationalize.
kamuoyu, *-nu* public opinion; ∽ *yoklaması* opinion poll.
kamutanrıcılık *phls.* pantheism.
kamutay National Assembly.
kamyon lorry, *Am.* truck.
kamyoncu truck driver.
kamyonet pickup, small lorry.
kan 1. blood; **2.** lineage, family; ∽ *ağlamak fig.* to shed tears of blood; ∽ *akıtmak fig.* to shed blood; ∽ *almak* to take blood (*-den from*), to bleed; ∽ *bankası* blood bank; ∽ *davası* blood feud, vendetta; ∽ *dolaşımı* circulation of the blood; ∽ *dökmek* to shed blood; ∽ *grubu* blood group *or* type; ∽ *kaybı* loss of blood; ∽ *kırmızı* blood-red, crimson; ∽ *vermek* to donate blood; *-a susamış fig.* bloodthirsty; *-ı donmak fig.* s.o.'s blood runs cold, s.o.'s blood curdles; *-ı kaynamak* **1.** to be hot-blooded; **2.** to warm to *s.o.*; *-ı kurumak* to be exasperated; *-ına dokunmak* to make s.o.'s blood boil; *-ına girmek* to have s.o.'s blood on one's hands; *-ına susamak* to court death.
kanaat, *-ti* [.—.] **1.** opinion, conviction; **2.** satisfaction, contentment; ∽ *etmek* to be satisfied *or* contented (*ile with*).
kanaatkâr contented, satisfied with little.
Kanada *pr. n.* Canada.
Kanadalı *pr. n.* Canadian.
kanaktarım blood transfusion.
kanal 1. canal; channel; **2.** *anat.* duct.
kanalizasyon sewer system, sewerage, drains; ∽ *borusu* sewer.
kanama bleeding, hemorrhage.
kanamak to bleed.
kanarya [.x.] *zo.* canary.
kanat, *-tı* [.—] **1.** wing; **2.** *zo.* fin; **3.** leaf *(of a door, window)*.
kanatlanmak to take wing, to fly away.
kanatlı winged.
kanava [.x.], **kanaviçe** embroidery canvas.
kanca [x.] hook; *-yı takmak fig.* to set one's cap (*-e at*), to get one's hooks (*-e into*).
kancalı: ∽ *iğne* safety pin.
kancık 1. bitch; **2.** *fig.* sneaky, low-down.
kandaş cognate.
kandırmak 1. to deceive, to cajole, to take in; **2.** to persuade, to convince.
kandil oil-lamp.
kanepe 1. sofa, couch, settee; **2.** canapé.
kangal coil; skein.
kangren ⚕ gangrene; ∽ *olmak* to have gangrene.
kanguru *zo.* kangaroo.
kanı opinion, view.
kanık content, satisfied.
kanıksamak to become indifferent; to become surfeited (*-e with*), to become sick (*-e of*).
kanıt, *-tı* evidence, proof.
kanıtlamak to prove.
kani, *-ii* [ā] convinced; ∽ *olmak* to be convinced.
kaniş *zo.* poodle.
kanlanmak *(eyes)* to get bloodshot.
kanlı 1. bloody, bloodstained; **2.** bloodshot *(eyes)*; ∽ *bıçaklı olmak* **1.** to get into a bloody fight; **2.** to be out for each other's blood; ∽ *canlı* robust, vigorous.

kanmak 1. to believe; to be persuaded; **2.** to be fooled, to be duped.
kano canoe.
kanon ♪ canon.
kanser cancer.
kanserli cancerous.
kansız bloodless, anemic.
kansızlık anemia.
kantar scales, weighbridge.
kantaron ⚘ centaury.
kantin canteen.
kanun [——] **1.** law, statute, act; **2.** ♪ zither-like instrument; ~ *tasarısı* bill; ~ *teklifi* bill; ~ *yapmak* to enact a law; ~ *yolu ile* by legal means; *-a aykırı* illegal, outlaw; *-a uygun* legal, licit, lawful.
kanunen [——.] legally, by law.
kanuni [———] legal, lawful, legitimate.
kanunlaşmak to become a law.
kanunlaştırmak to legalize.
kanunsuz illegal, unlawful.
kanyak cognac, brandy.
kanyon canyon.
kaos chaos.
kap, *-bı* **1.** pot, vessel; **2.** cover, case; container, receptacle; ~ *kacak* pots and pans.
Kapadokya *pr. n.* Cappadocia.
kapak 1. lid, cover; **2.** *anat.* valve; ~ *kızı* cover girl.
kapakçık *anat.* valvule.
kapalı 1. closed, shut; **2.** overcast *(sky);* **3.** blocked *(road);* ~ *gişe oynamak* to play to a full house; ~ *tribün* covered grandstand.
Kapalıçarşı *pr. n.* the Covered Bazaar, the Grand Bazaar.
kapamak 1. to close, to shut; **2.** to block *(road);* **3.** to shut down, to close down *(business);* **4.** to turn off *(radio, faucet etc.);* **5.** to lock up; **6.** to pay up, to settle *(account);* **7.** to hide, to hoard.
kapan trap.
kapanık 1. shut in, confined; **2.** cloudy, overcast *(weather);* **3.** unsociable, shy.
kapanış closure, closing.
kapanmak 1. *(factory)* to shut down; **2.** *(wound)* to heal up; **3.** *(sky)* to become overcast.
kaparo [.x.] deposit, earnest money.
kapasite capacity.
kapatmak 1. to close, to shut; to cover; **2.** to hang up *(telephone).*
kapçık bud; husk.
kapı door; gate; ~ *dışarı etmek (b-ni)* to show *s.o.* the door, to throw *s.o.* out; ~ *gibi* well-built, full-bodied; ~ *komşu* next door neighbo(u)r; ~ *mandalı* door latch; ~ *numarası* street number *(of a house);* ~ *tokmağı* door-knocker; *-sını çalmak (b-nin) fig.* to resort to *s.o.; -yı vurmak* to knock at (*or* on) the door.
kapıcı doorkeeper, doorman, janitor.
kapılgan easily deceived; susceptible.
kapılmak to be carried away *(-e by).*
kapış: ~ ~ *gitmek* to be sold like hot cakes.
kapışılmak *s. kapış kapış gitmek.*
kapışmak 1. to snatch, to scramble; to rush to purchase; **2.** *(b-le)* to get to grips with *s.o.*
kapital, *-li* capital.
kapitalist, *-ti* capitalist.
kapitalizm capitalism.
kapitone quilted *(cloth).*
kapitülasyon capitulation.
kapkaç purse-snatching.
kapkaççı purse-snatcher, snatch-and-run thief.
kapkara [x..] pitch-dark; pitch-black.
kaplama 1. plate; coat; **2.** crown *(of a tooth);* **3.** plated, coated, covered.
kaplamak 1. to cover; **2.** to plate, to coat; to veneer; **3.** to surround,

to cover.

kaplan *zo.* tiger.

kaplı **1.** covered, plated, coated; **2.** bound *(book).*

kaplıca hot spring; spa.

kaplumbağa [.x..] *zo.* turtle, tortoise.

kapmak, *(-ar)* **1.** to snatch, to grasp, to seize; **2.** to catch *(disease);* **3.** to pick up; **4.** to get, to acquire *(habit).*

kaporta *mot.* bonnet, *Am.* hood.

kapris caprice, whim, fancy; ~ *yapmak* to behave capriciously.

kaprisli capricious.

kapsam scope, radius; extent.

kapsamak to contain, to comprise, to include.

kapsamlı extensive, comprehensive.

kapsül capsule.

kapşon hood.

kaptan captain *(a. sports).*

kaptıkaçtı minibus.

kapuska [.x.] cabbage stew.

kaput, *-tu* **1.** military greatcoat; **2.** condom, rubber, contraceptive.

kaputbezi, *-ni* canvas, sail cloth.

kar snow; ~ *gibi* snowwhite; ~ *topu* snowball; *-dan adam* snowman.

kâr **1.** profit, gain; **2.** benefit; ~ *bırakmak* to yield profit; ~ *etmek* to profit; ~ *haddi* profit limit; ~ *kalmak* to remain as profit; ~ *payı* dividend; ~ *ve zarar* profit and loss.

kara[1] **1.** land; shore; **2.** terrestrial, territorial; ~ *kuvvetleri* ⚔ land forces; *-ya oturmak* ⚓ to run aground; *-ya vurmak (fish)* to run ashore.

kara[2] **1.** black; **2.** *fig.* unlucky, bad; ~ *cahil* utterly ignorant, illiterate; ~ *gün dostu* a friend in need; ~ *haber* bad news; ~ *liste* black list; ~ *talih* bad luck, misfortune; ~ *toprak* black soil, chernozem; ~ *yağız* swarthy *(young man); -lar bağlamak (or giymek)* to put on *(or* wear) mourning, to be dressed in black.

karaağaç, *-cı* ⚘ elm.

karabasan nightmare.

karabaş **1.** priest, monk; **2.** celibate; **3.** Blackie *(dog).*

karabatak *zo.* cormorant.

karabiber ⚘ black pepper.

karabina [..x.] carbine; blunderbuss.

karaborsa black market.

karaborsacı black marketeer.

karaca *zo.* roe deer.

karacı *fig.* slanderer, backbiter.

karaciğer *anat.* liver.

Karadeniz *pr. n.* the Black Sea.

karafatma *zo.* cockroach, blackbeetle.

karagöz **1.** *zo.* sargo; **2.** ♀ Turkish shadow play; **3.** ♀ Turkish Punch.

karakalem pencil *or* charcoal drawing.

karakış the dead of winter.

karakol police station; ~ *gemisi* coast guard ship, patrol vessel.

karakter character.

karakteristik characteristic, distinctive.

karakterli of good character.

karaktersiz characterless.

karalama scribble, doodle; ~ *defteri* exercise book.

karalamak **1.** to scribble, to doodle; **2.** *fig.* to slander, to blacken, to calumniate.

karalık blackness; darkness.

karaltı indistinct figure.

karambol *F* collision, smash-up.

karamela [..x.] caramel.

karamsar pessimistic.

karamsarlık pessimism.

karanfil ⚘ carnation.

karanlık **1.** dark; **2.** darkness, the dark; **3.** obscure, unclarified; ~ *basmak* to grow dark, *(darkness)* to fall; ~ *oda phot.* darkroom; *karanlığa kalmak* to be benighted; *-ta göz kırpmak fig.* to wink in the dark.

karantina [..x.] quarantine; *-ya almak* to quarantine.

karar 1. decision, resolution, determination; **2.** ⚖ verdict; ~ *almak* to take a decision, to make a decision; ~ *vermek* to decide, to make up one's mind; *-a bağlamak* to make a decision about; *-a varmak* **1.** to arrive at *(or* reach) a decision; **2.** ⚖ to bring in a verdict.

karargâh × headquarters.

kararlama estimated by guess, by rule of thumb.

kararlamak to estimate by eye.

kararlaştırmak to decide, to agree on; to determine, to fix *(date).*

kararlı decisive, determined, resolute.

kararlılık 1. decisiveness, determination; **2.** stability.

kararmak to get dark; to darken.

kararname [..—.] decree.

kararsız indecisive, undecided.

kararsızlık indecision.

karartı darkness.

karartma blackout.

karartmak 1. to darken; **2.** to black out.

karasaban primitive plough, *Am.* plow.

karasal terrestrial, territorial.

karasevda melancholy; *-ya düşmek* to be passionately in love.

karasevdalı melancholic.

karasinek *zo.* housefly.

karasuları *-nı* territorial waters.

karatahta blackboard.

karatavuk *zo.* blackbird.

karate karate.

karateci karateist.

karavan caravan, trailer.

karavana [..x.] **1.** × mess-tin; **2.** mess; **3.** miss; ~ *borusu* mess call; *-dan yemek* × to mess together.

karayazı evil fate, ill luck.

karayel northwest wind.

karayolu, *-nu* highway, road, motorway.

karbon ⚗ carbon; ~ *dioksit* carbon dioxide; ~ *kâğıdı* carbon paper.

karbonat, *-tı* ⚗ carbonate.

karbonhidrat, *-tı* ⚗ carbohydrate.

karbonik ⚗ carbonic.

karbüratör ⊕ carburet(t)or.

kardeş brother; sister; sibling; ~ ~ brotherly, sisterly; fraternally; ~ *katili* fratricide; ~ *payı yapmak* to go halves.

kardeşçe brotherly, sisterly, fraternal.

kardeşlik brotherhood, sisterhood, fraternity.

kardinal, *-li* cardinal.

kardiyografi ⚕ cardiography.

kare square.

karekök, *-kü* square root.

kareli chequered, *Am.* checkered.

karga *zo.* crow.

kargaşa confusion, disorder, tumult.

kargaşalık *s. kargaşa.*

kargı pike; javelin; lance.

kargo [x.] cargo.

karı 1. wife, spouse; **2.** woman, hag, broad; ~ *koca* husband and wife.

karın, *-rnı* abdomen; stomach, belly; ~ *ağrısı* **1.** stomach ache, colic; **2.** *fig.* a pain in the neck *(person).*

karınca *zo.* ant.

karıncalanmak to feel pins and needles.

karış span; ~ ~ inch by inch, every inch of.

karışık 1. mixed; miscellaneous; **2.**

confused, in disorder; **3.** complex, complicated.
karışıklık 1. confusion, disorder; **2.** tumult, turmoil; ~ *çıkarmak* to stir up trouble, to kick up a row.
karışım mix, mixture.
karışlamak to span.
karışmak 1. to mix; **2.** to interfere *(-e in),* to meddle *(-e in);* **3.** to flow into *(another river);* **4.** to be in charge *(-e of),* to exercise control *(-e over).*
karıştırıcı 1. mixer; blender; **2.** *fig.* trouble-maker.
karıştırmak 1. to mix, to stir; to blend; **2.** to confuse; **3.** to complicate; **4.** to rummage through; to thumb through.
karides [.x.] *zo.* shrimp; prawn.
karikatür 1. caricature; **2.** cartoon.
karikatürcü, karikatürist caricaturist.
karikatürleştirmek to caricature.
karina [.x.] ⚓ bottom *(of a ship).*
kariyer career.
karlı snowy; snow-clad; snow-capped.
kârlı profitable, advantageous; ~ *çıkmak* to make a profit, to come out ahead; to turn out profitable.
karma 1. mixed; **2.** coeducational; ~ *ekonomi* mixed economy; ~ *okul* coeducational school.
karmak 1. to mix, to blend; **2.** *cards:* to shuffle.
karmakarışık [x....] in utter disorder.
karman çorman *s. karmakarışık.*
karmanyola [..x.] robbery; ~ *etmek* to rub, to mug.
karmanyolacı robber, mugger.
karmaşa confusion, complexity.
karmaşık complicated, complex
karmaşıklık complexity.
karnabahar ⚘ cauliflower.
karnaval carnival.
karne report card.
karo *cards:* diamond.
karoser *mot.* body.
karpuz ⚘ watermelon.
kârsız profitless, unprofitable.
karşı 1. opposite; **2.** contrary, against; **3.** anti-, counter-; **4.** in return *(-e for);* ~ *çıkmak* to oppose, to object; ~ *durmak* to resist, to oppose; ~ *gelmek* to defy, to go against, to disobey; ~ *koymak* to resist, to oppose; ~ *olmak* to be against; ~ *takım* opposing team; ~ *teklif* counterproposal; counteroffer; *-dan -ya* across.
karşıgelim *biol.* antagonism.
karşılama meeting, welcome, reception.
karşılamak 1. to go to meet, to welcome; **2.** to cover, to meet.
karşılaşma game, match.
karşılaşmak 1. to meet; **2.** to run *(ile into),* to meet; **3.** to be confronted *(ile with).*
karşılaştırma comparison.
karşılaştırmak to compare.
karşılaştırmalı comparative.
karşılık 1. reply, retort, response, answer; **2.** reaction; **3.** equivalent; ~ *vermek* to answer back, to retort.
karşılıklı mutual, reciprocal.
karşılıksız 1. unanswered *(love);* **2.** dishono(u)red *(cheque).*
karşın in spite *(-e of).*
karşıt, *-tı* contrary, opposite; anti-, counter-.
kart[1], *-tı* **1.** old; **2.** hard, tough.
kart[2], *-tı* card; postcard; visiting *or* calling card.
kartal *zo.* eagle.
kartaloş *sl.* old, over the hill, past it.
kartel cartel.
kartlaşmak to grow old, to get past it.
kartlık oldness, senility.
karton cardboard, pasteboard.
kartonpiyer papier-mâché.

kartpostal postcard.
kartuş cartridge.
kartvizit, *-ti* visiting *or* calling card.
karyola bed, bedstead.
kas muscle.
kasa [x.] **1.** safe, strongbox; **2.** cash register, till; **3.** crate *(for bottles)*; **4.** *gymnastics:* horse; **5.** door *or* window frame; ~ *açığı* deficit; ~ *dairesi* strongroom, vault; ~ *defteri* cashbook; ~ *hırsızı* safecracker, safebreaker.
kasaba small town.
kasadar cashier, teller.
kasap, *-bı* **1.** butcher; **2.** butcher's.
kasaplık butchery.
kasatura [..x.] bayonet.
kâse bowl.
kasık *anat.* groin.
kasıkbağı, *-nı* truss for a hernia.
kasıkbiti, *-ni zo.* crab louse.
kasıl *anat.* muscular.
kasılmak **1.** to contract, to flex; **2.** *fig.* to put on airs, to show off.
kasım November.
kasımpatı, *-nı* ⚘ chrysanthemum.
kasınç cramp, spasm.
kasıntı *fig.* swagger, swank.
kasır, *-srı* mansion.
kasırga whirlwind, tornado.
kasıt, *-stı* **1.** purpose, intention; **2.** evil intent; *kastı olmak* to have evil intentions *(-e against)*.
kasıtlı deliberate, intentional, purposeful.
kaside qasida, ode, eulogy.
kasis open drainage ditch.
kasiyer cashier.
kaskatı [x..] as hard as a stone.
kasket, *-ti* cap.
kasko automobile insurance.
kaslı muscular.
kasmak, *(-ar)* **1.** to tighten, to stretch tight; **2.** to take in *(a garment)*; *kasıp kavurmak* to tyrannize, to terrorize.
kasnak **1.** rim, hoop; **2.** embroidery frame.
kasnaklamak **1.** to hoop; **2.** to hug.
kastanyola [..x.] ⚓ pawl, ratchet, detent.
kasten [x.] on purpose, intentionally, deliberately.
kastetmek [x..] **1.** to mean; to intend, to purpose; **2.** to have designs *(-e on)*.
kasti [ī] deliberate, intentional.
kasvet, *-ti* gloom, depression.
kasvetli gloomy.
kaş eyebrow; ~ *çatmak* to knit one's eyebrows, to frown; ~ *göz etmek* to wink *(-e at)*; *-la göz arasında* in the twinkling of an eye, in a trice.
kaşağı currycomb.
kaşağılamak to curry, to groom.
kaşalot *zo.* cachalot.
kaşar sheep cheese.
kaşe cachet, seal.
kaşık spoon; ~ *atmak (or çalmak)* to eat heartily; ~ *düşmanı co.* one's wife, the missus; ~ ~ by spoonfuls.
kaşıkçıkuşu, *-nu zo.* pelican.
kaşıklamak to spoon out.
kaşımak to scratch.
kaşınmak to scratch o.s., to itch.
kaşıntı itch.
kâşif explorer, discoverer.
kaşkol scarf, neckerchief.
kaşmir cashmere.
kat, *-tı* **1.** storey, *Am.* story, floor; **2.** layer, stratum; fold; **3.** coat *(of paint)*; **4.** set *(of clothes)*.
katafalk, *-kı* catafalque.
katalog catalogue.
katana artillery horse; ~ *gibi F* portly *(woman)*.
katar **1.** train; **2.** convoy, file, string *(of animals, carts etc.)*.
katarakt, *-tı* ⚕ cataract.
katedral, *-li* cathedral.
kategori category.
katetmek [x..] to travel over, to

cover, to traverse.

katı 1. hard, stiff; **2.** ⚗ solid; **3.** *fig.* tough, unbending; ~ *yürekli* hardhearted.

katılaşmak to harden, to stiffen; to solidify.

katılgandoku *anat.* conjunctive tissue.

katılık hardness, stiffness, rigidity.

katılmak[1] **1.** to join, to participate *(-e in)*; **2.** *(b-ne)* to agree with *s.o.*

katılmak[2] to be out of breath *(from laughing or weeping)*; *katıla katıla ağlamak* to choke with sobs; *katıla katıla gülmek* to split one's sides laughing, to choke with laughter.

katır mule; ~ *gibi inatçı* as stubborn as a mule.

katır kutur: ~ *yemek* to crunch, to munch.

katırtırnağı, *-nı* ⚘ broom.

katışık mixed.

katıştırmak to add *(-e to)*.

kati definite, absolute, final.

katil[1]**,** *-tli* murder.

katil[2] [ā] murderer, assassin.

katileşmek [ī] to become definite.

kâtip, *-bi* clerk; secretary.

katiyen [ī] [.x.] never, by no means.

katkı help, assistance; contribution; *-da bulunmak* to contribute *(-e to)*.

katkılı alloyed.

katlamak to fold, to pleat.

katlanır folding, collapsible.

katlanmak to bear, to endure, to put up *(-e with)*; *... yapmak zahmetine* ~ to take the trouble to do ...

katletmek [x..] to murder.

katlı 1. folded; **2.** *(building)* ... storied.

katliam massacre.

katma addition; ~ *bütçe* supplementary budget; ~ *değer vergisi* value-added tax, VAT.

katmak, *(-ar)* to add, to mix.

katman *geol.* layer, stratum.

katmanbulut, *-tu meteor.* stratus.

katmanlaşmak to stratify.

katmer double *(flower)*.

katmerli 1. in layers; **2.** double *(flower)*.

Katolik *pr. n.* Catholic.

katran tar.

katranlamak to tar.

katranlı tarry, tarred.

katrilyon quadrillion.

katsayı △ coefficient.

kauçuk rubber.

kav tinder, punk.

kavaf cheap, ready-made shoes dealer; ~ *işi* shoddy.

kavak ⚘ poplar.

kaval shepherd's pipe, flageolet; ~ *kemiği anat.* fibula, tibia.

kavalye escort.

kavanoz jar, pot.

kavga quarrel, row, brawl; fight; ~ *aramak* to look for trouble; ~ *çıkarmak* to kick up (*or* make) a row, to pick a fight; ~ *etmek* to fight; to quarrel.

kavgacı quarrelsome, brawling.

kavim, *-vmi* tribe; people, nation.

kavis, *-vsi* curve, arc.

kavram concept.

kavramak 1. to grasp, to clutch; **2.** *fig.* to comprehend, to grasp.

kavramsal conceptual.

kavrulmuş roasted.

kavşak crossroads, junction, intersection.

kavuk turban.

kavun ⚘ melon.

kavuniçi, *-ni* yellowish orange.

kavurma fried meat.

kavurmak 1. to roast; **2.** *(sun)* to scorch, to parch.

kavuşmak to come together, to be reunited.

kaya rock; ~ *gibi* rocky.

kayabalığı, *-nı zo.* goby.

kayağan slippery.

kayağantaş *geol.* slate.
kayak 1. ski; **2.** skiing; ~ *yapmak* to ski.
kayakçı skier.
kayakçılık skiing.
kayalık 1. rocky; **2.** rocky place.
kaybetmek [x..] to lose.
kaybolmak [x..] to be lost; to vanish, to disappear.
kaydetmek [x..] **1.** to register, to enroll; **2.** to record.
kaydırak slide.
kaydırmak to slide, to skid.
kaygan slippery.
kaygana omelet.
kaygı anxiety, worry.
kaygılanmak to worry, to be anxious.
kaygılı worried, anxious.
kaygısız carefree, untroubled.
kaygısızlık carefreeness, untroubledness.
kayık boat; ~ *salıncak* boat-shaped swing; ~ *tabak* oval dish; ~ *yarışı* boat race; *-la gezmek* to go boating.
kayıkçı boatman.
kayıkhane [..—.] boathouse.
kayın[1] in-law; brother-in-law.
kayın[2] ⚘ beech.
kayınbirader brother-in-law.
kayınpeder father-in-law.
kayınvalide [..—..] mother-in-law.
kayıp, *-ybı* **1.** loss; **2.** ⚔ casualties; **3.** lost, missing; ~ *eşya bürosu* lost property office; ~ *listesi* casualty list; *-lara karışmak* *F* to vanish into thin air.
kayırıcı protector, patron.
kayırmak to protect, to support; to favo(u)r.
kayısı ⚘ apricot.
kayış belt, strap; band.
kayıt, *-ydı* **1.** registration, enrollment; **2.** recording; **3.** restriction; ~ *ücreti* registration fee.
kayıtlı registered, enrolled, enlisted; recorded.
kayıtsız 1. unregistered, unrecorded; **2.** *fig.* indifferent, carefree; ~ *şartsız* unconditionally.
kayıtsızlık indifference, unconcern.
kaymak[1] cream.
kaymak[2]**,** *(-ar)* to slip, to slide, to skid.
kaymakam kaimakam, head official *(of a district).*
kaymaklı creamy.
kaynak 1. source, spring, fountain; **2.** ⊕ weld; ~ *yapmak* ⊕ to weld.
kaynakça bibliography.
kaynakçı welder.
kaynaklamak ⊕ to weld.
kaynamak 1. to boil; **2.** to ferment; **3.** to teem, to swarm; **4.** *(bone)* to knit; **5.** ⊕ to become welded.
kaynana mother-in-law.
kaynanazırıltısı, *-nı* rattle, clacker.
kaynar boiling *(water).*
kaynarca [.x.] hot spring, spa.
kaynaşmak 1. to swarm, to teem; **2.** *fig.* to become good friends, to go well together.
kaynata [x..] father-in-law.
kaynatmak 1. to boil; **2.** ⊕ to weld; **3.** to knit *(bones);* **4.** *(dersi) sl.* to waste *(a lesson hour)* talking.
kaypak *fig.* slippery, unreliable.
kaytan cotton *or* silk cord, braid.
kaytarmak to evade, to shirk, to goldbrick *(work).*
kayyım caretaker of a mosque.
kaz *zo.* goose; ~ *gelen yerden tavuk esirgenmez* *pro.* you must lose a fly to catch a trout, throw out a sprat to catch a mackerel; ~ *kafalı* *F* dubm, doltish; *-ı koz anlamak* to get wrong, to misunderstand.
kaza [.—] **1.** accident; mischance, misfortune; **2.** county, borough, township; district; ~ *geçirmek* to

have an accident; ~ *sigortası* accident insurance; *-ya uğramak* to have (*or* meet with) an accident.
kazaen [.—.] by chance, by accident.
Kazak[1] Cossack.
kazak[2] pullover, jersey.
kazak[3] dominating, despotic *(husband)*, who wears the trousers.
kazan **1.** cauldron; **2.** boiler; furnace.
kazanç, *-cı* **1.** gain, earnings, profit; **2.** benefit, advantage.
kazançlı profitable.
kazanmak **1.** to earn; **2.** to win; **3.** to acquire, to gain, to get.
kazara [.—.] [.x.] by accident, by chance.
kazazede [.—..] **1.** victim, casualty; **2.** shipwrecked.
kazı excavation; ~ *yapmak* to excavate.
kazıbilim archeology.
kazık **1.** stake, pale, pile, picket; **2.** *sl.* trick, swindle; **3.** *sl.* exorbitant, very expensive; ~ *atmak sl.* to overcharge, to fleece, to put it on; ~ *gibi* as stiff as a ramrod; ~ *yemek sl.* to be rooked *or* soaked; ~ *yutmuş gibi* as stiff as a ramrod; *kazığa oturtmak hist.* to impale.
kazıkçı swindler, trickster.
kazıklamak **1.** to pile, to picket; **2.** *sl.* = *kazık atmak.*
kazımak **1.** to scrape off; **2.** to shave off *(beard, hair).*
kazıntı scrapings.
kazma pick, pickax; mattock.
kazmaç excavator.
kazmadiş bucktoothed.
kazmak, *(-ar)* to dig, to excavate, to trench.
kazulet, *-ti sl.* grotesque, portly.
kebap, *-bı* shish kebab; ~ *yapmak* to roast; to broil.
keçe felt; mat.
keçeli: ~ *kalem* felt-tip pen.
keçi **1.** *zo.* goat; **2.** *fig.* stubborn, obstinate; *-leri kaçırmak F* to go nuts.
keçiboynuzu, *-nu* ⚘ carob, St. John's bread.
keçisakal goatee.
keçiyolu, *-nu* path.
keder sorrow, grief.
kederlenmek to be grieved, to become sorrowful.
kederli sorrowful, grieved.
kedersiz free from grief.
kedi *zo.* cat; ~ *ciğere bakar gibi bakmak* to stare covetously.
kedibalığı, *-nı zo.* ray, stake.
kedigözü, *-nü* **1.** *mot.* taillight; **2.** cat's-eye.
kefal *zo.* gray mullet.
kefalet, *-ti* [ā] bail; *-le salıvermek* to release on bail.
kefaletname bail bond, letter of guarantee.
kefe pan, scale *(of a balance).*
kefeki tartar *(on teeth).*
kefen shroud, winding sheet; *-i yırtmak fig.* to turn the corner, to pass the danger point safely.
kefenci **1.** shroud seller; shroud maker; **2.** *sl.* grave robber.
kefenlemek to shroud.
kefere non-Muslims; unbelievers.
kefil [ī] guarantor, sponsor; surety; ~ *olmak* to sponsor, to go bail.
kefillik sponsorship, suretyship.
kehanet, *-ti* [ā] prediction; ~ *etmek* (*or -te bulunmak*) to predict, to foretell.
kehkeşan [ā] *ast.* the Milky Way.
kehle *zo.* louse.
kehribar [ā] amber.
kek, *-ki* cake.
kekelemek to stammer, to stutter.
kekeme stammering, stuttering *(person).*
kekemelik stutter.
kekik ⚘ thyme.
keklik *zo.* partridge.
kel bald; ~ *başa şimşir tarak fig.*

out of place luxury.
kelam remark, utterance, word.
kelebek 1. *zo.* butterfly; moth; **2.** ⊕ butterfly *or* wing nut; **3.** ⊕ throttle; ~ *cam* butterfly window.
kelek unripe melon.
kelepçe [.x.] **1.** handcuffs; **2.** ⊕ pipe clip.
kelepçelemek to handcuff.
kelepir bargain.
kelime word; ~ ~ word by word; ~ *oyunu* pun; *-si -sine* word for word, literally.
kelle 1. *contp.* head, nut, crumpet, nob; **2.** boiled sheep's head; *-sini koltuğuna almak fig.* to take one's life in one's hands.
kellifelli well-dressed, showy.
kellik baldness.
keloğlan the Turkish Horatio Alger.
kem evil, malicious.
kemal, *-li* [ā] perfection, maturity; *-e ermek* **1.** to reach perfection; **2.** to reach maturity.
Kemalist Kemalist.
Kemalizm Kemalism.
keman [ā] violin; ~ *çalmak* to play the violin.
kemancı [ā] violinist.
kemençe [.x.] kemancha, kit.
kement, *-di* lasso.
kemer 1. belt; **2.** arch, vault; **3.** aqueduct; *-leri sıkmak fig.* to tighten one's belt.
kemik bone.
kemikdoku bone tissue.
kemikleşmek to ossify.
kemikli bony.
kemiksiz boneless.
kemirdek tail bones.
kemirgen rodent.
kemirici 1. rodent; **2.** corrosive.
kemirmek 1. to gnaw, to nibble; **2.** to corrode.
kem küm: ~ *etmek* to hem and haw.
kenar [ā] edge, border, brink; margin; ~ *mahalle* slums, suburb; *-a çekilmek* to get out of the way; *-a çekmek* to pull in, to pull over (*or* of) *(vehicle)*; *-da kalmak fig.* to remain aside; *-da köşede* in nooks and crannies.
kenarlı edged.
kendi self, oneself; own; ~ *başına* by oneself; ~ *halinde* inoffensive, harmless *(person)*; *-nden geçmek* to faint; *-ne gelmek* to come to *or* round; *-ni beğenmek* to be full of o.s.; *-ni dev aynasında görmek* to think no small beer of o.s.; *-ni göstermek* to prove one's worth, to stand out; *-ni kaptırmak fig.* to let o.s. get carried away *(-e by)*; *-ni kaybetmek* **1.** to fly into a rage; **2.** to lose consciousness; *-ni vermek (bşe)* to put one's heart into *s.th.*, to get down to *s.th.*
kendiliğinden 1. by oneself; **2.** automatically; **3.** of one's own accord.
kendilik entity.
kendince 1. subjective, personal; **2.** in one's opinion.
kendir ⚘ hemp.
kene *zo.* tick.
kenet ⊕ metal clamp, cramp iron.
kenetlemek 1. to clamp; **2.** to clasp *(hands)*.
kenevir ⚘ hemp.
kent, *-ti* city, town.
kental, *-li* quintal.
kentleşmek to become urbanized.
kentli city-dweller.
kentsel urban.
Kenya *pr. n.* Kenya.
kep, *-pi* **1.** cap; **2.** mortarboard.
kepaze [ā] vile, contemptible.
kepazelik vileness, ignominy.
kepçe 1. ladle; **2.** scoop net, butterfly net; ~ *gibi* sticking out *(ears)*.
kepek 1. scurf, dandruff; **2.** bran.
kepeklenmek to become scurfy.

kepekli scurfy *(hair).*
kepenk rolling *or* roll-down shutter.
keramet, -ti [ā] miracle, marvel.
kerata 1. shoehorn; **2.** *F* son of a gun, dog.
kere time, times; *iki ~* twice.
kereste [.x.] timber, lumber.
kerevet, -ti plank-bed, wooden divan.
kerevides [..x.] *zo.* crayfish, crawfish.
kereviz celery.
kerhane [ā] brothel, cathouse.
kerhaneci [ā] **1.** brothel keeper; **2.** *sl.* son of a bitch, bastard.
kerhen [x.] **1.** reluctantly, unwillingly; **2.** disgustedly.
kerih [ī] disgusting, detestable.
kerim [ī] gracious, kind.
kerime daughter.
keriz *sl.* sucker.
kermes fete, kermis.
kerpeten pincers, pliers; forceps.
kerpiç, -ci sundried brick, adobe.
kerrat, -tı times; *~ cetveli* times (*or* multiplication) table.
kerte 1. notch, score; **2.** degree, state.
kertenkele *zo.* lizard.
kertiz notch, tally, score, gash.
kervan caravan; *-a katılmak fig.* to go with the crowd.
kervansaray caravanserai, caravansary.
kes sneaker.
kesafet, -ti [ā] density.
kesat, -dı [ā] slack, flat, stagnant.
kese 1. moneybag, purse; **2.** *zo.* pouch, marsupium; **3.** coarse bath mitt; *-nin ağzını açmak* to loosen the purse strings; *-nin dibi görünmek* to run out of money, to be short of money.
kesekâğıdı, -nı paper bag.
keselemek to rub with a bath mitt.
keselenmek to rob o.s. with a *kese.*
keseli *zo.* marsupial.
keser adze.
kesici 1. cutter; **2.** incisive, incisory, cutting.
kesicidiş incisor.
kesif [ī] dense, thick.
kesik 1. cut; **2.** off *(electricity, water etc.);* **3.** curdled.
kesikli discontinuous, intermittent.
kesiksiz continuous, uninterrupted.
kesilmek 1. to get tired, to become bushed; **2.** to curdle; **3.** *(electricity, water etc.)* to be cut off; **4.** *(rain etc.)* to die down, to let up.
kesim 1. slaughter *(of animals);* **2.** section, sector.
kesimevi, -ni slaughterhouse.
kesin definite, certain.
kesinleşmek to become definite.
kesinleştirmek to make definite.
kesinlik certainty, definitiveness.
kesinlikle definitely, certainly.
kesinti 1. deduction; **2.** interruption.
kesintisiz uninterrupted, continuous.
kesir, -sri fraction.
kesirli ⩓ fractional.
kesişen *geom.* intersecting.
kesişmek 1. to intersect; **2.** to exchange amorous glances.
kesit, -ti ⩓ crosscut.
keski chisel; hatchet.
keskin 1. sharp, keen; **2.** acute; **3.** pungent; *~ gözlü* eagle-eyed; *~ nişancı* marksman, dead shot; *~ viraj* sharp *or* hairpin curve.
keskinleşmek to get sharp.
keskinleştirmek to sharpen.
keskinlik sharpness, keenness.
kesme 1. cut, faceted; **2.** tin snips; *~ almak F* to pinch one's cheek; *~ işareti* apostrophe.
kesmek, (-er) 1. to cut; to cut down, to fell *(tree);* **2.** to slaughter, to butcher; **3.** to stop, to in-

terrupt, to break off; **4.** to turn off *(electricity, water, gas)*; **5.** to deduct; **6.** to take away, to kill *(pain)*; **7.** *sl.* to ogle at *(a girl)*; *kestiği tırnak olamamak (b-nin)* can't hold a candle to *s.o.*

kesmeşeker lump *or* cube sugar.

kestane [ā] ⚘ chestnut; ~ *şekeri* marron glacé, candied chestnuts.

kestaneci [ā] chestnut man.

kestanecik [ā] ⚕ prostate gland.

kestanefişeği, *-ni* firecracker.

kestanelik [ā] chestnut grove.

kestirme 1. estimate; **2.** short cut; ~ *cevap* decisive *or* short answer; *-den gitmek* to take a short cut.

kestirmek 1. to guess, to estimate; **2.** to understand clearly, to discern; **3.** to take a nap, to doze off.

keşfetmek [x..] to discover, to explore.

keşide [ī]: ~ *etmek econ.* to draw.

keşideci [ī] *econ.* drawer.

keşif, *-şfi* **1.** discovery, exploration; **2.** × reconnaissance; ~ *uçağı* × reconnaissance plane.

keşiş monk.

keşişhane [ā] monastery.

keşişleme southeast wind.

keşke I wish, if only; ~ *gelseydin!* if only you'd come.

keşkül milk pudding.

keşlemek *sl.* to take no notice (*-e of*).

keşmekeş disorder, rush.

ket, *-ti* obstacle; ~ *vurmak* to handicap, to put back, to hinder.

ketçap ketchup, catchup.

keten 1. flax; **2.** flaxen, linen.

ketenhelvası, *-nı* cotton candy.

ketenkuşu, *-nu zo.* linnet.

ketentohumu, *-nu* linseed, flaxseed.

keton ⚗ ketone.

ketum [ū] tightlipped, discreet.

ketumiyet, *-ti* [ū] reticence, discretion.

kevgir skimmer.

keyfi arbitrary, discretionary.

keyif, *-yfi* **1.** pleasure, delight, joy, enjoyment; **2.** mood, spirits, disposition; ~ *çatmak* to enjoy o.s., to have a good time; ~ *halinde* tipsy; ~ *için* for pleasure *or* fun; ~ *sürmek* to live the good life; *keyfi bilmek* to do as one pleases; *keyfi kaçtı* he is out of spirits; *keyfinden dört köşe olmak* to be as happy as the day is long; *keyfine bakmak* to enjoy o.s.

keyiflenmek to become merry, to enjoy o.s.

keyifli merry, joyous, in good spirits.

keyifsiz indisposed, in bad humo(u)r, out of sorts.

kez time; *bu* ~ this time; *beş* ~ five times.

keza [x—] also, likewise; ditto.

kezzap, *-bı* [ā] nitric acid, aqua fortis.

kıble kiblah, the direction of Mecca; *-ye dönmek* to turn towards Mecca.

Kıbrıs *pr. n.* Cyprus.

Kıbrıslı *pr. n.* Cyprian, Cypriote.

kıç, *-çı* **1.** buttocks, bottom, butt, rump; **2.** ⚓ poop, stern; **3.** back, hind; ~ *üstü oturmak F* to remain helpless; *-ına tekmeyi atmak sl.* to give s.o. the boot, to boot out; *-ını yırtmak sl.* to rant and rave.

kıdem seniority, priority, precedence.

kıdemli senior *(in service)*.

kıdemsiz junior *(in service)*.

kıkırdak *anat.* cartilage, gristle.

kıkırdamak 1. to giggle, to chuckle; **2.** to be freezing, to shudder from the cold.

kıkır kıkır gigglingly.

kıl hair, bristle; ~ *payı* hairbreadth; ~ *testere* ⊕ jigsaw, fretsaw; *-ı kıpırdamamak* not to turn a hair; *-ı kırk yarmak* to split hairs.

kılavuz 1. guide; **2.** ⚓ pilot.
kılcal *biol.* capillary; ~ *damar anat.* capillary.
kılçık 1. fishbone; **2.** string *(of beans).*
kılçıklı bony *(fish).*
kılıbık henpecked *(husband).*
kılıç, *-cı* sword; *-tan geçirmek* to put to the sword.
kılıçbalığı, *-nı zo.* swordfish.
kılıf case, cover.
kılık 1. dress, costume; **2.** appearance, shape; ~ *kıyafet* attire, dress.
kılıksız shabby.
kıllanmak to become hairy.
kıllı hairy, bristly.
kılmak, *(-ar)* **1.** to render, to make; **2.** to perform.
kımılda(n)mak to stir, to budge.
kımıltı movement, stir, motion.
kımız k(o)umiss.
kın sheath, scabbard.
kına henna; ~ *yakmak or sürmek* to henna.
kınama condemnation.
kınamak to condemn, to blame, to censure.
kıpırda(n)mak to move, to stir, to quiver, to fidget.
kıpır kıpır fidgetingly.
kıpırtı quiver, stirring.
kıpkırmızı [x...] crimson, carmine.
kır[1] grey, *Am.* gray; ~ *düşmek* to turn grey.
kır[2] the country, countryside; ~ *koşusu* cross-country race.
kıraathane [...—.] café.
kıraç arid, barren.
kırağı hoarfrost, rime; ~ *çalmak (plant)* to become frostbitten.
kırat, *-tı* carat
kırba waterskin.
kırbaç, *-cı* whip; ~ *vurmak* to whip, to flog.
kırbaçlamak to whip, to flog.
kırçıl greying *(hair, beard).*
kırçıllaşmak to grey.
kırgın offended, hurt, resentful.
kırgınlık offence, hurt, resentment.
kırıcı offensive, hurtful *(word etc.)*
kırık 1. broken; **2.** ⚕ fracture, break; **3.** *school:* failing grade; **4.** *fig.* hurt, offended, resentful; ~ *almak* to get a failing grade; ~ *dökük* smashed, in pieces.
kırıkçı bonesetter.
kırıkkırak breadstick.
kırılgan breakable, fragile.
kırılım refraction.
kırılmak *(b-ne)* to resent *s.o.,* to be offended by *s.o.; kırılıp dökülmek* to speak in a flirtatious way.
Kırım *pr. n.* Crimea.
kırım massacre, genocide.
kırıntı fragment; crumb.
kırışık 1. wrinkled, puckered; **2.** wrinkle, pucker, crease.
kırışmak 1. to get wrinkled, to pucker; **2.** to bet with each other; **3.** to divide among *or* between themselves; **4.** *F* to flirt with each other.
kırıştırmak 1. to wrinkle, to crumple, to pucker; **2.** to flirt *(ile with),* to carry on *(ile with).*
kırıtkan coquettish, flirtatious, mincing.
kırıtmak to coquet, to mince, to strut.
kırk, *-kı* forty; ~ *bir kere maşallah!* Touch wood!; ~ *dereden su getirmek* to beat about the bush; ~ *tarakta bezi olmak* to have too many irons in the fire; ~ *yılda bir fig.* once in a blue moon.
kırkambar 1. general store; **2.** *fig.* omniscient person; **3.** ⚓ mixed cargo.
kırkar forty at a time, forty to each.
kırkayak *zo.* **1.** centipede; **2.** millipede.
kırkbayır omasum.

kırkım shearing.
kırkıncı fortieth.
kırkmak, *(-ar)* to shear, to clip *(animal).*
kırlangıç, *-cı zo.* swallow.
kırlangıçbalığı, *-nı zo.* gurnard.
kırlaşmak to turn grey.
kırlık open country.
kırma 1. pleat, fold; **2.** *zo.* hybrid, half-breed.
kırmak, *(-ar)* **1.** to break; **2.** to split, to chop *(wood);* **3.** to reduce *(price);* **4.** to offend, to hurt; **5.** to destroy, to break *(resistance, pride, desire etc.);* **6.** *(direksiyon)* to swerve; *kırıp geçirmek* **1.** to slay, to wipe out; **2.** *(gülmekten)* to have people rolling in the aisles.
kırmızı red.
kırmızıbiber ♧ red pepper, cayenne pepper.
kırmızılaşmak to turn red, to redden.
kırmızılık redness; flush.
kırmızımtırak reddish.
kırmızıturp, *-pu* ♧ radish.
kırpık clipped, shorn.
kırpıntı clippings.
kırpıştırmak to wink, to blink *(eyes).*
kırpmak, *(-ar)* **1.** to shear, to clip; to trim; **2.** to wink *(eye).*
kırsal rural, rustic.
kırtasiye [ā] stationery.
kırtasiyeci [ā] **1.** stationer; **2.** bureaucrat, pettifogger.
kırtasiyecilik [ā] bureaucracy, red tape.
kısa short; ~ *dalga radio:* short wave; ~ *kesmek* to cut short *(talk);* ~ *kollu* short-sleeved; ~ *ömürlü* short-lived; ~ *sürmek* to take a short time; ~ *vadeli* short-term.
kısaca [.x.] in short, shortly, briefly; *-sı* [.x..] in a word, in brief.
kısalık shortness.
kısalmak to shorten; to shrink.
kısaltma abbreviation.
kısaltmak 1. to shorten; **2.** to abbreviate, to abridge.
kısaltmalı shortened, abbreviated.
kısas [ā] retaliation, reprisal; *-a* ~ an eye for an eye, tit for tat.
kısık 1. hoarse, choked *(voice);* **2.** turned down *(radio, lamp);* **3.** slitted, narrowed *(eyes).*
kısılmak 1. *(voice)* to get hoarse; **2.** *(eyes)* to be narrowed.
kısım, *-smı* part, section, division; ~ ~ in parts (*or* sections).
kısıntı reduction, cutback, restriction.
kısır 1. sterile, barren; **2.** unproductive; ~ *döngü* vicious circle.
kısırlaşmak to become sterile *or* barren.
kısırlaştırmak to sterilize.
kısırlık sterility, barrenness.
kısıt, *-tı* seizure, distraint.
kısıtlamak to restrict.
kısıtlayıcı restrictive.
kısıtlı restricted.
kıskaç, *-cı* **1.** pincers, pliers, forceps; **2.** claw *(of a crab).*
kıskanç, *-cı* jealous.
kıskançlık jealousy.
kıskandırmak to arouse s.o.'s jealousy.
kıskanmak to be jealous of, to envy.
kıs kıs: ~ *gülmek* to laugh up one's sleeve, to snicker.
kıskıvrak [x..] very tightly; ~ *bağlamak* to bind tightly.
kısmak, *(-ar)* **1.** to lessen, to reduce; **2.** to lower *(voice);* **3.** to cut *(expenses);* **4.** to turn down *(lamp, radio);* **5.** to narrow *(eyes).*
kısmen [x.] partly, partially.
kısmet, *-ti* **1.** destiny, fate, fortune, luck, kismet; **2.** chance of marriage; ~ *ise* if fate so decrees; ~ *olmak* to be on the cards; *-i çıkmak* to receive a marriage proposal.

kısmetli lucky, fortunate.
kısmetsiz unlucky, unfortunate.
kısmi [ī] partial; ~ *seçim* by-election.
kısrak *zo.* mare.
kıstak *geogr.* isthmus.
kıstas [ā] criterion.
kıstırmak to squeeze, to pinch.
kış winter; ~ *basmak (winter)* to set in; ~ *günü* wintery day; ~ *ortasında* in the dead of winter; ~ *uykusu zo.* hibernation.
kışın [x.] in the winter.
kışkırtı incitement, provocation, instigation.
kışkırtıcı 1. provocative; **2.** instigator, agitator.
kışkırtmak to incite, to provoke, to stir, to agitate.
kışla [x.] ⚔ barracks.
kışlak winter quarters.
kışlamak 1. *(winter)* to set in; **2.** to winter.
kışlık 1. wintery; **2.** winter residence
kıt, -tı scarce; ~ *kanaat geçinmek* to make both ends meet; *-ı -ına idare etmek* to get by on a shoestring, to scrape by.
kıta 1. *geogr.* continent; **2.** ⚔ detachment; **3.** *lit.* stanza, quatrain; ~ *sahanlığı* continental shelf.
kıtık stuffing, tow.
kıtıpiyos *sl.* no-account, good-for-nothing.
kıtır kıtır: ~ *yemek* to munch.
kıtlaşmak to become scarce, to run short.
kıtlık scarcity, lack, shortage; *-tan çıkmış gibi yemek* to wade (*or* tuck) into the meal.
kıvam [ā] thickness, consistency; *-ında* **1.** of the proper consistency; **2.** at the most suitable time.
kıvanç pride; ~ *duymak* to take pride *(-den in).*
kıvançlı proud.
kıvılcım spark.
kıvılcımlanmak to spark.
kıvırcık curly; ~ *salata* lettuce.
kıvır kıvır in curls; ~ *yapmak* to curl, to frizz.
kıvırmak 1. to curl, to twist, to coil; **2.** to hem, to fold; **3.** *F* to make up, to fabricate *(lies).*
kıvır zıvır 1. trifling; **2.** kickshaw, odds and ends.
kıvrak brisk, agile, swift.
kıvranmak to writhe, to double up
kıvrık 1. curled; **2.** curly *(hair).*
kıvrılmak to curl up, to coil up.
kıvrım 1. curl, twist, twine; **2.** *geol.* fold, undulation; **3.** bend *(of a road);* **4.** ringlet *(of hair);* ~ ~ **1.** very curly *(hair);* **2.** twisty *(road).*
kıvrımlı curled, twisted, folded.
kıvrıntı turn, twist, coil.
kıyafet, -ti [ā] dress, attire, costume; ~ *balosu* fancy dress *or* costume ball
kıyak *F* great, super, smart.
kıyamet, -ti [ā] **1.** Doomsday, the Day of Judgement; **2.** *fig.* ruction, tumult, uproar; ~ *gibi or kadar* heaps of, pots of; ~ *günü* Doomsday; *-e kadar* till Doomsday, till kingdom come, till hell freezes over; *-i koparmak* to raise hell, to make a hell of a fuss.
kıyas [ā] comparison; ~ *etmek* to compare *(ile with).*
kıyasıya cruelly, mercilessly.
kıyı 1. shore, coast; bank; **2.** edge, side; ~ *balıkçılığı* inshore fishing; *-da bucakta (or köşede)* in nooks and crannies.
kıyım massacre, genocide.
kıyma mince, mincemeat.
kıymak, (-ar) 1. to mince, to chop up; **2.** to slaughter, to massacre, to slay; **3.** to perform, to solemnize *(marriage).*
kıymalı with mincemeat.
kıymet, -ti value, worth; ~ *vermek* to value, to esteem.
kıymetlenmek to increase in value, to appreciate.
kıymetli valuable, precious.

kıymık splinter, sliver.
kız 1. girl; daughter; **2.** virgin, maiden; **3.** *cards:* queen; ~ *evlat* daughter; ~ *gibi* **1.** girlish; **2.** brand-new; ~ *kaçırmak* **1.** to kidnap a girl; **2.** to elope with a girl; ~ *kardeş* sister
kızak 1. sledge, sled, sleigh; toboggan; bobsled; **2.** ⚓ stocks, ways, sliding ways; *kızağa çekmek* **1.** ⚓ to put on the stocks; **2.** *fig.* to put on the shelf.
kızamık ⚕ measles, rubeola.
kızamıkçık ⚕ German measles.
kızarmak 1. to turn red, to redden; **2.** to blush, to flush; **3.** to fry; to toast; *kızarıp bozarmak* to blush as red as a rose; *kızarmış ekmek* toast.
kızartma fried food.
kızartmak to fry; to roast; to toast.
kızböceği, *-ni zo.* dragonfly.
kızdırmak 1. to anger, to irritate, to infuriate; **2.** to heat.
kızgın 1. angry; **2.** red-hot.
kızgınlaşmak 1. to get angry; **2.** to become red-hot.
kızgınlık anger, rage, fury.
kızıl 1. red; **2.** ⚕ scarlatina; ~ *kıyameti koparmak* to raise a hell of a row; ~ *saçlı* redheaded.
Kızılay *pr. n.* the Red Crescent.
kızılcık ⚘ cornelian cherry; ~ *sopası fig.* hiding, caning.
Kızıldeniz *pr. n.* the Red Sea.
Kızılderili Red *or* American Indian
Kızılhaç, *-çı pr. n.* the Red Cross.
kızıllaşmak to redden.
kızıllık redness.
kızılötesi, *-ni phys.* infrared.
kızışmak 1. to become fierce, to become violent; **2.** *(animal)* to go into rut.
kızıştırmak 1. to enliven, to liven up; **2.** to incite, to egg on; **3.** to make red-hot.
kızkuşu, *-nu zo.* lapwing, pewit.
kızlık girlhood, maidenhood, virginity; ~ *zarı* hymen, maidenhead.
kızmak, *(-ar)* **1.** to get angry; **2.** to get hot.
ki 1. who, which, that; **2.** so ... that; *öyle pahalı ki alamıyorum* it is so expensive that I cannot afford it.
kibar [ā] polite, courteous.
kibarca [ā] politely.
kibarlaşmak [ā] to become polite.
kibarlık [ā] politeness, courtesy.
kibir *-bri* arrogance, conceit, haughtiness; *kibrine dokunmak* to wond s.o.'s pride; *kibrini kırmak* to take s.o. down a peg or two, to humiliate.
kibirlenmek to become haughty.
kibirli arrogant, haughty.
kibrit, *-ti* match; ~ *çöpü* matchstick; ~ *kutusu* matchbox.
kifayet, *-ti* [ā] sufficiency; ~ *etmek* **1.** to be enough, to suffice; **2.** *(bşle)* to be satisfied (*or* contented) with *s.th.*
kil clay.
kiler pantry, larder, storeroom, cellar.
kilim kilim.
kilise [.x.] church.
kilit, *-di* lock; padlock; ~ *altında* under lock and key; ~ *noktası* key position *or* point; ~ *vurmak* to lock.
kilitlemek to lock.
kilitli locked.
killi clayey.
kilo [x.] kilo, kilogram; ~ *almak* to put on weight; ~ *vermek* to lose weight.
kilometre [..x.] kilometre, *Am.* kilometer; ~ *kare* square kilometre; ~ *saati* speedometer, odometer.
kilovat, *-tı* kilowatt.
kim who, whoever; ~ *bilir?* who knows?; ~ *o?* who is it?
kimi, *-ni* some; ~ *kez* sometimes; ~ *zaman* sometimes.
kimlik identity; ~ *cüzdanı* identity card.
kimse somebody, someone; anyone, anybody; *(with negative)* nobody, no one
kimsesiz without relations *or* friends; homeless.

kimya [ā] chemistry; ~ *mühendisi* chemical engineer; ~ *sanayii* chemical industry.
kimyacı [ā] chemist.
kimyager [ā] chemist.
kimyasal chemical.
kimyon ⚘ cumin.
kin [ī] grudge, malice, ranco(u)r; ~ *beslemek* to bear *or* nurse a grudge.
kinaye [ā] allusion, hint, innuendo.
kinci [—.] revengeful, vindictive, rancorous.
kinetik kinetic.
kinin ⚕ quinine.
kip *gr.* mood.
kir dirt, filth; ~ *götürmek (or kaldırmak)* not to show dirt; ~ *tutmak* to show dirt easily.
kira [ā] rent, hire; ~ *kontratı* lease; *-da oturmak* to live in a rented flat *or* house; *-ya vermek* to let, to rent.
kiracı [ā] tenant, renter, lessee.
kiralamak [.—..] to rent, to hire.
kiralık [ā] for rent, for hire, to let; ~ *kasa* safe-deposit box; ~ *katil* hired gun, goon.
kiraz ⚘ cherry.
kireç, *-ci* lime; ~ *kuyusu* lime pit; ~ *ocağı* limekiln.
kireçkaymağı, *-nı* calcium chloride, bleaching powder.
kireçlemek 1. to lime; **2.** to whitewash.
kireçlenme 1. calcification; **2.** ⚕ calcinosis.
kireçli limy, calcareous.
kireçtaşı, *-nı* limestone.
kiremit tile; ~ *kaplamak* to tile; ~ *rengi* tile (*or* brick) red.
kiriş 1. joist; rafter; beam; **2.** ♪ string *(of an instrument); -i kırmak sl.* to take to one's heels.
kirlenmek to become dirty, to foul; to become polluted.
kirletmek to dirty, to soil, to foul; to pollute.
kirli dirty, filthy, soiled; polluted; ~ *çamaşırlarını ortaya dökmek fig.* to wash one's dirty linen in public; ~ *sepeti* laundry basket.
kirlikan venous blood.
kirlilik dirtiness, filthiness, foulness; pollution.
kirpi *zo.* hedgehog.
kirpik eyelash.
kispet, *-ti* leather pants *(worn by a greased wrestler).*
kist, *-ti* ⚕ cyst.
kisve attire, apparel, garb.
kişi person, individual; one.
kişileştirmek to personify.
kişilik 1. personality; **2.** individuality.
kişiliksiz characterless.
kişisel personal.
kişnemek to neigh, to whinny.
kişniş ⚘ coriander.
kitabe [ā] inscription, epitaph.
kitabevi, *-ni* bookstore, bookshop.
kitap, *-bı* book; ~ *delisi* bibliomaniac; ~ *kurdu* bookworm; *kitaba el basmak* to swear on the Koran.
kitapçı bookseller.
kitaplık 1. bookcase; **2.** library.
kitapsız 1. bookless; **2.** *F* heathen; pagan.
kitara [.x.] ♪ guitar.
kitle mass; ~ *iletişimi* mass media.
klakson horn; ~ *çalmak* to hoot.
klan clan.
klapa lapel.
klarnet, *-ti* clarinet.
klas *F* first-rate, ace, A 1.
klasik classic.
klasman *sports:* rating, classifying.
klasör file.
klavye keyboard.
kleptoman kleptomaniac.
klik clique.
klima air conditioner.
klinik clinic.
klips clip.
kliring *econ.* clearing.

klişe 1. *print.* cliché, plate; **2.** *fig.* trite, hackneyed.
klor chlorine.
klorlamak to chlorinate.
klorlu chlorinated.
klorofil chlorophyll.
kloroform ⚗ chloroform.
koalisyon coalition; ~ *hükümeti* coalition government.
kobay *zo.* guinea pig, cavy.
koca[1] husband, hubby; *-ya kaçmak* to elope; *-ya varmak* to marry.
koca[2] **1.** large, great; **2.** old, aged.
kocakarı hag, crone; ~ *ilacı* nostrum; ~ *soğuğu* cold spell in mid--March.
kocamak to age.
kocaman huge, enormous.
koç, -çu ram.
koçan 1. corncob; **2.** stump.
kod, -du code.
kodaman bigwig, big pot.
kodes *sl.* clink, cooler, stir, chokey; *-e tıkmak sl.* to throw in the clink.
kof 1. hollow; **2.** ignorant.
kofana [.x.] *zo.* large bluefish.
koflaşmak 1. to become hollow; **2.** to get weak.
koğuş dormitory; ward.
kok, -ku *a.* ~ *kömürü* coke.
kokain cocaine.
kokarca [.x.] *zo.* polecat, skunk.
kokart, -tı cockade.
koket, -ti coquettish.
koklamak to smell, to sniff.
koklaşmak *fig.* to neck, to pet.
kokmak, (-ar) 1. to smell; **2.** to stink, to putrefy.
kokmuş smelly, rotten, putrid.
kokoreç, -ci dish of sheep's gut.
kokoz *sl.* penniless, broke.
kokteyl cocktail.
koku 1. smell, scent, odo(u)r; **2.** perfume; *-sunu almak fig.* to get wind of.
kokulu sweet smelling, fragrant, odorous.
kokusuz scentless, odo(u)rless.
kokuşmak to putrefy, to whiff.
kokutmak to give out a smell; to make stink.
kol 1. arm; **2.** sleeve; **3.** ⚙ handle, bar; lever; **4.** branch, division; **5.** patrol; **6.** ✕ column; ~ *düğmesi* cuff link; ~ *gezmek* **1.** to patrol, to go the rounds; **2.** *fig.* to lurk, to prowl around; ~ *-a* arm in arm; ~ *saati* wristwatch; *-ları sıvamak fig.* to roll up one's sleeves.
kola[1] [x.] starch.
kola[2] cola.
kolaçan: ~ *etmek* to prowl, to look around.
kolalamak to starch.
kolalı starched, starchy.
kolay easy, simple; ~ *gelsin!* May it be easy!; *-ına bakmak* to look for the easiest way; *-ını bulmak (bşin)* to find an easy way to do *s.th.*
kolayca [.x.] easily.
kolaylamak to break the back of *(a job).*
kolaylaşmak to get easy.
kolaylaştırmak to facilitate, to ease.
kolaylık 1. easiness; **2.** facility, means; ~ *göstermek* to make things easier, to help.
kolcu watchman, guard.
kolçak 1. mitten; **2.** armlet, armband.
koldaş associate, companion, mate.
kolej private high school.
koleksiyon collection; ~ *yapmak* to collect.
koleksiyoncu collector.
koleksiyonculuk collecting.
kolektif collective, joint; ~ *ortaklık* unlimited company.
kolektör ⚡ collector.
kolera cholera.
kolesterol ⚕ cholesterol.
koli parcel, packet, carton.

kollamak **1.** to watch for, to look out for; **2.** to look after, to protect.
kollu **1.** ... sleeved; **2.** having ... arms; **3.** ⨯ of ... columns; **4.** ⊕ handled.
kolluk **1.** cuff; **2.** armband, armlet.
Kolombiya *pr. n.* Colombia.
kolon column.
koloni colony.
kolonya cologne.
kolordu ⨯ army corps.
koltuk armchair; ~ *altı* armpit; ~ *değneği* crutch; ~ *değneğiyle gezmek* to go about on crutces; ~ *vermek* to flatter to his face; *-ları kabarmak* to swell with pride.
kolye necklace.
kolyoz [x.] *zo.* chub mackerel.
kolza [x.] ⚘ rape.
koma [—.] ⚕ coma; *-ya girmek* to go into a coma; *-ya sokmak sl.* to beat to a pulp.
komalık *sl.* **1.** enraged; **2.** badly beaten up; ~ *etmek sl.* to beat the tar out of s.o.
komandit, *-ti* limited partnership.
komando commando.
kombine combined.
kombinezon underskirt, slip.
komedi comedy.
komedyen comedian.
komi busboy.
komik **1.** comical, funny; **2.** comedian, comic.
komiklik funniness.
komiser superintendent of police.
komisyon **1.** commission, committee; **2.** commission, percentage.
komisyoncu **1.** commission agent, broker; **2.** house agent, *Am.* realtor.
komita revolutionary committee.
komite committee.
komodin commode, chest of drawers.
komodor ⚓ commodore.
kompartıman compartment.
kompas calipers.
kompetan expert, authority.
komple full; complete.
kompleks *psych.* complex.
kompliman compliment; ~ *yapmak* to compliment.
komplo plot, conspiracy; ~ *kurmak* to plot, to conspire.
komposto compote.
kompozisyon composition.
kompozitör ♪ composer.
komprador comprador.
kompres ⚕ compress.
kompresör ⊕ compressor.
komprime pill, tablet.
kompütür computer.
komşu neighbo(u)r; ~ *ülkeler* neighbo(u)ring countries; *-nun tavuğu -ya kaz görünür pro.* the grass is greener on the other side of the hill (*or* fence).
komşuluk neighbo(u)rhood.
komut, *-tu* ⨯ order, command.
komuta ⨯ command.
komutan ⨯ commander.
komünist, *-ti* communist.
komünistlik, komünizm communism.
konak mansion.
konaklamak to stay over night, to pass the night.
konca flower bud.
konç, *-cu* leg *(of a boot or stocking).*
konçerto [.x.] ♪ concerto.
kondansatör ⊕ condenser.
kondisyon physical fitness.
kondurmak to place on; to attribute to.
kondüktör conductor.
konfederasyon confederation.
konfedere confederated.
konfeksiyon ready-to-wear clothing.
konferans lecture; conference; ~ *salonu* lecture theatre, assembly room; ~ *vermek* to give a lecture.
konferansçı lecturer.

konfeti confetti.
konfor comfort, ease.
konforlu comfortable.
kongre [x.] congress.
koni *geom.* cone.
konik *geom.* conic.
konjonktür economic situation *(of a country)*, business cycle.
konkav concave.
konken cooncan, coon king.
konkordato [..x.] **1.** ⚖ composition of debts; **2.** concordat.
konmak to alight, to perch, to settle.
konsantre concentrated; ~ *olmak* to concentrate *(-e on)*.
konser concert.
konservatuvar conservatory, conservatoire.
konserve tinned *or Am.* canned food.
konsey council.
konsol 1. chest of drawers; **2.** console.
konsolidasyon *econ.* consolidation.
konsolide *econ.* consolidated.
konsolos consul.
konsolosluk consulate.
konsomatris B-girl, mistress.
konsorsiyum *econ.* consortium.
konsültasyon ⚕ consultation.
konşimento *econ.* bill of lading.
kont, *-tu* count, earl.
kontak short circuit; ~ *anahtarı* ignition key, engine key.
kontenjan quota.
kontes countess.
kontluk countship, earldom.
kontra [x.] counter, against.
kontrast, *-tı* contrast.
kontrat, *-tı* contract.
kontratak *sports:* counterattack.
kontrbas ♪ contrabass.
kontrol, *-lü* control; inspection; ~ *etmek* to control, to check, to inspect; ~ *kulesi* ✈ control tower.
kontrplak plywood.
konu topic, subject.
konuk guest.
konukevi, *-ni* guest house.
konu komşu the neighbo(u)rs.
konuksever hospitable.
konukseverlik hospitality.
konum location, site.
konuşkan talkative, chatty.
konuşma speech, talk; discussion; ~ *dili* colloquial language, everyday speech; ~ *yapmak* to make a speech.
konuşmacı speaker; lecturer.
konuşmak to speak, to talk, to converse.
konut, *-tu* house, residence.
konveks convex.
konvoy convoy.
konyak cognac, brandy.
kooperatif cooperative, co-op.
kooperatifleşmek to become a cooperative.
koordinasyon coordination.
koordinat, *-tı* △ coordinate.
koparmak 1. to break off; **2.** to pluck, to pick; **3.** to let out, to set up *(noise)*; **4.** *(b-den bşi)* *F* to get (*or* wangle) *s.th.* out of *s.o.*
kopça hook and eye.
kopil *sl.* urchin, street Arab.
kopmak, *(-ar)* **1.** to break, to snap; **2.** *(storm, war)* to break out.
kopuk broken off, torn.
kopuz lute-like instrument.
kopya 1. copy; **2.** cheating; ~ *çekmek* to copy, to cheat; ~ *kâğıdı* carbon paper.
kopyacı 1. copier; **2.** cheater, cribber.
kor ember.
koramiral, *-li* vice-admiral.
kordele ribbon.
kordiplomatik diplomatic corps.
kordon 1. cord, cordon; **2.** cordon *(of police)*; ~ *altına almak* to cordon off, to isolate.
Kore *pr. n.* Korea.
Koreli *pr. n.* Korean.

korgeneral, *-li* corps general.
koridor corridor.
korkak cowardly, fearful.
korkaklık cowardice.
korkmak *(-ar)* to be afraid *or* scared *(-den* of*),* to fear, to dread.
korku fear, dread, terror, fright; ~ *filmi* horror film; ~ *saçmak* to spread terror; ~ *vermek* to terrorize.
korkulu frightening, dreadful, perilous.
korkuluk **1.** scarecrow; **2.** balustrade, banister; **3.** *fig.* figurehead.
korkunç, *-cu* terrible, awful, dreadful.
korkusuz fearless, intrepid.
korkutmak to scare, to frighten; to intimidate.
korna [x.] horn; ~ *çalmak* to hoot, to honk.
korner *football:* corner, corner kick.
kornet, *-ti* ♪ cornet.
korniş cornice.
korno [x.] ♪ French horn.
koro [x.] chorus, choir.
korsan pirate; ~ *radyo* pirate radio station.
korsanlık piracy.
korse corset.
kort, *-tu* court.
kortej cortege.
koru grove, copse.
korucu forest watchman.
korugan ⚔ blockhouse.
koruk unripe *or* sour grape.
koruluk grove, copse.
koruma protection, defence; ~ *görevlisi* bodyguard, bouncer; ~ *polisi* police bodyguard.
korumak to protect, to guard; to defend.
korunak shelter.
korunmak to protect o.s.; to defend o.s.; to avoid.
koruyucu **1.** protective; **2.** protector, defender.
kosinüs △ cosine.
koskoca [x..], **koskocaman** [x...] very big, enormous, huge.
kostüm costume.
koşmak, *(-ar)* **1.** to run; **2.** *(şart)* to lay down, to stipulate; **3.** to harness; **4.** to put to work; **5.** *(ardından, peşinden)* to run after, to pursue, to chase; **6.** *(yardımına)* to run to s.o.'s assistance (*or* aid).
koşturmak to run about, to bustle about.
koşu race; ~ *alanı* hippodrome; ~ *atı* racehorse; ~ *yolu* racecourse, racetrack.
koşucu runner.
koşuk verse; ballad.
koşul condition, stipulation.
koşullandırmak *psych.* to condition.
koşullu conditional.
koşulsuz unconditional.
koşum harness.
koşuşmak to run hither and thither, to run about.
koşuşturmak to run about, to bustle about.
koşut, *-tu* parallel.
kot, *-tu* blue jeans.
kota *econ.* quota.
kotarmak to dish up *(food).*
kotlet, *-ti* cutlet.
kotra ⚓ cutter.
kova bucket, pail.
kovalamaca tag.
kovalamak to chase, to pursue.
kovan **1.** beehive; **2.** cartridge case.
kovboy [x.] cowboy.
kovmak, *(-ar)* to dismiss, to drive away, to repel.
kovuk hollow, cavity.
kovuşturma ⚖ prosecution.
kovuşturmak ⚖ to prosecute.
koy cove.
koyak valley.
koymak to put, to place.
koyu **1.** thick *(liquid);* **2.** dense

(fog); **3.** deep, dark *(colour).*
koyulaştırmak 1. to thicken *(liquid);* **2.** to darken *(colour).*
koyulmak to set to *(work etc.),* to begin.
koyuluk 1. thickness; **2.** deepness, darkness.
koyun[1] *zo.* sheep; ~ *gibi fig.* stupid, simpleton; *-un bulunmadığı yerde keçiye Abdurrahman Çelebi derler pro.* in the country of the blind, the one-eyed man is king.
koyun[2], *-ynu* bosom, breast; *koynunda yılan beslemek fig.* to nurse a viper in one's bosom, to have a snake in the grass.
koy(u)vermek to let go; to allow.
koz 1. walnut; **2.** *cards:* trump; *-unu oynamak fig.* to play one's trump (*or* best) card; *-unu paylaşmak fig.* to settle (*or* square *or* balance) accounts *(ile with).*
koza [x.] cocoon.
kozak, kozalak cone.
kozmetik cosmetic.
kozmonot, *-tu* cosmonaut.
kozmopolit, *-ti* cosmopolitan.
köçek 1. *zo.* foal *(of a camel);* **2.** boy dancer.
köfte meat balls.
köftehor *co.* lucky dog.
köhne old, ramshackle, dilapidated.
kök, *-kü* **1.** root *(a.* A *);* **2.** origin; ~ *salmak* to take root; *-ünü kazımak* to root out, to exterminate, to eradicate.
kökboyası, *-nı* ⚘ madder.
köken origin, source.
kökleşmek to take root.
köklü rooted.
köknar ⚘ fir.
köle slave.
kölelik slavery.
kömür coal; charcoal; ~ *işçisi* collier, coal miner; ~ *ocağı* coal mine.
kömürcü coal dealer.
kömürleşmek to coalify, to char.
kömürlük coal cellar.
köpek *zo.* dog.
köpekbalığı, *-nı zo.* shark.
köpekdişi, *-ni* cuspid, canine tooth.
köpeklenmek, köpekleşmek to fawn, to cringe, to grovel.
köpekmemesi, *-ni* large bubo.
köpoğlu, *-nu* [x—.] *a.* ~ *köpek* son of a bitch, bastard, dirty rat.
köprü bridge; ~ *altı çocuğu* guttersnipe.
köprücük *a. -kemiği anat.* collarbone.
köpük foam, froth.
köpüklü foamy, frothy.
köpürmek 1. to foam, to froth, to spume; **2.** *fig.* to foam at the mouth.
kör 1. blind; **2.** dull, blunt *(knife etc.);* **3.** dim *(light);* ~ *kütük fig.* pissed, corked, as drunk as a lord; ~ *olası!* Damn!; ~ *talih* bad luck, evil destiny; ~ *topal F* after a fashion; *-le yatan şaşı kalkar pro.* the rotten apple injures its neighbo(u)rs.
körbağırsak *anat.* cecum, blind gut.
kördüğüm *fig.* Gordian knot.
körebe blindman's buff.
körelmek to get dull *or* blunt.
köreltmek to dull, to blunt *(knife, etc.).*
körfez gulf.
körkuyu dry well.
körleşmek to become dull *or* blunt.
körleştirmek, körletmek 1. to dull, to blunt *(knife, etc.);* **2.** to cause to fail *(mental power);* **3.** to make go dry *(well).*
körlük 1. blindness; **2.** bluntness, dullness *(of a knife etc.).*
körpe fresh, tender.
körpelik freshness.
körük 1. bellows; **2.** accordion

coupling *(on a bus or train).*
körüklemek *fig.* to incite.
körükleyici *fig.* instigative.
köse beardless.
kösele stout leather; ~ *gibi* leathery *(food);* ~ *suratlı F* shameless.
kösnümek to be in heat *or* rut.
köstebek *zo.* mole.
köstek 1. hobble, fetter; **2.** watch chain; **3.** *fig.* obstacle, impediment.
kösteklemek 1. to hobble, to fetter; **2.** *fig.* to hamper, to impede.
köşe 1. corner; **2.** nook; ~ *başı* street corner; ~ *bucak* every nook and cranny; ~ *kapmaca* puss in the corner; *-yi dönmek F* to strike it rich.
köşebent ⊕ angle iron.
köşegen ⩓ diagonal.
köşeli cornered; ~ *ayraç print.* bracket.
köşk, -kü villa, pavilion.
kötek beating; ~ *atmak* to beat, to cane.
kötü bad; wicked, evil; ~ *günler* hard times; ~ *huy* bad habit; ~ *söylemek (b-i için)* to speak ill of *s.o.;* ~ *yola düşmek* to go on (*or* walk) the streets; *-ye kullanmak* to misuse, to abuse.
kötücül malicious, evil, malevolent.
kötülemek to speak ill of, to run down.
kötüleşmek to become bad, to deteriorate.
kötülük 1. badness; **2.** harm, wrong; ~ *etmek (b-ne)* to do *s.o.* harm.
kötümser pessimistic.
kötümserlik pessimism.
kötürüm paralyzed, crippled.
köy village.
köylü villager, peasant; fellow villager.
köyodası, -nı village social room.
köz ashes, embers.
kral king.
kraliçe queen.
kraliyet, -ti kingdom.
krallık 1. kingdom; **2.** kingship.
kramp, -pı ⚕ cramp.
krampon screw-in stud.
krank, -kı ⊕ crankshaft.
krater crater.
kravat, -tı tie, necktie.
kredi credit; ~ *kartı* credit card; ~ *mektubu* letter of credit.
krem cream.
krema [x.] cream; icing.
kremkaramel crème caramel.
kremlemek to apply cream *(-i to).*
kremşanti creme chantilly, whipped cream.
krepon crepon; ~ *kâğıdı* crepe paper.
kreş day nursery, crèche.
kriket, -ti *sports:* cricket.
kriko [x.] jack.
kriminoloji criminology.
kristal, -li crystal.
kritik 1. critique; **2.** critical, crucial.
kriz 1. crisis; **2.** fit, attack; **3.** fit of hysterics; ~ *geçirmek* to have a fit of hysterics.
kroki [x.] sketch, draft.
krom chrome, chromium.
kromozon *biol.* chromosome.
kronik chronic.
kronoloji chronology.
kronometre [..x.] chronometer, stopwatch.
kros cross-country race.
krosçu cross-country runner.
kroşe *boxing:* hook.
krupiye croupier.
kruvaze double-breasted *(garment).*
kruvazör ⚓ cruiser.
kuaför hairdresser, coiffeur.
kubbe dome, cupola.
kubbeli domed.
kubur drain-hole.
kucak 1. embrace; lap; **2.** armful; ~ *açmak* to receive with open

arms; ~ *kucağa* in each other's arms; ~ ~ by the armloads (*or* armfuls); *kucağına düşmek* to fall in to the midst *(-in of)*.
kucaklamak to embrace, to hug.
kucaklaşmak to hug each other.
kuçukuçu doggy, bow-wow.
kudret, *-ti* power, strength, might.
kudretli powerful, mighty.
kudretsiz powerless, incapable.
kudurgan wild, uncontrollable *(person)*.
kudurmak 1. to become rabid; **2.** *fig.* to be beside o.s. with anger; **3.** *fig.* to go wild, to romp.
kuduruk *fig.* gone mad, furious.
kuduz ⚕ **1.** rabies, hydrophobia; **2.** rabid.
Kudüs *pr. n.* Jerusalem.
kuğu *zo.* swan.
kuka ball.
kukla [x.] puppet; marionette.
kukuleta [..x.] hood; cowl.
kukumav *zo.* owlet.
kul 1. slave; **2.** human being, man, mortal *(in relation to God)*.
kulaç 1. fathom; **2.** *swimming:* stroke.
kulaçlamak 1. to fathom; **2.** to crawl.
kulak 1. ear; **2.** ♪ tuning peg; ~ *asmamak fig.* to turn a deaf ear *(-e to)*; ~ *erimi* earshot; ~ *kabartmak* to prick up one's ears; ~ *kepçesi anat.* earlap; ~ *kesilmek* to be all ears; ~ *misafiri olmak* to overhear, to eavesdrop; ~ *vermek* to give *or* lend an ear *(-e to)*; *kulağı ağır işitmek* to be hard of hearing; *kulağı delik* quick of hearing; *kulağı okşamak* to be pleasant to the ear; *kulağına çalınmak* to come to one's ears; *-ları çınlasın!* I hope his ears are burning!; *-larına kadar kızarmak* to blush to the top of one's ears; *-tan dolma* picked up *(knowledge)*.
kulakçık *anat.* atrium, auricle.
kulaklı eared.
kulaklık 1. earphone, headphone; **2.** hearing aid.
kulakmemesi, *-ni* earlobe.
kulakzarı, *-nı* eardrum.
kulampara [.x..] pederast.
kule tower; turret.
kulis *thea.* backstage, wings; ~ *yapmak* to lobby.
kullanılmış used, secondhand.
kullanım using, use, usage.
kullanış using; ~ *biçimi* usage, way of using.
kullanışlı useful, handy.
kullanışsız useless, unhandy.
kullanmak 1. to use, to employ; **2.** to drive *(car)*; to fly *(plane)*; to steer *(ship)*; **3.** to take, to use.
kulluk 1. slavery; **2.** worship.
kulp, *-pu* handle, lug; ~ *takmak* to find a pretext.
kulplu: ~ *beygir sports:* pommel horse.
kuluçka [.x.] broody; ~ *makinesi* incubator; *-ya yatmak* to brood, to incubate.
kulunç stiff neck.
kulübe 1. hut, shed, cottage; **2.** ⚔ sentry box; **3.** telephone box.
kulüp, *-bü* club.
kulvar *sports:* lane.
kum 1. sand; **2.** ⚕ gravel *(in the kidneys)*; ~ *saati* hourglass.
kuma fellow wife.
kumanda [.x.] ⚔ command; ~ *etmek* to command.
kumandan commander.
kumandanlık commandership.
kumanya [.x.] provisions; rations.
kumar gambling; ~ *oynamak* to gamble.
kumarbaz, kumarcı gambler.
kumarhane [..—.] gambling-house.
kumaş cloth, fabric, material.
kumbara [x..] moneybox, piggy bank.
kumkuma *fig.* instigator, spreader.

kumlu sandy.
kumluk sandy place.
kumpanya **1.** *econ.* company, firm; **2.** *thea.* troupe; **3.** *fig.* gang, band, bunch.
kumral **1.** brown *(hair);* **2.** brown-haired *(person).*
kumru *zo.* turtledove.
kumsal sandy place; sand beach.
kumtaşı, *-nı* sandstone.
kumul dune.
kundak **1.** swaddling clothes; **2.** gunstock; **3.** bundle of rags; ~ *sokmak* **1.** to set fire *(-e to);* **2.** to sabotage, to wreck.
kundakçı arsonist, incendiary, firebug.
kundakçılık arson, incendiarism.
kundaklamak **1.** to swaddle; **2.** to set fire to, to sabotage.
kundura [x..] shoe.
kunduracı **1.** shoemaker; **2.** shoe-repairer, cobbler; **3.** seller of shoes.
kunduz *zo.* beaver.
kupa [x.] **1.** cup; **2.** *cards:* heart; ~ *finali* cup final.
kupkuru [x..] bone-dry, as dry as a bone.
kupon coupon.
kupür cutting, clipping.
kur[1] **1.** *econ.* rate of exchange; **2.** course *(of studies).*
kur[2] courtship, flirtation; ~ *yapmak* to court, to pay court *(-e to).*
kura **1.** lot; **2.** ⨯ conscription; ~ *çekmek* to draw lots.
kurabiye [ā] cooky, cookie.
kurak dry, arid.
kuraklık drought.
kural rule.
kuraldışı exceptional.
kurallı *gr.* regular.
kuralsız *gr.* irregular.
kuram theory.
kuramcı theorist, theoretician.
kuramsal theoretical.
Kuran *pr. n.* Koran, the Quran.
kurbağa *zo.* frog; ~ *adam* frogman.
kurbağacık ⊕ small monkey wrench.
kurbağalama *swimming:* breast stroke.
kurban [ā] sacrifice; victim; ♀ *Bayramı* the Greater Bairam; ~ *etmek* to sacrifice; ~ *kesmek* to kill an animal as a sacrifice.
kurbanlık sacrificial *(animal).*
kurcalamak to monkey about, to tamper.
kurdele ribbon.
kurdeşen rash.
kurgu **1.** clock *or* watch key; **2.** ⊕ installation; **3.** *phls.* speculation; **4.** *film:* editing, montage.
kurgubilim science fiction.
kurmak, *(-ar)* **1.** to set up, to assemble; **2.** to establish, to found; **3.** to wind *(clock);* **4.** to set, to lay *(table);* **5.** to pitch *(tent);* **6.** to plot, to plan.
kurmay ⨯ staff; ~ *subay* staff officer.
kurna [x.] basin.
kurnaz cunning, sly, foxy.
kurnazlık cunning, foxiness.
kuron crown.
kurs[1] course, lesson.
kurs[2] disk.
kursak craw, maw.
kurşun **1.** lead; **2.** bullet; ~ *gibi* as heavy as lead; ~ *işlemez* bullet-proof; ~ *yağdırmak* to shower bullets *(-e on);* ~ *yarası* bullet wound; *-a dizmek* to execute by shooting.
kurşuni [.——] leaden, gray.
kurşunkalem pencil.
kurşunlamak **1.** to lead; **2.** to shoot.
kurşunlu leaden.
kurt, *-du* **1.** wolf; **2.** worm, maggot; *-larını dökmek* *fig.* to have one's fling, to have the time of one's life.

kurtarıcı 1. savio(u)r; **2.** *mot.* wrecker, tow truck, breakdown lorry.
kurtarmak to save, to rescue.
kurtçuk larva.
kurtköpeği, *-ni* wolf dog, German shepherd.
kurtlanmak 1. to get wormy; **2.** *fig.* to fidget.
kurtlu 1. wormy; **2.** *fig.* fidgety.
kurtmasalı, *-nı* cock-and-bull story.
kurtulmak 1. to escape; **2.** to slip out; **3.** to get rid of *(s.th. or s.o. unpleasant).*
kurtuluş liberation; salvation; escape; ♀ *Savaşı* War of Independence.
kuru 1. dry; dried; **2.** dead *(plant);* **3.** thin, emaciated; ~ *fasulye* kidney bean; ~ *gürültü* much ado about nothing; ~ *sıkı* blank *(shot);* ~ *soğuk* dry cold; ~ *temizleme* dry cleaning; ~ *temizleyici* dry cleaner; ~ *üzüm* raisin; ~ *yemiş* dried fruits and nuts.
kurucu founder; ~ *meclis* constitutional assembly.
kurukafa skull.
kurukahve roasted coffee bean.
kurul committee.
kurulamak to dry, to wipe dry.
kurulmak 1. to nestle down; **2.** to swagger, to show off.
kurultay council, assembly.
kuruluş organization, institution, establishment.
kurum 1. institution, foundation; **2.** soot; **3.** *fig.* swagger; ~ *satmak* to put on airs.
kurumak 1. to dry; **2.** to wither.
kurumlanmak 1. to get sooty; **2.** *fig.* to put on airs, to be stuck-up.
kurumlaştırmak to institutionalize.
kurumlu 1. sooty; **2.** *fig.* conceited, stuck-up.
kuruntu delusion, illusion, fancy.
kuruntulu neurotic, hypochondriac.
kuruş kurush, piastre, *Am.* piaster.
kurutma kâğıdı blotting paper.
kurutmak 1. to dry; **2.** to blot.
kurye *pol.* courier.
kuskus couscous.
kusmak, *(-ar)* to vomit, to bring up, to spew, to puke.
kusmuk vomit.
kusturucu emetic.
kusur [.—] fault, defect; shortcoming; ~ *etmek* to be at fault; *-a bakmamak* to overlook, to pardon; *-a bakma!* I beg your pardon!, Excuse me!
kusurlu 1. faulty, defective; **2.** at fault, in the wrong.
kusursuz faultless, perfect.
kuş bird; ~ *beyinli* bird-brained, dizzy; ~ *gibi* as light as a feather; ~ *kanadıyla gitmek* to go like a bird, to go off at a terrific bat; ~ *uçmaz kervan geçmez bir yer* desolate place; ~ *uçurmamak fig.* not to allow anyone *or* anything to escape.
kuşak 1. sash; girdle; cummerbund; **2.** generation; **3.** *geogr.* zone.
kuşanmak to gird on.
kuşatma ⚔ siege.
kuşatmak 1. to gird; **2.** to surround; to besiege.
kuşbakışı, *-nı* bird's-eye view.
kuşbaşı, *-nı* **1.** in small chunks *(meat);* **2.** in big flakes *(snow).*
kuşekâğıdı, *-nı* glossy paper.
kuşet, *-ti* berth; couchette.
kuşkonmaz ⚘ asparagus.
kuşku suspicion, doubt; *-ya düşmek* to feel suspicious.
kuşkucu suspicious, skeptical.
kuşkulanmak to get suspicious.
kuşkulu suspicious.
kuşkusuz 1. unsuspicious; **2.** certainly, for sure, undoubtedly.
kuşluk midmorning.

kuşpalazı, *-nı* ⚕ diphtheria.
kuşsütü, *-nü* any unobtainable thing; ~ *ile beslemek* to nourish with the choicest of food.
kuştüyü, *-nü* down.
kuşüzümü, *-nü* currant.
kutlama **1.** congratulation; **2.** celebration.
kutlamak **1.** to congratulate; **2.** to celebrate.
kutlu lucky; blessed.
kutsal holy, sacred.
kutsamak to sanctify, to bless, to consecrate.
kutu box, case.
kutup, *-tbu* pole; ~ *ayısı* polar bear.
kutuplaşmak to be polarized.
Kutupyıldızı, *-nı ast.* North Star, Polaris.
kuvaför *s. kuaför.*
kuvars quartz.
kuvöz incubator.
kuvvet, *-ti* strength, power, force, might; vigo(u)r; *-ten düşmek* to weaken.
kuvvetlendirmek to strengthen.
kuvvetlenmek to become strong.
kuvvetli strong, powerful; vigorous.
kuvvetsiz weak, feeble.
kuyruk **1.** tail; **2.** queue, line; **3.** train *(of a dress); kuyruğu kapana kısılmak F* to have one's back against the wall; *kuyruğu titretmek sl.* to kick the bucket.
kuyruklu tailed; ~ *piyano* grand piano; ~ *yalan* walloping lie, whopper.
kuyrukluyıldız *ast.* comet.
kuyruksallayan *zo.* yellow wagtail.
kuyruksokumu, *-nu* coccyx.
kuytu secluded, remote; out-of-the-way.
kuyu **1.** well; pit; **2.** ⚒ shaft; *-sunu kazmak (b-nin) fig.* to set a trap for *s.o.*
kuyumcu jewel(l)er.
kuyumculuk jewel(l)ery.
kuzeṇ cousin.
kuzey north.
kuzeybatı northwest.
kuzeydoğu northeast.
kuzeyli northerner.
kuzgun *zo.* raven; *-a yavrusu şahin görünür pro.* all his geese are swans.
kuzguni [.−−] as black as pitch (*or* ink).
kuzgunkılıcı, *-nı* ⚘ gladiolus.
kuzu lamb; ~ *derisi* lambskin.
kuzukestanesi, *-ni* small chestnut.
kuzukulağı, *-nı* ⚘ sorrel.
kuzulamak to lamb.
Küba *pr. n.* Cuba.
kübik cubic.
küçücük [x..] tiny, wee.
küçük **1.** small, little; **2.** young; **3.** insignificant, minor, petty; ~ *aptes* urination, pee; ~ *düşmek* to lose face; ~ *düşürmek* to disgrace, to humiliate; ~ *görmek* to belittle, to underrate; ~ *parmak* little finger *or* toe; ~ *su dökmek* to piss, to pee, to urinate; *-ten beri* from childhood.
Küçükayı *ast.* Ursa Minor, the Little Bear.
küçükbaş sheep, goat, *etc.*; ~ *hayvanlar* sheep, goats, *etc.*
küçükdil *anat.* uvula.
küçüklü büyüklü big and small.
küçüklük **1.** littleness, smallness; **2.** childhood.
küçülmek **1.** to shrink; **2.** to be humiliated.
küçültmek **1.** to make smaller; to reduce, to diminish; **2.** to humiliate.
küçültücü derogatory, deprecatory.
küçümsemek to belittle, to despise, to look down on.
küf mo(u)ld, mildew; ~ *bağlamak* to mo(u)ld, to get mo(u)ldy.

küfe pannier.
küfelik *fig.* blotto, well-oiled, lit up.
küflenmek **1.** to mo(u)ld, to mildew; **2.** *fig.* to rot, to get rusty.
küflü mo(u)ldy, mildewy.
küfretmek [x..] to swear, to curse.
küfür, *-frü* cuss, swearword, curse; ~ *etmek (or savurmak)* to swear, to cuss.
küfürbaz foulmouthed.
küfür küfür: ~ *esmek* to puff.
küheylan Arabian horse.
kükremek to roar *(a. fig.)*.
kükürt ⚗ sulphur, *Am.* sulfur.
kükürtlü ⚗ sulphurous, *Am.* sulfureous.
kül, *-lü* ash; ~ *tablası* ashtray.
külah conical hat *or* cap; *-ıma anlat!* Tell that to the marines!; *Ali'nin -ını Veli'ye, Veli'nin -ını Ali'ye giydirmek* to rob Peter to pay Paul.
külbastı grilled cutlet.
külçe ingot.
külfet, *-ti* trouble, burden, bother, inconvenience.
külfetli burdensome, troublesome.
külhanbeyi, *-ni* bully, rowdy, tough, hooligan.
küllenmek to become ashy.
küllük ashtray.
külot, *-tu* underpants, briefs, undershorts; *-lu çorap* tights.
kültür culture.
kültürel cultural.
kültür fizik free exercise.
kültürlü cultured, cultivated.
kültürsüz uncultured.
külüstür ramshackle; junky-looking.
kümbet, *-ti* vault, dome.
küme **1.** pile, heap, mound; **2.** group, mass.
kümebulut, *-tu* cumulus.
kümelenmek to cluster; to group.
kümeleşmek to group.
kümes coop; ~ *hayvanları* poultry.
künde **1.** hobble, fetter; **2.** *wrestling:* hold.
künk, *-kü* pipe.
künye identification *or* dog tag.
küp[1], *-pü* earthenware jar; ~ *gibi* as fat as a pig; *-lere binmek fig.* to go up in the air, to blow one's top; *-ünü doldurmak* to feather one's nest.
küp[2] △ cube.
küpe earring.
küpeçiçeği, *-ni* ⚘ fuchsia.
küpeşte [.x.] ⚓ railing.
kür health cure.
kürdan toothpick.
kürdanlık toothpick holder.
küre globe, sphere.
kürek **1.** shovel; **2.** oar, paddle; ~ *çekmek* to row; ~ *yarışı* boat-race, rowing competition.
kürekkemiği, *-ni anat.* shoulder blade, scapula.
küresel spherical.
kürk, *-kü* fur.
kürkçü furrier.
kürsü **1.** lectern, rostrum, pulpit, dais; **2.** professorship, chair, seat.
Kürt, *-dü pr. n.* Kurd.
kürtaj ⚕ curettage.
küs sullen.
küskü crowbar.
küskün offended, disgruntled.
küsmek, *(-er)* to be offended, to sulk, to pout.
küspe bagasse; residue.
küstah insolent, impertinent, impudent.
küstahlık insolence, impudence, cheek.
küstümotu, *-nu* ⚘ mimosa.
küsur [ū] remainder; odd; *beş yüz* ~ five hundred odd.
küsüşmek to get cross with each other.
küt, *-tü* blunt, dull.
küt küt: ~ *atmak (heart)* to pound, to throb.
kütle mass.

kütleşmek to get blunt *or* dull.
kütük 1. trunk; log; **2.** ledger, register.
kütüphane 1. library; **2.** bookcase.
kütüphaneci librarian.
kütürdemek to crunch, to crackle.
kütür kütür 1. crunchingly; **2.** crunchy *(fruit).*
kütürtü crunch, crackle.
küvet, *-ti* **1.** bathtub; basin, sink; **2.** *phot.* developing tray.

L

la ♪ la.
labirent, *-ti* labyrinth.
laborant, *-tı* laboratory assistant.
laboratuvar laboratory.
lacivert dark *or* navy blue.
laçka 1. ⚓ slacken off *(rope);* **2.** *fig.* loose, lax; ~ *etmek* to slacken, to cast off; ~ *olmak* to get slack, to slacken off.
laden ✿ cistus.
lades a bet with a wishbone; ~ *kemiği anat.* wishbone; ~ *tutuşmak* to bet with a wishbone.
laf 1. word, remark; talk, chat; **2.** empty words, hot air; ~ *anlamaz* thickheaded; obstinate; ~ *aramızda* between you and me; ~ *işitmek* to be rebuked, to be on the carpet; ~ *-ı açar* one topic leads to another; ~ *olsun diye* just for s.th. to say; *-a tutmak (b-ni)* to engage *s.o.* in conversation; *-ınızı balla kestim* excuse me for interrupting you; *-ını bilmek* to weigh one's words; *-ını etmek (bşin)* to talk about *s.th.*
lafazan talkative, chatty.
lafebesi, *-ni* talkative, garrulous.
lağım sewer, drain; ~ *açmak* to dig a drain; ~ *çukuru* cesspool, sinkhole; ~ *suları* sewage.
lağvetmek [x..] to abolish, to abrogate.
lahana [x..] ✿ cabbage.
lahit, *-hdi* sarcophagus; walled tomb.
lahmacun a kind of meat pizza.
lahza instant, moment.
lakap, *-bı* nickname.
lakayt indifferent, unconcerned; nonchalant; ~ *kalmak (bşe or bşe karşı)* to be indifferent towards *s.th.*, to remain unmoved by *s.th.*
lakaytlık indifference, unconcern; nonchalance.
lake lacquered.
lakerda salted tunny.
lakırdı word; talk.
lakin [x.] but, however.
laklak *fig.* chatter; ~ *etmek* to clatter, to chatter, to yak.
lal, *-li* ruby; garnet.
lala *hist.* manservant *(who took care of a child).*
lale ✿ tulip.
lam microslide.
lama *zo.* llama.
lamba 1. lamp; **2.** *radio:* tube.
lan 1. Hey, you!; **2.** Say man!
lanet, *-ti* **1.** curse, damnation; **2.** cursed, damned; ~ *okumak* to curse, to damn.
lanetlemek to curse, to damn.
lanetli *s. lanet 2.*
langırt, *-tı* **1.** pinball; **2.** fooseball.
lapa porridge; poultice; ~ ~ in large flakes *(snow).*
lapacı *fig.* flabby, languid.

lappadak with a plop.
lastik 1. rubber; **2.** tyre, *Am.* tire.
lata [x.] lath.
latarna, laterna [.x.] barrel organ.
latif [.—] nice, pleasant.
latife [.—.] joke, leg-pull.
Latin *pr. n.* Latin; ~ *harfleri* Latin characters.
Latince [x..] *pr. n.* Latin.
laubali [—.——] free-and-easy, pert, saucy.
laubalileşmek to become saucy.
laubalilik sauciness, pertness.
lav *geogr.* lava.
lavabo washbasin, sink.
lavaj 1. ⚒ washing; sluicing; **2.** ⚕ lavage.
lavanta [.x.] ⚘ lavender.
lavman ⚕ enema.
lavta [x.] ♪ lute.
layık, *-ğı* **1.** deserving, worthy *(-e of)*; **2.** suitable, proper; ~ *görmek (b-ni bşe)* to deem *s.th.* worthy of *s.o.*; ~ *olmak* to deserve, to be worthy *(-e of)*.
layıkıyla properly, adequately.
layik, *-ki* secular, nonclerical.
layikleştirmek to secularize, to laicize.
layiklik secularism, laicism.
Laz *pr. n.* Laz.
lazer laser.
lazım necessary, needed, essential; ~ *olmak* to be necessary, to be needed.
lazımlık potty, chamber pot.
leblebi roasted chickpeas.
leğen washtub; washbowl.
leh in favo(u)r of, for; *-inde olmak* to be in favo(u)r *(-in of)*; *-te oy vermek* to vote for; *-te ve aleyhte* pro and con, for and against.
Lehçe *pr. n.* Polish.
lehçe dialect.
lehim solder.
lehimlemek to solder.
lehtar [ā] ⚖ beneficiary.
leke 1. stain, spot; **2.** *fig.* dishono(u)r, blot; ~ *getirmek (b-ne) fig.* to blacken *s.o.*, to besmirch *s.o.*; ~ *olmak* to become stained; ~ *sürmek fig.* to blacken, to besmirch; ~ *yapmak* to stain, to leave (*or* make) a stain *(-i on)*.
lekelemek 1. to stain; to soil; **2.** *fig.* to defame, to besmirch, to sully.
lekeli 1. stained, spotted; **2.** *fig.* of bad repute, dishono(u)red.
lekelihumma typhus.
lekesiz spotless.
lenf lymph.
lenger ⚓ anchor.
lengüistik linguistics.
leopar *zo.* leopard.
leş carcass; ~ *gibi* **1.** stinking to high heaven; **2.** bone-lazy; *-ini çıkarmak (b-nin)* to beat the tar out of *s.o.*; *-ini sermek (b-nin)* to do *s.o.* in, to bum *s.o.* off.
leşkargası, *-nı zo.* hooded crow.
letafet, *-ti* [ā] charm, grace; delicacy; winsomeness.
levazım [ā] supplies, provisions.
levha sign, signboard.
levye lever, crowbar.
levrek *zo.* sea bass.
leydi lady.
leylak, *-kı* ⚘ lilac.
leylek *zo.* stork.
leziz delicious, tasty.
lezzet, *-ti* taste, flavo(u)r.
lezzetli delicious, tasty.
lezzetsiz tasteless.
lıkır lıkır with a gurgle.
liberal, *-li* liberal.
liberalizm liberalism.
libre [x.] pound.
Libya *pr. n.* Libya.
lider [x.] leader.
liderlik leadership.
lif [ī] **1.** fibre, *Am.* fiber; **2.** ⚘ luffa.
lig, *-gi sports:* league.
liken ⚘, ⚕ lichen.

likide etmek *econ.* to liquidate.
likidite *econ.* liquidity.
likit fluid, liquid.
likör liqueur.
liman harbo(u)r; seaport.
limanlamak to come into harbo(u)r.
lime [ī]: ~ ~ in tatters (*or* rags).
limit, -ti limit.
limitet, -ti: ~ *şirket econ.* limited company.
limon ⚘ lemon; ~ *sıkmak fig.* to wet-blanket (*a conversation*).
limonata [..x.] lemonade.
limoni [.—̄] lemon *or* pale yellow.
limonluk 1. lemon squeezer; **2.** greenhouse.
limontozu, -nu, limontuzu, -nu citric acid.
linç, -çi lynching; ~ *etmek* to lynch.
linyit, -ti lignite.
lir ♪ lyre.
lira lira, Turkish pound.
liret, -ti Italian lira.
lirik *lit.* lyrical.
lisan language.
lisans 1. licence, *Am.* license; **2.** bachelor's degree; **3.** import *or* export licence; ~ *yapmak* to study for a bachelor's degree.
lisansüstü postgraduate.
lise [x.] high school, lycée.
liseli high school student.
liste [x.] list.
litre [x.] litre, *Am.* liter.
liyakat, -ti [.—.] merit, suitability; competence; ~ *göstermek* to prove capable.
liyakatli [.—..] worthy, deserving.
lobi lobby..
lobut, -tu *sports:* Indian club.
loca [x.] **1.** *thea.* box; **2.** Masonic lodge.
lodos southwest wind.
logaritma ⩓ logarithm.
loğusa woman in childbed.
loğusalık childbed, confinement.
lojistik ⨯ logistics.
lojman lodging.
lokal, -li 1. clubroom; club; **2.** local (*a.* ⚕).
lokanta [.x.] restaurant.
lokantacı [.x..] restaurateur.
lokavt, -tı lockout.
lokma 1. morsel, bite; **2.** ⊕ wrench; **3.** a kind of syrupy friedcake.
lokmanruhu, -nu ⚗ ether.
lokomotif locomotive.
lokum Turkish delight.
lombar ⚓ gunport.
lonca [x.] guild.
Londra [x.] *pr. n.* London.
longpley long-playing record.
lop, -pu round and soft; ~ ~ *yutmak* to bolt down; ~ *yumurta* hard-boiled egg.
lopur lopur: ~ *yemek* to bolt down.
lort lord; *Lortlar Kamarası* the House of Lords.
lostra [x.] shoe polish; ~ *salonu* shoeshine shop *or* parlour.
lostracı [x..] shoeshiner, shoeblack.
lostromo [.x.] ⚓ boatswain.
losyon lotion.
loş dim, dark, gloomy.
loşluk dimness, gloom.
lotarya [.x.] lottery.
lök, -kü awkward, clumsy.
lösemi ⚕ leukemia.
lumbago [x..] ⚕ lumbago.
lunapark, -kı fair, amusement park.
Lübnan [ā] *pr. n.* Lebanon.
lüfer *zo.* bluefish.
lügat, -tı dictionary; ~ *paralamak* to use a pompous language.
lüks 1. luxury; **2.** luxurious; **3.** lantern; ~ *mevki* luxury class.
Lüksemburg *pr. n.* Luxemb(o)urg.
lüle curl, bob, fold, lock (*of hair*); ~ ~ curly, in curls.

lületaşı, *-nı* meerschaum.
lüp, *-pü sl.* **1.** windfall; **2.** kernel, essence; ~ *diye yutmak* to bolt down.
lüpçü *sl.* freeloader, hanger-on.
lütfen [x.] please, kindly.
lütfetmek [x..] to condescend, to deign, to be so kind as to.
lütuf, *-tfu* favo(u)r, kindness; *lütfunda bulunmak* to be so good as to, to be so kind as to.
lüzum necessity, need; ~ *görmek* to deem necessary; *-unda* at o pinch (*or* push), when it is necessary.
lüzumlu necessary, needed.
lüzumsuz unnecessary, needless.

M

maada [—.—] besides, except; in addition to.
maalesef [.x..] unfortunately.
maarif [.—.] education, public instruction.
maaş salary; ~ *bağlamak* to salary, to put on a salary.
maaşlı salaried, on salary.
mabet temple, place of worship.
mabut [——] God; idol.
Macar *pr. n.* Hungarian.
Macaristan *pr. n.* Hungary.
macera [—.—] adventure; ~ *filmi* adventure film; ~ *romanı* adventure novel; ~ *peşinde koşmak* to seek adventure.
maceracı adventuresome, adventurous.
maceralı adventurous.
maceraperest, *-ti s. maceracı.*
macun [a] putty; paste.
macunlamak [—...] to putty.
maç, *-çı* match, game; ~ *yapmak* to hold a match.
maça [x.] *cards:* spade; ~ *beyi* jack of spades; ~ *kızı* queen of spades.
maçuna [.x.] ⊕ crane.
madalya medal; *-nın ters yüzü* the other side of the coin.
madalyon medallion, locket.
madam madam.
madde **1.** matter, substance; **2.** material; **3.** article, paragraph; **4.** item, entry; **5.** matter, topic, question; ~ ~ article by article, item by item.
maddeci materialist.
maddecilik materialism.
maddesel material.
maddi [ı] material, physical.
maddiyat, *-tı* materiality.
madem [x.], **mademki** [.x.] since, as, seeing that.
maden [a] **1.** ⚒ mine; **2.** ⚗ metal; ~ *cevheri* ore; ~ *damarı* lode, vein; ~ *işçisi* miner; pitman; ~ *kuyusu* mine shaft; ~ *mühendisi* mining engineer; ~ *ocağı* mine, pit.
madenci [a] miner.
madencilik [a] mining.
madeni [a] *s. madensel.*
madenkömürü, *-nü* coal.
madensel **1.** metal, metallic; **2.** mineral.
madensuyu, *-nu* mineral water.
madik **1.** marbles *(game);* **2.** *sl.* trick; ~ *atmak* to pull a fast one *(-e on).*
madrabaz swindler, cheat.
maestro ♪ maestro.
mafiş *F* nothing left, not to be

found.
mafsal joint.
magazin magazine.
magnezyum ⚗ magnesium.
Magosa [x..] *pr. n.* Famagusta.
mağara cave, cavern.
mağaza store, shop.
mağdur [ū] wronged, unjustly treated.
mağlubiyet, *-ti* defeat; *-e uğramak* to get a beating, to be defeated.
mağlup, *-bu* defeated, beaten, overcome; ~ *etmek* to defeat; ~ *olmak* to be defeated.
mağrur [ū] haughty, conceited.
mahal, *-lli* place, spot, locality; ~ *kalmamak* to be no longer necessary.
mahalle neighbo(u)rhood, quarter; district; ~ *bekçisi* night watchman; ~ *çocuğu* urchin, gamin; ~ *karısı* fishwife.
mahalli local.
maharet, *-ti* [.—.] skill, proficiency.
mahcup, *-bu* [ū] shy, bashful; ~ *etmek* to shame, to put to the blush; ~ *olmak* to be ashamed.
mahdut, *-du* [ū] limited, restricted.
mahfaza case, box; cover.
mahir [ā] skil(l)ful, expert.
mahiyet, *-ti* [ā] reality; true nature.
mahkeme law court; ~ *celpnamesi* summons, citation; ~ *kararı* judg(e)ment, verdict; *-de dayısı olmak* to have a friend at court, to have friends in high places; *-ye düşmek* to be taken to court; *-ye vermek (b-ni)* to go to law against *s.o.*
mahkemelik matter for the courts; ~ *olmak* to go to court.
mahkûm **1.** ⚖ sentenced, condemned; **2.** convict; **3.** destined, doomed *(-e to)*; ~ *etmek* to sentence, to condemn.
mahkûmiyet, *-ti* sentence, condemnation.
mahluk, *-ku* creature.
mahmur [ū] **1.** logy, groggy *(from sleep)*; **2.** fuddled *(from drink)*; **3.** heavy-eyed, sleepy-eyed; **4.** sleepy, languid *(eye)*.
mahmuz [ū] spur.
mahmuzlamak to spur.
mahpus [ū] prisoner.
mahrem confidential, secret, intimate.
mahremiyet, *-ti* confidentiality, intimacy.
mahrum [ū] deprived, bereft, destitute; ~ *etmek (or bırakmak) (b-ni bşden)* to deprive *s.o.* of *s.th.*, to bereave *s.o.* of *s.th.*; ~ *kalmak* to be deprived *(-den of)*.
mahrumiyet, *-ti* [ū] deprivation, bereavement; ~ *bölgesi* hardship area.
mahsuben [ū] to the account *(-e of)*.
mahsul, *-lü* crop, yield, produce; product.
mahsup, *-bu* [ū] entered in an account; ~ *etmek* to enter in an account.
mahsur [ū] confined, shut up; blockaded; ~ *kalmak* to be stuck *(-de in)*.
mahsus **1.** peculiar, special *(-e to)*; **2.** on purpose, intentionally; **3.** as a joke, jokingly.
mahşer **1.** the last judgment; **2.** *fig.* great crowd, throng.
mahvetmek [x..] to destroy, to ruin.
mahvolmak [x..] to be destroyed.
mahzen cellar, underground storeroom.
mahzun [ū] sad, depressed, grieved.
mahzunlaşmak to become sad, to sadden.
mahzunluk sadness.

mahzur [ū] objection, drawback; obstacle, snag.
mahzurlu objectionable, inconvenient; ill-advised
maiyet, *-ti* suite, entourage.
majeste majesty.
majör ♪ major.
majüskül majuscule.
makale [.—.] article.
makam[1] [.—] office, post, position, portfolio; ~ *arabası* official car; ~ *şoförü* chauffeur.
makam[2] ♪ mode.
makara reel, bobbin, spool; pulley; ~ *gibi konuşmak* to talk nonstop; *-ları koyuvermek* to burst into laughter; *-ya almak (b-ni)* to make fun of *s.o.*
makarna [.x.] macaroni; spaghetti.
makas 1. scissors; shears; **2.** *mot.* spring; **3.** 🚂 switch, points; ~ *almak (b-den)* to pinch *s.o.'s* cheek; ~ *ateşi* ⚔ crossfire; ~ *vurmak* to put the scissors *(-e to),* to cut.
makasçı 🚂 switchman, pointsman.
makaslamak 1. to scissor; **2.** to pinch s.o.'s cheek.
makat, *-tı* anus, the behind.
makbul, *-lü* [ū] acceptable, liked, welcome; *-e geçmek* to be welcome, to touch the spot.
makbuz [ū] receipt; ~ *kesmek* to write a receipt, to receipt.
Makedonya [..x.] *pr. n.* Macedonia.
maket, *-ti* maquette.
maki maquis, scrub.
makine [x..] machine, engine; ~ *dairesi* ⚓ engine room; ~ *gibi* **1.** efficient; mechanical; **2.** mechanically; ~ *mühendisi* mechanical engineer; ~ *yağı* machine *or* lubricating oil.
makineleşmek to become mechanized.
makineleştirmek to mechanize.
makineli: ~ *tüfek* machine-gun.
makinist, *-ti* engine-driver.
maksat, *-dı* purpose, aim, intention; ~ *gütmek* to cherish a secret intention.
maksatlı purposeful.
maksi maxi; ~ *etek* maxi skirt.
maksimum maximum.
maktu, *-uu* [ū] **1.** fixed *(price);* **2.** for a lump sum; ~ *fiyat* fixed price.
maktul, *-lü* [ū] killed, murdered.
makul, *-lü* [ū] reasonable, sensible, wise; ~ *konuşmak* to talk sense.
makyaj make-up; ~ *yapmak* to make up.
mal 1. goods, merchandise; **2.** property, possession; **3.** *sl.* loose *(woman);* **4.** *sl.* heroin, skag; ~ *beyanı* ⚖ declaration of property; ~ *canlısı* greedy, avaricious; ~ *edinmek* **1.** to acquire wealth; **2.** to appropiate; ~ *etmek (k-ne)* to appropriate for *o.s.;* ~ *mülk* goods, property; ~ *sahibi* landlord, landowner.
mala [x.] trowel.
malak calf.
malarya [.x.] malaria.
Malezya *pr.n.* Malaysia.
mali financial; fiscal; ~ *yıl* fiscal year.
malik, *-ki* [ā] owner, possessor; ~ *olmak* to possess, to have, to own.
malikâne [ā] stately home, mansion.
maliye 1. finance; **2.** the Exchequer, the Treasury; ♀ *Bakanı* Chancellor of the Exchequer, Minister of Finance; ♀ *Bakanlığı* the Exchequer, Ministry of Finance.
maliyeci [ā] financier; economist.
maliyet, *-ti* [ā] cost; ~ *fiyatı* cost price, prime cost.
malt, *-tı* malt.

Malta *pr. n.* Malta.
maltaeriği, *-ni* ⚘ loquat.
maltataşı, *-nı* Malta stone.
malul, *-lü* invalid, disabled; ~ *gazi* disabled veteran.
malum [——] known; ~ *olmak* to sense, to feel in one's bones.
malumat, *-tı* [———] information, knowledge; ~ *almak (or edinmek)* to get information; ~ *sahibi* knowledgeable person; ~ *vermek* to inform *(hakkında of),* to give information *(-e to); -ı olmak (bşden)* to know about *s.th.*, to be in the know.
malzeme material, necessaries, supplies, stock.
mama baby food.
mamafih [——.] nevertheless, however.
mamul, *-lü* [——] product.
mamulat, *-tı* [———] products, manufactured goods.
mamur [——] developed, inhabited.
mamut, *-tu zo.* mammoth.
mana meaning, sense; ~ *vermek* to interpret; *-sına gelmek* to mean, to signify.
manalı meaningful.
manasız meaningless, senseless.
manastır monastery.
manav **1.** greengrocer; **2.** greengrocer's.
mancınık catapult, ballista.
manda[1] *zo.* water buffalo.
manda[2] *pol.* mandate.
mandal **1.** clothes-peg, *Am.* clothespin; **2.** latch; tumbler; catch; **3.** ♪ peg.
mandalina [..x.] ⚘ tangerine.
mandallamak **1.** to peg up, *Am.* to pin up *(laundry);* **2.** to latch *(door).*
mandater: ~ *devlet* mandatory.
mandepsi *sl.* trick, deceit; *-ye basmak sl.* to be duped.
mandıra [x..] dairy.
mandolin ♪ mandolin.
manen [x.] morally; spiritually; ~ *ve maddeten* in body and in spirit.
manevi moral; spiritual; ~ *evlat* adopted child.
maneviyat, *-tı* [—..—] morale.
manevra [.x.] **1.** manoeuvre, *Am.* maneuver; **2.** 🚂 shunt; ~ *yapmak* **1.** ⚔ to manoeuvre, *Am.* to maneuver; **2.** 🚂 to shunt.
manga [x.] ⚔ squad.
mangal brazier; ~ *kömürü* charcoal; *-da kül bırakmamak sl.* to talk big.
manganez ⚒ manganese.
mangır, mangiz *sl.* money, dough, tin.
mani[1] [ā] ballad.
mani[2] *psych.* mania.
mâni obstacle, hindrance, impediment; ~ *olmak* to prevent, to hinder.
mânia [—..] obstacle, hindrance.
mânialı [—...] rough, uneven *(country);* ~ *koşu* hurdle race, steeplechase.
manifatura [...x.] drapery, *Am.* dry goods.
manifaturacı draper.
manifesto [..x.] ⚓ manifest.
manikür manicure.
manikürcü manicurist.
maniple [.x.] *tel.* sending key.
manita [.x.] *sl.* girlfriend, bird, *Am.* chick.
manivela [..x.] lever, crowbar, crank.
mankafa [x..] blockheaded, thickheaded, dull.
manken model; mannequin, dummy.
manolya [.x.] ⚘ magnolia.
manometre manometer.
mansiyon hono(u)rable mention.
Manş Denizi *pr. n.* the English Channel.
manşet, *-ti* **1.** newspaper headline;

2. cuff.
manşon muff.
mantar **1.** mushroom; fungus; toadstool; **2.** bottle cork; ~ *tabancası* popgun; *-a basmak sl.* to be duped (*or* taken in).
mantarlı corked *(bottle).*
mantarmeşesi, *-ni* ⚘ cork oak.
mantı *a ravioli-like dish served with yogurt.*
mantık logic.
mantıkçı logician.
mantıkdışı, *-nı* alogical.
mantıklı logical.
mantıksız illogical.
manto [x.] woman's coat.
manya ⚕ mania.
manyak **1.** ⚕ maniac; **2.** *F* crazy, nutty.
manyetik magnetic; ~ *alan* magnetic field.
manyetizma magnetism.
manyeto magneto.
manyezit, *-ti* magnesium silicate.
manzara scene, view, scenery, panorama.
manzaralı scenic.
manzum *lit.* written in verse.
manzume [ū] *lit.* poem, verses.
marangoz joiner, carpenter, cabinetmaker.
marangozbalığı, *-nı zo.* sawfish.
marangozluk joinery, carpentry.
maraton marathon.
maraz disease, sickness.
maraza [—..] quarrel, row.
marazi [ī] pathological.
mareşal, *-li* ⚔ marshal.
margarin margarine.
marifet, *-ti* [ā] skill, talent, craft.
marifetli [ā] skilled, talented.
mariz[1] sick(ly), ill.
mariz[2] *sl.* beating; ~ *atmak (b-ne) sl.* to give *s.o.* a beating.
marizlemek *sl.* to beat up, to tan s.o.'s hide.
marj margin.
mark, *-kı* mark.
marka [x.] **1.** trademark; **2.** brand, make; **3.** sign, mark.
markalamak **1.** to trademark; **2.** to mark.
markalı **1.** trademarked; **2.** marked.
marki marquis.
markiz marquise.
markizet, *-ti* marquisette.
Marksist, *-ti pr. n.* Marxist.
Marksizm *pr. n.* Marxism.
Marmara Denizi, *-ni pr. n.* the Sea of Marmara.
marmelat, *-tı* marmalade.
maroken morocco leather.
marpuç, *-cu* tube of a nargileh.
mars: ~ *etmek backgammon:* to skunk.
Mars *ast.* Mars.
marş **1.** ⚔ Forward march!; **2.** ♪ march; **3.** *mot.* starter; *-a basmak* to press the starter.
marşandiz goods *or* freight train.
marşpiye *mot.* footboard.
mart, *-tı* March.
martaval *sl.* humbug, bull, hot air; ~ *atmak (or okumak) sl.* to bullshit, to talk nonsense.
martavalcı *sl.* bullshitter, liar.
martı *zo.* gull.
martini martini.
maruf [——] (well-)known, famous.
marul cos lettuce, romaine lettuce.
maruz [——] exposed *(-e to),* subject *(-e to);* ~ *bırakmak* to expose *(-e to);* ~ *kalmak* to be exposed *(-e to).*
marya *zo.* ewe.
masa [x.] **1.** table; **2.** desk; **3.** department; ~ *örtüsü* tablecloth.
masaj massage; ~ *yapmak* to massage.
masajcı masseur.
masal **1.** story, tale; **2.** *fig.* cock-and-bull story, bull; ~ *okumak F* to give a cock-and-bull story.
masalcı storyteller.

masatenisi, *-ni* table tennis, ping-pong.

mask *(actor's)* mask.

maskara 1. clown, buffoon, laughing-stock; **2.** silly, ridiculous; **3.** cute child, little dear; **4.** mascara; ~ *etmek (b-ni)* to make *s.o.* a laughingstock, to pillory; ~ *olmak* to become a figure of fun; *-ya çevirmek (b-ni, bşi)* to make a fool of *s.o., s.th.*

maskaralık 1. buffoonery; **2.** disgrace; ~ *etmek* to play the buffoon, to clown around.

maske [x.] mask; *-sini kaldırmak (b-nin) fig.* to show *s.o.* up, to expose *s.o.*, to unmask *s.o.*

maskelemek to mask.

maskeli masked; ~ *balo* masked ball, fancy ball, masquerade.

maskot, *-tu* mascot.

maslahat, *-tı* business, affair.

maslahatgüzar [....—] *pol.* chargè d'affaires.

maslak stone trough.

masmavi [x—.] very *or* deep blue.

mason Freemason.

masör masseur.

masöz masseuse.

masraf expense, expenditure, outlay; ~ *etmek* to go to expense, to spend money; ~ *görmek* to shell out some money; ~ *kapısı açmak* to cause expenses; *-a girmek* to go to expense; *-a sokmak* to put to expense; *-ı çekmek* to bear the expenses; *-ı kısmak* to reduce (*or* cut) expenses; *-tan kaçmak* to avoid expense; *-tan kaçmamak* to spare no expense.

masraflı expensive, costly, dear.

masrafsız inexpensive, cheap.

massetmek [x..] to absorb.

mastar *gr.* infinitive.

masturbasyon masturbation; ~ *yapmak* to masturbate.

masum [——] innocent, guiltless.

masumiyet, *-ti* [——..] innocence.

masura [.x.] bobbin.

maşa 1. tongs; **2.** *fig.* cat's paw, tool, dummy; ~ *gibi kullanmak (b-ni) fig.* to use *s.o.* as a cat's paw; *-sı olmak (b-nin) fig.* to be *s.o.'s* cat's paw (*or* tool).

maşallah [—..] [x..] **1.** Wonderful!, Praise be!; **2.** blue bead, charm.

maşatlık non-Muslim cemetery.

maşlah long and open-fronted cloak.

maşrapa mug.

mat[1], *-tı chess:* checkmate; ~ *etmek* to checkmate.

mat[2], *-tı* mat, dull.

matador matador.

matah *contp.* prize package, great shakes.

matara [.x.] flask, canteen.

matbaa printing house, press.

matbaacı printer.

matbaacılık printing.

matbu, *-uu* [ū] printed.

matbua [ū] printed matter.

matbuat, *-tı* [.——] the press; ~ *hürriyeti* freedom of the press.

matem [ā] mourning; ~ *tutmak* to mourn.

matematik mathematics.

matematikçi mathematician.

matemli [ā] mournful, in mourning.

materyalist, *-ti* materialist.

materyalizm materialism.

materyel material.

matine matinée.

matiz[1] *sl.* dead drunk, pissed, soused.

matiz[2] ⚓ making a long splice.

matkap, *-bı* drill, gimlet, auger.

matlaşmak to become dull.

matlup, *-bu* [ū] *econ.* credit, receivable account.

matmazel Miss, Mademoiselle.

matrah tax evaluation.

matrak *sl.* funny, droll, amusing; ~ *geçmek sl.* to make fun (*or*

mock) *(ile* of*).*
matris matrix.
matuf [——] aimed *(-e at),* directed *(-e towards).*
maval *sl.* cock-and-bull story; ~ *okumak sl.* to give a cock-and-bull story.
mavi [—.] blue.
mavimsi [ā], **mavimtırak** [—...] bluish.
mavna [x.] barge, lighter.
mavzer Mauser rifle.
maya 1. yeast, ferment; leaven; **2.** *fig.* essence, origin, marrow; *-sı bozuk* no-good, corrupt *(person).*
mayalamak to yeast; to leaven.
mayalı yeasted; leavened.
mayasıl eczema.
maydanoz ⚘ parsley.
mayhoş sourish, tart.
mayın × mine; ~ *dökmek* to mine, to lay mines; ~ *tarama gemisi* mine-sweeper; ~ *tarlası* minefield.
mayınlamak × to mine.
mayıs May.
mayısböceği, *-ni zo.* cockchafer.
mayışmak *sl.* to get drowsy.
mayi [——] liquid, fluid.
maymun monkey, ape.
maymuncuk skeleton key, picklock.
mayo [x.] bathing suit, swimsuit; trunks.
mayonez mayonnaise.
maytap, *-bı* small fireworks; *-a almak (b-ni)* to take the mickey out of *s.o.*
mazbata official report, protocol, minutes.
mazbut, *-tu* [.—] well-protected *(house);* solid.
mazeret, *-ti* [ā] excuse.
mazeretli [ā] excusable, justifiable.
mazeretsiz unjustifiable, unwarranted.
mazgal crenel, embrasure.
mazhar the object of *(honours, favour, etc.);* ~ *olmak (bşe)* to be the object (*or* recipient) of *s.th.*
mazı 1. ⚘ arborvitae; **2.** gallnut.
mazi [——] the past, bygones; *-ye karışmak* to belong to bygone days.
mazlum [ū] wronged, oppressed.
maznun [ū] ⚖ suspected, accused.
mazot, *-tu* diesel oil, fuel oil.
mazur [——] excused; excusable; ~ *görmek* to excuse, to pardon.
meblağ amount, sum.
mebus deputy, member of parliament.
mebzul, *-lü* [ū] abundant, lavish.
mecal, *-li* [ā] power, strength; ~ *bırakmamak fig.* to wear out.
mecalsiz [ā] weak, powerless.
mecaz [ā] figure of speech, trope; metaphor.
mecazen [ā] figuratively.
mecazi [.——] figurative.
mecbur [ū] forced, compelled, obliged; ~ *etmek* to force, to oblige, to compel; ~ *olmak or kalmak* to be forced *or* compelled *(-e* to*).*
mecburen [ū] [.x.] compulsorily.
mecburi [.——] compulsory, obligatory; ~ *iniş* ✈ forced landing, crash-landing; ~ *istikamet* one way.
mecburiyet, *-ti* [ū] compulsion, obligation.
meccanen [ā] free, gratis.
meccani [.——] free, gratuitous.
mecelle 1. volume, book; **2.** ⚖ civil code.
meclis assembly, council.
mecmua [ū] magazine, periodical.
mecnun [ū] **1.** mad, insane; **2.** love-crazed.
mecra [ā] **1.** watercourse, conduit; **2.** *fig.* the course *(of events).*
meczup, *-bu* [ū] insane, crazy.
meç[1] *fencing:* foil, rapier.
meç[2] streaked hair.
meçhul, *-lü* [ū] unknown.

meddah [ā] public storyteller.
meddücezir, *-zri* ebb and flow, tide.
medeni civilized; civil; ~ *cesaret* moral courage; ~ *haklar* civil rights; ~ *hal* marital status; ~ *hukuk* civil law; ~ *kanun* civil code; ~ *nikâh* civil marriage.
medenileştirmek to civilize.
medeniyet, *-ti* civilization.
medeniyetsiz uncivilized.
medet help, aid; ~ *ummak* to hope for help *(-den from).*
medikososyal medico-social.
Medine *pr. n.* Medina.
medrese *hist.* medresseh, madrasa.
medüz *zo.*medusa, jeliyfish.
medyum medium.
medyun [ū] indebted.
mefhum [ū] concept.
mefruşat, *-tı* [.——] furnishings; fabrics.
meftun [ū] charmed, captivated; infatuated; ~ *olmak* to be charmed (*or*captivated) *(-e by).*
megafon megaphone, loudhailer.
megaloman megalomaniac.
megavat, *-tı phys.* megawatt.
meğer [x.] but, however; unless, and yet.
meğerki [x..] unless.
mehil respite, grace period, extention, delay.
Mehmetçik *pr. n.* The Turkish "Tommy"
mehtap, *-bı* [ā] moonlight.
mehtaplı [ā] moonlit.
mehter: ~ *takımı* Janissary band.
mekân place, residence, abode.
mekanik 1. mechanics; **2.** mechanical.
mekanize × mechanized.
mekanizma [..x.] mechanism.
mekik shuttle; ~ *diplomasisi pol.* shuttle diplomacy; ~ *dokumak* to shuttle.
Mekke *pr. n.* Mecca.
mekruh [ū] abominable.
Meksika *pr. n.* Mexico.
mektep, *-bi* school.
mektup, *-bu* letter; ~ *atmak* to mail (*or* post *or* send) a letter; ~ *üstü* address on a letter.
mektuplaşmak to correspond *(ile with).*
melaike angels.
melal, *-li* boredom; tedium.
melamin melamine.
melankoli melancholy.
melankolik melancholic.
melce sanctuary, refuge.
melek angel.
meleke faculty; skill.
melemek [—..] to bleat.
melez hybrid, crossbred.
melezlik hybridity.
melodi melody.
melodram melodrama.
melon *a.* ~ *şapka* bowler.
melun damned, cursed.
melül, *-lü* sad, blue, low-spirited.
memba, *-aı* spring, fountain.
meme 1. breast, boob; teat, nipple; udder, dug; **2.** lobe *(of the ear);* **3.** ⊕ nozzle; ~ *başı (or ucu)* teat, nipple; ~ *çocuğu* suckling; ~ *emmek* to suck, to nurse; ~ *vermek* to suckle; *-den kesmek (çocuğu)* to wean *(a child).*
memeli *zo.* mammiferous.
memeliler *zo.* mammals.
memişhane *F* loo, john.
memleket, *-ti* **1.** country, land; **2.** home town.
memleketli fellow countryman, compatriot.
memnu, *-uu* [ū] forbidden.
memnun [ū] pleased, glad, delighted, satisfied; ~ *etmek* to please; ~ *olmak* to be pleased.
memnuniyet, *-ti* [ū] pleasure, gladness, delight; ~ *verici* satisfactory, pleasurable, delightful.
memnuniyetle [ū] with pleasure, gladly.
memorandum [..x.] memoran-

dum.
memur civil servant, official; employee; ~ *etmek (b-ni bşe)* to commission *s.o.* to do *s.th.*, to charge *s.o.* with *s.th.*
memure female civil servant.
memuriyet, *-ti* [——..] office, charge; post.
menajer manager.
mendebur 1. good-for-nothing; **2.** *F* bastard.
menderes *geogr.* meander.
mendil handkerchief, hanky.
mendirek breakwater, mole.
menekşe ⚘ violet.
menenjit, *-ti* ⚕ meningitis.
menetmek [x..] to prohibit, to forbid.
menfaat, *-ti* advantage, benefit, profit.
menfaatçı self-seeking.
menfi [ī] negative.
menfur [ū] abhorrent, loathsome.
mengene [x..] vice, *Am.* vise; press; clamp.
meni *biol.* sperm, semen.
menkıbe legend, tale.
menkul, *-lü* [ū] movable, transferable; ~ *kıymetler* ⚖ stocks and bonds; ~ *mallar* ⚖ movable goods.
menopoz ⚕ menopause.
mensucat, *-tı* [.——] textiles.
mensup, *-bu* [ū] belonging *(-e to)*, related *(-e to)*; ~ *olmak* to belong *(-e to)*.
menşe, *-ei* place of origin, source; ~ *şahadetnamesi econ.* certificate of origin.
menteşe hinge.
mentol, *-lü* menthol.
mentollü mentholated.
menü menu.
menzil range.
mera [ā] pasture.
merak, *-kı* **1.** curiosity; **2.** worry, anxiety; **3.** whim, liking, interest; ~ *etmek* **1.** to be curious; **2.** to be anxious; *-tan çatlamak* to be dying of curiosity, to be burning with curiosity.
meraklanmak to worry, to be anxious.
meraklı 1. curious, inquisitive; **2.** interested *(-e in)*, fond *(-e of)*.
meram [ā] intention, purpose, aim; ~ *etmek* to intend, to wish; *-ın elinden bir şey kurtulmaz pro.* where there is a will there is a way; *-ını anlatmak* to express o.s.
merasim [ā] ceremony.
mercan [ā] coral.
mercanada atoll.
mercanbalığı, *-nı zo.* red sea bream.
mercek lens.
merci, *-ii* reference, recourse; competent authority.
mercimek ⚘ lentil; *mercimeği fırına vermek co.* to carry on with.
merdane [ā] rolling pin; roller.
merdiven stairs, staircase; ladder.
meret, *-ti* damn.
merhaba [x..] Hello!, Hi!; *-yı kesmek (b-le)* to break off with *s.o.*
merhabalaşmak to greet one another.
merhale stage, phase.
merhamet, *-ti* mercy, pity, compassion; ~ *etmek (or göstermek)* to pity, to have mercy *(-e on)*; *-e gelmek* to become merciful.
merhametli merciful, compassionate.
merhametsiz merciless, pitiless.
merhem ointment, salve.
merhum [ū] deceased, the late; ~ *olmak* to die, to pass away.
merhume [ū] deceased, the late, the departed *(woman)*.
meridyen meridian.
Merih [ī] *pr. n. ast.* Mars.
merinos [.x.] *zo.* Merino sheep.
meriyet, *-ti* validity; *-e girmek* to come into force.
merkep donkey.

merkez **1.** centre, *Am.* center; **2.** headquarters; **3.** police station.
merkezcil: ~ *kuvvet phys.* centripetal force.
merkezi central.
merkezileşmek to centralize.
merkeziyet, *-ti* centralism.
merkezkaç: ~ *kuvvet phys.* centrifugal force.
mermer marble.
mermi missile, projectile.
merserize mercerized.
mersi! Thanks!, Cheers!
mersin **1.** ⚘ myrtle; **2.** *zo.* sturgeon.
mersiye elegy.
mert brave, manly.
mertebe stage, step; rank, grade.
mertek beam.
Meryem Ana *pr. n.* the Virgin Mary.
mesafe [ā] distance.
mesaha [.—.] survey.
mesai [.——] efforts, work; ~ *arkadaşı* colleague; ~ *saatleri* working hours; ~ *yapmak (or -ye kalmak)* to work overtime.
mesaj message.
mesame [ā] *biol.* pore.
mesane [ā] *anat.* bladder.
mescit small mosque, masjid.
mesela [x.—] for instance, for example.
mesele matter, problem, question; ~ *çıkarmak* to make a fuss; ~ *yapmak (bşi)* to make a to-do about *s.th.*
Mesih [ī] the Messiah, Christ.
mesire [ī] promenade.
mesken house, residence, dwelling.
meskûn inhabited.
meslek profession, occupation; ~ *okulu* trade (*or* vocational) school; ~ *sahibi* professional *(person).*
mesleki professional.
meslektaş colleague, co-worker.
mesnet, *-di* support, prop.
mest, *-ti* enchanted, captivated; ~ *olmak* to be in the seventh heaven.
mesul, *-lü* [ū] responsible.
mesuliyet, *-ti* [ū] responsibility; ~ *kabul etmemek* to decline responsibility.
mesuliyetli [ū] responsible.
mesut [ū] happy.
meşakkat, *-ti* trouble, hardship, fatigue; ~ *çekmek* to suffer hardship.
meşale torch; cresset.
meşe ⚘ oak.
meşgale occupation, activity, pastime.
meşgul, *-lü* [ū] **1.** busy (*ile with*), preoccupied (*ile with*); **2.** *teleph.* busy, engaged *(line);* ~ *etmek* to busy, to occupy; to distract; ~ *olmak* to be busy, to busy o.s. *(ile with).*
meşguliyet, *-ti* [ū] occupation, activity, pastime.
meşhur [ū] famous, well-known.
meşin leather.
meşru, *-uu* [ū] legal; legitimate.
meşrubat, *-tı* [.——] soft drinks, beverages.
meşruten [ū] conditionally; ~ *tahliye* ⚖ release on probation.
meşruti [.——] *pol.* constitutional; ~ *krallık* constitutional monarchy.
meşrutiyet, *-ti* [ū] *pol.* constitutional monarchy.
met, *-ddi* high tide.
metabolizma *biol.* metabolism.
metafizik metaphysics.
metal, *-li* metal.
metalurji metallurgy.
metan ⚗ methane.
metanet, *-ti* [ā] resistance, fortitude, backbone.
metazori [..x.] *sl.* by force.
metelik *F* bean, red cent; ~ *vermemek (bşe) fig.* not to give a damn about *s.th.; meteliğe kurşun atmak F* not to have a bean, to be

flat broke.
meteliksiz *F* without a bean, penniless, flat broke.
meteoroloji meteorology.
meteortaşı, *-nı ast.* meteorite.
methal, *-li* **1.** entrance; **2.** introduction.
methaldar [..—] involved *(-e in).*
methetmek to praise, to laud, to extol.
methiye eulogy.
metin[1], *-tni* text.
metin[2] firm, solid, strong.
metodoloji methodology.
metot method.
metre [x.] metre, *Am.* meter; ~ *kare* square metre; ~ *küp* cubic metre.
metres mistress.
metrik metric; ~ *sistem* metric system.
metro underground, tube, *Am.* subway.
metronom ♪ metronome.
metruk, *-kü* [ū] abandoned, deserted.
mevcudiyet, *-ti* [ū] **1.** existence; **2.** presence.
mevcut, *-du* [ū] **1.** existing, existent; **2.** supply, stock; **3.** × effective force; ~ *olmak* **1.** to exist, to be; **2.** to be present.
mevduat, *-tı* [.——] *econ.* deposits; ~ *hesabı* deposit account.
mevki, *-ii* **1.** place, site, location; **2.** situation, position; **3.** class *(of tickets).*
mevlit Islamic memorial service.
mevsim season.
mevsimlik seasonal.
mevsimsiz untimely, ill-timed.
mevzi, *-ii* × position; ~ *almak* × to take up a position.
mevzii local; regional.
mevzilenmek × to take up a position.
mevzu, *-uu* [ū] subject, topic; *-a girmek* to come to the point.
mevzuat, *-tı* [.——] the laws.
mevzubahis, *-hsi* under discussion.
mevzun [ū] shapely, well-proportioned.
meyane [ā] a kind of sauce.
meyankökü, *-nü* [ā] ⚘ licorice.
meydan [ā] **1.** open space, the open; **2.** public square; **3.** field, area; **4.** *fig.* opportunity, occasion; ~ *bulmak* to find an opportunity; ~ *dayağı* public beating; ~ *okumak* to challenge, to defy; ~ *savaşı* × pitched battle; ~ *vermek* to give a chance; to cause; *-a çıkarmak* **1.** to make public, to reveal, to disclose; **2.** to bring to light; *-a gelmek* to happen, to occur; *-a getirmek* to bring forth, to produce; *-a vurmak* to make public, to reveal; *-ı boş bulmak* to seize an opportunity to do s.th.
meyhane [ā] pub, bar.
meyhaneci [ā] publican, barkeeper.
meyil, *-yli* **1.** slope; **2.** inclination, tendency.
meyletmek **1.** to slant, to slope; **2.** to be inclined *(-e to);* **3.** *fig.* to have a liking *(-e for).*
meymenet, *-ti* auspiciousness, fortune.
meymenetsiz **1.** unlucky, inauspicious; **2.** disagreeable *(person).*
meyus [ū] hopeless, desperate.
meyve fruit; ~ *suyu* fruit juice; ~ *vermek* to fruit.
meyveli fruit-laden; fruit ...
meyvelik orchard, grove.
meyvesiz fruitless, unfruitful.
meyyal, *-li* [ā] inclined *(-e to);* fond *(-e of).*
mezalim [ā] cruelties, atrocities.
mezar [ā] grave, tomb.
mezarlık [ā] cemetery, graveyard.
mezat [ā] auction; *-a çıkarmak* to put up for auction.
mezatçı auctioneer.

mezbaha slaughterhouse.
mezbele dump, dunghill.
meze [x.] appetizer, snack, hors d'oeuvre.
mezgit, *-ti zo.* whiting.
mezhep sect.
meziyet, *-ti* virtue, merit, excellence.
meziyetli virtuous, excellent.
Mezopotamya *pr. n.* Mesopotamia.
mezun [—–] graduate; graduated *(-den from);* ~ *olmak* to graduate (*-den* from).
mezuniyet, *-ti* [—–..] graduation; ~ *sınavı* leaving (*or Am.* final) examination.
mezura [.x.] tape measure.
mezzosoprano ♪ mezzo-soprano.
mıh nail.
mıhlamak 1. to nail; **2.** to set *(precious stone).*
mıhsıçtı *sl.* very niggardly (*or* stingy).
mıknatıs magnet.
mıknatıslamak to magnetize.
mıknatıslı magnetic.
mıncıklamak to pinch and squeeze.
mıntıka zone, region, area.
mırılda(n)mak to mutter, to murmur, to mumble.
mırıltı mutter, mumble.
mırın kırın: ~ *etmek* to hem and haw, to grumble.
mırlamak to purr.
mırnav meow.
mısır ⚘ maize, corn; ~ *ekmeği* corn bread.
Mısır *pr. n.* Egypt.
mısırözü: ~ *yağı* corn oil.
mısıryağı, *-nı* corn oil.
mısra, *-aı* [a] *poet.* line.
mışıl mışıl: ~ *uyumak* to sleep soundly.
mıymıntı sluggish, slow.
mızıka ♪ **1.** harmonica; **2.** brass band.
mızıkçı *F* spoilsport, killjoy, bad loser.
mızıkçılık etmek not to play the game.
mızıklanmak = *mızıkçılık etmek.*
mızmız persnickety, whiny.
mızmızlanmak to whine, to fuss.
mızrak spear, lance.
mızrap, *-bı* plectrum, quill, pick.
mi ♪ mi; E.
miço [x.] cabin boy.
mide [ī] stomach; ~ *bozukluğu* indigestion; ~ *bulantısı* nausea; ~ *kanaması* gastric bleeding; *-si almamak (or kabul etmemek)* to have no appetite *(-i for); -si bozulmak* to have indigestion; *-si bulanmak* **1.** to feel nauseated; **2.** *fig.* to smell a rat; *-si ekşimek* to have heartburn; *-si kazınmak* to feel peckish, to have a sinking feeling; *-ye oturmak* to lie heavy on the stomach.
midesiz [–..] **1.** eating anything; **2.** *fig.* having bad taste.
midevi gastric, gastral.
midi midi; ~ *etek* midi skirt.
midye [x.] *zo.* mussel; ~ *dolması* stuffed mussel; ~ *tavası* fried mussel.
migren migraine.
miğfer helmet.
mihrace [.—.] maharaja(h).
mihrak, *-kı* [ā] *phys.* focus.
mihrap, *-bı* [ā] mihrab, altar.
mihver axis; axle, pivot.
mika [x.] *geol.* mica.
miki (fare) Mickey Mouse.
mikrofilm microfilm.
mikrofon microphone.
mikrometre micrometer.
mikron micron.
mikroorganizma microorganism.
mikrop, *-bu* **1.** germ, microbe; **2.** *fig.* viper, bad lot.
mikroplu germy.
mikropsuz germless.
mikroskobik microscopic.

mikroskop, *-pu* microscope.
miktar [ā] amount, quantity.
mikyas [ā] scale, proportion.
mil¹ ⊕ pivot, pin; axle; shaft.
mil² mile.
mil³ *geol.* silt.
miladi [———] of the Christian era; ∼ *takvim* the Gregorian calendar.
milat, *-dı* [——] birth of Christ; *-tan önce* before Christ, B.C.; *-tan sonra* Anno Domini, A.D.
milföy mille-feuille, napoleon.
miligram milligram(me).
milim millimetre, *Am.* millimeter.
milimetre millimetre, *Am.* millimeter.
milis militia; ∼ *kuvvetleri* militia forces.
militan militant.
millet, *-ti* nation, people; ♀ *Meclisi* the Turkish National Assembly.
milletlerarası, *-nı* international.
milletvekili, *-ni* deputy, M.P.
milli national; ♀ *Eğitim Bakanlığı* the Ministry of Education; ∼ *marş* national anthem; ∼ *takım* national team.
millileştirmek to nationalize.
milliyet, *-ti* nationality.
milliyetçi nationalist.
milliyetçilik nationalism.
milyar milliard, *Am.* billion, a thousand million.
milyarder billionaire.
milyon million.
milyoner millionaire.
mimar [——] architect.
mimari [———] architectural.
mimarlık [——.] architecture.
mimber pulpit, mimbar.
mimik mimic.
mimlemek to mark down.
mimli marked, blacklisted.
minare [ā] minaret; ∼ *gibi* as tall as a lamppost.
minder cushion; mattress, mat; ∼ *çürütmek* to sit idly, to be a bench warmer; ∼ *sermek* to outstay one's welcome.
mine [x.] enamel.
minelemek to enamel.
mineli enameled.
mineral, *-li* mineral.
mini mini; ∼ *etek* mini skirt.
minibüs minibus.
minik tiny and cute.
minimini tiny, wee, teeny-weeny.
minimum minimum.
minnacık *s. minimini.*
minnet, *-ti* gratitude; ∼ *altında kalmak* to be obligated; ∼ *etmek* to grovel, to plead.
minnettar [ā] grateful, obliged *(-e to),* indebted *(-e to).*
minnettarlık [ā] gratitude.
minnoş *F* little darling, honey.
minör ♪ minor.
mintan shirt.
minüskül minuscule.
minyatür miniature.
minyon petite, mignon, dainty.
miraç, *-cı* [——] ascent to heaven.
miras [——] inheritance, legacy; heritage; ∼ *yemek* to inherit; *-a konmak* to inherit a fortune; *-tan mahrum etmek* to disinherit.
mirasçı [——.] heir, inheritor.
mirasyedi one who has inherited a fortune.
mis¹ musk; ∼ *gibi* fragrant.
mis² miss.
misafir [ā] guest, visitor; ∼ *odası* drawing-room, guest room.
misafirhane [ā] guesthouse.
misafirlik visit.
misafirperver [ā] hospitable.
misafirperverlik [ā] hospitality.
misal, *-li* [ā] example, model.
misil, *-sli* equal, like, similar; *misli görülmemiş* unique, matchless.
misilleme retaliation, reprisal.
misina fishline.
misk *s. mis¹.*
misket, *-ti* marble.

miskin 1. indolent, supine; **2.** leprous, lazarous.
miskinlik supineness, shiftlessness.
mister Mister, Mr.
mistik mystic.
misyon mission.
misyoner missionary.
mit, *-ti* myth.
miting meeting; ~ *yapmak* to hold a meeting.
mitingçi demonstrator.
mitoloji mythology.
mitralyöz machine-gun.
miyav meow.
miyavlamak to miaow, *Am.* to meow.
miyop nearsighted, shortsighted, myopic.
mizaç, *-cı* [ā] disposition, nature, temperament.
mizah [ā] humo(u)r; ~ *dergisi* humo(u)r magazine.
mizahçı [ā] humorist.
mizahi [.——] humorous.
mizan [——] **1.** scales, balance; **2.** ⩓ proof.
mizanpaj *typ.* pagesetting, make-up.
mizansen *thea.* mise-en-scène.
mobilya [.x.] furniture
mobilyalı furnished.
mobilyasız unfurnished.
moda [x.] fashion, style, vogue; *-sı geçmek* to go out of fashion, to be out; *-ya uymak* to keep up with fashions.
modacı stylist.
model 1. model, pattern; example; **2.** fashion magazine.
modern modern.
modernize modernized; ~ *etmek* to modernize.
modernleştirmek to modernize.
modül module.
Moğol *pr. n.* Mongol.
moher mohair.
mokasen moccasin.
mola [x.] rest, pause, break; stopover; ~ *vermek* to stop over.
molekül molecule.
molla mollah, mullah.
molotofkokteyli Molotov cocktail.
moloz rubble.
moment, *-ti phys.* moment.
monarşi monarchy.
monolog monologue.
monoton monotonous.
monotonluk monotony.
montaj assembly, mounting.
monte: ~ *etmek* to assemble, to put together.
mor violet, purple.
moral, *-li* morale; ~ *vermek (b-ne)* to boost *s.o.'s* morale; *-i bozuk* low-spirited, down.
morarmak 1. to turn purple; **2.** to turn black-and-blue.
morartı bruise.
moratoryum [..x.] moratorium.
morfem *gr.* morpheme.
morfin morphine.
morg morgue.
morötesi, *-ni* ultraviolet.
mors¹ *zo.* walrus.
mors²: ~ *alfabesi* Morse code.
moruk *sl.* old man, dotard.
Moskova [x..] *pr. n.* Moscow.
mosmor [x.] **1.** deep purple; **2.** black and blue all over.
mostra [x.] sample, pattern, model; ~ *olmak* to be caught with one's pants down.
mostralık [x..] **1.** sample, model; **2.** prize example (*or* package).
motel motel.
motif motif, pattern.
motor 1. motor; engine; **2.** = *motorbot;* **3.** = *motosiklet.*
motorbot, *-tu* motorboat.
motorin diesel *or* fuel oil.
motorize × motorized; ~ *etmek* to motorize.
motorlu motorized *(a.* × *)*, motor-driven.
motorsuz motorless.

motosiklet, *-ti* motorcycle.
mozaik mosaic.
mozole mausoleum.
M.Ö. B.C.
mösyö Monsieur.
M.S. A.D.
muadil [ā] equivalent.
muaf [ā] exempt *(-den from),* free *(-den from);* ~ *tutmak* to exempt *(-den from).*
muafiyet, *-ti* [ā] exemption.
muallak, *-kı* suspended, hung; *-ta kalmak (or olmak)* to be in the air, to hang in the balance.
muamele [ā] **1.** treatment; conduct; **2.** transaction, procedure; ~ *etmek (b-ne)* to treat *s.o.*
muamma [.x—] mystery, enigma.
muarız [ā] opposed *(-e to).*
muasır [ā] contemporary.
muaşeret, *-ti* [ā] social intercourse; ~ *adabı* etiquette.
muavenet, *-ti* [ā] help, assistance; ~ *etmek* to help, to assist.
muavin [ā] assistant, helper.
muayene [ā] inspection, examination; ~ *etmek* to examine.
muayenehane [ā, ā] consulting room, surgery.
muazzam huge, enormous.
mucit [ū] inventor.
mucize [ū] miracle.
mudi, *-ii econ.* depositor.
muğlak, *-kı* obscure, unclear.
muhabbet, *-ti* love, affection; ~ *etmek* to chat; ~ *tellalı* pimp, procurer.
muhabbetkuşu, *-nu zo.* lovebird.
muhabere [ā] correspondence; ~ *etmek* to correspond *(ile with);* to communicate *(ile with).*
muhacir [ā] immigrant, refugee.
muhafaza [.—..] protection, care; maintenance; ~ *altına almak* to protect, to safeguard; ~ *etmek* to protect, to preserve, to guard.
muhafazakâr [.—..—] conservative.
muhafız [ā] guard.
muhakeme [ā] **1.** trial; **2.** judg(e)ment.
muhakkak **1.** certain, sure; **2.** certainly.
muhalefet, *-ti* [ā] opposition; ~ *etmek* to oppose; ~ *partisi* Opposition party.
muhalif [ā] contrary, adverse, against.
muhallebi pudding.
Muhammet, *-di* Mohammed.
muharebe [ā] battle, war, combat.
muharrir author.
muhasara [.—..] ⨯ siege.
muhasebe [ā] accountancy, bookkeeping; ~ *memuru* accountant, bookkeeper.
muhasebeci [ā] accountant, bookkeeper.
muhasebecilik [ā] accountancy, bookkeeping.
muhatap, *-bı* [.—.] **1.** collocutor; **2.** *econ.* drawee.
muhayyel imaginary.
muhayyer *econ.* on trial (*or* approval).
muhayyile imagination, fancy.
muhbir informer.
muhit, *-ti* [ī] surroundings, environment, milieu.
muhrip, *-bi* destroyer.
muhtaç, *-cı* [ā] poor, needy, destitute; ~ *olmak* to be in need (*or* want) *(-e of),* to need.
muhtar **1.** [..] mukhtar, headman; **2.** [.—] autonomous, self-governing.
muhtariyet, *-ti* [ā] autonomy, self-government.
muhtekir profiteer.
muhtelif various, diverse.
muhtemel likely, probable.
muhtemelen probably.
muhterem respected, hono(u)red, venerable.
muhteris passionate.
muhteşem splendid, magnificent.

muhteva [ā] contents.
muhtıra memorandum; note; ~ *defteri* notebook.
mukabele [ā] retaliation; ~ *etmek* to retaliate, to reciprocate.
mukabil [ā] **1.** opposite, counter; **2.** in return *(-e for)*.
mukadder predestined, fated, foreordained.
mukadderat, *-tı* [...—] destiny, fate.
mukaddes holy, sacred.
mukaddesat, *-tı* [ā] sacred things.
mukallit, *-di* imitator.
mukavele [ā] agreement, contract; ~ *yapmak* to make a contract.
mukavemet, *-ti* [ā] resistance; endurance; ~ *etmek* to resist; ~ *yarışı* long-distance race
mukavva cardboard, pasteboard.
mukayese [ā] comparison; ~ *etmek* to compare.
muktedir able, capable.
mum 1. candle; **2.** wax; **3.** ⚡ candlepower.
mumlu waxy; waxed; ~ *kâğıt* stencil.
mumya [x.] mummy.
mumyalamak to mummify, to embalm.
muntazam 1. regular; **2.** tidy, orderly.
murat, *-dı* [ā] desire, wish; aim, goal; *muradına ermek* to attain one's desire, to reach one's goal.
musakka moussaka.
musallat, *-tı* worrying, annoying; ~ *olmak* to pester; to infest.
Musevi [—.—] Jew; Jewish.
musibet, *-ti* [ı] calamity, disaster.
musiki [—.—] music.
muska amulet, charm.
musluk tap, faucet.
muslukçu plumber.
muson *meteor.* monsoon.
muşamba [.x.] **1.** oilcloth; **2.** raincoat.
muşmula [x..] ✿ medlar.
muşta [x.] brass knuckles.
mutaassıp, *-bı* fanatical, bigoted.
mutabık, *-kı* [ā] conformable, in agreement; ~ *kalmak* to come to an agreement *(-de on)*.
mutat customary, habitual.
muteber [ū] valid.
mutedil [ū] moderate, mild, temperate.
mutemet, *-di* [ū] paymaster, fiduciary.
mutena [—.—] select, choice.
mutfak 1. kitchen; **2.** cuisine.
mutlak, *-kı* absolute, unconditional.
mutlaka [x.—] absolutely, certainly, surely, definitely; by all means.
mutlu happy.
mutluluk happiness.
mutsuz unhappy.
mutsuzluk unhappiness.
muvafakat, *-ti* [.—..] consent; ~ *etmek* to consent *(-e to)*.
muvaffak, *-kı* successful; ~ *olmak* to succeed *(-de in)*, to be successful *(-de in)*.
muvakkat, *-ti* temporary, provisional.
muvakkaten [.x..] temporarily.
muvazaa [.—..] ⚖ collusion.
muvazaalı [.—...] ⚖ collusive, collusory.
muvazene [ā] balance, equilibrium.
muvazzaf 1. ⚔ regular; **2.** charged *(ile with)*; ~ *subay* ⚔ regular (*or* active) officer.
muz ✿ banana.
muzaffer victorious.
muzır, *-rrı* **1.** mischievous; **2.** harmful; ~ *yayın* provocative publications.
muzip, *-bi* [ū] teasing, mischievous.
mübadele [ā] exchange, barter.
mübalağa exaggeration; ~ *etmek* to exaggerate.
mübalağacı exaggerator.

mübalağalı exaggerated, blown--up.
mübarek, *-ki* [ā] blessed, sacred, holy.
mübaşir [ā] usher, crier.
mücadele [ā] struggle, strife; ~ *etmek* to struggle, to strive.
mücahit, *-di* [ā] combatant, fighter.
mücevher jewel.
mücevherat, *-tı* [ā] jewel(le)ry.
mücrim 1. guilty; **2.** criminal, felon.
mücver croquette.
müdafaa [.—..] defence, *Am.* defense; ~ *etmek* to defend.
müdahale [.—..] interference, intervention; ~ *etmek* to interfere, to intervene.
müdana [.——] gratitude, thankfulness.
müdavim [ā] frequenter, habitué.
müddet, *-ti* period, duration, interval, space of time; *bir* ~ for a while.
müdrik, *-ki* perceiving, comprehending; ~ *olmak* to perceive, to comprehend.
müdür 1. director, manager; **2.** headmaster, principal.
müebbet, *-di* perpetual, eternal; ~ *hapis* ⚖ life sentence.
müessese [.x..] institution, establishment.
müessif regrettable; sad.
müessir effective.
müeyyide ⚖ sanction.
müezzin muezzin.
müfettiş inspector, supervisor.
müflis bankrupt, insolvent.
müflon buttoned-in lining.
müfredat, *-tı* [ā] curriculum.
müfreze ✕ detachment, platoon.
müfrit, *-di* excessive.
müfteri [ī] slanderer, calumniator.
müftü *isl.* mufti.
mühendis engineer.
mühendislik engineering.
mühim, *-mmi* important.
mühimsemek to consider important, to regard as important.
mühlet, *-ti* period, respite.
mühür, *-hrü* seal, signet; stamp; ~ *basmak* to seal; to stamp; ~ *mumu* sealing wax; *mührünü basmak fig.* to vouch *(-e for)*.
mühürlemek 1. to seal; **2.** to seal up, to padlock *(a place)*.
mühürlü sealed.
müjde good news; ~ *vermek* to give a piece of good news.
müjdelemek to give a piece of good news.
mükâfat, *-tı* [.——] reward; ~ *almak (or kazanmak)* to win a prize; ~ *vermek (b-ne)* to give *s.o.* a prize (*or* reward).
mükellef 1. obliged *(-mekle to inf.)*, charged *(ile with)*; **2.** elaborate, grand; **3.** taxpayer.
mükellefiyet, *-ti* obligation, liability.
mükemmel excellent, perfect.
mükerrer repeated, reiterated; ~ *sigorta econ.* reinsurance.
müktesep, *-bi* acquired; ~ *hak* ⚖ vested right.
mülahaza consideration; observation; *-sıyla* in consideration of.
mülakat, *-tı* [.——] interview, audience.
mülayim mild, gentle, docile.
mülk, *-kü* property, possession; real estate.
mülkiyet, *-ti* ownership.
mülteci [ī] refugee.
mümessil representative, agent.
mümin [—.] believer, Muslim.
mümkün possible.
münakaşa [.—..] argument, dispute, quarrel; ~ *etmek* to argue, to dispute, to quarrel.
münasebet, *-ti* [ā] relation, connection.
münesebetsiz [ā] **1.** unreasonable, absurd; **2.** unseemly, unsuit-

able.
münasip suitable, fit, proper.
münazara [.—..] debate, discussion.
müneccim astrologer.
münevver enlightened, intellectual.
müphem uncertain, vague.
müptela addicted *(-e to).*
müracaat, *-tı* [.—..] **1.** application; **2.** information desk *or* office; ~ *etmek* to apply *(-e to).*
mürdümeriği, *-ni* ⚘ damson plum.
mürebbiye governess.
müreffeh prosperous.
mürekkep[1], *-bi* ink.
mürekkep[2] composed *(-den of).*
mürekkepbalığı, *-nı zo.* cuttlefish.
mürekkeplemek to ink.
mürekkepli inky; ink-stained.
mürekkeplik inkwell.
mürettebat, *-tı* [ā] crew.
müsaade [.—..] permission; ~ *etmek* to permit, to allow, to let.
müsabaka [.—..] contest, competition.
müsadere [ā] ⚖ confiscation, seizure; ~ *etmek* to confiscate, to seize.
müsait, *-di* [ā] suitable, favo(u)rable, convenient.
müsamaha [.—..] tolerance, indulgence; ~ *etmek* to tolerate.
müsamahakâr, müsamahalı tolerant, indulgent, lenient.
müsamere [ā] show.
müsekkin ⚕ sedative, tranquilizer.
müshil ⚕ purgative, laxative.
müskirat, *-tı* alcoholic drinks, intoxicants.
Müslüman Muslim.
Müslümanlık Islam.
müspet, *-ti* positive, affirmative.
müsrif wasteful, extravagant, spendthrift.
müsriflik wastefulness, extravagance.
müstahak, *-kkı* **1.** condign; **2.** worthy *(-e of);* deserving *(-e of).*
müstahdem employee, caretaker, *Am.* janitor.
müstahkem ⚔ fortified.
müstahsil producer.
müstahzar preparation.
müstahzarat, *-tı* [...—] preparations.
müstakbel future.
müstakil, *-lli* **1.** independent; **2.** separate, self-contained.
müstamel [ā] used; secondhand.
müstebit, *-ddi* despotic.
müstehcen obscene, off colo(u)r.
müstehzi [ī] sarcastic, mocking.
müstekreh loathsome.
müstemleke colony.
müstemlekeci colonialist.
müstemlekecilik colonialism.
müstenit, *-di* based *(-e on),* relying *(-e on).*
müsterih [ī] at ease; ~ *olmak* to be set at ease.
müstesna [ā] exceptional.
müsteşar [ā] undersecretary.
müsvedde rough copy, draft; manuscript.
müşavir [ā] consultant, adviser.
müşfik kind, tender; compassionate.
müşkül **1.** difficult, hard; **2.** difficulty.
müşkülpesent, *-di* fastidious, fussy, hard to please.
müştemilat, *-tı* annexes.
müşterek, *-ki* common, joint; ~ *bahis* pari-mutuel.
müşteri customer, buyer, purchaser; client.
mütalaa [.—..] **1.** study; **2.** opinion, observation; ~ *etmek* **1.** to study, to peruse; **2.** to ponder, to deliberate.
mütareke [ā] armistice, truce.
müteahhit contractor, builder.
mütecaviz [ā] **1.** exceeding; **2.** ag-

gressive.
müteessir sad, grieved; ~ *olmak* *(bşden)* **1.** to be saddened (*or* depressed) by *s.th.*; **2.** to be influenced (*or* affected) by *s.th.*
mütehassıs specialist, expert.
mütehassis touched, moved; ~ *etmek* to touch, to move; ~ *olmak* to be touched (*or* moved).
mütehayyir amazed, taken aback.
mütekabil [ā] mutual, reciprocal; ~ *dava* ⚖ cross action.
mütekabiliyet, *-ti* [ā] reciprocity.
mütekâmil mature.
mütemadi [..——] continuous.
mütemadiyen [ā] [..x..] continuously.
mütercim translator.
mütereddit, *-di* hesitant, indecisive.
müteşebbis enterprising.
müteşekkil composed *(-den* of*)*.
müteşekkir grateful, thankful.
mütevazı, *-ıı* modest, humble.
mütevelli [ī] trustee; ~ *heyeti* board of trustees.
müthiş terrible, awful, terrific, dreadful.
müttefik, *-ki* **1.** ally; **2.** allied; ~ *devletler* the allied powers, the allies.
müvekkil client.
müzakere [ā] discussion, negotiation; ~ *etmek* to discuss, to debate, to talk over.
müzayede [ā] auction; ~ *ile satış* sale by auction; *-ye koymak* to put up for auction.
müze [x.] museum.
müzelik *fig. co.* ancient, antiquated.
müzik music.
müzikal musical.
müzikçi musician.
müzikhol, *-lü* music hall.
müziksever music lover.
müzisyen musician.
müzmin chronic; ~ *bekâr* confirmed bachelor.

N

naaş, *-a'şı* corpse, body.
nabız, *-bzı* pulse; ~ *yoklamak fig.* to put out feelers; *nabzına göre şerbet vermek fig.* to feel one's way with a person.
nadas fallow; ~ *etmek* to fallow; *-a bırakmak* to leave *(the land)* fallow.
nadide [——.] rare, precious.
nadim regretful.
nadir [ā] rare, scarce.
nadiren [ā] [x..] rarely.
nafaka 1. ⚖ alimony; **2.** livelihood, means of subsistence.
nafile [ā] vain, useless.
naftalin ⚗ naphthalene.
nağme tune, melody, air; song.
nahiye [ā] subdistrict.
nahoş [ā] unpleasant, nasty.
nail [ā] who receives (*or* gains); ~ *olmak* to obtain, to attain.
naip, *-bi* [ā] regent, viceroy.
nakarat, *-tı* [..—] ♪ refrain.
nakavt, *-tı boxing:* knockout; ~ *etmek* to knock out.
nakden [x.] in cash.
nakdi pecuniary, in cash.
nakış, *-kşı* embroidery, needlework.
nakil, *-kli* **1.** transport, transfer; **2.**

narration.

nakit, *-kdi* cash, ready money.

naklen [x.] live; ~ *yayım* live broadcast *or* telecast.

nakletmek [x..] **1.** to transport, to transfer; **2.** to narrate.

nakliyat, *-tı* [..—] transport, shipment; ~ *şirketi* transport (*or* shipping *or* forwarding) company.

nakliye 1. transport, shipping; **2.** freightage; ~ *gemisi* troopship, transport; ~ *senedi econ.* waybill; ~ *uçağı* troop carrier, transport plane; ~ *ücreti* freight(age).

nakliyeci freighter, shipper; forwarding agent.

nal horseshoe; *-ları dikmek sl.* to kick the bucket, to peg out.

nalbant, *-dı* blacksmith, farrier.

nalbur iron-monger, hardwareman, hardware dealer.

nalet, *-ti F* cursed, damned; ~ *olsun!* God damn him!

nalın bath clog, patten.

nallamak to shoe *(a horse).*

nam [ā] **1.** name; **2.** fame, reputation; ~ *almak (or kazanmak)* to make a name for o.s.; *-ına* on behalf of; in s.o.'s name.

namağlup, *-bu* undefeated.

namaz prayer, namaz; ~ *kılmak* to perform the namaz, to pray; ~ *seccadesi* prayer rug; ~ *vakti* time of the namaz, prayer time.

namert, *-di* cowardly.

namlı famous.

namlu barrel *(of a rifle etc.).*

namus [——] hono(u)r; chastity, virtue; ~ *sözü* word of hono(u)r; *-una dokunmak (b-nin)* to touch *s.o.'s* hono(u)r.

namuslu [ā] hono(u)rable; chaste, virtuous.

namussuz [ā] dishonest; unchaste, unvirtuous.

namünasip [—.—.] innappropriate; unsuitable.

namütenahi [—..——] endless, boundless.

namzet candidate, nominee; ~ *göstermek* to nominate, to put forward as a candidate.

namzetlik candidacy; *namzetliğini koymak* to put o.s. forward as a candidate.

nanay *sl.* there isn't ...; *bende para* ~ I haven't a bean.

nane [ā] ⚘ mint, peppermint.

naneruhu, *-nu* [—.—.] peppermint oil.

naneşekeri, *-ni* [—....] peppermint drop.

nanik: ~ *yapmak* to cock a snook *(-e at),* to thumb one's nose *(-e at).*

nankör ungrateful, unthankful.

nar ⚘ pomegranate.

nara [—.] shout, cry; ~ *atmak* to shout out, to yell.

narenciye [ā] ⚘ citrus fruits.

nargile hookah, nargileh, hubble-bubble.

narh officially fixed price.

narin [ā] delicate, slim.

narkotik narcotic.

narkoz narcosis; ~ *vermek* to anesthetize.

nasıl [x.] how, what sort; *nasılsınız?* how do you do?, how are you?; ~ *olsa* in any case, somehow or other.

nasılsa [x..] in any case, somehow or other.

nasır corn, callus, wart; ~ *bağlamak* to become calloused; *-ına basmak (b-nin) F* to tread on *s.o.'s* toes.

nasırlanmak to become calloused.

nasırlı calloused, warty.

nasihat, *-ti* [ī] advice, counsel; ~ *etmek* to advise.

nasip, *-bi* [ī] portion, share, lot; ~ *olmak* to fall to one's lot.

naşi [——] owing *(-den to),* because *(-den of).*

naşir [ā] publisher.

natamam [—.—] incomplete.
natıka [—..] eloquence.
natır female bath attendant.
natokafa *sl.* numskull.
natüralist, *-ti* naturalist.
natürel natural.
navlun freight, freightage.
naylon [x.] nylon.
naz coyness, reluctance; ∽ *etmek* to feign reluctance, to act coy.
nazar **1.** look, glance; **2.** the evil eye; ∽ *boncuğu* blue bead, amulet; ∽ *değmesin!* Touch wood!
nazaran [x..] according *(-e to).*
nazari [ī] theoretical.
nazarlık amulet, charm.
nazım, *-zmı* verse; versification.
nazır [ā] **1.** overlooking, facing; **2.** minister.
Nazi *pr. n.* Nazi.
nazik, *-ki* [ā] **1.** polite, courteous; **2.** delicate, fragile.
nazikleşmek [ā] **1.** to become polite; **2.** to become delicate.
naziklik [ā] **1.** politeness, courtesy; **2.** delicacy.
nazlanmak *s. naz etmek.*
nazlı coy, arch; reluctant.
ne **1.** what; **2.** whatever; **3.** What a ...!, How ...!; ∽ *çıkar?* what does it matter?; ∽ *de olsa* nevertheless, still; ∽ *gibi?* what for example?, like what?; ∽ *haber?* what is the news?; ∽ *ise* in any case, anyway; ∽ *olur* ∽ *olmaz* just in case; ∽ *zaman?* when?, at what time?
nebat, *-tı* [ā] plant.
nebati [.——] vegetable; botanical; ∽ *yağ* vegetable oil.
nebülöz *ast.* nebula.
nebze bit, particle.
necat, *-tı* [ā] salvation.
nece [x.] in what language ...?
neden **1.** why?, what for?; **2.** reason, cause; ∽ *olmak* to cause, to bring about.
nedense for some reason or other, I don't know why, but ...
nedensel causal.
nedensellik causality.
nedime [ī] lady-in-waiting.
nefer ⚔ private soldier.
nefes breath; ∽ *almak* to breathe; ∽ *borusu* *anat.* windpipe, trachea; ∽*-e kalmak* to gasp for breath, to pant; ∽ *tüketmek* to waste one's breath; *-i kesilmek* to gasp for breath, to catch one's breath.
nefesli ♪ wind *(instrument).*
nefis[1], *-fsi* self.
nefis[2] excellent, choice.
nefret, *-ti* hate, hatred, abhorrence; ∽ *etmek* to hate, to detest, to abhor.
neft, *-ti* naphtha.
negatif ⩓, *phot.*, ⚡ negative.
nehir, *-hri* river.
nekahet, *-ti* [ā] convalescence.
nekes stingy, mean.
nekeslik stinginess.
nekre witty.
nektar ⚘ nectar.
neli what ... made of?
nem moisture, dampness; humidity.
nema [ā] growth.
nemelazımcı indifferent.
nemelazımcılık indifference.
nemlendirici moisturizer.
nemlendirmek to moisten; to humidify; to moisturize.
nemlenmek to become damp, to moisten.
nemli damp, humid, moist.
neon neon; ∽ *lambası* neon lamp.
nere [x.] what place, what part.
nerede [x..] where; wherever.
nereden [x..] from where, whence.
neredeyse [x...] almost, nearly; ∽ *gelirler* they'll come pretty soon.
nereli [x..] where ... from; *siz nerelisiniz?* where are you from?
nereye [x..] where, to what place; ∽ *gidiyorsunuz?* where are you going?
nergis ⚘ narcissus.

nesil, *-sli* generation; *nesli tükenmek* to die out.
nesir, *-sri* prose.
nesne **1.** thing; **2.** *gr.* object.
nesnel objective.
neşe joy, merriment; *-si yerinde* he is in good spirits.
neşelenmek to become merry, to be joyful.
neşeli merry, joyful, cheerful.
neşesiz low-spirited, out of sorts, downcast.
neşet, *-ti* origination; emergence.
neşir, *-şri* **1.** publication; **2.** dissemination, diffusion.
neşretmek [x..] **1.** to publish; **2.** to diffuse.
neşriyat, *-tı* [ā] publications.
neşter ⚕ lancet.
net, *-ti* **1.** net; **2.** clear, sharp.
netice [ī] result, consequence, outcome; *-de* in the end; *-sinde* as a result of ...
neticelenmek to end; to result.
neticesiz useless, fruitless, futile.
nevi, *-v'i* kind, sort.
nevresim protective case, eiderdown cover.
nevroz neurosis.
ney reed flute.
nezaket, *-ti* [ā] courtesy, politeness.
nezaketen [ā] [.x..] as a matter of courtesy.
nezaketli [ā] courteous, polite.
nezaketsiz [ā] discourteous, impolite.
nezaret, *-ti* [ā] **1.** supervision; **2.** surveillance; ~ *etmek* to superintend, to oversee, to supervise; *-e almak* to take into custody; to put under surveillance.
nezarethane [.—.—.] lockup, jail.
nezih [ī] decent, clean.
nezle common cold; ~ *olmak* to catch cold.
nışadır ⚗ salamoniac.
nışadırruhu, *-nu* ⚗ ammonia.
nice [x.] How many ...!, Many a ...!; ~ *yıllara!* Many happy returns of the day!
nicel quantitative.
nicelik quantity.
niçin [—.] [x.] why?, what for?
nida [ā] **1.** cry, shout; **2.** *gr.* exclamation, interjection.
nihayet, *-ti* **1.** end; **2.** at last, finally; ~ *bulmak* to come to an end, to finish, to end.
nikâh marriage, wedding; ~ *dairesi* marriage office; ~ *kıymak* to perform a marriage ceremony; ~ *şahidi* witness at a marriage.
nikâhlanmak to get married.
nikâhlı married, wedded.
nikel nickel.
nikelaj **1.** nickeling; **2.** nickel plate.
nikotin nicotine.
Nil *pr. n.* the Nile.
nilüfer [ī] ⚘ water lily.
nimet, *-ti* [ī] blessing.
nine grandmother.
ninni lullaby; ~ *söylemek* to sing a lullaby.
nisan April.
nisanbalığı, *-nı* April fool.
nispet, *-ti* **1.** proportion, ratio; **2.** spite.
nispetçi spiteful.
nispeten [x..] **1.** relatively; **2.** in comparison *(-e to)*.
nispi relative, comparative.
nişan [ā] **1.** sign, indication, mark; **2.** target; **3.** engagement; ~ *almak* to aim *(-e at)*; ~ *takmak* **1.** to put an engagement ring *(-e on)*; **2.** to pin a decoration *(-e on)*; ~ *töreni* engagement ceremony; ~ *yapmak* to have an engagement ceremony; ~ *yüzüğü* engagement ring.
nişancı [ā] sharpshooter, marksman.
nişangâh [ā] **1.** target; **2.** back sight *(of a gun)*.

nişanlamak 1. to engage, to affiance, to betroth; **2.** to take aim *(-e at).*
nişanlanma engagement.
nişanlanmak to get engaged.
nişanlı engaged, intended; fiance(e).
nişasta ⚗ starch.
nitekim [x..] as a matter of fact.
nitel qualitative.
nitelemek 1. to describe; **2.** *gr.* to qualify, to modify.
nitelik quality, characteristic.
nitelikli well-qualified.
niteliksiz of poor quality.
nitrat, *-tı* nitrate.
nitrojen ⚗ nitrogen.
niyaz [ā] entreaty, plea; ~ *etmek* to entreat, to plead.
niye why?, what for?
niyet, *-ti* intention, purpose; ~ *etmek* to intend, to aim; *-i bozuk* having evil intentions.
niyetlenmek *s. niyet etmek.*
niyetli 1. intent; **2.** who intends to fast.
nizam [ā] order, regularity; *-a sokmak* to put in order.
nizami [.——] **1.** regulative, regulatory; **2.** orderly, systematic, methodical.
nizamlı [ā] **1.** organized, orderly; **2.** lawful, legal.
nizamname [.——.] regulations, statutes.
Noel Christmas; ~ *ağacı* Christmas tree; ~ *baba* Father Christmas, *Am.* Santa Claus.
nohut, *-du* ⚘ chickpea.
noksan [ā] **1.** deficient, defective, missing; **2.** deficiency, defect, shortcoming.
nokta 1. point, dot; speck, spot; **2.** *gr.* full stop, *Am.* period; ~ *koymak* **1.** to put a full stop (*or* period); **2.** to finish, to wind up; *-sı -sına* exactly, in every way.
noktalamak to punctuate.
noktalı dotted, speckled; ~ *virgül* semicolon.
nonoş little darling, honey.
normal, *-li* normal.
Norveç *pr. n.* Norway.
Norveçli *pr. n.* Norwegian.
not, *-tu* **1.** note, memorandum; **2.** *school:* mark, grade; ~ *defteri* notebook; ~ *etmek* to note down; ~ *tutmak* to take notes; ~ *vermek* to give a grade *(-e to).*
nota [x.] ♪, *pol.* note.
noter notary public.
nöbet, *-ti* **1.** turn *(of duty);* watch *(of a sentry);* **2.** ⚕ onset, fit; ~ *beklemek* **1.** to stand guard; to keep watch; to be on duty; **2.** to await one's turn; ~ *değiştirmek* to change guard; ~ *gelmek (b-ne)* to have a fit; ~ *tutmak* to stand guard.
nöbetçi sentry, watchman; ~ *eczane* pharmacy on night-duty.
nöbetleşe by turns.
nötrleşmek to become neutral.
nötron neutron.
Nuh [ū] *pr. n.* Noah; ~ *der peygamber demez* he is as stubborn as a mule; ~ *Nebi'den kalma* out of the ark; *-un gemisi* Noah's Ark.
numara [x..] **1.** number; **2.** *(shoe etc.)* size, number; **3.** *sl.* trick, ruse; ~ *yapmak* to pretend, to fake.
numaracı *sl.* faker, poseur.
numaralamak to number.
numaralı [x...] numbered.
numune sample, model, pattern.
nur [ū] light, brilliance.
nutuk, *-tku* speech, oration, address; ~ *atmak* to sermonize.
nüans nuance.
nüfus [ū] population, inhabitants; ~ *cüzdanı* identity card; ~ *sayımı* population census.
nüfuz [ū] **1.** influence, power; **2.** penetration; ~ *etmek* to pene-

trate.

nüfuzlu [.—.] influential, powerful.

nükleer nuclear.

nüksetmek [x..] to relapse, to recur.

nükte witticism, wisecrack.

nükteci, nüktedan [a] witty.

nüsha 1. copy, specimen; **2.** issue, number *(of a magazine etc.)*.

O

o, *-nu* **1.** that; **2.** he, she, it; ~ *anda* at that moment; ~ *denli* so much, that much; ~ *gün bugün* since then, from that day on; ~ *halde* in that case, thus, so; ~ *sırada* at that straight moment; ~ *taraflı olmamak* not to pay attention to; ~ *zaman* **1.** then, after that; **2.** at that time; **3.** in that case.

oba 1. large nomad tent; **2.** nomad family; **3.** encampment.

obje object, thing.

objektif objective.

obruk *phys.* concave.

observatuvar observatory.

obstrüksiyon 1. preventing, obstruction; **2.** *sports:* blocking.

obua ♪ oboe.

obur gluttonous, greedy.

oburluk gluttony.

obüs howitzer; shell.

ocak[1] January.

ocak[2] **1.** hearth, fireplace, furnace; **2.** quarry; **3.** kiln, pit, mine; **4.** cooker, oven; **5.** family, home.

ocakçı 1. stoker; **2.** chimneysweep.

od fire.

oda room; chamber; ~ *müziği* chamber music.

odacı janitor.

odak focus.

odaklamak to focus.

odaklaşma focalization.

odaklaşmak to focalize.

odun firewood, log.

oduncu 1. woodcutter; **2.** seller of firewood.

odunkömürü, *-nü* charcoal.

odunlaşmak 1. to lignify; **2.** *fig.* to get rough, to get rude.

odunluk woodshed.

of Off!, Ugh!

ofis office, department.

oflamak to say "ugh", to breathe a sigh.

oflaz excellent, superb.

ofsayt, *-dı sports:* offside.

ofset, *-ti* offset.

oğlak[1] *zo.* kid.

Oğlak[2] *ast.* Capricorn.

oğlan 1. boy, lad; **2.** *cards:* knave; **3.** catamite.

oğlancı pederast.

oğul, *-ğlu* **2.** son; **2.** swarm of bees

oğulcuk embryo.

oğulotu, *-nu* ⚘ bee balm.

oğuz 1. young bull; **2.** honest, sincere; **3.** brave, valiant.

oh Oh! Ah!

oha [x—] *sl.* Whoa!

oje nail polish.

ok, *-ku* arrow; ~ *gibi fırlamak* to rush out of *(a place)*; ~ *yaydan çıktı fig.* the die is cast.

okaliptüs ⚘ eucalyptus.

okçu archer, bowman.

okka oka *(= 1283 g)*.

okkalı 1. large, big; **2.** heavy, weighty; ~ *kahve* large cup of

coffee.
oklava rolling pin.
okluk quiver.
oklukirpi *zo.* porcupine.
oksijen oxygen.
oksijensizlik anoxia.
oksit oxide.
oksitlemek to oxidize.
oksitlenme oxidation.
oksitlenmek to get oxidized.
okşamak 1. to stroke, to caress, to fondle, to pat; **2.** *sl.* to beat up, to thrash.
okşayıcı pleasing *(word, behave, etc.)*
oktan octane.
oktav octave.
okul school.
okuldaş schoolmate.
okullu student, pupil.
okulöncesi, *-ni* preschool.
okuma reading; ~ *kitabı* primer, reader; ~ *yitimi* word blindness, alexia.
okumak 1. to read; **2.** to study, to learn; **3.** to recite; to sing.
okumamış illiterate.
okumuş educated, learned.
okunaklı legible, readable.
okunaksız illegible.
okur reader.
okuryazar literate.
okuryazarlık literacy.
okutmak to teach, to instruct.
okutman lecturer, reader.
okuyucu 1. reader; **2.** singer.
oküler *phys.* ocular, eyepiece.
okyanus ocean.
olabilir possible.
olabilirlik possibility.
olağan usual, ordinary, common.
olağandışı, *-nı* unusual, out of the common.
olağanüstü, *-nü* **1.** extraordinary, unusual; **2.** unexpected.
olanak possibility.
olanaklı possible.
olanaksız impossible
olanaksızlaşmak to become impossible.
olanaksızlaştırmak to make s.th. impossible.
olanaksızlık impossibility.
olanca [.x.] utmost; to the full.
olası probable.
olasılı probable.
olasılık probability.
olay event, incident, happening; ~ *çıkarmak* to cause trouble, to kick up a fuss.
olaylı eventful.
olaysız uneventful.
oldu Okay!, All right!
oldubitti fait accompli.
oldukça [.x.] rather, pretty, fairly.
oldurgan *gr.* causative.
olgu phenomenon.
olgun ripe; mature.
olgunluk ripeness; maturity; ~ *çağı (or yaşı)* age of maturity.
oligarşi oligarchy.
olimpiyat, *-tı* the Olympic games, the Olympics.
olmadık [x..] unheard-of, unprecedented.
olmak, *(-ur)* **1.** to be, to exist; to become; **2.** to hapen, to occur, to take place; **3.** to ripen; to mature; **4.** to catch *(disease)*; **5.** to suit, to fit; **6.** to be cooked; **7.** to lose, to be bereft *(-den of)*; *ola ki* let's say ...; *olan biten* everything that took place; *olan oldu* it is too late now, there is nothing to do; *oldum olası* as long as s.o. remembers, always; *olsa olsa* at (the) most; *olur olmaz* **1.** ordinary, whatsoever; **2.** unnecessary, unimportant.
olmamış unripe.
olmayacak 1. impossible; **2.** unseemly, unsuitable.
olmaz 1. Impossible!, That will not do!; **2.** incredible.
olmazlık *log.* absurdity.
olmuş ripe, mature.

olta [x.] fishing line; ∽ *iğnesi* fishhook.
oluk 1. gutter; **2.** groove; ∽ *gibi akmak (water, money, etc.)* to stream out, to flow in abundance.
oluklu grooved; ∽ *saç* ⊕ corrugated iron sheet.
olumlamak *log.* to affirm.
olumlu positive, affirmative; ∽ *eylem* affirmative verb; ∽ *tümce* affirmative sentence.
olumsuz negative.
olur 1. possible; **2.** All right!; ∽ *olmaz* any; ∽ *şey değil!* It's incredible!, it's impossible!; *-una bırakmak* to let s.th. take its course.
oluş 1. existence, being; **2.** formation, genesis.
oluşmak to take form, to be formed.
oluşturmak to form, to constitute.
oluşum formation, constitution.
om *phys.* ohm.
omlet, *-ti* omlette.
omur *anat.* vertebra.
omurga 1. *anat.* backbone, spine; **2.** ⚓ keel.
omurgalılar *zo.* Vertebrata.
omurgasızlar *zo.* Invertebrata.
omurilik *anat.* spinal marrow.
omuz, *-mzu* shoulder; ∽ *-a* shoulder to shoulder; ∽ *silkmek* to shrug; ∽ *vermek* **1.** to press against s.th. with shoulder; **2.** to support, to help; *-ları çökmek* to get exhausted, to get ruined.
omuzdaş *conp.* accomplice.
omuzlamak to shoulder.
omuzluk shoulder strap, epaulet.
on ten.
onamak to approve.
onar ten each, ten apiece.
onarım repair, repairs; restoration.
onarmak to repair, to restore; to mend.
onay approval, consent.
onaylamak to approve, to ratify; to certify.
onaylı approved, ratified.
onaysız unapproved; unratified; uncertified.
onbaşı, *-yı* ⨯ corporal.
onca [x.] **1.** according to him (*or* her); **2.** so many; so much.
ondalık a tenth; ten percent; ∽ *kesir* decimal fraction.
ondurmak 1. to improve; **2.** to cure; to heal.
ondüle curled, curly.
ongun 1. prosperous; **2.** happy, blessed; **3.** totem.
onikiparmakbağırsağı, *-nı anat.* duodenum.
onlar they.
onluk 1. of ten parts; **2.** ten lira piece.
onmak 1. to improve, to get better; **2.** to heal up.
ons ounce *(= 28,35 g)*
ontoloji ontoloji.
onu him, her, it.
onulmaz incurable.
onun his, her, its.
onuncu tenth.
onur hono(u)r, dignity, self-respect; *-una dokunmak (b-nin)* to hurt *s.o.'s* pride; *-una yedirememek* not to be able to stomach.
onurlandırmak to hono(u)r.
onurlu self-respecting, dignified.
onursal honorary; ∽ *üye* honorary member.
onursuz without dignity, lacking in self-respect.
onursuzluk lack of self-respect.
oosfer oosphere.
oosit, *-ti* oocyte.
opal, *-li* opal.
opera [x..] ♪ **1.** opera; **2.** opera house
operasyon operation.
operatör 1. ⊕ operator; **2.** ⚕ surgeon.
operet, *-ti* operetta.
optik 1. optics; **2.** optical.

opus opus.
ora [x.] that place.
oracıkta just over there.
orak sickle.
orakçı reaper.
oralı [x..] of that place; ∽ *olmamak* to feign indifference.
oramiral, *-li* vice-admiral.
oran 1. proportion; **2.** ratio, rate; **3.** estimate.
orangutan *zo.* orangutan.
oranlamak to calculate, to measure; to estimate.
oranlı proportional.
oransız badly proportioned.
oransızlık lack of proportion.
orantı proportion, ratio.
orantılı proportional.
orası, *-nı* that place.
ordinaryus [..x.] senior professor holding a chair in a university.
ordinat, *-tı* ⩓ ordinate.
ordino [.x.] delivery order; *econ.* certificate of ownership.
ordonat, *-tı* × supply service.
ordövr hors d'oeuvres.
ordu army.
ordubozan 1. public enemy; **2.** spoilsport.
orduevi, *-ni* officers' club.
ordugâh × military camp, encampment.
org, *-gu* ♪ organ.
organ organ.
organaktarımı transplantation.
organik organic; ∽ *kimya* organic chemistry.
organizasyon organization.
organizatör organizer.
organizma [..x.] organism.
orgazm climax.
orgeneral, *-li* × general.
orijinal, *-li* original.
orkestra orchestra, band.
orkide [.x.] orchid.
orkinos [x..] *zo.* tuna, tunny-fish.
orman forest, wood; ∽ *gibi* thick *(hair, eyebrow etc.);* ∽ *kibarı co.* rude fellow; boor.
ormancı forester.
ormancılık forestry.
ormanhorozu, *-nu* blackcock.
ormanlaşmak to become forested.
ormanlık 1. woodland; **2.** thickly wooded.
orospu prostitute, whore, harlot.
orospuluk prostitution.
orsa [x.] ⚓ the weather side, luff.
orsalamak ⚓ to hug the wind, to luff.
orta 1. middle, centre; **2.** central, middle ...; **3.** average, medium; ∽ *boy* medium size, medium length; ∽ *boylu* of medium height; ∽ *dalga phys.* medium wave; ∽ *halli* neither poor nor rich, from middle class; ∽ *malı* **1.** common property; **2.** prostitute; ∽ *şekerli* moderately sweet *(coffee);* ∽ *yaşlı* middle-aged; *-da bırakmak* to abandon, to leave in the lurch; *-da kalmak* to be left destitute; *-dan kaldırmak* to remove, to do away with; *-dan kaybolmak* to disappear, to vanish; *-ya atmak* to suggest, to bring up; *-ya çıkmak* to come to light; *-ya koymak* to put forward.
ortaç *gr.* participle.
ortaçağ the Middle Ages.
ortaderi mesoderm.
ortadirek *fig.* middle class.
Ortadoğu the Middle East.
ortaelçi minister plenipotentiary.
ortak 1. *econ.* partner; **2.** common; **3.** fellow wife; ♀ *Pazar* Common Market.
ortakçı sharecropper.
ortakkat, *-tı* ⩓ common multiple.
ortaklaşa in common, jointly.
ortaklaşacı collectivist.
ortaklaşacılık collectivism.
ortaklaşmak to enter into partnership with s.o., to become partners.

ortaklık *econ.* **1.** partnership; **2.** company, firm.
ortakulak *anat.* middle ear, tympanum.
ortakyaşama *biol.* symbiosis.
ortalama average, mean.
ortalamak 1. to reach the middle; **2.** *football:* to centre, *Am.* to center.
ortalık surroundings, the area around; ~ *kararmak* to get dark; *ortalığı birbirine katmak* to cause tumult, to make a mess; *ortalığı toplamak* to tidy up.
ortam environment, surroundings.
ortanca[1] middle child.
ortanca[2] ⚘ hydrangea.
ortaokul secondary school, junior high school.
ortaoyunu, *-nu* a theatrical genre once popular in Turkey.
ortaöğretim secondary education.
ortaparmak middle finger.
ortayuvar mesosphere.
Ortodoks Orthodox.
Ortodoksluk Orthodoxy.
ortopedi orthopedics.
ortopedik orthopedic.
oruç, *-cu* fasting, fast; ~ *açmak* to break the fast; ~ *tutmak* to fast.
oruçlu fasting.
orun office, post.
oryantal Oriental.
Osmanlı Ottoman.
Osmanlıca the Ottoman Turkish language.
osmiyum ⚗ osmium.
osurganböceği, *-ni zo.* stag beetle.
osurmak to fart, to break wind.
osuruk fart.
oşinografi *geogr.* oceanography.
ot, *-tu* **1.** herb, plant; **2.** grass; hay; **3.** weed; **4.** medicine; **5.** depilatory; **6.** fodder; **7.** *sl.* hashish; **8.** stuffed with grass *(pillow, cushion etc.)*; ~ *yoldurmak (b-ne)* to give *s.o.* a hard time, to put *s.o.* to trouble.
otağ state tent, pavilion.
otalamak to poison.
otamak to treat medically.
otantik authentic.
otarmak to pasture.
otarşi autarky.
otçul *zo.* herbivorous.
otel hotel.
otelci hotel-keeper, hotelier.
otlak pasture.
otlakçı *sl.* sponger, parasite, hanger-on.
otlamak to graze, to pasture.
otlatmak to put out to graze, to pasture.
otluk 1. pastureland; **2.** haystack.
oto auto, car.
otoban high-way, autobahn.
otobiyografi autobiography.
otobüs bus, coach.
otogar bus station, bus depot.
otokrasi autocracy.
otokrat, *-tı* autocrat.
otokritik self-criticism, autocriticism.
otolit, *-ti* otolith, ear stone.
otomasyon automation.
otomat, *-tı* **1.** automaton; **2.** flash heater.
otomatik automatic.
otomatikman automatically.
otomatikleşmek to become automatic.
otomatizm automatism.
otomobil car, automobile.
otomotiv automotive industry.
otonom autonomous.
otonomi autonomy.
otopark, *-kı* car park, parking lot.
otopsi autopsy, postmortem examination.
otorite authority.
otoriter authoritarian, bossy.
otostop, *-pu* hitchhiking; ~ *yapmak* to hitchhike, to thumb a lift.
otostopçu hitchhiker.
otoyol high-way, autobahn, motor-

way.
otçu, otsul herbaceous.
oturacak seat.
oturak 1. chamberpot; **2.** seat, bottom, foot.
oturaklı 1. *fig.* imposing, dignified *(person);* **2.** well-chosen, striking *(words)*
oturma: ~ *belgesi* residence permit; ~ *grevi* sit-down strike; ~ *odası* living room, sitting room.
oturmak 1. to sit; to sit down; **2.** to live, to dwell, to reside; **3.** to fit well; **4.** to loaf, to laze; **5.** to sink; **6.** ⚓ to run ashore; **7.** ⚗ to precipitate; **8.** to settle; **9.** *F* to cost; **10.** to come to an agreement; **11.** to take up *(a post).*
oturtmak 1. to place, to seat; **2.** to set, to mount *(jewel).*
oturum ⚖ hearing, session.
otuz thirty.
otuzuncu thirtieth.
ova plain, lowland.
oval, *-li* oval.
ovalamak 1. to grind, to rub, to crumble; **2.** to massage, to knead.
ovalık grassy land, plain.
ovmak 1. to massage, to rub, to knead; **2.** to polish.
ovogon ⚘ oogonium.
ovolit, *-ti geol.* oolite.
ovuşturmak to massage, to rub, to knead.
oy vote; ~ *birliği* unanimity; ~ *birliğiyle* unanimously; ~ *çokluğu* majority; ~ *hakkı* the right of voting; ~ *sandığı* ballot box; ~ *vermek* to vote; *-a koymak* to put to the vote.
oya pinking, embroidery.
oyalamak 1. to distract s.o.'s attention; to keep busy, to amuse; **2.** to detain.
oyalanmak to waste time, to loiter, to dawdle, to lag.
oyalayıcı amusing, diverting.
oyalı edged with embroidery.
oydaş of the same opinion, like-minded.
oylama voting.
oylamak to vote, to put to the vote.
oyluk thigh.
oylum volume.
oylumlu 1. bulk, voluminous; **2.** *fig.* large, great.
oyma 1. carving; engraving; **2.** carved; engraved.
oymacı engraver.
oymak[1] to engrave, to carve.
oymak[2] **1.** subdivision of a tribe, phratry; **2.** boy scout troop; ~ *beyi* scoutmaster.
oynak 1. frisky, restless; **2.** playful; **3.** ⊕ having much play, loose; **4.** flirtatious; fickle; **5.** *anat.* joint.
oynamak 1. to play; **2.** to dance; **3.** to perform *(a play);* **4.** to move; to vibrate.
oynaş lover, sweetheart.
oynaşmak to play with one another.
oynatmak 1. to cause to move; **2.** *fig. F* to go off one's nut, to go out of one's head.
oysa, oysaki whereas, yet, however.
oyuk 1. cavity, hole; **2.** hollow, grooved.
oyulga tacking, basting.
oyulga(la)mak to tack together, to baste together.
oyum 1. cave, cavity, hole; **2.** hollowing.
oyun 1. game; **2.** dance; **3.** *thea.* play, performance; **4.** *fig.* trick, swindle, deception; ~ *etmek (b-ne)* to play a trick on *s.o.;* ~ *kâğıdı* playing card; ~ *vermek* to lose a game; *-a çıkmak thea.* to appear on the stage; *-a gelmek* to be deceived, to be duped; *-a getirmek* to deceive, to dupe, to swindle; *-u almak* to win the game;

Bizans -nu trick, fraud, wile, intrigue.
oyunbaz 1. playful; **2.** deceitful; swindler.
oyunbozan spoil-sport, kill-joy.
oyunbozanlık: ~ *etmek* to be a spoil-sport.
oyuncak 1. toy, plaything; **2.** *fig.* child's play, easy job.
oyuncakçı maker *or* seller of toys.
oyuncu 1. player; **2.** dancer; **3.** actor; actress.
oyunevi, *-ni* theatre, *Am.* theater.
oyuntu hollow, hole, cavity.
ozalit Ozalid.
ozan poet; wandering minstrel, bard.
ozon ⚗ ozone.

Ö

öbek heap, pile, mount; group; ~ ~ in heaps, in crowds.
öbür [x.] the other; ~ *dünya* the next world, the hereafter; ~ *gün* the day after tomorrow; ~ *hafta* the week after next.
öbürü, öbürkü the other one.
öcü ogre, bogyman.
öç, *-cü* revenge, vengeance; ~ *almak* to get revenge.
öd, *-dü* gall, bile; *-ü patlamak* to be frightened to death, to be scared out of one's wits; *-ünü koparmak (or patlatmak)* to frighten to death, to scare s.o. out of his wits.
ödağacı, *-nı* ⚘ agalloch tree.
ödem ⚕ edema.
ödeme payment, disbursement; ~ *emri* ⚖ default summons, writ of execution; ~ *kabiliyeti* solvency; *-lerin tatili* suspension of payment.
ödemek 1. to pay, to disburse; **2.** to indemnify.
ödemeli cash on delivery, *Am.* collect; *teleph.* with reversed charges.
ödenek appropriation, allowance, allotment.
ödenti fees, dues.
ödeşmek to settle accounts with one another.
ödev 1. homework; **2.** duty, obligation.
ödkesesi, *-ni* gall bladder.
ödlek cowardly, timid.
ödül reward, prize.
ödüllendirmek to reward, to award.
ödün concession; ~ *vermek* to make a concession.
ödünç, *-cü* **1.** loaned, lent; **2.** borrowed, on loan; ~ *almak* to borrow; ~ *vermek* to lend.
öf Phew!, Ugh!
öfke anger, rage, fury; ~ *baldan tatlıdır* it is to shout at when you are angry; ~ *topuklarına çıkmak (b-nin)* to fill with great rage; *-si burnunda* hot-headed; *-sini çıkarmak (b-den)* to vent one's anger on *s.o.*; *-sini yenmek* to control one's temper, to get hold of o.s.
öfkelendirmek to anger, to infuriate.
öfkelenmek to get angry.
öfkeli angry, furious.
öğe element.
öğle noon; ~ *yemeği* lunch; *-den sonra* in the afternoon.
öğlende, öğleyin at noon.
öğrenci student, pupil.
öğrenim education.

öğrenmek 1. to learn; **2.** to hear.
öğrenmelik scholarship.
öğreti doctrine.
öğretici educational, didactic, instructive.
öğretim instruction, education; ~ *görevlisi* lecturer, teaching assistant; ~ *üyesi* faculty member; ~ *yılı* school year.
öğretmek to teach, to instruct.
öğretmen teacher; ~ *okulu* teachers training school.
öğretmenlik teaching.
öğün meal.
öğür 1. of the same age; **2.** familiar, intimate; **3.** used to, accustomed to; **4.** group, class, party; ~ *olmak* to get used to, to get very familiar with.
öğürmek to retch.
öğürtü retching.
öğüt, *-dü* advice, counsel; ~ *vermek* to advise.
öğütlemek to advise, to counsel.
öğütmek to grind.
öğütücüdiş molar.
öhö coughing sound.
ökçe heel.
ökse birdlime.
öksürmek to cough.
öksürük cough.
öksüz motherless, orphan.
öksüzlük orphanhood.
öküz 1. *zo.* ox; **2.** *fig.* dull, stupid, oaf; ~ *gibi* stupid, blockhead; ~ *gibi bakmak* to stare like a fool; ~ *trene bakar gibi bakmak* to stare stupidly; *-e boynuzu yük olmaz (or ağır gelmez)* it is not a burden to help one's friends; *-ün altında buzağı aramak* to hunt for s.th. in the most unlikely place.
öküzbalığı, *-nı zo.* walrus.
öküzburnu, *-nu zo.* hornbill.
öküzdili, *-ni* ⚘ bugloss.
öküzgözü, *-nü* arnica.
öküzlük *fig.* incredible stupidity.
ölçek measure, scale.
ölçmek, *(-er)* **1.** to measure; **2.** *fig.* to weigh.
ölçü 1. measure; measurement; **2.** *fig.* moderation; **3.** ♪ time; **4.** *poet.* metre.
ölçülü 1. measured; **2.** *fig.* moderate, temperate.
ölçüm measure; measuring.
ölçümlemek 1. to reason out; **2.** to evaluate.
ölçüsüz 1. immeasurable; **2.** *fig.* immoderate.
ölçüşmek *(b-le)* to compete (*or* grapple) with *s.o.*
ölçüt, *-tü* criterion.
öldürmek to kill, to murder, to slay.
öldürücü mortal, fatal, deadly, lethal.
ölesiye excessively, intensely.
ölgün withered, shrivelled, faded.
ölmek, *(-ür)* **1.** to die; **2.** to fade, to wither; ~ *var dönmek yok* to come hell or high water; *ölüp ölüp dirilmek* to sweat blood; *ölür müsün öldürür müsün?* to be between the rock and hard place.
ölmez immortal, eternal.
ölmüş dead.
ölü 1. dead; **2.** corpse; **3.** lifeless, feeble; ~ *açı* × dead angle; ~ *dalga* low wave, swell; ~ *deniz* swell; ~ *fiyatına* dirt cheap; ~ *mevsim* dead season; ~ *nokta* dead point *(a.* × *)* ~ *veya sağ* dead or alive; *-yü güldürür* very funny.
ölük weak, feeble.
ölüm death, decease; ~ *cezası* capital punishment; ~ *döşeği* deathbed; ~ *kalım meselesi* matter of life or death; *-le burun buruna gelmek* to have a close brush with death; *-üne susamak* to court death.
ölümcül fatal, mortal.
ölümlü mortal.
ölümsüz immortal.

ölümsüzlük immortality.
ömür, *-mrü* **1.** life; **2.** *fig.* amusing, pleasant; ~ *adam* a fine fellow; ~ *boyunca* all one's life; ~ *çürütmek* to spend one's time and energy in vain; ~ *geçirmek* to live, to spend one's life; ~ *tehlikesi* danger of life; ~ *törpüsü* a long and exhausting job.
ömürlü long-lived.
ömürsüz short-lived.
ön 1. front; **2.** foremost; ~ *ayak olmak* to take the lead, to initiate; *-e sürmek* to suggest, to propose; to put forward; *-üne geçmek* to prevent, to avert.
önad *gr.* adjective.
önce [x.] **1.** first, at first; **2.** before, previously; **3.** ago; **4.** prior to.
önceden [x..] at first, beforehand.
önceki previous, former.
önceleri [x...] formerly, previously.
öncelik priority.
öncelikle first of all.
öncesiz eternal.
öncesizlik past eternity.
öncü × vanguard, pioneer.
öncül *phls.* premise.
öncülük leadership.
öndamak *anat.* palate.
öndelik *econ.* payment in advance.
önder leader, chief.
önderlik leadership.
öndeyiş prologue.
önek *gr.* prefix.
önem importance, significance; ~ *vermek* to consider important, to esteem.
önemli important.
önemsemek to consider important.
önemsiz unimportant, insignificant.
önemsizlik unimportance, insignificance.
önerge proposal, motion.
öneri offer, suggestion.
önermek to propose, to suggest, to offer.
öngörmek to keep in mind, to consider.
öngörü far-sightedness.
öngörülü foresighted.
öngün eve.
önkol *anat.* forearm.
önlem precaution, measure, step.
önlemek to prevent, to avert.
önleyici preventive.
önlük 1. apron; **2.** pinafore.
önseçim primary election.
önsezi presentiment, foreboding.
önsöz preface, foreword.
öntasarı preliminary draft.
önyargı prejudice.
önyargılı prejudiced.
önyüzbaşı, *-yı* × senior captain.
öpmek, *(-er)* to kiss.
öpücük kiss.
öpüşmek to kiss one another.
ördek 1. *zo.* duck; **2.** urinal *(for using in bed).*
ördekbaşı, *-nı* greenish-blue.
ördekgagası, *-nı* reddish-yellow.
ördürmek to have s.th. knitted.
öreke distaff.
ören ruins.
örf custom, common law.
örfi [ī] customary, conventional.
örgen *biol.* organ.
örgü 1. knitting; **2.** plait, braid; ~ *şişi* knitting-needle.
örgüt, *-tü* organization.
örgütlemek to organize.
örgütlenmek to be organized.
örme knitted; plaited.
örmek, *(-er)* **1.** to knit; to plait; **2.** to braid, to plait *(hair);* **3.** to build *(wall);* to lay *(bricks).*
örneğin for example, for instance.
örnek 1. example; **2.** sample, specimen; **3.** pattern, model; ~ *almak (b-den)* to take *s.o.* as one's model, to take a lesson from *s.o.;* ~ *olmak* to be a model; *örneğini çıkarmak* to make a copy of.

örneklemek to exemplify.
örs anvil.
örselemek **1.** to mistreat, to abrade, to spoil; **2.** to weaken.
örtbas: ~ *etmek* to suppress, to hush up.
örtmek, *(-er)* **1.** to cover; **2.** to conceal, to mask; **3.** to shut, to close.
örtü cover, wrap.
örtülü **1.** covered, wrapped up; **2.** closed, shut; **3.** concealed; ~ *ödenek* discretionary fund.
örtünmek to cover o.s.; to veil o.s.
örtüsüz uncovered.
örü **1.** plaited (*or* knitted) work; **2.** mending, repair.
örücü mender, darner.
örümcek *zo.* spider; ~ *ağı* cobweb; ~ *kafalı* *fig.* stone-conservative, reactionary, die-hard.
örümcekkuşu, *-nu* *zo.* shrike.
örümceklenmek to get covered with cobwebs.
östaki: ~ *borusu* *anat.* Eustachian tube.
öşür, *-şrü* tithe.
öte **1.** the further side; **2.** further, beyond; **3.** the rest; *-de beride* here and there; *-den beri* from of old, at all times; *-den beriden* from here and there, from this and that; *-si berisi* one's goods and possessions; *-ye beriye* here and there.
öteberi this and that, various things.
öteki, *-ni* the other.
ötleğen *zo.* warbler.
ötmek, *(-er)* **1.** *(bird)* to sing; *(cock)* to crow; **2.** to echo, to resound; to ring.
öttürmek to blow *(whistle).*
ötücü that sings habitually *(bird);* ~ *kuş* songbird.
ötürü because of, by reason of, on account of.
ötüş way of singing.
ötüşmek *(birds)* to sing at the same time.
öveç two or three-year old ram.
övendire oxgoad.
övgü praise.
övgücü flatterer.
övme praising.
övmek, *(-er)* to praise, to extol.
övünç pride.
övüngen boastful, braggard.
övünmek **1.** to boast, to brag, to praise o.s.; **2.** to feel proud *(ile of);* ~ *gibi olmasın* I don't mean to boast but ...
öykü story.
öykücü **1.** story-teller; **2.** story-writer.
öykünme imitating, imitation.
öykünmek to imitate, to mimic.
öyle such, like that, so; ~ *ise* if so, in that case; ~ *olsun* all right, as you wish; ~ *ya* of course, oh yes, certainly.
öylece [x..], **öylelikle** [x...] in such a manner, thus, that way.
öylesi such, the like, that sort.
öz **1.** self; **2.** essence, kernel; **3.** pith; **4.** pure; **5.** true, real; ~ *kardeş* full brother *or* sister; *-ü sözü bir* decent, sincere.
özbağışıklık ⚕ autoimmunism.
Özbek Uzbek.
Özbekçe the Uzbek language.
Özbekistan Uzbekistan.
özbeöz real, true, genuine.
özdek matter.
özdekçilik materialism.
özden genuine, true.
özdeş identical.
özdevinim automatism.
özdeyiş maxim, epigram.
özdirenç *phys.* resistivity.
özel **1.** private, personal; **2.** special; ~ *ad* proper noun; ~ *girişim* private enterprise; ~ *okul* private school; ~ *ulak* special delivery.
özeleştiri self-criticism.
özellik special feature, peculiarity,

characteristic.

özellikle especially, particularly, specially.

özen care, pains; ~ *göstermek* to take great care, to take pains to.

özenli painstaking, careful.

özenmek to take pains; *özene bezene* carefully, painstakingly.

özenti pretented, alleged, ostensible.

özentili painstaking.

özentisiz careless.

özerk *pol.* autonomous.

özerklik *pol.* autonomy.

özet, *-ti* summary, synopsis.

özetlemek to summarize, to sum up.

özge different, unusual.

özgeci altruist.

özgecilik altruism.

özgeçmiş biography.

özgü special *(-e to),* peculiar *(-e to),* unique *(-e to).*

özgül specific; ~ *ağırlık* specific gravity.

özgün original.

özgünlük originalitly.

özgür free, independent.

özgürce freely, independently.

özgürleşmek to become free.

özgürleştirmek to free.

özgürlük freedom, liberty.

özgüven self-confidence.

özlem longing, desire, yearning.

özlemek to long for, to miss, to yearn for.

özleşmek 1. to become purified; **2.** to get ripen.

özleyiş longing, yearning.

özlü 1. marrowy, pithy; **2.** pulpy, substential.

özne *gr.* subject.

öznel *gr.* subjective.

öznelci *phls.* subjectivist.

öznelcilik *phls.* subjectivism.

öznellik subjectivity.

özsaygı self-respect.

özsel essential.

özsu juice, sap.

özümleme *biol.* assimilation.

özümlemek *biol.* to assimilate.

özür, *-zrü* **1.** excuse, apology; **2.** defect, shortcoming, infirmity; ~ *dilemek* to apologize, to ask pardon, to excuse o.s.; *özrü kabahatinden büyük* his excuse is worse than his fault.

özürlü 1. defective, flawed; **2.** handicapped.

özürsüz flawless, perfect, nondefective.

özveren self-sacrificing.

özveri self-denial, renunciation.

özverili self-denying, unselfish.

özyaşamöyküsü, *-nü* autobiography.

P

pabuç, *-cu* shoe; ~ *bırakmamak (bşe) fig.* not to be discouraged by *s.th.*; *-u dama atılmak fig.* to lose favo(u)r, to fall into discredit.

pabuççu shoemaker, cobbler.

paça 1. bottom of the trouser leg, turn-up, bottoms; **2.** trotters; *-yı kurtarmak* to elude, to evade.

paçavra [.x.] rag; *-ya çevirmek (or döndürmek)* to botch, to make a mess of.

paçavracı [.x..] ragman.

paçoz *sl.* prostitute.

padavra [.x.] shingle.

padişah [—.—] padishah, sultan, ruler.
pafta [x.] section of a map.
paha [.—] price, value; ~ *biçilmez* priceless, invaluable; ~ *biçmek* to set a value *(-e on)*, to evaluate.
pahacı charging high prices.
pahalanmak, pahalılaşmak to become expensive.
pahalı expensive, costly, dear.
pahalılık **1.** expensiveness; **2.** dearth.
pak, *-ki* [ā] clean, pure.
paket, *-ti* parcel, package; pack; ~ *etmek* to package, to wrap up.
paketlemek to package, to wrap up.
Pakistan [—.—] *pr. n.* Pakistan.
paklamak to clean.
pakt, *-tı* pact.
pala scimitar.
palabıyık handlebar moustache.
palamar ⚓ hawser; *-ı çözmek sl.* to show a clean pair of heels.
palamut, *-tu* **1.** *zo.* bonito; **2.** ⚘ valonia oak.
palan a kind of saddle.
palanga [.x.] ⚓ pulley.
palas **1.** sumptuous hotel; **2.** palace.
palaska [.x.] ⚔ cartridge belt, bandolier.
palas pandıras abruptly, pell-mell, helter-skelter.
palavra [.x.] bunk, bullshit, humbug; ~ *atmak* to talk bunk, to be full of bull.
palavracı braggart, bull-shooter.
palaz duckling, gosling.
palazlanmak **1.** to grow fat; **2.** *(child)* to grow up; **3.** *sl.* to get rich, to become lousy.
paldır küldür noisily, pell-mell, headlong.
paleontoloji paleontology.
palet, *-ti* **1.** caterpillar tread, track; **2.** flipper; **3.** *(artist's)* palette.
palmiye ⚘ palm tree.
palto [x.] coat, overcoat.
palyaço [.x.] clown, buffoon.
pamuk ⚘ cotton; ~ *ağacı* cotton tree; ~ *atmak* to fluff cotton *(with a bow and mallet)*; ~ *gibi* soft as cotton; ~ *ipliği* cotton thread; ♀ *Prenses* Snow White.
pamukbalığı, *-nı zo.* blue shark.
pamuklu cotton ...
panayır fair.
pancar ⚘ beet; ~ *kesilmek (or* ~ *gibi olmak)* to turn as red as a beetroot, to get beet red; ~ *şekeri* beet sugar.
panda *zo.* panda.
pandantif pendant.
pandispanya [..x.] sponge cake.
pandomima [..x.] pantomime.
pandül pendulum.
panel panel discussion.
pangodoz *sl.* drunkard *(old man)*.
panik panic; ~ *yaratmak* to arouse *(or* create) panic; *paniğe kapılmak* to panic.
panjur shutter.
pankart, *-tı* placard, poster, banner.
pankreas pancreas.
pano panel.
panorama panorama.
pansiyon boarding house, digs, lodgings, pension.
pansiyoner boarder, lodger.
pansuman ⚕ dressing; ~ *yapmak* to dress *(a wound)*.
panter *zo.* panther.
pantolon trousers, pants.
pantufla [.x.] felt slippers.
panzehir antidote.
papa the Pope.
papağan *zo.* parrot.
papalık the Papacy.
papara **1.** dish of dry bread and broth; **2.** *F* scolding; ~ *yemek F* to get it in the neck, to cop it.
papatya [.x.] ⚘ daisy, camomile.
papaz **1.** priest; **2.** *cards:* king; *-a*

kızıp perhiz bozmak to cut off one's nose to spite one's face.
papazlık priesthood.
papel *sl.* one Turkish lira.
papirüs papyrus.
papyebuvar blotting paper.
papyekuşe glossy paper.
papyon bow tie.
para money; ~ *babası* moneybags; ~ *basmak* to mint, to print *(money);* ~ *bozmak* to change money; ~ *canlısı* money-lover; ~ *cezası* fine; ~ *cüzdanı* wallet, billfold; ~ *çantası* moneybag, purse; ~ *çekmek* **1.** to draw money *(from a bank);* **2.** *fig.* to squeeze money out of s.o.; ~ *dökmek* to pour money *(-e into);* ~ *etmek* to be worth s.th., to be valuable; ~ *içinde yüzmek* to be wollowing in money; ~ *ile değil fig.* it is dirt cheap; ~ *-yı çeker pro.* money breeds (*or* begets) money; ~ *sızdırmak (b-den)* to squeeze money out of *s.o.;* ~ *şişkinliği* inflation; *-yı veren düdüğü çalar pro.* pay the piper and call the tune.
parabol, *-lü* ⩓ parabola.
parafe: ~ *etmek* to initial *(a document).*
parafin paraffin wax.
paragöz money-loving, money-grubber.
paragraf paragraph.
paralamak to tear, to rip up.
paralanmak 1. to wear o.s. out; **2.** *F* to get money, to become lousy.
paralel parallel.
paralelkenar parallelogram.
paralı 1. rich, well-heeled; **2.** requiring payment; ~ *asker* mercenary; ~ *yol* turnpike, toll road.
parametre ⩓ parameter.
paramparça [.x..] all in pieces, in tatters, smashed to bits.
parantez parenthesis.
parapet, *-ti* ⚓ bulwarks.
parasal monetary.
parasız 1. moneyless, penniless; **2.** free, gratis.
parasızlık pennilessness, poverty.
paraşüt, *-tü* parachute.
paraşütçü parachutist.
paratifo ⚕ paratyphoid.
paratoner lightning rod *or* conductor.
paravana folding screen.
parazit, *-ti* **1.** *biol.* parasite *(a. fig.);* **2.** ⊕ interference, static; jamming.
parça piece, bit, fragment; ~ *başına* per piece; ~ ~ in pieces.
parçacı 1. seller of piece goods; **2.** seller of spare parts.
parçalamak to tear into pieces, to break into pieces.
parçalanmak to wear o.s. out.
parçalı pieced, in parts; ~ *bulutlu* cloudy in patches.
pardesü, pardösü overcoat.
pardon pardon me, excuse me.
pare [ā] piece, bit.
parfüm perfume.
parıldamak to gleam, to glitter, to twinkle.
parıl parıl gleamingly.
parıltı gleam, glitter.
Pariš [ā] [x.] *pr. n.* Paris.
parite *econ.* parity.
park, *-kı* **1.** park; **2.** car park, *Am.* parking lot; **3.** playpen; ~ *etmek* to park; ~ *yapılmaz* no parking.
parka parka, windcheater.
parke 1. parquet, parquetry; **2.** cobblestone pavement; ~ *döşeme* parquet floor.
parkur race-course.
parlak bright, brilliant.
parlaklık brightness, brilliance.
parlamak 1. to shine, to glisten, to gleam; **2.** *fig.* to flare up.
parlamenter 1. member of parliament; **2.** parliamentary.
parlamento parliament.

parlatmak to polish, to burnish, to rub up.
parmak finger; toe; ~ *basmak* **1.** to put one's thumbprint *(-e on);* **2.** to draw attention *(-e to);* ~ *emmek* to suck one's finger; ~ *hesabı* counting on the fingers; ~ *ısırmak* to be dumbfounded, to be taken aback; ~ *izi* fingerprint.
parmakçı *fig.* agitator.
parmaklamak **1.** to eat with one's fingers; **2.** to finger.
parmaklık railing, balustrade; banisters.
parodi parody.
parola [.x.] password, watchword.
pars *zo.* leopard.
parsa [x.] money, collection.
parsel plot, lot.
parsellemek to subdivide.
parşömen parchment, vellum.
partal shabby, worn-out.
parter *thea.* parterre.
parti **1.** party *(a. pol.);* **2.** *econ.* consignment *(of goods);* **3.** game, match; ~ *vermek* to give a party.
partici *pol.* party member.
partisip, *-pi gr.* participle.
partisyon ♪ full score.
partizan partisan.
partizanlık partisanship.
parya outcast, pariah.
pas[1] **1.** rust, corrosion, tarnish; **2.** fur *(on the tongue);* ~ *tutmak* to rust, to corrode, to tarnish; ~ *tutmaz* rustproof.
pas[2] *sports, cards:* pass; ~ *vermek sl. (woman)* to give the glad eye.
pasaj **1.** passage; **2.** arcade with shops.
pasak dirt, filth.
pasaklı dirty, filthy; slovenly.
pasaport, *-tu* passport; ~ *çıkartmak* to have a passport taken out; *-unu eline vermek fig.* to give s.o. the boot *(or* the bullet).
pasif passive.
paskal funny, clownish.
paskalya [.x.] Easter.
paslanmak to rust, to corrode, to tarnish.
paslanmaz rustproof, noncorrodible; ~ *çelik* stainless steel.
paslaşmak *sports:* to pass the ball to each other.
paslı rusty.
paso [x.] pass.
paspas doormat.
paspaslamak to mop.
pasta [x.] cake, pastry.
pastacı maker *or* seller of pastry.
pastane [.—.] pastry shop.
pastel pastel.
pastırma pastrami; ~ *yazı* Indian summer.
pastil pastille, lozenge, cough drop.
pastoral pastoral.
pastörize pasteurized; ~ *etmek* to pasteurize.
paşa pasha.
pat Bam!, Whop!, Thud!; ~ *diye* with a thud.
patak *F* beating, hiding.
pataklamak to beat, to thrash, to spank.
patates [.x.] ⚘ potato.
patavatsız indiscreet, tactless.
paten **1.** ice skate; **2.** *(a. tekerlekli ~)* roller skate.
patent, *-ti* **1.** patent; **2.** ⚓ bill of health.
patentli patented.
patırdamak to patter, to clatter.
patırtı **1.** patter, clatter; **2.** tumult, disturbance; ~ *çıkarmak* to make a row, to raise a ruckus; *-ya pabuç bırakmamak* not to be scared off by empty threats; *-ya vermek* to put into confusion.
patik bootee.
patika [.x.] path, track, trail.
patinaj **1.** ice skating; **2.** *mo* skidding, slipping; ~ *yapmak* *m* to skid, to slip; ~ *zinciri* anti-s chain.

patiska [.x.] cambric.
patlak 1. burst; **2.** *mot.* puncture; ~ *gözlü* popeyed, bugeyed; ~ *vermek (war etc.)* to break out.
patlama explosion.
patlamak 1. to explode, to burst, to blow up; **2.** *(war etc.)* to break out; **3.** *F* to cost.
patlamalı: ~ *motor* ⊕ internal-combustion engine.
patlangaç popgun.
patlatmak 1. to blast, to blow up, to explode; **2.** to crack *(joke)*; **3.** to hit, to slap, to land, to plant *(blow)*.
patlayıcı explosive.
patlıcan ⚘ aubergine, *Am.* eggplant.
patoloji pathology.
patrik patriarch.
patron 1. boss, employer; **2.** *(tailor's)* pattern.
pattadak suddenly, all of a sudden.
pavurya [.x.] *zo.* hermit crab.
pavyon 1. night club; **2.** pavilion.
pay 1. share, portion, lot; **2.** ⩓ numerator; **3.** *tailoring:* margin; ~ *etmek* to share, to divide; ~ *vermek* to answer back, to sass; *-ını almak* **1.** to get one's share; **2.** to be scolded, to get told off.
payanda [.x.] prop, support, shore; ~ *vurmak* to prop up, to shore; *-ları çözmek* to run away, to beat it.
payda ⩓ denominator.
paydaş shareholder.
paydos [x.] break, recess, rest; ~ *etmek* to stop working, to knock off.
paye rank.
payidar permanent, constant; ~ *olmak* to be permanent, to last.
paylamak to scold, to rebuke, to tell off.
paylaşmak to share.
paytak knock-kneed, bandy-legged; ~ ~ *yürümek* to waddle.
payton phaeton.
pazar 1. market, bazaar; **2.** Sunday; ~ *günü* on Sunday; ~ *kurmak* to set up an open market; ~ *tatili* Sunday rest; ~ *yeri* market place; *-a çıkarmak* to put up for sale, to put on sale.
pazarbaşı, *-nı* warden of a market.
pazarcı seller in a market.
pazarlama marketing.
pazarlamacı marketing expert; commercial traveller.
pazarlamak to market.
pazarlık bargain, haggle; ~ *etmek* to bargain, to haggle.
pazartesi, *-yi* [.x..] Monday.
pazen [ā] flannel.
pazı[1] ⚘ chard.
pazı[2] *anat.* biceps.
pazıbent, *-di* armband, armlet.
pazval *(shoemaker's)* knee-strap.
peçe veil.
peçelemek *fig.* to camouflage.
peçeli veiled.
peçete napkin, serviette.
pedagog pedagogist.
pedagoji pedagogics.
pedal pedal, treadle.
peder father.
pederşahi patriarchal.
pedikür pedicure.
pehlivan wrestler.
pejmürde shabby, worn-out.
pek, *-ki* **1.** very, extremely; **2.** hard, firm; **3.** swiftly; ~ *çok* very much; ~ *gözlü* courageous, bold; ~ *yürekli* hardhearted; ~ *yüzlü* shameless, brazen.
pekâlâ [x––] all right, okay, very well.
peki [x.] *s. pekâlâ.*
pekin certain.
pekişmek 1. to harden; **2.** to strengthen.
pekiştirmek to stregthen, to consolidate, to reinforce, to intensify.

peklik constipation; ~ *çekmek* to be constipated.
pekmez grape molasses.
peksimet, *-ti* hardtack, zwieback.
pelerin cape, cloak.
pelesenk, *-gi* balm, balsam.
pelikan *zo.* pelican.
pelin ⚘ wormwood.
pelit, *-ti* ⚘ valonia.
pelte jelly, gelatine.
peltek lisping.
peltekleşmek to lisp.
pelteklik lisp.
pelteleşmek to gel.
pelür onionskin.
pelüş plush.
pembe pink; ~ *görmek fig.* to see through rose-colo(u)red spectacles.
pembeleşmek to turn pink.
pembemsi pinkish.
penaltı, *-yı sports:* penalty.
pencere [x..] window.
pençe 1. paw, claw; **2.** sole *(of a shoe);* ~ *vurmak* to sole *(a shoe).*
pençelemek 1. to paw, to claw; **2.** to sole *(a shoe).*
pençeleşmek *fig.* to struggle, to grapple.
penguen *zo.* penguin.
penisilin penicillin.
pens[1] **1.** pliers; **2.** pleat.
pens[2] pence.
pense [x.] pliers.
pentatlon *sports:* pentathlon.
pepe stammerer, stutterer.
pepelemek to stutter, to stammer.
pepelik stutter.
perakende [ā] retail.
perakendeci [ā] retailer.
perçem bangs; tuft of hair.
perçin rivet.
perçinlemek 1. to rivet, to clench; **2.** *fig.* to consolidate.
perdah polish, glaze; gloss.
perde 1. curtain; **2.** *thea.* act; **3.** screen; **4.** ♪ pitch; **5.** ⚕ cataract; ~ *arası* interval, intermission; ~ *arkası fig.* the hidden side *(of a matter);* ~ *arkasından fig.* behind the scenes, backstage.
perdelemek *fig.* to conceil, to veil.
perdeli 1. curtained; **2.** *thea.* having ... acts; **3.** ♪ fretted; **4.** *zo.* webbed.
perende [.x.] somersault, flip; ~ *atmak* to somersault, to turn a somersault.
performans performance.
pergel pair of compasses; *-leri açmak F* to take long steps, to shake a leg.
perhiz diet; ~ *yapmak* to diet; *-i bozmak* to violate one's diet.
peri fairy.
peribacası, *-nı geol.* earth pillar, demoiselle.
periskop, *-pu* periscope.
perişan [.—–] perturbed, upset, wretched.
perma perm, permanent.
permi *econ.* permit.
peroksit ⚗ peroxide.
peron 🚂 platform.
personel personnel, staff.
perspektif perspective.
perşembe Thursday.
peruka wig.
pervane [ā] **1.** propeller; screw; **2.** fanner; **3.** *zo.* moth.
pervasız [ā] fearless, unafraid.
pervaz [ā] cornice, fringe.
pes[1]**:** ~ *demek* to give up, to submit, to say "uncle".
pes[2] low, soft *(voice).*
pespaye [ā] vulgar, despicable.
pestil pressed and dried fruit pulp; ~ *gibi olmak fig.* to be too tired to move, to be bushed; *-i çıkmak fig.* to be worn to a frazzle, to be dog-tired; *-ini çıkarmak (b-nin) fig.* to beat *s.o.* to a pulp.
peş the back, the rear; *-i sıra* right behind; *-inde koşmak* to run after; *-inden gitmek (b-nin) fig.* to follow in the footsteps of *s.o.; -ine*

düşmek to run after, to be after s.th.; *-ine takılmak (b-nin)* to tail after *s.o.*, to follow *s.o.* around.

peşin **1.** paid in advance; ready *(money);* **2.** in advance, beforehand; ~ *almak* to buy for cash; ~ *hüküm (or yargı)* prejudgement; ~ *para* cash, ready money; ~ *söylemek* to tell in advance, to prognosticate.

peşinat [.—] downpayment; advance payment.

peşkir **1.** (table) napkin, serviette; **2.** (hand) towel.

peşrev ♪ overture, prelude.

peştamal loincloth, bath towel.

petek honeycomb; ~ *balı* honey in the comb.

petekgöz compound eye *(of insects).*

petrokimya petrochemistry.

petrol, *-lü* petroleum, oil; ~ *kuyusu* oil well.

petrolcü oilman.

petunya [.x.] ⚘ petunia.

pey earnest money, deposit.

peydahlamak **1.** to give birth to, to sire; **2.** to acquire, to pick up.

peyderpey bit by bit, little by little.

peygamber prophet.

peygamberlik prophethood.

peyk, *-ki* satellite.

peyke wooden bench.

peylemek to reserve, to book, to engage.

peynir cheese.

peynirli: ~ *sandviç* cheese sandwich.

peyzaj landscape.

pezevenk, *-gi* pimp, procurer.

pıhtı clot.

pıhtılaşmak to clot, to coagulate.

pılı pırtı **1.** junk, trash, traps; **2.** belongings, bag and baggage.

pınar spring.

pır whir; ~ *diye uçtu* it whirred away.

pırasa [.x.] ⚘ leek.

pırıldak signal lantern; heliograph.

pırıldamak to gleam, to glitter.

pırıl pırıl **1.** brightly; **2.** spick-and-span.

pırıltı gleam, glitter.

pırlak lure, decoy.

pırlamak **1.** to whir away; **2.** *fig.* to take to one's heels.

pırlangıç, *-cı* humming-top.

pırlanta [.x.] brilliant; ~ *gibi F* top-notch, first-rate.

pırtık torn, ragged.

pısırık fainthearted, shy, diffident.

pıtırdamak to patter.

pıtırtı patter.

piç **1.** bastard; **2.** *fig.* offshoot, sucker.

pide [x.] pizza-like bread.

pijama [.x.] pyjamas, *Am.* pajamas.

pik ⊕ cast *or* pig iron.

pikap **1.** record player; **2.** pickup truck.

pike[1] piqué.

pike[2] ✈ nosedive.

piknik picnic.

pil battery.

pilaki [.x.] stew of beans with oil and onions.

pilav rice.

piliç, *-ci* chick, pullet, broiler.

pilot, *-tu* pilot.

pim ⊕ pin, gudgeon.

pineklemek to doze, to slumber.

pingpong ping-pong, table tennis.

pinti miserly, stingy.

pintileşmek to get stingy.

pintilik stinginess.

pipet, *-ti* ⚗ pipette.

pipo [x.] pipe; ~ *içmek* to smoke a pipe; ~ *tütünü* pipe tobacco.

piramit, *-di* pyramid.

pire *zo.* flea; ~ *için yorgan yakmak* to cut off one's nose to spite one's face; *-yi deve yapmak* to make a mountain out of a molehill.

pirelenmek 1. to become flea-ridden; **2.** *fig.* to smell a rat.

pirinç[1], *-ci* brass.

pirinç[2], *-ci* ♀ rice.

pirzola cutlet, chop.

pis 1. dirty, filthy, foul; **2.** obscene, foul; ~ *kokmak* to stink; ~ *koku* stink; ~ ~ *bakmak* to leer *(-e at)*; ~ ~ *gülmek* to grin, to chuckle.

pisboğaz greedy, gluttonous.

pisi pussycat, kitty.

pisibalığı, *-nı zo.* plaice.

pisipisi pussycat, kitty.

piskopos bishop.

pislemek to dirty, to foul, to soil.

pislenmek to get dirty.

pisletmek to dirty, to foul, to soil.

pislik dirt, filth.

pissu sewage.

pist, *-ti* **1.** running track; **2.** ✈ runway; **3.** dance floor.

piston ⊕ piston.

pistonlu ⊕ having a piston.

pisuar urinal.

pişik heat rash, prickly heat.

pişirmek 1. to cook; to bake; **2.** to fire *(pottery)*; **3.** to learn well.

pişkin 1. well-cooked, well-done; **2.** *fig.* thick-skinned, brazen.

pişkinlik 1. indifference to criticism; **2.** experience; maturity.

pişman [a] regretful, remorseful, penitent; ~ *olmak* to repent, to regret.

pişmaniye candy made of sugar, oil and flour.

pişmanlık [a] regret, remorse, penitence, repentance.

pişmek, *(-er)* **1.** to be cooked; **2.** to ripen, to mature; **3.** *(pottery)* to be fired; **4.** to become worldly-wise; *pişmiş aşa soğuk su katmak fig.* to throw (*or* pour) cold water on; *pişmiş kelle gibi sırıtmak* to grin like a Cheshire cat.

pişti a card game.

piştov pistol.

piton *zo.* python.

pitoresk, *-ki* picturesque.

piyade [a] ⚔ infantryman, foot soldier.

piyango [.x.] lottery; ~ *çekmek* to draw a lottery ticket; ~ *vurmak* to win in a lottery.

piyanist, *-ti* pianist.

piyano [.x.] piano.

piyasa [.x.] **1.** the market; **2.** the market price; **3.** promenading; *-ya çıkarmak* to put on the market; *-ya çıkmak* **1.** to come on the market; **2.** to go out for a stroll; *-ya düşmek* **1.** to be on the market in abundance; **2.** *fig.* to go on the streets.

piyaz bean salad.

piyes *thea.* play.

piyon *chess:* pawn.

pizza pizza.

plaj beach, plage.

plak record.

plaka [x.] *mot.* license plate, number plate.

plaket, *-ti* plaque.

plan plan, scheme; ~ *kurmak* to plan, to scheme.

plançete [.x.] plane table.

plankton plankton.

planlamak to plan.

planlı planned.

planör glider.

planörcü glider pilot.

planörcülük gliding.

plantasyon plantation.

planya [x.] carpenter's plane.

planyalamak to plane.

plasman *econ.* investment.

plaster adhesive tape, plaster.

plastik plastic; ~ *sanatlar* the plastic arts; ~ *tutkal* plastic glue.

platform platform.

platin 1. platinum; **2.** *mot.* points.

plato plateau.

platonik platonic.

plazma plasma.

pli pleat.
poca ⚓ leeward.
podüsüet, *-ti* suede.
podyum podium, platform.
pofurdamak to puff, to snort.
poğaça [.x.] flaky pastry.
pohpoh flattery.
pohpohlamak to flatter.
poker poker.
polarma *phys.*, ⚗ polarization.
polarmak *phys.*, ⚗ to polarize.
polemik polemic.
poliçe 1. *econ.* bill of exchange, draft; **2.** insurance policy.
poligami polygamy.
poligon 1. polygon; **2.** × gunnery range.
poliklinik polyclinic.
polis 1. the police; **2.** policeman.
polisiye detective ...; ~ *film* detective movie; ~ *roman* detective novel, whodunit.
polislik policemanship.
politik political.
politika 1. politics; **2.** policy.
poliyester polyester.
polo polo.
Polonya [.x.] *pr. n.* Poland.
Polonyalı *pr. n.* Polish; Pole.
pomat ⚕ pomade.
pompa [x.] pump.
pompalamak to pump.
pompon pompom.
poplin poplin.
pop (müzik) pop (music).
popo bottom, buttocks, fanny.
popüler popular.
pornografi pornography.
porselen porcelain.
porsiyon helping, portion *(of food).*
porsuk *zo.* badger.
portakal orange.
portatif portable, movable, collapsible.
Portekiz *pr. n.* Portugal.
portföy wallet, billfold.
portmanto hatstand.
portör ⚕ carrier.
portre portrait.
posa [x.] residue, bagasse.
posbıyık having a bushy moustache.
post, *-tu* **1.** skin, hide; **2.** *fig.* office, post; ~ *elden gitmek* to be killed (*or* bumped off); ~ *kapmak* to get an office; ~ *kavgası* struggle over official positions; *-u kurtarmak* to save one's skin; *-u sermek fig.* to outstay one's welcome.
posta [x.] **1.** post, mail; **2.** postal service; **3.** crew, team; **4.** time, turn; **5.** × orderly; ~ *havalesi* postal money order; ~ *pulu* postage stamp; *-ya vermek* to post, to mail.
postacı [x..] postman, mailman.
postal × combat boot.
postalamak to post, to mail.
postane [å] post office.
postrestant, *-tı* poste restante, general delivery.
poşet, *-ti* pochette.
pot, *-tu* pucker, wrinkle; ~ *kırmak fig.* to put one's foot in it, to drop a brick, to blunder.
pota [x.] ⚗ crucible.
potansiyel potential.
potas ⚗ potash.
potasyum ⚗ potassium.
potin boot.
potpuri ♪ medley, potpourri.
potur baggy knickers.
poyra [x.] ⊕ hub *(of a wheel).*
poyraz northeast wind.
poz 1. pose; **2.** *phot.* exposure; ~ *vermek* to pose.
pozitif positive.
pozometre [..x.] *phot.* exposure (*or* light) meter.
pöf Phew!, Ugh!
pörsük withered, wizened, flaccid.
pörsümek to wizen, to wither, to shrivel up.
pösteki sheepskin; ~ *saymak fig.* to be engaged in a tedious task;

-sini çıkarmak (or sermek) fig. to beat to death; *-yi sermek fig.* to outstay one's welcome.
pranga [x.] fetters, irons, shackles; *-ya vurmak* to shackle, to fetter.
pratik 1. practical; handy; **2.** practice; ~ *yapmak* to practise, *Am.* to practice.
pratikleşmek to become practical.
pratisyen hekim ⚕ general practitioner.
prelüd ♪ prelude.
prens prince.
prenses princess.
prensip, *-bi* principle.
prenslik princedom.
pres ⊕ press.
prestij prestige.
prezantabl presentable.
prezante etmek to introduce.
prezervatif condom, rubber.
prim premium.
priz ⚡ socket, wall plug.
prizma prism.
problem problem.
prodüktör producer.
profesör professor.
profesörlük professorship.
profesyonel professional.
profesyonellik professionalism.
profil profile.
program program(me).
programci programmer.
programlamak to program.
programlı programmed.
proje project.
projeksiyon projection.
projektör projector, searchlight, spotlight.
propaganda propaganda; ~ *yapmak* to propagandize.
propagandacı propagandist.
prospektüs prospectus.
prostat, *-tı* ⚕ prostate.
protein protein.
Protestan *pr. n.* Protestant.
protesto [.x.] protest, outcry; ~ *etmek* to protest.
protez ⚕ prosthesis.
protokol, *-lü* protocol.
protoplazma protoplasm.
prototip, *-pi* prototype.
prova [x.] **1.** *thea.* rehearsal; **2.** *typ.* proof; **3.** fitting.
pruva [x.] ⚓ bow.
psikanaliz psychoanalysis.
psikiyatri psychiatry.
psikiyatrist, *-ti* psychiatrist.
psikolog psychologist.
psikoloji psychology.
psikolojik psychological.
psikopat, *-tı* psychopath.
psikoterapi psychotherapy.
puan 1. point; score; **2.** dot.
puanlamak to grade.
puantiye dotted *(cloth).*
puding pudding.
pudra powder.
pudralamak to powder.
pudralık, pudriyer compact.
pudraşeker powdered sugar.
puf hassock, pouf, ottoman.
pufla [x.] **1.** *zo.* eider; **2.** (eider) down.
puflamak to snort.
puhu *zo.* eagle owl.
pul 1. stamp; **2.** *games:* piece, counter; **3.** ⊕ washer; nut; **4.** scale *(of a fish).*
pulcu 1. seller of stamps; **2.** philatelist.
pullamak 1. to stamp; **2.** to decorate with spangles.
pullu stamped.
pulluk plough, *Am.* plow.
punto [x.] *typ.* size, point.
pupa [x.] ⚓ stern; ~ *gitmek* **1.** to sail with the wind directly astern; **2.** *fig.* to go straight ahead; ~ *yelken gitmek* to go in full sail.
puro [x.] cigar.
pus[1] inch.
pus[2] mist, haze.
pusarık 1. misty, hazy; **2.** mirage.
puset, *-ti* baby carriage, stroller.
puslanmak to get misty *or* hazy.

puslu misty, hazy.
pusu ambush; ~ *kurmak* to lay an ambush; *-ya düşürmek* to ambush; *-ya yatmak* to lie in ambush, to lurk.
pusula [x..] **1.** ⚓ compass; **2.** memorandum, note; *-yı şaşırmak* *fig.* to be at a loss what to do, to be at sea.
puşt, *-tu* son of a bitch, bastard.
put, *-tu* **1.** idol, effigy; **2.** the cross.
putperest, *-ti* pagan, idolater.
püflemek to blow on, to puff.
püfür püfür: ~ *esmek* to blow gently, to puff.
pünez drawing pin, thumbtack.
pürçek lock, curl.
püre purée, mash.
pürtük knob.
pürüz 1. roughness; **2.** *fig.* difficulty, hitch, snag.
pürüzlenmek 1. to get uneven (*or* rough); **2.** *fig.* to get snagged up, to go awry.
pürüzlü 1. rough, uneven; **2.** *fig.* marked by snags, difficult.
pürüzsüz 1. even, smooth; **2.** *fig.* free of snags.
püskül tassel, tuft.
püskürmek 1. *(volcano)* to erupt; **2.** *(lava)* to spew out.
püskürteç atomizer, sprayer.
püskürtmek 1. to spray; **2.** × to repel, to drive back, to repulse.
püskürtü lava.
pütürlü chapped, cracked.

R

Rab, *-bbi* God, the Lord.
rabıta [—..] **1.** connection, relation, tie; **2.** conformity.
rabıtalı [—...] **1.** orderly, well-conducted; **2.** level-headed *(person);* **3.** coherent, consistent.
rabıtasız [—...] **1.** disorderly, untidy; **2.** incoherent.
raca raja(h).
radar [x.] radar.
radikal radical.
radyasyon *phys.* radiation.
radyatör radiator.
radyo radio.
radyoaktif radioactive.
radyoevi, *-ni* broadcasting station.
raf shelf; *-a koymak (or kaldırmak)* to shelve *(a. fig.).*
rafadan soft-boiled *(egg);* ~ *pişirmek* to soft-boil *(egg).*
rafine rafined; ~ *etmek* to refine.
rafineri rafinery.
rağbet, *-ti* **1.** demand; **2.** popularity; ~ *etmek* to demand; ~ *görmek* to be in demand; *-ten düşmek* **1.** to be no longer in demand; **2.** to be out of favo(u)r.
rağbetli in demand.
rağbetsiz not in demand.
rağmen [x.] in spite *(-e of).*
rahat, *-tı* **1.** comfort, ease; **2.** comfortable; **3.** easy; **4.** easygoing *(person);* **5.** × At ease!; ~ *etmek* **1.** to be at ease; **2.** to rest, to take it easy; ~ *vermemek* to annoy, to pester; *-ına bakmak* to mind one's own comfort, to see to one's pleasures; *-ını kaçırmak* to annoy, to pester, to molest.
rahatlamak to feel relieved, to become comfortable, to cheer up.
rahatlık comfort, ease.
rahatsız 1. uncomfortable; **2.** uneasy, anxious; **3.** sick, ill, unwell,

under the weather; ~ *etmek* to annoy, to bother, to disturb, to trouble; ~ *olmak* **1.** to feel uncomfortable; **2.** to be under the weather, to feel indisposed.
rahatsızlanmak to feel ill *or* unwell.
rahatsızlık **1.** discomfort; **2.** illness, sickness.
rahibe [ā] nun.
rahibelik [ā] nunhood.
rahim, *-hmi* womb, uterus.
rahip, *-bi* [ā] **1.** priest, minister; **2.** monk.
rahle low reading-desk.
Rahman [.—] the Compassionate.
rahmet, *-ti* **1.** God's mercy; **2.** *F* rain; *-ine kavuşmak* to pass away, to go to meet one's Maker.
rahmetlik the deceased, the late; ~ *olmak* to die, to pass away.
rahvan amble.
rakam figure, number; numeral, digit.
raket, *-ti* racket.
rakı raki.
rakım altitude, elevation.
rakip, *-bi* rival.
rakkas [.—] pendulum.
rakkase [.—.] belly dancer.
rakor ⊕ joint, union *(of pipers).*
raksetmek [x..] to dance.
ralli rally.
ramak, *-kı:* ~ *kalmak* to be within an ace (*or* inch) *(-e of).*
Ramazan Ramazan, Ramadan.
rampa [x.] ramp; slope.
randevu appointment, rendezvous, date; ~ *almak* to get an appointment *(-den from);* ~ *vermek* *(b-ne)* to make an appointment with *s.o.*
randevuevi, *-ni* brothel.
randıman yield, output.
randımanlı productive.
randımansız unproductive.
ranza [x.] bunk bed; berth.
rapido drawing pen.
rapor report.
raporlu on sick leave.
raptetmek [x..] to attach, to fasten.
raptiye drawing pin, *Am.* thumbtack.
raptiyelemek to thumbtack.
rasat, *-dı ast.* observation.
rasathane [..—] observatory.
rasgele [x..] haphazardly, at random; by chance.
rast: ~ *gelmek* to meet by chance, to come across, to encounter.
rastık kohl.
rastlamak *s. rast gelmek.*
rastlantı coincidence, chance.
rastlaşmak **1.** to chance upon each other; **2.** to coincide.
rasyonalizm rationalism.
rasyonel rational.
raşitizm ⚕ rickets, rachitis.
ravnt *boxing:* round.
ray rail; track; *-dan çıkmak* **1.** 🚂 to go off the rails, to jump the rails; **2.** *fig.* to go awry (*or* haywire); *-ına oturtmak* to set to rights.
rayiç, *-ci econ.* market price, current value.
rayiha [—..] fragrance.
razı [ā] content, willing; ~ *etmek* *(b-ni bşe)* to get *s.o.* to agree to *s.th.;* ~ *olmak* to consent *(-e to),* to agree *(-e to).*
re ♪ re; D.
reaksiyon reaction.
reaktör reactor.
realist, *-ti* realistic.
realite reality.
realizm realism.
reçel jam.
reçete **1.** prescription; **2.** recipe.
reçine [.x.] resin.
reçineli resinous.
redaksiyon redaction.
reddetmek [x..] **1.** to refuse, to reject, to repudiate; **2.** to disown.
redingot, *-tu* frock coat.

refah [ā] welfare, prosperity, well-being; ~ *içinde yaşamak* to live in prosperity, to be in easy circumstances.
refakat, *-ti* [.—.] accompaniment *(a.* ♪ *)*, companionship; ~ *etmek* to accompany, to escort.
refakatçi companion *(who stays with a patient while he is in hospital).*
referandum [..x.] *pol.* referendum.
referans reference.
refleks reflex.
reflektör reflector.
reform reform.
reformcu reformer.
refüj *mot.* (traffic) island.
refüze etmek to refuse.
regülatör ⊕ regulator.
rehabilitasyon ⚕ rehabilitation.
rehavet, *-ti* [ā] languor, lassitude.
rehber 1. guide; **2.** guidebook; **3.** telephone directory.
rehberlik guidance.
rehin pawn, pledge, security; *-e koymak* to pawn, to pledge, to pop.
rehine hostage.
reis [ī] head, chief.
reisicumhur president.
reislik leadership, chieftaincy.
reji *thea., cinema:* direction.
rejim 1. *pol.* regime; **2.** ⚕ diet; ~ *yapmak* to diet.
rejisör director.
rekabet, *-ti* [ā] rivalry, competition; ~ *etmek* to rival, to compete.
reklam advertisement.
reklamcılık advertising.
rekolte [.x.] *econ.* harvest, crop.
rekor record; ~ *kırmak* to break a record.
rekortmen record-breaker, record holder.
rektifiye: ~ *etmek* ⊕ to rectify.
rektör *univ.* rector, president.
rektörlük *univ.* rectorship, rectorate.
remiz, *-mzi* symbol, sign.
rencide [ī] offended, hurt, wounded; ~ *etmek* to hurt *(s.o.'s feelings).*
rençper farmer.
rende 1. grater; **2.** carpenter's plane.
rendelemek 1. to grate; **2.** to plane.
rengârenk, *-gi* colo(u)rful, multicolo(u)red.
rengeyiği, *-ni zo.* reindeer.
renk, *-gi* colo(u)r, hue; ~ *katmak fig.* to enliven, to liven up; ~ *vermemek* to keep up appearances; *-i atmak* **1.** to go pale; **2.** to fade.
renkkörü, *-nü* colo(u)r-blind.
renklendirmek *fig.* to enliven, to liven up.
renkli colo(u)red; colo(u)rful; ~ *film* colo(u)r film; ~ *televizyon* colo(u)r television.
renksemez achromatic *(lens).*
renksiz 1. colo(u)rless, uncolo(u)red; **2.** *fig.* nondescript, dull, lackluster.
repertuvar repertoire, repertory.
replik *thea.* rejoinder.
resepsiyon reception.
resim, *-smi* **1.** picture; photograph; drawing; painting; illustration; **2.** tax, duty, impost; ~ *çekmek* to take a photograph; ~ *sergisi* exhibition of pictures; ~ *yapmak* to paint; to draw.
resimci photographer.
resimlemek to illustrate.
resimli illustrated, pictorial.
resital, *-li* ♪ recital.
resmen [x.] officially, formally.
resmetmek [x..] **1.** to picture; to draw; **2.** to depict, to describe.
resmi official; formal; ~ *dil* official language; ~ *elbise* uniform; ~ *gazete* official gazette.
resmiyet, *-ti* formality, ceremony;

-*e dökmek* to officialize.
ressam painter, artist.
rest, -*ti:* ~ *çekmek fig.* to give an ultimatum, to have the last word.
restoran restaurant.
restorasyon restoration.
restore: ~ *etmek* to restore.
resul, -*lü* [ū] prophet.
reşit, -*di* [ī] adult, of age; ~ *olmak* to come of age.
ret, -*ddi* refusal, rejection.
reva [ā] suitable, worthy; ~ *görmek* to deem proper.
revaç, -*cı* demand, salability, marketability; ~ *bulmak* to be in demand; to be in vogue.
reverans curts(e)y, bow; ~ *yapmak* to curtsy *(-e to).*
revir infirmary, sick bay.
revizyon ⊕ overhaul; -*dan geçirmek* to overhaul.
revolver revolver.
revü *thea.* revue.
rey vote.
reyon department.
rezalet, -*ti* [ā] disgrace, scandal, outrage; ~ *çıkarmak* to create a scandal.
rezene ⚘ fennel.
rezerv(e) reserve.
rezervasyon reservation; ~ *yapmak* to make a reservation.
rezil [ī] disgraceful, vile, disreputable; ~ *etmek* to disgrace; ~ *olmak* to be disgraced.
rezillik [ī] disgrace, scandal.
rezistans ⚡ resistance.
rıhtım quay, pier, wharf.
rıza [ā] consent, approval, assent; ~ *göstermek* to consent; -*sını almak (b-nin)* to get *s.o.'s* consent.
rızk, -*kı* one's daily bread, food, sustenance; -*ını çıkarmak* to earn one's daily bread.
riayet, -*ti* [ā] obedience, compliance; ~ *etmek* to obey, to comply.
riayetkâr [ā] obedient.
riayetsiz [ā] disobedient.
riayetsizlik [ā] disobedience.
rica [ā] request; ~ *etmek* to request, to ask for.
rimel mascara.
ring, -*gi sports:* ring.
risale [ā] booklet, pamphlet.
risk, -*ki* risk.
ritim, -*tmi* rhythm.
rivayet, -*ti* [ā] rumo(u)r, hearsay.
riyakâr [ā] two-faced, hypocritical.
riziko [x..] risk.
robot, -*tu* robot.
roka ⚘ rocket.
roket, -*ti* rocket.
roketatar bazooka.
rol, -*lü* role; ~ *almak* to have a role (*or* part) *(in a play);* to perform; ~ *kesmek F* to put on an act, to play-act; ~ *oynamak (bşde)* to play a part in *s.th.*, to figure in *s.th.;* ~ *yapmak* = ~ *kesmek.*
rom rum.
Roma [x.] *pr. n.* Rome.
Romalı *pr. n.* Roman.
roman novel.
romancı novelist.
romantik romantic.
romantizm romance, romanticism.
Romanya [.x.] *pr. n.* Rumania.
romatizma [..x.] rheumatism.
rosto [x.] roast.
rot, -*tu mot.* rod.
rota [x.] ⚓ course.
roza [x.] rose (diamond).
rozbif roast beef.
rozet, -*ti* rosette.
römork, -*ku* trailer.
römorkör tugboat.
Rönesans Renaissance.
röntgen 1. X-ray; **2.** *sl.* peeping.
röntgenci *sl.* peeping Tom, voyeur.
röportaj report.
rötar delay.

rötarlı delayed *(train, bus etc.).*
rötuş retouching; ~ *yapmak* to touch up, to retouch.
rövanş *sports:* return match.
rugan patent leather.
ruh 1. soul, spirit; **2.** essence; ~ *çağırma* necromancy; ~ *doktoru* psychiatrist; ~ *hastası* mental patient; *-unu teslim etmek* to give up the ghost.
ruhbilim psychology.
ruhbilimci psychologist.
ruhen [—.] spiritually.
ruhi [——] *s. ruhsal.*
ruhiyat, *-tı* [—.—] psychology.
ruhlanmak to become animated, to revive.
ruhlu spirited, lively.
ruhsal psychological, mental.
ruhsat, *-tı* **1.** permission, authorization; **2.** licence, permit.
ruhsatlı licensed, permitted.
ruhsatname [..—.] *s. ruhsat 2.*
ruhsatsız unlicensed.
ruj lipstick.
rulet, *-ti* roulette.
rulman ⊕ bearing.
rulo roll *(of paper).*
Rum Greek.
rumuz [.—] **1.** symbol, sign; **2.** pseudonym.
Rus Russian.
Rusya [x.] *pr. n.* Russia.
rutubet, *-ti* [.—.] dampness, humidity.
rutubetli [.—..] humid, damp.
rüküş comically dressed.
rüşt, *-tü* ⚖ majority; *-ünü ispat etmek* to evidence one's maturity.
rüşvet, *-ti* bribe; ~ *vermek* to give a bribe; ~ *yemek* to take bribes, to graft.
rüşvetçi taker of bribes, grafter.
rüşvetçilik bribery.
rütbe ⚔ rank.
rüya dream; ~ *görmek* to have a dream.
rüzgâr wind, breeze.
rüzgârlı windy, breezy.
rüzgârlık windbreaker, windcheater.

S

saadet, *-ti* [.—.] happiness.
saat, *-ti* **1.** hour; time; **2.** watch, clock; **3.** *(electric, gas)* meter; ~ *kaç?* what time is it?, what is the time?; ~ *kulesi* clock tower; ~ *tutmak* to time; ~ *vurmak (clock)* to strike the hour; *-i kurmak* to wind a watch *or* clock; *-i -ine uymamak* to chop and change.
saatçi 1. watchmaker; watch repairer; **2.** seller of watches.
saatli: ~ *bomba* time bomb.
sabah 1. morning; **2.** in the morning; ~ *akşam* all the time; ~ *gazetesi* morning paper; ~ *kahvaltısı* breakfast; ~ ~ early in the morning; *-a çıkmamak* not to live through the night; *-a doğru* towards morning; *-ın köründe* at the crack of dawn.
sabahçı 1. person who works on a morning shift; **2.** pupil who goes to school in the mornings.
sabahki this morning's.
sabahlamak to sit up all night.
sabahleyin [.x..] in the morning.
sabahlık dressing gown, house coat.

saban plough, *Am.* plow.
sabık, *-kı* [a] previous, former, ex-.
sabıka [—..] ⚖ previous conviction, past offence.
sabıkalı [—...] ⚖ previously convicted.
sabır, *-brı* patience; *sabrı taşmak (or tükenmek) (for one's patience)* to come to an end.
sabırlı patient.
sabırsız impatient.
sabırsızlanmak to grow impatient.
sabırsızlık impatience.
sabit, *-ti* **1.** fixed, stationary; **2.** fast *(dye, colour);* **3.** fixed *(stare);* ~ *fikir* fixed idea, crank.
sabitleşmek to become fixed; to stabilize.
sabo clog.
sabotaj sabotage.
sabotajcı saboteur.
sabote: ~ *etmek* to sabotage.
sabretmek [x..] to be patient, to show patience.
sabun soap.
sabunlamak to soap, to wash with soap.
sabunlanmak to soap o.s.
sabunlu soapy.
sabunluk soap dish.
saç[1], *-çı* hair; ~ *kurutma makinesi* hair drier; ~ *örgüsü* plait; ~ *örmek* to braid the hair; ~ *-a baş başa gelmek* to come to blows; *-ına ak düşmek* to turn grey; *-ını başını yolmak* to tear one's hair, to beat one's breast.
saç[2], *-cı, -çı* ⊕ sheet iron.
saçak **1.** eaves *(of a building);* **2.** fringe.
saçakbulut, *-tu* cirrus.
saçaklı **1.** eaved *(building);* **2.** fringed.
saçkıran ⚕ loss of hair, alopecia.
saçlı hairy; ...haired.
saçma **1.** nonsensical, absurd; **2.** buckshot.
saçmak, *(-ar)* to scatter, to sprinkle, to strew.
saçmalamak to talk nonsense, to drivel, to piffle.
saçmalık piece of nonsense.
sadak quiver.
sadaka alms.
sadakat, *-ti* [.—.] loyalty, fidelity, devotion, faithfulness.
sadakatli loyal, faithful.
sadakatsiz disloyal, unfaithful.
sadakatsizlik disloyalty, infidelity, unfaithfulness.
sade [ā] **1.** plain, simple; **2.** unsweetened *(coffee).*
sadece [ā] simply, merely, solely, only.
sadedil [ā] simplehearted, guileless.
sadeleşmek [ā] to become simple (*or* plain).
sadeleştirmek [ā] to simplify.
sadelik [ā] simplicity, plainness.
sadet, *-di* main topic (*or* point); *-e gelmek* to come to the point.
sadeyağ clarified butter.
sadık, *-kı* [ā] loyal, faithful, devoted, true, fast.
sadist, *-ti* sadist.
sadizm sadism.
sadrazam [.—.] *hist.* grand vizier.
saf[1], *-ffı* row, line; rank.
saf[2] **1.** pure, unadulterated; **2.** naive, gullible, credulous.
safa [.—] enjoyment, delight; ~ *geldiniz!* Welcome!; ~ *sürmek* to enjoy o.s., to have a good time.
safha phase, stage.
safi [——] **1.** pure, unadulterated; **2.** net.
safir sapphire.
safkan [—.] purebred, thoroughbred *(horse).*
saflaştırmak [—...] to purify; to refine.
saflık **1.** purity; **2.** credulousness, naivete.

safra[1] ⚓ ballast.
safra[2] *anat.* bile, gall; ~ *kesesi* gall bladder.
safsata sophistry; nonsense.
safsatacı sophist, casuist.
sağ[1] right; *-lı sollu* on both sides, right and left; *-a bak!* ⚔ Eyes right!; *-a sola* hither and thither; *-ı solu olmamak fig.* to chop and change.
sağ[2] alive, living; ~ *kalmak* to remain alive, to survive; ~ *ol!* Thanks!, Cheers!; ~ *salim* safe and sound, scot-free.
sağaçık *football:* outside right.
sağanak shower, downpour.
sağbek, *-ki football:* right back.
sağcı *pol.* rightist, right-winger.
sağdıç bridegroom's best man.
sağduyu common sense.
sağgörü foresight.
sağgörülü foresighted.
sağhaf [.—] *football:* right halfback.
sağır deaf.
sağırlaşmak to grow deaf.
sağırlık deafness.
sağlam 1. strong, sound; safe; **2.** healthy; wholesome; **3.** honest, reliable; ~ *ayakkabı değildir* he is unreliable; ~ *kazığa bağlamak fig.* to make safe (*or* sure).
sağlama ⩓ proof, check.
sağlamak 1. to provide, to get, to obtain; **2.** ⩓ to prove, to cross-check; **3.** *mot.* to move to the right side.
sağlamlamak to strenghten, to fortify, to reinforce.
sağlamlaşmak to become strong.
sağlamlaştırmak to strengthen, to reinforce.
sağlamlık strength, soundness.
sağlık health; ~ *sigortası* health insurance; *sağlığında* in his lifetime, while he is alive; *sağlığınıza!* To your health!, Cheers!
sağlıklı healthy.
sağlıksız sickly.
sağmak, *(-ar)* to milk *(an animal).*
sağmal milch *(animal).*
sağrı rump.
saha [—.] field, area, zone.
sahaf [.—] dealer in secondhand books.
sahan copper pan.
sahanlık landing.
sahi [ī] really, truly.
sahici real, genuine.
sahiden really, truly.
sahil [ā] shore, coast.
sahip, *-bi* [ā] owner, possessor, master; ~ *çıkmak* **1.** *(bşe)* to claim *s.th.;* **2.** *(b-ne)* to look after *s.o.,* to see to *s.o.;* ~ *olmak* to own, to possess, to have.
sahipsiz ownerless, unclaimed.
sahne stage; scene; *-ye koymak* to stage, to put on *(a play).*
sahra [.—] open plain; desert.
sahte false, fake, counterfeit; artificial.
sahtekâr forger, faker, falsifier; crook.
sahtekârlık forgery, falsification; imposture.
sahtiyan morocco (leather).
sahur [ū] meal before dawn during Ramazan.
saik, *-ki* [ā] motive.
sair [ā] other.
saka[1] water seller.
saka[2] *zo.* goldfinch.
sakal beard; whiskers; ~ *bırakmak (or uzatmak)* to grow a bread.
sakallı bearded.
sakalsız beardless.
sakamonya [..x.] ⚘ scammony.
sakar clumsy, awkward, butter-fingered.
sakarin saccharin(e).
sakat, *-tı* **1.** disabled, invalid, handicapped; **2.** *fig.* unsound, defective.
sakatat, *-tı* [..—] offal.
sakatlamak to disable, to muti-

late, to injure.
sakatlanmak to become disabled.
sakatlık **1.** disability, handicap, impairment; **2.** *fig.* flaw, defect.
sakın Don't!, Beware!
sakınca objection, drawback.
sakıncalı objectionable, undesirable, inadvisable.
sakıngan cautious, prudent.
sakınmak to avoid, to shun, to keep away *(-den from)*.
sakız chewing gum, mastic.
sakin [ā] **1.** calm, quiet, tranquil; **2.** dweller, inhabitant.
sakinleşmek to get quiet, to calm down.
sakinleştirmek to calm, to soothe.
saklamak **1.** to hide, to conceal; **2.** to keep secret *or* dark; **3.** to save, to preserve.
saklambaç hide-and-seek.
saklanmak to hide o.s.
saklı hidden, concealed.
saksağan *zo.* magpie.
saksı flowerpot.
saksofon ♪ saxophone.
sal, *-lı* raft.
salahiyet, *-ti* authority, power; ~ *vermek* to authorize.
salahiyetli **1.** authoritative; competent; **2.** authorized *(-meye to inf.)*.
salak silly, doltish.
salam salami.
salamura [..x.] brine, pickle.
salata [.x.] **1.** salad; **2.** lettuce.
salatalık cucumber.
salça [x.] tomato sauce *or* paste.
salçalı gravied, covered with sauce.
salçalık sauceboat, gravy boat.
saldırgan aggressive, belligerent.
saldırı attack, assault, aggression.
saldırmak to attack, to assault, to assail; to rush.
saldırmazlık nonaggression.
salep, *-bi* [a] salep.
salgı *biol.* secretion.
salgın **1.** epidemic *(disease)*; **2.** outbreak, epidemic *(of a disease)*.
salhane [.—.] slaughterhouse.
salı Tuesday.
salık advice; ~ *vermek* to advise, to recommend.
salıncak swing.
salıncaklı: ~ *koltuk* rocking chair.
salınım *phys.* oscillation.
salınmak to sway; to oscillate.
salıvermek to release, to set free, to let go.
salih [ā] suitable (*or* good) *(-e for)*.
salim [ā] safe, sound.
salkım bunch, cluster; ~ *saçak* hanging down in rags.
salkımsöğüt ⚘ weeping willow.
sallamak **1.** to sling, to shake, to rock; to wave, to wag; **2.** to nod *(one's head)*.
sallamamak *sl.* to pay no attention *(-i to)*, not to care about.
sallandırmak *F* to hang, to make s.o. swing.
sallanmak **1.** to swing, to rock, to wobble; **2.** *(tooth)* to be loose.
sallantı swaying, rocking; *-da bırakmak* to leave up in the air.
salmak, *(-ar)* **1.** to set free, to release; **2.** to send, to send forth; **3.** to put forth *(roots)*; **4.** to turn an animal out to graze; **5.** to let attack, to turn loose *(-e on)*.
salon **1.** hall; **2.** drawing-room; ~ *takımı* drawing-room suite.
saloz *sl.* stupid, dunderheaded.
salt, *-tı* mere, simple, pure; ~ *çoğunluk* absolute majority.
saltanat, *-tı* **1.** reign, sovereignty, sultanate; **2.** *fig.* pomp, magnificence; ~ *sürmek* **1.** to reign; **2.** *fig.* to live in great splendo(u)r.
salya [x.] saliva.
salyangoz *zo.* snail.
saman straw; chaff; ~ *gibi* insipid, tasteless; ~ *nezlesi* hay fever; ~ *sarısı* straw yellow.

samankâğıdı, *-nı* tracing paper.
samanlık hayloft, haymow.
samanrengi, *-ni* straw (yellow).
samanyolu, *-nu ast.* the Milky Way.
samimi [.——] sincere, intimate, close.
samimiyet, *-ti* sincerity, intimacy.
samur *zo.* sable.
samyeli, *-ni* simoom, samiel.
san reputation, fame, repute; title, name.
sana to you; for you.
sanat, *-tı* **1.** art; craft; trade; **2.** skill, ability; ~ *eseri* work of art; ~ *okulu* trade school.
sanatçı, sanatkâr 1. artist; **2.** craftsman, artisan.
sanatkârlık 1. artistry; **2.** craftsmanship, artisanship.
sanatoryum sanatorium.
sanatsever art lover, lover of art.
sanayi, *-ii* [.—.] industry; ~ *odası* association of manufacturers.
sanayici industrialist.
sanayileşmek to become industrialized.
sanayileştirmek to industrialize.
sancak 1. flag, banner, standard; **2.** ⚓ starboard.
sancaktar [..—] standard-bearer.
sancı 1. pain, twinge, stitch; **2.** labo(u)r pain.
sancılanmak 1. to have a pain; **2.** *(pregnant woman)* to have labo(u)r pains.
sancımak to ache, to twinge.
sandal[1] sandal *(shoe).*
sandal[2] rowboat.
sandalet, *-ti* sandal *(shoe).*
sandalye 1. chair; **2.** *fig.* office, post; ~ *kavgası* struggle for a post.
sandık 1. chest, coffer, box; **2.** fund; ~ *odası* lumber room, storeroom.
sandıklamak to box, to crate.
sandviç, *-ci* sandwich.
sanem idol.
sangı dazed, confused.
sanı supposition, surmise.
sanık ⚖ suspect; accused.
saniye [a] second.
sanki [x.] as if, as though; supposing that; ~ *Almancayı çok iyi bilirmiş gibi konuşuyor* he speaks as if he knew German very well.
sanlı famous.
sanmak, *(-ır)* to suppose, to think, to imagine.
sanrı hallucination.
sanrılamak to hallucinate.
sansar *zo.* marten.
sansasyon sensation.
sansasyonel sensational.
sansör censor.
sansür censorship; ~ *etmek* to censor.
sansürlemek to censor.
santigram centigram(me).
santigrat centigrade.
santilitre centilitre, *Am.* centiliter.
santim centimetre, *Am.* centimeter.
santimetre [..x.] *s. santim.*
santra *sports:* centre, *Am.* center.
santral, *-lı* **1.** telephone exchange, switchboard; **2.** powerhouse; ~ *memuru* telephonist, (telephone) operator.
santrfor *sports:* centre (*Am.* center) forward.
santrfüj 1. centrifuge; **2.** centrifugal; ~ *kuvvet phys.* centrifugal force.
santrhaf *sports:* centre halfback, *Am.* center halfback.
santur ♪ dulcimer, santour.
sap, *-pı* **1.** handle; **2.** ✿ stem, stalk; **3.** *sl.* prick, cock, dick; *-ına kadar* to the backbone (*or* core).
sapa out of the way, secluded *(place);* ~ *düşmek* to be off the beaten track.
sapak turning, turn.
sapaklık *psych.* abnormality.

sapan catapult, *Am.* slingshot.
sapasağlam [x...] very strong, in the pink.
sapık pervert; perverted.
sapıklaşmak to become perverted.
sapıklık perversion.
sapıtmak to go nuts, to go off one's head; to talk crap.
saplamak to stick, to thrust, to pierce.
saplantı fixed idea; obsession.
saplı **1.** ... handled; **2.** ⚘ stemmed; stalked.
sapmak, *(-ar)* **1.** to swerve, to turn, to veer; **2.** *fig.* to go astray; to err.
sapsarı [x..] **1.** bright yellow; **2.** very pale *(face).*
saptamak to determine, to fix.
saptırmak to distort, to wrench *(facts).*
sara ⚕ epilepsy; *-sı tutmak* to have an epileptic fit.
saraç, *-cı* saddler.
saralı epileptic.
sararmak to turn yellow; to grow pale; *sararıp solmak* to grow pale, to pine away.
sarartmak to yellow.
saray **1.** palace; **2.** government house.
sardalye [.x.] *zo.* sardine.
sardunya [.x.] ⚘ geranium.
sarf expenditure; ~ *etmek* to spend.
sarfiyat, *-tı* [..—] expenditure, expenses; consumption.
sargı bandage.
sargılı bandaged.
sarhoş drunk, blotto, high, intoxicated.
sarhoşluk drunkenness, intoxication.
sarı **1.** yellow; **2.** blond; **3.** yolk *(of an egg);* **4.** ⊕ brass.
sarıçalı ⚘ barberry.
sarıçam ⚘ Scotch pine.
sarıhumma ⚕ yellow fever.
sarık turban.
sarılgan ⚘ climbing, twining *(plant).*
sarılık **1.** yellowness; **2.** ⚕ jaundice.
sarılmak **1.** to embrace, to hug; **2.** to coil, to twine.
sarımsı, sarımtırak yellowish.
sarınmak to wrap o.s. up *(-e in)*
sarışın blond(e).
sari [——] infectious, contagious.
sarkaç pendulum.
sarkık flabby; hanging loosely; dangling.
sarkıntılık molestation; ~ *etmek* to molest.
sarkıt, *-tı geol., arch.* stalactite.
sarkıtmak **1.** to dangle; to lower; **2.** *sl.* to hang, to make s.o. swing.
sarkmak **1.** to lean out of *(a window);* **2.** to hang down, to dangle; **3.** to drop by; **4.** to be left over.
sarmak, *(-ar)* **1.** to wrap up, to wind; to bandage; **2.** to surround; to encircle; **3.** to embrace; **4.** *(insects)* to infest; **5.** *F* to interest, to captivate.
sarmal spiral, helical.
sarmalamak to wrap up.
sarmaş: ~ *dolaş olmak* to be locked in a close embrace.
sarmaşık ⚘ ivy.
sarmısak ⚘ garlic.
sarnıç, *-cı* cistern; tank.
sarp, *-pı* **1.** steep; **2.** *fig.* difficult; *-a sarmak* to become complicated.
sarraf money-changer; money-lender.
sarsak shaky, quavery.
sarsıntı **1.** shake, tremor, jolt; **2.** *(brain)* concussion; **3.** *psych.* shock.
sarsmak, *(-ar)* **1.** to shake, to jolt; **2.** to upset; **3.** to shock.
sataşmak to annoy, to tease.
saten satin.
satıcı seller, salesman, pedlar.

satıh, *-thı* surface.
satılık for sale, on sale; *satılığa çıkarmak* to put up for sale.
satın: ~ *almak* to buy, to purchase.
satır[1] line.
satır[2] chopper, cleaver.
satırbaşı, *-nı* paragraph indentation, head of a paragraph.
satış sale; ~ *fiyatı* selling price.
satmak, *(-ar)* **1.** to sell; **2.** to pretend, to put on a show of; **3.** *(b-ni) sl.* to get rid of *s.o.*
satranç, *-cı* chess; ~ *tahtası* chessboard; ~ *taşı* chessman; ~ *turnuvası* chess tournament.
Satürn *ast.* Saturn.
sauna sauna.
sav assertion, claim.
savaş **1.** war, battle; **2.** struggle, fight.
savaşçı warrior, combatant, fighter.
savaşmak to fight, to battle.
savcı public prosecutor, attorney general.
savmak, *(-ar)* to get rid of, to dismiss, to drive away, to avoid.
savruk careless, untidy.
savsak neglectful, dilatory.
savsaklamak to neglect, to put off.
savulmak to stand aside, to get out of the way.
savunma defence, *Am.* defense.
savunmak to defend.
savurgan extravagant, wasteful, spendthrift.
savurganlık extravagance, prodigality.
savurmak **1.** to throw, to fling, to hurl; **2.** to winnow *(grain)*; **3.** to land *(blow, kick)*; **4.** to brandish *(sword)*; **5.** to waste, to squander; **6.** to brag, to bluster.
savuşmak to slip away, to sneak off.
savuşturmak **1.** to get rid of, to ward off; **2.** to deflect, to parry *(a blow)*.
saya vamp.
sayaç meter, counter.
saydam transparent; ~ *tabaka* cornea.
saydamlık transparency.
saye [ā] **1.** shade, shadow; **2.** protection, assistance, favo(u)r; *bu -de* hereby, by this.
sayesinde thanks to.
sayfa page.
sayfiye summer resort *or* house.
saygı respect, esteem; ~ *göstermek* to show respect, to venerate, to revere; *-larımla* yours faithfully.
saygıdeğer venerable, estimable.
saygılı respectful.
saygın respected, esteemed, hono(u)rable.
saygınlık respect, esteem, dignity.
saygısız disrespectful.
saygısızlık disrespect.
sayı **1.** number; **2.** issue, number *(of a magazine)*; **3.** *sports:* point(s).
sayıklamak **1.** to talk in one's sleep, to rave; **2.** to dream *(of s.th. longed for)*.
sayılı **1.** numbered, counted; **2.** limited; **3.** best, topnotch.
sayım counting; census.
sayın esteemed, hono(u)rable; dear *(in a letter)*.
sayısal numerical.
sayısız countless, numberless, innumerable.
Sayıştay *pr. n.* the Government Accounting Bureau.
saymak, *(-ar)* **1.** to count, to enumerate; **2.** to value, to respect; **3.** to consider, to regard, to count as.
sayman accountant.
sayrılık sickness, disease.
saz **1.** ♆ rush, reed; **2.** ♪ musical instrument; ~ *şairi* minstrel; ~ *takımı* group of musicians *(who*

play traditional Turkish music).
sazan *zo.* carp.
sazlık reedbed.
seans session, sitting.
sebat, *-tı* [ā] perseverance; ~ *etmek* to persevere.
sebatlı persevering, stable.
sebebiyet, *-ti:* ~ *vermek* to cause, to bring about.
sebep, *-bi* reason, cause; ~ *olmak* to cause, to bring about; *-iyle* because of, owing to.
sebeplenmek to get a share of the pie.
sebepsiz without any reason, causeless.
sebil [ī] free distribution of water; ~ *etmek* **1.** to distribute s.th. free; **2.** *fig.* to ladle out.
sebze vegetable.
sebzeci vegetable seller.
seccade [ā] prayer rug.
secde prostrating o.s.; ~ *etmek (or -ye kapanmak or -ye varmak)* to prostrate o.s.
seciye character, disposition.
seçenek alternative, choice.
seçi selection.
seçici selector; ~ *kurul* selection committee.
seçim *pol.* election, polls.
seçkin select, choice, distinguished.
seçme select, choice, distinguished.
seçmek, *(-er)* **1.** to choose, to select; **2.** *pol.* to elect; **3.** to distinguish, to perceive, to discern.
seçmeli optional.
seçmen elector, voter; ~ *kütüğü* electoral roll.
seda 1. voice; **2.** echo.
sedalı voiced, vocal.
sedasız voiceless, unvoiced.
sedef mother-of-pearl, nacre; ~ *hastalığı* ⚕ psoriasis.
sedir[1] divan, sofa.
sedir[2] ⚘ cedar.
sedye [x.] stretcher, litter.
sefahat, *-tı* [ā] dissipation, debauch.
sefalet, *-ti* [ā] poverty; misery; ~ *çekmek* to suffer privation; *-e düşmek* to be reduced to poverty.
sefaret, *-ti* [ā] *pol.* **1.** ambassadorship; **2.** embassy.
sefarethane [ā, ā] embassy, legation.
sefer 1. journey, voyage; **2.** ⚔ campaign, expedition; **3.** time, occasion; *on* ~ ten times.
seferber: ~ *etmek* to mobilize.
seferberlik mobilization.
sefertası, *-nı* travelling food box.
sefih [ī] dissolute, dissipated.
sefil [ī] **1.** poor, destitute; **2.** mean, despicable.
sefir *pol.* ambassador; envoy.
sefire *pol.* ambassadress.
seğirmek to twitch.
seher daybreak, dawn.
sehpa [ā] **1.** coffee *or* end table; **2.** tripod; **3.** gallows; *-ya çekmek* to hang, to string up.
sehven [x.] by mistake.
sek, *-ki* dry, neat *(wine).*
sekiz eight.
sekizer eight apiece (*or* each); ~ ~ eight at a time.
sekizgen octagon.
sekizinci eighth.
sekizli 1. *cards:* the eight; **2.** ♪ octet.
sekizlik ♪ eighth note.
sekmek 1. to hop; to skip; **2.** to ricochet.
sekreter secretary.
sekreterlik secretaryship.
seks sex.
seksek hopscotch.
seksen eighty.
sekseninci eightieth.
seksenlik octogenarian.
seksoloji sexology.
seksüel sexual.
sekte stoppage, interruption;

⁓ *vurmak* to interrupt, to put back, to impede.
sektör sector.
sel flood, torrent, inundation.
selam 1. greeting, salutation, regards; **2.** *F* Hello!, Hi!; ⁓ *söylemek* to send *or* give one's regards, to say hello; ⁓ *vermek* to greet, to salute; *-ı sabahı kesmek* to break off relations *(ile with)*.
selamet, *-ti* **1.** security, safety; **2.** healthiness, soundness; **3.** salvation; ⁓ *bulmak* to reach safety.
selamlamak to greet, to salute *(a. ×)*.
selamlaşmak to greet each other, to exchange greetings.
sele saddle, seat *(of a bicycle)*.
selef predecessor.
selektör *mot.* dimmer; ⁓ *yapmak mot.* to dim *or* blink the headlights.
selfservis self-service.
selim 1. safe, sound; **2.** ⚕ benign.
seloteyp cellophane tape.
selüloz cellulose.
selvi ⚘ cypress.
sema [ā] sky, firmament.
semantik semantics.
semaver [ā] semovar, urn.
sembol, *-lü* symbol.
sembolik symbolic.
semer packsaddle; ⁓ *vurmak* to put a peaksaddle *(-e on)*.
semere outcome, fruit, consequence.
semereli fruitful.
seminer seminar.
semirmek to get fat.
semirtmek to fatten.
semiz fat, fleshy.
semizotu, *-nu* ⚘ purslane.
sempati 1. attraction, liking; **2.** *psych.* sympathy; ⁓ *duymak* to take to, to take kindly to; ⁓ *sinirleri anat.* sympathetic nerves.
sempatik attractive, likable.
sempatizan sympathizer.
sempozyum symposium.
semt, *-ti* neighbo(u)rhood, district, quarter; ⁓ ⁓ in every neighbo(u)rhood; *-ine uğramamak* to darken s.o.'s door(s).
sen you; ⁓ *de* you too; *-ce* in your opinion; *-den* from you.
sena [ā] praise; ⁓ *etmek* to praise.
senarist, *-ti* scenarist, script-writer.
senaryo [.x.] scenario, screenplay, script.
senato [.x.] senate.
senatör senator.
sendelemek to stagger, to totter.
sendika trade union.
sendikacı trade unionist.
sendikalaştırmak to unionize.
sene year.
senelik yearly, annual.
senet promissory note; voucher; security; ⁓ *vermek fig.* to guarantee.
senfoni symphony.
seni *acc. of* **sen,** you.
senin *gen. of* **sen,** your; ⁓ *için* for you; *-le* with you.
seninki yours.
senlibenli intimate, familiar, free-and-easy; ⁓ *olmak* to be hail-fellow-well-met *(ile with)*.
sentaks syntax.
sentetik synthetic.
sentez synthesis.
sepet, *-ti* **1.** basket; **2.** sidecar *(of a motorcycle)*; ⁓ *havası çalmak (b-ne) sl.* to give *s.o.* the boot.
sepetlemek *sl.* to dismiss, to fire; to send s.o. packing.
sepettopu, *-nu* basketball.
sepilemek to tan.
septik skeptical.
septisemi ⚕ septicemia.
ser 1. head; **2.** summit, top; ⁓ *verip sır vermemek* to die rather than disclose a secret.
sera greenhouse, hothouse.
seramik ceramics.

seramikçi ceramist, ceramicist.
serap, *-bı* [ā] mirage.
serbest, *-ti* **1.** free; **2.** unreserved, frank; **3.** unconstrained; ~ *bırakmak* to set free, to release; ~ *bölge* free zone; ~ *güreş* catch-as-catch-can wrestling; ~ *meslek sahibi* self-employed person.
serbestlik freedom; independence.
serçe *zo.* sparrow.
serçeparmak little finger.
serdar [ā] commander-in-chief.
serdengeçti who sacrifices his life.
serdümen ⚓ **1.** helmsman; **2.** quartermaster.
seremoni ceremony.
seren ⚓ yard; boom.
serenat serenade.
sereserpe: ~ *yatmak* to sprawl.
sergi exhibition, show, display.
sergilemek to exhibit, to display.
seri[1] series; ~ *üretim* mass production.
seri[2], *-ii* [ī] quick, swift, rapid.
serin cool; chilly.
serinkanlı cool-headed, imperturbable.
serinlemek to cool, to get cool.
serinleşmek to cool off, to get cool (*or* chilly).
serinlik coolness.
serkeş rebellious, unruly.
sermaye [ā] **1.** capital; **2.** cost price; production cost; **3.** *fig.* wealth; ~ *koymak* to invest capital (*-e in*).
sermayedar [ā] capitalist.
sermek, *(-er)* **1.** to spread, to lay; **2.** *(işi)* to neglect *(one's job)*; **3.** *(yere)* to beat down to the ground.
serpinti **1.** sprinkle, drizzle *(of rain)*; **2.** spray.
serpiştirmek **1.** to sprinkle, to scatter; **2.** *(rain)* to drizzle, to sprinkle, to spit.
serpmek to sprinkle, to scatter.
serpuş [ū] headgear.
sersefil very miserable.
sersem **1.** stunned, dazed; **2.** silly, foolish, scatterbrained; ~ *etmek (or -e çevirmek)* to daze, to stupefy.
sersemlemek, sersemleşmek to become dazed *or* stupefied.
sersemletmek **1.** to daze, to stupefy; **2.** to confuse, to addle.
serseri vagabond, tramp, vagrant; ~ *kurşun* stray bullet; ~ *mayın* floating mine.
serserilik vagabondage, vagrancy.
sert, *-ti* **1.** hard, tough; **2.** harsh, severe, rough; **3.** potent, strong; pungent; ~ *konuşmak* to speak harshly.
sertifika certificate.
sertleşmek to harden, to toughen.
sertleştirmek to harden, to toughen; to harshen.
sertlik hardness, toughness.
serum ⚕ serum.
serüven adventure.
servet, *-ti* wealth, fortune, riches; *-e konmak* to come into a fortune.
servis **1.** service *(a. sports)*; **2.** department, section; ~ *atmak sports:* to serve the ball; ~ *yapmak* to serve food *(-e to)*.
ses **1.** sound; **2.** voice; **3.** noise; ~ *erimi* earshot; *-ini kesmek* to shut up.
sesbilgisi, *-ni* phonetics.
sesbilim phonology.
sesçil phonetic.
seslemek to give ear, to hearken.
seslendirmek to make a sound recording for *(a motion picture)*.
seslenmek to call out *(-e to)*.
sesli **1.** voiced; **2.** *gr.* vowel; ~ *film* sound motion picture, talkie.
sessiz **1.** silent, quiet; **2.** *gr.* consonant; ~ *film* **1.** silent movie; **2.** *F* charades.
sessizlik silence, quietness.
set[1], *-ti sports:* set.
set[2], *-ddi* dam, dyke.

sevap, *-bı* [ā] good works, good deed; ~ *işlemek (or kazanmak)* to acquire merit.
sevda [ā] love, passion.
sevdalanmak [a] to fall in love *(-e with).*
sevdalı [àā] lovesick, madly in love.
sevecen compassionate, kind.
sevgi love, affection.
sevgili 1. darling, sweetheart; beloved; **2.** dear *(in a letter).*
sevici lesbian.
sevicilik lesbianism.
sevimli lovable, cute, sweet.
sevimsiz unlovable; unlikable.
sevinç, *-ci* delight, joy, pleasure.
sevinçli joyful.
sevindirmek to delight, to please.
sevinmek to be pleased *(-e with),* to feel glad, to be happy.
sevişmek to make love.
seviye level.
sevk, *-kı* **1.** sending, shipping; **2.** dispatch; **3.** impulse, urging; ~ *etmek* **1.** to send, to ship, to dispatch; **2.** to impel, to drive.
sevkıyat, *-tı* [ā] **1.** dispatch *(of troops);* **2.** consignment *(of goods).*
sevmek, *(-er)* **1.** to love; to like; **2.** to fondle, to caress; *seve seve* willingly.
seyahat, *-ti* [.—.] journey, travel, trip; voyage; ~ *çeki* traveler's cheque; ~ *etmek* to travel.
seyahatname [.—.—.] travel book.
seyek *dice:* three and one.
seyelan flow.
seyir, *-yri* **1.** progress, course; **2.** show, spectacle; **3.** observation; ~ *jurnalı* ⚓ log(book).
seyirci spectator, onlooker; ~ *kalmak* to stand on the sidelines.
seyis stableman, groom, hostler.
Seylan *pr. n.* Ceylon.
seylap, *-bı* flood.
seyran [ā] **1.** outing; promenade; **2.** observation.
seyrek 1. widely set; sparse; **2.** rare, seldom.
seyrekleşmek to thin out; to become sparse.
seyretmek [x..] to watch, to look, to see.
seyrüsefer traffic.
seyyah [ā] travel(l)er.
seyyar [ā] itinerant; movable, portable, mobile; ~ *satıcı* pedlar, *Am.* peddler, hawker.
Sezar *pr. n.* Caesar; *-ın hakkını -a vermek* to render to Caesar the things that are Caesar's.
sezaryen ⚕ cesarean.
sezgi intuition.
sezmek, *(-er)* to sense, to perceive, to discern, to anticipate.
sezon season.
sıcacık [x..] warm, cosy.
sıcak 1. hot, warm; **2.** heat; ~ *dalgası* heat-wave; ~ *tutmak* to keep warm; *sıcağı sıcağına* while the iron is hot.
sıcakkanlı 1. warmblooded; **2.** *fig.* lovable, friendly.
sıcaklık warmth, heat.
sıçan *zo.* rat; mouse.
sıçmak *sl.* to shit.
sıçramak 1. to jump, to leap, to spring; **2.** to be startled, to start; **3.** to splash, to spatter.
sıfat, *-tı* **1.** character, capacity; **2.** *gr.* adjective; **3.** title; *-ıyla* in the capacity of, as.
sıfır zero, naught, nil; *-dan başlamak* to start from scratch (*or* square one).
sığ shallow.
sığdırmak to fit in, to cram in, to force into.
sığınak shelter, bunker.
sığınmak to take shelter *(-e in),* to take refuge.
sığıntı dependent.
sığır ox.
sığırcık *zo.* starling.

sığırtmaç herdsman, drover.
sığışmak *(people)* to squeeze in.
sığlık **1.** shallowness; **2.** shallow.
sığmak, *(-ar)* to fit *(-e into)*.
sıhhat, *-ti* **1.** health; **2.** correctness.
sıhhatli healthy.
sıhhi [ī] hygienic, sanitary.
sık **1.** dense, thick; **2.** frequent; ~ ~ often, frequently.
sıkboğaz: ~ *etmek (b-ni)* to keep on at *s.o.*, to push *s.o.*, to importune *s.o.*
sıkı **1.** tight; firm; **2.** strict, severe; **3.** stingy, closefisted; ~ *basmak* to put one's foot down; ~ *çalışmak* to work hard; ~ *fıkı* **1.** intimate; **2.** on intimate terms, palsy-walsy.
sıkıca tightly.
sıkıcı boring, tiresome, bothersome, tedious.
sıkılgan shy, timid, bashful.
sıkılganlık shyness, bashfulness.
sıkılık tightness.
sıkılmak to get bored; to feel embarrassed.
sıkılmaz shameless, brazen.
sıkım **1.** squeeze; **2.** fistful.
sıkınmak to restrain o.s.
sıkıntı **1.** trouble, difficulty, distress; **2.** boredom; **3.** financial straits; ~ *çekmek* **1.** to have (*or* experience) difficulty; **2.** to experience distress; ~ *vermek* to annoy, to bother; to worry; *-da olmak* to be in straits, to be on the rocks; *-ya gelememek* to be unable to stand the gaff.
sıkıntılı **1.** troubled; worried; **2.** worrisome, difficult.
sıkışık **1.** crowded, jammed, congested; **2.** hard up *(for money)*.
sıkışmak **1.** to be pressed together; **2.** to be hard up *(for money)*; **3.** to be pinched *(-e in)*, to get caught *(-e in)*; **4.** to be taken short.
sıkıştırmak **1.** to tighten, to compress; **2.** to squeeze, to jam; **3.** to press, to pressure.
sıkıyönetim martial law.
sıklaşmak to become frequent, to happen often.
sıklet, *-ti* weight.
sıklık **1.** frequency; **2.** density.
sıkmak, *(-ar)* **1.** to squeeze, to press; **2.** to wring; **3.** to tighten; **4.** to bother, to annoy; **5.** to fire, to shoot *(bullet)*.
sıla reunion.
sımak, *(-ar)* to break.
sımsıkı very tight.
sınai [.——] industrial; ~ *kuruluş* industrial enterprise.
sınamak to test, to try out.
sınav examination; ~ *vermek* to pass a test; *-a girmek* to take *or* sit for an examination.
sındı scissors.
sınıf **1.** class; category; **2.** classroom; ~ *arkadaşı* classmate; *-ta kalmak* to fail, to flunk.
sınıflamak, sınıflandırmak to classify.
sınık **1.** broken; **2.** defeated; **3.** scattered.
sınır frontier, border; boundary, limit.
sınırdaş bordering.
sınırdışı: ~ *etmek* to deport.
sınırlamak, sınırlandırmak to limit.
sınırlı limited, restricted.
sınırsız limitless, boundless, unlimited.
sıpa colt, foal.
sır[1] glaze.
sır[2], *-rrı* secret; mystery; ~ *küpü* pussyfooter; ~ *saklamak (or tutmak)* to keep a secret; *-ra kadem basmak co.* to vanish into thin air.
sıra **1.** row, line, file; **2.** turn; **3.** order, sequence; **4.** desk; **5.** bench; **6.** time, moment; ~ *benim* it is my turn; ~ *evler* row

houses; ⁓ ⁓ in rows; *-sı değil* this isn't the right time; *-sı gelmişken* by the way; *-sıyla* respectively.
sıradağ(lar) mountain range, chain of mountains.
sıradan ordinary.
sıralamak 1. to arrange in rows, to line up; **2.** to enumerate.
Sırbistan *pr. n.* Serbia.
sırça glass.
sırdaş confidant.
sırf 1. pure, utter; **2.** only.
sırık pole, stake; *-la atlama sports:* pole vaulting.
sırılsıklam [.x..] soaking wet, sopping wet.
sırım whipcord, thong.
sırıtkan given to grinning.
sırıtmak 1. to grin; **2.** *fig.* *(defect)* to show up, to come out.
sırlamak 1. to glaze; **2.** to silver *(a mirror).*
sırlı 1. glazed; **2.** silvered *(mirror).*
sırma silver tread; ⁓ *saçlı* golden--haired.
sırnaşık saucy, pert, pertinacious.
sırnaşmak to importune.
Sırp *pr. n.* Serb(ian).
sırt, *-tı* **1.** back; **2.** ridge *(of a hill etc.);* ⁓ *çevirmek (b-ne)* to turn one's back on *s.o.*, to give *s.o.* the cold shoulder; ⁓ *-a vermek* **1.** to stand back to back; **2.** *fig.* to support each other; *-ı kaşınmak fig.* to ask for it, to itch for a beating; *-ı pek* warmly clad; *-ına almak* **1.** to shoulder; **2.** to put on; *-ından geçinmek (b-nin)* to sponge on *s.o.*, to live off *s.o.; -ını dayamak (b-ne) fig.* to have *s.o.* at one's back.
sırtarmak 1. to get one's dander up; **2.** *(clouds)* to mass.
sırtlamak to shoulder.
sırtlan *zo.* hyena.
sıska puny, thin and weak.
sıtma ☤ malaria.
sıtmalı malarious.
sıva plaster.
sıvacı plasterer.
sıvalamak to plaster.
sıvalı 1. plastered; **2.** rolled up *(sleeves etc.).*
sıvamak 1. to plaster; **2.** to smear *(-e on);* **3.** to roll up *(sleeves etc.).*
sıvazlamak to stroke, to pet, to caress.
sıvı liquid, fluid.
sıvılaştırmak to liquefy.
sıvışmak to slip away, to sneak off, to take to one's heels.
sıyırmak 1. to graze, to scrape, to skin; **2.** to peel off, to strip off; **3.** to draw *(a sword).*
sıyrık 1. graze, scrape; abrasion; **2.** grazed.
sıyrılmak *(bşden)* to squeak through *s.th.*
sızdırmak 1. to leak; **2.** *fig.* to squeeze money out of.
sızı ache, pain.
sızıltı complaint.
sızıntı leakage, ooze.
sızlamak to hurt, to ache.
sızlanmak to moan, to complain, to lament.
sızmak, *(-ar)* **1.** to leak, to ooze, to trickle; **2.** *(secret)* to leak out; **3.** ⚔ to infiltrate; **4.** to pass out *(after getting drunk).*
si ♪ ti.
Sibirya *pr. n.* Siberia.
sicil 1. register; **2.** dossier, employment record.
sicilli 1. registered; **2.** *fig.* previously convicted.
Sicilya *pr. n.* Sicily.
sicim string, cord, packthread.
sidik urine; ⁓ *borusu* ureter; ⁓ *söktürücü* diuretic; ⁓ *torbası anat.* bladder.
sidikli enuretic.
sidikyolu, *-nu* urethra.
sif *econ.* C.I.F. *(cost, insurance and freight).*
sifon 1. siphon; **2.** flush tank.

siftah first sale of the day, handsel.
sigara cigarette; ~ *içmek* to smoke; ~ *kâğıdı* cigarette paper; ~ *tablası* ashtray; *-yı bırakmak* to give up smoking.
sigaralık 1. cigarette-holder; **2.** cigarette box.
sigorta [.x.] **1.** insurance; **2.** ⚡ fuse; ~ *etmek* to insure; ~ *olmak* to be insured; ~ *poliçesi* insurance policy; ~ *şirketi* insurance company.
sigortacı [.x..] insurer, underwriter.
sigortalamak to insure.
sigortalı [.x..] insured.
siğil wart.
sihir, *-hri* magic, witchcraft, charm, spell.
sihirbaz magician, sorcerer.
sihirlemek to bewitch.
sihirli bewitched, enchanted; magical.
sik *V* cock, prick, dick.
sikke coin.
siklon cyclone.
sikmek, *(-er) V* to fuck, to screw.
silah weapon, arm; ~ *atmak* to fire a weapon; ~ *başına!* ✕ To arms!; ~ *çekmek* to draw (*or* pull out) a weapon; ~ *omuza!* ✕ Shoulder arms!; *-a davranmak (or sarılmak)* to go for a weapon.
silahlandırmak to arm.
silahlı armed; ~ *kuvvetler* armed forces.
silahsız unarmed.
silahsızlandırmak to disarm.
silahsızlanma *pol.* disarmament.
silahşor man-at-arms, knight.
silecek 1. bath towel; **2.** *mot.* wiper.
silgi duster, eraser; rubber.
silik 1. rubbed out, worn; **2.** *fig.* indistinct, colo(u)rless.
silikat, *-tı* silicate.
silikon silicone.
silindir 1. cylinder; **2.** road roller; ~ *şapka* top hat.
silkelemek to shake off.
silkinmek 1. to shake o.s.; **2.** *(bşden)* to rid o.s. of *s.th.*
silkinti start.
silkişmek to shake itself.
silkmek, *(-er)* **1.** to shake off; **2.** to shrug *(one's shoulders)*.
sille slap, box, cuff.
silme 1. *arch.* mo(u)lding; **2.** full to the brim.
silmek, *(-er)* **1.** to wipe; **2.** to rub out, to erase; **3.** to clean, to rub.
silo [x.] silo.
silsile 1. chain, line, series, range; **2.** lineage, ancestry.
siluet, *-ti* silhouette.
sim silver.
sima [——] face, features.
simetri symmetry.
simetrik symmetrical.
simge symbol.
simgelemek to symbolize.
simgesel symbolical.
simit, *-di* **1.** cracknel *(in the shape of a ring)*; **2.** ⚓ life buoy.
simitçi seller *or* maker of *simits.*
simsar [ā] broker, middleman.
simsariye [ā] brokerage, commission.
simsiyah [x..] jet-black, pitch-dark, pitch-black.
simya [ā] alchemy.
sin grove, tomb.
sinagog synagogue.
sincap, *-bı zo.* squirrel.
sindirim digestion; ~ *sistemi* digestive system.
sindirmek 1. to digest; **2.** to cow, to intimidate.
sine breast, bosom; *-ye çekmek* to take s.th. lying down.
sinek 1. fly, housefly; **2.** *cards:* club; ~ *avlamak fig. F* to potter about, to twiddle one's thumbs.
sinekkaydı very close *(shave)*.
sineklik flyswatter.

sinema cinema, movie, the pictures.
sinemacı **1.** movie-maker; **2.** movie distributor; **3.** cinema actor *or* actress.
sinemasever movie fan.
sinemaskop cinemascope.
sini round metal tray.
sinir **1.** nerve; **2.** nervous habit; ~ *harbi* war of nerves; *-ine dokunmak (b-nin)* to get on *one's* nerves.
sinirlendirmek to make nervous, to irritate.
sinirlenmek to get nervous, to become irritated.
sinirli nervous, edgy.
sinirsel neural.
sinmek, *(-er)* to crouch down, to cower.
sinonim **1.** synonym; **2.** synonymous.
sinsi insidious, stealthy, sneaking.
sinsice slyly, stealthily, insidiously.
sinüs **1.** ⩓ sine; **2.** *anat.* sinus.
sinüzit, *-ti* sinusitis.
sinyal, *-li* **1.** signal; **2.** *mot.* indicator light, trafficator; ~ *vermek* to signal.
sipariş [a] order; ~ *almak* to receive an order; ~ *vermek* to order, to place an order.
siper **1.** ✕ trench, foxhole; **2.** shelter, shield; **3.** visor, peak, bill *(of a cap)*; ~ *almak* to take shelter; ~ *etmek* to use as a shield.
siperlenmek ✕ to take shelter.
siperlik **1.** canopy; awning; **2.** visor, peak, bill *(of a cap)*.
sipsi ⚓ boatswain's whistle.
sipsivri [x..] very sharp; ~ *kalmak* to be deserted by everyone.
sirayet, *-ti* [a] contagion, infection.
siren siren, hooter.
sirk, *-ki* circus.
sirke vinegar.
sirkülasyon circulation.
sirküler circular.
siroz ⚕ cirrhosis.
sis fog, mist; ~ *basmak (for the fog)* to come in; ~ *bombası* smoke bomb; ~ *düdüğü* foghorn; ~ *lambası* fog light (*or* lamp).
sislenmek to get foggy.
sisli foggy, misty.
sistem system.
sistemleştirmek to systematize.
sistemli systematic.
sistemsiz unsystematic.
sistit, *-ti* ⚕ cystitis.
sitayiş [a] praise.
sitayişkâr [a] praiseful.
site **1.** *hist.* city-state; **2.** apartment development, complex.
sitem reproach; ~ *etmek* to reproach.
sivil civilian; ~ *polis* plainclothes policeman.
sivilce pimple, pustule.
sivri sharp, pointed.
sivribiber ⚘ hot pepper.
sivrilmek **1.** to become pointed; **2.** *fig.* to stand out.
sivrisinek *zo.* mosquito.
siyah **1.** black; **2.** dark.
siyahımsı, siyahımtırak blackish.
siyahlık blackness.
Siyam *pr. n.* Siam.
siyanür cyanide.
siyasal political.
siyaset, *-ti* [a] politics.
siyasetçi [a] politician.
siyasi [.–—] *s. siyasal.*
siyatik ⚕ sciatica.
siz you; ~ *bilirsiniz* **1.** as you like; **2.** the decision is up to you.
sizin your; ~ *için* for you.
sizinki yours.
skandal scandal.
skeç, *-çi* sketch, skit.
skor score.
slayt slide.
slip, *-pi* briefs.
slogan slogan; ~ *atmak* to shout

slogans.
smokin [x.] tuxedo, dinner jacket.
soba stove.
sobe Home free!
sobelemek to get home free.
soda [x.] soda water.
sodyum sodium.
sofa hall, anteroom.
sofra table; ~ *başıa geçmek* to sit down to a meal; ~ *başında* at the table; ~ *kurmak* to set the table; ~ *örtüsü* tablecloth; ~ *takımı* set of dinnerware; *-yı kaldırmak (or toplamak)* to clear the table.
softa bigot; fanatic.
sofu religious, devout.
soğan ⚘ onion.
soğuk **1.** cold; **2.** *fig.* unfriendly, cold; **3.** ⚕ frigid; ~ *algınlığı* common cold; ~ *almak* to catch cold; ~ *damga* embossed stamp.
soğukkanlı cool-headed, calm.
soğukkanlılık cool-headedness, calmness.
soğuklamak to catch cold.
soğukluk coldness.
soğumak **1.** to get cold, to cool; **2.** *fig.* to lose one's love; to go off.
soğurmak ⚗ to absorb.
soğutmak to cool, to chill.
soğutucu refrigerator, fridge.
sohbet, *-ti* chat, talk, conversation; ~ *etmek* to chat, to talk.
sokak street.
soket, *-ti* sock.
sokmak, *(-ar)* **1.** to insert, to thrust, to stick; **2.** to let in, to admit; **3.** *(insect)* to bite, to sting.
sokulgan sociable, friendly.
sokulmak to insinuate o.s. *(-e into),* to slip *(-e into),* to work one's way *(-e into).*
sokuşmak to squeeze *(-e into),* to sneak *(-e in).*
sokuşturmak *fig.* to put it across, to put it over *(-e on).*
sol[1], *-lu* left; ~ *tarafından kalkmak* to get out of bed on the wrong side; *-da sıfır* unimportant, a mere nothing.
sol[2], *-lü* ♪ sol.
solaçık *football:* left wing.
solak left-handed.
solcu *pol.* leftist.
solgun pale, faded; wilted *(flowers).*
solist, *-ti* soloist.
sollamak to pass a vehicle on its left side, to overtake.
solmak, *(-ar)* to fade; *(flowers)* to wilt.
solmaz unfading, fast.
solo solo.
solucan *zo.* worm.
soluğan **1.** wheezy *(animal);* **2.** swell *(of the sea).*
soluk[1] *s. solgun.*
soluk[2] breath; ~ *aldırmamak* to give no respite; ~ *almak* **1.** to breathe; **2.** *fig.* to take a breather, to rest; ~ *borusu anat.* windpipe, trachea; ~ *soluğa* out of breath, panting for breath; *soluğu kesilmek* to get out of breath.
soluklanmak to rest, to take a breather.
solumak to pant, to snort.
solungaç *anat.* gill.
solunum respiration; ~ *sistemi* respiratory system.
solüsyon ⚗ solution.
som[1] solid; pure.
som[2] *(balığı) zo.* salmon.
somak ⚘ sumac.
somun **1.** loaf *(of bread);* **2.** ⊕ nut.
somurtkan sulky, grouchy.
somurtmak to sulk, to grouch, to pout.
somut, *-tu* concrete.
somutlaşmak to concretize.
somutlaştırmak to concretize.
somya [x.] spring mattress.
son **1.** end, termination; **2.** last, final; ~ *bulmak* to come to an end; ~ *defa* (for the) last time; ~ *derece* extremely; ~ *gülen iyi güler pro.* he laughs best who laughs

last; ~ *kozunu oynamak* to play one's last card; ~ *nefesini vermek* to breathe one's last; ~ *vermek* to put an end *(-e to)*; *-a ermek* to end, to finish; *-unda* in the end, finally.
sonat, *-tı* ♪ sonata.
sonbahar autumn, *Am.* fall.
sonda [x.] **1.** ⚕ probe; **2.** ⊕ drill, bore.
sondaj ⊕ drilling; ~ *yapmak* to drill, to bore.
sondajcı ⊕ driller.
sondalamak 1. ⚓ to sound, to fathom; **2.** ⊕ to drill; **3.** ⚕ to probe.
sonek, *-ki gr.* suffix.
sonra [x.] then, later, afterwards.
sonradan [x..] later, subsequently.
sonraki [x..] subsequent.
sonsuz endless, eternal.
sonsuzluk eternity.
sonuç, *-cu* result, outcome, conclusion.
sonuçlandırmak to conclude.
sonuçlanmak to result, to come to a conclusion.
sonuncu last, final.
sopa [x.] **1.** stick, cudgel, club; **2.** *fig.* beating; ~ *atmak (b-ne)* to give *s.o.* a beating, to give *s.o.* the cane.
soprano ♪ soprano.
sorgu interrogation, cross-examination; *-ya çekmek* to interrogate.
sorguç, *-cu* crest, tuft.
sormak, *(-ar)* to ask.
soru question; ~ *işareti* question mark.
sorumlu responsible.
sorumluluk responsibility.
sorumsuz irresponsible.
sorumsuzluk irresponsibility.
sorun problem, matter.
soruşturma investigation; ~ *açmak* to open an investigation.
soruşturmak to investigate.
sos sauce.
sosis hot dog, sausage, frankfurter.
sosyal, *-li* social; ~ *sigorta* social insurance.
sosyalist, *-ti* socialist.
sosyalizm socialism.
sosyete society, the smart set.
sosyetik society ...
sosyolog sociologist.
sosyoloji sociology.
Sovyet, *-ti* Soviet.
soy 1. race; **2.** lineage, family; ~ *sop* family, relations; *-a çekmek* to take after one's family.
soya ⚘ soybean.
soyaçekim heredity.
soyadı, *-nı* surname, family name.
soydaş of the same race.
soygun robbery, holdup.
soyguncu robber.
soykırım genocide.
soylu noble.
soyluluk nobility.
soymak 1. to peel *(fruit etc.)*; **2.** to undress; to strip; **3.** to rob; *soyup soğana çevirmek* to clean out, to pluck, to take to the cleaners.
soysuz *fig.* base, good-for-nothing *(person)*.
soysuzlaşmak to degenerate.
soytarı clown, buffoon.
soyunmak to undress o.s., to strip, to take off one's clothes.
soyut, *-tu* abstract.
soyutlamak to abstract.
söğüş cold meat.
söğüt ⚘ willow.
sökmek, *(-er)* **1.** to dismantle; to undo, to rip, to unstitch; **2.** to uproot *(plant)*; **3.** to decipher; **4.** to learn to read *(alphabet)*.
sökük unstitched; unraveled.
sökülmek *sl.* to shell out, to fork out *(money)*.
sökün etmek to come one after the other.
söküntü rip.
sölpük flabby, lax.

sölpümek to hang flabbily.
sömestr semester.
sömikok *(kömürü)* semicoke.
sömürge colony.
sömürgeci colonist.
sömürgecilik colonialism.
sömürmek to exploit.
sömürü exploitation.
söndürmek 1. to extinguish, to put out *(fire)*; **2.** to turn off *(light)*; **3.** to deflate.
söndürücü fire extinguisher.
sönmek, *(-er)* **1.** *(fire, light)* to go out; **2.** *(tyre)* to go flat.
sönük 1. extinguished *(fire, light)*; **2.** flat *(tyre)*; deflated *(balloon)*; **3.** dim, faint; **4.** extinct *(volcano)*; **5.** *fig.* dull, uninspired.
sövgü swearword, curse, cussword.
sövmek, *(-er)* to swear, to curse; *sövüp saymak* to swear a blue streak *(-e at)*.
sövüşlemek *sl.* to swindle.
sövüşmek to swear at each other.
söylemek 1. to say, to tell, to utter; **2.** to sing *(a song)*; *söyleyecek kelime bulamıyorum* I am at a loss for words.
söyleniş pronunciation.
söylenmek to grumble, to mutter to o.s.
söylenti rumo(u)r, hearsay.
söyleşi chat, conversation.
söyleşmek to chat, to converse.
söylev speech, address.
söz 1. remark, word, utterance; **2.** promise; *~ etmek* to talk about; *~ geçirmek* to assert o.s.; *~ götürmez* indisputable, beyond doubt; *~ işitmek* to be told off; *~ kesmek* to agree to give in marriage; *~ konusu* in question; *~ konusu etmek* to discuss; *~ olmak* to be the subject of gossip; *~ sahibi* who has a say *(in a matter)*; *~ vermek* to promise; *-ünde durmak* to keep one's word; *-ünü kesmek* to interrupt.
sözbirliği, *-ni* agreement.
sözbölükleri, *-ni* parts of speech.
sözcü spokesman.
sözcük word.
sözde so-called, would-be.
sözdizimi, *-ni* syntax.
sözgelimi, sözgelişi for example, for instance.
sözlendirmek to dub *(a film)*.
sözleşme agreement, contract.
sözleşmek to make an appointment.
sözleşmeli contractual.
sözlü 1. oral, verbal; **2.** engaged to be married; *~ sınav* oral examination.
sözlük dictionary.
sözlükbilgisi, *-ni* lexicography.
sözlükçü lexicographer.
sözlükçülük lexicography.
sözümona *s. sözde.*
spekülasyon speculation.
spekülatif speculative.
spekülatör speculator.
sperma sperm.
spesiyal, *-li* special.
spiker announcer.
spiral spiral.
spor sports.
sporcu sportsman.
sporsever sports fan.
sportmen sportsman.
sportoto the football pools.
sprey spray.
stad, stadyum stadium.
stabilize stabilized; *~ yol* gravel (*or* macadam) road.
staj apprenticeship; training; *~ yapmak* to undergo training.
stajyer apprentice, trainee.
standart standard.
statü statutes.
steno, stenografi shorthand, stenography.
step, *-pi* steppe.
stepne *mot.* spare tyre.
stereo stereo.
steril sterile.

sterilize etmek to sterilize.
sterlin sterling.
steyşın estate car, *Am.* station wagon.
stil style.
stok, *-ku* stock; ~ *etmek* to stock.
stop, *-pu* stop.
strateji strategy.
striptiz striptease.
stüdyo [x.] studio.
su, *-yu* **1.** water; **2.** juice, sap; **3.** stream, brook; **4.** broth; gravy; **5.** temper *(of steel)*; ~ *baskını* flood; ~ *basmak* to flood, to inundate; ~ *birikintisi* puddle; ~ *çekmek* to draw water; ~ *dökmek* to make water, to urinate; ~ *gibi akmak* *(time)* to fly; ~ *gibi para harcamak* to spend money like water; ~ *götürmez* indisputable; ~ *tabancası* water pistol (*or* gun); ~ *vermek* to water; *-dan ucuz* dirt cheap; *-ya düşmek fig.* to fall to the ground, to go phut.
sual, *-li* [ā] *s. soru.*
sualtı, *-nı* underwater.
suare evening performance *(of a play)*; evening showing *(of a movie)*.
suaygırı, *-nı zo.* hippopotamus.
subay × officer.
sucu water seller.
sucuk sausage.
sucul hydrophilous.
suç, *-çu* **1.** offence, *Am.* offense; guilt; fault; **2.** crime; ~ *işlemek* to commit an offence; ~ *ortağı* accomplice, accessory.
suçiçeği, *-ni* chicken pox.
suçlamak to accuse.
suçlandırmak to find guilty.
suçlu **1.** guilty; **2.** criminal, offender.
suçsuz not guilty, innocent.
suçüstü, *-nü* red-handed, in the act.
sudak *zo.* zander.
sudan trivial, weak.
Sudan [—–] *pr. n.* Sudan.
sudolabı, *-nı* waterwheel.
suflör *thea.* prompter.
sugeçirmez waterproof.
suiistimal, *-li* [—...—] misuse, abuse.
suikast, *-tı* conspiracy; assassination; *-ta bulunmak* to conspire; to assassinate.
suikastçı conspirator; assassin.
suiniyet, *-ti* [ū] malice.
suizan, *-nnı* [ū] suspicion.
sukabağı, *-nı* ⚘ gourd.
sukemeri, *-ni* aqueduct.
sukut, *-tu* [.—] fall; ~ *etmek* to fall; *-u hayale uğramak* to be disappointed; *-u hayale uğratmak* to disappoint, to let down.
suküre hydrosphere.
sulak **1.** watery; **2.** water trough.
sulamak to water; to irrigate.
sulandırmak to dilute.
sulanmak **1.** to become watery; **2.** *sl.* to flirt, to bother.
sulh peace; ~ *hâkimi* justice of the peace; ~ *mahkemesi* justice court.
sultan **1.** sultan; **2.** sultana.
sulu **1.** watery; juicy; **2.** *fig.* importunate, saucy, pert; ~ *gözlü* **1.** tearful; **2.** crybaby.
suluboya watercolo(u)r.
sulusepken sleet.
sumak ⚘ sumac.
sumen writing-pad, blotting-pad.
suna drake.
sundurma shed, lean-to.
sungu **1.** gift; **2.** sacrifice.
sungur *zo.* white falcon.
suni [ī] artificial, false.
sunmak, *(-ar)* to offer, to present, to submit, to put forward.
sunta fiberboard.
sunucu compère, emcee.
supanglez chocolate pudding.
supap, *-bı* ⊕ valve.
sur rampart, city wall.
surat, *-tı* face; ~ *asmak* to pull a

long face; ~ *bir karış* sour-faced; ~ *düşkünü* ugly; ~ *etmek* to pull a long face; *-ı asık* sour-faced, sulky; *-ını ekşitmek* to put on a sour face.
suratsız *fig.* sour-faced.
sure [ū] sura *(of the Koran).*
suret, *-ti* [ū] **1.** copy, transcript; **2.** form, figure; ~ *çıkarmak* to make a copy of, to transcribe.
Suriye *pr. n.* Syria.
sus! Be quiet!, Silence!
susak thirsty.
susam ⚘ sesame.
susamak 1. to get thirsty; **2.** *fig.* to thirst *(-e for).*
susamuru, *-nu zo.* otter.
susığırı, *-nı zo.* water buffalo.
suskun quiet, taciturn.
susmak, *(-ar)* to be quiet, to stop talking, to be silent.
suspansuvar jockstrap.
suspus: ~ *olmak* to be silenced; to be as quite as a mouse.
susta [x.] safety catch.
sustalı switchblade.
susturmak to silence, to hush.
susturucu silencer.
susuz waterless.
sutopu, *-nu* water polo.
sutyen bra, brassiere.
suvare evening performance.
suyolu, *-nu* watermark *(in paper).*
suyosunu, *-nu* seaweed, alga.
süet, *-ti* suede.
sükse show, ostentation, hit; ~ *yapmak* to be a hit (*or* success).
sükûn, sükûnet, *-ti* calm, quiet, repose.
sükût, *-tu* silence; ~ *etmek* to remain silent; ~ *hakkı* hush money.
sülale family, line.
sülfat, *-tı* sulphate, *Am.* sulfate.
sülfürik sulphuric, *Am.* sulfuric.
sülük *zo.* leech; ~ *gibi yapışmak fig.* to stick like a leech.
sülün *zo.* pheasant.
sümbül ⚘ hyacinth.
sümkürmek to blow one's nose.
sümsük shiftless, supine.
sümük mucus.
sümüklüböcek *zo.* slug.
sünepe sluggish, supine.
sünger sponge; ~ *avcılığı* sponge fishing; ~ *avcısı* sponge fisherman; ~ *geçirmek (bşin üzerinden) fig.* to pass the sponge over *s.th.*
süngü bayonet.
sünnet, *-ti* circumcision; ~ *etmek* to circumcise; ~ *olmak* to be circumcised.
sünnetçi circumciser.
sünnetli circumcised.
sünnetsiz uncircumcised.
Sünni [ī] Sunni.
süper super.
süpermarket, *-ti* supermarket.
süpersonik supersonic.
süprüntü sweepings, rubbish, trash.
süpürge broom.
süpürmek to sweep.
sürahi [.—.] decanter, carafe, pitcher.
sürat, *-ti* speed; ~ *motoru* speedboat; *-ini artırmak* to accelerate, to speed up.
süratlenmek to speed up.
süratli speedy.
sürçmek, *(-er)* to stumble; to slip.
sürdürmek to continue, to carry on, to maintain.
süre period; extention.
süreç process, progression.
süredurum *phys.* inertia.
süregelmek to have gone on for a long time.
süreğen chronic.
sürek 1. duration, continuation; **2.** drove *(of cattle);* ~ *avı* drive.
sürekli continuous, continual.
süreksiz transitory.
süreksizlik transitoriness.
süreli periodic.
sürerlik continuousness.
Süreyya [ā] *ast.* the Pleiades.

sürfe larva.
sürgü 1. bolt; **2.** bedpan.
sürgülemek to bolt.
sürgün 1. exile, banishment; **2.** ⚘ shoot, sucker; **3.** ⚕ diarrhea; ~ *etmek* to exile, to banish; *-e gitmek* to go into exile; *-e göndermek* to send into exile.
sürmek, *(-er)* **1.** to drive; **2.** to exile, to banish; **3.** to plough, *Am.* to plow *(a field);* **4.** to rub, to smear; **5.** to put on the market *(goods);* **6.** to go on, to last, to continue.
sürmelemek to bolt.
sürmenaj nervous breakdown, neurasthenia.
sürpriz surprise; ~ *yapmak* to surprise.
sürtmek, *(-er)* **1.** to rub; **2.** *fig.* to loiter, to wander about.
sürtük 1. gadabout *(woman);* **2.** streetwalker.
sürtünme *phys.* friction.
sürtünmek to rub o.s. *(-e against).*
sürtüşmek 1. to rub against each other; **2.** to vex (*or* irritate) each other.
sürur [ū] delight, joy.
sürü herd, drove, flock; ~ *içgüdüsü psych.* the herd instinct; ~ *sepet F* the whole kit and caboodle, the whole lot; *-süne bereket* a lot of, heaps of.
sürücü driver, motorist.
sürüklemek 1. to drag; **2.** *fig.* to carry with one.
sürükleyici fascinating, engrossing.
sürüm *econ.* demand, sale.
sürümek to drag.
sürümlü in demand.
sürünceme negligence, abeyance; *-de bırakmak* to procrastinate; *-de kalmak* to drag on, to be left hanging in the air.
sürüngen reptile.
sürünmek 1. to crawl, to creep; **2.** to rub *(-e against).*
süs ornament, decoration.
süsen ⚘ iris.
süslemek to adorn, to decorate, to embellish.
süslenmek to deck o.s. out, to doll o.s. up.
süslü 1. adorned, decorated; **2.** dressy, ornate.
süsmek to butt, to gore.
süspansiyon ⊕ suspension.
süssüz undecorated, unadorned.
süt, *-tü* milk; ~ *çocuğu* **1.** nursling; **2.** *fig.* mollycoddle, babe in the woods; ~ *dökmüş kedi gibi* in a crestfallen manner; ~ *gibi* white and clean; ~ *kuzusu* **1.** suckling lamb; **2.** *fig.* baby; tot, toddler; ~ *vermek* to suckle, to breast-feed, to nurse; *-ten ağzı yanan yoğurdu üfleyerek yer pro.* once bitten twice shy; *-ten kesmek* to wean.
sütana, sütanne wet nurse.
sütçü milkman.
sütdişi, *-ni* milk tooth.
sütkardeş foster brother *or* sister.
sütlaç rice pudding.
sütleğen ⚘ spurge.
sütlü milky; ~ *kahve* white coffee, coffee with milk.
sütnine wet nurse.
süttozu, *-nu* milk powder.
sütun [ū] column.
süvari [.––] **1.** cavalryman; **2.** ⚓ captain.
süveter sweater.
Süveyş Kanalı *pr. n.* Suez Canal.
süzgeç, *-ci* strainer; filter; sieve.
süzgün 1. languid *(look);* **2.** gaunt, thin.
süzme filtered; strained.
süzmek, *(-er)* **1.** to strain; to filter; **2.** *fig.* to give the once-over.
süzülmek 1. to glide; **2.** to get thin; **3.** to slip in, to steal in.
süzüntü dregs, residue.

Ş

şaban *sl.* dumb, nitwitted.
şablon pattern.
şadırvan fountain.
şafak dawn, twilight; ~ *sökmek (for dawn)* to break.
şaft, *-tı* ⊕ shaft.
şah[1]: *-a kalkmak (horse)* to rear.
şah[2] [ā] **1.** shah; **2.** *chess:* king.
şahadet, *-ti* [.—.] testimony.
şahane [——.] splendid, magnificent.
şahap, *-bı* [.—] *ast.* shooting star.
sahbaz 1. *zo.* royal falcon; **2.** courageous, brave.
şahdamarı, *-nı anat.* carotid artery, aorta.
şaheser masterpiece, masterwork.
şahıs, *-hsı* person, individual; ~ *zamiri gr.* personal pronoun.
şahin [ā] *zo.* falcon.
şahit, *-di* [ā] witness; ~ *olmak* to witness.
şahitlik [ā] witnessing, testimony; ~ *etmek* to bear witness, to testify.
şahlanmak *(horse)* to rear.
şahlık shahdom.
şahmerdan ⊕ pile-driver; drop hammer.
şahsen [x.] personally, in person.
şahsi [ī] personal, private.
şahsiyet, *-ti* **1.** personality; **2.** personage.
şahsiyetli having personality.
şahsiyetsiz who lacks personality.
şaibe [ā] stain, blot.
şair [ā] poet.
şairlik poetship.
şaka joke, leg-pull; ~ *etmek* to kid, to joke; ~ *gibi gelmek* to seem like a joke *(-e to);* ~ *götürmez bir iş* it is no joking matter; ~ *iken kaka olmak* to turn into a quarrel; ~ *kaldırmak* to be able to take a joke; ~ *söylemek* to joke; *-dan anlamak* to take a joke; *-ya boğmak* to turn into a joke.
şakacı joker.
şakacıktan as a joke, jokingly.
şakadan jokingly, as a joke.
şakak *anat.* temple.
şakalaşmak to joke with one another.
şakayık, *-kı* ✿ peony.
şakımak to warble, to trill.
şakırdamak to clatter, to rattle; to jingle.
şakırdatmak 1. to rattle, to clatter; **2.** to jingle; **3.** to crack *(a whip).*
şakırtı clatter, rattle; jingle.
şaki robber, brigand.
şaklaban jester, buffoon.
şaklamak to crack, to pop, to snap.
şaklatmak to crack, to snap.
şakrak mirthful, merry.
şakrakkuşu, *-nu zo.* bullfinch.
şakramak *s. şakımak.*
şakşak 1. slapstick; **2.** applause.
şakul, *-lü* [a] plumb line.
şakullemek to plumb.
şal shawl.
şalgam ✿ turnip.
şalter ⚡ switch.
şalvar baggy trousers, shalwar; ~ *gibi* very baggy.
Şam *pr. n.* Damascus.
şamandıra [.x..] ⚓ buoy, float.
şamar slap, box on the ear; ~ *oğlanı* whipping boy, scapegoat; ~ *yemek* to get a slap on the face.

şamata uproar, hubbub, commotion, whoopee; ~ *yapmak* to make whoopee, to make a commotion.
şamdan candlestick.
şamfıstığı, *-nı* pistachio nut.
şampanya [.x.] champagne.
şampiyon champion.
şampiyona championship.
şampiyonluk championship.
şampuan shampoo.
şan [ā] glory, reputation, fame.
şangırdamak to crash.
şangırtı crash.
şanjan iridescence.
şanjman *mot.* gearbox, shift.
şanlı glorious, illustrious.
şans luck; ~ *tanımak* to give a chance; *-ı yavergitmek* to have good luck, to be lucky enough.
şanslı lucky, fortunate.
şanssız unlucky.
şanssızlık unluckiness.
şantaj blackmail; ~ *yapmak* to blackmail.
şantajcı blackmailer.
şantiye building *or* construction site.
şantör chanteur, male singer.
şantöz chanteuse, female singer.
şanzıman *s. şanjman.*
şap, *-pı* ⚗ alum.
şapırdamak to smack.
şapırdatmak to smack *(one's lips).*
şapırtı smack.
şapka [x.] hat.
şapkacı hatter.
şapkalık hatstand, hat rack.
şaplak smack, spank, whang.
şappadak [x..] all of a sudden, out of the blue.
şapşal untidy, slovenly, shabby.
şarampol shoulder *(of a road).*
şarap, *-bı* wine.
şarapnel ⚔ shrapnel.
şarbon ⚕ charbon.
şarıldamak to splash.
şarıl şarıl splashingly.
şarıltı splash.
şarj ⚡ charge.
şarjör magazine, charger.
şarkı song; ~ *söylemek* to sing a song.
şarkıcı singer.
şarküteri delicatessen.
şarlatan charlatan.
şarlatanlık charlatanry.
şarpi ⚓ sharpie.
şar şar splashingly.
şart, *-tı* condition, stipulation; ~ *koşmak* to make a condition, to stipulate.
şartlandırmak to condition.
şartlanmak to be conditioned.
şartlı conditional.
şartname [.—.] list of conditions.
şaryo [x.] carriage *(of a typewriter).*
şasi chassis.
şaşakalmak to be bewildered, to be taken aback.
şaşı cross-eyed, squint-eyed; ~ *bakmak* to squint.
şaşırmak to be confused, to be at a loss.
şaşırtmaca tongue-twister, puzzle.
şaşırtmak to confuse, to bewilder, to puzzle.
şaşkın **1.** confused, bewildered; **2.** silly; *-a çevirmek* to confuse, to bewilder; *-a dönmek* to be stupefied.
şaşkınlık confusion; bewilderment; ~ *içinde* in a daze.
şaşmak, *(-ar)* **1.** to be astonished *or* amazed; **2.** *(missile)* to miss its object; **3.** to lose *(one's way).*
şatafat, *-tı* display, show, ostentation.
şatafatlı showy, ostentatious.
şato [x.] castle, château.
şayet [a] if.
şayia [—..] rumo(u)r.
şebboy ⚘ wallflower.
şebek *zo.* baboon.
şebeke **1.** network; **2.** identity card

(of a university student).
şebnem dew.
şecaat, *-ti* [.—.] courage.
şecaatli [.—..] courageous.
şecere family tree, pedigree.
şef chief, leader.
şefaat, *-ti* [.—.] intercession.
şeffaf [a] transparent.
şeffaflık [a] transparency.
şefik, *-ki* [ı] tender-hearted, kind, compassionate.
şefkat, *-ti* kindness, compassion.
şefkatli kind, compassionate.
şeftali [a] ✿ peach.
şehir, *-hri* city, town.
şehirlerarası, *-nı* **1.** intercity; **2.** *teleph.* long-distance.
şehirli townsman, city dweller.
şehit, *-di* martyr; ~ *düşmek* to die a martyr.
şehitlik **1.** martyrdom; **2.** cemetery for Turkish soldiers.
şehla having a slight cast in the eye.
şehremini, *-ni* mayor.
şehriye vermicelli; ~ *çorbası* vermicelli soup.
şehvet, *-ti* lust, concupiscence; ~ *düşkünü* lewd, prurient.
şehvetli lustful.
şehzade [a] prince, shahzadah.
şeker **1.** sugar; **2.** candy; **3.** ⚕ diabetes; ♀ *Bayramı* the Lesser Bairam; ~ *hastalığı* diabetes; ~ *pancarı* sugar beet.
şekerci confectioner.
şekerkamışı, *-nı* ✿ sugar cane.
şekerleme **1.** candied fruit; **2.** nap, doze; ~ *yapmak* to have (*or* take) a nap, to doze off.
şekerlemek to sugar, to candy.
şekerlik **1.** sugar bowl; **2.** candy bowl.
şekil, *-kli* **1.** shape, form, figure; **2.** kind, sort; **3.** manner, way.
şekillendirmek to shape.
şekilsiz shapeless.
şelale waterfall.
şema [x.] diagram, scheme, plan; outline.
şempanze *zo.* chimpanzee.
şemsiye umbrella; parasol.
şemsiyelik umbrella stand.
şen happy, merry, joyous, cheerful.
şeneltmek to populate.
şenlendirmek to cheer up, to enliven.
şenlik **1.** cheerfulness, merriment; **2.** festivity, festival.
şerbet, *-ti* sweet fruit drink, sherbet.
şeref hono(u)r; ~ *defteri* honorary book; ~ *madalyası* plume; ~ *misafiri* guest of hono(u)r; ~ *sözü* word of hono(u)r.
şerefe balcony.
şereflendirmek to hono(u)r.
şerefli hono(u)red.
şerefsiz dishono(u)rable.
şerh explanation; ~ *etmek* to explain.
şeriat, *-tı* [ı] Islamic law, canonical law.
şerif sheriff.
şerit, *-di* **1.** tape, ribbon; band; **2.** *zo.* tapeworm; **3.** *mot.* lane.
şeş six; *-i beş görmek* to be completely mistaken.
şeşbeş six and five.
şeşcihar six and four.
şeşüdü six and two.
şeşüse six and three.
şeşüyek six and one.
şev **1.** slope, decline; **2.** slant.
şevk, *-ki* eagerness, ardo(u)r, enthusiasm.
şey thing.
şeyh sheikh.
şeytan [a] **1.** Satan, the Devil; **2.** *fig.* demon, fiend, devil; ~ *gibi* as cunning as a fox; ~ *kulağına kurşun!* Touch wood!; ~ *tüyü fig.* talisman supposed to give personal attraction; *-a uyma* don't yield to temptation; *-ın bacağını kırmak*

fig. to get the show on the road at last.

şezlong, *-gu* chaise longue, deck chair.

şık[1], *-kı* smart, chic, neat, elegant; ~ *mı* ~*!* she is dressed to kill.

şık[2], *-kkı* choice, option; alternative.

şıkırdamak to clink, to rattle, to jingle.

şıkırdatmak to rattle, to clink.

şıkırdım *sl.* lad, kid.

şıkır şıkır 1. with a clinking noise; **2.** glittery, shiny.

şıkırtı clink, rattle, jingle.

şıklık smartness.

şıllık loose woman.

şımarık spoiled.

şımarmak to get spoiled.

şımartmak to spoil, to pamper.

şıngırdamak to clink, to rattle.

şıngır şıngır with a rattling sound.

şıngırtı rattle, clink.

şıp, *-pı:* ~ *diye* all of a sudden; ~ ~ with a dripping sound.

şıpıdık scuff, slipper.

şıpırtı splash.

şıpsevdi susceptible.

şıra [x.] grape must.

şırfıntı common woman, slut, floozy.

şırıldamak to plash, to purl, to ripple.

şırıltı plash, purl.

şırınga syringe; ~ *yapmak* to syringe.

şiddet, *-ti* **1.** violence, severity; intensity; **2.** harshness, stringency; ~ *olayı* act of terrorism; *-e başvurmak* to resort to brute force; *-le* **1.** violently; **2.** passionately.

şiddetlendirmek to intensify.

şiddetlenmek to become intensified.

şiddetli intense; severe, violent; vehement; ~ *geçimsizlik* ⚖ extreme incompatibility.

şifa [ā] recovery, cure, healing; ~ *bulmak* to recover one's health, to get well; *-lar olsun!* May it give you health!; *-yı bulmak (-or kapmak)* to fall ill.

şifahen [ā] orally.

şifahi [.——] oral, verbal.

şifalı [ā] curative, healing.

şifon chiffon.

şifoniyer chiffonier, dresser.

şifre [x.] cipher, code; ~ *anahtarı* key to a code; *-yi açmak (or çözmek)* to decode, to decipher, to break a code.

şifreli in cipher.

şiir 1. poem; **2.** poetry.

şiirsel poetic.

şikâyet, *-ti* complaint; ~ *etmek* to complain.

şikâyetçi complainer, complainant.

şike chicane(ry); ~ *yapmak* to chicane, to rig.

şilep, *-bi* cargo ship, freighter.

Şili *pr. n.* Chile.

şilin shilling.

şilt, *-ti* plaque.

şilte thin mattress.

şimdi [x.] now, at present.

şimdiden [x..] already, right now; ~ *sonra* from now on; ~ *tezi yok* at once, right now.

şimdiki [x..] of today, of the present time.

şimdilik [x..] for now, for the time being, for the present.

şimendifer 1. railway; **2.** train.

şimşek lightning; ~ *çakmak (lightning)* to flash; ~ *gibi* like lightning, with lightning speed.

şimşir ⚘ boxwood.

şipşakçı *F* street photographer.

şirin [——] sweet, charming, cute, cunning.

şirket, *-ti* company; ~ *kurmak* to found (*or* establish) a company.

şirret, *-ti* shrew, virago, dragon.

şiş[1] **1.** spit, skewer; **2.** knitting needle; ~ *kebap* shish kebab.
şiş[2] **1.** swelling; **2.** swollen.
şişe 1. bottle; flask; **2.** cupping glass; **3.** chimney *(of a lamp)*; ~ *çekmek* to apply a cupping glass *(-e to)*.
şişelemek to bottle.
şişirmek 1. to inflate, to blow up, to distend; **2.** *F* to exaggerate; **3.** *F* to do hastily and carelessly.
şişkin swollen, puffy.
şişkinlik swelling; protuberance.
şişko [x.] fatty, paunchy.
şişlemek 1. to spit, to skewer; **2.** *sl.* to stab.
şişman fat, obese.
şişmanlamak to get fat.
şişmanlık fatness, obesity.
şişmek, *(-er)* **1.** to swell; **2.** to become out of breath; **3.** *F* to burst with pride.
şive [ī] accent.
şizofreni ⚕ schizophrenia.
şofben hot-water heater, geyser.
şoför driver.
şok, *-ku* shock.
şoke: ~ *etmek* to shock; ~ *olmak* to be shocked.
şom: ~ *ağızlı* who always predicts misfortune.
şorolo *sl.* homosexual, queen.
şort, *-tu* shorts.
şose [x.] macadamized road, paved road.
şoset, *-ti* sock.
şoson galosh, overshoe.
şov show.
şoven chauvinist.
şovenlik chauvinism.
şöhret, *-ti* fame, reputation, renown.
şöhretli famous, famed.
şölen feast, banquet.
şömine fireplace.
şövale easel.
şövalye knight.
şöyle 1. in that way, so, thus; **2.** such; ~ *böyle* so-so; ~ *dursun* let alone ..., never mind about ...; ~ *ki* such that.
şöylece [x..] thus(ly), in this way; like that.
şöylesi this sort of ...
şu, *-nu* that; ~ *günlerde* in these days; ~ *halde* in that case; ~ *var ki* however, only; *-ndan bundan konuşmak* to talk of this and that; *-nu bunu bilmemek* not to accept any excuses; *-nun şurasında* just, only.
şubat, *-tı* February.
şube [ū] **1.** branch, department; **2.** division.
şuh [ū] coquettish, pert.
şule [ū] flame.
şunca [x.] this (*or* that) much.
şura [x.] this (*or* that) place.
şûra council.
şurada over there.
şurası [x..] that place.
şurup, *-bu* syrup.
şut, *-tu football:* shoot; ~ *çekmek* to shoot.
şuur [.—] the conscious, consciousness.
şuurlu conscious.
şuursuz unconscious.
şükran [ā] gratitude, thanksgiving.
şükretmek [x..] to thank, to give thanks *(-e to)*.
şükür, *-krü* gratitude.
şüphe suspicion, doubt; ~ *etmek* to suspect, to doubt; *-ye düşmek* to become suspicious.
şüpheci suspicious; sceptic.
şüphelenmek to suspect, to doubt.
şüpheli 1. suspicious; **2.** uncertain, doubtful.
şüphesiz 1. certain; **2.** certainly, doubtless.

T

T cetveli, *-ni* T square.
ta [ā] until; even as far as; ~ *eskiden beri* from time immemorial; ~ *kendisi* his very self.
taahhüt, *-dü* obligation, engagement, contract.
taahhütlü registered *(letter).*
taahhütname [...—.] written contract.
taalluk, *-ku* relation, connection.
taammüden [.x..] ⚖ premeditatedly.
taarruz attack, assault; ~ *etmek* to attack, to assault.
taassup, *-bu* bigotry, fanaticism.
taba brick-red, tobac.
tabak[1] plate, dish.
tabak[2] [.—] tanner.
tabaka[1] **1.** layer, stratum, level; **2.** sheet *(of paper);* **3.** category, class *(of people).*
tabaka[2] tobacco box.
tabakalaşma *geol.* stratification.
tabakhane [..—.] tannery.
tabaklamak to tan.
taban 1. sole; **2.** floor; base; ~ *tepmek F* to walk, to hoof it; ~ *-a zıt* diametrically opposite *(-e to),* antipodal *(-e to); -a kuvvet* by dint of hard walking; *-ları kaldırmak iro.* to run like anything; *-ları yağlamak F* to take to one's heels.
tabanca [.x.] **1.** pistol, revolver; **2.** spray gun, sprayer.
tabanlı soled.
tabansız 1. soleless; **2.** *fig.* cowardly, lily-livered.
tabanvay: *-la gitmek F* to foot it, to hoof it, to go on foot.
tabela [.x.] sign.
tabelacı sign painter.
tabetmek [x..] to print.
tabı, *-b'ı* print, edition, impression.
tabi, *-ii* **1.** subject *(-e to);* **2.** dependent *(-e on);* **3.** citizen; national; ~ *kılmak* to subject; ~ *olmak (b-ne)* to depend on *s.o.,* to be dependent on *s.o.*
tabiat, *-tı* [.—.] **1.** nature; **2.** character, disposition, nature; **3.** habit.
tabiatıyla naturally.
tabii [.——] **1.** natural; **2.** naturally, of course.
tabiilik naturalness.
tabiiyet, *-ti* nationality, citizenship.
tabiiyetsiz stateless *(person).*
tabip, *-bi* [ī] doctor, physician.
tabir 1. expression, term, phrase; idiom; **2.** interpretation *(of a dream).*
tabla [x.] tray; ashtray; disc.
tabldot, *-tu* table d'hote.
tablo [x.] **1.** picture, painting; **2.** table; **3.** tableau.
tabu taboo.
tabur ⨯ battalion.
taburcu 1. discharged *(from a hospital);* **2.** released *(from gaol);* ~ *olmak* to be discharged.
tabure stool.
tabut, *-tu* coffin.
tabutlamak to put into a coffin.
tabya [x.] ⨯ bastion, redoubt.
tacir [ā] merchant.
taciz [——] annoyance, harassment.
taç, *-cı* **1.** crown; **2.** ⚘ corolla; **3.** *football:* touchdown; ~ *giyme töreni* coronation; ~ *giymek* to be crowned.
taçlı crowned.
taçsız uncrowned.

taçyapraklı ♆ petaled, petalous.
tadım taste.
tadilat, *-tı* [—.—] changes, alterations; amendments.
tafra pomposity, conceit.
tafsilat, *-tı* details.
tafsilatlı detailed.
tahakkuk, *-ku* realization; ~ *etmek* **1.** to be realized, to come true; **2.** *(interest, tax)* to fall due.
tahammül patience, endurance, forbearance; ~ *etmek* to endure, to bear, to put up *(-e with)*.
tahammüllü patient.
tahammülsüz impatient.
taharet, *-ti* [.—.] cleanliness, purity.
taharri [ī] investigation, research.
taharrüş ⚕ itching; irritation.
tahassul, *-lü* resulting, emerging.
tahassür longing, yearning.
tahassüs sensation.
tahavvül change, conversion.
tahayyül imagination, fancy.
tahdit, *-di* [ī] limitation, restriction; ~ *etmek* **1.** to limit; to restrict; **2.** to demarcate, to delimit.
tahıl grain.
tahin sesame oil.
tahkik, *-ki* [ī] investigation; ~ *etmek* to investigate.
tahkikat, *-tı* [.——] investigation, inquiry.
tahlil [ī] analysis; ~ *etmek* to analyze.
tahliye: ~ *etmek* to evacuate; to vacate.
tahmin [ī] guess, conjecture; ~ *etmek* to guess, to conjecture.
tahmini [.——] approximate.
tahribat, *-tı* [.——] damage, destruction.
tahrik, *-ki* [ī] instigation, provocation, incitement; ~ *etmek* to incite, to instigate, to provoke.
tahrip, *-bi* [ī] destruction, devastation; ~ *etmek* to destroy, to devastate, to ruin.
tahripçi [.—.] destructive.
tahrir [ī] **1.** writing down, composing; **2.** essay, composition.
tahriri [.——] written.
tahriş ⚕ irritation; ~ *etmek* to irritate.
tahsil [ī] **1.** education, study; **2.** collection *(of money)*; ~ *etmek* **1.** to get an education, to study; **2.** to collect *(money, taxes)*; ~ *görmek* to get an education, to study.
tahsildar [.——] tax collector.
tahsis [ī]: ~ *etmek* to assign, to allot.
tahsisat, *-tı* [.——] appropriation, allotment; ~ *ayırmak* to appropriate money *(-e for)*.
taht, *-tı* throne; *-a çıkmak* to ascend the throne; *-tan indirmek* to dethrone.
tahta **1.** board, plank; **2.** blackboard; **3.** wooden.
tahtakurusu, *-nu zo.* bedbug.
tahterevalli [...x.] seesaw, teeter-totter.
tahtirevan [...—] howdah; palanquin.
tahvil [ī] *econ.* bond, debenture; ~ *etmek* to transform; to transfer; to convert.
tak, *-kı* [ā] arch.
taka small sailing boat.
takas exchange, barter, swap; ~ *etmek* to exchange, to barter, to swap.
takat, *-ti* [—.] strength; *-i kalmamak (or kesilmek or tükenmek)* to be exhausted, to be worn out.
takatlı strong.
takatsız [—..] weak.
takatuka [..x.] noise, tumult, commotion.
takayyüt, *-dü* attentiveness, attention, care.
takaza [.——] taunt.
takbih [ī] disapproval.

takdim [ī] **1.** introduction; **2.** presentation; ~ *etmek* **1.** to introduce; **2.** to present.

takdir [ī] **1.** appreciation; **2.** judg(e)ment, discretion.

takdirname [.——.] letter of appreciation.

takdis [ī] sanctification, consecration.

takı **1.** wedding present; **2.** *gr.* particle.

takılmak **1.** to kid, to tease, to pull s.o.'s leg; **2.** *(bir yere)* to get hung up in, to be delayed in *(a place).*

takım **1.** set, lot; **2.** suit *(of clothes);* **3.** *sports:* team; **4.** × squad; **5.** ⚘, *zo.* order; ~ *elbise* suit; ~ *taklavat F* the whole kit and caboodle, the whole push; ~ *tutmak* to support a team.

takımada archipelago.

takımyıldız *ast.* constellation.

takınmak **1.** to assume, to put on *(airs);* **2.** to wear *(ornaments).*

takıntı **1.** ramification; **2.** outstanding debt; **3.** dealings, relationship; **4.** *F* subject which a student has flunked; **5.** piece of jewelry.

takırdamak to clatter, to rattle.

takırtı clatter, rattle.

takışmak to quarrel with each other.

takip, *-bi* [——] pursuit; ~ *etmek* to follow, to pursue.

takke skullcap.

takla somersault; ~ *atmak* to somersault.

taklit, *-di* [ī] **1.** imitation; **2.** imitated, sham, counterfeit; ~ *etmek* **1.** to imitate; **2.** to fake, to counterfeit.

takma artificial*(tooth, eye);* false *(beard);* ~ *ad* nickname; ~ *diş* false teeth; ~ *motor* outboard motor; ~ *saç* wig.

takmak, *(-ar)* **1.** to attach, to fasten; **2.** to put on; to wear; **3.** to give *(a name).*

takoz shore, prop; wedge, chock.

takriben [ı] [.x.] approximately, about.

takribi [.——] approximate.

takrir [ī] **1.** explaining; **2.** report, memorandum; **3.** proposal.

taksa [x.] postage due.

taksi [x.] taxi, cab; ~ *durağı* taxi rank, cabstand.

taksim [ı] **1.** division; distribution; **2.** ♪ instrumental improvisation; ~ *etmek* to divide up; to share out.

taksimetre taximeter.

taksirat, *-tı* [.——] **1.** sins; **2.** *F* fate, destiny.

taksit, *-ti* instal(l)ment; *-le* in instal(l)ments

taktik × tactics.

takunya [.x.] clog, patten.

takvim [ī] calendar.

takviye reinforcement; ~ *etmek* to reinforce.

talan pillage, plunder, sack; ~ *etmek* to pillage, to plunder, to sack.

talaş sawdust; wood shavings.

talaşlamak to sprinkle sawdust over *(a place).*

talaz **1.** wave *(in the sea);* **2.** ripple *(in a piece of silk).*

talebe student, pupil.

talep, *-bi* demand, request; ~ *etmek* to demand, to request, to require.

talih [ā] luck, fortune; ~ *kuşu* good luck; *-i olmamak* to be unlucky; *-i yaver gitmek* to be lucky; *-ine küsmek* to curse one's luck.

talihli [ā] lucky, fortunate.

talihsiz [ā] unlucky.

talim [——] **1.** training; practice, exercise; **2.** × drill.

talimat, *-tı* [———] instructions, directions.

talip, *-bi* suitor, wooer.
talk, *-kı geol.* talc.
tam 1. complete, entire, whole; exact; **2.** completely, exactly; **3.** perfect; ~ *açı* ⩓ perigon; ~ *adamını bulmak* to choose the very man *(for the job, etc.)*; ~ *pansiyon* full pension; ~ *tertip* thoroughly; ~ *teşekküllü bir hastane* a fully equipped hospital; ~ *üstüne basmak* to hit the nail right on the head; ~ *yetki* full authority; ~ *yol* at full *(or* top) speed; ~ *zamanında* right on time.
tamah greed, avarice.
tamahkâr 1. greedy, avaricious; **2.** miserly, stingy.
tamam 1. complete, finished; ready; **2.** correct; **3.** O.K.!, All right!
tamamen [.—.] [.x.] completely, entirely, wholly.
tamamlamak to complete, to finish; to complement.
tamamlayıcı complementary, supplementary.
tambur ♪ classical lute.
tamim [——] circular.
tamir [——] repair; ~ *etmek* to repair, to mend, to fix.
tamirat, *-tı* [———] repairs.
tamirci [ā] repairman, repairer.
tamirhane [—.—.] repair shop.
tamlama *gr.* noun phrase.
tamlayan *gr.* modifier.
tampon 1. *mot.* bumper; **2.** 🚃 buffer; **3.** ⚕ plug, wad.
tamsayı ⩓ whole number.
tamtam tom-tom.
tan dawn, daybreak; ~ *ağarmak* to dawn, *(for day)* to break.
tane [ā] **1.** grain, seed, kernel; **2.** piece, item.
tanecik [ā] **1.** granule *(of sand, salt etc.)*; **2.** tiny kernel.
tanecikli [ā] granular.
tanecil [ā] *zo.* granivorous *(animal).*
tanelemek [ā] to granulate.
tanelenmek [ā] *(cereal plant)* to ear up, to form ears.
taneli [ā] grainy.
tanen ⚗ tannin.
tanga very skimpy bikini, G-string.
tango [x.] ♪ tango.
tanı diagnosis.
tanıdık acquaintance.
tanık witness.
tanıklık testimony; ~ *etmek* to testify.
tanılamak to diagnose.
tanım definition.
tanımak 1. to know, to be acquainted; **2.** to recognize, to acknowledge.
tanımlamak to define.
tanınmak to become known, to gain fame.
tanınmış famous, well-known, famed, reputable.
tanış *F* acquaintance.
tanışmak to get acquainted *(ile* *with).*
tanıştırmak to introduce.
tanıt, *-tı* proof, evidence.
tanıtıcı introductory.
tanıtım introduction, presentation.
tanıtlamak to prove.
tanıtmak 1. to introduce; **2.** to advertise, to publicize.
tanjant, *-tı* ⩓ tangent.
tank, *-kı* tank.
tanker tanker.
tanksavar ✕ antitank.
Tanrı God.
Tanrıbilim theology.
tanrıça goddess.
tanrılaştırmak to deify.
tanrısal divine.
tanrısız godless, atheistic.
tansiyon ⚕ blood pressure; ~ *düşüklüğü* ⚕ hypotension; ~ *yüksekliği* ⚕ hypertension.
tantana pomp, display.

tantanalı pompous, grand.
tanyeli, *-ni* dawn breeze.
tanyeri, *-ni* dawn.
tanzim **1.** organizing, arranging; **2.** regulating; **3.** drafting, drawing up, preparing; ~ *etmek* **1.** to organize, to arrange; **2.** to regulate; **3.** to draft, to draw up.
tapa [x.] stopper, cork; plug.
tapalamak to stopper, to put a stopper *(-i on).*
tapalı stoppered.
tapı god, deity.
tapınak temple.
tapınmak, *(-ır),* **tapmak,** *(-ar)* to worship, to adore.
tapon *F* shoddy, crummy.
tapu **1.** title deed; **2.** *(dairesi)* deed *or* land office.
tapulamak to register with a title deed, to get title for *(a piece of land).*
taraça [.x.] terrace.
taraf **1.** side, edge, border; **2.** direction; **3.** district; **4.** party; ~ *tutmak* to take sides.
tarafgir [ī] partial, biased.
taraflı **1.** -sided, -edged; **2.** supporter, adherent.
tarafsız neutral; noncommittal.
taraftar [..—] supporter, adherent, follower, advocate; ~ *olmak* to support, to be in favo(u)r *(-e of).*
tarak **1.** comb; **2.** rake, harrow; **3.** hackle; **4.** crest *(of a bird);* **5.** instep *(of the foot);* **6.** *zo.* scallop; ~ *dubası* dredger; ~ *gemisi* dredge; ~ *vurmak* to comb.
taraklamak **1.** to comb; **2.** to rake; **3.** to dredge.
taraklı **1.** crested *(bird);* **2.** wide *(foot).*
tarakotu, *-nu* ⚘ teasel.
taralı **1.** combed; **2.** raked.
taramak **1.** to comb; **2.** to hackle; **3.** to rake, to harrow; **4.** to search.
tarçın cinnamon.
tarh flower bed.
tarım agriculture.
tarımsal agricultural.
tarif [——] description; ~ *etmek* to describe; to define.
tarife [ā] **1.** tariff; **2.** timetable, schedule.
tarih [ā] **1.** history; **2.** date; ~ *atmak (or koymak)* to date; *-e geçmek* to go down in history as ...; *-e karışmak* to become a thing of the past.
tarihçi [ā] historian.
tarihi [—.—] historical.
tarihöncesi, *-ni* [ā] prehistory.
tarihsel [ā] historical.
tarikat, *-tı* religious order, tarekat.
tarla [x.] field.
tartaklamak to manhandle, to rough up.
tartı **1.** weight, heaviness; **2.** balance, scales.
tartışma discussion, debate; dispute, argument.
tartışmacı debater, discussant.
tartışmak to debate, to dispute, to argue; to discuss.
tartmak, *(-ar)* **1.** to weigh; **2.** to ponder, to evaluate.
tarz manner, way.
tas cup, bowl; ~ *gibi* bald *(head);* ~ *kebabı* goulash *(a stew made of meat and vegetables); -ı tarağı toplamak fig.* to pack one's bags, to pack up one's belongings (*or* traps).
tasa worry, anxiety.
tasalanmak to worry, to be anxious.
tasarı **1.** plan, project; **2.** draft law, bill.
tasarım **1.** conception; **2.** concept, idea.
tasarımlamak to imagine, to conceive.
tasarlamak to plan, to project, to envision.

tasarruf 1. thrift, economy; saving *(money);* **2.** savings; ~ *etmek* to save (up), to economize; ~ *hesabı* savings account; ~ *mevduatı* savings deposit.
tasarruflu thrifty, economical, frugal.
tasasız carefree.
tasasızlık carefreeness.
tasavvuf Sufism, Islamic mysticism.
tasavvur 1. imagination; **2.** concept, idea.
tasdik, *-ki* [ī] **1.** confirmation; certification; **2.** ratification; ~ *etmek* to confirm, to certify, to ratify.
tasdikli certified, ratified.
tasdikname [..—.] **1.** certificate; **2.** certificate of attendance *(given to a student who leaves a school without graduating).*
tasfiye 1. prufication; **2.** *econ.* liquidation; ~ *etmek* **1.** to purify; **2.** *econ.* to liquidate.
tasfiyeci purist.
tasfiyehane [...—.] refinery.
tashih [ī] correction.
taslak draft, sketch, outline; *şair taslağı* would-be poet.
taslamak to pretend, to feign, to fake, to sham.
tasma collar.
tasnif [ī] classification.
tasvip, *-bi* [ī] approval.
tasvir [ī] description.
tasviri [ī] descriptive.
taş 1. stone; rock; **2.** *games:* piece, counter; **3.** ⚕ calculus, stone; **4.** *fig.* allusion, dig, innuendo; ~ *arabası sl.* blockhead, dodo; ~ *atmak* to get in a dig *(-e at),* to make an allusion *(-e about);* ~ *devri hist.* the Stone Age; ~ *gibi* as hard as a rock; ~ *ocağı* stone quarry; *-a tutmak* to stone to death.
taşak testicle, testis, ball.
taşıl fossil.
taşımacılık transportation.
taşımak 1. to carry, to transport; **2.** to support, to bear, to sustain *(a weight).*
taşınır movable, conveyable.
taşınmak to move.
taşınmaz immovable, real *(property).*
taşırmak to overflow.
taşıt, *-tı* vehicle, means of transportation.
taşıyıcı porter, carrier.
taşkın 1. overflowing; **2.** flood; **3.** rowdy, exuberant.
taşkınlık rowdiness, boisterousness.
taşkömür(ü) pitcoal, coal.
taşlama 1. satirizing; **2.** satire; lampoon.
taşlamacı satirist.
taşlamak 1. to stone to death; **2.** *fig.* to satirize; **3.** *fig.* to get in a dig.
taşlaşmak to turn to stone, to petrify.
taşlı stony.
taşlık 1. stony place; **2.** gizzard *(of a bird).*
taşmak, *(-ar)* to overflow, to run over; to boil over.
taşra [x.] the provinces, the sticks.
taşyürekli hardhearted, stonyhearted.
tat, *-dı* taste, flavo(u)r; ~ *vermek* to flavo(u)r; *-ı damağında kalmak* to remember s.th. with relish; *-ı tuzu kalmamak* to lose its charm, to be no longer pleasurable; *-ına bakmak* to taste; *-ına doyum olmamak* to be very tasty; *-ında bırakmak fig.* not to overdo; *-ını çıkarmak* to make the most of, to enjoy, *-ını kaçırmak* to spoil; to cast a damper *(in on).*
tatarcık *zo.* sandfly.
tatbik, *-ki* [ī] application, utilization; ~ *etmek* to apply, to put in-

to effect.
tatbikat, *-tı* [.——] **1.** application; practice; **2.** × manoeuvres, *Am.* maneuvers, exercises.
tatbiki [.——] applied; ~ *sanatlar* applied arts.
tatil [——] holiday, vacation; ~ *köyü* holiday village; ~ *yapmak* to take a holiday.
tatlandırmak to flavo(u)r.
tatlanmak to flavo(u)r, to sweeten.
tatlı 1. sweet; **2.** dessert; **3.** nice, pleasant, agreeable; ~ *dil yılanı deliğinden çıkarır pro.* a soft answer turns away wrath; ~ *dilli* softspoken; ~ *kaşığı* dessert spoon; ~ *su* fresh water.
tatlıca sweetish.
tatlıcı 1. maker *or* seller of sweets; **2.** fond of sweets, sweet-toothed.
tatlılaşmak to get sweet, to sweeten.
tatlılaştırmak to make sweet, to sweeten.
tatlılık 1. sweetness; **2.** niceness, pleasantness.
tatmak, *(-ar)* **1.** to taste; **2.** *fig.* to experience, to go through.
tatmin [ı] satisfaction; ~ *etmek* to satisfy.
tatminkâr satisfactory.
tatsız 1. tasteless; **2.** *fig.* unpleasant, disagreeable.
tav anneal *(of steel).*
tava frying pan, skillet.
tavan ceiling; ~ *arası* attic, garret, loft; ~ *fiyat* ceiling price.
taverna nightclub, tavern.
tavır, *-vrı* **1.** manner, mode; **2.** attitude, air.
taviz [——] concession; ~ *vermek* to make a concession.
tavla [x.] backgammon.
tavlamak 1. to anneal *(steel);* **2.** *fig.* to charm, to beguile.
tavsiye recommendation, advice; ~ *etmek* to recommend, to advise.
tavşan *zo.* rabbit, hare.
tavuk *zo.* hen, chicken; ~ *kümesi* chicken coop; ~ *suyu* chicken broth.
tavus, tavuskuşu, *-nu zo.* peacock.
tay *zo.* colt, foal.
tayf spectrum.
tayfa [x.] crew.
tayfun typhoon.
tayin [——] **1.** appointment; **2.** determination; ~ *etmek* **1.** to appoint; **2.** to determine, to fix.
Tayland *pr. n.* Thailand.
tayyare [.—.] airplane.
tayyör tailleur, tailored suit.
taze [a] **1.** fresh; **2.** young, tender.
tazelemek [a] to freshen, to renew.
tazelik [a] freshness.
tazı greyhound.
taziye [a] condolence; ~ *etmek (or -de bulunmak)* to offer one's condolences, to condole; ~ *mektubu* letter of condolence.
tazmin [ı] indemnification; ~ *etmek* to indemnify.
tazminat, *-tı* [.——] damages, indemnity, compensation; ~ *davası* ⚖ action for damages.
tazyik, *-ki* [ı] pressure; ~ *etmek* to pressure, to press.
teberru, *-uu* donation, gift.
tebessüm smile; ~ *etmek* to smile.
tebeşir chalk.
tebliğ [ı] notification, communiqué; ~ *etmek* to communicate, to notify.
tebrik, *-ki* [ı] congratulation; ~ *etmek* to congratulate; ~ *kartı* congratulatory card.
tecavüz [a] **1.** aggression, attack; **2.** ⚖ rape, assault; **3.** ⚖ violation, infringement; transgression; ~ *etmek* to rape, to assault.
tecil [——] postponement, defer-

ment; ~ *etmek* to postpone, to defer.

tecim commerce, trade.

tecrit, *-di* [ı] isolation, insulation; ~ *etmek* to isolate, to insulate; ~ *kampı pol.* isolation camp.

tecrübe 1. experience; **2.** test, trial; ~ *etmek* to experience, to test; ~ *sahibi* experienced.

tecrübeli experienced.

tecrübesiz inexperienced.

tecrübesizlik inexperience.

tecrübi [ı] experimental.

tecviz [ı] permitting, allowing.

tecziye punishment.

teçhiz [ı] equipment; ~ *etmek* to equip, to outfit.

teçhizat, *-tı* [.——] equipment.

tedarik, *-ki* [a] obtainment, procurement; ~ *etmek* to obtain, to provide, to procure.

tedarikli [a] prepared, ready.

tedariksiz [a] unprepared, unready.

tedavi [.——] treatment, cure; ~ *etmek* to treat, to cure; ~ *görmek (or olmak)* to be treated.

tedavül [a] circulation; ~ *etmek* to be in circulation; *-den çekmek (or çıkarmak)* to withdraw from circulation, to call in; *-den kalkmak* to go out of circulation; *-e çıkarmak* to put into circulation, to issue.

tedbir [ı] measure, step, precaution; ~ *almak* to take measures *or* steps.

tedbirli provident, cautious, prudent.

tedbirsiz improvident, imprudent.

tedbirsizlik improvidence, imprudence.

tedhiş [ı] terror.

tedhişçi terrorist.

tedhişçilik terrorism.

tedirgin uneasy, troubled, anxious.

tediye [—..] payment, disbursement.

tedrisat, *-tı* [.——] instruction, teaching.

teessüf regret, sorrow.

tef tambourine.

tefeci usurer.

tefecilik usury.

tefekkür consideration, reflection, contemplation; ~ *etmek* to think, to consider.

teferruat, *-tı* [a] details.

tefsir [ı] interpretation.

teftiş [ı] inspection; ~ *etmek* to inspect.

teğet, *-ti* ⩓ tangent; ~ *olmak* to be tangent *(-e to)*.

teğmen × lieutenant.

tehdit, *-di* [ı] threat, menace; ~ *etmek* to threaten, to menace.

tehir [——] delay, postponement, deferment; ~ *etmek* to delay, to postpone, to defer.

tehlike danger, hazard, risk, peril; *-ye sokmak* to endanger, to imperil, to put in danger.

tehlikeli dangerous, hazardous, perilous, risky.

tehlikesiz undangerous, dangerless.

tek, *-ki* **1.** one, sole, single; **2.** unique, unrivaled; **3.** one of a pair, fellow, mate; **4.** odd *(number)*; ~ *atmak F* to knock back a drink; ~ *yönlü* one-way.

tekabül [a] correspondence, equivalence.

tekâmül evolution.

tekaüt, *-dü* [a] **1.** retirement; **2.** *F* retired.

tekdeğerli ⚗ univalent.

tekdir [ı] reprimand, scolding; ~ *etmek* to reprimand, to dress down.

tekdüze(n) monotonous.

tekdüzelik monotony.

teke *zo.* he-goat, billy goat.

tekel monopoly; *-ine almak* to monopolize.

tekelci monopolist.
tekelcilik monopolism.
tekemmül maturation.
teker wheel.
tekerklik monarchy.
tekerlek wheel; ~ *kırıldıktan sonra yol gösteren çok olur pro.* it is easy to be wise after the event; *tekerleğine çomak sokmak fig.* to put a spoke in one's wheel.
tekerlekli wheeled; ~ *sandalye* wheel-chair.
tekerleme tongue-twister.
tekerlemk to roll.
tekerrür repetition.
tekil *gr.* singular.
tekin auspicious.
tekinsiz unlucky, of ill omen.
tekir 1. tabby; **2.** *(balığı)* surmullet, red mullet.
tekke dervish lodge, tekke.
teklemek 1. *(motor)* to miss; **2.** *sl.* to stammer.
teklif [ı] proposal, motion, offer; ~ *etmek* to propose, to offer.
teklifli formal.
teklifsiz informal.
teklifsizce unceremoniously, casually.
teklifsizlik informality, casualness.
teklik 1. oneness; **2.** *sl.* a lira.
tekme kick; ~ *atmak* to kick.
tekmelemek to kick.
tekmil all, the whole; ~ *vermek* ⨯ to give an oral report.
tekne 1. trough; vat; **2.** boat, vessel; **3.** hull *(of a ship)*.
teknik 1. technique; **2.** technical; ~ *ressam* draughtsman, *Am.* draftsman; ~ *terim* technical term.
tekniker technician.
teknikokul technical school.
teknikoğretim technical education.
teknisyen technician.
teknoloji technology.
teknolojik technological.
tekrar [x—] **1.** repetition; recurrence; **2.** again, once more; ~ *etmek* to repeat.
tekrarlamak to repeat.
teksif [ı] concentration; condensation; ~ *etmek* to concentrate, to condense.
teksir [ı] duplication; ~ *etmek* to duplicate; ~ *makinesi* duplicating machine, duplicator.
tekst, *-ti* text.
tekstil textile.
tektanrıcılık monotheism.
tekyazım monograph.
tekzip, *-bi* [ı] denial; ~ *etmek* to deny, to disclaim, to declare false.
tel 1. wire; **2.** string; **3.** *F* telegram, wire, cable; ~ *çekmek* **1.** to enclose with wire; **2.** *F* to telegraph, to cable, to wire; ~ *fırça* wire brush; ~ *kafes* wire cage.
tela [x.] interfacing.
telaffuz pronunciation; ~ *etmek* to pronounce.
telafi [.——] compensation; ~ *etmek* to compensate, to make up for.
telakki [..—] consideration, evaluation; ~ *etmek* to regard, to view.
telaş flurry, commotion, hurry, bustle; ~ *etmek* to bustle; ~ *içinde* in a bustle, in a hurry; *-a düşmek* to get agitated, to get in a swivet; *-a vermek* to get *(everybody in a place)* agitated, to alarm.
telaşçı nervous, restless *(person)*.
telaşlandırmak *(b-ni)* to get *s.o.* agitated.
telaşlanmak to get agitated, to get flurried.
telaşlı agitated.
teldolap screen safe, screened cupboard.
telef 1. waste; **2.** death; ~ *etmek* **1.** to waste, to throw away, to squander; **2.** to kill, to do away with; ~ *olmak* to be wasted (*or*

thrown away).
teleferik cable lift, telpher, teleferic.
telefon telephone; ~ *etmek* to telephone, to phone; ~ *kulübesi* telephone box; ~ *rehberi* telephone directory; ~ *santralı* telephone exchange, switchboard.
telefonlaşmak to talk on the telephone *(ile with)*.
telefoto telephotography.
tele-kız call-girl.
telekomünikasyon telecommunication.
teleks telex; ~ *çekmek* to telex.
teleobjektif teleobjective.
telepati telepathy.
teleskop, *-pu* telescope.
televizyon television; ~ *alıcısı* television set (*or* receiver); ~ *vericisi* television transmitter; ~ *yayını* telecast; *-la öğretim* telecourse; *-la yayımlamak* to telecast, to televise.
telgraf telegraph; telegram; ~ *çekmek* to telegraph, to telegram.
telif [——] reconciliation; ~ *hakkı* copyright.
telkin [ī] inspiration, inculcation; ~ *etmek* to inspire, to inculcate.
tellak bath attendant.
tellal **1.** town crier; **2.** middleman, broker.
telsiz wireless, radio.
telsizci wireless operator.
telve coffee grounds.
tema theme *(a. ♪)*.
temas [ā] contact, touch; ~ *etmek* to touch; *-a geçmek* to get in touch *(ile with)*.
temaşa [..—] **1.** pleasure excursion, promenade; **2.** play, show, scene; the theatre.
temayül [ā] **1.** tendency, inclination; **2.** affection, liking, fondness.
temayüz [ā] becoming distinguished.
tembel lazy, indolent, slothful.
tembellik laziness, indolence.
tembih [ī] warning, caution; ~ *etmek* to warn, to caution.
temel **1.** foundation; base; **2.** fundamental, basic; ~ *atmak* to lay the foundation; ~ *cümle* *gr.* main clause.
temelli **1.** having a foundation; **2.** permanently, for good.
temenni [ī] wish, desire; ~ *etmek* to wish, to desire.
temin [——] assurance; ~ *etmek* **1.** to obtain, to get, to procure; **2.** to assure.
teminat, *-tı* [—.—] **1.** security, **2.** guarantee, assurance.
temiz **1.** clean; **2.** fresh *(air)*; **3.** *fig.* decent, chaste; ~ *hava almak* to get some fresh air; ~ *pak* spotlessly clean; ~ *raporu* clean bill of health; *-e çekmek* to make a fair copy *(-i of)*; *-e çıkarmak (b-ni)* to put *s.o.* in the clear, to clear *s.o.*; *-e çıkmak* to be in the clear, to be cleared.
temizkan arterial blood.
temizlemek **1.** to clean, to purify; **2.** *sl.* to kill, to bump off.
temizleyici **1.** cleanser, purificant; **2.** cleaner.
temizlik **1.** cleanliness; **2.** cleaning; ~ *yapmak* to do the cleaning.
temizlikçi charwoman, cleaning woman.
temkin [ī] **1.** self-possession, poise; **2.** deliberation.
temkinli [.—.] self-possessed, poised.
temmuz July.
tempo [x.] ♪ tempo, time; ~ *tutmak* to keep *or* beat time.
temsil [ī] **1.** representation; **2.** *thea.* performance; ~ *etmek* to represent.
temsilci representative, agent.
temsilcilik representation.

temsili [.——] **1.** representative; **2.** imaginative.
temyiz [ī] ⚖ appeal; ~ *etmek* ⚖ to appeal; ~ *mahkemesi* court of appeal.
ten skin, flesh; complexion.
tenasül [ā] procreation, generation, reproduction.
tencere [x..] saucepan, pot; ~ *yuvarlanmış kapağını bulmuş* birds of a feather flock together.
teneffüs **1.** respiration; **2.** recess, break *(in a school);* ~ *etmek* to respire, to breathe.
teneke **1.** tin, tinplate; **2.** can.
tenekeci tinsmith, tinman.
tenekecilik tinsmithery.
teneşir bench on which a corpse is washed.
tenezzül condescension; ~ *etmek* to condescend, to deign.
tenha [ā] lonely, solitary, uncrowded, isolated.
tenhalaşmak [ā] to become empty.
tenhalık [ā] **1.** loneliness, solitude; **2.** lonely place.
tenis [x.] tennis; ~ *kortu* tennis court; ~ *raketi* tennis racket; ~ *topu* tennis ball.
tenisçi tennis player.
tenkit criticism; ~ *etmek* to criticize.
tenor ♪ tenor.
tenrengi, *-ni* flesh-colo(u)red, flesh-pink.
tente [x.] awning.
tentürdiyot tincture of iodine.
tenzilat, *-tı* [.——] reduction, discount; ~ *yapmak* to make a reduction in price.
tenzilatlı reduced, discount *(price);* ~ *satış* sale.
teorem ⩓ theorem.
teori theory.
teorik theoretical.
tepe **1.** hill; **2.** summıt, top; **3.** crest, crown *(of a bird); -den bakmak* to look down *(-e on),* to despise; *-den tırnağa kadar* from head to toe *or* foot; *-si atmak* to lose one's temper, to blow one's top.
tepeleme brimful, heaped, heaping portion of.
tepelemek **1.** to give a severe beating, to wallop; **2.** to kill.
tepeli crested *(bird).*
tepetaklak upside down, head over heels.
tepinmek **1.** to kick and stamp; **2.** to jump for joy.
tepke reflex.
tepki reaction; ~ *göstermek* to react.
tepkili reactive; ~ *motor* reaction engine (*or* motor); ~ *uçak* jet (plane).
tepkime reaction.
tepkimek to react.
tepkisiz unreactive.
tepmek, *(-er)* **1.** to kick; **2.** to throw away, to turn down *(an opportunity etc.);* **3.** *(gun)* to recoil, to kick; *tepe tepe kullanmak* to use as roughly as one pleases.
tepsi tray.
ter sweat, perspiration; ~ *basmak* to break out in a sweat; ~ *boşanmak* to sweat like a pig; ~ *dökmek* to sweat *(a. fig.),* to perspire; *-ini soğutmak* to cool off, to rest a bit.
terakki [ī] advance, progress.
terane [ā] **1.** melody, air, tune; **2.** *fig.* same old story, tired old refrain.
terapi therapy.
teras terrace.
terazi [ā] **1.** balance, scales; **2.** ♎ *ast.* Libra.
terbiye **1.** good manners, good breeding; **2.** education, training; **3.** seasoning for food, sauce.
terbiyeci **1.** educator, educationist; **2.** trainer, tamer.

terbiyeli 1. well-mannered, well-bred, polite; **2.** flavo(u)red *(with sauce).*
terbiyesiz ill-mannered, unmannerly, impolite, rude.
terbiyesizlik impoliteness, rudeness; ∽ *etmek* to behave rudely, to be impolite.
tercih [ī] preference; ∽ *etmek* to prefer.
tercihen [ī] by preference, preferably.
tercüman interpreter, translator.
tercüme translation; ∽ *etmek* to translate.
tere ⚘ cress.
terebentin turpentine.
tereci seller of cres; *-ye tere satmak* to try to teach one's grandmother to suck eggs, to carry coals to Newcastle.
tereddüt, *-dü* hesitation, indecision; ∽ *etmek* to hesitate.
tereddütlü hesitant; indecisive.
tereddütsüz unhesitant.
terelelli [..x.] *F* crazy, nutty.
tereyağı, *-nı* butter; *-ndan kıl çeker gibi* as easy as taking candy from a baby, as easy as falling off a log.
terfi, *-ii* [ī] promotion; ∽ *etmek* to be promoted.
terhis [ī] ⚔ discharge, demobilization; ∽ *olmak* to be discharged *or* demobilized, to get demobbed.
terilen terrylene.
terim term.
terk, *-ki* abandonment, desertion; ∽ *etmek* to abandon, to leave, to desert, to quit.
terkip, *-bi* [ī] **1.** combination; **2.** compound, union; ∽ *etmek* to compound, to put together; to combine.
terlemek to sweat, to perspire.
terli sweaty, perspiry.
terlik slipper, scuff.
termal, *-li* thermal.
termik *phys.* thermic, thermal; ∽ *santral* thermoelectric power plant.
terminal, *-li* terminal.
terminoloji terminology.
terminüs terminus.
termoelektrik thermoelectric.
termofor hot-water bottle.
termokimya thermochemistry.
termometre thermometer.
termonükleer thermonuclear.
termos [x.] thermos bottle, vacuum bottle.
termosfer thermosphere.
termosifon hot water heater.
termostat, *-tı* thermostat.
terör terror.
terörist, *-ti* terrorist.
terörizm terrorism.
ters 1. back, reverse; **2.** wrong, opposite *(road, direction);* **3.** inverted, inside out; **4.** *fig.* bad-tempered, peevish, cantankerous; **5.** sharp, curt, brusque *(answer, word);* ∽ *anlamak* to misunderstand; ∽ *düşmek* to run counter *(-e to),* to go against; ∽ *gitmek* to go wrong, to turn out badly; ∽ *tarafından kalkmak fig.* to get out of bed on the wrong side; ∽ ∽ *bakmak* to look daggers *(-e at); -i dönmek* to lose one's bearings.
tersane [ā] shipyard.
tersine on the contrary.
terslemek *(b-ni)* to snap at *s.o.*, to bite *s.o.'s* head off.
terslenmek to growl *(-e at),* to be short *(-e with),* to talk sharply *(-e to).*
terslik 1. peevishness; **2.** set-back, hitch.
tersyüz: ∽ *etmek* to turn inside out.
tertemiz [x..] spotless.
tertibat, *-tı* [.——] **1.** arrangement, order, setup; **2.** mechanism, apparatus.
tertip, *-bi* [ī] **1.** arrangement, set-

up; **2.** ⚕ prescription, recipe; **3.** × disposition *(of troops etc.)*; ~ *etmek* **1.** to arrange, to set up, to organize; **2.** × to dispose *(troops etc.)*.
tertiplemek to organize, to arrange, to set up.
tertipleyici organizer, arranger, contriver.
tertipli tidy, neat, orderly.
tertipsiz untidy, messy.
tertipsizlik untidiness, messiness; disorganization.
terzi **1.** tailor, dressmaker; **2.** tailor's shop.
terzihane [ā] tailor's shop.
terzilik tailorship, tailory.
tesadüf [ā] coincidence, chance event, accident; ~ *etmek* to meet by chance, to chance upon, to come across, to happen upon.
tesadüfen [ā] [.x..] by chance, by accident, coincidentally.
tesadüfi [.—.—] accidental, coincidental.
tescil [ī] registration.
tescilli [ī] registered; ~ *marka* registered trademark.
teselli [ī] consolation, comfort; ~ *etmek* to console, to comfort.
tesellüm receiving; taking delivery; ~ *etmek* to receive.
teshir [ī] bewitching, charming, enchanting.
tesir [——] effect, influence; ~ *etmek* to affect; to influence.
tesirli [—..] effective, effectual.
tesirsiz ineffective.
tesis [——] establishment, foundation, association, institution.
tesisat, *-tı* [—.—] installation.
tesisatçı installer, plumber.
teskin [ī] tranquilization; ~ *etmek* to tranquilize, to allay, to calm, to pacify.
teslim **1.** delivery; **2.** surrender, submission; ~ *etmek* to deliver; ~ *olmak* to surrender, to submit, to yield.
tespih prayer beads, rosary; ~ *çekmek* to tell one's beads.
tespit, *-ti:* ~ *banyosu phot.* fixing bath; ~ *etmek* to establish, to determine; to fix.
test, *-ti* test.
testere [x..] saw.
testi pitcher, jug.
tesviye: ~ *etmek* to smooth, to level, to plane.
teşbih [ī] *lit.* simile.
teşebbüs enterprise, undertaking; ~ *etmek* to undertake, to attempt; *-e geçmek* to set about, to set to.
teşekkül **1.** formation; **2.** organization, body, group; ~ *etmek* **1.** to be formed; to take shape; **2.** to consist of, to be made up of.
teşekkür thanks; ~ *ederim!* Thank you!; ~ *etmek* to thank.
teşerrüf being hono(u)red; ~ *etmek* **1.** to be hono(u)red; **2.** to feel hono(u)red to meet s.o., to have the hono(u)r of meeting s.o.
teşhir [ī] exhibition, display.
teşhis [ī] **1.** ⚕ diagnosis; **2.** recognition, identification.
teşkil [ī] formation; ~ *etmek* to form.
teşkilat, *-tı* organization.
teşrif [ī] **1.** hono(u)r; **2.** polite visit; ~ *etmek (or buyurmak)* to visit, to hono(u)r.
teşrifat, *-tı* [.——] **1.** protocol; **2.** ceremonies.
teşrifatçı master of ceremonies.
teşrih [ī] **1.** ⚕ dissection; **2.** anatomy; ~ *etmek* to dissect.
teşrikimesai [.—..——] cooperation, collaboration.
teşvik, *-ki* encouragement; incitement; ~ *etmek* to encourage; to incite.
tetanos [x..] ⚕ tetanus, lockjaw.
tetik **1.** trigger; **2.** vigilant, alert; *-te olmak* to be on the alert.

tetkik, *-ki* [ı] investigation; ⁓ *etmek* to investigate.
tetkikat, *-tı* [.——] investigations, examinations.
tevafuk, *-ku* [ā] accordance.
tevarüs [a] inheriting.
tevazu, *-uu* [ā] humility, modesty; ⁓ *göstermek* to behave humbly.
tevcih [ī] **1.** turning towards; **2.** pointing, aming, directing; ⁓ *etmek* **1.** to turn *(-e towards);* **2.** to point *(-e at),* to aim *(-e at),* to direct *(-e to).*
tevdi, *-ii* [ī] entrusting, consigning; ⁓ *etmek* to entrust, to consign.
tevdiat, *-tı* [.——] deposits.
teveccüh kindness, favo(u)r; ⁓ *etmek* **1.** to be directed *(-e towards);* **2.** to betake o.s. *(-e to);* ⁓ *göstermek* to show kindness *(-e to); -ünü kazanmak (b-nin)* to win favo(u)r in *s.o.'s* eyes.
tevkif [ī] arrest; ⁓ *etmek* to arrest.
Tevrat, *-tı* [ā] *pr. n.* the Old Testament.
tevzi, *-ii* distribution; ⁓ *etmek* **1.** to distribute; **2.** to deliver *(letters etc.).*
teyel basting.
teyellemek to baste, to tack.
teyit, *-di* [——] confirmation; ⁓ *etmek* to confirm.
teyp tape recorder.
teyze maternal aunt.
tez[1] quick, speedy; ⁓ *canlı* impetuous, precipitate; ⁓ *elden* without delay, quickly; ⁓ *olmak* to hurry (up).
tez[2] thesis.
tezahürat, *-tı* [.—.—] cheering; ovation; applause; ⁓ *yapmak* to cheer, to root *(-e for).*
tezat, *-dı* [ā] contrast; contradiction.
tezek dried dung.
tezgâh **1.** counter, workbench; **2.** loom.
tezgâhlamak to plan, to concoct, to cook up.
tezgâhtar shop assistant, salesman.
tezkere [x..] **1.** message, note; **2.** ⨯ discharge papers.
tıbbi [ī] medical.
tığ **1.** crochet-hook; **2.** awl.
tıka basa crammed full; ⁓ *yemek* to make a pig of o.s.
tıkaç, *-cı* plug, stopper; gag.
tıkalı stopped; congested.
tıkamak to plug, to stop; to congest.
tıkanık *s. tıkalı.*
tıkanıklık stoppage; congestion.
tıkanmak **1.** to be stopped up; **2.** to gasp for breath; **3.** to lose one's appetite.
tıkınmak *F* to cram it in, to tuck in, to gulp down.
tıkır: ⁓ ⁓ like clockwork; *-ında gitmek* to go like clockwork.
tıkırdamak to rattle, to click.
tıkırtı rattle, click.
tıkışık crammed, squeezed.
tıkıştırmak **1.** to cram, to squeeze; **2.** to bolt down *(food).*
tıkız fleshy; hard.
tıklım tıklım very crowded, jammed, packed; ⁓ *dolu* jam-packed.
tıkmak, *(-ar)* to cram, to jam, to thrust.
tıknaz plump, dumpy.
tıknefes short of breath, short-winded.
tıksırık a suppressed sneeze.
tıksırmak to sneeze with the mouth shut.
tılsım talisman, charm.
tılsımlı enchanted.
tımar grooming *(a horse);* ⁓ *etmek* to groom, to curry.
tımarhane [..—.] insane asylum, nut house, bughouse; ⁓ *kaçkını fig.* nut, kook.
tımarlamak to groom, to curry.

tımarlı groomed *(horse).*
tın tın *sl.* dim-witted.
tınaz haystack.
tıngırdamak to rattle, to clang.
tıngırdatmak to thrum, to strum, to twang *(a stringed instrument).*
tıngır mıngır slowly.
tıngırtı clang, rattle.
tıngır tıngır **1.** with a clanging sound; **2.** completely empty.
tınlamak to resound, to resonate.
tınmamak *fig.* not to care, to take no notice *(-e of).*
tıp, *-bbı* medical science, medicine.
tıpa stopper, cork.
tıpatıp [x..] perfectly, exactly.
tıpış tıpış: ~ *yürümek* to patter, to toddle.
tıpkı [x.] just like, in just the same way as; ~ *-sına* exactly like.
tıpkıbasım facsimile.
tırabzan banister, stair railing.
tıraş shave, shaving; haircut; ~ *bıçağı* razor-blade; ~ *kremi* shaving cream; ~ *olmak* to shave; ~ *sabunu* shaving soap.
tıraşlamak **1.** to plane, to prune; **2.** *sl.* to talk s.o.'s head off.
tıraşlı **1.** shaved, shaven; **2.** needing a shave.
tıraşsız **1.** unshaved, unshaven; **2.** needing a shave.
tırıl *sl.* **1.** naked; **2.** penniless, stone-broke.
tırıs trot.
tırmalamak to scratch, to claw.
tırmanma: ~ *şeridi mot.* climbing lane.
tırmanmak to climb.
tırmık **1.** scratch; **2.** rake.
tırmıklamak to scratch, to claw.
tırnak **1.** fingernail; toenail; **2.** claw, hoof; ~ *işareti* quotation mark; ~ *makası* nail scissors; ~ *törpüsü* nail file; *-larını yemek* to bite one's nails.
tırnakçı *sl.* pickpocket.
tırnaklamak to claw, to scratch.
tırpan scythe; ~ *atmak* **1.** to kill off, to slay; **2.** to get rid of, to weed out.
tırtık nick, notch.
tırtıklamak *sl.* to steal, to nick, to swipe.
tırtıklı nicked; notched.
tırtıl **1.** *zo.* caterpillar; **2.** caterpillar tread; **3.** milling *(of a coin);* perforation *(of a stamp).*
tıs hiss; ~ *yok* there is not a sound to be heard.
tıslamak to hiss.
ticaret, *-ti* [ā] trade, commerce; ~ *anlaşması* trade agreement; ~ *ataşesi* commercial attaché; ♀ *Bakanlığı* Ministry of Commerce; ~ *bankası* commercial bank; ~ *borsası* exchange; stock exchange; ~ *filosu* merchant marine; ~ *gemisi* merchant ship, merchantman; ~ *hukuku* commercial law; ~ *odası* chamber of commerce.
ticarethane [.—.—.] trading establishment, firm, business.
ticari [.——] commercial.
tifo [x.] ⚕ typhoid fever.
tiftik mohair.
tifüs [x.] ⚕ typhus.
tik, *-ki* tic.
tiksindirici loathsome, repugnant.
tiksinmek to be disgusted *(-den with),* to loathe, to abominate, to abhor.
tiksinti disgust, abomination, repugnance.
tilki *zo.* fox *(a. fig.)*
tim [ī] team.
timsah *zo.* crocodile; alligator.
tiner thinner.
tinsel spiritual.
tip, *-pi* **1.** type, sort; **2.** *fig.* geezer.
tipi snowstorm, blizzard.
tipik typical.
tipsiz *sl.* ugly, unattractive.
tipografya typography, letterpress.

tiraj circulation *(of a newspaper).*
tiramola ⚓ tacking; ~ *etmek* to tack.
tirat *thea.* tirade.
tirbuşon corkscrew.
tire[1] hyphen; dash.
tire[2] lath, batten.
tirfil ⚘ trefoil, clover.
tirfillenmek to become threadbare.
tirfon large screw.
tirildemek to quiver, to shiver, to tremble.
tiril tiril 1. gauzy, filmy *(cloth);* **2.** spotlessly clean.
tiriz lath, batten.
tiroit, *-di anat.* thyroid.
tirsi *(balığı) zo.* shad.
tirşe vellum; parchment.
tir tir: ~ *titremek* to be all of a tremble, to shiver.
tiryaki [.—–] addict.
tişört, *-tü* T-shirt, tee shirt.
titiz 1. fastidious, hard to please, finicky; **2.** particular, choosy.
titizlenmek to become hard to please, to get finicky.
titrek shaky, tremulous.
titremek to shiver, to tremble, to quake, to quiver.
titreşim *phys.* vibration.
titreşmek 1. to tremble, to shake; **2.** to vibrate.
tiyatro [.x.] theatre, *Am.* theater.
tiyatrocu [.x..] actor; actress.
tiz high-pitched, sharp; shrill.
tohum 1. seed; **2.** sperm; ~ *ekmek* to sow seed, to seed; *-a kaçmak* to go to seed *(a. fig.).*
tok, *-ku* **1.** full; **2.** deep *(voice).*
toka[1] [x.] **1.** buckle; **2.** barette *(for the hair).*
toka[2] [x.] shaking hands; ~ *etmek* **1.** to shake hands; **2.** to clink glasses *(while toasting);* **3.** ⚓ to make taut, to draw tight; **4.** *sl.* to pay, to plank down.
tokaç, *-cı* clothes stick.
tokalaşmak to shake hands.
tokat, *-tı* slap, cuff; ~ *atmak s. tokatlamak.*
tokatlamak to slap, to cuff.
tokgözlü contented.
tokmak 1. mallet; beetle; **2.** door knocker.
tokmakçı *sl.* gigolo.
toksin toxin.
tokuşturmak to clink *(glasses).*
tokyo thong, flip-flop.
tolerans tolerance.
tomar roll *(of paper).*
tombala tombola; ~ *çekmek* to draw a number *(while playing tombala).*
tombul plump.
tomruk log.
tomurcuk bud.
tomurcuklanmak to bud.
ton[1] ton.
ton[2] tone *(a.* ♪*).*
tonaj tonnage.
tonbalığı, *-nı zo.* tunny.
tonga [x.] *sl.* trick, fast one; *-ya basmak* to be duped, to be taken in, to fall for; *-ya bastırmak* to dupe, to con, to trick.
tonik ⚕ tonic.
tonilato [..x.] ⚓ tonnage.
tonlama intonation.
tonos *arch.* vault.
tonton darling, sweet, dear.
top, *-pu* **1.** ball; **2.** cannon; **3.** roll, bolt *(of cloth);* ~ *arabası* ⚔ gun carriage; ~ *ateşi* cannon fire; gunfire, artillery fire; ~ *oynamak* to play football; *-a tutmak* to bombard; *-u atmak* **1.** to go bankrupt, to go bust; **2.** to flunk a grade, to fail a year; *-u -u* in all, all told, altogether; *-un ağzında fig.* at the lion's mouth, on the edge of the volcano.
topaç, *-cı* top; teetotum.
topak lump, ball.
topal lame, crippled.
topallamak to limp.

topallık lameness.
toparlak round.
toparlamak **1.** to collect, to gather together; **2.** to summarize; **3.** to tidy, to pick up.
toparlanmak to pull o.s. together; to shape up.
topçu ⨯ artilleryman; gunner; ~ *sınıfı* ⨯ the artillery branch; ~ *subayı* ⨯ artillery officer.
topçuluk gunnery.
tophane [a] *hist.* cannon foundry, arsenal.
toplaç ⚡ collector.
toplam A total.
toplama A addition; ~ *kampı* concentration camp.
toplamak **1.** to collect, to gather; **2.** A to add up, to total; **3.** to tidy up; **4.** to clear *(the table)*; **5.** to put on weight.
toplanmak to gather, to assemble, to congregate, to convene.
toplantı meeting, gathering; ~ *salonu* meeting room, assembly hall.
toplardamar *anat.* vein.
toplu **1.** plump; **2.** tidy, neat *(place)*; **3.** collective; ~ *konut* housing estate; ~ *taşıma* mass transportation.
topluiğne pin.
topluluk community; group.
toplum society, community.
toplumbilim sociology.
toplumbilimci sociologist.
toplumcu socialist.
toplumdışı extrasocial.
toplumsal social.
toplusözleşme collective agreement.
toprak **1.** earth, soil; ground; **2.** land; **3.** ⚡ ground, earth; **4.** earthen; ~ *kayması* landslide; ~ *reformu* land reform; ~ *rengi* earth-colo(u)red; ~ *sahibi* landowner; ~ *yol* dirt road; *toprağa bakmak fig.* to be at death's door, to have one foot in the grave; *toprağa vermek* to bury, to inter, to lay to rest.
toprakaltı, *-nı* subsoil, underground.
toprakboya **1.** oxide red; **2.** earth colo(u)r.
topraklamak **1.** to cover *or* fill with earth; **2.** ⚡ to ground.
toptan wholesale.
toptancı wholesaler.
topuk heel.
topuklu high-heeled *(shoe)*.
topuksuz flat-heeled, low-heeled *(shoe)*.
topuz **1.** mace; **2.** bun, knot *(of hair)*.
torba bag, sack.
torik *zo.* large bonito.
torna [x.] lathe.
tornacı [x..] latheman, turner.
tornavida [..x.] screwdriver.
tornistan [x..] ⚓ sternway.
torpido [.x.] ⚓ torpedo; ~ *gözü* *mot.* glove compartment.
torpil **1.** torpedo; **2.** *sl.* pull, influence; ~ *patlatmak sl.* to pull, to pull strings *or* wires.
torpilbalığı, *-nı zo.* torpedo fish.
torpillemek to torpedo.
tortop, *-pu* as round as a top (*or* ball).
tortu sediment, deposit, dregs.
torun grandchild.
tos butt; ~ *vurmak* to butt.
toslamak **1.** to butt; **2.** to bump lightly *(-e against)*.
tost, *-tu* toasted sandwich.
totem totem.
toto the football pools.
toy inexperienced, green, raw.
toynak hoof.
toynaklı hoofed.
toz **1.** dust; **2.** powder; ~ *almak* to dust; ~ *bezi* dustcloth; ~ *biber* ground pepper; ~ *etmek* **1.** to crush, to pulverize; **2.** to raise dust; ~ *koparmak* to raise dust;

~ *olmak sl.* to get lost, to beat it; *-u dumana katmak* **1.** to raise clouds of dust; **2.** *fig.* to kick up a dust, to raise a ruckus.
tozlanmak to get dusty.
tozlu dusty.
tozluk 1. gaiter; **2.** *sports:* sock.
tozpembe pale pink.
tozşeker granulated sugar.
tozutmak to raise dust.
töhmet, *-ti* imputation.
tökezlemek to stumble.
tömbeki Persian tobacco *(smoked in hookahs).*
töre custom, traditional practice.
törebilim ethics.
törebilimci ethician.
törebilimsel ethical.
töredışı amoral, nonmoral.
törel ethical, moral.
tören ceremony, ritual.
töresel customary.
törpü file, rasp.
törpülemek to file, to rasp.
tövbe repentance, penitence; ~ *etmek* to repent.
tövbekâr [..—] penitent, repentant.
tövbeli penitent, repentant.
trafik traffic; ~ *işareti* traffic sign; ~ *kazası* traffic accident; ~ *lambası* traffic light; ~ *polisi* traffic policeman; ~ *şeridi* traffic lane; ~ *tıkanması* traffic jam, snarl-up.
trafo ⚡ transformer station.
trahom ⚕ trachoma.
trajedi tragedy.
trajik tragic.
traktör tractor.
Trakya [x.] *pr. n.* Thrace.
trampa [x.] barter, swop; ~ *etmek* to barter, to swop.
trampet, *-ti* side *or* snare drum.
tramplen diving board, springboard.
tramvay tram, trolley, streetcar.
transatlantik transatlantic.
transfer transfer; ~ *etmek* to transfer; ~ *olmak* to be transferred.
transformasyon transformation.
transformatör ⚡ transformer.
transistor ⚡ transistor.
transit, *-ti* transit; ~ *vizesi* transit visa.
transkripsiyon transcription.
transmisyon ⊕ transmission.
transport transport.
transportasyon transportation.
trapez trapeze.
trapezci trapezist.
travers 🚂 sleeper, crosstie.
travma ⚕ trauma.
travmatoloji ⚕ traumatology.
tren train; ~ *istasyonu* train *or* railway station.
trençkot trenchcoat.
treyler trailer.
tribün grandstand.
trigonometri trigonometry.
triko [x.] tricot, machine-knit fabric.
trikotaj knitting; ~ *sanayii* knitting industry.
trilyon trillion.
troleybüs trolley-bus.
trompet, *-ti* ♪ trumpet.
tropika *geogr.* tropic.
tropikal, *-li* tropical; ~ *kuşak* tropical zone.
trotuvar pavement, *Am.* sidewalk.
tröst, *-tü econ.* trust.
TRT *(abbr. for Türkiye Radyo Televizyon Kurumu)* Turkish Radio and Television Company.
trup, *-pu thea.* troupe.
Truva *pr. n.* Troy.
tu [ū] Ugh!, Oof!
tuba ♪ tuba.
tufa *sl.* gravy.
tufacı *sl.* robber.
tufan [——] **1.** flood, deluge; **2.** ♀ the Flood.
tugay brigade.
tuğamiral, *-li* rear admiral.
tuğgeneral, *-li* brigadier.

tuğla [x.] brick.
tuğra *hist.* Sultan's signature.
tuhaf **1.** strange, odd, curious, queer; **2.** funny, ridiculous; *-ına gitmek (b-nin)* to seem strange to *s.o.*
tuhafiye sundries, notions, haberdashery.
tuhafiyeci haberdasher.
tulum **1.** skin bag; **2.** overalls, jump suit; **3.** ♪ bagpipe; *~ gibi* **1.** swollen all over; **2.** as fat as a pig.
tulumba [.x.] pump.
tumturaklı bombastic, pompous.
Tuna [x.] *pr. n.* the Danube.
tunç, *-cu* bronze.
tungsten ⚗ tungsten.
Tunus *pr. n.* Tunisia.
Tunuslu *pr. n.* Tunisian.
tur **1.** tour; **2.** round *(in a contest);* **3.** *sports:* lap; *~ atmak* **1.** to take a stroll around, to have a walk round; **2.** to have (*or* take) a spin; *~ bindirmek sports:* to lap.
turba [x.] turf, peat.
turfanda early *(fruit, vegetable).*
turing, *-gi* touring.
turist, *-ti* tourist.
turistik touristic.
turizm tourism.
turkuaz turquoise.
turna [x.] *zo.* crane; *-yı gözünden vurmak fig.* to hit the jackpot.
turne *thea.* tour; *-ye çıkmak* to go on tour.
turnike turnstile.
turnuva tournament.
turp, *-pu* ✿ radish; *~ gibi* hale and hearty, in the pink.
turşu pickle; *~ gibi* very tired, pooped, bushed; *~ kurmak* to pickle, to make pickles; *~ olmak* **1.** to go sour; **2.** *fig.* to be exhausted, to be bushed; *~ suratlı fig.* sour-faced.
turta [x.] pie, tart.
turuncu orange colo(u)r.
turunç, *-cu* ✿ Seville *or* bitter orange.
turunçgiller citrus fruits.
tuş **1.** key *(of a piano, typewriter etc.);* **2.** *wrestling:* fall.
tutacak pot holder.
tutaç **1.** pot holder; **2.** tongs.
tutak **1.** handle; **2.** pot holder; **3.** hostage.
tutam pinch; wisp; *bir ~ saç* a wisp of hair.
tutanak record, minutes.
tutar total, sum.
tutarak, tutarık ⚕ fit, seizure.
tutarlı consistent, congruous.
tutarlılık consistency.
tutarsız inconsistent, incongruous.
tutarsızlık inconsistency.
tutkal glue; size; *~ gibi* importunate, obtrusive *(person).*
tutkallamak to glue; to size.
tutkallı glued; sized.
tutku passion.
tutkulu passionate.
tutkun **1.** in love *(-e with);* **2.** affected by; given to.
tutmak, *(-ar)* **1.** to hold; **2.** to catch; **3.** to hunt *(birds);* **4.** to hold back, to restrain; **5.** to occupy, to capture; **6.** to take up *(space);* **7.** to reserve *(a place);* **8.** to support; **9.** to keep *(one's promise);* **10.** to approve, to like; **11.** to be accepted, to take on; **12.** to hire, to rent; **13.** to reach, to amount to; **14.** to accord with, to agree with; **15.** to be seized with *(the hiccups);* **16.** to arrest; to nab; **17.** to detain, to hold up; **18.** to cover *(a place);* **19.** *(for cloth)* to show *(a stain, dust etc.);* **20.** to employ, to hire, to take on; **21.** *(for s.o.'s curse)* to be realized, to come true; **22.** to take up, to embark on *(a job).*
tutsak captive, prisoner of war.
tutsaklık captivity.
tutturmak **1.** to fasten together; **2.** to get started *(doing s.th.)* **3.** *fig.*

to be obsessed with, to run his mind on.
tutturmalık fastener.
tutucu conservative.
tutuculuk conservatism.
tutuk tongue-tied.
tutukevi, *-ni* gaol, *Am.* jail.
tutuklamak to arrest.
tutuklu prisoner; under arrest.
tutukluk **1.** difficulty in talking, tongue-tie; **2.** blockage.
tutukluluk arrest.
tutulan popular.
tutulma *ast.* eclipse.
tutulmak **1.** to become popular, to catch on, to take on; **2.** to become tongue-tied; **3.** *(for a part of one's body)* to get stiff; **4.** to fall in love *(-e with)*, to fall for; **5.** *ast.* to be eclipsed.
tutum **1.** attitude, manner, conduct; **2.** economy, thrift.
tutumlu thrifty.
tutumluluk thriftiness.
tutumsuz thriftless, spendthrift, extravagant.
tutumsuzluk thriftlessness, extravagance.
tutunmak to hold on *(-e to)*, to cling *(-e to)*.
tutuşkan inflammable; combustible.
tutuşma: ~ *noktası* ⚗ ignition point.
tutuşmak to catch fire.
tutuşturmak **1.** to set on fire, to ignite, to kindle; **2.** to thrust into s.o.'s hands.
tuval, *-li paint.* canvas.
tuvalet, *-ti* **1.** toilet, water closet, lavatory; **2.** evening dress; **3.** toilette, dress, outfit; ~ *kâğıdı* toilet paper; ~ *masası* dressing *or* toilet table.
tuz salt; ~ *biber ekmek (bşe) fig.* to make *s.th.* worse, to rub salt in the wound; ~ *buz olmak* to be smashed to smithereens; *-la buz etmek* to smash to smithereens; *-u kuru* well off, in easy circumstances.
tuzak trap; snare; *tuzağa düşürmek* to trap.
tuzla [x.] saltpan.
tuzlama salted, salt ...
tuzlamak to salt; to brine.
tuzlu **1.** salty; salted; **2.** *fig.* expensive, pricy; ~ *su* salt water; *-ya mal olmak (or oturmak) (b-ne)* to cost *s.o.* a bundle, to cost *s.o.* an arm and a leg.
tuzluk saltshaker, saltcellar.
tuzruhu, *-nu* ⚗ hydrochloric acid.
tuzsuz saltless; unsalted.
tüberküloz ⚕ tuberculosis.
tüccar [ā] merchant.
tüfek rifle, gun.
tüfekçi **1.** gunsmith; **2.** seller of guns.
tüfekhane armo(u)ry.
tüfeklik **1.** armo(u)ry; gun-stand; **2.** gun case.
tüh Whew!, Ouf!
tükenmek **1.** to be used up, to run out; **2.** to become exhausted, to give out.
tükenmez **1.** inexhaustible; **2.** *a.* ~ *kalem* ball-point pen.
tüketici consumer.
tüketim consumption.
tüketmek to consume, to use up.
tükürmek to spit; *tükürdüğünü yalamak fig.* to eat humble pie, to eat one's words, to eat crow.
tükürük spit, spittle.
tükürüklemek to moisten with spittle.
tül tulle.
tülbent, *-di* gauze; muslin.
tüm whole; entire.
tümamiral, *-li* vice admiral.
tümbek small protuberance.
tümce *gr.* sentence.
tümden completely, totally, wholly.
tümdengelim *log.* deduction.

tümel *log., phls.* universal.
tümen 1. × division; **2.** large heap (*or* pile); ~ ~ thousands of ...
tümevarım *log.* induction.
tümgeneral, *-li* major general.
tümleç, *-ci gr.* complement.
tümlemek to complete.
tümler ⩓ complementary.
tümör ⚕ tumo(u)r.
tümsayı full number.
tümsek 1. protuberance; **2.** protuberant.
tümsekli convex.
tümseklik protuberance.
tünaydın Good evening!; Good night!
tünek perch, roost.
tüneklemek to perch, to roost.
tünel tunnel.
tünemek to perch, to roost.
tünik tunic.
tüp, *-bü* **1.** tube; **2.** test tube; ~ *bebek* test-tube baby.
tür 1. kind, sort, type; **2.** *zo.*, ✿ species.
türban turban.
türbe tomb.
türbin *phys.* turbine.
türe rule, law, justice.
türedi upstart, parvenu.
türel judicial, juridical.
türemek 1. to spring up, to appear; **2.** to mushroom; **3.** to be derived *(-den from).*
türeti invention.
türetici inventor.
türetmek *gr.* to derive.
türev *gr.* derivative.
Türk, *-kü* **1.** Turk; **2.** Turkish; ~ *ceza kanunu* Turkish penal code; ~ *dili* the Turkish language.
Türkçe [x.] Turkish: ~ *öğretmeni* teacher of Turkish; ~ *söylemek* **1.** to speak in Turkish; **2.** *fig.* to say bluntly; ~ *sözlük* Turkish dictionary.
Türkçeleştirmek to translate into Turkish.
Türkçü Turkist.
Türkçülük Turkism.
Türkistan [ā] *pr. n.* Turkistan.
Türkiye *pr. n.* Turkey; ~ *Cumhuriyeti pr. n.* the Turkish Republic.
Türkleştirmek to Turkize, to Turkicize.
Türklük Turkishness.
Türkmen Turkoman.
Türkmenistan *pr.n.* Turkmenistan.
Türkolog Turcologist.
Türkoloji Turcology.
türkü folk song.
türlü 1. kind, sort, variety; **2.** various; **3.** stew.
tütmek, *(-er)* to smoke, to fume.
tütsü incense.
tütsülemek 1. to cense; **2.** to smoke *(fish etc.)*
tüttürmek to smoke *(cigarette, pipe)*
tütün tobacco.
tüy feather; down; quill; ~ *atmak (for a bird)* to mo(u)lt; ~ *dikmek (bşin üzerine) fig.* to be the last straw, to be the straw that broke the camel's back; ~ *dökmek (for a bird)* to mo(u)lt; ~ *gibi* as light as a feather, featherlight; ~ *kalem* quill (pen); *-ler ürpertici* blood-curdling, spine-chilling, creepy; *-leri diken diken olmak (hair)* to stand on end, to get goose bumps.
tüylenmek to grow feathers, to feather out, to fledge.
tüylü feathery; downy; hairy.
tüymek *sl.* to slip away, to sneak off, to flee.
tüyo hint, tip; ~ *vermek* to drop a hint.
tüysıklet, *-ti boxing:* featherweight.
tüysüz 1. unfeathered, unfledged; **2.** beardless *(youth).*
tüze justice.
tüzel legal; judicial.
tüzelkişi ⚖ juristic person.
tüzük regulations, statutes.

U

ucuz cheap, inexpensive; ~ *atlatmak or kurtulmak* to get off lightly, to get away cheaply.
ucuzlamak to get cheap, to go down in price.
ucuzlatmak to cheapen.
ucuzluk 1. cheapness; **2.** sale.
uç 1. tip, point; end; **2.** pen point, nib; **3.** extremity; ~ *uca* end to end.
uçak aeroplane, airplane, plane; ~ *gemisi* aircraft carrier.
uçaksavar × anti-aircraft gun.
uçandaire flying saucer.
uçantop, *-pu* volleyball.
uçarı dissolute; philanderer.
uçkur belt, sash, band.
uçlanmak *sl.* to fork out, to shell out.
uçlu pointed, tipped.
uçmak 1. to fly; **2.** *(perfume etc.)* to evaporate; **3.** *(colour)* to fade away; **4.** to be wild with *(joy)*; **5.** to go very fast; *uçan kuşa borcu olmak* to be in debt to everybody, to be up to the ears in debt; *uçan kuştan medet ummak* to try every mean in order to get out of trouble.
uçsuz: ~ *bucaksız* endless, vast, boundless.
uçucu 1. flying; **2.** ⚗ volatile.
uçuçböceği, *-ni zo.* ladybug.
uçuk 1. faded, pale *(colour)*; **2.** ⚕ cold sore, herpes.
uçuklamak to get a cold sore.
uçurmak 1. to fly *(kite)*; **2.** to chop off, to lop off.
uçurtma kite.
uçurum abyss, chasm, precipice.
uçuş flight.
uçuşmak to fly about.
uf Ouf!, Ooof!
ufacık very small, tiny.
ufak small; ~ *para* small change; ~ *tefek* **1.** tiny; **2.** trivial.
ufaklık 1. smallness; littleness; **2.** small change; **3.** *F* little one.
ufalamak to break up, to crumble, to pulverize.
ufalanmak to crumble away.
ufalmak to get smaller, to diminish.
ufki horizontal.
uflamak to say "oof".
ufuk, *-fku* horizon; *ufkunu genişletmek fig.* to broaden one's horizon.
uğrak frequented place, haunt.
uğramak 1. to call on, to pass by; **2.** to meet with, to suffer *(a difficulty)*; **3.** to halt, to stop, to touch at; **4.** to get stricken with; **5.** to rush out; **6.** to undergo.
uğraş, uğraşı 1. occupation, pastime; **2.** struggle.
uğraşmak 1. to struggle, to exert o.s., to strive; **2.** to busy o.s. with, to be engaged in; **3.** *fig.* to struggle, to battle *(ile with)*.
uğraştırmak to give a lot of trouble.
uğratmak to expose s.o. to.
uğru thief.
uğrulamak to steal.
uğrun secretly.
uğuldamak 1. to hum, to buzz; **2.** *(wind)* to howl.
uğultu hum, buzz; howl.
uğur good omen, good luck, lucky charm; ~ *getirmek* to bring good luck.
uğurböceği, *-ni zo.* ladybug.
uğurlamak *(b-ni)* to see *s.o.* off.

uğurlu auspicious, lucky.
uğursuz inauspicious, ill-omened, ominous.
uğursuzluk ill omen; bad luck, hoodoo.
uhde obligation, charge, responsibility.
ukala [..—] smart aleck, know-it--all.
ulaç *gr.* gerund.
ulak courier, messenger.
ulamak to join, to attach, to add, to annex.
ulan Hey you!, Man!
ulaşım transportation, communication.
ulaşmak 1. to reach, to arrive *(-e at),* to get *(-e to);* **2.** to attain, to achieve.
ulaştırma transportation, communication.
ulaştırmak to transport, to convey.
ulu great, high, exalted.
ululamak to exalt, to hono(u)r.
ululuk height, elevation, loftiness.
ulumak to howl.
uluorta rashly, indiscreetly.
ulus nation, people.
ulusal national.
ulusallaştırmak to nationalize.
ulusçu nationalist.
ulusçuluk nationalism.
uluslararası, *-nı* international.
umacı bogy man, ogre.
ummadık [x..] unexpected, unhoped-for.
ummak, *(-ar)* to hope, to expect; *ummadığın taş baş yarar* it is the unexpected stone that wounds the head.
umum [.—] **1.** universal, all; **2.** the public.
umumi [.——] general, common.
umumiyetle generally, in general.
umur [.—] matter of importance, concern; *-umda değil* I don't care.
umursamak to be concerned about.
umursamazlık indifference, unconcern.
umut, *-du* hope, expectation; ~ *etmek* to hope, to expect; ~ *kesmek* to lose hope; ~ *vermek* to give hope *(-e to); -unu kırmak* to disappoint.
umutlandırmak to give hope to, to make s.o. hopeful.
umutlanmak to become hopeful.
umutlu hopeful.
umutsuz hopeless, desperate.
umutsuzluk hopelessness.
un flour; ~ *ufak etmek* to crumble s.th. finely; ~ *ufak olmak* to be broken into pieces.
unsur element.
unutkan forgetful.
unutkanlık forgetfulness.
unutmabeni ⚘ forget-me-not.
unutmak to forget.
unvan [.—] title.
upuzun very long *or* tall.
ur tumo(u)r.
uranyum ⚗ uranium.
urgan rope.
us reason, state of mind, intelligence, intellect.
usanç boredom, disgust; ~ *getirmek* to get bored, to get tired of; ~ *vermek* to bore, to disgust.
usandırıcı boring, disgusting.
usandırmak to bore, to disgust.
usanmak to become bored, to get tired of.
usare [.—.] juice, sap.
usavurmak to reason, to think through.
usçu *phls.* rationalist.
usçuluk *phls.* rationalism.
usdışı irrational.
uskumru *zo.* mackerel.
uskur ⚓ screw, propeller.
uslamlamak to reason.
uslanmak to become well-behaved.

uslu well-behaved, good *(child)*; ~ *durmak (or oturmak)* to keep quiet, to sit still, to be good.
ussal mental, rational.
usta 1. craftsman, master workman; **2.** skilled.
ustabaşı, *-nı* foreman.
ustaca skil(l)fully.
ustalaşmak to become skilled.
ustalık mastery.
ustura [x..] straight razor.
usturmaça ⚓ fender, padding.
usturuplu *F* **1.** properly, right; **2.** masterly, striking.
usul, *-lü* **1.** method, system; **2.** ♪ time, measure; **3.** ⚖ procedure; ~ *tutmak* ♪ to beat time; ~ ~ quietly, slowly and softly.
usulsüz irregular, incorrect.
usulsüzlük irregularity.
uşak servant.
ut ♪ lute.
utanç shame, shyness; *-ından yere geçmek* to feel very ashamed, to feel like 30 cents.
utandırmak to shame, to make ashamed.
utangaç shy, timid, bashful.
utangaçlık shyness, bashfulness.
utanmak 1. to be ashamed; **2.** to be shy.
utanmaz shameless, brazen, impudent.
utanmazlık shamelessness, brazenness.
utku victory, triumph.
uvertür ♪ overture.
uyak rhyme.
uyandırmak to wake up, to awaken.
uyanık 1. awake; **2.** *fig.* sharp, smart, cunning.
uyanmak to wake up, to awaken.
uyarı warning.
uyarıcı 1. warning; **2.** stimulative.
uyarım stimulation.
uyarlamak to adapt.
uyarmak 1. to warn; **2.** to stimulate.
uydu satellite.
uydurma invented, false, made-up.
uydurmak 1. to make fit, to adapt; **2.** to invent, to make up, to fabricate; **3.** to manage, to find a way.
uydurmasyon 1. invention, lie, bullshit; **2.** made-up, fabricated.
uyduruk made-up, fabricated.
uydurukçu bullshitter, fabricator.
uygar civilized.
uygarlaşmak to become civilized.
uygarlık civilization.
uygulama application, practice.
uygulamak to apply, to practice, to carry out.
uygun 1. suitable, fit, appropriate; **2.** proper, apt; **3.** favo(u)rable; ~ *bulmak or görmek* to see fit, to agree to; ~ *düşmek* to fit, to suit; ~ *gelmek* to suit.
uygunluk suitability.
uygunsuz unsuitable, inappropriate; improper.
uygunsuzluk unsuitableness, inappropriateness.
Uygur Uighur.
Uygurca the Uighur language, Uighur.
uyku sleep; ~ *basmak* to feel very sleepy; ~ *tulumu* sleeping bag; ~ *tutmamak* not to be able to go to sleep; ~ *vermek (or getirmek)* to make s.o. feel sleepy; *-su ağır* heavy sleeper; *-su bölünmek* not to be able to go back to sleep; *-su gelmek* to feel sleepy; *-ya dalmak* to fall asleep
uykucu late riser, lie-abed, sleepyhead.
uykulu sleepy.
uykusuz sleepless.
uykusuzluk insomnia, lack of sleep.
uyluk *anat.* thigh.
uylukkemiği, *-ni* thighbone.

uymak, *(-ar)* **1.** to suit, to fit, to match; **2.** to obey, to comply *(-e with).*
uyruk *pol.* citizen, subject.
uyruklu citizen of.
uyrukluk citizenship.
uysal easy-going, docile, obedient.
uysallaşmak to become docile (*or* compliant).
uysallık docility, complaisance.
uyuklamak to doze.
uyum harmony, conformity, accord.
uyumak 1. to sleep, to go to sleep, to fall asleep; **2.** *fig.* to be negligent; **3.** *fig.* to be unaware of what's going on.
uyumlu harmonious.
uyumsuz inharmonious, discordant.
uyuntu idle, lazy, indolent, sleepyhead
uyur 1. sleeping; **2.** still *(water).*
uyurgezer sleepwalker, somnambulist.
uyuşmak[1] to become numb.
uyuşmak[2] 1. to come to an agreement, to come to terms; **2.** to get along with.
uyuşmazlık disagreement, conflict.
uyuşturmak to numb; to narcotize.
uyuşturucu narcotic; ~ *maddeler* narcotics.
uyuşuk 1. numbed, insensible, asleep; **2.** sluggish, indolent.
uyutmak to put to sleep, to lull to sleep.
uyutucu 1. narcotic, soporific; **2.** hypnotic.
uyuz ⚕ itch, mange, scabies; ~ *etmek fig.* to bug; ~ *olmak* **1.** to get the itch; **2.** *fig.* to be bugged.
uyuzböceği, *-ni zo.* itch mite.
uyuzotu, *-nu* ⚘ scabious.
uyuzsineği, *-ni zo.* tiger beetle.
uzak distant, far, remote; ~ *akraba* distant relative; ~ *durmak* to stay at a distance, not to interfere; to keep (*or* stay) clear of; ~ *düşmek (birbirinden)* to be far from one another; *uzağı görmek fig.* to be able to see the future.
Uzakdoğu the Far East.
uzaklaşmak to go away; to be far away *(-den from).*
uzaklaştırmak to remove, to deport, to take away.
uzaklık distance, remoteness.
uzamak to grow longer; to extend, to lengthen.
uzanmak 1. to stretch out, to lie down; **2.** to go, to walk on; **3.** to stretch, to reach *(-e for).*
uzantı extension.
uzatmak 1. to lengthen; **2.** to extend, to stretch, to expand; **3.** to let *(hair etc.)* grow long; **4.** to hand, to pass.
uzay space; ~ *geometri* solid geometry; ~ *kapsülü* space capsule; ~ *uçuşu* space flight.
uzayadamı astronaut, spaceman.
uzaygemisi spaceship, spacecraft.
uziletişim telecommunication.
uzlaşma agreement, reconciliation, settlement.
uzlaşmak to come to an agreement, to be reconciled.
uzlaştırıcı concillatory.
uzlaştırmak to reconcile, to conciliate.
uzluk ability, cleverness, mastery.
uzman expert, specialist.
uzmanlık expertness.
uzun long; tall *(person);* ~ *araç* long vehicle; ~ *atlama sports:* long jump; ~ *lafın kısası* the long and the short of it, in short.
uzunçalar long-play.
uzunlamasına lengthwise.
uzunluk length.
uzuv, *-zvu anat.* organ, member.
uzyazım telex.

Ü

ücra out of the way, remote.
ücret, *-ti* **1.** pay, wage, fee; **2.** price, cost.
ücretli wage-earner.
ücretsiz free, gratis.
üç, *-çü* three; ~ *aşağı beş yukarı* more or less, roughly; ~ *beş* a few; ~ *buçuk atmak* to be very frightened; ~ *günlük ömür* short life.
üçboyutlu three-dimensional.
üçer three each, three apiece.
üçgen ⩓ triangle.
üçkâğıtçı *fig.* swindler, trickster.
üçlemek to increase to three, to triple, to treble.
üçlü 1. consisting of three, triple; **2.** ♪ trio.
üçüncü third; ~ *şahıs gr.* the third person.
üçüz triplets.
üfleç, *-ci phys.* blowpipe.
üflemek to blow, to puff.
üfürmek to blow away, to breathe on.
üfürükçü quack, sorcerer *(who claims to cure by breathing on).*
üleşmek to share, to go shares.
üleştirmek to distribute, to share out.
ülke country.
ülkü ideal.
ülkücü idealist.
ülkücülük idealism.
ülser ⚕ ulcer.
ültimatom *pol.* ultimatum.
ültramodern ultramodern.
ültraviyole ultraviolet.
ümit, *-di* hope, expectation; ~ *etmek* to hope, to expect; ~ *kapısı* anything that proves hope; ~ *vermek* to raise s.o.'s hopes, to promise; *ümidi suya düşmek* to lose hope; *ümidini kesmek* to give up hope.
ümitlendirmek to make hopeful.
ümitlenmek to become hopeful.
ümitli hopeful.
ümitsiz hopeless.
ümitsizlik hopelessness, despair.
ümük throat.
ün fame, reputation; ~ *salmak* to become famous.
üniforma [..x.] uniform.
ünite unit.
üniversal universal.
üniversite university.
üniversiteli university student.
ünlem *gr.* interjection; ~ *işareti* exclamation mark.
ünlü 1. famous, well-known; **2.** *gr.* vowel.
ünsüz 1. unknown; **2.** *gr.* consonant.
üre urea.
üremek 1. to reproduce; **2.** to increase, to grow.
üremi ⚕ uremia.
üreteç *phys.* generator.
üretici producer.
üretim production.
üretken productive.
üretkenlik productivity.
üretmek 1. to produce; **2.** to breed, to raise.
ürkek timid, shy, fearful.
ürkeklik timidity, shyness, bashfulness.
ürkmek, *(-er)* **1.** to be frightened, to start with fear; **2.** *(horse)* to shy.
ürkünç frightening, terrifying.
ürküntü sudden fright, panic, scare.

ürkütmek to startle, to scare, to frighten.
ürolog ⚕ urologist.
üroloji ⚕ urology.
ürpermek to shiver; *(hair)* to stand on end.
ürperti shiver, shudder.
üremek to howl, to bark, to bay.
ürün product.
üs, *-ssü* **1.** × base; **2.** A expo-nent; **3.** basis, foundation.
üslup, *-bu* style, manner.
üst, *-tü* **1.** upper side, top; **2.** superior; upper; **3.** clothing, clothes; **4.** remainder, change *(money);* **5.** boss, superior; ~ *baş* clothes, dress; ~ *-e* one on top of the other; *-ü kapalı* indirectly; *-ünde durmak* to emphasize; *-üne atmak (b-nin)* to put the blame on *s.o.; -üne basmak fig.* to hit the nail on the head; *-üne bir bardak (soğuk) su içmek (bşin)* to lose hope, to kiss *s.th.* goodbye; *-üne düşmek* to be persistent on; *-üne kondurmamak* to overprotect; *-üne koymak* to add; *-üne olmamak* to be unique; *-üne titremek* to love tenderly, to dance attendance on; *-üne tuz biber ekmek fig.* to rub salt in the wound; *-üne vazife olmamak* to be none of one's business; *-üne yürümek* to pretend as if about attack; to march against.
üstat [.—] master, expert.
üstçene *anat.* upper jaw.
üstderi *anat.* epidermis.
üstdudak *anat.* upper lip.
üste further, in addition; *-sinden gelmek* to bring about, to achieve, to wangle.
üsteğmen × first lieutenant.
üstelemek to insist.
üstelik besides, furthermore, in addition.
üstgeçit overpass.
üstinsan superman.
üstlenmek to undertake, to take on.
üstlük overcoat.
üstün superior.
üstünkörü superficial, slapdash.
üstünlük superiority; supremacy.
üstüpü oakum, tow.
üstyapı superstructure.
üşengeç lazy, slothful.
üşengeçlik laziness, sloth.
üşenmek to be too lazy to do, to do with reluctance.
üşümek to feel cold.
üşüşmek to crowd together.
üşütmek 1. to catch cold; **2.** *sl.* to go nuts.
üşütük *sl.* nutty.
ütopya utopia.
ütü iron, flatiron; ~ *bezi* press cloth; ~ *tahtası* ironing board; ~ *yapmak* to iron, to do the ironing.
ütücü ironer.
ütülemek to iron, to press.
ütülü ironed.
ütüsüz unironed.
üvendire oxgoad.
üvey step-; ~ *ana* stepmother; ~ *baba* stepfather; ~ *evlat* stepchild.
üveyik *zo.* wood-pigeon.
üveymek *(dove, pigeon etc.)* to coo.
üvez ⚘ service tree.
üye member.
üyelik membership.
üzengi stirrup.
üzengikemiği, *-ni anat.* stapes.
üzengilemek to spur.
üzengitaşı, *-nı arch.* impost.
üzere 1. on condition that; **2.** at the point of, just about to.
üzerinde on, over, above.
üzgü oppression.
üzgün sad, sorrowful, grieved.
üzmek, *(-er)* to grieve, to sadden, to depress.
üzücü depressing, distressing, saddening.
üzülmek to be sorry, to regret, to

be sad.

üzüm ⚘ grape; ~ *-e baka baka kararır pro.* a man is known by the company he keeps; *-ünü ye de bağını sorma* don't look a gift horse in the mouth.

üzüntü sorrow, anxiety, worry, sadness.

üzüntülü sad, worried, grieved, unhappy.

V

vaat, *-di* promise; ~ *etmek* to promise.

vaaz sermon, homily.

vacip, *-bi* obligatory, incumbent; ~ *olmak* to be necessary.

vade 1. time, term; **2.** due date; date of maturity; *-si geçmiş* overdue; *-si gelmek* to fall due.

vadeli: ~ *hesap* time deposit.

vadesiz: ~ *hesap* demand deposit.

vadi [——] valley.

vaftiz baptism; ~ *anası* godmother; ~ *babası* godfather; ~ *etmek* to baptize.

vagon railway car.

vah What a pity!, Too bad!

vaha oasis.

vahamet, *-ti* [.—.] gravity, seriousness *(of a situation).*

vahdet, *-ti* unity, oneness.

vahim serious, grave.

vahşet, *-ti* wildness.

vahşi [ī] wild, savage; brutal.

vahşilik *s. vahşet.*

vaız, *-a'zı* sermon.

vaiz preacher.

vajina *anat.* vagina.

vaka event, happening.

vakar [.—] gravity, dignity, sedateness.

vakarlı [.—.] sedate, dignified, grave.

vakarsız undignified.

vakfetmek [x..] to devote, to dedicate.

vakıf, *-kfı* foundation, wakf.

vâkıf aware, cognizant; ~ *olmak* to be aware *(-e of).*

vaki [——] taking place, happening; ~ *olmak* to happen, to occur, to take place.

vakit, *-kti* time; ~ *geçirmek* to pass time; ~ *kazanmak* to gain time; ~ *öldürmek* to kill time; *vaktini almak (b-nin)* to take *s.o.'s* time; *vaktiyle* **1.** at the proper time, in time; **2.** once upon a time, in the past, once.

vakitli timely, opportune.

vakitsiz untimely, inopportune.

vakum [x.] ⊕ vacuum.

vakumlu ⊕ vacuum-operated.

vakur [ū] dignified, grave.

vak vak Quack, quack!

valans ⚗ valence.

vale *cards:* jack, knave.

valf valve.

vali [ā] governor *(of a province).*

valide [ā] mother.

valiz valise, suitcase.

vallahi [x—.] by God, I swear it's true.

vals waltz.

vampir vampire.

vana valve.

vanilya [.x.] ⚘ vanilla.

vantilatör fan, ventilator; ~ *kayışı* fan (*or* ventilator) belt.

vantuz ⚕ cupping glass; ~ *çekmek* to cup.

vaporizasyon vaporization.

vaporizatör vaporizer.
vapur steamer, steamship.
var **1.** existing; **2.** available, at hand; **3.** there is; there are; ∽ *etmek* to create; ∽ *gücüyle (or kuvvetiyle)* with all his might; ∽ *ol!* May you live long!; Good for you!; ∽ *olmak* to exist; *-ı yoğu* everything one owns.
varak sheet *(of paper);* leaf *(of a book).*
varaka printed form.
varakçı **1.** gilder; **2.** silverer.
varaklamak **1.** to gild; **2.** to silver.
varaklı **1.** gilded; **2.** silvered.
vardabandıra ⚓ signalman.
vardakosta [..x.] ⚓ coast guard cutter.
vardiya [x..] **1.** shift *(in a factory);* **2.** ⚓ watch.
varış arrival.
varil barrel, keg.
varis ⚕ varix, varicosity.
vâris heir, inheritor.
varlık **1.** existence, being, presence; **2.** creature; **3.** wealth, riches; ∽ *göstermek* to make one's presence felt; ∽ *içinde yaşamak* to live in easy circumstances; ∽ *içinde yokluk* scarcity despite wealth.
varmak, *(-ır)* to arrive *(-e at, in),* to reach, to get *(-e to).*
varoluş existence.
varoş suburb.
varsayım hypothesis, supposition, assumption.
varsaymak to suppose, to assume.
varyasyon ♪ variation.
varyete variety show.
vasat, *-tı* average.
vasati [ī] average, mean.
vasıf, *-sfı* quality.
vasıflandırmak to qualify, to characterize.
vasıflı qualified, skilled.
vasıl: ∽ *olmak* to arrive *(-e at, in),* to reach.
vasıta [—..] **1.** means; **2.** means of transportation, vehicle.
vasıtasız [—...] direct.
vasi [.—] ⚖ guardian, executor.
vasilik ⚖ guardianship, wardship.
vasistas transom.
vasiyet, *-ti* will, testament; ∽ *etmek* to bequeath.
vasiyetname [...—.] will, testament.
vaşak *zo.* lynx.
vat, *-tı* ⚡ watt.
vatan native country, motherland.
vatandaş citizen.
vatandaşlık citizenship; ∽ *hakları* ⚖ civil rights.
vatani [ī] patriotic; ∽ *görev* military service.
vatanperver, vatansever patriotic.
vatanperverlik, vatanseverlik patriotism.
vatansız stateless.
vatka shoulder padding.
vay Oh!, Woe!
vazelin vaseline.
vazgeçmek to give up, to abandon, to quit.
vazife [.—.] duty; task, obligation; ∽ *aşkı* love of one's job; *senin ne üstüne* ∽*?* what's that to you?
vazifeli [.—..] on duty; employed.
vaziyet, *-ti* situation, circumstances; position; ∽ *almak* ⚔ to stand at attention; *-e bağlı* it all depends.
vazo [x.] vase.
ve and; ∽ *saire* et cetera, etc., and so forth.
veba [ā] ⚕ plague, pestilence.
vebal, *-li* [a] evil consequences *(of an evil action); -ini çekmek* to suffer the consequences *(of an evil action).*
vebalı [ā] plague-stricken.
vecibe [ī] duty, obligation.
vecit, *-cdi* ecstasy, rapture.

vecize [ī] epigram, aphorism.
veda, *-aı* [ā] farewell, goodbye; ~ *etmek* to say farewell *or* goodbye *(-e to)*; ~ *partisi* farewell party; ~ *ziyareti* farewell visit.
vedalaşmak [.—..] to say farewell *or* goodbye *(ile to)*.
vefa [ā] fidelity, loyalty; ~ *etmek (for one's life)* to last long enough, to suffice.
vefakâr [.——], **vefalı** [.—.] faithful, loyal.
vefasız [ā] unfaithful, disloyal.
vefasızlık [ā] unfaithfulness, disloyalty.
vefat, *-tı* [ā] death, decease; ~ *etmek* to die, to pass away.
vekâlet, *-ti* attorneyship; proxy; ~ *etmek* to represent, to act for, to deputize.
vekâleten [.x..] by proxy.
vekâletname [.—.—.] proxy, procuration.
vekil [ī] deputy, proxy, attorney; agent, representative.
vekillik proxy; attorneyship.
vektör A vector.
velayet, *-ti* **1.** guardianship, wardship; **2.** sainthood.
velespit, *-ti* velocipede, bicycle.
velhasıl [x—.] in short.
veli [ī] guardian, protector *(of a child)*.
veliaht, *-dı* heir apparent, crown prince.
velinimet, *-ti* [.——.] benefactor, patron.
velur velure, velvet.
velvele clamo(u)r, outcry, hubbub; *-ye vermek* to kick up a row, to cause a tumult.
velveleci clamorous, noisy.
veranda veranda, porch.
veraset, *-ti* inheritance.
verecek debt, debit.
verecekli debtor.
verem ⚕ tuberculosis.
veremli tuberculous.
veresiye on credit.
verev diagonal.
vergi tax; ~ *beyannamesi* tax statement *(or* return); ~ *kaçakçılığı* tax evasion; ~ *mükellefi* taxpayer; ~ *tahsildarı* tax-collector; *-ye tabi* taxable.
vergilendirmek to tax.
vergili taxable.
vergisiz tax-free.
veri datum.
verici transmitter; ~ *istasyonu* transmitting station.
verim output, yield.
verimli productive, fruitful.
verimsiz unproductive, unfruitful.
verimsizlik unproductiveness, unfruitfulness.
veriştirmek *(b-ne)* to give *s.o.* a dressing down.
vermek, *(-ir)* **1.** to give; to hand; to deliver; **2.** to yield, to produce; **3.** to hold *(a party etc.)*; to give *(a concert)*; **4.** to suffer *(losses)*.
vernik varnish.
verniklemek to varnish.
vesait, *-ti* means of transportation, vehicles.
vesayet, *-ti* ⚖ guardianship.
vesika document, certificate.
vesikalı licensed *(prostitute)*.
vesikalık: ~ *fotoğraf* passport photograph.
vesile means, cause.
vestiyer cloakroom.
vesvese anxiety, misgiving.
vesveseli anxious, apprehensive.
veteriner veterinarian.
veterinerlik veterinary medicine.
vetire [ı] process.
veto [x.] veto; ~ *etmek* to veto.
veya, veyahut or.
vezin, *-zni poet.* metre, *Am.* meter.
vezir [ī] **1.** *hist.* vizier; **2.** *chess:* queen.
vezirlik *hist.* viziership, vizierate.
vezne cashier's window, teller's window.

veznedar [ā] cashier, teller.
vıcık gooey, sticky; ~ ~ *etmek* to make gooey (*or* sticky).
vıdı vıdı: ~ *etmek F* to yak, to chatter.
vınlamak to buzz, to whiz.
vır vır: ~ *etmek* to nag, to grumble.
vırvırcı *F* grumbler.
vız buzz; hum; ~ *gelir tırıs gider F* I don't give a damn.
vızıldamak to buzz; to hum.
vızıltı buzz, hum.
vızır vızır constantly, continually.
vızlamak to whiz.
vibrato ♪ vibrato.
vibriyon vibrio.
vicdan conscience; ~ *azabı* pangs *or* pricks of conscience, remorse; *-ı sızlamak* to suffer a pang of concience.
vicdanen conscientiously.
vicdani of conscience, pertaining to conscience.
vicdanlı [ā] conscientious.
vicdansız [ā] unscrupulous.
vida ⊕ screw.
vidalamak to screw.
vidalı [x..] screwed; ~ *kapak* screw cap.
video 1. video; **2.** video player.
vikont, *-tu* viscount.
vikontes viscountess.
vilayet, *-ti* province, vilayet.
villa villa.
vinç, *-çi* ⊕ crane, winch.
viola ♪ viola.
vira [x.] continuously.
viraj curve, bend; ~ *almak* to go around (*or* take) a curve.
viran [——] ruined, in ruins.
virane [——.] ruin; *-ye çevirmek* to ruin, to destroy.
virgül comma.
virtüöz ♪ virtuoso.
virüs [x.] ⚕ virus.
viski whisky.
viskonsül vice-consul.
viskoz viscose.
vişne [x.] ⚘ sour cherry, morello.
vişneçürüğü, *-nü* purple-brown.
vitamin vitamin.
vitaminli vitamined.
vitaminsizlik ⚕ avitaminosis.
vites gear; ~ *değiştirmek* to shift gears; ~ *kutusu* gearbox; *-e takmak* to put into gear.
vitrin 1. shopwindow; **2.** china cabinet.
viyadük viaduct.
viyaklamak to wail, to squawk.
Viyana [.x.] *pr. n.* Vienna.
viyola [.x.] ♪ viola.
viyolonsel ♪ violoncello.
vize visa.
vizite [x..] **1.** medical visit; **2.** doctor's fee.
vizon *zo.* mink.
vizör *phot.* view-finder.
vokal, *-li* vocal.
vokalist, *-ti* vocalist.
volan ⊕ flywheel.
vole [x.] volley.
voleybol, *-lü* volleyball.
volfram ⚒ wolfram, tungsten.
volkan volcano.
volkanik volcanic.
volt, *-tu* ⚡ volt.
volta *sl.* pacing back and forth; ~ *atmak* to pace back and forth; *-sını almak sl.* to run away, to beat it.
voltaj ⚡ voltage.
voltmetre ⚡ voltmeter.
votka vodka.
v.s. etc., et cetera.
vuku, *-uu* [——] occurence, event; ~ *bulmak* to occur, to happen, to take place.
vukuat, *-tı* [.——] **1.** events; **2.** police case.
vurdumduymaz thick-skinned, insensitive.
vurgu *gr.* stress, accent.
vurgulamak to emphasize, to stress.

vurgulu *gr.* stressed, accented.
vurgun 1. in love with; **2.** ill-gotten gain, gravy; **3.** the bends, caisson disease; ∽ *yemek* to be crippled by the bends; to die from the bends.
vurguncu profiteer.
vurgunculuk profiteering.
vurgusuz *gr.* unstressed, unaccented.
vurmak, *(-ur)* **1.** to hit, to strike; **2.** to knock, to tap; **3.** to shoot; **4.** to kill; **5.** *(for a shoe)* to chafe, to pinch; **6.** to hunt; **7.** to hit *(a target)*; **8.** *(shadow, light)* to hit, to strike, to fall on; **9.** *(clock)* to strike *(the hour)*; **10.** to give *(an injection)*.
vurucu: ∽ *tim* team of sharpshooters.
vurulmak *(b-ne)* to fall in love with *s.o.*, to be gone on *s.o.*
vuruntu: ∽ *yapmak mot.* to knock, to pink.
vuruş 1. blow, stroke; **2.** ♪ beat.
vuruşkan combative, belligerent.
vuruşmak to fight with one another.
vuslat, *-tı* union *(with one's beloved)*.
vusul, *-lü* [.—] arrival; ∽ *bulmak* to arrive.
vuzuh [.—] clearness.
vücut, *-du* [ū] body; ∽ *bulmak (or vücuda gelmek)* to come into being, to arise; *vücuda getirmek* to create, to produce, to beget.

Y

ya¹ [ā] O!, Oh!
ya² either ... or ...
yaba wooden pitchfork, hayfork.
yabalamak to pitchfork.
yaban wilderness, wild; *-a atmak* to disregard, to sneeze at.
yabanarısı, *-nı zo.* wasp; hornet.
yabancı 1. stranger; foreigner; **2.** foreign, alien; ∽ *düşmanlığı* xenophobia.
yabancılaşmak to become strangers to each other.
yabancılık 1. foreignness; **2.** strangeness.
yabandomuzu, *-nu zo.* wild boar.
yabanıl wild.
yabani 1. wild, untamed; **2.** shy, timid.
yabanilik 1. wildness; **2.** *fig.* shyness.
yabanlaşmak to go wild.
yabansı strange, odd.
yad foreign, faraway.
yâd etmek to mention, to remember, to talk about.
yadımlama *biol.* catabolism, dissimilation.
yadımlamak *biol.* to dissimilate.
yadırgamak to find strange *or* odd.
yadigâr [—.—] keepsake, souvenir, remembrance.
yadsımak to deny, to reject.
yafta [x.] label.
yağ 1. oil; fat; **2.** butter; **3.** grease; ointment; ∽ *çekmek* to butter up, to flatter, to toady; ∽ *çubuğu mot.* dipstick; ∽ *gibi gitmek (or kaymak) (vehicle)* to go like a bird; ∽ *kutusu* ⊕ cranckcase; ∽ *süzgeci mot.* oil filter; ∽ *tulumu fig.* very fat person, tub of lard;

-dan kıl çeker gibi as easy as taking candy from a baby, as easy as falling off a log.
yağcı 1. lubricator; **2.** *fig.* flatterer, toady.
yağcılık *fig.* flattery; ~ *etmek* to flatter, to butter up.
yağdanlık oilcan; lubricator.
yağdırmak *fig.* to rain, to shower.
yağdoku *anat.* fatty tissue.
yağımsı oily; fatty.
yağış rain, precipitation.
yağışlı rainy, showery.
yağız dark, swarthy.
yağlama lubrication.
yağlamak 1. to grease, to oil, to lubricate; **2.** *fig.* to flatter, to butter up.
yağlanmak to get fat.
yağlayıcı 1. lubricant; **2.** lubricator; **3.** lubricatory.
yağlı 1. oily, greasy; **2.** *fig.* rich, well off, in the money; **3.** *fig.* profitable; ~ *güreş* greased wrestling; ~ *kâğıt* **1.** oil paper; **2.** tracing paper; ~ *kapı F* rich employer; ~ *kuyruk fig.* milch cow; ~ *lokma fig.* rich windfall; ~ *müşteri* profitable customer.
yağlıboya oil paint.
yağlık napkin; handkerchief.
yağma 1. pillage, sack; **2.** loot, booty; ~ *etmek* to pillage, to sack, to loot.
yağmacı [x..] looter, sacker, plunderer.
yağmacılık [x...] pillage.
yağmak, *(-ar)* to rain.
yağmalamak to loot, to sack, to plunder.
yağmur rain; ~ *boşanmak* to pour heavily, to come down in buckets; ~ *duası* ritual prayer for rain *(said by villagers during a drought);* ~ *mevsimi* rainy season; ~ *yağıyor* it is raining; ~ *yemek* to get wet through *(in the rain); -dan kaçarken doluya tutulmak* *fig.* to jump out of the frying pan into the fire.
yağmurlama: ~ *sistemi* sprinkling system.
yağmurlamak to turn into rain.
yağmurlu rainy.
yağmurluk raincoat, mackintosh.
yağsız lean, fatless *(meat).*
yahni fricassee, ragout.
yahşi pretty; good, nice.
yahu [ā] [x.] See here!, Look here!
Yahudi Jew; Jewish.
Yahudice Hebrew.
Yahudilik Jewishness.
yahut [ā] [x.] or.
yaka 1. collar; **2.** edge, bank, shore; ~ *silkmek (b-den)* to get fed up with *s.o.; -sını bırakmamak fig.* to badger, to bedevil; *-yı ele vermek* to get caught; *-yı kurtarmak or sıyırmak* to evade, to escape.
yakacak fuel.
yakalamak to catch, to seize, to collar, to grab.
yakalanmak 1. to catch *(an illness);* **2.** to be caught in *(the rain etc.).*
yakalı collared.
yakalık collar.
yakamoz phosphorescence *(in the sea).*
yakarış prayer, entreaty.
yakarmak to beg, to implore, to entreat.
yakı plaster; blister; ~ *vurmak (or yapıştırmak)* to plaster; to blister; to cauterize.
yakıcı burning; biting *(to the taste).*
yakın 1. near, close, nearby; **2.** close *(friend);* **3.** nearby place, neighbo(u)rhood; ~ *akraba* close relative; ~ *zamanda* **1.** recently; **2.** soon; *-da* **1.** nearby; **2.** in the near future, soon; **3.** recently.
yakınlaşmak 1. to approach, to draw near; **2.** to become friends or close.

yakınlık nearness, closeness *(a. fig.)*, proximity; ~ *duymak* to feel close *(-e to)*; to feel a sympathy *(-e for)*; ~ *göstermek* to be friendly.
yakınmak to complain.
yakınsak ⩓, *phys.* convergent.
yakışık: ~ *almak* to be suitable *or* proper.
yakışıklı handsome, good-looking.
yakışıksız unsuitable, improper, unbecoming.
yakışmak **1.** to be suitable, to befit; **2.** to go well with, to suit.
yakıştırmak *(bşi b-ne)* to regard *s.th.* as suitable for *s.o.*, to think that *s.th.* befits *s.o.*
yakıt, *-tı* fuel.
yaklaşık approximate.
yaklaşım approach.
yaklaşmak to approach, to draw near.
yaklaştırmak to bring near; to approximate.
yakmak, *(-ar)* **1.** to burn, to scorch, to singe; **2.** to turn on, to light; **3.** to set on fire; **4.** to apply *(henna)*; **5.** to compose *(a folk song)*; **6.** *(for wool)* to irritate; **7.** *fig.* to ruin, to cook s.o.'s goose; **8.** *fig.* to inflame with love; *yakıp yıkmak* to destroy utterly.
yakut, *-tu* [ā] ruby.
yalak trough; basin.
yalama worn *(by friction)*; ~ *olmak* to get worn.
yalamacı *sl.* toady, lickspittle.
yalamak **1.** to lick; **2.** to graze.
yalan lie, fib; ~ *makinesi* lie detector; ~ *söylemek* to lie, to tell lies; ~ *yanlış* false, erroneous; ~ *yere yemin* ⚖ perjury; ~ *yere yemin etmek* ⚖ to perjure o.s.; *-a şerbetli* prone to lying; *-ını çıkarmak (b-nin)* to give *s.o.* the lie; *-ını yakalamak (b-nin)* to catch *s.o.* in a lie.
yalancı **1.** liar; **2.** false, artificial, imitated; ~ *çıkarmak (b-ni)* to call *s.o.* a liar; ~ *şahit* ⚖ false witness, perjurer.
yalancıakasya ⚘ black locust.
yalancıktan superficially; ~ *bayıldı* he pretended to faint.
yalancılık lying.
yalandan superficially; falsely; ~ *ağladı* she pretended to cry.
yalanlamak to deny, to contradict.
yalanmak to lick one's lips.
yalapşap superficially done.
yalaz flame.
yalçın steep.
yaldız gilding.
yaldızcı gilder, silverer.
yaldızlamak to gild.
yaldızlı gilded, gilt.
yale (kilit) Yale lock.
yalgın mirage.
yalı **1.** shore; beach; **2.** waterside mansion.
yalıçapkını, *-nı zo.* kingfisher.
yalın bare, naked; ~ *hal gr.* nominative case.
yalınayak barefoot.
yalınkat, *-tı* one layer.
yalıtım insulation.
yalıtkan *phys.* nonconductive; insulative.
yalıtmak to insulate.
yalıyar *geogr.* cliff.
yalız *anat.* unstriated *(muscle)*.
yallah [x.] Go away!, Get going!
yalnız [x.] **1.** alone, solitary; **2.** only, just, but; **3.** but, however; ~ *başına* alone, by oneself; ~ *bırakmak (b-ni)* to leave *s.o.* alone, to leave *s.o.* on his own.
yalnızca alone, by o.s.
yalnızcılık *pol.* isolationism.
yalnızlaşmak to become isolated.
yalnızlık loneliness.
yalpa [x.] ⚓ rolling, lurching; ~ *vurmak* to roll, to lurch.
yalpalamak to roll, to lurch.
yaltak(çı) *contp.* fawning, cringing.

yaltaklanmak to toady, to fawn, to cringe.
yalvarmak to beg, to entreat, to implore, to plead.
yama patch; ~ *vurmak* to patch.
yamacı patcher; repairer.
yamaç, -cı slope, side.
yamak helper, assistant.
yamalamak to patch.
yamalı patched.
yamamak 1. to patch; **2.** to foist *(-e on).*
yaman 1. capable, efficient; **2.** strong, violent, cruel; **3.** bad, terrible.
yamanmak *contp.* to foist o.s. *(-e on),* to get a footing.
yamrı yumru misshapen, gnarled.
yamuk 1. bent, crooked, askew; **2.** A trapezoid.
yamuk yumuk *s. yamrı yumru.*
yamulmak to become bent; to lean to one side.
yamyam cannibal.
yamyamlık cannibalism.
yamyassı [x..] as flat as a pancake.
yamyaş [x.] very damp.
yan 1. side; flank; **2.** vicinity; **3.** direction; **4.** aspect, side *(of a matter);* ~ *bakmak* to look askance *(-e at);* to leer *(-e at);* ~ *cümle gr.* subordinate clause; ~ *çizmek* to avoid, to shirk, to evade; ~ *etki* side effect; ~ *hakemi* linesman; ~ *ürün* by-product; ~ *-a* side by side; ~ *yatmak* to lean to one side; *-dan* sideways, from one side; *-dan çarklı* paddlewheel boat, paddlesteamer; *-ı sıra* right along with, together with; *-ına bırakmamak (or koymamak)* not to leave unpunished.
yanak cheek.
yanal lateral.
yanardağ volcano.
yanardöner shot *(silk).*
yanaşık adjacent, contiguous.
yanaşma farmhand.
yanaşmak 1. to approach, to draw near; **2.** ⚓ to come alongside; **3.** to accede to *(a request).*
yanaştırmak to draw *(a vehicle)* up alongside *(a place).*
yandaş supporter, follower, advocate, adherent.
yandaşlık support, advocacy, adherence.
yangeçit bypass.
yangı ⚕ inflammation, infection.
yangılanmak ⚕ to get infected.
yangın fire; ~ *bombası* fire *or* incendiary bomb; ~ *çıkarmak* to start a fire; ~ *kulesi* fire tower; ~ *sigortası* fire insurance; ~ *tulumbası* hand fire pump; *-a körükle gitmek fig.* to add fuel to the flames.
yanık 1. burn, scald; **2.** burnt, scorched; singed; **3.** lighted, alit; **4.** doleful, piteous, touching; ~ *tenli* sunburnt, sun-tanned.
yanılgı mistake, error.
yanılmak 1. to be mistaken; **2.** to make a mistake, to err.
yanılmaz infallible, unfailing.
yanılsama *psych.* illusion.
yanıltıcı misleading.
yanıltmaca sophism.
yanıltmaç tongue-twister.
yanıltmak to mislead.
yanıt, -tı answer, response, reply; ~ *vermek* to answer, to reply.
yanıtlamak *s. yanıt vermek.*
yani [a] [x.] that is to say, that is, namely.
yankesici pickpocket.
yankesicilik picking pockets.
yankı 1. echo; **2.** *fig.* reaction, repercussion; ~ *uyandırmak* to have repercussions.
yankılanmak to echo.
yanlı 1. sided; **2.** supporter, adherent, advocate.
yanlış 1. mistake, error, blunder;

2. wrong, erroneous, incorrect; ~ *düşmek teleph.* to get the wrong number; ~ *kapı çalmak* to bark up the wrong tree; ~ *yere* by mistake; *-ını çıkarmak (b-nin)* to find *s.o.'s* mistake.
yanlışlık mistake, error, blunder.
yanlışlıkla by mistake.
yanmak, *(-ar)* **1.** to burn, to be on fire; **2.** *(for electricity)* to be on; **3.** to get sunburned; **4.** to be painful, to hurt; **5.** to become invalid; **6.** *F* to be done for, to be in the soup; **7.** to get tanned *(by the sun);* **8.** to have fever, to be feverish; **9.** *(for a place)* to be blazing hot; *yanıp kül olmak* to burn to ashes.
yansı 1. *biol.* reflex; **2.** reflection.
yansıma reflection.
yansımak to reflect.
yansıtıcı reflector.
yansıtmak to reflect.
yansız impartial, unbiased.
yanşak garrulous, talkative.
yanşaklık garrulity.
yapağı, yapak wool.
yapay artificial.
yapayalnız [x..—] all alone, completely alone.
yapaylık artificiality.
yapı 1. building, edifice; **2.** structure, build; physique.
yapıcı 1. builder; constructor; **2.** constructive; creative.
yapılı 1. built, constructed; **2.** portly *(person).*
yapım 1. construction, building; **2.** *film:* production.
yapımcı 1. builder; **2.** *film:* producer.
yapımevi, *-ni* factory, plant; workshop.
yapısal structural.
yapışık stuck *(-e to, on),* adhering *(-e to).*
yapışkan 1. sticky, adhesive; **2.** *fig.* importunate, clingy *(person).*
yapışmak to stick, to adhere.
yapıştırıcı adhesive.
yapıştırmak 1. to glue, to stick, to adhere; **2.** to hit, to land, to plant *(a blow);* **3.** to say in quick reply.
yapış yapış very sticky.
yapıt, *-tı* work (of art), opus.
yapıtaşı, *-nı* building stone.
yapkın 1. rich, wealthy; **2.** drunk.
yapma 1. artificial, false; **2.** sham, affected, mock.
yapmacık artificial, affected, mock, feigned.
yapmak, *(-ar)* **1.** to do; to make; **2.** to build, to construct; to produce; **3.** to carry out, to perform; **4.** to repair, to fix; **5.** to make, to acquire *(money);* **6.** to do *(speed);* **7.** to defecate; to urinate, to wet; **8.** to do harm; **9.** to do, to arrange; *gelmekle iyi yaptın* you did well to come; *yapma!* Stop it!, Cut it out!.
yaprak 1. ⚘ leaf; **2.** page, leaf *(of a book etc.);* **3.** layer, sheet; ~ *dolması* stuffed grape leaves; ~ *dökümü* autumn, *Am.* fall.
yaprakbiti, *-ni zo.* aphid, plant louse.
yapraklanmak to leaf, to come into leaf.
yapraklı leafy; leafed.
yapraksız leafless.
yaptırım ⚖ sanction.
yar precipice, cliff.
yâr, *-ri 1.* beloved, love; lover; *2.* friend; ~ *olmak* to be a help, to help.
yara 1. wound; **2.** *fig.* pain, sorrow; ~ *açmak* to wound; ~ *bağı* bandage; ~ *bere* cuts and bruises; ~ *izi* scar; ~ *kabuğu* scab, crust *(over a wound);* ~ *kapanmak (for a wound)* to heal; *-sı olan gocunur!* If the cap fits wear it!; *-sını deşmek fig.* to touch a sore spot, to open up an old wound; *-ya tuz biber ekmek fig.* to sprinkle salt

on the wound.
Yaradan the Creator, the Maker.
yaradılış 1. creation; **2.** nature, disposition, temperament.
yarak *V* penis, cock, dick, pecker.
yaralamak to wound.
yaralanmak to be wounded.
yaralı wounded.
yaramak 1. to be of use, to be good; to serve, to avail; **2.** to be good for s.o.'s health, to agree with.
yaramaz 1. useless; **2.** naughty, mischievous.
yaramazlık naughtiness, mischievousness; ~ *etmek* to get into mischief, to cut up, to play up.
yaranmak to curry favo(u)r *(-e with)*.
yarar 1. useful; **2.** use, benefit; advantage.
yararlanmak to benefit *(-den from)*, to profit *(-den from)*, to make good use *(-den of)*.
yararlı useful.
yararlılık usefulness.
yararsız useless, of no use.
yararsızlık uselessness.
yarasa *zo.* bat.
yaraşık: ~ *almak* to be suitable *or* fitting.
yaraşıklı suitable, becoming.
yaraşıksız unsuitable, unbecoming.
yaraşmak to suit, to be suitable, to become.
yaratıcı creative.
yaratıcılık creativity, creativeness.
yaratık creature.
yaratılış creation, genesis.
yaratmak to create.
yarbay × lieutenant colonel.
yarda [x.] yard *(= 91,44 cm.)*.
yardakçı accomplice, henchman.
yardakçılık complicity; ~ *etmek* to aid.
yardım help, assistance, aid; ~ *etmek* to help, to assist, to aid.
yardımcı 1. helper, assistant; **2.** *gr.* auxiliary; ~ *fiil gr.* auxiliary verb.
yardımlaşmak to help one another; to collaborate.
yardımsamak *(b-den)* to ask *s.o.* for help.
yardımsever helpful, philanthropic.
yaren [ā] friend.
yarenlik [ā] chit-chat; ~ *etmek* to chat.
yargı 1. idea, opinion; **2.** ⚖ judg(e)ment, verdict, decision; ~ *yetkisi* judicial power.
yargıç, *-cı* ⚖ judge.
yargılamak to try, to judge; to hear *(a case)*.
Yargıtay *pr. n.* Supreme Court.
yarı 1. half; **2.** *sports:* half time; ~ *-ya* in half, fifty-fifty; ~ *yolda bırakmak (b-ni) fig.* to leave *s.o.* in the lurch, to leave *s.o.* high and dry; *-da bırakmak* to discontinue, to interrupt; *-da kalmak* to be left half finished.
yarıcı 1. chopper, splitter; **2.** sharecropper.
yarıçap, *-pı* △ radius.
yarıfinal, *-li sports:* semifinal.
yarıgeçirgen semipermeable.
yarıiletken ⚡ semiconductor.
yarık split, cleft, fissure; slit.
yarıküre *geogr.* semisphere.
yarılamak to be halfway through; to be halfway to.
yarım 1. half; **2.** half past noon; ~ *yamalak* crummy, sorry, poor.
yarımada peninsula.
yarımay half-moon.
yarımca ⚕ migraine.
yarımküre *geogr.* hemisphere.
yarımlamak to halve.
yarın [x.] tomorrow.
yarınki tomorrow's, of tomorrow.
yarısaydam semitransparent, translucent.

yarış race; competition; ~ *alanı* racecourse, racetrack; ~ *atı* racehorse; ~ *etmek* to race.
yarışçı competitor, contester.
yarışma contest, competition.
yarışmacı competitor, contestant.
yarışak to race; to compete, to contest.
yarma 1. cleft, fissure; **2.** ✕ breakthrough; ~ *gibi* hugely built *(person).*
yarmak, *(-ar)* to split, to cleave, to rend.
yas mourning; ~ *tutmak* to mourn.
yasa law.
yasadışı illegal, unlawful.
yasak 1. prohibition; ban; **2.** prohibited, forbidden; ~ *etmek* to prohibit, to forbid; to ban.
yasaklamak *s. yasak etmek.*
yasaklayıcı prohibitive, prohibitory.
yasal legal, lawful, legitimate.
yasalaşmak to become law.
yasalaştırmak to make law.
yasallaşmak to become lawful (*or* legal).
yasallaştırmak to legalize.
yasama legislation; ~ *kurulu* legislative body; ~ *meclisi* house, chamber; ~ *yetkisi* legislative power.
yasamak to legislate.
yasamalı legislative.
yasasız illegal, unlawful, illegitimate.
yasemin [—.—] ⚘ jasmine.
yaslamak to lean, to prop.
yaslanmak to lean *(-e against),* to prop o.s. *(-e against).*
yaslı in mourning.
yassı flat.
yassılaşmak to flatten.
yassılık flatness.
yastık 1. pillow; cushion; **2.** ⊕ buffer, cushion.
yaş[1] age; ~ *günü* birthday; *-ı tutmamak* to be under age; *-ına başına bakmadan* regardless of his age; *-nda* one year old; *-ını başını almak* to be old; *kaç yaşındasınız?* How old are you?
yaş[2] **1.** damp; wet; moist; **2.** fresh *(fruit);* **3.** tears; ~ *dökmek* to shed tears, to weep; ~ *tahtaya basmak fig.* to be duped (*or* taken in); *-lara boğulmak* to cry one's eyes out, to cry buckets.
yaşa Hurrah!, Hurray!
yaşam life.
yaşamak 1. to live; **2.** to inhabit, to live.
yaşamöyküsü, *-nü* biography.
yaşamsal vital.
yaşantı life.
yaşarmak *(eyes)* to fill with tears.
yaşatmak to keep alive.
yaşayış way of living, life.
yaşıt, *-tı* of the same age.
yaşlanmak to grow old, to age.
yaşlı[1] teary, tearful.
yaşlı[2] old, aged, elderly.
yaşlık dampness, moistness.
yaşlılık old age, senility.
yaşmak veil, yas(h)mak.
yaşmaklı veiled.
yat, *-tı* yacht; ~ *limanı* marina.
yatağan yataghan.
yatak 1. bed; couch, mattress; **2.** bed *(of a river, lake);* **3.** den, lair, hide-out *(of thieves etc.);* **4.** ⊕ bearing; ~ *çarşafı* bed sheet; ~ *odası* bedroom; ~ *örtüsü* bedspread; ~ *takımı* bedding; ~ *yüzü* (bed)tick; *yatağa düşmek* to take to one's bed, to be bedfast.
yatakhane [..—.] dormitory.
yataklı 1. having beds; **2.** *a.* ~ *vagon* 🚃 sleeping car, sleeper.
yataklık: ~ *etmek* to harbo(u)r *(a criminal).*
yatalak bedridden, bedfast.
yatay horizontal.
yatı overnight stay; *-ya gelmek* to make an overnight visit, to come

for an overnight stay.
yatık leaning to one side; ~ *yaka* turndown collar.
yatılı 1. boarding *(school);* **2.** boarding student, boarder; ~ *okul* boarding school.
yatır place where a saint is buried.
yatırım *econ.* investment.
yatırımcı *econ.* investor; depositor.
yatırmak 1. to put to bed; **2.** to put s.o. in *(hospital);* **3.** to lay flat; **4.** to invest, to deposit *(money);* **5.** to accommodate.
yatısız day *(school, student).*
yatışmak to die down, to calm down, to subside.
yatıştırıcı sedative, tranquilizing.
yatıştırmak to calm, to soothe, to tranquilize.
yatkın inclined *(-e to),* predisposed *(-e to).*
yatmak, *(-ar)* **1.** to go to bed, to turn in; **2.** to be lying down, to be in bed; **3.** to pass the night; **4.** to go into *(hospital);* **5.** to be imprisoned; **6.** to have sex, to sleep with; **7.** to lean to *(one side);* **8.** to stay (*-de in*), to remain (*-de in*); *yatıp kalkmak* **1.** to sleep (*-de -in*); **2.** to have sex (*ile with*), to sleep (*ile with*).
yavan 1. tasteless, insipid, flavo(u)rless; **2.** *fig.* vapid, dull, insipid.
yavanlaşmak to become tasteless, to go flat.
yavaş 1. slow; **2.** soft, quiet; ~ ~ slowly.
yavaşça [.x.] **1.** slowly; **2.** quietly, softly.
yavaşçacık [.x..] **1.** rather slowly; **2.** rather quietly.
yavaşlamak to slow down.
yavaşlatmak to slow down; to slacken.
yavaşlık 1. slowness; **2.** quietness, softness.
yaver [ā] × aide-de-camp.
yavru 1. young animal; **2.** child.
yavrucak poor little child.
yavrukurt cub scout.
yavrulamak to bring forth young.
yavşak nit.
yavuklu *F* fiancé; fiancée.
yavuz stern, tough.
yay 1. bow; **2.** ⊕ spring; **3.** A arc, curve; **4.** ♀ *ast.* Sagittarius, the Archer.
yaya pedestrian; ~ *bırakmak (b--ni) fig.* to leave *s.o.* in the lurch; ~ *geçidi* pedestrian *or* zebra crossing; ~ *kaldırımı* pavement, *Am.* sidewalk; ~ *kalmak fig.* to be left in the lurch.
yayan on foot; ~ *gitmek* to go on foot.
yaygara clamo(u)r, howl; hullabaloo; *-yı basmak or koparmak* to make a great to-do about nothing.
yaygaracı noisy, brawling; crybaby, roisterer.
yaygı ground cloth.
yaygın widespread.
yaygınlaşmak to become widespread.
yayık churn.
yayılmak 1. to spread; **2.** to sprawl, to stretch out; **3.** to graze, to pasture.
yayım publication.
yayımcı publisher.
yayımcılık publishing.
yayımlamak 1. to publish; **2.** to broadcast.
yayın 1. publication; **2.** broadcast.
yayınevi, *-ni* publishing house.
yayla [x.] high plateau, wold.
yaylanmak 1. to spring, to bounce; **2.** *sl.* to go away, to beat it.
yaylı 1. with springs; **2.** stringed; ~ *çalgılar* ♪ stringed instruments.
yaylım: ~ *ateşi* × volley, fusillade.
yaymak, *(-ar)* **1.** to spread, to

scatter; **2.** to disseminate, to broadcast; **3.** to take to pasture *(animals).*
yayvan broad and shallow.
yaz summer; ~ *kış* summer and winter, all the year round; ~ *saati* summer time, daylight saving time; ~ *tarifesi* summer time-table.
yazar writer, author.
yazarlık authorship.
yazgı destiny, fate.
yazı 1. writing; inscription; **2.** article; **3.** handwriting; **4.** *fig.* destiny, fate; ~ *masası* writing table; ~ *mı, tura mı?* heads or tails?; ~ *tahtası* blackboard; ~ *tura atmak* to flip up, to toss up; ~ *yazmak* to write; *-ya dökmek* to indite.
yazıbilim graphology.
yazıcı 1. scribe; copyist, transcriber; **2.** ⊕ recorder.
yazıhane [..—.] office.
yazık 1. pity, shame; **2.** What a pity!
yazıklanmak to pity; to be sorry *(-e for).*
yazılı 1. written; **2.** *a.* ~ *sınav* written examination.
yazım spelling.
yazın[1] literature.
yazın[2] [x.] in summer.
yazıncı literary man, man of letters.
yazınsal literary.
yazışmak to correspond *(ile with).*
yazıt, *-tı* inscription; epitaph
yazlık summer house.
yazma 1. handwritten; **2.** handprinted *(cloth).*
yazmak, *(-ar)* **1.** to write; **2.** to register, to enroll.
yazman secretary.
yedek spare, reserve; ~ *parça* spare part; ~ *subay* × reserve officer.
yedi seven.
yediemin [...—] ⚖ sequester, depositary, trustee.
yedigen 1. heptagon; **2.** heptagonal.
yedili *cards:* the seven.
yedinci seventh.
yedirmek 1. to feed; **2.** to let absorb, to rub in.
yedişer seven each, seven apiece; ~ ~ seven at a time.
yediveren ⚘ everblooming *(plant).*
yegâne sole, only, unique.
yeğ preferable; ~ *tutmak* to prefer.
yeğen nephew; niece.
yeğlemek to prefer.
yeis, *-e'si* despair.
yek, *-ki* one.
yeknesak monotonous.
yeknesaklık monotony.
yekpare in one piece.
yeksan [ā] level *(ile with);* ~ *etmek* to level to the ground.
yekta [ā] unique, peerless, matchless.
yekûn total, sum.
yel wind.
yeldeğirmeni, *-ni* windmill.
yele mane.
yelek waistcoat, vest.
yeleli maned.
yelken ⚓ sail; ~ *açmak* to hoist sail; *-leri suya indirmek fig.* to humble o.s., to give in.
yelkenli sailboat, sailing ship.
yelkovan minute-hand *(of a clock).*
yellemek to fan.
yellenmek to break wind, to fart.
yelpaze [ā] fan.
yelpazelemek [ā] to fan.
yelpazelenmek [ā] to fan o.s.
yeltek fickle; inconstant.
yeltenmek to dare, to try.
yem 1. feed; fodder; **2.** bait; ~ *torbası* nose *(or* feed) bag.
yemek[1] **1.** food; meal; **2.** dish; **3.** dinner, supper; banquet; ~ *borusu* **1.** *anat.* esophagus; **2.** × mess call; ~ *çıkarmak* to serve food; ~ *kitabı* cookery book, *Am.* cook-

book; ~ *masası* dining table; ~ *odası* dining room; ~ *pişirmek* to cook; ~ *vermek* to give a dinner; ~ *yemek* to eat.

yemek[2] **1.** to eat; **2.** to spend *(money);* **3.** to corrode, to eat; *yemeden içmeden kesilmek* to be off one's food, to have no appetite; *yiyip bitirmek* **1.** to eat up; **2.** to squander *(money).*

yemekhane [ā] dining hall.

yemekli: ~ *vagon* 🚃 dining car, diner.

yemeni hand-printed scarf, head scarf.

yemin [ī] oath; ~ *etmek* to swear; to take an oath.

yeminli [.—.] under oath; sworn in; ~ *tercüman* certified interpreter.

yemiş 1. dried fruit; **2.** nut.

yemişçi fruiterer.

yemlemek 1. to feed; **2.** to bait.

yemlik 1. nose-bag, feed-bag; **2.** *fig.* bribe.

yemyeşil [x..] very green.

yen cuff; sleeve.

yenge [x.] **1.** uncle's wife, affinal aunt; **2.** sister-in-law.

yengeç, *-ci* **1.** *zo.* crab; **2.** ♋ *ast.* Cancer.

yengi victory.

yeni 1. new; recent; **2.** newly; **3.** recently; ~ *evliler* newly-weds; *-den or* ~ *baştan* afresh, anew, again.

yeniay *ast.* new moon.

yenibahar ⚘ allspice.

yenice fairly new.

yeniçeri *hist.* Janissary.

yeniden again.

yenidünya 1. ⚘ loquat; **2.** ♋ the New World, America.

yenik defeated; ~ *düşmek* to be defeated.

yenilemek to renew, to renovate.

yenilgi defeat; *-ye uğramak* to suffer defeat, to get a beating.

yenilik 1. newness; **2.** innovation, novelty.

yenilikçi innovator.

yenilmek to be defeated *or* beaten.

yenişememek to be unable to defeat each other.

yeniyetme adolescent.

yeniyetmelik adolescence.

yenmek to defeat, to beat; to overcome, to conquer.

yepyeni [x..] brand-new.

yer 1. place, spot; location; **2.** space, room; **3.** seat; **4.** the earth, the ground; **5.** floor; ~ *almak* to take part *(-de in);* ~ *vermek* to give s.o. a seat, to vacate one's seat; *-e sermek (b-ni)* to knock *s.o.* to the ground; *-inde saymak fig.* to mark time; *-ine geçmek* to replace; *-ine getirmek* to carry out, to execute, to perform, to fulfil(l); *-le bir etmek* to level to the ground, to raze; *-le gök bir olsa* no matter what happens even if the sky should fall; *-lerde sürünmek* to be down-and-out; *-lere kadar eğilmek fig.* to bow and scrape; *-leri süpürmek (long skirt etc.)* to trail (*or* drag) on the ground.

yeraltı, *-nı* underground; ~ *geçidi* underground passageway, subway; ~ *sığınağı* bunker.

yerbilim geology.

yerbilimci geologist.

yerçekimi, *-ni phys.* gravity.

Yerebatan Sarayı *pr. n.* the underground cistern.

yerel local.

yerelleştirmek to localize.

yerelması, *-nı* ⚘ Jerusalem artichoke.

yerfıstığı, *-nı* ⚘ groundnut, peanut.

yergi satire.

yergici satirist.

yerici satirical.

yerinde 1. apt, appropriate; **2.**

timely, well-timed; **3.** good, fine; **4.** old enough to be.
yerine 1. instead of, in place of; **2.** on behalf of, in the name of.
yerinmek to feel sad *(-e about),* to regret.
yerkabuğu, *-nu geol.* crust of the earth.
yerküre 1. the earth; **2.** globe.
yerleşik settled, established.
yerleşim settlement.
yerleşmek 1. to get established in *(one's job);* **2.** to settle o.s. in *(a chair etc.);* **3.** to move into, to settle in *(a place).*
yerleştirmek 1. to place, to put, to fit; **2.** to land, to plant *(a blow);* **3.** to deploy *(a missile).*
yerli 1. local; indigenous; **2.** domestic; native; ~ *malı* local product; ~ *yerinde* in apple-pie order.
yermek, *(-er)* **1.** to criticize, to run down, to speak ill of; **2.** to satirize; **3.** to condemn.
yermeli pejorative *(word).*
yermerkezli geocentric.
yersarsıntısı, *-nı* earthquake.
yersiz 1. homeless; **2.** unsuitable, inappropriate.
yersolucanı, *-nı zo.* earthworm.
yeryuvarlağı, *-nı* the earth.
yeryüzü, *-nü* the world, the face of the earth.
yeşermek 1. to leaf out; **2.** to turn green.
yeşil green.
Yeşilay *pr. n.* the Green Crescent.
yeşilaycı *F* teetotaller.
yeşilimsi, yeşilimtırak greenish.
yeşillenmek *s. yeşermek.*
yeşillik 1. greenness; **2.** meadow; **3.** greens.
yeşim jade.
yetenek ability, talent, capability; ~ *testi* aptitude test.
yetenekli talented, capable, able.
yeteneksiz untalented, incapable.
yeteneksizlik inability, incapability, incompetence.
yeter 1. enough, sufficient; **2.** Enough!
yeterince enough, sufficient.
yeterli enough, sufficient.
yeterlik adequacy, competence, proficiency, sufficiency.
yetersayı quorum.
yetersiz insufficient, inadequate; ~ *beslenme* malnutrition, undernourishment.
yetersizlik insufficiency, inadequacy.
yeti *psych.* faculty, power.
yetim [ī] orphan.
yetimhane [.——.] orphanage.
yetinmek to be content *(ile with),* to be satisfied *(ile with).*
yetişkin adult, grown-up.
yetişmek 1. to reach, to arrive, to catch up *(-e with);* **2.** to be enough, to suffice; **3.** *(plant)* to grow; **4.** *(for a person or animal)* to grow up; **5.** to be educated; *yetişin!* Help!
yetişmiş 1. mature, grown-up; **2.** trained.
yetiştirici producer, raiser, grower.
yetiştirmek 1. to raise, to grow; **2.** to train; **3.** to convey *(news).*
yetki authority; *askeri valiye tam* ~ *verildi* the military governer has been invested with full authority.
yetkili 1. authorized; **2.** authority; **3.** competent.
yetkin perfect.
yetkisiz 1. unauthorized; **2.** incompetent.
yetmek, *(-er)* to be enough, to suffice.
yetmiş seventy.
yetmişer seventy each, seventy apiece.
yetmişinci seventieth.
yetmişlik septuagenarian.

yevmiye daily wage; ~ *defteri* *econ.* daybook, journal.
yezit *F* scamp, devil, dickens.
yığılı heaped, piled.
yığılışma crowd, throng.
yığılmak 1. to collapse in a heap; **2.** to crowd around.
yığın 1. heap, pile, stack; **2.** crowd, throng, mass.
yığınak ⨯ concentration, concentrated mass *(of troops or weapons).*
yığıntı heap, pile.
yığışmak to crowd together, to amass.
yığmak, *(-ar)* **1.** to heap up, to pile up; **2.** to amass, to accumulate, to concentrate.
yıkamak 1. to wash; to bathe; to launder; **2.** *phot.* to develop *(films).*
yıkanmak to wash o.s., to take a bath, to bathe.
yıkayıcı 1. washer; **2.** *phot.* developer.
yıkıcı 1. destructive; subversive; **2.**wrecker.
yıkık ruined; demolished, razed.
yıkılmak 1. to collapse, to fall down; **2.** *(hopes)* to wither.
yıkım ruin, destruction.
yıkımlık damage.
yıkıntı ruins, debris.
yıkmak, *(-ar)* **1.** to demolish, to wreck, to pull down; **2.** to overthrow; **3.** to accuse, to put *(the blame)* on s.o.
yıl year.
yılan *zo.* snake, serpent; ~ *sokması* snakebite.
yılanbalığı, *-nı zo.* eel.
yılankavi [..——] winding, serpertine.
yılbaşı, *-nı* New Year's Day.
yıldırım thunderbolt, lightning; ~ *gibi* like lightning, with lightning speed; ~ *savaşı* blitzkrieg; ~ *siperi* lightning rod; ~ *telgrafı* urgent telegram; *-la vurulmuşa dönmek fig.* to be thunderstruck.
yıldırımkıran, yıldırımsavar lightning rod.
yıldırmak to daunt, to intimidate.
yıldız star; *-ı parlak* lucky; *-ları barışmak* to get along well with each other.
yıldızbilim astrology.
yıldızböceği, *-ni zo.* firefly.
yıldızçiçeği, *-ni* ⚘ dahlia.
yıldızkarayel ⚓ north-northwest wind.
yıldızlı 1. starred; **2.** starry, starlit
yıldızpoyraz ⚓ north-northeast wind.
yıldönümü, *-nü* anniversary.
yılgı terror.
yılgın daunted, intimidated.
yılışık importunate, saucy, pert.
yılışmak to smarm.
yıllanmak to grow old, to age.
yıllanmış aged, mellow *(wine).*
yıllık 1. yearly, annual; **2.** yearbook; **3.** yearly salary.
yılmak, *(-ar)* to be daunted *(-den by),* to dread.
yılmaz undaunted.
yıpranmak to get worn out, to wear out.
yıpratıcı gruel(l)ing, exhausting, wearing.
yıpratmak to wear out.
yırtıcı predatory, predacious; ~ *hayvan* beast of prey; ~ *kuş* bird of prey.
yırtık 1. torn, ripped, rent; **2.** tear, rip, rent; **3.** *fig.* brazen-faced; ~ *pırtık* in rags.
yırtılmak to be torn.
yırtınmak 1. to wear o.s. to a frazzle, to run o.s. ragged; **2.** to shout at the top of one's voice.
yırtmaç, *-cı* slit, vent *(in a garment).*
yırtmaçlı having a slit *or* vent.
yırtmak, *(-ar)* to tear, to rip, to rend, to slit.
yiğit, *-di* **1.** brave, bold, courageous; **2.** young man, young

buck.
yiğitlenmek to pluck up courage.
yiğitlik bravery, courage.
yine again, once more.
yinelemek to repeat.
yirmi twenty; ~ *yaş dişi anat.* wisdom tooth.
yirmilik twenty-year old.
yirminci twentieth.
yirmişer twenty each, twenty apiece.
yitik lost, missing.
yitim loss.
yitirmek to lose.
yiv groove, chamfer.
yivli grooved, chamfered.
yiyecek food.
yiyici *fig.* taker of bribes, bribee.
yo [—] no.
yobaz fanatic, bigot.
yobazlaşmak to become fanatical.
yobazlık fanaticism, bigotry.
yoga yoga.
yoğalmak to disappear
yoğaltım consumption.
yoğaltmak to consume, to use up.
yoğun 1. dense, thick; **2.** intensive.
yoğunlaşmak 1. to densen, to thicken; **2.** to intensify.
yoğunlaştırmak 1. to densen, to thicken; **2.** to intensify.
yoğunluk 1. density, thickness; **2.** intensity.
yoğurmak to knead.
yoğurt, *-du* yog(h)urt, yoghourt.
yok, *-ku or -ğu* **1.** non-existent; **2.** absent; unavailable; **3.** no *(negative reply);* ~ *etmek* to do away with, to eradicate; ~ *olmak* to disappear, to vanish; ~ *pahasına* for nothing, for a song; ~ *yere* without reason.
yoklama 1. test; inspection; **2.** roll call; ~ *yapmak* to call the roll, to call over.
yoklamak 1. to examine, to search, to inspect; **2.** to feel with the fingers, to finger; **3.** to visit; **4.** *(illness etc.)* to recur, to reappear.
yokluk 1. non-existence; absence; **2.** poverty.
yoksa [x.] **1.** or; **2.** otherwise, or else, if not; *daha hızlı çalış ~ patron seni kapı dışarı eder* work faster or else the boss will give you the sack.
yoksul poor, destitute.
yoksullaşmak to become poor.
yoksullaştırmak to impoverish.
yoksulluk poverty, destitution.
yoksun deprived *(-den of),* bereft *(-den of);* ~ *kalmak* to be deprived *or* bereft *(-den of).*
yoksunluk deprivation.
yoksunmak to be deprived (*or* bereft) *(-den of).*
yokuş slope; hill; rise; ~ *aşağı* downhill; ~ *yukarı* uphill.
yol 1. road, way; path; course, route; **2.** manner, style; **3.** method, system; **4.** means, way; ~ *almak* to proceed, to move forward; ~ *harcı* travel allowance; ~ *vermek* **1.** to make way *(-e for);* **2.** *(b-ne) fig.* to give *s.o.* the sack, to fire *s.o.; -a çıkmak* to set off, to hit the road; *-a getirmek* to bring round; to persuade; *-una koymak* to put to rights; *-unu kaybetmek* to lose one's way; *-unu kesmek* to waylay, to hold up; *-unu sapıtmak fig.* to go astray; *-unu şaşırmak* **1.** to take the wrong road, to lose one's way; **2.** *fig.* to go astray; *-uyla* **1.** by way of, via; **2.** by means of, through.
yolcu travel(l)er, passenger; ~ *etmek* to see off; ~ *gemisi* liner; ~ *salonu* passenger waiting room; ~ *uçağı* passenger aircraft.
yolculuk journey, trip; voyage; ~ *etmek* to travel.
yoldaş fellow travel(l)er.
yollamak to send, to dispatch.
yollu striped *(cloth).*

yolluk 1. food for a journey, victuals; **2.** hall rug, runner; **3.** travel allowance.
yolmak, *(-ar)* **1.** to pluck; **2.** to pull out, to tear out *(hair)*; **3.** *fig.* to fleece, to milk, to bleed.
yolsuz 1. roadless; **2.** unlawful, illegal, irregular; **3.** *sl.* penniless, flat broke.
yolsuzluk irregularity, malpractice.
yoluk plucked *(chicken etc.)*.
yolunmak to tear one's hair with grief.
yonca ⚘ clover.
yonga chip.
yontma chipped, chiseled; ~ *taş devri* palaeolithic age.
yontmak, *(-ar)* **1.** to chisel, to hew, to dress *(stone)*; to sculpt; **2.** *fig.* to fleece, to milk.
yontulmak *fig.* to learn manners; *yontulmamış fig.* rough, uncouth.
yordam agility; dexterity.
yorgan quilt, *Am.* comforter.
yorgun tired, worn out, weary; ~ *argın* dead tired; ~ *düşmek* to be tired out.
yorgunluk tiredness, weariness, fatigue.
yormak[1], *(-ar)* to tire, to weary, to fatigue.
yormak[2], *(-ar)* to interpret.
yortu Christian feast.
yorucu tiring, tiresome, wearisome.
yorulmak to get tired.
yorum interpretation, commentary.
yorumlamak to interpret.
yosma loose woman.
yosun ⚘ moss, seaweed; alga.
yosunlanmak to get mossy, to moss.
yosunlu mossy.
yoz degenerate.
yozlaşmak to degenerate.
yön 1. direction; **2.** aspect, side; ~ *vermek* to give a direction *(-e to)*, to direction; *tarihi -den* from the historical point of view.
yönelim inclination, tendency.
yönelmek 1. to go towards, to head towards; **2.** to incline towards.
yöneltim orientation.
yöneltmek to direct; to point *(-e at)*.
yönerge directive, instruction.
yönetici administrator, director.
yöneticilik management; administration.
yönetim administration, management, direction; ~ *kurulu* board of directors.
yönetmek to administer, to manage, to direct; to conduct.
yönetmelik regulations, statutes.
yönetmen director.
yönlendirmek to direct, to orient.
yöntem method, way.
yöntemli methodical, systematic.
yöntemsiz unmethodical, unsystematic.
yöre vicinity, environs, neighbo(u)rhood.
yöresel local.
yörünge orbit; *-sine oturmak* to go into orbit.
yudum sip, sup, gulp, swallow.
yudumlamak to sip.
yufka thin dough; ~ *yürekli fig.* tender-hearted.
Yugoslavya [..x.] *pr. n.* Yugoslavia.
yuh(a) Boo!, Yuk!; ~ *çekmek s. yuhalamak*.
yuhalamak to boo, to jeer, to give s.o. the bird.
yukarı 1. high, upper, top; **2.** above; upwards; **3.** upstairs; *-da* above; upstairs; *-dan* from above; *-dan bakmak* to look down *(-e on)*; *-dan aşağı süzmek (b-ni)* to give *s.o.* the once-over.
yulaf ⚘ oat.

yular halter.
yumak ball *(of wool etc.)*.
yummak, *(-ar)* to shut, to close *(eye)*.
yumru 1. lump, tuber; knot; node **2.** round, globular.
yumruk fist; ~ *atmak* to hit with one's fist; ~ *yumruğa gelmek* to come to blows.
yumruklamak to hit with one's fist, to punch, to pummel.
yumruklaşmak to have a fist fight.
yumrukoyunu, *-nu sports:* boxing.
yumuk shut *(eye)*.
yumulmak 1. *(for one's eyes)* to shut, to close; **2.** to hunch over, to hunker.
yumurcak brat, scamp, little dickens.
yumurta egg; ~ *akı* egg white, albumen; ~ *sarısı* yolk.
yumurtacı seller of eggs.
yumurtacık ovule.
yumurtalık 1. ovary; **2.** eggcup.
yumurtlamak 1. to lay eggs; **2.** *fig.* to let the cat out of the bag, to blurt out.
yumuşacık [x...] as soft as down.
yumuşak soft; tender, mild; gentle; ~ *başlı* docile, mild, biddable; ~ *iniş* soft landing.
yumuşaklık softness.
yumuşamak 1. to become soft, to soften; **2.** *fig.* to relent, to soften, to unbend.
yumuşatmak to soften.
Yunan Greek, Grecian.
Yunanca [.x.] Greek.
Yunanistan *pr. n.* Greece.
Yunanlı Greek.
yunusbalığı, *-nı zo.* dolphin, porpoise.
yurt, *-du* **1.** native country, homeland; **2.** student dormitory.
yurtlandırmak to settle *(people)*.
yurtlanmak 1. to find a homeland; **2.** to settle in *(a place)*.
yurtsever patriotic.
yurtseverlik patriotism.
yurttaş citizen; compatriot.
yurttaşlık citizenship; ~ *bilgisi* civics.
yusyuvarlak [x...] as round as a ball.
yutak *anat.* pharynx.
yutkunmak to gulp, to swallow.
yutmak, *(-ar)* **1.** to swallow, to gulp; **2.** *fig.* to believe, to fall for, to swallow *(a lie)*.
yutturmak *(b-ne bşi)* to palm off *s.th.* on *s.o.*
yuva 1. nest; **2.** home; **3.** nursery school; **4.** ⚡ socket; ~ *kurmak* to set up a home; *-sını yapmak (b-nin) fig.* to teach *s.o.* a lesson, to show *s.o.* a thing or two; *-sını yıkmak (b-nin) fig.* to break up *s.o.'s* marriage; *-yı dişi kuş yapar pro.* men make houses, women make homes.
yuvalamak to nest.
yuvar *biol.* corpuscle.
yuvarlak round, globular, circular, spherical; ~ *hesap* round figure.
yuvarlaklaşmak to become round.
yuvarlaklaştırmak to round.
yuvarlaklık roundness.
yuvarlamak to roll; to roll up.
yuvarlanmak to roll, to turn over and over; *yuvarlanan taş yosun tutmaz pro.* a rolling stone gathers no moss.
yüce exalted, high; sublime.
yücelik loftiness, eminence; sublimity.
yücelmek to become lofty (*or* exalted).
yüceltmek to exalt.
yük, *-kü* **1.** load, burden *(a. fig.)*; **2.** cargo; freight; ~ *hayvanı* beast of burden; ~ *olmak (b-ne) fig.* to be a burden to *s.o.*; ~ *treni* goods train, *Am.* freight train; ~ *vagonu*

goods wagon, *Am.* freight car; *-ünü tutmak fig.* to get rich, to make money.

yüklem *gr.* predicate.

yüklemek 1. to load; **2.** to lay *(a task)* on s.o.; to burden s.o. with *(a task);* **3.** to put *(the blame)* on s.o.

yüklenmek 1. to shoulder, to take on *(a burden, task, responsibility);* **2.** to push, to press.

yüklü loaded.

yüklük large cupboard *(for bedding).*

yüksek 1. high; **2.** great, big, high; **3.** loud *(voice);* ∽ *atlama sports:* high jump; ∽ *basınç* high pressure; ∽ *fiyat* high price; ∽ *mühendis* graduated engineer; ♀ *Seçim Kurulu* Election Commission; ∽ *sesle* loudly, aloud; ∽ *tansiyon* high blood pressure, hypertension; *-ten atmak* to talk big, to boast.

yükseklik 1. height; highness; **2.** altitude, elevation.

yüksekokul university, college.

yükseköğretim higher education.

yükselmek to rise, to ascend; to increase, to mount, to go up.

yükselteç ⚡ amplifier.

yükselti altitude, elevation.

yükseltmek 1. to raise, to elevate; to increase; **2.** to promote; **3.** ⚡ to amplify.

yüksük thimble.

yüksükotu, *-nu* ⚘ foxglove.

yüksünmek to regard as burdensome.

yüküm obligation, liability.

yükümlü obliged, obligated, bound.

yükümlülük obligation, liability

yün wool.

yünlü woolen.

yürek 1. heart; **2.** *fig.* courage, guts; ∽ *çarpıntısı* palpitation of the heart, heartbeat; *yüreği ağzına gelmek fig.* to have one's heart in one's mouth; *yüreği sıkılmak* to feel depressed *or* bored; *yüreğine dert olmak* to take s.th. to heart; *yüreğine işlemek* to cut s.o. to the quick; *-ler acısı* heart-rending, piteous; *-ten* from one's heart, heartfelt.

yüreklendirmek to give courage, to embolden.

yüreklenmek to take courage (*or* heart).

yürekli brave, bold, courageous.

yüreksiz fainthearted, cowardly.

yürümek 1. to walk; **2.** *(army)* to march; **3.** to advance, to make progress; *yürüyen merdiven* moving staircase, *Am.* escalator.

yürürlük validity, effectiveness; operation; *yürürlüğe girmek* to come into force, to get into effect.

yürütmek 1. to perform, to carry out; **2.** to put forward *(a thought etc.);* **3.** *sl.* to steal, to swipe, to nick, to pinch.

yürüyüş walking; walk; march; ∽ *yapmak* to go on a walk.

yüz[1] hundred.

yüz[2] **1.** face; **2.** surface; ∽ *çevirmek fig.* to turn one's back *(-den on);* ∽ *kızartıcı* shameful, disgraceful; ∽ *vermek* to indulge, to spoil; ∽ *-e gelmek* to come face to face; *-e gülmek* to feign friendship; *-ü gülmek* to be happy; *-ü kızarmak* to flush, to blush; *-üne gözüne bulaştırmak* to make a mess *or* hash of; *-üne kan gelmek* to recover one's health; *-üne karşı* to s.o.'s face; *-üne vurmak* to cast s.th. in s.o.'s teeth, to rub it in; *-ünü buruşturmak (or ekşitmek)* to make a face; *-ünü gören cennetlik* you are a rare bird, you are a sight for sore eyes; *-ünü güldürmek (b-nin)* to make *s.o.* happy.

yüzakı, *-nı* hono(u)r, good name.

yüzbaşı × captain.
yüzde 1. percent; percentage; **2.** commission, percentage.
yüzdelik percentage, commission.
yüzdürmek to float.
yüzer floating.
yüzey surface.
yüzeysel superficial, cursory.
yüzgeç, *-ci zo.* fin *(of a fish).*
yüzkarası, *-nı* **1.** disgrace, dishono(u)r; **2.** black sheep.
yüzleşmek to meet face to face.
yüzleştirmek to confront.
yüzlü 1. ... faced; **2.** impudent, insolent.
yüzme: ~ *havuzu* swimming pool.
yüzmek[1]**,** *(-er)* **1.** to swim; **2.** to float.
yüzmek[2]**,** *(-er)* to skin, to flay.
yüznumara toilet, loo.
yüzölçümü, *-nü* area.
yüzsüz shameless, brazen-faced, cheeky.
yüzsüzlük shamelessness, brazenness.
yüzücü swimmer.
yüzük ring.
yüzükoyun facedown, prostrate.
yüzükparmağı, *-nı* ring finger.
yüzüncü hundredth.
yüzüstü facedown, prostrate; ~ *bırakmak* to throw over, to leave in the lurch.
yüzyıl century.

Z

zaaf weakness; infirmity.
zabıt, *-ptı* minutes; ~ *tutmak* to take minutes.
zabıta [—..] police.
zabit, *-ti* × officer.
zaç, *-çı* vitriol.
zaçyağı, *-nı* oil of vitriol.
zafer victory, triumph; ~ *alayı* triumphal procession; ~ *işareti* V--sign; ~ *kazanmak* to gain the victory, to carry the day; ~ *takı* triumphal arch, arch of triumph.
zafiyet, *-ti* [ā] weakness; infirmity; debility.
zahire [ī] stock of grain.
zahiri external, outward.
zahmet, *-ti* trouble; difficulty, inconvenience; ~ *etmek* to inconvenience o.s., to put o.s. out; ~ *etmeyin!* Don't trouble yourself!; ~ *olmazsa* if it doesn't put you to any trouble; ~ *vermek* to trouble, to inconvenience, to put out; *-e değmek* to be worth the trouble; *-e girmek* to put o.s. out, to inconvenience o.s.; *-e sokmak* to put s.o. to trouble, to put s.o. out, to trouble.
zahmetli troublesome, difficult, laborious.
zahmetsiz easy.
zakkum ⚘ oleander.
zalim [ā] cruel, tyrannical; unjust.
zalimlik [ā] tyranny; injustice; cruelty.
zam, *-mmı* rise, *Am.* raise.
zaman [.—] **1.** time; **2.** age, era, epoch; **3.** *gr.* tense; ~ *kazanmak* to gain time; ~ *öldürmek* to kill time; ~ ~ from time to time, now and then; *-la* in the course of time.
zamanaşımı, *-nı* ⚖ prescription.
zamane [.—.] present, current, modern; ~ *çocukları* children of today.

zamanlamak to time well.
zamanlı timely.
zamansız untimely.
zamazingo [..x.] *sl.* mistress, paramour.
zambak ⚘ lily.
zamir [ī] *gr.* pronoun.
zamk, *-kı* gum, glue, paste.
zamklamak to glue, to paste.
zamklı **1.** glued; pasted; **2.** gummed.
zammetmek [x..] to add, to annex.
zampara womanizer, skirt chaser, rake.
zamparalık skirt chasing; ~ *etmek* to chase after women, to womanize.
zan, *-nnı* **1.** supposition, guess, surmise; **2.** suspicion, doubt; ~ *altında bulunmak* to be under suspicion; *-nıma göre* in my opinion.
zanaat, *-tı* craft; handicraft.
zanaatçı craftsman.
zangırdamak to tremble, to rattle; to chatter *(teeth).*
zangırtı rattle.
zangır zangır rattlingly; ~ *titremek* to be all of a tremble.
zangoç sexton, verger *(of a church).*
zani [—.] adulterer; fornicator.
zanlı accused; suspect.
zannetmek [x..] to think, to suppose, to guess, to believe, to reckon; *zannedersem* I think that ...
zapt: ~ *etmek* **1.** to capture, to conquer; **2.** to restrain; **3.** to take down, to record.
zaptetmek *s. zapt etmek.*
zar[1] *anat., zo.,* ⚘ membrane, pellicle; film.
zar[2] die; ~ *atmak* to throw dice; ~ *tutmak* to cheat in throwing dice.
zarafet, *-ti* [.—.] grace, elegance, delicacy.
zarar **1.** damage, harm, injury; **2.** *econ.* loss; ~ *etmek* **1.** to damage, to harm; **2.** to make a loss; ~ *vermek* to damage, to harm; *-ı yok!* It doesn't matter!, Never mind!, That's OK!; *-ına satmak* to sell at a loss (*or* sacrifice).
zararına at a loss.
zararlı harmful, injurious.
zararsız harmless.
zarf **1.** envelope; **2.** receptacle, case; **3.** *gr.* adverb.
zarflamak to put into an envelope.
zargana [x..] *zo.* needlefish.
zarif [ī] graceful, elegant, delicate.
zariflik [ī] grace, elegance, delicacy.
zarta [x.] fart; *-yı çekmek sl.* to die, to kick the bucket.
zartçı *sl.* big talker, windbag.
zart zurt bluster; ~ *etmek* to bluster.
zaruret, *-ti* [ū] necessity, need.
zaruri [.——] necessary, essential, indispensable.
zar zor **1.** unwillingly, willy-nilly; **2.** forcibly.
zat, *-tı* [ā] person, individual; personality.
zaten [ā] anyway, in any case; as a matter of fact; essentially.
zati [——] personal.
zatülcenp, *-bi* [ā] [x..] ⚕ pleurisy.
zatürree [ā] [x...] ⚕ pneumonia.
zavallı [x..] miserable, poor, pitiful.
zaviye [ā] angle.
zayıf **1.** thin, meager; **2.** weak, frail, faint; ~ *almak* to get a failing grade; ~ *düşmek* **1.** to get thin; **2.** to get weak.
zayıflamak to get thin; to lose weight, to slim down.
zayıflık thinness; weakness.
zayi, *-ii* [ā] lost; ~ *etmek* to lose; ~ *olmak* to be lost.
zayiat, *-tı* [—.—] losses, casualties; ~ *vermek* to suffer losses *or* casualties.
zayiçe [ā] horoscope; *-sine bak-*

mak (b-nin) to cast *s.o.'s* horoscope.
zeamet, *-ti* [ā] *hist.* fief, fee.
zebani [.——] demon of hell.
zebella [..—] ogre.
zebra [x.] *zo.* zebra.
zebun [ū] weak, helpless.
Zebur [ū] *pr. n.* the Book of Psalms.
zecir, *-cri* force, compulsion; oppression.
zecri forcible, coercive.
zedelemek 1. to bruise; **2.** to damage, to harm.
zehir, *-hri* poison, toxic; venom; ~ *gibi* **1.** very hot (*or* peppery); **2.** sharp, biting *(cold)*; **3.** very clever, crack, crackerjack.
zehirlemek to poison.
zehirli poisonous, toxic; venomous.
zehretmek [x..] *fig.* to embitter, to make distasteful.
zekâ intelligence; ~ *yaşı* mental age.
zekât, *-tı* alms.
zeki [ī] intelligent, sharp, quick-witted.
zelzele earthquake.
zemberek spring *(of a watch)*; *zembereği boşalmak fig.* to have a fit of laughter.
zembil shopping bag.
zemin 1. ground; **2.** floor; **3.** basis, ground; ~ *hazırlamak* to lay the groundwork *(-e for)*.
zeminlik × underground shelter.
zemmetmek [x..] to speak ill of, to disparage.
zemzem 1. Zamzam; **2.** water from Zamzam.
zencefil ⚘ ginger.
zenci Black, Negro.
zengin 1. rich, wealthy; **2.** productive, fertile.
zenginleşmek to get rich.
zenginlik 1. richness; **2.** wealth, riches.
zeplin [x.] zeppelin.
zerdali [ā] ⚘ wild apricot.
zerk, *-ki* ⚕ injection; ~ *etmek* to inject.
zerre mote, atom; ~ *kadar* the least bit.
zerrin ⚘ jonquil.
zerzevat, *-tı* vegetables, produce.
zevahir [.—.] appearances.
zeval, *-li* [ā] decline, wane; ~ *bulmak* **1.** to disappear; **2.** to decline, to wane.
zevce wife.
zevk, *-ki* **1.** taste, flavo(u)r; **2.** delight, pleasure, enjoyment; ~ *almak* to take pleasure in, to enjoy; ~ *için* for fun; ~ *vermek* to give pleasure; *-ine düşkün* addicted to pleasure; *-ini çıkarmak (bşin)* to enjoy *s.th.* to the full; *-ler ve renkler tartışılmaz* there is no accounting for tastes; *-ten dört köşe olmak fig.* to be as happy as a lark (*or* sandboy).
zevklenmek to take pleasure in.
zevkli pleasant, delightful.
zevksiz tasteless; insipid, unpleasant.
zevzek long-winded, talkative, giddy.
zevzeklik boring chatter; ~ *etmek* to rattle on.
zeybek swashbuckling village lad *(of southwestern Anatolia)*.
zeytin olive.
zeytinlik olive grove.
zeytinyağı, *-nı* olive oil; ~ *gibi üste çıkmak fig.* to come off best; to get the better of an argument.
zeytuni [.——] olive-green.
zıbarmak *sl.* **1.** to die, to croak, to peg out; **2.** to pass out *(after getting drunk)*; **3.** to fall asleep, to hit the sack.
zıbın jacket for a baby.
zıddiyet, *-ti* opposition, contrariety.
zıkkım poison.

zıkkımlanmak to stuff o.s. with food.

zılgıt, *-tı:* ~ *yemek* F to get it in the neck, to cop it, to catch it.

zımba [x.] punch.

zımbalamak **1.** to punch; **2.** *sl.* to stab, to knife.

zımbalı [x..] punched, stapled.

zımbırdatmak to strum, to thrum, to twang.

zımbırtı **1.** discordant twang, screach; **2.** what-do-you-call-it, thingumabob.

zımnen [x.] by implication, indirectly.

zımni [ī] implied, indirect, veiled; unspoken.

zımpara [x..] emery; ~ *kâğıdı* sandpaper.

zımparalamak to sandpaper, to emery.

zındık misbeliever; atheist.

zınk: ~ *diye durmak* to come to an abrupt stop.

zıpır F screwy, cracked, loony.

zıpkın harpoon.

zıplamak to jump; to bounce.

zırdeli [x..] as mad as a hatter.

zırh armo(u)r.

zırhlı **1.** armo(u)red; **2.** ⚓ battleship, ironclad.

zırıldamak to cry, to blubber, to boohoo.

zırıltı **1.** yammer; **2.** quarrel, row; **3.** thingumabob.

zırıl zırıl: ~ *ağlamak* to cry buckets.

zırlak **1.** *zo.* cricket; **2.** weepy.

zırlamak *s. zırıldamak.*

zırnık **1.** ⚗ arsenic; **2.** *fig.* the least little bit.

zırt pırt F at any time whatsoever.

zırva [x.] nonsense, rubbish, rot.

zırvalamak to talk nonsense, to drivel.

zır zır: ~ *ağlamak* to blubber, to boohoo.

zıt, *-ddı* opposite, contrary; ~ *gitmek (b-le)* to oppose *s.o.; zıddına gitmek (b-nin)* to rile *s.o.*

zıtlaşmak to become the opposite of each other.

zıvana [.x.] **1.** liner; **2.** tenon; **3.** pin; **4.** mortise; *-dan çıkmak fig.* to fly off the handle, to blow his stack.

zibidi **1.** oddly dressed; **2.** crazy, nutty.

zifaf [ā] entering the bridal chamber; ~ *gecesi* wedding night; ~ *odası* bridal chamber.

zifiri: ~ *karanlık* pitch black, as black as pitch.

zift, *-ti* pitch.

ziftlemek to pitch.

ziftlenmek F to make a pig of o.s.

ziftli coated with pitch.

zihin, *-hni* **1.** mind, intellect; **2.** memory; ~ *açmak* to stimulate the mind; ~ *bulanıklığı* ⚕ mental confusion; ~ *yormak* to think hard, to rack one's brains; *zihni bulanmak* to get confused (*or* muddled up); *zihni dağılmak (for one's mind)* to wander; *zihni durmak* to be unable to think clearly, to be mentaly fatigued.

zihnen mentally.

zihni mental, intellectual.

zihniyet, *-ti* mentality.

zikir, *-kri* mention.

zikretmek [x..] to mention.

zikzak zigzag; ~ *yapmak* to zigzag.

zikzaklı zigzaggy.

zil **1.** bell; doorbell; **2.** cymbal.

zilli *sl.* shrewish *(woman).*

zilyet ⚖ owner, possessor.

zilyetlik ⚖ ownership, possession.

zilzurna: ~ *sarhoş* as drunk as a lord, corked, blotto.

zimmet, *-ti* debit; *-ine geçirmek* to embezzle, to peculate.

zina [ā] ⚖ adultery, fornication.

zincir **1.** chain; **2.** succession, series, chain.

zincirleme successive; ~ *kaza* pileup.
zincirlemek to chain.
zindan [ā] prison; dungeon.
zindancı [ā] gaoler, *Am.* jailer.
zinde energetic, alive, active.
zira [——] [x—] because.
ziraat, *-tı* [.—.] agriculture.
ziraatçı agriculturist.
ziraatçılık agriculture.
zirai [.——] agricultural.
zirve summit, peak; ~ *toplantısı* summit meeting.
zirzop, *-pu F* crackbrained, screwy, loony.
ziya [ā] light.
ziyade [ā] **1.** excessive; superfluous; **2.** rather than, more than; *-siyle* extremely; mostly.
ziyafet, *-ti* feast, banquet; ~ *vermek* to give a banquet.
ziyan [ā] loss; damage, harm; ~ *etmek* to waste; ~ *olmak* to go to waste, to go for nothing.
ziyankâr [ā] wasteful.
ziyankârlık [ā] wastefulness; destructiveness.
ziyansız [a] harmless.
ziyaret, *-ti* [ā] visit, call; ~ *etmek* to visit, to call on.
ziyaretçi [ā] visitor, caller.
ziynet, *-ti* ornament; jewellery.
zodyak *ast.* zodiac.
zoka [x.] fishhook; *-yı yutmak sl.* to take the bait, to fall for a trick.
zom *sl.* dead drunk, blotto, corked.
zonklamak to throb.
zoolog zoologist.
zooloji zoology.
zoolojik zoological.
zor 1. difficult, hard; **2.** difficulty; **3.** compulsion, force; ~ *bela* **1.** with great difficulty; **2.** just barely; ~ *gelmek (b-ne)* to be difficult for *s.o.; -a başvurmak* to resort to force.
zoraki [ā] forced; involuntary.
zorba tyrant; bully.
zorbalık tyranny.
zorlama 1. compulsion; coercion; **2.** strain; **3.** forced.
zorlamak to force, to compel, to coerce.
zorlaşmak to get difficult.
zorlaştırmak to make difficult.
zorlayıcı coercive, forcible.
zorlu 1. strong, violent; **2.** powerful, influential.
zorluk difficulty; ~ *çıkarmak* to make *or* raise difficulties.
zorunlu necessary, obligatory; compulsory, imperative.
zorunluluk obligation, necessity.
zuhur [.—] appearance; ~ *etmek* to appear.
zuhurat, *-tı* [.——] unforeseen events, contingencies.
zula *sl.* hiding place, cache; ~ *etmek sl.* to hide, to conceal.
zulmet, *-ti* darkness.
zulmetmek [x..] to tyrannize; to torture.
zulüm, *-lmü* tyranny, cruelty.
zurna ♪ a kind of recorder.
zurnabalığı, *-nı zo.* saury, skipper.
zücaciye [ā] glassware; china.
züğürt, *-dü* penniless, broke, skint.
züğürtleşmek to become penniless, to go broke.
züğürtlük pennilessness.
zührevi [ī] ⚕ venereal; ~ *hastalıklar* venereal diseases.
zülüf, *-lfü* sidelock, lock of hair.
zümre class, group *(of people).*
zümrüt, *-dü* emerald.
züppe fop, coxcomb, snob, dandy.
zürafa [.—.] *zo.* giraffe.
zürriyet, *-ti* progeny, offspring.

APPENDIX

The Most Common Abbreviations in English
İngilizce'deki En Yaygın Kısatmalar

A

A-bomb atomic bomb atom bombası
A.A. Automobile Association Otomobil Kurumu
A.A.A. Amateur Athletics Association Amatör Atletizm Kurumu; *Am.* American Automobile Association Amerikan Otomobil Kurumu.
A.B. Able Seaman Gemici; *Am.* Bachelor of Arts Edebiyat Fakültesi Mezunu.
A.B.C. Australian Broadcasting Commission Avustralya Radyo, Televizyon kurumu.
a.c. alternating current alternatif akım.
a/c account hesap.
acc(t) account hesap.
ad(vt) advertisement reklam.
A.D. Anno Domini *(Lat.* = in the year of the Lord) M.S., milattan sonra.
A.D.C. Aide-de-camp emir subayı, yaver.
add(r) address adres.
A.G.M. Annual General Meeting Yıllık Genel Kurul.
a.m. ante meridiem *(Lat.* = before noon) öğleden önce.
amp. ampere(s) amper.
anon. anonymous isimsiz.
appro. approval onaylama.
approx. approximately yaklaşık olarak, takriben.
Apr. April Nisan.
arr. arrival varış, geliş.
asap. as soon as possible mümkün olduğunca çabuk.
asst. assistant asistan, yardımcı.
Aug. August Ağustos.
A.V. Audio-Visual Görsel-İşitsel.
Av(e). Avenue Cadde, Bulvar.
A.W.O.L. absent without leave izinsiz kaçan.

B

b born doğmuş, doğmlu.
b & b bed and breakfast yatak ve kahvaltı.
B.A. Bachelor of Arts Edebiyat Fakültesi mezunu; British Airways İngiliz Hava Yolları.
Barr. Barrister avukat.
B.B.C. British Broadcasting Corporation İngiliz Radyo, Televizyon Kurumu.
B.C. Before Christ M.Ö., milattan önce; British Council İngiliz Konseyi.
B.D. Bachelor of Divinity İlahiyat Fakültesi mezunu.

bk. book kitap.
B.M. British Museum İngiliz Müzesi.
B.M.A. British Medical Association İngiliz Tıp kurumu.
Br. Brother erkek kardeş.
Brit. Britain Britanya; British İngiliz.
Bro(s). brother(s) kardeş(ler).
B.S. *Am.* Bachelor of Science Fen Fakültesi mezunu.
B.Sc. Bachelor of Science Fen Fakültesi mezunu.

C

C Centigrade santigrat.
c cent(s) sent; century yüzyıl; circa aşağı yukarı, takriben; cubic kübik.
C.A. Chartered Accountant ayrıcalıklı muhasebeci.
Capt. Captain kaptan.
Cath. Catholic Katolik.
C.B.C. Canadian Broadcasting Corporation Kanada Radyo, Televizyon Kurumu.
c.c. cubic centimetre(s) kübik santimetre.
Cdr. Commander komutan.
Cdre. Commodore komodor.
cert. certificate sertifika, belge; certified onaylı.
c.f. confer karşılaştırınız.
cg. centigram santigram.
c.h. central heating kalorifer.
ch(ap). chapter bölüm, kısım.
C.I.A. *Am.* Central Intelligence Agency Amerikan Merkezi Haberalma Örgütü.
C.I.D. Criminal Investigation Department Cinayet Araştırma Dairesi.
c.i.f. cost, insurance, freight fiyat, sigorta, navlun.
C-in-C Commander-in-Chief Başkomutan.
cl. class sınıf; centilitre(s) santilitre.
cm. centimetre(s) santimetre.
Co. Company şirket.
c/o care of eliyle.
C.O.D. Cash on Delivery ödemeli, teslimde ödeme.
Col. Colonel Albay.
Coll. College Üniversite, Yüksekokul.
Cons. Conservative Muhafazakâr Parti.
Corp. Corporation anonim şirket.
c.p. compare karşılaştırınız.
Cpl. Corporal onbaşı.
C.S. Civil Servant devlet memuru; Civil Service devlet hizmeti.
C.S.E. Certificate of Secondary Education ortaokul diploması.
cu. cubic kübik.

D

d penny *(Lat.* = denarius) peni; died ölmüş, merhum.
dbl double çift.
d.c. direct current doğru akım.
D.D. Doctor of Divinity ilahiyat doktoru.
D.D.T. dichloro-diphenyl-trichloroethane D.D.T.
Dec. December Aralık.
dec. deceased merhum, rahmetli.
deg. degree(s) derece.
Dem. Democrat Demokrat.
dep. departure kalkış, hareket; deputy vekil, yardımcı.
Dept. Department kısım, bölüm, şube.
diag. diagram diyagram.
diff. difference fark; different farklı.
Dip. Diploma diploma.
Dir. Director müdür.
D.J. dinner jacket smokin; disc jockey aıskcokey.
DM. Deutschmark Alman Markı.
dol. dollar(s) dolar.
doz. dozen düzine.
Dr. Debtor borçlu; Doctor doktor.
dr. dram(s) dirhem.
dupl. duplicate suret, kopya.
D.V. Deo Volente *(Lat.* = God being willing) inşallah, Allah'In emriyle.

E

E east doğu.
Ed. editor editör; edition baskı; education eğitim.
E.E.C. European Economic Community A.E.T., Avrupa Ekonomik Topluluğu.
E.F.T.A. European Free Trade Association Avrupa Serbest Ticaret Birliği.
e.g. exempli gratia *(Lat.* = for example, for instance) örneğin.
enc(l). enclosed ilişikte.
Eng. Engineer(ing) mühendis(lik); England İngiltere; English İngiliz.
Esq. Esquire bay, bey, efendi.
etc. et cetera vs., ve saire.
eve. evening akşam.

F

F Fahrenheit fahrenhayt; Fellow akademi üyesi.
f. foot (feet) ayak *(30,48 cm);* female dişil.
F.A. Footbal Association Futbol Birliği.

F.A.O. Food and Agricultural Organisation Birleşmiş Milletler Gıda ve Tarım Örgütü.
F.B.I. *Am.* Federal Bureau of Investigation Federal Araştırma Bürosu.
Feb. February Şubat.
Fed. Federal federal; Federated federe; Federation federasyon.
fem. female dişil; feminine dişil.
fig. figurative mecazi; figure rakam.
fl. fluid sıvı; floor kat.
fm. fathom(s) kulaç *(1,83 m.).*
F.M. Frequency Modulation frekans modülasyonu.
F.O. Froeign Office Dışişleri Bakanlığı.
f.o.b. free on board gemide teslim.
for. foreign yabancı.
Fr. Father baba; Franc frank; France Fransa; French Fransız.
Fri. Friday Cuma.
ft. foot (feet) ayak *(30,48 cm.).*
furn. furnished mobilyalı.

G

g. gram(s) gram.
gal(l). gallon(s) galon.
GATT General Agreement on Tariffs and Trade Gümrük Tarifeleri ve Ticaret Genel Antlaşması.
G.B. Great Britain Büyük Britanya.
Gen. General general.
G.H.O. General Headquarters genel merkez.
Gk. Greek Yunanlı.
gm. gram(s) gram.
G.M. General Manager genel müdür.
G.M.T. Greenwich Mean Time Greenwich saat ayarı.
gov(t). government hükümet.
Gov. Governor vali.
G.P. General Practitioner pratisyen doktor.
G.P.O. General Post Office merkez postanesi.
gr. grain bir eczacı tartısı *(0,0648 g.);* gross brüt; group grup.

H

h height yükseklik; hour saat.
ha. hectare(s) hektar.
H-bomb Hydrogen bomb hidrojen bombası.
H.E. high explosive kuvvetli patlayıcı madde; His/Her Excellency Ekselansları.
H.F. High Frequency Yüksek frekans.
H.M. His/Her Majesty Majesteleri, Haşmetmeapları.

Hon. Honorary fahri.
hosp. hospital hastane.
H.P. Horse Power beygir gücü.
H.O. Headquarters karargâh, merkez.
H.R.H. His/Her Royal Highness Ekselansları.

I

I Island ada.
Ib(id). Ibidem *(Lat.* = in the same place) aynı yerde.
I.C.B.M. Inter-continental Ballistic Missile kıtalararası balistik mermi.
i.e. Id est *(Lat.* = which is to say, in other words) yani.
I.L.O. International Labo(u)r Organisation Uluslararası Çalışma Örgütü.
I.M.F. International Monetary Fund Uluslararası Para Fonu.
In. Inch(es) inç *(2,54 cm.).*
inc. Incorporated anonim.
incl. Including dahil.
info. Information bilgi.
inst. Institute kuruluş, müessese, enstitü.
int. Interior dahili; Internal dahili; International uluslararası.
I.O.U. I owe you size olan borcum.
I.R.A. Irish Republican Army Irlanda Cumhuriyetçi Ordusu.

J

Jan. January Ocak.
J.C. Jesus Christ Isa Mesih.
J.P. Justice of the Peace sulh hâkimi.
Jul. July Temmuz.
Jun. June Haziran.

K

kg. kilogram(s) kg., kilogram
km. kilometre(s) km., kilometre.
K.O. knock-out nakavt.
kw. kilowatt(s) kilovat.

L

L lake göl; little küçük; *pol.* Liberal Liberal Parti
l left sol; length uzunluk; line yol, hat.
L.A. Legislative Assembly Yasama Meclisi; Los Angeles Los Angeles.
Lab. Labour İşçi Partisi.
lang. language dil, lisan.
lat. latitude enlem.
lb. pound(s) libre.

lb. pound(s) libre.
L.C. letter of credit akreditif.
Ld. Lord Lord.
lit. literal kelimesi kelimesine; literature edebiyat, yazın.
loc. cit. loco citato (*Lat.* = in the place mentioned) yukarıda belirtilen yerde.
long. longitude boylam.
L.P. long-playing (record) uzunçalar.
Lt. Lieutenant teğmen.
Ltd. Limited limitet.
lux. luxury lüks.

M

M Member üye.
m male erkek; married evli; metre(s) metre; mile(s) mil; million milyon.
M.A. Master of Arts Edebiyat Fakültesi Lisanüstü Derecesi.
Maj. Major binbaşı.
Mar. March Mart.
masc. masculine eril.
math(s) mathematics matematik.
max. maximum maksimum.
M.C. Master of Ceremonies protokol görevlisi, teşrifatçı; *Am.* Member of Congress kongre üyesi.
M.D. Doctor of Medicine tıp doktoru.
mg. miligram(s) miligram.
min. minimum minimum.
ml. mile(s) mil; mililitre(s) mililitre.
mm. milimetre(s) milimetre.
M.O. Medical Officer sağlık memuru; Money Order para havalesi.
Mon. Monday Pazartesi.
M.P. Member of Parliament milletvekili; Military Police askeri inzibat.
m.p.h. miles per hour saat mil.
Mr. Mister bay.
Mrs. Mistress bayan.
Ms. Miss bayan.
MS(S) manuscript(s) el yazması.
Mt. Mount dağ, tepe.

N

N north kuzey.
N.A.A.F.I. Navy, Army and Air Force Institute Deniz, Kara ve Hava Kuvvetleri Kurumu.
NATO North Atlantic Treaty Organisation Kuzey Atlantik Paktı Teşkilatı.

N.C.O. Non-Commissioned Officer assubay.
NE northeast kuzeydoğu.
no number numara, no.
Nov. November Kasım.
nr. near yakın.
N.T. New Testament Yeni Ahit, İncil.
NW. northwest kuzeybatı.
N.Z. New Zealand Yeni Zeland.

O

ob obiit (*Lat.* = died) ölmüş, merhum.
Oct. October Ekim.
OECD Organisation for Economic Co-operation and Development Ekonomik İşbirliği ve Kalkınma Teşkilatı.
OPEC Organisation of Petroleum Exporting Countries Petrol İhraç Eden Ülkeler Teşkilatı.
orch. orchestra orkestra.
O.T. Old Testament Eski Ahit.
oz. ounce(s) ons *(28,35 g.).*

P

P page sayfa; penny peni; pence pens; per herbiri için, başına.
p.a. per annum (*Lat.* = per year) yıllık.
P.A.Y.E. pay as you earn 'kazandıkça öde' sistemi, işverenin personel ücretlerini öderken gelir vergisini kestiği sistem.
pd. paid ödendi.
P.E. physical education beden eğitimi.
PEN International Association of Writers Uluslararası Yazarlar Birliği
Pk Park park.
pkt packet paket.
P.M. Prime Minister başbakan.
p.m. post meridien (*Lat.* = after noon) öğleden sonra.
P.O. Post Office postane; Postal Order posta havalesi.
P.O. Box Post Office Box posta kutusu.
P.O.W. Prisoner of War savaş esiri.
p.p. per procurationem (Lat. = on behalf) adına.
pr. pair çift; price fiyat.
Pres. President cumhurbaşkanı.
Prof. Professor profesör.
P.S. Postscript ek not, dipnot.
pt. part kısım; payment ödeme; point nokta.
Pte. Private asker, er.
P.T.O. Please turn over lütfen sayfayı çeviriniz.
Pvt. Private *Am.* asker, er.

p.w. per week haftalık.
P.X. post exchange *Am.* ordu pazarı.

Q

qt. quart kuart.
Qu. queen kraliçe; quesition soru.

R

R. River ırmak, nehir.
r. radius yarıçap; right sağ.
R.A. Rear-Admiral tuğamiral; Royal Academy Kraliyet Akademisi.
R.A.F. Royal Air Force İngiliz Hava Kuvvetleri.
R.C. Red Cross Kızılhaç.
Rd. Road yol, cadde.
rec(d). received alındı.
ref. referee hakem; reference referans.
resp. respectively sırasıyla.
ret(d). retired emekli.
Rev(d). Reverend sayın, muhterem.
RIP requlescat in pace (*Lat.* = may he rest in peace) huzur içinde yatsın.
rly. railway demiryolu.
rm. room oda.
R.N. Royal Navy İngiliz Donanması.
R.S.V.P. repondez s'il vous plait (*Fr.* = please reply) lütfen cevap verin.
rt. right sağ.

S

S south güney.
s second(s) saniye; shilling(s) şilin.
SALT Strategic Arms Limitation Talks Stratejik Silahların Sınırlandırılması Görüşmeleri.
Sat. Saturday Cumartesi.
s/c self-contained müstakil.
Sch. School okul.
SE southeast güneydoğu.
sec. second ikinci; secretary sekreter.
Sen. Senate senato; Senator senatör; Senior büyük.
Sept. September eylül.
Sgt. Sergeant çavuş.
Sn(r). Senior büyük.
Sol. Solicitor avukat.

sp. gr. specific gravity özgül ağırlık.
Sq. Square meydan, alan.
S.S. Steamship vapur.
St. Street sokak, cadde.
Sta. Station istasyon.
Str. Strait boğaz; Street sokak, cadde.
Sun. Sunday Pazar.
SW. southwest güneybatı.

T

T temperature ısı, sıcaklık.
t. ton(s) ton.
T.B. Tuberculosis tüberküloz, verem.
tel. telephone telefon.
Thurs. Thursday Perşembe.
TIR Transport International Routier Uluslararası karayolu taşımacılığı.
T.K.O. technical knock-out teknik nakavt.
T.U. Trade Union işçi sendikası.
Tues. Tuesday Salı.
T.V. television TV, televizyon.

U

U.F.O. unidentified flying object uçan daire.
U.H.F. ultra high frequency çok yüksek frekans.
U.K. United Kingdom Büyük Britanya.
U.N. United Nations Birleşmiş Milletler.
UNESCO United Nations Educational, Scientific and Cultural Organisation Birleşmiş Milletler Eğitim, Bilim ve Kültür Örgütü.
UNICEF United Nations Children's Emergency Fund Birleşmiş Milletler Uluslararası Çocuklara Acil Yardım Fonu.
UNIDO United Nations Industrial Development Organization Birleşmiş Milletler Sınai Kalkınma Örgütü.
Univ. University üniversite.
UNO United Nations Organisation Birleşmiş Milletler Teşkilatı.
U.S.A. United States of America Amerika Birleşik Devletleri.
USAF United States Air Force Amerika Birleşik Devletleri Hava Kuvvetleri.
U.S.S.R. Union of Soviet Socialist Republics Sovyet Sosyalist Cumhuriyetler Birliği.

V

V Volt volt.
v very çok; verse mısra, beyit, kıta; versus karşı; vide (*Lat.* = see) bakınız.

V.A. Vice-Admiral koramiral.
V.A.T. Value Added Tax K.D.V., katma değer vergisi.
V.D. Venereal Disease zührevi hastalık.
V.H.F. very high frequency çok yüksek frekans.
V.I.P. very important person çok önemli kişi.
vol. volume cilt.
vs. versus karşı.

W

W west batı.
w watt(s) vat; week hafta; width genişlik, en.
w.c. water closet tuvalet.
wk. week hafta.
wt. weight ağırlık.

X

Xmas Christmas Noel.

Y

YMCA Young Men's Christian Association Genç Hıristiyan Erkekler Birliği.
yr. year yıl; your senin, sizin.
YWCA Young Women's Christian Association Genç Hıristiyan Kadınlar Birliği.

Irregular Verbs
Düzensiz Fiiller

INFINITIVE	PAST	PAST PARTICIPLE
abide	abode	abode
arise	arose	arisen
awake	awoke	awoke, awoken
be	was	been
bear	bore	borne, born
beat	beat	beaten
become	became	become
befall	befell	befallen
beget	begot	begotten
begin	began	begun
behold	beheld	beheld
bend	bent	bent, bended
bereave	bereft	bereft, bereaved
beseech	besought	besought
beset	beset	beset
bet	bet, betted	bet, betted
betake	betook	betaken
bethink	bethought	bethought
bid	bade, bid	bidden, bid
bide	bided	bided
bind	bound	bound
bite	bit	bitten, bit
bleed	bled	bled
blow	blew	blown
break	broke	broken
breed	bred	bred
bring	brought	brought
broadcast	broadcast	broadcast
build	built	built
burn	burnt, burned	burnt, burned
burst	burst	burst
buy	bought	bought
cast	cast	cast
catch	caught	caught
chide	chid	chidden, chid
choose	chose	chosen
cleave	clove, cleft	cloven, cleft
cling	clung	clung
clothe	clothed	clothed, clad
come	came	come
cost	cost	cost

creep	crept	crept
cut	cut	cut
deal	dealt	dealt
dig	dug	dug
do	did	done
draw	drew	drawn
dream	dreamt, dreamed	dreamt, dreamed
drink	drank	drunk, drunken
drive	drove	driven
dwell	dwelt	dwelt
eat	ate	eaten
fall	fell	fallen
feed	fed	fed
feel	felt	felt
fight	fought	fought
find	found	found
flee	fled	fled
fling	flung	flung
fly	flew	flown
forbear	forbore	forborne
forbid	forbade	forbidden
forecast	forecast	forecast
foreknow	foreknew	foreknown
foresee	foresaw	foreseen
foretell	foretold	foretold
forget	forgot	forgotten
forgive	forgave	forgiven
forsake	forsook	forsaken
forswear	forswore	forsworn
freeze	froze	frozen
gainsay	gainsaid	gainsaid
get	got	got
gild	gilded	gilded, gilt
gird	girded	girded, girt
give	gave	given
go	went	gone
grind	ground	ground
grow	grew	grown
hamstring	hamstrung	hamstrung
hang	hung	hung
have	had	had
hear	heard	heard
heave	heaved, hove	heaved
hew	hewed	hewn
hide	hid	hidden, hid
hit	hit	hit
hold	held	held

hurt	hurt	hurt
inlay	inlaid	inlaid
keep	kept	kept
kneel	knelt	knelt
knit	knitted, knit	knitted, knit
know	knew	known
lade	laded	laden
lay	laid	laid
lead	led	led
lean	leant, leaned	leant, leaned
leap	leapt, leaped	leapt, leaped
learn	learnt, learned	learnt, learned
leave	left	left
lend	lent	lent
let	let	let
lie	lay	lain
light	lighted, lit	lighted, lit
lose	lost	lost
make	made	made
mean	meant	meant
meet	met	met
melt	melted	melted, molten
miscast	miscast	miscast
misdeal	misdealt	misdealt
misgive	misgave	misgiven
mislay	mislaid	mislaid
mislead	misled	misled
misspell	misspelt	misspelt
misspend	misspent	misspent
mistake	mistook	mistaken
misunderstand	misunderstood	misunderstood
mow	mowed	mown
outbid	outbid	outbidden, outbid
outdo	outdid	outdone
outgo	outwent	outgone
outgrow	outgrew	outgrown
outride	outrode	outridden
outrun	outran	outrun
outshine	outshone	outshone
overbear	overbore	overborne
overcast	overcast	overcast
overcome	overcame	overcome
overdo	overdid	overdone
overhang	overhung	overhung
overhear	overheard	overheard
overlay	overlaid	overlaid

overleap	overleapt, overleaped	overleapt, overleaped
overlie	overlay	overlain
override	overrode	overridden
overrun	overran	overrun
oversee	oversaw	overseen
overset	overset	overset
overshoot	overshot	overshot
oversleep	overslept	overslept
overtake	overtook	overtaken
overthrow	overthrew	overthrown
partake	partook	partaken
pay	paid	paid
prove	proved	proved, proven
put	put	put
read	read	read
rebind	rebound	rebound
rebuild	rebuilt	rebuilt
recast	recast	recast
redo	redid	redone
relay	relaid	relaid
remake	remade	remade
rend	rent	rent
repay	repaid	repaid
rerun	reran	rerun
reset	reset	reset
retell	retold	retold
rewrite	rewrote	rewritten
rid	rid, ridded	rid, ridded
ride	rode	ridden
ring	rang	rung
rise	rose	risen
rive	rived	riven, rived
run	ran	run
saw	sawed	sawn, sawed
say	said	said
see	saw	seen
seek	sought	sought
sell	sold	sold
send	sent	sent
set	set	set
sew	sewed	sewn, sewed
shake	shook	shaken
shave	shaved	shaved, shaven
shear	sheared,shore	shorn, sheared
shed	shed	shed
shine	shone	shone

shoe	shod	shod
shoot	shot	shot
show	showed	shown, showed
shrink	shrank	shrunk, shrunken
shrive	shrived	shriven
shut	shut	shut
sing	sang	sung
sink	sank	sunk, sunken
sit	sat	sat
slay	slew	slain
sleep	slept	slept
slide	slid	slid, slidden
sling	slung	slung
slink	slunk	slunk
slit	slit	slit
smell	smelt, smelled	smelt, smelled
smite	smote	smitten
sow	sowed	sown, sowed
speak	spoke	spoken
speed	sped	sped
spell	spelt, spelled	spelt, spelled
spend	spent	spent
spill	spilt, spilled	spilt, spilled
spin	spun, span	spun
spit	spat	spat
split	split	split
spoil	spoilt, spoiled	spoilt, spoiled
spread	spread	spread
spring	sprang	sprung
stand	stood	stood
stave	staved, stove	staved, stove
steal	stole	stolen
stick	stuck	stuck
sting	stung	stung
stink	stank	stunk
strew	strewed	strewn, strewed
stride	strode	stridden, strid
strike	struck	struck, stricken
string	strung	strung
strive	strove	striven
sunburn	sunburnt, sunburned	sunburnt, sunburned
swear	swore	sworn
sweep	swept	swept
swell	swelled	swollen, swelled
swim	swam	swum
swing	swung	swung
take	took	taken

tear	tore	torn
tell	told	told
think	thought	thought
thrive	throve, thrived	thriven, thrived
throw	threw	thrown
thrust	thrust	thrust
tread	trod	trodden, trod
unbend	unbent	unbent
unbind	unbound	unbound
underbid	underbid	underbidden, underbid
undergo	underwent	undergone
understand	understood	understood
undertake	undertook	undertaken
undo	undid	undone
upset	upset	upset
wake	woke, waked	woken, waked
waylay	waylaid	waylaid
wear	wore	worn
weave	wove	woven, wove
wed	wedded	wedded, wed
weep	wept	wept
wet	wet, wetted	wet, wetted
win	won	won
wind	wound	wound
withdraw	withdrew	withdrawn
withhold	withheld	withheld
withstand	withstood	withstood
wring	wrung	wrung
write	wrote	written

Numerical Expressions
Sayısal İfadeler

Cardinal Numbers
Asıl Sayılar

0 nought, zero, cipher; *teleph.* 0 [Ou] *sıfır*
1 one *bir*
2 two *iki*
3 three *üç*
4 four *dört*
5 five *beş*
6 six *altı*
7 seven *yedi*
8 eight *sekiz*
9 nine *dokuz*
10 ten *on*
11 eleven *on bir*
12 twelve *on iki*
13 thirteen *on üç*
14 fourteen *on dört*
15 fifteen *on beş*
16 sixteen *on altı*
17 seventeen *on yedi*
18 eighteen *on sekiz*
19 nineteen *on dokuz*
20 twenty *yirmi*
21 twenty-one *yirmi bir*
22 twenty-two *yirmi iki*
30 thirty *otuz*
31 thirty-one *otuz bir*
40 forty *kırk*
41 forty-one *kırk bir*
50 fifty *elli*
51 fifty-one *elli bir*
60 sixty *altmış*
61 sixty-one *altmış bir*
70 seventy *yetmiş*
71 seventy-one *yetmiş bir*
80 eighty *seksen*
81 eighty-one *seksen bir*
90 ninety *doksan*
91 ninety-one *doksan bir*
100 a *or* one hundred *yüz*
101 hundred and one *yüz bir*
200 two hundred *iki yüz*
300 three hundred *üç yüz*
572 five hundred and seventy-two *beş yüz yetmiş iki*
1000 a *or* one thousand *bin*
1066 ten sixty-six *bin altmış altı*
1971 nineteen (hundred and) seventy-one *bin dokuz yüz yetmiş bir*
2000 two thousand *iki bin*
1 000 000 a *or* one million *bir milyon*
2 000 000 two million *iki milyon*
1 000 000 000 a *or* one milliard. *Am.* billion *bir milyar*

Ordinal Numbers
Sıra Sayıları

1st first *birinci*
2nd second *ikinci*
3rd third *üçüncü*
4th fourth *dördüncü*
5th fifth *beşinci*
6th sixth *altıncı*
7th seventh *yedinci*
8th eighth *sekizinci*
9th ninth *dokuzuncu*
10th tenth *onuncu*
11th eleventh *on birinci*
12th twelfth *on ikinci*
13th thirteenth *on üçüncü*
14th fourteenth *on dördüncü*
15th fifteenth *on beşinci*
16th sixteenth *on altıncı*
17th seventeenth *on yedinci*
18th eighteenth *on sekizinci*
19th nineteenth *on dokuzuncu*
20th twentieth *yirminci*
21st twenty-first *yirmi birinci*

22nd twenty-second *yirmi ikinci*
23rd twenty-third *yirmi üçüncü*
30th thirtieth *otuzuncu*
31st thirty-first *otuz birinci*
40th fortieth *kırkıncı*
41st forty-first *kırk birinci*
50th fiftieth *ellinci*
51st fifty-first *elli birinci*
60th sixtieth *altmışıncı*
61st sixty-first *altmış birinci*
70th seventieth *yetmişinci*
71st seventy-first *yetmiş birinci*
80th eightieth *sekseninci*
81st eighty-first *seksen birinci*
90th ninetieth *doksanıncı*
100th a *or* one hundredth *yüzüncü*
101st hundred and first *yüz birinci*
200th two hundredth *iki yüzüncü*
300th three hundredth *üç yüzüncü*
572nd five hundred and seventy-second *beş yüz yetmiş ikinci*
1000th a *or* one thousandth *bininci*
1950th nineteen hundred and fiftieth *bin dokuz yüz ellinci*
2000th two thousandth *iki bininci*
1 000 000th a *or* one millionth *bir milyonuncu*
2 000 000th two millionth *iki milyonuncu*

Fractional and Other Numbers
Kesirli ve Diğer Sayılar

1/2 one *or* a half *yarım*
1 ½ one and a half *bir buçuk*
2 ½ two and a half *iki buçuk*
1/3 one *or* a third *üçte bir*
2/3 two thirds *üçte iki*
1/4 one *or* a quarter, one fourth *çeyrek, dörtte bir*
3/4 three quarters, three fourths *dörtte üç*
1/5 one *or* a fifth *beşte bir*
5/8 five eighths *sekizde beş*
2.5 two point five *iki onda beş*
once *bir kere*
twice *iki kere*
three times *üç kere*
7+8 = 15 seven and eight are fifteen *yedi sekiz daha on beş eder*
9—4 = 5 nine less four are five *dokuzdan dört çıkarsa beş kalır*
2×3 = 6 twice three are *or* make six *iki kere üç altı eder*
20:5 = 4 twenty divided by five make four *yirmide beş dört kere var*

Weights and Measures
Tartı ve Ölçü Birimleri

Linear Measures
Uzunluk Ölçüleri

1 inch (in.) = 2,54 cm
1 foot (ft.) = 12 inches = 30,48 cm
1 yard (yd.) = 3 feet = 91,44 cm
1 (statute) mile (mi.) = 8 furlongs = 1609,34 m

Distance and Surveyors' Measures
Uzaklık ve Yer Ölçüleri

1 link (ll., İ.) = 7.92 inches = 20,12 cm
1 rod (rd.), pole or **perch (p.)** = 25 links = 5,03 m
1 chain (ch.) = 4 rods = 20,12 m
1 furlong (fur.) = 10 chains = 201,17 m

Nautical Measures
Deniz Ölçüleri

1 fathom (fm.) = 6 feet = 1,83 m
1 cable('s) length = 100 fathoms = 183 m
1 nautical mile (n. m.) = 10 cable's length = 1852 m

Square Measures
Yüzey Ölçü Birimleri

1 square inch (sq. in.) = 6,45 qcm
1 square foot (sq. ft.)
= 144 square inches
= 929,03 qcm
1 square yard (sq. yd.)
= 9 square feet
= 0,836 qm
1 square rod (sq. rd.)
= 30.25 square yards
= 25,29 qm
1 rood (ro.) = 40 square rods
= 10,12 a
1 acre (a.) = 4 roods = 40,47 a
1 square mile (sq. mi.)
= 640 acres = 2,59 qkm

Cubic Measures
Hacim Ölçüleri

1 cubic inch (cu. in.)
= 16,387 ccm
1 cubic foot (cu. ft.)
= 1728 cubic inches
= 0,028 cbm
1 cubic yard (cu. yd.)
= 27 cubic feet
= 0,765 cbm
1 register ton (reg. tn.)
= 100 cubic feet
= 2,832 cbm

British Measures of Capacity
İngiliz Hacim Ölçüleri

Dry and Liquid Measures
Kuru ve Sıvı Ölçüler

1 British or **Imperial gill (gi., gl.)**
= 0,143 l
1 Brit. or **Imp. bushel (bu., bsh.)**
= 4 Imp. pecks = 36, 36 l
1 Brit. or **Imperial quarter (qr.)**
= 8 Imp. bushels = 290, 94 l

Liquid Measure
Sıvı Ölçüsü

1 Brit. or **Imp. barrel (bbl., bl.)**
= 36 Imp. gallons = 1,636 hl

U.S. Measures of Capacity
Amerikan Hacim Ölçüleri

Dry Measures
Kuru Ölçüler

1 U.S. dry pint = 0,550 l
1 U.S. dry quart = 2 dry pints
= 1,1 l
1 U.S. peck = 8 dry quarts
= 8,81 l
1 U.S. bushel = 4 pecks
= 35,24 l

Apothecaries' Fluid Measures
Eczacı Sıvı Ölçüleri

1 minim (min., m.) = 0,0006 dl
1 fluid drachm, US **dram (dr. fl.)**
= 60 minims 0,0355 dl
1 fluid ounce (oz. fl.)
= 8 fluid dra(ch)ms = 0,284 dl
1 pint (pt.)
= 20 fluid ounces = 0,568 l
US 16 fluid ounces = 0,473 l

Liquid Measures
Sıvı Ölçüleri

1 U.S. liquid gill = 0,118 l

1 U.S. liquid pint = 4 gills
= 0,473 l
1 U.S. liquid quart = 2 liquid pints
= 0,946 l

1 U.S. gallon = 4 liquid quarts = 3,785 l
1 U.S. barrel = 31 ½ gallons = 119 l
1 U.S. barrel petroleum = 42 gallons = 158,97 l

Avoirdupois Weight
Tartı Sistemi

1 grain (gr.) = 0,0648 g
1 drachm, US **dram (dr. av.)** = 27,34 grains = 1,77 g
1 ounce (oz. av.) = 16 dra(ch)ms = 28,35 g
1 pound (lb. av.) = 16 ounces = 0,453 kg
1 stone (st.) = 14 pounds = 6,35 kg.
1 quarter (qr.) = 28 pounds = 12,7 kg
US 25 pounds = 11,34 kg
1 hundredweight (cwt). = 112 pounds = 50,8 kg
US 100 pounds = 45,36 kg
1 ton (tn., t.) = 2240 pounds = 1016 kg
US 2000 pounds = 907,18 kg

Troy and Apothecaries' Weight
Kuyumcu ve Eczacı Tartısı

1 grain (gr.) = 0,0648 g
1 scruple (s. ap.) = 20 grains = 1,296 g
1 pennyweight (dwt.) = 24 grains = 1,555 g
1 dra(ch)m (dr. t. *or* **dr. ap.)** = 3 scruples = 3,888 g
1 ounce (oz. ap.) = 8 dra(ch)ms = 31,104 g
1 pound (lb. t. *or* **lb. ap.)** = 12 ounces = 0,373 kg

The Most Common Forenames in English
İngilizce'de En Yaygın İsimler

Abraham ['eibrəhæm]
Adam ['ædəm]
Adrian ['eidriən]
Alan, Allan, Allen ['ælən]
Albert ['ælbət]
Alexander [ælig'zɑːndə]
Alex ['æliks]
Alfred ['ælfrid]
Andrew ['ændruː]
Anthony, Antony ['æntəni]
Arnold ['ɑːnld]
Arthur ['ɑːθə]
Benjamin ['endʒəmin]
Bernard ['bəːnəd]
Bill [bil]
Bob [bɔb]
Bruce [bruːs]
Carl [kɑːl]
Charles [tʃɑːlz]
Christian ['kristʃən]
Christopher ['kristəfə]
Clement ['klemənt]
Clifford ['klifəd]
Colin ['kɔlin]
Cyril ['sirəl]
Daniel ['dæniəl]
David ['deivid]
Dean [diːn]
Dennis, Denis ['denis]
Derek ['derik]
Desmond ['dezmənd]
Dick [dik]
Dominic ['dɔminik]
Douglas ['dʌgləs]
Edmund ['edmənd]
Edward ['edwəd]
Eric ['erik]
Ernest ['əːnist]

Women
Kadın

Agatha ['ægəθə]
Alexandra [ælig'zɑːndrə]
Alice ['ælis]
Amanda [ə'mændə]
Angela ['ændʒələ]
Ann, Anne [æn]
Barbara ['bɑːbrə]
Belinda [ba'lində]
Bella ['belə]
Betsy ['betsi]
Betty ['beti]
Brenda ['brendə]
Carol, Carole ['kærəl]
Caroline ['kærəlain]
Carolyn ['kærəlin]
Catherine ['kæθrin]
Celia ['siːliə]
Christine ['kristiːn]
Clare [klɛə]
Constance ['kɔnstəns]
Deborah ['debərə]
Diana [dai'ænə]
Doris ['dɔris]
Dorothy ['dɔrəθi]
Elizabeth [i'lizəbɔθ]
Emily ['eməli]
Emma ['emə]
Erica ['erikə]
Eve [iːv]
Flora ['flɔːrə]
Florence ['flɔrəns]
Frances ['frɑːnsis]
Gloria ['glɔːriə]
Grace [greis]
Harriet ['hæriət]
Helen ['helæn]
İngrid ['iŋgrid]
İsabel ['izəbel]

Felix ['fi:liks]
Francis ['frɑ:nsis]
Frank [fræŋk]
Frederick ['fredrik]
Gary ['gæri]
Geoffrey ['dʒefri]
George [dʒɔ:dʒ]
Gerald ['dʒerəld]
Gerard ['dʒerəd]
Gilbert ['gilbət]
Godfrey ['gɔdfri]
Gordon ['gɔ:dn]
Graham ['greiəm]
Gregory ['gregəri]
Harold ['hærəld]
Harry ['hæri]
Harvey ['hɑ:vi]
Henry ['henri]
Hilary ['hiləri]
Howard ['hauəd]
Humphrey ['hʌmfri]
Isaac [aizək]
Jack [dʒæk]
James [dʒeimz]
Jason ['dʒeisn]
Jeffrey ['dʒefri]
Jeremy ['dʒerəmi]
Jery ['dʒeri]
Jim [dʒim]
Jo, -Joe [dʒəu]
John [dʒɔn]
Jonathan ['dʒɔnəθən]
Joseph ['dʒəuzif]
Julian ['dʒu:liən]
Keith [ki:θ]
Ken [ken]
Kevin ['kevin]
Larry ['læri]
Laurence ['lɔrəns]
Leo ['li:əu]
Leonard ['lenəd]
Lewis ['lu:is]
Malcolm ['mælkəm]
Mark [mɑ:k]
Martin ['mɑ:tin]
Matthew ['mæθju:]

İsabella [izə'belə]
Jane [dʒein]
Janet ['dʒænit]
Jacqueline ['dʒækəlin]
Jennifer ['dʒenifə]
Jenny ['dʒeni]
Jessica ['dʒesikə]
Jill [dʒil]
Joan [dʒəun]
Joanna [dʒəu'ænə]
Josephine ['dʒəuzəfi:n]
Julia ['dʒu:liə]
Julie ['dʒu:li]
Juliet ['dʒu:liət]
Karen ['kærən]
Kate [keit]
Katherine ['kæθrin]
Kay [kei]
Laura ['lɔ:rə]
Lily ['lili]
Linda ['lində]
Lisa ['li:sə]
Liz [liz]
Liza ['laizə]
Louise [lu:'i:z]
Lucy ['lu:si]
Maggie ['mægi]
Margaret ['mɑ:grit]
Martha ['mɑ:θə]
Maria [mə'riə]
Marilyn ['mærəlin]
Mary ['mεəri]
Monica ['mɔnikə]
Nancy ['nænsi]
Natalie ['nætəli]
Nelly ['neli]
Olive ['ɔliv]
Pamela ['pæmələ]
Patricia [pə'triʃə]
Paula ['pɔ:lə]
Rebecca [rə'bekə]
Rita ['ri:tə]
Rose [rəuz]
Rosemary ['rəuzməri]
Sally ['sæli]
Samantha [sæ'mænθə]

Max [mæks]
Michael ['maikl]
Mick [mik]
Mike [maik]
Nicholos ['nikələs]
Nick [nik]
Noel ['nəuəl]
Norman ['nɔːmən]
Oliver ['ɔlivə]
Oscar ['ɔskə]
Oswald ['czwəld]
Patrick ['pætrik]
Paul [pɔːl]
Peter ['piːtɔ]
Philip ['filip]
Ralph [rælf]
Raymond ['reimənd]
Rex [reks]
Richard ['ritʃəd]
Robert ['rɔbɔt]
Robin ['rɔbin]
Roger ['rɔdʒə]
Ronald ['rɔnld]
Roy [rɔi]
Rudolf ['ruːdɔlf]
Sam [sæm]
Samuel ['sæmjuəl]
Sandy ['sændi]
Sidney ['sidni]
Simon ['saimən]
Stanley ['stænli]
Steve [stiːv]
Stewart ['stjuːət]
Ted [ted]
Thomas ['tɔmɔs]
Timothy ['timɔθi]
Tom [tɔm]
Tony ['tɔuni]
Victor ['viktɔ]
Walter ['wɔːltə]
Wayne [wein]
William ['wiliəm]
Sandra ['saːndrə]
Sarah ['sɛərə]
Shirley ['ʃəːli]
Sheila ['ʃiːlə]
Stella ['stələ]
Staphanie ['stefəni]
Susan ['suːzn]
Susie ['suːzi]
Suzanne [suː'zæn]
Sylvia, Silvia ['silviə]
Tracy ['treisi]
Ursula ['əːsjulə]
Veronica [və'rənikə]
Victoria [vik'təːriə]
Virginia [və'dʒiniə]